신학대학원 입학시험 성경문제집

신학대학원 입학시험 성경문제집

초판 1쇄 발행 | 2021년 3월 17일
초판 3쇄 발행 | 2024년 2월 26일

지은이 장로회신학대학교 신학대학원 성경문제집 출간위원회
펴낸이 김운용
펴낸곳 장로회신학대학교 출판부

등록 제1979-2호
주소 (우)04965 서울시 광진구 광장로5길 25-1(광장동)
전화 02-450-0795
팩스 02-450-0797
이메일 ptpress@puts.ac.kr
홈페이지 http://www.puts.ac.kr

값 40,000원
ISBN 978-89-7369-470-9 13230

신학대학원 입학시험

구약 신약 성경문제집

장로회신학대학교출판부

이 계시의 말씀을 소중히 여기고 순종하는 건
우리가 해야 할 일입니다.

2021학년도 신학대학원 입시 절차를 개정하면서 입시정책에 따라 성경시험 준비서로 『신학대학원 입학시험문제집』을 새롭게 출간합니다. 여기에는 신구약 각 책에 대한 개론 내용뿐만 아니라 입시에 출제될 예상 문제로 묶었습니다. 입시를 준비하는 분들이 이 책을 통해 불필요한 부담을 줄이면서도 효율적으로 성경시험을 준비하는데 도움이 되었으면 하는 바람입니다. 입시를 준비하시는 분뿐만 아니라 성경에 대해 체계적인 정리를 하고자 하는 분들에게도 유익한 자료가 될 것이 사료됩니다.

목회자가 되려는 사람에게 하나님의 계시 말씀을 담은 말씀을 담고 있는 성경은 사역의 보고이고, 하나님의 신비를 담은 비밀창고입니다. 그 말씀은 역사 가운데 역사하신 성삼위 하나님이 어떤 분이신지, 어떤 일을 행하셨는지에 대해, 그리고 오늘 어떻게 역사하시는지를 알려주는 계시의 말씀입니다. 예수 그리스도의 십자가와 부활, 재림 사건을 통해 완성된 성삼위 하나님의 창조와 구속의 역사를 선명하게 들려주는 말씀입니다. 그러므로 목회자가 되려는 사람은 성경을 넓고, 깊게, 그리고 정확하게 알고, 해석하여 오늘의 시대에 들려주어야 할 사명을 가집니다. 신대원 입시를 준비하고, 사역자로 살려는 사람은 평생 말씀의 사람으로 살겠다는 결단으로 연결되어야 합니다. 그래서 유진 피터슨은 하나님이 만드시고 다스리시는 세계속에서 사는 사람이 된다는 의미와 연결시킵니다. 성경에 담긴 내용이나 어떤 사실을 알기 위해서, 혹은 삶의 교훈을 얻기 위해서 성경을 읽기도 하지만 성경이 보여주는 진리의 세계를 삶으로 살고, 성삼위 하나님의 역사 가운데 참여한다는 의미로까지 확대되어야 합니다.

이 책의 집필과 편집을 위해서 수고해 주신 편집위원장 김철홍 교수님, 집필과 검수, 교정을 위해 수고해 주신 배정훈, 하경택, 김진명, 이은우, 김태섭

교수님, 책 출간을 위해 수고해 주신 교학실 김종호 과장님의 수고에 깊은 감사를 드립니다. 또한 책 출판을 위해 수고해 주신 김정형 교수님께 감사를 드립니다.

성경시험 준비자료를 출간하면서 가나안 땅 목전에서 하나님의 백성들이 들렸던 결심을 가슴에 새기게 됩니다. "이 모든 계시의 말씀을 소중히 여겨 순종하는 것은 우리와 우리 자손이 해야 할 일입니다."(신 29:29, The Message). 놀라운 하나님의 말씀 앞에서 시인이 드렸던 기도는 말씀의 사역자들이 평생 드려야 할 간구이기도 합니다. "내 눈을 열어서 주의 율법에서 놀라운 것을 보게 하소서 … 주의 증거들은 나의 즐거움이요, 나의 충고자니이다"(시편 119:18, 24).

2021년 3월

장로회신학대학교 신학대학원장 김 운 용

차 례

PART 1

신학대학원 입학시험 성경문제집

구약 개론

일러두기

다음 두 책에서 인용된 내용은 저자와 쪽수만을 표시하여 내주로 처리한다.

- 박동현. 『구약성경개관』(개정증보판). 서울: 장로회신학대학교출판부, 2010.
- 마틴 뢰젤. 『구약성경입문』. 김정훈 옮김. 서울: CLC, 2017.

창세기 | Genesis

1. 개요

‘창세기’는 헬라어성경(LXX, 칠십인경)의 제목인 〈게네세오스〉에 해당하는 명칭이다. 이 낱말은 기원 혹은 시작 이라는 뜻을 갖고 있는 말이다. 히브리어 성경에서는 ‘태초에’로 번역된 본문의 첫 번째 낱말인 〈브레쉬트〉를 제목으로 사용한다. 우주 만물의 기원과 인류의 시작과 죄와 죽음의 시작을 포함하여 여러 주제들의 기원과 시작에 관한 내용을 다루고 있다는 점에서 이 책의 히브리어 명칭과 헬라어 명칭은 모두 의미가 있다.

‘구약’과 ‘모세오경’의 첫 번째 책으로서 ‘창세기’는 기독교와 유대교 전통에서는 오경의 다른 책들과 함께 공히 모세에 의해 기록된 것으로 인정되어왔다. 하지만 포로기 이후 시대의 저작을 주장하는 입장에서는 창세기를 출애굽 구원 사건의 배경을 설명하는 책으로서 의미를 갖는다고 주장하기도 한다. 그러나 창세기의 창조신앙과 내용은 매우 중요하고 독자적인 가치를 가진 고대 전승으로서 여호와 하나님에 대한 고유한 신앙 전통 속에서 그 전승 과정을 이어온 결과라고 창세기에 대하여 간략하게 요약할 수 있다.

2. 짜임새

	시원사			족장사	
1-11	1-2	천지창조	12-50	12:1-25:11	아브라함과 이삭
	3-5	실낙원		25:12-36:43	이삭과 야곱과 에서
	6-9	노아시대의 홍수와 방주		37-50	야곱과 요셉
	10-11	노아의 족보와 바벨탑 사건			

창세기는 1-11장까지의 우주 만물의 역사와 인류의 시작에 관하여 다루고 있는 '시원사'에 해당하는 역사와 12-50장까지 이스라엘 민족의 조상들인 아브라함과 이삭과 야곱과 열 두 아들들의 이야기로 이루어진 '족장사'로 구분해 볼 수 있다. 이와는 다르게 '족보'와 '내력' 등으로 번역된 11개의 〈톨레도트〉라는 히브리어 낱말을 중심으로 창세기의 짜임새를 살펴볼 수도 있다(이야기 2:4, 6:9, 11:27, 25:19, 37:2, 족보 5:1, 10:1, 11:10, 25:12, 36:1, 36:9).

3. 주요 내용

1. 시원사 (1-11장)

1) 천지창조 (1-2장)

1장과 2장은 천지창조에 대한 반복적인 기록으로 구성되어 있다. 1장 1절에서 2장 4절까지는 7일간의 천지창조에 대한 내용이 순서에 따라 기록되어 있다. 첫째 날에서 여섯째 날까지는 "저녁이 되고 아침이 되니 이는 _째 날이니라"(5, 8, 13, 19, 23, 31)라는 종결어구가 반복적으로 등장하고, 일곱째 날만 다른 형식으로 기록되어 있다. 매우 정형화된 문장으로 구성되어 있으며, '하나님'이라고 번역된 히브리어 〈엘로힘〉이 신명으로 사용되었다.

<table>
<tr><td>첫째 날</td><td>빛</td><td rowspan="3">공간 배경</td></tr>
<tr><td>둘째 날</td><td>궁창 (하늘, 물의 나뉨)</td></tr>
<tr><td>셋째 날</td><td>땅과 바다</td></tr>
<tr><td>넷째 날</td><td>광명체 (큰 광명체, 작은 광명체, 별)</td><td rowspan="3">배경의 내용</td></tr>
<tr><td>다섯째 날</td><td>하늘과 바다의 생물</td></tr>
<tr><td>여섯째 날</td><td>땅의 생물과 사람</td></tr>
<tr><td>일곱째 날</td><td>하시던 모든 일을 그치고 안식하심</td><td>안식일</td></tr>
</table>

2장은 1장보다 세밀한 묘사로 서술된 천지창조 이야기라고 볼 수 있으며, '여호와'로 번역된 '신명사문자'(神名四文字, Tetragrammaton)에 해당하는 신명(야훼)을 사용하고, 특별히 사람의 창조에 대한 서술이 자세하게 기록되어 있다. 마지막 단락은 남성과 여성이 서로를 돕는 짝으로 창조되었고, 아내와 남편으로서 만나 최초의 가정을 이루게 되는 결혼 전통에 대한 말씀으로 마무리 되고 있다.

2) 실낙원 (3-5장)

3장에는 선악을 알게 하는 나무의 열매를 먹지 말라는 하나님의 말씀을 어기고 아담과 하와가 에덴동산에서 추방된 아담과 하와의 이야기가 수록되어 있다. 뱀의 유혹으로 선악을 알게 하는 나무의 실과를 하와가 먹고, 그 열매를 아담과도 나누어 먹은 후에 에덴동산에서 쫓겨난 아담과 하와는 각각 노동과 출산의 수고를 시작하게 되었다. 창세기 3장 본문에서는 이렇게 사람이 하나님과 같이 되려고 했던 인류 최초의 죄와 하나님의 말씀에 대한 불순종의 사건에 대하여 설명하였다. 4장에서는 아담과 하와의 아들인 가인과 아벨 사이에서 벌어진 형제 살해 사건이 기록되어 있고, 동생 아벨을 살해한 형 가인의 족보가 소개되어 있다. 이후에 아담과 하와의 새로운 자손은 셋과 셋의 아들 에노스로 이어졌다. 5장에는 아담의 이어진 계보가 노아와 그의 세 아들까지 기록되어 있다.

3) 노아 시대의 홍수와 방주 (6-9장)

6장에는 인류의 타락과 죄악의 관영함에 대한 서술과 노아의 족보와 홍수심판에 대한 하나님의 말씀이 기록되어 있다. 7장에는 노아의 온 집이 정한 동물과 부정한 동물로 구분된 암수 동물들과 함께 노아의 방주에 들어가고, 사십 주야에 걸쳐 비가 지면 위에 쏟아져 홍수로 땅이 덮였던 사건이 기록되어 있다. 8장에서는 홍수가 그치고 다시 노아의 아내와 아들들과 며느리들과 모든 동물들이 방주에서 나오게 된 내용을 기술하였고, 9장에는 홍수 이후에 하나님께서 새롭게 말씀해 주신 창조세계의 질서와 복과 명령과 언약에 대하여 기록되어 있고, 언약의 증거로 주신 무지개에 대하여 말해준다. 홍수 이후 시대의 노아와 그 아들들에 대한 말씀이 함께 언급되어 있다.

4) 노아의 족보와 바벨탑 사건 (10-11장)

10장에는 노아의 족보가 기록되어 있다. 홍수 이후에 노아의 아들 셈과 함과 야벳의 후손들을 통하여 온 땅에 사람들이 족속과 언어와 지방과 나라대로 다시 퍼져나가게 되었다. 11장에는 바벨탑 사건으로 인하여 하나였던 온 땅의 언어가 혼잡하게 되고 사람들이 온 지면에 흩어지게 되었다고 설명이 나온다. 그 다음에는 아브람의 가족까지 이어진 셈의 족보가 기록되어 있다.

2. 족장사 (12-50장)

1) 아브라함과 이삭 (12-25:11)

12장은 홍수 심판 사건 이후에 하나님께서 아브람의 나이 칠십오 세 때에 그를 부르신 사건을 기록하였다. 하나님은 아브람에게 큰 민족과 이름의 창대함과 그가 복이 되게 하심과 그를 통해 모든 족속이 복을 얻게 될 것이라는 약속을 해주셨고, 아브람은 그의 아내 사래와 조카 롯과 함께 소유를 이끌고 하란을 떠나 가나안으로 이동하게 되었다. 아브람이 가나안 땅의 기근으로 인하여 애굽에 내려가 거류할 때 아내 사래를 애굽의 바로에게 빼앗길 위기에 처했던 사건도 기록하였다.

13-14장에는 롯의 분가와 소돔에 거주하던 롯과 그의 가족이 전쟁으로 포로가 되었던 일과 아브람이 단까지 쫓아가 그들을 다시 구출하여 돌아오는 길에 살렘 왕 멜기세덱을 만난 일이 기록되어 있다. 15장에는 하나님께서 아브람과 언약을 세우시고, 그의 자손이 이방에서 객이 되었다가 가나안 땅에 다시 돌아오게 될 것을 말씀해 주셨다는 말씀이 기록되어 있다.

16장은 아브람의 아내가 출산하지 못하자 여종 하갈을 아브람의 아내(첩)으로 들여보낸 사건과 이스마엘이 태어난 일에 대하여 기록하였다. 17장에는 아브람이 구십구 세에 하나님께 아브라함이라는 이름을 받고, 아내 사래는 사라라는 이름을 받게 된 일과 언약의 표징으로서 할례를 행한 사건이 기록되어 있다. 18-19장에는 소돔과 고모라에 대한 하나님의 심판 사건과 그 가운데서 구출된 롯과 그의 딸들 사이에서 모압과 암몬 자손의 조상이 태어나게 된 일이 기록되어 있다.

20장에는 가나안 땅에 거류하던 아브라함이 그랄 왕 아비멜렉에게 또 한 번 아내 사라를 빼앗길 위기에 처하게 된 일이 기록되어 있고, 21장에는 사라가 이삭을 낳게 된 일과 아브라함과 사라가 하갈과 이스마엘을 브엘세바 광야로 추방했으나 하나님께서 하갈과 이스마엘을 고난 가운데서 구원하시고, 이스마엘의 후손이 큰 민족을 이루게 하실 것을 약속해 주셨던 사건도 기록되어 있다.

22장은 아브라함이 아들 이삭을 제물로 바치려 했던 사건을 기록하였고, 23장은 사라가 죽은 후에 아브라함이 막벨라 굴을 헷 족속에게서 매입하여 매장할 소유지로 확정한 사건을 수록하였다. 24장에는 아브라함의 아들 이삭이 친족 리브가를 아내로 맞이하게 된 일을 기록하였다. 25장 11절까지는 아브라함의 죽음에 대한 내용과 이삭과 이스마엘이 아브라함을 함께 장사지낸 일이 기록되어 있다.

2) 이삭과 야곱과 에서 (25:12-36:43)

25장에는 이스마엘의 족보가 수록되어 있다. 이삭의 족보는 다시 에서와 야곱의 쌍둥이 이야기로 시작되었다. 사냥을 하고 돌아오던 형 에서가 동생 야곱에게 팥죽 한 그릇에 장자의 명분을 팔게 된 이야기가 수록되어 있다. 26장에는 이삭도 아내 리브가를 블레셋왕 아비멜렉에게 아내로 빼앗길 위기에 처하게 되었던 일을 겪었다는 기록이 나온다.

그 후에 에섹-싯나-르호봇-브엘세바까지 이어진 이삭의 우물들과 우물들을 가나안 사람들에게 빼앗겼으나 이삭이 다투지 않았으며, 브엘세바에서 아비멜렉과 이삭이 맹세하고 계약을 맺게 된 사건이 기록되어 있다. 27장에는 야곱이 형 에서를 속이고 장자의 축복을 받고, 외삼촌 라반의 집으로 피신하게 된 이야기가 나온다. 28장에는 피난길에 올랐던 야곱이 벧엘에서 꿈을 꾸고 제단을 쌓은 일이 기록되어 있고, 29-31장에는 밧단 아람의 외삼촌 라반의 집에서 아내 레아와 라헬과 빌하와 실바를 얻고, 아들들을 얻게 된 이야기와 외삼촌의 집에서 가족과 재산을 이끌고 나오게 된 과정이 기록되어 있다.

32장은 야곱이 형 에서를 만나러 돌아오는 길에 브니엘에서 누군가와 밤새도록 씨름을 하고 이스라엘이라는 이름을 얻게 된 사건을 말해주었다. 33장에는 형 에서를 만나 화해하게 된 야곱의 이야기가 수록되어 있다. 34장은 야곱의 딸 디나가 세겜에서 겪게 된 일과 그로 인하여 발생한 보복 사건을 기록하였다. 35장은 라헬이 산고로 죽게 된 일과 베냐민의 탄생과 이삭의 죽음에 대한 기록으로 끝이 난다. 헤브론에서 에서와 야곱이 함께 이삭을 장사하였다. 36장에는 에서 곧 에돔의 족보가 기록되어 있다.

3) 야곱과 요셉 (37-50장)

37장은 요셉의 꿈 이야기와 형들에 의해서 요셉이 애굽의 노예로 팔려가게 된 사건을 소개한다. 38장은 유다와 며느리 다말의 사건과 그들에게서 태어난 쌍둥이 베레스와 세라의 탄생에 대한 이야기가 기록되어 있다. 39장은 요셉과 보디발의 아내 사이에서 벌어진 사건과 누명을 쓰고 옥에 갇히게 되었던 요셉의 이야기가 기록되어 있다.

40-41장에는 감옥에서 요셉이 애굽왕의 술 맡은 자와 떡 굽는 자의 꿈을 해석해주었던 일과 이 일로 인하여 바로의 꿈까지 해석해주고 칠년 기근을 대비하는 책임을 맡은 애굽의 총리가 된 사건이 나온다.

42-45장에는 기근으로 인해 양식을 구하러 애굽에 왔던 요셉의 형제들이 총리가 된 요셉을 다시 만나게 된 사건의 과정들이 전개되어 있다. 46장에는 요셉의 초청을 받아 기근을 피해 애굽으로 들어가게 된 야곱의 가족들의 이름이 기록되어 있고, 47장에는 요셉과 아버지 야곱의 만남에 대한 이야기가 기록되어 있다.

48장은 야곱이 요셉의 두 아들 에브라임과 므낫세를 축복한 일에 대한 기록이고 49장은 야곱의 유언과 죽음에 대한 기록이고 50장은 야곱을 장사지내고 가나안 땅에 매장한 일과 요셉의 죽음에 대한 기록이다.

창세기는 천지창조의 사건에 대한 기록으로 시작하여 요셉의 죽음과 이스라엘 자손들이 애굽 땅을 떠날 때에 자신의 유골을 가지고 약속의 땅으로 돌아갈 것을 말한 유언으로 끝난다.

출애굽기 | Exodus

1. 개요

히브리어 성경의 제목은 〈쉐모트〉(이름들)이며, '그리고 이들은 이름들이다'라는 첫 문장의 두 번째 단어를 제목으로 사용하였다. 한글성경의 제목 '출애굽기'는 칠십인경의 〈엑소도스〉(탈출–출 19:1)라는 용어를 번역한 것이다.

출애굽기는 첫 문장에는 접속사 '그리고'가 사용되어 출애굽기가 창세기에 이어지는 내용임을 밝혀주고 있는데, 하나님께서 아브람을 선택하여 부르시고 '땅'과 '큰 민족'과 '이름'과 '복'에 대하여 약속해주셨던 내용들이 족장사를 거쳐 출애굽기로 어떻게 이어지고 있는가를 보여주는 책으로 이해할 수 있다.

이 책은 개인이 아닌 공동체로서 하나님의 백성, 곧 이스라엘의 탄생 과정을 보여주며, 이스라엘 민족 공동체의 본격적인 역사가 어떻게 시작되었는지를 이야기해주는 책이기도 하다.

2. 짜임새(박동현, 49.)

1:1–15:21	애굽의 이스라엘
15:22–18:27	광야의 이스라엘
19:1–40:38	시내산의 이스라엘

출애굽기는 애굽의 종살이에서 구원받은 이스라엘 민족의 공동체적 소명에 관하여 출애굽기 19장 5–6절에서 밝혀주었다. '하나님의 소유'와 '제사장 나라'와 '거룩한 백성'으로 이스라엘 민족을 하나님께서 선택하여 부르시고 구원하셨음

을 하나님께서는 모세를 통하여 이스라엘 자손들에게 알려주셨으며, 출애굽기는 그 과정에 관하여 '애굽의 이스라엘'(1:1-15:21)과 '광야의 이스라엘'(15:22-18:27)과 '시내산의 이스라엘'(19:1-40:38)로 나누어 그 내용을 살펴볼 수 있다. 이스라엘 민족은 하나님의 백성 이스라엘을 해방하지 않으려 했던 바로와 이집트가 10가지 재앙으로 심판받는 일들을 목격하였고, 홍해바다를 건너는 기적의 사건을 통해 전적인 하나님의 은혜로 구원을 받는 경험을 하면서 출애굽 할 수 있었다(1-15장). 광야로 들어간 이스라엘 자손들은 신광야를 거쳐서 아말렉 민족과의 전쟁을 치르기도 하며 시내산 기슭에 도달할 수 있었다(15-18장).

마침내 시내산에 도착한 모세와 아론과 미리암과 이스라엘 자손들은 이곳에서 십계명을 받고, 성막을 완공함으로써 하나님의 소유와 제사장 나라와 거룩한 백성으로서 부름 받은 이스라엘 민족의 정체성을 확인하고 구체적인 역사 속에서 예배공동체로서의 삶을 시작해 갈 수 있었다(19-40장).

3. 주요 내용

1) 1:1-15:21 애굽의 이스라엘

(1) 1-2장 모세의 등장 이전까지의 과정

"요셉을 알지 못하는 새 왕"(출 1:8)이 일어나 애굽을 통치하게 되었고, 이스라엘 자손의 수효가 많음을 두려워하게 된 애굽의 바로는 이스라엘 자손들을 학대하고 괴롭혔다. 그 때 레위 자손 가운데 모세가 탄생하였으며, 나일 강 갈대 사이에 놓였던 모세는 바로의 딸에게 발견되어, 그의 아들이 되었고, 장성한 후에는 히브리인을 학대하는 애굽 사람을 죽인 일로 인하여 모세는 미디안으로 피난하게 되었다(2:15). 이후로 이스라엘 자손은 고된 노동 가운데 탄식하며 부르짖었고, 그 부르짖는 소리가 마침내 하나님께 상달되었다(출 2:23).

(2) 3:1-4:31 모세가 소명받기까지의 과정

모세가 장인 이드로의 집에서 살면서 이드로의 양떼를 치며 살던 어느 날 호렙산에서 불이 붙었으나, 사라지지 않는 떨기나무 가까이로 다가갔다가, 소명을 경험하게 되었다. "하나님이 모세에게 이르시되 나는 스스로 있는 자이니라 또 이르시되 너는 이스라엘 자손에게 이같이 이르기를 스스로 있는 자가 나를 너희에게 보내셨다 하라"(출 3:14) 라는 말씀을 받은 모세는 처음에 이 소명을 거절했으나, 하나님의 강권하심므로 말미암아 이스라엘 자손을 애굽의 종살이에서 해방하는 출애굽 지도자로서의 삶을 시작하게 되었다.

(3) 5:1-15:21 **출애굽 역사**

모세는 처음에 이스라엘 자손들의 환영을 받았으나, 바로가 백성들의 고역을 강화시키고 학대와 노동을 더 중하게 하는 일련의 조치들로 인하여 이스라엘 자손은 모세와 그의 형 아론을 원망하기도 하였다. 그러나 하나님께서는 애굽에 열 가지 재앙(피, 개구리, 이, 파리, 심한 돌림병[가축], 악성 종기, 우박, 메뚜기, 흑암, 장자)을 내리심으로 바로와 애굽과 애굽의 신들을 심판하셨고(출 12:12), 마침내 이스라엘 민족은 해방을 맞이하게 되었다.

홍해바다가 갈라지는 기적으로 나타난 하나님의 은혜 가운데 무사히 바다를 건너 출애굽하는 이스라엘 자손을, 다시 마음을 돌이켜 쫓아와서 추격하던 바로의 병거와 군사들은 홍해바다에 수장되었고, 모세와 미리암과 이스라엘 자손은 이 일을 노래하며 하나님을 찬양하였다(15:1-21).

2) 15:22-18:27 **광야의 이스라엘**

홍해 바다를 건너는 기적을 경험하며 출애굽한 이스라엘 민족의 앞에는 고속도로와 같은 평탄한 대로만 예비되어 있던 것이 아니었다. 라암셋(출 12:37)에서 출발한 이스라엘 자손은 숙곳을 거쳐 홍해바다를 건넌 후에 수르광야로 진입하였다. 마라에서 쓴 물이 단 물로 변하는 기적을 경험하였고, 엘림에서 머물고 난 후에 신 광야에 이르렀을 때에는 만나와 메추라기로 양식을 공급받았다. 맛사(므리바)에서는 모세로 하여금 호렙산 반석을 쳐서 백성들에게 물을 공급하게 하신 하나님의 은혜를 경험하였으며, 백성들의 불평들에도 불구하고 하나님은 구름기둥과 불기둥으로 그들을 인도하셨고, 아말렉과의 전쟁에서 승리하도록 도우셨다(출 17:8-16). 미디안 제사장인 모세의 장인 이드로의 제안으로 모세는 천부장과 백부장과 오십부장과 십부장의 지도자를 세움으로써 행정 체제를 갖춘 이스라엘 공동체의 조직을 정비할 수 있었다(출 18:13-27).

3) 19:1-40:38 **시내산의 이스라엘**

(1) 19-24장 **시내산 율법**

출애굽한 이스라엘 자손들이 시내 광야에 이르게 된 것은 애굽 땅을 떠난지 삼개월이 되던 날이었으며, 이후로 2년 2월 20일까지 약 1년간 이스라엘 자손들은 시내산에 머물면서 십계명을 받고, 성막을 건축하고, 율법을 받게 되었다.

“세계가 다 내게 속하였나니 너희가 내 말을 잘 듣고 내 언약을 지키면 너희는 모든 민족 중에서 내 소유가 되겠고 너희가 내게 대하여 제사장 나라가 되며 거룩한 백성이 되리라 너는 이 말을 이스라엘 자손에게 전할지니라”(출 19:5-6)라는 말씀을 하신 하나님은 이 말씀을 구체적으로 실현하기 위한 준비를 하게 하셨으며, 그 내용은 출애굽기와 레위기와 민수기까지 이어졌다.

출애굽기 20장에는 십계명이 수록되었고, 23장까지 본문에는 ‘언약서’의(출 24:7) 다양한 율법이 기록되었다. 출애굽기 21장 24-25절에는 ‘동해보복법’(lex talionis)이 언급되었고 23장 10-17절에는 구약성경의 가장 오래된 절기력에 해당하는 내용이 나온다.(마틴 뢰젤, 47) 출애굽기 24장 9-11절에는 모세와 아론과 나답과 아비후와 이스라엘 장로 칠십 인이 시내산에 올라가서 하나님을 뵙고 먹고 마셨다는 특별한 사건이 기록되어 있다.

1	20:3	다른 신들은 네게 있게 말지니라
2	20:4-6	우상을 만들지 말라 … 절하지 말고, 섬기지 말라
3	20:7	여호와의 이름을 망령되이 일컫지 말라
4	20:8-11	안식일을 지키라
5	20:12	부모를 공경하라
6	20:13	살인하지 말라
7	20:14	간음하지 말라
8	20:15	도적질하지 말라
9	20:16	거짓 증거하지 말라
10	20:17	이웃의 집을 탐내지 말라

(2) 25-31장 성막건축지시

25-31장까지는 성막을 건축하기 위한 다양하고 많은 자료와 준비를 지시한 율법들이 열거되어 있으며, 28-29장에서는 제사장의 의복과 위임식 등에 대한 내용들이 나타난다. 30-31장에는 다시 다양한 성막의 기구와 안식일 등에 대한 율법이 기록되었다.

31장 2-6절에는 유다지파의 브살렐에게 여호와께서 하나님의 영을 충만하게 하여 지혜와 총명과 지식과 여러 가지 재주로 정교한 일을 연구하여 회막 기구들을 만들게 하실 것과 단 지파의 오홀리압이 그와 함께하며 지혜로운 마음이 있는 모든 자에게 지혜를 주어 모세에게 명하신 모든 것을 만들게 하실 것임을 말씀하신 내용이 기록되어 있다.

(3) 32-34장 금송아지 우상

모세가 시내산에 올라가 하나님께서 주신 십계명 돌판과 율법을 받는 동안 산 아래에서는 금송아지 우상 숭배의 사건이 벌어졌고, 이 일로 인하여 모세가 십계명 돌판을 깨트리게 된 일과 하나님의 진노하심과 백성들의 범죄에 대한 모세의 중재와 용서를 구하는 기도(출 32:32)를 드리게 된 일들이 있었다. 이 사건 이후에 진 밖에 세워진 회막에 대한 이야기도 33장에 수록되어 있다(출 33:7-11).

(4) 35-40장 성막건축실행

25-31장까지는 성막 건축의 계획과 지시에 대한 말씀이라면 35-40장은 성막 건축의 실행과 완공에 대한 말씀이다. 이스라엘 자손들은 성막을 건축함으로써 본격적으로 '예배 공동체'로서의 삶을 시작하게 되었으며, 이 내용을 기록한 출애굽기에 이어지는 다음의 책인 레위기는 제사에 대한 다양한 율법을 담게 되었다.

레위기 | Leviticus

1. 개요

히브리어 성경에서는 〈봐이크라〉(그리고 그가 불렀다)라는 첫 단어를 제목으로 사용하였다. '그리고'라는 접속사를 사용하여 레위기가 출애굽기에 이어지는 내용임을 알려주고 있으며, 출애굽기에서 완성된 성막에서 하나님께 드려야 하는 각종 제사에 관하여 상세하게 설명하였다. 한글 성경에서는 칠십인경의 〈레위티콘〉을 반영하여 〈레위기〉로 제목을 붙였다.

유대교 전통에서는 레위기를 〈토라트 하코하님〉이라고 부른다. 이는 '제사장을 위한 가르침' 혹은 '제사장의 가르침' 으로 번역해 볼 수 있다. 레위기를 부르는 이름들 가운데는 '모세의 세 번째 책'이라는 명칭도 있다. 레위기에 대하여 많은 사람들이 제사와 율법 규정에 관한 지루한 책으로 이 책에 대한 인상을 가지고 있지만, 레위기는 위치상으로 오경의 중심에 놓여있을 뿐만 아니라 하나님과 사람을 어떻게 사랑할 것인가를 구체적으로 가르쳐주는 예배와 삶을 위한 책이다.[1]

2. 짜임새(박동현, 53-55.)

1-7장	제사규정
8-10장	제사 시작 보고
11-15장	정결 규정
16장	속죄일 규정
17-26장	성결법전
27장	서약, 헌물 추가 규정

레위기는 16장을 중심으로 제사규정(1-7장)과 정결규정(11-15장)의 앞부분과 17-26장의 '성결법전'(=거룩법전)으로 구분되는 뒷부분으로 나누어서 그 짜임새를 살펴볼 수 있다. 레위기에서는 '정함'과 '부정함'의 주제와 '거룩함'의 주제를 이야기하며, 구체적으로 이 주제들이 어떻게 삶의 내용들에 관한 율법으로 연결되어 있는가를 가르쳐준다. 레위기에는 제사법(1-7장, 22장)과 제사장(8-10장, 21장)에 관한 설명들뿐만 아니라 일상의 삶 속에서 어떻게 거룩한 백성으로서 살아갈 것인가의 내용(18-20장)도 구체적으로 설명하고 있으며, 26장은 민수기 28-30장의 축복과 저주에 관한 가르침처럼 율법에 대한 순종과 불순종의 결과에 대한 경고의 말씀도 함께 수록하고 있다.

3. 주요 내용

1) 1-7장 제사 규정

1-7장은 '제사장 나라'로서 살아가기 위한 구체적인 방법들을 알려주는 내용이라고 할 수 있으며, 번제와 소제와 화목제와 속죄제와 속건제의 다섯 가지 제사에 대한 규정들을 통하여 이스라엘 자손들이 하나님께 나아가는 길을 가르쳐준다. 번제는 모든 것을 태워서 드리는 제사이고(1장), 소제는 곡식가루로 드리는 제사이다(2장). 화목제는 서원제와 감사제와 자원제(낙헌제)가 있으며, 화목제로 드린 제물은 사람들이 함께 나누어 먹을 수 있는 제사이다(3장). 속죄제와 속건제는 죄의 문제를 해결하기 위한 제사이지만 속건제의 경우에 손해를 입힌 것에 대한 오분의 일 배상을 원칙으로 규정하고 있다(4-6장). 6-7장은 이 다섯 가지 제사에 대한 보충적인 규정들로 구성되어 있다.

2) 8-10장 제사 시작 보고

레위기 8-9장은 아론과 그의 네 아들인 나답과 아비후와 엘르아살과 이다말의 제사장 위임식에 대한 내용으로 이루어져 있다. 그러나 10장에서는 나답과 아비후가 여호와께서 명하시지 않은 다른 불을 가지고 분향하다가 사망한 충격적인 사건이 발생하였다고 이야기해주고 있다(10:1-2). 이어진 10장 8-10절에서는 제사장들에게 금주를 명하는 내용이 나온다.

1 김중은,『설교를 위한 레위기 연구: 거룩한 길 다니리』(서울: 한국성서학연구소, 2001), 15-37.

"여호와께서 아론에게 말씀하여 이르시되 너와 네 자손들이 회막에 들어갈 때에는 포도주나 독주를 마시지 말라. 그리하여 너희 죽음을 면하라 이는 너희 대대로 지킬 영영한 규례라. 그리하여야 너희가 거룩하고 속된 것을 분별하며 부정하고 정한 것을 분별하고 또 나 여호와가 모세를 통하여 모든 규례를 이스라엘 자손에게 가르치리라"라는 말씀은 현대의 성직자들에게도 그대로 적용될 수 있으며, 거룩함과 속됨, 정함과 부정함, 하나님의 말씀(율법) 교육을 위한 책무를 위해 금주는 성직자에게 필수적인 덕목으로 이해할 수 있다.

3) 16장 속죄일 규정

레위기 16장은 대속죄일의 속죄에 대한 율법을 전하고 있다. 두 마리의 염소를 선택하여 한 염소는 번제로 드리고, 또 다른 염소는 '아사셀을 위하여 제비 뽑은 염소'라고 하여, 아론이 안수하여 이스라엘 자손의 모든 죄를 짊어지고 광야로 내보내지도록 하였다(레 16:10, 21-22). 일 년에 한 차례 이루어지는 속죄 의식을 통하여 이스라엘 자손들은 하나님과 이스라엘 자손 사이의 죄를 속죄하고 거룩한 백성으로서 정체성을 재확인하며 제사장 나라의 삶을 지속해 갈 수 있었다.

4) 17-26장 성결법전

'성결법전'이라는 용어는 레위기 본문에서 언급하고 있는 용어는 아니다. 레위기 전체 내용 가운데 "너희는 거룩하라, 나 여호와 너희 하나님이 거룩함이니라"(19:2, 20:7, 26, 21:6, 8, 15, 23, 22:9, 16, 32)라는 문장의 반복적인 요소들을 근거로 1877년에 클로스터만(A. Klostermann)이 레위기 17-26장을 '성결법전'(=거룩법전 [H], Holiness Code)이라고 언급한 이후로 구약학계에서 이 용어가 사용되어 왔다.

여기에는 하나님과 사람의 관계, 사람과 사람의 관계, 사람과 다른 피조물들(생태계 혹은 그 땅)과의 관계에 대한 다양한 율법 규정들이 수록되어 있으며, 하나님의 자녀로서 이스라엘 자손들이 이방인들과 다른 거룩한 백성으로서 살아가기 위한 삶의 구체적인 규정들을 가르치는 내용으로 이루어져 있다. 레위기 18장과 20장에서는 여러 가지 형태의 근친상간과 간음의 문제와 동성애와 수간과 신접함과 인신제사에 관한 풍속이 가나안과 이집트의 종교와 문화와 관련되어 있었으며, 이러한 일들로 인하여 땅이 그 가증함을 견디지 못하여 토해내 버린다고 기록되어 있다(18:27-29, 20:22-23).

이와 대조적으로 레위기 19장은 이스라엘 자손이 하나님의 거룩한 백성으로서 살아가야하며 십계명을 지키고, 이웃을 자신처럼 사랑하며, 하나님을 닮아가는 삶을 살아가야 한다는 내용의 율법을 수록하고 있다. 이 범위의 본문 안에는 그 외에 여러 가지 절기들과 안식년과 희년에 관한 율법도 포함되어 있다(23-25장). 레위기 26장은 하나님의 율법에 순종하면 복을 받고, 불순종하면 저주를 받는다는 가르침의 내용이 간결한 문장으로 자세하게 기록되어 있다.

5) 27장 서약, 헌물 추가 규정

1-7장은 하나님의 것으로서 제사와 제물에 대한 규정을 기록하고 이 율법이 시내산에서 주어진 것이라는 말씀으로 마무리하였던 것처럼(레 7:38), 27장에서도 하나님의 것으로서 서원과 십일조와 첫 소산과 하나님께 바친 것에 대한 다양한 규례들을 설명하고 있다. 이 모든 율법은 시내산에서 모세를 통하여 주신 것임을 밝힘으로서 레위기는 마무리 되었다(레 27:34).

다음은 레위기 7장의 마지막 본문인 38절과 27장의 마지막 본문인 34절을 비교하여 기록한 것이다.

레위기 7:38
"여호와께서 시내 광야에서 이스라엘 자손에게 그 예물을 여호와께 드리라 명령하신 날에 시내 산에서 이같이 모세에게 명령하셨더라".

레위기 27:34
"이것은 여호와께서 시내 산에서 이스라엘 자손을 위하여 모세에게 명령하신 계명이니라".

민수기 | Numbers

1. 개요

민수기는 광야시대를 살았던 이스라엘 민족의 두 세대에 관한 이야기이다. 히브리어 성경은 〈베미드바르〉(광야에서)라는 용어를 제목으로 사용하며, 이는 첫 문장의 다섯 번째 낱말로서 이스라엘의 40년 유랑생활이 전개되었던 장소인 광야와 연결된 제목으로 파악해 볼 수 있다. 한글성경의 제목 '민수기'는 칠십인경의 〈아리스모이〉(숫자들)에서 유래된 명칭으로서, 민수기 1장(시내산)의 구세대 인구조사와 민수기 26장(모압평지)의 신세대 인구조사에 근거를 둔 이름으로 파악해 볼 수 있다.

민수기의 율법 규정들은 책의 전체에 걸쳐서 나타나고 있는 것으로 파악해 볼 수 있는데, 그 특징은 민수기 5장 5-10절과 레위기 6장 1-7절의 경우와 민수기 9장 1-14절과 출애굽기 12장의 경우에서 볼 수 있는 것처럼, 출애굽기나 레위기에 나온 율법 규정의 내용을 보충하는 성격을 보여준다.(박동현, 56.)

2. 짜임새(박동현, 56-57.)

1:1-10:10	시내 광야에서
10:11-20:13	광야 길에서
20:14-36:13	남방 및 요단 동쪽 땅 정복

민수기 1장 1-10장 10절은 시내 광야에 머물고 있음을 전제로 하고 있으며, 가나안 정복 전쟁을 위한 출애굽 첫 번째 세대의 인구조사와 이스라엘 자손들의 군대 조직을 체계화했던 준비 과정들을 살펴볼 수 있다. 10장 11-20장 13절은

출애굽 이후 둘째 해 둘째 달 이십일에 시내 광야에서 출발하여 가나안 정복 전쟁을 위한 가나안 땅의 정탐이 이루어졌으나 하나님에 대한 불신앙과 원망과 불평으로 인하여 출애굽했던 첫 세대가 결국 가나안 땅에 들어가지 못하는 심판이 벌어지게 되었고, 이후의 40년간 이어진 광야 유랑의 역사가 전개되었다.

20장 14–36장 13절은 세월이 지나고 가나안 땅 남방 지역과 요단 동쪽 지역의 땅을 이스라엘 자손들이 차지하면서 이동했던 경로에 대한 내용과 마침내 모압 평지에 이르러 출애굽 두 번째 세대에 속한 이스라엘 자손들의 인구조사가 이루어졌던 내용(민 26장)과 모압왕 발락과 메소포타미아 브돌 출신의 발람 이야기(민 22–24장)도 함께 포함하고 있다.

3. 주요 내용

1) 1:1–10:10 시내 광야에서

1–10장은 약속의 땅 가나안으로 들어가기 위한 전쟁 준비에 관한 내용으로 요약해 볼 수 있다. 1–2장에서는 출애굽 첫 번째 세대의 1차 인구 조사가 이루어지고 1장 46절에는 20세 이상의 전쟁에 나갈 수 있는 남자의 숫자를 603,550명이었다고 기록하였다. 3–4장에서는 레위인에 대한 연령과 직무 규정이 나오고, 5장에서는 남편이 아내의 부정을 의심할 경우에 대한 율법 규정을 설명한다(민 5:11–31). 5장 29절에서는 이 규정을 '의심의 법'이라고 일컫는다.

6장은 나실인의 서원에 대한 규정을 다룬다. 나실인은 일정한 기간 동안 하나님께 자신을 온전히 드리기로 서원한 남자와 여자에게 적용되는 말이다. 나실인에게 적용되었던 금령들은 포도주와 가족의 장례에 관련된 법에서도 제사장에게 적용되었던 법보다 더 엄격하고 더 높은 강도의 법이 적용되었다.

7장은 이스라엘의 지휘관들, 곧 감독된 사람들이 장막 세우기를 끝낸 이후에 모든 기구와 제단과 기물들에 기름을 발라 거룩히 구별한 날에 여호와께 드린 헌물을 기록하였다. 8장에는 레위인을 요제로 드렸다는 표현이 나오는데, 이는 레위인을 여호와 앞에서 안수하고 이스라엘 자손을 위하여 흔들어 바치는 제물(요제)로 드려서 여호와께 봉사하게 하기 위함이었다고 설명한다(민 8:11).

9장에는 출애굽한 이스라엘 자손들이 지켰던 두 번째 유월절에 관한 이야기가 나온다. 이스라엘 자손들은 낮에는 구름과 밤에는 불이 성막 위에 머무는 것을 보았고, 구름이 성막 위에서 떠오를 때에 행진하고, 구름이 성막 위에 머무를 때에는 머물렀으며, 여호와의 명령을 따라 진을 치며 여호와의 명령을 따라 행진하였고, 모세를 통하여 이르신 여호와의 명령을 따라 여호와의 직임을 지켰다(민 9:23). 10장 앞부분에는 나팔 신호의 규정이 나온다(민 10:1-10).

2) 10:11-20:13 광야 길에서

민수기 10장 11절은 시내산에서 이스라엘 자손들이 떠나는 장면을 기록한 본문이며, 이후 본문에는 시내광야에서 가데스바네아까지의 여정이 기록되어 있다. 10장 33절에서는 언약궤가 이스라엘 진영의 3일 길을 앞서 진행하였음을 밝혀주고 있으며, 진의 출발과 정지 시에 '모세의 선포도 10장 35-36절에 기록되어 있다. 11장에는 백성들의 불평 이야기가 등장하는데 다베라의 불 사건과 만나와 메추라기 사건이 나오며, 이 내용들은 출애굽기 16장과 비교해 볼 수 있는 내용이기도 하다.

12장에서는 모세가 구스 여인을 취한 사건과 미리암과 아론의 비방에 대한 사건이 나온다. 이때 민수기 6장 3절에서는 모세의 온유함이 모든 사람보다 더하였다는 평가를 하였다. "이 사람 모세는 온유함이 지면의 모든 사람보다 더하더라"(민 12:3).

13-14장에서는 가나안을 정탐했던 정탐꾼들과 그들의 보고를 들은 이스라엘 자손들의 불신앙과 원망과 불평으로 인하여 여호수아와 갈렙을 제외한 출애굽 제1세대에 속한 모든 이들이 심판을 받게 된 안타까운 사건의 내용이 기록되어 있다. 14장 34절에서는 가나안 땅을 정탐꾼들이 정탐했던 40일의 하루를 1년으로 쳐서 사십년간을 이스라엘 자손들이 광야에서 방황하는 자가 될 것이라고 하나님께서 심판 선언을 하셨던 말씀을 확인할 수 있다.

15장의 안식일을 범한 자의 사형 판결 이야기, 16장의 고라와 다단과 아비람과 온의 반역과 심판 이야기, 17장의 아론의 싹난 지팡이 이야기 등이 이어지고, 18장에는 레위인과 제사장의 직무와 몫에 대한 율법과 레위인의 십일조에 대한 규정이 나와있다. 19장에는 붉은 암송아지의 재로 부정을 씻는 물을 만드는 규정과 부정함에 대한 규정과 정결예식에 대한 규정을 기록하였다. 이 부분에는 전체적으로 보았을 때에 광야의 여정 속에서 발생했던 여러 가지 갈등과 고난의 문제들이 나열되어 있을 알 수 있다.(마틴 뢰젤, 55.)

20장 1절에는 미리암의 죽음과 장사 지낸 일이 언급되었고, 므리바 물 사건으로 인하여 아론과 모세도 가나안 땅에 들어갈 수 없게 되었던 일이 기록되었다(민 20:2-13).

3) 20:14-36:13 남방 및 요단 동쪽 땅 정복

20장에서 36장까지는 가데스 바네아에서 모압 평지까지의 여정이 기록되어 있다. 21장에는 놋뱀을 만들어 장대위에 달았던 사건과 요단 동편을 점령한 사건들이 기록되어 있다. 22-24장에는 모압왕 발락의 초청으로 메소포타미아 브돌 출신의 발람이 이스라엘 자손을 저주하기 위하여 왔으나, 도리어 축복을 하게 되었던 사건이 있었고, 25장에는 싯딤에서 모압 여인들과 이스라엘 자손이 음행과 우상 숭배의 죄악을 저지른 사건이 기록되었다.

26장에는 출애굽 두 번째 세대의 인구조사 보고가 나오는데, 2차 인구조사의 결과는 601,730으로 계수 되었음을 확인할 수 있다(민 26:51). 30장에는 서원을 파기하는 경우에 관한 규정이 나오고, 31장에는 미디안에 대한 보복 전쟁 이야기가 수록되어 있다. 33장은 민수기의 광야 여정에 대한 요약 보고에 해당하고, 35장은 도피성에 대한 규정이다. 36장에는 슬로브핫의 딸들 이야기가 민수기 27장에 이어서 나오는데 딸의 상속권을 인정하는 율법 규정의 개정에 관한 내용을 다루고 있다.

신명기 | Deuteronom

1. 개요

한자로 반복할 '신'(申)과 명할 '명'(命)자가 결합된 '신명기'라는 한글 성경의 명칭은 '율법의 되풀이'라는 뜻으로 풀이할 수 있다. 이 명칭은 신명기 17장 18절의 〈듀테로노미온〉이라는 헬라어에서 유래된 말이며, 한글 성경의 본문에는 '율법의 등사본'이라고 번역되어 있는 이 낱말과 연관된 '신명기'라는 이름이 책명으로 사용된 것은 칠십인경의 전통에 따른 것으로 파악할 수 있다. 신명기의 히브리어 제목은 〈드바림〉이며 '이것들은 말씀들이다'라는 뜻의 〈엘레 핫드바림〉이라는 1장 1절의 첫 문장에서 나온 낱말을 율법서의 다른 책들과 같이 히브리어 성경의 제목으로 사용한 것이다.

신명기의 중요한 특징들 가운데 하나는 창세기에서 민수기까지 기록된 율법을 재해석하여 출애굽한 두 번째 세대의 이스라엘 자손들에게 가르치고 있다는 점이다. 하지만 신명기의 율법과 내용은 단순한 반복이 아니라 창세기와 출애굽기와 레위기와 민수기의 역사와 율법과 가르침들에 대한 새로운 해석을 반영하고 있다. 또한 신명기는 한 분이신 하나님과 하나의 제의 장소와 하나의 선택된 백성의 주제를 다루고 있는 책이라고 할 수 있다.(마틴 뢰젤, 57.)

모세의 마지막 유언 형식으로 기록된 신명기의 내용은 출애굽한 첫 세대가 광야 40년 역사 가운데 사라지고, 광야에서 자라난 두 번째 세대에 해당하는 새로운 세대에게 율법서의 내용과 가르침을 새롭게 전달하려고 했던 특징들을 찾아볼 수 있다.

광야시대에 대한 회고와 율법에 대한 재해석과 새로운 가르침을 전달한 모세는 결국 가나안 땅에 들어가지 못하고, 모압 평지의 느보산에 올라가 비스가산 꼭대기에 이르러서 생을 마감하는 것으로 신명기서는 마무리되었다(신 34:1-12).

2. 짜임새(박동현, 60-65(62).)

1-11장		들어가는 말
12-26장 (신명기 법전)	12:1-16:17	종교 의식 관련 규정
12-26장 (신명기 법전)	16:18-18:22	공직 관련 규정
12-26장 (신명기 법전)	19:1-25:16	사회생활 관련 규정
12-26장 (신명기 법전)	26:1-19	첫 열매, 십일조 바칠 때의 고백 (1-15), 언약체결 (16-19)
27-30장		나오는 말
31-34장		오경 마무리

신명기는 요단강 동쪽의 모압 평지에서 모세가 출애굽 둘째 세대를 향하여 '젖과 꿀이 흐르는 약속의 땅,' 곧 가나안 땅에 들어가서 오직 유일하신 하나님을 잘 섬기고 율법을 잘 지키라고 당부하는 말들로 구성되어 있다. 1-11장은 원칙적인 내용에 해당하며, 출애굽과 광야 시대의 역사 회고의 내용이 포함되어 있다. 12-26장은 본격적인 율법규정들이며 일반적으로 '신명기 법전'이라는 용어가 적용되는 부분으로서, 율법서의 다양한 규정들을 반복적으로 언급하는 내용들을 포함하고 있다. 27-30장은 모세의 고별 설교를 마무리 하는 부분이며, 31-34장은 모세의 생을 마감하는 장면으로 끝이 나지만 율법서 전체를 끝맺는 부분으로서 역할을 하는 내용으로 볼 수 있다.(박동현, 61.)

3. 주요 내용

1) 1-11장 들어가는 말

신명기 1장 3절에서는 모세가 출애굽 두 번째 세대에 속한 이스라엘 자손들에게 40년 11월 1일에 여호와의 명령을 선포했다고 말한다. 2-3장까지는 모세가 출애굽 이후 광야 40년의 역사를 회고하는 내용이고, 4장 43절까지 모세의 첫 번째 설교에 해당하는 교훈과 가르침들이 이어져 있다.

4장 44절부터는 다시 모세의 두 번째 설교에 해당하는 내용으로서, 5장 7-21절에는 새로운 세대에게 다시 선포된 십계명이 기록되어 있다. 이 내용은 출애굽기 20장의 십계명과 비교할 수 있다.

출 20:8-11	안식일을 기억하여 거룩하게 지키라 엿새 동안은 힘써 네 모든 일을 행할 것이나 일곱째 날은 네 하나님 여호와의 안식일인즉 너나 네 아들이나 네 딸이나 네 남종이나 네 여종이나 네 가축이나 네 문안에 머무르는 객이라도 아무 일도 하지 말라 이는 엿새 동안에 나 여호와가 하늘과 땅과 바다와 그 가운데 모든 것을 만들고 일곱째 날에 쉬었음이라 그러므로 나 여호와가 안식일을 복되게 하여 그날을 거룩하게 하였느니라.
신 5:12-15	네 하나님 여호와가 네게 명령한 대로 안식일을 지켜 거룩하게 하라 엿새 동안은 힘써 네 모든 일을 행할 것이나 일곱째 날은 네 하나님 여호와의 안식일인즉 너나 네 아들이나 네 딸이나 네 남종이나 네 여종이나 네 소나 네 나귀나 네 모든 가축이나 네 문 안에 유하는 객이라도 아무 일도 하지 못하게 하고 네 남종이나 네 여종에게 너같이 안식하게 할지니라. 너는 기억하라 네가 애굽 땅에서 종이 되었더니 네 하나님 여호와가 강한 손과 편 팔로 거기서 너를 인도하여 내었나니 그러므로 네 하나님 여호와가 네게 명령하여 안식일을 지키라 하느니라.

"이스라엘아 들으라 우리 하나님 여호와는 오직 유일한 여호와이시니 너는 마음을 다하고 뜻을 다하고 힘을 다하여 네 하나님 여호와를 사랑하라 …"라는 문장으로 시작되는 신명기 6장 4-9절은 '이스라엘의 쉐마'로 알려진 유일신 하나님 사랑의 명령이다.

신명기 6장 24절에서는 율법을 하나님께서 이스라엘 자손에게 주신 목적은 하나님 여호와를 경외하여 항상 복을 누리게 하기 위한 것이며 여호와께서 이스라엘 자손들을 살게 하기 위함이라고 알려주었다. 11장 32절까지는 두 번째 설교에 속한 이스라엘의 선택과 교훈과 율법의 순종과 불순종에 따른 복(그리심산)과 저주(에발산)에 대한 경고의 말씀들을 수록하였다.

2) 12-26장 신명기 법전

(1) 12:1-16:17 종교 의식 관련 규정

신명기 12장 5절은 가나안 땅에 들어가서 하나님께서 택하신 곳에서 제사를 드릴 것을 규정한 명령이고, 정결법과 십일조와 제사에 대한 다양한 규정을 이후 본문들에서 기록하였다. 15장 1절 이하의 본문은 매 칠년 끝의 면제년 규정을 다루었다. 16장에는 유월절과 칠칠절과 초막절의 1년 3차례 성소방문을 명령한 규정도 수록되었다(민 16:16).

(2) 16:18-18:22 공직 관련 규정

신명기 16장 18절 이하의 본문은 재판장들과 지도자들의 공의에 대한 율법이며, 17장은 이스라엘 자손들이 세우게 될 왕이 지켜야할 율법을 해설한 '이스라엘의 왕도(王道)'에 해당하는 내용이다. 18장 15절에는 특별히 모세가 하나님께서 이스라엘 민족을 위하여 "나와 같은 선지자 하나"를 일으키실 것이라는 말을 했다는 기록이 나온다.

(3) 19:1-25:16 사회생활 관련 규정

신명기 19장 21절에는 '동해보복법'(lex talionis)의 규정이 나오고, 20장에는 전쟁에 대한 율법이 나온다. 23장에는 여호와의 총회에 들어오지 못하는 사람들로서 사생자(10대)와 암몬과 모압 사람(영원히)이 언급되었다. 24장 19-22절에는 사회적 약자를 위한 추수규정이 기록되어 있고, 25장 17-19절에는 아말렉에 대한 심판의 이유가 언급되어 있다.

(4) 26:1-19 첫 열매, 십일조 바칠 때의 고백 (1-15), 언약체결 (16-19)

신명기 26장 5-10절은 첫 열매 드릴 때의 신앙고백문에 해당한다. 이 고백문에서는 특별히 이스라엘 자손들이 그들의 조상을 "방랑하는 아람 사람"이라고 표현한 점이 인상적이다. 주된 내용은 출애굽의 구원 사건에 초점을 맞춘 형태로 구성되어 있다. 신명기 26장 12절 이하의 본문에는 제 삼 년의 십일조는 레위인과 객과 고아와 과부를 구제하도록 했던 율법 규정이 수록되어 있다.

신 26:5-10	"… 내 조상은 방랑하는 아람 사람으로서 애굽에 내려가 거기에서 소수로 거류하였더니 거기에서 크고 강하고 번성한 민족이 되었는데 애굽 사람이 우리를 학대하며 우리를 괴롭히며 우리에게 중노동을 시키므로 우리가 우리 조상의 하나님 여호와께서 부르짖었더니 여호와께서 우리 음성을 들으시고 우리의 고통과 신고와 압제를 보시고 여호와께서 강한 손과 편 팔과 큰 위엄과 이적과 기사로 우리를 애굽에서 인도하여 내시고 이곳으로 인도하사 이 땅 곧 젖과 꿀이 흐르는 땅을 주셨나이다. 여호와여 이제 내가 주께서 내게 주신 토지 소산의 만물을 가져왔나이다 …"

3) 27-30장 나오는 말

신명기 27장은 세 번째 모세의 설교에 해당하는 내용으로 구분해 볼 수 있다. 신명기 27장 12-13절에는 그리심산과 에발산에서의 의식에 대한 명령이 나오며, 신명기 28-30장은 여호와의 율법에 순종하면 받을 복과 불순종했을 경우에 받을 저주의 내용들을 매우 상세하게 설명한 내용으로 구성되어 있다. 29장에서는 이 율법의 언약과 맹세가 '우리와 함께 여기 선자'와 '우리와 함께 여기 있지 아니한 자'를 그 대상의 범위에 포함하고 있다고 밝히고 있다(신 29:14).

4) 31-34장 오경 마무리

신명기 32장은 모세의 마지막 노래이고, 33장은 이스라엘 지파와 자손들에 대한 모세의 축복 기도이다. 신명기 33장 29절에서는 "이스라엘이여 너는 행복한 사람이로다"라는 모세의 선언이 기록되어 있고, 모세의 축복은 이어지는 "여호와의 구원을 너같이 얻은 백성이 누구냐 그는 너를 돕는 방패시오 네 영광의 칼이시로다 네 대적이 네게 복종하리니 네가 그들의 높은 곳을 밟으리로다"라는 말씀으로 끝맺고 있다.

신명기 34장 1-8절은 모세가 모압 평지에서 느보산에 올라가 비스가산 꼭대기에서 여호와께서 보여주신 가나안 땅을 바라보고 난 후에 벳브올 맞은 편의 모압 땅에 있는 골짜기 장사되었고, 그의 무덤을 아는 자가 없다고 말씀해 주고 있다(민 34:6). 신명기 34장 10-12절은 모세에 대한 평가이며, 율법서는 이렇게 마무리 되었다.

여호수아 | Joshua

1. 개요

여호수아는 주인공인 여호수아의 이름(히브리어: 예호슈아, 헬라어: 예수스)을 따라 명명되었다. 구약의 여호수아와 신약의 예수님의 헬라어식 이름은 "예수스"로 모두 '구원자'라는 뜻이다.

전통적으로 기독교에서는 여호수아에서 에스더까지를 역사서로 구분한다. 이 중에서 여호수아, 사사기, 사무엘상하, 열왕기상하를 현대 구약학계에서는 "신명기 역사서"(Deuteronomic History 혹은 Deuteronomistic History)라고 부르고, 유대교에서는 "전기 예언서"라고 부른다. 이 부분을 신명기 역사서라고 부르는 이유는 여호수아에서 열왕기하까지가 신명기의 언어와 신학적 특징을 보이기 때문이다. 이 부분의 중요한 사건의 전환점에 예언자들의 해석과 예언이 등장하기에 전통적으로는 "전기 예언서"라고 불러왔다. 여호수아는 신명기 역사서 혹은 전기 예언서의 맨 앞에 나오는 책이다.

여호수아에는 가나안 정복 전쟁의 과정이 자세히 기록되어 있는데 올브라이트(W.F. Albright), 라이트(G.E. Wright), 브라이트(J. Bright), 야딘(Y. Yadin) 같은 학자는 여호수아를 근거로 가나안 정복에 대한 군사적 정복 이론을 주장했는데, 라기스, 하솔, 벧엘, 드빌, 에글론 지역에서는 주전 13세기경에 파괴된 것으로 보이는 흔적이 발굴되었다.

2. 짜임새

여호수아는 가나안 땅을 정복하는 이야기(1-12장)와 땅을 분배하는 이야기(13-21장)와 요단 동편 지파의 귀환과 세겜에서의 언약과 여호수아의 죽음 이야기

(22-24장)의 세 부분으로 크게 나눌 수 있다.

1장	가나안 땅 진입 준비 주요구절(7-8절): "오직 강하고 극히 담대하여 나의 종 모세가 네게 명령한 그 율법을 다 지켜 행하고 우로나 좌로나 치우치지 말라 그리하면 어디로 가든지 형통하리니/이 율법책을 네 입에서 떠나지 말게 하며 주야로 그것을 묵상하여 그 안에 기록된 대로 다 지켜 행하라 그리하면 네 길이 평탄하게 될 것이며 네가 형통하리라"
2장	여리고 성 정탐과 기생 라합
3-4장	요단강 도하와 요단 중앙(4:9)과 길갈(4:1-8, 10-24)에 열 두 개의 돌을 세움
5장	길갈에서의 할례(1-9절)와 유월절 준수(10-12절)와 여리고에서 여호와의 군대장관(13-15절)
6장	여리고 성 정복과 라합 가족 살아남음
7장	아간의 범죄와 아이 성 정복 실패
8장	아이 성 정복
9장	기브온 사람들(히위 족속)과의 조약
10장	기브온 방어와 남부 가나안 정복(태양과 달이 멈춤-야살의 책에 기록)
11장	북부 가나안 정복
13장	요단 동쪽 땅 분배(르우벤, 갓, 므낫세 반 지파)
14-19장	요단 서쪽 땅 분배
22장	요단 동쪽 지파의 귀환과 제단 설립
23장	여호수아의 고별 설교
24장	세겜의 언약 갱신(1-28절), 여호수아의 죽음과 요셉의 뼈를 세겜에 장사, 엘르아살의 죽음(29-33)

3. 주요 내용

1) 여호수아 1-12장은 정복 이야기, 여호수아 13-21장은 분배 이야기라는 독특한 구조로 이루어져 있다.

2) 여호수아 1장 1절에서는 모세를 "여호와의 종"이라 부르고 여호수아를 "모세의 수종자"라고 부른다. 1장 2절, 7절에서도 모세를 "내 종" 혹은 "나의 종"이라고 부른다. 여호수아 24장 29절에서는 여호수아도 "여호와의 종"이라 불린다.

3) 정복 전쟁이 중부, 남부, 북부의 순서로 진행된다. 2-9장에는 중부 정복 전쟁이 나타나고, 10장에는 남부 정복 전쟁이 나타나고, 11장에는 북부 정복 전쟁이 나타난다.

4) 여호수아는 이방인의 진멸을 명하는 신명기 7장의 헤렘법(Ḥerem)의 실행을 강조하지만, 이 법에서 예외적으로 살아남은 사람들(라합과 그 가족, 기브온 족속)의 이야기를 소개하며 하나님의 공의와 사랑이 함께 나타난다. 정복 전쟁에서 얻을 전리품도 일종의 헤렘으로 하나님께 바친 것으로 사람이 함부로 취할 수 없도록 명한다(6:18(x2); 7:1(x2), 11, 12(x2), 13(x2), 15).

5) 여호수아 1-12장까지의 정복 이야기에서 한 쌍의 이야기가 결합되어 두 장을 연결한다. 2장의 라합 이야기와 6장의 여리고 정복이야기, 3-4장의 요단강 도하 이야기와 6장의 여리고 정복 이야기, 6장의 여리고 정복 이야기와 7장의 아간 이야기, 7장의 아간 이야기와 8장의 아이성 정복 이야기, 이방인의 생존과 관련된 2장의 라합 이야기와 9장의 기브온 족속 이야기, 10장의 남쪽 동맹 정복 이야기와 11장의 북쪽 동맹 정복 이야기가 한 쌍의 이야기로 결합되어 있다.

6) 여호수아에는 가나안을 완전히 정복했다는 내용(1:3-6; 10:40-42; 11:16-23; 21:43-45; 24:18)과 여전히 정복하지 못한 이방나라가 남아 있었다는 내용(13:2-6; 15:63; 16:10; 17:12-13; 23:4-5, 7, 12-13)이 함께 나타난다.

7) 여호수아 21장 43-45절에 보면 창세기 12장 1-2절에서 아브라함에게 주어진 땅에 대한 약속이 비로소 성취된 것으로 나타난다. 이를 근거로 폰 라트(G. von Rad)는 아브라함에게 주어진 땅에 대한 약속이 여호수아에서 성취되었으므로 창세기에서 여호수아까지를 하나의 단위로 읽을 것을 제안하며 육경(Hexateuch)설을 주장한다.

사사기 | Judges

1. 개요

사사기의 책 이름은 히브리어 쇼프팀에서 온 것이다. 히브리어 쇼프팀은 재판관들을 의미하는데 사사기에서는 여선지자 드보라가 재판관 역할을 하고, 다른 사람들은 군사 지도자와 통치자의 역할을 하고 있으므로 사사기라는 번역이 타당해 보인다.

사사기에는 여호수아에서 완료된 것으로 보이던 가나안 정복전쟁이 국지적으로 지속되는 것으로 나타나는데 알트(A. Alt), 노트(M. Noth), 아하로니(Y. Aharoni) 같은 구약학자들은 사사기의 보도에 근거해 베두인의 계절의 변화에 따른 이동에 관심을 기울이며 가나안 정복은 군사적 정복에 의한 것이 아니라 점진적이고 유목민적인 이주에 의해 장기간에 걸쳐 이루어진 것이라는 이주, 정착, 침투설을 주장했다.

사사기 3장 7절에서 16장 31절에는 열두 명의 사사가 등장하는데 대사사들의 이야기 속에서 하나님은 이스라엘의 반복되는 범죄에 대해 이방민족을 통해 심판하시고 이들이 고통 속에 부르짖을 때 사사를 통해 구원하신다. 따라서 대사사들의 이야기 속에서 "범죄-진노-압제-부르짖음-구원-재범죄"의 구조가 여섯 번 반복된다. 따라서 사사기는 전형적인 신명기적인 틀을 가지고 있다고 할 수 있다.

2. 짜임새

사사기는 서론: 계속되는 땅 정복 이야기(1:1-2:5)과 본론: 열두 명의 사사 이야기(2:6-3:6)과 부록1: 단 성소에 대한 이야기(17-18장)와 부록2: 베냐민 지파의

범죄와 심판(19-21장)으로 구성되어 있다.

서론 1:1-2:5	아직 정복하지 못한 성읍들에 대한 정복과 여호와의 사자의 책망	
본론 2:6-16:31	2:6-3:6	이스라엘의 반복되는 범죄와 가나안 족속을 남겨 두신 이유
	3:7-11	사사 옷니엘
	3:12-30	사사 에훗
	3:31	사사 삼갈
	4-5장	여사사 드보라, 시스라를 쳐부순 드보라와 바락, 드보라의 노래(5장)
	6-8장	사사 기드온
	9장	스스로 왕이된 아비멜렉의 죽음, 요담 우화
	10:1-5	사사 돌라, 야일
	10:6-12:7	사사 입다
	12:8-15	사사 입산, 엘론, 압돈
	13-16장	사사 삼손
부록1 17-18장	에브라임 사람 미가와 단 지파	
부록2 19-21장	베냐민 지파의 범죄와 심판	

3. 주요 내용

1) 사사기는 여호수아 사후 왕이 없던 시대(삿 21:25)의 혼란을 보여 주는데 열두 지파를 하나로 묶는 구심점이 정치적인 힘이 아니라 여호와 하나님을 향한 공동의 신앙임을 보여준다.

2) 사사기 1장 1-2절과 20장 18절에는 유다 지파가 가나안과 베냐민 지파와의 싸움에서 먼저 올라가 주도적인 역할을 하는 것으로 강조되어 있는 수미쌍관(Inclusio)의 독특한 구조가 나타난다.

3) 마틴 노트(M. Noth)는 사사기에 나타나는 이스라엘의 열두 지파 체제를 고대 희랍의 열두 도시(Polis)가 도시국가 동맹체를 이루고 있던 것에서 착안해서 지파동맹체 가설을 주장했는데 이를 암픽티오니(Amphictyony) 가설이라고 한다.

4) 사사기에서는 법궤가 싯딤에서 출발해 요단강을 건너 길갈에 도착한 후 세겜, 벧엘, 실로 등 성소가 있는 지역을 이동하는 것으로 나타나는데 하나님은 어느 특정 지역에 매어 계시는 분이 아님을 보여준다.

5) '여선지자'(삿 4:4)로 기록된 사사 드보라는 재판관의 역할도 감당한다. 그의 군대장관 바락이 하솔 왕 야빈의 군대장관 시스라에게 승리한 내용이 사사기 4장에 기록되어 있다. 사사기 5장에는 이 승리를 기리는 노래가 운문체로 기록되어 있는데 이는 구약 성경에서 가장 오래된 분문 중 하나로 여겨진다.

6) 사사기 6-8장에는 기드온이 미디안을 물리친 내용이 기록되어 있는데 이스라엘 백성은 그를 왕으로 삼으려 하지만 기드온은 이를 거절한다. 9장에는 기드온의 아들 아비멜렉이 스스로 왕이 되려다 실패한 이야기가 기록되어 있다. 기드온과 아비멜렉의 이야기는 백성의 요구에도 불구하고 왕이 되기를 거부했던 기드온과 스스로 왕이 되려다 실패한 아비멜렉을 대조하며 여호와 하나님만이 참 왕이심을 강조하며 반왕정적(anti-monarchic) 입장을 강조한다.

7) 삼손 이야기는 사사기 13-16장까지 가장 긴 분량으로 기록되어 있다. 그는 나실인으로서 초기 이스라엘 역사에서 주된 경쟁 상대였던 블레셋과 싸웠던 사사이다. 삼손 이야기는 왕정 성립을 위해 블레셋과 경쟁했던 사울, 다윗 시대의 왕정 초기 이야기와 연결된다.

8) 사사들의 출신지파와 쳐부순 이방나라를 정리하면 다음과 같다.(박동현, 79.)

옷니엘	유다 지파(민 13:6)	메소보다미아
에훗	베냐민 지파	모압
삼갈	?	블레셋
드보라	에브라임?	가나안 하솔
기드온	므낫세 지파	미디안
돌라	잇사갈 지파	
야일	길르앗 사람	
입다	길르앗 사람	암몬
입산	베들레헴 사람	

엘론	스불론 지파	
압돈	비라돈 사람	
삼손	단 지파	블레셋

9) 사사기 17-21장에는 두 개의 부록이 기록되어 있는데 17-18장에는 단 성소에 관한 이야기와 19-21장에는 베냐민 지파의 만행이 기록되어 있는데 이 부분에 반복되는 어구를 통해 왕이 없던 시절의 혼돈을 보여준다(17:6; 18:1; 19:1; 21:25). 사사들의 이야기의 중심부에 있는 기드온의 이야기에는 반왕정적인(anti-monarchic) 관점이 강조되어 있다면, 사사기의 결론부인 두 개의 부록에는 친왕정적인(pro-monarchic) 관점이 강조되어 왕정에 대한 기대를 보여준다.

룻기 | Ruth

1. 개요

룻기는 "사사들이 치리하던 때"(1:1)를 시대적 배경으로 한다. 따라서 칠십인역과 불가타역과 우리말 성경에서는 룻기가 히브리어 마소라 성경과는 달리 사무엘서 바로 앞에 배치되어 있다. 룻기는 메길노트(다섯 개의 절기 두루마리) 중 하나로 보리 수확을 기념하는 오순절(칠칠절)에 읽던 성경이다. 룻기는 모압 여성인 룻이 어떻게 위대한 왕 다윗의 증조할머니가 되었는지를 변증하는 책으로 이방인과의 결혼에 반대하는 에스라-느헤미야의 배타적 관점에 반대하며 이방인에 대한 관심과 사랑을 보여준다.

2. 짜임새

룻기는 총 85절 중 45절이 대화로 이루어진 희곡적인 성격을 가진 문학성이 뛰어난 책으로, 발단, 전개, 절정, 대단원의 구조로 이루어져 있다. 룻기는 1장과 4장에서는 나오미가 주도적인 역할을 하고, 2장과 3장에서는 룻이 주도적인 역할을 하는 독특한 구조로 되어 있다.

발단 1장	1:1-5	(배경) 나오미 가족의 모압이주, 남편과 아들들의 죽음
	1:6-14	며느리 오르바와 결별
	1:15-19a	며느리 룻은 나오미와 동행을 결정
	1:19b-22	베들레헴 여인들의 환영과 나오미의 한탄
전개 2장	2:1-17	룻이 보아스의 밭에서 이삭을 줍다가 인정을 받음
	2:18-23	룻과 보아스의 만남에 대한 나오미의 해석 : 그는 기업 무를 자 중 하나

절정 3장	3:1-5	룻과 보아스의 혼인을 위한 나오미의 계획
	3:6-15	룻이 밤중에 보아스의 타작마당에 찾아가 혼인을 간청함
	3:16-18	나오미를 통한 만남에 대한 긍정적인 해석
대단원 4장	4:1-8	베들레헴 성문에서 첫 번째 기업 무를 자가 룻을 포기함
	4:9-13a	보아스가 룻과 혼인하기로 결정함
	4:13b-17a	나오미의 후사로서 아들이 태어남
	(4:17b-22)	(다윗의 계보)

3. 주요 내용

1) 룻기는 형사취수제(levirate law)를 배경으로 한다. 신명기 25장 5-10절에는 후사 없이 죽은 형제의 배우자를 아내로 맞이해 그의 대를 잇게 하고, 과부가 된 여인의 삶을 보장하는 제도가 기록되어 있는데 룻기에는 이 제도가 친척에게까지 적용된 것으로 나타난다.

2) 룻기에는 '기업 무를 자'〈고엘〉이라는 개념이 중요하게 나타난다. 기업을 의미하는 히브리어 〈나할라〉는 일종의 상속 재산을 의미하는 것으로 이는 이스라엘 각 지파 또는 집안에 분배된 것으로 다른 지파나 집안에 팔 수 없다. 누가 경제적인 어려움으로 이것을 팔았다면 본인이나 가까운 친척이 이를 반드시 다시 사야하는데 이를 가리켜 '기업 무를 자'라고 한다. "나오미의 남편 엘리멜렉의 친족으로 유력한 자"였던 보아스는 가련한 여인 나오미와 룻과 그들의 집안을 위해 '기업 무를 자'〈고엘〉의 책임을 다한다.

3) 룻기 1장 8절에서는 "선대"로 3장 10절에서는 "인애"로 번역된 히브리어 〈헤세드〉는 룻기의 주제를 잘 대변하는 핵심단어이다. 룻이 그의 늙은 시어머니 나오미에게 행한 인간적인 도리나 보아스가 불쌍한 두 여인 나오미와 룻에게 베푼 사랑, 이스라엘이 이방인들까지 자신들의 공동체의 일원으로 받아들이는 관용, 하나님께서 이방 여인까지 구원하시는 은혜를 〈헤세드〉라고 할 수 있다.

사무엘상 | 1 Samuel

1. 개요

사무엘상하와 열왕기상하는 이스라엘 왕정의 시작부터 멸망까지의 역사를 기록한 책으로 칠십인역과 불가타역에서는 내용과 길이에 따라 네 권의 책으로 구분해 제일, 제이, 제삼, 제사 왕국기로 부른다. 히브리어 성서 구분법에서는 이 부분을 전기 예언서로 분류하지만, 칠십인역과 불가타역에서는 이 부분을 역사서로 분류한다. 이 책들에는 신명기적인 신학을 반영한 본문이 있는데 사무엘의 고별사(삼상 12:6-25), 나단 신탁(삼하 7장), 다윗의 고별사(삼하 24:1-7), 솔로몬의 기도(왕상 8:12-53) 등이 대표적인 본문이다. 사무엘상하와 열왕기상하는 사본상의 많은 차이가 나타나므로 히브리어 마소라 사본(MT)과 헬라어 칠십인역 사본(LXX)과 사해사본을 비교하는 대조 연구가 활발하게 진행 중인다.

사무엘상하는 원래 한 권의 책이었으나, 내용에 따라 왕국의 성립에서 사울의 죽음까지를 사무엘상으로, 다윗 왕국의 성립부터 다윗 왕국의 쇠퇴와 다윗의 마지막 시기까지를 사무엘하로 구분했다. 물론 다윗의 죽음이 열왕기상 2장에 기록되어 있고, 다윗 등극 설화(삼상 16:1-삼하 5:25)와 법궤 설화(삼상 4:1b-7:2; 삼하 6장)와 왕위 계승 설화(삼하 9-왕상 2장)가 복잡하게 결합한 것으로 볼 때 현재의 책 구분이 다소 인위적인 면이 있음을 알 수 있다.

사무엘상에는 사무엘과 사울과 다윗에 대한 다양한 전승이 복합적으로 나타난다. 사무엘은 한나의 서원으로 출생한 나실인이며, 사사(삼상 7:6, 15-17)와 제사장(7:9-10; 10:8)과 예언자(3:20; 9:6-11, 18-19; 15-16장)의 직무를 동시에 수행했다. 그는 왕정의 수립에 반대했지만, 결국 사울과 다윗에게 기름을 부어 왕정 설립에 기여한 인물이다. 사울은 베냐민 지파 출신으로 뛰어난 장수였으며 이스라엘의 초대 왕이 되었다. 그는 완전한 왕정을 실시했다기 보다는 사사에 가까웠던 인물로 블레셋과의 싸움에서 전사한다. 다윗은 사울의 궁중 연주자로 발탁되어 등장하며 블레셋의 거인 골리앗을 쓰러뜨리고 국민적 영웅이 되고, 사울의 딸 미갈과 결혼하여 왕의 사위가 된 후 사울과 그의 아들들과 경쟁에서 승리하여 이스라엘의 왕이 된다.

2. 짜임새

사무엘상에서는 사사기에서부터 대망하던 왕정이 비로소 시작된다. 사무엘상 1-7장에는 사무엘의 출생과 어린 시절, 왕정 설립 이전의 과도기의 상황이 나타나 있고, 8-15장에는 왕정의 성립과 사울의 범죄가 기록되어 있고, 16-31장에는 다윗의 상승기와 사울의 몰락과 죽음에 대한 내용이 기록되어 있다.

사무엘 1-7장	1:1-2:11	사무엘의 출생과 한나의 기도(2:1-10 한나의 노래)
	2:12-36	엘리의 패역한 아들들과 엘리의 집에 내린 저주
	3:1-21	사무엘의 소명
	4:1-22	언약궤를 빼앗기고 엘리 집안의 몰락
	5:1-12	블레셋에 빼앗긴 언약궤가 다곤상과 블레섹 사람들을 침
	6:1-7:2	언약궤가 이스라엘로 돌아옴
	7:3-17	사무엘의 승리(에벤에셀)와 사무엘의 이스라엘 치리
사무엘과 사울 8-15장	8:1-22	백성들이 왕을 요구함
	9:1-10:16	사무엘이 사울에게 기름부음
	10:17-27	사울이 미스바에서 제비뽑기로 왕으로 선출
	11:1-15	사울이 암몬과의 전쟁에서 승리하고 길갈에서 왕으로 추대
	12:1-25	사무엘의 고별사
	13:1-23	블레셋과의 전쟁 준비와 사울의 잘못(사무엘을 기다리지 못함)
	14:1-52	사울의 추잡한 승리
	15:1-35	하나님께서 사울을 버리심 : 아말렉과의 전쟁에서 사울의 범죄
사울과 다윗 16-31장	16:1-13	사무엘이 다윗에게 기름부음
	16:14-23	사울을 섬기게 된 다윗
	17:1-58	다윗이 골리앗을 무찌름
	18:1-30	다윗이 사울의 궁정에서 크게 되고, 사울이 다윗을 질투함
	19:1-24	사울이 다윗을 죽이려고 함
	20:1-42	요나단이 다윗의 피신을 도움
	21:1-22:23	사울이 제사장 아히멜렉과 그의 가족을 죽임
	23:1-18	다윗이 그일라 백성을 구함

	23:19-29	십 사람들이 다윗을 고발하고, 다윗은 엔게디 광야로 피신함
	24:1-22	다윗이 사울의 목숨을 구해줌
	25:1-44	사무엘의 죽음과 다윗과 아비가일의 만남
	26:1-25	십 사람들이 다윗을 고발하고, 다윗은 다시 사울의 목숨을 살림
	27:1-12	다윗이 블레셋 땅 시글락으로 피신하고, 아기스의 신임을 얻음
	28:1-25	이스라엘의 전쟁 준비: 사울이 엔돌의 신접한 여인을 만남
	29:1-11	블레셋의 전쟁 준비: 아기스가 군대를 모았으나, 다윗은 거부되어 시글락으로 돌아감
	30:1-31	다윗이 아말렉을 쳐서 이김
	31:1-13	이스라엘이 전쟁에서 지고, 사울과 그의 자식들이 죽음

3. 주요 내용

1) 사무엘은 에브라임 사람 엘가나의 아들로 자녀를 낳지 못하던 한나의 서원 기도로 태어난 나실인이다. 사무엘상 2장에는 한나의 노래가 기록되어 있는데 이 시는 사무엘하 22장에 기록된 다윗의 노래와 수미쌍관(Inclusio)을 이루며 하나님께서 낮은 자를 높이신다는 주제와 기름 부음 받은 자를 형통케 하신다는 주제 등을 공유한다. 한나의 노래는 신약 성경의 마리아 찬가(눅 1:46-55)로 연결된다.

2) 사무엘상 2장 11절-3장 21절에는 불량한 엘리의 아들들의 모습과 하나님의 사람으로 성장하는 사무엘의 모습이 대조적으로 나타나는데 이를 통해 아론계 제사장 가문의 몰락과 새로운 제사장 가문의 성장이 예고된다.

3) 사무엘상 4장 1절하반절에서 7장 2절에는 법궤 설화가 나타나는데 이스라엘은 블레셋과의 전투에서 패배하고 법궤를 빼앗기지만, 그 법궤가 블레셋 사람들에게 재앙을 내리고 스스로 돌아오는 독특한 이야기이다.

4) 사무엘상 8-12장까지는 반왕정적인 관점(8:1-22; 10:17-27; 12:1-25)과 친왕정적 관점(9:1-10:16; 11:1-15)이 교차로 반복되는데 결국 사무엘이 사울에게 기름을 붓고, 그를 왕으로 제비뽑는 방식으로 왕으로 선출함으로 왕정제가 시작된다. 그러나 사무엘은 고별연설을 통해 최종적으로 반왕정적인 관점을 강조한다.

5) 사울은 사무엘상 13장의 블레셋과의 전투에서 제사장직을 침해하고, 15장에서 아말렉과의 전투에서 거룩한 전쟁법(헤렘법)을 위반함으로 하나님으로부터 버림받고 그의 인생이 하강하기 시작한다. 사무엘상 13장과 15장은 사울 인생 곡선의 분기점(Watershed)라고 할 수 있다. 이후에 사무엘상 16장에서 사무엘이 다윗에게 기름을 부은 후 다윗은 골리앗을 쓰러뜨리고 그의 인생은 승승장구해 많은 백성의 지지를 받고 결국 왕위에 오르게 되고, 사울의 인생은 내리막길을 걷다가 사무엘상 31장에서 블레셋과의 길보아산 전투에서 그의 세 아들과 함께 전사한다.

사무엘하 | 2 Samuel

1. 개요

사무엘하는 다윗이 헤브론에서 남유다의 왕이 된 후 사울의 아들 이스보셋과의 경쟁에서 승리하여 온 이스라엘의 왕이 되고, 예루살렘을 정복하고, 법궤를 다윗성으로 옮겨옴으로 예루살렘을 수도로 삼는다. 다윗은 여호와 하나님을 위해 성전을 짓겠다고 하지만, 하나님은 선지자 나단을 통해 다윗과 계약을 맺으시고 이스라엘을 영원히 다윗의 집이 되도록 하시겠다고 약속하시며 유명한 '다윗 계약'을 맺으신다. 주변 나라들을 정복하고 왕국을 확장해 제국의 황제가 된 다윗은 11장에서 우리아의 아내 밧세바와 성관계를 맺고 우리아를 죽이는 범죄를 저지른다. 이 일로 이스라엘에는 반란이 끊이지 않고 다윗의 인생은 하강곡선을 그리게 된다. 사무엘하에는 다윗의 왕위 등극 자료(삼하 1-5장)와 법궤 설화(삼하 6장), 다윗계약(삼하 7장), 왕위 계승 설화(삼하 9-20장) 등 다양한 자료가 결합해 있다.

2. 짜임새

사무엘하 1-4장에는 다윗이 사울과 요나단의 죽음을 애도한 후 헤브론에서 남유다의 왕이 되어 7년간 통치하는 내용이 기록되어 있고, 사무엘하 5-10장에는 다윗이 온 이스라엘의 왕이 되어 예루살렘 중심으로 왕권을 강화하고 주변 나라들을 정복하여 제국의 황제가 되는 다윗 상승기의 내용이 기록되어 있다. 사무엘하 11-20장에는 다윗이 밧세바를 범한 후 나단의 예언대로 반란이 계속되는 다윗의 하강기의 내용이 기록되어 있다. 사무엘하 21-24장에는 사울의 후손들에 대한 보복과 다윗의 용사들의 목록과 다윗의 두 개의 시(22장, 23장)와 다윗의 인구 조사와 이로 인한 재앙이 기록되어 있다.

다윗의 상승 1-10장	1:1-27	다윗이 사울과 요나단을 위해서 애곡함
	2:1-7	다윗이 유다의 왕이 됨
	2:8-4:12	이스라엘의 군대장관 아브넬과 이스보셋이 살해됨
	5:1-25	다윗이 이스라엘의 왕이 되고, 예루살렘을 정복함
	6:1-23	법궤의 예루살렘 입성
	7:1-29	나단의 신탁: 다윗 왕국에 대한 하나님의 약속
	8:1-18	다윗의 승전보
	9:1-13	요나단의 아들, 므비보셋에 대한 다윗의 태도
	10:1-19	다윗이 암몬을 무찌름
다윗의 하강 11-20장	11:1-12:31	다윗의 범죄
	13:1-19:43	압살롬의 반란
	20:1-26	세바의 반란
다윗의 결말 21-24장	21:1-14	기브온 사람들의 복수
	21:15-22	블레셋 전투와 다윗의 용사들
	22:1-51	다윗의 시 (시편 18편)
	23:1-7	다윗의 고별사
	23:8-39	다윗의 용사들
	24:1-25	인구조사와 역병

3. 주요 내용

1) 다윗은 사울을 죽인 아말렉 청년을 죽이고, 사울과 요나단을 위해 조가를 지어서 그들의 죽음을 애도한다. 사무엘하 1장 19-27절에 기록된 이 조가는 개인적 장송가의 성격으로 되어 있으며 사울과 요나단의 행적을 찬양하며 요나단을 위한 애가를 담고 있다.

2) 사무엘하 2장에는 다윗이 헤브론에서 유다의 왕이 되고, 이스보셋이 마하나임에서 이스라엘의 왕이 되는 내용이 기록되어 있다. 다윗은 팔레스타인에서 가장 높은 지역인 유다의 구릉지대 헤브론을 차지함으로 왕권 경쟁에서 유리한 고지를 점령하게 된다. "부끄러움의 사람"이란 뜻의 이름을 가진 "이스보셋"의 원래 이름은 "이스바알"(대상 8:33; 9:39)이었을 것으로 보이지만, 그의 이름을 비하하기 위해 이스보셋으로 수정한 것으로 보인다. 이스보셋은 그의 군대장관 아브넬이 다윗에게로 망명한 후 레갑과 바아나에게 살해된다. 다윗은 의로운 재판장의 모습으로 레갑과 바아나를 죽이고, 이스보셋의 죽음과 자신은 무관함을 보여준다.

3) 사무엘하 5장에서 다윗은 이스라엘 모든 지파의 왕이 된다. 삼십 세에 왕이 된 다윗은 헤브론에서 칠 년 육 개월 동안 유다를 다스렸고 예루살렘에서 삼십 삼 년 동안 온 이스라엘과 유다를 다스렸다.

4) 사무엘하 7장에는 유명한 다윗 계약이 나타난다. 다윗은 여호와의 언약궤를 위해 성전을 짓고자 했지만, 하나님은 나단 선지자를 통해 이를 거절하시고 그의 아들 솔로몬을 통해 이 일을 이루겠다고 말씀하신다. 하나님은 오히려 다윗에게 영원한 왕조를 허락하시고, 그를 사울과는 달리 아들로 삼아 그의 왕위를 영원히 견고하게 하리라는 부자계약을 맺으신다(삼하 7:11-16).

5) 사무엘하 11장에는 다윗이 우리아의 아내 밧세바와 동침한 후 우리아를 암몬과의 싸움 최전방으로 보내 죽게하는 사건이 기록되어 있다. 이 사건은 다윗 인생의 하나의 분기점(watershed)이 되고, 다윗의 인생은 하강곡선을 그리게 된다. 이 일로 나단은 칼이 다윗의 집에서 떠나지 않을 것이고, 이웃들이 다윗의 아내들과 백주에 동침하리라는 예언을 하는데(삼하 12:10-11) 이 예언이 다윗 인생의 후반부를 지배하게 된다. 이후 압살롬과 세바가 반란을 일으키고, 삼 년 기근과 삼 일 온역으로 칠만 명의 백성이 죽는 시련을 겪는다.

6) 다윗 인생의 후반부를 부록처럼 소개하는 21-24장의 내용은 대칭을 이루고 있다. 21장 1-14절과 24장 1-25절은 사울과 다윗의 범죄로 인한 하나님의 심판이 기록되어 있고, 21장 15-22절과 23장 8-39절에는 다윗의 용사들의 블레셋과의 전쟁에서의 공적이 기록되어 있고, 22장 1-51절과 23장 1-7절에는 다윗의 노래가 기록되어 있다.

열왕기상 | 1 Kings

1. 개요

히브리어 성경에서는 열왕기상하가 한 권으로 되어 있지만, 칠십인역 성경과 우리말 성경은 내용과 분량에 따라 두 권으로 구분한다. 열왕기상은 솔로몬의 즉위부터 남유다와 북이스라엘의 분열과 두 왕국의 초기 역사부터 아합의 죽음과 아하시야의 즉위까지의 내용을 다루고, 열왕기하는 아하시야부터 북이스라엘의 멸망과 남유다의 멸망까지의 역사를 다룬다.

열왕기의 기자는 역사를 남유다 중심으로 기술하며 북이스라엘에 대해서는 부정적으로 간략하게 평가한다.

열왕기에는 예언자들의 역할이 강조되어 있는데 열왕기상 11장 29-30절의 아히야의 예언과 열왕기상 13장, 14장, 16장의 예언자의 법정 진술, 열왕기상 17장부터 열왕기하 13장까지 이어지는 엘리야-엘리사 이야기는 왕정의 위기시대에 국가를 지탱하는 힘이 예언자를 통해 주어지는 하나님의 말씀임을 보여준다. 열왕기 기자는 유다와 이스라엘 왕의 치세에 대해 틀에 박힌 방식으로 소개하는데 정리하며 다음과 같다.

1. 동시대의 북왕국 또는 남왕국의 왕 언급하며 즉위 연대 표시
2. 즉위시의 나이
3. 수도와 통치기간
4. 왕의 모친의 이름
5. 신학적 평가
6. 신학적 평가

왕들의 죽음에 대해서도 일정한 틀을 유지하는데 다음과 같은 내용을 언급한다.

1. 출처 언급
2. 사망과 장례 언급
3. 왕위 계승자 언급

열왕기의 기자는 출처로 솔로몬의 실록(왕상 11:41)과 이스라엘 왕 역대지략(왕상 14:19)과 유다 왕 역대지략(황상 14:29) 등을 언급하는데 현재 남아 있는 자료는 없다.

열왕기 기자는 유다와 이스라엘의 왕들을 정치, 경제, 문화적 관점에서 평가하지 않고 신앙적인 관점에서 평가한다. 따라서 북이스라엘의 왕들은 "여로보암의 죄"를 지었는가, 남유다의 왕들은 "다윗의 길"을 따랐는가를 평가의 기준으로 삼는다. 열왕기의 기자는 북이스라엘의 모든 왕들을 "여로보암의 죄"를 지은 부정적인 왕으로 평가한다. 혁명을 통해 개혁을 단행하고 바알 숭배자들을 제거한 예후는 여호와 보시기에 정직한 왕으로 평가하지만, 그 마저도 "여로보암의 죄"를 지은 왕으로 부정적으로 기록되어 있다. 남유다의 왕 중에는 히스기야와 요시야가 가장 이상적인 왕으로 기록되었는데 히스기야는 다윗같이 여호와 보기에 정직한 왕으로 기록되어 있고, 요시야는 여호와 보기에 정직하고 다윗의 길을 따른 왕으로 산당을 제거한 왕으로 기록되었다. 그 외에 아사, 여호사밧, 요아스, 아마샤, 아사랴, 요담은 여호와 보기에 정직한 왕이지만, 산당은 제거하지 않았다고 평가한다.

2. 짜임새

열왕기상은 다윗의 죽음과 솔로몬의 즉위(왕상 1-2장), 솔로몬의 통치(왕상 3-11장), 분열왕국 이야기(왕상 12-16장), 엘리야 시대의 예언적 설화(17-22장)으로 이루어져 있다.

솔로몬의 즉위 1-2장	1:1-53	솔로몬이 왕이 됨
	2:1-12	다윗의 유언과 죽음
	2:13-46	솔로몬이 숙적들을 죽임 (아도니야, 요압, 시므이)

솔로몬의 통치 3-11장	3:1-28	솔로몬의 지혜
	4:1-34	솔로몬의 행정체계
	5:1-9:9	솔모몬의 성전건축과 봉헌
	9:10-10:29	솔로몬의 부귀와 지혜
	11:1-25	솔로몬의 여인들과 타락, 그의 대적들
	11:26-43	아히야의 예언(여로보암)과 솔로몬의 죽음
분열왕국 12-16장	12:1-24	르호보암과 여로보암의 결별
	12:25-33	여로보암의 종교개혁 (벧엘의 금송아지)
	13:1-34	벧엘 제단에 대한 예언
	14:1-20	여로보암 아들의 죽음
	14:21-15:24	남유다 왕들 통치: 르호보암, 아비야, 아사
	15:25-16:34	북이스라엘 왕들의 통치: 나답, 바아사, 엘라, 시므이, 오므리, 아합
엘리야 시대의 예언적 설화 17-22장	17:1-18:40	엘리야와 바알 선지자들의 대결
	19:1-18	호렙산에서 엘리야가 하나님의 음성을 들음
	19:19-21	엘리야가 엘리사를 부름
	20:1-43	아람과의 전쟁
	21:1-29	나봇의 포도원과 엘리야의 저주
	22:1-40	미가야의 경고와 아합의 죽음
	22:41-53	남유다 왕들의 통치: 여호사밧, 아하시아

3. 주요 내용

1) 다윗이 늙고 병약해지자 왕위 계승을 두고 아도니야와 솔로몬 사이에 쟁탈전이 벌여졌다. 원래 왕위 계승 서열이 가장 높은 자는 아도니야였는데 그는 헤브론을 근거지로 삼고 있었고, 군대장관 요압과 대제사장 아비아달의 지지를 받았다. 솔로몬은 예루살렘을 근거지로 삼고 있었고, 밧세바와 용병대장 브나야, 사독 제사장과 나단 예언자와 같은 신진 세력의 지지를 받았다. 이 싸움에서 솔로몬은 반대파를 제거하고 승리하여 왕위에 오른다. 솔로몬은 즉위 후 아버지 다윗의 유언대로 요압과 시므이를 살해하고 대제사장 아비아달을 파면한다.

2) 솔로몬은 왕이 된 후 관직을 정비하고(왕상 4:1-7), 행정구역을 개편하고, 주변나라들과의 외교와 교역을 통해 국가 경쟁력을 강화했다. 솔로몬은 7년 동안 성전을 건축하고, 13년 동안 왕궁을 건축했다. 열왕기상 8장에는 성전봉헌에 관한 내용(1-11절)과 성전봉헌 기도(12-61절)와 성전 봉헌식(62-66절)이 기록되어 있는데 이 본문은 신명기 신학의 특징을 보여주는 중요한 본문이다.

3) 솔로몬은 많은 이방 여인을 아내로 맞았는데 그에게는 칠백 명의 후궁과 삼백 명의 첩이 있었다. 그는 이 이방 여인들을 위해 신전을 건축했고, 온갖 우상이 나라에 가득하게 된다. 열왕기상 11장은 열왕기상하의 분기점으로 이전까지 번성하던 이스라엘의 역사가 왕국 분열을 겪고 결국 쇠락하게 되는 계기를 기록한다. 하나님은 아히야 예언자를 보내셔서 여로보암을 북이스라엘의 왕으로 세우고, 결국 왕국이 남북으로 분열할 것을 예언한다.

4) 솔로몬의 아들 르호보암 시대에 이르러 결국 나라가 남북으로 분열된다. 솔로몬의 통치기간 20년 동안 계속된 건축과 부역, 과도한 세금 부과, 특히 북이스라엘에 대한 차별 등으로 불만이 컸던 북이스라엘 백성들은 르호보암이 세금이나 노역을 경감해줄 의지가 없음을 확인하고 여로보암에게 기름을 붓고 북이스라엘의 왕으로 세운다.

5) 오므리 왕조에서 바알 숭배가 가장 심했던 아합 왕 때 등장한 예언자 엘리야는 국가를 위기의 상황에서 지탱하는 기둥과 같은 역할을 하는 예언자로 기록되어 있다. '그릿 시냇가'의 까마귀 이야기와 '사르밧 과부' 이야기, 갈멜산 전투 이야기는 하나님의 사람 엘리야 예언자를 통해 권능과 비를 주관하는 참신이 여호와 하나님이심을 보여준다. 유대교에서 죽지 않고 하늘로 올라간 엘리야(왕하 2장)는 종말론적 구원자와 장차 오실 메시아를 예고하는 선지자로 여겨진다.

열왕기하 | 2 Kings

1. 개요

열왕기하는 북이스라엘 오므리 왕조의 아하시야의 이야기부터 북이스라엘의 멸망과 남유다의 멸망까지의 역사를 소개한다. 열왕기상 17장에서 등장한 엘리야는 열왕기하 2장에서 승천하고, 열왕기하 2상에서 등장한 엘리사의 이야기는 열왕기하 13장까지 계속된다. 따라서 엘리야-엘리사의 예언자 설화가 열왕기상 17장에서 열왕기하 13장까지 큰 비중을 차지한다. 엘리야는 바알 숭배가 극심했던 아합 왕 때에 주로 활동했고, 엘리사는 여호람 왕 때에 주로 활동한 것으로 나타나는데 그들 이외에도 많은 예언자가 우상숭배와 지도층의 부패로 위기에 처한 남유다와 북이스라엘을 바로 세우기 위해 노력한다.

2. 짜임새

열왕기하는 엘리야와 엘리사의 계승 이야기(1-2장), 엘리사 시대의 북이스라엘과 남유다 이야기(3-13장), 북이스라엘과 남유다의 마지막 이야기(14-25장)으로 이루어져 있다.

분열왕국 1-17장	1:1-18	엘리야의 예언과 아하시야의 죽음
	2:1-25	엘리야의 승천과 엘리사의 계승
	3:1-8:15	엘리사의 기적 설화들과 예언들
	8:16-24	여호람의 통치
	8:25-9:29	아하시야의 통치와 예후의 반란
	9:30-10:36	예후의 혁명과 통치
	11:1-12:21	아달랴의 섭정과 요아스의 성전수리
	13:1-14:29	엘리사의 죽음과 시리아 영향력 아래에 있는 이스라엘과 유다
	15:1-38	북이스라엘의 위기

	16:1-20	유다 왕 아하스의 통치
	17:1-41	북이스라엘의 멸망
남유다 18-25장	18:1-20:21	히스기야의 치적
	21:1-18	므낫세의 통치
	21:19-26	아몬의 통치
	22:1-20	요시야의 성전 수리와 율법책
	23:1-30	요시야의 종교개혁
	23:31-25:30	유다의 멸망

3. 주요 내용

1) 엘리사는 스승인 엘리야를 계승하여 예언자 집단을 이끈다. 그는 엘리야 예언자처럼 많은 기적을 일으키고, 하나님의 능력을 드러내며 국가적 위기 상황에 기둥과 같은 역할을 한다. 그는 하사엘의 즉위를 예언하고, 예후에게 기름을 부어 혁명을 지시한다. 예후는 혁명으로 오므리 왕조를 무너뜨리고 새로운 왕조를 세운다. 그가 이스라엘에서 바알 숭배를 뿌리 뽑았으므로 열왕기 기자는 예후를 북이스라엘의 왕 중에서 유일하게 여호와 보기에 정직한 왕으로 기록한다. 하지만, 그는 여전히 여로보암의 죄를 따른 부정적인 왕으로 평가된다.

2) 앗수르가 강해져서 서쪽으로 이동해 오자 아람의 르신과 북이스라엘의 베가는 시로-에브라임 동맹을 맺고 앗수르에 저항하며 남유다의 아하스 왕에게 동참할 것을 강요했다. 하지만 남유다의 아하스는 오히려 앗수르를 의지하며 앗수르에 조공을 바친다. 북이스라엘에서는 친앗수르파인 호세아가 베가를 살해하고 왕위에 오른다. 왕이 된 호세아는 시리아와 연합하여 반앗수르 정책으로 전환하는데 결국 앗수르의 살만에셀이 대군을 이끌고 와서 기원전 722년에 사마리아를 멸망시킨다.

3) 히스기야는 왕이 된 후 아버지 아하스의 정책과 결별하고 앗수르와의 관계를 끊고 제의 개혁을 단행하며 자주적인 정책을 펼친다. 그는 앗수르의 침공에 대비해 예루살렘 성을 개축하고 성벽을 증건하고 망대를 세우며 군사력을 강화하고 실로암 터널 공사를 통해 물을 확보했다. 앗수르의 왕 산헤립은 두 번에 걸쳐 남유다를 침공했지만 결국 정복에 실패한다.

4) 히스기야의 뒤를 이은 므낫세는 다시 친앗수르 정책으로 선회해 조공을 바치고 앗수르의 우상을 섬겼다. 그는 산당을 다시 세우고 천체를 숭배하고 아들을 불 가운데로 지나가게 하고 아세라 목상을 성전 안에 세웠다. 신명기 역사가는 남유다의 왕으로 가장 오랜 기간인 55년 동안 통치한 므낫세의 죄 때문에 남유다가 멸망한 것으로 기록한다(23:26; 24:3).

5) 요시야는 아몬 왕을 죽인 반역자들을 죽인 국민(히브리어, 땅의 백성들)에 의해 왕위에 오른 후 힐기야가 성전에서 발견한 율법책을 근거로 종교개혁을 단행한다. 학자들은 이 율법책이 원신명기(신 11-26장)로 추정한다. 그는 지방의 산당을 파괴하고, 우상들을 파괴했으며, 예배를 예루살렘으로 중앙화했다. 그는 북이스라엘에서도 종교개혁을 단행했으며, 멸망한 북이스라엘의 영토를 흡수하고자 노력했다. 그는 므깃도에서 바빌론에 의해 멸망하는 앗수르를 도와주러 가던 애굽 왕 바로 느고의 군대를 막아서다 전사했다.

6) 요시야 사후에 유다는 새롭게 일어난 바빌론 제국과 애굽이라는 전통적 강대국 사이에서 오락가락하며 역사의 소용돌이 속에서 위기에 처하게 된다. 여호야김은 예레미야의 예언에도 불구하고 친애굽 정책을 펼치다 바빌론의 느부갓네살의 침략으로 예루살렘 성 함락 직전에 사망하고 그의 뒤를 이은 여호야긴 왕은 많은 백성들과 함께 바빌론 포로로 잡혀간다. 이것이 제1차 바빌론 포로이다. 이후 시드기야 역시 예레미야의 예언에도 불구하고 애굽에 의지하며 반바빌론 운동을 전개하다 기원전 587년에 유다는 완전히 멸망한다. 그러나 열왕기하 25장 27-30절에 기록된 여호야긴의 사면에 결론은 왕조 회복에 대한 강렬한 희망의 메시지를 전달한다.

역대상 | 1 Chronicles

1. 개요

19세기 이후 역대상하는 에스라-느헤미야와의 관계 속에서 논의 되었다. 빌헬름 루돌프(Wilhelm Rudolph)와 마틴 노트(Martin Noth) 이후에 역대상하와 에스라-느헤미야는 역대기 역사서로 불리며 원래 한 권의 역사로 기술되었다고 여겨졌다. 이 책들은 언어와 문체, 신학이 유사하다는 것이다. 이 책들은 포로 이후에 예배공동체로서의 자신들의 정체성을 새롭게 인식하기 위해 기록되었고 족보를 통해 자신들의 뿌리를 찾고 이방인들과의 혼인을 거부하는 내용을 강조했다는 것이다. 이런 목적을 가지고 역대기사가가 이 책들을 기록했다는 것이다. 따라서 역대기 역사서는 예루살렘 성전제의를 강조하고, 이스라엘 공동체는 누구인가는 질문에 지속적으로 답하고자 노력한다. 물론 최근에는 언어적 유사성과 문체, 신학의 차이를 주장하며 전통적 역대기 역사서 이론에 반대하며 분리저자설을 주장하는 학자들도 있다. 사라 야펫(Sara Japhet)이나 휴 윌리엄슨(H.G.M. Williamson)이 후자에 속한다.

역대기상하도 히브리어 성경에서는 원래는 한 권으로 되어 있었으나 내용에 따라 둘로 구분했다. 역대상은 여러 가지 족보와 사울과 다윗 왕국 이야기로 구성된다. 역대하는 솔로몬 왕국부터 남왕국 유다의 역사와 고레스의 칙령까지를 소개한다.

역대기의 원래 이름은 '디브레 하 야밈'(그 날들의 사건)인데 칠십인역에서 이를 '파랄리포메나'(남겨진 것들)로 번역한 후 이를 제롬이 라틴어로 '크로니콘'(Chronicon)으로 번역한 것을 루터가 '크로닉'(Die Chronik)으로 번역한 것이 영어로 Chronicles로 번역되었고, 이것이 우리말 '역대기'가 된 것이다.

역대기는 사무엘-열왕기의 내용을 반복하고 역사싱 보다는 신학적 관점이 주로 반영된 특징이 있어 소홀히 여기는 경향이 있지만 역대기만의 독특한 자료가 많고 고레스 칙령 이후에 바빌론 포로에서 귀환한 예루살렘 공동체의 신학을 잘 반영하고 있고, 성전 예배와 봉사자들의 역할을 잘 소개하고 교회 공동체가 교훈으로 삼을 만한 중요한 메시지를 담고 있다.

2. 짜임새

역대상은 아담에서 사울까지의 계보(1-9장)와 사울의 죽음(10장), 다윗 왕정(11-21장)과 다윗의 성전건축 준비(22-29장)에 대한 보도로 이루어진다.

계보 1-9장	1:1-54	아담부터 이스라엘 선조들의 족보
	2:1-4:23	유다지파 족보
	4:24-5:26	지파들의 족보: 시므온, 르우벤, 갓, 므낫세 반
	6:1-81	레위지파
	7:1-40	지파들의 족보: 잇사갈, 베냐민, 납달리, 므낫세 반, 에브라임, 아셀
	8:1-40	베냐민지파 족보
	9:1-34	포로귀환자의 명단
	9:35-44	사울왕의 족보 (도입역할)
다윗왕국 10-20장	10:1-14	사울의 죽음
	11:1-9	다윗이 이스라엘과 유다의 왕이 됨
	11:10-12:40	다윗의 용사들과 군사들
	13:1-16:43	다윗이 언약궤를 예루살렘으로 옮김
	17:1-27	다윗 언약
	18:1-20:8	다윗의 전쟁들
다윗의 성전건축준비 21-27장	21:1-30	다윗의 인구조사
	22:1-19	다윗의 성전 건축 지시
	23:1-32	레위인들의 역할과 명단
	24:1-19	제사장들의 역할과 명단
	24:20-26:32	레위인들의 역할과 명단: 노래하는 자, 문지기, 성전 곳간
	27:1-34	다윗이 관리들을 임명
다윗의 왕위 이양과 죽음 28-29장	28:1-21	다윗의 성전 건축 지시
	29:1-9	성전 건축에 쓸 예물
	29:10-25	다윗의 감사 기도
	29:26-30	디윗의 행적

3. 주요 내용

1) 역대상의 족보에는 유다 지파(2-3장)와 레위 지파(6장)가 강조되어 있다. 이는 한편으로는 다윗 왕조를 다른 한편으로는 성전 예배에 종사했던 레위인들의 중요성을 강조하기 위한 것이다.(박동현, 232.)

2) 역대상에는 사무엘-열왕기와 다른 내용이 여러 군데 나타난다. 사무엘상 1장 1절에는 사무엘이 에브라임 지파 출신으로 기록되어 있지만, 역대상 6장 27-28절에는 사무엘이 레위인으로 기록되어 있다. 사무엘하 24장 24절에는 아라우나 타작 마당의 값이 은 50세겔로 기록되어 있지만 역대상 21장 25절에는 금 600세겔로 기록되어 있다. 사무엘상에는 사울에 대한 내용이 사무엘상 9-31장까지 길게 나타나지만 역대상에는 사울의 최후에 대한 내용만 10장에 짧게 기록되어 있다. 역대상은 이스바알의 존재를 무시하고, 다윗과 이스바알 사이의 왕권 다툼의 과정이 생략되어 있다. 역대기는 남왕국 중심의 역사로 사울이 무시되어 있다. 역대상에는 다윗의 왕위 쟁탈전의 내용과 밧세바의 사건, 압살롬과 세바의 반란 등 다윗에 대한 부정적인 내용은 나타나지 않는다.

3) 역대상에는 레위인들의 역할이 강조되어 있는데 레위인, 음악가, 성가대, 문지기 등에 대한 다양한 내용이 포함되어 있다. 역대상 15-16장, 23-26장에 이들의 활동이 강조되어 있다.

4) 역대상에는 다윗이 성전 건축을 준비한 이상적인 왕으로 기록되어 있는데 역대상 22-29장에는 이런 내용이 자세히 묘사되어 있다. 물론 역대상 22장 8절에는 다윗이 성전 건축을 기초했지만 피를 많이 흘렸기 때문에 성전을 건축하지 못한다는 내용이 기록되어 있다.

5) 역대상 29장 29절에는 역대기 기자가 '선견자 사무엘의 글과 선지자 나단의 글과 선견자 갓의 글'을 자료로 사용하고 있다고 밝힌다. 역대기 기자는 사무엘-열왕기 이외의 자신의 고유 자료를 사용한다.

역대하 | 2 Chronicles

1. 개요

역대하는 솔로몬의 성전 건축과 그의 치세 동안의 업적들로 시작해 고레스 칙령 이후의 역사적 정황까지를 소개한다. 역대하는 남유다의 혈통의 순수성을 강조하며 혼혈된 북이스라엘의 역사에는 관심을 기울이지 않는다. 역대하 역시 이스라엘을 신앙 공동체, 예배 공동체로 인식하며 성전과 성전 봉사자에 대해 관심을 기울이고 성전을 지은 솔로몬을 이상적인 왕으로 강조한다.

2. 짜임새

역대하는 솔로몬 왕정 이야기(1-9장)와 분열왕국 시대의 남유다 이야기와 고레스의 귀국 명령(10-36장)으로 이루어져 있다.

솔로몬 성전건축 1-7장	1:1-17	솔로몬의 지혜와 부
	2:1-16	솔로몬의 성전 건축 준비: 두로의 허람과 거래
	2:17-7:22	성전건축과 봉헌
솔로몬의 영광 8-9장	8:1-9:31	솔로몬의 업적과 죽음
유다왕들의 역사 10-28장	10-28장	르호보암, 아비야, 아사, 여호사밧, 여호람, 아하시야와 아달랴, 요아스, 아마샤, 웃시야, 요담, 아하스
히스기야 요시야 종교개혁 29-35장	29:1-32:33	히스기야의 개혁
	33장	므낫세
	34:1-35:27	요시야의 종교개혁
유다왕국 종말 36장	36:1-21	여호아하스, 여호야김, 여호야긴, 시드기야
	36:22-23	고레스의 귀국 명령

3. 주요 내용

1) 역대하는 솔로몬 이야기로 시작하는데 다윗을 계승해 성전을 성공적으로 건축한 위대한 왕으로 기록한다. 따라서 열왕기하 1-2장에 나오는 아도니야와의 왕위 계승 투쟁이나 정적을 제거하는 내용은 기록되어 있지 않다. 또한 솔로몬의 이방인 아내들에 대한 기록이나 왕궁 건축 내용 같은 부정적인 내용들이 빠져 있다.

2) 역대기 기자는 분열 왕국의 역사에서 북이스라엘의 왕들에 대해서는 관심을 거의 기울이지 않는다. 이들을 남유다의 동맹이나 적대자 정도로 소개하는데 역대하에 등장하는 북이스라엘의 왕은 여로보암, 바아사, 아합, 요람, 요아스, 베가 뿐이다.(박동현, 232.)

3) 열왕기하에서 가장 부정적인 남유다의 왕으로 평가된 므낫세는 앗수르에 잡혀갔다가 돌아 온 후 회개하고 종교개혁을 단행한 왕으로 묘사하며 가장 오래 통치한 신학적 문제를 해결하고자 한다(대하 33:10-17). 열왕기하 22장에는 요시야가 성전에서 율법책을 발견한 후 종교개혁을 단행한 것으로 기록되어 있는데 역대하 34장에는 이미 그 전에 개혁을 시작한 것으로 나타난다.(박동현, 234.)

4) 역대기에는 사무엘-열왕기에서 가장 큰 비중을 차지하는 예언자로 기록된 엘리야-엘리사의 이야기가 거의 나타나지 않는다. 역대하 21장 12절에 엘리야가 한 번 언급될 뿐이다. 역대기에는 열왕기에 나타나지 않는 아사랴, 하나니, 예후, 오뎃, 스가랴, 예레미야 같은 예언자들의 활동이 언급된다.

5) 역대기 기자는 '유다와 이스라엘의 열왕기'(대하 16:11 등), '이스라엘과 유다 열왕기'(27:7), '이스라엘 열왕기'(20:34), '열왕기 주석'(24:27), '이스라엘 열왕의 행장'(33:18), '호새의 사기'(33:19), '선지자 나단의 글과 실로 사람 아히야의 예언과 선견자 잇도의 묵시 책'(대하 9:29), '선지자 스마야와 선견자 잇도의 족보 책'(12:15), '예후의 글'(20:34), '이사야의 묵시책'(32:32), '선지자 잇도의 주석 책'(대하 13:22) 등의 다양한 자료를 사용하고 있음을 밝힌다.(박동현, 236.)

에스라 - 느헤미야 | Ezra - Nehemiah

1. 개요

히브리어 성경에서는 에스라와 느헤미야가 원래 한 권이었다. 이는 두 책의 내용이 밀접히 연결되어 있고, 특히 에스라 이야기 일부가 에스라 7—10장에, 또 다른 일부는 느헤미야 8장에 나오기 때문이다. 따라서 에스라와 느헤미야를 동일 저자의 작품으로 보는 사람들이 있다. 그러나 한 인물이 두 개의 다른 책에 언급되었다는 것이 동일저작권을 보여주는 것 아니라며 이런 주장에 반대하는 학자들도 있다.

에스라-느헤미야는 포로 이후 시대에 대한 유일한 자료이기 때문에 역사적으로 중요하다. 이 책은 포로에서 귀환한 자들의 지위, 이방인과의 결혼 문제, 경제적인 문제 등 페르시아 제국시대의 예루살렘 공동체의 모습을 잘 보여준다.(마틴 뢰젤, 94.)

에스라서 4장 8절-6장 18절, 7장 12-26절 부분은 히브리어가 아닌 아람어로 기록되어 있다.(박동현, 224.)

에스라-느헤미야를 이해하는 데 중요한 문제 중 하나는 에스라와 느헤미야의 귀환 연대의 문제이다. 전통적인 견해는 에스라는 아닥사스다 1세 7년인 기원전 458년에, 느헤미야는 아닥사스다 1세 20년인 기원전 445년에 도착했다는 것이다. 학자들은 느헤미야의 귀환 연대에 대해서는 거의 일치된 견해를 보이지만, 일부 학자들은 에스라의 귀환 연대가 기원전 428년 혹은 398년으로 느헤미야의 귀환 연대보다 더 후대일 수도 있다고 주장한다.

에스라-느헤미야에는 고레스 칙령(에 1:2-4), 귀향자 목록(스 2장), 페르시아 왕의 조서(6:3-5; 7:12-26), 에스라 회고록(에 7-10장; 느 8장), 느헤미야 회고록(느 1-7장; 12-13장), 느헤미야의 회개기도(느 9장) 같은 다양한 자료들이 나타난다.

2. 짜임새

에스라-느헤미야는 고레스 칙령과 이스라엘의 귀환, 예수아와 스룹바벨의 성전 재건을 다루는 에스라 1-6장과 에스라의 예루살렘을 향한 여정과 개혁활동을 기록한 에스라 7-10장, 느헤미야의 귀환 여정과 성벽을 다루는 느헤미야 1-7장, 에스라의 율법 낭송과 백성의 회개를 기록한 느헤미야 8-10장, 느헤미야의 개혁활동을 기록한 느헤미야 11-13장으로 이루어져 있다.

에스라

포로 귀환 1-2장	1:1-11	고레스 칙령과 포로들의 귀환
	2:1-70	귀향자 명단
성전 재건 3-6장	3:1-13	성전 재건의 시작
	4:1-24	성전 재건을 방해하는 자들과 중단
	5:1-17	성전 재건을 다시 시작
	6:1-12	고레스의 조서와 다리오 왕의 명령
	6:13-22	성전 봉헌과 유월절
에스라의 귀환 7-8장	7:1-28	에스라의 예루살렘 귀환과 아닥사스다 왕의 조서
	8:1-14	포로 귀환자의 명단
	8:15-36	에스라가 유다 백성들과 예루살렘으로 귀환
에스라의 개혁 9-10장	9:1-15	잡혼에 대한 에스라의 회개기도
	10:1-17	회중의 회개
	10:18-44	이방여자와 결혼한 남자들의 명단

느헤미야

느헤미야 귀환 1-2장	1장	예루살렘의 소식과 느헤미야의 기도
	2장	느헤미야의 귀환
성벽 건축 3-6장	3장	성벽 건축의 시작과 명단
	4장	산발랏의 방해를 물리침
	5장	가난한 자들의 부르짖음과 느헤미야의 해결
	6:1-15	느헤미야를 죽이려는 음모를 벗어남
	6:15-19	성벽 공사를 마침
7장	7:1-73	귀향민 인구조사
에스라 개혁 8-10장	8장	에스라가 율법을 낭독함
	9장	백성들의 회개
	10장	언약에 인봉한 사람들 명단
귀향민과 제사장 명단 11-12장	11장	예루살렘 귀향민의 정착과 명단
	12장	제사장 및 레위인 명단
느헤미야 개혁 13장	13장	느헤미야의 마지막 개혁: 안식일, 성전의 정결, 잡혼

3. 주요 내용

1) 바사(페르시아) 왕 고레스 칙령(스 1:2-4)으로 바빌론에 포로로 잡혀간 이스라엘 백성은 예루살렘으로 돌아가 성전을 지을 수 있도록 허락 받는다. 고레스의 명령으로 느부갓네살이 예루살렘에서 탈취해 온 여호와의 성전 그릇을 창고지기 미드르닷을 통하여 유다 총독 세스바살이 넘겨받아 이스라엘 백성은 예레미야의 예언(렘 25:11)대로 귀환한다.

2) 이스라엘 자손이 일곱째 달에 이르러 일제히 예루살렘에 모여 기록된 규례대로 초막절을 지키고 귀환 후 이 년 둘째 달(2년 2월)에 스룹바벨과 예수아를 중심으로 성전 재건 공사를 시작한다. 그들은 이십 세 이상의 레위 사람들을 세워 여호와의 성전 공사를 감독하게 한다.

3) 유다와 베냐민의 대적이 바사 왕 고레스의 시대부터 다리오 왕이 즉위할 때까지 건축을 방해해 다리오 제이 년까지 성전 공사가 중단된다. 아하수에로가

즉위할 때에 그들이 글을 올려 유다와 예루살렘 주민을 고발하고, 아닥사스다 때에 비슬람과 미드르닷과 다브엘과 그의 동료들이 바사 왕 아닥사스다에게 아람 문자와 아람 방언으로 글을 고발하고, 아닥사스다 왕에게 방백 르훔과 심새가 고발하는 등 세 차례 고발하며 방해했다. 그러나 선지자들(선지자 학개와 잇도의 손자 스가랴)의 권면으로 스알디엘의 아들 스룹바벨과 요사닥의 아들 예수아가 성전 건축을 재개하고, 유브라데 강 건너편 총독 닷드내와 스달보스내와 그들의 동관 아바삭 사람이 다리오 왕에게 성전 건축에 대한 고레스 왕의 조서 확인을 요청한다. 메대도 악메다 궁성에서 두루마리에 기록한 조서를 발견한다. 조서에 성전의 높이 육십 규빗, 너비도 육십 규빗으로 하고 경비는 다 왕실에서 부담하기로 기록되어 있다. 다리오 왕 제육년 아달월 삼일(다리오 6년 12월 3일)에 성전 일을 끝낸다. 사실 성전을 완공한 다리오 6년은 에스라와 느헤미야 활동 당시의 바사 왕인 아닥사스다 7-32년 보다 상당히 앞선 시대이다. 이 두 시기를 연결해서 이야기를 기술하는 것은 에스라, 느헤미야의 개혁 활동의 시기를 성전 재건과 연결하려는 신학적 의도로 보인다.(박동현, 227.)

4) 이후의 에스라 귀환 이후의 활동(스 7-10장)과 느헤미야의 귀환 이후의 활동(느 1-13장)을 보도하는 부분은 이들의 활동에 힘입어 유대 공동체가 새롭게 거듭나 하나가 되었음을 강조한다. 에스라와 느헤미야의 활동은 평행을 이루는 부분이 있는데 이들의 기도가 에스라 9장과 느헤미야 9장에 기록되어 있고 개혁 활동도 에스라 10장과 느헤미야 13장에 기록되어 있다.(박동현, 228.)

5) 에스라-느헤미야에는 이스라엘의 하나님 여호와께서 온 세계의 역사를 주관하시는 분으로 제국의 황제들의 마음까지 움직여 하나님의 백성을 보호하시며 하나님의 구원의 역사를 이루어 가는 것으로 나타난다.(박동현)

에스더 | Esther

1. 개요

에스더는 히브리어 성경에서는 성문서에 속하며, 애가 다음에 배치되어 있지만, 칠십인역과 불가타역과 개신교 성경에서는 역사서에 속하며, 에스라-느헤미야 다음에 배치되어 있다. 에스더는 다섯 축제 두루마리(메길로트)에 포함되어 부림절에 낭독되었다. 에스더는 부림절의 기원을 밝혀주는 책으로 유대인들을 죽일 날을 정하기 위해 제비를 뽑았던 것에서 유래한 것으로(더 3:7), 제비를 의미하는 히브리어 〈푸르〉에서 유래한 것이다. 에스더라는 이름은 페르시아어 '별'에서 유래한 것으로 보인다. 에스더에는 하나님이 언급되지 않고, 지나치게 유대주의적이고 세속적인 특징 때문에 오랫동안 정경성을 의심받기도 했지만, 유대인을 박해에서 구원하신 하나님의 은혜가 암묵적으로 나타나고, 유대인의 민족적 정체성을 강조하며 부림절의 기원을 밝혀주고 있으므로 정경으로서의 가치가 충분하다 할 수 있다.

2. 짜임새

에스더는 도입(1:1-2:23) 부분과 주요내용(3:1-9:19)과 종결(9:20-10:3)의 세 부분으로 나눌 수 있는데 세 부분을 이어주는 주요 요소로 모르드개의 행적이 기록된 바사 '궁중 일기'(2:23), '역대 일기'(6:1), '메데와 바사 열왕의 일기'(10:2)가 소개된다.(박동현, 216.)

도입 (배경) 1-2장	1:1-22	수산궁의 아하수에로 왕이 왕후 와스디를 추방
	2:1-20	에스더가 유대인 출신을 숨긴 채, 새 왕후가 됨
	2:21-23	모르드개는 왕에 대한 암살세력을 밝혀냄
주요 내용 3-9장	3:1-15	하만이 유대인을 진멸할 수 있는 왕의 조서를 받음
	4:1-17	모르드개는 에스더가 왕에게 갈 것을 권유
	5:1-8	에스더는 첫 번째 잔치에 왕과 하만을 초대
	5:9-14	하만은 승리감에 도취되어, 모르드개를 처형할 교수대를 세움
	6:1-13	모르드개가 높임을 받음
	6:14-8:2	두 번째 잔치에서 하만의 개혁은 거절되고, 모르드개가 하만의 자리에 임명
	8:3-17	에스더가 왕으로부터 유대인들이 적을 공격할 권한의 조서를 받음
종결 9-10장	9:1-19	페르시아 왕국의 유대인들이 그들의 적을 진멸함
	9:20-32	부림절의 유래
	10:1-3	페르시아와 유대인 사람들에게 존경을 받는 모르드개

3. 주요 내용

1) 아하수에로는 인도로부터 구스까지 백이십칠 지방을 다스리는 왕으로 수산궁에서 즉위하여 제삼 년에 백팔십 일 동안 잔치를 베푼다. 왕후 와스디도 아하수에로 왕궁에서 여인들을 위하여 잔치를 베푼다. 제칠 일에 왕이 주흥이 일어 왕후를 청하였으나 왕후 와스디가 왕의 명을 거역한다. 므무간이 왕후의 행위가 옳지 못하다고 왕후 폐위를 조언한다. 이 도입부 에서는 아하수에로의 잔치(1:3, 5; 2:18)와 와스디가 베푼 잔치(1:9)가 중요한 주제이다.

2) 에스더의 히브리어 이름은 하닷사로 그의 부모가 죽은 후 모르드개가 자기 딸 같이 양육했는데 모르드개는 베냐민 자손으로 에스더는 모르드개의 삼촌의 딸로 둘은 사촌 지간이었다. 아하수에로 왕 제칠년 시월(데벳월, 7년 10월)에 에스더가 왕후에 오른다. 왕의 내시 빅단과 데레스가 아하수에로 왕을 암살하려는 음모를 꾸미는데 모르드개가 알고 왕후 에스더에게 알리고 에스더는 모르드개의 이름으로 왕에게 이 사실을 알리고 두 사람은 나무에 달리고 이 일은 궁중 일기에 기록된다.

3) 하만은 아각 사람 함므다다의 아들로 유대인 진멸 음모를 꾸민다. 아하수에로 왕 제 십이 년 첫째 달(니산월)에 부르(제비)를 뽑아 열두째 달(아달월)을 얻는다. 하만이 왕에게 은 일만 달란트 바치자 아달월 십삼일(12월 13일)에 유다인 학살령을 내린다.

4) 에스더가 내시 하닥을 통해 진상을 조사하는데 모르드개는 에스더에게 "이 때에 네가 만일 잠잠하여 말이 없으면 유다인은 다른 데로 말미암아 놓임과 구원을 얻으려니와 너와 네 아버지 집은 멸망하리라 네가 왕후의 자리를 얻은 것이 이 때를 위함이 아닌지 누가 알겠느냐"고 말하자 에스더는 "당신은 가서 수산에 있는 유다인을 다 모으고 나를 위하여 금식하되 밤낮 삼 일을 먹지도 말고 마시지도 마소서 나도 금식한 후에 규례를 어기고 왕에게 나아가리니 죽으면 죽으리이다"라고 말한다.

5) 하만(아내: 세레스)은 오십 규빗 되는 나무를 세우고 모르드개를 그 나무에 매달 계획을 꾸민다. 왕이 궁중의 역대일기(빅단과 세레스의 암살 음모에 관한 기록)를 듣고 모르드개를 존귀하게 하고 모르드개를 매달려고 한 나무에 오히려 하만을 다니 왕의 노가 그친다.

6) 아하수에로 왕이 유다인의 대적 하만의 집을 왕후 에스더에게 주고 삼월(시완월) 이십삼 일 왕의 서기관을 소집해 유다인 학살령을 번복하고 십이월 십삼 일을 대적에게 원수 갚는 날로 공포한다. 모르드개가 푸르고 흰 조복을 입고 큰 금관을 쓰고 자색 가는 베 겉옷을 입고 왕 앞에서 나오니 수산 성이 즐거이 부르며 기뻐한다.

7) 유다인이 대적들을 죽였으나 그들의 재산에는 손을 대지 아니하였고, 각 지방에서 유다인이 자기들을 미워하는 자 칠만 오천 명을 도륙하되 그들의 재산에는 손을 대지 아니하였다. 한 규례를 세워 해마다 아달월 십사일과 십오일(12월 14, 15일)을 지키도록 하고 이 날에 유다인이 대적에게서 벗어나서 평안을 얻어 슬픔이 변하여 기쁨이 되고 애통이 변하여 길한 날이 되었으니 이 두 날을 지켜 잔치를 베풀고 즐기며 서로 예물을 주며 가난한 자를 구제했다.

욥기 | Job

1. 개요

욥기는 주인공인 욥의 이름을 따라 명명된 것이다. 욥의 이름이 어디에서 유래했는가에 대한 물음에 대해서 다음 두 가지 입장이 가장 많은 주목받고 있다. 첫 번째 입장은 욥의 이름이 아카드어 〈아야 아붐〉('a[j]ja-'abu[m])에서 기원했을 것이라고 추정한다. 이 표현은 "나의 아버지가 어디에 있는가?"라는 의미인데, 이것은 "하나님이 과연 어디에 계신가?"하는 탄식의 물음을 간직하고 있다고 설명할 수 있다(참조, 욥 24:12). 두 번째 입장은 욥의 이름이 히브리어 낱말과 관련되어 있을 것이라고 추정한다. 이러한 입장은 욥의 이름이 욥기 13장 24절에서 언급되는 것과 같이 〈오예브〉("원수")와 관련되어 있거나 "대적하다"는 뜻을 가진 〈아야브〉 동사에서 파생된 말로 평가한다. 이러한 관련성을 고려하여 욥의 이름을 풀이하면 "핍박받는 자"라는 의미로 해석된다. 이러한 연구들은 욥의 이름을 더욱 의미 있게 인지하도록 만든다. 욥이라는 주인공의 이름은 욥기의 책 이름이 되었을 뿐만 아니라 '무고하게 고난당하는 욥'과 '침묵하시는 하나님'이라는 욥기의 주제를 은근히 드러낸다.

2. 짜임새

서막			1:1-2:13	산문
논쟁			3:1-42:6	시문
	욥과 세 친구와의 논쟁	욥의 첫 번째 발언	3장	
		세 친구와 1차 대화	4장-14장	
		세 친구와 2차 대화	15장-21장	

		세 친구와 3차 대화	22장-28장	
		욥의 마지막 발언	29-31장	
	엘리후의 발언		32-37장	
	하나님의 발언과 욥의 답변		38:1-42:6	
종장			42:7-17	산문

욥기는 기본적으로 문체를 따라 산문부와 시문부로 나뉜다. 두 부분의 구성은 서막(1:1-2:13)과 종장(42:7-17)에 해당하는 산문부가 시문부(3:1-42:6)를 둘러싸고 있는 형태이다. 이 때문에 산문부를 '틀-이야기'라고 부르며, 시문부를 '욥-시문'이라고 부르기도 한다. 시문부는 욥과 세 친구들의 논쟁(3-31장), 엘리후의 발언(32-37장), 하나님의 발언과 욥의 대답(38:1-42:6)의 세 부분으로 구분된다.

3. 주요 내용

1) 서막 (1-2장)

욥기의 서막은 욥과 친구들, 더 나아가 하나님과 벌이는 '논쟁'을 위한 무대를 제공한다. 욥기의 서막은 총 여섯 개의 장면(1:1-5; 6-12; 13-22; 2:1-6; 7-10; 11-13)으로 구성되어 있는데, a-b-c-b'-c'-d의 패턴을 보여준다. 욥의 신앙과 삶(1:1-5)에 대한 대응으로 첫 번째 천상의 대화 장면이 나오고(1:6-12), 천상에서 이뤄진 시험에 대한 대응으로 지상에서의 욥의 반응이 기술된다(1:13-22). 욥의 첫 번째 반응에 대한 대응으로 두 번째 천상의 대화 장면이 나타나며(2:1-6), 여기에 천상에서의 두 번째 시험에 대한 욥의 반응이 이어진다(2:7-10). 그리고 욥의 이러한 형편에 대한 반응으로서 친구들의 방문이 서막의 마지막 장면으로서 나타난다(2:11-13).

"온전하고 정직하여 하나님을 경외하며 악에서 떠난 자"(1:1)라고 평가받던 욥이 사탄의 내기를 통해서 두 번에 걸쳐 시험을 받는다. 하나님의 허락 속에 이루어진 시험의 내용은 혹독하다. 하루아침에 열 자녀가 죽고 자신이 가지고 있던 소유물을 모두 잃게 된다(1:13-19). 심지어 발바닥에서 정수리까지 종기가 나서 극심한 고통에 시달린다(2:7). 아내가 "죽으라"는 말을 할 정도로 욥의 고통은 견디기 어려운 것이었다(2:9). 이러한 상황에서도 욥은 자신의 신앙을 지키며 두 번에 걸쳐 의미심장한 고백을 한다(1:21; 2:10). 욥의 소식을 듣고 친구들이 위로

하기 위해 그를 방문한다(2:11-13).

2) 욥과 세 친구와의 논쟁 (3-31장)

욥기 3장은 7일간의 침묵을 깨는 첫 번째 발언이다. 이 발언은 욥 발언의 전형적인 특징을 보여주는 탄식으로서 친구들과의 논쟁을 촉발시켰을 뿐 아니라 하나님의 응답을 이끌어 내는 출발점이 된다. 그는 이 발언을 통해 자신의 존재와 고난의 의미에 대해서 질문하며(3:11-12, 20, 23), 자신이 그토록 바라는 안식과 평안을 갈망한다(3:23).

이렇게 촉발된 욥과 친구들과의 논쟁은 세 차례 대화를 통해 이루어진다. 친구들이 순번대로 말하고 각각의 발언에 대해 욥이 응답하는 형식이다. 첫 번째 발언자로 나타나는 엘리바스 발언의 핵심 전제는 모든 사람이 잘못에 대한 유죄성을 가지고 있다는 것이다. 이 전제로부터 그는 두 가지 기본적인 논증을 말한다. 의인은 번영하고 악인은 이 땅의 삶에서 고통당하다가 일찍 죽는다(4:7-21). 그러나 상실과 고난이 최종적인 비극은 아니다. 왜냐하면 하나님께서는 그들의 잘못으로부터 회개하는 사람은 누구나 구해주시며 그들에게 풍성한 복을 주실 것이기 때문이다(5:9-26). 그러므로 불행은 고난당하는 자가 그의 숨겨진 잘못을 발견하고 회개를 통해 하나님의 긍휼을 구할 수 있는 기회를 제공한다는 것이다. 그러나 욥은 이러한 엘리바스 말에 동의하지 않고, 자신이 당하는 고통이 얼마나 큰지를 호소한다(6:2). 그러면서 지금의 자신의 처지는 전능자의 화살에 맞은 것이며(6:4), 오히려 하나님은 미약한 인간에게 지나친 관심을 기울이심으로 숨 쉴 틈도 주지 않고, 허물을 그대로 간직하셔서 결국 죽음에 이르게 하신다고 탄식한다(7:17-21).

두 번째 발언자로 나타나는 빌닷의 발언은 엘리바스 발언과 내용과 구조면에서 매우 유사하다. 그는 하나님의 정의를 전제로 인과응보의 교리를 욥과 그의 자녀에게 적용시키고(8:2-7), 선조들의 지혜를 언급하면서 불의한 자가 맞게 되는 운명을 식물과 동물 세계의 예를 들어 묘사한 후(8:8-19), 욥이 경험하게 될 회복된 미래를 약속한다(8:20-22). 그러나 빌닷의 발언에도 욥은 동의하지 않는다. 그러면서 그는 하나님과 사람의 비교불가능성에 중심을 두고 발언한다. 욥은 사람이 하나님과 더불어 의로울 수 없다는 사실을 인정한다(9:1-4). 문제는 놀라운 일을 행하시며, 그러기 때문에 누구도 대항할 수 없는 하나님의 능력이다(9:5-16). 그래서 욥은 하나님께로 향하여 탄식한다. 그는 하나님과 자신 사이에는 판결자가 없으며(9:25-35), 자신이 의롭더라도 머리를 들지 못한다(10:13-17)고 말한다. 따라서 그의 발언은 하나님께 자신을 떠나달라는 요청으로 끝을 맺는다(10:8-22).

세 번째의 발언자로 등장하는 소발의 발언도 크게 다를 바 없다. 욥의 말에 대한 반박(11:1-4)에 이어서 욥에 대한 책망과 교훈(11:5-11), 그리고 욥이 소발의 교훈과 충고를 받아들인다면 맞게 될 장래의 복에 대한 묘사(11:12-20)의 순서로 구성되어 있다. 특별히 소발은 하나님의 오묘함과 완전함에 대해서 말한다. 그것은 인간의 탐구영역을 넘어선다는 것이다(11:7-9). 그러므로 하나님께로 향하고 자신의 손과 장막으로부터 악을 제거하면 하나님이 회복해주실 것이라고 권면한다(11:13-19). 여기에 욥은 친구들의 말에 반대되는 사례들을 통해 그들의 말을 반박한다(12:4-6). 그리고 무상성과 죄악성을 가진 인간의 조건에 대한 논거(14:1-12)를 가지고 하나님의 적대적인 행동(13:23-28; 14:13-17)이 부당함을 토로한다.

두 번째 대화에서는 욥과 친구들의 발언이 더욱 강렬해진다. 첫 번째 대화에서 줄곧 친구들 말했던 욥의 회복될 미래에 대한 전망은 나타나지 않고, 악인들이 맞게 되는 운명에 대한 묘사가 주를 이룬다(15:17-35; 18:5-21; 20:4-20). 친구들의 말에 따르면 욥의 현재 모습이 악인들이 맞게 되는 형편이기 때문에 욥이야말로 악인인 셈이다. 그러나 욥은 더욱 강렬하게 항변한다. 친구들의 말을 "헛된 말"이라 반박하고(16:2-5), 자신의 무죄를 주장하며(16:17), 자신에게 적대적으로 행동하시는 하나님의 행동을 고발한다(16:6-14; 19:6-11, 21-22). 동시에 욥은 하늘에 자신을 위한 증인과 중보자가 있고(16:19), 끝내는 구속자가 살아계서 자신을 위해 일어서실 것(19:25-26)이라는 믿음을 공개적으로 고백한다. 21장에서 욥은 번영을 누리는 것은 의인들이 아니라 악인들이라는 주장(7-21절)을 통해서 불행을 당하고 있는 자신이 역설적으로 의인임을 은근히 드러낸다.

세 번째 대화에서 친구들과 욥이 주고받는 대화는 불균형적이며 불완전하다. 엘리바스(22장)에 이어 욥이 말하고(23-24장), 다시 빌닷의 발언(25:1-6)이 나온 뒤에 욥의 긴 발언이 이어진다(26-31장). 친구들의 발언은 점점 짧아지고 소발의 발언은 아예 나타나지 않는다. 이와는 반대로 욥의 발언은 점점 길어져 세 번째 대화를 압도한다. 발언의 분량뿐 아니라 내용도 문제가 된다. 발언의 내용에서 서로의 입장이 구분되지 않을 정도로 혼란스럽다. 따라서 24:18-24; 26:5-14; 27:13-23의 내용은 욥의 이전 발언과 잘 어울리지 않는다는 평가와 함께 친구들의 발언으로 취급되기도 한다(해당 본문에 대한 공동번역과 새번역 성경의 단락구분을 보라). 이러한 불완전성은 소통의 부재와 대화의 혼란을 암시한다. 이것은 욥과 친구들이 이토록 첨예하게 대립하는 것이 서로 다른 신념이나 가치체계를 가졌기 때문이 아니라 서로 처한 입장과 처지가 다르기 때문이라는 사실을 암시한다.

세 번째 대화에서 엘리바스의 발언은 욥에 관하여 가장 공격적으로 나타난다. 이전에 엘리바스는 욥의 경건과 신앙을 인정하였다(4:3-4, 6). 하지만 이제는 그러한 인정은 나타나지 않고 욥이 저질렀을 악행을 직접적으로 비난한다(22:5-9). 보지도 않은 것들을 마치 자신의 눈으로 본 양 확신에 찬 어조로 말한다. 이에 맞서 욥은 하나님과의 대면을 강하게 희망한다(23:1-7). 보이지 않는 하나님에 대해서 탄식하지만 자신의 무죄에 대해 확신있게 말한다(23:8-12). 다음 발언에서도 욥은 자신의 무죄에 대한 확신을 표명한다(27:2-6). 28장은 '지혜의 찬가'로 불리는 내용이다. 지혜는 사람이 찾을 수도 없고 살 수도 없다(28:12-19). 지혜와 명철이 있는 곳은 하나님만이 아신다(28:20-26). 28절에서는 하나님의 말씀을 인용하면서 지혜가 무엇인지를 밝힌다: "주를 경외함이 지혜요, 악을 떠남이 명철이니라" 하지만 이러한 욥의 발언에는 서막(1:1; 2:3)에서처럼 지혜의 삶을 살았어도 이해할 수 없는 고난을 당하고 있는 자신의 현실에 대한 탄식의 의미가 있다.

욥의 마지막 발언(29-31장)은 세 가지 주제로 나누어진다. 29장은 과거에 누렸던 행복에 관한 발언이고, 30장은 현재의 불행에 관한 발언이며, 31장은 '무죄 맹세'라고 지칭되는 발언이다. 29장과 30장은 욥이 현재 겪고 있는 불행이 얼마나 큰 것인가를 과거와 현재의 극명한 대조를 통해 분명하게 보여준다. 31장에서 욥은 다양한 사례들을 통해 자신의 무죄를 맹세의 형태로 주장한다. 심지어 31:35-37에서는 하나님에 대한 '도전발언'이 등장한다. 욥은 자신의 범죄 사실이 기록되어 있는 고소장을 어깨에 메거나 머리에 쓰고서 당당하게 하나님께로 나갈 것이라고 말한다. 이러한 욥의 행동과 발언에 하나님은 답변하지 않으실 수 없게 된다.

3) 엘리후의 발언 (32-37장)

하나님의 발언이 기대되는 상황에서 엘리후의 발언은 욥의 탄식과 질문에 대한 해결책과 응답의 구실을 하고 있는 하나님의 답변을 예비하면서, 동시에 그것과 이어주는 다리역할을 한다. 엘리후는 욥과 세 친구들이 보여주었던 대화에 반응한다. 욥과 친구들의 발언에 대해서 평가하고 그들의 행동에 분노하며 불만을 털어 놓는다(32:2-3, 11-16). 여러 차례 욥의 말을 인용하면서 그의 말을 반박한다(33:8-11, 13; 34:5-6, 9; 35:3). 동시에 그의 발언에는 하나님의 발언과 욥의 대답에서 등장하는 주제와 입장들이 나타난다. 하나님의 발언과 유사하게 그의 발언 마지막에서 신비스러운 창조세계를 통해서 말씀하시는 하나님의 모습이 강조된다(36:22-37:24). 특별히 엘리후의 발언은 고난의 원인의 측면에 집중하여 욥의 고난을 해석한 친구들과는 달리 욥이 당하는 고난의 목적이 무엇인가를 강조한다(33:19, 29-30)는 점에서 다른 친구들과의 차별성을 보여준다.

4) 하나님의 발언과 욥의 답변 (38:1-42:6)

이 부분은 두 번에 걸친 하나님의 발언(38:1-40:2; 40:6-41:34)과 각각의 발언에 대한 욥의 답변(40:3-5; 42:1-6)으로 구성되어 있다. 하나님은 긴 침묵을 깨고 마침내 욥에게 응답하신다. 응답되지 않은 탄식에 대해 탄식하며(19:7-8; 30:20) 하나님을 대면하기 원했던(23:3-7) 욥에게 폭풍 가운데 나타난 말씀하신다(38:1). 그러나 하나님은 욥에게 많은 수사학적인 질문들과 반어법적인 진술들을 통해서 말씀하신다. 하나님은 인간의 지식을 능가하는 창조세계의 신비들을 욥에게 펼쳐 보여주신다. 특별히 10가지 동물들을 통해 인간에게는 친화적이지 않지만 하나님의 돌보심과 질서에 상응하는 다채로운 동물세계를 보여주시며(38:39-39:30), 베헤못과 리워야단의 두 동물을 통해 창조세계의 악과 혼돈의 세력을 제어하고 물리칠 수 있는 능력이 자신에게 있음을 보여주신다(40:15-41:34). 이러한 하나님 발언은 자신의 무능과 무지를 인정하고 고백하는 욥의 반응을 이끌어낸다(42:1-6).

5) 종장 (42:7-17)

욥기를 마무리하는 산문부이다. 내용상으로 보면 하나님의 판결(42:7-9)과 욥의 회복(42:10-17) 두 부분으로 나뉜다. 치열한 법정 싸움과도 같았던 욥과 친구들의 논쟁을 보시고 하나님께서는 마침내 판결을 내리신다. 하나님은 세 친구들에 분노하시며 그들의 말이 욥의 말처럼 "옳지 못하였다"고 평가하신다(42:7-8). 친구들은 욥에게 가서 번제를 드리고, 욥은 친구들을 위해 기도함으로 하나님이 욥을 기쁘게 받으신다. 욥의 기도는 친구들과의 논쟁을 끝내는 것으로 그치지 않고 욥의 회복을 이끌어낸다(42:10). 관계의 회복을 이루어 갑절의 복을 받고 아들과 손자 사 대를 보고 족장들처럼 꽉 채운 삶을 살다가 죽는다(42:16-17).

시편 | Psalms

1. 개요

시편(詩篇)을 의미하는 영어 표현 Psalm은 "줄을 튕기다, 연주하다"는 의미를 가지고 있는 헬라어 〈프살모스〉에서 유래한 것이다. 이것은 동일한 의미를 가지고 있는 히브리어 낱말 〈미즈모르〉를 번역한 것이다. 이러한 용어들은 시편 하나하나를 의미한다. 영어 표현은 Psalter(= The Book of Psalms)처럼 구성된 시편집(詩篇集)을 일컫는 히브리어 표현은 〈세페르 테힐림〉이다. 번역하면 "찬양의 책"이라는 의미이다. 이러한 시편에 관한 용어를 통해 알 수 있는 것은 시편은 단순히 문학 장르로서 '시'(詩)만을 의미하지 않고 음악과 연관되어 연주된 노래 혹은 찬양이라는 것을 알 수 있다.

2. 시편의 짜임새

1) 5권의 구성

시편은 다섯 권으로 분류된다. 각 권의 분량도 다르고, 시편 종류도 다양하게 구성되어 있다. 다섯 권의 구성은 토라(오경)의 구성을 따른 것으로 보인다.[1]

제1권	1-41	(41편)
제2권	42-72	(31편)
제3권	73-89	(17편)
제4권	90-106	(17편)
제5권	107-150	(44편)

1 "모세는 이스라엘에게 다섯 권의 토라를 주었고, 다윗은 이스라엘에게 다섯 권의 시편을 주었다"(Midrash Tehillim의 시 1:1에 대한 주석).

위와 같은 분류는 각 권의 마지막에 나타나는 종결 송영의 표지를 따른 것이다. 각 권의 마지막 송영은 다음과 같다.

제1권: "이스라엘의 하나님 여호와를 영원부터 영원까지 송축할지로다. 아멘. 아멘"(시 41:13).

제2권: "홀로 기이한 일들을 행하시는 여호와 하나님 곧 이스라엘의 하나님을 찬송하며 그 영화로운 이름을 영원히 찬송할지어다. 온 땅에 그의 영광이 충만할지어다. 아멘. 아멘"(시 72:18-19). — 여기에 덧붙여진 "이새의 아들 다윗의 기도가 끝나니라"(72:20)는 종결 송영 이후 시편 편집자에 의해서 이차적으로 추가된 것으로 보인다.

제3권: "여호와를 영원히 찬송할지어다. 아멘. 아멘"(시 89:52).

제4권: "여호와 이스라엘의 하나님을 영원부터 영원까지 찬양할지어다. 모든 백성들아 아멘 할지어다. 할렐루야"(시 106:48).

제5권: "호흡이 있는 자마다 여호와를 찬양할지어다. 할렐루야"(시 150:6).

히브리어 성경과 70인경은 아래와 같이 150편의 시편을 서로 다르게 셈하고 있고, 어떤 성경을 기준으로 하느냐에 따라 인용하는 본문의 편수가 달라질 수 있다.

MT (히브리어 성경)	LXX (헬라어 성경)
9 10	9:1-21 9:22-39
114 115 116:1-9 116:10-19	113:1-8 113:9-26 114 115
147:1-11 147:12-20	146 147
148-150	148-150

2) 시편의 성격

시편의 처음과 마지막에 있는 제1편과 제150편은 각각 서론과 결론의 기능을 한다. 동시에 두 시편은 시편의 성격을 보여준다. 시편 1편은 시편을 시작하며, 율법(토라)을 읽고 숙고함으로써 복 있는 자의 삶, 즉 지혜의 길을 걸어갈 것을 권면한다. 이것은 '지혜'의 책으로서 시편의 성격을 드러낸다. 할렐루야 시편인 제 150편은 시편을 마무리하면서 '여호와를 찬양할 것'을 촉구한다. 이러한 끝맺음은 시편이 '찬양'을 위한 책이라는 사실을 보여준다. 이러한 시편의 시작과 마지막 사이에 148개의 시들이 모아져 있다. 이렇게 모아져 있는 개별 시편들은 다양한 장르를 포함하고 있지만, 이 시편들의 성격을 가장 잘 드러내는 것이 "이새의 아들 다윗의 기도가 끝나니라"(72:20)는 제2권의 종결어구이다. 이것은 시편이 '기도'의 책이라는 사실을 보여준다. 이처럼 시편은 다양한 얼굴을 가지고 있다. 시편은 신자들에게 '지혜'의 삶과 '기도'의 삶, 그리고 '찬양'의 삶을 살게 하는 지침서가 된다.

3) 시편의 표제어

150편의 시편 가운데 34개는 익명이고 116개의 시편에는 표제어가 있다. 여기에는 특정한 인물들, 즉 다윗(73회), 솔로몬(72편, 127편), 모세(90편), 아삽(12회), 헤만(88편), 에단(89편), 고라자손들(11회)이 언급되기도 하고, 찬양 인도자에 대한 언급(55회)이나 다양한 음악적 지시사항들(5, 6, 8, 9, 12, 46, 53, 81, 84, 88편 등)이 나타나기도 한다. '다윗의 시'라는 표제어가 붙은 시편들은 다윗이 겪었던 특별한 상황들을 언급하기도 한다.

- 3편: 다윗이 압살롬을 피할 때 지은 시
- 7편: 다윗의 식가욘. 베냐민인 구시의 말에 따라 여호와께 드린 노래
- 18편: 여호와의 종 다윗의 시. 여호와께서 다윗을 그 모든 원수들의 손에서와 사울의 손에서 건져 주신 날에 다윗이 이 노래의 말로 여호와께 아뢰어 이르되
- 34편: 다윗이 아비멜렉 앞에서 미친 체하다가 쫓겨나서 지은 시
- 142편: 다윗이 굴에 있을 때에 지은 마스길 곧 기도

이러한 전기적인 참고사항은 제2권에서 두드러지게 나타난다(51-72편에서 8회 나타남).

- 51편: 다윗의 시. 다윗이 밧세바와 동침한 후 선지자 나단이 그에게 왔을 때
- 52편: 다윗의 마스길. 에돔인 도엑이 사울에게 이르러 다윗이 아히멜렉의 집에 왔다고 그에게 말하던 때에
- 54편: 다윗의 마스길. 십 사람이 사울에게 이르러 말하기를 다윗이 우리가 있

는 곳에 숨지 아니하였나이까 하던 때에
- 56편: 다윗의 믹담 시. 다윗이 가드에서 블레셋인에게 잡힌 때에
- 57편: 다윗의 믹담 시. 다윗이 사울을 피하여 굴에 있던 때에
- 59편: 다윗의 믹담 시. 사울이 사람을 보내어 다윗을 죽이려고 그 집을 지킨 때에
- 60편: 다윗이 교훈하기 위하여 지은 믹담. 다윗이 아람 나하라임과 아람소바와 싸우는 중에 요압이 돌아와 에돔을 소금 골짜기에서 쳐서 만이천 명을 죽인 때에
- 63편: 다윗의 시. 유다 광야에 있을 때에

표제어에 나타나는 언급들은 사무엘상하에 있는 본문에서 쉽게 찾아볼 수 있다. 이것은 해당 성경 본문에 주의를 기울이게 하거나 독자들에게 그와 비슷한 상황을 상기시킨다. 불분명한 시편의 정황에 대한 정보를 제공하여 시편의 내용을 이해하도록 돕는다. 이러한 표제어는 다윗의 저작성을 드러내는 단서로 이해되기도 한다. 하지만 현대 학자들은 이러한 표제어가 이차적으로 덧붙여진 것으로서 해당 시편에 대한 최소의 주석이라고 말하거나 그 시편을 이해하는데 가장 적절한 상황을 제공하는 안내지침이 된다고 설명한다.

4) 시편의 모음집들[2]

현재의 시편은 무작위로 모아져 있는 것이 아니다. 제5권으로 구성되어 있지만, 그 안에는 여러 가지의 시편 모음집들이 발견된다. 우선 표제어에 나타난 인물을 통해 다음 세 가지 주요 인물의 모음집들을 구별해 낼 수 있다.

다윗 모음집	3-41편; 51-71(72)편; 108-110편; 138-145편
고라 자손들의 모음집	42-49편; 84-85편; 87-88편
아삽의 모음집	(50장), 73-83편

이와는 달리 공통된 주제나 문학적 특징에 따라 분류할 수 있는 모음집들이 있다.

2 W. P. Brown, 『시편』 (구약학입문시리즈 3), 하경택 옮김 (서울: 대한기독교서회, 2015), 150-154.

〈엘로힘〉 모음집[3]	42–83편
야훼–제왕시들	47편, 93편, 95–99편
순례시들	120–134편
할렐루야 시편들	111–117(8)편, 146–150편

이외에도 표제어 등장하는 제목에 따라 분류될 수 있는 작은 모음집들이 있다.

〈마스길〉(*maśkîl*, "지혜의 노래")	52–55편
〈믹담〉(*miktām*, "비문")	56–60편

5) 시편의 편집과 구성[4]

시편집의 구성은 수적으로나 구조적으로 다윗 시편에 기반하고 있다. 73개의 시편이 '다윗의 시'라는 표제어를 포함하고 있는데, 이 시편들이 시편집 안에서 아무 곳에나 자리 잡고 있지 않다. 다윗 시편을 비롯한 다양한 모음집의 배열과 구성을 살펴보면, 희미하게나마 시편집의 편집과정을 유추해 볼 수 있다. 다윗 시편은 각 권에 아래와 같이 배열되어 있다.

① 3–41편(33편은 MT에서 예외, 70인경은 다윗시로)	37편
② 51–70편(솔로몬의 시 72편을 첨가, 66편과 67편은 제외)	18편
③ 108–110편(할렐루야 시편들인 111–117[8]편을 첨가)	3편
④ 138–145편(할렐루야 시편 146–150편을 첨가)	8편

제1권과 제2권에서 이중적으로 나타나는 시편들을 통해 두 권의 시편이 독립적인 모음집으로 존재했을 가능성을 유추할 수 있다(14편=53편, 40:13–17=70편). 제2권과 제3권의 구성을 보면 '다윗의 시'가 성전 음악단과 찬양대와 관련된 두 개의 모음집에 둘러싸여 있는 것을 확인할 수 있다. 다윗 시편을 중심으로 아삽의 시가 첫 번째 테두리를 이루고 있으며, 고라자손의 시가 그 바깥 테두리를 형성하고 있다.

3 이 시편들은 '여호와'라는 신명(神名) 대신 '엘로힘'(하나님으로 번역됨)을 사용하는 것이 특징이다.

4 K. Seybold, 『시편입문』, 이군호 옮김 (서울: 대한기독교서회, 2002), 28-33.

고라시편	아삽시편	**다윗시편**	아삽시편	고라시편
42-49편	50편	51-71(72)편	73-83편	84-85편, 87-88(89)편
엘로힘 시편				
제2권			제3권	

이렇게 분석되는 1-3권을 통합해서 관찰하면, 전반부 3-41편과 후반부 42-89편의 두 개의 모음집이 하나로 연결되어 있는 모습을 띤다. 여기에 덧붙여 있는 시편 2편은 제왕시로서 89편과 균형을 이룬다. 이제 남아 있는 시편은 시편 90편에서 150편에 이르는 제4권과 제5권이다.

시편 90편에서 119편의 수집 단위는 느슨하다. 하지만 중간에 작은 단위의 모음집들도 관찰된다. 이곳에는 93편, 95-99편의 야훼-제왕시편들과 104-106편, 111-118편의 할렐루야 시편이 있다. 이어지는 119편은 22개의 히브리어 알파벳을 8행씩 순차적으로 적용하여 176개의 절로 이루어진 토라 시편(지혜시 혹은 교훈시)으로서 1편과 짝을 이룬다. 119편 이후에는 비교적 견고한 작은 단위의 모음집들이 발견된다. 순례시편("성전에 올라가는 시")(120-134편)과 다윗 시편(138-145편)과 할렐루야 시편(146-150편)이 있다. 그 사이에 할렐루야 시편 135편과 그것에 짝을 이루는 136편이 있고, 어느 그룹에도 속하지 않는 137편이 있다.

3. 시편의 주요 장르[5]

1) 찬송시

찬송시에는 고백과 하나님에 대한 찬양이 핵심이다. 내용적으로 볼 땐 찬송시는 대부분 어떤 주제 주위를 맴돈다(예컨대, 창조, 역사, 야훼의 왕적 통치). 찬송시는 명령적인 찬송시와 분사구문에 의한 찬송시를 구분할 수 있다(예컨대, 시 103:3-6; 104:10-15; 145:14-16, 20; 146:6-9). 찬송시의 일반적인 구조는 다음과 같다.

5 자세한 것은 다음을 참조하라. M. Dreytza 외 공저, 하경택 옮김, 『구약성서연구방법론』(서울: 비블리카아카데미아, 2005), 166-171.

① 도입부: 몇 마디로서 야훼를 찬양할 것을 '권유'하는 양식을 보인다. 초대는 일반적으로 복수 명령으로 시작하고 찬양에 합류해야 할 자[6]들이 명시된다.

② 전개부: 찬송시의 전개부는 좀 길게 찬양의 동기들을 예시한다. 전개부의 주요 내용은 하나님의 위대하심과 선하심을 주장하는 두 개의 형태로 나타난다. 즉 그분이 세계를 창조하셨다는 것(시 33:6-9; 65:6-13; 95:4-5; 135:6-7; 136:5-9; 146:6; 147:4, 8-9, 16-18; 148:5-6)과 이스라엘의 역사에서 구원을 베푸셨다는 것(시 68:7이하들; 135:8-12; 136:10-24; 147:2)이다.

③ 종결부: 찬양하라는 도입부의 반복으로 종결
'명령형 찬송시'는 찬양을 요청하는 복수 명령형에 의해서 압도된다. 이것은 한편으로 하나님의 위엄과 다른 한편으로 하나님의 선하심에 대한 묘사에 앞서서 나타난다(시 95A편; 96편; 98편; 100편; 113편; 117편; 135편; 136편; 145편; 147-150편; 참조, 출 15:21). 대부분의 할렐루야-시편은 명령형 찬송시에 속한다. 이 시편을 처음과(혹은) 마지막에서 포괄구조/수미상응구조(inclusio)로서 감싸고 있는 "할렐루야"라는 명령이 들어있는 것이 특징이다(시 111-113편; 115-117편; 135편; 146-150편).

야훼-제왕시는 여호와 하나님을 우주적인 왕으로 찬양한다(시 24편; 47편; 93편; 96-99편).

창조시들은 창조세계를 다루지만, 찬양의 대상은 자연이 아니라 창조주 하나님이시다(시 8편; 19A편; 〈29편〉; 33편; 104편).

역사시들은 하나님의 구원사 가운데 족장사, 출애굽, 광야유랑, 가나안 정복, 왕정, 멸망과 같은 개별적인 국면들을 서술한(시 78편; 95편; 105편; 106편; 114편; 135편; 136편).

시온시는 순례시의 유형으로도 분류할 수 있는데, 이것은 예루살렘을 하나님의 거주지로 찬양한다(시 46편; 48편; 76편; 84편; 87편; 122편; 132편; 137편).

6 찬양에로의 부름의 대상은 이스라엘만이 아니라 외국 열방과 땅 전체가 포함되기도 한다(시 33:8 - 온 땅은; 47:1-너희 만민들아; 66:1-온 땅, 8-만민들아; 96:1-온 땅이여; 97:1-땅, 허다한 섬; 98:4-온 땅; 100:1-온 땅; 145:21-모든 육체; 148:7-12 - 용들과 바다여, 청년 남자와 노인과 아이들아!).

2) 찬양시/감사시

찬양시/감사시는 하나님의 행동에 반응하며 그의 구원행동에 대한 감사를 표현한다. 찬송시에서는 하나님의 속성이 그 중심에 있는 반면, 찬양시 속에서는 하나님의 행동이 서술적으로 찬양된다. 단/복수와 다른 형식적인 구조를 통해서 공동체 찬양시(시 124편; 129편; [65편; 67편; 75편?])와 개인 찬양시(시 9편; 30-32편; 34편; 40A편; 52편; 66B편; 92편; 107편; 116편; 118편; 120편; 138편)로 구분할 수 있다. 찬양시의 일반적인 구조는 다음과 같다.

① 도입부: 도입부는 감사의 대상인 하나님께 직접 말을 걸거나 때로는 증인으로서의 공동체 또는 시인의 기도에 합류하도록 초대받은 공동체에게 호소한다.

② 전개부: 시인은 스스로가 겪은 위기들을 상기하기 시작하거나, 그가 체험한 원수들의 공격과 박해들을 상술하기도 한다. 전개부의 마지막 부분에서, 시인은 하나님의 구원간섭을 진술한다. 그는 여호와의 위대한 권능을 선포해 가며, 자기의 구원을 위해 일어서신 그분의 승리를 노래한다.

③ 종결부: 일반적으로 미래지향적이다. 즉 갱신되고 지속적인 신뢰심, 여호와께 영원토록 영광을 드리겠다는 약속, 영원토록 감사의 기도를 드려야 한다는 공동체를 향한 권유 등이 그러하다.

3) 탄원시

탄원시는 시편집에서 가장 두드러진 장르를 형성한다. 이 양식에서 청원과 탄식은 빠지지 않고 나타나는 요소이다. 탄원시는 청원에 머물러 있지 않고 확신의 고백, 찬양 서약, 응답의 확신 등의 신뢰의 고백으로 나아간다. 탄원시도 공동체 탄원시(시 44편; 60편; 74편; 77편; 79-80편; 83편; 85편; 90편; 94편; 123편; 126편; 129편; 137편)와 개인 탄원시(시 3편; 6편; 13편; 22편; 31편; 35편; 38편; 39편; 42-43편; 51편; 57편; 61편; 63편; 71편; 86편; 88편; 102편; 109편; 120편; 130편; 139편; 140-143편)로 나눌 수 있다.[7]

7 공동체 탄원시와 개인 탄원시의 구별은 기본적으로 문법적이다. 그러나 단수형이라고 해서 모두 개인 탄원시로만 생각해서는 안된다. 개인 탄원시로 분류되는 시편들이 국가적인 성격을 띤 기도문으로서활용되어 왔다(시 22: 28; 102). 개인 탄원시가 공동체의 대변인이던 사제, 예언자, 왕에 의해서 저작되고 활용된다면, 표현양식은 개인적이나 내용은 집단적인 성격을 갖기 마련이다.

개인 탄원시는 다양한 원인에 의해서 촉발될 수 있다. 그중에서도 질병과 원수와 죄가 대표적으로 나타나는 탄원의 원인들이다.

- 병자의 탄원시: 30편; 38편; 39편; 41편; 69편; 88편; 102편; (6편; 13편; 32편; 51편; 77편; 91편?)
- 피고인과 박해받는 자들의 탄원시: 3편; 4편; 5편; 7편; 9-12편; 17편; 23편; 25편; 26편; 27편; 42-43편; 54-57편; 59편; 62-64편; 70편; 86편; 94편; 109편; 140편; 142-143편.
- 참회시: 6편; 25편; 32편; 38-40편; 51편; 102편; 130편.

이외에도 하나님에 대한 신뢰가 시편의 분위기를 압도하여 '신뢰시'로 분류되는 탄원시들도 있다(4편; 11편; 16편; 23편; 27편; 62편; 63편; 91편; 121편; 125편; 131편). 탄원시의 구조는 찬양시와 비슷하나 구조상의 전개가 더욱 명확하다.

① 도입부: 도입부의 양식은 흔히 하나님께 하는 호소로 드러나는데, 그냥 하나님 이름을 부르거나 좀 더 길게 부름을 전개하기도 한다.

② 전개부: 여기에 탄원시의 기본요소인 탄식과 청원이 나타난다. 시인의 탄식은 매우 구체적이고 인격적이다. 시인은 자신의 나약함을 강조하면서, 하나님 외에는 그 누구도 자신을 구원할 수 없다는 사실을 고백한다. 그러나 시인의 목적은 하나님의 개입을 이끌어내는 것이다. 따라서 그는 솔직하고도 직접적인 표현을 통해서 하나님의 개입을 청원한다.

③ 종결부: 흔히 여기에서 시인의 신뢰심이 나타나는데, 시인은 자신의 청원이 반드시 받아들여질 것이라는 확신을 표명한다.

4) 제왕시

제왕시는 이스라엘 왕과 관련된 시편들이다(2편; 18편; 20-21편; 45편; 72편; 89편; 101편; 110편; 132편; 144편). 이 시편들은 왕실에서 거행되는 다양한 전례 의식들과 관련이 있는데, 왕위 즉위식이나 결혼식, 출정식, 입당식 등의 다양한 왕실 행사들을 위해 사용되었다. 이 시편들은 메시아 예언과 관련하여 해석되어 신약성경에서 많이 인용되고 있다.

5) 순례시

성전이 있는 시온으로 떠나는 순례와 관련하여 사용된 시편들이다(84편; 120-134편).

6) 지혜시/교훈시

다음과 같은 시편들이 지혜/교훈시로 분류된다(34편; 36편; 37편; 49편; 73편; 90편; 111-112편; 127편; 128편; 133편; 139편). 주제와 그 특징에 따라 토라시와 알파벳시로 세분되기도 한다.

- 토라시(1편; 19B; 119편)
- 알파벳시(9-10편; 25편; 34편; 37편; 111-112편; 119편; 145편)

잠언 | Proverbs

1. 개요

잠언(箴言)의 히브리어 명칭은 〈마샬〉의 복수형 〈미쉴레〉이다. 〈마샬〉이라는 히브리 낱말은 속담, 격언, 우화, 비유 등을 의미하는데, 잠언이 다양한 기교와 표현법을 써서 응축된 진술들을 모아놓은 책이라는 사실을 암시한다. 헬라어로는 속담과 격언을 의미하는 〈파로이미아〉라고 표현하고 있으며, 불가타 라틴어 역본에는 Proverbia라고 번역되어 있다.

2. 짜임새

잠언의 구성은 다음 일곱 가지 부분으로 나누어진다.

I		1-9장	다윗의 아들 이스라엘의 왕 솔로몬의 잠언
II		10:1-22:16	솔로몬의 잠언
	III	22:17-24:22	지혜자의 말씀
	IV	24:23-34	지혜자의 말씀
V		25-29장	솔로몬의 잠언. 유다왕 히스기야의 신하들이 편집한 것이니라
	VI	30장	야게의 아들 아굴의 잠언
	VII	31장	르무엘 왕이 말씀한 바 곧 그의 어머니가 그를 훈계한 잠언

위와 같은 분류에 따르면 '솔로몬의 잠언'이 압도적인 다수를 차지하며, 그 중간과 뒤에 '지혜자의 말씀'과 아굴과 르무엘 왕 어머니의 잠언이 수집되어 있다.
이 가운데서도 1-9장은 잠언의 서론으로서 기능하며, 아버지의 열 가지 교훈과 여성 지혜의 연설로 구성된 내용을 다음과 같이 분석할 수 있다.

I 표제와 서언	6) 다섯 번째 교훈: 가족의 유산을 가지라(4:1-9) 7) 여섯 번째 교훈: 그릇된 길에서 바른 길로(4:10-19) 8) 일곱 번째 교훈: 바른 길에서 벗어나지 말 것(4:20-27) 9) 여덟 번째 교훈: 간음의 어리석음과 결혼의 지혜(5:1-23) 10) 부록: 어리석음과 악에 대한 네 개의 경구(6:1-19) 11) 아홉 번째 교훈: 간음에 대한 경고(6:20-35) 12) 열 번째 교훈: 이방 여인의 유혹(7:1-27) 13) 지혜의 두 번째 연설: 우매한 자에게 하는 지혜의 자기 칭찬(8:1-36) 14) 결어: 두 여인의 초대와 제자의 선택(9:1-18)
1) 표제(1:1) 2) 서언(1:2-7)	
II 아버지의 열 가지 교훈과 여인 지혜의 연설(1:8-9:18)	
1) 첫 번째 교훈: 듣고 악한 꾀를 따르지 말라(1:8-19) 2) 지혜의 첫 연설(1:20-33): 우매한 자들에 대한 여인의 책망 3) 두 번째 교훈: 악인으로부터 보호하는 지혜(2:1-22) 4) 세 번째 교훈: 하나님의 약속과 아들의 책임(3:1-12) 5) 네 번째 교훈: 지혜의 가치와 지혜의 삶(3:13-35) ('내 아들아' 21절)	

잠언의 전체구성을 보면, 아버지의 목소리와 여인의 목소리가 대조적으로 울려 나고 있음을 알 수 있다. 지혜 교사로 등장하는 아버지가 열 번에 걸쳐 아들에게 교훈한다. 그 사이에 여인 지혜가 지혜의 삶으로 초청하고 있으며(1:20-33; 8:1-36; 9:1-12), 9장 13절이하에서는 어리석은 여자가 어리석은 자들을 유혹한다. 잠언의 마지막장인 31장에는 두 명의 여인이 등장한다. 르무엘 왕의 어머니(31:1-9)와 현숙한 여인(31:10-31)이다. 두 여인은 앞서 여인의 모습으로 의인화된 지혜의 화신(化身)이라고 말할 수 있으며, 지혜의 삶을 사는 사람의 모범과 전형을 보여준다.

3. 주요 내용

1) 잠언의 목적과 유익: 지혜와 공의의 삶을 위한 지혜의 책 (1:2-6)

잠언은 독자들로 하여금 지혜와 훈계를 알게 하며 명철의 말씀을 깨닫게 하며 지혜와 공의의 삶을 살게 하기 위한 목적을 가지고 있다. 이것은 어리석은 자는 슬기롭게 하고, 지혜 있는 자는 듣고 학식이 더해질 것을 약속한다.

2) 여호와 경외

여호와 경외는 지식의 시작(1:7)이자 목표이다(2:1-5). 여호와 경외와 하나님을 아는 것(2:5)은 지혜와 지식의 삶(6-7절), 공평과 정의의 삶(9절), 생명의 삶을 살게 한다(2:20-21). 이것은 한편으로 9장 10절과 함께 1-9장의 틀을 이루고, 다른 한편으로 31장 30절과 함께 잠언서 전체의 틀을 이룬다.

3) 부모의 훈계와 교훈

지혜의 가르침으로서 부모의 훈계와 교훈을 듣고 따르는 것이 강조된다(1:8; 2:1; 3:1; 4:1, 20; 5:1; 6:20; 7:1). 그것은 하나님의 말씀을 따르는 것과 동등한 약속들이 주어진다. 그것은 "네 머리의 아름다운 관과 네 목의 금사슬"이 될 것이다(1:9). 또한 그것은 장수와 평강의 복을 얻게 할 것이다(3:2).[8] 그것은 하나님의 말씀과 같이 등불과 빛이 되며, 생명의 길을 가게 할 것이다(6:23; 또한 4:4).

4) 여인 지혜

여인 지혜의 연설이 두 번 나타난다(1:20-33; 8:1-36). 이것은 하나님 자신 또는 예언자가 외치는 연설처럼 느껴진다. 여인 지혜는 하나님의 영, 이름, 영광, 사자 등과 같이 하나님과의 동일성과 차별성을 동시에 보여준다. 지혜는 하나님의 영을 가진 것으로서 하나님의 마음과 뜻을 드러낸다. 9장에서는 두 여인의 초대가 소개된다. 여인 지혜와 여인 어리석음이 사람들을 각각 지혜와 어리석음의 삶으로 초대한다. 8장 22-31절에는 지혜가 창조 이전부터 존재하였으며 창조 때에 하나님과 함께 하였다고 말한다.

5) 간음에 대한 경고

아버지의 교훈 후반부에는 간음에 대한 경고가 집중적으로 나타난다(5:15-20; 6:24-35; 7:6-23). 아버지는 아들에게 젊어서 취한 아내를 즐거워하고 그의 사랑을 항상 연모하라고 교훈한다(5:18-19). 그러면서 아버지는 음녀와 악한 여인에 빠질 경우 아들이 어떤 결과를 맞게 되는 지를 똑똑히 보여준다. 간음한 자는 영혼을 망하게 하고 씻을 수 없는 부끄러움을 얻게 되며(6:32-33) 마침내 생명을 잃게 될 것이다(6:26; 7:23).

6) 의인과 악인, 지혜자와 미련한 자의 대조

10장-15장에 이르는 잠언 모음집에는 특별히 이분법적인 대조가 돋보인다. 의

8 이것은 십계명 가운데 제5계명 부모공경에 대한 약속과 상통한다(출 20:12; 신 5:16; 또한 엡 6:2).

인과 악인, 지혜자와 미련한 자가 정반대의 모습으로 대조된다. 의인은 지혜자이며(10:31), 하나님의 말씀과 계명을 따라 삶으로 하나님이 주시는 복을 누리며 살게 된다(10:6, 9). 그에게는 생명나무와 사람을 얻는 복이 주어진다(11:30). 그러나 악인은 그렇지 않다. 그는 불의를 행하고 어리석음을 따라 살기 때문에 멸망하게 되며 소망이 없다(10:8; 11:7). 하나님이 그의 행동에 따라 보응하신다(11:31).

7) 말에 대한 교훈

말에 대한 교훈은 18장 20-21절에서 매우 분명하게 잘 요약되어 있다. "사람은 입에서 나오는 열매로 말미암아 배부르게 되나니 곧 그의 입술에서 나는 것으로 말미암아 만족하게 되느니라. 죽고 사는 것이 혀의 힘에 달렸나니 혀를 쓰기 좋아하는 자는 혀의 열매를 먹으리라"(잠 18:20-21). 말의 중요성은 말이 가져오는 결과에서 분명해진다. 그것은 생명과 죽음을 결정한다. 공의와 지혜가 있는 곳에는 생명이 있고, 불의와 어리석음은 사망으로 이끈다(잠 2:18-19; 5:5-6; 8:35-36; 12:28; 13:14; 14:27; 16:14-15). 이처럼 말도 삶과 죽음을 가져올 만큼의 절대적인 영향력이 있다.

의인의 말과 정직한 자의 말은 사람을 구원한다: "악인은 입으로 그의 이웃을 망하게 하여도 의인은 그의 지식으로 말미암아 구원을 얻느니라"(잠 11:9); "악인의 말은 사람을 엿보아 피를 흘리자 하는 것이거니와 정직한 자의 입은 사람을 구원하느니라"(잠 12:6); "지혜 있는 자의 교훈은 생명의 샘이니 사망의 그물에서 벗어나게 하느니라"(잠 13:14). 또한 지혜자의 말은 양약과 같이 사람을 치유한다: "칼로 찌름같이 함부로 말하는 자가 있거니와 지혜로운 자의 혀는 양약과 같으니라"(잠 12:18). 또한 선한 말은 사람을 즐겁게 한다: "근심이 사람의 마음에 있으면 그것으로 번뇌하게 되나 선한 말은 그것을 즐겁게 하느니라"(잠 12:25). 그러나 반대로 악인의 말은 사람을 죽인다: "의인의 입은 생명의 샘이라도 악인의 입은 독을 머금었느니라"(잠 10:11). 또한 그들은 강포와 재앙을 말함으로써 사람을 파괴시킨다: "너는 악인의 형통함을 부러워하지 말며 그와 함께 있으려고 하지도 말지어다. 그들의 마음은 강포를 품고 그들의 입술은 재앙을 말함이니라"(잠 24:1-2; 잠 6:12-15 참조). 그들은 거짓으로 방망이와 칼과 뾰족한 화살처럼 이웃을 공격한다(잠 25:18).

8) 현숙한 여인

잠언 31장에는 두 명의 여인이 소개된다. 르무엘 왕의 어머니와 '현숙한 아내'로 소개되는 여인은 여인 지혜의 화신(化身)이다. 두 사람의 모습은 지혜의 삶을 압축적으로 보여준다. 특별히 '말 못하는 자'와 '고독한 자', '곤고한 자'와 '궁핍한 자'를 위한 재판을 하라는 르무엘 왕 어머니의 교훈(31:8-9)은 왕의 책무와 역할을 분명하게 보여주는 구약성경의 지혜요 교훈이다(시 72편 참조). 또한 '현숙한 여인'이 보여준 삶은 국제적인 무역과 사업을 관장하는 폭넓은 활동영역(14절과 18절)을 보여주고 있을 뿐만 아니라 지혜와 인애의 법으로 가르침을 베푸는 지혜자의 모습(26절)을 보여준다는 점에서 집안일에만 몰두하는 여인상과는 거리가 멀다.[9] 그가 보여준 삶이 참된 지혜를 보여주는 여호와 경외의 삶이다(31:30). 그러한 사람이 그 어느 누구보다 아름답다.

9 '현숙한 여인'이란 번역은 오해를 불러일으키기 쉽다. '현숙한'으로 번역된 히브리 낱말 〈하일〉(חַיִל)은 '힘, 능력, 군대, 재산' 등의 여러 가지 의미가 들어있다. 영어성경은 이 낱말을 'virtuous'(KJV), 'excellent'(NAS), 'noble'(NIV) 등 다양하게 번역하고 있다. 따라서 〈에쉐트 하일〉은 '현숙함'을 넘어서서 '능력 있고 덕스럽고 고귀한' 여성 지도자로서의 면모를 보여주는 표현이다(참조, 룻 3:11).

전도서 | Ecclesiastes

1. 개요

전도자라고 번역된 히브리 낱말 〈코헬렛〉은 오직 전도서에만 등장한다. 전도서 안에서 7회 사용되고 있는데, 1:1, 2, 12; 12:9, 10에서는 관사 없이 고유명사처럼 사용되었고, 12:8과 7:27에서 정관사와 함께 쓰였다. 이 낱말은 '모이다' 혹은 '모으다'의 뜻을 가지고 있는 〈카할〉 동사의 여성분사형인데, 직업이나 직능을 표시하는 명사(nomen appellatum)로 파악된다.[10] 따라서 〈코헬렛〉은 '수집가'(Sammelnde) 또는 '불러 모으는 자'(Versammelnde)로 이해될 수 있다. 전자는 지혜자로서의 전도자의 모습을 보여주고(12:9-10), 후자는 회중 지도자로서의 전도자의 모습을 보여준다(1:12). 헬라어로는 〈에클레시아스테스〉라고 번역하고 있으며, 라틴어로는 이것을 음역하여 Ecclesiastes라고 표기한다.

2. 짜임새

전도서는 줄거리가 있는 이야기가 아니기 때문에 구조 분석이 어렵다. 학자에 따라서 구조분석의 결과는 다양하다. 이 가운데 대표적인 경우 두 가지를 소개한다. 첫 번째의 경우는 전도서를 교차대구적 구조로 파악한 로핑크의 분석이다(N. Lohfink, 1997). 종교비판에 해당하는 중심부(4:17-5:6)를 중심으로 사회비판(3:16-4:16; 5:7-6:10)이 그 바깥을 둘러싸고 있으며, 인간론(1:12-3:15)과 이념비판(6:11-9:6)이 그 다음 테두리를 형성하고 있고, 시문으로 된 우주론(1:4-11)과 윤리(9:7-12:7)가 그 바깥을 둘러싸고 있다. 그 다음에 '헛되다'는 말을 반복하는 전도자의 말이 포괄구조/수미상응구조(inclusio)로서 처음과 끝에 나타난다.

10 스 2:55, 57과 느 7:57, 59의 용례는 여성분사형이 처음에는 기능이나 직임을 나타냈으나 후에는 고유명사로 사용되었음을 보여준다.

1:2-3	틀
1:4-11	우주론(시)
1:12-3:15	인간론
3:16-4:16	사회비판 1
4:17-5:6	종교비판(시)
5:7-6:10	사회비판 2
6:11-9:6	이념비판
9:7-12:7	윤리(끝 부분에서 시)
12:8	틀

두 번째 경우는 쉬빈호르스트-쇤베르거(Ludger Schwienhorst-Schönberger, 2004)의 분석이다. 그는 책 제목과 테두로로서의 표어에 이어 나오는 전도서의 내용을 네 부분으로 나누어 이해한다.

1:1	책제목
1:2	테두리로서의 표어
1:3-3:22	제시(propositio): 인간 행복의 가능성의 내용과 조건
4:1-6:9	전개(explicatio): 전(前)철학적인 행복이해와의 논쟁
6:10-8:17	반증(refutatio): 행복에 관한 대안적인 결정들과의 논쟁
9:1-12:7	적용(applicatio): 기쁨과 실행력 있는 행동으로의 호소
12:8	테두리로서의 표어
12:9-14	결론

3. 주요 내용

1) 모든 것이 헛되다

'헛되다'로 번역된 히브리 낱말 〈헤벨〉은 73회 용례 가운데 38회가 전도서에서 사용된다. 전도서의 표어가 되는 헛됨에 대한 언급은 서두(1:2)와 결말(12:8)에 반복되어 나와 전도서의 틀을 형성한다. '호흡, 입김, 미풍' 등의 기본 의미를 가지고 있는 이 낱말은 전도서 안에서 다양한 상황에 쓰인다.[11] 첫째, 인간의 수고와 일이 어떤 결과나 유용성 없이 끝나버려 아무것도 남지 않은 상태를 가리킨다(2:1, 11, 19, 21, 23; 4:4, 8; 5:9; 6:2). 이것은 '유익'이나 '이득'을 의미하는 〈이트론〉과 정반대의 의미를 가진다(1:3; 2:11, 13; 3:9; 5:8, 15; 7:12; 10:10-11). 둘째, 인간의 행동과 그 결과를 분명하게 이해하려고 하는 지혜사상적인 삶의 노

11 R. Albertz, "הֶבֶל", in: *THAT*, 469.

력이 의미가 없다는 사실을 표현한다. 의로운 자들이 불경건한 자들의 운명을 맞기도 하고(8:10-14), 지혜자들이 어리석은 자와 같은 종말을 맞기도 한다(2:15; 6:7-9). 셋째, 인간의 무상함을 표현한다(6:12; 11:8, 10; 참조, 7:15; 9:9). 인간을 모든 피조물과 같게 만드셨다(3:19). 인간의 모든 미래는 위협적인 죽음의 운명 아래 놓여 있다(11:8). 모든 사건은 미리 알 수도 없을 뿐만 아니라 의미있게 파악되지도 않는다(1:14; 2:17). 전도자는 자신의 의심과 고민을 압축하는 〈헤벨〉이라는 낱말을 통해서 인간세계의 의미없음과 덧없음을 탄식하며, 의미 있는 삶을 위한 지혜의 길이 무엇인가를 질문한다.

2) 시간에 대하여 (3:1-15)

전반부(1-9절)에는 '시간에 관한 시'가 등장하고, 후반부(10-15절)에는 그것을 기초로 전도자가 깨달은 깨달음의 내용이 나타난다. 3장 1절에서 '범사에 기한이 있고 천하 만사가 다 때가 있다.'고 말한다. 이것은 시간의 '가능성'과 '한계성'을 동시에 보여준다. '시간이 있다'는 것은 인간 삶의 가능성을 보여주지만, 그 시간이 '정해져 있다'는 것은 인간 행동의 제한성을 보여준다. 완전수 10과 4가지 방위를 의미하는 4로 이루진 14쌍의 순간들은 인간이 살면서 애쓰는 수고 전체를 의미하며, 인간이 경험하는 삶의 총계를 보여준다. 14가지 대립 요소들은 상호배타적인 활동으로 제시된다. 이 요소들은 동시에 일어날 수 없다. 하지만 각 요소들은 한계를 가지고 있다. 각각 정해진 때가 있다는 것이다. 의미 없어 보이는 것에도 의미가 있으며, 동시에 인간의 모든 행동에 한계가 있다는 사실을 알게 한다.

후반부(10-15절)에는 전도자의 세 가지 깨달음이 제시된다. 첫 번째 내용이 하나님이 하신 일에 관한 것이다. 전도자는 "하나님이 인생들에게 노고를 주사 애쓰게 하신 것을 내가 보았노라"(10절)라고 말한다. 그리고 "하나님이 모든 것을 지으시되 때를 따라 아름답게 하셨"으며 사람들에게 "영원을 사모하는 마음"을 주셨다고 말한다. '시간'은 인간이 행동하고 알아차릴 수 있는 영역이다. 그러나 '영원'은 인간이 인지할 수 있는 영역이 아니다. 그것의 처음과 마지막을 인간이 찾을 수 없다. 오직 하나님만이 아실 수 있다. 두 번째 내용은 인간 삶에서 추구해야 것이 무엇인가에 관한 것이다. 인간은 자신의 제한성 속에서 하나님이 두신 '영원'을 파악할 수는 없을지라도 인간이 추구해야 할 일이 있다. 그것은 "기뻐하고 선을 행하는 것"이다(12절). 13절에서는 이것을 "먹고 마시는 것과 수고

함으로 낙을 누리는 것"이라고 표현한다. 그러나 전도자는 이것이 "하나님의 선물"이라고 말한다. 그 모든 것이 사람이 힘써서 도달하는 경지가 아니라 하나님으로부터 주어지는 '하나님의 은혜'임을 보여준다. 세 번째 내용은 하나님의 완전성에 대한 깨달음이다. 하나님께서 하시는 것은 모두 영원히 있을 것이다. 거기에는 첨가될 것이 없고 뺄 것도 없다. 그분의 행동에는 '지속성'과 '궁극성'이 있다. 그러한 하나님의 행동의 결과는 '하나님 경외'이다(14절). 15절은 1장 9-10절 내용에 대한 반복과 해석이다. 전에 있었던 것이 이미 있던 것이요 앞으로 있을 것도 이미 있었던 것이다. 하나님은 찾았던 것을 또 찾으신다. 과거와 미래에 대한 탐구는 지혜자들의 과제이다. 하지만 과거와 미래를 온전하게 파악하실 수 있는 분은 오직 하나님뿐이시다.

3) 기쁨의 삶을 살라

전도자는 해 아래 새 것이 없고(1:10; 2:12; 3:15; 6:10) 모든 것이 헛되다고 말하지만(위의 설명을 보라), 그 어떤 책에서보다 더 적극적으로 '삶에서 즐거움을 누리라'라고 권면한다(2:24-25; 3:12-13; 3:22; 5:17-19; 8:15; 9:7-10; 11:9-10).

4) 청년에게 주는 교훈 (11:9-12:7)

여기에서 전도자가 교훈하고 있는 대상이 '청년'(〈바후르〉)라고 불린다. 이 호칭은 잠언 1-9장에서 등장하는 '내 아들'과 대조된다. 전도자는 그 '청년'에게 말한다(9절). "네 어린 시절을 즐거워하라" 어린 시절은 '젊음의 때'로 번역하는 것이 문맥에 더 잘 어울린다. 여기에서 '즐거워하라'(〈사마흐〉 동사의 2인칭 남성 단수 명령형)는 권고는 전도서에서 직접 명령형 형태로 나타난 유일한 사례이다. 그만큼 전도자는 청년에게 기쁨의 삶을 살라고 강조하고 있는 것이다. 9절 전하반절에서는 상세한 지시사항을 통해서 앞의 내용을 강조한다. "마음에 원하는 길들과 네 눈이 보는 대로 행하라" 여기에서 마음과 눈이라는 몸의 두 기관으로 대변되는 두 가지 차원이 지칭된다. 그것은 삶의 내적인 차원과 외적인 차원이라고 말할 수 있다. 그러나 9절 후반절에는 다음과 같이 말한다. "그러나 하나님이 이 모든 일로 말미암아 너를 심판하실 줄을 알라" 이 부분은 보는 입장에 따라 이전 진술에 대한 '강화'나 '수정'으로 볼 수 있다. 하지만 분명한 것은 사람의 모든 일에 대한 심판이 하나님께 있음으로 하나님의 판단을 의식하며 하나님 앞에서의 삶을 살아야 한다는 교훈이다.

10절에서는 9절의 주제를 반복하며 상세한 지침을 제공한다. 여기에서는 청년 자신의 건강에 초점이 맞추어져 있다. 이때 몸의 내적 측면과 외적 측면이 동시에 조망된다. 마음과 몸에서 '좋지 않은 것들'이 사라지고 건강함을 유지해야 한다는 것이다. 10절 후반절은 다시 '헛됨'(〈헤벨〉)의 주제를 다룬다. "어릴 때와 검은 머리의 시절이 다 헛되니라" '젊음의 때'가 영원하지 않다는 것이다. 이것은 젊음을 비관하거나 그것에 냉소적으로 반응하는 것이 아니라, 젊음의 때가 영원하지 않음을 알고 그 때를 잘 보내라는 교훈을 내포한다.

12장 1절부터 전도자는 다시 '청년'에게 주는 교훈을 명령의 형태로 전달한다. "너는 청년의 때에 너의 창조주를 기억하라" 창조주에 대한 언급은 이전에 전도자가 말한 창조주에 관한 언급들을 떠올릴 수 있다. 그분은 인간을 '올바르게' 지으셨다(7:29). 그리고 그들에게 생명을 주셨다(5:17; 8:15; 9:9). 또한 그들에게 소유물도 주셨고(5:18; 6:2), 기쁨의 가능성도 주셨다(5:18-19; 9:8). 이러한 점에서 창조주를 기억하라는 권고는 인생의 주관자가 누구인지를 기억하며 살라는 말이 될 수 있다. 창조주 하나님은 모든 것을 가능케 하신다. 문제의 해결자이시면서 동시에 문제의 종결자이시다. 창조주 하나님은 구원자이시면서 동시에 심판자이신 것이다. 그러니까 '청년'은 자신의 젊음의 날 동안 그러한 하나님을 기억해야 한다. 그분의 도움을 기대하며 살아야 하며 그분이 내리실 평가가 무엇임을 의식하며 살아야 한다.

아가 | Song of Songs

1. 개요

아가(雅歌)에 대한 히브리어 명칭은 〈쉬르 핫쉬림〉이다. 이것은 "노래들 중 노래", 즉 가장 아름다운 노래라는 것을 의미한다. 이것을 헬라어로는 〈아스마 아스마톤〉, 라틴어로는 canticum canticorum이라고 번역하였다. 아가서는 히브리 성경에서 '메길로트'(Megillot)라 불리는 다섯 권의 축제 두루마리 가운데 포함되어 있다. 유대인의 축제에 낭독되는 책들은 다음과 같다: 아가서(유월절 여덟째 날), 룻기(칠칠절의 둘째 날), 애가(예루살렘 파괴 기념일, 즉 아브월 아홉째 날), 전도서(장막절의 셋째 날), 에스더서(부림절). 아가는 기본적으로 남녀가 서로를 향해 고백하는 사랑을 주 내용으로 하고 있으나, 이러한 고백이 여호와 하나님과 이스라엘과의 관계를 다루고 있으며 아가서의 시작은 이집트로부터의 출발에 관해 이야기한다는 해석을 기반으로 유월절에 읽히는 책이 되었다.

2. 짜임새

아가서의 구조를 파악하는 것은 쉽지 않다. 누구의 말인지 불분명한 경우도 있으나, 대체로 아가서는 다음과 같이 여자와 남자의 말, 그리고 다른 사람의 말로 구분할 수 있다.(박동현, 208.)

1:1 표제		
여자의 노래	*남자의 노래*	*다른 사람들의 노래*
1:2-4 너에게(너는 나를 인도하라)		
1:5-6 예루살렘 여자들아(포도원지기 처녀)		
1:7 내 마음에 사랑하는 자에게	1:8 여인 중에 어여쁜 자에게(양치기 처녀)	
	1:9-11, 15 내 사랑아(사랑하는 사람들의 대화)	
1:12-14, 16-17 내 사랑아(사랑하는 사람들의 대화)		
2:1, 3 나는/내 사랑은(백합화와 사과나무)	2:2 나는/내 사랑은(백합화와 사과나무)	
2:4-7 사랑 때문에 생긴 병		
2:8-10**전**, 16-17 나의 사랑하는 자의 소리(겨울이 지나갔다.)	2:10**후**-15 나의 사랑하는 자의 소리(겨울이 지나갔다.)	
3:1-5 마음에 사랑하는 자에 대해(밤에 하는 생각)		
		3:6-11 시온의 여인들에게(신부를 데려오다)
	4:1-7 내 사랑에게(너는 어여쁘다!)	
4:16 나의 사랑하는 자가(초대)	4:8-15, 5:1 나의 누이, 나의 신부야(사랑의 마술/사랑의 동산)	
5:2-7 나의 사랑하는 자의 소리(밤에 하는 생각)		
5:8-6:3 나의 사랑하는 자는		5:9, 6:1 "여자들 가운데 어여쁜 자야!"
	6:4-12 내 사랑아(하나뿐인 나의 완전한 자)	
		6:10 "군대 같이 당당한 여자가 누구인가?" 6:13 "우리가 너를 보게 하라"
	7:1-9 내 사랑에게(네가 어찌 그리 아름다운지!)	
7:10-13 나의 사랑하는 자야(초대)		
8:1-4 나의 사랑하는 자에게(네가 오라비 같았더라면!)		
8:5**후**-7 남자에게("사랑은 죽음 같이 강하고")		8:5**전** "여자가 누구인가?"
		8:8-9 여자를 걱정하는 오라비들
8:10 나에 관하여		
	8:11-12 솔로몬보다 더 행복한 남자	
8:14 사랑의 부름("내 사랑하는 자야")	8:13 사랑의 부름("너 동산에 거주하는 자야")	

3. 주요 내용

1) 여자의 적극적인 역할

아가서의 시작은 여자가 '갈망의 표현'(1:2-4)을 함으로써 이루어지며, 전체적으로 볼 때 남자보다 여자가 더 많은 이야기를 한다. 또한 마지막 말(8:14)도 여자의 몫이 되고, 사랑은 죽음처럼 강하다는 핵심 진술(8:6-7)도 여자가 말한다. 여자에 대한 남자의 지배를 죄의 결과로 치부하는 창세기 3장 16절의 저주를 전복(顚覆)하는 것으로 여겨지는 7장 10절의 진술도 여자가 말한 것이다.

2) 와스프(wasf) 서술기법

남녀의 육체적 아름다움을 시적인 수사법을 통해 표현하는 기법을 '와스프'라고 말한다. 아가서에서는 그러한 본문이 두 곳에서 등장한다(4:1-7; 5:10-16). 남자와 여자가 동등하게 서로를 감탄하고 서로에게서 감탄 받는다. 사랑하고 사랑받는 것에 차별이 없으며, 서로 비슷하게 적극적이고 소극적이다. 이것은 "이는 내 뼈 중의 뼈요 살 중의 살이라"라는 아담의 감탄(창 3:23)을 확대 적용한 것이라고 말할 수 있다.

3) 삶과 사랑을 즐기라 (5:1)

5장 1절은 8:6-7과 함께 아가서의 핵심구절로 꼽힌다. 남자는 자신의 동산으로 들어오라는 여자의 초대에 응하고 자신의 누이이자 신부와 나눈 사랑에 관하여 진술한다. 그리고 친구들과 사랑하는 사람들을 향하여 먹고 마시며 즐기라고 권유한다. 이렇게 삶과 사랑을 즐기는 모습은 전도서의 교훈이 실행되는 것으로 이해될 수 있다. "너는 가서 기쁨으로 네 음식물을 먹고 즐거운 마음으로 네 포도주를 마실지어다 … 하나님이 해 아래에서 네게 주신 모든 헛된 날에 네가 사랑하는 아내와 즐겁게 살지어다"(전 9:7-9)라는 전도자의 교훈이 아가서에서 실천된다.

4) 남녀간의 사랑의 의미

아가서는 창세기의 남녀간의 관계에 관한 언급에서 가장 강력한 지지를 얻는다. "이러므로 남자가 부모를 떠나 그의 아내와 합하여 둘이 한 몸을 이룰지로다"(창

2:24). 그러나 구약성경에 포함된 아가서는 남녀의 사랑을 노래하는 것으로만 볼 수 없다. 남녀 간에 나누는 인간적인 사랑의 모습을 통해 사랑의 극치를 보여주는 하나님의 사랑과 그리스도의 사랑을 통찰할 수 있다. 구약성경의 많은 본문에서 하나님과 이스라엘 간의 언약적 관계를 부부나 남녀 사랑의 관점으로 조망한다(호 2:14-20; 사 54:4-8; 렘 2:2; 겔 16장, 23장 등).

이사야 | Isaiah

1. 개요

표제에서 이사야서는 예언자 이사야가 본 이상으로 규정한다: "이사야가 유다와 예루살렘에 대하여 본 이상"(사 1:1). 그런데 실제로 이사야서에는 세 가지 다른 역사적인 상황이 그려져 있다. 1-39장은 주전 8세기에 앗수르의 침입이라는 사건을 다루고 있고, 40장-55장은 주전 6세기 포로 직후의 상황이 그려지고, 다시 56-66장은 주전 6세기 귀환 직후의 상황이 그려진다. 역사적 상황이 구분되는 40장과 56장에서 새로운 저작의 표시가 나타나지 않고 한 저자가 연속적으로 쓰는 형식을 취한다. 편의상 세 개의 책을 제1이사야, 제2이사야, 제3이사야로 부른다. 제1이사야는 심판의 선포, 제2이사야는 심판 이후의 회복, 제3이사야는 회복 이후에 남은 자의 결단을 말하고 있다. 이사야 전체를 꿰뚫는 주제는 시온이 심판을 거쳐 구원받고 영화롭게 된다는 것이다. 이러한 시온의 심판과 구원의 중심에는 이스라엘의 거룩한 자로 불리는 하나님이 계시다(사 1:4).

구분		시대	내용
제1이사야	이사야 1-39장	주전 8세기 앗수르 침입	심판의 선포
제2이사야	이사야 40-55장	주전 6세기 바벨론의 멸망	심판이후의 회복
제3이사야	이사야 56-66장	주전 6세기 귀환 이후	남은 자들의 결단

2. 짜임새

1) 심판의 선포 (1-39장)
2) 심판 이후의 회복 (40-55장)
3) 남은 자들의 결단 (56-66장)

3. 주요 내용

1) 1–39장

이사야가 예언자로서 활동한 것은 웃시야 왕때부터(사 1:1; 6:1) 산헤립이 유대를 침입한 히스기야 왕 14년까지(사 36:1)이다. 이 기간은 주전 742년경부터 701년까지 40여년으로 볼 수 있다. 본문에 드러나는 사건은 시리아–에브라임 전쟁(주전 734년), 북이스라엘의 멸망(주전 722년), 산헤립의 침입(주전 701년) 등이다. 1–39장에는 다음과 같이 주전 8세기 이사야의 예언을 담고 있다.

1장	서론, 남은 자의 결단 촉구
2–4장	하나님의 구속사 청사진
5–12장	유다와 예루살렘을 향한 심판과 구원 말씀
13–23장	이방 민족들에 대한 심판의 말씀
24–27장	이사야 묵시록: 하나님의 세계 심판과 시온의 구원
28–31장	앗시리아 시리즈
32–35장	평화의 왕국과 구원
36–39장	구원의 모형: 히스기야의 구원

1장은 1–39장의 서론이기도 하고 이사야서 전체의 서론으로서 주전 8세기의 심판에서 살아남은 자를 향하여 결단을 촉구한다. 이사야의 예언을 듣는 청중들은 심판을 받고 겨우 살아남은 자들이지만 여전히 패역을 일삼는 자들이다: “소는 그 임자를 알고 나귀는 그 주인의 구유를 알건마는 이스라엘은 알지 못하고 나의 백성은 깨닫지 못하는도다 하셨도다”(1:3); “너희가 어찌하여 매를 더 맞으려고 패역을 거듭하느냐?”(1:5). 서론에 드러난 상황은 히스기야가 산헤립의 공격을 받은 직후(주전 701년)의 상황을 암시하면서 심판의 원인을 분석하고, 제의만이 아니라(사 1:11–15) 윤리적인 책임을 통하여(1:16–17) 신실한 성읍이 되는 결단을 요구한다. 백성들은 순종 없이 사함을 받으려고 값싼 은혜를 찾는 자들이다(1:18). 2장에서 종말에 이루어질 시온을 향한 이방 민족의 순례를 보여주는데(2–5절; 미가 4:1–5 참조), 하나님이 이루시려는 목표는 “그들의 창을 쳐서 낫을 만듦으로”(2:4) 세계의 평화를 이루는 것이다.

5장은 열매맺지 못하는 포도원을 노래하며 심판을 선포한다: “그들에게 정의를 바라셨더니 도리어 포학이요 그들에게 공의를 바라셨더니 도리어 부르짖음이었도다"(사 5:7). 이사야는 6장에서 보좌환상을 경험하고 유대 백성들에게 심판을 선포하는 부름을 받는다(6:1-9). 이사야는 강퍅한 백성들 앞에서 200년 이후에 찾아올 그루터기의 소망을 기대하며 심판을 선포한다(6:10-13). 7-12장은 수리아-에브라임 전쟁을 통해 드러난 위기가운데 다양한 주제를 보여준다. 첫째는 심판 후에 살아남은 자들에 관한 남은 자 사상이 발전한다. 둘째로, 심판의 대행으로서 앗수르가 교만에 이를 때 하나님의 심판이 선포된다. 셋째로, 불신의 상징인 아하스 대신에 메시아 사상이 발전하여 앗수르의 위기 속에서 백성을 보호하시는 임마누엘 사상이 드러난다: "보라 처녀가 잉태하여 아들을 낳을 것이요 그의 이름을 임마누엘이라 하리라"(사 7:14). 구원에 대한 소망은 메시아 사상으로 발전하여 장차 올 구원의 왕의 출생과 즉위에 대한 기대로 표현된다: "이는 한 아기가 우리에게 났고 한 아들을 우리에게 주신 바 되었는데 그의 어깨에는 정사를 메었고 그의 이름은 기묘자라, 모사라, 전능하신 하나님이라, 영존하시는 아버지라, 평강의 왕이라 할 것임이라". 나아가 11장에서 더 발전된 메시아 왕국에 대하여 서술한다: "이새의 줄기에서 한 싹이 나며 그 뿌리에서 한 가지가 나서 결실할 것이요 그의 위에 여호와의 영 곧 지혜와 총명의 영이요 모략과 재능의 영이요 지식과 여호와를 경외하는 영이 강림하시리니"(사 11:1-2). 12장은 종말론적인 진술로서 미래에 성취될 예언을 보여주며, 이 예언은 40장의 위로 선포에서 성취된다(40:1).

13-23장은 경고(맛사)라는 표제어가 붙은 이방 민족에 대한 심판 신탁이다. 이방 민족은 유다와 이스라엘을 향한 하나님의 심판 도구이면서 동시에 그들의 교만으로 인하여 멸망되는 존재들이다. 24-27장은 이사야 묵시록이라고 부른다. 사망의 종언이 선포되며 죽은 자들의 부활이 나타난다: "사망을 영원히 멸하실 것이라"(25:8); "주의 죽은 자들은 살아나고 그들의 시체들은 일어나리이다. 땅이 죽은 자들을 내놓으리로다"(사 26:19). 종말론적인 주제는 신약에서 인용된다(사 25:6-8; 고전 15:55; 계 7:17).

28-39장은 북 이스라엘의 멸망에서부터 주전 701년 산헤립의 침입까지를 다루고 있는데, 열왕기하 18-20장에는 같은 내용이 반복되지만 히스기야의 기도는 나타나지 않는다. 이사야 36-38장에는 히스기야의 겸손한 믿음을 보여주지만, 39장에는 교만하고 경솔한 태도가 나타난다. 히스기야를 통한 예루살렘의 구원은 종말론적인 구원과 메시아의 사역을 예표한다.

2) 40–55장

1–39장이 심판의 선포라면, 40–55장은 심판 후에 살아남은 자의 구속에 관한 것으로 주된 메시지는 하나님의 전폭적인 은혜이다. 사형선고를 받아서 70년을 보낸 백성들에게 죄의 삯을 다 치루고, 하나님이 백성을 구속하셨다는 복음의 메시지를 전파한다: “너희는 위로하라 내 백성을 위로하라 … 그 노역의 때가 끝났고 그 죄악이 사함을 받았느니라 그의 모든 죄로 말미암아 여호와의 손에서 벌을 배나 받았느니라”(사 40:1–2). 포로에 지친 백성들이 하나님을 바라본다면 독수리 날개치듯이 새 힘을 얻을 수 있다(사 40:30–31). 하나님이 함께 하심으로 두려워할 필요가 없다(사 41:10). 하나님은 바벨론의 신들과 다른 유일신 하나님이시다(사 44:6). 하나님은 이방 왕인 고레스를 통하여 당신의 뜻을 이루신다: “고레스에 대하여는 이르기를 내 목자라 그가 나의 모든 기쁨을 성취하리라”(사 44:28). 이스라엘은 하나님의 택한 백성이다(사 43:1–3). 이스라엘을 향한 하나님의 역사는 이제 종의 노래에 나타난다(42:1–4; 49:1–6; 50:4–9; 52:13–53:12). 하나님은 당신의 종을 보내신다(사 42:1–2). 포로가 끝난 후에 이스라엘 백성들은 이방의 빛으로서 땅 끝까지 복음을 전하게 될 것이다(사 49:6). 동시에 하나님은 메시아를 통하여 이스라엘 백성을 구속하실 것이다(사 52:13–53:12). 심판을 통해 남은 자들이 시온으로 돌아간다면 하나님은 다시금 시온을 회복하며 세계선교의 사명을 이루어 나가실 것이다.

3) 56–66장

이사야 56–66장은 1–39장처럼 심판과 구원의 말씀이 섞여 있으며, 다음과 같은 주제를 강조한다. 첫째로, 이사야서 전체의 중요한 주제인 임박한 시온의 회복을 전한다: “일어나라 빛을 발하라 이는 네 빛이 이르렀고 여호와의 영광이 네 위에 임하였음이니라”(사 60:1). 둘째로, 새로운 이스라엘의 정체성은 혈통이 아니라, 의와 정의를 행하는 것이다: “너희는 정의를 지키며 의를 행하라 이는 나의 구원이 가까이 왔고 나의 공의가 나타날 것임이라 하셨도다”(사 56:1–2). 56–66장은 하나님의 요구대로 살지 못하는 백성들을 향하여 임박한 심판을 전제하고 돌아서기를 간구한다. 이스라엘 백성들이 악인과 의인으로 이루어졌음을 전제하여, 악인들이 돌아올 것을 촉구한다: “오직 너희 죄악이 너희와 너희 하나님 사이를 갈라 놓았고 너희 죄가 그의 얼굴을 가리어서 너희에게서 듣지 않으시게 함이니라”(사 59:1–2). 셋째로, 메시아 역할을 수행하는 야웨의 종으로 인하여 회복의 사역이 시작되고, 이스라엘 백성은 야웨의 종의 역할에 동참하게 된다: "주 여호와의 영이 내게 내리셨으니 이는 여호와께서 내게 기름을 부으사 가난한 자에게 아름다운 소식을 전하게 하려 하심이라 나를 보내사 마음이 상한 자를 고치며 포로된 자에게 자유를, 갇힌 자에게 놓임을 선포하며 여호와의 은혜의 해와 우리 하나님의 보복의 날을 선포하여 모든 슬픈 자를 위로하되"(사 61:1-2). 마침내 새로운 하나님의 백성은 이스라엘이나 이방인이라는 구분이 사라져 순종하는 백성을 통하여 이루어지고, 이스라엘은 공의가 살아있는 나라를 세우며, 열방을 하나님께 인도함으로 야웨가 세계의 주인으로 선포되고 시온의 회복이 완료되는 것을 선포한다.

예레미야 | Jeremiah

1. 개요

예레미야는 베냐민 땅 아나돗의 제사장이다(렘 1:1). 한때는 예루살렘의 제사장으로 있던 아비아달이 솔로몬에 의하여 쫓겨나서 정착한 아나돗은 예루살렘 제사장들로부터 소외된 지역이다. 예레미야는 호세아가 전해준 북이스라엘 전승에(호 8:4) 입각하여 불의한 왕과 제사장직을 독점적으로 장악한 예루살렘 사독 제사장들에 대해 비판적인 입장을 견지한다. 2절에 따르면, 예레미야의 사역은 요시야 13년(주전 627년)에 시작되고, 요시야가 죽은 후에 전환점을 이루어, 유다 왕 여호야김부터 시드기야까지 유다와 예루살렘이 멸망될 때까지 계속되었다. 표시된 연대가운데 중요한 연대는 여호야김 4년(주전 605년, 렘 25:1; 36:2; 45:1; 46:2)이며, 이때가 바벨론의 왕인 느부갓네살 왕의 즉위 원년(25:1)으로 느부갓네살 왕이 갈그미스에서 애굽의 바로느고를 격파함으로써 예레미야가 예언한바(4:5-9, 11-17, 19-21, 29-31; 5:15-17; 6:1-8, 22-26) 중동의 패권을 장악하고 북쪽에서 오는 적이 바벨론임을 알게 되는 시점이다.

2. 짜임새

예레미야서의 짜임새는 다음과 같다.

A. 예레미야의 예언 (1-25장)
B. 예레미야의 수난과 구원신탁 (26-45장)
C. 이방신탁과 유다의 멸망 (46-52장)

1-25장은 주로 예레미야에게 소급될 수 있는 진정성 있는 예언으로서 회개부터 철저한 심판의 선포에 이르기까지 몇 단계를 보여준다. 26-45장에서는 유다에

게 멸망이 선포된 직후부터 멸망에 이르기까지 유다의 백성들과 지도자들의 다양한 갈등을 보여준다. 거짓 예언자와의 갈등가운데 바벨론 포로를 하나님의 뜻으로 선포하며 죽기까지 백성들과 고락을 함께 한 예레미야의 수난의 삶이 드러난다(26-29장, 36-45장). 멸망의 그림자 이면에는 철저한 심판 이후에 나타날 새 언약의 희망이 암시된다(30-35장). 마지막으로 46-52장에는 유다의 멸망을 시작으로 전개될 열방의 심판과 유다의 멸망이 전개된다.

3. 주요 내용

A. 예레미야의 예언 (1-25장)

1장에서 예레미야의 소명은 모세와 유사하게 말할 줄 모른다는 것으로 시작된다(1:4-7). 그의 소명의 내용은 파괴하고 건설하는 것이다(1:10). 온 유다 왕들과 지도자들과 제사장들의 저항을 이겨야 할 상징은 예레미야가 쇠기둥과 놋성벽이 되는 것으로 나타난다(1:18-19). 2장부터 25장까지는 다음과 같이 나눌 수 있다: 회개의 촉구(2:1-4:4); 북방에서 오는 적(4:5-6:30); 성전설교와 예레미야의 탄식(7:1-10:25); 언약의 중보자(11:1-20:18); 유다 지도자들에 대한 심판과 회복 예언과 결론(21-25장).

이스라엘 백성들의 죄악은 생수의 근원되는 하나님을 버린 것과 물을 저축하지 못할 터진 웅덩이를 판 것이다(2:13). 예레미야는 사역초기에 백성들이 회개할 것이라는 기대를 가지고 "돌아오라"고 선포한다: "배역한 자식들아 돌아오라"(3:12, 14, 22). 그러나 이스라엘의 죄가 임계점에 달했을 때 예레미야의 예언은 북방에서 오는 적을 통하여 심판하시리라는 선포로 바뀐다(4:5-6:30). 예레미야의 신학을 특징짓는 성전설교는 7:1-8:3에 나타난다. 이스라엘 백성들이 불의와 우상숭배를 회개하지 않는다면 이사야 시대에 하나님의 보호를 받았던 예루살렘 성전도 멸망할 수밖에 없다. 이스라엘 백성들에게 예루살렘 성전은 회개의 장소가 아니라 도둑의 소굴이 되었다(7:11). 성전을 향한 심판은 이미 실로에서처럼 이루어질 것이다: "너희는 내가 처음으로 내 이름을 둔 처소 실로에 가서 내 백성 이스라엘의 악에 대하여 내가 어떻게 행하였는지를 보라"(7:12). 이제 멸망은 결정되었고 백성을 위한 중보자의 기도는 더 이상 필요없다(7:16). 백성들을 위한 예레미야의 눈물은 멈출 줄을 모른다(9:1). 자랑하는 자는 오직 "명철하여 나를 아는 것과 나 여호와는 사랑과 정의와 공의를 땅에 행하는 자인 줄 깨닫는 것"(9:23-24)만 자랑해야 한다.

백성들을 향하여 재앙을 선포하는 11-20장에서 중요한 것은 언약의 중보자로서 탄식하는 예레미야의 고백으로서 다음과 같이 다섯 번 나타난다.

1	11:18-12:6	나는 끌려서 도살 당하러 가는 순한 어린 양과 같으므로
2	15:10-21	내게 재앙이로다 나의 어머니여 어머니께서 나를 … 낳으셨도다
3	17:14-18	여호와여 나를 고치소서 그리하시면 내가 구원을 얻으리이다
4	18:18-23	어찌 악으로 선을 갚으리이까
5	20:7-18	여호와여 주께서 나를 권유하시므로 내가 그 권유를 받았사오며

백성들이 재앙을 피할 수 있는 임계점이 지난 후에 예레미야는 "더 이상 기도하지 말라"는 음성을 듣는다(11:14). 예레미야는 욥기에서와 같이 하나님의 의로우심을 전제하면서도 악인의 번영에 충격을 받아 질문한다: "악한 자의 길이 형통하며 반역한 자가 다 평안함은 무슨 까닭이니이까?"(12:1). 예레미야는 자신의 사역에 저항하는 박해자 앞에서 고통받지만 하나님의 말씀은 그에게 즐거움이다: "주의 말씀은 내게 기쁨과 내 마음의 즐거움이오나"(15:16). 그는 치욕과 모욕거리가 된다할지라도 자신 안에 가득찬 여호와의 말씀으로 인하여 여호와를 선포하지 않을 수 없었다: "내가 다시는 여호와를 선포하지 아니하며 그의 이름으로 말하지 아니하리라 하면 나의 마음이 불붙는 것 같아서 골수에 사무치니 답답하여 견딜 수 없나이다"(20:9). 이어서 21-24장은 유다 지도자들에 대한 심판과 회복을 예언하고 있다. 시드기야는 예레미야에게 자신을 위한 기도를 부탁한다(21:2). 마지막으로 예레미야는 이스라엘 백성들이 포로로 끌려가서 바벨론 왕을 섬기는 기간을 칠십년으로 예언한다: "이 민족들은 칠십 년 동안 바벨론의 왕을 섬기리라"(25:11).

B. 예레미야의 수난과 구원신탁 (26-45장)

첫 번째 단락은 거짓 예언자들과의 갈등(26-29장)이다. 예레미야는 바벨론 왕의 통치를 받아들이는 것이 하나님의 뜻이라고 말하고(27:8; 28:3-4), 거짓 예언자들은 하나님이 바벨론의 멍에를 꺾을 것이라고 반대로 예언하였다(28:10-11). 바벨론의 통치를 받아들이라는 예레미야의 말은 예레미야가 포로로 끌려간 백성들에게 보낸 편지(예레미야 29장)에서 잘 나타난다. 이스라엘 백성들은 사로잡혀 간 바벨론에서 집을 짓고 거기에 살며, 아내를 맞이하여 자녀를 낳고 그 성읍의 평안함을 위하여 기도하라고 하시고(렘 29:4-7), 약속한 70년이 지나면 그들을 다시 이곳으로 돌아오게 하신다고 약속하신다(29:10). 이방 통치를 받아들이라는 예레미야의 예언은 대대로 이스라엘을 통치하는 이방 왕에 대한 이스라엘의 기준이 되었다.

두 번째 단락은 이스라엘과 유다에 대한 구원의 말씀(30-33장)이다. 하나님은 포로로 끌려간 자들이 대적의 땅에서 돌아오기를 기다리시며 안타까워 하신다(31:15). 30-31장은 위로의 작은 책이라고 부르며, 하나님은 이스라엘의 회복을 바라보며 이스라엘 집과 유다 집에 새 언약을 맺으신다(렘 31:31-34). 새 언약이 필요한 것은 백성들이 언약을 깨뜨렸기 때문이다(32절). 이제 법을 돌판이 아니라 마음에 기록하여 언약의 공식대로 "나는 그들의 하나님이 되고 그들은 내 백성이 될 것이다"(33절). 동시에 죄가 용서받고 기억나지 않을 것이다(34절). 새 언약은 예수 그리스도를 통하여 성취되고, 신약성경의 기원이 되었다(고후 3:6, 14; 히 9:15-16). 하나님은 또한 회복을 기대하는 백성의 기도에 응답하시는 분이시다: "너는 내게 부르짖으라 내가 네게 응답하겠고 네가 알지 못하는 크고 은밀한 일을 네게 보이리라"(33:3).

세 번째 단락은 왕과 백성을 향한 마지막 경고이다(34-38장). 패역한 백성과 대비되는 레갑 자손의 신실한 신앙이 언급된다(35:6-8). 또한 서기관인 바룩이 예레미야가 들려주는 말씀을 두루마리 책에 기록한다(36:4), 그리고 여호야김 왕은 하나님 말씀이 담긴 두루마리를 화로에 태운다(36:20-23). 끝까지 바벨론에 대한 항복을 주장한 예레미야는 예루살렘이 함락되는 날까지 감옥 뜰에 머물렀다(렘 38:28).

마지막 단락은 예루살렘의 함락과 예레미야의 마지막 여정이다(37-45장). 느부갓네살 왕이 사령관 느부사라단에게 바벨론에 끌려가는 예레미야를 선대하라고 해서 예레미야에게 선택권이 주어졌지만(39:11-12, 40:4), 예레미야는 그 땅에 남아 있는 백성들 가운데 거하기로 결정한다(40:6). 그러나 그다랴가 예기치 않게 암살된 후에 요하난을 비롯한 남은 백성들은 유다를 떠나지 말라는 하나님의 음성을 듣지 않고 오히려 재앙의 원인을 하늘의 여왕을 향한 번제를 거부했기 때문이라고 해석한다: "그 때에는 우리가 먹을 것이 풍부하며 복을 받고 재난을 당하지 아니하였더니 우리가 하늘의 여왕에게 분향하고 그 앞에 전제 드리던 것을 폐한 후부터는 모든 것이 궁핍하고 칼과 기근에 멸망을 당하였느니라”(렘 44:17-18). 하나님은 예레미야를 통하여 그들에게 멸망을 선포한다.

C. 이방신탁과 유다의 멸망 (46-51장)

이 단락에서는 “이방 나라들에 대한 여호와의 말씀”임을 표제어로 제시하면서 애굽을 시작으로(46:2-28) 바벨론을 마지막으로(50:1-51:64), 그리고 나머지 일곱 나라에 대한 예언이 나타난다. 애굽을 비롯한 열방들에 대한 심판은 바벨론에 의하여 수행된다. 특히 바벨론에 머물라고 하는 하나님의 명령을 어기고 애굽에 정착한 유대 백성들에 대한 심판 예언의 일환으로 그들이 거한 믹돌, 놉, 다바네스(46:14; 44:1) 에 대하여 심판을 예언한다. 열방 신탁의 절정은 이방을 심판하기 위하여 사용된 바벨론에 대한 심판이다(50:1-51:64). 예레미야의 마지막 장인 52장에서는 열왕기하의 결론(왕하 24:18-25:7)을 가져와 유다와 예루살렘의 멸망을 요약하는데, 587-586년에 이루어진 멸망과 아울러 세 번에 걸친 포로를 요약한다. 이 시대에 시드기야 왕과 여호야긴 왕이 대비된다. 시드기야 왕은 바벨론에게 대항하여(52:3) 두 눈을 뽑히고 사슬로 결박당하여 죽는 날까지 옥에 갇혔고, 여호야긴 왕은 저항하지 않은 왕으로 사로잡혀간지 삼십칠 년 만에 옥에서 나와 왕의 앞에서 식사하도록 허락받는다(렘 52:31-34). 여호야긴 왕의 회복을 통하여 심판 속에 숨겨진 나라의 미래를 보여주고 있다.

예레미야애가 | Lamentations

1. 개요

1장, 2장, 4장에서 슬프다(에카)로 시작하기 때문에 예레미야 애가의 히브리어 명칭은 애가라고 부른다. 칠십인역에서는 슬픔의 노래라는 뜻의 Threni라고 불린다. "슬프다"는 말은 죽은 사람에 대한 애틋함과 안타까움을 자아내는 외침의 소리이다. 예레미야 애가는 바벨론 왕 느부갓네살 왕에 의하여 유다와 예루살렘이 멸망되고 난 후 성전이 파괴된 것을 슬퍼하는 다섯 개의 시를 모은 것이다. 히브리 성서에는 무명의 시인으로 여겨졌지만, 칠십인역은 이 시들을 예레미야에게로 돌리고 있다. 예레미야 애가는 하나님의 심판을 받아 폐허가 된 예루살렘의 참담한 실상과 죄인의 뒤 늦은 후회 및 탄식을 묘사한다. 이 책이 주전 586년 바벨론의 손에 의하여 예루살렘이 멸망된 사건을 주제로 삼고 있지만, 성전파괴, 백성들이 지은 죄, 침략 군대들에 대해 구체적으로 밝히고 있지 않다. 그 이유는 저자가 시간과 장소를 초월해서 이 책의 메시지가 모든 죄인들에게 선포되고, 경고를 삼기 원했기 때문이다.

2. 짜임새와 주요 내용

예레미야 애가의 다섯 시는 절망적인 탄식으로 시작하여(1:1-2) 하나님께 돌아가는 것으로(5:21-22) 끝난다. 예레미야애가의 중심에는 하나님의 무궁한 은혜와 자비에 대한 감동적인 고백이 자리하고 있다(3:22-24). 다섯 개의 애가는 히브리어의 알파벳 순서를 따라 예술적인 시가 형식을 띠고 있다. 1장, 2장, 4장, 5장의 노래는 22절로 되어 있고, 3장은 세절씩 히브리어 자모로 시작하여 모두 66절로 이루어진다. 1장에서는 시온의 옛 영광에 비해 시온이 겪는 고난을 슬피 노래하고, 2장은 하나님이 시온을 벌하셔서 시온이 수치를 겪고 있음을 노래한다. 4장에서는 시온에 갇힌 불쌍한 모습을 노래하고, 5장에서는 굴욕과 결핍과 무질서와 슬픔과 황폐함과 시달리는 하나님 백성의 모습을 노래한다. 이와 달리 3장에서 고난가운데 하나님의 사랑과 자비를 기억하고 하나님께로 돌아가자고 하나님께 기도하며 고난을 허락하신 하나님을 기다리자고 권면한다: "사람이 여호와의 구원을 바라고 잠잠히 기다림이 좋도다. 사람은 젊었을 때에 멍에를 메는 것이 좋으니 혼자 앉아서 잠잠할 것은 주께서 그것을 그에게 메우셨음이라 (애가 3:26-28).(박동현, 213.)

에스겔 | Ezekiel

1. 개요

에스겔은 주전 597년에 예루살렘이 함락되어 여호야긴을 비롯한 많은 상류층 사람들이 바벨론으로 끌려갈 때 동행했고, 주전 593년에 예언자로 부름을 받았다(1:2). 에스겔의 메시지는 크게 두 단계로 구분되는데, 첫 단계는 주전 587년 이전에 하나님의 심판으로서 예루살렘의 완전한 함락을 선포하는 단계이며, 둘째 단계는 주전 587년 예루살렘이 완전히 함락된 후에 백성들의 회복에 대한 소망을 전하는 것이다. 주전 593년과 주전 587년 사이에 에스겔의 사명은 예루살렘의 함락에도 불구하고 하나님께서 예루살렘을 완전히 내어 줄 리 없다고 생각하고 곧 회복이 이루어지리라는 낙관적인 생각을 한 예루살렘/유다의 백성들에게 예루살렘이 철저히 함락되리라고 선포하는 것이다. 그러므로 에스겔서는 전체적으로 심판과 회복으로 나눌 수 있다. 회복에는 유다 구원과 회복, 그리고 성전환상을 통한 공동체의 회복이 다루어진다.

2. 짜임새

1. 유다와 이스라엘의 심판 (1-32장)
   1) 에스겔의 소명 (1-3장)
   2) 유다와 예루살렘을 향한 심판 신탁 (4-24장)
   3) 이방민족들에 대한 심판 신탁 (25-32장)

2. 이스라엘의 회복 (33-48장)
   1) 유다 구원과 회복 (33-39장)
   2) 새로운 성전 공동체 (40-48장)

3. 주요 내용

1. 유다와 이스라엘의 심판 (1-32장)

1) 에스겔의 소명 (1-3장)

에스겔은 여호야긴 왕이 잡혀 온지 오년(주전 593년), 그발강가에서, 서른 살 때 소명을 받는다(1:1-2). 1장에서 에스겔이 소명을 받을 때 보좌환상을 체험하는데, 여호와의 보좌(겔 1:26-28)와 천사(겔 1:4-14)는 궁창에 의하여 서로 분리되어 있다. 궁창 아래에 천사에 해당되는 네 생물들의 얼굴들의 모양은 사람의 얼굴, 사자의 얼굴, 소의 얼굴, 그리고 독수리의 얼굴이다(겔 1:10). 궁창 위에 보좌의 형상이 있는데, "그 모양이 남보석 같고 그 보좌의 형상 위에 한 형상이 있어 사람의 모양같았다"(겔 1:26). 여기에서 하나님이 보이는 사람의 모양을 취한다는 면에서 구약성서에서 처음 나타나는 진술이다. 이 보좌환상에는 바퀴가 추가되어 수레-보좌(throne chariot)라고 부른다(겔 1:15-21). 보좌환상의 경험은 예언자의 사명 위임으로 이어진다(3:16-27). 에스겔이 맡은 것은 파수꾼의 사명이다. 파수꾼의 말을 듣고도 깨어 듣지 않는 악인의 피 값은 악인 자신에게 돌아가지만, 파수꾼의 경고가 없어서 악인이 죽는다면 전하지 못한 파수꾼이 그 피 값을 담당하여야 한다(3:17-21).

2) 유다와 예루살렘을 향한 심판 신탁 (4:1-24:27)

① 예루살렘의 포위와 포로 (4-7장)
4장부터 7장까지는 유다와 예루살렘의 심판을 선언하는데 4:1-5:4는 상징행위를 통한 계시, 그리고 5:5-7:27은 말씀을 통해 심판을 선언하고 있다. 주전 593년과 주전 587년 사이에 에스겔의 사명은 예루살렘이 철저히 함락되리라고 선포하는 것으로, 그는 상징행위와 말씀을 통하여 포로가운데 있는 백성들에게 선포한다.

② 성전환상 (8-11장)
8-11장은 하나님이 예루살렘 성전을 떠나는 성전환상을 보여준다. 하나님이 떠나시지 않을 수 없는 예루살렘의 죄악의 장면(8:5-10:7; 11:1-21)과 하나님이 예루살렘을 떠나시는 장면이 나타난다. 그룹 위에 있는 보좌가 지상의 성전으로부터 다음과 같이 분리된다. (1) 하나님의 영광이 그룹 위에 머물러 있음(9:3). (2)

하나님의 영광이 성전의 문지방에 이름(9:3, 10:4). (3) 여호와의 영광이 성전 문지방을 떠나 그룹들 위에 머뭄(10:18). (4) 문지방으로부터 야웨의 전으로 들어가는 동문에 머뭄(10:19). (5) 야웨의 영광이 성읍 동편 산에 머뭄(11:23). 이후에 하나님은 하나님이 포로들 가운데 "성소"로 계시기로 약속하시며(11:16), 예루살렘을 떠나신다(11:22-24).

③ 심판예고와 상징들 (12-24장)

이 단락은 지도자들과 이스라엘의 역사를 다루는데, 한편으로는 멸망의 책임을 진 지도자들로서 다윗왕조와 예언자를 다루고 있으며, 다른 한편으로 나라의 멸망을 다루면서 이스라엘의 역사를 회고하고 또한 임박한 이스라엘과 유다의 멸망을 다룬다.

지도자들	다윗왕조	12:1-20; 17:1-24; 19:1-14
	예언자	12;21-28; 13;1-23; 14:1-11
이스라엘의 역사	이스라엘의 역사 회고	16:1-63; 20:1-44; 23:1-49
	이스라엘과 유다의 멸망	14:12-23; 15:1-8; 18:1-31; 20:45-49; 22:1-16; 24:1-27

이중에서 이익을 위하여 사역하는 예언자들을 향한 경고를 들을 수 있다: "너희가 두어 움큼 보리와 두어 조각 떡을 위하여 나를 내 백성 가운데에서 욕되게 하여 … 죽지 아니할 영혼을 죽이고 살지 못할 영혼을 살리는도다"(겔 13:19). 나아가서 재앙에서 살아남을 사람들에 대하여 언급한다: "비록 노아, 다니엘, 욥, 이 세 사람이 거기에 있을지라도 그들은 자기의 공의로 자기의 생명만 건지리라"(겔 14:14). 또한 더이상 조상들의 죄로 인하여 후손들이 죄값을 받지 않는다: "범죄하는 그 영혼은 죽을지라 아들은 아버지의 죄악을 담당하지 아니할 것이요 아버지는 아들의 죄악을 담당하지 아니하리니"(18:20).

3) 이방민족들에 대한 심판 신탁 (25-32장)

이 단락에는 전체적으로는 일곱 나라(암몬, 모압, 에돔, 블레셋, 두로, 시돈, 애굽)에 대한 일곱 예언들, 그리고 일곱 번째 나라인 애굽에 대한 일곱 예언들을 담고 있다. 이 신탁은 유다와 예루살렘을 향한 심판(1-24장)과 회복의 약속(33-48장) 사이에서 유다와 예루살렘의 멸망으로부터 회복으로 나아가는 단계의 역할을 감당한다. 이중에서 특히 태초에 아담의 타락에 비교되는 두로에 관한 예언은 다음과 같다: “네 마음이 교만하여 말하기를 나는 신이라 내가 하나님의 자리 곧 바다 가운데에 앉아 있다 하도다 … 너는 사람이요 신이 아니거늘 네가 다니엘보다 지혜로워서 은밀한 것을 깨닫지 못할 것이 없다 하고”(28:2-3).

2. 이스라엘의 회복 (33-48장)

1) 유다 구원과 회복 (33-39장)

두 번째 위임명령으로 알려진 33장에서 멸망의 책임이 이스라엘 백성에게 있음을 명백히 하고, 회복의 약속은 34장부터 시작된다. 34장에서 지도자의 문제는 자신의 욕심을 챙기고 이로 인하여 백성들이 방치되며 버려지는 것이었다. 목자들의 책임은 양을 먹이는 것이다(34:2). 나쁜 목자들은 양으로 인하여 자신의 이익을 채우면서도(34:3 “살진 양을 잡아 그 기름을 먹으며 그 털을 입되”), 양들은 먹이지 않았다. 하나님의 대안은 목자라는 직책을 없애는 것이 아니라 새로운 다윗을 세우는 것이다: “내가 한 목자를 그들 위에 세워 먹이게 하리니 그는 내 종 다윗이라”(겔 34:23). 백성들의 귀환은 다음과 같이 이루어진다: “내가 너희를 여러 나라 가운데에서 인도하여 내고 여러 민족 가운데에서 모아 데리고 고국 땅에 들어가서”(겔 36:24). 황무한 땅을 회복시키고, 회복된 땅을 사람으로 채운다. 그리고 새로운 계약을 체결한다: “내가 너희 조상들에게 준 땅에서 너희가 거주하면서, 내 백성이 되고 나는 너희 하나님이 되리라”(겔 36:28).

민족의 부활에 관한 환상인 37장에서, 하나님은 에스겔에게 이렇게 물으신다: “이 뼈가 능히 살겠느냐?”(37:3). 에스겔의 대답은 “주 여호와여 주께서 아시나이다”(37:3)였다. 주 여호와께서 이스라엘 백성들을 부활시키기 시작한다. 어떻게 하실지를 미리 말씀하시고(겔 37:4-6), 실천하신다(겔 37:7-10). 뼈들이 들어맞아 서로 연락하고, 힘줄이 생기고, 살이 오르며, 가죽이 덮였다. 생기들이 죽어 있는 뼈 위에 임하고 마침내 큰 군대가 부활하는 장면을 목격한다. 하나님은 “내 백성”이라는 말은 두 번 반복하면서 하나님과 백성 사이에 계약을 기억하고 있음을 확인하신다. 환상의 해석은 곧 “내 백성이 묻힌 무덤을 열고, 거기에서 나와서 이스라엘 땅으로 돌아가는 것”(겔 37:12-13)이다. 37:1-14는 새로운 예언이 아니라 이미 예언된 36장에서 “하나님의 영”이 이스라엘 백성에게 임하므로 민족이 부활할 수 있는지를 상세하게 보여주는 것이다. 하나님은 또한 한 목자 아래 통일되는 이스라엘에 대한 환상을 보여주시기 위하여 막대기 두개를 취하여 하나에는 유다와 이스라엘 자손, 다른 하나에는 요셉과 그 짝 이스라엘 온 족속이라고 쓰게 하였다(37:16). 이어서 통일 왕국에 대한 계시가 나타난다(겔 37:21-28). 첫째로, 회복은 흩어진 열방으로부터 고국으로의 귀환으로 시작된다(37:21). 둘째로, 회복은 남 유다와 북 이스라엘이 이루는 영원한 통일왕국이 될 것이다(37:22). 셋째, 하나님이 귀환하는 백성들을 정결케 하심으로 계약 공식대로 "그들은 내 백성이 되고 나는 그들의 하나님이 되리라"(겔 37:23). 넷째, 통일왕국에서 다윗이 영원히 왕이 되며(37:25a), 백성들에게 순종의 힘을 제공한다(37:25b). 다섯째, 하나님과 백성들 사이에 화평의 언약을 맺어서 하나님의 성소가 영원히 그들 가운데 있으리라(37:26-28). 38-39장은 역사의 마지막에 올 종말론적인 전쟁을 보여준다. 종말론적인 성전 건설 직전에 곡의 전투가 수행된다. 하나님이 곡을 직접 불러들이시고(38:4), 인간의 도움 없이 직접 전쟁을 수행하신다(겔 38:19-23). 하나님이 곡을 치신 후에(겔 38:17-23), 곡의 군대가 멸망하고(겔 39:1-10), 땅이 정화되고 나면(겔 39:11-20), 제의를 수행하고 영을 받으며 열방이 하나님을 인정하게 된다. 에스겔서에서 곡은 이미 열방신탁에서 언급된 앗수르, 바벨론을 이어서 세상의 권세를 이어받은 세력이다. 천년 왕국기의 마지막 시기에 나타나는 전쟁으로 언급하는 요한 계시록(20:7-10)의 "곡과 마곡"의 전쟁은 에스겔서의 문맥을 반영하고 있다고 볼 수 있다.

2) 새로운 성전 공동체 (40-48장)

에스겔서 40-48장은 포로 후에 이루어질 회복의 청사진이다. 유다와 예루살렘을 떠나 바벨론에 잠시 성소로 계셨던 하나님께서 회복된 성전으로 돌아오신다(43:1-4). 에스겔 40-48장의 문학적 구조는 다음과 같다: A. 새 성전의 청사진(40:1-42:20); B. 하나님의 영광의 귀환과 좌정 (43:1-12); C. 성전예배와 제사 규정 (43:13-46:24); D. 성전에서 흘러나오는 강물 (47:1-23); E. 땅의 분배 (48:1-35). 몇 가지 구절을 살펴볼 필요가 있다. 레위 자손에 대한 사독 자손들의 비판적인 구절들이 있다: "이스라엘 족속이 그릇 행하여 나를 떠날 때에 레위 사람도 그릇 행하여 그 우상을 따라 나를 멀리 떠났으니 그 죄악을 담당하리라"(44:10); "이스라엘 족속이 그릇 행하여 나를 떠날 때에 사독의 자손 레위 사람 제사장들은 내 성소의 직분을 지켰은즉 그들은 내게 가까이 나아와 수종을 들되 내 앞에 서서 기름과 피를 내게 드릴지니라"(44:15). 마지막으로 에스겔서는 다음과 같이 마친다: "그 날 후로는 그 성읍의 이름을 여호와삼마라 하리라"(겔 48:35).

다니엘 | Daniel

1. 개요

다니엘은 여호야김 3년에 예루살렘이 함락된 이후 바벨론에 포로로 끌려가서 느부갓네살 왕 때부터(단 1:2) 고레스 시대까지 관리로 일하면서 포로 생활을 경험한 사람이다. 다니엘이라는 이름은 "하나님께서 심판하신다"는 뜻으로 다니엘서 이외에 에스겔서에서 세 번 나타난다(겔 14:14, 20; 28:3). 다니엘은 뜻을 정하여 토라를 신실하게 지킴으로 하나님의 복을 받아 세 친구들과 함께 바벨론의 학문을 충실하게 배울 뿐 아니라 환상과 꿈을 깨달아 암담한 포로시기를 살아가는 유다 백성들에게 소망을 제시하였다.

다니엘서 1-6장은 바벨론에 포로로 끌려가(주전 605년) 바벨론에 살던 다니엘과 세 친구로 대표되는 디아스포라의 이야기로서 바벨론의 왕 느부갓네살 왕 때부터 메대의 왕 다리오 고레스 왕 때까지(주전 536년)의 이야기이다. 다니엘은 고레스 1년까지 관직에 있었고(단 1:21), 고레스 3년까지 살았다(단 6:28; 10:1). 주전 6세기에 포로시대를 살던 다니엘이 예언한 내용 안에 포함된 것은 바벨론 시대부터, 메대와 바사를 거쳐 그리스의 안티오쿠스 왕 때까지의 이야기이지만, 로마 시대를 거쳐 역사의 종말 예언까지 담고 있는 것으로 해석된다. 7-12장에 있는 다니엘의 예언은 주전 6세기에 다니엘에 의하여 예언되고, 주전 2세기의 신앙 공동체에게 들려졌다.

다니엘 1-6장에서 다니엘은 꿈을 해석해주는 지혜자로, 7-12장은 직접 환상을 받는 자로 나타난다. 다니엘서가 써진 언어로 보면 히브리어 부분(1:1-2:4a 와 8:1-12:13)과 아람어 부분(2:4b-7:28)으로 나뉜다. 다니엘서 1-6장은 요셉이야기(창 37-50장)와 에스더서와 같이 지혜문학의 장르로서 토라를 강조하고, 다니엘서 7-12장은 묵시문학으로 이루어져 있다. 묵시문학은 공간적으로는 이 땅을 초월하는 저 세상을 다루고, 시간적으로는 이 세상의 마지막에 오는 종말을 다루면서 이 세상의 바깥에서 온 중보자를 통하여 이 세상에 계시(啓示)가 전해지는 이야기 구조를 가지고 있다. 다니엘서는 원래 히브리 성서에서는 성문서로 분류되었지만, 칠십인역 성경에서는 예언서로 분류되고, 개신교의 개역성경에서는 칠십인역의 전통에 따라 예언서로 분류된다. 즉, 주전 2세기에 핍박을 받는 신앙공동체는 다니엘서 7-12장을 핍박을 이기기 위하여 주전 6세기에 살던 다니엘을 통하여 주신 하나님의 예언으로 받아들였다. 다니엘서에 대한 바른 해석을 위하여 두 가지 면을 강조해야 한다. 본문이 당대의 신앙 공동체를 위하여 어떤 종말론적인 희망을 주었으며, 또한 이 예언이 미래 세대를 위하여 어떤 종말신앙을 제공하는지를 살피는 것이다.

2. 짜임새

1부 (1-6장): 역사적인 포로 - 주전 6세기 포로들의 이야기

1. 포로의 시작 (1:1-21)
2. 느부갓네살 왕의 꿈 (2:1-49)
3. 풀무불에서의 세 친구 (3:1-30)
4. 느부갓네살 왕의 고백 (4:37)
5. 벨사살 왕의 멸망 (5:1-31)
6. 사자굴에서의 다니엘 (6:1-28)

2부 (7-12장): 신학적인 포로 - 주전 2세기 포로들에 관한 예언

7. 그의 나라는 영원한 나라이라 (7:1-28)
8. 정한 때, 끝에 관한 계시 (8:1-27)
9. 포로 칠십 년의 비밀 (9:1-27)
10. 역사 속에 나타난 하나님의 계시 (10:1-12:13)

다니엘서 1부는 주전 6세기 포로시대 디아스포라의 삶을 다루고 있는 반면에, 다니엘서 2부는 주전 2세기 안티오쿠스 4세 에피파네스 치하에서의 억압받는 공동체의 상황을 다루고 있다. 1부에서 실제적으로 이방제국에서 사는 디아스포라의 포로 상황을 다루었다면, 2부에서는 백성들이 포로에서 팔레스틴으로 돌아오기는 하였지만 여전히 이방제국의 지배를 받는 상황의 자신들을 포로로 해석하는 것을 보여주고 있다. 1부(1-6장)는 주전 6세기 포로기의 디아스포라에

관한 것이지만, 주전 2세기 안티오쿠스 에피파네스 치하에 사는 백성들은 1-6장의 예언을 자신의 시대에 성취될 예언으로 읽었다. 즉, 바벨론 포로기 가운데 종말을 기다리면서 신앙을 지키고 토라를 지켰던 디아스포라의 이야기를 안티오쿠스 4세 치하에서 팔레스틴에 살고 있는 백성들은 왕의 운명과 자신들의 운명을 보여주는 예언으로 읽었던 것이다. 역사적 포로 시대를 살았던 다니엘의 예언에 따라 이스라엘 백성들은 성취될 미래를 기다리면서 안티오쿠스의 종말과 이스라엘 백성의 회복을 기다렸던 것이다.

3. 주요 내용

1) 다니엘서 1-6장

다니엘서 전반부인 1-6장은 다니엘과 디아스포라가 경험한 역사적 포로의 내용을 통하려 포로로 끌려온 유대 백성들이 어떻게 포로 시기를 보낼 것인가가 제시된다. 하나님의 재가로 포로가 시작되었지만(1장), 바벨론이 멸망되고 하나님의 나라가 올 것이다(2장). 포로기간 동안 이방 왕인 느부갓네살 왕과 벨사살 왕은 모두 하나님이 세우시고 폐하신다(4장, 5장). 포로기간동안 하나님의 뜻을 넘어서는 이방왕들에 의한 핍박을 믿음으로 잘 극복해야 한다(3장과 6장).

포로는 하나님의 재가로 시작되었다: "바벨론 왕 느부갓네살이 예루살렘에 이르러 성을 에워쌌더니 주께서 유다 왕 여호야김과 하나님의 전 그릇 얼마를 그의 손에 넘기시매"(단 1:2-3). 포로생활은 적응과 저항이 필요하다. 포로살이를 받아들이지만 뜻을 정해서 신앙의 마지노선을 지키기 위하여 뜻을 정하는 것이 중요하다. 다니엘이 포로가운데 뜻을 정하여 왕이 내린 고기와 포도주를 거부하였을 때 하나님의 은혜로 지혜만이 아니라 모든 환상과 꿈을 깨달아 알게 되어 포로살이하는 백성들에게 소망을 주었다: "다니엘은 뜻을 정하여 왕의 음식과 그가 마시는 포도주로 자기를 더럽히지 아니하리라 하고 자기를 더럽히지 아니하도록 환관장에게 구하니"(단 1:8); "하나님이 이 네 소년에게 학문을 주시고 모든 서적을 깨닫게 하시고 지혜를 주셨으니 다니엘은 또 모든 환상과 꿈을 깨달아 알더라".

2장에서 하나님은 왕을 폐하거나 세우시는 분이며(단 2:21) 이 원칙은 4장의 느부갓네살왕과 5장의 벨사살 왕에게 적용된다. 또한 하나님은 은밀한 계시를 드러내시는 분으로서(단 2:28), 하나님은 느부갓네살 왕에게 준 꿈을 통하여 신앙 공동체에게 종말신앙을 주신다: "그 우상의 머리는 순금이요 가슴과 두 팔은 은이요 배와 넓적다리는 놋이요 그 종아리는 쇠요 그 발은 얼마는 쇠요 얼마는 진흙이었나이다 또 왕이 보신즉 손대지 아니한 돌이 나와서 신상의 쇠와 진흙의 발을 쳐서 부서뜨리매 그 때에 쇠와 진흙과 놋과 은과 금이 다 부서져 여름 타작 마당의 겨 같이 되어 바람에 불려 간 곳이 없었고 우상을 친 돌은 태산을 이루어 온 세계에 가득하였나이다"(단 2:32-35) 동시에 하나님은 인간의 나라가 끝난 후에 하나님의 나라가 임할 것이라고 말씀하신다: "이 여러 왕들의 시대에 하늘의 하나님이 한 나라를 세우시리니 이것은 영원히 망하지도 아니할 것이요 그 국권이 다른 백성에게로 돌아가지도 아니할 것이요 도리어 이 모든 나라를 쳐서 멸망시키고 영원히 설 것이라"(단 2:44).

3장과 6장에서는 풀부물과 사자굴 앞에서 믿음을 지키는 다니엘과 세친구의 신앙을 강조한다. 다니엘과 세 친구은 금신상에 절하지 않기로 결심하고, 풀무물 앞에서 신앙을 고백한다: "사드락과 메삭과 아벳느고가 왕에게 대답하여 이르되 느부갓네살이여 우리가 이 일에 대하여 왕에게 대답할 필요가 없나이다 왕이여 우리가 섬기는 하나님이 계시다면 우리를 맹렬히 타는 풀무불 가운데에서 능히 건져내시겠고 왕의 손에서도 건져내시리이다 그렇게 하지 아니하실지라도 왕이여 우리가 왕의 신들을 섬기지도 아니하고 왕이 세우신 금 신상에게 절하지도 아니할 줄을 아옵소서"(단 3:16-18).

2) 다니엘서 7-12장

다니엘서 후반부인 7-12장은 안티오쿠스 4세의 핍박 상황에서 믿음을 지키도록 제시된 다니엘의 예언이다. 7-12장에는 모두 네 개의 묵시문학이 담겨 있다(7장, 8장, 9장, 10-12장). 원래 묵시문학의 형태는 환상-하나님의 현현-천사의 해석의 형태를 지니는데, 7장과 8장은 전형적인 묵시문학의 장르를 유지한다. 9장에서는 환상이 예레미야의 예언으로 바뀌고, 하나님의 현현 대신 회복을 위한 다니엘의 중보기도, 그리고 말씀의 해석이 나타난다. 종말에 관한 계시의 내용으로 7장에서는 한때 두때 반때가 제시되면서 역사의 종말을 제시하고, 8장은 네 왕국중에서 네 번째 왕국의 종말을 예언하되, 성소의 청결까지 2300주야가 남았다고 예언된다. 9장에서 계시는 예레미야의 칠십년이고, 해석은 70년이 70이레로 바뀌면서 7이레, 62이레, 한 이레의 형식가운데 핍박의 절정은 반 이레

남은 때 나타난다. 마지막으로 10-12장은 70이레를 네 나라의 역사로 서술하면서 안티오쿠스의 과거와 현재, 그리고 안티오쿠스의 종말과 함께 도래하는 역사의 종말이 예언된다.

다니엘서는 위기의 종말과 역사의 종말이 함께 나타나는데, 7장은 네 나라와 마지막 왕의 종말을 이야기하면서 역사의 종말에 이루어질 모습을 서술한다. 하나는 종말에 심판대 앞에 설 하나님의 모습이다: "내가 보니 왕좌가 놓이고 옛적부터 항상 계신 이가 좌정하셨는데 그의 옷은 희기가 눈 같고 그의 머리털은 깨끗한 양의 털 같고 그의 보좌는 불꽃이요 그의 바퀴는 타오르는 불이며 불이 강처럼 흘러 그의 앞에서 나오며 그를 섬기는 자는 천천이요 그 앞에서 모셔 선 자는 만만이며 심판을 베푸는데 책들이 펴 놓였더라(단 7:9-10). 역사의 종말에 등장하는 천상의 존재로서 인자같은 이가 등장하는데 이에 대한 다양한 해석이 있지만, 그리스도교는 인자같은 이를 예수로 고백한다: "내가 또 밤 환상 중에 보니 인자 같은 이가 하늘 구름을 타고 와서 옛적부터 항상 계신 이에게 나아가 그 앞으로 인도되매 그에게 권세와 영광과 나라를 주고 모든 백성과 나라들과 다른 언어를 말하는 모든 자들이 그를 섬기게 하였으니 그의 권세는 소멸되지 아니하는 영원한 권세요 그의 나라는 멸망하지 아니할 것이니라"(7:13-14).

종말에 관한 계시가 발전되어 9장에 이르면 포로로부터 종말까지의 기간이 70이레이며, 7이레, 62이레, 그리고 한 이레의 형식으로 진행되며, 한 이레의 반인 반 이레를 남겨 놓았을 때 박해가 절정에 이를 것을 전한다: "그러므로 너는 깨달아 알지니라 예루살렘을 중건하라는 영이 날 때부터 기름 부음을 받은 자 곧 왕이 일어나기까지 일곱 이레와 예순두 이레가 지날 것이요 그 곤란한 동안에 성이 중건되어 광장과 거리가 세워질 것이며 예순두 이레 후에 기름 부음을 받은 자가 끊어져 없어질 것이며 장차 한 왕의 백성이 와서 그 성읍과 성소를 무너뜨리려니와 그의 마지막은 홍수에 휩쓸림 같을 것이며 또 끝까지 전쟁이 있으리니 황폐할 것이 작정되었느니라 그가 장차 많은 사람들과 더불어 한 이레 동안의 언약을 굳게 맺고 그가 그 이레의 절반에 제사와 예물을 금지할 것이며 또 포악하여 가증한 것이 날개를 의지하여 설 것이며 또 이미 정한 종말까지 진노가 황폐하게 하는 자에게 쏟아지리라 하였느니라 하니라(단 9:24-27). 12장은 7장과 함께 역사의 종말을 다루는 데 특별히 개인적인 부활이 예언된다: "지혜 있는 자는 궁창의 빛과 같이 빛날 것이요 많은 사람을 옳은 데로 돌아오게 한 자는 별과 같이 영원토록 빛나리라"(단 12:3).

호세아 | Hosea

1. 개요

호세아는 주전 8세기 북이스라엘의 예언자이다. 특히 책 전체의 서론인 호세아 1-3장은 호세아의 결혼생활을 다루면서 이스라엘과 하나님의 관계를 요약한다. 한 사람의 결혼과 배반, 그리고 변함없는 사랑이 하나님과 이스라엘의 관계를 드러낸다. 호세아서는 어떤 책보다 북이스라엘 전승이 담긴 신명기와 가까우며, 한결같은 사랑(헤세드)과 하나님을 아는 것을 강조한다. 호세아가 사역할 때 통치한 여로보암 2세는 예후 왕가에 속한 왕들로서 앗수르가 내부 문제에 붙들려 있는 동안 최대한 영토를 넓힐 수 있었다. "여로보암이 이스라엘 영토를 회복하되 하맛 어귀에서부터 아라바 바다까지 하였으니"(왕하 14:25). 그러나 이 시대에 물질적인 번영은 누렸지만 사회적 불의와 종교적인 부패는 극치를 달렸다.

호세아는 북왕국의 제단들과 성소들에 대하여 심판을 선포하기 시작하였으며(호 8:11; 10:2, 8; 12:11), 축제의 기쁨을 폐할 것이라고 위협하였고(2:11; 9:5), 희생 제사를 거절하였다. 제사장에 대하여 엄하게 심판을 선포하고(4:4; 5:1; 6:9), 바알제의, 우상숭배로 인한 배반행위, 즉 제1계명과 제2계명의 위반을 비판한다. 남신과 여신이 하늘에서 올리는 결혼식을 모방한 이방 제의가 매춘행위와 결합되어 있음으로 호세아는 이것을 행음이라고 부른다(2:2-3; 4:10; 5:3-4; 9:1). 이는 가나안의 풍요제사를 평가절하하고, 야웨신앙의 배타성을 고백하는 것이다. 호세아는 이방 민족들에게 도움을 구하는 것조차 음행이라고 말한다(호 8:9 이하).

2. 짜임새

1) 서두 (1:1)
2) 호세아의 가족 이야기 (1-3장)
3) 신실한 하나님과 불성실한 이스라엘 (4-13장)
4) 회복 (14장)

3. 주요 내용

1) 호세아는 요아스의 아들 여로보암이 즉위할 때 사역을 시작하였다.

2) 호세아의 가족: 호세아가 1:2-9에는 1인칭으로, 3:1-5에는 3인칭으로 등장하는데 각각 심판과 구원을 상징한다. 호세아가 음란한 아내 고멜을 통해 자녀를 얻는다: "여호와께서 호세아에게 이르시되 너는 가서 음란한 여자(고멜)를 맞이하여 음란한 자식들을 낳으라 이 나라가 여호와를 떠나 크게 음란함이니라"(호 1:2). 첫째 아들의 이름을 이스르엘이라 한 이유는 "이스르엘의 피를 예후에게 갚아 이스라엘 족속의 나라를 폐하겠다"(호 1:4)는 뜻이다. 다음에 태어난 딸의 이름인 로루하마의 뜻은 "이스라엘 족속을 긍휼히 여겨서 용서하지 않으리라"(호 1:6)이다. 다음에 낳은 아들의 이름의 뜻은 "너희는 내 백성이 아니요 나는 너희 하나님이 되지 아니할 것이요"(호 1:9)이다. 이와 같이 세 자녀의 이름은 신실하지 못한 이스라엘을 여호와께서 심판하신다는 뜻이다. 또한 호세아의 아내는 하나님의 사랑을 보여준다. 아내는 호세아의 사랑을 거절하고 돌아선다: "그가 귀고리와 패물로 장식하고 그가 사랑하는 자를 따라가서 나를 잊어버리고 향을 살라 바알들을 섬긴 시일대로 내가 그에게 벌을 주리라 여호와의 말씀이니라"(2:1-23). 이후에 이스라엘의 구원은 다음과 같이 예표된다: "그 후에 이스라엘 자손이 돌아와서 그들의 하나님 여호와와 그들의 왕 다윗을 찾고 마지막 날에는 여호와를 경외하므로 여호와와 그의 은총으로 나아가리라"(호 3:15).

3) 신실한 하나님과 불성실한 이스라엘: 호세아는 이스라엘의 불성실함을 비판한다: "이 땅에는 진실도 없고 인애도 없고 하나님을 아는 지식도 없고"(호 4:1). 호세아는 전통적인 신앙 언어로 백성들이 돌아오기를 촉구한다: "오라 우리가 여호와께로 돌아가자 여호와께서 우리를 찢으셨으나 도로 낫게 하실 것이요 우리를 치셨으나 싸매어 주실 것임이라"(호 6:1). 하나님은 화려한 제의보다 더 중요하게 여기시는 것이 있다: "나는 인애를 원하고 제사를 원하지 아니하며 번제보다 하나님을 아는 것을 원하노라"(호 6:6). 백성들에게 필요한 것은 강퍅한 마

음을 버리고 여호와를 찾는 것이다: "너희가 자기를 위하여 공의를 심고 인애를 거두라 너희 묵은 땅을 기경하라"(호 10:12). 하나님은 과거를 회상하며 이스라엘이 돌아오기를 촉구하신다: "이스라엘이 어렸을 때에 내가 사랑하여 내 아들을 애굽에서 불러냈거늘"(호 11:1). 호세아는 북왕국의 시조로 여겨지는 야곱의 회심을 떠올린다: "야곱은 모태에서 그의 형의 발뒤꿈치를 잡았고 또 힘으로는 하나님과 겨루되 천사와 겨루어 이기고 울며 그에게 간구하였으며 하나님은 벧엘에서 그를 만나셨고 거기에서 우리에게 말씀하셨나니"(호 12:3-4).

요엘 | Joel

1. 개요

요엘의 뜻은 "여호와가 하나님이시다"이다. 요엘의 연대, 출신지, 그리고 직업과 사회적 위치도 알려지지 않는다. 단지 요엘이 예루살렘 성전과 관련된 제의 예언자일 것이라고 추측한다. 요엘서에는 왕의 이름도 없고, 침공할 군대도 누구인지 언급이 없다. 북왕국의 언급은 없고, 유다만 언급된다. 요엘서의 연대는 기원전 2세기로부터 기원전 9세기까지 다양하게 제시된다. 요엘서가 호세아서와 아모스서와 함께 묶여 있다는 것은 이 책이 오래된 예언서로 인식되었다고 볼 수 있다. 사로잡힌 자의 귀환을 언급하고(3:2), 공동체에서 제사장 역할의 중요성과 성전 기능의 지속을 강조하며, 그리고 왕의 언급이 없다. 이러한 특징으로 인하여 포로시기로 추측하기도 한다. 특히 종말에 영에 대한 약속은 오순절 사건을 예표하는 것으로 해석된다.

2. 짜임새

1) 서두 (1:1)
2) 메뚜기 재앙과 약속 (1:2-2:27)
3) 묵시론적인 종말론 (2:28-3:21)

3. 주요 내용

1) 1장은 현재 닥친 메뚜기 재앙과 가뭄에 직면한 상황을 묘사한다. 이미 메뚜기 재앙이 임했다(1:4). 가뭄은 예루살렘 중심부에 큰 피해를 입혔는데(욜 1:10-12), 곡식의 피해만이 아니라, 사람, 식물과 짐승도 함께 고통받았다(욜 1:19-20). 2장은 장래 닥칠 재앙을 말한다.

2) 메뚜기 재앙은 임박한 여호와의 날을 상징하면서 종말을 준비하며 회개를 촉구하게한다: "너희는 옷을 찢지 말고 마음을 찢고 너희 하나님 여호와께로 돌아올지어다 그는 은혜로우시며 자비로우시며 노하기를 더디하시며 인애가 크시사 뜻을 돌이켜 재앙을 내리지 아니하시나니"(욜 2:13).

3) 재난가운데 하나님은 여전히 당신의 백성들을 사랑하시며 구원을 시작하신다: "그 때에 여호와께서 자기의 땅을 극진히 사랑하시어 그의 백성을 불쌍히 여기실 것이라"(욜 2:18).

4) 마지막 때에 모든 이스라엘 백성들(만민)에게 영을 부어줄 것을 약속하신다: "그 후에 내가 내 영을 만민에게 부어주리니 너희 자녀들이 장래 일을 말할 것이며 너희 늙은이는 꿈을 꾸며 너희 젊은이는 이상을 볼 것이며 누구든지 여호와의 이름을 부르는 자는 구원을 얻으리니 이는 나 여호와의 말대로 시온 산과 예루살렘에서 피할 자가 있을 것임이요 남은 자 중에 나 여호와의 부름을 받을 자가 있을 것임이니라(욜 2:28, 32). 사도행전에서 만민은 유대인만이 아니라 모든 이방인들을 포함한다(행 2:17-21).

5) 종말에 모든 적을 멸망시키는 하나님의 거룩한 전쟁을 위하여 보습을 쳐서 칼을 만들라고 명령한다(욜 3:10). 이는 칼로 보습을 만들라는 명령과 대조를 이룬다(미 2:4; 미 4:3). 재앙의 날이었던 여호와의 날은 이제 이방의 심판과 이스라엘 백성을 위한 구원의 날이 된다(2:31; 3:14).

아모스 | Amos

1. 개요

아모스서의 저자인 아모스는 주전 8세기 이후에 나타나는 고전 예언자들 중 가장 먼저 예언한 문서 예언자이다. 아모스의 고향 드고아는 예루살렘 남쪽으로 18 키로미터 떨어진 마을이다. 드고아는 지혜로 알려진 도시로써, 다윗에게 압살롬을 데려오라고 요청한 여인이 드고아 출신이다(삼하 14:2, 4). 아모스서에 숫자 격언과 같은 특별한 언어현상이 나타나는 것은 그가 지혜문학의 영향을 받았기 때문이다.

아모스의 유다 배경은 아모스 7장 12절에서 벧엘 제사장 아마샤가 아모스에게 격노하여 유다로 돌아가라고 말하는 데서도 언급된다, 아모스는 자신이 목자(노케드)였다고 말하고(1:1), 그가 자신을 목자요 뽕나무를 재배하는 자로(암 7:14)로 묘사한다. 아마도 그는 독립적이고 부유한 목자였을 것으로 보인다. 아모스는 남쪽 출신이면서 북 왕국을 향하여 예언하도록 부름을 받았다. 그가 북왕국의 멸망을 예언하고, 아마샤에 의하여 추방당했을 가능성도 있다(암 7:1-10). 아모스는 이사야처럼 왕족 출신도 아니고 예레미야처럼 제사장 집안 출신도 아니다. 아모스는 선지자도 아니며 선지자의 아들도 아니다(암 7:14). 즉, 통상적인 예언자 학교를 다닌 것이 아니고, 북왕국에 직업적인 연고가 있던 것도 아니었다. 북왕국에 관한 예언을 남왕국 출신인 아모스에게 맡긴 것은 아마도 북왕국의 예언자들이 그 역할을 못함으로 비상조치로 남왕국 출신이면서 통상적인 예언자 학교출신이 아닌 아모스를 통해 개혁을 시도한 것으로 보인다.

아모스가 예언하던 당시는 앗수르나 애굽의 침략이 뜸했던 시기로써 남쪽은 여로보암 2세, 북쪽은 웃시야 왕의 정치적이고 경제적인 전성기로 제2의 다윗-솔로몬의 영광의 시대를 구가하고 있었다. 아모스가 예언하던 시기는 "지진 2년 전"(암 1:1; 슥 14:5 참조)인데, 이 지진은 기원전 760년경 일어난 것으로 하솔의 발굴과 요세푸스의 유대고대사에서 제시된다. 여로보암이 오랫동안 통치하면서 정치적이고 경제적으로 번영하였지만 북쪽의 앗수르가 장차 한 세대 후에 (주전 722년) 북왕국을 위협할 세력으로 크고 있었다. 앗수르는 하나님의 심판을 위한 지팡이일 뿐, 이스라엘의 죄는 주로 사회정의와 관련된 것이었다. 백성들의 잉여 농산물을 수출하고 가진 자들의 사치를 만족시켜주는 체제가 되었다. 아모스는 가난하고 힘없는 사람들을 억압하고 착취하는 상류층 사람들을 비난하였다. 나아가서 아모스는 윤리가 실종된 시대에 번성하는 의미 없는 국가종교가 주도하는 예배를 비난하였다. 특히 떠드는 소리(마르제아흐)라는 말은 부유층의 사치가 빈번한 상황이었음을 보여주는 증거인데, 이 모임은 기득권층의 모임으로서 대부분 군사 엘리트인 남성들과 약간의 여성 지배계층에 회원이 한정되고, 대지주, 고관도 회원으로 왕의 후원을 받기도 했다.

2. 짜임새

1) 서두 (1:1-2)
2) 나라들과 이스라엘에 대한 신탁 (1:3-2:16)
3) 선민 이스라엘에 대한 심판 연설과 화 신탁 (3:1-6:14)
4) 환상들과 희망 (7:1-9:15)

3. 주요 내용

1) 표제에서 아모스는 자신의 예언 시기를 여로보암의 시대로서 지진 2년전(주전 760년경)이라고 말한다(1:1-2).

2) 1:3-2:16은 여러 나라들과 이스라엘에 대한 신탁을 다루고 있다. 여러 나라들에 대한 예언(1:3-2:3, 다메섹, 블레셋, 두로, 에돔, 암몬, 모압)의 마지막 부분에 유다와 이스라엘에 대한 예언(2:4-16)이 나타나는 것은 곧 여러 나라들에 대한 심판은 곧 하나님 백성의 구원이라는 전통적인 기대를 깨고 유다와 이스라엘을 향한 더 높은 기대가 있음을 보여준다.

3) 3:1-6:14는 선민 이스라엘에 대한 심판 연설과 화 신탁을 다루고 있다. 아모스에게 선택은 곧 특권이 아니고 책임을 의미한다(암 3:2). 하나님은 심판에 대한 예언을 당신의 사자를 통하여 선포하신다: "주 여호와께서 말씀하신즉 누가

예언하지 아니하겠느냐"(암 3:7). 아모스의 가장 중요한 주제는 정의와 공의이다: "오직 정의를 물 같이, 공의를 마르지 않는 강 같이 흐르게 할지어다"(암 5:24). 정의와 공의는 생명으로 인도한다: "나를 찾으라 그리하면 살리라"(암 5:4). 이러한 윤리의 강조는 거짓 예배에 대한 비판을 공유한다: "내가 너희 절기들을 미워하여 멸시하며 너희 성회들을 기뻐하지 아니하나니"(암 5:21).

4) 아모스서에서 가장 오래된 전승은 환상시리즈인데 다섯 개의 환상으로 구성된다(7:1-9:15). 첫 번째 환상은 메뚜기 재앙을 통한 수확물의 소멸(암 7:1-3)이다. 둘째 환상은 지하수와 농경지를 말려버린 불(암 7:4-6)이다. 세 번째 환상은 야웨의 손에 있는 다림줄(암 7:7-8)이다. 네 번째 환상은 여름 과일 한 광주리(암 8:1-2)이다. 다섯 번째 환상은 재단 곁에 서 계신 야웨(암 9:1-4)이다. 특히 두 번째 환상에서 심판철회를 거절하신다(암 7:8). 네 번째 환상에서는 끝이 선포된다(암 8:2). 그리고 마지막 환상에서 심판의 불가피성이 강조된다(암 9:1-4). 8:11-13은 마지막 때에 하나님의 말씀을 구하는 일이 불가능함을 보여주는 본문이다: "보라 날이 이를지라 내가 기근을 땅에 보내리니 양식이 없어 주림이 아니며 … 여호와의 말씀을 듣지 못한 기갈이라"(암 8:11). 하나님의 말씀이 들리지 않으니 사람들이 말씀을 찾아 나서지만 하나님의 말씀을 듣지 못한 채 종말을 맞이한다는 것이다. 9장 11-15절은 다윗의 무너진 장막의 회복에 관한 본문이다. "다윗의 무너진 장막"은 회복의 출발점인데, 다윗이 하나님의 임재를 경험한 예배의 회복을 포함한다. 틈을 막는다는 것은 벽을 다시 세우되, 다윗과 솔로몬 시절의 명성을 되찾는다는 것이다. 12절에서 회복될 다윗 왕국에 속한 백성들 중에 살아남은 에돔의 남은 자와 이방인이라고 불리는 "내 이름으로 불리는 만국"이 포함된다(행 15:7-12). 신약의 교회는 당대에 이 예언이 성취되고 있다고 이해한다(행 15:16-18).

오바다 | Obadiah

1. 개요

오바댜서는 구약성경에서 가장 짧은 책으로 모두 21절로 이루어졌다. 에돔은 형제되는 유다가 바벨론에 의하여 멸망당할 때 도와주지는 못할망정 약탈하고 괴롭힘으로 이스라엘의 역사에서 씻을 수 없는 상처를 준 민족이다(겔 25:12-14; 35:1-15; 시 137:7). 에돔은 바벨론이 상징하는 것과는 달리 강한 자 앞에서 약하고, 약한 자를 짓밟으며 자신의 힘과 가진 것을 자랑하며 교만해하는 사람을 대표한다. 오바댜서는 바벨론에 의하여 멸망을 당하여 어려운 상황가운데 있는 이스라엘 백성을 향하여 에돔의 멸망과 이스라엘의 구원을 전하는 예언서이다.

에돔은 사해 남서쪽, 북쪽으로는 모압과 맞대고 있다. 이스라엘은 야곱이고, 에돔은 그의 형 에서이다. 이스라엘이 애굽을 탈출하여 약속의 땅으로 가려고 할 때 에돔은 허락하지 않았다. 다윗-솔로몬 시대에 주전 9세기까지 에돔은 유다의 봉신 국가였다. 주전 8세기부터 유다와 이스라엘은 적대국가가 되어 서로 싸웠다. 에돔이 노예를 거리낌 없이 사고 판 일로 비난 받았다. 주전 586년에 바벨론인들이 예루살렘을 파괴할 때, 에돔이 그 일에 적극적으로 참여하였다.

2. 짜임새

1) 에돔에 대한 비난과 심판 선고 (1-14절)
2) 만국에 대한 심판과 이스라엘의 회복 (15-21절)

3. 주요 내용

1) 첫 단락은 에돔에 대한 비난과 심판 선고(1-14절)이다. 에돔 사람들은 높은 곳에 살면서 누가 능히 나를 땅위에 끌어내려 멸망시키겠냐고 교만했다: "너의 마

음의 교만이 너를 속였도다 바위 틈에 거주하며 높은 곳에 사는 자여 네가 마음에 이르기를 누가 능히 나를 땅에 끌어내리겠느냐 하니"(3절). 바벨론에 의하여 유다가 멸망할 때 에돔은 야곱 족속에게 포학을 행하였다: "네가 네 형제 야곱에게 행한 포학으로 말미암아 부끄러움을 당하고 영원히 멸절되리라 네가 멀리 섰던 날 곧 이방인이 그의 재물을 빼앗아 가며 외국인이 그의 성문에 들어가서 예루살렘을 얻기 위하여 제비 뽑던 날에 너도 그들 중 한 사람 같았느니라"(옵 1:10-11).

2) 둘째 단락에서 하나님은 에돔을 향하여 심판을 선포한다: "여호와께서 만국을 벌할 날이 가까웠나니 네가 행한 대로 너도 받을 것인즉 네가 행한 것이 네 머리로 돌아갈 것이라"(옵 1:15). 이스라엘이 바벨론의 침입을 받아 멸망당할 때 형제 나라를 불쌍히 여기지 않고 온갖 야비한 행동을 하는 것을 볼 때 수치스럽고 고통스러웠을 것이다. 하나님은 이것을 잊지 않고 갚아 주시고(1:10) 열방 위에 이스라엘을 높이실 계획(1:17-18)을 보여주신다.

요나 | Jonah

1. 개요

요나는 "비둘기"라는 뜻이다. 요나의 예언자적인 특징은 "사십일이 지나면 니느웨가 무너지리라"(욘 3:4)라는 선포에 있다. 정경적으로 요나의 역사성은 열왕기하에 근거한다: "여호와께서 요나를 통하여 하신 말씀과 같이 여로보암이 이스라엘 영토를 회복하되 하맛 어귀에서부터 아라바 바다까지 하였으니"(왕하 14:25). 사상적으로 요나서는 유대교의 민족주의를 보여주면서 간접적으로 선교를 거부하는 폐쇄주의에 대하여 비판한다.

2. 짜임새

1) 도피와 위험 (1:1-16)
2) 요나의 탄원 (1:17-2:10)
3) 하나님의 명령과 요나의 두 번째 반응 (3:1-9)
4) 하나님의 자비와 요나의 세 번째 반응 (4:1-11)

3. 주요 내용

첫 단락은 요나의 도피와 위험한 상황(1:1-16)이다. 도망중에 요나는 자신이 히브리인인 것을 고백한다: "나는 히브리 사람이요 바다와 육지를 지으신 하늘의 하나님 여호와를 경외하는 자로라"(욘 1:9). 요나는 자신이 하나님으로부터 도망자이기 때문에 폭풍이 임했음을 인정하고 자신을 바다에 던지라고 촉구한다: "나를 들어 바다에 던지라 그리하면 바다가 너희를 위하여 잔잔하리라 너희가 이 큰 폭풍을 만난 것이 나 때문인 줄을 내가 아노라"(욘 1:12).

둘째 단락은 바다에 빠진 요나의 탄원(1:17-2:10)이다. 고난가운데 요나가 하나님께 부르짖었을 때 하나님이 구원하셨다: "내가 받는 고난으로 말미암아 여호와께 불러 아뢰었더니 주께서 내게 대답하셨고"(욘 2:2). 산의 뿌리까지 내려간 요나는 서원하고 구원받는다(욘 2:6, 9).

셋째 단락은 하나님의 명령과 요나의 두 번째 반응(3:1-9)이다. 요나는 회개하고 예언자로서의 사역을 수행하였을 때 니느웨의 왕의 회개로부터 시작하여 사람과 짐승의 돌이킴이 일어났다: "왕이 조서를 내려 이르되 사람이나 짐승이나 떼나 아무것도 입에 대지 말지니 사람이든지 짐승이든지 다 굵은 베 옷을 입을 것이요 각기 악한 길과 손으로 행한 강포에서 떠날 것이라"(욘 3:7-8). 또한 계획된 재앙이 내리지 않았다: "하나님이 그들이 악한 길에서 돌이켜 떠난 것을 보시고 하나님이 뜻을 돌이키사 그들에게 내리리라고 말씀하신 재앙을 내리지 아니하시니라"(욘 3:10).

넷째 단락은 하나님의 자비와 요나의 세 번째 반응(4:1-11)이다. 요나는 니느웨의 구원을 원하지 않고 하나님에게 저항한다: "여호와여 원하건대 이제 내 생명을 거두어 가소서 사는 것보다 죽는 것이 내게 나음이니이다 하니"(욘 4:3). 선교를 거부하는 요나에 대한 하나님의 마지막 말씀은 니느웨에 남은 백성과 짐승에 대한 사랑이다: "여호와께서 이르시되 네가 이 박넝쿨을 아꼈거든 하물며 이 큰 성읍 니느웨에는 좌우를 분변하지 못하는 자가 십이만여 명이요 가축도 많이 있나니 내가 어찌 아끼지 아니하겠느냐 하시니라"(욘 4:11-12).

미가 | Micah

1. 개요

미가의 뜻은 "하나님 같으신 이는 누구인가?"라는 뜻으로 미가 예언자는 이사야와 같은 시대인 주전 750-690년 동안 예언하였다. 그는 이사야와는 달리 농촌인 모레셋 출신으로서 보잘것 없는 사람들의 어려운 상황을 잘 파악하였다. 농촌에 살면서 예루살렘에 올라가 성전을 직접 공격한 예언자로서, 후에 예레미야 시대에 참 예언자로 인정되었다: "미가가 예언하여 이르되 … 시온은 밭 같이 경작지가 될 것이며 예루살렘은 돌 무더기가 되며 이 성전의 산은 산당의 숲과 같이 되리라 하였으나"(렘 26:18).

미가 시대는 주로 농경사회였고, 당시 이스라엘에서 부는 주로 땅의 형태로 주어졌다. 모든 가족은 여호수아 시대 때 땅을 분배받은 이후로 조상부터 물려받은 땅을 유업으로 가지고 다른 사람에게 팔 수 없었다(레 25:23-28). 모든 가족들이 자기 땅을 소유하는 한 이스라엘 백성들은 평등하였다. 그러나 왕정 시대가 되면서 도시, 특히 왕족이나 귀족들이 농촌의 사람들보다 더 부유해지기 시작하였다. 농부들은 종종 흉년의 시기를 견디기 어려워서 조상들의 땅을 팔기 시작하고, 결국 지주들에게 빼앗기게 되었다. 지주들은 단지 자연재해때 어쩔 수 없이 땅을 팔기만 기다리지 않고, 그들이 땅을 팔 수 밖에 없도록 하고 필요하다면 땅을 강탈하기도 하였다. 법정은 지주들의 편에 섰고, 가난한 사람들을 위한 정의는 없었다.

2. 짜임새

1) 서두 (1:1)

2) 사마리아와 유대에 대한 심판과 구원 (1:2-2:13)

3) 시온의 몰락과 회복 (3:1-5:15)

4) 논쟁, 탄식, 약속 (6:1-7:20)

3. 주요 내용

1) 미가가 활동한 시대는 요담 왕부터 히스기야 왕 때까지이며, 그의 예언은 사마리아와 예루살렘에 관한 예언이다: "유다의 왕들 요담과 아하스와 히스기야 시대에 모레셋 사람 미가에게 임한 여호와의 말씀 곧 사마리아와 예루살렘에 관한 묵시라"(1:1).

2) 특히 2장 1-2절은 부유한 압제자들이 땅과 집을 빼앗는 장면을 보여준다: "그들이 침상에서 죄를 꾀하며 악을 꾸미고 날이 밝으면 그 손에 힘이 있으므로 그것을 행하는 자는 화 있을진저 밭들을 탐하여 빼앗고 집들을 탐하여 차지하니 그들이 남자와 그의 집과 사람과 그의 산업을 강탈하도다"(2:1-2).

3) 미가는 "정의를 아는 것이 우두머리와 통치자의 본분이지만, 그들이 선을 미워하고 악을 기뻐한다"고 비판한다(3:1-2). 백성을 착취하는 표현이 적나라하다: "내 백성의 가죽을 벗기고 그 뼈에서 살을 뜯어 그들의 살을 먹으며 그 가죽을 벗기며 그 뼈를 꺾어 다지기를 냄비와 솥 가운데에 담을 고기처럼 하는도다"(3:2-3). 선지자들은 이익을 위하여 일하는 자들이다: "내 백성을 유혹하는 선지자들은 이에 물 것이 있으면 평강을 외치나 그 입에 무엇을 채워 주지 아니하는 자에게는 전쟁을 준비하는도다" 마땅히 예언자의 사명은 무엇인가? "여호와의 영으로 말미암아 능력과 정의와 용기로 충만해져서 야곱의 허물과 이스라엘의 죄를 그들에게 보이리"(3:8). 4장 1-5절은 하나님이 장래에 이루실 평화의 나라를 서술한다(참조: 사 2:2-4).

4) 5장 2절은 신약에서 메시아 예언으로 인용된 구절이다: "베들레헴 에브라다야 너는 유다 족속 중에 작을지라도 이스라엘을 다스릴 자가 네게서 내게로 나올 것이라 그의 근본은 상고에, 영원에 있느니라"(미 5:2).

5) 올바른 예배를 강조하면서 황금율에 해당하는 구절이 언급된다: "사람아 주

께서 선한 것이 무엇임을 네게 보이셨나니 여호와께서 네게 구하시는 것은 오직 정의를 행하며 인자를 사랑하며 겸손하게 네 하나님과 함께 행하는 것이 아니냐"(미 6:8). 여기에서 언급되는 정의, 인자, 하나님과의 동행은 마태복음에서 정의, 긍휼, 그리고 믿음으로 표현된다(마 23:23).

나훔 | Nahum

1. 개요

위로를 뜻하는 나훔 예언자는 엘고스 출신으로 그의 예언은 주로 니느웨 멸망을 선포하는 것이다. 그의 이름 이외에 그에 대한 정보는 별로 없다. 열방을 향한 신탁 때문에 나훔을 당대의 이슈에 대한 하나님의 음성을 듣는 성전 예언자(temple prophet)로 여긴다. 나훔서의 저작 연대의 상한선과 하한선은 명확하지 않다. 3:8-10에서 상부 애굽의 수도 노아몬(테베, 오늘의 룩소르)은 기원전 663년에 앗수르에 의하여 멸망하였다. 다른 한편으로 나훔서는 주전 612년(앗수르의 멸망 시기) 또는 625년(메대가 앗수르를 에워싸는 시기)까지 가능한 것으로 본다. 악인(1:15)을 앗수르의 왕인 앗수르바니팔(Ashurbanipal, 668-627 BCE.) 로 보고, 요시야가 북왕국을 회복하는 것을 언급하는 것을 볼 때(2:2) 앗수르바니팔이 죽은 627년 전후로 보기도 한다. 나훔의 목적은 유다를 위로하고 요시야를 격려하기 위함이다. 요시야는 앗수르의 멸망이 임박했다는 예언을 듣고 위로를 받았을 것이다.

2. 짜임새

1) 서두 (1:1)
2) 신 현현 찬송 (1:2-8)
3) 하나님의 심판과 구원 (1:9-2:2)
4) 니느웨의 정복과 완전한 파괴 (2:3-3:19)

3. 주요 내용

1) 서두에 예언의 대상과 나훔의 출신을 언급한다: “니느웨에 대한 경고 곧 엘고스 사람 나훔의 묵시의 글이라”(1:1).

2) 3절에서 전형적인 여호와의 속성이 나타난다: “여호와는 노하기를 더디하시며 권능이 크시며 벌 받을 자를 결코 내버려두지 아니하시느니라”(1:3). 7절에서 산성되시는 여호와를 언급한다: “여호와는 선하시며 환난 날에 산성이시라 그는 자기에게 피하는 자들을 아시느니라”(1:7).

3) 니느웨의 정복과 완전한 파괴(2:3-3:19)를 진술하는 부분에서 눈여겨볼 것은 니느웨의 멸망을 극적으로 표현하는 구절이다: “화 있을진저 피의 성이여 그 안에는 거짓이 가득하고 포악이 가득하며 탈취가 떠나지 아니하는도다 휙휙 하는 채찍 소리, 윙윙 하는 병거 바퀴 소리, 뛰는 말, 달리는 병거, 충돌하는 기병, 번쩍이는 칼, 번개 같은 창, 죽임 당한 자의 떼, 주검의 큰 무더기, 무수한 시체여 사람이 그 시체에 걸려 넘어지니 이는 마술에 능숙한 미모의 음녀가 많은 음행을 함이라 그가 그의 음행으로 여러 나라를 미혹하고 그의 마술로 여러 족속을 미혹하느니라”(3:1-4).

하박국 | Habakkuk

1. 개요

본문에 이 책의 저자와 그의 시대에 대한 자세한 언급은 없다. 6절에 따르면, 하박국 예언자는 아주 가까운 미래에 바벨론이 침입할 것을 예상한다. 아마도 하박국은 예레미야와 같은 시대에 예루살렘에 살았을 것으로 추측한다. 주전 612년에 니느웨가 멸망되고 주전 605년부터 바벨론이 근동 지역을 장악하고, 주전 597년에는 유다 백성들이 바벨론에 끌려가게 되는데 아마도 하박국은 주전 605년과 597년 사이에 생겨난 것으로 보인다.

2. 짜임새

1) 서두 (1:1)
2) 하박국의 불평과 하나님의 응답 (1:2–2:5)
3) 바벨론에 대한 화 신탁 (2:6–20)
4) 여호와의 구원과 예언자의 신뢰 (3:1–19)

3. 주요 내용

1) 1장 6절에서 우리는 침략자가 바로 갈대아 사람(바벨론) 인 것을 알게 된다. 하박국은 바벨론의 침략을 받는 것을 무고한 것으로 보고 하나님께 불평한다: "여호와여 내가 부르짖어도 주께서 듣지 아니하시니 어느 때까지리이까 내가 강포로 말미암아 외쳐도 주께서 구원하지 아니하시나이다?"(합 1:2). 하나님을 향한 이러한 탄식은 계속 된다: "주께서는 눈이 정결하시므로 악을 차마 보지 못하시며 패역을 차마 보지 못하시거늘 어찌하여 거짓된 자들을 방관하시며 악인이 자기보다 의로운 사람을 삼키는데도 잠잠하시나이까"(합 1:13).

2) 2장 4절은 신약에서 인용되는 구절이다: "의인은 자신의 믿음으로 살아남으리라" 본문의 문맥은 종말이 오면 그때 악인이 멸망할 것인데, 의인은 자신의 믿음으로 살아남는다. 이 본문은 신약에서 로마서와 히브리서에서 사용되는데 강조점이 다르다. 로마서와 갈라디아서에서는 "자신의"라는 단어가 생략되고 믿음의 대상을 예수 그리스도로 바꾸었다(오직 의인은 믿음으로 말미암아 살리라). 히브리서 10:38-39에서는 자신의 믿음이 나의 믿음으로 바뀌고 끝까지 견디는 믿음을 강조함으로 하박국의 문맥과 유사하다.

3) 3장에서 하박국은 진노중에라도 긍휼가운데 다시 부흥을 기대하는 기도를 드린다: "여호와여 내가 주께 대한 소문을 듣고 놀랐나이다 여호와여 주는 주의 일을 이 수년 내에 부흥하게 하옵소서 이 수년 내에 나타내시옵소서 진노 중에라도 긍휼을 잊지 마옵소서"(합 3;2).

4) 하박국의 마지막 장면은 절망가운데 역설적으로 하나님의 구원을 기대하는 노래이다: "비록 무화과나무가 무성하지 못하며 포도나무에 열매가 없으며 감람나무에 소출이 없으며 밭에 먹을 것이 없으며 우리에 양이 없으며 외양간에 소가 없을지라도 나는 여호와로 말미암아 즐거워하며 나의 구원의 하나님으로 말미암아 기뻐하리로다"(3:17-18).

스바냐 | Zephaniah

1. 개요

스바냐라는 뜻은 "여호와께서 숨기셨다"는 뜻이다. 이 책은 1장 1절에서 예언자의 계보를 시대에 걸쳐 기록하고 있다: "아몬의 아들 유다 왕 요시야의 시대에 스바냐에게 임한 여호와의 말씀이라 스바냐는 히스기야의 현손이요 아마랴의 증손이요 그다랴의 손자요 구시의 아들이었더라"(습 1:1). 스바냐는 왕족 출신으로서 히스기야의 현손이며, 요시야 시대에 예언한 사람으로 예레미야, 하박국, 나훔과 같은 시대에 예언하였다. 1장과 3:1-8의 강한 비판을 보면 요시야의 개혁 이전에 예언한 것으로 보인다.

2. 짜임새

1) 서두 (1:1)
2) 주의 날 (1:2-2:3)
3) 나라들에 대한 신탁 (2:4-15)
4) 예루살렘에 대한 비판 (3:1-8)
5) 나라들과 예루살렘에 대한 구원 (3:9-13)
6) 여호와와 예루살렘에서의 우주적 통치 (3:14-20)

3. 주요 내용

1) 스바냐서는 여호와의 날을 강조한다: "여호와의 큰 날이 가깝도다 가깝고도 빠르도다 여호와의 날의 소리로다 용사가 거기서 심히 슬피 우는도다"(습 1:14). 여호와의 날을 기다리며 백성들에게 회개를 권고한다: "여호와의 규례를 지키는 세상의 모든 겸손한 자들아 너희는 여호와를 찾으며 공의와 겸손을 구하라 너희가 혹시 여호와의 분노의 날에 숨김을 얻으리라"(습 2:3).

2) 예루살렘의 심판 이후에 구원이 선포된다. 심판 후에 예루살렘의 회복을 노래한다. 형벌이 제거되었음을 알리면서 시온을 향하여 손을 늘어뜨리지 말고 자기 백성을 향한 하나님의 기쁨을 기억하라고 선포한다: "너의 하나님 여호와가 너의 가운데에 계시니 그는 구원을 베푸실 전능자이시라 그가 너로 말미암아 기쁨을 이기지 못하시며 너를 잠잠히 사랑하시며 너로 말미암아 즐거이 부르며 기뻐하시리라"(습 3:16-17). 하나님은 당신의 백성들을 회복시켜 명성과 칭찬을 얻게 하실 것이다: "내가 너희에게 천하 만민 가운데서 명성과 칭찬을 얻게 하리라 여호와의 말이니라"(습 3:20).

학개 | Haggai

1. 개요

학개의 뜻은 절기이다. 학개는 포로 후기 예언자들(학개, 스가랴, 말라기)중의 하나로서 스룹바벨과 여호수아를 도와 고레스의 칙령으로 고국에 돌아온 백성들에게 성전 건축을 격려하였다. 그는 성전재건과 예배 회복에 영향을 미쳤다. 주전 539년 페르시아의 고레스가 신바벨론을 정복하였을 때 고레스는 앗수르와 바벨론과는 달리 세금과 법을 지키는 한 지방 자치를 허락하여 포로들을 귀환하게 하고 성전재건을 허락하였다. 스룹바벨이 시작한 성전재건은 중단되고 성전 건축의 재개는 에스라 5-6장에서 나타난다. 다리우스 왕은(주전 522-486년) 고레스 칙령에 따라 후원자로 성전 건축을 도왔다.

2. 짜임새

1) 서두 (1:1)
2) 성전을 건축하라는 첫 번째 권면 (1:2-15)
3) 지도자들과 백성들에 대한 격려 (2:1-9)
4) 부정한 제물에 대한 경고 (2:10-19)
5) 메시아 약속 (2:20-23)

3. 주요 내용

1) 서두에서 예언의 연대, 예언자의 이름, 그리고 학개가 도왔던 스룹바벨과 여호수아의 이름이 등장한다: "다리오 왕 제이년 여섯째 달 곧 그 달 초하루에 여호와의 말씀이 선지자 학개로 말미암아 스알디엘의 아들 유다 총독 스룹바벨과 여호사닥의 아들 대제사장 여호수아에게 임하니라"(학 1:1).

2) 학개의 중요한 주제는 성전건축이다. 학개서는 백성들의 황무한 조건은 성전의 건축과 관련이 있다고 주장한다(1:5-6, 10-11). 이것은 성전의 건축이 놓인 조건과 대조된다(2:15-19). 학개서의 경우, 하나님은 새 성전 건축 후에 예배를 받으시고(1:8) 백성들 가운데 거하시기로 약속하셨다. "너희는 산에 올라가서 나무를 가져다가 성전을 건축하라 그리하면 내가 그것으로 말미암아 기뻐하고 또 영광을 얻으리라 여호와가 말하였느니라"(학 1:8).

3) 성전이 건축된 후에 하나님이 성전에 임하시리라는 기대가 팽배하였다: "은도 내 것이요 금도 내 것이니라 만군의 여호와의 말이니라 이 성전의 나중 영광이 이전 영광보다 크리라 만군의 여호와의 말이니라 내가 이 곳에 평강을 주리라 만군의 여호와의 말이니라"(학 2:8-9).

4) 새 시대를 여는 새 다윗 성전과 하나님의 대행인으로서 스룹바벨의 즉위를 축하하는 메시야적인 기대가 팽배하였다. "스알디엘의 아들 내 종 스룹바벨아 … 그 날에 내가 너를 세우고 너를 인장으로 삼으리니 이는 내가 너를 택하였음이니라 만군의 여호와의 말이니라 하시니라"(학 2:23). 이는 하나님의 인장반지를 상징하는 고니야를 바벨론에 넘겨준 사건과 대조를 이룬다(렘 22:24).

스가랴 | Zechariah

1. 개요

스가랴의 뜻은 “여호와는 기억하신다”이다. 스가랴의 부친은 베레가이며 조부는 잇도이다. 스가랴는 페르시아 다리우스 1세(주전 522-486년) 시대에 학개와 함께 활동했다. 스가랴서에서 사용된 연대기는 주전 520년 10월(1:1), 519년 2월 15일(1:7), 518년 12월 7일(7:1) 등이다. 스가랴서는 다음과 같이 구성된다. 스가랴서 1-8장은 학개와 같이 왕과 성전을 중심으로 하는 유다의 회복을 시도하고 있다. 스룹바벨을 메시아로 여기며, 제2성전의 건축과 더불어 하나님의 나라를 기대했으나 스룹바벨의 소환으로 다윗 왕조 재건이 좌절되는 것을 목격한다. 스룹바벨은 사라졌어도 싹으로 불리는 메시야와 대제사장을 기초로 하나님의 나라가 재건될 것을 기대하되, 궁극적으로 성전과 메시야 중심의 하나님의 나라를 기대하였다. 스가랴 9-14장는 스가랴 1-8장의 예언이 성취되는 시대로 이해한다. 이스라엘의 위기와 지도자의 무능으로 인하여 하나님 나라의 건설이 좌절되지만 메시아를 중심으로 열방이 모이고, 열방에 대한 심판과 최후 전쟁을 통하여 예루살렘이 중심이 되는 하나님의 나라를 기대하고 있다.

2. 짜임새

1. 예루살렘과 성전의 회복 (1-8장)
   A. 서론 (1:1-6): 이스라엘의 과거 죄, 여호와의 심판과 회개 촉구
   B. 환상 (1:7-6:15): 8가지의 환상 시리즈와 다른 환상
   C. 결론: 신탁과 설교들 (7-8장)

2. 실패와 죄악가운데 도래할 하나님의 왕국 (9-14장)
   A. 도래할 왕과 이스라엘과 유다를 위한 구원 (9:1-11:17)
   B. 예루살렘을 위한 전쟁과 열방에 의한 순례 (12:1-14:21)

3. 주요 내용

1) 환상(1:7-6:15)에서 나타나는 8가지의 환상 시리즈는 다음과 같다. 첫째, 붉은 말을 탄 사람(1:7-17); 둘째, 뿔 넷과 대장장이 넷(1:8-21); 셋째, 측량줄을 잡은 사람(2:1-13); 넷째, 대제사장 여호수아(3:1-10); 다섯째, 순금 등잔대, 감람나무(4:1-14); 6) 여섯째, 날아가는 두루마리(5:1-4); 일곱 번째, 에바 속의 여인(5:5-11); 여덟번 째, 네 병거(6:1-15).

2) 하나님께서 사탄 앞에서 여호수아를 정결케 하시고 기름을 부으시고 대제사장으로 임명하신다(3:1-5). 또한 총독 스룹바벨을 메시아를 뜻하는 내 종 싹이라고 부르신다(4:8). 제2성전 시대의 대제사장과 왕의 양두정치(diarchy)를 설명하고 있다. 스룹바벨을 향한 약속을 말씀하신다: "그가 내게 대답하여 이르되 여호와께서 스룹바벨에게 하신 말씀이 이러하니라 만군의 여호와께서 말씀하시되 이는 힘으로 되지 아니하며 능력으로 되지 아니하고 오직 나의 영으로 되느니라"(슥 4:6). 대제사장 여호수아에게 관을 씌우고, 스룹바벨이 아닌 또 다른 싹의 도래를 예고하고 있다: "그가 여호와의 전을 건축하고 영광도 얻고 그 자리에 앉아서 다스릴 것이요 또 제사장이 자기 자리에 있으리니 이 둘 사이에 평화의 의논이 있으리라 하셨다 하고"(슥 6:13).

3) 스가랴 9장에서는 스가랴서 1-6장에서 예언된 메시아의 도래가 성취되는 것으로 이해한다. 왕이 영광스럽게 예루살렘으로 입성할 것을 예언한다: "시온의 딸아 크게 기뻐할지어다 예루살렘의 딸아 즐거이 부를지어다 보라 네 왕이 네게 임하시나니 그는 공의로우시며 구원을 베푸시며 겸손하여서 나귀를 타시나니 나귀의 작은 것 곧 나귀 새끼니라"(슥 9:9). 온 이스라엘을 불러 헬라 자식을 쳐 부술 것을 예언한다(9:13). 목자들이 없으므로 하나님의 심판이 임하고, 부실한 목자들에 대한 비판이 이어진다.

4) 여호와의 날에 유다와 유다의 죄에 대한 회개가 나타난다: "내가 다윗의 집과 예루살렘 주민에게 은총과 간구하는 심령을 부어 주리니 그들이 그 찌른 바 그를 바라보고 그를 위하여 애통하기를 독자를 위하여 애통하듯 하며 그를 위하여

통곡하기를 장자를 위하여 통곡하듯 하리로다"(슥 12:10). 이어서 정화와 회복이 이루어진다: "만군의 여호와가 말하노라 칼아 깨어서 내 목자, 내 짝 된 자를 치라 목자를 치면 양이 흩어지려니와 작은 자들 위에는 내가 내 손을 드리우리라"(슥 13:7).

5) 신약성경에서 스가랴서는 다음과 같이 인용된다.

슥 9:9 // 마 21:5; 요 12:5; 슥 11:13 // 마 27:3 슥 12:3 // 눅 21:24
슥 12:10 // 요 19:37; 계 1:7; 슥 13:7 // 막 14:27; 슥 14:5 // 살전 3:13
슥 14:8 // 요 7:38; 슥 14:21 // 마 11:15

말라기 | Malachi

1. 개요

말라기는 "나의 사자"라는 뜻이다. 본문에는 귀환한 공동체의 정황이 나타나는데, 이 책의 연대는 성전 완공후(주전 515년)부터 주전 330년 이전으로 추측하는데, 그 이유는 본문에 나타난 상황 때문이다: 자연재해로 인한 위협(3:11); 하나님에 대한 신뢰 악화(3:14); 습관적인 예배(3:8); 정당하지 않은 예물과 거짓 십일조(1:14; 3:5-12); 이방인들과의 결혼(2:10-12); 첫 부인 버리기(2:13-16).

2. 짜임새

1) 서두 (1:1)
2) 여섯 번의 논쟁적 신탁 (1:2-4:3)
3) 맺음말: 모세와 엘리야 (4:4-6)

3. 주요 내용

1) 서두: "여호와께서 말라기를 통하여 이스라엘에게 말씀하신 경고라"(말 1:1).

2) 여섯 번의 논쟁적 신탁(1:2-4:3)은 다음과 같다. 첫 논쟁(1:2-5)은 "주께서 어떻게 우리를 사랑하셨나이까?"이다. 둘째 논쟁(1:6-2:9)은 "어떻게 주의 이름을 멸시하였나이까?"이다. 셋째 논쟁(2:10-16)은 "어찌 됨이니이까?"이다. 넷째 논쟁(2:17-3:5)은 "우리가 어떻게 여호와를 괴롭혀 드렸나이까?"이다. 다섯째 논쟁(3:6-12)은 "사람이 어찌 하나님의 것을 도둑질하겠는가?"이다. 여섯째 논쟁(3:13-4:3)은 "우리가 무슨 말로 주를 대적하였나이까?"이다.

3) 넷째 논쟁에서 종말에 관한 진술이 나타난다: "그가 임하시는 날을 누가 능히 당하며 그가 나타나는 때에 누가 능히 서리요 그는 금을 연단하는 자의 불과 표백하는 자의 잿물과 같을 것이라"(말 3:2). 다섯째 논쟁에서, 십일조에 관한 규정이 나타난다: "만군의 여호와가 이르노라 너희의 온전한 십일조를 창고에 들여 나의 집에 양식이 있게 하고 그것으로 나를 시험하여 내가 하늘 문을 열고 너희에게 복을 쌓을 곳이 없도록 붓지 아니하나 보라"(말 3:10). 4장에서 종말에 있을 심판에 관한 진술이 나온다: "용광로 불 같은 날이 이르리니 교만한 자와 악을 행하는 자는 다 지푸라기 같을 것이라 그 이르는 날에 그들을 살라 그 뿌리와 가지를 남기지 아니할 것이로되 내 이름을 경외하는 너희에게는 공의로운 해가 떠올라서 치료하는 광선을 비추리니 너희가 나가서 외양간에서 나온 송아지 같이 뛰리라 또 너희가 악인을 밟을 것이니 그들이 내가 정한 날에 너희 발바닥 밑에 재와 같으리라 만군의 여호와의 말이니라"(4:1-3).

3) 종말이 오기 전에 엘리야의 도래와 그가 할 일을 선포한다: "두려운 날이 이르기 전에 내가 선지자 엘리야를 너희에게 보내리니 그가 아버지의 마음을 자녀에게로 돌이키게 하고 자녀들의 마음을 그들의 아버지에게로 돌이키게 하리라 돌이키지 아니하면 두렵건대 내가 와서 저주로 그 땅을 칠까 하노라 하시니라"(말 4:5-6). 신약에서 이 예언은 세례 요한에게서 성취된 것으로 이해된다(마 11:10, 14; 17:10-13).

PART 2

신학대학원 입학시험 성경문제집

구약 문제

일러두기

구약 문제는 문제의 난이도에 따라
【A등급】(난이도 높음)과 【B등급】(난이도 낮음)으로 구분하였습니다.

창세기

【A등급】

001 "생육하고 번성하여 땅에 충만하라"는 창세기 1장의 약속이 누구에게 처음으로 직접 언급되는가?

① 가인과 아벨 ② 셋
③ 노아 ④ 아브라함

002 창세기에서 족보가 나오지 않는 장은?

① 5장 ② 10장
③ 11장 ④ 21장

003 노아에 해당되지 않는 내용은?

① 의인
② 용사
③ 하나님과 동행한 자
④ 포도 농사를 시작한 자

004 다음 중 에서 곧 에돔의 족보가 기록되어 있는 장은?

① 27장 ② 11장
③ 36장 ④ 42장

005 다음의 하나님과 관련된 명칭들 가운데 창세기에 언급되지 않는 것은?

① 엘 엘로헤 이스라엘
② 전능한 하나님
③ 만군의 여호와
④ 지극히 높으신 하나님

006 다음 중 노아 때의 홍수 사건에 대한 설명들 가운데 틀린 것은?

① 노아가 600세 되던 해, 둘째 달 17일에 홍수가 시작되었다.
② 노아가 방주에 들어간 지 3일 후에 홍수가 땅에 덮였고, 40 주야를 비가 내렸다.
③ 일곱째 달 17일에 방주가 아라랏 산에 머물렀다.
④ 물은 150일을 땅에 넘쳤다.

007 "여호와께서 아브람에게 이르시되 너는 너의 고향과 친척과 아버지의 집을 떠나 내가 네게 보여 줄 땅으로 가라 내가 너로 ( )을/를 이루고 네게 복을 주어 네 ( )을/를 창대하게 하리니 너는 복이 될지라 너를 축복하는 자에게는 내가 복을 내리고 너를 저주하는 자에게는 내가 저주하리니 땅의 ( )이/가 너로 말미암아 복을 얻을 것이라 하신지라"(창 12:1-3)에서 괄호 안에 들어갈 낱말들로 옳게 짝지어진 것은?

① 큰 민족, 이름, 모든 족속
② 큰 나라, 이름, 모든 왕
③ 큰 민족, 자손, 모든 나라
④ 큰 나라, 자손, 모든 방백

008 다음 구절들을 구약성경의 본문 순서대로 바르게 배열한 것은? (창 12:10, 13:9, 14:14, 15:17)

a. 네 앞에 온 땅이 있지 아니하냐 나를 떠나 가라 네가 좌하면 나는 우하고 네가 우하면 나는 좌하리라
b. 그 땅에 기근이 들었으므로 아브람이 애굽에 거류하려고 그리로 내려갔으니 이는 그 땅에 기근이 심하였음이라
c. 아브람이 그의 조카가 사로잡혔음을 듣고 집에서 길리고 훈련된 자 삼백십팔 명을 거느리고 단까지 쫓아가서
d. 해가 져서 어두울 때에 연기 나는 화로가 보이며 타는 횃불이 쪼갠 고기 사이로 지나더라

① c-b-a-d ② a-c-b-d
③ b-a-c-d ④ c-a-b-d

001_③ 002_④ 003_② 004_③ 005_③ 006_② 007_① 008_③

009 "히브리 사람"이라는 표현이 처음 나오는 본문은?
① 창세기 14장 ② 창세기 39장
③ 출애굽기 2장 ④ 출애굽기 4장

010 아브람의 자손이 이방에서 객이 되어 사대 만에 약속의 땅으로 돌아오게 되는 까닭은?
① 아모리 족속의 죄악이 아직 가득 차지 아니하여
② 이스라엘 자손이 하나님께 불순종하여
③ 가나안 족속이 땅을 차지하고 있어서
④ 애굽이 이스라엘을 놓아 주지 않아서

011 다음 중 창세기 17장에 기록된 내용이 아닌 것은?
① 하나님께서 아브람에게 아브라함이라는 이름을 주심
② 이스마엘이 십삼세에 할례를 받았고, 아브라함은 구십구세에 할례 받음
③ 하나님께서 아브라함의 집에 속한 모든 남자는 이방인을 제외하고 할례 받게 함
④ 하나님께서 아브라함의 아내 사라가 내년에 아들을 낳게 될 것을 말씀하심

012 다음의 문장은 아브라함이 소돔을 위하여 여호와께 간구할 때 했던 말들 가운데 하나이다. 아래의 문장은 여호와께서 의인 몇 명을 찾았을 경우에 그 곳을 용서하시겠다고 말씀하신 후에 아브라함이 자신에 대하여 언급했던 표현들인가?
"아브라함이 대답하여 이르되 나는 티끌이나 재와 같사오나 감히 주께 아뢰나이다"(창 18장)
① 40명 ② 50명
③ 45명 ④ 30명

013 모압과 암몬의 조상은 누구인가?
① 롯 ② 이스마엘
③ 에서 ④ 하란

014 막벨라, 기럇아르바, 마므레와 관련 있는 곳은?
① 벧엘 ② 헤브론
③ 아이 ④ 여리고

015 "아브라함의 아들 이삭의 족보는 이러하니라"라는 본문은 창세기 어디에 기록되어 있는가?
① 25:19 ② 26:1
③ 27:20 ④ 24:29

016 창세기에서 이삭이 자기 아내를 누이라고 말한 내용이 나오는 곳은?
① 12장 ② 18장
③ 20장 ④ 26장

017 야곱이 벧엘에서 하나님을 만나는 사건을 본문에 나타난 순서대로 말한 것은? (창 28장)
a. 내가 네게 허락한 것을 다 이루기까지 너를 떠나지 아니하리라
b. 하나님의 사자들이 그 위에서 오르락내리락 하고
c. 두렵도다 이 곳이여 이것은 다름 아닌 하나님의 집이요 이는 하늘의 문이로다
d. 땅의 모든 족속이 너와 네 자손으로 말미암아 복을 받으리라
① b–d–c–a ② b–d–a–c
③ d–b–a–c ④ d–b–c–a

018 창세기에 기록된 여호와의 말씀들 가운데 다음의 내용은 누구에게 해주신 말씀입니까?
"네 자손이 땅의 티끌같이 되어 네가 서쪽과 동쪽과 북쪽과 남쪽으로 퍼져 나갈지며, 땅의 모든 족속이 너와 네 자손으로 말미암아 복을 받으리라"(창 28:14)
① 아브람 ② 이삭
③ 야곱 ④ 아브라함

019 다음 야곱의 가족 중 어머니와 아들이 잘못 연결된 것은?
① 레아 – 스불론 ② 라헬 – 에브라임
③ 빌하 – 납달리 ④ 실바 – 아셀

020 다음의 야곱의 아들들과 그 어머니가 바르게 짝지어진 것은?
① 레아 – 르우벤, 시므온, 레위

009_① 010_① 011_③ 012_② 013_① 014_② 015_① 016_④ 017_② 018_③ 019_② 020_①

② 빌하 – 단, 납달리, 잇사갈
③ 실바 – 갓, 아셀, 스불론
④ 라헬 – 유다, 요셉, 베냐민

021 다음 중 아브람과 이삭과 야곱 때에 족장들이 제단을 쌓았던 장소가 아닌 곳은 어디인가?
① 헤브론 (창 13:18)
② 세겜 (창 33:18–20)
③ 벧엘 (창 35:6–7)
④ 미스바 (창 31:48–49)

022 "내가 형님의 얼굴을 뵈온즉 하나님의 얼굴을 본 것 같사오며 형님도 나를 기뻐하심이니이다"라는 문장은 창세기 몇 장에 나오는가?
① 28장 ② 32장
③ 33장 ④ 45장

023 다음의 이름과 관련된 인물이 잘못 연결된 것은?
① 엘엘로헤이스라엘 – 아브라함
② 여호와이레 – 이삭
③ 브엘라해로이 – 하갈
④ 여호와닛시 – 모세

024 창세기 31장 47절에서 야곱의 외삼촌 라반이 말한 '여갈사하두다'는 어떤 언어인가?
① 히브리어 ② 아람어
③ 가나안어 ④ 애굽어

025 여호와께서 이스라엘의 조상들(아브라함, 이삭, 야곱)에게 나타나신 곳이 아닌 곳은?
① 마므레 상수리나무
② 브엘세바
③ 벧엘
④ 미스바

026 요셉이 형제들에게 요셉임을 밝힌 후 가장 먼저 한 말이 무엇인가(창 45:3)?
① "나는 당신들의 아우 요셉이니 당신들이 애굽에 판 자라"
② "나를 이리로 보낸 자[이]는 당신들이 아니요 하나님이시라"
③ "내 아버지께서 아직 살아 계시니이까?"
④ "흉년이 아직 다섯 해가 있으니 … 아버지께 고하고[아뢰고] 속히 모시고 내려오소서"

027 야곱이 '샘 곁의 무성한 가지'에 비유한 아들은?
① 유다 ② 레위
③ 요셉 ④ 납달리

028 창세기 49장에 나오는 야곱의 유언 가운데 각 지파와 연결된 내용이 맞는 것은?
① 시므온: 너는 움킨 것을 찢고 올라갔도다 그가 엎드리고 웅크림이 수사자 같고 암사자 같으니 누가 그를 범할 수 있으랴
② 르우벤: 그 노여움이 혹독하니 저주를 받을 것이요 분기가 맹렬하니 저주를 받을 것이라
③ 단: 길섶의 뱀이요 샛길의 독사로다 말굽을 물어서 그 탄 자를 뒤로 떨어지게 하리로다
④ 유다: 전능자로 말미암나니 그가 네게 복을 주실 것이라 위로 하늘의 복과 아래로 깊은 샘의 복과 젖먹이는 복과 태의 복이리로다

029 "네 아버지의 하나님께로 말미암나니 그가 너를 도우실 것이요 전능자로 말미암나니 그가 네게 복을 주실 것이라 위로 하늘의 복과 아래로 깊은 샘의 복과 젖먹이는 복과 태의 복이리로다"는 야곱이 누구에게 한 말인가?
① 베냐민 ② 유다
③ 레위 ④ 요셉

030 요셉이 유언으로 이스라엘 자손에게 맹세시켜 하나님이 약속하신 땅에 자신의 무엇을 메고 올라가라고 했는가?
① 수레와 활 ② 옷
③ 해골 ④ 칼과 방패

031 "여호와 하나님이 아담을 깊이 잠들게 하시니 잠들매 그가 그 갈빗대 하나를 취하고 살로 대신 채우시고 여호와 하나님이 아담에게서 취하신 그 갈빗대로 여자를 만드시고 …"라는 창세

021_④ 022_③ 023_① 024_② 025_④ 026_③ 027_③ 028_③ 029_④ 030_③ 031_②

기 2장의 이 본문 바로 앞에 나온 문장을 다음의 보기 중에서 찾으시오.

① 아담이 모든 가축과 공중의 새와 들의 모든 짐승에게 이름을 주니라
② 아담이 돕는 배필이 없으므로
③ 여호와 하나님이 이르시되 사람이 혼자 사는 것이 좋지 아니하니 내가 그를 위하여 돕는 배필을 지으리라 하시니라
④ 아담이 각 생물을 부르는 것이 곧 그 이름이 되었더라

032 다음 괄호에 알맞은 말은?
"롯이 아브람을 떠난 후에 여호와께서 아브람에게 이르시되 너는 눈을 들어 너 있는 곳에서 (　)을 바라보라. 보이는 땅을 내가 너와 네 자손에게 주리니 영원히 이르리라"(창 13:14-15)
① 동쪽과 서쪽 그리고 북쪽과 남쪽
② 서쪽과 동쪽 그리고 남쪽과 북쪽
③ 북쪽과 남쪽 그리고 동쪽과 서쪽
④ 남쪽과 북쪽 그리고 서쪽과 동쪽

033 아브라함이 영원하신 여호와의 이름을 부르고 에셀 나무를 심은 곳은?
① 벧엘　② 브엘세바
③ 세겜　④ 모리아 땅

034 다음의 언약에 대한 구절은 무엇과 관련된 말씀이며, 오경의 어디에 기록된 본문인가?
"내가 내 언약을 나와 너 및 네 대대 후손 사이에 세워서 영원한 언약을 삼고 너와 네 후손의 하나님이 되리라"
① 할례 – 창 17:7　② 무지개 – 창 9:15
③ 안식일 – 출 31:16　④ 방주 – 창 6:18

035 다음은 하나님께서 소돔과 고모라에 대한 심판을 내리기 전에 아브라함에게 해주셨던 말씀이다. 괄호 안에 들어갈 말들이 순서대로 바르게 연결된 것은?
"내가 그로 그 자식과 권속에게 명하여 (　)을/를 지켜 (　)와 (　)을/를 행하게 하려고 그를 택하였나니 이는 나 여호와가 아브라함에게 대하여 말한 일을 이루려 함이니라"(창 18:19)
① 여호와의 말씀 – 정의 – 공의
② 여호와의 도 – 의 – 공도
③ 여호와의 의 – 진리 – 정의
④ 여호와의 율례 – 정의 – 도

036 이삭이 그랄 땅에 머물 때에 그랄 목자들이 이삭의 목자들과 우물로 인하여 다투게 되자 이삭은 팠던 우물을 버리고 다른 우물을 파게 되었다. 그렇다면 다음의 내용과 관련된 우물의 이름은(창 26:22)?
"이삭이 거기서 옮겨 다른 우물을 팠더니 그들이 다투지 아니하였으므로 그 이름을 (　)이라 하여 이르되 이제는 여호와께서 우리를 위하여 넓게 하셨으니 이 땅에서 우리가 번성하리로다 하였더라"
① 에섹　② 싯나
③ 르호봇　④ 세바

037 다음은 에서의 아내들에 대한 기록이다. 괄호 안에 들어갈 알맞은 말들이 순서대로 바르게 짝지어진 것은?
"리브가가 이삭에게 이르되 내가 (　) 사람의 딸들로 말미암아 내 삶이 싫어졌거늘 …"(창 27:46)
"에서가 또 본즉 (　) 사람의 딸들이 그의 아버지 이삭을 기쁘게 하지 못하는지라"(창 28:8)
① 헷 – 가나안　② 헷 – 헷
③ 가나안 – 가나안　④ 아람 – 이스마엘

038 다음 중 시므온 이라는 이름과 관련된 레아의 말은 무엇인가?
① 여호와께서 내가 사랑받지 못함을 들으셨으므로 내게 이 아들도 주셨도다.
② 내가 이제는 여호와를 찬송하리로다.
③ 여호와께서 나의 괴로움을 돌보셨으니 이제는 내 남편이 나를 사랑하리로다.
④ 하나님이 내 억울함을 푸시려고 내 호소를 들으사 내게 아들을 주셨다.

039 다음의 야곱과 외삼촌 라반의 대화 문장 가운데 괄호 안에 들어갈 하나님에 대한 호칭은 무엇인가?

032_③　033_②　034_①　035_②　036_③　037_①　038_①　039_②

"우리 아버지의 하나님, 아브라함의 하나님 곧 (　)이/가 나와 함께 계시지 아니하셨더라면 외삼촌께서 이제 나를 빈손으로 돌려보내셨으리다마는 하나님이 내 고난과 내 손의 수고를 보시고, 어제 밤에 외삼촌을 책망하셨나이다" (창 31:42)

① 이삭의 하나님
② 이삭이 경외하는 이
③ 야곱의 전능자
④ 그들의 조상의 하나님

040 다음 중 야곱과 외삼촌 라반이 언약을 맺은 후에 맹세할 두 사람 사이에 언급되었던 하나님에 대한 표현이 아닌 것은(창 31:53)?

① 아브라함의 하나님
② 나홀의 하나님
③ 이삭의 하나님
④ 그들의 조상의 하나님

041 야곱이 에서를 다시 만난 이후에 쌓았던 제단의 이름이 순서대로 바르게 연결된 것은(창 33:20, 35:7)?

① 엘벧엘 – 엘엘로헤이스라엘
② 엘 엘리욘 – 벧엘
③ 엘엘로헤이스라엘 – 엘벧엘
④ 벧엘 – 엘 엘리욘

042 다음은 하나님께서 야곱에게 하신 말씀을 기록한 것이다. 괄호 안에 들어갈 하나님의 칭호와 이 본문의 사건이 있었던 장소가 바르게 연결된 것은?

"하나님이 그에게 이르시되 나는 (　)라/이라. 생육하며 번성하라 한 백성과 백성들의 총회가 네게서 나오고 왕들이 네 허리에서 나오리라" (창 35:11)

① 전능한 하나님 – 벧엘
② 여호와 하나님 – 브엘세바
③ 아브라함의 하나님, 이삭의 하나님 – 헤브론
④ 여호와 – 베들레헴

043 요셉의 형들이 아버지의 양을 칠 때에 아버지의 심부름을 위해 요셉이 이동했던 경로를 순서대로 바르게 나열한 것은(창 37:14-17)?

① 헤브론 – 세겜 – 도단
② 세겜 – 헤브론 – 도단
③ 헤브론 – 도단 – 세겜
④ 세겜 – 도단 – 헤브론

044 다음은 창세기 37장 28절의 기록이다. 괄호 안에 들어갈 알맞은 말들은 무엇인가?

"그 때에 (　) 상인들이 지나가고 있는지라 형들이 요셉을 구덩이에서 끌어올리고 은 이십에 그를 (　) 사람들에게 팔매 그 상인들이 요셉을 데리고 애굽으로 갔더라"

① 미디안 – 미디안
② 이스마엘 – 미디안
③ 미디안 – 이스마엘
④ 이스마엘 – 아라비아

045 창세기 41장 46-49절은 요셉이 총리가 된 이후의 일곱 해 풍년에 관한 기록이며, 53-57절은 일곱 해 흉년에 관한 기록이다. 두 본문 사이의 50-52절에 기록된 내용은 무엇인가?

① 온 제사장 보디베라의 딸 아스낫과 요셉이 결혼함
② 흉년이 들기 전에 요셉에게 두 아들이 태어남
③ 요셉이 애굽 온 땅을 순찰하고 국고성을 지어 각 성에 밭의 곡물을 쌓게 함
④ 요셉의 형들이 애굽에 곡식이 있음을 보고 애굽에서 곡식을 사려고 내려옴

046 야곱의 아들들에 대한 마지막 말과 축복들 가운데 다음 괄호 안에 들어갈 이름이 순서대로 바르게 연결된 것은?

"규가 (　)을/를 떠나지 아니하며 통치자의 지팡이가 그 발 사이에서 떠나지 아니하기를 실로가 오시기까지 이르리니 그에게 모든 백성이 복종하리로다"

"(　)의 활은 도리어 굳세며 그의 팔은 힘이 있으니 이는 야곱의 전능자 이스라엘의 반석인 목자의 손을 힘입음이라"

① 유다 – 요셉　② 유다 – 베냐민
③ 유다 – 스블론　④ 레위 – 유다

040_③　041_③　042_①　043_①　044_③　045_②　046_①

【B등급】

047 창세기 1장의 천지창조 일정 가운데 광명체들은 몇째 날 창조되었는가?
① 둘째 날 ② 셋째 날
③ 넷째 날 ④ 다섯째 날

048 다음 가운데서 태초에 하나님이 천지를 창조하실 때 남자와 여자에게 복을 주시며 하신 말씀이 아닌 것은? (1장)
① 생육하고 번성하여 땅에 충만하라.
② 땅을 정복하라.
③ 바다의 물고기와 하늘의 새와 땅에 움직이는 모든 생물을 다스리라.
④ 무릇 산 동물은 너희의 먹을 것이 될지라.

049 하나님의 천지창조 일정 가운데 일곱째 날에 해당하는 본문의 내용이 아닌 것은 무엇인가(창 2:2-3)?
① 하나님이 일곱째 날을 복되게 하심
② 하나님이 일곱째 날에 안식하심
③ 하나님이 일곱째 날을 정하게 하심
④ 하나님이 일곱째 날을 거룩하게 하심

050 하나님께서 사람을 창조하신 직후 먹을 것으로 주신 것은?
① 온 지면의 씨 맺는 모든 채소와 씨가진 열매 맺는 모든 나무
② 땅의 모든 짐승
③ 하늘의 모든 새
④ 땅에 기는 모든 것

051 창세기 3장에서 뱀이 여자에게 선악과를 먹은 결과에 대하여 한 말이 아닌 것은?
① 너희가 결코 죽지 않는다.
② 너희 눈이 밝아져 하나님과 같이 된다.
③ 영생하게 된다.
④ 선악을 알게 된다.

052 아담의 아내 이름인 하와의 뜻은(창 3:20)?
① 배필 ② 생명
③ 뼈 중의 뼈 ④ 갈빗대

053 아담이 아들을 낳고 "하나님이 내게 아벨 대신에 다른 씨를 주셨다"(창 4:25)하며 지은 이름은?
① 에녹 ② 셋
③ 에노스 ④ 노아

054 "셋도 아들을 낳고 그의 이름을 ( )이라/라 하였으며, 그 때에 사람들이 비로소 여호와의 이름을 불렀더라"(창 4:26) 이 구절의 ( ) 안에 들어갈 알맞은 이름은?
① 므두셀라 ② 야렛
③ 에녹 ④ 에노스

055 다음 중 가인과 아벨이 했던 일에 대한 명칭들이 바르게 짝지어진 것은(창 4:2)?
① 가인 – 양 치는 자, 아벨 – 경작하는 자
② 가인 – 농사하는 자, 아벨 – 벌목하는 자
③ 가인 – 양 치는 자, 아벨 – 농사하는 자
④ 가인 – 농사하는 자, 아벨 – 양 치는 자

056 다음 괄호에 알맞은 말은?
"네가 ( )을/를 행하면 어찌 낯을 들지 못하겠느냐 ( )을/를 행하지 아니하면 죄가 문에 엎드려 있느니라 죄가 너를 원하나 너는 죄를 다스릴 지니라"(창 4:7)
① 의 ② 진리
③ 선 ④ 착한 일

057 창세기 5장에 나오는 아담의 계보를 "아담 – ( ) – 에노스 – 게난 – 마할랄렐 – 야렛 – ( ) – 므두셀라 …"으로 정리할 때 두 괄호에 들어갈 이름을 순서대로 바르게 적은 것은?
① 셋 – 에녹 ② 에녹 – 셋
③ 가인 – 에녹 ④ 셋 – 라멕

058 "여호와께서 사람의 죄악이 세상에 가득함과 그의 마음으로 생각하는 모든 계획이 항상 악할 뿐임을 보시고 땅 위에 사람 지으셨음을 한탄하사 마음에 근심하시고"는 창세기 몇 장에

047_③ 048_④ 049_③ 050_① 051_③ 052_② 053_② 054_④ 055_④ 056_③ 057_① 058_①

나오는가?
① 6장 ② 7장
③ 8장 ④ 9장

059 "… 여호와께서 땅을 저주하시므로 수고롭게 일하는 우리를 이 아들이 안위하리라 …"(창 5:29)라는 본문에서 "이 아들"은 누구인가?
① 가인 ② 셋
③ 에노스 ④ 노아

060 홍수가 시작되었을 때 노아의 나이는?
① 365세 ② 500세
③ 600세 ④ 777세

061 창세기 9장 17절에서는 무지개가 하나님과 누구 사이에 세운 언약의 증거라고 말하고 있는가?
① 노아
② 땅에 있는 모든 생물
③ 노아와 그의 후손
④ 세상 모든 사람

062 노아의 세 아들 중에서 가나안의 아버지가 된 사람의 이름은?
① 셈 ② 함
③ 아간 ④ 야벳

063 아브람이 하란을 떠날 때 나이는(창 12:4)?
① 75세 ② 70세
③ 65세 ④ 60세

064 "너를 축복하는 자에게는 내가 복을 내리고 너를 저주하는 자에게는 내가 저주하리니 땅의 모든 족속이 너로 말미암아 ( )을 얻을 것이라"(창 12:3)의 괄호에 들어갈 말은?
① 재물 ② 이름
③ 복 ④ 사람

065 창세기 12장에 기록된 장소들 가운데 아브람이 처음으로 제단을 쌓은 곳은?
① 세겜 ② 벧엘
③ 헤브론 마므레 ④ 브엘세바

066 아브람의 아내 사래의 여종인 하갈은 어디 사람이었는가(창 16:1)?
① 애굽 사람 ② 모압 사람
③ 가나안 사람 ④ 에돔 사람

067 소돔과 고모라 땅에 대하여 묘사한 본문에서 괄호 안에 들어갈 알맞은 말은?
"… 여호와께서 소돔과 고모라를 멸하시기 전이었으므로 ( ) 같고 ( )과 같았더라"
① 에덴 동산 – 가나안 땅
② 여호와의 동산 – 애굽 땅
③ 애굽 – 갈대아 땅
④ 애굽 땅 – 시날

068 "너는 장수하다가 평안히 조상에게로 돌아가 장사될 것이요 네 자손은 사대 만에 이 땅으로 돌아오리니 이는 ( ) 족속의 죄악이 아직 가득 차지 아니함이니라 하시더니"(창 15:16)의 괄호에 들어갈 말은?
① 헷 ② 아모리
③ 가나안 ④ 여부스

069 창세기 15장에서 여호와의 말씀이 환상 중에 아브람에게 임하였을 때, 여호와께서 아브람과 언약을 세워 그의 자손에게 주시겠다고 했던 땅의 경계로 언급된 곳은(15:18)?
① 애굽 강에서 유브라데까지
② 시내광야에서 유브라데까지
③ 요단 강 동편과 서편 땅까지
④ 애굽 강에서 가나안 땅까지

070 다음 본문은 누구에 대한 말씀인가?
"그가 사람 중에 들나귀같이 되리니", "그의 손이 모든 사람을 치겠고", "그가 모든 형제와 대항해서 살리라"
① 이삭 ② 이스마엘
③ 야곱 ④ 에서

071 "내가 그에게 복을 주어 그를 매우 크게 생육하고 번성하게 할지라 그가 열두 두령을 낳으리라 내가 그를 큰 나라가 되게 하려"(창 17:20)에서 "그"는 누구인가?

059_④ 060_③ 061_② 062_② 063_① 064_③ 065_① 066_① 067_② 068_② 069_① 070_② 071_②

① 이삭　　② 이스마엘
③ 야곱　　④ 에서

072 자기에게 이르신 여호와의 이름을 '나를 살피시는 하나님'이라 한 사람은 누구인가 ?
① 룻　　② 드보라
③ 에스더　　④ 하갈

073 다음은 창세기 17장 1절의 마지막 문장이다. 괄호 안에 들어갈 알맞은 말은 무엇인가?
"나는 전능한 하나님이라. 너는 내 앞에서 ( )"
① 행하여 완전하라
② 행하여 거룩하라
③ 순종하여 내 말을 준행하라
④ 온전히 행하라

074 다음은 그랄 왕 아비멜렉이 아브라함의 아내 사라를 그의 누이로 알고 데려갔을 때에, 하나님께서 아비멜렉의 꿈에 현몽하여 해주셨던 말씀이다. 괄호 안에 들어갈 아브라함의 호칭은?
"이제 그 사람의 아내를 돌려보내라. 그는 ( )라/이라 …"(창 20:7)
① 예언자　　② 나의 종
③ 하나님의 사람　　④ 선지자

075 이스마엘은 언제 할례를 받았는가?
① 난지 팔일 만에　　② 젖을 떼고 난 후
③ 십삼 세에　　④ 이십 세에

076 이삭이란 이름의 뜻은?
① 웃음　　② 위로
③ 평안　　④ 방패

077 아브라함이 그의 아들 이삭에게 할례를 행한 때는?
① 아브라함이 99세에
② 이삭이 난 지 팔 일 만에
③ 이삭이 젖을 떼고 난 후
④ 이삭이 13세에

078 하갈과 이스마엘이 아브라함에게 추방되어 집에서 나간 후에 방황하게 되었던 장소는 어디였습니까(창 21:14)?
① 네게브 광야　　② 브엘세바 광야
③ 바란 광야　　④ 아라비아 광야

079 아브라함이 막벨라 굴을 누구로부터 샀는가?
① 히위 족속　　② 가나안 족속
③ 세겜 사람들　　④ 헷 족속

080 아브라함의 가족묘가 있는 마므레는 어디인가?
① 세겜　　② 브엘세바
③ 헤브론　　④ 벧엘

081 '에섹', '싯나', '르호봇' 우물과 관계 있는 사람은?
① 요셉　　② 야곱
③ 에서　　④ 이삭

082 "너는 천만인의 어머니가 될지어다. 네 씨로 그 원수의 성 문을 얻게 할지어다"(창 24:60)라는 축복의 말을 들은 여자는?
① 하와　　② 사라
③ 리브가　　④ 하갈

083 창세기 28장 19절에 기록된 벧엘의 옛 이름은?
① 라이스　　② 라기스
③ 알론 바굿　　④ 루스

084 다음은 야곱이 하나님께 서원한 내용의 마지막 구절이다. 괄호 안에 들어갈 말이 바르게 짝지어진 것은?
"내가 기둥으로 세운 이 돌이 ( )이 될 것이요 하나님께서 내게 주신 모든 것에서 ( )을 내가 반드시 하나님께 드리겠나이다 하였더라"(창 28:22)
① 여호와의 집 – 십분의 일
② 하나님의 집 – 십분의 일
③ 하나님의 전 – 오분의 일
④ 여호와의 전 – 오분의 일

072_④　073_①　074_④　075_③　076_①　077_②　078_②　079_④　080_③　081_④　082_③　083_④　084_②

085 야곱이 외삼촌의 딸 중에서 아내를 맞이하기 위해 간 지역은?
① 에돔 ② 밧단아람
③ 레바논 ④ 모압

086 라헬이 "내가 언니와 크게 경쟁하여 이겼다"라고 했던 말과 관련된 야곱의 아들의 이름은? (창 30:8)
① 시므온 ② 납달리
③ 레위 ④ 아셀

087 라헬의 여종 빌하의 아들들은 누구인가?
① 단과 납달리 ② 갓과 아셀
③ 단과 잇사갈 ④ 갓과 납달리

088 다음 중 야곱이 외삼촌 라반의 집에서 봉사한 년 수와 라반이 그의 품삯을 바꾼 숫자가 바르게 짝지어진 것은(창 31:41)?
① 14년 – 10번 ② 20년 – 10번
③ 30년 – 12번 ④ 14년 – 7번

089 야곱의 딸 디나가 세겜에서 강간당하는 일이 있을 때 보복을 꾀했던 형제는?
① 르우벤과 시므온
② 시므온과 레위
③ 레위와 유다
④ 르우벤과 유다

090 야곱의 사람들과 한 민족이 되고자 했던 세겜 사람들에게 야곱의 아들들이 요구했던 것은?
① 계약 ② 할례
③ 연합전쟁 ④ 제단 쌓음

091 베노니란 이름과 관련된 사람은?
① 에서 ② 이스마엘
③ 베냐민 ④ 야베스

092 에서의 족보는 창세기 몇 장에 나오는가?
① 13장 ② 36장
③ 38장 ④ 25장

093 야곱이 여러 아들들보다 요셉을 더 사랑하여 그에게 특별히 해 준 것은?
① 채색옷 ② 좋은 음식
③ 좋은 신발 ④ 더 많은 용돈

094 창세기 37장 17절에서, 요셉이 아버지 야곱의 심부름으로 양치는 형들을 찾아가 만난 장소는?
① 세겜 ② 도단
③ 헤브론 ④ 므깃도

095 야곱이 라반의 집을 나올 때 라헬이 가져온 것은?
① 에봇 ② 도장
③ 땅 문서 ④ 드라빔

096 유다의 며느리로서 베레스와 세라를 낳은 여인의 이름은?
① 크데샤 ② 딤나
③ 에나임 ④ 다말

097 다음은 창세기 39장 23절의 본문이다. 괄호 안에 들어갈 알맞은 문장은 무엇인가?
"간수장은 그의 손에 맡긴 것을 무엇이든지 살펴보지 아니하였으니 이는 (　) 여호와께서 그를 범사에 형통하게 하셨더라"
① 여호와께서 요셉을 도우심이라
② 하나님께서 요셉에게 복을 주심이라
③ 하나님께서 요셉의 간구를 들으셨음이라
④ 여호와께서 요셉과 함께 하심이라

098 요셉이 보디발의 아내의 동침 요청을 거절한 후, 보디발의 아내가 자기 남편에게 요셉을 가리키며 부른 호칭은?
① 히브리 종 ② 청지기
③ 하인 ④ 이스라엘 노예

099 요셉이 애굽 왕 바로 앞에 설 때의 나이는?
① 25세 ② 30세
③ 35세 ④ 40세

100 요셉이 애굽에서 낳은 차남의 이름은?
① 므낫세 ② 시므온

085_② 086_② 087_① 088_② 089_② 090_② 091_③ 092_② 093_① 094_② 095_④ 096_④ 097_④ 098_① 099_② 100_③

③ 에브라임　　④ 보디발

101 "그들이 서로 말하되 우리가 아우의 일로 말미암아 범죄하였도다 그가 우리에게 애걸할 때에 그 마음의 괴로움을 보고도 듣지 아니하였으므로 이 괴로움이 우리에게 임하도다"(창 42:21)에서 '아우'는 누구인가?
① 레위　　② 베냐민
③ 르우벤　　④ 요셉

102 창세기 44장에서, 요셉의 은잔이 베냐민의 곡식 자루에서 발견되었을 때에, 애굽의 총리가 된 요셉은 야곱의 아들들에게 베냐민을 종으로 삼겠다고 하였다. 그 때에 스스로 베냐민 대신에 종이 되겠다고 말했던 형제의 이름은?
① 시므온　　② 르우벤
③ 레위　　④ 유다

103 요셉이 흉년에 백성들에게 곡식을 주면서 처음에는 돈을 받았고, 다음은 가축을, 그 다음은 토지를 받았다. 그러므로 제사장의 토지를 제외한 애굽의 모든 땅이 바로의 것이 되게 하였다. 그 후 백성들은 농사한 것의 얼마를 바로에게 바쳐야 했는가(창 47:24)?
① 1/2　　② 1/3
③ 1/5　　④ 1/7

104 애굽에 이른 야곱의 가족이 머물러 산 땅은?
① 온　　② 소안
③ 고센　　④ 테베

105 바로가 요셉의 형들에게 생업을 물었을 때에 그들은 무엇이라고 대답했는가?
① 목자　　② 농부
③ 유목민　　④ 목자와 농부

106 "요셉이 바로에게 가서 고하여 이르되 내 아버지와 내 형들과 그들의 양과 소와 모든 소유가 가나안 땅에서 와서 고센 땅에 있나이다 하고 그의 형들 중 (　)을 택하여 바로에게 보이니 바로가 요셉의 형들에게 묻되 너희 생업이 무엇이냐 그들이 바로에게 대답하되 종들은 목자이온데 우리와 선조가 다 그러하니이다 하고"(창 47장)의 괄호에 들어갈 말은?
① 한 명　　② 세 명
③ 다섯 명　　④ 열 명

107 야곱의 아들들 가운데 아버지의 침상에 올라 더렵혔던 사람은?
① 시므온　　② 르우벤
③ 납달리　　④ 잇사갈

108 야곱은 죽기 전에 아들들을 불러 그들에게 후일의 당할 일을 이르고 축복하였다. 다음 본문은 누구에 대한 말이었는가?
"너는 네 형제의 찬송이 될지라 네 손이 네 원수의 목을 잡을 것이요. 네 아버지의 아들들이 네 앞에 절하리로다"
① 요셉　　② 베냐민
③ 유다　　④ 레위

109 창세기 49장에 기록된 야곱의 유언에서 '사자 새끼'에 비유된 야곱의 아들은 누구인가?
① 요셉　　② 베냐민
③ 에브라임　　④ 유다

110 다음 중 창세기 3장 1절에 기록된 뱀에 대한 표현으로 맞는 것은?
① 여호와 하나님이 지으신 짐승 중에 가장 지혜로왔다.
② 여호와 하나님이 지으신 들짐승 중에 가장 간교하였다.
③ 여호와 하나님이 지으신 들짐승 중에 가장 교활하였다.
④ 여호와 하나님이 지으신 짐승 중에 가장 간사하였다.

111 창세기에서 "죄"라는 낱말이 처음 나오는 본문은?
① 3장　　② 4장
③ 6장　　④ 9장

112 창세기 8장 20절에서는 노아가 방주에서 나온 후에 가장 먼저 한 일을 무엇이라고 말해주고

101_④　102_④　103_③　104_③　105_①　106_③　107_②　108_③　109_④　110_②　111_②　112_②

있는가?
① 여호와께 제단을 쌓고 여호와의 이름을 부름
② 여호와께 제단을 쌓고 번제를 드림
③ 모든 생물과 자손들을 위해 축복함
④ 하나님께 제단을 쌓고 제사를 드림

113 "다른 사람의 피를 흘리면 그 사람의 피도 흘릴 것이니 이는 ( )"(창 9:6)
위의 괄호 안에 알맞은 문장은?
① 하나님이 명하신 것이라
② 하나님이 자기형상대로 사람을 지으셨음이니라
③ 하나님이 금하시는 것이라
④ 생명이 피에 있음이라. 내가 그에게서 그의 생명을 찾으리라

114 다음은 창세기 10장 25절에 기록된 셈의 자손에 대한 기록입니다. 괄호 안에 들어갈 알맞은 이름은 무엇인가?
"에벨은 두 아들을 낳고 하나의 이름을 ( )라/이라 하였으니 그 때에 세상이 나뉘었음이요 …"
① 벨렉 ② 셀라
③ 욕단 ④ 갈라

115 창세기 11장에 의하면 데라는 아브람과 롯과 가족을 데리고 우르를 떠나 어디로 가고자 했는가?
① 가나안 땅 ② 하란
③ 애굽 땅 ④ 아람

116 다음은 아브람의 여정과 관련된 본문이다. 괄호 안에 알맞은 지명들이 바르게 연결된 것은?
"그가 네게브에서부터 길을 떠나 ( )에 이르며, ( )와/과 ( ) 사이 곧 전에 장막 쳤던 곳에 이르니 그가 처음으로 제단을 쌓은 곳이라 …"(창 13:3-4)
① 벧엘 - 벧엘 - 아이
② 벧엘 - 여리고 - 아이
③ 세겜 - 벧엘 - 아이
④ 벧엘 - 세겜 - 아이

117 "아브람이 여호와를 믿으니 여호와께서 이를 그의 의로 여기시고" 이 본문은 창세기 어디에 기록된 말씀인가?
① 13:1 ② 14:6
③ 15:6 ④ 16:1

118 다음 괄호 안에 들어갈 알맞은 말은?
"하갈이 자기에게 이르신 여호와의 이름을 ( )이라 하였으니 이는 내가 어떻게 여기서 ( )을 뵈었는고 함이라"(창 16:13)
① 나를 돌보시는 하나님
② 나를 도우시는 하나님
③ 나를 살피시는 하나님
④ 내 고통을 들으시는 하나님

119 레아가 "여호와께서 나의 괴로움을 돌보셨으니 이제는 내 남편이 나를 사랑하리로다"라고 했던 말과 관련된 야곱의 아들의 이름은(창 29:32)?
① 르우벤 ② 납달리
③ 레위 ④ 시므온

120 "( )이/가 라헬을 생각하신지라. ( )이/가 그의 소원을 들으시고 그의 태를 여셨으므로"(창 30:22)에서 괄호 안에 들어갈 신명은 무엇인가?
① 전능자 ② 여호와
③ 하나님 ④ 여호와 하나님

121 야곱은 에서를 만나기 위해 고향으로 돌아오던 길에 하나님의 사자들을 만나게 되었다. 그는 그 땅의 이름을 무엇이라 불렀는가?
① 브니엘 ② 벧엘
③ 마하나임 ④ 브엘

122 야곱과 외삼촌 라반은 서로 언약을 맺고 그 증거로 돌기둥을 세우고, 돌을 모아 무더기를 만들었다. 다음 중 이 일과 관련이 없는 지명은 무엇인가?
① 여갈사하두다 ② 갈르엣
③ 미스바 ④ 기랴여아림

113_② 114_① 115_① 116_① 117_③ 118_③ 119_① 120_③ 121_③ 122_④

123 야곱이 밧단아람에서부터 가나안 땅에 돌아온 후에 세겜 성읍 앞에 장막쳤던 곳을 세겜의 아버지 하몰의 아들들의 손에서 매입한 후에 제단을 쌓았다. 그 이름을 무엇이라 불렀는가? (창 33:19-20)
① 엘엘리욘
② 엘벧엘
③ 엘엘로헤이스라엘
④ 갈르엣

124 창세기 32장에 나오는 '마하나임'의 뜻은?
① (하나님의) 도우심
② (하나님의) 군대
③ (하나님의) 깃발
④ (하나님의) 승리

125 다음은 야곱이 외삼촌 라반의 집에서 떠나기 전에 라헬과 레아를 불러서 라반에 대하여 했던 말이다. 괄호 안에 들어갈 알맞은 말은?
"그대들의 아버지가 나를 속여 품삯을 ( )이나 변경하였느니라 그러나 하나님께서 그를 막으사 나를 해치지 못하게 하셨으며"(창 31:7)
① 열 번 ② 열두 번
③ 일곱 번 ④ 사십 번

126 요셉의 형들이 요셉을 해하려할 때에 요셉을 그들의 손에서 구출하여 그의 아버지에게 돌려보내려고 하여, 손을 그에게 대지 말고 피를 흘리지 말라고 형제들을 만류했던 사람은 누구인가? (창 37:18-22)
① 레위 ② 유다
③ 베냐민 ④ 르우벤

127 야곱이 요셉이 죽은 줄 알고 "내가 슬퍼하며 ( ) 내려가 아들에게로 가리라"(창 37:35)라고 말했다. 괄호에 들어갈 말은?
① 스올로 ② 애굽으로
③ 밧단 아람으로 ④ 네겝으로

128 유다와 다말 이야기는 창세기 몇 장에 나오는가?
① 창 34장 ② 창 38장
③ 창 39장 ④ 창 40장

129 유다의 며느리 다말이 낳은 쌍둥이 아들들 가운데, 마태복음 1장 3절에서 헤스론을 낳은 이로 기록되었으며, 창세기 38장 29-30절에 언급된 아들은 누구인가?
① 형 - 세라 ② 동생 - 베레스
③ 형 - 베레스 ④ 동생 - 세라

130 다음은 요셉이 옥중에서 만났던 바로의 두 관원장에게 꿈을 해석해 주었던 결과에 관한 본문들이다. 괄호 안에 들어갈 말이 순서대로 바르게 연결된 것은?
"( )은 매달리니 요셉이 그들에게 해석함과 같이 되었으나, ( )이 요셉을 기억하지 못하고 그를 잊었더라"(창 40:22-23)
① 떡 굽는 관원장 - 술 맡은 관원장
② 술 맡은 관원장 - 떡 굽는 관원장
③ 양식 맡은 관원장 - 술 맡은 관원장
④ 술 맡은 관원장 - 양식 맡은 관원장

131 창세기 41장에서 바로의 꿈을 해석한 요셉은 바로가 꿈을 두 번 겹쳐 꾸게 되었던 뜻을 32절에서는 무엇이라고 설명했습니까?
① 하나님께서 이 일이 일어날 것임을 확증하심
② 하나님이 이 일을 정하셨음
③ 7년 풍년과 7년 흉년의 주기를 알려줌
④ 이 일이 반복될 것임을 말씀함

132 바로가 요셉에게 해석하게 한 꿈에서 풍년과 흉년을 상징하는 것은? (창 41장)
① 암소와 이삭 ② 황소와 이삭
③ 낙타와 포도 ④ 나귀와 포도

133 바로가 요셉에게 준 새 이름은 무엇인가(창 41:45)?
① 사브낫바네아 ② 보디베라
③ 오홀리바마 ④ 함므다다

134 요셉이 애굽으로 양식을 구하기 위해 찾아왔던 그의 형제들을 처음으로 다시 만났을 때에 그들에게 막내아우를 데려올 것을 요구하고, 대

123_③ 124_② 125_① 126_④ 127_① 128_② 129_② 130_① 131_② 132_① 133_① 134_①

신에 형제 중에 한 사람을 남게 하였다. 그 남겨진 형제의 이름은?
① 시므온 ② 르우벤
③ 레위 ④ 유다

135 "당신들이 나를 이곳에 팔았다고 해서 근심하지 마소서 한탄하지 마소서 하나님이 생명을 구원하시려고 나를 당신들보다 먼저 보내셨나이다" 이 말은 요셉이 자기를 팔았던 형들을 다시 만났던 때에 형들에게 했던 말이다. 창세기 어디에 기록되어 있는가?
① 45:5 ② 44:5-6
③ 46:6-7 ④ 47:6

136 야곱이 요셉을 만나기 위해 애굽으로 내려가기 전에 하나님께 희생제사를 드리고, 그 밤에 하나님이 애굽으로 내려가기를 두려워하지 말라는 하나님의 말씀을 이상 중에 들었던 곳은(창 46:1)?
① 벧엘 ② 루스
③ 세겜 ④ 브엘세바

137 다음은 요셉의 유언 가운데 한 구절이다. 이 본문은 어디에 기록되어 있는가?
"요셉이 또 이스라엘 자손에게 맹세시켜 이르기를 하나님이 반드시 당신들을 돌보시리니 당신들은 여기서 내 해골을 메고 올라가겠다 하라 하였더라"
① 49:15 ② 50:25
③ 50:15 ④ 49:25

【주관식】

138 "여호와 하나님이 땅의 흙으로 사람을 지으시고 생기를 그 코에 불어넣으시니 사람이 (　)이 되니라"(창 2:7)에서 괄호에 들어갈 말은?

139 "여호와 하나님이 이르시되 사람이 혼자 사는 것이 좋지 아니하니 내가 그를 위하여 (　)을 지으리라 하시니라"(창 2:18)에서 괄호에 들어갈 말은?

140 아담의 후손 중에 누구 때에 이르러 비로소 사람들이 여호와의 이름을 불렀다고 창세기 4장 26절에서 말해주고 있는가?

141 창세기 15장 2-3절에서 아브람은 환상 중에 여호와의 말씀이 임하였을 때에, 자신에게 자식이 없으므로 누가 자신의 상속자가 될 것이라고 여호와께 말했는가?

142 창세기 15장 13절에서는 여호와께서 아브람에게 그의 자손이 이방에서 객이 되어 그들을 섬기고, 몇 년 동안 그들이 아브람의 자손을 괴롭힐 것이라고 말씀해 주셨다고 기록하고 있는가?

143 창세기 23장 6절에는 헷 족속이 아브라함을 어떻게 불렀다고 기록되어 있는가?
"내 주여 들으소서 당신은 우리 가운데 있는 (　)이시니 우리 묘실 중에서 좋은 것을 택하여 당신의 죽은 자를 장사하소서 …"(창 23:6)

144 다음은 창세기 49장 31절에 기록된 가나안 땅 마므레 앞 막벨라 밭에 있는 굴에 대한 야곱의 말이다. 괄호 안에 기록된 이름은?
"아브라함과 그의 아내 사라가 거기 장사되었고, 이삭과 그의 아내 리브가도 거기 장사되었으며 나도 (　)을/를 그곳에 장사하였노라"

145 다음은 그돌라오멜과 그와 함께한 왕들이 아브람의 조카 롯을 사로잡고 재물을 노략해 갔을 때에 그곳에서 도망한 자가 와서 아브람에게 그 소식을 알려준 내용이다. 그 때에 아브람을 어떻게 언급했는지 괄호 안에 들어갈 알맞은 표현을 기록하시오(창 14:13).
"도망한 자가 와서 (　) 사람 아브람에게 알리니 그 때에 아브람이 아모리 족속 마므레의 상수리 수풀 근처에 거주하였더라 …"

146 아브람이 그돌라오멜과 그와 함께 한 왕들을 쳐부수고 돌아올 때에 그를 영접한 이들 가운

135_① 136_④ 137_② 138_생령 139_돕는 배필 140_에노스 141_엘리에셀 142_400년/사백년
143_하나님이 세우신 지도자 144_레아 145_히브리 146_멜기세덱

데, 살렘왕으로서 지극히 높으신 하나님의 제사장이었던 사람의 이름은(창 14:17-18)?

147 "하나님이 그들에게 복을 주시며 하나님이 그들에게 이르시되 생육하고 번성하여 땅에 충만하라, 땅을 ( ), 바다의 물고기와 하늘의 새와 땅에 움직이는 모든 생물을 다스리라 하시니라"(창 1:28)에서 괄호 안에 들어갈 말은?

148 하나님께서 창조사역을 마치시고, 그가 하시던 모든 일을 그치고 일곱째 날에 하신 것은(창 2:2)?

149 가인이 에덴 동쪽 놋 땅에 거주하며 성을 쌓고 그의 아들의 이름으로 그 성을 이름하여 무엇이라고 불렀나(창 4:17)?

150 창세기에서 '하나님과 동행하였다'는 평을 받은 두 사람은 누구인가?

151 다음 괄호 안에 들어갈 알맞은 낱말을 기록하시오.
"아브라함이 그 땅 이름을 ( )라 하였으므로, 오늘날까지 사람들이 이르기를 여호와의 산에서 준비되리라 하더라"(창 22:14)

152 "아브람이 구십구 세 때에 여호와께서 아브람에게 나타나서 그에게 이르시되 나는 전능한 하나님이라 너는 내 앞에서 행하여 ( )하라"(창 17:1)에서 괄호에 들어갈 말은?

153 "내가 그로 그 자식과 권속에게 명하여 여호와의 도를 지켜 ( )와 ( )를 행하게 하려고 그를 택하였나니 이는 나 여호와가 아브라함에게 대하여 말한 일을 이루려 함이니라"(창 18:19)의 괄호에 들어갈 말을 차례대로 쓰시오.

154 다음 괄호 안에 들어갈 알맞은 낱말을 기록하시오.
"여호와께서 이르시되 네 아들 네 사랑하는 독자 이삭을 데리고 ( ) 땅으로 가서 내가 네게 일러 준 한 산 거기서 그를 번제로 드리라"(창 22:2)

155 "그 아이에게 네 손을 대지 말라 그에게 아무 일도 하지 말라 네가 네 아들 네 독자까지도 내게 아끼지 아니하였으니 내가 이제야 네가 하나님을 ( )하는 줄 아노라"(창 22:12)에서 괄호 안에 들어갈 말은?

156 다음은 벧엘에서 야곱이 꿈을 꾼 후에 고백한 표현이다. ( )에 들어갈 알맞은 말을 기록하시오.
"이에 두려워하여 이르되 두렵도다 이곳이여 이것은 다름 아닌 하나님의 집이요 이는 ( )이로다 하고"(창 28:17)

157 "그가 이르되 네 이름을 다시는 야곱이라 부를 것이 아니요 ( )이라 부를 것이니 이는 네가 하나님과 및 사람들과 겨루어 이겼음이니라"(창 32:28)에서 괄호에 들어갈 말은?

158 다말이 나은 쌍둥이 형제로 "터뜨리고 나온 자"라는 뜻을 가진 이는(창 38:29)?

159 야곱이 요셉의 초대에 따라 애굽으로 내려가기 전 하나님께 희생 제사를 드린 곳은(창 46:1)?

160 애굽에서 요셉은 백성으로 하여금 국가의 땅에서 추수한 후 그 중 얼마를 바로에게 상납하게 하였는가?

161 "당신들은 나를 해하려 하였으나 하나님은 그것을 선으로 바꾸사 오늘과 같이 많은 백성의 ( )을 구원하게 하시려 하셨나니"(창 50:20)에서 괄호 안에 들어갈 말은?

147_정복하라 148_안식 149_에녹 150_에녹과 노아 151_여호와 이레 152_완전 153_의, 공도 154_모리아 155_경외 156_하늘의 문 157_이스라엘 158_베레스 159_브엘세바 160_오분의 일 161_생명

출애굽기

【A등급】

001 다음은 출애굽기 4장 13절입니다. "모세가 이르되 오 주여 보낼 만한 자를 보내소서" 이 본문 뒤에 바로 이어진 구문은 무엇입니까?
① 여호와께서 모세를 향하여 노하여 이르시되
② 여호와께서 그에게 이르시되 누가 사람의 입을 지었느냐
③ 이제 가라 내가 네 입과 함께 있어서 할 말을 가르치리라
④ 너는 이 지팡이를 손에 잡고 이것으로 이적을 행할지니라

002 출애굽기 13장 19절에서는 모세가 출애굽할 때 가지고 나온 것이 무엇이라고 기록하고 있습니까?
① 지팡이
② 애굽 사람들의 금은 패물과 의복
③ 요셉의 유골
④ 드라빔

003 성막건립의 일을 맡은 오홀리압과 브살렐은 각각 어느 지파인가?
① 에브라임과 유다 ② 베냐민과 레위
③ 단과 유다 ④ 유다와 레위

004 출애굽기 15-18장에서 이스라엘 자손들에게 일어난 일을 상징하는 낱말들을 순서대로 말한 것은?
① 마라 – 만나 – 맛사 – 여호와 닛시 – 엘리에셀
② 마라 – 여호와 닛시 – 만나 – 맛사 – 엘리에셀
③ 마라 – 맛사 – 만나 – 여호와 닛시 – 엘리에셀
④ 마라 – 만나 – 엘리에셀 – 맛사 – 여호와 닛시

005 다음 중 청색과 자색과 홍색 실을 섞어서 짤 수 있는 대상이 아닌 것은?
① 그룹을 수놓은 성막 휘장 (36:35)
② 제물을 가지고 성막에 들어오는 사람의 옷 (28:31)
③ 제사장의 에봇과 에봇을 매는 띠 (39:2, 5)
④ 제사장을 위한 거룩한 옷과 띠 (39:1, 29)

006 다음 중 출애굽기 33장 2-3절에 '젖과 꿀이 흐르는 땅'으로 언급된 약속의 땅에 사는 거주민들의 목록에 속하지 않은 민족은?
① 가나안 사람 ② 기르가스 사람
③ 히위 사람 ④ 아모리 사람

007 다음의 출애굽기 본문은 어디에 기록되어 있는가?
"이스라엘 자손이 모세의 얼굴의 광채를 보므로 모세가 여호와께 말하러 들어가기까지 다시 수건으로 얼굴을 가렸더라"
① 29:34 ② 30:21
③ 35:31 ④ 34:35

008 다음은 출애굽기 33장 14절 말씀이다. 괄호 안에 들어갈 문장은 무엇인가?
"여호와께서 이르시되 내가 친히 가리라 내가 ( )"
① 너를 붙들리라
② 너를 도와주리라
③ 너를 쉬게 하리라
④ 나의 의로운 오른손으로 붙들리라

009 다음 중 성막을 덮는 막과 막의 덮개와 그 윗덮개를 만들 때 사용된 성막 재료가 아닌 것은 (출 36:14-19)?

001_① 002_③ 003_③ 004_① 005_② 006_② 007_④ 008_③ 009_①

① 양 털로 만든 성막을 덮는막
② 붉게 물들인 숫양 가죽으로 만든 막의 덮개
③ 해달의 가죽으로 만든 윗덮개
④ 염소 털로 만든 휘장

010 출애굽기 32장 9절과 34장 9절에는 금송아지 우상을 숭배했던 이스라엘 백성을 묘사한 동일한 표현이 있다. 그 표현은 무엇이었는가?
① 목이 곧은 백성
② 목이 뻣뻣한 백성
③ 마음이 완악한 백성
④ 범죄한 백성

011 출애굽기 1장 5절에 따르면, 애굽에 내려간 야곱의 가족은 모두 몇 명이었나?
① 70 명 ② 72 명
③ 74 명 ④ 75 명

012 "내가 누구이기에 바로에게 가며 이스라엘 자손을 애굽에서 인도하여 내리이까?"(출 3:12) 라는 모세의 물음에 하나님이 대답하신 내용은?
① 너는 이스라엘의 지도자이다
② 내가 반드시 너와 함께 있으리라
③ 스스로 있는 자가 나를 너희에게 보내셨다 하라
④ 누가 사람의 입을 지었느냐

013 하나님이 모세에게 자신을 소개한 이름이 아닌 것은?
① 히브리인의 하나님
② 스스로 있는 자
③ 너희 조상의 하나님
④ 여호와

014 출애굽기 4장 1절 이하에는 모세에게 여호와께 나타나셨다는 사실을 이스라엘 자손들이 믿지 아니할 것이라는 모세의 말에 여호와께서 그 증거로 보여주신 표적들이 기록되어 있다. 다음 중 두 가지 표적의 내용이 순서대로 바르게 기록된 것은?
① 지팡이가 뱀이 됨 – 나일강 물이 피가 됨
② 지팡이가 뱀이 됨 – 손에 나병이 생김
③ 손에 나병이 생김 – 지팡이가 뱀이 됨
④ 나일강 물이 피가 됨 – 지팡이가 뱀이 됨

015 애굽의 요술사가 바로에게 "이는 하나님의 권능이니이다"라고 말한 재앙은?
① 개구리 ② 이
③ 파리 ④ 악질

016 출애굽기 9장 27절에서, 바로가 "이번은 내가 범죄하였노라 여호와는 의로우시고 나와 나의 백성은 악하도다"라고 말한 것은 어떤 재앙을 두고 한 말인가?
① 피 ② 개구리
③ 우박 ④ 메뚜기

017 "너희는 가서 여호와를 섬기되 너희의 양과 소는 머물러 두고 너희 (　)은 너희와 함께 갈지니라"(출 10:24)의 괄호에 들어갈 말은?
① 가족들 ② 어린 것들
③ 노인들 ④ 종들

018 아론과 훌이 모세의 손을 들면 이스라엘이 이기고 손을 내리면 패하던 전쟁은 어느 족속과 어느 곳에서 한 것인가?
① 아모리 – 르비딤
② 아말렉 – 르비딤
③ 아모리 – 므리바
④ 아말렉 – 므리바

019 "세계가 다 내게 속하였나니 너희가 내 말을 잘 듣고 내 언약을 지키면 너희는 모든 민족 중에서 (　) 되겠고 내게 대하여 (　) 되며 (　) 되리라"(출 19:5–6)에서 괄호에 들어갈 말을 차례대로 바르게 적은 것은?
① 내 소유가, 제사장 나라가, 거룩한 백성이
② 거룩한 백성이, 왕같은 제사장이, 내 소유가
③ 내 백성이, 제사장 나라가, 제사장 나라가
④ 왕같은 백성이, 기쁨이, 제사장 나라가

020 애굽 땅에 하나님이 내리신 열 재앙 중 마지막 네 재앙의 순서가 옳은 것은?

010_② 011_① 012_② 013_① 014_② 015_② 016_③ 017_② 018_② 019_① 020_③

① 우박, 암흑, 메뚜기, 장자 사망
② 메뚜기, 암흑, 우박, 장자 사망
③ 우박, 메뚜기, 암흑, 장자 사망
④ 메뚜기, 우박, 암흑, 장자 사망

021 출애굽기 12장 41절에서는 언제 여호와의 군대가 다 애굽 땅에서 나왔다고 말하고 있는가?
① 사백삼십 년이 끝나는 그날
② 유월절 다음 날
③ 첫째 달 십일
④ 사백 년이 되는 날

022 다음 출애굽기에 나오는 홍해 사건에서 물이 갈라지는 광경을 순서대로 모은 것은? (출 14:21-22)
a. 물은 그들의 좌우에 벽이 되니
b. 여호와께서 큰 동풍이 밤새도록 바닷물을 물러가게 하시니
c. 이스라엘 자손이 바다 가운데를 육지로 걸어가고
d. 물이 갈라져 바다가 마른 땅이 된지라
① b-d-a-c ② b-d-c-a
③ d-b-a-c ④ b-c-d-c

023 출애굽기 15장 20절에 기록된 아론의 누이 미리암의 호칭은 무엇인가?
① 지도자 ② 선지자
③ 하나님의 종 ④ 여호와의 종

024 다음의 본문과 관련된 모세의 아들의 이름은 무엇인가?
"하나님이 나를 도우사 바로의 칼에서 구원하셨다"(출 18:4)
① 게르솜 ② 고핫
③ 므라리 ④ 엘리에셀

025 모세가 '여호와 닛시'라는 제단을 쌓은 것과 관계된 것은?
① 미디안 전쟁 ② 아말렉 전쟁
③ 블레셋 전쟁 ④ 가나안 전쟁

026 다음은 출애굽기 20장 21절 말씀이다. 괄호 안에 들어갈 알맞은 말은?
"백성은 멀리 서 있고 모세는 하나님이 계신 ( )으로 가까이 가니라"
① 빛 ② 빽빽한 구름
③ 흑암 ④ 시내산 정상

027 땅을 육 년 동안 갈고 제 칠 년에는 갈지 말라는 내용은 어디에 나오는가?
① 레위기 25장과 신명기 16장
② 민수기 23장과 신명기 16장
③ 출애굽기 22장과 민수기 23장
④ 출애굽기 23장과 레위기 25장

028 출애굽기 31장 13절에서는 여호와께서 "나와 너희 사이에 너희 대대의 표징"이라고 이스라엘 자손에게 말하라고 모세에게 명하신 말씀이 기록되어 있다. 이것은 무엇에 관한 말씀인가?
① 유월절 ② 할례
③ 십계명 ④ 안식일

029 다음 중 안식일에 관한 말씀이 들어 있지 않은 곳은?
① 출 23장 ② 출 34장
③ 레 23장 ④ 민 28장

030 출애굽기 32장 15-16절에는 모세가 산에서 내려갈 때에 들고 있던 두 증거판에 대한 말씀이 기록되어 있다. 판은 누가 만들었고, 글자는 누가 써서 새긴 것이었는가?
① 판 – 하나님, 글자 – 모세
② 판 – 모세, 글자 – 하나님
③ 판 – 하나님, 글자 – 하나님
④ 판 – 모세, 글자 – 모세

031 이스라엘이 가나안 땅의 주민과 언약을 세우면 그것이 어떻게 된다고 경고했는가(출 34:12)?
① 가시 ② 올무
③ 근심 ④ 싸움

032 제사장의 옷을 만들 때 사용하지 않은 실은(출 39:1)?
① 청색 실 ② 녹색 실

021_① 022_② 023_② 024_④ 025_② 026_③ 027_④ 028_④ 029_② 030_③ 031_② 032_②

③ 자색 실 ④ 홍색 실

033 모세가 성막을 봉헌했을 때 구름이 회막에 덮이고 여호와의 무엇이 성막에 충만했는가(출 40:34)?
① 거룩 ② 불
③ 향기 ④ 영광

【B등급】

034 출애굽기 1장에 언급된 다음의 보기들 가운데 애굽 사람이 이스라엘 자손에게 엄하게 시켰던 '어려운 노동'에 속하지 않은 것을 선택하시오(출 1:14).
① 흙 이기기
② 벽돌 굽기
③ 농사의 여러 가지 일
④ 벽돌에 쓸 짚을 줍게 함

035 "그 아기가 자라매 바로의 딸에게로 데려가니 그가 그의 아들이 되니라 그가 그의 이름을 모세라 하여 이르되 이는 ( ) 하였더라"(출 2:10)의 괄호 안에 들어갈 말은?
① 그가 바로의 손자가 되었음이라
② 내가 그를 물에서 건져내었음이라
③ 내가 그를 아들로 삼았음이라
④ 그가 구원자가 됨이라

036 "하나님이 모세에게 이르시되 나는 스스로 있는 자이니라 또 이르시되 너는 이스라엘 자손에게 이같이 이르기를 스스로 있는 자가 나를 너희에게 보내셨다 하라"라는 말은 출애굽기 몇 장에 나오나?
① 2장 ② 3장
③ 4장 ④ 5장

037 다음의 출애굽기 3장 12절 본문의 괄호에 들어갈 알맞은 문장은?
"하나님이 이르시되 내가 반드시 너와 함께 있으리라 네가 그 백성을 애굽에서 인도하여 낸 후에 너희가 이 산에서 하나님을 섬기리리 ( )"
① 이것이 내가 너를 보낸 증거니라
② 이제 너는 가라
③ 이것이 내가 너에게 명한 것이니라
④ 이제 너는 가서 내 명령을 전하라

038 열 가지 재앙 중 애굽 백성과 이스라엘 백성을 구분한 재앙은?
① 이 ② 파리
③ 악질 ④ 악성종기

039 바로가 "너희는 나를 위하여 간구하라"고 말한 것은 어떤 재앙 때인가? (출 8:28)
① 이 ② 파리
③ 악질 ④ 악성종기

040 이스라엘 자손들의 출애굽 직전에 애굽에 내렸던 열 가지 재앙들 가운데, 아홉 번째 재앙은 무엇이었는가?
① 메뚜기 ② 개구리
③ 흑암 ④ 우박

041 다음은 출애굽기 12장 12절이다. 괄호 안에 들어갈 알맞은 말은 무엇인가?
"내가 그 밤에 애굽 땅에 두루 다니며 사람이나 짐승을 막론하고 애굽 땅에 있는 모든 처음 난 것을 다치고 애굽의 ( )을/를 내가 심판하리라 나는 여호와라"
① 모든 가정 ② 모든 사람
③ 모든 신 ④ 모든 우상

042 애굽을 빠져나온 후 이스라엘 백성이 처음 도착한 곳은 (출 12:37)?
① 에담 ② 홍해
③ 비하히롯 ④ 숙곳

043 출애굽기 12장 37절에는 출애굽한 이스라엘 자손의 숫자가 유아 외에 보행하는 장정이 몇 명가량이었다고 기록되어 있는가?
① 일백이십만 ② 육십만
③ 삼십 육만 ④ 십이만

033_④ 034_④ 035_② 036_② 037_① 038_② 039_② 040_③ 041_③ 042_④ 043_②

044 "이 밤은 그들을 애굽 땅에서 인도하여 내심으로 말미암아 여호와 앞에 지킬 것이니 이는 ( )이라 이스라엘 자손이 다 대대로 지킬 것이니라"(출 12:42)의 괄호에 들어갈 말은?
① 이스라엘의 밤 ② 출애굽의 밤
③ 여호와의 밤 ④ 하나님의 밤

045 창세기에서 "내 해골을 메고 올라가라"(창 50:25)는 요셉의 부탁이 실행되는 일은 출애굽기 몇 장에 기록되어 있는가?
① 출 12장 ② 출 13장
③ 출 14장 ④ 출 15장

046 다음 본문은 출애굽기 어디에 기록되어 있는가?
"너희는 여호와를 찬송하라 그는 높고 영화로우심이요 말과 그 탄 자를 바다에 던지셨음이로다"
① 15:1-2 ② 15:21
③ 14:31 ④ 40:35

047 다음 중 출애굽한 이스라엘 자손들이 마라를 지나서 도착한 곳으로, 물 샘 열둘과 종려나무 일흔 그루가 있던 곳의 지명은(출 15:27)?
① 엘림 ② 므리바
③ 로뎀 ④ 르비딤

048 다음 중 출애굽기에서 처음으로 만나와 메추라기의 기적이 언급된 본문은?
① 14장 ② 15장
③ 16장 ④ 17장

049 "( )가 이르되 여호와를 찬송하리로다 너희를 애굽 사람의 손에서와 바로의 손에서 건져내시고 백성을 애굽 사람의 손 아래에서 건지셨도다. 내가 알았도다 여호와는 모든 신보다 크시므로 이스라엘에게 교만하게 행하는 그들을 이기셨도다 하고"(출 18:11-12)의 괄호에 들어갈 말은?
① 모세 ② 미리암
③ 이드로 ④ 여호수아

050 출애굽기 18장 24-26절에서 모세가 이스라엘 백성 가운데서 천부장과 백부장과 오십부장과 십부장을 세우게 된 이유를 무엇이라 설명하고 있는가?
① 모세가 장인 이드로의 말을 듣고
② 모세가 하나님께서 명하신 말씀을 듣고
③ 모세가 하나님께서 주신 지혜로운 마음을 따라
④ 모세가 출애굽한 애굽 사람의 전통을 따라

051 다음 중 이스라엘 자손과 관련된 출애굽기 19장 5-6절의 내용이 <u>아닌</u> 것은?
① 하나님의 소유 ② 거룩한 백성
③ 제사장 나라 ④ 약속의 땅

052 출애굽기 24장 15-18절에는 모세가 시내산 위에 올라가 40일간 있게 되었던 일이 기록되어 있다. 17절 본문에서는 모세가 시내산에 오를 때에 산 위의 여호와의 영광이 이스라엘 자손의 눈에 무엇과 같이 보였다고 말하고 있는가?
① 맹렬한 불 ② 빽빽한 구름
③ 자욱한 연기 ④ 번개

053 다음의 본문은 출애굽기 몇 장에 기록되어 있는가?
"그러나 다른 해가 있으면 갚되 생명은 생명으로, 눈은 눈으로, 이는 이로, 손은 손으로, 발은 발로, 덴 것은 덴 것으로, 상하게 한 것은 상함으로, 때린 것은 때림으로 갚을 지니라"
① 21장 ② 22장
③ 23장 ④ 24장

054 다음은 출애굽기 22장 23절 본문이다. 여기서 말한 '그들'에 속하지 <u>않는</u> 대상은 누구인가(출 22:21-22)?
"네가 만일 그들을 해롭게 하므로 그들이 내게 부르짖으면 내가 반드시 그 부르짖음을 들으리라"
① 과부 ② 고아
③ 이방 나그네 ④ 가난한 자

044_③ 045_② 046_② 047_① 048_③ 049_③ 050_① 051_④ 052_① 053_① 054_④

055 출애굽기 22장 29-30절에 따르면, 소와 양의 처음 난 것을 하나님께 드릴 때에는 며칠 동안 어미와 함께 있게 하라고 명령하고 있는가?
① 8일 ② 12일
③ 7일 ④ 10일

056 "여호와께서 그의 앞으로 지나시며 선포하시되 여호와라 여호와라 자비롭고 은혜롭고 노하기를 더디하고 인자와 ( )이 많은 하나님이라"(출 34:6)에서 괄호 안에 들어갈 말은?
① 진실 ② 긍휼
③ 사랑 ④ 축복

057 다음 중 모세가 시내산에서 40일을 있었다고 기록한 출애굽기의 두 본문이 바르게 짝지어진 것은?
① 23장 – 32장 ② 24장 – 32장
③ 24장 – 34장 ④ 23장 – 33장

058 출애굽한 이스라엘 자손이 금송아지 신상을 섬기는 죄를 범했을 때, 모세는 여호와의 편에 있는 자를 불렀고, 그 때에 어느 지파 사람들이 모세에게 나왔는가?
① 유다 지파 ② 베냐민 지파
③ 르우벤 지파 ④ 레위 지파

059 출애굽기 38장 21절에서는 '성막'을 다른 이름으로 무엇이라 불렀는가?
① 회막 ② 성소
③ 증거막 ④ 진

060 출애굽기 39장의 제사장 의복에 관한 규정 중에 관 전면에 다는 순금 패에 새겨 넣으라고 여호와께서 명하신 말씀은 무엇인가(출 39:30-31)?
① 여호와께 성결 ② 여호와 삼마
③ 여호와께 거룩 ④ 여호와 닛시

061 모세가 여호와의 명령하신 대로 출애굽 이후 처음 성막을 세운 때는?
① 둘째 해 첫째 달 초하루
② 둘째 해 둘째 달 초하루
③ 둘째 해 셋째 달 초하루
④ 둘째 해 첫째 달 보름

062 "애굽 왕이 히브리 산파 ( )라 하는 사람과 부아라 하는 사람에게 말하여 이르되 너희는 히브리 여인을 위하여 해산을 도울 때에 그 자리를 살펴서 아들이거든 그를 죽이고 딸이거든 살려두라 그러나 산파들이 하나님을 두려워하여 애굽 왕의 명령을 어기고 남자 아기들을 살린지라"(출 1:15-16)의 괄호에 들어갈 말은?
① 십보라 ② 십브라
③ 바스맛 ④ 유딧

063 출애굽기 1장 17절에서는 히브리 산파들이 애굽 왕의 명령을 어기고 히브리 사람의 남자 아기들을 살려주었던 이유를 무엇이라고 설명하고 있는가?
① 히브리 여인들은 건강하여 산파가 이르기 전에 해산함
② 하나님을 두려워 함
③ 애굽 왕의 말을 하나님의 말씀보다 더 가볍게 여김
④ 하나님을 신뢰함

064 모세가 애굽 사람을 죽이고 바로를 두려워하여 피한 곳은?
① 에돔 땅 ② 모압 땅
③ 미디안 땅 ④ 마말렉 땅

065 "그가 아들을 낳으매 모세가 그의 이름을 ( )이라 하여 이르되 내가 타국에서 나그네가 되었음이라 하였더라"(출 2:22)의 괄호에 들어갈 말은?
① 엘르아살 ② 엘리에셀
③ 게르솜 ④ 아비후

066 "내가 누구이기에 바로에게 가며 이스라엘 자손을 애굽에서 인도하여 내리이까?"에서 '나'는 누구인가? (출 3:11)
① 아론 ② 모세
③ 여호수아 ④ 훌

055_③ 056_① 057_③ 058_④ 059_③ 060_① 061_① 062_② 063_② 064_③ 065_③ 066_②

067 레위의 아들이 아닌 사람은? (출 6:16)
① 게르손 ② 아므람
③ 고핫 ④ 므라리

068 "이제 내가 바로에게 하는 일을 네가 보리라 ( ) 으로 말미암아 바로가 그들을 보내리라 ( )으로 말미암아 바로가 그들을 그의 땅에서 쫓아내리라"(출 6:1)의 두 괄호에 공통으로 들어갈 말은?
① 편 손 ② 강한 손
③ 기적 ④ 심판

069 모세를 통해 애굽에 내린 둘째 재앙은? (출 8장)
① 피 ② 파리
③ 모기 ④ 개구리

070 "이스라엘 자손들이 있는 그 곳 고센 땅에는 ( ) 없었더라"(출 9:26)의 괄호에 들어갈 말은?
① 악질이 ② 악성종기가
③ 우박이 ④ 메뚜기가

071 바로의 신하들이 "어느 때까지 이 사람이 우리의 함정이 되리이까 그 사람들을 보내어 그들의 하나님 여호와를 섬기게 하소서 왕은 아직도 애굽이 망한 줄을 알지 못하시나이까"라고 말한 것은 어떤 재앙을 두고 한 말인가?
① 악성종기 ② 우박
③ 메뚜기 ④ 흑암

072 바로가 모세를 불러 "너희는 가서 여호와를 섬기되 너희의 양과 소는 머물러 두고 너희 어린 것들은 너희와 함께 갈지니라"라고 말한 것은 어느 재앙 때인가?
① 악성종기 ② 우박
③ 메뚜기 ④ 흑암

073 율법서에서 '유월절'이라는 낱말이 기록된 첫 번째 본문은?
① 출 12:11 ② 출 12:17
③ 레위기 23:5 ④ 레위기 23:3

074 애굽에 내린 열 가지 재앙에 속하지 않는 것은?
① 우박 ② 모래
③ 메뚜기 ④ 흑암

075 이스라엘 자손이 출애굽할 때 첫 출발지는(출 12:37)?
① 숙곳 ② 비돔
③ 라암셋 ④ 비하히롯

076 "이스라엘 자손이 애굽에 거주한 지 ( )이라 ( )이 끝나는 그 날에 여호와의 군대가 다 애굽 땅에서 나왔은즉"(출 12:40-41)의 괄호에 공통으로 들어갈 말은?
① 390년 ② 410년
③ 430년 ④ 450년

077 "너는 그 날에 네 아들에게 보여 이르기를 이 예식은 내가 애굽에서 나올 때에 여호와께서 나를 위하여 행하신 일로 말미암음이라 하고 이것으로 네 손의 기호와 네 미간의 표를 삼고 여호와의 율법이 네 입에 있게 하라 이는 여호와께서 강하신 손으로 너를 애굽에서 인도하여 내셨음이니 해마다 절기가 되면 이 규례를 지킬지니라"(출 13:8)에서 말하는 절기는 무엇인가?
① 오순절 ② 무교절
③ 수장절 ④ 칠칠절

078 "바로가 곧 그의 병거를 갖추고 그의 백성을 데리고 갈새 선발된 병거 ( ) 대와 애굽의 모든 병거를 동원하니 지휘관들이 다 거느렸더라"(출 14:7)의 괄호에 들어갈 말은?
① 사백 ② 오백
③ 육백 ④ 일천

079 "새벽에 여호와께서 ( )과 ( ) 기둥 가운데서 애굽 군대를 보시고 애굽 군대를 어지럽게 하시며 그들의 병거 바퀴를 벗겨서 달리기가 어렵게 하시니 애굽 사람들이 이르되 이스라엘 앞에서 우리가 도망하자 여호와가 그들을 위하여 싸워 애굽 사람들을 치는도다"(출 14:24)의 두 괄호 안에 들어갈 말은?

067_② 068_② 069_④ 070_③ 071_③ 072_④ 073_① 074_② 075_③ 076_③ 077_② 078_③ 079_①

① 불, 구름　　② 횃불, 소금
③ 소금, 태양　　④ 횃불, 구름

080 유월절 양의 피를 문인방과 좌우 설주에 뿌릴 때 사용한 도구는(출 12:22)?
① 우슬초 묶음　　② 백향목
③ 에셀나무　　④ 손가락

081 이스라엘 자손이 출애굽한 이 후에 홍해바다를 건너고 나서 모세와 미리암과 불렀던 노래들은 출애굽기 어디에 기록되어 있는가?
① 14장　　② 15장
③ 16장　　④ 17장

082 성막의 입구가 위치한 방향은 어느 쪽인가(출 27:13-15)?
① 서쪽　　② 북쪽
③ 남쪽　　④ 동쪽

083 여호와 하나님이 애굽에서 이스라엘 자손을 인도해 내신 것을 어느 동물에 비유 하였는가(출 19:4)?
① 사자　　② 곰
③ 표범　　④ 독수리

084 "너희가 내 말을 잘 듣고 내 언약을 지키면 너희는 모든 민족 중에서 내 소유가 되겠고 너희가 내게 대하여 제사장 나라가 되며 거룩한 백성이 되리라"는 출애굽기 몇 장에 나오는가?
① 15장　　② 19장
③ 20장　　④ 32장

085 "… 나 네 하나님 여호와는 ( ) 하나님인즉 나를 미워하는 자의 죄를 갚되 아버지로부터 아들에게로 삼사 대까지 이르게 하거니와 나를 사랑하고 내 계명을 지키는 자에게는 천 대까지 은혜를 베푸느니라"(출 20:5-6)에서 괄호 안에 들어갈 말은?
① 자비로운　　② 노하기를 더디하는
③ 영원한　　④ 질투하는

086 "여호수아가 모세의 말대로 행하여 아말렉과 싸우고 모세와 ( )은 산 꼭대기에 올라가서 손을 들면 이스라엘이 이기고 손을 내리면 아말렉이 이기더니"(출 17:10)의 괄호에 들어갈 말은?
① 아론과 여호수아　　② 여호수아와 훌
③ 아론과 훌　　④ 아론과 미리암

087 출애굽한 이스라엘이 아말렉과 싸운 장소는?
① 시내 광야　　② 르비딤
③ 므리바　　④ 미디안 광야

088 아래 이름 중에서 아론의 아들의 이름이 <u>아닌</u> 것은?
① 게르솜　　② 나답
③ 엘르아살　　④ 이다말

089 이스라엘 자손이 아말렉과 전쟁한 이후에 모세가 쌓았던 제단의 이름은?
① 여호와 샬롬　　② 에벤에셀
③ 여호와 닛시　　④ 만군의 여호와

090 모세의 아들들 이름은? (출 18:3-4)
① 나답과 아비후
② 게르솜과 아비후
③ 게르솜과 엘리에셀
④ 게르솜과 엘르아살

091 출애굽한 이스라엘 자손이 시내광야에 도착한 것은 언제인가(출 19:1)?
① 이 개월이 되던 날
② 삼 개월이 되던 날
③ 칠 개월이 되던 날
④ 십일 개월이 되던 날

092 출애굽기에서 십계명에 대한 말씀은 어디에 기록되어 있는가?
① 19장　　② 20장
③ 25장　　④ 5장

093 출애굽기 34장 28절에서는 '십계명'을 무엇이라고 달리 표현하였는가?
① 영원한 언약의 표징

080_① 081_② 082_④ 083_④ 084_② 085_④ 086_③ 087_② 088_① 089_③ 090_③ 091_② 092_② 093_②

② 언약의 말씀
③ 여호와의 말씀
④ 율법

094 다음 중 하나님께서 이스라엘 자손들에게 매년 세 번 지키라고 명령하신 절기가 아닌 것은(출 23:14-17)?
① 무교병의 절기 ② 맥추절
③ 수장절 ④ 나팔절

095 이스라엘 백성이 시내 광야에서 법궤[증거궤]를 만드는데 사용한 나무는(출 25:10)?
① 감람나무 ② 조각목
③ 백향목 ④ 상수리나무

096 지성소에 있는 속죄소의 위치는(출 25:22)?
① 증거궤 앞 ② 증거궤 뒤
③ 증거궤 위 ④ 증거궤 옆

097 모세가 40일간 하나님의 산에 올라가 머물 때에 동행한 사람은 누구인가 (출 24:13)?
① 아론 ② 훌
③ 여호수아 ④ 갈렙

098 이스라엘의 모든 남자는 매년 몇 번씩 주 여호와 이스라엘 하나님 앞에 보여야 하는가(출 23:17)?
① 4번 ② 7번
③ 3번 ④ 많을수록 좋다

099 하나님과 이스라엘이 시내산에서 언약을 맺을 때(출 24장) 해당되지 않는 것은?
① 모세가 여호와의 모든 말씀을 기록하고 제단을 쌓고 열두 지파대로 열두 기둥을 세움
② 이스라엘 자손의 청년들이 소로 번제와 화목제를 드림
③ 모세가 언약서를 낭독함
④ 백성들이 시내산에 올라가서 서약하고 먹고 마심

100 모세가 아론과 나답과 아비후와 이스라엘 장로 칠십명과 함께 시내산에 오르고, 여호와의 모든 말씀과 율례를 전하면서 언약을 세우는 장면은 출애굽기 몇 장에 나오는가?
① 출애굽기 19장 ② 출애굽기 24장
③ 신명기 28장 ④ 레위기 26장

101 출애굽기 25장 31-40절의 율법에 따르면, 등잔대는 무엇으로 만드는가?
① 순금 ② 은
③ 조각목 ④ 호마노

102 출애굽기 25장 8-9절에 따르면 이스라엘 자손이 지을 장막과 기구들은 무엇에 따라 만들어졌는가?
① 브살렐과 오홀리압의 지혜와 총명에 따라
② 여호와의 손이 임하여 모든 일의 설계를 그려 모세에게 알려준 대로
③ 여호와께서 모세에게 보이신 모양대로
④ 여호와께서 아론과 그의 아들들에게 보이신 양식대로

103 이스라엘 자손이 대대로 지킬 규례로서 등불이 끊이지 않게 등불을 보살피는 임무를 맡은 사람은(출 27:21)?
① 레위인 ② 아론과 그의 아들들
③ 지파의 족장 ④ 장로

104 제사장의 에봇의 두 어깨받이에 붙여 있는 두 호마노에 새겨진 이름은 누구의 이름인가(출 28:9-12)?
① 이스라엘의 아들들
② 제사장
③ 족장
④ 장로

105 제사장의 의복에 관한 규정들 가운데 이스라엘 아들들의 이름을 새기도록 했던 곳은(출 28:11-21)?
① 에봇의 두 어깨받이 보석과 판결 흉패 보석
② 에봇 받침 겉옷의 금판
③ 관의 전면 순금 패
④ 띠 둘레

094_④ 095_② 096_③ 097_③ 098_③ 099_④ 100_② 101_① 102_③ 103_② 104_① 105_①

106 출애굽기 28장 1절에 나오는 아론의 아들들을 순서대로 바르게 적은 것은?
① 나답 – 아비후 – 엘르아살 – 이다말
② 나답 – 엘르아살 – 아비후 – 이다말
③ 나답 – 아비후 – 이다말 – 엘르아살
④ 나답 – 이다말 – 아비후 – 엘르아살

107 아론과 그의 아들들의 제사장 위임식은 몇 일 동안 거행되었는가(출 29:35)?
① 1일 ② 3일
③ 7일 ④ 5일

108 성막을 건축할 때 몇 세 이상의 이스라엘 자손들은 생명의 속전을 여호와께 드리도록 했는가(출 30:14)?
① 20세 이상 ② 25세 이상
③ 30세 이상 ④ 8세 이상

109 출애굽기 32장 32절에서, 범죄한 이스라엘 백성의 죄를 하나님이 용서해주시기를 빌면서, 만일 하나님이 그렇게 아니 하시려면 하나님이 기록하신 책에서 자기 이름을 지워버려 달라고 기도한 사람은?
① 아론 ② 모세
③ 여호수아 ④ 엘르아살

110 모세가 진 밖에 세운 장막에 갔다가 다시 진으로 돌아와도 그 곳을 떠나지 않았던 사람은 누구였는가?
① 아론 ② 훌
③ 여호수아 ④ 갈렙

111 "모세가 항상 장막을 취하여 진 밖에 쳐서 진과 멀리 떠나게 하고 ( )이라 이름하니 여호와를 앙모하는 자는 다 진 바깥 ( )으로 나아가며"(출 33:7–8)에서 두 괄호 안에 공통으로 들어가는 말은?
① 초막 ② 회막
③ 장막 ④ 집

112 "내 영광이 지나갈 때에 내가 너를 반석 틈에 두고 내가 지나도록 내 손으로 너를 덮었다가 손을 거두리니 네가 내 ( )을 볼 것이요 얼굴은 보지 못하리라"(출 33:23)의 괄호에 들어갈 말은?
① 손과 팔 ② 발자국
③ 겉옷 ④ 등

【주관식】

113 다음은 출애굽기 19장 4절이다. 괄호 안에 들어갈 알맞은 낱말을 기록하시오.
"내가 애굽 사람에게 어떻게 행하였음과 내가 어떻게 ( ) 날개로 너희를 업어 내게로 인도하였음을 너희가 보았느니라"

114 모세가 미디안에서 애굽으로 돌아가던 길에 여호와께서 그를 만나사 죽이려 하신일이 있었습니다. 그 때 그의 아내 십보라가 그의 아들의 포피를 베어낸 일이 있었고, 모세를 '피 남편'이라고 불렀는데, 출애굽기 4장 26절에서는 십보라는 '피 남편'이라 함은 무엇 때문이었다고 말하고 있는가?

115 다음은 출애굽기 12장 42절이다. 괄호 안에 들어갈 말을 기록하시오.
"이 밤은 그들을 애굽 땅에서 인도하여 내심을 말미암아 여호와 앞에 지킬 것이니 이는 ( )이라 이스라엘 자손이 다 대대로 지킬 것이니라"

116 출애굽기 12장 41절에서는 애굽 땅에서 나오게 된 이스라엘 자손을 무엇이라고 표현하였는가? 그 호칭을 기록하시오.

117 출애굽기 3장 18절에는 모세가 애굽 왕에게 전할 하나님의 말씀이 기록되어 있다. "우리의 하나님 여호와"라는 표현에 상응하도록 괄호 안에 들어갈 말을 기록하시오.
"( )의 하나님 여호와께서 우리에게 임하셨은즉, 우리가 우리의 하나님 여호와께 제사를 드리려 하오니 …"

106_① 107_③ 108_① 109_② 110_③ 111_② 112_④ 113_독수리 114_할례 115_여호와의 밤 116_여호와의 군대 117_히브리사람

118 "이르시되 너희가 너희 하나님 나 여호와의 말을 들어 순종하고 내가 보기에 의를 행하며 내 계명에 귀를 기울이며 내 모든 규례를 지키면 내가 애굽 사람에게 내린 모든 질병 중 하나도 너희에게 내리지 아니하리니 나는 (　)임이라"(출 15:2)의 괄호에 들어갈 말은?

119 다음 본문이 기록된 출애굽기의 장과 절을 기록하십시오.
"하나님이 모세에게 이르시되 나는 스스로 있는 자이니라 또 이르시되 너는 이스라엘 자손에게 이같이 이르기를 스스로 있는 자가 나를 너희에게 보내셨다 하라"

120 다음은 출애굽기 4장 22절과 23절 본문이다. 괄호 안에 들어갈 공통된 두개의 낱말들을 순서대로 기록하시오.
"너는 바로에게 이르기를 여호와의 말씀에 이스라엘은 내 (　), 내 (　)라/이라.
내가 네게 이르기를 내 아들을 보내주어 나를 섬기게 하라 하여도 네가 보내주기를 거절하니 내가 네 (　), 네 (　)을/를 죽이리라 하셨다 하라 하시니라"

121 "내가 그 밤에 애굽 땅에 두루 다니며 사람이나 짐승을 막론하고 애굽 땅에 있는 모든 처음 난 것을 다 치고 애굽의 (　)을 내가 심판하리라 나는 여호와라"의 괄호에 들어갈 말은?

122 하나님의 영을 받아 지혜와 총명과 여러 가지 재주로 성소에 쓸 모든 일을 맡은 두 사람의 이름은?

123 출애굽기에서 "나는 스스로 있는 자이니라" "너는 이스라엘 자손에게 이같이 이르기를 스스로 있는 자가 나를 너희에게 보내셨다 하라" 라는 하나님의 말씀을 들은 사람은?

124 "하나님이 모세에게 이르시되 나는 (　)이니라 또 이르시되 너는 이스라엘 자손에게 이같이 이르기를 (　)가 나를 너희에게 보내셨다 하라"(출 3:14)의 두 괄호에 공통적으로 들어갈 말은?

125 "내가 아브라함과 이삭과 야곱에게는 (　)으로 나타났으나 나의 이름을 여호와로는 그들에게 알리지 아니하였고"(출 6:3)의 괄호에 들어갈 말은?

126 출애굽기 15장에서 "너희는 여호와를 찬송하라 그는 높고 영화로우심이요 말과 그 탄 자를 바다에 던지셨음이로다"라고 노래한 사람은 누구인가?

127 다음은 애굽으로 돌아가는 모세를 여호와께서 죽이려 하실 때 십보라가 돌칼을 가져다가 아들의 포피를 베어 그의 발에 갖다 대며 한 말이다. "당신은 참으로 내게 (　)이로다"(출 4:25)에서 괄호 안에 들어갈 말은?

128 "여호와를 찬송하리로다 너희를 애굽 사람의 손에서와 바로의 손에서 건져내시고 백성을 애굽 사람의 손 아래에서 건지셨도다 이제 내가 알았도다 여호와는 모든 신보다 크시므로 이스라엘에게 교만하게 행하는 그들을 이기셨도다" 라는 말은 누구의 고백인가?

129 하나님께서 모세를 통해 이스라엘 백성에게 "세계가 다 내게 속하였나니 너희가 내 말을 잘 듣고 내 언약을 지키면 너희는 모든 민족 중에서 내 (　)이/가 되겠고, 너희가 내게 대하여 (　)이/가 되며 (　)이/가 되리라"(출 19:5-6) 라는 본문의 괄호 안에 들어갈 낱말을 순서대로 기록하시오.

130 "… 나 네 하나님 여호와는 질투하는 하나님인즉 나를 미워하는 자의 죄를 갚되 아버지로부터 아들에게로 삼사 대까지 이르게 하거니와 나를 사랑하고 내 (　)을 지키는 자에게는 천대까지 은혜를 베푸느니라"(출 20:5-6)에서 괄호 안에 들어갈 말은?

131 제사장의 관 전면에 매는 순금으로 만든 패에 새긴 글자는 무엇인가(출 28:36-37)?

118_치료하는 여호와　119_출 3:14　120_아들-장자　121_모든 신　122_브살렐과 오홀리압　123_모세　124_스스로 있는 자
125_전능의 하나님　126_미리암　127_피 남편　128_이드로　129_소유, 제사장 나라, 거룩한 백성　130_계명　131_여호와께 성결

레위기

【A등급】

001 다음 중 레위기의 속죄제에 대한 규정으로 옳지 않은 설명은 무엇인가(4:1-5:13)?
① 기름부음 받은 제사장이 범죄하여 백성의 허물이 되었을 경우에 흠 없는 수송아지를 제물로 드림
② 평민의 한 사람이 여호와의 계명 중 하나라도 부지중에 범하면, 그 범한 죄로 말미암아 암염소를 제물로 드림
③ 산비둘기나 집비둘기도 바칠 여력이 없는 사람은 피흘림이 없어도 고운 가루 십분의 일 에바를 속죄제물로 드릴 수 있고, 나머지는 소제물같이 제사장에게 돌림
④ 평민의 한 사람이 여호와의 계명 중 하나라도 죄를 범하면 어린양을 속죄제물로 가져올 수 있으며, 이 경우에 흠 없는 수컷으로 속죄제물을 드려야 함

002 레위기(16:29)에 따르면 아론이 일 년에 한 번 지성소에 들어가 이스라엘 자손의 모든 죄를 위하여 속죄하는 절기는 언제인가?
① 1월 1일 ② 7월 10일
③ 7월 15일 ④ 1월 15일

003 레위기 17장 4절과 5절에서는 이스라엘 자손이 들에서 잡던 그들의 제물이나 진영 안이나 밖에서 잡는 가축을 어디로 끌고가서 여호와께 예물(혹은 화목제)로 드려야 한다고 규정하였습니까?
① 번제단 ② 성소
③ 회막문 ④ 제사장 앞

004 레위기 17장 14절에서 모든 생물은 무엇이 생명과 일체라고 말하는가?
① 기름 ② 호흡
③ 피 ④ 영

005 가나안 땅에서 금지된 것이 아닌 것은?
① 살에 문신하는 것 ② 점을 치는 것
③ 수염을 깎는 것 ④ 머리를 기르는 것

006 부모경외, 안식일 준수, 우상 제조 금지, 도둑질 금지, 거짓 맹세 금지의 계명들이 함께 기록된 본문이 아닌 것은?
① 출 20장 ② 레 19장
③ 민 5장 ④ 신 5장

007 다음에 기록된 하나님의 말씀은 구약성경의 어디에 있는 본문인가?
"토지를 영구히 팔지 말 것은 토지는 다 내 것임이니라. 너희는 거류민이요 동거하는 자로서 나와 함께 있느니라"
① 레위기 25:23 ② 신명기 24:35
③ 예레미야 46:17 ④ 아모스 5:15

008 "너희는 ( )째 해를 거룩하게 하여 그 땅에 있는 모든 주민을 위하여 자유를 공포하라 이 해는 너희에게 희년이니 너희는 각각 자기의 소유지로 돌아가며 각각 자기의 가족에게로 돌아갈지며"(레 25:10)의 괄호에 들어갈 말은?
① 칠년 ② 사십 구년
③ 오십년 ④ 칠십년

009 복과 저주에 관한 진술이 나온 책과 장을 바르게 짝지은 것은?
① 신명기 28장과 레위기 25장
② 신명기 28장과 레위기 26장
③ 신명기 26장과 레위기 26장
④ 신명기 26장과 레위기 25장

010 "나도 그들에게 대항하여 내가 그들을 그들의

001_④ 002_② 003_③ 004_③ 005_④ 006_③ 007_① 008_③ 009_② 010_③

원수들의 땅으로 끌어갔음을 깨닫고 그 할례받지 아니한 그들의 마음이 낮아져서 그들의 죄악의 형벌을 기쁘게 받으면 내가 야곱과 맺은 내 언약과 이삭과 맺은 내 언약을 기억하며 아브라함과 맺은 내 언약을 기억하고 그 땅을 기억하리라"는 말씀이 나오는 책은?

① 창세기 ② 역대기상
③ 레위기 ④ 아모스

011 레위기 1장 9절과 13절과 17절의 제사에 관한 규정들에서 "여호와께 향기로운 냄새"라고 언급한 표현은 무엇과 관련된 것인가?

① 화제 ② 분향
③ 전제 ④ 꿀

012 다음의 레위기 본문들은 각각 어디에 기록된 말씀들인지 확인하여, 바르게 연결된 것을 찾으시오.

1) "나는 너희의 하나님이 되려고 너희를 애굽 땅에서 인도하여 낸 여호와라 내가 거룩하니 너희도 거룩할지어다"
2) "너는 이스라엘 자손의 온 회중에게 말하여 이르라 너희는 거룩하라. 이는 나 여호와 너희 하나님이 거룩함이니라"

① 1) 12:25 – 2) 21:45
② 1) 11:45 – 2) 19:2
③ 1) 15:34 – 2) 16:23
④ 2) 13:45 – 2) 22:24

013 다음 중 아들이나 딸을 출산한 여인의 정결에 관한 규정은 레위기 몇 장에 기록되어 있는가?

① 11장 ② 12장
③ 13장 ④ 14장

014 레위기 14장 2절에 따르면 나병환자가 정결하게 되는 날의 규례에서 가장 먼저 해야할 일은 무엇인가?

① 그 사람을 제사장에게로 데려 감
② 속건제 어린 숫양을 회막문으로 가져감
③ 옷을 빨고 모든 털을 밀고 물로 몸을 씻음
④ 속전을 계산하여 예물로 드림

015 다음은 레위기 17장 7절 본문이다. 괄호 안에 들어갈 낱말은 무엇인가?

"그들은 전에 음란하게 섬기던 ( )에게 다시 제사하지 말 것이니라 이는 그들이 대대로 지킬 영원한 규례니라"

① 송아지 우상 ② 숫염소
③ 이방신 ④ 암양

016 레위기 19장 2절의 "너희는 거룩하라 이는 나 여호와 너희 하나님이 거룩함이니라"라는 거룩함의 명령 바로 다음에 이어진 본문은 무엇입니까?

① 나는 여호와이니라
② 너희 각 사람은 부모를 경외하고 나의 안식일을 지키라
③ 너희는 화목제물을 여호와께 드릴 때에 기쁘게 받으시도록 드리고
④ 너희는 내 규례를 지킬지어다

017 다음은 레위기 19장 14절 본문이다. 괄호에 들어갈 알맞은 문장은?

"너는 귀먹은 자를 저주하지 말며, 맹인 앞에 장애물을 놓지 말고 네 하나님을 경외하라 ( )"

① 나는 여호와이니라
② 나는 고아와 과부와 객과 모든 연약한 자를 돌보는 여호와라
③ 범죄한 자는 내 앞에서 끊어질 것이라
④ 나는 너희의 하나님 여호와이니라

018 다음 중 아론의 자손 제사장들에 대한 레위기 21장의 설명이나 규례와 다른 내용을 찾으시오.

① 제사장은 백성의 어른이므로 자신을 더럽혀 속되게 하지 말아야 한다.
② 대제사장은 부모의 시신에도 접촉할 수 없다.
③ 제사장 아론의 자손 중에 흠이 있는 자는 하나님께 음식을 드리지 못하지만 하나님의 음식이 지성물이든지 성물이든지 먹을 수 있다.
④ 제사장은 이혼당한 여자와 결혼 할 수 없으며, 자기 백성 중에서 과부나 처녀를 데려다 아내를 삼아야 한다.

011_① 012_② 013_② 014_① 015_② 016_② 017_① 018_④

【B등급】

019 다음 중 레위기 1장 1절 말씀은 무엇인가?
① 여호와께서 회막에서 모세를 부르시고 그에게 말씀하시기를
② 이것은 레위기의 처음이니라
③ 번제의 규례는 이러하니라
④ 여호와께서 모세에게 말씀하여 이르시되

020 "누구든지 ( )의 예물을 드리려거든 고운 가루로 예물을 삼아 그 위에 기름을 붓고 또 그 위에 유향을 놓아 아론의 자손 제사장들에게로 가져갈 것이요"(레 2:1)의 괄호에 들어갈 말은?
① 번제 ② 속죄제
③ 소제 ④ 화목제

021 "네 모든 소제물에 ( )을 치라 네 하나님의 언약의 ( )을 네 소제에 빠지 못할지니 네 모든 예물에 ( )을 드릴지니라"(레 2:13)에서 괄호에 공통으로 들어갈 말은?
① 누룩 ② 소금
③ 기름 ④ 물

022 만일 족장이 범죄하였을 경우 속죄제물로 드리는 예물은?
① 흠 없는 숫염소
② 흠 없는 수송아지
③ 흠 없는 수양
④ 고운 가루 십분의 일 에바

023 평민 중의 한 사람이 여호와의 계명을 어겼을 때 드리는 속죄제물은(레 4:27-35)?
① 흠 없는 숫염소
② 흠 없는 수컷의 어린 양
③ 흠 없는 암염소나 흠 없는 암컷의 어린 양
④ 고운 가루 십분의 일 에바

024 속건제는 여호와의 성물에 대한 잘못이나 여호와께 신실하지 못하여 범죄하였을 경우에 얼마를 보상하도록 규정하였는가(5:14-6:7)?
① 십분의 일 ② 사분의 일
③ 오분의 일 ④ 다섯 배

025 나답과 아비후가 여호와 앞에서 죽은 이유는 무엇인가(레 10:1-2)?
① 여호와의 영광을 온 백성 앞에서 나타내지 않아서
② 여호와의 거룩함을 온 백성 앞에서 나타내지 않아서
③ 여호와께서 명령하시지 아니하신 다른 번제물을 드려서
④ 여호와께서 명령하시지 아니하신 다른 불로 분향하여서

026 다음은 레위기 17장 11절의 마지막 문장이다. 괄호 안에 들어갈 공통된 낱말은 무엇인가?
"너희의 생명을 위하여 속죄하게 하였나니 생명이 ( )에 있으므로 ( )이/가 죄를 속하느니라"
① 피 ② 호흡
③ 기름 ④ 육체

027 레위기 17장 11절 본문에 따르면, 피가 죄를 속하는 이유는 무엇인가?
① 하나님의 얼굴을 나타내므로
② 생명이 피에 있으므로
③ 붉은 색이므로
④ 제단에 뿌리므로

028 이스라엘이 약속의 땅에 들어가 각종 과목을 심은 후 몇째 해에 먹을 수 있는가?
① 셋째 해 ② 넷째 해
③ 다섯 째 해 ④ 여섯 째 해

029 "네 이웃 사랑하기를 네 자신과 같이 사랑하라"는 말씀은 레위기 어느 본문에 기록되어 있는가?
① 19:2 ② 11:45
③ 19:18 ④ 21:14

030 레위기 7장 22-27절에서는 이스라엘 자손에게 무엇과 무엇을 먹지말라고 금지하였는가?

019_① 020_③ 021_② 022_① 023_③ 024_③ 025_④ 026_① 027_② 028_③ 029_③ 030_②

① 포도주와 독주 ② 피와 기름
③ 누룩과 꿀 ④ 번제와 피

031 레위기 7장 34절에서 정한 바를 따르면, 화목 제물 중에서 제사장과 그 가족이 받을 영원한 소득은 무엇인가?
① 기름과 흔든 가슴
② 피와 흔든 가슴
③ 흔든 가슴과 든 뒷다리
④ 든 뒷다리와 기름

032 "모세와 아론이 회막에 들어갔다가 나와서 백성에게 축복하매 여호와의 영광이 온 백성에게 나타나며 불이 여호와 앞에서 나와 제단 위의 번제물과 기름을 사른지라 온 백성이 이를 보고 소리 지르며 엎드렸더라"는 어느 책에 나오는가?
① 레위기 ② 민수기
③ 신명기 ④ 여호수아

033 "모든 짐승 중 굽이 갈라져 쪽발이 되고 새김질하는 것은 너희가 먹되 새김질하는 것이나 굽이 갈라진 짐승 중에도 너희가 먹지 못할 것은 이러하니 낙타는 새김질은 하되 굽이 갈라지지 아니하였으므로 너희에게 부정하고"는 레위기 몇 장의 말씀인가?
① 8장 ② 10장
③ 11장 ④ 12장

034 부정하다는 제사장의 판결을 받는 사람이 아닌 경우는?
① 여자가 남자아이를 낳은 때나 월경할 때
② 피부 환부의 털이 희고 환부가 피부보다 우묵한 사람
③ 나병이 전신에 퍼져 다 희어진 자
④ 머리나 수염에 있는 환부가 피부보다 우묵하고 그 자리에 누르스름하고 가는 털이 있는 사람

035 다음 중 성물을 먹을 수 없는 사람은?
① 과부가 된 제사장의 딸
② 자식 없이 이혼한 제사장의 딸
③ 일반인에게 출가한 제사장의 딸
④ 제사장이 돈으로 산 사람

036 레위기 22장 27절의 제사 규정에 따르면, 수소나 양이나 염소가 태어나면 어미와 며칠 동안 같이 있게 해야 한다. 이 경우에 제물은 며칠 이후로 여호와께 화제로 드릴 수 있는가?
① 셋째 날 이후 ② 다섯째 날 이후
③ 일곱째 날 이후 ④ 여덟째 날 이후

037 다음 보기 가운데 레위기 27장의 마지막 본문은?
① 낮에는 여호와의 구름이 성막 위에 있고 밤에는 불이 그 구름 가운데에 있음을 이스라엘의 온 족속이 그 모든 행진하는 길에서 그들의 눈으로 보았더라
② 이것은 여호와께서 시내 산에서 이스라엘 자손을 위하여 모세에게 명령하신 계명이니라
③ 이는 여리고 맞은편 요단 가 모압 평지에서 여호와께서 모세를 통하여 이스라엘 자손에게 명령하신 계명과 규례니라
④ 여호와께서 그를 애굽 땅에 보내사 바로와 그의 모든 신하와 그의 온 땅에 모든 이적과 기사와 모든 큰 권능과 위엄을 행하게 하시매 온 이스라엘의 목전에서 그것을 행한 자이더라

038 아론의 아들들 가운데 여호와께서 명하시지 않은 다른 불을 향로에 담아 분향하다가 죽은 후에 그들의 시신을 진영 밖으로 메고 나간 이들은 누구였는가?
① 나답과 아비후 ② 엘르아살과 이다말
③ 미사엘과 엘사반 ④ 홉니와 비느하스

039 레위기에 기록된 정결법의 규정들 가운데 정한 동물과 부정한 동물과 먹을 생물과 먹지 못할 생물을 분별한 법은 어디에 기록되어 있는가?
① 11장 ② 12장
③ 13장 ④ 14장

031_③ 032_① 033_③ 034_③ 035_③ 036_④ 037_② 038_③ 039_①

040 "( )을 위하여 제비 뽑은 염소는 산채로 여호와 앞에 두었다가 그것으로 속죄하고 ( )위하여 광야로 보낼 지니라"(레 16:10)의 괄호 안에 공통으로 들어갈 말은?

① 여호와 ② 왕
③ 제사장 ④ 아사셀

041 레위기 16장의 속죄일에 속죄하는 것이 아닌 것은?

① 지성소 ② 회막과 제단
③ 제사장들 ④ 진영

042 "생명이 피에 있으므로 피가 죄를 속하느니라"는 말씀은 레위기 몇 장에 나오는가?

① 17장 ② 16장
③ 18장 ④ 19장

043 "너희는 내 규례와 법도를 지키라 사람이 이를 행하면 그로 말미암아 ( ) 나는 여호와이니라"(레 18:5)의 괄호에 들어갈 말은?

① 승리하리라 ② 땅을 차지하리라
③ 살리라 ④ 복을 받으리라

044 "너는 결단코 자녀를 ( )에게 주어 불로 통과하게 함으로 네 하나님의 이름을 욕되게 하지 말라 나는 여호와이니라"(레 18:21)의 괄호에 들어갈 말은?

① 바알 ② 아세라
③ 몰렉 ④ 가나안 신

045 다음 중 레위기 20장에 기록된 '죽임을 당하는 죄'가 아닌 것은?

① 여인과 동침하듯 남자와 동침한 자
② 정혼한 여종과 동침한 자
③ 이웃의 아내와 간음한 자
④ 짐승과 교합 한 자

046 "너희는 이 모든 일로 스스로 더럽히지 말라 내가 너희 앞에서 쫓아내는 족속들이 이 모든 일로 말미암아 더러워졌고 그 ( )도 더러워졌으므로 내가 그 악으로 말미암아 벌하고 그 ( )도 스스로 그 주민을 토하여 내느니라"(레 18:24)의 두 괄호에 공통으로 들어갈 말은?

① 땅 ② 물
③ 마음 ④ 하늘

047 "너희가 전에 있던 그 땅 주민이 이 모든 가증한 일을 행하였고 그 땅도 더러워졌느니라. 너희도 더럽히면 그 땅이 너희가 있기 전 주민을 토함 같이 너희를 토할까 하노라"이 나오는 책의 이름은?

① 창세기 ② 출애굽기
③ 레위기 ④ 민수기

048 "너희 각 사람은 ( ) 나의 안식일을 지키라 나는 너희의 하나님 여호와이니라 너희는 헛된 것들에게로 향하지 말며 너희를 위하여 신상들을 부어 만들지 말라 나는 너희의 하나님 여호와이니라"(레 19:3-4)의 괄호에 들어갈 말은?

① 나 외에는 다른 신들을 섬기지 말고
② 내 이름을 망령되이 일컫지 말고
③ 육일 동안은 열심히 일하고
④ 부모를 경외하고

049 너희는 화목제물을 여호와께 드릴 때에 기쁘게 받으시도록 드리고 … ( )에 조금이라도 먹으면 가증한 것이 되어 기쁘게 받으심이 되지 못하고 그것을 먹는 자는 여호와의 성물을 더럽힘으로 말미암아 죄를 담당하리니 그가 그의 백성 중에서 끊어지리라"(레 19:5-8)의 괄호에 들어갈 말은?

① 드리는 날 ② 이튿날
③ 셋째 날 ④ 넷째 날

050 "원수를 갚지 말며 동포를 원망하지 말며 네 이웃 사랑하기를 네 자신과 같이 사랑하라 나는 여호와이니라"는 레위기 몇 장에 나오는가?

① 12장 ② 17장
③ 19장 ④ 21장

051 레위기 19장 23-25절의 율법에 의하면, 이스라엘 자손이 약속의 땅에 들어가 각종 과목을 심을 때에는 언제부터 그 나무의 열매를 먹을 수 있는가?

040_④ 041_④ 042_① 043_③ 044_③ 045_② 046_① 047_③ 048_④ 049_③ 050_③ 051_③

① 3년 ② 4년
③ 5년 ④ 6년

052 여호와께 화제로 드릴 수소나 양이나 염소가 태어나면, 새끼는 며칠 동안 어미와 함께 있게 하라고 레위기 22장 27절에서 규정하고 있는가?
① 7일 ② 12일
③ 3일 ④ 10일

053 레위기 24장에 기록된 슬로밋의 아들의 사형 판결에 대한 이야기에서 슬로밋의 아들이 범했던 죄는 무엇이었습니까?
① 여호와의 이름을 모독함
② 안식일을 지키지 않음
③ 여호와의 성물을 훔침
④ 부모를 업신여김

054 "토지를 영구히 팔지 말 것은 토지는 다 내 것임이니라 너희는 거류민이요 동거하는 자로서 나와 함께 있느니라"라는 말이 나오는 책은?
① 창세기 ② 레위기
③ 신명기 ④ 여호수아

055 다음의 레위기 본문은 무엇에 관한 규정입니까? 괄호 안에 해당하는 명칭을 선택하십시오.
"너희는 오십 년째 해를 거룩하게 하여 그 땅에 있는 모든 주민을 위하여 자유를 공포하라 이 해는 너희에게 ( )이니 너희는 각각 자기의 소유지로 돌아가며 각각 자기의 가족에게로 돌아갈지며 …"
① 안식년 ② 희년
③ 면제년 ④ 은혜의 해

056 다음 본문이 기록된 레위기의 장절은 어디인가?
"너희가 원수의 땅에 살 동안에 너희의 본토가 황무할 것이므로 땅이 안식을 누릴 것이라. 그 때에 땅이 안식을 누리리니"
① 18:25 ② 20:22
③ 25:33 ④ 26:34

057 레위기 27장의 서원에 관한 규정 가운데 서원자가 가난하여, 연령에 따라 정한 값을 감당하지 못할 때에는 누가 그 값을 어떻게 정한다고 규정하고 있는가?
① 스스로 형편에 따라 결정함
② 제사장이 서원자의 형편대로 결정함
③ 모세가 제사장과 함께 결정함
④ 가장 낮은 은 다섯 세겔을 스스로 정함

058 레위기 1장 1절에는 여호와께서 모세를 어디에서 부르셨다고 기록되어 있는가?
① 회막 ② 시내산
③ 떨기나무 불꽃 ④ 증거막

059 "너희는 ( )과 피를 먹지 말라 이는 너희의 모든 처소에서 너희 대대로 지킬 영원한 규례니라"(레 3:17)에서 괄호에 들어갈 말은?
① 누룩 ② 소금
③ 기름 ④ 물

060 다음 중 레위기 1-5장의 다섯 가지 중요 제사에 포함되지 않는 것은?
① 번제 ② 소제
③ 화목제 ④ 요제

061 레위기 2장 11절에서는 여호와께 소제를 드릴 때에 소제에는 무엇을 넣어서는 안된다고 했는가?
① 기름과 누룩 ② 누룩과 소금
③ 소금과 꿀 ④ 꿀과 누룩

062 제사장이 범죄하였을 때 속죄제물로 여호와께 드리는 것은?
① 흠 없는 숫양
② 흠 없는 수송아지
③ 흠 없는 숫염소
④ 고운 가루 십분의 일 에바

063 "여호와께서 아론에게 말씀하여 이르시되, 너와 네 자손들이 회막에 들어갈 때에는 포도주나 독주를 마시지 말라 그리하여 너희 죽음을 면하라 이는 너희 대대로 지킬 영영한 규례라"

052_① 053_① 054_② 055_② 056_④ 057_② 058_① 059_③ 060_④ 061_④ 062_② 063_①

라는 율법은 레위기 어디에 기록된 말씀인가?
① 10장 8-9절 ② 15장 23-24절
③ 24장 10-11절 ④ 22장 34-35절

064 다음 중 레위기 11장에서 먹을 수 없거나 부정하거나 가증한 동물로 분류된 경우가 아닌 것은?
① 수중 생물에 지느러미와 비늘 없는 것
② 굽이 갈라져 쪽발이 되고 새김질하는 동물
③ 날개가 있고 기어다니는 곤충
④ 새김질을 하고 굽이 갈라지지 않은 토끼

065 레위기 13장 3절에서는 사람의 피부에 생긴 피부의 병을 누가 진찰하도록 했는가?
① 제사장 ② 레위인
③ 모세와 아론 ④ 의사

066 다음 중 레위기 11-15장에 기록된 부정함과 정함에 관한 율법에 포함된 내용이나 주제가 아닌 것은?
① 회막 기구들의 오염
② 의복의 색점
③ 정한 동물과 부정한 동물
④ 집의 색점

067 레위기 19장 20-22절에서는 어떤 사람이 정혼한 여종과 동침하였을 경우에 이 일은 책망은 받지만, 두 사람이 죽임을 당하지는 않아야 한다고 규정하였다. 그 이유가 무엇이라고 본문에서는 설명하고 있는가?
① 여종의 정혼은 주인이 허락하지 않는 경우에 무효가 되기 때문임
② 여종은 주인의 소유이기 때문임
③ 여종이 속량되거나 해방되지 못했기 때문임
④ 성읍의 주택 지역이 아닌 곳일 경우에 해당하기 때문임

068 레위기 19장 23-25절에 따르면, 이스라엘 자손이 약속의 땅에 들어가 과목을 심을 때 처음 3년 동안은 열매를 무엇으로 여겨서 먹지 말라고 규정하고 있는가?
① 여호와께 드리는 찬송
② 할례받지 못한 것
③ 하나님의 소유
④ 거룩한 것

069 레위기 22장 23절에서는 소나 양의 지체가 더하거나 덜하거나 한 것을 어떤 제물로는 드릴 수 있다고 말하고 있는가?
① 서원제물 ② 전제
③ 속건제물 ④ 자원제물

070 레위기 23장에서 가장 먼저 '성회의 날'로 언급된 것은 무엇인가?
① 유월절
② 무교절
③ 안식일
④ 첫 이삭을 바치는 절기

071 다음 중 첫 날에는 성회로 모이고, 여덟째 날에도 성회로 모이며, "첫 날에는 아름다운 나무 실과와 종려나무 가지와 무성한 나무 가지와 시내 버들을 취하여 너희는 하나님 여호와 앞에서 이레 동안 즐거워할 것이라"(레 23:33) 라고 규정된 절기는?
① 속죄일 ② 칠칠절
③ 초막절 ④ 무교절

072 레위기 25장 6-7절에는 안식년의 소출에 관한 규정이 기록되어 있다. 다음 중 그 소출을 먹을 수 있다고 언급된 대상에 속하지 않는 것은?
① 남종과 여종 ② 함께 거류하는 자
③ 들짐승들 ④ 레위인

073 "내가 너희가 의뢰하는 양식을 끊을 때에 열 여인이 한 화덕에서 너희 떡을 구워 저울에 달아 주리니 너희가 먹어도 배부르지 아니하리라 너희가 이같이 될지라도 내게 청종하지 아니하고 내게 대항할진대 내가 진노로 너희에게 대항하되 너희의 죄로 말미암아 ( )나 더 징벌하리니"(레 26:26-28)의 괄호에 들어갈 말은?
① 배 ② 세 배
③ 칠 배 ④ 열 배

064_② 065_① 066_① 067_③ 068_② 069_④ 070_③ 071_③ 072_④ 073_③

074 레위기 27장의 30-33절의 마지막 규정은 무엇에 관한 내용인가?
① 십분의 일
② 서원
③ 여호와께 온전히 바친 것
④ 희년

【주관식】

075 다음은 레위기 7장 37절 본문입니다. 괄호 안에 들어갈 용어를 기록하십시오.
"이는 번제와 소제와 속죄제와 속건제와 ( )과 화목제의 규례라"

076 "원수를 갚지 말며 동포를 원망하지 말며 네 ( )하기를 네 자신과 같이 ( )하라 나는 여호와이니라"(레 19:18)에서 괄호에 들어갈 말을 순서대로 기록하시오.

077 레위기 25장 8-12절 본문에서는 일곱 안식년을 계수하여 몇 년째 해가 '희년'이라고 규정하였습니까?

078 "너희가 원수의 땅에 살 동안에 너희의 본토가 황무할 것이므로 땅이 ( )을 누릴 것이라. 그때에 땅이 ( )을 누리리니"(레위기 26:34)에서 괄호에 공통으로 들어갈 말은?

079 "너희가 그 땅에 들어가 각종 과목을 심거든 그 열매는 아직 ( ) 받지 못한 것으로 여기되 곧 삼년 동안 너희는 그것을 ( ) 받지 못한 것으로 여겨 먹지 말 것이요"(레 19:23)의 괄호 안에 공통으로 들어갈 낱말은?

080 레위기 1-5장에 기록된 5가지 중요 제사를 모두 기록하시오.

081 다음은 레위기 1장 1절이다. 괄호 안에 들어갈 알맞은 낱말을 기록하시오.
"여호와께서 ( )에서 모세를 부르시고 그에게 말씀하여 이르시되"

082 다음은 레위기 6장 5절의 일부 본문이다. 무슨 제사에 관한 규정인가?
"… 그 본래 물건에 오분의 일을 더하여 돌려보낼 것이니 그 죄가 드러나는 날에 그 임자에게 줄것이요"

083 다음은 레위기 19장 2절이다. 괄호 안에 공통으로 들어갈 말은 무엇인가?
"너는 이스라엘 자손의 온 회중에게 말하여 이르라. 너희는 ( )하라. 이는 나 여호와 너희 하나님이 ( )함이니라"

084 "너희는 나에게 거룩할지어다 이는 나 여호와가 거룩하고 내가 또 너희를 나의 ( )로 삼으려고 너희를 만민 중에서 구별하였음이니라" (레 20:26)의 괄호에 들어갈 낱말은?

085 "일곱째 해에는 그 땅이 쉬어 안식하게 할지니 ( )께 대한 안식이라"(레 25:4)에서 괄호 안에 들어갈 말은?

086 "( )을/를 영구히 팔지 말 것은 ( )은/는 다 내 것임이니라 너희는 거류민이요 동거하는 자로서 나와 함께 있느니라"(레위기 25:23)에서 괄호 안에 공통으로 들어갈 낱말은?

087 "너와 네 남종과 네 여종과 네 품꾼과 너와 함께 거류하는 자들과 네 가축과 네 땅에 있는 들짐승들이 다 그 소출로 먹을 것을 삼을 지니라"(레 25:6-7)에서 "그 소출"은 어떤 해[年]의 소출을 말함인가?

088 "네 이웃 사랑하기를 네 자신과 같이 사랑하라"는 본문이 기록된 레위기의 장과 절을 기록하시오.

089 다음은 레위기 27장 34절 본문이다. 괄호 안에 들어갈 말을 기록하시오.
"이것은 여호와께서 ( )에서 이스라엘 자손을 위하여 모세에게 명령하신 계명이니라"

074_① 075_위임식 076_이웃 사랑, 사랑 077_오십년/50년 078_안식 079_할례 080_번제, 소제, 화목제, 속죄제, 속건제
081_회막 082_속건제 083_거룩 084_소유 085_여호와 086_토지 087_안식년 088_19장 18절 089_시내산

민수기

【A등급】

001 다음 중 여호와께서 명하시지 않은 다른 불을 드리다가 죽은 아론의 두 아들들에 대하여 언급한 민수기의 본문들이 바르게 짝지어진 것은?
① 3장 4절과 26장 61절
② 13장 23절과 25장 46절
③ 4장 14절과 27장 34절
④ 23장 14절과 34장 21절

002 "내가 이스라엘 자손 중에서 레위인을 택하여 이스라엘 자손 중에서 태를 열어 태어난 모든 자를 대신하게 하였은즉 레위인은 ( )"(민 3:12)의 괄호에 들어갈 말은?
① 기업이 없느니라 ② 구별된 자니라
③ 내 것이라 ④ 나의 기업이라

003 다음 중 민수기에 기록된 레위인의 직무가 아닌 것은?
① 이스라엘 자손의 직무를 위해 성막에서 시무함 (3:8)
② 성소와 성소의 모든 기구 덮는 일 (3:24)
③ 제사장 아론 앞에 서서 시종함 (3:6)
④ 회막의 모든 기구를 맡아 지킴 (3:8)

004 민수기 4장 47절에 따르면, 레위인에게 주어진 두 가지 일을 무엇이었는가?
① 회막 봉사와 메는 일
② 회막 봉사와 아론을 섬기는 일
③ 제물을 잡는 일과 성막의 일
④ 율법을 기록하는 일과 가르치는 일

005 민수기 5장 3절에서는 남녀를 막론하고 부정한 자를 진영 밖으로 내보내라는 명령의 이유를 무엇이라고 설명하였는가?
① 진영 안에는 성막이 있음
② 진영은 거룩한 장소임
③ 여호와께서 진영 가운데 거하심
④ 여호와의 온 회중이 거룩함

006 민수기 6장에 나오는 나실인의 법에 맞는 것은?
① 부모와 형제의 시체는 만져도 된다.
② 포도주와 독주를 멀리 하되, 포도의 씨나 껍질은 먹어도 된다.
③ 구별한 날이 차서 여호와께 일정한 헌물을 드리고 나면 포도주를 마실 수 있다.
④ 구별한 때에 자기의 몸을 더럽히면 지나간 기간의 오분의 일만 유효하다.

007 민수기 7장 89절에서는 모세가 회막에 들어가서 여호와께 말하려 할 때에 어디에서 말씀하시는 여호와의 목소리를 들었다고 묘사하였는가?
① 지성소의 휘장 안쪽
② 증거궤 앞 속죄소 앞쪽
③ 증거궤 위 속죄소 위의 두 그룹 사이
④ 지성소 휘장 뒤편

008 다음은 민수기 8장 13절 본문이다. 괄호 안에 들어갈 알맞은 말은?
"레위인을 아론과 그의 아들들 앞에 세워 여호와께 ( )로 드릴지니라"
① 거제 ② 요제
③ 전제 ④ 화목제

009 다음은 민수기 9장 22-23절의 부분 본문입니다. 괄호 안에 들어갈 알맞은 말들이 순서대로 바르게 연결된 것을 찾으십시오.
"… ( )이 성막 위에 머물러 있을 동안에는 이스라엘 자손이 진영에 머물고 행진하지 아니하

001_① 002_③ 003_② 004_① 005_③ 006_③ 007_③ 008_② 009_①

다가 떠오르면 행진 하였으니 곧 그들이 ( )을 따라 진을 치며 ( )을 따라 행진하고 …"
① 구름 – 여호와의 명령 – 여호와의 명령
② 구름 – 구름기둥 – 구름기둥
③ 불기둥 – 모세의 명령 – 모세의 명령
④ 불기둥 – 구름기둥 – 구름기둥

010 가나안 땅을 정탐하고 돌아온 정탐꾼들은 이스라엘 자손 앞에서 그 땅을 무엇이라고 표현하면서 악평했는가(13:32)?
① 젖과 꿀이 없는 땅
② 그 거주민을 토해내는 땅
③ 메마르고 거친 땅
④ 그 거주민을 삼키는 땅

011 민수기 13장에서 가나안 땅을 정탐하러 간 열두 명 중 갈렙이 속한 지파는?
① 르우벤 ② 시므온
③ 유다 ④ 에브라임

012 민수기 13장 33절은 이스라엘 자손의 정탐꾼들이 가나안 땅을 정탐하고 돌아와 보고했던 내용의 일부이다. 여기서 이스라엘 정탐꾼들은 스스로를 어떤 곤충에 비교했는가?
① 메뚜기 ② 팟종이
③ 황충 ④ 개미

013 고라와 다단과 아비람과 온이 모세와 아론을 거스르며 당을 지었을 때, 그들이 말했던 내용 가운데 16장 3절에 기록된 내용에 속하지 않는 것은?
① 모세와 아론이 분수에 지남
② 모세와 아론이 여호와의 총회 위에 스스로 높임
③ 회중이 다 각각 거룩하고 여호와께서 그들 중에 계심
④ 스스로 왕이 되려 함

014 모압왕 발락의 고관들에게 발람이 했던 말 가운데 민수기 22장 18절의 다음 본문에서 괄호에 들어갈 알맞은 말은 무엇입니까?
"발람이 발락의 신하들에게 대답하여 이르되 발락이 그 집에 가득한 은금을 내게 줄지라도 내가 능히 ( )을 어겨 덜하거나 더하지 못하겠노라"
① 하나님의 말씀
② 여호와 내 하나님의 말씀
③ 여호와의 율법
④ 나의 전능자의 명령

015 민수기 20장 24절에서는 아론이 하나님께서 이스라엘 자손에게 준 땅에 들어가지 못한 이유를 무엇이라 설명하였습니까?
① 시내광야에서 금송아지 우상을 제작함
② 백성들의 원망과 불평으로 인함
③ 므리바 물에서 여호와의 말씀을 거역함
④ 나답과 아비후의 사망 사건 때의 불순종

016 다음 중 22-23장에서 모압왕 발락이 발람에게 이스라엘을 저주해 줄 것을 부탁하면서 인도하였던 세 장소가 순서대로 바르게 배열된 것을 찾으십시오.
① 바알의 산당–비스가 산–호르 산 꼭대기
② 바알의 산당–호르 산–브올 산
③ 바알의 산당–비스가 꼭대기–브올 산 꼭대기
④ 바알의 산당–브올 산–비스가 산

017 비느하스가 여호와의 질투심으로 질투하여 이스라엘 자손 중에서 여호와의 노를 돌이킨 이후에 그가 여호와께로부터 받은 약속은 무엇이었습니까?
① 영원한 제사장의 직분을 받음
② 시므온 지파의 지휘관으로 인정받음
③ 아론의 후계자로 임명됨
④ 레위인의 두령으로 인정받음

018 민수기 30장의 서원 율법에 따르면, 다음 중 상황과 관계없이 여자가 반드시 지켜야 하는 서원이나 서약은?
① 남편을 맞을 때에 한 서원이나 서약
② 남편의 집에서 한 서원이나 서약
③ 아버지의 집에 있을 때 한 서원이나 서약
④ 과부와 이혼한 여자의 서원이나 서약

010_④ 011_③ 012_① 013_④ 014_② 015_③ 016_③ 017_① 018_④

019 여호와께서 모세에게 무엇을 명령하시고 “그 후에 네가 네 조상에게로 돌아가리라”라고 말씀하셨다고 민수기에서는 말해 주고 있는가?
① 여호와께서 시내산에서 주신 율법을 선포할 것을 명하심
② 이스라엘 자손의 원수를 미디안에게 갚으라고 명하심
③ 이스라엘 열 두 지파를 축복하라고 명하심
④ 이스라엘 자손의 광야여정과 율법을 기록하라고 명하심

020 민수기 31장 16절에 따르면, 바알브올에서 이스라엘 자손이 여호와 앞에 범죄하여 그들 가운데 염병이 일어났던 일은 누구의 꾀를 따라 이루어지게 된 일이었는가?
① 발람 ② 발락
③ 비느하스 ④ 미디안 여인

021 이스라엘 자손이 진영별로 행진할 때에 성막을 걷어서 메고 출발한 이들은 누구였습니까(10:17)?
① 게르손 자손과 므라리 자손
② 고핫 자손
③ 게르손 자손과 고핫 자손
④ 게르손 자손

022 이스라엘 자손이 진영별로 행진할 때에 성물을 메고 행진한 이들은 누구였습니까(10:21)?
① 게르손 자손과 므라리 자손
② 고핫 자손
③ 게르손 자손과 고핫 자손
④ 게르손 자손

023 다음은 민수기 14장 24절의 일부분이다. 괄호 안에 들어갈 사람의 이름은 무엇인가?
“그러나 내 종 ( )은/는 그 마음이 그들과 달라서 나를 온전히 따랐은즉 그가 갔던 땅으로 내가 그를 인도하여 들이리니 …”
① 여호수아 ② 갈렙
③ 엘르아살 ④ 비느하스

024 민수기 14장에서 이스라엘 자손이 가나안 땅에 들어가지 못할 것이라는 하나님의 심판을 받은 사건 이후에 이어진 민수기 15장 1-31절에서 말씀하고 있는 내용은 무엇이었습니까?
① 제사와 제물
② 고라의 반역
③ 안식일에 나무하는 자의 이야기
④ 가나안 땅에서 일어나게 될 일들에 대한 예언

025 불평과 원망을 일삼던 이스라엘 백성이 가나안 땅에 들어가지 못한다는 심판의 말씀을 여호와께로부터 받은 이후에 첫 번째 사형 판결 사건이 민수기 15장 32-36절에 기록되어 있다. 이 사건은 어떤 문제였다고 본문에 기록되어 있는가?
① 다툼 중에 여호와의 이름을 저주함
② 모세와 아론의 권위에 도전함
③ 안식일에 나무하다가 발견됨
④ 여호와의 성물을 훔친 것이 드러남

026 민수기 15장 37-40절은 이스라엘 자손의 옷단 귀에 술을 만들고, 그 귀에 더하는 청색 끈에 대한 규정이다. 다음 중 이와 관련된 내용이 <u>아닌</u> 것은?
① 이스라엘 자손이 보고 여호와의 모든 계명을 기억하여 준행하게 함
② 방종하게 하는 자신의 마음과 눈의 욕심을 따라 음행하지 않기 위함
③ 이스라엘 자손이 여호와의 모든 계명을 기억하고 행하면 하나님 앞에 거룩할 것임
④ 여호와께서 그것을 보시고, 죽이지 않도록 하기 위함

027 다음에 기록된 본문은 모압왕 발락이 발람으로 하여금 이스라엘을 저주하도록 하였던 세 차례의 시도들과 발람의 마지막 예언 가운데 몇 번째에 언급되었던 예언의 내용입니까?
“하나님은 사람이 아니시니 거짓말을 하지 않으시고 인생이 아니시니 후회가 없으시도다. 어찌 그 말씀하신 바를 행하지 않으시며 하신 말씀을 실행하지 않으시랴”
① 첫 번째 ② 두 번째

019_② 020_① 021_① 022_② 023_② 024_① 025_③ 026_④ 027_②

③ 세 번째 ④ 마지막

028 민수기에 기록된 두 차례의 인구 조사는 각각 어디에 기록되어 있는가?
① 1장과 26장 ② 2장과 27장
③ 3장과 28장 ④ 4장과 29장

029 민수기 31장에서는 여호와께서 모세에게 이스라엘 자손의 원수를 미디안에게 갚으라고 명하셨다. 그 이유는 무엇 때문 이라고 16절에서 말하고 있는가?
① 브올의 사건에서 이스라엘 자손을 여호와 앞에 범죄하게 하여 염병이 일어나게 함
② 이스라엘 민족이 광야를 지날 때 뒤쳐진 부녀자들과 연약한 자들을 약탈함
③ 이스라엘 자손으로 하여금 여호와를 원망하게 함
④ 이스라엘 자손을 속이고 자신들이 먼 곳에서 온 사람들이라고 믿게 함

030 다음 중 민수기 34장에 기록된 가나안 사방 지경에 해당하는 내용이 틀리게 연결된 것은?
① 남쪽 – 신 광야
② 서쪽 – 대해
③ 북쪽 – 호르산
④ 동쪽 – 아그랍빔 언덕

【B등급】

031 "이스라엘 자손 중 ( )세 이상으로 싸움에 나갈만한 모든 자를 너와 아론은 그 진영별로 계수하되"(민 1:3)의 괄호에 들어갈 숫자는?
① 20 ② 30
③ 40 ④ 50

032 민수기 1장 49절에서 이스라엘 자손의 인구조사를 할 때에 계수에 넣지 말라고 언급된 지파의 이름은 무엇인가?
① 유다 ② 요셉
③ 레위 ④ 단

033 광야에서 이스라엘 자손이 회막을 향하여 사방으로 진을 칠 때 맡은 영역이 옳은 것은?
① 동 – 유다, 잇사갈, 스불론
② 서 – 르우벤, 시므온, 갓
③ 북 – 에브라임, 므낫세, 베냐민
④ 남 – 단, 아셀, 납달리

034 "이스라엘 자손 중 모든 처음 태어난 자 대신에 ( )을 취하고 또 그들의 가축 대신에 ( )의 가축을 취하라 ( )은 내 것이라"(민 3:45)의 괄호에 공통으로 들어갈 말은?
① 아론의 자손 ② 모세의 자손
③ 레위인 ④ 제사장

035 민수기 3장 47절에 따르면, 처음 태어난 사람을 대속할 때 성소의 세겔을 따라 얼마로 대속하는가?
① 은 한 세겔 ② 은 다섯 세겔
③ 은 이십 세겔 ④ 은 삼십 세겔

036 민수기 4장 23절을 따를 경우에, 레위인은 회막에서 몇 세까지 복무하고 봉사할 수 있나?
① 60세 ② 70세
③ 50세 ④ 65세

037 민수기 4장에서 이스라엘이 진영을 떠날 때에 성소와 성소의 모든 기구 덮는 일을 맡은 사람들은 누구인가(민 4:15)?
① 아론과 그의 아들들
② 이다말 자손
③ 에브라임 지파
④ 백부장들

038 민수기 4장에서 이스라엘 진영이 이동할 때 성막의 휘장들과 회막과 그 덮개와 회막 휘장문을 메는 일을 맡은 사람들은 누구인가(민 4:24-25)?
① 게르손 자손 (종족)
② 이다말 자손 (종족)
③ 에브라임 지파
④ 백부장들

028_① 029_① 030_④ 031_① 032_③ 033_① 034_③ 035_② 036_③ 037_① 038_①

039 민수기에서 의심의 법에 관하여 나오는 장은?
① 3장 ② 4장
③ 5장 ④ 6장

040 "그 서원을 하고 구별하는 모든 날 동안은 삭도를 절대로 그의 머리에 대지 말 것이라 자기 몸을 구별하여 여호와께 드리는 날이 차기까지 그는 거룩한즉 그의 머리털을 길게 자라게 할 것이며"(민 6:5)는 누구에 관한 말씀인가?
① 레위인 ② 나실인
③ 제사장 ④ 왕

041 "여호와는 네게 복을 주시고 너를 지키시기를 원하며 여호와는 그의 얼굴을 네게 비추사 은혜 베푸시기를 원하며 여호와는 그 얼굴을 네게로 향하여 드사 평강 주시기를 원하노라"는 말씀이 나오는 책은?
① 출애굽기 ② 민수기
③ 신명기 ④ 여호수아

042 이스라엘 회중을 소집하며 진영을 출발하게 할 때 나팔을 부는 자는?
① 고핫 자손 ② 게르손 자손
③ 므라리 자손 ④ 제사장

043 민수기 10장 31절에 기록된 모세의 요청은 누구에게 했던 말인가?
"… 우리를 떠나지 마소서. 당신은 우리가 광야에서 어떻게 진 칠지를 아나니 우리의 눈이 되리이다"
① 모세의 장인 이드로
② 모세의 장인 르우엘의 아들 호밥
③ 갈렙
④ 아론

044 "모세가 모세의 장인 미디안 사람 르우엘의 아들 ( )에게 이르되 여호와께서 주마 하신 곳으로 우리가 행진하나니 우리와 동행하자 그리하면 선대하리라 여호와께서 이스라엘에게 복을 내리리라 하셨느니라. ( )이 그에게 이르되 나는 가지 아니하고 내 고향 내 친족에게로 가리라"(민 10:29-30)의 두 괄호에 공통으로 들어갈 말은?
① 호밥 ② 요게벳
③ 아론 ④ 갈렙

045 "그들이 여호와의 산에서 떠나 삼 일 길을 갈 때에 여호와의 ( ) 그 삼 일 길 앞서 가며 그들의 쉴 곳을 찾았고 그들이 진영을 떠날 때에 낮에는 여호와의 구름이 그 위에 덮였었더라"(민 10:33-34)의 괄호에 들어갈 말은?
① 제사장이 ② 언약궤가
③ 사자가 ④ 영광이

046 "여호와여 일어나사 주의 대적들을 흩으시고 주를 미워하는 자가 주 앞에서 도망하게 하소서"는 언제 선포하는 말인가(민 10:35)?
① 이스라엘이 진영을 떠날 때에
② 언약궤가 떠날 때에
③ 이스라엘이 쉴 곳을 찾았을 때
④ 언약궤가 휴식을 취할 때에

047 "여호와여 이스라엘 종족들에게로 돌아오소서"는 언제 선포하는 말인가(민 6:36)?
① 이스라엘이 진영을 떠날 때에
② 언약궤가 떠날 때에
③ 이스라엘이 쉴 곳을 찾았을 때
④ 언약궤가 쉴 때에

048 민수기 11장에서 만나의 모양이 무엇과 같다고 했는가?
① 흰 눈 ② 진주
③ 모래 ④ 이슬

049 "네가 나를 위하여 시기하느냐 여호와께서 그의 영을 그의 모든 백성에게 주사 다 선지자가 되게 하시기를 원하노라"(민 11:29)라고 말한 사람은?
① 여호수아 ② 다윗
③ 모세 ④ 엘리야

050 모세가 구스 여자를 취한 것을 비방하고 "여호와께서 모세와만 말씀하셨느냐 우리와도 말씀하지 아니하셨느냐"라는 말을 한 이후에 여호

039_③ 040_② 041_② 042_④ 043_② 044_① 045_② 046_② 047_④ 048_② 049_③ 050_②

와께서 진노하심으로 말미암아 미리암에게 발생한 병은?
① 염병 ② 나병
③ 열병 ④ 유출병

051 다음의 민수기 본문은 어떤 사건이 발생했을 때와 연관된 말씀인가?
"이 사람 모세는 온유함이 지면의 모든 사람보다 더하더라"
① 모세가 구스 여인을 취했다고 미리암과 아론이 모세를 비방했을 때
② 고라와 다단과 아비람과 온이 당을 짓고 모세와 아론을 거스를 때
③ 안식일에 나무하던 사람이 붙잡혔을 때
④ 이스라엘 자손들이 마실 물이 없다고 불평할 때

052 민수기 12장 6-8절에서 하나님께서 모세에 대하여 설명하신 내용이 아닌 것은?
① 그는 내 온 집에 충성함
② 그와는 내가 대면하여 명백히 말함
③ 그는 여호와의 형상을 본다
④ 내가 그의 이름을 생명책에서 지움

053 민수기 11장 31-35절에 따르면 여호와께서 광야에서 이스라엘 백성에게 먹게 하신 고기는 무엇이었는가?
① 물고기 ② 들염소
③ 메추라기 ④ 들소

054 모세가 백성을 위해 기도한 내용이 나오는 곳은?
① 출애굽기 32장과 민수기 13장
② 출애굽기 33장과 민수기 13장
③ 출애굽기 32장과 민수기 14장
④ 출애굽기 33장과 민수기 14장

055 "우리가 두루 다니며 정탐한 땅은 그 거주민을 삼키는 땅이요 거기서 본 모든 백성은 신장이 장대한 자들이며 거기서 네피림 후손인 아낙 자손의 거인들을 보았나니 우리는 스스로 보기에도 메뚜기 같으니 그들이 보기에도 그와 같았을 것이니라"는 말씀이 들어있는 책은?
① 창세기 ② 민수기
③ 신명기 ④ 여호수아

056 민수기 13장에서 가나안 정탐꾼들이 받은 명령이 아닌 것은?
① 토지가 비옥한지 메마른지 파악하라.
② 땅의 거민이 어느 민족 출신들인지 파악하라.
③ 나무가 있는지 없는지 파악하라.
④ 성읍이 진영인지 산성인지 파악하라.

057 가나안 정탐꾼들이 정탐한 곳이 아닌 것은?
① 르홉 ② 헤브론
③ 네겝 ④ 예루살렘

058 민수기에서 백성들이 가나안 땅에 들어가지 못한 이유는 어디에 기록되어 있는가?
① 11장 ② 14장
③ 15장 ④ 20장

059 다음 중 민수기 14장에 나오지 않는 내용은?
① 이곳에는 파종할 곳이 없고 무화과도 없고 석류도 없고 마실 물도 없도다.
② 네게 그들보다 크고 강한 나라를 이루게 하리라.
③ 여호와는 노하기를 더디 하시고 인자가 많아 죄악과 허물을 사하시나
④ 너희 말이 내게 들린대로 행하리니

060 "너희가 분수에 지나도다. 회중이 다 각각 거룩하고 여호와께서도 그들중에 계시거늘 너희가 어찌하여 여호와의 총회 위에 스스로 높이느냐?"(민 16:3)라고 불평한 사람에 속하지 않는 자는?
① 다단 ② 온
③ 고라 ④ 아삽

061 이스라엘 자손이 모세와 아론에게 대하여 원망하는 말을 그치게 하기 위하여 민수기 17장에서 여호와께서 표징이 되도록 사용하신 것은 무엇이었는가?
① 아론의 지팡이 ② 모세의 지팡이

051_① 052_④ 053_③ 054_③ 055_② 056_② 057_④ 058_② 059_① 060_④ 061_①

③ 여호와의 불　　④ 증거궤

062 "이스라엘 자손이 여호와와 다투었으므로 이를 므리바 물이라 하니라 여호와께서 그들 중에서 그 (　)을 나타내셨더라"(민 20:13)의 괄호에 들어갈 말은?
① 온전함　　② 긍휼
③ 선함　　④ 거룩함

063 민수기에서 모세가 가나안 땅에 들어가지 못하게 된 사건은 어디에 기록되어 있는가?
① 19장　　② 20장
③ 21장　　④ 22장

064 민수기 20장 1절에 의하면 미리암이 죽어서 장사된 곳은 어디인가?
① 신 광야 – 가데스
② 바란 광야 – 가데스
③ 호르산
④ 모압평지의 여리고 맞은 편

065 "너희가 나를 믿지 아니하고 이스라엘 자손의 목전에서 내 거룩함을 나타내지 아니한 고로 너희는 이 회중을 내가 그들에게 준 땅으로 인도하여 들이지 못하리라"는 어느 책에 나오는 말인가?
① 창세기　　② 민수기
③ 신명기　　④ 여호수아

066 "여호와께서 모세에게 이르시되 불뱀을 만들어 장대 위에 매달아라 물린 자마다 그것을 보면 살리라 모세가 놋뱀을 만들어 장대 위에 다니 뱀에게 물린 자가 놋뱀을 쳐다본즉 모두 살더라"라는 말씀이 나오는 책은?
① 출애굽기　　② 레위기
③ 민수기　　④ 신명기

067 발람이 모압왕 발락의 초청을 받아 길을 나섰을 때에 여호와의 사자가 길에 서 있는 것을 보고 멈추었다가, 발람에게 매를 맞게 되었고 나중에 여호와께서 입을 열어주시자, 자신을 세 번 때린 발람에게 말을 했던 동물은 무엇이었다고 민수기 22장 28-30절에 기록되어 있는가?
① 노새　　② 말
③ 나귀　　④ 낙타

068 "하나님은 사람이 아니시니 거짓말을 하지 않으시고 인생이 아니시니 후회가 없으시도다"(민 23:19)는 누구의 말인가?
① 나단　　② 발람
③ 발락　　④ 미리암

069 "내가 그에게 내 평화의 언약을 주리니 그와 그의 후손에게 영원한 제사장 직분의 언약이라"(민 25:12-13)에서 '그'는 누구인가?
① 레위　　② 엘르아살
③ 비느하스　　④ 아론

070 다음 중 요단 동쪽 지역에 정착한 지파가 <u>아닌</u> 것은?
① 르우벤　　② 갓
③ 므낫세 반　　④ 베냐민

071 요단강 동쪽에 땅을 유업으로 받은 지파는? (민 32장)
① 베냐민　　② 르우벤
③ 단　　④ 아셀

072 발람에게 이스라엘을 저주하도록 부탁한 사람은 다음 가운데 어느 족속의 왕인가?
① 에돔　　② 모압
③ 암몬　　④ 시혼

073 민수기 35장 7절에서는 레위인에게 모두 몇 개의 성읍을 분배하도록 했는가?
① 6개　　② 12개
③ 24개　　④ 48개

074 민수기 35장의 도피성은 몇 곳인가?
① 4 개　　② 6개
③ 8개　　④ 48개

075 '슬로브핫의 딸들'의 유산상속 문제는 민수기

062_④ 063_② 064_① 065_② 066_③ 067_③ 068_② 069_③ 070_④ 071_② 072_② 073_④ 074_② 075_①

어디에 기록되어 있는가?
① 27장과 36장 ② 36장
③ 28장과 35장 ④ 27장

076 모세가 마지막으로 이스라엘 자손에게 지시했던 전쟁은?
① 시혼 전쟁 ② 미디안 전쟁
③ 에돔 전쟁 ④ 바산 전쟁

077 민수기는 총 몇 장으로 이루어졌는가?
① 33장 ② 34장
③ 36장 ④ 40장

078 민수기 1장 46절의 출애굽 이후 첫 번째 인구조사에 계수된 사람 숫자는?
① 601,730명 ② 120,000명
③ 600,000명 ④ 603,550명

079 다음 중 성막 주위에 진을 치라는 명령을 받았던 지파는(민 1:50, 53)?
① 레위 ② 유다
③ 요셉 ④ 에브라임과 므낫세

080 민수기 1장 19절에는 출애굽한 이스라엘 자손의 인구조사가 어디에서 이루어진 것이라고 기록되어 있는가?
① 시내산 ② 시내 광야
③ 수르 광야 ④ 회막 문 앞

081 민수기 2장 17절에서는 이스라엘 자손의 진영이 행진할 때에 중앙에 위치시키라고 여호와께서 명하신 것은 무엇이었다고 기록하였는가?
① 언약궤
② 회막
③ 르우벤 지파
④ 아론 가문의 제사장들

082 민수기 2장 32절에서 인구조사를 받은 이스라엘 자손을 지칭하기 위해 "조상의 가문을 따라 계수된 자" 와 어느 표현이 사용되었습니까?
① 모든 진영의 군인
② 이스라엘 군대
③ 싸움에 나갈만한 자
④ 용사

083 다음 중 이스라엘 자손의 처음 난 자를 대신하여 여호와의 것으로 택함을 받은 것은 어느 지파인가?
① 유다 ② 요셉
③ 레위 ④ 르우벤

084 다음 중 민수기 2장에서 언급한 진영의 동서남북 방향과 그 대표 지파에 따른 진영의 이름이 틀리게 연결된 것을 찾으시오.
① 동 – 유다 진영 ② 서 – 잇사갈 진영
③ 남 – 르우벤 진영 ④ 북 – 단 진영

085 다음 중 민수기 3장에 기록된 대로 레위의 아들들의 이름과 그 가문이 맡은 성막의 책무가 바르게 짝지어진 것은?
① 게르손 – 성막과 장막과 그 덮개
② 고핫 – 성막의 널판과 말뚝
③ 므라리 – 증거궤와 등잔대
④ 게르손 – 뜰의 휘장과 성막의 모든 기구

086 민수기 4장 47절에서는 회막에서 봉사하는 레위인들의 연령을 어떻게 규정하였는가?
① 20–50세 ② 30–50세
③ 25–45세 ④ 35–55세

087 민수기 5장 6–7절에서는 남자나 여자나 사람들이 범하는 죄를 범하여 죄를 지으면, 그 지은 죄를 자복하고 그 죄 값을 갚되 오분의 일을 더하여 누구에게 주라고 명하였습니까?
① 그가 죄를 지었던 그 사람에게
② 여호와 하나님께
③ 제사장에게
④ 레위인에게

088 민수기 6장에는 제사장의 축도 외에 무엇에 관한 율법이 기록되어 있는가?
① 제사장
② 레위인
③ 아론과 그의 아들들

076_② 077_③ 078_④ 079_① 080_② 081_② 082_① 083_③ 084_② 085_① 086_② 087_① 088_④

④ 나실인

089 민수기 8장 24-26절에서는 레위인의 회막에 들어가서 복무할 나이를 어떻게 규정하였는가?
① 30-40세 ② 20-50세
③ 25-50세 ④ 18-44세

090 이스라엘 자손이 출애굽 한 이후 시내광야에서 머물다가 출발한 날은 언제인가(민 10:11)?
① 제2년 1월 15일 ② 제2년 1월 1일
③ 제2년 2월 20일 ④ 제2년 2월 15일

091 민수기 10장 33절에서는 이스라엘 자손의 진영이 행진할 때에 여호와의 언약궤는 어디에 위치해 있었다고 기록하였는가?
① 진영 중앙 ② 삼일 길 앞
③ 진영 선두 ④ 하룻길 앞

092 다음은 이스라엘 백성의 정탐꾼들이 가나안 땅을 정탐하고 돌아왔던 사건과 관련된 본문의 일부분이다. 민수기 14장 6절에서는 이 말을 누구의 말이라고 기록하였는가?
"… 다만 여호와를 거역하지는 말라 또 그 땅 백성을 두려워하지 말라 그들은 우리의 먹이라. 그들의 보호자는 그들에게서 떠났고 여호와는 우리와 함께하시느니라 그들을 두려워하지 말라 …"
① 여호수아 ② 갈렙
③ 여호수아와 갈렙 ④ 모세와 아론

093 아론의 지팡이에 움이 돋고 순이 나고 꽃이 피어서 살구 열매가 열렸던 사건은 민수기 몇 장에 기록되어 있는가?
① 15장 ② 16장
③ 17장 ④ 18장

094 모세와 아론를 거슬러서 당을 지었던 이들 가운데 고라는 어느 지파에 속한 사람이었는가?
① 르우벤 ② 유다
③ 레위 ④ 요셉

095 민수기 18장 7절에서는 제사장의 직분을 무엇이라고 표현했는가?
① 선물 ② 엄중한 책임
③ 하나님의 은혜 ④ 큰 짐

096 하나님과 모세를 향하여 원망하던 이스라엘 백성들이 불뱀들에 물려 죽는 자들이 발생하자 모세가 놋뱀을 만들어 장대 위에 달았고, 그것을 쳐다본 사람들은 살 수 있었다. 이 사건은 민수기 어디에 기록되어 있는가?
① 19장 ② 21장
③ 24장 ④ 32장

097 민수기 25장 1절에서는 출애굽한 이스라엘 백성이 어디에 머물러 있을 때에 바알브올에게 가담하는 일이 벌어졌다고 기록하였는가?
① 싯딤 ② 므리바
③ 가데스 ④ 호르마

098 출애굽한 이스라엘 민족의 광야 여정은 민수기 몇 장에 기록되어 있는가?
① 34장 ② 33장
③ 32장 ④ 35장

099 민수기 25장에서 이스라엘 백성이 바알브올에게 가담하여 이방 신들에게 절하는 죄를 범했을 때에 하나님을 위하여 질투하여 이스라엘 자손을 속죄한 사람은 누구였는가?
① 여호수아 ② 엘르아살
③ 비느하스 ④ 갈렙

【주관식】

100 다음은 여호와께서 아론에게 말씀하신 민수기 18장 7절의 본문이다. 괄호 안에 들어갈 낱말을 기록하시오.
"너와 네 아들들은 제단과 휘장 안의 모든 일에 대하여 제사장의 직분을 지켜 섬기라. 내가 제사장의 직분을 너희에게 ( )로 주었은즉, 거기 가까이하는 외인은 죽임을 당하리라"

089_③ 090_③ 091_② 092_③ 093_③ 094_③ 095_① 096_② 097_① 098_② 099_③ 100_선물

101 다음은 민수기 6장 24-26절에 기록된 제사자의 축도문이다입니다. 괄호 안에 공통으로 들어갈 알맞은 말을 기록하시오.
"여호와는 네게 복을 주시고 너를 지키시기를 원하며, 여호와는 그의 ( )을 네게 비추사 은혜 베푸시기를 원하며, 여호와는 그 ( )을 네게로 향하여 드사 평강주시기를 원하노라"

102 민수기 14장 44-45절에서는 이스라엘 자손이 아말렉인과 가나안인에게 패전하고 쫓겨서 이르게 되었던 곳으로 언급되었으나, 민수기 21장 1-3절에서는 가나안 사람들과 그들의 성읍을 다 멸하였다고 말하고 있는 동일한 장소의 이름은?

103 "여호와께서 ( )와 ( )에게 이르시되, 너희가 나를 믿지 아니하고 이스라엘 자손의 목전에서 내 거룩함을 나타내지 아니한 고로 너희는 이 회중을 내가 그들에게 준 땅으로 인도하여 들이지 못하리라 하시니라"(민 20:12)라는 본문에서 괄호 안에 들어갈 두 사람의 이름을 기록하시오.

104 "이는 악의도 없고 해하려 한 것도 아닌즉 … 피를 보복하는 자의 손에서 살인자를 건져내어 그가 피하였던 ( )으로 돌려보낼 것이요. 그는 거룩한 기름부음을 받은 대제사장이 죽기까지 거기 거주할 것이니라"(민 35:23-25)의 괄호에 들어갈 말은?

105 민수기 6장에서는 이스라엘 자손의 남자나 여자가 자기 몸을 구별하여 하나님께 드리려고 할 때, 자기 몸을 구별하는 모든 날 동안 관련 율법을 엄격하게 지켜야 하는 특별한 서원에 대하여 기록하고 있다. 이 서원을 하고 지키는 사람을 구약에서는 무엇이라고 부르는가?

106 다음은 레위인에 대한 민수기 8장 15절 말씀이다. 괄호 안에 들어갈 알맞은 낱말은 무엇인가?
"네가 그들을 정결하게 하여 ( )로 드린 후에 그들이 회막에 들어가서 봉사할 것이니라"

107 "보라 내가 이스라엘 자손 중에서 ( )을 택하여 이스라엘 자손 중에 태를 열어 태어난 모든 자를 대신하게 하였은즉 ( )은 내 것이라"(민 3:12)의 괄호에 들어갈 말은?

108 "그와는 내가 대면하여 명백히 말하고 은밀한 말로 하지 아니하며 그는 또 여호와의 형상을 보거늘"(민 12:8)에서 그는 누구인가?

109 "이 사람 모세는 ( )이 지면의 모든 사람보다 더하더라"(민 12:3)에서 괄호 안에 들어갈 말은?

110 출애굽한 이스라엘이 싯딤에서 모압 여자들과 음행하며 그들의 신들에게 절했을 때 이스라엘이 가담한 그 신의 이름은(민 25:1-3)?

111 미디안 여인과 함께 한 이스라엘 남자를 죽임으로써 이스라엘에 염병이 그치게 하고 여호와로부터 영원한 제사장 직분의 언약을 받은 이는 누구인가? (민 25:11)

112 여호와께서 아론과 그의 아들들에게 이스라엘 자손을 위하여 축복하도록 가르쳐 주신 말씀은 민수기 몇 장 몇 절부터 몇 절까지에 나오는가?

113 "하나님은 사람이 아니시니 ( )을 하지 않으시고 인생이 아니시니 후회가 없으시도다"(민 23:19)에서 괄호 안에 들어갈 말은?

114 민수기 25장 1절의 기록에 의하면 이스라엘이 어디에 머물러 있을 때에 모압 여자들과 음행하기를 시작했는가?

115 모압 왕으로부터 이스라엘을 저주하라는 청을 받았다가 이스라엘을 축복한 이는 누구인가?

116 민수기 27장 1절에 언급된 말라, 노아, 호글라, 밀가와 디르사는 누구의 딸들인가?

101_얼굴 102_호르마 103_모세, 아론 104_도피성 105_나실인 106_요제 107_레위인 108_모세 109_온유함 110_바알브올 11_비느하스 112_6:24-26 113_거짓말 114_싯딤 115_발람 116_슬로브핫

신명기

【A등급】

001 가나안 땅을 정탐했던 정탐꾼들이 돌아와 부정적인 보고를 할 때에, 신명기 1장 29-31절에 기록된 다음의 말들을 했던 사람은 누구였습니까?
"… 그들을 무서워하지 말라 두려워하지 말라 … 너희의 하나님 여호와께서 너희가 걸어온 길에서 너희를 안으사 이곳까지 이르게 하셨느니라"
① 여호수아 ② 갈렙
③ 모세 ④ 아론

002 "내가 너희 지파의 수령으로 지혜가 있고 인정받는 자들을 취하여 너희의 수령을 삼되 곧 각 지파를 따라 ( )과 ( )과 ( )과 ( )과 조장을 삼고"(신 1:15)의 괄호에 들어갈 말이 아닌 것은?
① 천부장 ② 백부장
③ 이십부장 ④ 십부장

003 "너를 낮추시며 너를 주리게 하시며 또 너도 알지 못하며 네 조상들도 알지 못하던 만나를 네게 먹이신 것은 사람이 떡으로만 사는 것이 아니요 여호와의 입에서 나오는 모든 말씀으로 사는 줄을 네가 알게 하려 하심이니라"는 말씀이 나오는 책은?
① 창세기 ② 민수기
③ 신명기 ④ 여호수아

004 "유교병을 그것과 함께 먹지 말고 이레 동안은 무교병 곧 고난의 떡을 그것과 함께 먹으라. 이는 네가 애굽 땅에서 급히 나왔음이니 이같이 행하여 네 평생에 항상 네가 애굽 땅에서 나온 날을 기억할 것이니라"(신 16:3)와 같이 지킨 절기는?
① 유월절 ② 칠칠절
③ 초막절 ④ 속죄일

005 신명기 3장 26절에서 모세는 자신을 가나안 땅에 들여보내달라는 간구를 왜 여호와께서 듣지 않으셨다고 말하였습니까?
① 므리바 물에서 여호와의 영광을 나타내지 않았음
② 므리바 물에서 불순종 함
③ 너희(이스라엘 자손) 때문에 내게 진노하셨음
④ 분노를 다스리지 못한 죄

006 "너는 마음을 다하고 뜻을 다하고 힘을 다하여 네 하나님 여호와를 사랑하라"라는 말은 어디에 나오는가?
① 창세기 ② 민수기
③ 신명기 ④ 여호수아

007 다음 괄호 안에 들어갈 알맞은 말이 순서대로 바르게 짝지어진 것은?
"네 조상들도 알지 못하던 ( )을/를 광야에서 네게 먹이셨나니 이는 다 너를 낮추시며 너를 시험하사 마침내 네게 ( )을/를 주려 하심이었느니라"(신 8:16)
① 메추라기 - 은혜
② 만나 - 복
③ 양식 - 축복
④ 만나와 메추라기 - 구원

008 출애굽기 34장 11절에 기록된 가나안의 여섯 민족들과 신명기 7장 1절에 기록된 가나안의 일곱 족속을 비교했을 때 신명기에 추가된 족속의 이름은 무엇인가?
① 헷 족속 ② 히위 족속
③ 브리스 족속 ④ 기르가스 족속

001_③ 002_③ 003_③ 004_① 005_③ 006_③ 007_② 008_④

009 신명기 7장 8절에서는 여호와께서 이스라엘 민족을 기뻐하시고, 택하신 이유가 그들의 조상들에게 하신 맹세를 지키려 하심과 또는 무엇 때문이라고 기록하였는가?
① 다른 민족보다 수효가 많음
② 사랑하심
③ 능력과 가능성이 있음
④ 순종함

010 출애굽기 20장에 기록된 것과 유사한 십계명은 신명기 어디에 기록되어 있는가?
① 5장 ② 10장
③ 24장 ④ 38장

011 "너희(네) 하나님 여호와께서 자기 이름을 위하여 택하신(택하실) 곳" 이라는 표현이 3회 이상 반복적으로 사용된 본문은 신명기 몇 장인가?
① 5장 ② 10장
③ 12장 ④ 24장

012 신명기 10장 8절에 기록된 레위 지파의 사명들에 포함되지 <u>않은</u> 것은 무엇인가?
① 여호와의 언약궤를 메게 함
② 여호와 앞에 서서 그를 섬김
③ 여호와의 이름으로 축복하게 함
④ 여호와의 율법을 가르침

013 "너는 네 하나님 여호와 앞에서 완전하라"라는 말씀은 신명기 어디에 기록되어 있는가?
① 17:15 ② 18:13
③ 12:26 ④ 26:12

014 다음은 이스라엘 자손이 여호와 하나님의 제단 앞에 토지소산의 만물을 드리며 아뢰는 말씀 가운데 한 부분이다. 그들이 자신의 조상에 관하여 언급한 표현으로서 괄호 안에 들어갈 말은 무엇인가?
"내 조상은 ( ) 사람으로서 애굽에 내려가서 거기에서 소수로 거류하였더니 거기에서 크고 강하고 번성한 민족이 되었는데 …"(신 26:5)
① 유리하는 히브리
② 방랑하는 아람
③ 이주하던 아모리
④ 유목하던 이스라엘

015 신명기 29장 29절은 감추어진 일이 우리 하나님 여호와께 속하였고 나타난 일은 우리와 우리 자손에게 속하였으니 이는 무엇을 위한 것이라고 기록하였는가?
① 우리에게 이 율법의 모든 말씀을 행하게 하심
② 여호와 우리 하나님을 경외하게 하심
③ 여호와께서 행하신 기이한 일들을 기억하게 하심
④ 구원은 사람에게 속한 것이 아니라 하나님께 있음을 알게 하심

016 신명기 31장 10-11절에서는 모세가 기록한 율법을 언제 이스라엘 자손들에게 낭독하여 듣게 하라고 명령하였습니까?
① 면제년의 초막절
② 매 안식일
③ 매 삼년 마지막 해
④ 매년 절기들

017 다음의 신명기 31장 19절 본문에서는 무엇을 써서 이스라엘 자손들에게 가르쳐 그들에게 증거가 되게 하라고 말씀하고 있는가? 괄호 안에 들어갈 낱말을 선택하시오.
"그러므로 이제 너희는 이 ( )을/를 써서 이스라엘 자손들에게 가르쳐 …"
① 율법 ② 여호와의 말씀
③ 노래 ④ 기도문

018 신명기 32장 17절에는 이스라엘 자손의 죄를 묘사한 내용 중 일부가 기록되어 있다. 본문에서는 그들이 하나님께 제사하지 않고 누구에게 제사하였다고 기록하였는가?
"그들은 하나님께 제사하지 아니하고 ( )에게 하였으니 곧 그들이 알지 못하던 신들, 근래에 들어온 새로운 신들, 너희의 조상들이 두려워하지 아니하던 것들이로다"
① 사탄 ② 하늘의 천군과 천사
③ 조상들 ④ 귀신들

009_② 010_① 011_③ 012_④ 013_② 014_② 015_① 016_① 017_③ 018_④

019 다음은 이스라엘 자손의 각 지파를 위한 모세의 마지막 축복들 가운데 한 본문입니다. 누구와 관련된 내용입니까?
"… 여호와여 그의 재산을 풍족하게 하시고, 그의 손의 일을 받으소서, 그를 대적하여 일어나는 자와 미워하는 자의 허리를 꺾으사 다시 일어나지 못하게 하옵소서"
① 유다 ② 베냐민
③ 레위 ④ 요셉

020 다음 중 신명기 마지막 장에 기록된 모세에 관한 내용이 아닌 것은?
① 모세는 느보 산에 올라가 비스가 산꼭대기에 이르렀다.
② 여호와께서 모세에게 길르앗 온 땅을 단까지 보이셨다.
③ 모세가 죽을 때 나이 백이십 세였으며, 이스라엘 자손은 그를 위해 사십 일을 애곡했다.
④ 모세는 벳브올 맞은편 모압 땅에 있는 골짜기에 장사되었다.

021 신명기 1장 6-8절에는 하나님 여호와께서 이스라엘 자손에게 어디에서 말씀하셨고, 그들에게 어디까지 가라고 명령하셨다고 기록되어 있습니까?
① 시내 광야 - 요단강
② 시내산 - 가나안 땅
③ 호렙산 - 유브라데
④ 호렙산 - 대해

022 다음은 신명기 18장 15절이다. 괄호 안에 들어갈 알맞은 말을 찾으시오.
"네 하나님 여호와께서 너희 가운데 네 형제 중에서 너를 위하여 ( ) 하나를 일으키시리니 너희는 그의 말을 들을지니라"
① 하나님의 사람
② 여호와의 종
③ 나와 같은 선지자
④ 기름부음 받은 종

023 이스라엘 자손이 적군과 싸우려 할 때에 싸울 곳에 가까이 가면 신명기 20장 3-4절에 기록된 다음과 같은 말을 백성에게 나아가 고해야 하는 사람은 누구인가(20:2)?
"이스라엘아 들으라 너희가 오늘 너희의 대적과 싸우려고 나아왔으니 마음에 겁내지 말며 두려워하지 말며 떨지 말며 그들로 말미암아 놀라지 말라 너희 하나님 여호와는 너희와 함께 행하시며 너희를 위하여 너희 적군과 싸우시고 구원하실 것이라"
① 왕 ② 군대의 지휘관
③ 제사장 ④ 대제사장

024 신명기 31장 9절에서는 모세가 쓴 율법을 누구에게 주었다고 말씀하고 있는가?
① 언약궤를 메는 레위 자손 제사장과 이스라엘 모든 장로
② 레위 지파의 모든 서기관들
③ 여호와의 영과 지혜가 함께 있는 자
④ 아론의 아들 제사장들

025 신명기 31장 13절에서는 이스라엘 자손이 요단을 건너가서 차지할 땅에 거주할 동안에 그들의 자녀에게 이 말씀을 듣고 무엇을 배우게 하라고 명령하였는가?
① 여호와 하나님께 순종하기
② 하나님 여호와 경외하기
③ 여호와의 율법
④ 하나님 여호와의 규례와 법도와 증언

026 다음은 신명기 32장 6절이다. 하나님에 대한 표현으로서 괄호 안에 들어갈 낱말은 무엇인가?
"어리석고 지혜 없는 백성아 여호와께 이같이 보답하느냐. 그는 네 ( )시오 너를 지으신 이가 아니시냐. 그가 너를 만드시고 너를 세우셨도다"
① 구원의 바위 ② 목자
③ 전능자 ④ 아버지

027 다음은 신명기 32장 10절의 본문입니다. 괄호 안에 들어갈 알맞은 말은?
"여호와께서 그를 황무지에서, 짐승이 부르짖

019_③ 020_③ 021_③ 022_③ 023_③ 024_① 025_② 026_④ 027_③

는 광야에서 만나시고 호위하시며 보호하시며, 자기의 ( )같이 지키셨도다"
① 자녀 ② 기업
③ 눈동자 ④ 심장

028 다음은 신명기 33장 2절 본문 가운데 일부분이다. 괄호 안에 들어갈 알맞은 지명이 순서대로 바르게 짝지어진 것은?
"… 여호와께서 ( )에서 오시고 ( )에서 일어나시고 ( )에서 비추시고 일만 성도 가운데에 강림하셨고, 그의 오른손에는 그들을 위해 번쩍이는 불이 있도다"
① 시내산 – 바란산 – 헐몬산
② 호렙산 – 비스가산 – 에돔산
③ 시내산 – 세일산 – 바란산
④ 호렙산 – 세일산 – 호르산

029 다음은 신명기 33장에 기록된 모세의 마지막 축복들 가운데 요셉 지파와 관련된 본문입니다. 괄호 안에 들어갈 알맞은 말은 무엇인가?
"… 땅의 선물과 거기 충만한 것과 ( )의 은혜로 말미암아 복이 요셉의 머리에, 그의 형제 중 구별한 자의 정수리에 임할지어다"
① 여호와
② 여호와 하나님
③ 야곱의 전능자
④ 가시떨기나무 가운데에 계시던 이

030 다음 중 여호와께서 모세에게 마지막으로 보여주신 장소들로서 신명기 34장 1-3절에 기록된 지명이나 지역이 아닌 것은?
① 단
② 서해까지의 유다 온 땅
③ 소알
④ 헤브론

【B등급】

031 신명기 1장 1절에 나오는 말씀은?
① 이스라엘 자손이 애굽 땅에서 나온 후 둘째 해 둘째 달 첫째 날에 여호와께서 시내 광야 회막에서 모세에게 말씀하여 이르시되
② 이는 모세가 요단 저쪽 숩 맞은 편의 아라바 광야 곧 바란과 도벨과 라반과 하세롯과 디사합 사이에서 이스라엘 우리에게 선포한 말씀이니라
③ 모세가 요단 저쪽 모압 땅에서 이 율법을 설명하기 시작하였더라
④ 모세가 이스라엘 자손에게 선포한 율법은 이러하니라

032 "마흔째 해 ( )달 그 달 ( )날에 모세가 이스라엘 자손에게 여호와께서 그들을 위하여 자기에게 주신 명령을 다 알렸으니"(신 1:3)의 괄호에 들어갈 말은?
① 열한 째, 첫째 ② 열한 째, 그믐
② 열두 째, 첫째 ④ 열두 째, 열 닷새

033 이스라엘 자손의 짐을 모세 홀로 감당하기 어려워, 모세는 각 지파에서 어떤 사람을 세워 그들의 수령으로 삼을 것을 이스라엘 자손에게 명하였는가? 다음 중 신명기 1장 13절에 기록된 선택의 기준에 해당하지 않는 것은 무엇인가?
① 지혜가 있는 자 ② 지식이 있는 자
③ 인정받는 자 ④ 능력이 있는 자

034 가나안 정탐꾼의 이야기는 민수기 외에 또 어느 책에 나오는가?
① 출애굽기 ② 레위기
③ 신명기 ④ 여호수아

035 "오직 여분네의 아들 갈렙은 온전히 여호와께 순종하였은즉 그는 그것을 볼 것이요 그가 밟은 땅을 내가 그와 그의 자손에게 주리라 하시고 여호와께서 ( ) 내게도 진노하사 이르시되 너도 그리로 들어가지 못하리라"(신 1:37)의 괄호에 들어갈 말은?
① 나의 죄악 때문에 ② 우리들 때문에
③ 너희 때문에 ④ 아론 때문에

036 하나님은 이스라엘이 가나안으로 갈 때에 누구의 땅을 빼앗지 말고 돈으로 그들의 양식과

028_③ 029_④ 030_④ 031_② 032_① 033_④ 034_③ 035_③ 036_①

물을 사먹으라고 명하셨는가?
① 에서 자손 ② 미디안
③ 아모리 왕 시혼 ④ 바산 왕 옥

037 이스라엘 자손이 가데스 바네아에서 떠나 세렛 시내를 건너기까지 몇 년이 걸렸다고 신명기 2장 14절에서 말하고 있는가?
① 40년 ② 39년
③ 38년 ④ 37년

038 "네가 오늘 모압 변경 아르를 지나리니 ( )족속에게 가까이 이르거든 그들을 괴롭히지 말고 그들과 다투지 말라. 이는 내가 그것을 롯 자손에게 기업으로 주었음이라"(신 2:18-19)의 괄호에 들어갈 말은?
① 아낙 ② 르바임
③ 암몬 ④ 갑돌

039 "아르논 골짜기 곁의 아로엘에서부터 길르앗 산지 절반과 그 성읍들을 내가 ( ) 자손과 ( ) 자손에게 주었고, 길르앗의 남은 땅과 옥의 나라였던 아르곱 온 지방 곧 온 바산으로는 내가 ( ) 지파에게 주었노라"(신 3:12-13)의 세 괄호에 들어갈 말을 차례대로 바르게 적은 것은?
① 르우벤 – 갓 – 므낫세 반
② 므낫세 반 – 르우벤 – 갓
③ 르우벤 – 므낫세 반 – 갓
④ 르우벤 – 아셀 – 므낫세 반

040 "구하옵나니 나를 건너가게 하사 요단 저쪽에 있는 아름다운 땅, 아름다운 산과 레바논을 보게 하옵소서 … 그만해도 족하니 이 일로 다시 내게 말하지 말라"와 같은 내용이 들어 있는 책은?
① 창세기 ② 민수기
③ 신명기 ④ 여호수아

041 다음은 모세가 자신을 가나안 땅에 들여보내 달라고 간구하였던 일에 대한 하나님의 응답을 기록한 신명기 3장 27절 본문이다. 괄호 안에 들어갈 지명은 무엇인가?
"너는 ( ) 꼭대기에 올라가서 눈을 들어 동서남북을 바라고 네 눈으로 그 땅을 바라보라 너는 이 요단을 건너지 못할 것임이니라"
① 아바림 산 ② 비스가 산
③ 느보 산 ④ 호르 산

042 신명기 4장 20절에서는 이스라엘 자손이 출애굽했던 '애굽'에 대하여 무엇이라고 표현했는가?
① 철 같은 땅 ② 재앙의 땅
③ 쇠 풀무불 ④ 여호와의 동산

043 다음의 안식일 계명은 어디에 기록된 본문인가?
"너는 기억하라 네가 애굽 땅에서 종이 되었더니 네 하나님 여호와가 강한 손과 편 팔로 거기서 너를 인도하여 내었나니 그러므로 네 하나님 여호와가 네게 명령하여 안식일을 지키라 하느니라"
① 출 20:11 ② 레 19:3
③ 신 5:15 ④ 민 6:13

044 다음의 본문은 신명기 어디에 기록되어 있는가?
"너는 마음을 다하고 뜻을 다하고 힘을 다하여 네 하나님 여호와를 사랑하라 … 너는 또 그것을 네 손목에 매어 기호를 삼으며, 네 미간에 붙여 표를 삼고, 네 집 문설주와 바깥문에 기록할지니라"
① 신명기 4장 ② 신명기 5장
③ 신명기 6장 ④ 신명기 7장

045 "사람이 떡으로만 사는 것이 아니요 여호와의 입에서 나오는 모든 말씀으로 사는 줄을 네가 알게 하려 하심이라"는 말씀은 신명기 몇 장에 나오는가?
① 7장 ② 8장
③ 10장 ④ 11장

046 어떤 사건과 관련하여 모세가 "사람이 떡으로만 사는 것이 아니요 여호와의 입에서 나오는 모든 말씀으로 사는 줄을"(신 8:3) 이스라엘로 알게 하려 하심이라고 말했는가?

037_③ 038_③ 039_① 040_③ 041_② 042_③ 043_③ 044_③ 045_② 046_④

① 여호와께서 광야에서 이스라엘 백성에게 메추라기를 보내 주신 사건
② 여호와께서 시내산에서 율법을 주신 사건
③ 여호와께서 광야에서 원망하는 백성 가운데 불뱀들을 보내신 사건
④ 여호와께서 광야에서 이스라엘 백성을 만나로 먹이신 사건

047 신명기 8장 8절에서 말하는, 약속의 땅에서 얻는 소산이 아닌 것은?
① 밀 ② 보리
③ 석류 ④ 옥수수

048 "네 하나님 여호와께서 그들을 네 앞에서 쫓아내신 후에 네가 심중에 이르기를 내 (   )으로 말미암아 여호와께서 나를 이 땅으로 인도하여 들여서 그것을 차지하셨다 하지 말라. 이 민족들이 (   )으로 말미암아 여호와께서 그들을 네 앞에서 쫓아 내심이라"(신 9:4)의 두 괄호에 들어갈 말을 바르게 적은 것은?
① 공의로움, 악함
② 더러움, 악함
③ 공의로움, 여호와의 뜻
④ 더러움, 여호와의 뜻

049 "너희의 하나님 여호와는 신 가운데 신이시며 주 가운데 주시요 크고 능하시며 두려우신 하나님이시라"라는 말씀은 신명기 몇 장에 나오는가?
① 8장 ② 9장
③ 10장 ④ 11장

050 신명기 10장 6절을 따를 경우에, 아론이 죽은 곳은?
① 신 광야 ② 모세라
③ 굿고다 ④ 욧바다

051 신명기 11장 8-12절에는 여호와께서 이스라엘 민족의 조상들에게 주시겠다고 맹세하신 땅에 대한 표현들이 기록되어 있다. 여기에 속하지 않는 것을 찾으시오.
① 젖과 꿀이 흐르는 땅
② 산과 골짜기가 있어서 하늘에서 내리는 비를 흡수하는 땅
③ 네 하나님 여호와께서 돌보아 주시는 땅
④ 애굽 같고 여호와의 동산 같은 땅

052 "매 (   ) 끝에 그해 소산의 십분의 일을 다 내어 네 성읍에 저축하여 너희 중에 분깃이나 기업이 없는 레위인과 네 성중에 거류하는 객과 및 고아와 과부들이 와서 먹고 배부르게 하라. 그리하면 네 하나님 여호와께서 네 손으로 하는 범사에 네게 복을 주시리라"(신 14:28-29)의 괄호에 들어갈 말은?
① 일년 ② 이년
③ 삼년 ④ 육년

053 이스라엘 사람들이 여호와께서 택하신 곳에서 여호와를 뵈옵는 절기라고 신명기 16장에서 말하지 않는 것은?
① 무교절 ② 칠칠절
③ 초막절 ④ 속죄일

054 신명기에서 왕에 관한 규정이 나타나는 곳은 어디인가?
① 15장 ② 16장
③ 17장 ④ 18장

055 "그는 병마를 많이 두지 말 것이요 병마를 많이 얻으려고 그 백성을 애굽으로 돌아가게 하지 말 것이니"는 누구를 향하여 한 말인가?
① 현자 ② 제사장
③ 예언자 ④ 왕

056 "그에게 아내를 많이 두어 그의 마음이 미혹되게 하지 말 것이며 자기를 위하여 은금을 많이 쌓지 말 것이니라"에서 그는 누구인가?
① 현자 ② 제사장
③ 예언자 ④ 왕

057 "나무에 달린 자는 하나님께 저주를 받았음이라"라는 말이 있는 책은?
① 창세기 ② 레위기
③ 민수기 ④ 신명기

047_④ 048_① 049_③ 050_② 051_④ 052_③ 053_④ 054_③ 055_④ 056_④ 057_④

058 "네 이웃의 곡식밭에 들어갈 때에는 네가 손으로 그 이삭을 따도 되느니라 그러나 ( )"(신 23:25)의 괄호에 들어갈 말은?
① 이삭을 그릇에 담지는 말지니라.
② 다른 사람과 함께 이삭을 따지는 말지어다.
③ 이웃의 곡식 밭에 낫을 대지는 말지니라.
④ 딴 이삭은 다른 사람과 함께 먹어야 하느니라.

059 신명기 25장 3절에 따르면, 재판 결과 악인에게 태형을 집행 할 때라도 몇 대 이상은 때릴 수 없는가?
① 40 ② 30
③ 50 ④ 70

060 "그 때의 제사장에게 나아가 그에게 이르기를 내가 오늘 당신의 하나님 여호와께 아뢰나이다 내가 여호와께서 우리에게 주시겠다고 우리 조상들에게 맹세하신 땅에 이르렀나이다 할 것이요"와 같은 말이 나타나는 책은?
① 창세기 ② 레위기
③ 민수기 ④ 신명기

061 이스라엘 백성들이 토지소산의 맏물을 거둔 후에 하나님께 드리면서 감사의 고백을 하라는 명령은 신명기 몇 장에 나오는가?
① 20장 ② 22장
③ 26장 ④ 28장

062 신명기 27장에서 에발 산에서 저주하도록 명령한 내용이 아닌 것은?
① 이웃의 경계표를 옮기는 자
② 객이나 고아나 과부의 송사를 억울하게 하는자
③ 무죄한 자를 죽이려고 뇌물을 받는 자
④ 죽은 형제의 아내에게 책임을 다하지 않은 자

063 신명기 28장의 중심 내용은 무엇인가?
① 가나안 정탐 내용
② 이스라엘 자손의 족보
③ 출애굽 후 모압 땅에 오기까지의 출발지와 진을 친 곳들에 대한 설명
④ 이스라엘 자손이 받을 복과 저주

064 다음은 신명기 16장 1절과 16절의 일부 본문이다. 괄호안에 들어날 절기 이름이 순서대로 바르게 기록된 것은?
"아빕월을 지켜 네 하나님 여호와께 ( )을 행하라 …"(16:1)
"너의 가운데 모든 남자는 일 년에 세 번 곧 ( )과 칠칠절과 초막절에 네 하나님 여호와께서 택하신 곳에서 …"(16:16)
① 유월절 – 무교절
② 무교절 – 유월절
③ 월삭 – 부림절
④ 대속죄일 – 나팔절

065 다음 중 여호와의 총회에 영원히 들어오지 못한다고 신명기 23장에 규정된 사람은 누구였는가(신 23:1-8)?
① 사생자 ② 모압 사람
③ 애굽 사람 ④ 에돔 사람

066 신명기 25장 17-19절에는 출애굽한 이스라엘 민족이 피곤할 때에 뒤 떨어진 약한 자들을 치고 하나님을 두려워하지 않았던 한 민족을 천하에서 그에 대한 기억을 지워버리라고 명령하였다는 기록이 나온다. 다음 보기 가운데서 그 민족을 선택하시오.
① 미디안 ② 아말렉
③ 에돔 ④ 모압

067 다음 중 여호와의 말씀을 청종할 때 받을 복과 악을 행하여 여호와를 잊으므로 여호와께서 내리실 벌에 대한 내용은 신명기의 어디에 기록되어 있는가?
① 25-27장 ② 28-30장
③ 31-34장 ④ 38-39장

068 모세가 율법책을 다 쓴 후에 신명기 31장 26절에서 레위 사람에게 명령하여 율법책을 가져다가 어디에다 두라고 했는가?
① 언약궤 안 ② 언약궤 곁
③ 속죄소 ④ 향단 밑

058_③ 059_① 060_④ 061_③ 062_④ 063_④ 064_① 065_② 066_② 067_② 068_②

069 신명기 32장 11-12절에서 이스라엘을 인도하신 여호와를 묘사할 때에 비유법을 사용하여 언급한 동물은?
① 사자 ② 독수리
③ 황소 ④ 암소

070 신명기 32장 49절에서 하나님이 모세에게 죽으리라 하신 산은?
① 호렙 ② 느보
③ 헬몬 ④ 에발

071 "모세가 죽을 때 나이 (　) 세였으나 그의 눈이 흐리지 아니하였고 기력이 쇠하지 아니하였더라 이스라엘 자손이 모압 평지에서 모세를 위하여 애곡하는 기간이 끝나도록 모세를 위하여 삼십 일을 애곡하니라"에서 괄호에 알맞은 말은?
① 백 ② 백 이십
③ 백 사십 ④ 백 사십 칠

072 신명기 마지막에 나오는 말씀은?
① 모든 큰 권능과 위엄을 행하게 하시매 온 이스라엘의 목전에서 그것을 행한 자이더라.
② 모세가 죽을 때에 나이 백이십세였으나 그의 눈이 흐리지 아니하였고 기력이 쇠하지 아니하였더라.
③ 네가 비록 내가 이스라엘 자손에게 주는 땅을 맞은 편에서 바라보기는 하려니와 그리로 들어가지는 못하리라.
④ 이스라엘 자손이 모압 평지에서 모세를 위하여 애곡하는 기간이 끝나도록 모세를 위하여 삼십일을 애곡하니라.

073 "네 하나님 여호와께서 네가 가서 차지할 땅으로 인도하여 들이실 때에 너는 그리심 산에서 축복을 선포하고 에발산에서 저주를 선포하라"는 명령과 이 명령을 지킨 일이 기록된 곳은?
① 신명기 11장과 여호수아 8장
② 신명기 12장과 여호수아 8장
③ 신명기 12장과 여호수아 9장
④ 신명기 11장과 여호수아 9장

074 신명기 1장 1절은 어디에서 모세가 이스라엘 무리에게 선포한 말씀이라고 소개하였는가?
① 아라바 광야 ② 신 광야
③ 수르 광야 ④ 바란 광야

075 신명기 1장 3절에서는 신명기 말씀이 선포된 때가 언제라고 말하고 있는가?
① 둘째 해 둘째 달 이십일
② 마흔째 해 열한째 달 첫째 날
③ 마흔째 해 아홉째 달 첫째 날
④ 둘째 해 첫째 달 십오일

076 다음은 신명기 4장 45-46절 본문이다. 괄호 안에 들어갈 알맞은 낱말은?
"이스라엘 자손이 애굽에서 나온 후에 모세가 (　)와/과 규례와 법도를 선포하였으니, 요단 동쪽 벳브올 맞은편 골짜기에서 그리하였더라 …"
① 율례 ② 율법
③ 증언 ④ 증거

077 신명기 5장 22절에서는 여호와께서 무엇 가운데서 이스라엘 자손의 총회에 큰 음성으로 모든 말씀을 이르셨다고 했는가? 다음 중 본문에 기록되지 <u>않은</u> 것을 찾으시오.
① 불 가운데 ② 구름 가운데
③ 흑암 가운데 ④ 빛 가운데

078 신명기 5장 33절에는 "너희 하나님 여호와께서 너희에게 명령하신 모든 도를 행하라"라는 명령이 기록되어 있다. 그 다음에 이어진 약속의 내용에 해당하지 <u>않는</u> 것은?
① 너희가 살 것이요
② 복이 너희에게 있을 것이며
③ 너희가 원수들을 멸할 것이며
④ 너희가 차지한 땅에서 너희의 날이 길리라

079 신명기 8장 16절에서는 이스라엘 자손이 사십 년간 지냈던 광야의 삶이 여호와께서 그들을 낮추시며, 시험하사 마침내 무엇을 그들에게 주기 위한 것이었다고 말씀하였는가?
① 영광 ② 여호와의 율법

069_② 070_② 071_② 072_① 073_① 074_① 075_② 076_③ 077_④ 078_③ 079_④

③ 가나안 땅　④ 복

080 신명기 9장 22절에는 이스라엘 자손이 여호와를 격노하게 하였던 세 곳의 지명이 언급되어 있다. 다음 중 이에 해당하지 않는 지명은?
① 다베라　② 맛사
③ 기브롯 핫다아와　④ 가데스 바네아

081 신명기 10장 4절에서는 모세가 산에 올라 두 돌판에 받은 것이 무엇이라고 말씀하고 있는가?
① 언약의 말씀　② 여호와의 율법
③ 십계명　④ 모든 규례와 법도

082 다음은 신명기 10장 21절입니다. 괄호 안에 들어갈 말은 무엇인가?
"그는 네 (　)이시요 네 하나님이시라 네 눈으로 본 이같이 크고 두려운 일을 너를 위하여 행하셨느니라"
① 반석　② 구원
③ 찬송　④ 목자

083 다음은 이스라엘의 왕에 대한 규정 가운데 한 본문인 신명기 17장 18-19절 말씀이다. 괄호 안에 들어갈 말은 무엇인가?
"그가 왕위에 오르거든 이 (　)을 레위 사람 제사장 앞에서 책에 기록하여 평생에 자기 옆에 두고 읽어 그의 하나님 여호와 경외하기를 배우며 이 율법의 모든 말과 이 규례를 지켜 행할 것이라"
① 율법　② 율법의 등사본
③ 여호와의 말씀　④ 규례와 법도와 명령

084 신명기 24장 5절에서는 새로이 아내를 맞이한 사람은 얼마 동안 군대에 보내지 말고 아무 직무도 그에게 맡기지 말라고 규정하였는가?
① 6개월　② 1년
③ 2년　④ 3년

085 신명기 32장 15절과 33장 5절과 26절에서 공통적으로 사용된 용어로서 이스라엘 자손을 지칭하는 다른 표현은 무엇이었습니까?
① 여수룬　② 여디디야
③ 헵시바　④ 야곱의 아들들

086 다음은 신명기 26장 17-18절 본문이다. 괄호 안에 들어갈 말은 무엇인가?
"네가 오늘 여호와를 네 하나님으로 인정하고 또 그 도를 행하고 그의 규례와 명령과 법도를 지키며 그의 소리를 들으라 여호와께서도 네게 말씀하신 대로 오늘 너를 그의 (　)이 되게 하시고 그의 모든 명령을 지키라 확언하셨느니라"
① 여호와의 성민　② 존귀한 찬송
③ 거룩한 백성　④ 보배로운 백성

087 신명기 29장 1절에서는 29장의 내용을 무엇이라고 소개하였는가? 다음 괄호 안에 들어갈 표현을 찾으시오.
"호렙에서 이스라엘 자손과 세우신 언약 외에 여호와께서 모세에게 명령하여 모압 땅에서 그들과 세우신 (　)은 이러하니라"
① 율법
② 여호와의 규례와 법도와 증언
③ 언약의 말씀
④ 약속

088 신명기 30장 11-14절에서는 모세가 이스라엘 자손에게 명령하는 이 명령이 하늘에 있는 것도 아니고 바다 밖에 있는 것도 아니며 어디에 있어 가깝고 행할 수 있다고 표현하였는가?
① 입 – 마음
② 생각 – 기억
③ 제사장 – 레위인
④ 율법 책 – 마음 판

089 신명기 30장 19절과 31장 28절에서는 모세가 하나님의 말씀을 선포한 후에 누구 혹은 무엇을 증거로 삼는다고 묘사하였는가?
① 장로들과 레위인 제사장들
② 이스라엘 총회
③ 하늘의 별들과 바다의 모래
④ 하늘과 땅

080_④ 081_③ 082_③ 083_② 084_② 085_① 086_④ 087_③ 088_① 089_④

090 "너희는 나그네를 사랑하라 전에 너희도 애굽 땅에서 나그네 되었음이니라"라는 본문은 신명기 어디에 기록된 말씀인가?

① 5장 15절 ② 10장 19절
③ 19장 18절 ④ 26장 33절

091 다음에 기록된 신명기 33장 4절은 모세의 마지막 축복 가운데 한 부분이다. 괄호 안에 들어갈 말은 무엇인가?
"모세가 우리에게 율법을 명령하였으니 곧 ( )의 기업이로다"

① 이스라엘 자손 ② 이스라엘 회중
③ 레위 지파 ④ 야곱의 총회

092 다음 중 신명기에서 모세가 죽기 전에 들려준 마지막 축복과 노래가 기록된 장이 바르게 짝지어진 것은?

① 32장-모세의 노래, 33장-모세의 축복
② 32장-모세의 축복, 33장-모세의 노래
③ 31장-모세의 노래, 34장-모세의 축복
④ 29장-모세의 축복, 30장-모세의 노래

093 다음 중 오경의 각 책과 각 책의 마지막 장이 잘못 연결된 것은?

① 창세기 - 50장
② 출애굽기 - 40장
③ 레위기 - 27장
④ 신명기 - 36장

094 다음은 신명기 31장 30절이다. 괄호 안에 들어갈 알맞은 낱말은?
"그리고 모세가 이스라엘 총회에 이 ( )의 말씀을 끝까지 읽어 들리니라"

① 율법 ② 언약
③ 노래 ④ 축복

【주관식】

095 다음은 신명기 5장 2-3절이다. 괄호 안에 들어갈 공통된 말은?
"우리 하나님 여호와께서 호렙산에서 우리와 ( )을 세우셨나니, 이 ( )은 여호와께서 우리 조상들과 세우신 것이 아니요 오늘 여기 살아 있는 우리 곧 우리와 세우신 것이라"

096 다음의 본문이 기록된 신명기의 장과 절은?
"너는 마음을 다하고 뜻을 다하고 힘을 다하여 네 하나님 여호와를 사랑하라"

097 다음은 신명기 10장 13절입니다. 괄호 안에 들어갈 말은 무엇입니까?
"내가 오늘 네 ( )을 위하여 네게 명하는 여호와의 명령과 규례를 지킬 것이 아니냐"

098 다음은 신명기 33장 1절이다. 괄호 안에 들어갈 말은?
"( ) 모세가 죽기 전에 이스라엘 자손을 위하여 축복함이 이러하니라"

099 다음은 신명기 33장 29절의 일부분입니다. 괄호 안에 들어갈 알맞은 말은 무엇입니까?
"이스라엘이여 너는 ( )이로다. 여호와의 구원을 너같이 얻은 백성이 누구냐 …"

100 "너희의 하나님 여호와는 신 가운데 신이시며 주 가운데 주시요 크고 능하시며 두려우신 하나님이시라 사람을 외모로 보지 아니하시며 뇌물을 받지 아니하시고 ( )과/와 ( )을/를 위하여 정의를 행하시며, ( )을/를 사랑하여 그에게 떡과 옷을 주시나니 너희는 나그네를 사랑하라. 너희도 애굽 땅에서 나그네 되었음이니라"(신 10:17-18)의 괄호에 들어갈 말을 순서대로 기록하시오.

101 "네가 네 하나님 여호와의 말씀을 삼가 듣고 내가 오늘날 네게 명[명령]하는 그 모든 명령을 지켜 행하면 네 하나님 여호와께서 너를 세계 모든 민족 위에 뛰어나게 하실 것이라"는 말씀이 들어 있는 책의 이름과 장 절은?

102 모세가 요단 저편 모압 땅에서 이스라엘에게 설명한 율법이 적혀 있는 책은?

090_② 091_④ 092_① 093_④ 094_③ 095_언약 096_신명기 6:5 097_행복 098_하나님의 사람 099_행복한 사람
100_고아, 과부, 나그네 101_신명기 28:1 102_신명기

103 "이스라엘아 들으라 우리 하나님 여호와는 오직 ( ) 여호와이시니 마음을 다하고 뜻을 다하고 힘을 다하여 네 하나님 여호와를 사랑하라"(신 6:4-5)의 괄호에 들어갈 말은?

104 다음은 신명기 7장 9절이다. 괄호 안에 들어갈 말은?
"그런즉 너는 알라 오직 네 하나님 여호와는 하나님이시요 ( )하신 하나님이시라 그를 사랑하고 그의 계명을 지키는 자에게는 천 대까지 그의 언약을 이행하시며, 인애를 베푸시되"

105 "우리가 그 명령하신 대로 이 모든 명령을 우리 여호와 앞에 삼가 지키면 그것이 곧 우리의 ( ) 이니라 할지니라"(신 6:25)의 괄호에 들어갈 말은?

106 "너희의 하나님 여호와는 신 가운데 신이시며 주 가운데 주시요 크고 능하시며 두려우신 하나님이시라 사람을 ( )로 보지 아니하시며 뇌물을 받지 아니하시고"(신 10:17)에서 괄호 안에 들어갈 말은?

107 "매 칠년 끝에는 ( )하라. ( )의 규례는 이러하니라. 그의 이웃에게 꾸어준 모든 채주는 그것을 면제하고 그의 이웃에게나 그 형제에게 독촉하지 말지니 이는 여호와를 위하여 ( )를 선포하였음이라"(신 15:1)의 괄호에 공통으로 들어갈 말은?

108 "… 적군과 싸우려 할 때에 …. ( )은 백성에게 나아가서 고하여 … 말하여 이르기를 이스라엘아 들으라 너희가 오늘 너희의 대적과 싸우려 나아왔으니 마음에 겁내지 말며 두려워하지 말며 떨지 말며 그들로 말미암아 놀라지 말라 …"(신 20:1-3)의 괄호에 들어갈 말은?

109 "너희가 요단을 건너 네 하나님 여호와께서 네게 주시는 땅에 들어가는 날에 큰 돌들을 세우고 석회를 바르라 요단을 건넌 후에 이 ( )의 모든 말씀을 그 위에 기록하라"(신 27:2-3)의 괄호에 들어갈 말은?

110 모세가 여호수아에게 안수함으로 여호수아에게 무엇이 충만했는가(신 34:9)?

103_유일한 104_신실 105_의로움 106_외모 107_면제 108_제사장 109_율법 110_지혜의 영

여호수아

【A등급】

001 여호수아가 여리고를 정탐하기 위해 두 사람을 보내고, 이스라엘 사람들이 요단을 건너기 위해 출발한 장소가 바르게 연결된 것은?
① 싯딤 – 싯딤
② 길갈 – 싯딤
③ 마하나임 – 싯딤
④ 가데스바네아 – 싯딤

002 아담이 지명으로 소개된 곳은?
① 창세기 3장　② 여호수아 3장
③ 사사기 1장　④ 이사야 1장

003 르우벤, 갓, 므낫세 반 지파 몇 명 가량이 이스라엘 자손들보다 앞서 요단을 건넜는가?
① 사만 명　② 삼만 명
③ 이만 명　④ 만 명

004 이스라엘 백성이 요단에서 올라와 길갈에 진 친 날은 언제인가?
① 첫째 달 구일　② 첫째 달 십일
③ 첫째 달 십일일　④ 첫째 달 십이일

005 다음 중 이스라엘 자손이 가나안 땅의 소산물과 무교병과 볶은 곡식을 먹은 날은?
① 1월 14일　② 1월 15일
③ 1월 16일　④ 1월 17일

006 이스라엘 자손이 여리고 성을 돌 때 맨 앞에 선 사람은?
① 여호수아
② 무장한 자
③ 언약궤를 멘 제사장
④ 제사장

007 "여호와께서 여호수아와 함께 하시니 여호수아의 소문이 그 온 땅에 퍼지니라"라는 여호수아서의 기록은 어느 사건 이후에 언급된 본문인가?
① 요단강 도하
② 여리고 성 전투
③ 아이 성 전투
④ 기브온 전투

008 1차 아이 성 전투에서 사망 한 이스라엘 사람 수는?
① 삼천 명　② 삼백 명
③ 삼십육 명　④ 삼십 명

009 2차 아이 성 전투에서 여호수아가 복병을 매복시킨 곳과 매복 인원이 바르게 연결된 것은?
① 여리고와 아이 사이 – 삼천 명
② 여리고와 벧엘 사이 – 삼천 명
③ 벧엘과 기브온 사이 – 오천 명
④ 벧엘과 아이 사이 – 오천 명

010 기브온 주민이 거주한 지역이 아닌 것은?
① 기랏여아림　② 그비라
③ 브에롯　④ 야르뭇

011 여호수아가 아모리 족속의 다섯 왕과 기브온 전투를 할 때 진치고 있던 곳으로 이 곳에서 기브온을 돕기 위해 군대를 이끌고 올라갔고 승리한 후에도 이스라엘과 함께 이 곳으로 돌아왔다. 어디인가?
① 여리고　② 길갈
③ 아이　④ 실로

012 여호수아가 점령한 성읍 중에서 그 성읍의 모든 사람을 하나도 남기지 않고 진멸한 성읍이 아닌 것은?

001_① 002_② 003_① 004_② 005_② 006_② 007_② 008_③ 009_④ 010_④ 011_② 012_④

① 드빌　　② 헤브론
③ 립나　　④ 가사

013 브올의 아들 점술가 발람이 거주하던 지역을 차지한 지파는?
① 므낫세 반 지파　　② 갓 지파
③ 에브라임 지파　　④ 르우벤 지파

014 동쪽으로 아다롯 앗달에서 윗 벧호론에 이르고 서쪽으로 나아가 북쪽 믹므다에 이르고 답부아에서부터 서쪽으로 지나서 가나 시내에 이르는 지역을 기업으로 받은 지파는?
① 에브라임　　② 므낫세
③ 르우벤　　④ 시므온

015 아셀에서부터 세겜 앞 믹므닷까지와 오른쪽으로 엔답부아까지를 기업으로 받은 지파는?
① 에브라임　　② 므낫세
③ 르우벤　　④ 시므온

016 다음 중 각 지파와 그 도피성이 있는 지역이 바르게 연결되지 않은 것은?
① 납달리 – 갈릴리 게데스
② 에브라임 – 세겜
③ 유다 – 헤브론
④ 르우벤 – 길르앗 라못

017 아스다롯과 에드레이에 거주하며, 헤르몬 산, 살르가, 온 바산과 그술 사람과 마아가 사람의 경계까지 길르앗의 절반을 다스리던 왕은 누구인가?
① 시혼　　② 옥
③ 야빈　　④ 발람

018 아르논 골짜기 가에 있는 아로엘에서부터 얍복 강까지, 긴네롯 바다까지, 염해의 벧여시못으로 통한 길까지, 비스가 산기슭까지 다스린 왕은 누구인가?
① 시혼　　② 옥
③ 야빈　　④ 발람

019 다음 ( )에 들어갈 말은 무엇인가?
"여호수아가 이 모든 말씀을 하나님의 율법 책에 기록하고 큰 돌을 가져다가 거기 여호와의 성소 곁에 있는 ( ) 아래에 세우고"
① 포도나무　　② 무화과나무
③ 감람나무　　④ 상수리나무

020 이스라엘 백성에게 만나가 그친 날은 언제인가?
① 정월 13일　　② 정월 14일
③ 정월 15일　　④ 정월 16일

021 기브온과 이스라엘 사이의 화친 조약 이후에 기브온을 공격해 온 다섯 왕 중에 도시와 이름과 일치하지 않는 사람은?
① 라기스 왕 야비아
② 헤브론 왕 호함
③ 야르뭇 왕 호비람
④ 에글론 왕 드빌

022 시므온 자손의 기업은 누구의 기업 중에서 취한 것인가?
① 베냐민　　② 에브라임
③ 르우벤　　④ 유다

023 여분네의 아들 갈렙이 정복한 두 곳이 바르게 묶인 것은?
① 헤스본 – 드빌
② 헤브론 – 드빌
③ 드빌 – 기럇세벨
④ 헤스본 – 기럇아르바

024 "왕도와 같은 큰 성"이요 "그 사람들은 다 강함"으로 불린 성읍은 어디인가?
① 기브온　　② 하솔
③ 예루살렘　　④ 니느웨

025 바산 왕 옥이 다스리던 지역을 분배받은 지파는?
① 므낫세 반 지파　　② 갓 지파
③ 에브라임 지파　　④ 르우벤 지파

026 다음은 여호수아의 주제를 이해하는데 중요한

013_④　014_①　015_②　016_④　017_②　018_①　019_④　020_④　021_③　022_④　023_②　024_①　025_①　026_①

구절이다. 어느 사건과 관련된 구절인가?
"너희는 온전히 바치고 그 바친 것 중에서 어떤 것이든지 취하여 너희가 이스라엘 진영으로 바치는 것이 되게 하여 고통을 당하게 되지 아니하도록 오직 너희는 그 바친 물건에 손대지 말라"
① 여리고 정복 ② 아이 성 정복
③ 기브온 언약 ④ 기브온 전쟁

027 다음 ( )에 들어갈 지명은?
"이스라엘 자손의 온 회중이 ( )에 모여서 거기에 회막을 세웠으며 그 땅은 그들 앞에서 돌아와 정복되었더라"
① 길갈 ② 실로
③ 세겜 ④ 여리고

028 마돈 왕과 시므론 왕과 악삽 왕 및 아라바 평지와 돌의 높은 곳에 있는 왕들과 동서편 가나안 사람과 아모리 사람과 헷 사람과 브리스 사람과 여부스 사람 등을 불러내어 메롬 물가에서 이스라엘 군대와 대결한 하솔왕의 이름은?
① 비람 ② 야빈
③ 시스라 ④ 요밥

029 다음 중 드빌의 다른 이름은 무엇인가?
① 헤브론 ② 네겝 땅
③ 기럇 여아림 ④ 기럇 세벨

030 헤브론의 다른 이름으로 갈렙이 85세에 점령한 도시 이름은 무엇인가?
① 기럇 아르바 ② 기럇세벨
③ 길갈 ④ 여리고

031 다음 중 아낙 사람 가운데에서 가장 큰 사람의 이름은 무엇인가?
① 여분네 ② 하솔
③ 립나 ④ 아르바

032 르우벤, 갓, 므낫세 반 자손이 요단 가에 제단을 쌓자 이스라엘 자손의 온 회중이 어디에 모여 그들과 싸우러 가려 했는가?
① 길갈 ② 실로
③ 벧엘 ④ 여리고

033 르우벤, 갓, 므낫세 반 자손이 요단 가에 제단을 쌓자 이스라엘 자손이 누구를 보내어 그들의 말을 듣게 했는가?
① 여호수아 ② 갈렙
③ 비느하스 ④ 엘르아살

수

【B등급】

034 눈의 아들로서 모세의 후계자가 되어 이스라엘 백성을 가나안 땅으로 인도한 사람은 누구인가?
① 여호수아 ② 갈렙
③ 훌 ④ 다윗

035 여호수아가 보낸 정탐꾼을 숨겨준 기생의 이름은 무엇인가?
① 라합 ② 밧세바
③ 룻 ④ 마리아

036 이스라엘이 가나안 땅을 점령하기 위해 요단을 건널 때 법궤를 멘 사람(들)은 누구인가?
① 12 장로 ② 정탐꾼
③ 갈렙 ④ 제사장

037 이스라엘 자손이 요단을 건너 가나안 땅에 들어가서 제일 먼저 지킨 절기는 무엇인가?
① 초막절 ② 칠칠절
③ 유월절 ④ 나팔절

038 이스라엘 자손이 여리고에서 승리한 후 바친 물건을 가져가 이스라엘로 여호와께 범죄하게 한 사람은 누구인가?
① 라합 ② 여호수아
③ 세라 ④ 아간

039 꾀를 내어 마치 멀리에서 온 사신의 모양으로 꾸며 이스라엘과 조약을 맺은 사람들은 누구인가?

027_② 028_② 029_④ 030_① 031_④ 032_② 033_③ 034_① 035_① 036_④ 037_③ 038_④ 039_①

① 기브온 주민 ② 아모리 주민
③ 헷 주민 ④ 헤스본 주민

040 "그 날에 여호와께서 말씀하신 이 산지를 지금 내게 주소서"(수 14:12)라고 말한 사람은 누구인가?
① 갈렙 ② 여호수아
③ 모세 ④ 엘르아살

041 "너는 나이가 많아 늙었고 얻을 땅이 매우 많이 남아 있도다"(수 13:1)는 여호와께서 누구에게 하신 말씀인가?
① 갈렙 ② 모세
③ 여호수아 ④ 사무엘

042 "여호와께서 이스라엘의 조상들에게 맹세하사 주리라 하신 온 땅을 이와 같이 이스라엘에게 다 주셨으므로 그들이 그것을 차지하여 거기에 거주하였으니 … 여호와께서 이스라엘 족속에게 말씀하신 선한 말씀이 하나도 남음이 없이 다 응하였더라"라는 말씀은 여호수아 몇 장에 나오는가?
① 19장 ② 20장
③ 21장 ④ 22장

043 "그 날에 여호수아가 ( )에서 백성과 더불어 언약을 맺고 그들을 위하여 율례와 법도를 제정하였더라"에서 ( )에 들어갈 지명은 무엇인가?
① 길갈 ② 헤브론
③ 딤낫세라 ④ 세겜

044 "진중에 두루 다니며 그 백성에게 명령하여 이르기를 양식을 준비하라 사흘 안에 너희가 이 요단을 건너 너희의 하나님 여호와께서 너희에게 주사 차지하게 하시는 땅을 차지하기 위하여 들어갈 것임이니라" 라는 명을 받은 사람들은 누구인가?
① 제사장들 ② 레위인들
③ 백성의 관리들 ④ 예언자들

045 여호수아에게 다음 명령을 받은 지파가 아닌 것은?
"너희의 처자와 가축은 모세가 너희에게 준 요단 이쪽 땅에 머무르려니와 너희 모든 용사들은 무장하고 너희의 형제보다 앞서 건너가서 그들을 돕되"
① 르우벤 ② 유다
③ 갓 ④ 므낫세 반

046 라합의 집에 머물던 여리고 정탐꾼들은 추격자들을 피해 산 속에서 며칠을 머물렀는가?
① 하루 ② 이틀
③ 사흘 ④ 나흘

047 여호수아가 길갈에 세운 열두 돌은 어디에서 가져온 것인가?
① 벧엘 ② 요단강
③ 여리고 ④ 실로

048 아간의 증조부 세라의 출신 지파는?
① 르우벤 ② 시므온
③ 레위 ④ 유다

049 아이 성 전투에서 승리한 후 여호수아가 여호와를 위하여 한 제단을 쌓은 곳은 어디인가?
① 아라랏 산 ② 모리아 산
③ 에발 산 ④ 시온 산

050 이스라엘 자손들이 가나안 땅을 정복할 때에 이스라엘을 속이고 화친조약을 맺은 후 여호와의 제단을 위하여 나무를 패며 물 긷는 일을 맡게 된 사람들은 누구인가?
① 아모리 사람들 ② 헷 사람들
③ 기브온 사람들 ④ 브리스 사람들

051 요단 동편의 땅을 기업으로 분배받은 지파가 아닌 것은?
① 므낫세 반 지파 ② 갓 지파
③ 유다 지파 ④ 르우벤 지파

052 이스라엘이 요단을 마른 땅으로 건넌 기념으로 열두 돌을 세운 곳을 바르게 연결한 것은?
① 여리고 – 요단 가운데

040_① 041_③ 042_③ 043_④ 044_③ 045_② 046_③ 047_② 048_④ 049_③ 050_③ 051_③ 052_③

② 요단 가운데 – 싯딤
③ 요단 가운데 – 길갈
④ 길갈 – 싯딤

053 이스라엘이 할례산에서 할례를 행한 후 여호와께서 애굽의 수치를 떠나가게 하셨다는 의미로 주신 지명은 무엇인가?
① 벧엘 ② 여리고
③ 아이 ④ 길갈

054 2차 아이 성 전투에서 여호수아와 함께 올라간 이스라엘 용사의 수는?
① 만 명 ② 이만 명
③ 삼만 명 ④ 사만 명

055 여호수아가 여리고를 점령한 후 여리고 성을 건축하는 자를 저주하여 그 기초를 쌓을 때에 누구를 잃을 것이라고 말했는가?
① 맏아들 ② 차남
③ 삼남 ④ 막내

056 여호수아가 여리고를 점령한 후 여리고 성을 건축하는 자를 저주하여 그 문을 세울 때에 누구를 잃을 것이라고 말했는가?
① 맏아들 ② 차남
③ 맏딸 ④ 막내

057 1차 아이 성 전투에서 이스라엘 백성은 몇 명이 올라갔는가?
① 천 명쯤 ② 이천 명쯤
③ 삼천 명쯤 ④ 사천 명쯤

058 이스라엘 자손이 가나안 땅에서 받은 기업을 분배하는데 참여한 사람이 아닌 사람은 누구인가?
① 므낫세 지파
② 여호수아
③ 엘르아살
④ 이스라엘 자손 지파의 족장들

059 이스라엘과의 전투에서 패한 아모리 족속의 다섯 왕들이 숨은 동굴의 이름은 무엇인가?
① 막게다 굴 ② 막벨라 굴
③ 아벨라 굴 ④ 아베다 굴

060 다음 중 유다 자손이 쫓아내지 못하여 유다 자손과 예루살렘에 함께 거주하게 된 족속은?
① 여리고 족속 ② 여부스 족속
③ 아스돗 족속 ④ 가드 족속

061 드빌을 점령하고 갈렙의 딸 악사를 아내로 맞이한 사람은 누구인가?
① 갈렙 ② 그나스
③ 아히만 ④ 옷니엘

062 다음 중 "내게 복을 주소서 아버지께서 나를 네겝 땅으로 보내시오니 샘물도 내게 주소서"라고 말한 사람은 누구인가?
① 갈렙 ② 슬로브핫
③ 악사 ④ 옷니엘

063 요셉의 장자로 길르앗과 바산을 기업으로 받은 지파는?
① 에브라임 ② 유다
③ 므낫세 ④ 잇사갈

064 다음 중 레위 사람의 후손이 아닌 사람은?
① 게르손 ② 그핫
③ 므라리 ④ 시므온

065 "우리가 여호와 앞에서 우리의 번제와 우리의 다른 제사와 우리의 화목제로 섬기는 것을 우리와 너희 사이와 우리의 후대 사이에 증거가 되게 할 뿐으로서 너희 자손들이 후일에 우리 자손들에게 이르기를 너희는 여호와께 받을 분깃이 없다 하지 못하게 하려 함이라"라고 말한 지파가 아닌 것은?
① 레위 ② 르우벤
③ 갓 ④ 므낫세 반

066 다음 중 여호수아가 "만일 너희가 여호와를 버리고 이방 신들을 섬기면 너희에게 복을 내리신 후에라도 돌이켜 너희에게 재앙을 내리시고 너희를 멸하시리라"라고 선언한 곳은 어디인

053_④ 054_③ 055_① 056_④ 057_③ 058_① 059_① 060_② 061_④ 062_③ 063_③ 064_④ 065_① 066_④

가?
① 길갈 ② 실로
③ 벧엘 ④ 세겜

【주관식】

067 "오직 강하고 극히 담대하여 나의 종 모세가 네게 명령한 그 율법을 다 지켜 행하고 우로나 좌로나 치우치니 말라 그리하면 어디로 가든지 형통하리니"(수 1:7)는 여호와께서 누구에게 하신 말씀인가?

068 "그 사람들이 그에게 이르되 네가 우리의 이 일을 누설하지 아니하면 우리의 목숨으로 너희를 대신할 것이요 여호와께서 우리에게 이 땅을 주실 때에는 ( )하고 ( )하게 너를 대우하리라"(수 2:14)의 괄호에 들어갈 말은?

069 이스라엘 자손이 요단 서쪽 레바논 골짜기의 바알갓에서부터 세일로 올라가는 곳 할락 산까지에서 쳐서 멸한 (가나안 땅의) 왕들(수 12:7)은 모두 몇 명이었는가?

070 "온 이스라엘이 그를 돌로 치고 물건들도 돌로 치고 불사르고 그 위에 돌 무더기를 크게 쌓았더니 오늘까지 있더라 여호와께서 그의 맹렬한 진노를 그치시니 그러므로 그 곳 이름을 오늘까지 ( ) 골짜기라 부르더라" ( )에 들어갈 지명은?

071 이스라엘 자손이 여호수아를 "딤낫 세라에 장사하였으니 딤낫 세라는 ( ) 산지 가아스 산 북쪽이었더라" ( )에 들어갈 지명은?

072 "그 날에 여호수아가 ( )에서 백성과 더불어 언약을 맺고 그들을 위하여 율례와 법도를 제정하였더라" ( )에 들어갈 지명은?

073 "첫째 달 십일에 백성이 요단에서 올라와 여리고 동쪽 경계 ( )에 진 치매 여호수아가 요단에서 가져온 그 열두 돌을 ( )에 세우고" ( )에 들어갈 지명은?

074 "이 ( )을 네 입에서 떠나지 말게 하며 주야로 그것을 ( )하여 그 안에 기록된 대로 다 지켜 행하라 그리하면 네 ( )이 평탄하게 될 것이며 네가 ( )하리라"(수 1:8)의 괄호에 들어갈 말은?

075 르우벤 자손과 갓 자손과 므낫세 반 지파가 요단 동편으로 돌아가는 길에 요단 가에 큰 제단을 쌓았을 때 이스라엘 자손이 비느하스와 이스라엘 각 지파에서 뽑은 열 지도자를 그들에게 보낸다. 이들이 서로 만난 장소는 어디인가?

076 "만일 너희가 여호와를 버리고 이방 신들을 섬기면 너희에게 ( )을 내리신 후에라도 돌이켜 너희에게 ( )을 내리시고 너희를 멸하시리라 하니 백성이 ( )에게 말하되 아니니이다 우리가 여호와를 섬기겠나이다 하는지라"(수 24:20-21)의 괄호에 들어갈 말은?

077 "여호와께서 그들의 주위에 ( )을 주셨으되 그 조상들에게 맹세하신 대로 하셨으므로 그들의 모든 원수들 중에 그들과 맞선 자가 하나도 없었으니 이는 여호와께서 그들의 모든 원수들을 그들의 손에 넘겨주셨음이니라"(수 21:44)의 괄호에 들어갈 말은?

078 "그러므로 이제는 여호와를 경외하며 온전함과 진실함으로 그를 섬기라 너희의 조상들이 ( )과 애굽에서 섬기던 신들을 치워 버리고 여호와만 섬기라"(수 24:14)의 괄호에 들어갈 말은?

067_여호수아 068_인자, 진실 069_31명 070_아골 071_에브라임 072_세겜 073_길갈 074_율법책, 묵상, 길, 형통
075_길르앗 땅 076_복, 재앙, 여호수아 077_안식 078_강 저쪽

사사기

【A등급】

001 유다 지파가 헤브론에서 죽인 세 사람의 가나안 사람(의 두목)에 속하지 않는 사람은?
① 세새 ② 에델
③ 아히만 ④ 달매

002 유다 자손에 의하여 베섹에서 붙잡혀 그 수족의 엄지가락을 끊긴 아도니베섹이 끌려가 죽은 장소는?
① 예루살렘 ② 헤브론
③ 브엘세바 ④ 베들레헴

003 소 모는 막대기로 블레셋 사람 육백 명을 죽인 사사는?
① 삼갈 ② 돌라
③ 야일 ④ 압돈

004 다음 중 서로 연관이 없는 사람은?
① 시스라 ② 드보라
③ 야엘 ④ 발락

005 다음 중 드보라와 연관이 없는 것은?
① 살룸의 아내 여선지자
② 에브라임 산지 라마와 벧엘 사이 종려나무 아래 거주하며 이스라엘을 재판함
③ 시스라와 그의 병거와 무리를 기손 강으로 이끌어 바락에게 이르게 함
④ 이스라엘이 사십 년 동안 평온하게 함

006 "여호와여 주의 원수들은 다 이와 같이 망하게 하시고 주를 사랑하는 자들은 해가 힘있게 돋음 같게 하시옵소서"는 누구의 노래인가?
① 모세 ② 여호수아
③ 미리암 ④ 드보라

007 아비멜렉이 은 70개를 받아 방탕하고 경박한 자들을 샀던 곳이며 또 당시 바알브릿 신전이 있었던 곳의 이름은?
① 벧엘 ② 실로
③ 세겜 ④ 예루살렘

008 예루살렘에 거주하는 여부스 족속을 여호수아와 사사기에서는 각각 어느 지파가 쫓아내지 못하였다고 기록하고 있는가?
① 에브라임 – 므낫세
② 유다 – 베냐민
③ 단 – 유다
④ 시므온 – 베냐민

009 다음 중 사사들의 출신 지파가 바르지 않은 것은?
① 에훗 – 에브라임 ② 돌라 – 잇사갈
③ 야일 – 므낫세 ④ 삼손 – 단

010 다음 중 이스라엘의 사사들과 그들이 물리친 대적이 잘못 연결된 것은?
① 드보라 – 가나안 ② 기드온 – 미디안
③ 입다 – 모압 ④ 삼손 – 블레셋

011 다음 중 서로 관련이 없는 낱말은?
① 기럇세벨 ② 악사
③ 드빌 ④ 헤브론

012 유다 지파가 헤브론에서 죽인 세 사람의 가나안 사람(의 두목)에 속하지 않는 사람은?
① 세새 ② 에델
③ 아히만 ④ 달매

013 모압왕 에글론을 죽인 베냐민 지파 출신 사사는 누구인가?
① 에훗 ② 옷니엘

001_② 002_① 003_① 004_④ 005_① 006_④ 007_③ 008_② 009_① 010_③ 011_④ 012_② 013_①

③ 바락 ④ 삼손

014 사사 에훗과 관련이 없는 것은?
① 베냐민 사람 ② 왼손잡이
③ 모압 왕 ④ 기손 강

015 바락이 시스라와 싸울 때 거느린 자손은?
① 스불론, 납달리 ② 유다, 에브라임
③ 유다, 시므온 ④ 단, 납달리

016 다음 중 드보라가 가나안 왕 야빈과 싸울 때 참전하지 않은 족속은?
① 잇사갈 ② 스불론
③ 아셀 ④ 납달리

017 드보라와 바락이 가나안 적과 싸울 때 관계된 지역이 아닌 곳은?
① 아얄론 골짜기 ② 납달리 게데스
③ 다볼산 ④ 기손강

018 다음 중 기드온이 미디안과 싸울 때 도우러 온 지파가 아닌 것은?
① 아셀 ② 스불론
③ 납달리 ④ 베냐민

019 사사기에 나오는 사사들이 순서대로 바르게 연결된 것은?
ㄱ. 에훗 ㄴ. 드보라 (바락) ㄷ. 입다
ㄹ. 기드온 ㅁ. 삼손 ㅂ. 옷니엘
① ㅂ-ㄴ-ㄱ-ㄷ-ㄹ-ㅁ
② ㅂ-ㄴ-ㄷ-ㄱ-ㄹ-ㅁ
③ ㅂ-ㄷ-ㄱ-ㄴ-ㄹ-ㅁ
④ ㅂ-ㄱ-ㄴ-ㄹ-ㄷ-ㅁ

020 기드온이 미디안과 싸우러 갈 때 자신들을 부르지 않았다고 불평한 지파는?
① 유다 ② 베냐민
③ 에브라임 ④ 므낫세

021 "기드온이 그들에게 이르되 내가 이제 행한 일이 너희가 한 것에 비교되겠느냐 ( )의 끝물 포도가 ( )의 맏물포도보다 낫지 아니하냐"(삿 8:2) 의 괄호에 들어갈 말은?
① 에브라임 – 므낫세
② 에브라임 – 아비에셀
③ 므낫세 – 에브라임
④ 므낫세 – 아비에셀

022 미디안의 손에서 이스라엘을 구원한 후 기드온이 자신이 만든 에봇을 둔 곳은?
① 미스바 ② 브누엘
③ 오브라 ④ 세겜

023 삼손이 사랑했던 여인들과 관계 없는 지명은?
① 딤나 ② 가사
③ 아스돗 ④ 소렉 골짜기

024 블레셋 방백들이 삼손의 힘의 비밀을 알려줄 경우 들릴라에게 주기로 약속한 은전의 수는?
① 1천 개 ② 1천 100개
③ 1천 200개 ④ 1천 400개

025 삼손은 나귀의 새 턱 뼈로 얼마나 많은 사람을 죽였는가?
① 천 명 ② 이천 명
③ 삼천 명 ④ 사천 명

026 다음 중 서로 관련이 없는 낱말은?
① 정탐꾼 ② 벧엘
③ 요셉 가문 ④ 라이스

027 암몬 자손의 왕이 아르논에서 얍복과 요단까지의 땅을 돌려 달라고 요구하자 이스라엘 백성의 출애굽 여정 및 요단 동편과 가나안을 정복한 역사를 근거로 거절한 사사는 누구인가?
① 드보라 ② 돌라
③ 입다 ④ 삼손

028 이스라엘 백성의 출애굽 여정 및 요단 동편과 가나안을 정복한 역사를 간단히 요약한 내용을 담고 있는 입다의 연설은 사사기 몇 장에 나오는가?
① 10장 ② 11장
③ 12장 ④ 13장

014_④ 015_① 016_③ 017_① 018_④ 019_④ 020_③ 021_② 022_③ 023_③ 024_② 025_① 026_④ 027_③

029 사사기의 결론부에 반복적으로 나타나는 표현이다. A, C가 나오는 장을 바르게 연결한 것은?

A. 그 때에는 이스라엘에 왕이 없으므로 사람마다 자기 소견에 옳은 대로 행하였더라
B. 그 때에 이스라엘에 왕이 없었고
C. 이스라엘 왕이 없을 그 때에
D. 그 때에 이스라엘에 왕이 없으므로 사람이 각각 그 소견에 옳은 대로 행하였더라

① 16장 – 18장　② 17장 – 19장
③ 18장 – 20장　④ 19장 – 21장

【B등급】

030 "여호수아가 죽은 후에 이스라엘 자손이 여호와께 여쭈어 이르되 우리 가운데 누가 먼저 올라가서 가나안 족속과 싸우리이까 여호와께서 이르시되 (　)이/가 올라갈지니라 보라 내가 이 땅을 그의 손에 넘겨 주었노라 하시니라" (삿 1:1–2)에서 (　)안에 들어갈 말은?

① 르우벤　② 레위
③ 유다　④ 베냐민

031 암몬 자손의 왕이 이스라엘이 애굽에서 올라올 때에 점령한 모압과 암몬 땅을 돌려달라고 한 암몬 자손의 왕의 요구를 거절한 근거는 무엇인가?

① 이스라엘이 전쟁하여 모압과 암몬 자손의 땅을 점령하였다.
② 이스라엘의 하나님이 이스라엘의 손에 넘겨주셨기 때문이다.
③ 모압과 암몬 자손의 땅은 본래 이스라엘의 것이기 때문이다.
④ 모압과 암몬 자손은 그 땅을 다스릴 능력이 없기 때문이다.

032 다음 사사들 중 베들레헴 출신의 사사는 누구인가?

① 돌라　② 입산
③ 옷니엘　④ 기드온

033 단 지파 출신으로서 삼손의 아버지는 누구인가?

① 엘론　② 마노아
③ 기드온　④ 입산

034 '마하네단', '라맛레히', '엔학고레'라는 지명과 관련된 사람은?

① 기드온　② 에훗
③ 삼손　④ 입다

035 여선지자 드보라와 함께 가나안 군대를 물리친 사람은?

① 바락　② 입다
③ 기드온　④ 시스라

036 길르앗과 한 기생 사이에 태어난 아들로서 본처 아들들에게 핍박을 당하여 돕 땅으로 피신하였다가 이스라엘의 사사가 된 사람은?

① 바락　② 입다
③ 기드온　④ 에훗

037 입다가 암몬 자손을 정복하고 돌아올 때 소고치고 춤추며 그를 영접한 여성과 입다의 관계는?

① 셋째 딸　② 차녀
③ 막내 딸　④ 무남독녀

038 자기 어머니가 잃어버린 은 1100개를 돌려드린 후 자신의 집에 신상을 만들어 놓고 한 레위인을 제사장으로 고용했던 에브라임 산지 사람의 이름은?

① 입산　② 아비멜렉
③ 요나단　④ 미가

039 사사기는 모두 몇 장으로 구성되어 있나?

① 19장　② 20장
③ 21장　④ 22장

040 가나안 왕 야빈의 군대장관 시스라는 누구에게 죽임을 당했나?

① 야엘　② 드보라
③ 바락　④ 야빈

028_② 029_② 030_③ 031_② 032_② 033_② 034_③ 035_① 036_② 037_④ 038_④ 039_③ 040_①

041 기드온은 어느 지파 출신인가?
① 에브라임 ② 므낫세
③ 유다 ④ 베냐민

042 기드온이 포도주 틀에서 몰래 타작한 곡식은 무엇인가?
① 밀 ② 보리
③ 벼 ④ 콩

043 기드온이 만든 것으로 이스라엘이 그것을 음란하게 위하므로 기드온과 그의 집에 올무가 되었던 것은?
① 초승달 장식
② 에봇
③ 금 귀고리
④ 미디안 왕의 자색의복

044 다음 중 기드온의 아들 요담이 말한 우화에 나오지 않는 나무는?
① 감람나무 ② 가시나무
③ 무화과나무 ④ 상수리나무

045 다음 중 사사시대에 왕이 되고자 했던 사람은 누구인가?
① 옷니엘 ② 에훗
③ 아비멜렉 ④ 기드온

046 기드온의 아들 아비멜렉이 세겜을 다스린 지 얼마 만에 세겜 사람들이 그를 배반하였는가?
① 1년 ② 2년
③ 3년 ④ 4년

047 이스라엘의 딸들은 해마다 나흘씩 누구를 위하여 애곡하는가?
① 길르앗 여자들 ② 입다의 딸
③ 슬로브핫의 딸들 ④ 예루살렘 여자들

048 암몬 족속과 싸워 이긴 후 돌아온 아버지를 맨 먼저 영접한 무남독녀를 서원대로 여호와께 번제물로 드린 사사는?
① 야일 ② 입다
③ 압돈 ④ 에훗

049 블레셋 사람들은 삼손을 잡은 후에 어느 신에게 제사하였는가?
① 다곤 ② 그모스
③ 바알 ④ 아스다롯

050 삼손을 자기들의 손에 넘겨준 다곤 신을 찬양하며 제사를 드린 사람들은?
① 모압 사람들 ② 블레셋 사람들
③ 가나안 사람들 ④ 길르앗 사람들

051 시스라를 죽인 야엘의 남편 헤벨은 어느 족속 사람인가?
① 에브라임 ② 겐
③ 네겝 ④ 아모리

052 드보라가 바락을 시켜 가나안 군대 장관 시스라를 쳐부순 곳은?
① 얍복 나루 ② 다볼 산
③ 요단 강 ④ 기손 강

053 기드온이 미디안의 왕인 세바와 살문나를 추격할 때 비호의적이었던 사람들은 누구인가?
① 에브라임 사람들 ② 숙곳 사람들
③ 세겜 사람들 ④ 이스마엘 사람들

054 기드온의 아들 아비멜렉이 그의 형제들을 죽인 사실을 기드온의 막내 아들 요담이 알린 곳은?
① 그리심산 ② 에발산
③ 에브라임 산 ④ 스마라임 산

055 기드온의 아들 아비멜렉이 왕이 된 곳과 죽은 곳이 바르게 연결된 것은?
① 세겜–브누엘 ② 세겜–데베스
③ 오브라–브엘 ④ 오브라–데베스

056 한 레위인의 첩을 능욕한 기브아 거민은 어느 지파 사람들인가?
① 에브라임 ② 베냐민
③ 유다 ④ 잇사갈

057 사사시대에 '쉽볼렛'이라는 단어를 '십볼렛'으

041_② 042_① 043_② 044_④ 045_③ 046_③ 047_② 048_② 049_① 050_② 051_② 052_④ 053_② 054_① 055_② 056_②

로 발음하여 길르앗 사람에게 죽임을 당한 지파 사람은 누구인가?

① 므낫세 ② 에브라임
③ 단 ④ 베냐민

058 에담 바위 틈에 있는 삼손을 결박하여 블레셋 사람들에게 넘겨준 지파는?

① 므낫세 ② 에브라임
③ 유다 ④ 단

【주관식】

059 그가 죽을 때에 죽인 자가 살았을 때에 죽인 자보다 더욱 많았던 사사는 누구인가?

060 '여룹바알'이라는 별명을 지닌 사사는?

061 "그 때에 이스라엘에 왕이 없으므로 각기 자기의 소견에 옳은 대로 행하였더라"는 말로 끝나는 책은?

062 "기드온이 그들에게 이르되 ( ) 너희를 다스리지 아니하겠고 ( ) 너희를 다스리지 아니할 것이요 ( ) 너희를 다스리시리라 하니라"(삿 8:23)의 괄호 안에 들어갈 말을 차례대로 적으시오.

063 드보라의 노래가 나오는 곳은 사사기 몇 장인가?

064 랍비돗의 아내로 라마와 벧엘 사이 종려나무 아래에 거주하며 재판했던 여선지자는 누구인가?

065 사사시대에 '감람나무', '무화과나무', '포도나무', '가시나무'의 우화로 세겜 사람들의 죄를 고발한 사람은?

066 "네가 이번에 가는 길에서는 영광을 얻지 못하리니 이는 여호와께서 시스라를 여인의 손에 파실 것임이니라"에서 "네가"는 누구이고 "여인"은 누구인가?

067 "( )나무가 나무들에게 이르되 만일 너희가 참으로 내게 기름을 부어 너희 위에 왕으로 삼겠거든 와서 내 그늘에 피하라 그리하지 아니하면 불이 ( )나무에서 나와서 레바논의 백향목을 사를 것이니라 하였느니라"(삿 9:15)에서 괄호 안에 공통으로 들어갈 말은?

068 백성이 ( )가 사는 날 동안과 ( ) 뒤에 생존한 장로들 곧 여호와께서 이스라엘을 위하여 행하신 모든 큰 일을 본 자들이 사는 날 동안에 여호와를 섬겼더라"에서 두 괄호 안에 들어갈 말은?

057_② 058_③ 059_삼손 060_기드온 061_사사기 062_내가, 나의 아들도, 여호와께서 063_5장 064_드보라 065_요담 066_네가-바락, 여인-헤벨의 아내 야엘 067_가시 068_여호수아

룻기

【A등급】

001 베들레헴 사람 엘리멜렉과 나오미가 흉년으로 인하여 모압 땅에 체류한 기간은 대략 몇 년이었나?
① 7년 ② 8년
③ 10년 ④ 12년

002 나오미가 며느리 룻과 함께 예루살렘에 도착했을 때는 어느 때인가?
① 밀 추수를 시작할 때
② 밀 추수가 끝날 때
③ 보리 추수를 시작할 때
④ 보리 추수가 끝날 때

003 보아스가 룻을 부를 때 사용한 용어는?
① 현숙한 여자
② 총명한 여자
③ 현명한 여자
④ 복스런 여자

004 다음 중 엘리멜렉과 나오미의 아들이자 룻의 남편이었던 사람의 이름은(4:10)?
① 말론 ② 기룐
③ 홉니 ④ 비느하스

005 다음 족보의 순서가 올바르게 표기된 것은?
① 살몬–나손–보아스–오벳–이새–다윗
② 나손–살몬–보아스–오벳–이새–다윗
③ 나손–살몬–보아스–이새–오벳–다윗
④ 살몬–나손–보아스–이새–오벳–다윗

【B등급】

006 보아스가 룻의 기업 무를 자가 되자 증인이 된 사람들이 룻을 축복하며 언급한 여인에 속하지 않는 자는?
① 라헬 ② 레아
③ 라합 ④ 다말

007 룻이 살았던 때는 언제인가?
① 사사 시대 ② 솔로몬 시대
③ 요시야 시대 ④ 히스기야 시대

008 룻은 다윗의 ( )이다. 괄호에 들어갈 말은?
① 어머니 ② 할머니
③ 증조할머니 ④ 고조할머니

009 나오미는 전능자가 자신을 심히 괴롭게 하셨으므로 사람들이 자기를 무엇이라고 부르길 원했는가?
① 헵시바 ② 쁄라
③ 마라 ④ 다말

010 룻은 어느 족속 여인인가?
① 암몬 ② 모압
③ 에돔 ④ 가나안

011 엘리멜렉의 기업 무를 권리를 포기한 사람에 보아스에게 벗어 준 것은?
① 신(신발) ② 모자
③ 장갑 ④ 겉옷

【주관식】

012 "내게 어머니를 떠나며 어머니를 따르지 말고 돌아가라 강권하지 마옵소서 어머니께서 가시는 곳에 나도 가고 어머니께서 머무시는 곳에

001_③ 002_③ 003_① 004_① 005_② 006_③ 007_① 008_③ 009_③ 010_② 011_① 012_룻 하나님

서 나도 머물겠나이다 어머니의 백성이 나의 백성이 되고 어머니의 ( )이/가 나의 ( )이/가 되시리니"라고 말한 사람은 누구이고 ( )에 공통으로 들어갈 말은 무엇인가?

013 "찬송할지로다 여호와께서 오늘 네게 ( )가 없게 하지 아니하셨도다 이 아이의 이름이 이스라엘 중에 유명하게 되기를 원하노라 이는 네 생명의 회복자이며 네 노년의 봉양자라 곧 너를 사랑하며 일곱 아들보다 귀한 네 며느리가 낳은 자로다"의 괄호에 들어갈 말은?

사무엘상

【A등급】

001 다윗이 사울을 피해 블레셋 땅으로 피해 가서 산 날 수는?
① 4개월 ② 1년
③ 1년 4개월 ④ 2년

002 다윗이 사울을 피하여 이동한 장소의 순서가 올바르게 표기된 것은?
① 엔게디 요새 – 그일라 – 십 황무지 – 마온 황무지
② 십 황무지 – 그일라 – 마온 황무지 – 엔게디 요새
③ 그일라 – 십 황무지 – 마온 황무지 – 엔게디 요새
④ 마온 황무지 – 그일라 – 십 황무지 – 엔게디 요새

003 사울이 블레셋과의 싸움에서 제사장법을 어기고 하나님께 버림을 받아 그의 나라가 길지 못할 것이며 다른 사람을 그의 백성의 지도자로 삼으셨다는 심판 선언을 받은 내용은 사무엘상 몇 장에 나오는가?
① 11장 ② 12장
③ 13장 ④ 14장

004 "여호와께서 번제와 다른 제사를 그 목소리를 청종하는 것을 좋아하심같이 좋아하시겠나이까? 순종이 제사보다 낫고 듣는 것이 숫양의 기름보다 나으니"라는 말씀은 사무엘이 어느

013_기업 무를 자

001_③ 002_③ 003_③ 004_③

나라와의 싸움 이후에 사울에게 한 말씀인가?
① 블레셋　② 암몬
③ 아말렉　④ 모압

005 사울과 아말렉의 전쟁이 기록된 것은 사무엘상 몇 장인가?
① 14장　② 15장
③ 16장　④ 17장

006 다윗이 사울을 피해 하길라 산에 숨어 있을 때 사울이 있었던 곳은?
① 마온　② 기브아
③ 엔게디　④ 십

007 놉의 제사장으로서 다윗을 도와준 일로 인하여 가족과 함께 사울에게 학살당한 사람은?
① 아비멜렉　② 아히멜렉
③ 아비아달　④ 아히엘

008 사무엘이 이스라엘 백성들에게 왕의 제도를 가르치는 내용이 나오는 곳은 사무엘상 몇 장인가?
① 5장　② 8장
③ 10장　④ 15장

009 사무엘이 이스라엘 백성을 모으고 제비를 뽑아 사울을 왕으로 선출한 의식이 거행된 장소는 어디인가(삼상 10:17)?
① 실로　② 미스바
③ 벧엘　④ 길갈

010 여호와의 언약궤가 블레셋 지방에 있었던 기간은?
① 7개월　② 8개월
③ 9개월　④ 12개월

011 사무엘 당시 여호와의 언약궤가 블레셋에게 빼앗기기 전에 안치되었던 성소의 위치는 어디인가?
① 벧엘　② 세겜
③ 길갈　④ 실로

012 다윗이 사울을 살려 준 곳은 어디인가?
① 시글락, 아둘람
② 놉, 그일라
③ 엔게디, 십황무지
④ 십 광야, 마온 광야

013 다윗이 사울을 피할 때 아히멜렉의 아들 아비아달이 에봇을 가지고 도망하여 어디에 있는 다윗에게 왔는가?
① 아둘람 굴　② 그일라
③ 엔게디 요새　④ 모압 미스베

014 여호와의 언약궤가 블레셋 지방에서 이스라엘 땅으로 되돌려 온 이후에 기럇여아림에 있었던 기간은?
① 7년　② 12년
③ 14년　④ 20년

015 다윗이 악은 악인에게서 난다는 속담을 사울에게 말한 곳은?
① 하길라 산　② 마온 황무지
③ 그일라　④ 엔게디

016 사울의 군대장관으로서 사울과 함께 다윗을 추격하다가 잠에 빠져 다윗이 사울의 창과 물병을 가져오도록 허용하는 실수를 범하므로 다윗의 책망을 들은 사람의 이름은?
① 요나단　② 도엑
③ 아브넬　④ 아비멜렉

017 놉의 제사장 아히멜렉의 아들로서 다윗의 제사장이 된 사람은?
① 아비아달　② 아비멜렉
③ 사독　④ 나단

018 다윗이 처음 등장해 사무엘에게 기름 부음을 받는 내용은 사무엘상 몇 장에 나오는가?
① 15장　② 16장
③ 17장　④ 18장

019 사울이 왕으로 즉위하기 전에 싸운 족속과 싸운 지역을 바르게 연결한 것은?

005_② 006_② 007_② 008_② 009_② 010_① 011_④ 012_③ 013_② 014_④ 015_④ 016_③ 017_① 018_②

① 모압 족속 – 세겜
② 에돔 족속 – 사마리아
③ 아람 족속 – 길르앗 라못
④ 암몬 족속 – 길르앗 야베스

020 블레셋에게 빼앗긴 여호와의 언약궤가 블레셋 지방에서 이동된 순서는?
① 에그론–아스돗–가드–벧세메스–기럇여아림–예루살렘
② 아스돗–에그론–벧세메스–가드–기럇여아림–예루살렘
③ 가드–에그론–아스돗–벧세메스–기럇여아림–예루살렘
④ 아스돗–가드–에그론–벧세메스–기럇여아림–예루살렘

021 "나는 너희를 위하여 기도하기를 쉬는 죄를 여호와 앞에 결단코 범하지 아니하고 선하고 의로운 길을 너희에게 가르칠 것"은 사무엘상 몇 장에 나오는 말씀인가?
① 6장 ② 8장
③ 10장 ④ 12장

022 블레셋 사람들은 사울의 시체와 그의 아들들의 시체를 어느 성벽에 못 박았는가?
① 기브아 ② 길보아 산
③ 야베스 ④ 벧산

023 사울은 이 나라와의 싸움에서 그들의 모든 소유를 진멸하라는 거룩한 전쟁의 명령을 받았지만 이를 어김으로 하나님께 버림을 받았다. 어느 나라인가?
① 블레셋 ② 아말렉
③ 아모리 ④ 히위

024 사무엘이 이스라엘을 다스린 지역으로 바르게 묶인 것은?
① 라마, 세겜 ② 미스바, 라마
③ 라이스, 라마 ④ 세겜, 야베스

025 다윗에게 죽임을 당한 블레셋 장수 골리앗은 어디 출신인가?
① 아스돗 ② 아스글론
③ 가사 ④ 가드

026 사울 당시 이스라엘 백성들이 사무엘을 가리켜 부른 직함은?
① 서기관 ② 선견자
③ 제사장 ④ 군대장관

027 "순종이 제사보다 낫고 듣는 것이 숫양의 기름보다 나으니"라는 말씀은 사무엘상 몇 장에 나오는가?
① 13장 ② 14장
③ 15장 ④ 16장

028 놉의 제사장으로서 다윗을 도와준 일로 인하여 가족과 함께 사울에게 학살당한 사람은?
① 아비멜렉 ② 아히멜렉
③ 아비아달 ④ 아히엘

029 다윗이 사울왕에게 쫓겨다닐 때에 다윗의 부모가 피신한 곳은 누가 다스리는 곳이었는가?
① 암몬 왕 ② 모압 왕
③ 블레셋 왕 ④ 가드 왕

030 "전쟁은 여호와께 속한 것인즉 그가 너희를 우리 손에 넘기시리라"고 말한 사람은 누구인가?
① 사울 ② 엘리압
③ 다윗 ④ 사무엘

031 다음 중 사무엘이 왕을 요구하는 백성에게 가르친 왕의 제도에 대한 설명이 아닌 것은?
① 백성의 아들들을 데려다가 병거와 말을 어거하게 할 것이다.
② 백성의 딸들을 데려다가 향료 만드는 자와 요리하는 자와 떡 굽는 자로 삼을 것이다.
③ 백성의 곡식과 포도원 소산의 십일조를 거두어 성전에 바칠 것이다.
④ 백성의 밭과 포도원과 감람원에서 제일 좋은 것을 가져다가 신하들에게 줄 것이다.

032 다윗이 사울을 피해 하길라 산에 숨어 있을 때 사울이 있었던 곳은?

019_④ 020_④ 021_④ 022_④ 023_② 024_② 025_④ 026_② 027_③ 028_② 029_② 030_③ 031_③ 032_②

① 마온 ② 기브아
③ 엔게디 ④ 십

033 엘리는 사사 된 지 몇 년 만에 죽었는가?
① 10년 ② 20년
③ 30년 ④ 40년

034 다윗이 골리앗의 칼을 갖고 도망한 지역과 그 곳의 왕의 이름을 바르게 적은 것은?
① 모압 – 에글론
② 가드 – 아기스
③ 다메섹 – 벤하닷
④ 암몬 – 나하스

035 아히멜렉이 다윗에게 골리앗의 칼을 내어주었다고 사울에게 밀고한 사람과 이에 관한 시편은?
① 에돔 사람 도엑 – 시편 50편
② 겐 사람 헤벨 – 시편 50편
③ 에돔 사람 도엑 – 시편 52편
④ 겐 사람 헤벨 – 시편 52편

036 사울이 왕으로 뽑힌 곳과 왕으로 즉위한 곳을 바르게 연결한 것은?
① 벧엘 – 길갈
② 미스바 – 야베스
③ 미스바 – 길갈
④ 벧엘 – 세겜

037 다윗이 사울을 피하여 아둘람 굴에 피신하여 있을 때 다윗과 함께 한 사람들의 수는?
① 300명 ② 400명
③ 500명 ④ 600명

038 다윗이 블레셋 지역에 망명하였을 때 (삼상 27장) 그가 의탁한 왕과 그 왕이 다윗에게 내어준 땅이 바르게 연결된 것은?
① 암몬 왕 나하스 – 가불
② 가드 왕 아기스 – 가불
③ 암몬 왕 나하스 – 시글락
④ 가드 왕 아기스 – 시글락

039 다윗은 골리앗의 칼을 어디에서 누구로부터 받았는가?
① 라마 – 사무엘
② 미스바 – 사무엘
③ 놉 – 아비멜렉
④ 놉 – 아히멜렉

040 다윗이 사울을 피할 때 아히멜렉의 아들 아비아달이 에봇을 가지고 도망하여 어디에 있는 다윗에게 왔는가?
① 아둘람 굴 ② 그일라
③ 엔게디 요새 ④ 모압 미스베

041 다윗이 사울을 피해 도망 중에 있을 때 요나단이 다윗을 찾아가 하나님을 힘 있게 의지하도록 한 곳은?
① 십 광야 ② 신 광야
③ 엔게디 광야 ④ 마온 광야

042 다윗이 사울을 피해 하길라 산에 숨어 있을 때 사울이 있었던 곳은?
① 마온 ② 기브아
③ 엔게디 ④ 십

【B등급】

043 제사장 엘리의 두 아들로서 불량자였던 사람은?
① 나답과 아비후
② 말론과 기룐
③ 홉니와 비느하스
④ 엘론과 압돈

044 사무엘의 모친 한나가 아들을 낳기 위해 하나님께 기도했던 성소가 있었던 성읍은?
① 벧엘 ② 실로
③ 길갈 ④ 미스바

045 한나의 남편이요 사무엘의 아버지는 누구인가?

033_④ 034_② 035_③ 036_③ 037_② 038_④ 039_④ 040_② 041_① 042_② 043_③ 044_② 045_①

① 엘가나　　② 엘리후
③ 엘리　　④ 도후

046 블레셋 사람들이 하나님의 궤를 빼앗아 가지고 어느 신의 신전에 두었는가?
① 바알　　② 다곤
③ 아세라　　④ 밀곰

047 사무엘이 지방을 순회하며 이스라엘 백성을 다스린 지역 이름이 아닌 것은?
① 미스바　　② 브엘세바
③ 길갈　　④ 라마

048 "단에서부터 브엘세바까지의 온 이스라엘이 ( )은 여호와의 선지자로 세우심을 입은 줄을 알았더라" ( )에 들어갈 이름은?
① 엘리　　② 사무엘
③ 엘리야　　④ 이사야

049 사울이 체포하였고 사무엘이 처형한 아말렉의 왕의 이름은?
① 아각　　② 아만
③ 아기스　　④ 아굴

050 다윗과 골리앗이 대결하였던 골짜기의 이름은?
① 아얄론 골짜기　　② 엘라 골짜기
③ 소렉 골짜기　　④ 구브린 골짜기

051 사울이 속한 지파는?
① 단　　② 므낫세
③ 베냐민　　④ 에브라임

052 다윗을 자기 생명 같이 사랑하여 더불어 언약을 맺으며 그에게 자기가 입었던 겉옷을 벗어 주고 자기의 군복과 칼과 활과 띠도 준 사람은?
① 요나단　　② 미갈
③ 아히멜렉　　④ 나발

053 한나의 적수로서 아이를 낳지 못하는 한나를 격분케하여 괴롭힌 여인의 이름은?
① 오르바　　② 마라
③ 오홀라　　④ 브닌나

054 베냐민 지파 출신 아비엘의 아들로 사울의 아버지는 누구인가?
① 니스　　② 스롤
③ 기스　　④ 아비아

055 "순종이 제사보다 낫고 듣는 것이 숫양의 기름보다 나으니"라고 말한 사람은?
① 한나　　② 사울
③ 사무엘　　④ 엘리

056 사울이 신접한 여인을 만나 그가 불러 올린 사무엘의 혼을 본 장소는?
① 마온　　② 갈멜
③ 엔돌　　④ 수넴

057 사울과 그 세 아들의 시체를 가져다가 화장하고 묻은 후 7일 동안 금식한 사람들은?
① 여리고 사람들
② 베냐민 사람들
③ 길르앗 야베스 사람들
④ 헤브론 사람들

058 사울의 아버지 기스가 잃어버리고 그 아들 사울에게 찾아오라 명령한 가축은?
① 암소　　② 암나귀
③ 말　　④ 수염소

059 "영광이 이스라엘에서 떠났다"라는 의미로 엘리의 아들인 비느하스의 아내가 그의 아들에게 지어준 이름은?
① 홉니　　② 이가봇
③ 아브넬　　④ 아비멜렉

060 "아이 사무엘이 엘리 앞에서 여호와를 섬길 때에는 여호와의 말씀이 희귀하여 이상이 흔히 보이지 않았더라"는 사무엘상 몇 장의 말씀인가?
① 2장　　② 3장
③ 4장　　④ 5장

삼상

046_② 047_② 048_② 049_① 050_② 051_③ 052_① 053_④ 054_③ 055_③ 056_③ 057_③ 058_② 059_②
060_②

061 다윗의 고향은?
① 헤브론 ② 브엘세바
③ 베들레헴 ④ 벧세메스

062 다윗에게 죽임을 당한 블레셋 장수 골리앗은 어디 출신인가?
① 아스돗 ② 아스글론
③ 가사 ④ 가드

063 나발의 아내였으나 나발이 죽은 후 다윗의 아내가 된 여인은?
① 아히노암 ② 아비가일
③ 학깃 ④ 에글라

064 블레셋 사람들이 이스라엘 사람들로부터 빼앗았으나 그 때문에 여호와 하나님의 재앙이 내리자 7개월 후에 이스라엘 진으로 돌려보낸 것은?
① 철 병거 ② 여호와의 궤
③ 사무엘의 에봇 ④ 모세의 지팡이

065 사무엘상은 모두 몇 장으로 되어있나?
① 29장 ② 30장
③ 31장 ④ 32장

066 이스라엘 백성들이 미스바에서 블레셋 사람들을 하나님의 도우심으로 물리친 뒤에 사무엘이 '여호와께서 여기까지 우리를 도우셨다'란 의미로 미스바와 센 사이에 세운 돌의 이름은?
① 벧세메스 ② 기럇여림
③ 에벤에셀 ④ 아비에셀

067 다윗이 골리앗과 대결하기 위하여 준비한 매끄러운 돌은 몇 개였나?
① 3개 ② 4개
③ 5개 ④ 7개

068 이새의 맏아들로서 다윗이 전쟁터에 나온 것을 보고 분노한 사람은?
① 아비나답 ② 엘리압
③ 삼마 ④ 여호나답

069 사울이 길보아 산에서 죽었을 때 사울과 그의 아들들의 시체를 거두어 장사지낸 사람들은 어느 지역 사람인가?
① 세겜 ② 가드
③ 길르앗 야베스 ④ 벧엘

070 다윗이 사울을 피해 처음으로 도망한 곳은?
① 놉 ② 라마
③ 아둘람 ④ 베들레헴

071 "여호와의 구원은 사람이 많고 적음에 달리지 아니하였느니라"(삼상 14:6)고 병기 든 소년에게 말한 사람은?
① 요나단 ② 사울
③ 다윗 ④ 사무엘

072 사무엘이 "말씀하옵소서 주의 종이 듣겠나이다"라고 대답하기까지 하나님은 몇 번이나 사무엘을 부르셨나?
① 두 번 ② 세 번
③ 네 번 ④ 다섯 번

073 사울과 세 아들이 장사된 곳은?
① 기브아 ② 길보아 산
③ 야베스 ④ 벧산

074 다윗이 블레셋에 망명했을 당시 블레셋 왕의 이름은?
① 아기스 ② 아비멜렉
③ 나하스 ④ 하닷

075 사울이 자기를 위하여 기념비를 세운 곳은?
① 길갈 ② 갈멜
③ 미스바 ④ 믹마스

076 다윗이 전장에 내려갔던 자의 분깃이나 소유물 곁에 머물렀던 자의 분깃을 동일하게 분배할 것을 규례로 삼은 것은 어느 족속과의 싸움에서 비롯되었는가?
① 미디안 ② 아말렉
③ 모압 ④ 암몬

061_③ 062_④ 063_② 064_② 065_③ 066_③ 067_③ 068_② 069_③ 070_② 071_① 072_③ 073_③ 074_①
075_② 076_②

077 길르앗 야베스 사람을 위협한 나하스는 어느 나라 왕인가?
① 에돔 ② 블레셋
③ 암몬 ④ 모압

078 블레셋 사람들이 법궤를 위하여 드린 제사는?
① 번제 ② 소제
③ 속건제 ④ 화목제

079 사울은 이 나라와의 싸움을 앞두고 사무엘이 정한 기한대로 이레 동안을 기다렸지만 그가 나타나지 아니하매 직접 제사를 드렸다. 어느 나라인가?
① 블레셋 ② 아말렉
③ 아모리 ④ 히위

080 사울이 속한 지파와 그가 거주하던 곳을 바르게 짝지은 것은?
① 베냐민 – 기브아
② 유다 – 기브온
③ 유다 – 기브아
④ 에브라임 – 기브온

081 제사장 아히멜렉의 아들로서 사울의 학살을 모면한 후 다윗의 제사장 역할을 한 사람은?
① 사독 ② 아히마아스
③ 아비아달 ④ 아비나답

082 사울이 다윗을 뒤쫓다가 뒤를 보러 굴에 들어갔던 곳은?
① 십 황무지 ② 마온 황무지
③ 엔게디 광야 ④ 하길라 산

083 아말렉이 다윗의 아내 아히노암과 아비가일을 사로잡은 곳은?
① 시글락 ② 마온
③ 아벡 ④ 가드

084 다윗과 골리앗의 싸움이 기록된 것은 사무엘상 몇 장인가?
① 16장 ② 17장
③ 18장 ④ 19장

085 아말렉 왕 아각이 나오는 책은?
① 여호수아 ② 사사기
③ 사무엘상 ④ 사무엘하

【주관식】

086 "( )이 죽인 자는 천천이요 다윗은 만만이로다"에서 괄호 안에 들어갈 말은?

087 다윗에게 기름 부은 선지자는 누구인가?

088 다윗이 아기스를 따라 전쟁터에 나가있는 동안 다윗이 머물던 시글락을 공격하여 다윗의 가족을 납치해 갔던 사람들은 어느 족속에 속했나?

089 사무엘과 모든 백성이 사울을 왕으로 삼은 곳은?

090 블레셋과의 전쟁에서 사울과 함께 전사한 사울의 세 아들은 아비나답, 말기수아, 그리고 누구인가?

091 "너는 칼과 창과 단창으로 내게 나아오거니와 나는 만군의 여호와의 이름 곧 네가 모욕하는 이스라엘 군대의 하나님의 이름으로 네게 나아가노라"는 다윗의 말은 사무엘상 몇 장 몇 절에 기록된 본문인가?

092 "사무엘이 돌을 취하여 ( )와 센 사이에 세워 이르되 여호와께서 여기까지 우리를 도우셨다 하고 그 이름을 에벤에셀이라 하니라"(삼상 7:12)의 괄호에 들어갈 말은?

093 전장에 내려갔던 자의 분깃이나 소유물 곁에 머물렀던 자의 분깃을 동일하게 분배하는 것을 이스라엘의 율례와 규례로 삼은 사람은?

094 "내가 나를 위하여 충실한 ( )을 일으키리니 그 사람은 내 마음, 내 뜻대로 행할 것이라 내

삼상

077_③ 078_③ 079_① 080_① 081_③ 082_③ 083_① 084_② 085_③ 086_사울 087_사무엘 088_아말렉 089_길갈 090_요나단 091_17장 45절 092_미스바 093_다윗 094_제사장

가 그를 위하여 견고한 집을 세우리니 그가 나의 기름 부음을 받은 자 앞에서 영구히 행하리라"(삼상 2:35)의 괄호에 들어갈 말은?

095 "사울이 여호와께 묻자오되 여호와께서 ( )으로도, ( )으로도, ( )로도 그에게 대답하지 아니하시므로 사울이 그의 신하들에게 이르되 나를 위하여 신접한 여인을 찾으라 …"(삼상 28:6-7)의 괄호에 들어갈 말은?

096 사울이 여호와께서 선지자로도 꿈으로도 대답하시지 않자 엔돌의 여인을 통해 불러 올려진 사람은 누구인가?

097 "너는 칼과 창과 단창으로 내게 나아 오거니와 나는 만군의 여호와의 이름 곧 네가 모욕하는 이스라엘 군대의 하나님의 이름으로 네게 나아가노라"라고 말한 사람은?

098 블레셋과의 전쟁에서 사울과 함께 전사한 사울의 세 아들은 말기수아, 요나단 그리고 누구인가?

099 "심히 교만한 말을 다시 하지 말 것이며 오만한 말을 너희의 입에서 내지 말지어다 여호와는 ( )의 하나님이시라 ( )을 달아 보시느니라"(삼상 2:3)의 괄호에 들어갈 말은?

100 "여호와께서 번제와 다른 제사를 그의 목소리를 청종하는 것을 좋아하심같이 좋아하시겠나이까 순종이 제사보다 낫고 듣는 것이 숫양의 기름보다 나으니"라는 말씀은 사무엘상 몇 장 몇 절인가?

사무엘하

【A등급】

001 다음 중 다윗 당시에 제사장이 아니었던 사람은?
① 사독 ② 아비아달
③ 아히멜렉 ④ 비느하스

002 다음 중 사무엘하서의 마지막 장에 언급되는 내용은?
① 아라우나의 타작마당
② 다윗의 유언
③ 다윗의 용사들
④ 3년 기근

003 압살롬과 다윗을 화해시키기 위해 요압이 다윗에게 보내어 두 아들에 대한 비유를 통하여 다윗을 권고한 슬기로운 여인은 어디 출신인가?
① 헤브론 ② 갈멜
③ 드고아 ④ 베들레헴

004 그술로 도망한 압살롬이 예루살렘으로 돌아올 수 있도록 한 사람은 누구인가?
① 갓 ② 나단
③ 요압 ④ 밧세바

005 다윗의 아내 밧세바가 나오지 않는 곳은?
① 사무엘상 ② 사무엘하
③ 열왕기상 ④ 시편

095_꿈, 우림, 선지자 096_사무엘 097_다윗
098_아비나답 099_지식, 행동 100_15장 22절

001_④ 002_① 003_③ 004_③ 005_①

006 다윗이 사울의 자손 일곱 명을 나무에 달아 죽인 사건을 초래한 주원인은 무엇이었는가?
① 3년 연속 기근
② 7년 연속 기근
③ 3년 연속 전염병 발생
④ 7년 연속 전염병 발생

007 사울을 죽인 사람과 이스보셋을 죽인 사람이 다윗에 의해 처형된 곳이 바르게 연결된 것은?
① 기브온 – 헤브론
② 헤브론 – 예루살렘
③ 시글락 – 헤브론
④ 기브온 – 야베스

008 다음 중 다윗의 제사장은?
① 사독 – 아히멜렉
② 사독 – 브나야
③ 사독 – 스라야
④ 사독 – 여호사밧

009 넬의 아들 아브넬이 요압의 동생 아사헬을 죽인 곳은?
① 미스바 ② 헤브론
③ 아벡 ④ 기브온

010 다윗을 반역한 압살롬이 상수리나무에 머리가 걸려 요압에게 살해당한 수풀은 어디인가?
① 헤렛 수풀
② 엔게디 수풀
③ 에브라임 수풀
④ 요단강 수풀

011 암몬 왕 하눈이 다윗의 신복을 잡아 수염 절반을 깎고 의복을 중동볼기까지 자르고 돌려보냈을 때 그들의 수염이 자라기까지 머문 곳은 어디인가?
① 여리고 ② 세겜
③ 길갈 ④ 실로

012 사무엘하 24장에서 다윗이 인구를 조사하게 한 뒤에 하나님이 제시한 세 가지 징벌에 해당되지 않는 것은?
① 3일간의 온역
② 3달 동안 적에게 쫓김
③ 3년 기근
④ 7년 기근

013 사울과 요나단의 전사 소식을 들은 다윗이 지은 슬픈 노래인 활 노래가 기록된 책은?
① 율법 책
② 야살의 책
③ 여호와의 전쟁의 책
④ 유대 왕조실록

삼하

014 다음 중 다윗이 수비대를 둔 곳으로 알맞게 짝지어진 것은?
① 모압 – 암몬 ② 암몬 – 에돔
③ 에돔 – 아람 ④ 아람 – 모압

015 다윗이 다스릴 때 여호야다의 아들로서 그렛 사람과 블렛 사람을 관할했던 사람은?
① 사독 ② 브나야
③ 스라야 ④ 아히멜렉

016 다음 중 예루살렘에서 태어난 다윗의 아들이 아닌 사람은?
① 솔로몬 ② 삼무아
③ 나단 ④ 아도니야

017 이스라엘이 다윗에게 기름을 부어 이스라엘 왕으로 삼았다는 소식을 들은 블레셋이 처음으로 다윗과 싸운 곳은?
① 엘라 골짜기
② 스바다 골짜기
③ 소렉 골짜기
④ 르바임 골짜기

018 다음 중 압살롬이 반란을 일으켰을 때 도망하던 다윗이 예루살렘에 머물게 하지 않은 사람은?
① 아비아달 ② 후새
③ 사독 ④ 아비새

019 다윗에게 압살롬의 죽음을 가장 먼저 알린 사

006_① 007_③ 008_① 009_④ 010_③ 011_① 012_③ 013_② 014_③ 015_② 016_④ 017_④ 018_④ 019_③

람은?
① 요압 ② 아히마아스
③ 구스 사람 ④ 잇대

020 밧세바의 남편 우리아는 어느 족속과의 싸움에서 죽었는가?
① 아람 ② 에돔
③ 모압 ④ 암몬

021 사울의 아들 이스보셋이 사울의 뒤를 이어 이스라엘의 왕이 될 때에 그의 나이는 얼마나 되었는가? (삼하 2:10)
① 40세 ② 25세
③ 20세 ④ 18세

022 도망하던 다윗에게 "피를 흘린 자여 사악한 자여 가거라 가거라"라고 저주한 시므이의 출신 지파는?
① 베냐민 ② 에브라임
③ 시므온 ④ 유다

023 다윗의 음모에 의해 밧세바의 남편 우리야가 전사한 곳은?
① 랍바 ② 다메섹
③ 길헤레스 ④ 데베스

024 다윗이 헤브론에서 낳은 맏아들 암논의 어머니는 누구인가?
① 마아가 ② 미갈
③ 아히노암 ④ 아비가일

025 이스보셋을 죽인 레갑과 바아나는 어느 지파 사람인가?
① 베냐민 ② 유다
③ 시므온 ④ 르우벤

026 맹인과 다리 저는 사람은 집에 들어오지 못하리라는 속담과 연관된 것은?
① 언약궤 ② 시온 산성
③ 밀로 성 ④ 바알브라심

027 다음 중 다윗의 군대장관과 사울의 군대장관을 바르게 연결한 것은?
① 아브넬 – 브나야
② 요압 – 아브넬
③ 요압 – 브나야
④ 아브넬 – 아비새

028 다음 중 예루살렘에서 태어난 다윗의 아들이 아닌 사람은?
① 솔로몬 ② 삼무아
③ 나단 ④ 이드르암

029 하나님이 다윗과 더불어 영원한 언약을 세웠다는 말씀이 기록된 곳은?
① 사무엘상 20장
② 사무엘하 23장
③ 열왕기상 10장
④ 열왕기하 20장

030 다윗과 우리아의 아내 밧세바의 동침 사건이 기록된 곳은?
① 사무엘하 9장
② 사무엘하 10장
③ 사무엘하 11장
④ 사무엘하 12장

031 이스보셋과 다윗이 각각 왕이 된 후 첫 싸움이 있었던 곳은?
① 기브아 ② 세겜
③ 아벡 ④ 기브온

032 선지자 나단이 한 일이 아닌 것은?
① 다윗에게 여호와께서 다윗을 위해 집을 이루시리라는 말씀을 전했다.
② 밧세바를 차지하려고 우리아를 죽인 다윗을 책망했다.
③ 제사장 사독과 함께 솔로몬에게 기름을 부어 이스라엘 왕을 삼았다.
④ 인구 조사한 것을 뉘우치는 다윗에게 하나님이 내리실 세 가지 벌 가운데 하나를 택하라고 했다.

033 압살롬을 피해 도망한 다윗이 마하나임에 도

020_④ 021_① 022_① 023_① 024_③ 025_① 026_② 027_② 028_④ 029_② 030_③ 031_④ 032_④ 033_③

착한 후 백성을 세 그룹으로 나누어 세 사람에게 맡겼다. 다음 중 그 세 사람이 아닌 사람은?
① 요압 ② 아비새
③ 아마사 ④ 잇대

【B등급】

034 요압의 동생인 아사헬을 죽인 사람은 누구인가?
① 아비새 ② 레갑
③ 바아나 ④ 아브넬

035 사울의 군대장관이었던 아브넬을 죽인 사람은 누구인가?
① 이스보셋 ② 요압
③ 아사헬 ④ 아비새

036 레갑과 바아나가 죽인 사울의 아들은 누구인가?
① 요나단 ② 아브넬
③ 이스보셋 ④ 요압

037 다윗의 아들 암논에게 욕을 당한 다윗의 딸은 누구인가?
① 오르바 ② 디나
③ 다말 ④ 오홀리바

038 다윗의 아들 중 그술 왕 달매의 딸 마아가의 소생은 누구인가?
① 암논 ② 압살롬
③ 아도니야 ④ 솔로몬

039 다윗 왕이 예루살렘에서 다스린 햇수는?
① 37년 ② 35년
③ 33년 ④ 40년

040 가드 사람 골리앗의 아우인 라흐미를 죽인 다윗의 장수 이름은?
① 잇대 ② 엘하난
③ 브나야 ④ 아비새

041 다음 인물 중에 다윗의 군대 장관은?
① 요압 ② 아브넬
③ 사독 ④ 아비아달

042 다윗이 사울이 죽었다는 소식을 듣고 슬퍼하여 지은 노래의 이름은?
① 애가 ② 슬픈 노래
③ 활 노래 ④ 아삽의 노래

043 다윗과 결혼했으나 죽기까지 자녀를 낳지 못한 사울 왕의 딸은?
① 메랍 ② 미갈
③ 들릴라 ④ 여미마

044 압살롬의 반역이 좌절된 후에 반역한 비그리의 아들 세바는 어느 지파 출신인가?
① 에브라임 ② 베냐민
③ 유다 ④ 납달리

045 여호와께서 나단을 통해 다윗의 왕조가 영원히 지속되리라고 약속하신 말씀은 사무엘하 몇 장에 나오는가?
① 6장 ② 7장
③ 8장 ④ 9장

046 압살롬의 모사로 자기 계략이 시행되지 못함을 보고 고향으로 돌아가 스스로 목매어 죽은 사람은 누구인가?
① 아히도벨 ② 후새
③ 이드르암 ④ 세바

047 여호와께서 다윗에게 "네가 내 백성 이스라엘의 목자가 되며 네가 이스라엘의 ( )가 되리라"고 말씀하셨다. 괄호 안에 들어갈 말은?
① 지도자 ② 선견자
③ 주권자 ④ 예언자

048 다윗에게 사절들과 백향목과 목수와 석수를 보내어 다윗을 위하여 집을 짓게 한 사람은?
① 히람 ② 나하스
③ 달매 ④ 아기스

삼하

034_④ 035_② 036_③ 037_③ 038_② 039_③ 040_② 041_① 042_③ 043_② 044_② 045_② 046_① 047_③ 048_①

049 "이스라엘 왕이 오늘 어떻게 영화로우신지 방탕한 자가 염치 없이 자기의 몸을 드러내는 것처럼 오늘 그의 신복의 계집종의 눈앞에서 몸을 드러내셨도다"(삼하 6:20)라고 말한 사람은?
① 아비가일 ② 밧세바
③ 미갈 ④ 메랍

050 사울의 군사령관인 아브넬이 사울의 아들 이스보셋을 왕으로 삼은 곳은?
① 미스바 ② 마하나임
③ 라마 ④ 헤브론

051 다윗의 모사로 압살롬의 반역이 일어났을 때 그에게 거짓 투항해 아히도벨의 모략을 패하게 한 사람은 누구인가?
① 나단 ② 후새
③ 요압 ④ 아기스

052 낮잠을 자다가 베냐민 사람 바아나와 레갑에게 암살당한 사울의 아들은 누구인가?
① 므비보셋 ② 요나단
③ 말기수아 ④ 이스보셋

053 밧세바의 남편인 우리야는 어느 족속 출신인가?
① 갈멜 ② 아모리
③ 헷 ④ 마온

054 사울의 아들 이스보셋이 이스라엘의 왕으로 통치한 연수는?
① 1년 ② 2년
③ 3년 ④ 7년

055 이스라엘의 모든 장로가 다윗에게 기름 부어 이스라엘의 왕으로 삼은 곳은 어디인가?
① 예루살렘 ② 헤브론
③ 베들레헴 ④ 세겜

056 다음 중 다윗이 예루살렘에서 낳은 아들은?
① 암논 ② 길르압
③ 압살롬 ④ 솔로몬

057 다윗에게 반역했던 압살롬의 부탁을 받고 그에게 가담했던 다윗의 모사는?
① 아히도벨 ② 아도니야
③ 아비가일 ④ 아비멜렉

058 "볼지어다 나는 백향목 궁에 살거늘 하나님의 궤는 휘장 가운데에 있도다"라는 말은 다윗이 누구에게 한 말인가?
① 나단 ② 갓
③ 솔로몬 ④ 요압

059 다윗의 아들 암논이 사랑하다가 욕되게 한 후 심히 미워한 압살롬의 누이는 누구인가?
① 달매 ② 다말
③ 아비삭 ④ 학깃

060 사울이 죽은 후 유다 사람들이 다윗에게 기름을 부어 유다 족속의 왕으로 삼은 곳은?
① 헤브론 ② 예루살렘
③ 기브아 ④ 미스바

061 다음 중 압살롬을 죽인 사람은?
① 요압 ② 아비새
③ 아사헬 ④ 아마사

062 가난한 이웃의 하나뿐인 소중한 암양을 빼앗아 잡아 자기 집을 방문한 손님을 대접한 악한 부자에 대한 비유를 나단으로부터 듣고난 다음, 다윗이 그 부자를 비판하면서 그 부자가 가난한 이웃에게 몇 배로 갚아야 한다고 말했나?
① 3배 ② 4배
③ 7배 ④ 10배

063 우리아가 죽었을 때 하나님은 누구를 보내어 다윗을 책망했는가?
① 갓 ② 나단
③ 아비아달 ④ 아히멜렉

064 사울의 손자요 요나단의 아들로서 다윗이 떠난 날부터 돌아오는 날까지 발을 맵시 내지 않고 수염을 깍지 아니하며 옷을 빨지 아니한 사

049_③ 050_② 051_② 052_④ 053_③ 054_② 055_② 056_④ 057_① 058_① 059_② 060_① 061_① 062_② 063_② 064_②

람은?
① 바르실래　② 므비보셋
③ 세바　④ 후새

065 다음 중 군대장관이 아닌 사람은?
① 요압　② 아브넬
③ 아마사　④ 스라야

066 다윗이 예루살렘을 통일 왕국의 수도로 삼기 전에 헤브론에 머문 기간은?
① 5년　② 5년 반
③ 6년　④ 7년 반

【주관식】

067 이스라엘 모든 지파가 다윗에게 나아와 언약을 맺고 기름을 부어 이스라엘 왕으로 삼은 곳은 어디인가?

068 다윗이 여부스성 곧 시온 산성을 정복한 다음에 사람들이 이 성을 무엇이라 불렀나?

069 여호와께서 다윗에게 "그는 내 이름을 위하여 집을 건축할 것이요 나는 그의 나라 왕위를 영원히 견고하게 하리라"라고 하신 유명한 다윗 언약의 말씀은 사무엘하 몇 장에 나오는가?

070 다윗 왕이 "나는 백향목 궁에 살거늘 하나님의 궤는 휘장 가운데에 있도다"라고 하며 여호와 하나님께 성전을 건축할 계획을 가지고 상의한 선지자는 누구인가?

071 다윗이 사울과 요나단의 죽음을 애도한 "활 노래"가 기록되어 있었던 책의 이름은?

072 스루야의 아들 요압이 왕의 마음이 압살롬에게로 향하는 줄 알고 다윗에게 보낸 지혜로운 여인은 누구인가?

073 사무엘하에 의하면 다윗의 인구 조사 사건으로 인하여 3일간의 전염병이 발생하였을 때 다윗이 여호와께 제단을 쌓은 장소는 누구의 타작마당이었는가?

074 "나는 그에게 아버지가 되고 그는 내게 아들이 되리니 그가 만일 죄를 범하면 내가 사람의 매와 인생의 채찍으로 징계하려니와 내가 네 앞에서 물러나게 한 ( )에게서 내 ( )을 빼앗은 것처럼 그에게서 빼앗지는 아니하리라"(삼하 7:14-15)의 괄호에 들어갈 말은?

075 다윗과 우리아의 아내 밧세바의 동침 사건이 기록된 곳은 사무엘하 몇 장인가?

076 "여호와는 나의 반석이시요 나의 요새시요 나를 위하여 나를 건지시는 자시요 내가 피할 나의 반석의 하나님이시요 나의 방패시요 나의 구원의 뿔이시요 나의 높은 망대시요 그에게 피할 나의 피난처시요 나의 구원자시라 나를 폭력에서 구원하셨도다"라는 다윗의 감사시는 사무엘하 몇 장에 기록되었는가?

077 "또 다시 블레셋 사람과 곱에서 전쟁할 때에 베들레헴 사람 야레오르김의 아들 ( )은 가드 골리앗의 아우 라흐미를 죽였는데 그 자의 창자루는 베틀 채 같았더라"(삼하 21:19)의 괄호에 들어갈 말은?

078 "이제 네가 나를 업신여기고 헷 사람 우리아의 아내를 빼앗아 네 아내로 삼았은즉 칼이 네 집에서 영원토록 떠나지 아니하리라 하셨고 여호와께서 또 이와 같이 이르시기를 보라 내가 너와 네 집에 재앙을 일으키고 내가 네 눈앞에서 네 아내를 빼앗아 네 이웃들에게 주리니 그 사람들이 네 아내들과 더불어 백주에 동침하리라"는 말은 어느 예언자가 누구에게 한 말인가?

065_④　066_④　067_헤브론　068_다윗성　069_7장　070_나단　071_야살의 책　072_드고아 여인　073_아라우나
074_사울, 은총　075_11장　076_22장　077_엘하난　078_나단이 다윗에게

열왕기상

【A등급】

001 솔로몬이 이방의 많은 여인을 사랑하여 그들이 이스라엘로 가져온 다른 신들을 따르게 하였다는 내용과 솔로몬의 죽음에 대한 기사가 기록된 장은 열왕기상 몇 장인가?
① 10장 ② 11장
③ 12장 ④ 13장

002 솔로몬이 성전 건축을 시작한 시기와 관련이 없는 것은?
① 애굽 땅에서 나온 지 480년
② 솔로몬이 왕이 된 지 4년
③ 시브월
④ 에다님월

003 여호수아 6장의 여호수아의 맹세대로 벧엘 사람 히엘이 여리고를 건축하다가 아들인 아비람과 스굽을 잃은 일은 어느 왕 때 일어났는가?
① 오므리 ② 예후
③ 아합 ④ 바아사

004 솔로몬이 왕이 된 후 요압을 죽인 이유는 그가 '자기보다 의롭고 선한 두 사람'을 살해한 데 있다고 했다. 이 두 사람은 누구인가?
① 아브넬, 아마사
② 아비아달, 아마사
③ 아도니야, 아마사
④ 사독, 브나야

005 다음 중 나라와 그 나라가 섬기던 신의 이름이 잘못 연결된 것은?
① 시돈 – 아스다롯 ② 모압 – 그모스
③ 모압 – 다곤 ④ 암몬 – 밀곰

006 솔로몬을 왕으로 삼기 위하여 솔로몬에게 기름을 부은 사람은?
① 사독, 아비아달 ② 사독, 나단
③ 아비아달, 나단 ④ 아비아달, 브나야

007 스바 여왕이 솔로몬에게 선물로 바친 금의 액수는?
① 100 달란트 ② 120 달란트
③ 150 달란트 ④ 200 달란트

008 실로 사람 아히야가 말한 대로 여로보암의 온 집을 쳐서 멸망시킨 사람은?
① 시므리 ② 요아스
③ 바아사 ④ 예후

009 다윗이 임종 시 솔로몬에게 죽이도록 유언한 사람은 누구인가?
① 요압, 시므이 ② 시므이, 레이
③ 아도니야, 브나야 ④ 요압, 아비아달

010 이스라엘 왕 바아사, 엘라, 시므리가 왕이 된 곳은?
① 미스바 ② 세겜
③ 디르사 ④ 사마리아

011 솔로몬은 많은 외국 왕비들을 두어 나라를 부강하게 하였으나 그의 마음이 여호와를 버리고 이방 신들을 좇았으니 시돈 사람의 여신 ( )과 암몬 사람의 가증한 신 ( )을 좇았다. 괄호 안에 들어갈 말을 차례대로 바르게 적은 것은?
① 아스다롯, 밀곰
② 아스다롯, 그모스
③ 밀곰, 바알
④ 바알, 아스다롯

012 북 이스라엘의 첫 왕 여로보암과 오므리의 아들 아합 왕의 통치 기간은 같다. 몇 년인가?

001_② 002_④ 003_③ 004_① 005_③ 006_② 007_② 008_③ 009_① 010_③ 011_① 012_③

① 18년 ② 20년
③ 22년 ④ 24년

013 다음 중 열왕기상 11장에 기록된 내용이 아닌 것은?
① 솔로몬의 후궁의 수
② 솔로몬과 바로의 딸의 혼인
③ 아히야의 예언
④ 솔로몬의 대적

014 여호수아 6장의 여호수아의 맹세대로 벧엘 사람 히엘이 여리고를 건축하다가 아들인 아비람과 스굽을 잃은 내용은 열왕기상 몇 장에 기록되어 있는가?
① 15장 ② 16장
③ 17장 ④ 18장

015 다음 중 북왕국 이스라엘의 왕들의 순서가 잘못된 것은?
① 나답 – 바아사 ② 시므리 – 오므리
③ 오므리 – 아합 ④ 아하시야 – 아합

016 솔로몬의 성전 건축을 도와 준 히람은 어느 나라 왕이었나?
① 시돈 ② 두로
③ 아람 ④ 에돔

017 바아사가 라마를 건축하던 돌과 재목으로 유다 왕 아사가 건축한 곳은?
① 게바, 미스바
② 미스바, 라마
③ 에시온게벨, 라마
④ 밀로, 게바

018 누가 그릿 시냇가에 머문 엘리야에게 떡과 고기를 아침저녁으로 가져다주었는가?
① 까마귀 ② 과부
③ 엘리야의 제자들 ④ 엘리사

019 엘리야가 죽은 아이를 안고 다락에 올라가 누이고 그 위에 자기 몸을 세 번 펴서 엎드리며 여호와께 기도해 살린 아이의 어머니는 누구인가?
① 수넴 과부 ② 사르밧 과부
③ 브엘세바 과부 ④ 예루살렘 과부

020 솔로몬의 신복이었으나 애굽으로 피신하여 솔로몬이 죽기까지 있다가 돌아와 북 이스라엘 왕조를 이룩한 사람은?
① 르호보암 ② 여로보암
③ 여호람 ④ 여호아하스

021 여로보암이 건축한 곳은?
① 라마, 밀로 ② 세겜, 미스바
③ 세겜, 부느엘 ④ 게바, 미스바

022 애굽왕 시삭이 예루살렘을 치고 솔로몬의 금 방패를 빼앗아 간 것은 어느 왕 때의 일인가?
① 요시야 ② 예후
③ 아하스 ④ 르호보암

023 "사마리아의 부스러진 것이 나를 따르는 백성의 무리의 손에 채우기에 족할 것 같으면 신들이 내게 벌 위에 벌을 내림이 마땅하니라"라는 말에 "갑옷 입는 자가 갑옷 벗는 자 같이 자랑하지 못할 것이라"고 대답한 사람은?
① 벤하닷 ② 아합
③ 엘리야 ④ 엘리사

024 솔로몬의 성전 봉헌식이 열린 것은 일곱째 달이었는데 이 달의 이름은 무엇인가?
① 디스리월 ② 시브월
③ 에다님월 ④ 불월

025 다음 중 암살당하지 않은 왕은?
① 나답 ② 바아사
③ 엘라 ④ 시므리

026 솔로몬이 바로의 공주 외에 사랑했던 이방 여인들의 출신국이 아닌 것은?
① 모압과 암몬 ② 아람과 블레셋
③ 헷 ④ 에돔과 시돈

027 솔로몬의 신하 느밧의 아들 여로보암은 어느

왕상

013_② 014_② 015_④ 016_② 017_① 018_① 019_② 020_② 021_③ 022_④ 023_② 024_③ 025_② 026_②

지파 사람인가?
① 므낫세 ② 에브라임
③ 잇사갈 ④ 베냐민

028 솔로몬을 대적한 수리아의 왕 엘리아다의 아들은 누구인가?
① 하닷 ② 여로보암
③ 르손 ④ 르말랴

029 솔로몬의 대적자 하닷은 어느 족속인가?
① 에돔 ② 모압
③ 암몬 ④ 수리아

030 실로 사람 아히야가 말한 대로 여로보암의 온 집을 쳐서 멸망시킨 사람은?
① 시므리 ② 요아스
③ 바아사 ④ 예후

【B등급】

031 솔로몬의 성전 봉헌 기도가 언급된 곳은 열왕기상 몇 장인가?
① 6장 ② 7장
③ 8장 ④ 9장

032 다윗 왕이 나이가 많아 늙으니 이불을 덮어도 따뜻하지 아니하자 얻은 아리따운 수넴 여자는 누구인가?
① 아비삭 ② 아비가일
③ 아히노암 ④ 마아가

033 북왕국 이스라엘의 초대 왕으로서 단과 벧엘에 금송아지를 세운 사람은?
① 바아사 ② 여로보암
③ 오므리 ④ 시므리

034 엘리야가 갈멜산에서 바알의 선지자와 대결할 당시 바알 선지자의 수는?
① 400명 ② 450명
③ 350명 ④ 500명

035 아도니야와 솔로몬이 왕위 계승 다툼을 할 때 아도니야를 추종한 다윗의 군대 장관은?
① 요압 ② 브나야
③ 아브넬 ④ 아마사

036 아도니야와 솔로몬의 왕권 계승 다툼에서 솔로몬 쪽에 가담한 사람이 아닌 자는?
① 나단 ② 사독
③ 아비아달 ④ 밧세바

037 "이 성전을 향하여 손을 펴고 무슨 기도나 무슨 간구를 하거든 주는 계신 곳 하늘에서 들으시고 사하시며"라고 기도한 사람은 누구인가?
① 솔로몬 ② 다윗
③ 제사장 아비아달 ④ 제사장 사독

038 큰 산당이 있던 곳으로 솔로몬이 일천 번제를 드린 곳은?
① 브엘세바 ② 벧엘
③ 여리고 ④ 기브온

039 다윗에게 저주했던 베냐민 사람으로 다윗이 솔로몬에게 죽이라고 유언한 사람은 누구인가?
① 요압 ② 시므이
③ 바르실래 ④ 아비아달

040 다윗의 군대장관으로 다윗이 죽을 때 솔로몬에게 죽이라는 유언을 남긴 사람은 누구인가?
① 요압 ② 시므이
③ 바르실래 ④ 아비아달

041 다윗이 죽어 장사된 곳은?
① 헤브론 ② 베들레헴
③ 다윗성 ④ 기브온

042 다윗이 솔로몬에게 은총을 베풀어 그의 상에서 먹는 자 중에 참여하게 하라고 유언한 사람은 누구인가?
① 요압의 아들들 ② 바르실래의 아들들
③ 시므이의 아들들 ④ 세바의 아들들

027_② 028_③ 029_① 030_③ 031_③ 032_① 033_② 034_② 035_① 036_③ 037_① 038_④ 039_② 040_① 041_③ 042_②

043 이스라엘에 수년 동안 비가 오지 않을 것을 예언한 후 엘리야가 숨어 지낼 때 하나님이 까마귀를 명하여 엘리야에게 떡을 공급하게 하신 곳은?
① 그릿 시냇가 ② 얍복강가
③ 야르묵 강 ④ 기손 시냇가

044 솔로몬 당시 노동 감독관은 누구인가?
① 아도니람 ② 브나야
③ 아비새 ④ 아사리아

045 다음 중 솔로몬에게 대적한 사람이 아닌 것은?
① 하닷 ② 여로보암
③ 르손 ④ 르말랴

046 "듣는 마음을 종에게 주사 주의 백성을 재판하여 선악을 분별하게 하소서"라고 하나님께 간구한 왕은?
① 사울 ② 다윗
③ 솔로몬 ④ 여로보암

047 솔로몬의 아들 르호보암이 이스라엘의 왕이 되기 위해 간 곳은?
① 세겜 ② 헤브론
③ 예루살렘 ④ 벧엘

048 이스라엘 왕 바아사는 어느 지파 사람인가?
① 에브라임 ② 잇사갈
③ 베냐민 ④ 스불론

049 "여호와께서 ( )의 죄로 말미암아 이스라엘을 버리시리니 이는 그도 범죄하고 이스라엘로 범죄하게 하였음이니라"의 괄호에 들어갈 말은?
① 르호보암 ② 여로보암
③ 아합 ④ 오므리

050 유다 왕 아사와 이스라엘 왕 바아사 사이에는 전쟁이 얼마나 계속되었는가?
① 5년 ② 15년
③ 일생 동안 ④ 20년

051 아합이 길르앗 라못을 탈환하기 위하여 전쟁을 벌인 나라는?
① 암몬 ② 모압
③ 아람 ④ 에돔

052 여호와께서 솔로몬에게서 나라를 찢어 빼앗아 열 지파를 여로보암에게 주겠다고 예언한 실로 사람 예언자는?
① 아히야 ② 르손
③ 아비아달 ④ 그누밧

053 르호보암이 예루살렘에서 유다와 베냐민 지파의 용사 십팔만을 소집하여 북 이스라엘을 공격하려고 할 때 전쟁하러 올라가지 말라고 말린 하나님의 사람은?
① 스마야 ② 아히야
③ 여호야다 ④ 나단

054 르호보암이 유다를 다스릴 때에 예루살렘을 침공하여 예루살렘 성전과 궁의 보물을 빼앗아 간 애굽 왕은?
① 람세스 ② 느고
③ 시삭 ④ 아모세

055 다음 중 학깃의 아들 아도니야가 자칭 왕이 되었을 때 함께 한 사람은?
① 브나야 ② 사독
③ 아비아달 ④ 여호야다

056 솔로몬이 예루살렘에 성전을 건축하는데 걸린 기간은?
① 5년 ② 7 년
③ 10 년 ④ 13 년

057 나봇을 모함하여 죽이고 그의 포도원을 빼앗은 아합 왕의 아내는?
① 아달랴 ② 이세벨
③ 마아가 ④ 드보라

058 솔로몬 왕이 이스라엘을 통치한 햇수는?
① 20년 ② 25년
③ 30년 ④ 40년

043_① 044_① 045_④ 046_③ 047_① 048_② 049_② 050_③ 051_③ 052_① 053_① 054_③ 055_③ 056_② 057_② 058_④

059 솔로몬이 백향목과 잣나무와 금을 제공한 히람에게 준 성읍 스무 곳은 어느 땅인가?
① 하솔 ② 갈릴리
③ 므깃도 ④ 기브아

060 아람과 전쟁할 때 변장했으나 우연히 날아온 화살에 맞아 죽은 왕은?
① 여호사밧 ② 아사
③ 아합 ④ 오므리

【주관식】

061 솔로몬의 성전 봉헌 내용은 열왕기상 몇 장에 기록되었는가?

062 "엘리야가 모든 백성에게 가까이 나아가 이르되 너희가 어느 때까지 둘 사이에서 머뭇머뭇하려느냐 여호와가 만일 하나님이면 그를 따르고 ( )이 만일 하나님이면 그를 따를 지니라 하니 …"의 괄호에 들어갈 말은?

063 이스라엘의 왕이 한 선지자를 만나자 "이스라엘을 괴롭게 하는 자여 너냐"라고 말하자 그 선지자가 대답하되 "내가 이스라엘을 괴롭게 한 것이 아니라 당신과 당신의 아버지의 집이 괴롭게 하였으니 이는 여호와의 명령을 버렸고 당신이 바알들을 따랐음이라"에서 왕과 선지자는 누구인가?

064 레위 자손이 아닌 일반 백성으로 산당의 제사장을 삼은 이스라엘 왕의 이름은?

065 꿈에 나타난 하나님께 솔로몬이 한 기도, "누가 주의 이 많은 백성을 재판할 수 있사오리이까 ( )을 종에게 주사 주의 백성을 재판하여 선악을 분별하게 하옵소서"(왕상 3:6)에서 괄호에 들어갈 말은?

066 솔로몬의 후궁과 첩의 수와 우상숭배 범죄의 내용이 기록된 것은 열왕기상 몇 장인가?

067 엘리야의 등장과 그릿 시냇가 이야기, 사르밧 과부 이야기는 열왕기상 몇 장에 기록되었는가?

068 엘리야와 바알 선지자 사백오십 명과 아세라 선지자 사백 명이 대결한 갈멜 산 이야기는 열왕기상 몇 장에 기록되었는가?

069 솔로몬이 "또 초목에 대하여 말하되 레바논의 백향목으로부터 담에 나는 ( )까지 하고 …"의 괄호에 들어갈 말은?

070 "( )가 자기가 입은 새 옷을 잡아 열 두 조각으로 찢고 여로보암에게 이르되 너는 열 조각을 가지라 이스라엘의 하나님 여호와의 말씀이 내가 이 나라를 솔로몬의 손에서 찢어 빼앗아 열 지파를 네게 주고"(왕상 11:30-31)에서 괄호에 들어갈 말은?

071 "이스라엘의 왕이 여호사밧 왕에게 이르되 아직도 이믈라의 아들 ( ) 한 사람이 있으니 그로 말미암아 여호와께 물을 수 있으나 그는 내게 대하여 길한 일은 예언하지 아니하고 흉한 일만 예언하기로 내가 그를 미워하나이다 여호사밧이 이르되 왕은 그런 말씀을 마소서"(왕상 22:8)에서 괄호에 들어갈 말은?

059_② 060_③ 061_8장 062_바알 063_아합, 엘리야 064_여로보암 065_듣는 마음 066_11장 067_17장 068_18장 069_우슬초 070_아히야 071_미가야

열왕기하

【A등급】

001 히스기야의 어머니이며 스가리야의 딸 이름은?
① 바스맛 ② 유딧
③ 아비 ④ 디나

002 앗수르왕이 북 이스라엘을 점령하고 사마리아에 옮겨놓은 지역의 사람이 아닌 것은?
① 바벨론 ② 구스
③ 하맛 ④ 스발와임

003 다음 중 살해되지 않은 왕은?
① 살룸 ② 브가히야
③ 므나헴 ④ 베가

004 다음 중 앗수르 왕의 침공을 받은 북이스라엘 왕이 아닌 사람은?
① 므나헴 ② 브가히야
③ 베가 ④ 호세아

005 바알을 섬기던 아합 왕가를 멸망시킨 사람과 바알의 제사장 맛단을 죽임으로써 유다 왕국을 개혁한 사람을 바르게 연결한 것은?
① 예후 – 여호야다
② 예후 – 요아스
③ 여로보암2세 – 히스기야
④ 여로보암2세 – 요시야

006 다음 중 앗수르 왕에 의해 사마리아에 사로잡혀 간 사람의 지역과 그 지역 사람들이 만든 신들이 잘못 연결된 것은?
① 바벨론 – 숙곳브놋
② 굿 – 네르갈
③ 아와 – 니스록
④ 하맛 – 아시마

007 다음 중 자신의 아들을 번제로 드리거나 불로 지나가게 한 왕으로 묶인 것은?
① 요아스 – 아하스
② 히스기야 – 므낫세
③ 므낫세 – 아몬
④ 아하스 – 메사

008 북왕국을 멸망시킨 왕과 이 당시 남유다의 왕을 바르게 연결한 것은?
① 불 – 아하스
② 디글랏 빌레셀 – 히스기야
③ 살만에셀 – 아하스
④ 살만에셀 – 히스기야

009 이스라엘 왕 아하시야가 죽고 여호람이 대신하여 왕이 되었을 때 유다의 왕은(왕하 1:17)?
① 여호사밧 ② 여호람
③ 아하시야 ④ 아달랴

010 다음 중 서로 관계없는 왕과 예언자가 연결된 것은?
① 요시야 – 훌다 ② 여로보암 – 아히야
③ 예후 – 엘리사 ④ 아하스 – 베가

011 다음 중 아하시야의 아들로서 유다 왕이었던 요아스를 밀로 궁에서 암살한 두 사람은?
① 레갑과 바아나
② 브에롯과 깃다임
③ 요사갈과 여호사바드
④ 시므리와 요나답

012 엘리사가 보리떡 몇 개와 자루에 담은 채소로 100명이나 되는 무리를 먹이고도 남게 하였나?
① 30개 ② 20개

001_③ 002_② 003_③ 004_② 005_① 006_③ 007_④ 008_④ 009_② 010_④ 011_③ 012_②

③ 10개　　④ 5개

013 "여호와께서 예후에게 말씀하여 이르시기를 네 자손이 ( ) 대 동안 이스라엘 왕위에 있으리라 하신 그 말씀대로 과연 그렇게 되니라"(왕하 15:12)의 괄호에 들어갈 말은?
① 삼　　② 사
③ 오　　④ 육

014 아람 사람이 사마리아를 에워싸므로 성중이 크게 주려서 나귀 머리 하나에 은 팔십 세겔, 비둘기 똥 사분의 일 갑은 은 다섯 세겔하던 일이 일어난 것은 이스라엘 왕 누구 때의 일인가?
① 아합　　② 여호람
③ 아하시야　　④ 예후

015 열왕기 상하에서 기둥과 같은 역할을 하는 두 예언자 엘리야, 엘리사의 이야기는 열왕기상 ( )장의 엘리야의 등장에서 시작해서 열왕기하 ( )의 엘리사의 죽음으로 끝난다. ( )의 숫자가 바르게 연결된 것은?
① 16-12　　② 17-13
③ 18-14　　④ 19-15

016 열왕기상하에 등장하는 선지자가 아닌 사람은?
① 훌다　　② 아히야
③ 예후　　④ 오뎃

017 아달랴가 모든 왕자를 죽이려고 할 때 고모이자 제사장 여호야다의 아내인 여호세바가 여호와의 전에 6년간 숨겨두어 나중에 남유다의 왕이 된 사람은 누구인가?
① 요아스　　② 요담
③ 아하스　　④ 므낫세

018 아합 왕의 딸 아달랴를 아내로 맞이한 유다의 왕은?
① 여호람　　② 여호사밧
③ 요시야　　④ 웃시야

019 바벨론 왕 느부갓네살이 군대를 거느리고 예루살렘을 치러 올라와서 성 주위에 진을 친 때는 언제인가?
① 시드기야 제 9년
② 시드기야 제 11년
③ 느부갓네살 19년
④ 느부갓네살 23년

020 애굽 왕은 여호아하스를 애굽으로 데려가면서 누구를 요시야를 대신할 왕으로 세웠는가?
① 엘리야긴　　② 엘리아김
③ 시드기야　　④ 맛다니야

021 호세아는 앗수르에 바치던 조공을 바치지 않고 누구에게 사자를 보냄으로써 앗수르에 의한 멸망을 초래하였다. 호세아가 사자를 보낸 나라는?
① 유다　　② 에돔
③ 바벨론　　④ 애굽

022 성전에 드린 은으로 성전을 수리한 두 왕은?
① 아마샤, 요아스　　② 요아스, 요시야
③ 요아스, 히스기야　　④ 히스기야, 요시야

023 열왕기하에서 "여호와께서 보시기에 악을 행한 것 외에도 또 무죄한 자의 피를 심히 많이 흘려 예루살렘 이 끝에서 저 끝까지 가득하게" 한 왕의 이름은?
① 아하스　　② 므낫세
③ 아몬　　④ 여호야김

024 다음 중 (북)이스라엘 왕 아합 당시의 (남)유다 왕은?
① 아비야　　② 아하시야
③ 여호사밧　　④ 요아스

025 사마리아의 멸망에 대한 내용은 열왕기하 몇 장에 기록되었는가?
① 15장　　② 16장
③ 17장　　④ 18장

026 이욘과 아벨벳 마아가와 야노아와 게데스와 하솔과 길르앗과 갈릴리와 납달리 온 땅을 점령

013_② 014_② 015_② 016_④ 017_① 018_① 019_① 020_② 021_④ 022_② 023_② 024_③ 025_③ 026_①

하고 그 백성을 사로잡아 앗수르로 옮긴 왕과 그 때 이스라엘 왕을 바르게 연결한 것은?
① 디글랏 빌레셀 – 베가
② 살만에셀 – 베가
③ 디글랏 빌레셀 – 호세아
④ 살만에셀 – 호세아

027 선지자 엘리사를 대머리라고 부르며 조롱하다가 엘리사의 저주를 받고 암곰 두 마리에게 죽은 42명의 소년들이 살던 도시 이름은?
① 여리고 ② 벧엘
③ 사마리아 ④ 길갈

028 요시야 당시 성전 가운데 있었던 남창의 집은 여인들이 누구를 위하여 휘장을 짜는 처소였나?
① 바알 ② 아낫
③ 아세라 ④ 아스다롯

029 모압 왕 메사가 이스라엘 왕을 배반하였을 때 모압을 함께 정벌하고자 한 북 이스라엘과 남 유다왕은?
① 여호람 – 여호사밧
② 아하시야 – 여호사밧
③ 여호람 – 여호람
④ 아하시야 – 아하시야

030 예후가 사마리아에서 이스라엘을 다스린 햇수는?
① 18년 ② 25년
③ 28년 ④ 35년

031 이스라엘의 영토를 하맛 어귀에서부터 아라바 바다까지 회복한 북 이스라엘의 왕은 누구인가?
① 예후 ② 여로보암2세
③ 요아스 ④ 스가랴

032 아하시야가 사마리아에서 병이 들었을 때 병이 나을지를 물은 바알세붑은 어느 지역의 신이었는가?
① 가드 ② 아스돗
③ 에그론 ④ 가사

033 엘리사가 보리떡 몇 개와 자루에 담은 채소로 100명이나 되는 무리를 먹이고도 남게 하였나?
① 30개 ② 20개
③ 10개 ④ 5개

034 다음 가운데서 엘리사가 한 일이 아닌 것은?
① 아람 장군 나아만의 병을 고쳐주었다.
② 자기를 대접한 사르밧 과부의 죽은 아들을 살려내었다.
③ 보리떡 이십과 약간의 채소로 일백명 이상이 실컷 먹고도 남게 했다.
④ 생산을 막고 죽음을 초래하는 물에 소금을 넣어 이 물을 고쳤다.

【B등급】

035 “( )와 같이 마음을 다하며 뜻을 다하며 힘을 다하여 모세의 모든 율법을 따라 여호와께로 돌이킨 왕은 ( ) 전에도 없었고 후에도 그와 같은 자가 없었더라”에서 괄호 안에 들어갈 말은?
① 아합 ② 르호보암
③ 요시야 ④ 여호아하스

036 남왕국 유다와 예루살렘이 바벨론 군대에게 멸망할 당시의 유다 왕은?
① 여호야긴 ② 엘리아김
③ 여호야김 ④ 시드기야

037 “엘리사가 보고 소리 지르되 내 아버지여 내 아버지여 이스라엘의 병거와 그 마병이여”는 엘리사가 누구에게 외친 말인가?
① 미가야 ② 시드기야
③ 엘리야 ④ 야하시엘

038 모세가 광야에서 만든 놋뱀을 이스라엘 자손이 분향하므로 히스기야가 이 놋뱀을 파괴한

027_② 028_③ 029_① 030_③ 031_② 032_③ 033_② 034_② 035_③ 036_④ 037_③ 038_①

다음에 이 놋뱀을 가리켜 부른 이름은?
① 느후스단 ② 나하시돈
③ 나후스돈 ④ 노하사돈

039 애굽왕 바로 느고가 앗수르를 치고자 유브라데 강으로 올라갈 때 그를 맞은 유다의 왕은 누구인가?
① 아하스 ② 히스기야
③ 므낫세 ④ 요시야

040 벧세메스에서 이스라엘 왕 요아스와 전쟁할 때 요아스로부터 "레바논 가시나무가 레바논 백향목에게 전갈을 보내어 이르기를 네 딸을 내 아들에게 주어 아내로 삼게 하라 하였더니 레바논 들짐승이 지나가다가 그 가시나무를 짓밟았느니라"(왕하 14)는 말을 들은 유다 왕의 이름은?
① 여호람 ② 요담
③ 아마샤 ④ 아사랴

041 아버지 아몬과 어머니 여디다 사이에 태어나 8세에 유다 왕이 된 사람은?
① 므낫세 ② 여호야김
③ 여호야긴 ④ 요시야

042 요시야 왕이 애굽 왕과 싸우다가 전사한 곳은?
① 다메섹 ② 시돈
③ 길갈 ④ 므깃도

043 히스기야 당시 남왕국 유다를 침공한 앗수르 왕의 이름은?
① 살만에셀 ② 산헤립
③ 사르곤 ④ 앗수르바니팔

044 병이 나아 돌아가는 나아만의 뒤를 쫓아가서 거짓말로 은 한 달란트와 옷 두 벌을 얻으려고 했다가 나아만의 병이 그에게 들어 그 자손에게까지 미치리라는 말을 들은 사람은?
① 살룸 ② 삭굴
③ 요엘 ④ 게하시

045 엘리야가 하늘로 승천하는 이야기는 열왕기하 몇 장에 기록되었는가?
① 1장 ② 2장
③ 3장 ④ 4장

046 아하시야가 다락 난간에서 떨어져 병들었을 때 사자를 보내어 자신의 병이 낫겠는가 물어보려 했던 에그론의 신의 이름은?
① 바알세불 ② 바알세붑
③ 다곤 ④ 다간

047 이스라엘 왕(아합)에게 새끼 양 십만 마리의 털과 숫양 십만 마리의 털을 바치던 모압 왕의 이름은(왕하 3:4)?
① 메손 ② 무손
③ 무사 ④ 메사

048 엘리사가 예언을 하기 위하여 데리고 간 악사가 연주한 악기는?
① 거문고 ② 피리
③ 나팔 ④ 수금과 비파

049 선지자 엘리사가 예언한대로 이스라엘에 임한 기근은 몇 년간 지속되었는가?
① 3 년 ② 4년
③ 5년 ④ 7년

050 다음 중 다른 나라에 끌려간 왕이 <u>아닌</u> 사람은?
① 여호아하스 ② 여호야김
③ 여호야긴 ④ 시드기야

051 다음 중 이스라엘 왕 요아스 시대에 활약한 선지자는?
① 요나 ② 엘리야
③ 엘리사 ④ 맛단

052 북왕국 이스라엘의 왕 베가 때에 길르앗과 하솔과 갈릴리 지역의 여러 도시들을 정복하고 그 도시들의 백성을 사로잡아 앗수르로 옮겨간 앗수르 왕의 이름은?
① 살만에셀 ② 디글랏빌레셀

039_④ 040_③ 041_④ 042_④ 043_② 044_④ 045_② 046_② 047_④ 048_① 049_④ 050_② 051_③ 052_②

③ 사르곤　　④ 앗수르바니팔

053 이스라엘 왕 아하시야를 뒤이어 왕이 된 사람은?
① 여호람　　② 여호아하스
③ 예후　　④ 요아스

054 아람왕 르신과 르말랴의 아들 베가가 유다를 침공하였을 때 유다 왕은?
① 아하스　　② 히스기야
③ 므낫세　　④ 요시야

055 다음 가운데서 두 이름이 같은 사람을 가리키지 않는 것은?
① 웃시야, 아사랴
② 엘리아김, 여호야김
③ 맛다니야, 시드기야
④ 여호아하스, 여고냐

056 다음 중 아합 왕가에 속하지 않는 사람은?
① 오므리　　② 시므리
③ 아하시야　　④ 요람

057 엘리사 시대에 적군이 사마리아 성을 포위했을 때 성에 기근이 심하여 어린아이를 삶아 먹을 정도였다. 이 때 쳐들어온 나라는
① 유다　　② 아람
③ 블레셋　　④ 모압

058 다음 중 예후 왕가에 속하지 않는 왕은?
① 스가랴　　② 요아스
③ 여로보암　　④ 여호람

059 요시야 왕 당시의 대제사장으로서 여호와의 전에서 율법책을 발견하여 그 책을 서기관 사반을 통하여 요시야 왕에게 전달한 사람은?
① 힐기야　　② 여호야다
③ 요나답　　④ 하나냐

060 여호와께 대한 열심의 표현으로서 예후와 함께 손을 잡고 사마리아에서 아합에게 속한 자를 진멸하는데 참여한 레갑의 아들의 이름은?
① 엘리사　　② 여호나답
③ 여호사밧　　④ 여호야다

061 "그의 조상 다윗의 모든 행위와 같이 여호와께서 보시기에 정직하게 행하여 그가 여러 산당을 제거하며 주상을 깨뜨리며 … 모세가 만들었던 놋뱀을 이스라엘 자손이 이때까지 향하여 분향하므로 부수고 느후스단이라 일컬었더라"는 누구를 가리켜 한 말인가?
① 예후　　② 요시야
③ 히스기야　　④ 아하스

062 사마리아에서 왕이 되어 한 달을 다스리다가 가디의 아들 므나헴에게 죽임을 당한 이스라엘 왕의 이름은?
① 베가　　② 살룸
③ 스가랴　　④ 호세아

063 에그론의 신 바알세붑에게 자신의 병이 낫겠는지 물으러 보낸 이스라엘 왕은?
① 오므리　　② 아합
③ 아하시야　　④ 여호람

064 므낫세의 아들이자 요시야의 아버지였던 사람은?
① 여호야김　　② 시드기야
③ 아몬　　④ 히스기야

065 다음 중 형제가 아닌 사람은?
① 여호아하스　　② 시드기야
③ 여호야김　　④ 여호야긴

066 아람 왕 르신과 르말랴의 아들 베가가 유다를 침공했을 때 유다 왕 아하스는 누구에게 도움을 청했는가?
① 앗수르 왕　　② 애굽 왕
③ 다메섹 왕　　④ 모압 왕

067 아람왕 르신을 죽이고 아람을 멸망시킨 왕은 누구인가?
① 디글랏 빌레셀　　② 살만에셀
③ 에살핫돈　　④ 산헤립

053_① 054_① 055_④ 056_② 057_② 058_④ 059_① 060_② 061_③ 062_② 063_③ 064_③ 065_④ 066_① 067_①

왕하

068 다메섹에 있는 제단을 보고 그 제단의 모든 구조와 제도의 양식을 그려 제사장 우리야에게 보내어 그대로 만들게 했던 왕은?
① 요아스 ② 아하스
③ 히스기야 ④ 므낫세

069 엘리사가 다메섹을 방문했을 때 엘리사의 예언을 듣고 가서 자신이 섬기던 (아람) 왕 벤하닷을 죽이고 왕이 된 사람은?
① 르신 ② 하사엘
③ 나아만 ④ 야빈

【주관식】

070 북왕국 이스라엘의 마지막 왕의 이름은?

071 제사장 여호야다가 요아스 왕자를 예루살렘 성전에서 인도하여 내어 면류관(왕관)을 씌우며 기름을 부어 왕을 삼을 때 왕자에게 준 책은 무슨 책이었나?

072 하나님이 갈대아의 부대와 아람의 부대와 모압의 부대와 암몬 자손의 부대를 여호야김에게 보내 유다를 쳐 멸하려 하신 일(왕하 24:2)은 누구의 죄 때문이라고 왕하 24장 3절에 기록되었는가?

073 "우리 조상들이 이 ( )의 말씀을 듣지 아니하며 이 ( )에 우리를 위하여 기록된 모든 것을 행하지 아니하였으므로 여호와께서 우리에게 발하신 진노가 크도다"(왕하 22:13)에서 두 괄호 안에 공통으로 들어갈 낱말은?

074 아하시야가 사마리아에서 병이 들었을 때 병이 나을지를 물은 바알세붑은 어느 지역의 신이었는가?

075 소금 골짜기(염곡)에서 에돔 사람 만명을 죽이고 또 전쟁을 하여 셀라를 취하고 그 이름을 욕드엘이라 명명한 유다 왕의 이름은?

076 "유다의 왕 ( )이/가 사로잡혀 간 지 삼십칠 년 곧 바벨론의 왕 에윌므로닥이 즉위한 원년 십이월 그 달 이십칠일에 유다의 왕 ( )을/를 옥에서 내놓아 그 머리를 들게 하고 그에게 좋게 말하고 그의 지위를 바벨론에 그와 함께 있는 모든 왕의 지위보다 높이고 …"(왕하 25:27-28)에서 ( )에 들어갈 왕은 누구인가?

077 "그 남편이 이르되 초하루도 아니요 ( )도 아니거늘 그대가 오늘 어찌하여 그에게 나아가고자 하느냐 하는지라 여인이 이르되 평안을 비나이다 하니라"(왕하 4:23)의 괄호에 들어갈 말은?

078 엘리야-엘리사의 이야기는 열왕기상 몇 장에서 시작해서 열왕기하 몇 장에서 끝나는가?

079 바벨론 왕 느부갓네살이 유다 땅에 남긴 자를 관할하던 그달리야를 죽인 사람은?

080 벧세메스에서 유다왕 아마샤를 사로잡고 예루살렘에 이르러 예루살렘 성벽을 에브라임 문에서부터 성 모퉁이 문까지 사백 규빗을 헌 왕은?

081 선지자 엘리사 당시에 사마리아에 기근이 심하여 두 여인이 어린 아들 하나를 삶아 먹고 나서 문제가 발생하여 이스라엘 왕에게 재판을 요청하는 내용이 언급된 곳은 열왕기하 몇 장인가?

068_② 069_② 070_호세아 071_율법책 072_므낫세 073_책 074_에그론 075_아마샤 076_여호야긴 077_안식일 078_17장-13장 079_이스마엘 080_요아스 081_6장

역대상

【A등급】

001 "유다는 형제보다 뛰어나고 주권자가 유다에게서 났으나 장자의 명분은 요셉에게 있느니라"는 역대상 몇 장에 나오는가?
① 2장 ② 3장
③ 4장 ④ 5장

002 "그때에 땅이 나뉘었음이요 그의 아우의 이름은 욕단이며"라는 말에서 "그"는 누구를 가리키나?
① 에벨 ② 벨렉
③ 셀라 ④ 알모닷

003 다윗의 숙부이며 지혜가 있어서 모사가 되며 서기관도 된 사람은?
① 요나단 ② 아히도벨
③ 요압 ④ 여호야다

004 엘리바스와 르우엘과 여우스와 얄람과 고라는 누구의 아들인가?
① 함 ② 에서
③ 가인 ④ 야벳

005 역대상 29장에서 다윗이 성전 건축을 위하여 바친 금과 은의 수량은?
① 오빌의 금 7천 달란트와 순은 3천 달란트
② 오빌의 금 2천 달란트와 순은 5천 달란트
③ 오빌의 금 3천 달란트와 순은 7천 달란트
④ 오빌의 금 5천 달란트와 순은 2천 달란트

006 야베스의 기도가 언급된 역대상의 장과 절은?
① 4장 10절 ② 5장 10절
③ 4장 9절 ④ 5장 9절

007 '다윗 왕의 역대지략'이 언급된 곳은?
① 열왕기상 20장 ② 열왕기하 20장
③ 역대상 27장 ④ 역대하 27장

008 다윗이 선지자 나단에게 여호와를 위하여 성전을 건축할 뜻을 말하였을 때, 여호와께서 나단을 통하여 다윗에게 "… 또 네게 이르노니 여호와가 너를 위하여 한 왕조를 세울지라 네 생명의 연한이 차서 네가 조상들에게로 돌아가면 내가 네 뒤에 네 씨 곧 네 아들 중 하나를 세우고 그 나라를 견고하게 하리니 그는 나를 위하여 집을 건축할 것이요 나는 그의 왕위를 영원히 견고하게 하리라"라고 말씀하신 내용은 역대상 몇 장에 기록되어 있는가?
① 16장 ② 17장
③ 18장 ④ 19장

009 역대기의 족보에 따르면 다윗이 예루살렘에서 낳은 아들로서 암미엘의 딸 밧수아의 소생이 <u>아닌</u> 사람은?
① 시므아 ② 입할
③ 소밥 ④ 나단

010 다음 중 요시야 왕의 손자는?
① 여호야김 ② 아몬
③ 여호아하스 ④ 여호야긴

011 역대상 21장에서 사탄이 일어나 이스라엘을 대적하고 다윗을 충동하여 이스라엘의 인구를 조사하게 하였을 때 여호와 하나님께서 다윗에게 세 가지 중 하나를 선택하도록 제시하신 세 가지 벌과 관계<u>없는</u> 것은 무엇인가?
① 3년 기근
② 3개월간 적군에게 패하여 칼에 쫓기는 일
③ 3일 동안 이스라엘 온 지경에 임할 전염병(온역)
④ 7년 기근

001_④ 002_② 003_① 004_② 005_③ 006_① 007_③ 008_② 009_② 010_④ 011_④

012 다음 중 시돈과 헷을 낳은 사람은?
① 셈 ② 가나안
③ 야완 ④ 아르박삿

013 "다윗이 온 이스라엘을 다스려 모든 백성에게 정의와 공의를 행할새 스루야의 아들 요압은 군대사령관이 되고 … 아히둡의 아들 사독과 아비아달의 아들 ( )은 제사장이 되고 사워사는 서기관이 되고 …"(대상 18:14-16)의 괄호에 들어갈 말은?
① 아히멜렉 ② 아비멜렉
③ 요나단 ④ 아히압

014 다윗의 부하 장수들 가운데 한 사람으로서, 갑스엘 용사의 손자 여호야다의 아들이었으며, 모압 아리엘의 아들 둘을 죽였고, 또 눈 올 때에 함정에 내려가 사자 한 마리를 죽인 사람은?
① 요압 ② 야소브암
③ 브나야 ④ 아비새

015 다음 중 아브라함의 소실(첩) 그두라의 아들이 아닌 사람은?
① 시므란 ② 느바욧
③ 미디안 ④ 이스박

016 두 아들 에셀과 엘르앗이 가드 사람의 짐승을 빼앗고자 하다가 가드의 원주민에게 죽임을 당하자 이 일로 인하여 여러 날 슬퍼한 사람은?
① 잇사갈 ② 베냐민
③ 므낫세 ④ 에브라임

017 다윗이 하나님의 궤를 오벧에돔의 집에서 다윗 성으로 옮긴 후 부른 감사 찬양과 관계가 없는 시편은?
① 시편 96 ② 시편 105
③ 시편 106 ④ 시편 122

018 블레셋 종족은 다음 중 누구에서 나왔는가?
① 루딤 ② 아나밈
③ 가슬루힘 ④ 갑도림

019 여호와께서 다윗에게 "너는 피를 심히 많이 흘렸고 크게 전쟁하였느니라 네가 내 앞에서 땅에 피를 많이 흘렸은즉 내 이름을 위하여 성전을 건축하지 못하리라"하신 말씀은 역대상 몇 장에 나오는가?
① 20장 ② 21장
③ 22장 ④ 23장

020 다윗이 하나님의 궤를 메고 다윗 성으로 들어가서 그것을 위하여 친 장막 가운데에 두고 하나님께 드린 제물은?
① 번제와 화목제 ② 번제와 속죄제
③ 화목제와 속건제 ④ 소제와 화목제

021 역대상 앞부분에 나오는 족보에 "유다 자손처럼 번성하지 못하였더라"라고 적혀있는 지파는?
① 르우벤 ② 시므온
③ 레위 ④ 베냐민

022 역대기에 따르면 다윗은 제단을 쌓기 위하여 금 몇 세겔을 주고 여부스 사람 오르난의 타작마당을 사는가?
① 300 ② 400
③ 500 ④ 600

023 솔로몬의 자손의 순서가 맞는 것은?
① 솔로몬, 르호보암, 아비야, 아사
② 솔로몬, 아비야, 르호보암, 아사
③ 솔로몬, 아사, 르호보암, 아비야
④ 솔로몬, 아사, 아비야, 르호보암

024 역대기에 따르면 다윗이 요압에게 인구조사 명령을 내리지만 요압은 두 지파를 계수하지 않는다. 다음 중 계수하지 않은 지파는?
① 유다, 베냐민 ② 에브라임, 므낫세
③ 레위, 베냐민 ④ 레위, 시므온

025 다윗 당시 게셀에서 블레셋과 전쟁할 때 블레셋 장수 십 배를 쳐 죽인 이스라엘의 장수 이름은?
① 십브개 ② 아비새

012_② 013_② 014_③ 015_② 016_④ 017_④ 018_③ 019_③ 020_① 021_② 022_④ 023_① 024_③ 025_①

③ 요압 ④ 아사헬

026 다음 중 다윗 왕의 행적이 기록되어 있지 않은 책은? (대상 29장)
① 사무엘의 글 ② 나단의 글
③ 갓의 글 ④ 잇도의 글

027 다윗이 단을 쌓고 번제와 화목제를 드렸던 그 타작마당의 주인인 오르난은 어느 지역 출신인가?
① 모압 사람 ② 에돔 사람
③ 암몬 사람 ④ 여부스 사람

028 하나님의 궤를 예루살렘으로 옮긴 뒤 하나님의 언약궤 앞에서 나팔을 분 사람은?
① 레위인 아삽 ② 제사장 브나야
③ 레위인 오벧에돔 ④ 제사장 사독

029 엘리바스와 르우엘과 여우스와 얄람과 고라는 누구의 아들인가?
① 함 ② 에서
③ 가인 ④ 야벳

030 소금 골짜기에서 에돔 사람 만 팔천 명을 쳐죽인 다윗 시대의 장수의 이름은?
① 요압 ② 아비새
③ 아사헬 ④ 브나야

031 "다윗이 온 이스라엘을 다스려 모든 백성에게 정의와 공의를 행할새 스루야의 아들 요압은 군대사령관이 되고 … 아히둡의 아들 사독과 아비아달의 아들 ( )은 제사장이 되고 사워사는 서기관이 되고 …"(대상 18:14-16)의 괄호에 들어갈 말은?
① 아히멜렉 ② 아비멜렉
③ 요나단 ④ 아히압

032 다윗이 법궤를 오벧에돔의 집에서 다윗성으로 메어 올릴 때(대상 15장) 음악 연주를 위하여 동원한 레위인들 가운데 특히 놋 제금을 크게 치는 자로 임명된 세 사람에 들지 않는 사람은?
① 헤만 ② 아삽
③ 에단 ④ 여히엘

033 다윗이 영감으로 받은 설계도에 속하지 않는 것은?
① 성전의 주랑 ② 성전의 뜰
③ 성물 곳간 ④ 속죄소

034 다음 중 다윗 왕의 행적이 기록되어 있지 않은 책은?
① 사무엘의 글 ② 나단의 글
③ 갓의 글 ④ 잇도의 글

035 다음 중 역대상 25장 5절에 나오는 선견자는?
① 아삽 ② 헤만
③ 여두둔 ④ 아비새

036 "유다는 형제보다 뛰어나고 주권자가 유다에게서 났으나 장자의 명분은 요셉에게 있느니라"가 나오는 곳은?
① 창세기 ② 신명기
③ 열왕기하 ④ 역대상

037 역대기에서 '유다 자손처럼 번성하지 못하였다'는 평을 받은 지파는?
① 르우벤 ② 시므온
③ 레위 ④ 베냐민

038 다음은 어느 지파에 대한 기술인가?
"그러므로 이스라엘 하나님이 앗수르 왕 불의 마음을 일으키시며 앗수르 왕 디글랏빌레셀의 마음을 일으키시매 곧 ( )과 ( )과 ( ) 지파를 사로잡아 할라와 하볼과 하라와 고산 강가에 옮긴지라 그들이 오늘까지 거기에 있으니라"의 괄호에 들어가지 않는 말은?
① 르우벤 ② 시므온
③ 갓 ④ 므낫세 반

039 역대상 10장에 의하면, 길르앗 야베스 사람들이 사울과 그 아들들의 시체를 거두어 야베스로 가져다가 그곳 나무 아래에 해골을 장사하고 칠 일간 금식하였는데, 어떤 나무 아래인가?

026_④ 027_④ 028_② 029_② 030_② 031_② 032_④ 033_① 034_④ 035_② 036_④ 037_② 038_② 039_②

① 에셀나무　② 상수리나무
③ 로뎀나무　④ 소나무

040 "여호와여 위대하심과 권능과 영광과 승리와 위엄이 다 주께 속하였사오니 천지에 있는 것이 다 주의 것이로소이다"라는 다윗의 기도는 역대상 몇 장에 있는가?
① 26장　② 27장
③ 28장　④ 29장

【B등급】

041 아담, 셋, ( )(대상 1:1)의 괄호에 들어갈 사람은?
① 가인　② 아벨
③ 에노스　④ 에녹

042 "( )의 자손은 이삭과 이스마엘이라"(대상 1:28)의 괄호에 들어갈 사람은?
① 아브라함　② 야곱
③ 요셉　④ 에녹

043 "이스라엘의 아들은 이러하니 르우벤과 시므온과 레위와 유다와 잇사갈과 스불론과 단과 요셉과 ( )과 납달리와 갓과 아셀이더라"(대상 2:2)의 괄호에 들어갈 말은?
① 야곱　② 아브라함
③ 베냐민　④ 이삭

044 "주께서 내게 복을 주시려거든 나의 지역을 넓히시고 주의 손으로 나를 도우사 나로 환난을 벗어나 내게 근심이 없게 하옵소서"라는 야베스의 기도는 역대상 몇 장에 기록되었는가?
① 4장　② 5장
③ 6장　④ 7장

045 함의 자손이자 구스의 아들로서 "세상에서 첫 영걸"이라 불린 사람은?
① 골리앗　② 니므롯
③ 라아마　④ 삽드가

046 본래 이스라엘의 장자로 태어났으나 그의 아버지의 침상을 더럽혔으므로 장자의 명분을 요셉에게 빼앗기게 된 사람은? (대상 5:1)
① 르우벤　② 시므온
③ 스불론　④ 아셀

047 역대상 6장에 의하면 엘가나의 아들이었던 사무엘은 다음 중 어느 지파에 속하였나?
① 에브라임　② 유다
③ 레위　④ 베냐민

048 "( )의 아들들은 게르손과 그핫과 므라리요"(대상 6:1)의 괄호에 들어갈 말은?
① 유다　② 에브라임
③ 베냐민　④ 레위

049 "너는 피를 심히 많이 흘렸고 크게 전쟁하였느니라 네가 내 앞에서 땅에 피를 많이 흘렸은즉 내 이름을 위하여 성전을 건축하지 못하리라"에서 '너'는 누구를 가리키나?
① 사울　② 다윗
③ 여로보암　④ 르호보암

050 다음 중 갈미의 아들로서 "진멸시킬 물건을 범하여 이스라엘을 괴롭힌 자"라고 불린 사람은?
① 아골　② 아갈
③ 아간　④ 아굴

051 역대상 21장에서 다윗이 사탄의 충동으로 이스라엘의 인구를 조사하게 하였을 때 다윗에게 하나님의 말씀을 전달한 선견자의 이름은?
① 나단　② 갓
③ 아히야　④ 스마야

052 "이스라엘의 아들은 이러하니 르우벤과 시므온과 ( )와 유다와 잇사갈과 스불론과 단과 요셉과 베냐민과 납달리와 갓과 아셀이더라"(대상 2:2)의 괄호에 들어갈 말은?
① 야곱　② 레위
③ 베냐민　④ 이삭

053 다음 중 이스라엘의 모든 장로가 다윗에게 나

040_④ 041_③ 042_① 043_③ 044_① 045_② 046_① 047_③ 048_④ 049_② 050_② 051_② 052_② 053_③

아와 여호와 앞에서 언약을 맺고 다윗에게 기름을 부어 이스라엘의 왕을 삼은 성읍 이름은?
① 실로 ② 마하나임
③ 헤브론 ④ 베들레헴

054 다음 중 그 어머니가 "내가 수고로이 낳았다" 하여 그 아들에게 지어준 이름은?
① 베레스 ② 소발
③ 야베스 ④ 드고아

055 다윗에게 백향목과 목수와 석수들을 보내어 다윗의 궁전을 건축하게 한 두로 왕의 이름은(대상 14:1)?
① 히람 ② 후람
③ 호람 ④ 하람

056 다윗이 여호와의 궤를 오벧에돔의 집에서 다윗 성으로 옮겨 올 때 여호와의 궤를 메도록 선발된 사람들은 누구인가?
① 유다 사람들 ② 레위 사람들
③ 에브라임 사람들 ④ 베냐민 사람들

057 하나님의 언약궤를 다윗 성으로 옮겨 올 때 다윗이 춤추며 뛰노는 것을 보고 마음속으로 다윗을 업신여긴 여인의 이름은?
① 밧세바 ② 미갈
③ 메랍 ④ 아히노암

058 "( ) 그 계보대로 계수되어 그들은 이스라엘 왕조실록에 기록되니라 ( ) 범죄함으로 말미암아 바벨론으로 사로잡혀 갔더니"에서 두 괄호 안에 들어갈 말은?
① 이스라엘이 – 유다가
② 이스라엘이 – 이스라엘이
③ 온 이스라엘이 – 유다가
④ 온 이스라엘이 – 온 이스라엘이

059 "여호와 하나님이여 나는 누구오며 내 집은 무엇이기에 나에게 이에 이르게 하셨나이까"(역대상 17장)라는 말로 하나님께 기도한 사람은 누구인가?
① 다윗 ② 솔로몬
③ 히스기야 ④ 요시야

060 여호와께서 다윗에게 "너는 피를 심히 많이 흘렸고 크게 전쟁하였느니라 네가 내 앞에서 땅에 피를 많이 흘렸은즉 내 이름을 위하여 성전을 건축하지 못하리라"하신 말씀이 나오는 책은?
① 사무엘상 7장 ② 사무엘하 7장
③ 역대상 22장 ④ 역대하 8장

061 "우리는 우리 조상들과 같이 주님 앞에서 이방 나그네와 거류민들이라 세상에 있는 날이 ( ) 같아서 희망이 없나이다"(대상 29:15)에서 ( ) 안에 들어갈 말은?
① 티끌 ② 그림자
③ 낙엽 ④ 유수

062 다음 중 다윗이 수금과 비파와 제금을 잡아 신령한 노래를 하도록 구별한 레위의 자손에 속하지 않는 것은?
① 이다말 자손 ② 아삽 자손
③ 헤만 자손 ④ 여두둔 자손

063 베레스 웃사에서 일어난 사건 뒤에 여호와의 궤는 얼마 동안 가드 사람 오벧에돔의 집에 머물렀나?
① 두 달 ② 석 달
③ 다섯 달 ④ 일곱 달

064 오벧에돔의 자손이 맡은 직책은 무엇이었나?
① 성전 문지기 ② 군대의 백부장
③ 관원 ④ 왕의 가축의 감독

065 다윗이 여호와께 찬송을 드리기 위하여 만든 악기로 찬송하는 자들의 수는 얼마였나?
① 1천 명 ② 2천 명
③ 3천 명 ④ 4천 명

066 다윗이"나는 백향목 궁에 거주하거늘 여호와의 언약궤는 휘장 아래 있도다"(대상 17:1)라고 누구에게 말했는가?
① 갓 ② 사무엘
③ 나단 ④ 아히야

054_③ 055_① 056_② 057_② 058_③ 059_① 060_③ 061_② 062_① 063_② 064_① 065_④ 066_③

대상

067 사탄이 일어나 이스라엘을 대적하고 다윗을 충동하여 이스라엘을 계수하게 했을 때 유다와 이스라엘 중에서 칼을 빼만한 인구의 총합은 얼마인가?
① 130만 ② 150만
③ 137만 ④ 157만

068 "내 아들 ( )아/야 너는 네 아버지의 하나님을 알고 온전한 마음과 기쁜 뜻으로 섬길지어다 여호와께서는 모든 마음을 감찰하사 모든 의도를 아시나니 네가 만일 그를 찾으면 만날 것이요 만일 네가 그를 버리면 그가 너를 영원히 버리시리라" ( )에 들어갈 이름은?
① 다윗 ② 히스기야
③ 고레스 ④ 솔로몬

069 "전에는 너희가 메지 아니하였으므로 우리 하나님 여호와께서 우리를 찢으셨으니 이는 우리가 ( ) 그에게 구하지 아니하였음이라"(대상 15:13)의 괄호에 들어갈 말은?
① 율법대로 ② 명령한 대로
③ 규례대로 ④ 말씀대로

070 "이는 여호와 하나님의 성전이요 이는 이스라엘의 번제단이라"고 말한 사람은?
① 야곱 ② 다윗
③ 솔로몬 ④ 스룹바벨

071 베레스 웃사의 일로 다윗이 궤를 다윗 성으로 메어 들이지 못하고 그 대신 가드 사람 누구의 집에 두었는가
① 라흐미 ② 아마새
③ 오벧 에돔 ④ 미가엘

072 "( )의 아들들은 베레스와 헤스론과 갈미와 훌과 소발이라"(대상 4:1) ( )에 들어갈 이름은?
① 에브라임 ② 므낫세
③ 유다 ④ 레위

073 "예루살렘에서 그(다윗)가 낳은 아들들은 이러하니 시므아와 소밥과 나단과 솔로몬 네 사람은 다 암미엘의 딸 ( )의 소생이요" ( )에 들어갈 이름은?
① 아히노암 ② 마아가
③ 아비달 ④ 밧수아

074 다윗이 소바 왕 하닷에셀의 온 군대를 쳐서 무찔렀다 함을 듣고 아들을 보내서 다윗 왕에게 문안하고 축복한 하맛의 왕은?
① 히람 ② 도우
③ 소박 ④ 하눈

075 다윗이 암몬왕 나하스의 죽음에 대해 조문 사절을 보냈는데, 나하스의 아들이 그 조문 사신들을 잡아서 수염을 깎고 의복의 중동볼기까지 잘라서 돌려보냈다. 나하스 아들의 이름은 무엇인가?
① 도이 ② 하눈
③ 소박 ④ 하닷에셀

076 기돈의 타작 마당에서 소들이 뛰므로 손을 펴서 궤를 붙듦으로 말미암아 여호와께서 진노하사 치시매 거기 하나님 앞에서 죽은 사람은?
① 시므이 ② 웃사
③ 히람 ④ 소밥

077 "너는 네 아버지의 하나님을 알고 온전한 마음과 기쁜 뜻으로 섬길지어다 여호와께서는 모든 마음을 감찰하사 모든 의도를 아시나니 네가 만일 그를 찾으면 만날 것이요 만일 네가 그를 버리면 그가 너를 영원히 버리시리라"는 말씀은 누가 아들에게 말한 것인가? (대상 28:9)
① 다윗 ② 히스기야
③ 고레스 ④ 솔로몬

078 "르우벤은 장자라도 그의 아버지의 침상을 더럽혔으므로 장자의 명분이 이스라엘의 아들 ( )의 자손에게로 돌아가서 족보에 장자의 명분대로 기록되지 못하였느니라"에서 ( )에 들어갈 이름은?
① 유다 ② 요셉
③ 레위 ④ 베냐민

067_④ 068_④ 069_③ 070_② 071_③ 072_③ 073_④ 074_② 075_② 076_② 077_① 078_②

079 역대상 20장에 따르면 야일의 아들 엘하난이 죽인 가드 사람 골리앗의 아우는 누구인가?
① 소박 ② 라흐미
③ 도우 ④ 마아가

080 다음 중 선견자라고 불린 사람은?
① 아삽 ② 헤만
③ 여두둔 ④ 아비새

【주관식】

081 ( ), 셈, 함과 야벳은 조상들이라(대상 1:4) ( )에 들어갈 이름은?

082 "이스라엘 하나님 여호와께서 ( )을 그의 백성에게 주시고 ( )에 영원히 거하시나니 레위 사람이 다시는 성막과 그 가운데에서 쓰는 모든 기구를 멜 필요가 없다"(대상 23:25-26)의 ( )에 들어갈 말을 모두 쓰시오.

083 "( ) 외에는 하나님의 궤를 멜 수 없나니 이는 여호와께서 그들을 택하사 여호와의 궤를 메고 영원히 그를 섬기게 하셨음이니라"(대상 15:2)의 ( )에 들어갈 말은?

084 역대기에서 '유다 자손처럼 번성하지 못하였다'는 평을 받은 지파는?

085 "이것은 아브라함에게 하신 언약이며 이삭에게 하신 맹세이며 이는 야곱에게 세우신 율례 곧 이스라엘에게 하신 영원한 ( )이라(대상 16:16-17)의 ( )에 들어갈 말은?

086 "전에 곧 사울이 왕이 되었을 때에도 이스라엘을 거느리고 출입하게 한 자가 왕이시었고 왕의 하나님 여호와께서도 왕에게 말씀하시기를 네가 내 백성 이스라엘의 ( )가 되며 내 백성 이스라엘의 ( )가 되리라 하셨나이다 하니라"(대상 11:2)의 ( )에 들어갈 말을 차례대로 적으시오.

087 아도니야는 누구의 아들인가?

088 ( )이 그 계보대로 계수되어 그들은 이스라엘 왕조실록에 기록되니라"의 괄호에 들어갈 말은?

089 역대상은 모두 몇 장으로 되어있나?

090 "그때에 땅이 나뉘었음이요 그의 아우의 이름은 욕단이며"라는 말에서 "그"는 누구를 가리키나?

091 "( )은 왕의 모사가 되었고 아렉 사람 후새는 왕의 벗이 되었고 브나야의 아들 여호야다와 아비아달은 아히도벨의 뒤를 이었고, 요압은 왕의 군대 지휘관이 되었더라"(대상 27:33-34)에서 괄호에 들어갈 이름은?

092 다음 중 다윗이 르바임 골짜기로 쳐들어온 블레셋 군대를 물리친 다음 "하나님이 물을 쪼갬같이 내 손으로 내 대적을 흩으셨다"(대상 14:11)하여 붙인 장소의 이름은?

093 다윗이 선지자 나단에게 여호와를 위하여 성전을 건축할 뜻을 말하였을 때, 여호와께서 나단을 통하여 다윗에게 "… 또 네게 이르노니 여호와가 너를 위하여 한 왕조를 세울지라 네 생명의 연한이 차서 네가 조상들에게로 돌아가면 내가 네 뒤에 네 씨 곧 네 아들 중 하나를 세우고 그 나라를 견고하게 하리니 그는 나를 위하여 집을 건축할 것이요 나는 그의 왕위를 영원히 견고하게 하리라"고 말씀하신 내용은 역대상 몇 장에 나오나?

094 "너는 네 아버지의 하나님을 알고 온전한 마음과 기쁜 뜻으로 섬길지어다 여호와께서는 모든 마음을 감찰하사 모든 의도를 아시나니 네가 만일 그를 찾으면 만날 것이요 만일 네가 그를 버리면 그가 너를 영원히 버리시리라"는 말씀은 누가 아들에게 말한 것인가?

대상

079_② 080_② 081_노아 082_평강, 예루살렘 083_레위사람 084_시므온 085_언약 086_목자, 주권자 087_다윗
088_온 이스라엘 089_29장 090_벨렉 091_아히도벨 092_바알브라심 093_17장 094_다윗

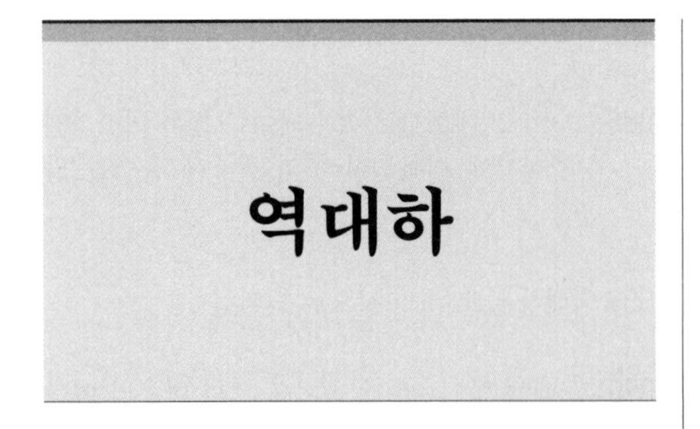

역대하

【A등급】

001 온 백성이 함께 유월절을 지켰던 때가 아닌 것은?
① 여호수아 ② 솔로몬
③ 요시야 ④ 요아스

002 솔로몬이 점령하거나 건축한 성이 아닌 곳은?
① 하맛소바 ② 다드몰
③ 윗 벧호론 ④ 게셀

003 솔로몬 성전의 지대 규모(길이*너비)는?
① 60*20 ② 35*20
③ 20*20 ④ 35*5

004 그 두께는 한 손 너비만 하고 그 둘레는 잔 둘레와 같이 백합화의 모양으로 만들어진 것으로 동서남북을 향한 황소 열두 마리가 받치고 있는 것은?
① 놋 바다 ② 놋 제단
③ 등잔대 ④ 진설상

005 솔로몬이 여호와의 언약궤를 다윗 성 시온에서부터 메어 올리고자 하여 이스라엘 자손을 다 예루살렘으로 소집한 때는?
① 첫째 달 절기 ② 둘째 달 절기
③ 여섯 째 달 절기 ④ 일곱 째 달 절기

006 솔로몬은 ( )의 규례를 따라 제사장의 반열을 정하여 섬기게 하고 레위사람들에게도 그 직분을 맡겨 매일의 일과대로 찬송하며 제사장들 앞에서 수종들게 하며 또 문지기들에게 그 반열을 따라 각 문을 지키게 하였다(대하 8:14). 괄호 안에 들어갈 말은?
① 모세 ② 사무엘
③ 다윗 ④ 나단

007 솔로몬이 무역한 장소가 아닌 것은?
① 애굽 ② 구에
③ 오빌 ④ 다드몰

008 "내 아내가 이스라엘 왕 다윗의 왕궁에 살지 못하리니 이는 여호와의 궤가 이른 곳은 다 거룩함이니라" 라는 솔로몬 왕의 말에서 "내 아내"는 누구를 가리키는가?
① 바로의 딸 ② 밧세바
③ 모압 여인 ④ 암몬 여인

009 역대하 8장에서 솔로몬 당시에 지킨 세 절기에 들지 않은 것은?
① 유월절 ② 무교절
③ 칠칠절 ④ 초막절

010 북이스라엘 왕 여로보암의 잘못을 지적하면서 하나님은 유다 편에 있으므로 유다와 전쟁하지 말 것은 경고한 유다 왕은?
① 르호보암 ② 아비야
③ 요아스 ④ 시드기야

011 유다 백성에게 "너희 형제와 싸우지 말라"라고 말한 하나님의 사람과 북이스라엘 백성에게 "너희는 … 너희의 형제들 중에서 사로잡아 온 포로를 놓아 돌아가게 하라"라고 요구한 예언자로 바르게 묶인 것은?
① 스마야 – 예후 ② 스마야 – 오뎃
③ 예후 – 오뎃 ④ 예후 – 하나니

012 '선견자 잇도의 족보책'이 처음 언급된 곳은 역대하 몇 장인가?
① 9장 ② 10장
③ 12장 ④ 13장

001_④ 002_④ 003_① 004_① 005_④ 006_③ 007_④ 008_① 009_① 010_② 011_② 012_③

013 북이스라엘 지파 사람들이 하나님이 왕과 함께 하심을 보고 유다로 내려온 때는?
① 르호보암 ② 아비야
③ 아사 ④ 여호사밧

014 이스라엘 왕이 치러 올라와 라마를 건축하자 아람 왕 벤하닷에게 도움을 요청한 유다의 왕은?
① 르호보암 ② 아사
③ 여호사밧 ④ 요시야

015 아합 왕이 함께 길르앗 라못을 치자고 요청한 유다의 왕은 누구인가?
① 아비야 ② 여호사밧
③ 아하시야 ④ 요람

016 "너희는 이 큰 무리로 말미암아 두려워하거나 놀라지 말라 이 전쟁은 너희에게 속한 것이 아니요 하나님께 속한 것이니라 … 이 전쟁에는 너희가 싸울 것이 없나니 대열을 이루고 서서 너희와 함께 한 여호와가 구원하는 것을 보라 유다와 예루살렘아 너희는 두려워하지 말며 놀라지 말고 내일 그들을 맞서 나가라"라는 하나님의 말씀을 전한 사람에 대해 기술하는 내용이 아닌 것은?
① 레위 사람 ② 여호와의 영이 임함
③ 야하시엘 ④ 이방인

017 역대기에 따르면 다음 중 하나님 앞에 겸손(겸비)한 왕이 아닌 사람은?
① 르호보암 ② 아사
③ 므낫세 ④ 요시야

018 여호사밧이 암몬 자손과 모압과 세일 산 주민들과 전쟁하러 나갈 때 백성과 더불어 의논하고 누구를 택하여 거룩한 예복을 입히고 군대 앞에서 행진하며 여호와를 찬송하게 하였는가?
① 선지자들 ② 제사장들
③ 노래하는 자들 ④ 나팔 부는 자들

019 여호사밧이 서서 이르되 "유다와 예루살렘 주민들아 내 말을 들을지어다 너희는 너희 하나님 여호와를 신뢰하라 그리하면 견고히 서리라 그의 ( )들을 신뢰하라 그리하면 형통하리라" 에서 괄호 안에 들어갈 말은?
① 왕 ② 선지자
③ 제사장 ④ 하나님의 사람

020 다음 이방 나라의 왕 가운데 하나님의 명령을 받은 사람은?
① 두로 왕 후람
② 앗수르 왕 디글랏빌레셀
③ 아람왕 벤하닷
④ 애굽왕 느고

021 다음 중 여호람 때에 유다의 지배권에서 벗어난 두 민족은?
① 모압, 에돔 ② 에돔, 립나
③ 블레셋, 에돔 ④ 립나, 블레셋

022 유다 왕 가운데 반역으로 암살당한 왕으로 짝지어진 것은?
① 아비야, 여호람 ② 웃시야, 아하스
③ 요아스, 아마샤 ④ 요담, 므낫세

023 다음 중 왕들의 묘실에 장사되지 못한 왕은?
① 여호사밧 ② 아하스
③ 므낫세 ④ 요시야

024 다음 중 유다와 예루살렘 주민이 다윗 자손의 묘실 중 높은 곳에 장사하여 그의 죽음에 경의를 표한 왕은?
① 솔로몬 ② 여호사밧
③ 히스기야 ④ 요시야

025 솔로몬의 성전 낙성식에서 나팔을 분 사람들은?
① 레위인 ② 제사장
③ 예언자 ④ 왕

026 다음 중 여호사밧의 아들 여호람과 관계가 없는 것은?
① 블레셋과 아라비아 사람들로부터 침공을

013_③ 014_② 015_② 016_④ 017_② 018_③ 019_② 020_④ 021_② 022_③ 023_② 024_③ 025_② 026_③

대하

받았다.
② 창자가 빠져나와 죽었다.
③ 선지자 엘리사가 그에게 글을 보내었다.
④ 그의 막내아들이 왕위를 이어 받았다.

027 역대기 역사의 사료가 아닌 것은?
① 이스라엘과 유다 열왕기
② 이스라엘 왕들의 행장
③ 열왕기 주석
④ 역대기

028 다메섹 신들에게 제사한 왕은?
① 솔로몬 ② 아마샤
③ 아하스 ④ 시드기야

029 "선하신 여호와여 사하옵소서 결심하고 하나님 곧 그의 조상들의 하나님 여호와를 구하는 사람은 누구든지 비록 성소의 결례대로 스스로 깨끗하게 못하였을지라도 사하옵소서"라고 기도한 유다 왕은?
① 다윗 ② 솔로몬
③ 히스기야 ④ 요시야

030 "예루살렘에 큰 기쁨이 있었으니 이스라엘 왕 다윗의 아들 솔로몬 때로부터 이러한 기쁨이 예루살렘에 없었더라"는 언제를 말하는가?
① 요아스 ② 웃시야
③ 히스기야 ④ 요시야

031 "(　) 이후로 이스라엘 가운데서 유월절을 이 같이 지키지 못하였고 이스라엘 모든 왕들도 요시야가 제사장들과 레위 사람들과 모인 온 유다와 이스라엘 무리와 예루살렘 주민과 함께 지킨 것처럼은 유월절을 지키지 못하였더라"에서 괄호 안에 들어갈 말은?
① 여호수아 ② 사무엘
③ 솔로몬 ④ 히스기야

032 다음 중 바벨론으로 사로잡혀가지 않은 왕은?
① 므낫세 ② 여호아하스
③ 시드기야 ④ 여호야긴

033 윗 벧호론을 건축한 사람으로 짝지어진 것은?
① 드보라 – 다윗
② 야엘 – 솔로몬
③ 우센세에라 – 르호보암
④ 세에라 – 솔로몬

034 유다왕 여호사밧 당시의 대제사장의 이름은?
① 여호야다 ② 아마랴
③ 오바댜 ④ 야하시엘

035 왕과 예언자가 바르게 묶이지 않은 것은?
① 아사 – 하나니 ② 여호사밧 – 예후
③ 여호람 – 엘리야 ④ 아마샤 – 오뎃

036 히스기야의 행적과 그의 일이 기록된 책은?
① 이사야의 묵시책 ② 호새의 사기
③ 여호람 – 엘리야 ④ 아마샤 – 오뎃

037 다음 중 그 행적이 '이스라엘과 유다의 열왕기'에 기록된 왕이 아닌 사람은?
① 웃시야 ② 아하스
③ 히스기야 ④ 요시야

038 여호와의 전 윗문을 건축하고 오벨 성벽을 증축하고, 유다 산중에 성읍들을 건축하며 진영들과 망대를 건축하고, 암몬자손으로부터 은 백 달란트와 밀 만 고르와 보리 만 고르를 받은 왕은?(대하 27:3-5)
① 다윗 ② 솔로몬
③ 요담 ④ 므낫세

039 다음 중 여호사밧의 손자 아하시야와 관계가 없는 것은?
① 그의 어머니는 오므리의 딸이다.
② 아람 사람들과 전쟁을 하였다.
③ 요람을 병문안 하였다.
④ 예후에게 죽임을 당했다.

040 유월절을 한 달 미루어 둘째 달에 북이스라엘에서 온 사람들과 함께 지킨 왕은?
① 요아스 ② 아하스
③ 히스기야 ④ 요시야

027_④ 028_③ 029_③ 030_③ 031_② 032_② 033_④ 034_② 035_④ 036_① 037_① 038_③ 039_① 040_③

041 포로사건을 땅이 그동안 지키지 못한 안식을 지키기 위함으로 해석하는 책은?
① 열왕기　② 역대기
③ 에스라　④ 느헤미야

042 아합 왕과 연합한 전쟁에서 패한 후 간신히 목숨만 건지고 예루살렘으로 돌아온 여호사밧 왕을 맞이하며 꾸짖은 사람은?
① 하나니　② 예후
③ 오뎃　④ 예레미야

043 북이스라엘과 유다 사이에 전쟁을 치른 왕으로 짝지어지지 않은 것은?
① 아비야 – 여로보암
② 아마샤 – 요아스
③ 르호보암 – 여로보암
④ 여호사밧 – 아합

044 "왕이 악한 자를 돕고 여호와를 미워하는 자들을 사랑하는 것이 옳으니이까 그러므로 여호와께로부터 진노하심이 왕에게 임하리이다"라는 말씀을 들은 왕은?
① 아합　② 르호바암
③ 여호사밧　④ 아마샤

045 여호람이 유다 여러 산에 산당을 세워 예루살렘 주민으로 음행하게 하고 또 유다를 미혹하게 하자 그에게 글을 보내 하나님의 심판 말씀을 전한 사람은 누구인가(대하 21:12)?
① 야하시엘　② 엘리야
③ 예후　④ 엘리사

046 에돔과의 전쟁에서 승리하자 돌아올 때 세일 자손의 신들을 가져와 그 앞에 경배하며 분향한 유다 왕은?
① 아사　② 여호람
③ 요아스　④ 아마샤

047 악을 행하여 바벨론으로 사로잡혀가는 하나님의 징계를 받았으나, 겸손히 하나님께 기도한 후 다시 예루살렘으로 돌아온 왕은?
① 아마샤　② 므낫세
③ 여호야김　④ 시드기야

048 다음 짝을 이룬 이름 중 같은 사람이 아닌 것은?
① 엘리아김 – 여호야김
② 엘리야긴 – 여호야긴
③ 솔로몬 – 여디디야
④ 여호아하스 – 맛다냐

049 요시야 왕과 아무런 관련이 없는 사람은?
① 사반　② 예레미야
③ 에스겔　④ 훌다

050 "여호와의 눈은 온 땅을 두루 감찰하사 전심으로 자기에게 향하는 자들을 위하여 능력을 베푸시나니"라고 말한 선지자는 누구인가?
① 하나니　② 미가야
③ 예후　④ 엘리에셀

대하

【B등급】

051 다윗이 정한 곳에 성전을 건축한 사람은?
① 유다　② 베냐민
③ 시므온　④ 솔로몬

052 낭실, 대전(성소), 지성소로 이루어진 건물은?
① 왕궁　② 산당
③ 성전　④ 집

053 두 그룹의 형상이 있는 곳은?(대하 3:17)
① 낭실　② 성소
③ 지성소　④ 뜰

054 야긴과 보아스는 성전의 무엇인가?
① 마당　② 뜰
③ 촛대　④ 두 기둥

055 다윗과 솔로몬 시대에 하나님의 회막이 있었던 곳은?
① 기랏여아림　② 기브온

041_② 042_② 043_④ 044_③ 045_② 046_④ 047_② 048_④ 049_③ 050_① 051_④ 052_③ 053_③ 054_④ 055_②

③ 세겜　　④ 예루살렘

056 "주는 이제 내게 지혜와 지식을 주사 이 백성 앞에서 출입하게 하옵소서 이렇게 많은 주의 백성을 누가 능히 재판하리이까"라고 기도한 사람은?
① 느헤미야　　② 다윗
③ 솔로몬　　④ 학개

057 예루살렘에 은금을 돌 같이, 백향목을 평지의 뽕나무 같이 많게 한 왕은?
① 다윗　　② 솔로몬
③ 히스기야　　④ 요시야

058 솔로몬이 여호와의 전 건축하기를 시작한 곳은?
① 감람산　　② 그리심 산
③ 에발 산　　④ 모리아 산

059 다윗과 솔로몬이 각각 온 이스라엘을 다스린 햇수는?
① 30년, 40년　　② 33년, 40년
③ 40년, 40년　　④ 40년, 50년

060 이스라엘이 남왕국과 북왕국으로 분열된 때는?
① 솔로몬　　② 르호보암
③ 아비야　　④ 아하스

061 북이스라엘의 아합 가문과 혼인하여 인척 관계를 맺은 유다의 왕은?
① 르호보암　　② 아사
③ 여호사밧　　④ 요아스

062 다윗의 자손을 죽이고 유다의 왕이 된 여자는?
① 이세벨　　② 아달랴
③ 여호사브앗　　④ 밧세바

063 애굽 왕 느고가 갈그미스를 치러 올라갈 때 나가 방비하였다가 죽은 유다의 왕은?
① 히스기야　　② 므낫세
③ 요시야　　④ 여호아하스

064 이스라엘 온 백성이 예루살렘에서 유월절을 지킨 때는?
① 아하스　　② 므낫세
③ 요시야　　④ 여호아하스

065 성전과 예루살렘이 바벨론에 의해 파괴되고 살아남은 자가 사로잡혀감으로써 토지가 황폐하여 땅이 안식년을 누림 같이 안식한 햇수는?
① 40년　　② 50년
③ 60년　　④ 70년

066 여호와께서 그 마음을 감동시키시매 온 나라에 공포도 하고 조서도 내려 유다 예루살렘에 성전을 건축하라고 말한 바사(=페르시아)의 왕은?
① 다리오　　② 고레스
③ 아닥사스다　　④ 아하수에로

067 "주는 이제 내게 지혜와 지식을 주사 이 백성 앞에서 출입하게 하옵소서 이렇게 많은 주의 백성을 누가 능히 재판하리이까"라고 기도한 사람은?
① 사울　　② 다윗
③ 솔로몬　　④ 여호수아

068 "하나님이 참으로 사람과 함께 (　)에 계시리이까 보소서 하늘과 하늘들의 하늘이라도 주를 용납하지 못하겠거든 하물며 내가 건축한 이 성전이오리이까"의 괄호에 들어갈 말은?
① 시온　　② 성전
③ 땅　　④ 유다

069 솔로몬이 여호와의 언약궤를 다윗 성에서부터 예루살렘 성전으로 메어 들인 절기의 달은?
① 첫째 달　　② 둘째 달
③ 일곱째 달　　④ 여덟째 달

070 번제에 속한 물건을 씻는 곳은?
① 놋바다　　② 놋제단
③ 물두멍　　④ 등잔대

056_③ 057_② 058_④ 059_② 060_② 061_③ 062_② 063_③ 064_③ 065_④ 066_② 067_③ 068_③ 069_③ 070_③

071 다음 중 솔로몬이 만든 성전의 기구가 아닌 것은?
① 제단 ② 언약궤
③ 진설병 상 ④ 등잔대와 등잔

072 "내 새끼 손가락이 내 아버지의 허리보다 굵으니 … 내 아버지는 가죽 채찍으로 너희를 치셨으나 나는 전갈 채찍으로 하리라"(대하 10:10-11)고 말한 왕은 누구인가?
① 여로보암 ② 솔로몬
③ 르호보암 ④ 므낫세

073 유다에서 가장 오랜 기간 동안(55년 동안) 통치했던 왕은?
① 다윗 ② 솔로몬
③ 웃시야 ④ 므낫세

074 다음 중 르호보암 왕 제 5년에 예루살렘을 치러 올라온 애굽 왕은?
① 시삭 ② 디르하가
③ 람세스 ④ 세라

075 다음 중 북왕국 이스라엘의 왕으로서 '느밧의 아들'이라 불린 사람은?
① 나답 ② 여로보암
③ 아합 ④ 예후

076 아세라 목상을 만들었으므로 어머니 태후의 자리를 폐한 왕은?
① 아비야 ② 아사
③ 여호사밧 ④ 요시야

077 여호사밧의 아버지로서 발이 병들어 매우 위독했으나 여호와께 구하지 아니하고 의원들에게 구했던 유다 왕은?
① 아비야 ② 아사
③ 요람 ④ 르호보암

078 아합이 여호사밧 왕과 연합하여 되찾고자 했던 지역은?
① 미스바 ② 라마
③ 기브온 ④ 길르앗 라못

079 아달랴가 모든 왕자들을 죽였을 때 여호사브앗(공주)의 도움으로 아달랴를 피하여 6년 동안 성전에 숨어 지내다가 제사장 여호야다가 아달랴를 죽이자 7세에 유다 왕위에 오른 유다 왕은 누구인가?
① 아하시야 ② 요아스
③ 아마샤 ④ 웃시야

080 아마샤를 이어 유다 왕이 된 사람으로서 예루살렘에서 52년동안 치리하면서 농사를 좋아했으며, 마음이 교만해져 여호와의 전에 들어가 분향하려다가 나병이 들어 죽는 날까지 별궁에 홀로 거했던 왕은?
① 웃시야 ② 요담
③ 아하스 ④ 히스기야

081 예루살렘에서 재주 있는 사람들에게 무기를 고안하게 하여 망대와 성곽 위에 두어 화살과 큰 돌을 쏘고 던지게 한 왕은?
① 아마샤 ② 웃시야
③ 히스기야 ④ 므낫세

082 다음 중 요시야의 아들이 아닌 사람은?
① 여호야긴 ② 여호아하스
③ 여호야김 ④ 시드기야

083 요시야가 므깃도에서 바로 느고에게 죽자 요시야의 아들 여호아하스를 요시야를 대신하여 왕으로 세운 사람은?
① 제사장 ② 그 땅의 백성
③ 애굽 바로 ④ 여호아하스

084 아직도 어렸을 때 곧 왕위에 있은 지 팔 년에 그의 조상 다윗의 하나님을 비로소 찾은 왕은?
① 솔로몬 ② 요아스
③ 아하스 ④ 요시야

085 솔로몬 당시 하나님의 회막이 있었던 곳은?
① 기브온 ② 실로
③ 벧엘 ④ 미스바

대하

071_② 072_③ 073_④ 074_① 075_② 076_② 077_② 078_④ 079_② 080_① 081_② 082_① 083_② 084_④ 085_①

086 솔로몬 당시 놋제단이 있었던 곳은?
① 실로 ② 기브온
③ 벧엘 ④ 미스바

087 솔로몬이 건축할 재목을 레바논에서 벌목하여 떼를 엮어 바다에 띄워 욥바로 보낸 사람은?
① 후람 ② 아라비아 왕
③ 시바 여왕 ④ 세라

088 아내 18명과 첩 60명을 취하여 아들 28명과 딸 60명을 낳았으며, 아내들 중 압살롬의 딸 마아가를 모든 처첩보다 더 사랑한 왕의 이름은?
① 르호보암 ② 여로보암
③ 솔로몬 ④ 나답

089 가증한 아세라 목상을 만들었으므로 태후의 자리에서 폐위된 아사 왕의 어머니는?
① 마아가 ② 나아마
③ 아달랴 ④ 마할랏

090 다음 중 "하나님 여호와 보시기에 선과 정의를 행하여 이방 제단과 산당을 없애고 주상을 깨뜨리며 아세라 상을 찍고 … 유다의 모든 성읍에서 산당과 태양상을 없앤" 유다 왕의 이름은?
① 아비야 ② 아사
③ 여호사밧 ④ 여호람

091 "유다와 베냐민의 무리를 모으고 에브라임과 므낫세와 시므온 가운데에서 나와서 저희 중에 머물러 사는 자들을 모았으니 이는 이스라엘 사람들이 ( )의 하나님 여호와께서 그와 함께 하심을 보고 ( )에게로 돌아오는 자가 많았음이더라"의 괄호에 공통으로 들어갈 왕의 이름은?
① 아비야 ② 아사
③ 여호사밧 ④ 히스기야

092 다음 중 군사 백만 명과 병거 3백 대를 거느리고 유다의 마레사까지 침공했다가 아사의 군대에게 패했던 구스 사람의 이름은?
① 디르하가 ② 시삭
③ 세라 ④ 람세스

093 방백들과 레위 사람들과 제사장을 유다 여러 성읍에 보내어 여호와의 율법책을 가르치게 한 왕은?
① 여호야다 ② 요아스
③ 아사 ④ 여호사밧

094 이스라엘 왕 아합 가문과 혼인함으로 인척관계를 맺고 아합과 함께 길르앗 라못에서 아람 군대와 전쟁했던 유다 왕은?
① 아사 ② 여호사밧
③ 여호람 ④ 아하시야

095 아마샤가 이스라엘 나라에서 큰 용사 십만 명을 고용하여 전쟁하려고 한 민족은?
① 에돔 ② 모압
③ 암몬 ④ 아람

096 에돔과의 전쟁에서 승리한 후 교만해져서 북이스라엘 왕에게 도전한 유다의 왕은?
① 아하스 ② 요아스
③ 므낫세 ④ 아마샤

097 백성을 거느리고 소금 골짜기에 이르러 세일 자손 일만 명을 죽인 유다 왕은?
① 아마샤 ② 요아스
③ 아하시야 ④ 여호람

098 다음 중 웃시야 왕에 대하여 잘못 기술한 것은?
① 엘롯을 건축하여 유다에 돌림
② 블레셋과 싸우고 그 땅에 성읍들을 건축함
③ 그 이름이 애굽 변방까지 퍼짐
④ 농사를 싫어함

099 이스라엘 사람이 유다사람을 포로로 잡아오자 예언자가 "너희는 너희의 하나님 여호와께 범죄함이 없느냐"라는 말로 질책하여 되돌려 보낸 때는 언제인가?
① 르호보암 ② 아사

086_② 087_① 088_① 089_① 090_② 091_② 092_③ 093_④ 094_② 095_① 096_④ 097_① 098_④ 099_③

③ 아하스 ④ 히스기야

100 히스기야 왕이 "선하신 여호와여 사하옵소서 결심하고 하나님 곧 그의 조상들의 하나님 여호와를 구하는 사람은 누구든지 비록 성소의 결례대로 스스로 깨끗하게 못하였을지라도 사하옵소서"(대하 30:17)라고 기도한 때는 어떤 일과 관련된 것인가?
① 성전 봉헌 ② 제사장
③ 레위인 ④ 무교절

【주관식】

101 하나님의 전의 기구들을 부수고 또 여호와의 전 문들을 닫고 예루살렘 구석마다 제단을 쌓고 유다 각 성읍에 산당을 세워 다른 신에게 분향하여 그의 조상들의 하나님 여호와를 진노하게 한 왕은?

102 즉위 직후 성전문을 열고 정화한 후 온 이스라엘을 위하여 번제와 속죄제를 드리게 한 왕은?

103 므낫세가 바벨론으로 끌려갔다가 그곳에서 겸손하게 기도하므로 하나님이 그의 간구를 들으시사 그가 다시 예루살렘으로 돌아와 복위된 후 여호와께서 하나님이신 줄을 알게 되었다는 기사가 기록된 책은?

104 솔로몬이 성전의 낭실 앞에 쌓은 여호와의 제단 위에 모세의 명령에 따라 정한 절기 곧 세 절기에 번제를 드렸는데(대하 8:12-13), 그 세 절기의 이름은?

105 "복되도다 당신의 사람들이여, 복되도다 당신의 이 신하들이여, 항상 당신 앞에 서서 당신의 지혜를 들음이로다 당신의 하나님 여호와를 송축할지로다"은 누가 누구에게 한 말인가?

106 "어떤 하나님의 사람이 아마샤에게 나아와서 이르되 왕이여 ( ) 군대를 왕과 함께 가게 하지 마옵소서 여호와께서는 ( ) 곧 온 에브라임 자손과 함께 하지 아니하시나니"의 괄호에 공통으로 들어갈 말은?

107 "아람 왕들의 신들이 그들을 도왔으니 나도 그 신에게 제사하여 나를 돕게 하리라"라고 말하며 자기를 친 다메섹 신들에게 제사한 유다의 왕은?

108 "유다 왕이여 내가 그대와 무슨 관계가 있느냐 내가 오늘 그대를 치려는 것이 아니요 나와 더불어 싸우는 족속을 치려는 것이라 하나님이 나에게 명령하사 속히 하라 하셨은즉 하나님이 나와 함께 계시니 그대는 하나님을 거스르지 말라 그대를 멸하실까 하노라"라고 말한 사람은 어느 나라 왕인가?

109 방백들과 예루살렘 온 회중과 더불어 의논하고 둘째 달에 유월절을 지키기로 한 왕은?

110 "예루살렘에 사는 백성들을 명령하여 제사장들과 레위 사람들 몫의 음식을 주어 그들에게 여호와의 율법을 힘쓰게 하라"라는 조치를 취한 왕은?

111 "하늘의 신 여호와께서 세상 만국을 내게 주셨고 나에게 명령하여 유다 예루살렘에 성전을 건축하라 하셨나니"라고 말한 사람은 누구인가?

112 "너희는 올라가지 말라 너희 형제와 싸우지 말고 각기 집으로 돌아가라 이 일이 내게로 말미암아 난 것이라"(대하 11:4)라는 하나님의 말씀에서 '내게로 말미암아 난 것'은 어떤 사건과 관련된 것인가?

113 아합 당시 이스라엘과 아람이 길르앗 라못에서 전쟁할 때 거짓 선지자 시드기야와는 달리 이스라엘의 패배를 예언했던 이스라엘의 선지자 이름은?

114 아람, 북이스라엘, 에돔, 블레셋 사람의 침략을

대하

100_④ 101_아하스 102_히스기야 103_역대하 104_무교절, 칠칠절, 초막절 105_스바 여왕이 솔로몬에게 106_이스라엘
107_아하스 108_애굽 109_히스기야 110_히스기야 111_고레스 112_왕국분열(여로보암의 반역) 113_미가야 114_아하스

받은 유다의 왕은?

115 백성이 드린 예물이 더미를 이루자 이를 보관하도록 성전에 방들을 준비하게 하고 레위인을 그 책임자로 세운 왕은?

116 레위 사람에게 "거룩한 궤를 이스라엘 왕 다윗의 아들 솔로몬이 건축한 전 가운데 두고 다시는 너희 어깨에 메지 말고 마땅히 너희의 하나님 여호와와 그의 백성 이스라엘을 섬길 것이라"라고 말한 유다의 왕은 누구인가?

117 솔로몬이 기도하기를 "이제 내가 나의 하나님 여호와의 이름을 위하여 성전을 건축하여 구별하여 드리고 주 앞에서 향 재료를 사르며 항상 떡을 차려 놓으며 안식일과 초하루와 우리 하나님 여호와의 절기에 아침 저녁으로 (　)를 드리려 하오니 이는 이스라엘의 영원한 규례니이다"에서 괄호 안에 들어갈 말은?

에스라

【A 등급】

001 사로잡혔다가 예루살렘에 돌아온 자들이 여호와의 성전 공사를 감독하게 한 레위인들의 나이는(스 3:8)?
① 이십 세 이상　② 이십오 세 이상
③ 삼십 세 이상　④ 사십 세 이상

002 귀환한 이스라엘 자손이 "주는 지극히 선하시므로 그의 인자하심이 이스라엘에게 영원하시도다"라고 찬송한 때는?
① 초막절을 지킬 때
② 아침 저녁으로 번제를 드릴 때
③ 제단을 세울 때
④ 성전의 기초를 놓을 때

003 "우리도 너희와 함께 건축하게 하라 우리도 너희 같이 너희 하나님을 찾노라 앗수르 왕 에살핫돈이 우리를 이리로 오게 한 날부터 우리가 하나님께 제사를 드리노라"라고 말한 사람은 누구인가?
① 방백 르훔과 서기관 심새와 그의 동료
② 비슬람과 미드르닷과 다브엘과 그의 동료들
③ 유다와 베냐민의 대적
④ 닷드내와 스달보스내와 그의 동관들

004 닷드내와 스달보스내와 그들의 동관은 무엇을 한 사람들인가?
① 유다인과 결혼한 이방 여인과 그 소생을 내어 보내기로 한 에스라의 정책에 반대함

115_히스기야　116_요시야　117_번제

001_①　002_④　003_③　004_③

② 에스라에게 유다인과 결혼한 이방 여인과 그 소생을 내어보내기로 했다고 함
③ 다리오 왕에게 글을 올려 유다 도에서 성전을 건축하는데 허락을 받고 하는 것인지 확인해달라고 요청함
④ 아닥사스다 왕에게 예루살렘 백성을 고발하여 성전건축이 중단되게 함

005 에스라가 귀환 도중 아하와 강가에서 삼 일 동안 장막에 머물며 백성들을 살필 때 어떤 사람이 한 사람도 없다는 사실을 알게 되었는가?
① 제사장
② 레위 자손
③ 느디님 사람
④ 하나님의 명령을 떨며 준행하는 자

006 다음 중 에스라가 한 일이 아닌 것은?
① 귀환 도중 아하와 강 가에서 하나님의 성전을 위하여 섬길 자를 데려오게 함
② 이스라엘 무리가 하나님의 성전을 위하여 드린 은과 금과 그릇들을 달아 제사장의 아들 손에 넘김
③ 아닥사스다 왕에게 청하여 예루살렘으로 가게 해 줄 것을 청함
④ 이방 여인을 아내로 맞이한 자들의 일을 해결함

007 이방 사람들의 딸과 통혼으로 거룩한 자손이 그 지방 사람들과 서로 섞이게 하는데 방백들과 고관들이 으뜸이 되었다는 사실을 듣고 기가 막혀 앉아있을 때 에스라에게 모여든 사람들은 누구인가(스 9:4)?
① 이스라엘 하나님의 말씀으로 말미암아 떠는 자들
② 레위 사람들을 섬기는 느디님 사람들
③ 다윗의 규례대로 여호와를 찬송하는 레위인들
④ 율법을 따르기로 서원한 제사장들

008 다음 중 에스라가 예루살렘에 귀환할 때 부여받은 임무가 아닌 것은?
① 왕과 자문관들이 예루살렘에 거하시는 이스라엘 하나님께 성심으로 드리는 은금을 가져오는 것
② 바벨론에서 가져온 예물을 수송아지와 숫양과 어린 양과 소제와 전제의 물품으로 바꾸어 예루살렘 성전 제단 위에 드리는 것
③ 하나님의 율법을 아는 자를 법관과 재판관을 삼아 강 건너편 모든 백성을 재판하게 함
④ 무너진 성벽을 재건하여 예루살렘에 주민들이 안전하게 살게 하는 것

009 에스라가 하나님의 성전 앞에 엎드려 울며 기도하여 죄를 자복할 때 에스라를 돕겠다고 나선 사람은 누구인가(스 10:2)?
① 아사헬의 아들 요나단
② 여히엘의 아들 스가냐
③ 디과의 아들 야스야
④ 요사닥의 아들 마아세야

010 아사헬의 아들 요나단, 디과의 아들 야스야, 므술람, 레위 사람 삽브대는 어떠한 일을 한 사람인가(스 10:15)?
① 느헤미야를 헤치려 한 사람
② 이방 여인을 아내로 맞이한 자들에게 이방 여인을 끊어 버리라는 에스라의 조치에 반대한 사람
③ 다리오 왕에게 글을 올려 유다 도에서 성전을 건축하는데 허락을 받고 하는 것인지 확인해달라고 요청한 사람
④ 아닥사스다 왕에게 예루살렘 백성을 고발하여 성전건축이 중단되게 한 사람

011 에스라가 이방인과의 통혼에 대한 개혁조치가 제대로 실행될 수 있도록 위원회를 만들어 활동하게 하였을 때 그 위원회가 활동한 기간은(스 10:16-17)?
① 약 1개월 ② 약 3개월
③ 약 6개월 ④ 약 8개월

012 다음 중 이스라엘 백성에 대한 회개기도가 들어있지 않은 곳은?
① 에스라 9장 ② 느헤미야 9장
③ 에스더 9장 ④ 다니엘 9장

005_② 006_③ 007_① 008_④ 009_② 010_② 011_② 012_③

B 등급

013 유다 예루살렘에 성전을 건축하고 그 백성 된 자는 다 유다 예루살렘으로 올라가서 이스라엘의 하나님 여호와의 성전을 건축하라고 온 나라에 공포도 하고 조서도 내린 바사의 왕은? (스 1:1)

① 고레스 ② 다리우스
③ 아닥사스다 ④ 아하수에로

014 바사 왕 고레스가 유다 예루살렘에 성전을 건축하고 그 백성 된 자는 다 유다 예루살렘으로 올라가서 이스라엘의 하나님 여호와의 성전을 건축하라고 온 나라에 공포도 하고 조서도 내린 일은 여호와께서 누구의 입을 통하여 하신 말씀이 이루어진 것인가? (스 1:1)

① 이사야 ② 학개
③ 스가랴 ④ 예레미야

015 느부갓네살이 예루살렘에서 옮겨다가 자기 신들의 신당에 두었던 여호와의 성전 그릇을 예루살렘으로 가지고 간 사람은? (스 1:8)

① 미드르닷 ② 세스바살
③ 에스라 ④ 느헤미야

016 42,360명의 회중을 이끌고 예루살렘과 유다도로 돌아온 지도자는 누구인가? (스 2:64)

① 스룹바벨과 예수아
② 에스라와 느헤미야
③ 학개와 스가랴
④ 세스바살과 스룹바벨

017 다음 중 예수아와 스룹바벨이 예루살렘으로 돌아온 해에 행한 일이 아닌 것은?

① 하나님의 제단을 만들고 번제를 드림
② 초막절을 지킴
③ 성전 지대를 놓음
④ 백향목을 레바논에서 욥바 해변까지 운송하게 함

018 포로 귀환 후 중단된 성전 건축이 재개된 시기는?

① 아닥사스다 제십년
② 아하수에로 제십년
③ 다리오 제이년
④ 고레스 제십년

019 에스라에게 조서를 내려 예루살렘으로 올라가게 한 바사 왕과 그 통치해가 바르게 묶인 것은? (스 7:7)

① 아하수에로 제칠년
② 아닥사스다 제칠년
③ 고레스 원년
④ 다리오 제2년

020 다리오 왕이 메대도 악메다 궁성에서 찾은 두루마리는 무엇인가? (스 6:3)

① 고레스 왕의 조서
② 아닥사스다 왕의 조서
③ 다리오 왕의 조서
④ 아하수에로 왕의 조서

021 포로에서 돌아온 백성들이 성전 건축을 완성한 때는? (스 6:15)

① 고레스 제육년
② 아닥사스다 제칠년
③ 다리오 제육년
④ 아닥사스다 제이십년

022 에스라서에 나오는 조서가 아닌 것은?

① 아하수에로 ② 다리오
③ 아닥사스다 ④ 고레스

023 에스라는 아론의 몇 대 손인가?

① 십사대 ② 십오대
③ 십육대 ④ 십칠대

024 에스라가 하나님의 성전 앞에 엎드려 울며 기도하여 죄를 자복한 이유는 무엇인가?

① 이스라엘 자손이 이방 여자를 아내로 삼았으므로
② 그 땅에 아직 가나안 사람들과 헷 사람들과

013_① 014_④ 015_② 016_① 017_③ 018_③ 019_② 020_① 021_③ 022_① 023_③ 024_①

브리스 사람들과 여부스 사람들이 남아있으므로
③ 성전을 완성하지 못하였으므로
④ 성전 공사가 중단되었으므로

025 다음 중 에스라를 설명하는 말로서 맞지 않는 것은?
① 율법에 익숙한 학사
② 율법에 완전한 학자 겸 제사장
③ 사독의 5대손이요 아론의 16대손인 제사장
④ 하나님의 율법을 잘 아는 재판관

026 아하와 강 가에서 금식을 선포하고 하나님 앞에서 스스로 겸비하여 "우리와 우리 어린 아이와 모든 소유 를 위하여 평탄한 길"을 간구한 포로귀환 시대의 이스라엘 민족의 지도자는 누구인가?
① 세스바살 ② 스룹바벨
③ 에스라 ④ 느헤미야

【주관식】

027 스룹바벨과 예수아와 귀환한 이스라엘 자손이 제단을 만들고 모세의 율법에 기록한 대로 아침 저녁으로 번제를 드리며 또 기록된 규례대로 지킨 절기는? (스 3:2-4)

028 "사로잡혔다가 돌아온 이스라엘 자손과 자기 땅에 사는 이방 사람의 더러운 것으로부터 스스로를 구별한 모든 이스라엘 사람들에게 속하여 이스라엘의 하나님 여호와를 찾는 자들이 다 먹고 즐거움으로 이레 동안 무교절을 지켰으니 이는 여호와께서 그들을 즐겁게 하시고 또 ( ) 왕의 마음을 그들에게로 돌려 이스라엘의 하나님이신 하나님의 성전 건축하는 손을 힘있게 하도록 하셨음이었더라"(스 6:21-22)의 괄호 안에 들어갈 말은?

029 "여호와의 율법을 연구하여 준행하며 율례와 규례를 이스라엘에게 가르치기로 결심"한 사람은 누구인가?

030 에스라가 귀환 도중 아하와 강 가에서 가시뱌 지방으로 보내어 데려오게 한 사람은?

031 다음은 에스라의 기도이다.
"우리가 비록 노예가 되었사오나 우리 하나님이 우리를 그 종살이하는 중에 버려 두지 아니하시고 바사 왕들 앞에서 우리가 불쌍히 여김을 입고 소생하여 우리 하나님의 성전을 세우게 하시며 그 무너진 것을 수리하게 하시며 유다와 예루살렘에서 우리에게 ( )를 주셨나이다"(스 9:9). 괄호 안에 들어갈 말은?

스

025_④ 026_③ 027_초막절 028_앗수르 029_에스라 030_레위 자손 031_울타리

느헤미야

【A 등급】

001 성벽건축을 시작하려할 때 자신들을 업신여기고 왕을 배반하고자 한다고 말하는 호론 사람 산발랏과 암몬 사람 도비야와 아라비아 사람 게셈에게 느헤미야가 한 말은 무엇인가(느 2:20)?
① 오직 너희에게는 예루살렘에서 아무 기업도 없고 권리도 없고 기억되는 바도 없다
② 우리는 이방인의 손에 팔린 우리 형제 유다 사람들을 우리의 힘을 다하여 도로 찾았거늘 너희는 너희 형제를 팔고자 하느냐
③ 이 말대로 행하지 아니하는 자는 모두 하나님이 또한 이와 같이 그 집과 산업에서 털어 버리실지니라
④ 우리 하나님의 성전을 건축하는 데 너희는 우리와 상관이 없느니라

002 미스바 지방을 다스리는 골호세의 아들 살룬이 중수하여 세우고 덮었으며 문짝을 달고 자물쇠와 빗장을 갖춘 것은 어느 문인가(느 3:15)?
① 양문 ② 어문
③ 골짜기 문 ④ 샘문

003 성벽을 재건할 때 느헤미야가 이방인의 방해에 맞서 취한 조치가 아닌 것은?
① 하나님께 기도하며 파수꾼을 두어 주야로 방비하였다.
② 성벽 뒤의 낮고 넓은 곳에는 백성이 그들의 종족을 따라 칼과 창과 활을 가지고 서 있게 하였다.
③ 그의 수하 모든 사람은 갑옷을 입고 창과 방패와 활을 갖게 하였다.
④ 성을 건축하는 자와 짐을 나르는 자는 다 각각 한 손으로 일을 하며 한 손에는 병기를 잡게 하였다.

004 다음 중 느헤미야가 행한 일이 아닌 것은?
① 오십이 일 만에 성벽을 재건하였다.
② 형제에게 이자를 취하는 귀족들과 민장들을 꾸짖어 이를 금하였다.
③ 저당 잡은 밭과 포도원과 감람원과 집이나 꾸어준 돈이나 양식이나 새 포도주나 기름을 그대로 돌려주게 하였다.
④ 총독으로 세움 받은 때부터 12년간 총독의 녹을 먹지 않았다.

005 느헤미야가 자신의 총독 직무수행에 대해 말한 바가 아닌 것은(느 5:14-18)?
① 십이 년 동안 나와 내 형제들이 총독의 녹을 먹지 아니하였다.
② 내가 성벽 공사에 힘을 다하며 땅을 사지 아니하였다.
③ 내 상에는 유다 사람들과 민장들 백오십 명이 있고 이방 족속들 중에는 우리에게 나아온 자들이 없었다.
④ 매일 나를 위한 소 한 마리와 살진 양 여섯 마리와 닭이 있었고 열흘에 한 번씩은 각종 포도주가 있었다.

006 느헤미야가 자기보다 먼저 있었던 총독들과는 달리 총독의 녹을 요구하지 않은 가장 큰 이유는?
① 하나님을 경외하기 때문에
② 자신을 보낸 왕의 요청에 따라
③ 백성의 부역이 중하였기 때문에
④ 백성들로부터 존경을 받기 위해

007 느헤미야에 대한 산발랏과 도비야와 게셈의 방해 작업이 아닌 것은(느 6:1-13)?
① 오노 평지 한 촌에서 만나 느헤미야를 해치

001_① 002_④ 003_③ 004_③ 005_③ 006_③ 007_④

려고 함
② 스마야에게 뇌물을 주어 느헤미야에 대한 나쁜 예언을 하게 함
③ 종자의 손에 봉하지 않은 편지를 들려 보냄
④ 아닥사스다 왕에게 고발장을 씀

008 성전재건이 완공된 달과 성벽 공사가 완공된 달로 묶여 있는 것은?
① 아달월, 시완월 ② 엘룰월, 니산월
③ 기슬르월, 니산월 ④ 아달월, 엘룰월

009 유다의 귀족들과 편지를 주고받았으며, 또 유다인의 사위가 되고 그의 아들도 유다인과 결혼한 사람은?
① 산발랏 ② 도비야
③ 게셈 ④ 예수아

010 성벽을 건축한 후 느헤미야는 누구로 하여금 예루살렘을 다스리게 하였는가?
① 하나니, 하나냐 ② 스마야, 노아댜
③ 가스무, 닷드내 ④ 요나단, 삽브대

011 수문 앞 광장에서 율법낭독 사건 이후 이스라엘 자손이 초막절을 지킬 때 첫날부터 끝날까지 에스라가 한 행동은 무엇인가(느 8:18)?
① 매일 금식하며 기도함
② 날마다 하나님의 율법책을 낭독함
③ 율법을 말씀을 밝히 알고자 하는 사람들을 가르침
④ 위대하신 하나님 여호와를 송축함

012 다음 중 느헤미야의 개혁에 해당되지 않는 것은?
① 제사장 엘리아십이 도비야를 위해 마련해 준 성전 구역에 있는 방을 정결하게 함
② 각각 자기 밭으로 도망한 레위 사람들을 불러 모아 다시 제자리에 세움
③ 아스돗과 암몬과 모압 여인을 아내로 맞는 것을 허용함
④ 안식일에는 성문을 닫고 아무 짐도 들어오지 못하게 함

013 온 이스라엘이 노래하는 자들과 문지기들에게 날마다 쓸 몫을 주되 그들이 성별한 것을 레위 사람들에게 주고 레위 사람들은 그것을 또 성별하여 아론 자손에게 주었던 때는 언제인가?
① 스룹바벨과 느헤미야의 때
② 여호수아와 에스라의 때
③ 세스바살과 예수아의 때
④ 에스라와 느헤미야의 때

014 느헤미야 10장에서 이스라엘 백성이 지키기로 언약한 율법의 내용이 아닌 것은?
① 딸들을 이 땅 백성에게 주지 아니하고 아들들을 위하여 그들의 딸들을 데려오지 않는 것
② 안식일이나 성일에는 물품을 사거나 팔지 않는 것
③ 일곱째 해마다 땅을 쉬게 하고 모든 빚을 탕감하는 것
④ 해마다 각기 세겔의 십분의 일을 수납하여 하나님의 전을 위하여 쓰게 하는 것

느

015 암몬 사람과 모압 사람은 영원히 하나님의 총회에 들어오지 못한다는 말씀이 나오는 책으로 바르게 묶인 것은?
① 출애굽기 – 에스라
② 신명기 – 에스라
③ 출애굽기 – 느헤미야
④ 신명기 – 느헤미야

016 출애굽과 제2의 출애굽이라고 할 수 있는 포로 귀환의 공통점이 아닌 것은?
① 두 번의 '출애굽'은 우연히 이루어진 것이다.
② 두 번의 '출애굽'은 모두 목적지가 있었다.
③ 두 번의 '출애굽'에서 이스라엘 백성들은 '빈 손으로' 나오지 않았다.
④ 두 번의 '출애굽'에서 모두 제국의 통치자가 중요한 역할을 한다.

017 에스라–느헤미야서를 시기에 따라 크게 두 부분으로 나눌 수 있는데, 이 두 부분에 대한 설명으로 맞지 않는 것은?
① 첫째 부분은 페르시아 시대 고레스 왕과 다리우스 왕이 통치하던 시대(기원전 6세기 후

008_④ 009_② 010_① 011_② 012_③ 013_① 014_④ 015_④ 016_① 017_④

반)이고, 둘째 부분은 아닥사스다(아르타크세르크세스) 1세 왕이 다스리던 시대이다.
② 첫째 부분은 바벨론 포로귀환과 성전건축을 다루고 있고, 둘째 부분은 성벽 건축과 포로귀환 공동체의 내적 공고화 시대를 다루고 있다.
③ 첫째 부분의 중심인물은 여호수아와 스룹바벨이고, 둘째 부분의 중심인물은 에스라와 느헤미야이다.
④ 두 부분은 에스라 1-10장과 느헤미야 1-13장으로 구분된다.

018 출애굽의 '재현'으로 기술되는 역사 서술 속에서 에스라 1-6장까지의 제1기와 에스라 7장-느헤미야 13장까지의 제2기가 서로 평행을 이루고 있는 것이 아닌 것은?
① 성전 재건과 성벽 재건이 평행을 이룬다.
② 바사 왕의 조서와 허락을 통해 이루어지지만 성전 재건과 성벽 재건 모두 적대자들의 방해를 받는다.
③ 두 시기에 각각 성전 봉헌식(스 6:16)과 성벽 봉헌식(느 12:27-43)이 거행된다.
④ 두 시기에 각각 초막절(스 6:19-22)과 유월절(느 8:13-18) 절기를 지킨다.

【B 등급】

019 사로잡힘을 면한 유다와 예루살렘 사람들이 그 지방에서 큰 환난을 당하고 능욕을 받으며 예루살렘 성은 허물어지고 성문들은 불탔다는 말을 듣고 왕에게 자신의 조상들의 묘실이 있는 성읍에 보내어 그 성을 건축하도록 요청한 사람은?
① 스룹바벨 ② 에스라
③ 느헤미야 ④ 학개

020 느헤미야에게 예루살렘으로 가서 그 성을 건축하게 한 바사 왕은?
① 아닥사스다 ② 아하수에로
③ 다리오 ④ 고레스

021 느헤미야가 예루살렘에 올라와 성을 건축하도록 허락받고 온 때는 어느 왕 재위 몇 년의 일인가(느 2:1)?
① 아닥사스다 제칠년
② 아닥사스다 제이십년
③ 다리오 제이년
④ 다리오 제육년

022 "호론 사람 산발랏과 종이었던 암몬 사람 도비야가 이스라엘 자손을 흥왕하게 하려는 사람이 왔다 함을 듣고 심히 근심하더라"(느 2:10)라는 말은 누구를 두고 하는 말인가?
① 스룹바벨 ② 에스라
③ 느헤미야 ④ 예수아

023 성벽건축을 시작하려할 때 자신들을 업신여기고 왕을 배반하고자 한다고 하면서 느헤미야를 반대한 사람이 아닌 것은?
① 호론 사람 산발랏
② 암몬 사람 도비야
③ 아라비아 사람 게셈
④ 빈누이의 아들 노아댜

024 느헤미야 시대에 중수한 성문이 아닌 것은(느 3:1-15)?
① 양문 ② 어문
③ 골짜기 문 ④ 사자문

025 대제사장 엘리아십이 그의 형제 제사장들과 함께 일어나 건축한 문은 무엇인가(느 3:1)?
① 양문 ② 어문
③ 골짜기 문 ④ 샘문

026 성을 건축하는 유다 사람들을 비웃으며 "그들이 건축하는 돌 성벽은 여우가 올라가도 곧 무너지리라"(느 4:3)고 말한 사람은 누구인가?
① 산발랏 ② 도비야
③ 게셈 ④ 요야다

027 다음은 백성의 원망과 부르짖음을 들은 느헤미야가 귀족들과 민장들에게 요구한 말이다. "그런즉 너희는 그들에게 오늘이라도 그들의 밭과

018_④ 019_③ 020_① 021_② 022_③ 023_④ 024_④ 025_① 026_② 027_④

포도원과 감람원과 집이며 너희가 꾸어 준 돈이나 양식이나 새 포도주나 기름의 ( )을 돌려보내라 하였더니"(느 5:11). 괄호 안에 들어갈 말은 무엇인가?
① 오분의 일 ② 십분의 일
③ 사십분의 일 ④ 백분의 일

028 느헤미야의 성벽 공사가 완공되기까지 걸린 날은(느 6:15)?
① 12일 ② 40일
③ 52일 ④ 70일

029 느헤미야가 예루살렘 성을 건축하려고 할 때 방해한 사람이 아닌 자는?
① 산발랏 ② 도비야
③ 게셈 ④ 세스바살

030 모든 백성이 수문 앞 광장에 모였을 때 학사 에스라에게 여호와께서 이스라엘에게 명령하신 모세의 율법책을 가져오기를 청한 사람(들)은 누구인가(느 8:1)?
① 느헤미야 ② 레위인
③ 제사장 ④ 모든 백성

031 하나님을 "내 하나님이여"라고 부르며 "내가 이 백성을 위하여 행한 모든 일을 기억하사 내게 은혜를 베푸시옵소서"라고 간구하였으며, 이렇게 자신이 행하거나 겪은 일을 하나님께서 기억해 줄 것과 은혜와 복을 구했던 사람은 누구인가?
① 에스라 ② 느헤미야
③ 에스더 ④ 룻

032 이스라엘 자손이 수문 앞 광장에 모여 학사 에스라에게 여호와께서 이스라엘에게 명령하신 모세의 율법책을 가져오기를 청한 때는 언제인가(느 8:2)?
① 첫째 달 초하루
② 다섯째 달 초하루
③ 일곱째 달 초하루
④ 열한째 달 초하루

033 이스라엘 백성이 수문 앞 광장에서 하나님의 율법의 말씀을 듣고 울고 있을 때 "오늘은 너희 하나님 여호와의 성일이니 슬퍼하지 말며 울지 말라"(느 8:9)고 말한 사람이 아닌 것은?
① 총독 느헤미야
② 제사장 겸 학사 에스라
③ 백성을 가르치는 레위 사람들
④ 뭇 백성의 족장들

034 이스라엘 백성이 수문 앞 광장에서 하나님의 율법의 말씀을 듣고 울고 있을 때 "이 날은 우리 주의 성일이니 근심하지 말라 여호와로 인하여 기뻐하는 것이 너희의 힘이니라"(느 8:10) 라고 말한 사람(들)은 누구인가?
① 총독 느헤미야
② 제사장 겸 학사 에스라
③ 백성을 가르치는 레위 사람들
④ 뭇 백성의 족장들

035 제사장 엘리아십이 예루살렘 성전의 뜰에 큰 방에 만들어 거주하게 하였던 이방인은?
① 산발랏 ② 도비야
③ 게셈 ④ 요야다

036 느헤미야가 유다 땅 총독으로 세움을 받은 기간은?
① 칠 년 동안 ② 십 년 동안
③ 십이 년 동안 ④ 이십 년 동안

【주관식】

037 "이스라엘 자손이 자기들의 성읍에 거주하였더니 일곱째 달에 이르러 모든 백성이 일제히 수문 앞 광장에 모여 학사 ( )에게 여호와께서 이스라엘에게 명령하신 모세의 율법책을 가져오기를 청하매"(느 8:1)의 괄호 안에 들어갈 말은?

038 느헤미야 8장 14절의 본문에 따르면 율법의 말씀을 밝히 알고자 하여 에스라에게 온 사람

028_③ 029_④ 030_④ 031_② 032_③ 033_④ 034_① 035_② 036_③ 037_에스라 038_초막절

들이 율법을 읽고 지키게 된 절기는 무엇인가?

039 "주는 하나님 여호와시라 옛적에 아브람을 택하시고 갈대아 우르에서 인도하여 내시고 아브라함이라는 이름을 주시고 그의 마음이 주 앞에서 충성됨을 보시고 그와 더불어 언약을 세우사 가나안 족속과 헷 족속과 아모리 족속과 브리스 족속과 여부스 족속과 기르가스 족속의 땅을 그의 씨에게 주리라 하시더니 그 말씀대로 이루셨사오매 주는 의로우심이로소이다"는 기도 내용은 어느 책 몇 장에 나오는가?

040 이스라엘 백성이 수문 앞 광장에서 하나님의 율법의 말씀을 듣고 울고 있을 때 "이 날은 우리 주의 성일이니 근심하지 말라 여호와로 인하여 기뻐하는 것이 너희의 힘이니라"(느 8:10) 라고 말한 사람은 누구인가?

041 "주께서는 주의 크신 긍휼로 그들을 광야에 버리지 아니하시고 낮에는 구름 기둥이 그들에게서 떠나지 아니하고 길을 인도하며 밤에는 불기둥이 그들이 갈 길을 비추게 하셨사오며 또 주의 선한 ( )을 주사 그들을 가르치시며 주의 만나가 그들의 입에서 끊어지지 않게 하시고 그들의 목마름을 인하여 그들에게 물을 주어 사십 년 동안 들에서 기르시되 부족함이 없게 하시므로 그 옷이 해어지지 아니하였고 발이 부르트지 아니하였사오며"(느 9:19-21)의 괄호 안에 들어갈 말은?

042 "백성의 지도자들은 예루살렘에 거주하였고 그 남은 백성은 제비 뽑아 십분의 일은 ( ) 예루살렘에서 거주하게 하고 그 십분의 구는 다른 성읍에 거주하게 하였으며 예루살렘에 거주하기를 자원하는 모든 자를 위하여 백성들이 복을 빌었느니라"(느 11:1-2)의 괄호 안에 들어갈 말은?

에스더

【A등급】

001 다음 중 수산 궁에 있었다고 소개되지 않는 사람은 누구인가?
① 느헤미야 ② 에스라
③ 에스더 ④ 아하수에로

002 왕명을 거역한 왕후 와스디의 행동이 미칠 나쁜 영향을 막기 위해 므무간의 말대로 시행한 아하수에로 왕의 조서 내용은 무엇인가(에 1:22)?
① 남편이 자기의 집을 주관하게 하고 자기 민족의 언어로 말하게 하라
② 모든 아내는 남편이 부를 때만 잔치에 나오도록 하라
③ 잔치를 베푸는 것은 남편이 관장하도록 하라
④ 어릴 때부터 품행에 관한 교육을 철저하게 하도록 하라

003 아하수에로 왕이 베푼 잔치들 가운데 잔치의 목적이 아니었던 것은?
① 그의 모든 지방관과 신하들을 위하여
② 도성 수산에 있는 귀천간의 백성을 위하여
③ 여인들을 위하여
④ 에스더를 위하여

004 다음 중 모르드개에 관한 설명으로 맞지 않는 것은(에 2:5-6)?
① 바벨론에 있던 유다인
② 기스의 증손이요 시므이의 손자요 야일의

039_느헤미야 9장 040_느헤미야 041_영 042_거룩한 성

001_② 002_① 003_③ 004_①

아들
③ 베냐민 자손
④ 유다 왕 여고냐와 백성을 사로잡아 갈 때에 함께 사로잡혔던 사람

005 다음 중 나무에 매달려 죽은 사람이 아닌 것은?
① 빅단 ② 데레스
③ 하만 ④ 아각

006 자기에게 무릎을 꿇지도 아니하고 절하지도 않는 모르드개의 민족, 곧 유다인을 멸하기 위해 제비를 뽑은 달과 제비를 뽑아 얻은 달이 순서대로 짝지어진 것은(에 3:7)?
① 데벳월과 시완월 ② 시완월과 데벳월
③ 니산월과 아달월 ④ 아달월과 니산월

007 다음 중 바벨론식 달의 이름이 잘못 짝지어진 것은?
① 10월 – 데벳월 ② 12월 – 아달월
③ 1월 – 니산월 ④ 2월 – 시완월

008 다음 중 남편과 아내의 이름으로 짝지어진 것이 아닌 것은?
① 하만 – 세레스
② 아하수에로 – 와스디
③ 모르드개 – 하닷사
④ 아하수에로 – 에스더

009 다음 중 하만에 대한 설명으로 맞지 않는 것은?
① 아각 사람
② 함므다다의 아들
③ 세레스의 남편
④ 아하수에로 왕의 내시

010 모르드개가 하만이 주도한 왕의 조서를 무효화시키고 유다인을 보호하는 조치를 담은 조서를 작성한 때는 언제인가(에 8:9)?
① 니산월 십삼일
② 시완월 이십삼일
③ 데벳월 십삼일
④ 아달월 이십삼일

011 다음 중 에스더서의 내용과 다른 것은?
① 모르드개는 삼촌 아비하일의 딸 하닷사를 양육하였다.
② 에스더는 왕의 규례를 어긴 적이 있다.
③ 에스더는 왕과 하만을 위하여 두 차례 잔치를 베풀었다.
④ 유다인은 하만의 열 아들을 죽이고 그들의 재산을 몰수하였다.

012 다음 중 왕으로부터 받은 특별한 옷을 입고 존귀하게 여김을 받은 사람이 아닌 것은?
① 요셉 ② 다니엘
③ 모르드개 ④ 느헤미야

013 아하수에로 왕의 능력 있는 모든 행적과 모르드개를 높여 존귀하게 한 사적이 기록된 곳은?
① 메대와 바사 왕들의 일기
② 메데와 바사의 궁중 일기
③ 메대와 바사의 역대 일기
④ 메대와 바사의 왕후 일기

에

【B 등급】

014 에스더서에 등장하는 왕으로서 인도부터 구스까지 백이십칠 지방을 다스린 바사의 왕은?
① 느부갓네살 ② 바로
③ 살만에셀 ④ 아하수에로

015 아하수에로왕은 자신이 다스리는 나라의 부함과 위엄의 혁혁함을 나타내기 위해 며칠 동안 잔치를 베풀었는가(에 1:4)?
① 30일 ② 60일
③ 120일 ④ 180일

016 다음 중 에스더서에서 여인들을 위해 잔치를 베풀었던 사람은 누구인가(에 1:9)?
① 와스디 ② 에스더
③ 아하수에로 ④ 모르드개

005_④ 006_③ 007_④ 008_③ 009_④ 010_② 011_④ 012_④ 013_① 014_④ 015_④ 016_①

017 왕명을 거역한 왕후 와스디의 행동이 남편들을 멸시하게 될 것이라고 말하며 왕의 조서를 통해 남편의 권위를 세우고 새로운 왕후를 세울 것을 아하수에로 왕에게 제안한 지방관은 누구인가?
① 가르스나 ② 메레스
③ 마르스나 ④ 므무간

018 와스디를 대신하는 새 왕후를 뽑는 일을 맡은 궁녀를 주관하는 내시의 이름은(에 2:3)?
① 하닥 ② 헤개
③ 아리대 ④ 왜사다

019 에스더는 누구의 딸이었는가?
① 아비멜렉 ② 아비하일
③ 엘리멜렉 ④ 아히멜렉

020 모르드개에 의해 아하수에로 왕을 암살하려는 음모가 발각되어 나무에 달려 죽은 왕의 내시의 이름은(에 2:21-23)?
① 빅단과 데레스
② 헤개와 시아스가스
③ 마르스나와 므무간
④ 므후만과 비스다

021 자기에게 무릎을 꿇지도 아니하고 절하지도 않는 모르드개의 민족, 곧 유다인을 멸하기 위해 제비를 뽑은 때는 아하수에로 왕 제 몇 년의 일인가(에 3:7)?
① 제칠년 ② 제십년
③ 제십이년 ④ 제이십년

022 조서를 내려 모르드개의 민족, 곧 유다인을 멸하는 조치를 실행하기 위해 하만이 아하스에로 왕의 금고에 바치기로 한 돈의 액수는(에 3:9)?
① 은 오천 달란트 ② 은 칠천 달란트
③ 은 일만 달란트 ④ 은 이만 달란트

023 아각 사람 하만의 명령에 따른 왕의 조서에 따르면 모든 유다인들이 죽게 되는 날은 언제인가(에 3:13)?
① 니산월 십삼일 ② 니산월 십사일
③ 아달월 십삼일 ④ 아달월 십사일

024 하만이 모르드개를 매달아 죽이기 위하여 준비한 나무의 높이는?
① 20 규빗 ② 30 규빗
③ 40 규빗 ④ 50 규빗

025 다음 중 하나님의 이름 '여호와'가 한 번도 나오지 않는 책은?
① 나훔 ② 하박국
③ 에스더 ④ 오바댜

026 유다인의 대적들이 그들을 제거하기를 바랐으나 유다인이 도리어 자기들을 미워하는 자들을 제거하게 된 날은 언제인가(에 9:1)?
① 니산월 십삼일 ② 니산월 십사일
③ 아달월 십삼일 ④ 아달월 십사일

027 "아하수에로 왕의 다음이 되고 유다인 중에 크게 존경받고 그의 허다한 형제에게 사랑을 받고 그의 백성의 이익을 도모하며 그의 모든 종족을 안위하였더라"는 것은 누구에 대한 묘사인가?
① 다니엘 ② 모르드개
③ 에스더 ④ 느헤미야

【주관식】

028 에스더의 히브리식 이름은 무엇인가(에 2:7)?

029 에스더서에 기록된 "부림"이라는 말의 어원인 '부르'의 뜻은 무엇인가?

030 "모르드개가 그를 시켜 에스더에게 회답하되 너는 왕궁에 있으니 모든 유다인 중에 홀로 목숨을 건지리라 생각하지 말라 이 때에 네가 만일 잠잠하여 말이 없으면 유다인은 (　)로 말미암아 놓임과 구원을 얻으려니와 너와 네 아버지 집은 멸망하리라 네가 왕후의 자리를 얻은 것이 이 때를 위함이 아닌지 누가 알겠느냐 하

017_④ 018_② 019_② 020_① 021_③ 022_③ 023_③ 024_④ 025_③ 026_③ 027_② 028_하닷사 029_제비

니(에 4:13-14)"의 괄호 안에 들어갈 말은?

031 아달월 십사일과 십오일에 지키는 유대 절기는 무엇인가?

032 서술내용 가운데 잔치가 많이 등장하여 '잔치의 책'이라 불릴 수 있는 책은?

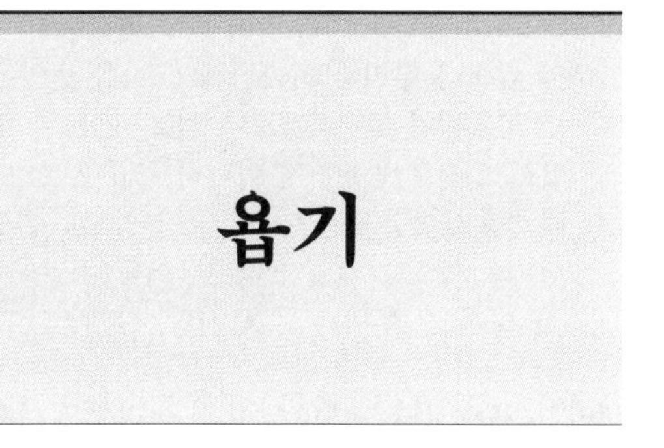

욥기

【A등급】

001 욥이 당한 고난의 내용을 순서대로 쓴 것은?
① 갈대아 사람의 약탈 – 하나님의 불이 내려옴 – 스바 사람의 약탈 – 큰 바람이 붐
② 하나님의 불이 내려옴 – 스바 사람의 약탈 – 갈대아 사람의 약탈 – 큰 바람이 붐
③ 큰 바람이 붐 – 스바 사람의 약탈 – 하나님의 불이 내려옴 – 갈대아 사람의 약탈
④ 스바 사람의 약탈 – 하나님의 불이 내려옴 – 갈대아 사람의 약탈 – 큰 바람이 붐

002 재난소식을 들었을 때 욥이 보인 반응이 아닌 것은?
① 겉옷을 찢었다.
② 베옷을 입었다.
③ 머리털을 밀었다.
④ 땅에 엎드려 예배했다.

003 사탄이 욥이 자신의 모든 소유물을 자기의 생명과 바꿀 것이라고 말할 때 근거로 삼았던 말은 무엇인가?
① 가축으로 가축을 바꾸오니
② 피로 피를 바꾸오니
③ 은으로 은을 바꾸오니
④ 가죽으로 가죽을 바꾸오니

004 다음 가운데서 사탄이 등장하지 않는 곳은?
① 스가랴 3장 ② 욥기 1-2장
③ 사무엘하 23장 ④ 역대상 21장

030_다른 데 031_부림절 032_에스더

001_④ 002_② 003_④ 004_③

005 "그가 이르되 그대의 말이 한 어리석은 여자의 말 같도다 우리가 하나님께 ( )을 받았은즉 ( )도 받지 아니하겠느냐 하고 이 모든 일에 욥이 입술로 범죄하지 아니하니라"(욥 2:10)의 괄호에 들어갈 말은?
① 복, 화 ② 빛, 어둠
③ 명철, 은혜 ④ 사랑, 심판

006 "그가 이르되 그대의 말이 한 어리석은 여자의 말 같도다 우리가 하나님께 복을 받았은즉 화도 받지 아니하겠느냐 하고 이 모든 일에 욥이 ( )로/으로 범죄하지 아니하니라"(욥 2:10)의 괄호에 들어갈 말은?
① 마음 ② 인내
③ 거룩 ④ 입술

007 다음 중 예레미야 20장 14-18절과 유사한 내용이 들어 있는 곳은 욥기 몇 장인가?
① 욥기 3장 ② 욥기 4장
③ 욥기 5장 ④ 욥기 6장

008 "욥이 입을 열어 이르되, 내가 난 ( )이 멸망하였더라면, 사내아이를 배었다 하던 그 ( )도 그러하였더라면"(욥 3:2-3)에서 괄호 안에 차례대로 들어갈 말은?
① 밤, 날 ② 밤, 밤
③ 날, 밤 ④ 날, 날

009 욥기 3장 10절에서 욥은 하나님이 무엇을 닫지 않았기 때문에 자신이 환난을 보게 되었다고 탄식하는가?
① 축복의 문 ② 고통의 문
③ 환난의 문 ④ 모태의 문

010 "나에게는 ( )도 없고 안일도 없고 휴식도 없고 다만 불안만이 있구나"(욥 3:26)의 괄호에 들어갈 말은?
① 희락 ② 빛
③ 평온 ④ 어둠

011 "네 ( )이 네 자랑이 아니냐 네 소망이 네 ( )이 아니냐"(욥 4:6)에서 괄호 안에 차례대로 들어갈 말은?
① 경외함, 온전한 길 ② 거룩함, 정직한 길
③ 경외함, 정직한 길 ④ 거룩함, 온전한 길

012 엘리바스가 자신의 계시 경험을 통해 들은 말씀은 무엇인가?
① 악을 밭 갈고 독을 뿌리는 자는 그대로 거두나니
② 분노가 미련한 자를 죽이고 시기가 어리석은 자를 멸하느니라
③ 네게 응답할 자가 있겠느냐 거룩한 자 중에 네가 누구에게로 향하겠느냐
④ 사람이 어찌 하나님보다 의롭겠느냐 사람이 어찌 그 창조하신 이보다 깨끗하겠느냐

013 "하나님은 아프게 하시다가 싸매시며 상하게 하시다가 그의 손으로 고치시나니"(욥 5:18)는 누가 한 말인가?
① 빌닷 ② 소발
③ 엘리바스 ④ 엘리후

014 "전능자의 ( )이 내게 박히매 나의 ( )이 그 독을 마셨나니 하나님의 두려움이 나를 엄습하여 치는구나"(욥 6:4)의 괄호에 들어갈 말은?
① 화살, 영 ② 창, 영혼
③ 살촉, 영혼 ④ 창, 영

015 "내 생명이 한낱 ( ) 같음을 생각하옵소서 나의 눈이 다시는 행복을 보지 못하리이다"(욥 7:7)에서 괄호 안에 들어갈 말은?
① 입김 ② 바람
③ 안개 ④ 구름

016 "내가 ( )이까 ( )니이까 주께서 어찌하여 나를 지키시나이까"(욥 7:12)에서 괄호 안에 차례대로 들어갈 말은?
① 사탄이니, 원수
② 라합이니, 리워야단이
③ 사자니, 들나귀
④ 바다니, 바다 괴물이

017 "( )에게 너는 내 아버지라, ( )에게 너는 내

005_① 006_④ 007_① 008_③ 009_④ 010_③ 011_① 012_④ 013_③ 014_① 015_② 016_④ 017_①

어머니, 내 자매라 할지라도 나의 희망이 어디 있으며 나의 희망을 누가 보겠느냐"(욥 7:14-15)의 괄호에 차례대로 들어갈 말은?
① 무덤, 구더기 ② 무덤, 구덩이
③ 주검, 구더기 ④ 주검, 구덩이

018 "사람을 ( )하시는 이여 내가 범죄하였던들 주께 무슨 해가 되오리이까 어찌하여 나를 당신의 과녁으로 삼으셔서 내게 무거운 짐이 되게 하셨나이까"(욥 7:20)에서 괄호 안에 들어갈 말은?
① 시험 ② 점검
③ 감찰 ④ 감시

019 욥이 "진실로 내가 이 일이 그런 줄을 알거니와 인생이 어찌 하나님 앞에 의로우랴 사람이 하나님께 변론하기를 좋아할지라도 천 마디에 한 마디도 대답하지 못하리라"(욥 9:2-3)라고 말한 근거는 무엇인가?
① 하나님의 마음이 지혜로우시고 힘이 강하기 때문에
② 인간의 지혜가 부족하기 때문에
③ 인간의 어리석음이 크기 때문에
④ 하나님의 진노와 분노가 크기 때문에

020 "그가 홀로 하늘을 펴시며, 바다 물결을 밟으시며 북두성과 삼성과 묘성과 ( )의 밀실을 만드셨으며"(욥 9:8-9)의 괄호에 들어갈 말은?
① 북방 ② 남방
③ 서방 ④ 동방

021 "하나님은 나처럼 ( )이 아니신즉 내가 그에게 대답할 수 없으며 함께 들어가 재판을 할 수도 없고 우리 사이에 손을 얹을 ( )도 없구나"(욥 9:32-33)의 괄호에 차례대로 들어갈 말은?
① 인생, 재판관 ② 인생, 위로자
③ 사람, 중재자 ④ 사람, 판결자

022 욥기 3장에서와 유사하게 자신의 출생에 대한 탄식이 나타나는 곳은?
① 욥기 9장 ② 욥기 10장
③ 욥기 12장 ④ 욥기 13장

023 "허망한 사람은 ( )이 없나니 그의 출생함이 ( ) 새끼 같으니라"(욥 11:12)에서 괄호 안에 차례대로 들어갈 말은?
① 지성, 타조 ② 지각, 들나귀
③ 생각, 들소 ④ 명철, 산염소

024 "너희만 참으로 ( )이로구나 너희가 죽으면 ( )도 죽겠구나"(욥 12:2)에서 괄호 안에 차례대로 들어갈 말은?
① 사람, 진실 ② 지혜자, 명철
③ 친구, 사랑 ④ 백성, 지혜

025 욥과 친구들과의 대화 가운데에서는 '여호와'라는 하나님의 이름이 단 한 번 언급되는데, 욥기 몇 장에 나오는가? (욥 12:9)
① 10장 ② 11장
③ 12장 ④ 13장

026 욥의 친구들 가운데 자신이 '본' 것을 가장 많이 말한 사람은?
① 엘리바스 ② 빌닷
③ 소발 ④ 엘리후

027 "어두운 곳을 떠나지 못하리니 불꽃이 그의 가지를 말릴 것이라 하나님의 입김으로 그가 불려가리라 그가 스스로 속아 ( )을 믿지 아니할 것은 ( )이 그의 보응이 될 것임이라"(욥 15:30-31)에서 괄호 안에 공통으로 들어갈 말은?
① 거룩한 것 ② 어리석음
③ 지혜없음 ④ 허무한 것

028 "( ) 나를 억울하게 하시고 자기 그물로 나를 에워싸신 줄을 알아야 할지니라"(욥 19:6)에서 괄호 안에 들어갈 말은?
① 거룩하신 이가 ② 전능자가
③ 여호와가 ④ 하나님이

029 "나의 친구야 너희는 나를 불쌍히 여겨다오 나를 불쌍히 여겨다오 하나님의 손이 나를 치셨구나"(욥 19:21)는 누구의 말에 대한 욥의 대답인가?

018_③ 019_① 020_② 021_④ 022_② 023_② 024_④ 025_③ 026_① 027_④ 028_④ 029_④

① 엘리후 ② 소발
③ 엘리바스 ④ 빌닷

030 "내가 알기에는 나의 ( )가 살아 계시니 마침 내 그가 땅 위에 서실 것이라 내 가죽이 벗김을 당한 뒤에도 내가 육체 밖에서 하나님을 보리라"(욥 19:25-26)의 괄호에 들어갈 말은?
① 대속자 ② 보혜사
③ 심판자 ④ 변호자

031 "사람이 어찌 하나님께 유익하게 하겠느냐 지혜로운 자도 자기에게 유익할 따름이니라 네가 의로운들 전능자에게 무슨 기쁨이 있겠으며 네 행위가 온전한들 그에게 무슨 이익이 되겠느냐"(욥 22:2-3)라는 말을 한 사람은?
① 엘리바스 ② 빌닷
③ 소발 ④ 엘리후

032 "그는 뜻이 일정하시니 누가 능히 돌이키랴 그의 마음에 하고자 하시는 것이면 그것을 행하시나니"(욥 23:13)는 누구의 말인가?
① 엘리후 ② 빌닷
③ 소발 ④ 욥

033 다음 중 욥의 발언이 아닌 것은?
① 12장 ② 15장
③ 19장 ④ 23장

034 "나는 결코 너희를 ( ) 하지 아니하겠고 내가 죽기 전에는 나의 ( )을 버리지 아니할 것이라"(욥 27:5)에서 괄호 안에 차례대로 들어갈 말은?
① 의롭다, 거룩함 ② 옳다, 온전함
③ 선하다, 의로움 ④ 좋다, 신실함

035 "은이 나는 곳이 있고 연단하는 금을 제련하는 곳이 있으며 철은 흙에서 캐내고 … 그러나 지혜는 어디서 얻으며 명철이 있는 곳은 어디인고"라는 말은 욥기 몇 장에 나오는가?
① 25장 ② 26장
③ 27장 ④ 28장

036 다음 중 욥이 한 말이 아닌 것은?
① 우리가 하나님께 복을 받았은즉 화도 받지 아니하겠느냐?
② 사람이 어찌 하나님보다 의롭겠느냐 사람이 어찌 그 창조하신 자보다 깨끗하겠느냐?
③ 분노는 칼의 형벌을 부르나니 너희가 심판장이 있는 줄을 알게 되리라.
④ 보라 주를 경외함이 지혜요 악을 떠남이 명철이니라.

037 욥이 과거에 자신에게 있었던 번영의 때를 회고하는 내용은 욥기 몇 장에 나오는가?
① 29장 ② 30장
③ 31장 ④ 32장

038 '무죄맹세'라고 일컬어 질만큼 욥이 자신의 결백을 주장하는 내용이 나오는 곳은?
① 욥기 29장 ② 욥기 30장
③ 욥기 31장 ④ 욥기 32장

039 "그러나 사람의 속에는 ( )가/이 있고 전능자의 ( )가/이 사람에게 깨달음을 주시나니"(욥 32:8)의 괄호에 차례대로 들어갈 말은?
① 지혜, 명철 ② 슬기, 입김
③ 지식, 영 ④ 영, 숨결

040 "어떤 사람이 욥과 같으랴 욥이 비방하기를 물 마시듯 하며 악한 일을 하는 자들과 한패가 되어 악인과 함께 다니면서 이르기를 사람이 하나님을 기뻐하나 무익하다 하는구나"(욥 34:7-9)라고 말한 사람은?
① 소발 ② 엘리바스
③ 빌닷 ④ 엘리후

041 "하나님은 곤고한 자를 그 곤고에서 ( ) 학대 당할 즈음에 그의 귀를 여시나니"(욥 36:15)의 괄호에 들어갈 말은?
① 구원하시며 ② 위로하시며
③ 붙잡으시며 ④ 지키시며

042 다음 중 엘리후가 한 말은?
① 분노가 미련한 자를 죽이고 시기가 어리석

030_① 031_① 032_④ 033_② 034_② 035_④ 036_② 037_① 038_③ 039_④ 040_④ 041_① 042_④

은 자를 멸하느니라.
② 하나님은 아프게 하시다가 싸매시며 상하게 하시다가 그의 손으로 고치시나니.
③ 지혜와 권능이 하나님께 있고 계략과 명철도 그에게 속하였나니.
④ 모든 육체가 다 함께 죽으며 사람은 흙으로 돌아가리라.

043 "하나님은 악을 행하지 아니하시며 전능자는 결코 불의를 행하지 아니하시고 사람의 일을 따라 갚으사 각각 그의 행위대로 받게 하시나니"라고 말한 사람은? (욥 34:10-11)
① 소발 ② 빌닷
③ 엘리바스 ④ 엘리후

044 "그는 왕에게라도 무용지물이라 하시며 지도자들에게라도 악하다 하시며 고관을 외모로 대하지 아니하시며 가난한 자들 앞에서 부자의 낯을 세워주지 아니하시나니 이는 그들이 다 그의 손으로 지으신 바가 됨이라"라는 말은 어디에 나오는가?
① 욥기 14장 ② 욥기 15장
③ 욥기 34장 ④ 욥기 35장

045 욥에 대한 하나님의 답변(욥기 39-40장)에서 먹을 것을 공급하시는 하나님을 보여주는 예로서 등장하는 동물들은?
① 사자, 까마귀 ② 산 염소, 암사슴
③ 들나귀, 들소 ④ 타조, 말

046 여호와께서 욥에게 대장부처럼 허리를 묶고 내가 네게 묻는 것에 대답하라고 말씀하신 곳은?
① 38장, 41장 ② 39장, 41장
③ 38장, 40장 ④ 39장, 40장

047 새끼에게 모질게 대하는 것이 제 새끼가 아닌 것처럼 하지만, 몸을 떨쳐 뛰어갈 때에는 말과 그 위에 탄 자를 우습게 여기는 것은?
① 학 ② 들짐승
③ 들나귀 ④ 타조

048 "트집 잡는 자가 ( )와 다투겠느냐 하나님을 ( )하는 자는 대답할지니라"(욥 40:2)에서 괄호 안에 차례대로 들어갈 말은?
① 구원자, 모욕 ② 창조자, 대적
③ 전능자, 탓 ④ 심판자, 욕

049 "보소서 나는 ( )하오니 무엇이라 주께 대답하리이까 손으로 내 입을 가릴 뿐이로소이다"(욥 40:4)에서 괄호 안에 들어갈 말은?
① 가난 ② 연약
③ 궁핍 ④ 비천

050 "네가 ( )처럼 능력이 있느냐 ( )처럼 천둥 소리를 내겠느냐"(욥 40:9)의 괄호에 공통으로 들어갈 말은?
① 전능자 ② 여호와
③ 천사 ④ 하나님

051 "이제 소같이 풀을 먹는 ( )을 볼지어다 내가 너를 지은 것 같이 그것도 지었느니라"(욥 40:15)에서 괄호 안에 들어갈 말은?
① 베헤못 ② 리워야단
③ 라합 ④ 타닌

052 아래 설명들 가운데 설명하는 대상이 다른 것은?
① 그 뼈는 놋관 같고 그 뼈대는 쇠 막대기 같으니
② 너는 밧줄로 그 코를 꿸 수 있겠느냐 갈고리로 그 아가미를 꿸 수 있겠느냐
③ 그것의 힘은 그의 목덜미에 있으니 그 앞에서는 절망만 감돌 뿐이구나
④ 화살이라도 그것을 물리치지 못하겠고 물맷돌도 그것에게는 겨 같이 되는구나

053 "그것은 모든 높은 자를 내려다보며 모든 교만한 자들에게 군림하는 ( )이니라"(욥 41:34)의 괄호에 들어갈 말은?
① 제후 ② 왕
③ 목자 ④ 통치자

054 여호와께서 두 번째 발언을 마치신 후 욥이 대

043_④ 044_③ 045_① 046_③ 047_④ 048_③ 049_④ 050_④ 051_① 052_① 053_② 054_③

욥

답한 말이 아닌 것은? (욥 42:2-6)
① 내가 스스로 거두어들이고 티끌과 재 가운데에서 회개하나이다
② 주께서는 못 하실 일이 없사오니 무슨 계획이든지 못 이루실 것이 없는 줄 아오니
③ 내가 한 번 말하였사온즉 다시는 더 대답하지 아니하겠나이다
④ 무지한 말로 이치를 가리는 자가 누구니이까?

055 "이에 그의 모든 형제와 자매와 이전에 알던 이들이 다 와서 그의 집에서 그와 함께 음식을 먹고 여호와께서 그에게 내리신 모든 재앙에 관하여 그를 위하여 ( )하며 ( )하고 각각 케쉬타 하나씩과 금 고리 하나씩을 주었더라"(욥 42:11)에서 괄호 안에 차례대로 들어갈 말은?
① 슬퍼, 위로 ② 기뻐, 위로
③ 슬퍼, 축복 ④ 기뻐, 축복

056 "그런즉 너희는 수소 일곱과 숫양 일곱을 가지고 내 종 욥에게 가서 너희를 위하여 번제를 드리라 내 종 욥이 너희를 위하여 기도할 것인즉 내가 그를 기쁘게 받으리니 너희가 ( ) 만큼 너희에게 갚지 아니하리라 이는 너희가 나를 가리켜 말한 것이 내 종 욥의 말 같이 옳지 못함이라"(욥 42:8)의 괄호에 들어갈 말은?
① 잘못한 ② 우매한
③ 불의한 ④ 경솔한

057 죽을 때 '늙고 나이가 차서'라고 묘사하고 있지 않는 사람은?
① 아브라함 ② 이삭
③ 야곱 ④ 욥

【B등급】

058 다음 중 욥의 경건과 성품을 묘사하는 것이 아닌 것은? (욥 1:1)
① 온전했다.
② 겸손했다.
③ 하나님을 경외했다.
④ 정직했다.

059 욥이 살았던 땅은 어디인가? (욥 1:1)
① 우스 ② 부스
③ 데만 ④ 나아마

060 "욥이 어찌 ( ) 하나님을 경외하리이까"(욥 1:9)에서 괄호 안에 들어갈 말은?
① 고난없이 ② 고민없이
③ 소리없이 ④ 까닭없이

061 욥에게 재앙이 내렸다는 소식을 듣고 그를 위로하러 온 친구가 아닌 사람은?
① 소발 ② 엘리바스
③ 엘리후 ④ 빌닷

062 욥의 친구들이 욥과 함께 땅에 앉았던 기간은? (욥 2:13)
① 밤 낮 육 일 ② 밤 낮 칠 일
③ 밤 낮 팔 일 ④ 밤 낮 십 일

063 "그의 소유물은 양이 칠천 마리요 낙타가 삼천 마리요 소가 오백 마리요 암나귀가 오백 마리이며 종도 많이 있었으니 이 사람은 동방 사람 중에 가장 ( ) 자라"(욥 1:3)에서 괄호 안에 들어갈 말은?
① 부유한 ② 훌륭한
③ 거룩한 ④ 행복한

064 욥이 자녀들이 죄를 범하였을까 하여 드렸던 제사는 무엇인가? (욥 1:5)
① 번제 ② 화목제
③ 소제 ④ 속죄제

065 "내가 모태에서 알몸으로 나왔사온즉 또한 알몸이 그리로 돌아가올지라 주신 이도 여호와시요 거두신 이요 여호와시오니 여호와의 이름이 ( )을 받으실지니이다 하고"(욥 1:21)에서 괄호 안에 들어갈 말은?
① 찬송 ② 영광
③ 권능 ④ 거룩히 여김

055_① 056_② 057_③ 058_② 059_① 060_④ 061_③ 062_② 063_② 064_① 065_①

066 "네가 나를 충동하여 (   ) 그를 치게 하였어도 그가 여전히 자기의 (   )을 굳게 지키느니라"(욥 2:3)에서 괄호 안에 차례대로 들어갈 말은?
① 까닭없이, 신앙　② 여지없이, 굳건함
③ 까닭없이, 온전함　④ 여지없이, 믿음

067 다음 중 욥의 세 친구들과 엘리후의 출신지가 옳게 연결된 것은?
① 데만 사람 빌닷
② 수아 사람 엘리바스
③ 나아마 사람 소발
④ 바라겔 사람 엘리후

068 "그들이 욥을 (   )하고 (   )하려 하여 서로 약속하고 오더니 눈을 들어 멀리 보매 그가 욥인 줄 알기 어렵게 되었으므로 그들이 일제히 소리 질러 울며 각각 자기의 겉옷을 찢고 하늘을 향하여 티끌을 날려 자기 머리에 뿌리고"(욥 2:11-12)에서 괄호 안에 차례대로 들어갈 말은?
① 위문, 위로　② 조문, 문병
③ 슬퍼, 조문　④ 위문, 문병

069 욥이 묘사하고 있는 죽음의 세계가 아닌 것은? (욥 3:17-19)
① 악한 자는 평안을 누리지 못한다.
② 갇힌 자가 감독자의 호통소리를 듣지 않는다.
③ 작은 자와 큰 자가 함께 있다.
④ 종이 상전에게서 놓인다.

070 "어찌하여 고난 당하는 자에게 (   )을 주셨으며 마음이 아픈 자에게 (   )을 주셨는고"(욥 3:20)에서 괄호 안에 차례대로 들어갈 말은?
① 빛, 위로　② 빛, 생명
③ 어둠, 평안　④ 어둠, 슬픔

071 "생각하여 보라 죄없이 망한 자가 누구인가 정직한 자의 끊어짐이 어디 있는가"(욥 4:7)라고 말한 사람은 누구인가?
① 욥　② 엘리바스
③ 빌닷　④ 소발

072 "재난은 (   )에서 일어나는 것이 아니며 고생은 (   )에서 나는 것이 아니니라"(욥 5:6)에서 괄호 안에 차례대로 들어갈 말은?
① 티끌, 흙　② 밭, 들
③ 지혜, 명철　④ 재, 불꽃

073 "볼지어다 하나님께 (   ) 받는 자에게는 복이 있나니 그런즉 너는 전능자의 (   )를 업신여기지 말지니라"(욥 5:17)에서 괄호 안에 공통으로 들어갈 말은?
① 위로　② 징계
③ 훈계　④ 인도

074 "사람이 무엇이기에 주께서 그를 크게 만드사 그에게 마음을 두시고 아침마다 권징하시며 순간마다 단련하시나이까"(욥 7:17-18)라는 욥의 말은 시편 몇 편의 내용을 떠올리게 하는가?
① 시편 8편　② 시편 18편
③ 시편 28편　④ 시편 38편

075 "하나님이 어찌 정의를 굽게 하시겠으며 전능하신 이가 어찌 공의를 굽게 하시겠는가"(욥 8:3)는 누가 한 말인가?
① 엘리바스　② 빌닷
③ 소발　④ 엘리후

076 "네가 만일 하나님을 찾으며 전능하신 이에게 간구하고 또 청결하고 정직하면 반드시 너를 돌보시고 네 의로운 처소를 평안하게 하실 것이라"(욥 8:5-6)라는 말을 한 사람은?
① 엘리바스　② 빌닷
③ 소발　④ 엘리후

077 "네 시작은 미약하였으나 네 나중은 심히 창대하리라"라는 말이 나오는 곳은? (욥 8:7)
① 욥기 4장　② 욥기 8장
③ 욥기 11장　④ 욥기 15장

078 "그가 폭풍으로 나를 치시고 (   ) 내 상처를 깊게 하시며 나를 숨 쉬지 못하게 하시며 괴로움을 내게 채우시는구나"(욥 9:17-18)에서 괄호 안에 들어갈 말은?

욥

066_③　067_③　068_①　069_①　070_②　071_②　072_①　073_②　074_①　075_②　076_②　077_②　078_③

① 고난으로 ② 바람으로
③ 까닭 없이 ④ 원수처럼

079 "세상이 악인의 손에 넘어갔고 재판관의 얼굴도 가려졌나니 그렇게 되게 한 이가 그가 아니시면 누구냐"(욥 9:24)라고 말한 사람은?
① 욥 ② 엘리바스
③ 빌닷 ④ 소발

080 욥기 10장 21-22절에서 욥이 묘사하고 있는 죽음의 세계가 아닌 것은?
① 돌아오지 못할 땅
② 어둡고 죽음의 그늘진 땅
③ 광명도 흑암 같은 땅
④ 평화와 안식이 있는 땅

081 "너희는 ( )을 지어내는 자요 다 쓸모 없는 ( )이니라"(욥 13:4)에서 괄호 안에 차례대로 들어갈 말은?
① 속이는 말, 변호자
② 어리석은 말, 지혜자
③ 허망한 말, 친구
④ 거짓말, 의원

082 "너희의 격언은 재 같은 ( )이요 너희가 방어하는 것은 ( )이니라"(욥 13:12)에서 괄호 안에 차례대로 들어갈 말은?
① 속담, 토성 ② 잡담, 요새
③ 입담, 바람 ④ 덕담, 구름

083 "주께서 어찌하여 얼굴을 가리시고 나를 주의 ( ) 여기시나이까"(욥 13:24)에서 괄호 안에 들어갈 말은?
① 천사로 ② 종으로
③ 원수로 ④ 친구로

084 "주는 나를 ( )에 감추시며 주의 진노를 돌이키실 때까지 나를 숨기시고 나를 위하여 규례를 정하시고 나를 기억하옵소서"(욥 14:13)에서 괄호 안에 들어갈 말은?
① 하늘 ② 날개
③ 스올 ④ 바위

085 "사람이 어찌 깨끗하겠느냐 여인에게서 난 자가 어찌 의롭겠느냐"(욥 15:14)라고 말한 사람은?
① 엘리후 ② 빌닷
③ 엘리바스 ④ 소발

086 "이런 말은 내가 많이 들었나니 너희는 다 재난을 주는 ( )들이로구나"(욥 16:2)에서 괄호 안에 들어갈 말은?
① 의원 ② 친구
③ 지혜자 ④ 위로자

087 "지금 나의 ( )이 하늘에 계시고 나의 ( )가 높은 데 계시니라"(욥 16:19)에서 괄호 안에 차례대로 들어갈 말은?
① 증인, 중보자 ② 증인, 구속자
③ 변호인, 중보자 ④ 변호인, 구속자

088 "그의 장막 안의 빛은 어두워지고 그 위의 등불은 꺼질 것이요 그의 활기찬 걸음이 피곤하여지고 그가 마련한 꾀에 스스로 빠질 것이니"(욥 18:6-7)는 누구에 대한 묘사인가?
① 악인 ② 어리석은 자
③ 우둔한 자 ④ 미련한 자

089 "나의 친구야 너희는 나를 불쌍히 여기라 나를 불쌍히 여기라 하나님의 ( ) 나를 치셨구나"(욥 19:21)에서 괄호 안에 들어갈 말은?
① 채찍이 ② 손이
③ 팔이 ④ 지팡이가

090 "너는 하나님과 ( )하고 ( )하라 그리하면 복이 네게 임하리라"(욥 22:21)에서 괄호 안에 차례대로 들어갈 말은?
① 대면, 회개 ② 변론, 증언
③ 화목, 평안 ④ 평화, 회복

091 "그러나 내가 가는 길을 그가 아시나니 그가 나를 단련하신 후에는 내가 순금같이 되어 나오리라"는 어디에 나오는 말인가?
① 욥 13:10 ② 욥 23:10
③ 욥 13:15 ④ 욥 23:15

079_① 080_④ 081_④ 082_① 083_③ 084_③ 085_③ 086_④ 087_① 088_① 089_② 090_③ 091_②

092 "성 중에서 죽어가는 사람들이 신음하며 상한 자가 부르짖으나 ( ) 그들의 참상을 보지 아니하시느니라"(욥 24:12)에서 괄호 안에 들어갈 말은?
① 하나님이 ② 왕이
③ 제사장이 ④ 성주가

093 "보라 이런 것들은 그의 행사의 단편일 뿐이요 우리가 그에게서 들은 것도 속삭이는 소리일 뿐이니 그의 큰 능력의 우렛소리를 누가 능히 헤아리랴"(욥 26:14)라고 말한 사람은?
① 엘리후 ② 빌닷
③ 소발 ④ 욥

094 "또 사람에게 말씀하셨도다 보라 주를 경외함이 지혜요 악을 떠남이 명철이니라"는 누가 한 말인가?
① 엘리후 ② 빌닷
③ 소발 ④ 욥

095 "내 ( )은 통곡이 되었고 내 ( )는 애곡이 되었구나"(욥 30:31)에서 괄호 안에 차례대로 들어갈 말은?
① 찬양, 기도 ② 탄식, 애가
③ 수금, 피리 ④ 음성, 목소리

096 "나를 태 속에 만드신 이가 그도 만들지 아니하셨느냐 우리를 뱃속에 지으신 이가 ( )이 아니시냐"(욥 31:15)에서 괄호 안에 들어갈 말은?
① 그 분 ② 한 분
③ 하나님 ④ 주님

097 "누구든지 나의 변명을 들어다오 나의 서명이 여기 있으니 전능자가 내게 대답하시기를 바라노라 나를 고발하는 자가 있다면 그에게 ( )을 쓰게 하라"(욥 31:35)에서 괄호 안에 들어갈 말은?
① 고소장 ② 상소문
③ 기소문 ④ 소환장

098 엘리후는 욥기 몇 장부터 등장하는가?
① 31장 ② 32장
③ 33장 ④ 34장

099 다음 중 엘리후의 출신에 대하여 바르게 말한 것은? (욥 32:2)
① 부스 사람 바라겔의 아들
② 우스 사람 바라겔의 아들
③ 아나돗 사람 힐기야의 아들
④ 나아마 사람 소발의 아들

100 끝까지 참고 있던 엘리후가 욥에게 화를 낸 이유는 무엇인가? (욥 32:2)
① 하나님보다 자기가 더 의롭다고 했기 때문에
② 친구들의 말은 듣지 않고 자기 주장만 했기 때문에
③ 하나님에 대한 태도가 불손했기 때문에
④ 자신의 경험을 세상 모든 일로 일반화했기 때문에

101 끝까지 참고 있던 엘리후가 욥의 세 친구에게 화를 낸 이유는 무엇인가? (욥 32:3)
① 하나님보다 자기들이 더 의롭다고 했기 때문에
② 그들이 엘리후의 연소함을 인하여 말하지 못하도록 했기 때문에
③ 그들이 자기보다 여러 해 위임에도 불구하고 지혜없이 말했기 때문에
④ 그들이 능히 대답하지 못하면서도 욥을 정죄하였기 때문에

102 "나는 욥이 끝까지 시험 받기를 원하노니 이는 그 대답이 악인과 같음이라"(욥 34:36)라고 말한 사람은?
① 엘리바스 ② 빌닷
③ 소발 ④ 엘리후

103 여호와께서 폭풍 가운데서 욥에게 말씀하기 시작하시는 것은 욥기 몇 장에 나오는가?
① 32장 ② 34장
③ 38장 ④ 40장

104 "무지한 말로 생각을 ( ) 하는 자가 누구냐"(욥 38:2)에서 괄호 안에 들어갈 말은?

욥

092_① 093_④ 094_④ 095_③ 096_② 097_① 098_② 099_① 100_① 101_④ 102_④ 103_③ 104_③

① 굽게　　② 어리석게
③ 어둡게　　④ 두렵게

105 "내가 (　) 번 말하였사온즉 다시는 더 대답하지 아니하겠나이다"(욥 40:5)에서 괄호 안에 들어갈 말은?
① 한　　② 두
③ 세　　④ 열

106 "네가 내 공의를 부인하려느냐 네 의를 세우려고 나를 악하다 하겠느냐 네가 하나님처럼 능력이 있느냐 하나님처럼 천둥 소리를 내겠느냐"(욥 40:8-9)는 말은 누구의 말인가?
① 엘리바스　　② 빌닷
③ 엘리후　　④ 하나님

107 "그것은 하나님이 만드신 것 중에 으뜸이라 그것을 지으신 이가 자기의 칼을 가져 오기를 바라노라"(욥 40:19)에서 '그것'이 가리키는 것은?
① 사람　　② 사자
③ 베헤못　　④ 리워야단

108 "네가 낚시로 (　)을 끌어낼 수 있겠느냐 노끈으로 그 혀를 맬 수 있겠느냐"(욥 41:1)에서 괄호 안에 들어갈 말은?
① 베헤못　　② 리워야단
③ 라합　　④ 타닌

109 "내가 주께 대하여 (　) 듣기만 하였사오나 이제는 (　) 주를 뵈옵나이다"(욥 42:5)에서 괄호 안에 차례대로 들어갈 말은?
① 귀로, 얼굴로　　② 말씀으로, 얼굴로
③ 말씀으로, 눈으로　　④ 귀로, 눈으로

110 "그러므로 내가 스스로 거두어들이고 티끌과 재 가운데에서 회개하나이다"는 어디에 나오는가?
① 욥 42:3　　② 욥 42:4
③ 욥 42:6　　④ 욥 42:7

111 "그런즉 너희는 수소 (　)과 숫양 (　)을 가지고 내 종 욥에게 가서 너희를 위하여 번제를 드리라"(욥 42:8)에서 괄호 안에 공통으로 들어갈 말은?
① 셋　　② 다섯
③ 일곱　　④ 아홉

112 "욥이 그의 친구들을 위하여 (　)할 때 여호와께서 욥의 곤경을 돌이키시고 여호와께서 욥에게 이전 모든 소유보다 갑절이나 주신지라"(욥 42:10)에서 괄호 안에 들어갈 말은?
① 축복　　② 기도
③ 번제　　④ 제사

113 다음 중 욥의 세 딸 이름이 아닌 것은?
① 메랍　　② 게렌합북
③ 여미마　　④ 긋시아

114 "그 후에 욥이 (　) 년을 살며 아들과 손자 (　) 대를 보았고 욥이 늙어 나이가 차서 죽었더라"에서 괄호 안에 차례대로 들어갈 말은?
① 백이십년, 삼　　② 백이십년, 사
③ 백사십년, 삼　　④ 백사십년, 사

115 욥기는 총 몇 장으로 구성되어 있는가?
① 40장　　② 41장
③ 42장　　④ 43장

【주관식】

116 "(　) 땅에 욥이라 불리는 사람이 있었는데 그 사람은 온전하고 정직하여 하나님을 경외하며 악에서 떠난 자더라"(욥 1:1)에서 괄호 안에 들어갈 말은?

117 "그에게 아들 일곱과 딸 셋이 태어나니라 그의 소유물은 양이 칠천 마리요 낙타가 삼천 마리요 소가 오백 겨리요 암나귀가 오백 마리이며 종도 많이 있었으니 이 사람은 (　) 사람 중에 가장 훌륭한 자라"(욥 1:2-3)에서 괄호 안에 들어갈 말은?

105_① 106_④ 107_③ 108_② 109_④ 110_③ 111_③ 112_② 113_① 114_④ 115_③ 116_우스 117_동방

118 "욥이 일어나 겉옷을 찢고 머리털을 밀고 땅에 엎드려 예배하며 이르되 내가 모태에서 알몸으로 나왔사온즉 또한 알몸이 그리로 돌아가올지라 주신 이도 ( )시요 거두신 이도 ( )시오니 ( )의 이름이 찬송을 받으실지니이다 하고"(욥 1:20-21)에서 괄호 안에 공통으로 들어갈 말은?

119 "사탄이 여호와께 대답하여 이르되 욥이 어찌 ( ) 없이 하나님을 경외하리이까"(욥 1:9)에서 괄호 안에 들어갈 말은?

120 "여호와께서 사탄에게 이르시되 네가 내 종 욥을 주의하여 보았느냐 그와 같이 온전하고 정직하여 하나님을 경외하며 악에서 떠난 자가 세상에 없느니라 네가 나를 충동하여 ( ) 없이 그를 치게 하였어도 그가 여전히 자기의 온전함을 굳게 지켰느니라"(욥 2:3)에서 괄호 안에 들어갈 말은?

121 "사탄이 여호와께 대답하여 이르되 ( )으로 ( )을 바꾸오니 사람이 그의 모든 소유물로 자기의 생명을 바꾸올지라"(욥 2:4)에서 괄호 안에 공통으로 들어갈 말은?

122 "여호와께서 사탄에게 이르시되 내가 그를 네 손에 맡기노라 다만 그의 ( )은 해하지 말지니라"(욥 2:6)에서 괄호 안에 들어갈 말은?

123 "그의 아내가 그에게 이르되 당신이 그래도 자기의 ( )을 굳게 지키느냐 하나님을 욕하고 죽으라"(욥 2:9)에서 괄호 안에 들어갈 말은?

124 "그 후에 욥이 입을 열어 자기의 ( )을 저주하니라"(욥 3:1)에서 괄호안에 들어갈 말은? 생일

125 "사람이 어찌 하나님보다 의롭겠느냐 사람이 어찌 그 창조하신 이보다 깨끗하겠느냐"(욥 4:17)라고 말한 사람은 누구인가?

126 다음 욥의 말 가운데 괄호 안에 들어갈 말은?
"그가 폭풍으로 나를 치시고 ( ) 내 상처를 깊게 하시며 나를 숨 쉬지 못하게 하시며 괴로움을 내게 채우시는구나"(욥 9:17-18)

127 "내가 알기에는 나의 ( )가 살아 계시니 마침내 그가 땅 위에 서실 것이라 내 가죽이 벗김을 당한 뒤에도 내가 육체 밖에서 하나님을 보리라"(욥 19:25-26)에서 괄호 안에 들어갈 말은?

128 "그는 ( )이 일정하시니 누가 능히 돌이키랴 그의 마음에 하고자 하시는 것이면 그것을 행하시나니"(욥 23:13)의 괄호에 들어갈 말은?

129 "또 사람에게 말씀하셨도다 보라 주를 ( )이 지혜요 악을 떠남이 명철이니라"(욥 28:28)에서 괄호 안에 들어갈 말은?

130 "누구든지 나의 변명을 들어다오 나의 서명이 여기 있으니 전능자가 내게 대답하시기를 바라노라 나를 고발하는 자가 있다면 그에게 ( )을 쓰게 하라 내가 그것을 어깨에 메기도 하고 왕관처럼 머리에 쓰기도 하리라"(욥 31:35-36)에서 괄호 안에 들어갈 말은?

131 욥의 친구 가운데 아버지의 이름이 소개되어 있는 사람은?

132 "나는 욥이 끝까지 시험받기를 원하노니 이는 그 대답이 악인과 같음이라"(욥 34:36)고 말한 사람은?

133 "그 때에 여호와께서 ( ) 가운데에서 욥에게 말씀하여 이르시되"(욥 38:1)에서 괄호 안에 들어갈 말은?

134 "내가 주께 대하여 ( )로 듣기만 하였사오나 이제는 ( )으로 주를 뵈옵나이다"(욥 42:5)에서 괄호 안에 차례대로 들어갈 말은?

135 다음은 누구에 대한 묘사인가?
"그 후에 백사십 년을 살며 아들과 손자 사 대를 보았고 늙어 나이가 차서 죽었더라"

118_여호와 119_까닭 120_까닭 121_가죽 122_생명 123_온전함 124_생일 125_엘리바스 126_까닭 없이 127_대속자 128_뜻 129_경외함 130_고소장 131_엘리후 132_엘리후 133_폭풍우 134_귀, 눈 135_욥

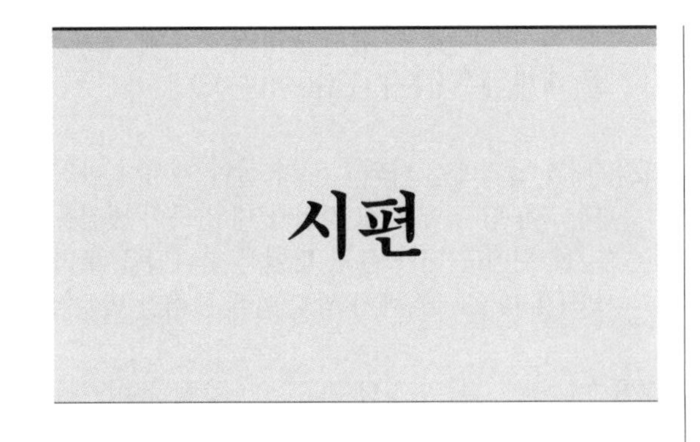

【A등급】

001 다음 중 시편의 표제어에 등장하지 않는 인물은?
① 다윗 ② 솔로몬
③ 모세 ④ 아브라함

002 시편 다섯 권의 책 가운데 끝 부분에 '아멘, 아멘'이 나타나지 않는 것은 다음 중 몇 권인가?
① 제1권 ② 제2권
③ 제3권 ④ 제4권

003 다음은 시편 1-4권 각각의 끝에 나오는 구절들이다. 1권의 마지막 송축 구절은 어느 것인가?
① 이스라엘의 하나님 여호와를 영원부터 영원까지 송축할지로다 아멘 아멘
② 여호와 이스라엘의 하나님을 영원부터 영원까지 찬양할지어다 모든 백성들아 아멘 할지어다 할렐루야
③ 그의 영화로운 이름을 영원히 찬송할지어다 온 땅에 그의 영광이 충만할지어다 아멘 아멘
④ 여호와를 영원히 찬송할지어다 아멘 아멘

004 시편 제1권에 표제어를 붙이지 않은 시편은 전부 4편이다. 어느 시편들인가?
① 1, 2, 3, 10편 ② 1, 2, 5, 10편
③ 1, 2, 7, 33편 ④ 1, 2, 10, 33편

005 시편 3편은 다윗이 그의 아들 압살롬을 피할 때 지은 시이다. 이 시편에서는 "구원은 여호와께 있사오니 주의 복을 주의 백성에게 내리소서(셀라)"의 '셀라'라는 말이 몇 번 나오는가?
① 1번 ② 2번
③ 3번 ④ 4번

006 "여호와여 주는 나의 ( )시요 나의 ( )이시요 나의 ( )이시니이다"(시 3:3)의 괄호 안에 들어갈 말이 아닌 것은?
① 산성 ② 방패
③ 영광 ④ 머리를 드시는 자

007 "주께서 내 마음에 두신 기쁨은 그들의 곡식과 새 포도주가 풍성할 때보다 더하니이다 내가 평안히 눕고 자기도 하리니 나를 안전히 살게 하시는 이는 오직 여호와이시니이다"는 표현이 나오는 시편은?
① 3편 ② 4편
③ 5편 ④ 6편

008 "내 의의 하나님이여 내가 부를 때에 응답하소서 곤란 중에 나를 너그럽게 하셨사오니 내게 은혜를 베푸사 나의 기도를 들으소서"란 구절은 시편 몇 편에 있는가?
① 1편 ② 2편
③ 3편 ④ 4편

009 "여호와여 ( )에 주께서 나의 소리를 들으시리니 ( )에 내가 주께 기도하고 바라리이다"(시 5:3)의 괄호 안에 공통으로 들어갈 말은?
① 아침 ② 저녁
③ 밤 ④ 새벽

010 "그러나 ( ) 모든 사람은 다 기뻐하며 주의 보호로 말미암아 영원히 기뻐 외치고 주의 이름을 ( ) 자들은 주를 즐거워하리이다"(시 5:11)의 괄호 안에 차례대로 들어갈 말은?
① 주를 의지하는, 앙망하는
② 주께 부르짖는, 선포하는
③ 주께 피하는, 사랑하는
④ 주를 사랑하는, 의지하는

001_④ 002_④ 003_① 004_④ 005_③ 006_① 007_② 008_④ 009_① 010_③

011 "여호와께서 만민에게 심판을 행하시오니 여호와여 나의 ( )와 나의 ( )을 따라 나를 심판하소서"(시 7:8)의 괄호 안에 차례대로 들어갈 말은?
① 공의, 사랑 ② 의, 성실함
③ 자비, 정직 ④ 인애, 긍휼

012 "하나님은 의로우신 재판장이심이여 매일 ( ) 하시는 하나님이시로다"(시 7:11)의 괄호에 들어갈 말은?
① 분노 ② 질투
③ 사랑 ④ 심판

013 다음 중 나머지 시편들과 전혀 다른 장르의 시편은?
① 시 5편 ② 시 6편
③ 시 7편 ④ 시 8편

014 "주의 손으로 만드신 것을 다스리게 하시고 ( )을 그의 발 아래 두셨으니"(시 8:6)의 괄호 안에 들어갈 말은?
① 만국 ② 만물
③ 세상 ④ 생물

015 다음 중 하나의 시편으로 볼 수 있는 시편은?
① 시 9–10편 ② 시 19–20편
③ 시 109–110편 ④ 시 119–120편

016 다음 중 서로 연결된 하나의 시편으로 볼 수 없는 것은?
① 시 9–10편 ② 시 42–43편
③ 시 114–115편 ④ 시 135–136편

017 "내가 전심으로 여호와께 감사하오며 주의 모든 기이한 일들을 전하리이다"는 다윗이 인도자를 따라 뭇랍벤에 맞춘 노래이다. 어느 시편인가?
① 5편 ② 7편
③ 9편 ④ 10편

018 "악인은 그의 교만한 얼굴로 말하기를 여호와께서 이를 감찰하지 아니하신다 하며 그의 모든 ( )에 하나님이 없다 하나이다"(시 10:4)의 괄호 안에 들어갈 말은?
① 마음 ② 교훈
③ 심중 ④ 사상

019 시편 10편에서 "그의 마음에 이르기를 나는 흔들리지 아니하며 대대로 환난을 당하지 아니하리라 하나이다"(6절)에서 그는 누구인가?
① 의인 ② 교만한 자
③ 겸손한 자 ④ 악인

020 "터가 무너지면 의인이 무엇을 하랴"는 표현이 나오는 시편은?
① 10편 ② 11편
③ 12편 ④ 13편

021 "여호와여 도우소서. 경건한 자가 끊어지며 충실한 자들이 인생 중에 없어지나이다. 그들이 이웃에게 각기 거짓을 말함이여 아첨하는 ( )과 ( )으로 말하는도다"(시 12:2)의 괄호 안에 차례대로 들어갈 말은?
① 입술, 두 마음 ② 말, 거짓
③ 입술, 거짓 ④ 말, 두 마음

022 "여호와여 어느 때까지니이까 나를 영원히 잊으시나이까 주의 얼굴을 나에게서 어느 때까지 숨기시겠나이까"로 시작하는 시편은?
① 11편 ② 12편
③ 13편 ④ 14편

023 "나는 오직 주의 ( )을 의지하였사오니 나의 마음은 주의 구원을 기뻐하리이다 내가 여호와를 찬송하리니 이는 주께서 내게 ( )을 베푸심이로다"(시 13:5–6)의 괄호에 들어갈 말은?
① 진리, 은총 ② 자비, 은혜
③ 사랑, 은덕 ④ 약속, 구원

024 시편 가운데서 처음으로 '이스라엘'이란 언급이 나타나는 곳은? (시 14:7)
① 시 12편 ② 시 13편
③ 시 14편 ④ 시 15편

011_② 012_① 013_④ 014_② 015_① 016_④ 017_③ 018_④ 019_④ 020_② 021_① 022_③ 023_③ 024_③

025 "죄악을 행하는 자는 다 무지하냐 그들이 ( ) 먹듯이 내 백성을 먹으면서 여호와를 부르지 아니하는도다"(시 14:4)의 괄호에 들어갈 말은?

① 죽 ② 음식
③ 떡 ④ 밥

026 다음 중 시편 15편에 들어있지 않은 표현은?

① 정직하게 행하며 공의를 실천하며
② 그의 혀로 남을 허물하지 아니하고 그의 이웃에게 악을 행하지 아니하며
③ 손이 깨끗하며 마음이 청결하며
④ 이자를 받으려고 돈을 꾸어 주지 아니하며

027 "내가 여호와께 아뢰되 주는 나의 주님이시오니 주 밖에는 나의 복이 없다 하였나이다"라는 표현이 나오는 시편은? (시 16:2)

① 시 14편 ② 시 15편
③ 시 16편 ④ 시 17편

028 "주께서 생명의 길을 내게 보이시리니 주의 앞에는 충만한 기쁨이 있고 주의 ( )에는 영원한 즐거움이 있나이다"(시 16:11)의 괄호에 들어갈 말은?

① 오른쪽 ② 왼쪽
③ 앞 ④ 뒤

029 다음 시편 가운데 사도행전(2:25-27; 13:35)에서 예수님의 부활을 증거하는 본문으로 인용된 시편은? (시 16:8-11)

① 시 15편 ② 시 16편
③ 시 17편 ④ 시 18편

030 "여호와여 이 세상에 살아 있는 동안 그들의 분깃을 받은 사람들에게서 주의 손으로 나를 구하소서 그들은 주의 재물로 배를 채우고 자녀로 만족하고 그들의 남은 산업을 그들의 어린 아이들에게 물려주는 자니이다"라는 표현이 나오는 시편은?

① 17편 ② 18편
③ 19편 ④ 20편

031 "나는 의로운 중에 주의 얼굴을 뵈오리니 깰 때에 주의 형상으로 만족하리이다"라는 표현이 나오는 시편은? (시 17:15)

① 시 15편 ② 시 16편
③ 시 17편 ④ 시 18편

032 다음 시편 중 자신의 무죄를 확신하며 하나님께 자신을 원수들에게서 구원해 달라고 청원하는 내용이 들어 있는 시편은?

① 시 17편 ② 시 27편
③ 시 37편 ④ 시 47편

033 "( )의 줄이 나를 얽고 ( )의 창수가 나를 두렵게 하였으며 ( )의 줄이 나를 두르고 ( )의 올무가 내게 이르렀도다"(시 18:4-5)의 괄호에 들어갈 말을 차례대로 바르게 적은 것은?

① 스올, 사망, 불의, 사망
② 불의, 사망, 스올, 사망
③ 사망, 불의, 스올, 사망
④ 사망, 스올, 사망, 불의

034 다음 중 시편 18편에 들어있지 않은 표현은?

① 여호와께서 내 의를 따라 상 주시며 내 손의 깨끗함을 따라 내게 갚으셨으니
② 또한 나는 그의 앞에 완전하여 나의 죄악에서 스스로 자신을 지켰나니
③ 주께서 곤고한 백성은 구원하시고 교만한 눈은 낮추시리이다
④ 그들의 마음은 기름에 잠겼으며 그들의 입은 교만하게 말하나이다

035 사무엘하 22장과 거의 동일한 내용이 들어 있는 시편은 어느 것인가?

① 시 18편 ② 시 28편
③ 시 38편 ④ 시 48편

036 "여호와께서 그 왕에게 큰 구원을 주시며 기름 부음 받은 자에게 인자를 베푸심이여 영원토록 다윗과 그 후손에게로다"라는 표현이 나오는 시편은? (시 18:50)

① 시 17편 ② 시 18편
③ 시 19편 ④ 시 20편

025_③ 026_③ 027_③ 028_① 029_② 030_① 031_③ 032_① 033_③ 034_④ 035_① 036_②

037 다음 시편 중에서 '율법'(토라)에 관한 시편이 아닌 것은?
① 시 1편 ② 시 19편
③ 시 119편 ④ 시 139편

038 "여호와의 ( )은 완전하여 영혼을 소성시키며 여호와의 ( )는 확실하여 우둔한 자를 지혜롭게 하며"(시 19:7)의 괄호에 차례대로 들어갈 말은?
① 교훈, 증거 ② 율법, 계명
③ 교훈, 계명 ④ 율법, 증거

039 다음 시편 중에서 이스라엘 왕에 관한 시편('제왕시')이 아닌 것은?
① 시 18편 ② 시 19편
③ 시 20편 ④ 시 21편

040 다음 중 시편 22편에 등장하지 않는 동물은?
① 독수리 ② 황소
③ 개 ④ 사자

041 "나라는 여호와의 것이요 여호와는 모든 나라의 주재심이로다"는 표현이 나오는 시편은?
① 시 22편 ② 시 42편
③ 시 62편 ④ 시 82편

042 시편 24편과 유사한 주제를 담고 있는 시편은? (성전 입장 의식 시편)
① 시 15편 ② 시 25편
③ 시 35편 ④ 시 45편

043 "여호와의 모든 길은 그의 언약과 증거를 지키는 자에게 ( )로다"(시 25:10)의 괄호 안에 들어갈 말은?
① 구원과 생명 ② 긍휼과 인자
③ 성실과 정직 ④ 인자와 진리

044 다음 중 자신의 결백을 주장하는 시편이 아닌 것은?
① 시 7편 ② 시 17편
③ 시 26편 ④ 시 32편

045 다음 중 시편 27편 내용과 관계없는 것은?
① 내가 여호와께 바라는 한 가지 일 그것을 구하리니 곧 내가 내 평생에 여호와의 집에 살면서 여호와의 아름다움을 바라보며 그의 성전에서 사모하는 그것이라
② 여호와는 나의 빛이요 나의 구원이시니 내가 누구를 두려워하리요
③ 내 부모는 나를 버렸으나 여호와는 나를 영접하시리이다
④ 내 발이 평탄한 데에 있사오니 무리 가운데서 여호와를 송축하리이다

046 "내가 산 자들의 땅에서 여호와의 선하심을 보게 될 줄 확실히 믿었도다. 너는 여호와를 기다릴지어다. 강하고 담대하며 여호와를 기다릴지어다"는 진술로 마치는 시편은?
① 시 27편 ② 시 57편
③ 시 107편 ④ 시 127편

047 "여호와의 소리"가 중심 모티브로 나타나는 시편은?
① 시 19편 ② 시 29편
③ 시 39편 ④ 시 49편

048 "다윗의 시, 곧 성전 낙성가"라는 표제어가 붙은 시편은?
① 시 30편 ② 시 60편
③ 시 90편 ④ 시 130편

049 다윗이 성전 낙성 때에 부른 노래인 시 30편에 나오지 않는 내용은?
① 그의 노염은 잠깐이요 그의 은총은 평생이로다
② 주께서 나의 슬픔이 변하여 내게 춤이 되게 하시며 나의 베옷을 벗기고 기쁨으로 띠 띠우셨나이다
③ 여호와 나의 하나님이여 내가 주께 영원히 감사하리이다
④ 진리의 하나님 여호와여 나를 속량하셨나이다

050 "내가 나의 영을 주의 손에 부탁하나이다 진리

037_④ 038_④ 039_② 040_① 041_① 042_① 043_④ 044_④ 045_④ 046_① 047_② 048_① 049_④ 050_③

시

의 하나님 여호와여 나를 속량하셨나이다"는 표현이 나오는 곳은?
① 시 25:5 ② 시 28:5
③ 시 31:5 ④ 시 36:5

051 다윗의 마스길인 시 32편에 나오지 않는 내용은?
① 주께 내 죄를 아뢰고 내 죄악을 숨기지 아니하였더니 곧 주께서 내 죄악을 사하셨나이다(셀라)
② 주는 나의 은신처이오니 환난에서 나를 보호하시고 구원의 노래로 나를 두르시리이다(셀라)
③ 너희 의인들아 여호와를 기뻐하며 즐거워할지어다 마음이 정직한 너희들아 다 즐거이 외칠지어다
④ 수금으로 여호와께 감사하고 열 줄 비파로 찬송할지어다

052 "내가 네 갈 길을 가르쳐 보이고 너를 주목하여 훈계하리로다 너희는 무지한 말이나 노새같이 되지 말지어다 그것들은 재갈과 굴레로 단속하지 아니하면 너희에게 가까이 가지 아니하리로다"라는 말씀이 나오는 책은? (시 32편)
① 욥기 ② 시편
③ 잠언 ④ 아모스

053 다음 중 세계가 '하나님의 말씀'으로 창조된 사실이 언급된 시편은? (시 33:6-7)
① 시 33편 ② 시 43편
③ 시 53편 ④ 시 63편

054 다음 중 '새 노래'로 노래하라는 외침이 나타나지 않는 곳은?
① 시 33:3 ② 시 96:1
③ 시 140:1 ④ 시 149:1

055 "여호와의 눈은 ( ) 향하시고, 그의 귀는 그들의 부르짖음에 기울이시는도다"(시 34:15)의 괄호에 들어갈 말은?
① 세상을 ② 죄인을
③ 의인을 ④ 과부와 고아를

056 "여호와 나의 하나님이여 주의 공의대로 나를 판단하사 그들이 나로 말미암아 기뻐하지 못하게 하소서 그들이 마음속으로 이르기를 아하 소원을 성취하였다 하지 못하게 하시며 우리가 그를 삼켰다 말하지 못하게 하소서"라는 기도가 들어 있는 시편은?
① 25편 ② 35편
③ 45편 ④ 55편

057 다음 중 시편 가운데 의인과 악인의 삶에 대한 교훈을 담고 있는 시편은?
① 2편 ② 37편
③ 74편 ④ 122편

058 다음 중 시편 가운데 지혜 교훈의 내용을 담은 시가 아닌 것은?
① 2편 ② 37편
③ 73편 ④ 119편

059 "여호와께서 정의를 ( )하시고 그의 ( ) 버리지 아니하심이로다 그들은 영원히 보호를 받으나 악인의 자손은 끊어지리로다"(시 37:28)의 괄호 안에 차례대로 들어갈 말은?
① 보존, 사람을 ② 충만케, 자손을
③ 사랑, 성도를 ④ 이기게, 백성을

060 "주의 진노로 말미암아 내 살에 성한 곳이 없사오며 나의 죄로 말미암아 내 뼈에 평안함이 없나이다 … 내 상처가 썩어 악취가 나오니 내가 우매한 까닭이로소이다"라는 표현이 나오는 시편은?
① 37편 ② 38편
③ 39편 ④ 40편

061 "여호와여 나의 종말과 ( ) 언제까지인지 알게 하사 내가 나의 ( )을 알게 하소서"(시 39:4)의 괄호 안에 차례대로 들어갈 말은?
① 연한이, 연약함 ② 기한이, 부족함
③ 연수가, 허무함 ④ 멸망이, 교만함

062 "가난한 자를 보살피는 자에게 복이 있음이여 재앙의 날에 여호와께서 그를 건지시리로다"라

051_④ 052_② 053_① 054_③ 055_③ 056_② 057_② 058_① 059_③ 060_② 061_① 062_②

는 표현으로 시작하는 시편은? (시 41:1)
① 시 31편 ② 시 41편
③ 시 51편 ④ 시 61편

063 시편 제 이권 끝에 "이새의 아들 다윗의 기도가 끝나니라"라는 문구가 나타난다. 제 이권이 시작되는 시편의 표제는 다음 중 어느 것인가?
① 다윗의 기도가 시작하다
② 고라 자손의 마스길, 인도자를 따라 부르는 노래
③ 다윗의 시, 인도자를 따라 부르는 노래
④ 아삽의 시

064 시편 제2권의 첫 시편은 어떻게 시작하는가?
① "빈약한 자를 권고하는 자가 복이 있음이여"
② "하나님이여 사슴이 시냇물을 찾기에 갈급함 같이 …"
③ "여호와께서 통치하시니 스스로 권위를 입으셨도다"
④ "악을 행하는 자들 때문에 불평하여 하지 말며"

065 "내 하나님이여 내 영혼이 내 속에서 낙심이 되므로 내가 요단 땅과 헤르몬과 ( ) 산에서 주를 기억하나이다"(시 42:6)의 괄호에 들어갈 말은?
① 미살 ② 다볼
③ 갈멜 ④ 시내

066 "주께서 우리를 잡아먹힐 양처럼 하시고 그들에게 넘겨주시고 여러 민족 중에 우리를 흩으셨나이다 주께서 주의 백성을 헐값으로 파심이여 그들을 판 값으로 이익을 얻지 못하셨나이다 주께서 우리로 하여금 이웃에게 욕을 당하게 하시니 그들이 우리를 둘러싸고 조소하고 조롱하나이다"라는 말이 들어있는 책은?
① 시편 ② 예레미야애가
③ 에스겔 ④ 에스라

067 "주여 깨소서 어찌하여 주무시나이까 일어나시고 우리를 영원히 버리지 마소서 어찌하여 주의 얼굴을 가리시고 우리의 고난과 압제를 잊으시나이까"라는 표현이 들어 있는 시편은?
① 시 14편 ② 시 24편
③ 시 34편 ④ 시 44편

068 "그들이 자기 칼로 땅을 얻어 차지함이 아니요 그들의 팔이 그들을 구원함도 아니라 오직 주의 오른손과 주의 팔과 주의 ( )으로 하셨으니 주께서 그들을 기뻐하신 까닭이니이다"(시 44:3)의 괄호에 들어갈 말은?
① 권능 ② 발
③ 영광 ④ 얼굴빛

069 "하나님이여 주의 보좌는 영원하며 주의 나라의 규는 공평한 규이니이다"라는 표현이 들어 있는 시편은? (시 45:6)
① 시 45편 ② 시 55편
③ 시 65편 ④ 시 75편

070 "내가 ( )의 이름을 만세에 기억하게 하리니 그러므로 만민이 ( )을 영원히 찬송하리로다"(시 45:17)의 두 괄호 안에 공통으로 들어갈 말은?
① 하나님 ② 왕
③ 신 ④ 인생

071 다음 중 '인도자를 따라 부르는 노래'라는 표제어가 붙어 있지 않는 시편은?
① 44편 ② 47편
③ 48편 ④ 49편

072 다음 중 시편 45편의 표제어는?
① 인도자를 따라 알라못에 맞춘 노래
② 인도자를 따라 소산님에 맞춘 노래
③ 인도자를 따라 부르는 노래
④ 인도자를 따라 여두둔 형식으로 부르는 노래

073 "존귀하나 깨닫지 못하는 사람은 멸망하는 짐승 같도다"는 표현으로 끝나는 시편은?
① 시 19편 ② 시 29편
③ 시 39편 ④ 시 49편

063_② 064_② 065_① 066_① 067_④ 068_④ 069_① 070_② 071_③ 072_② 073_④

시

074 시편 49편 6-8절에서는 "자기의 재물을 의지하고 부유함을 자랑하는 자는 아무도 자기의 형제를 구원하지 못하며 그를 위한 속전을 하나님께 바치지도 못할 것"이라고 말하는데 그 이유는?

① 그들의 생명을 속량하는 값이 너무 엄청나서
② 형제를 구원하려 하는 자신들이 불의하기 때문에
③ 하나님이 원하시는 것이 아니기 때문에
④ 형제를 구원하려 하는 자들이 곧 죽을 것이기 때문에

075 "내가 ( )의 고기를 먹으며 ( )의 피를 마시겠느냐"(시 50:13)의 두 괄호 안에 들어갈 말을 차례대로 바르게 적은 것은?

① 수소, 염소 ② 수소, 암소
③ 염소, 암소 ④ 염소, 수소

076 "그 때에 주께서 의로운 제사와 ( )와 온전한 ( )를 기뻐하시리니 그 때에 그들이 수소를 주의 제단에 드리리이다"(시 51:19)의 괄호에 차례대로 들어갈 말은?

① 번제, 번제 ② 번제, 화목제
③ 화목제, 번제 ④ 화목제, 제사

077 "그 때에 주께서 의로운 제사와 번제와 온전한 번제를 기뻐하시리니 그 때에 그들이 수소를 주의 제단에 드리리이다"라는 표현으로 끝나는 시편은?

① 51편 ② 52편
③ 53편 ④ 54편

078 다음 중 '하나님이 원하시는 제사'의 문제를 다루고 있는 시편이 아닌 것은?

① 시 40편 ② 시 50편
③ 시 51편 ④ 시 53편

079 "포악한 자여 네가 어찌하여 악한 계획을 스스로 자랑하는가 하나님의 ( )은 항상 있도다"(시 52:1)의 괄호 안에 들어갈 말은?

① 공평하심 ② 인자하심
③ 공의로우심 ④ 성실하심

080 "네가 선보다 악을 사랑하며 의를 말함보다 거짓을 사랑하는도다(셀라) 간사한 혀여 너는 남을 해치는 모든 말을 좋아하는도다" 이 시는 에돔인 도엑이 사울에게 이르러 다윗이 아히멜렉의 집에 왔다고 말하던 때에 다윗이 지은 시의 일부이다. 몇 편인가?

① 50편 ② 51편
③ 52편 ④ 53편

081 다음 중 시편 14편과 거의 같은 내용을 담고 있는 시편은 어느 것인가?

① 50편 ② 51편
③ 52편 ④ 53편

082 '마할랏(르안놋)'이란 표제어가 사용된 두 개의 시편은 무엇인가?

① 50편, 85편 ② 51편, 86편
③ 52편, 87편 ④ 53편, 88편

083 "어리석은 자는 그의 마음에 이르기를 하나님이 없다 하도다 그들은 부패하며 가증한 악을 행함이여 선을 행하는 자가 없도다"는 표현으로 시작하는 시편은? (시 53:1)

① 시 51편 ② 시 52편
③ 시 53편 ④ 시 54편

084 다음 중 '알다스헷'이란 표제어가 사용된 시편이 아닌 것은?

① 56편 ② 57편
③ 58편 ④ 59편

085 "그가 하늘에서 보내사 나를 삼키려는 자의 비방에서 나를 구원하실지라 (셀라) 하나님이 그의 ( ) 보내시리로다"(시 57:3)의 괄호 안에 들어갈 말은?

① 인자와 진리 ② 공평과 정의
③ 사랑과 은혜 ④ 구원과 기쁨

086 "통치자들아 너희가 정의를 말해야 하거늘 어찌 잠잠하냐 인자들아 너희가 올바르게 판결해야 하거늘 어찌 잠잠하냐"는 표현으로 시작하는 시편은? (시 58:1)

074_① 075_① 076_① 077_① 078_④ 079_② 080_③ 081_④ 082_④ 083_③ 084_① 085_① 086_②

① 시 57편　② 시 58편
③ 시 59편　④ 시 60편

087 "그들의 독은 (　)의 독 같으며 그들은 귀를 막은 귀머거리 (　) 같으니"(시 58:4)의 괄호에 차례대로 들어갈 말은?
① 뱀, 독사　② 독사, 뱀
③ 독사, 살모사　④ 살모사, 독사

088 다음 중 "내가 세겜을 나누며 숙곳 골짜기를 측량하리라 길르앗이 내 것이요 므낫세도 내 것이며 에브라임은 내 머리의 투구요 유다는 나의 규이며 모압은 내 목욕통이라 에돔에는 나의 신발을 던지리라"는 말씀이 두 번이나 나오는 책은? (시 60편, 108편)
① 시편　② 아모스
③ 예레미야　④ 이사야

089 "(　)이 내 것이요 (　)도 내 것이며 (　)은 내 머리의 투구요 (　)는 나의 규이며"(시 60:7)의 괄호 안에 들어갈 말이 <u>아닌</u> 것은?
① 베냐민　② 므낫세
③ 에브라임　④ 유다

090 하나님을 갈망하는 시인의 마음이 물이 없는 곳에서 물을 찾는 것에 비유되어 묘사되고 것과 거리가 먼 시편은?
① 시 42편　② 시 63편
③ 시 123편　④ 시 143편

091 다음 중 사람이 하는 말을 칼에 비유하고 있는 표현이 나타나지 <u>않는</u> 시편은?
① 시 42편　② 시 53편
③ 시 57편　④ 시 64편

092 시편 제2권에는 표제가 없는 시편이 두 편 있다. 어느 시편들인가?
① 43, 71편　② 44, 70편
③ 45, 69편　④ 46, 68편

093 "하나님이여 내게 은혜를 베푸소서 사람이 나를 삼키려고 종일 치며 압제하나이다". 이 구절은 다윗의 믹담시로서 인도자를 따라 요낫 엘렘 르호김에 맞춘 노래이다. 다윗이 가드에서 블레셋인에게 잡혔을 때에 부른 이 노래는 시편 몇 편인가?
① 55편　② 56편
③ 57편　④ 58편

094 "그들의 독은 뱀의 독 같으며 그들은 귀를 막은 귀머거리 독사 같으니 술사의 홀리는 소리도 듣지 않고 능숙한 술객의 요술도 따르지 아니하는 독사로다"라는 표현이 나오는 시편은?
① 55편　② 56편
③ 57편　④ 58편

095 "나의 하나님이여 나의 원수에게서 나를 건지시고 일어나 치려는 자에게서 나를 높이 드소서 악을 행하는 자에게서 나를 건지시고 피 흘리기를 즐기는 자에게서 나를 구원하소서"(시 59:1-2). 이 시는 다윗이 언제 부른 노래로 알려져 있는가?
① 사울이 사람을 보내어 다윗을 죽이려고 그 집을 지킨 때에
② 다윗이 유대 광야에 있을 때
③ 사울을 피해 다윗이 굴에 있을 때
④ 다윗이 가드에서 블레셋 사람에게 잡힌 때

096 다음 중 '인자와 진리'라는 표현이 등장하지 <u>않는</u> 시편은? (시 25:10; 40:11; 61:7)
① 시 25편　② 시 40편
③ 시 61편　④ 시 84편

097 다음 중 시편 65편에서 '복이 있나이다'라는 칭송되고 사람은? (시 65:4)
① 주의 집에 사는 자들
② 주께 힘을 얻고 그 마음에 시온의 대로가 있는 자
③ 만군의 여호와여 주께 의지하는 자
④ 주께서 택하시고 가까이 오게 하사 주의 뜰에 살게 하신 사람

098 인도자를 따라 부르는 노래로서 "온 땅이여 하나님께 즐거운 소리를 낼지어다 그의 이름의

087_① 088_① 089_① 090_③ 091_② 092_① 093_② 094_④ 095_① 096_④ 097_④ 098_②

시

영광을 찬양하고 영화롭게 찬송할지어다"로 시작되는 시편은?
① 65편 ② 66편
③ 67편 ④ 68편

099 '축도시편'이라고 불릴 만큼 민수기 6장 24-26절의 제사장의 축복과 유사한 내용을 담고 있는 시편은? (시 67:1)
① 시 63편 ② 시 65편
③ 시 67편 ④ 시 69편

100 "그의 거룩한 처소에 계신 하나님은 고아의 아버지시며 과부의 재판장이시라 하나님은 고독한 자들은 가족과 함께 살게 하시며 갇힌 자들은 이끌어 내사 형통하게 하시느니라"는 표현이 나오는 시편은?
① 66편 ② 68편
③ 86편 ④ 88편

101 "날마다 우리 짐을 지시는 주 곧 우리의 구원이신 하나님을 찬송할지로다"는 표현이 등장하는 시편은? (시 68:19)
① 시 48편 ② 시 58편
③ 시 68편 ④ 시 78편

102 "이스라엘의 근원에서 나온 너희여 대회 중에 하나님 곧 주를 송축할지어다 거기에는 그들을 주관하는 작은 ( )과 ( )의 고관과 그들의 무리와 ( )의 고관과 ( )의 고관이 있도다"(시 68:26-27)의 괄호 안에 들어갈 말이 아닌 것은?
① 베냐민 ② 유다
③ 스불론 ④ 잇사갈

103 "하늘을 타고 광야에 행하시던 이를 위하여 대로를 수축하라 그의 이름은 여호와이시니 그의 앞에서 뛰놀지어다 그의 거룩한 처소에 계신 하나님은 고아의 아버지시며 과부의 재판장이시라 하나님은 고독한 자들은 가족과 함께 살게 하시며 갇힌 자들은 이끌어 내사 형통하게 하시느니라"는 말씀이 들어 있는 책은?
① 하박국 ② 시편
③ 역대기하 ④ 예레미야

104 다음 중 황소나 수소를 포함하여 '소'에 대한 언급이 나타나지 않은 곳은?
① 시 22:12 ② 시 44:3
③ 시 51:19 ④ 시 69:31

105 "그들이 쓸개를 나의 음식물로 주며 목마를 때에는 초로 마시게 하였사오니 그들의 밥상이 올무가 되게 하시며 그들의 평안이 덫이 되게 하소서"라는 기도가 들어 있는 시편은?
① 시 37편 ② 시 69편
③ 시 89편 ④ 시 109편

106 다음 시편 중에 아삽의 시편이 아닌 것은?
① 82편 ② 50편
③ 70편 ④ 73편

107 "나는 가난하고 궁핍하오니"라는 표현이 등장하지 않는 곳은?
① 시 22:10 ② 시 40:17
③ 시 70:5 ④ 시 86:1

108 "하나님이여 ( ) 건지소서 여호와여 속히 ( ) 도우소서"(시 70:1)의 두 괄호 안에 공통으로 들어갈 말은?
① 나를 ② 그를
③ 그들을 ④ 우리를

109 "늙을 때에 나를 버리지 마시며 내 힘이 쇠약할 때에 나를 떠나지 마소서 … 하나님이여 내가 늙어 백발이 될 때에도 나를 버리지 마시며"라는 기도가 들어 있는 시편은?
① 시 70편 ② 시 71편
③ 시 73편 ④ 시 74편

110 "나는 항상 ( )을 품고 주를 더욱 더욱 찬송하리이다"(시 71:14)의 괄호에 들어갈 말은?
① 능력 ② 소망
③ 사랑 ④ 뜻

111 "하나님이여 주의 판단력을 왕에게 주시고 주

099_③ 100_② 101_③ 102_④ 103_② 104_② 105_② 106_③ 107_① 108_① 109_② 110_②

의 공의를 왕의 아들에게 주소서"로 시작하는 시편은?
① 시 2편 ② 시 51편
③ 시 72편 ④ 시 110편

112 "홀로 기이한 일들을 행하시는 여호와 하나님 곧 ( )의 하나님을 찬송하며"(시 72:18)의 괄호에 들어갈 말은?
① 모세 ② 아브라함
③ 이스라엘 ④ 야곱

113 "내가 어쩌면 이를 알까 하여 생각한즉 그것이 내게 심한 고통이 되었더니 하나님의 ( )에 들어갈 때에야 그들의 종말을 내가 깨달았나이다"의 괄호 안에 들어갈 말은? (시 73:16-17)
① 성소 ② 성전
③ 궁정 ④ 성막

114 "우리의 표적은 보이지 아니하며 ( )도 더 이상 없으며 이런 일이 얼마나 오랠는지 우리 중에 아는 자도 없나이다 하나님이여 대적이 언제까지 비방하겠으며 원수가 주의 이름을 영원히 능욕하리이까"(시 74:9-10)의 괄호에 들어갈 말은?
① 왕 ② 선지자
③ 제사장 ④ 고관들

115 다음 중 표제어에 '알다스헷'이 등장하지 않는 시편은?
① 시 57편 ② 시 59편
③ 시 75편 ④ 시 77편

116 "무릇 높이는 일이 ( )에서나 ( )에서 말미암지 아니하며 ( )에서도 말미암지 아니하고 오직 재판장이신 하나님이 이를 낮추시고 저를 높이시느니라"(시 75:6-7)의 괄호 안에 들어갈 말이 아닌 것은?
① 동쪽 ② 서쪽
③ 남쪽 ④ 북쪽

117 악인들과 의인의 결말에 대한 대조가 '뿔'의 은유를 통해서 서술되고 있는 시편은?
① 시 73편 ② 시 74편
③ 시 75편 ④ 시 76편

118 "주께서 하늘에서 판결을 선포하시매 땅이 두려워 잠잠하였나니 곧 하나님이 땅의 모든 ( )를 구원하시려고 심판하러 일어나신 때에로다"(시 76:8-9)의 괄호 안에 들어갈 말은?
① 온유한 자 ② 정직한 자
③ 정결한 자 ④ 겸손한 자

119 "주의 길이 ( )에 있었고 주의 곧은 길이 ( )에 있었으나 주의 발자취를 알 수 없었나이다"(시 77:19)의 괄호 안에 차례대로 들어갈 말은?
① 바다, 큰 물 ② 광야, 사막
③ 산, 언덕 ④ 하늘, 땅

120 하나님이 '옛적에 행하신 기이한 일'에 대한 언급이 등장하는 두 시편은?
① 시 73-74편 ② 시 75-76편
③ 시 77-78편 ④ 시 79-80편

121 다음 중 모세와 아론이 동시에 등장하는 시편이 아닌 것은? (시 77:20; 99:6; 106:16)
① 시 66편 ② 시 77편
③ 시 99편 ④ 시 106편

122 "내 백성이여, 내 ( ) 들으며 내 입의 말에 귀를 기울일지어다 내가 입을 열어 ( ) 말하며 예로부터 감추어졌던 것을 드러내려 하니"(시 78:1-2)의 두 괄호에 들어갈 말을 차례대로 바르게 쓴 것은?
① 교훈을, 지혜로 ② 율법을, 비유로
③ 찬양을, 명철로 ④ 계명을, 지식으로

123 "그뿐 아니라 하나님을 대적하여 말하기를 하나님이 광야에서 식탁을 베푸실 수 있으랴 … 그 백성을 위하여 고기도 예비하시랴 하였도다"라는 표현이 들어 있는 시편은?
① 시 22편 ② 시 38편
③ 시 78편 ④ 시 90편

시

111_③ 112_③ 113_① 114_② 115_④ 116_④ 117_③ 118_① 119_① 120_③ 121_① 122_② 123_③

124 유다와 예루살렘의 멸망을 슬퍼하면서 하나님의 도움을 구하는 내용의 시편은?
① 시 13편 ② 시 48편
③ 시 79편 ④ 시 103편

125 다음 중 이방나라들에 의한 이스라엘의 파멸을 다루고 있는 민족 탄원시가 아닌 것은?
① 시 74편 ② 시 79편
③ 시 80편 ④ 시 81편

126 이스라엘 백성의 출애굽과 가나안 땅으로의 이주를 포도나무를 옮겨 심은 것에 비유하고 있는 시편은? (시 80:8-15)
① 시 78편 ② 시 79편
③ 시 80편 ④ 시 81편

127 다음 중 십계명의 서문과 첫 째 계명의 내용이 들어 있는 시편은? (시 81:9-10)
① 시 78편 ② 시 79편
③ 시 80편 ④ 시 81편

128 "하나님은 신들의 모임 가운데에 서시며 하나님은 그들 가운데에서 재판하시느니라 너희가 불공평한 판단을 하며 악인의 낯 보기를 언제까지 하려느냐(셀라)"라는 내용으로 시작되는 시편은?
① 80편 ② 81편
③ 82편 ④ 83편

129 "주는 미디안인에게 행하신 것 같이, 기손 시내에서 시스라와 야빈에게 행하신 것 같이 그들에게도 행하소서"라는 말로 나오는 시편은?
① 80편 ② 81편
③ 82편 ④ 83편

130 "만군의 여호와여 주께 의지하는 자는 복이 있나이다"는 말로 끝나는 시편은?
① 64편 ② 84편
③ 104편 ④ 124편

131 다음 중 시편 84편에 등장하지 않는 표현은? (시 65:4)
① 주께서 택하시고 가까이 오게 하사 주의 뜰에 살게 하신 사람은 복이 있나이다
② 주의 집에 사는 자들은 복이 있나니 그들이 항상 주를 찬송하리이다
③ 주께 힘을 얻고 그 마음에 시온의 대로가 있는 자는 복이 있나이다
④ 만군의 여호와여 주께 의지하는 자는 복이 있나이다

132 다음 중 시온에 관한 시편은?
① 36편 ② 45편
③ 84편 ④ 142편

133 하나님의 성 시온 또는 예루살렘에 관한 시편이 아닌 것은?
① 46편 ② 48편
③ 85편 ④ 122편

134 다음 중 시편 89편의 주제와 관련이 없는 시편은?
① 시 2편 ② 시 72편
③ 시 110편 ④ 시 133편

135 다음 중 표제어에 '기도'라는 표현이 등장하지 않는 시편은?
① 시 86편 ② 시 90편
③ 시 102편 ④ 시 107편

136 시편 제4권에는 표제가 없는 시편들이 많다. 다음 중 그에 해당하는 시편은 무엇인가?
① 90편 ② 91편
③ 92편 ④ 100편

137 "여호와여 큰 물이 소리를 높였고 큰 물이 그 소리를 높였고 큰 물이 그 물결을 높이나이다 높이 계신 여호와의 능력은 많은 물 소리와 바다의 큰 파도보다 크니이다"라는 표현이 나오는 시편은?
① 시 87편 ② 시 90편
③ 시 93편 ④ 시 110편

138 "여호와여 (　)하시는 하나님이여 (　)하시는

124_③ 125_④ 126_③ 127_④ 128_③ 129_④ 130_② 131_① 132_③ 133_③ 134_④ 135_④ 136_② 137_③

하나님이여 빛을 비추소서"(시 94:1)의 괄호에 공통으로 들어갈 말은?
① 복수 ② 사랑
③ 보호 ④ 심판

139 다음 중 '여호와께서 다스리신다'는 표현이 등장하지 않는 시편은? (시 93:1; 96:10; 97:1)
① 시 93편 ② 시 94편
③ 시 96편 ④ 시 97편

140 다음 중 하나님과의 관계를 그의 '백성'과 '양'으로 표현하고 있는 시편이 아닌 것은? (시 79:13; 95:7; 100:3)
① 시 79편 ② 시 95편
③ 시 97편 ④ 시 100편

141 다음 중 하나님이 왕이심을 찬양하는 시편은?
① 48편 ② 85편
③ 96편 ④ 111편

142 "그의 제사장들 중에는 모세와 아론이 있고 그의 이름을 부르는 자들 중에는 ( )이 있도다. 그들이 여호와께 간구하매 응답하셨도다"(시 99:6)의 괄호에 들어갈 말은?
① 미리암 ② 사무엘
③ 다윗 ④ 사독

143 다음 중 시편 99편에 등장하는 인물이 아닌 것은? (시 99:6)
① 아브라함 ② 모세
③ 아론 ④ 사무엘

144 "거짓을 행하는 자는 내 집 안에 거주하지 못하며 거짓말하는 자는 내 목전에 서지 못하리로다"라고 고백한 다윗의 시는 시편 몇 편인가?
① 101편 ② 102편
③ 104편 ④ 106편

145 "여호와께서 빈궁한 자의 ( ) 돌아보시며 그들의 ( ) 멸시하지 아니하셨도다"(시 102:17)의 괄호에 공통으로 들어갈 말은?
① 이웃을 ② 기도를
③ 은혜를 ④ 짐승을

146 다음 중 '그의 종들' 혹은 '주의 '종들'이라는 표현이 등장하지 않는 시편은?
① 34편 ② 69편
③ 102편 ④ 118편

147 "내 영혼아 여호와를 송축하라"라는 표현으로 시작하는 두 개의 시편은?
① 시 101-102편 ② 시 102-103편
③ 시 103-104편 ④ 시 104-105편

148 "인생은 그 날이 풀과 같으며 그 영화가 들의 꽃과 같도다 그것은 바람이 지나가면 없어지나니 그 있던 자리도 다시 알지 못하거니와 여호와의 인자하심은 자기를 경외하는 자에게 영원부터 영원까지 이르며 그의 공의는 자손의 자손에게 이르리니"라는 표현이 나오는 시편은?
① 103편 ② 105편
③ 106편 ④ 110편

149 "아버지가 자식을 긍휼히 여김 같이 여호와께서는 자기를 ( )하는 자를 긍휼히 여시나니 이는 그가 우리의 ( )을 아시며 우리가 단지 먼지뿐임을 기억하심이로다"(시 103:13-14)의 두 괄호에 들어갈 말을 차례대로 바르게 적은 것은?
① 사랑, 체질 ② 사랑, 기질
③ 경외, 체질 ④ 경외, 기질

150 다음 중 '할렐루야'로 끝나는 시편이 아닌 것은? (시 104:35; 105:45; 106:48)
① 시 103편 ② 시 104편
③ 시 105편 ④ 시 106편

151 "주께서 옷을 입음 같이 ( )을 입으시며 하늘을 휘장같이 치시며 물에 자기 누각의 들보를 얹으시며 ( )으로 자기 수레를 삼으시고 ( ) 날개로 다니시며 … ( )으로 자기 사역자를 삼으시며 땅에 기초를 놓으사 영원히 흔들리지 아니하게 하셨나이다"(시 104:2-5)의 괄호에 들어갈 낱말을 차례대로 바르게 적은 것은?

시

138_① 139_② 140_③ 141_③ 142_② 143_① 144_① 145_② 146_④ 147_③ 148_① 149_③ 150_① 151_②

① 구름, 바람, 불꽃, 빛
② 빛, 구름, 바람, 불꽃
③ 구름, 빛, 불꽃, 바람
④ 불꽃, 빛, 바람, 구름

152 시편 가운데 '리워야단'이 등장하는 두 개의 시편은? (시 74:14; 104:26)
① 시 77편, 103편 ② 시 74편, 104편
③ 시 77편, 104편 ④ 시 74편, 103편

153 다음 중 이스라엘 역사를 다루고 있는 시편이 아닌 것은?
① 78편 ② 88편
③ 105편 ④ 106편

154 "그들이 또 브올의 바알과 연합하여 죽은 자에게 제사한 음식을 먹어서 그 행위로 주를 격노하게 함으로써 재앙이 그들 중에 크게 유행하였도다 그 때에 비느하스가 일어서서 중재하니 이에 재앙이 그쳤도다"라는 내용이 들어 있는 시편은?
① 103편 ② 105편
③ 106편 ④ 110편

155 "무릇 주의 인자는 커서 하늘에 미치고 주의 진리는 궁창에 이르나이다 하나님이여 주는 하늘 위에 높이 들리시며 주의 영광이 온 세계 위에 높아지기를 원하나이다"(시 57:10-11)라는 싯구가 거의 달라지지 않고 또 다시 언급되는 시는?
① 시 108편 ② 시 107편
③ 시 106편 ④ 시 105편

156 "여호와께 감사하라 그는 선하시며 그 인자하심이 영원함이로다"는 표현이 등장하지 않는 시편은? (시 106:1; 118:1; 136:1)
① 시 106편 ② 시 108편
③ 시 118편 ④ 시 136편

157 다음 중 시편 57편 1-11절과 시편 60편 1-12절의 내용의 조합으로 이루어진 시편은?
① 시 106편 ② 시 108편
③ 시 118편 ④ 시 136편

158 "길르앗이 내 것이요 므낫세도 내 것이며 에브라임은 내 머리의 투구요 유다는 나의 규이며"(시 108:8)는 누구의 찬송시에 나오는 말씀인가?
① 다윗 ② 솔로몬
③ 헤만 ④ 아삽

159 다음 시편 가운데서 예수 그리스도와 관련하여 신약 성경에 인용되지 않은 것은?
① 시 2편 ② 시 22편
③ 시 110편 ④ 시 111편

160 이스라엘 왕을 주제로 한 시편은?
① 3편 ② 24편
③ 44편 ④ 110편

161 다음 중 서로 짝이 되는 소위 '쌍둥이' 시편이 아닌 것은?
① 시 88-89편 ② 시 105-106편
③ 시 111-112편 ④ 시 135-136편

162 "여호와를 경외함이 지혜의 근본이라 그의 계명을 지키는 자는 다 훌륭한 지각을 가진 자이니 여호와를 찬양함이 영원히 계속되리로다"라는 표현이 나오는 시편은?
① 110편 ② 111편
③ 112편 ④ 113편

163 "여호와께서는 자기를 ( )하는 자들에게 양식을 주시며 그의 ( )을 영원히 기억하시리로다"(시 111:5)의 두 괄호 안에 들어갈 말을 차례대로 바르게 적은 것은?
① 사랑, 사랑 ② 순종, 사랑
③ 경외, 언약 ④ 사랑, 은혜

164 "이스라엘이 애굽에서 나오며 야곱의 집안이 언어가 다른 민족에게서 나올 때에 유다는 여호와의 성소가 되고 이스라엘은 그의 영토가 되었도다"는 시편은 몇 편에 속하는가?
① 114편 ② 115편

152_② 153_② 154_③ 155_① 156_② 157_② 158_① 159_④ 160_④ 161_① 162_② 163_③ 164_①

③ 116편 ④ 117편

165 시편 115편 9-11절에서 "여호와를 의지하(여)라 그는 너희의 도움이시요 너희의 방패시로다"는 외침의 대상으로 나타나지 않는 것은?
① 이스라엘
② 모세의 집
③ 아론의 집
④ 여호와를 경외하는 자들

166 "여호와께서 우리를 생각하사 복을 주시되 이스라엘 집에도 복을 주시고 아론의 집에도 복을 주시며"라는 표현이 나오는 시편은?
① 114편 ② 115편
③ 116편 ④ 117편

167 생명이 없고 무력한 우상의 허구를 폭로하고 있는 시편으로 묶인 것은?
① 시 66, 101편 ② 시 87, 111편
③ 시 113, 132편 ④ 시 115, 135편

168 시편 기자가 자신을 '주의 종'이라고 인식하면서 동시에 '주의 여종의 아들'이라고 자신을 지칭하고 있는 두 개의 시편은?
① 시 86, 116편 ② 시 87, 117편
③ 시 88, 118편 ④ 시 89, 119편

169 "주는 긍휼히 여기시며 은혜를 베푸시며 노하기를 더디하시며 인자와 진실이 풍성하신 하나님이시오니"와 유사한 하나님의 성품에 대한 묘사가 아닌 구절은? (시 116:5)
① 시 86:15 ② 시 103:8
③ 시 115:6 ④ 시 145:8

170 "너희 모든 나라들아 여호와를 찬양하며 너희 모든 백성들아 그를 찬송할지어다"는 시편 몇 편에 나오는 말씀인가?
① 117편 ② 118편
③ 119편 ④ 120편

171 다음 중 "여호와께 감사하라 그는 선하시며 그의 인자하심이 영원함이로다"는 표현으로 시작하는 시편이 아닌 것은?
① 시 107편 ② 시 116편
③ 시 118편 ④ 시 136편

172 다음 중 요청의 대상으로 '이스라엘'과 '아론의 집'과 '여호와를 경외하는 자'가 동시에 등장하는 시편으로 묶인 것은?
① 시 111편과 112편
② 시 115편과 118편
③ 시 133편과 135편
④ 시 136편과 138편

173 "행위가 온전하여 여호와의 율법을 따라 행하는 자들은 복이 있음이여"로 시작하는 시편은?
① 시 117편 ② 시 118편
③ 시 119편 ④ 시 120편

174 "내가 주의 법을 어찌 그리 사랑하는지요 내가 그것을 ( ) 작은 소리로 읊조리나이다"(시 119:97)의 괄호에 들어갈 말은?
① 순간마다 ② 항상
③ 종일 ④ 쉬지 않고

175 '성전에 올라가는 노래'에 속하지 않는 말씀은? (시 119편)
① "여호와께서 집을 세우지 아니하시면 세우는 자의 수고가 헛되며"
② "형제가 연합하여 동거함이 어찌 그리 선하고 아름다운고"
③ "주의 말씀은 내 발에 등이요 내 길에 빛이니이다"
④ "내가 산을 향하여 눈을 들리라 나의 도움이 어디서 올까"

176 시편에서 '성전에 올라가는 노래'의 범위는?
① 시 120-130편 ② 시 120-134편
③ 시 122-130편 ④ 시 122-134편

177 다음 중 '성전에 올라가는 노래'들의 내용이 아닌 것은? (시 137편)
① "여호와께서 너의 출입을 지금부터 영원까지 지키시리로다"

165_② 166_② 167_④ 168_① 169_③ 170_① 171_② 172_② 173_③ 174_③ 175_③ 176_② 177_③

② "예루살렘을 위하여 평안을 구하라"
③ "우리가 바벨론의 여러 강변 거기에 앉아서 시온을 기억하며 울었도다"
④ "여호와께서 시온의 포로를 돌리실 때에 우리가 꿈꾸는 것 같았도다"

178 "이스라엘아 여호와를 바랄지어다 여호와께서는 인자하심과 풍성한 ( )이 있음이라 그가 이스라엘을 그의 모든 죄악에서 ( )하시리로다"(시 130:7-8)의 괄호에 공통으로 들어갈 말은?
① 구속 ② 구원
③ 속량 ④ 사랑

179 "여호와의 처소 곧 야곱의 전능자의 성막을 발견하기까지 하리라 하였나이다 우리가 그것이 ( )에 있다 함을 들었더니 나무 밭에서 찾았도다"(시 132:5-6)의 괄호 안에 들어갈 말은?
① 벧세메스 ② 기럇여아림
③ 에브랏 ④ 에브라다

180 "내가 그 제사장들에게 구원을 옷 입히리니 그 성도들은 즐거이 외치리로다 내가 거기서 다윗에게 ( ) 나게 할 것이라 내가 내 기름 부음 받은 자를 위하여 ( ) 준비하였도다"(시 132:16-17)의 괄호 안에 차례대로 들어갈 말은?
① 줄기가, 등을 ② 줄기가, 기름을
③ 뿔이, 등을 ④ 뿔이, 기름을

181 "헐몬의 이슬이 시온의 산들에 내림 같도다 거기서 여호와께서 복을 명령하셨나니 곧 ( )이로다"(시 133:3)의 괄호에 들어갈 말은?
① 생명 ② 축복
③ 영생 ④ 행복

182 "보라 밤에 여호와의 성전에 서 있는 여호와의 모든 종들아 여호와를 송축하라 성소를 향하여 너희 손을 들고 여호와를 송축하라 천지를 지으신 여호와께서 시온에서 네게 복을 주실지어다"는 어떤 시편의 내용인가?
① 시 130편 ② 시 132편
③ 시 134편 ④ 시 136편

183 "( ) 족속아 여호와를 송축하라 ( )의 족속아 여호와를 송축하라 ( ) 족속아 여호와를 송축하라 여호와를 경외하는 너희들아 여호와를 송축하라"(시 135:19-20)의 괄호 안에 들어갈 말이 아닌 것은?
① 이스라엘 ② 아론
③ 레위 ④ 요셉

184 다음 중 "모든 육체"라는 표현이 등장하지 않는 곳은?
① 시 45:3 ② 시 65:2
③ 시 136:25 ④ 시 145:21

185 "내가 전심으로 주께 감사하며 ( ) 앞에서 주께 찬송하리이다 내가 주의 성전을 향하여 예배하며 주의 인자하심과 성실하심으로 말미암아 주의 이름에 감사하오리니 이는 주께서 주의 말씀을 주의 모든 이름보다 높게 하셨음이라"(시 138:1-2)의 괄호 안에 들어갈 말은?
① 민족들 ② 백성들
③ 산들 ④ 신들

186 "여호와여 주께서 나를 살펴 보셨으므로 나를 아시나이다 주께서 내가 앉고 일어섬을 아시고 멀리서도 나의 생각을 밝히 아시오며"는 표현으로 시작하는 시편은?
① 137편 ② 138편
③ 139편 ④ 140편

187 "내가 알거니와 여호와는 고난 당하는 자를 변호해 주시며 궁핍한 자에게 정의를 베푸시리이다 진실로 의인들이 주의 이름에 감사하며 정직한 자들이 주의 앞에서 살리이다"라는 표현으로 마치는 시편은? (시 140:12-13)
① 시 140편 ② 시 141편
③ 시 142편 ④ 시 143편

188 "내가 소리 내어 여호와께 부르짖으며 소리 내어 여호와께 간구하는도다 내가 내 원통함을 그의 앞에 토로하며 내 우환을 그의 앞에 진술

178_③ 179_④ 180_③ 181_③ 182_③ 183_④ 184_① 185_④ 186_③ 187_① 188_③

하는도다"는 표현으로 시작하는 시편은?
① 시 140편 ② 시 141편
③ 시 142편 ④ 시 143편

189 다음 중 '주의 영'이라는 표현이 등장하지 않는 곳은?
① 시 104:30 ② 시 139:7
③ 시 143:10 ④ 시 145:3

190 "주는 나의 하나님이시니 나를 가르쳐 주의 뜻을 행하게 하소서 주의 ( )은 선하시니 나를 공평한 땅에 인도하소서 여호와여 주의 이름을 위하여 나를 살리시고 주의 ( )로 내 영혼을 환난에서 끌어내소서"(시 143:10-11)의 괄호 안에 차례대로 들어갈 말은?
① 뜻, 의 ② 영, 의
③ 뜻, 팔 ④ 영, 팔

191 다음 중 하나님 앞에서는 모두가 죄인이요 의로운 인생이 하나도 없다는 사실을 말하고 있지 않는 구절은?
① 시 51:3 ② 시 122:6
③ 시 130:3 ④ 시 143:2

192 "사람이 무엇이기에 주께서 그를 생각하시며 인자가 무엇이기에 주께서 저를 돌보시나이까"(시 8:4)라는 것과 매우 유사한 표현이 등장하는 곳은?
① 시 132:3 ② 시 135:3
③ 시 140:3 ④ 시 144:3

193 다음 중 '인생무상'(人生無常)의 주제가 다루어지고 있지 않는 곳은?
① 시 52:8-9 ② 시 90:3-6
③ 시 103:14-15 ④ 시 144:3-4

194 "왕이신 나의 하나님이여 내가 주를 높이고 영원히 주의 이름을 송축하리이다"라는 고백이 들어 있는 시편은?
① 145편 ② 146편
③ 147편 ④ 148편

195 "여호와께서는 모든 넘어지는 자들을 붙드시며 비굴한 자들을 일으키시는도다 모든 사람의 눈이 주를 앙망하오니 주는 때를 따라 그들에게 먹을 것을 주시며 손을 펴사 모든 ( )의 소원을 만족하게 하시나이다"(시 145:14-16)의 괄호 안에 들어갈 말은?
① 백성 ② 짐승
③ 영혼 ④ 생물

196 다음 중 시편 146편에 등장하지 않는 표현은?
① 여호와는 천지와 바다와 그 중의 만물을 지으시며 영원히 진실함을 지키시며
② 여호와께서 맹인들의 눈을 여시며 여호와께서 비굴한 자들을 일으키시며
③ 여호와께서 의인들을 사랑하시며 여호와께서 나그네들을 보호하시며 고아와 과부를 붙드시고
④ 여호와께서 자기를 사랑하는 자들은 다 보호하시고 악인들은 다 멸하시리로다

197 다음 중 하나님이 '말씀을 보낸다'는 표현이 등장하는 두 개의 시편은?
① 시 105편, 145편 ② 시 106편, 146편
③ 시 107편, 147편 ④ 시 108편, 148편

198 다음 중 하나님의 '창조세계'를 노래하고 있는 시편이 아닌 것은?
① 시 8편 ② 시 20편
③ 시 104편 ④ 시 147편

199 '새 노래'에 대한 언급이 나타나지 않는 시편은? (시 33:3; 96:1; 144:9)
① 33편 ② 96편
③ 144편 ④ 148편

200 "성도들은 영광 중에 즐거워하며 그들의 침상에서 기쁨으로 노래할지어다 그들의 입에는 하나님에 대한 ( ) 있고 그들의 손에는 두 날 가진 ( ) 있도다"(시 149:5-6)의 괄호 안에 차례대로 들어갈 말은?
① 찬양이, 칼이 ② 노래가, 칼이
③ 찬양이, 창이 ④ 노래가, 창이

189_④ 190_② 191_② 192_④ 193_① 194_① 195_④ 196_④ 197_③ 198_② 199_④ 200_①

시

201 "할렐루야 그의 ( )에서 하나님을 찬양하며 그의 권능의 ( )에서 그를 찬양할지어다 그의 능하신 행동을 찬양하며 그의 지극히 위대하심을 따라 찬양할지어다"(시 150:1-2)의 괄호 안에 차례대로 들어갈 말은?
① 처소, 하늘 ② 처소, 궁창
③ 성소, 궁창 ④ 성소, 하늘

202 시편 150편의 찬양 도구로는 나타나지만, 81편에는 나타나지 않는 찬양도구는 어떤 것인가?
① 나팔 ② 비파
③ 수금 ④ 퉁소

203 다음 중 '다윗의 시'라는 표제어가 붙어 있는 시편이 아닌 것은?
① 시 133편 ② 시 137편
③ 시 139편 ④ 시 145편

204 다음 중 표제어가 붙어 있는 시편은?
① 시 2편 ② 시 33편
③ 시 92편 ④ 시 105편

205 다음 중 '고라 자손의 시'가 아닌 것은?
① 시 84편 ② 시 85편
③ 시 86편 ④ 시 87편

206 다음 중 '아삽의 시'가 아닌 것은?
① 시 50편 ② 시 70편
③ 시 73편 ④ 시 83편

【B등급】

207 "어찌하여 이방 나라들이 분노하며 민족들이 헛된 일을 꾸미는가? 세상의 군왕들이 나서며 관원들이 서로 꾀하여 여호와와 그의 ( )를 대적하며"(시 2:1-2)의 괄호 안에 들어갈 말은?
① 의지하는 자 ② 기름 부음 받은 자
③ 의뢰하는 자 ④ 사랑하는 자

208 "그런즉 군왕들아 너희는 ( )를 얻으며 세상의 재판관들아 너희는 ( )을 받을지어다"(시 2:10)의 괄호 안에 차례대로 들어갈 말은?
① 지혜, 율법 ② 교훈, 율법
③ 공의, 심판 ④ 지혜, 교훈

209 "내가 나의 목소리로 여호와께 부르짖으니 그의 ( )에서 응답하시는도다"(시 3:4)의 괄호 안에 들어갈 말은?
① 처소 ② 보좌
③ 성산 ④ 장막

210 "내가 누워 자고 깨었으니 여호와께서 나를 붙드심이로다. ( )이 나를 에워싸 진 친다 하여도 나는 두려워하지 아니하리이다"(시 3:5-6)의 괄호 안에 들어갈 말은?
① 백만인 ② 천만인
③ 만만인 ④ 일만인

211 "( )은 여호와께 있사오니 주의 복을 주의 백성에게 내리소서"(시 3:8)의 괄호 안에 들어갈 말은?
① 구원 ② 심판
③ 전쟁 ④ 축복

212 "내 ( )의 하나님이여 내가 부를 때에 응답하소서 곤란 중에 나를 너그럽게 하셨사오니 내게 은혜를 베푸사 나의 ( )를 들으소서"(시 4:1)의 괄호 안에 차례대로 들어갈 말은?
① 자비, 간구 ② 의, 기도
③ 공의, 간구 ④ 긍휼, 기도

213 "너희는 떨며 범죄하지 말지어다. 자리에 누워 심중에 말하고 잠잠할지어다. ( )의 제사를 드리고 여호와를 의지할지어다"(시 4:4-5)의 괄호 안에 들어갈 말은?
① 거룩 ② 찬양
③ 감사 ④ 의

214 "주께서 내 마음에 두신 ( )은 그들의 ( )과 새 ( )가 풍성할 때보다 더하니이다. 내가 평안히 눕고 자기도 하리니 나를 안전히 살게 하

201_③ 202_④ 203_② 204_③ 205_③ 206_② 207_② 208_④ 209_③ 210_② 211_① 212_② 213_④ 214_④

시는 이는 오직 여호와이시니이다"(시 4:7-8)의 괄호 안에 들어갈 말이 아닌 것은?
① 기쁨 ② 곡식
③ 포도주 ④ 평안

215 "오직 나는 주의 풍성한 ( )을 힘입어 주의 집에 들어가 주를 경외함으로 성전을 향하여 예배하리이다"(시 5:7)의 괄호 안에 들어갈 말은?
① 사랑 ② 긍휼
③ 구원 ④ 평안

216 "여호와여 주는 ( )에게 복을 주시고 방패로 함 같이 은혜로 그를 호위하시리이다"(시 5:12)의 괄호 안에 들어갈 말은?
① 자녀 ② 성도
③ 의인 ④ 성인

217 "여호와여 돌아와 나의 영혼을 건지시며 주의 ( )으로 나를 구원하소서"(시 6:4)의 괄호 안에 들어갈 말은?
① 기적 ② 사랑
③ 긍휼 ④ 평안

218 "악을 행하는 너희는 다 나를 ( ) 여호와께서 내 울음소리를 들으셨도다. 여호와께서 내 간구를 들으셨음이여 여호와께서 내 기도를 받으시리로다"(시 6:8-9)의 괄호 안에 들어갈 말은?
① 보라 ② 구하라
③ 떠나라 ④ 버리라

219 "내가 여호와께 그의 ( ) 따라 감사함이여 지존하신 여호와의 이름을 찬양하리로다"(시 7:17)의 괄호 안에 들어갈 말은?
① 의를 ② 사랑을
③ 구원을 ④ 지혜를

220 "( )이 무엇이기에 주께서 그를 생각하시며 ( )가 무엇이기에 주께서 그를 돌보시나이까"(시 8:4)의 괄호 안에 차례대로 들어갈 말은?
① 인간, 인류 ② 인생, 인자
③ 인생, 인류 ④ 사람, 인자

221 "그를 ( )보다 조금 못하게 하시고 영화와 존귀로 관을 씌우셨나이다"(시 8:5)의 괄호 안에 들어갈 말은?
① 하나님 ② 인간
③ 그룹 ④ 짐승

222 "여호와여 일어나사 ( )으로 승리를 얻지 못하게 하시며 이방 나라들이 주 앞에서 심판을 받게 하소서. 여호와여 그들을 두렵게 하시며 이방 나라들이 자기는 ( )일 뿐인 줄 알게 하소서"(시 9:19-20)의 괄호 안에 공통으로 들어갈 말은?
① 바람 ② 인생
③ 사람 ④ 입김

223 "너희는 ( )에 계신 여호와를 찬송하며 그의 행사를 백성 중에 선포할지어다"(시 9:11)의 괄호 안에 들어갈 말은?
① 보좌 ② 찬양
③ 시온 ④ 성전

224 "여호와께서는 영원무궁하도록 ( )이시니 이방 나라들이 주의 땅에서 멸망하였나이다"(시 10:16)의 괄호 안에 들어갈 말은?
① 목자 ② 재판장
③ 방패 ④ 왕

225 "여호와께서는 그의 ( )에 계시고 여호와의 보좌는 ( )에 있음이여 그의 눈이 인생을 통촉하시고 그의 안목이 그들을 감찰하시도다"(시 11:4)의 괄호 안에 차례대로 들어갈 말은?
① 성전, 시온 ② 거처, 하늘
③ 성전, 하늘 ④ 거처, 시온

226 "여호와는 의로우사 의로운 일을 좋아하시나니 ( ) 자는 그의 얼굴을 뵈오리로다"(시 11:7)의 괄호 안에 들어갈 말은?
① 정직한 ② 의로운
③ 청결한 ④ 신실한

215_① 216_③ 217_② 218_③ 219_① 220_④ 221_① 222_② 223_③ 224_④ 225_③ 226_①

시

227 "여호와의 말씀은 순결함이여 흙 도가니에 ( ) 단련한 은 같도다"(시 12:6)의 괄호 안에 들어갈 말은?
① 세 번 ② 일곱 번
③ 열 번 ④ 일흔 번

228 "나는 오직 주의 ( ) 의지하였사오니 나의 마음은 주의 ( ) 기뻐하리이다"(시 13:5)의 괄호 안에 차례대로 들어갈 말은?
① 자비를, 긍휼을 ② 은총을, 공의를
③ 말씀을, 율법을 ④ 사랑을, 구원을

229 "여호와께서 하늘에서 인생을 굽어 살피사 지각이 있어 하나님을 찾는 자가 있는가 보려 하신즉 다 치우쳐 함께 더러운 자가 되고 선을 행하는 자가 없으니 ( ) 없도다"(시 14:2-3)의 괄호 안에 들어갈 말은?
① 하나도 ② 몇 사람도
③ 조금도 ④ 아무도

230 "죄악을 행하는 자는 다 무지하냐 그들이 떡 먹듯이 내 백성을 먹으면서 여호와를 부르지 아니하는도다. 그러나 거기서 그들은 두려워하고 두려워하였으니 하나님이 의인의 ( )에 계심이로다"(시 14:4-5)의 괄호 안에 들어갈 말은?
① 무리 ② 세대
③ 모임 ④ 회중

231 "내가 여호와를 항상 내 앞에 모심이여 그가 나의 ( )에 계시므로 내가 흔들리지 아니하리로다"(시 16:8)의 괄호 안에 들어갈 말은?
① 오른쪽 ② 왼쪽
③ 앞쪽 ④ 뒤쪽

232 "이러므로 나의 ( )이 기쁘고 나의 ( )도 즐거워하며 내 ( )도 안전히 살리니"(시 16:9)의 괄호 안에 들어갈 말이 아닌 것은?
① 마음 ② 영
③ 육체 ④ 생명

233 "주께 피하는 자들을 그 일어나 치는 자들에게서 ( )으로 구원하시는 주여 주의 기이한 ( )을 나타내소서. 나를 눈동자 같이 지키시고 주의 날개 그늘 아래에 감추사"(시 17:7-8)의 괄호 안에 차례대로 들어갈 말은?
① 오른손, 사랑 ② 능력, 사랑
③ 능력, 긍휼 ④ 오른손, 긍휼

234 "나는 의로운 중에 주의 얼굴을 뵈오리니 깰 때에 주의 ( )으로 만족하리이다"(시 17:15)의 괄호 안에 들어갈 말은?
① 거룩 ② 사랑
③ 형상 ④ 계심

235 "여호와는 나의 반석이시요 나의 요새시요 나를 건지시는 이시요 나의 하나님이시요 내가 그 안에 피할 나의 바위시요 나의 방패시요 나의 구원의 뿔이시요 나의 산성이시로다"는 표현이 있는 시편은? (시 18:2)
① 시 18편 ② 시 48편
③ 시 68편 ④ 시 118편

236 "내가 환난 중에서 여호와께 아뢰며 나의 하나님께 부르짖었더니 그가 그의 ( )에서 내 소리를 들으심이여 그의 앞에서 나의 부르짖음이 그의 귀에 들렸도다"(시 18:6)의 괄호 안에 들어갈 말은?
① 하늘 ② 처소
③ 성전 ④ 보좌

237 "나를 넓은 곳으로 인도하시고 나를 기뻐하시므로 나를 구원하셨도다"는 표현이 있는 시편은? (시 18:19)
① 시 8편 ② 시 18편
③ 시 28편 ④ 시 38편

238 "자비로운 자에게는 주의 자비로우심을 나타내시며 완전한 자에게는 주의 완전하심을 보이시며 깨끗한 자에게는 주의 깨끗하심을 보이시며 사악한 자에게는 주의 ( )을 보이시리니"의 괄호 안에 들어갈 말은? (시 18:25-26)
① 공의로우심 ② 함께하심
③ 살아계심 ④ 거스르심

227_② 228_④ 229_① 230_② 231_① 232_④ 233_① 234_③ 235_① 236_③ 237_② 238_④

239 "날은 날에게 말하고 밤은 밤에게 지식을 전하니 언어도 없고 말씀도 없으며 들리는 소리도 없으나 … 여호와의 율법은 완전하여 영혼을 소성시키며 여호와의 증거는 확실하여 우둔한 자를 지혜롭게 하며"라고 노래한 시편은?
① 18편 ② 19편
③ 20편 ④ 21편

240 "환난 날에 여호와께서 네게 응답하시고 야곱의 하나님의 이름이 너를 높이 드시며 ( )에서 너를 도와주시고 ( )에서 너를 붙드시며"(시 20:1-2)의 괄호 안에 차례대로 들어갈 말은?
① 성소, 시온 ② 곤경, 환난
③ 그물, 함정 ④ 광야, 사막

241 "여호와께서 자기에게 ( ) 받은 자를 구원하시는 줄 이제 내가 아노니 그의 오른손의 구원하는 힘으로 그의 거룩한 하늘에서 그에게 응답하시리로다"(시 20:6)의 괄호 안에 들어갈 말은?
① 은총 ② 선택
③ 기름 부음 ④ 버림

242 "이스라엘의 찬송 중에 계시는 주여 주는 거룩하시니이다"라는 표현이 들어 있는 시편은?
① 시 12편 ② 시 22편
③ 시 32편 ④ 시 42편

243 "( )은/는 여호와의 것이요 여호와는 모든 ( )의 주재심이로다"(시 22:28)의 괄호 안에 공통으로 들어갈 말은?
① 전쟁 ② 구원
③ 나라 ④ 승리

244 "이스라엘의 ( ) 중에 계시는 주여 주는 거룩하시니이다"(시 22:3)의 괄호 안에 들어갈 말은?
① 제사 ② 예배
③ 기도 ④ 찬송

245 "내가 주의 이름을 형제에게 선포하고 회중 가운데에서 주를 찬송하리이다"라는 표현이 들어 있는 시편은? (시 22:22)
① 시 11편 ② 시 12편
③ 시 21편 ④ 시 22편

246 "땅과 거기에 충만한 것과 세계와 그 가운데에 사는 자들은 다 여호와의 것이로다. 여호와께서 그 터를 바다 위에 세우심이여 강들 위에 건설하셨도다"는 구절이 들어 있는 시편은? (시 24:1-2)
① 시 24편 ② 시 44편
③ 시 84편 ④ 시 104편

247 "여호와는 선하시고 정직하시니 그러므로 그의 도로 죄인들을 교훈하시리로다. ( )를 정의로 지도하심이여 ( )에게 그의 도를 가르치시리로다"(시 25:8-9)의 괄호 안에 공통으로 들어갈 말은?
① 교만한 자 ② 불의한 자
③ 온유한 자 ④ 정직한 자

248 "여호와여 내 ( )의 죄와 허물을 기억하지 마시고 주의 인자하심을 따라 주께서 나를 기억하시되 주의 선하심으로 하옵소서"(시 25:7)의 괄호 안에 들어갈 말은?
① 젊은 시절 ② 중년 시절
③ 장년 시절 ④ 노년 시절

249 "내가 나의 ( )에 행하였사오며 흔들리지 아니하고 여호와를 의지하였사오니 여호와여 나를 판단하소서"(시 26:1)의 괄호 안에 들어갈 말은?
① 신실함 ② 완전함
③ 정직함 ④ 충실함

250 "내가 여호와께 바라는 한 가지 일 그것을 구하리니 곧 내가 내 평생에 ( )에 살면서 여호와의 아름다움을 바라보며 그의 ( )에서 사모하는 그것이라"(시 27:4)의 괄호 안에 차례대로 들어갈 말은?
① 주님의 집, 성막 ② 여호와의 궁, 성막
③ 주님의 궁, 성전 ④ 여호와의 집, 성전

시

239_② 240_① 241_③ 242_② 243_③ 244_④ 245_④ 246_① 247_③ 248_① 249_② 250_④

251 "내 부모는 나를 버렸으나 여호와는 나를 영접하시리이다"는 표현이 나오는 시편은?
① 시 17편 ② 시 27편
③ 시 37편 ④ 시 47편

252 "여호와는 그들의 힘이시요 그의 기름 부음 받은 자의 구원의 요새이시로다 주의 백성을 구원하시며 주의 산업에 복을 주시고 또 그들의 ( )가 되시어 영원토록 그들을 인도하소서"(시 28:8-9)의 괄호 안에 들어갈 말은?
① 통치자 ② 인도자
③ 목자 ④ 교사

253 "여호와께서 ( ) 때에 좌정하셨음이여 여호와께서 영원하도록 왕으로 좌정하시도다"(시 29:10)의 괄호 안에 들어갈 말은?
① 기근 ② 장마
③ 가뭄 ④ 홍수

254 "주께서 나의 슬픔이 변하여 내게 ( ) 되게 하시며 나의 베옷을 벗기고 ( ) 띠 띠우셨나이다"(시 30:11)의 괄호 안에 차례대로 들어갈 말은?
① 노래가, 즐거움으로
② 춤이, 기쁨으로
③ 기쁨이, 영광으로
④ 찬송이, 거룩함으로

255 "나의 ( )이 주의 손에 있사오니 내 원수들과 나를 핍박하는 자들의 손에서 나를 건져 주소서"(시 31:15)의 괄호 안에 들어갈 말은?
① 앞날 ② 훗날
③ 생명 ④ 영광

256 "너희 모든 성도들아 여호와를 ( ) 여호와께서 진실한 자를 보호하시고 교만하게 행하는 자에게 엄중히 갚으시느니라"(시 31:23)의 괄호 안에 들어갈 말은?
① 의뢰하라 ② 사랑하라
③ 경외하라 ④ 찬양하라

257 "너희 의인들아 여호와를 기뻐하며 즐거워할지어다 마음이 정직한 너희들아 다 즐거이 외칠지어다"라는 표현으로 끝나는 시편은?
① 시 31편 ② 시 32편
③ 시 33편 ④ 시 34편

258 "여호와는 마음이 상한 자를 가까이 하시고 충심으로 통회하는 자를 구원하시는도다"는 표현이 나오는 시편은? (시 34:18)
① 시 34편 ② 시 51편
③ 시 68편 ④ 시 84편

259 "내 모든 ( ) 이르기를 여호와와 같은 이가 누구냐 그는 가난한 자를 그보다 강한 자에게서 건지시고 가난하고 궁핍한 자를 노략하는 자에게서 건지시는 이라 하리로다"(시 35:10)의 괄호 안에 들어갈 말은?
① 혀가 ② 입술이
③ 살이 ④ 뼈가

260 "악인의 ( ) 그의 마음속으로 이르기를 그의 눈에는 하나님을 두려워하는 빛이 없다 하니"(시 36:1)의 괄호 안에 들어갈 말은?
① 모사가 ② 친구가
③ 무리가 ④ 죄가

261 "그가 스스로 자랑하기를 자기의 죄악은 드러나지 아니하고 미워함을 받지도 아니하리라 함이로다 그의 입에서 나오는 말은 죄악과 ( )이라 그는 지혜와 ( )을 그쳤도다"(시 36:2-3)의 괄호 안에 차례대로 들어갈 말은?
① 속임, 명철 ② 속임, 선행
③ 허물, 명철 ④ 허물, 선행

262 "나는 못 듣는 자 같이 듣지 아니하고 말 못하는 자 같이 입을 열지 아니하오니 나는 듣지 못하는 자 같아서 내 입에는 반박할 말이 없나이다"는 표현이 나오는 시편은?
① 시 36편 ② 시 37편
③ 시 38편 ④ 시 39편

263 "주께서 나의 날을 한 뼘 길이만큼 되게 하시매 나의 일생이 주 앞에는 없는 것 같사오니 사

251_② 252_③ 253_④ 254_② 255_① 256_② 257_② 258_① 259_④ 260_④ 261_② 262_③ 263_④

람은 그가 든든히 서 있는 때에도 진실로 모두 가 허사뿐이니이다"의 표현이 나오는 시편은?
① 시 36편 ② 시 37편
③ 시 38편 ④ 시 39편

264 "나의 하나님이여 내가 주의 뜻 행하기를 즐기오니 주의 ( )이 나의 심중에 있나이다 하였나이다"(시 40:8)의 괄호 안에 들어갈 말은?
① 길 ② 교훈
③ 법 ④ 말씀

265 "그들이 자기 ( ) 땅을 얻어 차지함이 아니요 그들의 ( ) 그들을 구원함도 아니라 오직 주의 오른손과 주의 팔과 주의 얼굴의 빛으로 하셨으니 주께서 그들을 기뻐하신 까닭이니이다"(시 44:3)의 괄호 안에 차례대로 들어갈 말은?
① 칼로, 팔이 ② 힘으로, 능력이
③ 지혜로, 사상이 ④ 말로, 힘이

266 "뭇 나라의 고관들이 모임이여 ( )의 하나님의 백성이 되도다 세상의 모든 방패는 하나님의 것임이여 그는 높임을 받으시리로다"의 괄호 안에 들어갈 말은? (시 47:9)
① 아브라함 ② 이삭
③ 야곱 ④ 요셉

267 "주께서 ( )으로 다시스의 배를 깨뜨리시도다"(시 48:7)에서 괄호에 들어갈 말은?
① 북풍 ② 동풍
③ 서풍 ④ 남풍

268 "환난 날에 나를 부르라 내가 너를 건지리니 네가 나를 영화롭게 하리로다"는 시편 몇 편에 나오는 말씀인가?
① 45편 ② 50편
③ 52편 ④ 55편

269 "주의 은택으로 ( )에 선을 행하시고 ( )성을 쌓으소서"(시 51:18)의 두 괄호 안에 들어갈 말을 차례대로 바르게 적은 것은?
① 예루살렘, 시온 ② 시온, 예루살렘
③ 시온, 베들레헴 ④ 예루살렘, 베들레헴

270 "내가 ( )로 주께 제사하리이다 여호와여 주의 이름에 감사하오리니 주의 이름이 선하심이니이다 참으로 주께서는 모든 환난에서 나를 건지시고 내 원수가 보응 받는 것을 내 눈이 똑똑히 보게 하셨나이다"(시 54:6-7)의 괄호 안에 들어갈 말은?
① 희생제 ② 자원제
③ 감사제 ④ 낙헌제

271 "네 ( ) 여호와께 맡기라 그가 너를 붙드시고 의인의 요동함을 영원히 허락하지 아니하시리로다"(시 55:22)의 괄호 안에 들어갈 말은?
① 고통을 ② 짐을
③ 죄를 ④ 원수를

272 "나는 말하기를 만일 내게 ( ) 같이 날개가 있다면 날아가서 편히 쉬리로다 내가 멀리 날아가서 광야에 머무르리로다"(시 55:6-7)의 괄호 안에 들어갈 말은?
① 참새 ② 제비
③ 비둘기 ④ 독수리

273 "나의 유리함을 주께서 계수하셨사오니 나의 눈물을 주의 ( )에 담으소서 이것이 주의 책에 기록되지 아니하였나이까"(시 56:8)의 괄호 안에 들어갈 말은?
① 항아리 ② 잔
③ 병 ④ 그릇

274 "그들의 입술의 말은 곧 그들의 입의 ( )라/이라 그들이 말하는 저주와 거짓말로 말미암아 그들이 그 교만한 중에서 사로잡히게 하소서"(시 59:12)의 괄호 안에 들어갈 말은?
① 열매 ② 꽃
③ 병 ④ 죄

275 "아, 슬프도다 사람은 입김이며 인생도 속임수이니 저울에 달면 그들은 입김보다 가벼우리로다"라는 표현이 등장하는 시편은?
① 시 60편 ② 시 61편

시

264_③ 265_① 266_① 267_② 268_② 269_② 270_④ 271_② 272_③ 273_③ 274_④ 275_③

③ 시 62편　④ 시 63편

276 "(　) 주여 모든 육체가 주께 나아오리이다 죄악이 나를 이겼사오니 우리의 허물을 주께서 사하시리이다"(시 65:2-3)의 괄호 안에 들어갈 말은?
① 기도를 들으시는　② 구원을 베푸시는
③ 찬양을 받으시는　④ 사망을 이기시는

277 "우리를 끌어 그물에 걸리게 하시며 어려운 짐을 우리 허리에 매어 두셨으며 사람들이 우리 (　)를 타고 가게 하셨나이다 우리가 불과 물을 통과하였더니 주께서 우리를 끌어내사 풍부한 곳에 들이셨나이다"(시 66:11-12)의 괄호 안에 들어갈 말은?
① 허리　② 머리
③ 다리　④ 이마

278 "하나님이여 주께서 흡족한 비를 보내사 주의 기업이 곤핍할 때에 주께서 그것을 견고하게 하셨고 주의 회중을 그 가운데에 살게 하셨나이다 하나님이여 주께서 (　) 자를 위하여 주의 은택을 준비하셨나이다"(시 68:9-10)의 괄호 안에 들어갈 말은?
① 가난한　② 신실한
③ 정직한　④ 의로운

279 "(　)의 산은 하나님의 산임이여 (　)의 산은 높은 산이로다"(시 68:15)의 괄호 안에 공통으로 들어갈 말은?
① 시온　② 바산
③ 헐몬　④ 에돔

280 "주의 집을 위하는 (　)이 나를 삼키고 주를 비방하는 (　)이 내게 미쳤나이다"(시 69:9)의 괄호 안에 차례대로 들어갈 말은?
① 질투, 비방　② 질투, 악독
③ 열성, 악독　④ 열성, 비방

281 "그들이 쓸개를 나의 음식물로 주며 목마를 때에는 초를 마시게 하였사오니 그들의 밥상이 올무가 되게 하시며 그들의 평안이 덫이 되게 하소서"는 표현이 등장하는 시편은?
① 시 49편　② 시 59편
③ 시 69편　④ 시 79편

282 "주를 찾는 모든 자들이 주로 말미암아 기뻐하고 즐거워하게 하시며 주의 (　)을 사랑하는 자들이 항상 말하기를 하나님은 위대하시다 하게 하소서"(시 70:4)의 괄호 안에 들어갈 말은?
① 구원　② 성실
③ 율법　④ 사랑

283 "내가 모태에서부터 주를 의지하였으며 나의 어머니의 배에서부터 주께서 나를 택하셨사오니 나는 항상 주를 찬송하리이다"는 표현이 등장하는 시편은?
① 시 70편　② 시 71편
③ 시 72편　④ 시 73편

284 "하나님이여 주의 판단력을 왕에게 주시고 주의 공의를 왕의 아들에게 주소서 그가 주의 백성을 공의로 재판하며 주의 가난한 자를 정의로 재판하리니 의로 말미암아 산들이 백성에게 평강을 주며 작은 산들도 그리하리로다"는 표현이 나오는 시편은 누구의 시라는 표제어가 붙었는가?
① 고라의 자손　② 아삽
③ 솔로몬　④ 다윗

285 "그가 주의 백성을 공의로 재판하며 주의 가난한 자를 정의로 재판하리니 의로 말미암아 산들이 백성에게 (　)을 주며 작은 산들도 그리하리로다"(시 72:2-3)의 괄호 안에 들어갈 말은?
① 구원　② 행복
③ 기쁨　④ 평강

286 "그는 궁핍한 자가 부르짖을 때에 건지며 도움이 없는 가난한 자도 건지며 그는 가난한 자와 궁핍한 자를 불쌍히 여기며 궁핍한 자의 생명을 구원하며 그들의 생명을 압박과 강포에서 구원하리니 그들의 피가 그의 눈 앞에서 존귀히 여김을 받으리로다"는 표현이 등장하는 시편은? (시 72:12-14)

276_① 277_② 278_① 279_② 280_④ 281_③ 282_① 283_② 284_③ 285_④ 286_③

① 시 52편　② 시 62편
③ 시 72편　④ 시 82편

287 "그는 벤 풀 위에 내리는 비 같이, 땅을 적시는 소낙비 같이 내리리니 그의 날에 의인이 흥왕하여 평강의 풍성함이 달이 다할 때까지 이르리로다"는 표현이 등장하는 시편은?
① 시 72편　② 시 73편
③ 시 74편　④ 시 75편

288 시편 5권의 책 중에 이새의 아들 다윗의 기도로 끝나는 책은 제 몇 권인가?
① 1권　② 2권
③ 3권　④ 4권

289 "하나님이 참으로 이스라엘 중 마음이 정결한 자에게 선을 행하시나 나는 거의 넘어질 뻔하였고 나의 걸음이 미끄러질 뻔하였으니"라는 표현으로 시작하는 시편은? (시 73:1-2)
① 시 72편　② 시 73편
③ 시 74편　④ 시 75편

290 "그들은 능욕하며 악하게 말하며 높은 데서 거만하게 말하며 그들의 입은 (　)에 두고 그들의 혀는 (　)에 두루 다니도다"의 괄호 안에 차례대로 들어갈 말은? (시 73:8-9)
① 공중, 땅　② 하늘, 음부
③ 공중, 바다　④ 하늘, 땅

291 "하나님께 가까이 함이 내게 복이라 내가 주 여호와를 나의 피난처로 삼아 주의 모든 행적을 전파하리이다"는 표현으로 끝나는 시편은?
① 시 72편　② 시 73편
③ 시 74편　④ 시 75편

292 "내가 이같이 우매 무지함으로 주 앞에 (　)이오나 내가 항상 주와 함께 하니 주께서 내 오른손을 붙드셨나이다"(시 73:22-23)의 괄호 안에 들어갈 말은?
① 바람　② 사람
③ 짐승　④ 벌레

293 "주의 교훈으로 나를 인도하시고 후에는 (　)으로 나를 영접하시리니 하늘에서는 주 외에 누가 내게 있으리요 땅에서는 주 밖에 내가 사모할 이 없나이다"(시 73:24-25)의 괄호 안에 들어갈 말은?
① 능력　② 영광
③ 구원　④ 거룩

294 "하나님이여 주께서 어찌하여 우리를 영원히 버리시나이까 어찌하여 주께서 기르시는 양을 향하여 진노의 연기를 뿜으시나이까"라는 표현으로 시작하는 시편은? (시 74:1)
① 시 72편　② 시 73편
③ 시 74편　④ 시 75편

295 "옛적부터 얻으시고 속량하사 주의 기업의 지파로 삼으신 주의 회중을 기억하시며 주께서 계시던 (　)도 생각하소서"(시 74:2)의 괄호 안에 들어갈 말은?
① 감람 산　② 호렙 산
③ 시내 산　④ 시온 산

296 "하나님은 예로부터 나의 (　)이시라 사람에게 구원을 베푸셨나이다"(시 74:12)의 괄호 안에 들어갈 말은?
① 구속자　② 권능
③ 왕　④ 능력

297 "주께서 주의 능력으로 바다를 나누시고 물 가운데 용들의 머리를 깨뜨리셨으며 리워야단의 머리를 부수시고 그것을 사막에 사는 자에게 음식물로 주셨으며"는 표현이 등장하는 시편은? (시 74:13-14)
① 시 14편　② 시 35편
③ 시 54편　④ 시 74편

298 "하나님이여 우리가 주께 감사하고 감사함은 주의 (　)이 가까움이라 사람들이 주의 기이한 일들을 전파하나이다"(시 75:1)의 괄호에 들어갈 말은?
① 평강　② 오심
③ 이름　④ 강림

287_① 288_② 289_② 290_④ 291_② 292_③ 293_② 294_③ 295_④ 296_③ 297_④ 298_③

299 "무릇 높이는 일이 동쪽에서나 서쪽에서 말미암지 아니하며 남쪽에서도 말미암지 아니하고 오직 ( )이신 하나님이 이를 낮추시고 저를 높이시느니라"(시 75:6-7)의 괄호 안에 들어갈 말은?
① 재판장 ② 왕
③ 목자 ④ 전능자

300 "하나님은 유다에 알려지셨으며 그의 이름이 이스라엘에 알려지셨도다 그의 장막은 ( )에 있음이여 그의 처소는 ( )에 있도다"(시 76:1-2)의 괄호 안에 차례대로 들어갈 말은?
① 유다, 이스라엘 ② 살렘, 시온
③ 광야, 사막 ④ 회중, 모임

301 "내가 내 ( ) 하나님께 부르짖으리니 내 ( ) 하나님께 부르짖으면 내게 귀를 기울이시리로다"(시 77:1)의 괄호 안에 공통으로 들어갈 말은?
① 탄식으로 ② 찬양으로
③ 기도로 ④ 음성으로

302 "나의 환난 날에 내가 주를 찾았으며 밤에는 내 손을 들고 거두지 아니하였나니 내 영혼이 위로 받기를 거절하였도다"는 표현이 등장하는 시편은? (시 77:2)
① 시 67편 ② 시 77편
③ 시 97편 ④ 시 107편

303 "밤에 부른 노래를 내가 기억하여 내 심령으로, 내가 내 마음으로 간구하기를 주께서 영원히 버리실까, 다시는 은혜를 베풀지 아니하실까, 그의 인자하심은 영원히 끝났는가, 그의 약속하심도 영구히 폐하였는가, 하나님이 그가 베푸실 은혜를 잊으셨는가, 노하심으로 그가 베푸실 긍휼을 그치셨는가 하였나이다"는 탄식이 들어 있는 시편은? (시 77:6-9)
① 시 57편 ② 시 67편
③ 시 77편 ④ 시 87편

304 "주의 백성을 양 떼 같이 모세와 아론의 손으로 인도하셨나이다"는 표현으로 종결되는 시편은? (시 77:20)
① 시 57편 ② 시 67편
③ 시 77편 ④ 시 87편

305 "그러므로 여호와께서 듣고 노하셨으며 야곱에게 불 같이 노하셨고 또한 이스라엘에게 진노가 불타 올랐으니 이는 하나님을 믿지 아니하며 그의 구원을 의지하지 아니한 때문이로다"는 표현이 등장하는 시편은?
① 시 77편 ② 시 78편
③ 시 105편 ④ 시 106편

306 "오직 하나님은 긍휼하시므로 죄악을 덮어 주시어 멸망시키지 아니하시고 그의 진노를 여러 번 돌이키시며 그의 모든 분을 다 쏟아 내지 아니하셨으니 그들은 육체이며 가고 다시 돌아오지 못하는 ( )임을 기억하셨음이라"(시 78:38-39)의 괄호 안에 들어갈 말은?
① 진토 ② 영혼
③ 인생 ④ 바람

307 "또 그의 종 다윗을 택하시되 양의 우리에서 취하시며 젖 양을 지키는 중에서 그들을 이끌어 내사 그의 백성인 야곱, 그의 소유인 이스라엘을 기르게 하셨더니 이에 그가 그들을 자기 마음의 ( )으로 기르고 그의 손의 ( )으로 그들을 지도하였도다"(시 78:70-72)의 괄호 안에 차례대로 들어갈 말은?
① 완전함, 능숙함 ② 거룩함, 완숙함
③ 겸손함, 완숙함 ④ 정직함, 능숙함

308 "그 때에 주께서 잠에서 깨어난 것처럼, 포도주를 마시고 고함치는 용사처럼 일어나사 그의 대적들을 쳐 물리쳐서 영원히 그들에게 욕되게 하셨도다"는 표현이 등장하는 시편은?
① 시 77편 ② 시 78편
③ 시 105편 ④ 시 106편

309 "주여 우리 이웃이 주를 비방한 그 비방을 그들의 품에 ( )나 갚으소서 우리는 주의 백성이요 주의 목장의 양이니 우리는 영원히 주께 감사하며 주의 영예를 대대에 전하리이다"(시

299_① 300_② 301_④ 302_② 303_③ 304_③ 305_② 306_④ 307_① 308_② 309_②

79:12-13)의 괄호 안에 들어갈 말은?
① 세 배 ② 칠 배
③ 열 배 ④ 백 배

310 "요셉을 양 떼 같이 인도하시는 이스라엘의 목자여 귀를 기울이소서 그룹 사이에 좌정하신 이여 빛을 비추소서 ( )과 ( )과 ( ) 앞에서 주의 능력을 나타내사 우리를 구원하러 오소서"(시 80:1-2)의 괄호 안에 들어갈 말이 아닌 것은?
① 에브라임 ② 베냐민
③ 므낫세 ④ 유다

311 "주의 오른쪽에 있는 자 곧 주를 위하여 힘있게 하신 ( )에게 주의 손을 얹으소서 그리하시면 우리가 주에게서 물러가지 아니하오리니 우리를 소생하게 하소서 우리가 주의 이름을 부르리이다"(시 80:17-18)의 괄호 안에 들어갈 말은?
① 인자 ② 자녀
③ 백성 ④ 왕

312 "너희 중에 다른 신을 두지 말며 이방 신에게 절하지 말지어다 나는 너를 애굽 땅에서 인도하여 낸 여호와 네 하나님이니 네 입을 크게 열라 내가 채우리라 하였으나"는 표현이 등장하는 시편은? (시 81:9-10)
① 시 61편 ② 시 71편
③ 시 81편 ④ 시 91편

313 "내 백성이 내 소리를 듣지 아니하며 이스라엘이 나를 원하지 아니하였도다 그러므로 내가 그의 마음을 완악한 대로 버려 두어 그의 임의대로 행하게 하였도다"는 표현이 등장하는 시편은? (시 81:11-12)
① 시 80편 ② 시 81편
③ 시 82편 ④ 시 83편

314 "하나님은 ( )의 모임 가운데에 서시며 하나님은 그들 가운데에서 재판하시느니라"(시 82:1)의 괄호 안에 들어갈 말은?
① 신들 ② 왕들
③ 재판장들 ④ 천사들

315 "내가 말하기를 너희는 신들이며 다 지존자의 아들들이라 하였으나"는 표현이 등장하는 시편은? (시 82:6)
① 시 80편 ② 시 81편
③ 시 82편 ④ 시 83편

316 시편 83편에 등장하는 외적이 아닌 것은? (시 83:6-8)
① 에돔 ② 암몬
③ 앗수르 ④ 바벨론

317 사사시대에 하나님이 승리하게 하신 것을 기억하고 하나님이 개입하셔서 자신들의 곤경에서 건져주시기를 바라는 기도가 나타나는 시편은? (시 83:9-12)
① 시 80편 ② 시 81편
③ 시 82편 ④ 시 83편

318 "여호와여 그들의 얼굴에 수치가 가득하게 하사 그들이 주의 이름을 찾게 하소서 그들로 수치를 당하여 영원히 놀라게 하시며 낭패와 멸망을 당하게 하사 여호와라 이름하신 주만 온 세계의 ( )로 알게 하소서"(시 83:16-18)의 괄호 안에 들어갈 말은?
① 창조자 ② 지존자
③ 전능자 ④ 주관자

319 "주께 힘을 얻고 그 마음에 시온의 ( ) 있는 자는 복이 있나이다 그들이 눈물 골짜기로 지나갈 때에 그곳에 많은 샘이 있을 것이며 이른 비가 복을 채워 주나이다"(시 84:5-6)의 괄호 안에 들어갈 말은?
① 대로가 ② 찬송이
③ 전능자가 ④ 소망이

320 "인애와 진리가 같이 만나고 의와 화평이 서로 입맞추었으며 진리는 땅에서 솟아나고 의는 하늘에서 굽어보도다"는 표현이 등장하는 시편은? (시 85:10-11)
① 시 80편 ② 시 83편

시

310_④ 311_① 312_③ 313_② 314_① 315_③ 316_④ 317_④ 318_② 319_① 320_③

③ 시 85편 ④ 시 87편

321 "여호와여 주께서 주의 땅에 은혜를 베푸사 야곱의 포로 된 자들이 돌아오게 하셨으며 주의 백성의 죄악을 사하시고 그들의 모든 죄를 덮으셨나이다"는 표현으로 시작하는 시편은? (시 85:1–2)

① 시 55편 ② 시 65편
③ 시 75편 ④ 시 85편

322 "여호와여 나는 가난하고 궁핍하오니 주의 귀를 기울여 내게 응답하소서 나는 ( )하오니 내 영혼을 보존하소서 내 주 하나님이여 주를 의지하는 종을 구원하소서"(시 86:1–2)의 괄호 안에 들어갈 말은?

① 경건 ② 거룩
③ 온전 ④ 겸손

323 "주여 신들 중에 주와 같은 자 없사오며 주의 행하심과 같은 일도 없나이다 주여 주께서 지으신 모든 ( )이 와서 주의 앞에 경배하며 주의 이름에 영광을 돌리리이다"(시 86:8–9)의 괄호 안에 들어갈 말은?

① 육체가 ② 민족이
③ 사람이 ④ 피조물이

324 "그의 터전이 성산에 있음이여 여호와께서 야곱의 모든 거처보다 ( )의 문들을 사랑하시는도다"(시 87:1–2)의 괄호 안에 들어갈 말은?

① 성읍 ② 유다
③ 살렘 ④ 시온

325 "나는 ( )과 ( )이 나를 아는 자 중에 있다 말하리라 보라 ( )과 두로와 구스여 이것들도 거기서 났다 하리로다"(시 87:4–5)의 괄호 안에 들어갈 말이 아닌 것은?

① 라합 ② 바벨론
③ 앗수르 ④ 블레셋

326 "노래하는 자와 뛰어 노는 자들이 말하기를 나의 모든 ( )이 네게 있다 하리로다"(시 87:7)의 괄호 안에 들어갈 말은?

① 소망 ② 생명
③ 근원 ④ 터전

327 "주는 내게서 사랑하는 자와 친구를 멀리 떠나게 하시며 내가 아는 자를 흑암에 두셨나이다"라는 표현으로 마치는 시편은?

① 시 66편 ② 시 77편
③ 시 88편 ④ 시 99편

328 "주의 인자하심을 ( )에서, 주의 성실하심을 ( ) 중에서 선포할 수 있으리이까 흑암 중에서 주의 기적과 잊음의 땅에서 주의 공의를 알 수 있으리이까"(시 88:11–12)의 괄호 안에 차례대로 들어갈 말은?

① 무덤, 멸망 ② 광야, 사막
③ 혼돈, 공허 ④ 하늘, 땅

329 "주께서 이르시되 나는 내가 ( )와 언약을 맺으며 내 종 다윗에게 맹세하기를 내가 네 자손을 영원히 견고히 하며 네 왕위를 대대에 세우리라 하셨나이다"(시 89:3–4)의 괄호 안에 들어갈 말은?

① 사랑하는 자 ② 택한 자
③ 부른 자 ④ 기뻐하는 자

330 "의와 공의가 주의 보좌의 기초라 인자함과 진실함이 주 앞에 있나이다"라는 표현이 나타나는 구절은?

① 시 84:4 ② 시 85:13
③ 시 88:1 ④ 시 89:14

331 "그 때에 주께서 환상 중에 주의 ( )에게 말씀하여 이르시기를 내가 능력 있는 용사에게는 돕는 힘을 더하며 백성 중에서 택함 받은 자를 높였으되 내가 내 종 다윗을 찾아내어 나의 거룩한 기름을 그에게 부었도다"(시 89:19–20)의 괄호 안에 들어갈 말은?

① 성도들 ② 종들
③ 백성들 ④ 선지자들

332 "내가 또 그를 ( )로 삼고 세상 왕들에게 ( )가 되게 하며 그를 위하여 나의 인자함을 영원

321_④ 322_① 323_② 324_④ 325_③ 326_③ 327_③ 328_① 329_② 330_④ 331_① 332_④

히 지키고 그와 맺은 나의 언약을 굳게 세우며 또 그의 후손을 영구하게 하여 그의 왕위를 하늘의 날과 같게 하리로다"(시 89:27-29)의 괄호 안에 차례대로 들어갈 말은?
① 아들, 지도자 ② 아들, 지존자
③ 장자, 지도자 ④ 장자, 지존자

333 "내가 나의 거룩함으로 한 번 맹세하였은즉 ( )에게 거짓말을 하지 아니할 것이라 그의 후손이 장구하고 그의 왕위는 해 같이 내 앞에 항상 있으며 또 궁창의 확실한 증인인 달 같이 영원히 견고하게 되리라 하셨도다"(시 89:35-37)의 괄호 안에 들어갈 말은?
① 왕 ② 다윗
③ 종 ④ 아브라함

334 "여호와여 언제까지니이까 스스로 영원히 숨기시리이까 주의 노가 언제까지 불붙듯 하시겠나이까 나의 때가 얼마나 짧은지 기억하소서 주께서 모든 사람을 어찌 그리 허무하게 창조하셨는지요"라는 표현이 등장하는 시편은?
① 시 69편 ② 시 79편
③ 시 89편 ④ 시 99편

335 다음 중 하나님의 사람 모세의 기도로 알려진 시편은 무엇인가?
① 시 90편 ② 시 91편
③ 시 92편 ④ 시 93편

336 "우리의 연수가 ( )이요 강건하면 ( )이라도 그 연수의 자랑은 수고와 슬픔뿐이요 신속히 가니 우리가 날아가나이다"(시 90:10)의 괄호 안에 차례대로 들어갈 말은?
① 오십, 육십 ② 육십, 칠십
③ 칠십, 팔십 ④ 팔십, 구십

337 "여호와여 돌아오소서 언제까지니이까 주의 종들을 불쌍히 여기소서 ( ) 주의 인자하심이 우리를 만족하게 하사 우리를 일생 동안 즐겁고 기쁘게 하소서"(시 90:13-14)의 괄호 안에 들어갈 말은?
① 오전에 ② 저녁에
③ 새벽에 ④ 아침에

338 "하나님이 이르시되 그가 나를 사랑한즉 내가 그를 건지리라 그가 내 이름을 안즉 내가 그를 높이리라 그가 내게 간구하리니 내가 그에게 응답하리라 그들이 환난 당할 때에 내가 그와 함께 하여 그를 건지고 영화롭게 하리라"는 표현이 등장하는 시편은? (시 91:14-15)
① 시 50편 ② 시 51편
③ 시 90편 ④ 시 91편

339 "그가 너를 위하여 그의 천사들을 명령하사 네 모든 길에서 너를 지키게 하심이라 그들이 그들의 손으로 너를 붙들어 발이 돌에 부딪히지 아니하게 하리로다"라는 표현이 등장하는 시편으로서 마태복음 4장 6절에서 인용되고 있는 시편은? (시 91:11-12)
① 시 91편 ② 시 92편
③ 시 93편 ④ 시 94편

340 다음 중 '안식일의 찬송시'라는 표제어가 붙어 있는 시편은?
① 시 91편 ② 시 92편
③ 시 93편 ④ 시 94편

341 "의인은 종려나무 같이 번성하며 레바논의 백향목 같이 성장하리로다 이는 여호와의 집에 심겼음이여 우리 하나님의 뜰 안에서 번성하리로다"의 표현이 등장하는 시편은?
① 시 91편 ② 시 92편
③ 시 93편 ④ 시 94편

342 "지존자여 ( )과 ( )와 ( )으로 여호와께 감사하며 주의 이름을 찬양하고 아침마다 주의 인자하심을 알리며 밤마다 주의 성실하심을 베풂이 좋으니이다"(시 92:1-3)의 괄호 안에 들어갈 말이 아닌 것은?
① 나팔 ② 십현금
③ 비파 ④ 수금

343 "여호와께서 다스리시니 스스로 권위를 입으셨도다 여호와께서 능력의 옷을 입으시며 띠를

333_② 334_③ 335_① 336_③ 337_④ 338_④ 339_① 340_② 341_② 342_① 343_③

시

띠셨으므로 세계도 견고히 서서 흔들리지 아니하는도다"라는 표현으로 시작하는 시편은?
① 시 91편 ② 시 92편
③ 시 93편 ④ 시 94편

344 다음 중 '복수하시는 하나님'이라는 표현이 등장하는 시편은? (시 94:1)
① 시 91편 ② 시 92편
③ 시 93편 ④ 시 94편

345 "뭇 백성을 징벌하시는 이 곧 ( ) 사람을 교훈하시는 이가 징벌하지 아니하시랴 여호와께서는 사람의 생각이 허무함을 아시느니라"(시 94:10-11)의 괄호 안에 들어갈 말은?
① 징벌로 ② 지식으로
③ 지혜로 ④ 명철로

346 "여호와여 주로부터 ( )을 받으며 주의 법으로 ( )하심을 받는 자가 복이 있나니 이런 사람에게는 환난의 날을 피하게 하사 악인을 위하여 구덩이를 팔 때까지 평안을 주시리이다"의 괄호 안에 차례대로 들어갈 말은? (시 94:12-13)
① 사랑, 교훈 ② 사랑, 치료
③ 징벌, 치료 ④ 징벌, 교훈

347 "여호와께서는 자기 ( ) 버리지 아니하시며 자기의 ( ) 외면하지 아니하시리로다 심판이 의로 돌아가리니 마음이 정직한 자가 다 따르리로다"(시 94:14-15)의 괄호 안에 차례대로 들어갈 말은?
① 백성을, 소유를 ② 백성을, 기업을
③ 양 떼를, 소유를 ④ 양 떼를, 기업을

348 "오라 우리가 굽혀 경배하며 우리를 지으신 여호와 앞에 무릎을 꿇자 그는 우리의 하나님이시요 우리는 그가 기르시는 백성이며 그의 손이 돌보시는 양이기 때문이라"는 표현이 등장하는 시편은? (시 95:6-7)
① 시 90편 ② 시 95편
③ 시 102편 ④ 시 105편

349 "너희는 므리바에서와 같이 또 광야의 맛사에서 지냈던 날과 같이 너희 마음을 완악하게 하지 말지어다 그 때에 너희 조상들이 내가 행한 일을 보고서도 나를 ( )하고 ( )하였도다"(시 95:8-9)의 괄호 안에 차례대로 들어갈 말은?
① 시험, 조사 ② 반역, 거절
③ 거역, 배반 ④ 의심, 교훈

350 "새 노래로 여호와께 ( )하라 온 땅이여 여호와께 ( )할지어다 여호와께 ( )하여 그의 이름을 송축하며 그의 구원을 날마다 전파할지어다"(시 96:1)의 괄호 안에 공통으로 들어갈 말은?
① 축복 ② 노래
③ 감사 ④ 선포

351 "하늘은 기뻐하고 땅은 즐거워하며 바다와 거기에 충만한 것이 외치고 밭과 그 가운데에 있는 모든 것은 즐거워할지로다 그 때 숲의 모든 나무들이 여호와 앞에서 즐거이 노래하리니 그가 임하시되 땅을 ( )하러 임하실 것임이라 그가 의로 세계를 ( )하시며 그의 진실하심으로 백성을 ( )하시리로다"(시 96:11-13)의 괄호 안에 공통으로 들어갈 말은?
① 징벌 ② 통치
③ 심판 ④ 구원

352 "여호와께서 다스리시나니 땅은 즐거워하며 허다한 섬은 기뻐할지어다 구름과 흑암이 그를 둘렀고 ( ) 그의 보좌의 기초로다"(시 97:1-2)의 괄호 안에 들어갈 말은?
① 은혜와 진리가 ② 인애와 자비가
③ 인자와 성실이 ④ 의와 공평이

353 "하늘이 그의 의를 선포하니 모든 백성이 그의 영광을 보았도다 조각한 신상을 섬기며 허무한 것으로 자랑하는 자는 다 수치를 당할 것이라 너희 ( )아 여호와께 경배할지어다"(시 97:6-7)의 괄호 안에 들어갈 말은?
① 신들 ② 백성들
③ 사람들 ④ 왕들

344_④ 345_② 346_④ 347_① 348_② 349_① 350_② 351_③ 352_④ 353_①

354 “새 노래로 여호와께 찬송하라 그는 기이한 일을 행하사 그의 오른손과 거룩한 팔로 자기를 위하여 구원을 베푸셨음이로다 여호와께서 그의 ( ) 알게 하시며 그의 ( ) 뭇 나라의 목전에서 명백히 나타내셨도다”(시 98:1-2)의 괄호 안에 차례대로 들어갈 말은?
① 인자를, 성실을 ② 구원을, 공의를
③ 권능을, 위엄을 ④ 영광을, 이름을

355 “주의 크고 두려운 이름을 찬송할지니 그는 ( )하심이로다 능력 있는 왕은 정의를 사랑하느니라 주께서 공의를 견고하게 세우시고 주께서 야곱에게 정의와 공의를 행하시나이다 너희는 여호와 우리 하나님을 높여 그의 발등상 앞에서 경배할지어다 그는 ( )하시도다”(시 99:3-5)의 괄호 안에 공통으로 들어갈 말은?
① 성실 ② 신실
③ 거룩 ④ 자비

356 “주의 크고 두려운 이름을 찬송할지니 그는 거룩하심이로다 능력 있는 왕은 ( ) 사랑하느니라 주께서 공의를 견고하게 세우시고 주께서 야곱에게 정의와 공의를 행하시나이다 너희는 여호와 우리 하나님을 높여 그의 발등상 앞에서 경배할지어다 그는 거룩하시도다”(시 99:3-5)의 괄호 안에 공통으로 들어갈 말은?
① 정의를 ② 백성을
③ 율법을 ④ 성전을

357 “그의 제사장들 중에는 모세와 아론이 있고 그의 이름을 부르는 자들 중에는 ( ) 있도다 그들이 여호와께 간구하매 응답하셨도다 여호와께서 구름 기둥 가운데서 그들에게 말씀하시니 그들은 그가 그들에게 주신 증거와 율례를 지켰도다”(시 99:6-7)의 괄호 안에 들어갈 말은?
① 사무엘이 ② 엘리야가
③ 엘리사가 ④ 에스겔이

358 “내가 인자와 정의를 노래하겠나이다 여호와여 내가 주께 찬양하리이다 내가 ( ) 길을 주목하오리니 주께서 어느 때나 내게 임하시겠나이까 내가 ( ) 마음으로 내 집 안에서 행하리이다”(시 101:1-2)의 괄호 안에 공통으로 들어갈 말은?
① 의로운 ② 완전한
③ 거룩한 ④ 정직한

359 “내 눈이 이 땅의 ( ) 자를 살펴 나와 함께 살게 하리니 ( ) 길에 행하는 자가 나를 따르리로다 거짓을 행하는 자는 내 집 안에 거주하지 못하며 거짓말하는 자는 내 목전에 서지 못하리로다”(시 101:6-7)의 괄호 안에 차례대로 들어갈 말은?
① 충성된, 의로운 ② 거룩한, 의로운
③ 거룩한, 완전한 ④ 충성된, 완전한

360 “나는 광야의 ( ) 같고 황폐한 곳의 ( ) 같이 되었사오며 내가 밤을 새우니 지붕 위의 외로운 ( ) 같으니이다”(시 102:6-7)의 괄호 안에 들어갈 말이 <u>아닌</u> 것은?
① 올빼미 ② 부엉이
③ 제비 ④ 참새

361 “여호와께서 빈궁한 자의 기도를 돌아보시며 그들의 기도를 멸시하지 아니하셨도다 이 일이 장래 세대를 위하여 기록되리니 ( )을 받을 백성이 여호와를 찬양하리로다”(시 103:17-18)의 괄호 안에 들어갈 말은?
① 거룩함 ② 기록함
③ 구원함 ④ 창조함

362 “여호와께서 그의 높은 성소에서 굽어보시며 하늘에서 땅을 살펴보셨으니 이는 ( ) 자의 탄식을 들으시며 죽이기로 정한 자를 ( )하사 여호와의 이름을 시온에서, 그 영예를 예루살렘에서 선포하게 하려 하심이라”(시 102:19-21)의 괄호 안에 차례대로 들어갈 말은?
① 눌린, 구원 ② 갇힌, 해방
③ 가난한, 기억 ④ 궁핍한, 속량

363 “천지는 없어지려니와 주는 영존하시겠고 그것들은 다 옷 같이 낡으리니 의복 같이 바꾸시면 바뀌려니와 주는 한결같으시고 주의 연대는 무궁하리이다”는 표현이 등장하는 시편은?

354_② 355_③ 356_① 357_① 358_② 359_④ 360_③ 361_④ 362_② 363_②

시

① 시 101편 ② 시 102편
③ 시 103편 ④ 시 104편

364 "그가 내 힘을 중도에 쇠약하게 하시며 내 날을 짧게 하셨도다 나의 말이 나의 하나님이여 나의 ( )에 나를 데려가지 마옵소서 주의 연대는 대대에 무궁하니이다"(시 102:23-24)의 괄호 안에 들어갈 말은?
① 청년 ② 중년
③ 장년 ④ 노년

365 "아버지가 자식을 긍휼히 여김 같이 여호와께서는 자기를 경외하는 자를 긍휼히 여기시나니 이는 그가 우리의 체질을 아시며 우리가 단지 먼지뿐임을 기억하심이로다 인생은 그 날이 풀과 같으며 그 영화가 들의 꽃과 같도다"는 표현이 등장하는 시편은? (시 103:13-15)
① 시 101편 ② 시 102편
③ 시 103편 ④ 시 104편

366 "그가 가축을 위한 풀과 사람을 위한 채소를 자라게 하시며 땅에서 먹을 것이 나게 하셔서 사람의 마음을 기쁘게 하는 ( ) 사람의 얼굴을 윤택하게 하는 ( ) 사람의 마음을 힘있게 하는 양식을 주셨도다"(시 104:14-15)의 괄호 안에 차례대로 들어갈 말은?
① 마실 것과, 먹을 것과
② 수확과, 열매와
③ 곡식과, 과일과
④ 포도주와, 기름과

367 "주께서 주신즉 그들이 받으며 주께서 손을 펴신즉 그들이 좋은 것으로 만족하다가 주께서 낯을 숨기신즉 그들이 떨고 주께서 그들의 호흡을 거두신즉 그들은 죽어 ( ) 돌아가나이다"(시 104:28-29)의 괄호 안에 들어갈 말은?
① 먼지로 ② 땅으로
③ 흙으로 ④ 스올로

368 "그는 그의 언약 곧 천 대에 걸쳐 명령하신 말씀을 영원히 기억하셨으니 이것은 아브라함과 맺은 언약이고 이삭에게 하신 맹세이며 야곱에게 세우신 율례 곧 이스라엘에게 하신 영원한 언약이라"는 표현이 등장하는 시편은?
① 시 105편 ② 시 106편
③ 시 135편 ④ 시 136편

369 "그가 또 그 땅에 기근이 들게 하사 그들이 의지하고 있는 양식을 다 끊으셨도다 그가 한 사람을 앞서 보내셨음이여 요셉이 종으로 팔렸도다 그의 발은 차꼬를 차고 그의 몸은 쇠사슬에 매였으니 곧 여호와의 말씀이 응할 때까지라 그의 말씀이 그를 단련하였도다"는 표현이 등장하는 시편은? (시 105:16-19)
① 시 105편 ② 시 106편
③ 시 107편 ④ 시 108편

370 "여호와께서 낮에는 구름을 펴사 덮개를 삼으시고 밤에는 불로 밝히셨으며 그들이 구한즉 메추라기를 가져 오시고 또 하늘의 양식으로 그들을 만족하게 하셨도다 반석을 여신즉 물이 흘러나와 마른 땅에 강 같이 흘렀으니 이는 그의 거룩한 말씀과 그의 종 ( ) 기억하셨음이로다"(시 105:39-42)의 괄호 안에 들어갈 말은?
① 아브라함을 ② 모세를
③ 아론을 ④ 다윗을

371 "그러나 여호와께서 그들의 부르짖음을 들으실 때에 그들의 고통을 돌보시며 그들을 위하여 그의 언약을 기억하시고 그 크신 인자하심을 따라 뜻을 돌이키사 그들을 사로잡은 모든 자에게서 긍휼히 여김을 받게 하셨도다"는 표현이 등장하는 시편은? (시 106:44-46)
① 시 105편 ② 시 106편
③ 시 107편 ④ 시 108편

372 "여호와께서는 강이 변하여 광야가 되게 하시며 샘이 변하여 마른 땅이 되게 하시며 그 주민의 악으로 말미암아 옥토가 변하여 염전이 되게 하시며 또 광야가 변하여 못이 되게 하시며 마른 땅이 변하여 샘물이 되게 하시고"라는 표현이 등장하는 시편은? (시 107:33-35)
① 시 105편 ② 시 106편
③ 시 107편 ④ 시 108편

364_② 365_③ 366_④ 367_① 368_① 369_① 370_① 371_② 372_③

373 "궁핍한 자는 그의 고통으로부터 건져 주시고 그의 가족을 양 떼 같이 지켜 주시나니 정직한 자는 보고 기뻐하며 모든 사악한 자는 자기 입을 봉하리로다 지혜 있는 자들은 이러한 일들을 지켜보고 여호와의 ( ) 깨달으리로다"의 괄호 안에 들어갈 말은? (시 107:41-43)

① 성실하심을 ② 구원을
③ 공의를 ④ 인자하심을

374 "내가 찬양하는 하나님이여 잠잠하지 마옵소서 그들이 악한 입과 거짓된 입을 열어 나를 치며 속이는 혀로 내게 말하며 또 미워하는 말로 나를 두르고 까닭 없이 나를 공격하였음이니이다 나는 ( )하나 그들은 도리어 나를 대적하니 나는 기도할 뿐이라"(시 109:1-4)의 괄호 안에 들어갈 말은?

① 인내 ② 사랑
③ 용서 ④ 잠잠

375 "여호와께서 내 주에게 말씀하시기를 내가 네 원수들로 네 ( )이 되게 하기까지 너는 내 오른쪽에 앉아 있으라 하셨도다"(시 110:1)의 괄호 안에 들어갈 말은?

① 종 ② 백성
③ 발판 ④ 양식

376 "여호와를 경외함이 지혜의 근본이라 그의 계명을 지키는 자는 다 훌륭한 지각을 가진 자이니 여호와를 찬양함이 영원히 계속되리로다"는 표현으로 마치는 시편은? (시 111:10)

① 시 101편 ② 시 111편
③ 시 121편 ④ 시 131편

377 "은혜를 베풀며 꾸어 주는 자는 잘 되나니 그 일을 정의로 행하리로다 그는 영원히 흔들리지 아니함이여 의인은 영원히 기억되리로다"는 표현이 등장하는 시편은? (시 112:5-6)

① 시 111편 ② 시 112편
③ 시 113편 ④ 시 114편

378 "여호와 우리 하나님과 같은 이가 누구리요 높은 곳에 앉으셨으나 스스로 낮추사 천지를 살피시고 가난한 자를 먼지 더미에서 일으키시며 궁핍한 자를 거름 더미에서 들어 세워 지도자들 곧 그의 백성의 지도자들과 함께 세우시며"는 표현이 등장하는 시편은?

① 시 111편 ② 시 112편
③ 시 113편 ④ 시 114편

379 "이스라엘이 애굽에서 나오며 야곱의 집안이 언어가 다른 민족에게서 나올 때에 유다는 여호와의 ( ) 되고 이스라엘은 그의 ( ) 되었도다"(시 114:1-2)의 괄호 안에 차례대로 들어갈 말은?

① 거처가, 거주지가 ② 나라가, 백성이
③ 기업이, 소유가 ④ 성소가, 영토가

380 "너희는 천지를 지으신 여호와께 복을 받는 자로다 하늘은 여호와의 하늘이라도 땅은 사람에게 주셨도다"는 표현이 등장하는 시편은?

① 시 115편 ② 시 125편
③ 시 135편 ④ 시 145편

381 "주께서 내 영혼을 ( )에서, 내 눈을 ( )에서, 내 발을 ( )에서 건지셨나이다 내가 생명이 있는 땅에서 여호와 앞에 행하리로다"(시 116:8-9)의 괄호 안에 들어갈 말이 아닌 것은?

① 사망 ② 눈물
③ 수렁 ④ 넘어짐

382 "여호와께 ( ) 것이 사람을 신뢰하는 것보다 나으며 여호와께 ( ) 것이 고관들을 신뢰하는 것보다 낫도다"(시 118:8-9)의 괄호 안에 공통으로 들어갈 말은?

① 의뢰하는 ② 피하는
③ 기도하는 ④ 굴복하는

383 "건축자가 버린 돌이 집 모퉁이의 머릿돌이 되었나니 이는 여호와께서 행하신 것이요 우리 눈에 기이한 바로다"는 표현이 등장하는 시편은? (시 118:22-23)

① 시 115편 ② 시 118편
③ 시 125편 ④ 시 128편

373_④ 374_② 375_③ 376_② 377_② 378_③ 379_④ 380_① 381_③ 382_② 383_②

384 "여호와께 감사하라 그는 선하시며 그의 인자하심이 영원함이로다"는 표현으로 시작하고 또한 마치는 시편은? (시 118:1, 29)
① 시 115편 ② 시 116편
③ 시 117편 ④ 시 118편

385 "( ) 당한 것이 내게 유익이라 이로 말미암아 내가 주의 율례들을 배우게 되었나이다 주의 입의 법이 내게는 천천 금은보다 좋으니이다"(시 119:71-72)의 괄호 안에 들어갈 말은?
① 고난 ② 핍박
③ 수치 ④ 굴복

386 "주의 법을 사랑하는 자에게는 큰 평안이 있으니 그들에게 장애물이 없으리이다"는 표현이 등장하는 시편은? (시 119:165)
① 시 19편 ② 시 111편
③ 시 119편 ④ 시 132편

387 "예루살렘을 위하여 ( )을 구하라 예루살렘을 사랑하는 자는 형통하리로다 네 성 안에는 ( )이 있고 네 궁중에는 형통함이 있을지어다"(시 122:6-7)의 괄호 안에 공통으로 들어갈 말은?
① 형통 ② 구원
③ 평안 ④ 축복

388 "하늘에 계시는 주여 내가 눈을 들어 주께 향하나이다 상전의 손을 바라보는 종들의 눈 같이, 여주인의 손을 바라보는 여종의 눈 같이 우리의 눈이 여호와 우리 하나님을 바라보며 우리에게 은혜 베풀어 주시기를 기다리나이다"의 표현이 등장하는 시편은? (시 123:1-2)
① 시 122편 ② 시 123편
③ 시 124편 ④ 시 125편

389 "우리의 영혼이 사냥꾼의 올무에서 벗어난 새 같이 되었나니 올무가 끊어지므로 우리가 벗어났도다 우리의 도움은 천지를 지으신 여호와의 이름에 있도다"라는 표현으로 마치는 시편은?
① 시 122편 ② 시 123편
③ 시 124편 ④ 시 125편

390 "여호와를 ( ) 자는 시온 산이 흔들리지 아니하고 영원히 있음 같도다 산들이 예루살렘을 두름과 같이 여호와께서 그의 백성을 지금부터 영원까지 두르시리로다"(시 125:1-2)의 괄호 안에 들어갈 말은?
① 의지하는 ② 기뻐하는
③ 찬양하는 ④ 기다리는

391 "여호와께서 시온의 포로를 돌려 보내실 때에 우리는 꿈꾸는 것 같았도다"는 표현으로 시작하는 시편은?
① 시 122편 ② 시 124편
③ 시 126편 ④ 시 128편

392 "네 집 안방에 있는 네 아내는 결실한 ( ) 같으며 네 식탁에 둘러앉은 자식들은 어린 ( ) 같으리로다"(시 128:3)의 괄호 안에 차례대로 들어갈 말은?
① 생명나무, 사과나무
② 무화과나무, 살구나무
③ 종려나무, 석류나무
④ 포도나무, 감람나무

393 "여호와께서 시온에서 네게 복을 주실지어다 너는 평생에 예루살렘의 번영을 보며 네 자식의 자식을 볼지어다 이스라엘에게 평강이 있을지로다"라는 표현이 나오는 시편은?
① 128편 ② 129편
③ 130편 ④ 131편

394 "이스라엘은 이제 말하기를 그들이 내가 어릴 때부터 여러 번 나를 괴롭혔도다 그들이 내가 어릴 때부터 여러 번 나를 괴롭혔으나 나를 이기지 못하였도다 밭 가는 자들이 내 등을 갈아 그 고랑을 길게 지었도다"는 표현이 등장하는 시편은? (시 129:1-3)
① 시 109편 ② 시 119편
③ 시 129편 ④ 시 139편

395 "여호와여 내 마음이 교만하지 아니하고 내 눈이 오만하지 아니하오며 내가 큰 일과 감당하지 못할 놀라운 일을 하려고 힘쓰지 아니하나

384_④ 385_① 386_③ 387_③ 388_② 389_③ 390_① 391_③ 392_④ 393_① 394_③ 395_②

이다 실로 내가 내 영혼으로 고요하고 평온하게 하기를 ( ) 아이가 그의 어머니 품에 있음 같게 하였나니 내 영혼이 ( ) 아이와 같도다"(시 131:1-2)의 괄호 안에 공통으로 들어갈 말은?
① 어린 ② 젖 뗀
③ 잠든 ④ 젖먹이

396 "여호와여 다윗을 위하여 그의 모든 ( )을 기억하소서 그가 여호와께 맹세하며 야곱의 전능자에게 서원하기를 내가 내 장막 집에 들어가지 아니하며 내 침상에 오르지 아니하고 내 눈으로 잠들게 하지 아니하며 내 눈꺼풀로 졸게 하지 아니하기를 여호와의 처소 곧 야곱의 전능자의 성막을 발견하기까지 하리라 하였나이다"(시 132:1-5)의 괄호 안에 들어갈 말은?
① 사랑 ② 겸손
③ 열심 ④ 헌신

397 "보라 밤에 여호와의 성전에 서 있는 여호와의 모든 ( )들아 여호와를 송축하라 성소를 향하여 너희 손을 들고 여호와를 송축하라"(시 134:1-2)의 괄호 안에 들어갈 말은?
① 성도 ② 제사장
③ 종 ④ 왕

398 "여호와여 주의 이름이 영원하시니이다 여호와여 주를 기념함이 대대에 이르리이다 여호와께서 자기 백성을 판단하시며 그의 종들로 말미암아 ( ) 받으시리로다"(시 135:13-14)의 괄호 안에 들어갈 말은?
① 위로를 ② 찬양을
③ 영광을 ④ 제사를

399 "우리가 바벨론의 여러 강변 거기에 앉아서 시온을 기억하며 울었도다 그 중의 버드나무에 우리가 우리의 수금을 걸었나니 이는 우리를 사로잡은 자가 거기서 우리에게 노래를 청하며 우리를 황폐하게 한 자가 기쁨을 청하고 자기들을 위하여 ( )의 노래 중 하나를 노래하라 함이로다"(시 137:1-3)의 괄호 안에 들어갈 말은?
① 사랑 ② 슬픔
③ 시온 ④ 기쁨

400 "하나님이여 나를 살피사 내 마음을 아시며 나를 시험하사 내 뜻을 아옵소서 내게 무슨 악한 행위가 있나 보시고 나를 영원한 길로 인도하소서"라는 표현으로 마치는 시편은?
① 시 109편 ② 시 119편
③ 시 129편 ④ 시 139편

401 "여호와여 내가 주를 불렀사오니 속히 내게 오시옵소서 내가 주께 부르짖을 때에 내 음성에 귀를 기울이소서 나의 ( ) 주의 앞에 분향함과 같이 되며 나의 손 드는 것이 저녁 제사 같이 되게 하소서"(시 141:1-2)의 괄호 안에 들어갈 말은?
① 고백이 ② 기도가
③ 소원이 ④ 찬양이

402 "의인이 나를 칠지라도 은혜로 여기며 책망할지라도 머리의 기름 같이 여겨서 내 머리가 이를 거절하지 아니할지라 그들의 재난 중에도 내가 항상 기도하리로다"(시 141:5)의 괄호 안에 들어갈 말은?
① 기도 ② 찬양
③ 침묵 ④ 사랑

403 "여호와여 내 기도를 들으시며 내 간구에 귀를 기울이시고 주의 진실과 의로 내게 응답하소서 주의 종에게 심판을 행하지 마소서 주의 눈 앞에는 의로운 인생이 하나도 없나이다"는 표현으로 시작하는 시편은? (시 143:1-2)
① 시 140편 ② 시 141편
③ 시 142편 ④ 시 143편

404 "우리 아들들은 어리다가 장성한 나무들과 같으며 우리 딸들은 궁전의 양식대로 아름답게 다듬은 모퉁잇돌들과 같으며 우리의 곳간에는 백곡이 가득하며 우리의 양은 들에서 천천과 만만으로 번성하며 우리 수소는 무겁게 실었으며 또 우리를 침노하는 일이나 우리가 나아가 막는 일이 없으며 우리 거리에는 슬피 부르짖

396_② 397_③ 398_① 399_③ 400_④ 401_② 402_① 403_④ 404_③

시

음이 없을진대"라는 표현이 등장하는 시편은?
① 시 142편 ② 시 143편
③ 시 144편 ④ 시 145편

405 "이러한 백성은 복이 있나니 여호와를 자기 하나님으로 삼는 백성은 복이 있도다"라는 표현으로 마치는 시편은? (시 144:15)
① 시 140편 ② 시 142편
③ 시 144편 ④ 시 146편

406 "주의 업적과 주의 나라의 위엄 있는 영광을 인생들에게 알게 하리이다 주의 나라는 영원한 나라이니 주의 통치는 대대에 이르리이다"라는 표현이 등장하는 시편은? (시 145:12-13)
① 시 130편 ② 시 135편
③ 시 140편 ④ 시 145편

407 "야곱의 하나님을 자기의 도움으로 삼으며 여호와 자기 하나님에게 자기의 소망을 두는 자는 복이 있도다"라는 표현이 등장하는 시편은? (시 146:5)
① 시 144편 ② 시 145편
③ 시 146편 ④ 시 147편

408 "여호와는 말의 힘이 세다 하여 ( )하지 아니하시며 사람의 다리가 억세다 하여 ( )하지 아니하시고 여호와는 자기를 경외하는 자들과 그의 인자하심을 바라는 자들을 ( )하시는도다"(시 147:10-11)의 괄호 안에 공통으로 들어갈 말은?
① 기억 ② 기뻐
③ 사랑 ④ 주목

409 "여호와의 이름을 찬양할지어다 그의 이름이 홀로 높으시며 그의 영광이 땅과 하늘 위에 뛰어나심이로다 그가 그의 백성의 뿔을 높이셨으니 그는 모든 성도 곧 그를 가까이 하는 백성 이스라엘 자손의 찬양 받을 이시로다 할렐루야"의 표현으로 마치는 시편은?
① 시 146편 ② 시 147편
③ 시 148편 ④ 시 149편

410 다음 괄호 안에 공통으로 들어갈 말은?
"할렐루야 새 노래로 여호와께 노래하며 ( )의 모임 가운데에서 찬양할지어다"(시 149:1)
"기록한 판결대로 그들에게 시행할지로다 이런 영광은 그의 모든 ( )에게 있도다 할렐루야"(시 149:9)
① 이스라엘 ② 종들
③ 성도 ④ 백성

411 "할렐루야 새 노래로 여호와께 노래하며 성도의 모임 가운데에서 찬양할지어다"는 표현으로 시작하는 시편은?
① 147편 ② 148편
③ 149편 ④ 150편

412 "( )이 있는 자마다 여호와를 찬양할지어다 할렐루야"(시 150:6)의 괄호 안에 들어갈 말은?
① 영혼 ② 호흡
③ 소망 ④ 이름

【주관식】

413 "복 있는 사람은 악인들의 꾀를 따르지 아니하며 죄인들의 길에 서지 아니하며 오만한 자들의 자리에 앉지 아니하고 오직 여호와의 ( )을 즐거워하여 그의 ( )을 주야로 묵상하는도다"(시 1:1-2)의 괄호 안에 공통으로 들어갈 말은?

414 "내가 나의 왕을 내 거룩한 산 ( )에 세웠다 하시리로다"(시 2:6)의 괄호에 들어갈 말은?

415 "내가 여호와의 명령을 전하노라 여호와께서 내게 이르시되 너는 내 아들이라 ( ) 내가 너를 낳았도다"(시 2:7)의 괄호 안에 들어갈 말은?

416 다음 괄호 안에 공통으로 들어갈 말은?
"여호와여 돌아와 나의 영혼을 건지시며 주의 ( )으로 나를 구원하소서"(시 6:4)

405_③ 406_④ 407_③ 408_② 409_③ 410_③ 411_③ 412_② 413_율법 414_시온 415_오늘 416_사랑

"주의 얼굴을 주의 종에게 비추시고 주의 ( ) 하심으로 나를 구원하소서"(시 31:16)

417 "여호와는 압제를 당하는 자의 ( )이시요 환난 때의 ( )이시로다"(시 9:9)의 괄호 안에 공통으로 들어갈 말은?

418 "여호와여 ( )니이까 나를 영원히 잊으시나이까 주의 얼굴을 나에게서 ( ) 숨기시겠나이까 나의 영혼이 번민하고 종일토록 마음에 근심하기를 ( ) 하오며 내 원수가 나를 치며 자랑하기를 ( ) 하리이까"(시 13:1-2)의 괄호 안에 공통으로 들어갈 말은?

419 "땅에 있는 ( )들은 존귀한 자들이니 나의 모든 즐거움이 그들에게 있도다"(시 16:3)의 괄호 안에 들어갈 말은?

420 "나는 의로운 중에 주의 얼굴을 뵈오리니 깰 때에 주의 ( )으로 만족하리이다"(시 17:15)의 괄호 안에 들어갈 말은?

421 "그들이 나의 재앙의 날에 내게 이르렀으나 여호와께서 나의 의지가 되셨도다 나를 ( )으로 인도하시고 나를 기뻐하시므로 나를 구원하셨도다"(시 18:18-19)의 괄호 안에 들어갈 말은?

422 "해는 그의 신방에서 나오는 신랑과 같고 그의 길을 달리기 기뻐하는 장사 같아서 하늘 이 끝에서 나와서 하늘 저 끝까지 운행함이여 그의 ( )에서 피할 자가 없도다"(시 19:6)의 괄호 안에 들어갈 말은?

423 "이스라엘의 ( ) 중에 계시는 주여 주는 거룩하시니이다"(시 22:3)의 괄호 안에 들어갈 말은?

424 "그는 ( )한 자의 ( )를 멸시하거나 싫어하지 아니하시며 그의 얼굴을 그에게서 숨기지 아니하시고 그가 울부짖을 때에 들으셨도다"(시 22:24)의 괄호 안에 공통으로 들어갈 말은?

425 "내 영혼을 소생시키시고 자기 ( )을 위하여 의의 길로 인도하시는도다"(시 23:3)의 괄호 안에 들어갈 말은?

426 "여호와는 선하시고 정직하시니 그러므로 그의 도로 죄인들을 교훈하시리로다 ( )한 자를 정의로 지도하심이여 ( )한 자에게 그의 도를 가르치시리로다"(시 25:8-9)의 괄호 안에 공통으로 들어갈 말은?

427 "내가 여호와께 바라는 한 가지 일 그것을 구하리니 곧 내가 내 평생에 여호와의 ( )에 살면서 여호와의 아름다움을 바라보며 그의 성전에서 사모하는 그것이라"(시 27:4)의 괄호 안에 들어갈 말은?

428 "내가 ( ) 자들의 땅에서 여호와의 선하심을 보게 될 줄 확실히 믿었도다 너는 여호와를 기다릴지어다 강하고 담대하며 여호와를 기다릴지어다"(시 27:13-14)의 괄호 안에 들어갈 말은?

429 '성전 낙성가'라는 표제어가 붙어 있는 시편은?

430 "내가 나의 영을 주의 손에 부탁하나이다 ( )의 하나님 여호와여 나를 속량하셨나이다"(시 31:5)의 괄호 안에 들어갈 말은?

431 "이로 말미암아 모든 경건한 자는 주를 만날 기회를 얻어서 주께 ( )할지라 진실로 홍수가 범람할지라도 그에게 미치지 못하리이다"(시 32:6)의 괄호 안에 들어갈 말은?

432 "여호와를 자기 하나님으로 삼은 나라 곧 하나님의 ( )으로 선택된 백성은 복이 있도다"(시 33:12)의 괄호 안에 들어갈 말은?

433 "너희는 여호와의 ( )을 맛보아 알지어다 그에게 피하는 자는 복이 있도다"(시 34:8)의 괄호 안에 들어갈 말은?

시

417_요새 418_어느 때까지 419_성도 420_형상 421_넓은 곳 422_열기 423_찬송 424_곤고 425_이름 426_온유 427_집 428_산 429_시 30편 430_진리 431_기도 432_기업 433_선하심

434 "나는 그들이 병들었을 때에 굵은 베 옷을 입으며 금식하여 내 영혼을 괴롭게 하였더니 내 ( )가 내 품으로 돌아왔도다"(시 35:13)의 괄호 안에 들어갈 말은?

435 "여호와여 주의 인자하심이 하늘에 있고 주의 진실하심이 공중에 사무쳤으며 주의 의는 하나님의 산들과 같고 주의 심판은 큰 바다와 같으니이다 여호와여 주는 사람과 짐승을 구하여 주시나이다"의 표현이 나오는 시편은?

436 "그러나 ( ) 자들은 땅을 차지하며 풍성한 화평으로 즐거워하리로다"(시 37:11)의 괄호 안에 들어갈 말은?

437 '땅을 차지한다'는 표현이 5회나 등장하여 땅 차지함의 중요성을 강조하는 시편은?

438 "여호와여 나의 기도를 들으시며 나의 부르짖음에 귀를 기울이소서 내가 눈물 흘릴 때에 잠잠하지 마옵소서 나는 주와 함께 있는 ( )이며 나의 모든 조상들처럼 떠도나이다"(시 39:12)의 괄호 안에 들어갈 말은?

439 "주께서 내 귀를 통하여 내게 들려 주시기를 제사와 예물을 기뻐하지 아니하시며 번제와 속죄제를 요구하지 아니하신다 하신지라 그 때에 내가 말하기를 내가 왔나이다 나를 가리켜 기록한 것이 ( ) 책에 있나이다"(시 40:6-7)의 괄호 안에 들어갈 말은?

440 "( )이여 주의 보좌는 영원하며 주의 나라의 규는 공평한 규이니이다"(시 45:6)의 괄호 안에 들어갈 말은?

441 "하나님이 뭇 백성을 다스리시며 하나님이 그의 거룩한 보좌에 앉으셨도다 뭇 나라의 고관들이 모임이여 ( )의 하나님의 백성이 되도다 세상의 모든 방패는 하나님의 것임이여 그는 높임을 받으시리로다"(시 47:8-9)의 괄호 안에 들어갈 말은?

442 "( )로 제사를 드리는 자가 나를 영화롭게 하나니 그의 행위를 옳게 하는 자에게 내가 하나님의 구원을 보이리라"(시 50:23)의 괄호 안에 들어갈 말은?

443 "나를 주 앞에서 쫓아내지 마시며 주의 ( )을 내게서 거두지 마소서 주의 구원의 즐거움을 내게 회복시켜 주시고 자원하는 심령을 주사 나를 붙드소서"(시 51:11-12)의 괄호 안에 들어갈 말은?

444 아래 괄호 안에 공통으로 들어갈 말은?
"나는 말하기를 만일 내게 ( ) 같이 날개가 있다면 날아가서 편히 쉬리로다"(시 55:6)
"너희가 양 우리에 누울 때에는 그 날개를 은으로 입히고 그 깃을 황금으로 입힌 ( ) 같도다"(시 68:13)

445 "주께서 내 생명을 사망에서 건지셨음이라 주께서 나로 하나님 앞, ( )의 빛에 다니게 하시려고 실족하지 아니하게 하지 아니하셨나이까"(시 56:13)의 괄호 안에 들어갈 말은?

446 "( )들아 너희가 정의를 말해야 하거늘 어찌 잠잠하냐 인자들아 너희가 올바르게 판결해야 하거늘 어찌 잠잠하냐"(시 58:1)의 괄호 안에 들어갈 말은?

447 "아, 슬프도다 사람은 ( )이며 인생도 속임수이니 저울에 달면 그들은 ( )보다 가벼우리로다"(시 62:9)의 괄호 안에 공통으로 들어갈 말은?

448 "하나님이여 찬송이 시온에서 주를 기다리오며 사람이 서원을 주께 이행하리이다 기도를 들으시는 주여 모든 ( )가 주께 나아오리이다"(시 65:1-2)의 괄호 안에 들어갈 말은?

449 "와서 하나님께서 행하신 것을 보라 사람의 아들들에게 행하심이 엄위하시도다 하나님이 ( )를 변하여 육지가 되게 하셨으므로 무리가 걸어서 ( )을 건너고 우리가 거기서 주로 말미암

434_기도 435_시편 36편 436_온유한 437_시편 37편 438_나그네 439_두루마리 440_하나님 441_아브라함 442_감사
443_성령 444_비둘기 445_생명 446_통치자 447_입김 448_육체 449_바다, 강

아 기뻐하였도다"(시 66:5-6)의 괄호 안에 차례대로 들어갈 말은?

450 "그의 거룩한 처소에 계신 하나님은 ( )의 아버지시며 ( )의 재판장이시라"(시 68:4)의 괄호 안에 차례대로 들어갈 말은?

451 "날마다 우리 짐을 지시는 주 곧 우리의 구원이신 하나님을 찬송할지로다(셀라)"는 말씀이 들어 있는 시편은?

452 아래 괄호 안에 공통으로 들어갈 말은?
"( ) 나를 미워하는 자가 나의 머리털보다 많고 부당하게 나의 원수가 되어 나를 끊으려 하는 자가 강하였으니 내가 빼앗지 아니한 것도 물어 주게 되었나이다"(시 69:4)
"주를 바라는 자들은 수치를 당하지 아니하려니와 ( ) 속이는 자들은 수치를 당하리이다"(시 25:3)
"또 미워하는 말로 나를 두르고 ( ) 나를 공격하였음이니이다"(시 109:3)

453 "주의 집을 위하는 ( )이 나를 삼키고 주를 비방하는 ( )이 내게 미쳤나이다"(시 69:9)의 괄호 안에 차례대로 들어갈 말은?

454 "그는 ( )가 부르짖을 때에 건지며 도움이 없는 가난한 자도 건지며 그는 가난한 자와 ( )를 불쌍히 여기며 ( )의 생명을 구원하며"(시 72:12-13)의 괄호 안에 공통으로 들어갈 말은?

455 "이새의 아들 다윗의 ( )가 끝나니라"(시 72:20)의 괄호 안에 들어갈 말은?

456 "내가 항상 주와 함께 하니 주께서 내 오른손을 붙드셨나이다 주의 교훈으로 나를 인도하시고 후에는 ( )으로 나를 영접하시리니"(시 73:23-24)의 괄호 안에 들어갈 말은?

457 "주께서 하늘에서 판결을 선포하시매 땅이 두려워 잠잠하였나니 곧 하나님이 땅의 모든 ( )를 구원하시려고 심판하러 일어나신 때에로다(셀라)"(시 76:8-9)의 괄호 안에 들어갈 말은?

458 십계명의 서언과 "너희 중에 다른 신을 두지 말며 이방 신에게 절하지 말지어다"는 십계명의 내용이 들어 있는 시편은?

459 "내가 말하기를 너희는 신들이며 다 지존자의 아들들이라 하였으나 그러나 너희는 ( )처럼 죽으며 고관의 하나 같이 넘어지리로다"(시 82:6-7)의 괄호 안에 들어갈 말은?

460 "주께 힘을 얻고 그 마음에 ( )의 대로가 있는 자는 복이 있나이다 그들이 눈물 골짜기로 지나갈 때에 그 곳에 많은 샘이 있을 것이며 이른 비가 복을 채워 주나이다"(시 84:5-6)의 괄호 안에 들어갈 말은?

461 "( )에 대하여 말하기를 이 사람, 저 사람이 거기서 났다고 말하리니 지존자가 친히 ( )을 세우리라 하는도다 여호와께서 민족들을 등록하실 때에는 그 수를 세시며 이 사람이 거기서 났다 하시리로다"(시 87:5-6)의 괄호 안에 공통으로 들어갈 말은?

462 "의와 공의가 주의 보좌의 ( )라 인자함과 진실함이 주 앞에 있나이다"(시 89:14)의 괄호 안에 들어갈 말은?

463 "내가 또 그를 장자로 삼고 세상 왕들에게 지존자가 되게 하며 그를 위하여 나의 인자함을 영원히 지키고 그와 맺은 나의 언약을 굳게 세우며 또 그의 후손을 영구하게 하여 그의 왕위를 하늘의 날과 같게 하리로다"(시 89:27-29)에서 '그'는 누구를 가리키는가?

464 "그러나 주께서 주의 기름 부음 받은 자에게 노하사 물리치셔서 버리셨으며 주의 종의 ( )을 미워하사 그의 관을 땅에 던져 욕되게 하셨으며"(시 89:38-39)의 괄호 안에 들어갈 말은?

465 "내가 나의 거룩함으로 한 번 맹세하였은즉 다윗에게 거짓말을 하지 아니할 것이라 그의 후

450_고아, 과부 451_시편 68편 452_까닭 없이 453_열성, 비방 454_궁핍한 자 455_기도 456_영광 457_온유한 자 458_81편 459_사람 460_시온 461_시온 462_기초 463_다윗 464_언약 465_해, 달

시

손이 장구하고 그의 왕위는 ( ) 같이 내 앞에 항상 있으며 또 궁창의 확실한 증인인 ( ) 같이 영원히 견고하게 되리라 하셨도다"(시 89:35-37)의 괄호 안에 차례대로 들어갈 말은?

466 "주여 주는 대대에 우리의 ( )가 되셨나이다 산이 생기기 전, 땅과 세계도 주께서 조성하시기 전 곧 영원부터 영원까지 주는 하나님이시니이다"(시 90:1-2)의 괄호 안에 들어갈 말은?

467 "( )은 종려나무 같이 번성하며 레바논의 백향목 같이 성장하리로다"(시 92:12)의 괄호 안에 들어갈 말은?

468 다음 두 곳에 공통으로 들어갈 말은?
"의와 공의가 주의 ( )의 기초라 인자함과 진실함이 주 앞에 있나이다"(시 89:14)
"여호와께서 다스리시나니 땅은 즐거워하며 허다한 섬은 기뻐할지어다 구름과 흑암이 그를 둘렀고 의와 공평이 그의 ( )의 기초로다"(시 97:1-2)

469 "그의 제사장들 중에는 ( )와 ( )이 있고 그의 이름을 부르는 자들 중에는 사무엘이 있도다 그들이 여호와께 간구하매 응답하셨도다"(시 99:6)의 괄호 안에 차례대로 들어갈 말은?

470 "그가 네 모든 죄악을 사하시며 네 모든 병을 고치시며"라는 표현이 들어 있는 시편은?

471 "그가 또 그 땅에 기근이 들게 하사 그들이 의지하고 있는 양식을 다 끊으셨도다 그가 한 사람을 앞서 보내셨음이여 요셉이 종으로 팔렸도다 그의 발은 차꼬를 차고 그의 몸은 쇠사슬에 매였으니 곧 여호와의 ( )이 응할 때까지라 그의 ( )이 그를 단련하였도다"(시 105:16-19)의 괄호 안에 공통으로 들어갈 말은?

472 "여호와는 맹세하고 변하지 아니하시리라 이르시기를 너는 멜기세덱의 서열을 따라 영원한 ( )이라 하셨도다"(시 110:4)의 괄호 안에 들어갈 말은?

473 "여호와를 ( )이 지혜의 근본이라 그의 계명을 지키는 자는 다 훌륭한 지각을 가진 자이니 여호와를 찬양함이 영원히 계속되리로다"(시 111:10)의 괄호 안에 들어갈 말은?

474 "이스라엘이 애굽에서 나오며 야곱의 집안이 언어가 다른 민족에게서 나올 때에 유다는 여호와의 ( )가 되고 이스라엘은 그의 ( )가 되었도다"(시 114:1-2)의 괄호 안에 차례대로 들어갈 말은?

475 "여호와께 감사하라 그는 선하시며 그의 인자하심이 영원함이로다"라는 표현으로 시작하고 마치는 시편은?

476 "주의 ( )은 내 발에 등이요 내 길에 빛이니이다"(시 119:105)의 괄호 안에 들어갈 말은?

477 "주의 법을 사랑하는 자에게는 큰 평안이 있으니 그들에게 ( )이 없으리이다"(시 119:165)의 괄호 안에 들어갈 말은?

478 "여호와께서 ( )을 세우지 아니하시면 세우는 자의 수고가 헛되며 여호와께서 ( )을 지키지 아니하시면 파수꾼의 깨어 있음이 헛되도다(시 127:1)의 괄호 안에 차례대로 들어갈 말은?

479 "여호와여 주께서 죄악을 지켜보실진대 주여 누가 서리이까 그러나 ( )이 주께 있음은 주를 경외하게 하심이니이다"(시 130:3-4)의 괄호 안에 들어갈 말은?

480 "보라 형제가 연합하여 동거함이 어찌 그리 선하고 아름다운고 머리에 있는 보배로운 기름이 수염 곧 아론의 수염에 흘러서 그의 옷깃까지 내림 같고 헐몬의 이슬이 시온의 산들에 내림 같도다 거기서 여호와께서 복을 명령하셨나니 곧 ( )이로다"(시 133:1-3)의 괄호 안에 들어갈 말은?

466_거처 467_의인 468_보좌 469_모세, 아론 470_103편 471_말씀 472_제사장 473_경외함 474_성소, 영토
475_시 118편 476_말씀 477_장애물 478_집, 성 479_사유하심 480_영생

481 다음 괄호 안에 공통으로 들어갈 말은?
"주의 ( )을 보내어 그들을 창조하사 지면을 새롭게 하시나이다"(시 104:30)
"내가 주의 ( )을 떠나 어디로 가며 주의 앞에서 어디로 피하리이까"(시 139:7)

482 "주의 종에게 심판을 행하지 마소서 주의 눈 앞에는 의로운 인생이 하나도 없나이다"는 표현이 들어 있는 시편은?

483 "여호와여 나를 내 원수들에게서 건지소서 내가 주께 피하여 숨었나이다 주는 나의 하나님이시니 나를 가르쳐 주의 뜻을 행하게 하소서 ( )은 선하시니 나를 공평한 땅에 인도하소서"(시 143:9-10)의 괄호 안에 들어갈 말은?

484 "성도들은 영광 중에 즐거워하며 그들의 침상에서 기쁨으로 노래할지어다 그들의 입에는 하나님에 대한 ( )이 있고 그들의 손에는 두 날 가진 ( )이 있도다"(시 149:5-6)의 괄호 안에 차례대로 들어갈 말은?

485 "( )이 있는 자마다 여호와를 찬양할지어다 할렐루야"(시 150:6)의 괄호 안에 들어갈 말은?

481_영 482_시 143편 483_주의 영 484_찬양, 칼
485_호흡

잠언

【A등급】

001 다음 중 잠언의 기록 목적에 포함되지 않는 것은?
① 지혜와 훈계를 알게 하기 위하여
② 부모를 공경하게 하기 위하여
③ 공의롭게, 정의롭게, 정직하게 행한 일에 대하여 훈계를 받게 하기 위해
④ 젊은 자에게 지식과 근신함을 주기 위하여

002 "이는 지혜와 훈계를 알게 하며 명철의 말씀을 깨닫게 하며 ( ), ( ), ( ), ( ) 행할 일에 대하여 훈계를 받게 하며"(잠 1:2-3)에서 괄호에 들어갈 말이 아닌 것은?
① 지혜롭게 ② 공의롭게
③ 정의롭게 ④ 겸손하게

003 잠언에서 잠언의 주체로 나타나지 않는 사람은?
① 솔로몬 ② 히스기야
③ 아굴 ④ 르무엘 어머니

004 "너희 어리석은 자들은 어리석음을 좋아하며 거만한 자들은 거만을 기뻐하며 미련한 자들은 ( )을 미워하니 어느 때까지 하겠느냐"(잠 1:22-23)에서 괄호에 들어갈 말은?
① 미련함 ② 어리석음
③ 명철 ④ 지식

005 "보라 내가 나의 영을 너희에게 부어 주며 내

001_② 002_④ 003_② 004_④ 005_③

말을 너희에게 보이리라 내가 불렀으나 너희가 듣기 싫어하였고 내가 손을 폈으나 돌아보는 자가 없었고 도리어 나의 모든 교훈을 멸시하며 나의 책망을 받지 아니하였은즉"(잠 1:23-25)에서 '나'는 누구인가?
① 여호와 ② 선지자
③ 지혜 ④ 지식

006 "그 때에 너희가 나를 부르리라 그래도 내가 대답하지 아니하겠고 부지런히 나를 찾으리라 그래도 나를 만나지 못하리니 … 오직 내 말을 듣는 자는 평안히 살며 재앙의 두려움이 없이 안전하리라"(잠 1:28-33)에서 '나'는 누구인가?
① 여호와 ② 지혜
③ 지식 ④ 지혜자

007 "대저 정직한 자는 ( )에 거하며 완전한 자는 ( )에 남아 있으리라 그러나 악인은 ( )에서 끊어지겠고 간사한 자는 ( )에서 뽑히리라"(잠 2:22)에 공통으로 들어갈 말은?
① 집 ② 성전
③ 땅 ④ 하늘

008 "인자와 진리가 네게서 떠나지 말게 하고 그것을 네 목에 매며 네 마음판에 새기라 그리하면 네가 하나님과 ( ) 앞에서 은총과 귀중히 여김을 받으리라"(잠 3:3-4)의 괄호에 들어갈 말은?
① 사람 ② 왕
③ 재판관 ④ 장로들

009 "지혜는 그 얻은 자에게 ( )라 지혜를 가진 자는 복되도다"(잠 3:18)에서 괄호 안에 들어갈 말은?
① 진주 ② 장수
③ 생명수 ④ 생명나무

010 "여호와께서는 ( )로 땅에 터를 놓으셨으며 ( )로 하늘을 견고히 세우셨고 그의 ( )으로 깊은 바다를 갈라지게 하셨으며 공중에서 이슬이 내리게 하셨느니라"(잠 3:19-20)에서 괄호 안에 들어갈 말을 차례대로 바르게 적은 것은?
① 말, 줄, 영 ② 지혜, 지혜, 지식
③ 말, 말, 영 ④ 지혜, 명철, 지식

011 '네 길을 음녀에게서 멀리하고 그의 집문에도 가까이 가지 말라'는 선생의 목소리를 청종하지 아니하며 가르치는 이에게 귀를 기울이지 아니할 때 일어날 수 있는 결과가 아닌 것은?
① 존영이 남에게 잃어버리게 될 수 있다.
② 수한이 잔인한 자에게 빼앗기게 될 수 있다.
③ 타인의 재물로 충족하게 된다.
④ 수고한 것이 외인의 집에 있게 될 수 있다.

012 "네 ( )으로 복되게 하라 네가 젊어서 취한 아내를 즐거워하라 그는 사랑스러운 암사슴 같고 아름다운 암노루 같으니 너는 그의 품을 항상 족하게 여기며 그의 ( )을 항상 연모하라"(잠 5:18-19)의 괄호 안에 차례대로 들어갈 말은?
① 샘, 사랑 ② 사랑, 품
③ 입, 입술 ④ 젊음, 생명

013 "네 입의 말로 네가 얽혔으며 네 입의 말로 인하여 잡히게 되었느니라"라는 말씀은 어떤 행위의 결과를 말하는가?
① 게으름
② 이웃을 위하여 담보하며 타인을 위하여 보증하는 것
③ 자기의 토지를 경작하지 않는 것
④ 고운 말로 유혹하며 입술의 호리는 말로 꾀는 여인을 따라가는 것

014 "사람이 불을 품에 품고서야 어찌 그의 옷이 타지 아니하겠으며 사람이 숯불을 밟고서야 어찌 그의 발이 데지 아니하겠느냐"(잠 6:27-28)라는 질문은 어떤 일의 결과에 대하여 말하는 것인가?
① 남의 아내와 통간하는 일
② 남을 속이는 것
③ 도둑질
④ 가난한 자에게 곡식을 내놓지 아니하는 일

015 잠언에서 소가 도수장으로 가는 것과 미련한 자가 벌을 받으려고 쇠사슬에 매이러 가는 것

006_② 007_③ 008_① 009_④ 010_④ 011_③ 012_① 013_② 014_① 015_②

에 비유되는 것은 무엇인가?
① 좀더 자자, 좀더 졸자, 손을 모으고 좀더 누워 있자 하는 것
② 젊은이가 고운 말로 유혹하는 여인을 따라간 것
③ 도둑질한 물을 몰래 먹은 것
④ 항상 악을 꾀하여 다툼을 일으키는 것

016 "나는 정의로운 길로 행하며 공의로운 길 가운데로 다니나니 이는 나를 사랑하는 자가 자기 재물을 얻어서 그 곳간에 채우게 하려 함이니라"에서 '나'는 누구인가?
① 왕 ② 제사장
③ 여호와 ④ 지혜

017 여호와께서 그 조화의 시작 곧 태초에 일하시기 전에 가지시고 만세 전부터, 태초부터, 땅이 생기기 전부터 세움을 받은 것은?
① 잠언 ② 지혜
③ 예언 ④ 명철

018 "가난한 사람을 학대하는 자는 그를 지으신 이를 ( ) 자요 궁핍한 사람을 불쌍히 여기는 자는 주를 ( ) 자니라"(잠 14:31)의 괄호 안에 차례대로 들어갈 말은?
① 멸시하는, 공경하는
② 모욕하는, 경외하는
③ 무시하는, 기억하는
④ 미워하는, 사랑하는

019 "악인의 ( )는 여호와께서 미워하셔도 정직한 자의 ( )는 그가 기뻐하시느니라"(잠 15:8)의 괄호에 들어갈 말은?
① 훈계 – 경계 ② 간구 – 경외
③ 제사 – 기도 ④ 번뇌 – 뼈

020 다음 중 '생명의 샘'이 아닌 것은?
① 지혜있는 자의 교훈
② 의인의 입
③ 훈계의 책망
④ 여호와를 경외하는 것

021 "여호와께서 온갖 것을 그 쓰임에 적당하게 지으셨나니 ( )도 악한 날에 적당하게 하셨느니라"(잠 16:4)의 괄호에 들어갈 말은?
① 재물 ② 뇌물
③ 악인 ④ 아름다운 말

022 "사람의 심령은 그의 ( )을 능히 이기려니와 심령이 상하면 그것을 누가 일으키겠느냐?"(잠 18:4)의 괄호에 들어갈 말은?
① 대적 ② 욕심
③ 병 ④ 유혹

023 잠언에 따르면 "사자가 밖에 있은즉 내가 나가면 거리에서 찢기겠다"라고 말하는 사람은?
① 게으른 자 ② 가난한 자
③ 술 취한 자 ④ 어리석은 자

024 "옛 지계석을 옮기지 말며 ( )들의 밭을 침범하지 말지어다 대저 그들의 구속자는 강하시니 그가 너를 대적하여 그들의 원한을 풀어주시리라"(잠 23:10–11)의 괄호에 들어갈 말은 무엇인가?
① 가난한 자 ② 고아
③ 과부 ④ 의인

025 "( ) 사되 팔지는 말며 지혜와 훈계와 명철도 그리할지니라"(잠 23:23)의 괄호에 들어갈 말은?
① 지식을 ② 슬기를
③ 재물을 ④ 진리를

026 다음 중 잠언에서 음녀에 관한 교훈을 담고 있지 않는 장은?
① 5장 ② 6장
③ 7장 ④ 8장

027 다음 가운데서 잠언에 들어 있지 않는 말씀은?
① 초상집에 가는 것이 잔칫집에 가는 것보다 낫다
② 사람이 귀를 돌이키고 율법을 듣지 아니하면 그의 기도도 가증하다
③ 슬기로운 아내는 여호와께로서 말미암는다

016_④ 017_② 018_① 019_③ 020_③ 021_③ 022_③ 023_① 024_② 025_④ 026_④ 027_①

잠

④ 모든 지킬만한 것 중에 더욱 더 네 마음을 지키라

028 다음 중 '게으른 자'에 관한 잠언이 아닌 것은?
① 게으른 자는 길에 사자가 있다 거리에 사자가 있다 한다
② 문짝이 돌쩌귀를 따라서 도는 것 같이 게으른 자는 침상에서 돈다
③ 게으른 자는 그 손을 그릇에 넣고도 입으로 올리기를 괴로워한다
④ 게으른 자는 길로 지나가다가 자기와 상관없는 다툼을 간섭한다

029 잠언 23장에서는 무엇이 사람을 다음과 같이 되게 한다고 교훈하였는가?
"뱀 같이 물을 것이요 독사 같이 쏠 것이며 또 네 눈에는 괴이한 것이 보일 것이요 네 마음은 구부러진 말을 할 것이며 너는 바다 가운데에 누운 자 같을 것이요 돛대 위에 누운 자 같을 것이며"(잠 23:32-34)
① 포도주 ② 음녀
③ 뇌물 ④ 함정

030 다음 중 잠언에 나오는 비유 가르침과 다른 것은?
① 충성된 사자는 그를 보낸 이에게 마치 추수하는 날에 얼음 냉수 같다.
② 마음이 상한 자에게 노래하는 것은 추운 날에 옷을 벗음 같다.
③ 먼 땅에서 오는 좋은 기별은 목마른 사람에게 냉수와 같다.
④ 의인이 악인 앞에 굴복하는 것은 성읍이 무너지고 성벽이 없는 것과 같다.

031 "( )을 버린 자는 악인을 칭찬하나 ( )을 지키는 자는 악인을 대적하느니라"(잠 28:4)의 괄호에 공통으로 들어갈 말은?
① 지식 ② 율법
③ 명철 ④ 여호와의 말씀

032 "( )를 조롱하는 자는 그를 지으신 주를 멸시하는 자요"(잠 17:5)의 괄호에 들어갈 말은?
① 눈먼 자 ② 늙은 자
③ 가난한 자 ④ 통치자

033 "일을 ( )은 하나님의 영화요 일을 ( )은 왕의 영화니라"(25:2)의 괄호 안에 들어갈 말로 짝지워진 것은?
① 찾는 것, 버리는 것
② 만드는 것, 없애는 것
③ 이루는 것, 마치는 것
④ 숨기는 것, 살피는 것

034 다음 중 잠언에서 '생명 나무'라고 말하는 것이 아닌 것은?
① 소원이 이루어지는 것
② 온순한 혀
③ 의인의 열매
④ 여호와를 경외하는 것

035 '여호와를 경외하는 것'이 아닌 것은?
① 지식과 지혜의 근본
② 악을 미워하는 것
③ 사람으로 생명에 이르게 하는 것
④ 나라를 영화롭게 하는 것

036 "사람을 ( ) 올무에 걸리게 되거니와 여호와를 의지하는 자는 안전하리라"(잠 29:25)의 괄호 안에 들어갈 말은?
① 믿으면 ② 사랑하면
③ 두려워하면 ④ 비방하면

037 다음 중 땅에 작고도 가장 지혜롭다고 한 것과 그 이유(잠 30:24-28)가 바르게 연결된 것은?
① 개미 – 임금이 없으되 떼를 지어 나아간다
② 사반 – 약한 종류로되 집을 바위 사이에 짓는다
③ 메뚜기 – 손에 잡힐 만하여도 왕궁에 있다
④ 도마뱀 – 힘이 없는 종류로되 먹을 것을 여름에 준비한다

038 "세상을 진동시키며 세상이 견딜 수 없게 하는 것"이 아닌 것은? (30:22-23)
① 종이 임금된 것

028_④ 029_① 030_④ 031_② 032_③ 033_④ 034_④ 035_④ 036_③ 037_② 038_③

② 미련한 자가 음식으로 배부른 것
③ 미움 받는 여자가 출산한 것
④ 여종이 주모를 이은 것

039 "나는 다른 사람에게 비하면 짐승이라 내게는 사람의 총명이 있지 아니하니라 나는 지혜를 배우지 못하였고 또 거룩하신 자를 아는 지식이 없거니와"라고 시작하며 교훈하는 사람은?
① 솔로몬 ② 히스기야
③ 아굴 ④ 르무엘

040 "포도주를 마시는 것이 ( )들에게 마땅하지 아니하며 독주를 찾는 것이 ( )들에게 마땅하지 않도다"에서 괄호 안에 들어갈 말은?
① 왕, 주권자 ② 재판관, 제사장
③ 젊은이, 관리 ④ 왕, 신하

041 "곧 헛된 것과 거짓말을 내게서 멀리 하옵시며 나를 가난하게도 마옵시고 부하게도 마옵시고 오직 필요한 양식으로 나를 먹이시옵소서"라고 주께 구한 사람은 누구인가
① 솔로몬 ② 히스기야
③ 아굴 ④ 르무엘

042 르무엘 왕의 어머니가 아들에게 훈계한 내용으로서 삼가야 할 것 두 가지는 무엇인가?
① 재물, 여자 ② 여자, 포도주
③ 포도주, 재물 ④ 명예, 재물

【B등급】

043 잠언은 전체 몇 장인가?
① 28장 ② 29장
③ 30장 ④ 31장

044 "다윗의 아들 ( ) 솔로몬의 잠언이라"(잠 1:1)의 괄호에 들어갈 말은?
① 유다 왕 ② 전도자
③ 지혜자 ④ 이스라엘 왕

045 "( ) 네 아비의 훈계를 들으며 네 어미의 법을 떠나지 말라"(잠 1:8)에서 괄호에 들어갈 말은?
① 내 아들아 ② 내 딸아
③ 지혜로운 아들아 ④ 지혜로운 여인아

046 "( )가 길거리에서 부르며 광장에서 소리를 높이며 시끄러운 길목에서 소리를 지르며 성문 어귀와 성중에서 그 소리를 발하여 이르되 너희 어리석은 자들은 어리석음을 좋아하며 거만한 자들은 거만을 기뻐하며 미련한 자들은 지식을 미워하니 어느 때까지 하겠느냐"(잠 1:20–22)에서 괄호에 들어갈 말은?
① 전도자 ② 지혜자
③ 지혜 ④ 아비

047 음녀와 이방 여인에 관한 경고가 자주 나타나는 책은?
① 에스라 ② 느헤미야
③ 잠언 ④ 전도서

048 '현숙한 여자' 또는 '현숙한 여인'이라는 표현이 나오는 책은?
① 잠언 ② 잠언, 룻
③ 잠언, 에스더 ④ 잠언, 룻, 에스더

049 "너는 마음을 다하여 여호와를 신뢰하고 네 명철을 의지하지 말라 너는 범사에 그를 인정하라 그리하면 네 길을 지도하시리라"라는 말씀이 나오는 책은?
① 신명기 ② 열왕기
③ 잠언 ④ 이사야

050 잠언은 게으른 자에게 누구에게 가서 그 하는 것을 보고 지혜를 얻으라고 가르치는가?
① 개미 ② 강도
③ 사슴 ④ 노루

051 여호와께서 미워하시는 것 곧 그의 마음에 싫어하시는 것 가운데 속하지 않는 것은?
① 다툼을 일으키는 혀
② 무죄한 자의 피를 흘리는 손
③ 거짓을 말하는 망령된 증인

039_③ 040_① 041_③ 042_② 043_④ 044_④ 045_① 046_③ 047_③ 048_② 049_③ 050_① 051_①

잠

④ 형제 사이를 이간하는 자

052 "대저 지혜는 ( )보다 나으므로 원하는 모든 것을 이에 비교할 수 없음이니라"(잠 8:11)의 괄호에 들어갈 말은?
① 정금 ② 진주
③ 금 고리 ④ 순은

053 "나로 말미암아 왕들이 치리하며 방백들이 공의를 세우며 나로 말미암아 재상과 존귀한 자 곧 모든 의로운 재판관들이 다스리느니라"(잠 8:15-16)에서 '나'는 누구인가?
① 잠언 ② 지혜
③ 여호와 ④ 명철

054 "나를 사랑하는 자들이 나의 사랑을 입으며 나를 간절히 찾는 자가 나를 만날 것이니라"에서 '나'는 누구인가?
① 솔로몬 ② 여호와
③ 지혜 ④ 전도자

055 "도둑질한 물이 달고 몰래 먹는 떡이 맛이 있다"(잠 9:17)라고 말하는 사람은?
① 지혜 ② 어리석은 자
③ 음녀 ④ 미련한 여인

056 "솔로몬의 잠언이라. 지혜로운 아들은 아비로 기쁘게 하거니와 미련한 아들은 어미의 근심이니라"로 시작하는 장(章)은 잠언 몇 장인가?
① 9장 ② 10장
③ 11장 ④ 12장

057 "미움은 다툼을 일으켜도 사랑은 모든 ( )을 가리느니라"(잠 10:12)에서 괄호에 들어갈 말은?
① 교만 ② 자랑
③ 허물 ④ 죄악

058 "정직한 자의 ( )은(는) 자기를 인도하거니와 사악한 자의 패역은 자기를 망하게 하느니라"(잠 11:3)의 괄호에 들어갈 말은?
① 지혜 ② 명철
③ 기도 ④ 성실

059 "의인의 열매는 ( ) 나무라 지혜로운 자는 사람을 얻느니라"(잠 11:30)에서 괄호에 들어갈 말은?
① 의의 ② 생명
③ 평화 ④ 소망

060 "미련한 자는 당장 분노를 나타내거니와 ( ) 자는 수욕을 참느니라"(잠 12:16)의 괄호에 들어갈 말은?
① 의로운 ② 슬기로운
③ 어리석은 ④ 불의한

061 "여호와를 ( )하는 것은 생명의 샘이니 사망의 그물에서 벗어나게 하느니라"(잠 14:27)의 괄호에 들어갈 말은?
① 사랑 ② 존중
③ 경외 ④ 기뻐

062 "어떤 길은 사람이 보기에 바르나 필경은 ( )의 길이니라"(잠 16:25)의 괄호에 들어갈 말은?
① 멸망 ② 슬픔
③ 사망 ④ 어둠

063 "제비는 사람이 뽑으나 모든 일을 ( )하기는 여호와께 있느니라"(잠 16:33)의 괄호에 들어갈 말은?
① 조정 ② 성취
③ 작정 ④ 계획

064 "한 마디 말로 총명한 자에게 충고하는 것이 매 ( ) 대로 미련한 자를 때리는 것보다 더욱 깊이 박히느니라"(잠 17:10)의 괄호에 들어갈 말은?
① 열 ② 백
③ 천 ④ 만

065 "마음의 즐거움은 ( )이라도 심령의 근심은 뼈를 마르게 하느니라"(잠 17:22)의 괄호에 들어갈 말은?
① 양약 ② 기쁨

052_② 053_② 054_③ 055_④ 056_② 057_③ 058_④ 059_② 060_② 061_③ 062_③ 063_③ 064_② 065_①

③ 생명 ④ 평강

066 "사람의 ( )은(는) 그의 길을 넓게 하며 또 존귀한 자 앞으로 그를 인도하느니라"(잠 18:16)의 괄호에 들어갈 말은?
① 귀중함 ② 뇌물
③ 선물 ④ 아름다운 말

067 "가난한 자를 불쌍히 여기는 것은 여호와께 ( ) 드리는 것이니 그의 선행을 그에게 갚아 주시리라"(잠 19:17)의 괄호 안에 들어갈 말은?
① 제사 ② 꾸어
③ 감사 ④ 올려

068 "공의와 정의를 행하는 것은 ( ) 드리는 것보다 여호와께서 기쁘게 여기시느니라"(잠 21:3)의 괄호에 들어갈 말은?
① 제사 ② 찬송
③ 기도 ④ 십일조

069 다음 중 겸손과 여호와를 경외함의 보상이 <u>아닌</u> 것은(잠 22:4)?
① 재물 ② 건강
③ 영광 ④ 생명

070 "이것도 솔로몬의 잠언이요 유다 왕 ( )의 신하들이 편집한 것이니라"(잠 25:1)의 괄호에 들어갈 말은?
① 르호보암 ② 웃시야
③ 히스기야 ④ 요시야

071 "경우에 합당한 말은 아로새긴 ( ) 쟁반에 ( ) 사과니라"(잠 25:11)의 두 괄호 안에 들어갈 말을 차례대로 바르게 적은 것은?
① 금, 은 ② 은, 정금
③ 금, 꿀 ④ 은, 금

072 "네 원수가 배고파하거든 음식을 먹이고 목말라하거든 물을 마시게 하라 그리 하는 것은 ( )을 그의 머리에 놓은 것과 일반이요 여호와께서 네게 갚아 주시리라"(잠 25:21-22)의 괄호 안에 들어갈 말은?
① 정금 ② 핀 숯
③ 금관 ④ 무거운 돌

073 "까닭 없는 ( )는 참새가 떠도는 것과 제비가 날아가는 것 같이 이루어지지 아니하느니라"(잠 26:2)의 괄호 안에 들어갈 말은?
① 기도 ② 축복
③ 소원 ④ 저주

074 "타인이 너를 ( )하게 하고 네 입으로는 하지 말며 외인이 너를 ( )하게 하고 네 입술로는 하지 말지니라"(잠 27:2)의 괄호 안에 공통으로 들어갈 말은?
① 칭찬 ② 축복
③ 훈계 ④ 충고

075 "친구의 아픈 책망은 충직으로 말미암는 것이나 원수의 잦은 ( )은 거짓에서 난 것이니라"(잠 27:6)의 괄호에 들어갈 말은?
① 입맞춤 ② 아첨
③ 칭찬 ④ 미혹하는 말

076 "이른 아침에 큰 소리로 자기 이웃을 ( )하면 도리어 ( ) 같이 여기게 되리라"(잠 27:14)의 괄호 안에 차례대로 들어갈 말은?
① 호명, 비난 ② 훈계, 모욕
③ 칭찬, 책망 ④ 축복, 저주

077 "철이 철을 날카롭게 하는 것 같이 사람이 그의 ( )의 얼굴을 빛나게 하느니라"(잠 27:17)의 괄호 안에 들어갈 말은?
① 자녀 ② 친구
③ 아내 ④ 부모

078 "도가니로 은을, 풀무로 금을, ( ) 사람을 단련하느니라"(잠 27:21)의 괄호에 들어갈 말은?
① 책망으로 ② 훈계로
③ 칭찬으로 ④ 지혜로

079 "사람이 귀를 돌려 ( )을 듣지 아니하면 그의 기도도 가증하니라"(잠 28:9)의 괄호 안에 들어갈 말은?

잠

066_③ 067_② 068_① 069_② 070_③ 071_④ 072_② 073_④ 074_① 075_① 076_④ 077_② 078_③ 079_②

① 책망 ② 율법
③ 훈계 ④ 예언

080 "자기의 ( )을/를 믿는 자는 미련한 자요 지혜롭게 행하는 자는 구원을 얻을 자니라"(잠 28:26)의 괄호 안에 들어갈 말은?
① 마음 ② 지혜
③ 행실 ④ 신념

081 "묵시가 없으면 백성이 방자히 행하거니와 ( )을 지키는 자는 복이 있느니라"(잠 29:18)의 괄호 안에 들어갈 말은?
① 말씀 ② 예언
③ 계명 ④ 율법

082 "네가 말이 조급한 사람을 보느냐 그보다 미련한 자에게 오히려 ( )이/가 있느니라"(잠 29:20)의 괄호 안에 들어갈 말은?
① 생명 ② 희망
③ 지혜 ④ 구원

083 "하나님의 말씀은 다 순전하며 하나님은 그를 의지하는 자의 방패시니라"는 말씀이 있는 곳은? (잠 30:5)
① 잠언 ② 욥기
③ 전도서 ④ 시편

084 다음 중 '현숙한 여인'의 특징에 속하지 않는 것은?
① 양털과 삼을 구하여 부지런히 손으로 일한다
② 밤이 새기 전에 일어나서 자기 집안 사람들에게 음식을 나누어 준다
③ 자기를 위하여 아름다운 이불을 지으며 세마포와 자색 옷을 입는다
④ 장로들과 함께 성문에 앉으며 사람들의 인정을 받는다

085 "고운 것도 거짓되고 아름다운 것도 헛되나 오직 여호와를 경외하는 여자는 칭찬을 받을 것이라"라는 말씀이 들어있는 책은?
① 룻 ② 에스더
③ 시편 ④ 잠언

【주관식】

086 "여호와를 ( )이 지식의 근본이거늘 미련한 자는 지혜와 훈계를 멸시하느니라"(잠 1:7)의 괄호에 들어갈 말은?

087 "내 아들아", "아들들아"라는 부름으로 시작하며 훈계하는 책은?

088 지혜가 의인화되어 나타나면서 태초부터, 땅이 생기기 전부터 세움을 받았으며 세상을 지으실 때에 창조주 하나님과 함께 있었다고 말하는 지혜의 모습이 나타나는 곳은 어디인가?

089 길거리에서 부르며 광장에서 소리를 높이며 시끄러운 길목에서 소리를 지르며 성문 어귀와 성중에서 그 소리를 발하여 어리석은 자들과 거만한 자들을 책망하고 영을 부어주는 것은 누구/무엇인가?

090 "사람이 마음으로 자기의 길을 계획할지라도 그의 ( )을 인도하시는 이는 여호와시니라"(잠 16:9)의 괄호에 들어갈 말은?

091 "오래 참으면 관원도 설득할 수 있나니 부드러운 혀는 ( )를 꺾느니라"(잠 25:15)의 괄호에 들어갈 말은?

092 "너는 마음을 다하여 여호와를 신뢰하고 네 명철을 의지하지 말라 너는 범사에 그를 ( )하라 그리하면 네 길을 지도하시리라"(잠 3:5-6)의 괄호에 들어갈 말은?

093 "여호와를 경외하는 것이 지혜의 ( )이요 거룩하신 자를 아는 것이 ( )이니라"(잠 9:10)에서 괄호에 차례대로 들어갈 말은?

094 "많은 재물보다 명예를 택할 것이요 은이나 금보다 ( )을 더욱 택할 것이니라"(잠 22:1)의 괄호에 들어갈 말은?

080_① 081_④ 082_② 083_① 084_④ 085_④ 086_경외하는 것 087_잠언 088_잠언 8장 089_지혜 090_걸음
091_뼈 092_인정 093_근본, 명철 094_은총

095 "물에 비치면 얼굴이 서로 같은 것 같이 사람의 ( )도 서로 비치느니라"(잠 27:19)의 괄호에 들어갈 말은?

096 "노하기를 더디하는 자는 ( )보다 낫고 자기의 마음을 다스리는 자는 ( )을 빼앗는 자보다 나으니라"(잠 16:32)의 괄호에 차례대로 들어갈 말은?

097 "일을 숨기는 것은 하나님의 ( )요 일을 살피는 것은 왕의 ( )니라"(잠 25:2)의 괄호에 공통으로 들어갈 말은?

098 "마음의 ( )은 사람에게 있어도 말의 ( )은 여호와께로부터 나오느니라"(잠 16:1)의 괄호에 차례대로 들어갈 말은?

099 "누가 ( )을 찾아 얻겠느냐 그의 값은 진주보다 더 하니라"의 괄호 안에 들어갈 말은?

100 다음 괄호 안에 들어갈 말은?
여성 지혜의 대표자로서 잠언 31장에 나타나는 두 명의 여인은 '르무엘 왕의 ( )'와 '( ) 여인'이다.

전도서

【A등급】

001 "너는 네 떡을 물 위에 던져라 여러 날 후에 도로 찾으리라"(전 11:1)라는 교훈과 연결되는 말씀은 무엇인가?
① 심중에라도 왕을 저주하지 말며 침실에서라도 부자를 저주하지 말라
② 하나님을 경외하고 그의 명령들을 지킬지어다
③ 일곱에게나 여덟에게 나눠 줄지어다
④ 너는 하나님의 집에 들어갈 때에 네 발을 삼갈지어다

002 전도자가 "아직 살아 있는 산 자들보다 죽은 지 오랜 죽은 자들을 더 복되다"라고 말하며 "이 둘보다도 아직 출생하지 아니한 자가 더 복되다"라는 말한 것은 어떤 상황을 경험한 후인가? (전 4:1-3)
① 해 아래에서 모든 수고를 해 본 후에
② 해 아래에서 먼저 예루살렘에 있던 모든 자들보다도 더 창성한 후에
③ 해 아래에서 행하는 모든 학대를 살펴본 후에
④ 먹고 즐기는 일을 다 해 본 후에

003 "너는 하나님의 집에 들어갈 때에 네 발을 삼갈지어다 가까이 하여 ( )이 우매한 자들이 제물 드리는 것보다 나으니 그들은 악을 행하면서도 깨닫지 못함이니라"(전 5:1)의 괄호에 들어갈 말은?
① 말씀을 듣는 것

095_마음 096_용사, 성 097_영화 098_경영, 응답
099_현숙한 여인 100_어머니, 현숙한

001_③ 002_③ 003_①

전

② 서원하는 것
③ 기도하는 것
④ 하나님을 기뻐하는 것

004 "걱정이 많으면 ( ) 생기고 말이 많으면 우매한 자의 소리가 나타나느니라"(전 5:3)의 괄호에 들어갈 말은?
① 다툼이 ② 두려움이
③ 꿈이 ④ 꾀가

005 전도자가 해 아래에서 큰 폐단 되는 일이 있는 것을 보았다고 하는데 전도자가 말한 폐단은 무엇인가? (전 5:13)
① 사람이 자기 손에 아무것도 가지고 가지 못하는 것
② 소유주가 재물을 자기에게 해가 되도록 소유하는 것
③ 그 일평생에 먹고 마시며 모든 수고 중에서 낙을 보는 것
④ 자기 생명의 날을 깊이 생각하지 아니하는 것

006 전도자가 헛되다고 생각한 것에 속하지 <u>않는</u> 것은?
① 내 손으로 한 모든 일과 내가 수고한 모든 것
② 먹고 마시는 것과 수고함으로 낙을 누리는 것
③ 어떤 사람은 아들도 없고 형제도 없이 홀로 있으나 그의 모든 수고에는 끝이 없는 것
④ 은을 사랑하는 자가 은으로 만족하지 못하고 풍요를 사랑하는 자가 소득으로 만족하지 않는 것

007 "자기의 의로움에도 불구하고 멸망하는 의인이 있고 자기의 악행에도 불구하고 ( ) 악인이 있으니 지나치게 의인이 되지도 말며 지나치게 지혜자도 되지 말라"(전 7:15-16)의 괄호에 들어갈 말은?
① 형통한 ② 번창하는
③ 장수하는 ④ 행복한

008 "내가 깨달은 것은 오직 이것이라 곧 하나님은 사람을 ( ) 지으셨으나 사람이 많은 꾀들을 낸 것이니라"(전 7:29)의 괄호 안에 들어갈 말은?
① 거룩하게 ② 아름답게
③ 순수하게 ④ 정직하게

009 "이에 내가 ( ) 찬양하노니 이는 사람이 먹고 마시고 즐거워하는 것보다 더 나은 것이 해 아래에는 없음이라 하나님이 사람을 해 아래에서 살게 하신 날 동안 수고하는 일 중에 그러한 일이 그와 함께 있을 것이니라"(전 8:15)의 괄호에 들어갈 말은?
① 희락을 ② 생명을
③ 지혜를 ④ 사랑을

010 "네 헛된 평생의 모든 날 곧 하나님이 해 아래에서 네게 주신 모든 헛된 날에 네가 사랑하는 ( )와 함께 즐겁게 살지어다 그것이 네가 평생에 해 아래에서 수고하고 얻은 네 몫이니라"(전 9:9)의 괄호에 공통으로 들어갈 말은?
① 아내 ② 자녀
③ 친구 ④ 부모

011 "네 손이 일을 얻는 대로 힘을 다하여 할지어다 네가 장차 들어갈 스올에는 일도 없고 ( )도 없고 지식도 없고 지혜도 없음이니라"(전 9:10)의 괄호에 들어갈 말은?
① 계획 ② 미래
③ 즐거움 ④ 희망

012 "주권자가 네게 분을 일으키거든 너는 네 자리를 떠나지 말라 ( )이 큰 허물을 용서받게 하느니라"(전 10:4)의 괄호에 들어갈 말은?
① 오래 참음 ② 온유함
③ 공손함 ④ 겸손

013 "너는 ( )에 씨를 뿌리고 ( )에도 손을 놓지 말라 이것이 잘 될는지, 저것이 잘 될는지, 혹 둘이 다 잘 될는지 알지 못함이니라"(전 11:6)의 괄호에 차례대로 들어갈 말은?
① 오전, 오후 ② 새벽, 낮
③ 아침, 저녁 ④ 새벽, 밤

014 "전도자는 ( )이어서 여전히 백성에게 지식을 가르쳤고 또 깊이 생각하고 연구하여 잠언을

004_③ 005_② 006_② 007_③ 008_④ 009_① 010_① 011_① 012_③ 013_③ 014_③

많이 지었으며"(전 12:9)의 괄호에 들어갈 말은?
① 왕 ② 선생
③ 지혜자 ④ 서기관

015 "( )는 힘써 아름다운 말들을 구하였나니 진리의 말씀들을 정직하게 기록하였느니라"(전 12:10)의 괄호에 들어갈 말은?
① 지혜자 ② 가르치는 자
③ 전도자 ④ 노래하는 자

016 다음 중 전도서에만 등장하는 표현은 무엇인가?
① 해 아래에서 ② 하늘 아래에서
③ 헛되도다 ④ 진리의 말씀

【B등급】

017 전도서는 몇 장으로 구성되어 있는가?
① 11장 ② 12장
③ 13장 ④ 14장

018 "다윗의 아들 예루살렘 왕 ( )의 말씀이라"(전 1:1)의 괄호에 들어갈 말은?
① 솔로몬 ② 전도자
③ 지혜자 ④ 의인

019 "헛되고 헛되며 모든 것이 헛되도다"라고 말한 전도자의 말이 전도서의 처음과 마지막 부분에서 등장한다. 그곳이 어디인가?
① 1:2과 12:8 ② 1:2과 12:14
③ 1:3와 12:8 ④ 1:3과 12:14

020 모든 일에는 때가 있다는 교훈이 기록된 곳은 전도서 몇 장인가?
① 1장 ② 2장
③ 3장 ④ 4장

021 다음 중 전도자의 가르침이 아닌 것은?
① 지혜가 많으면 번뇌도 많으니 지식을 더하는 자는 근심을 더한다.
② 해 아래 새 것이 없다.
③ 지혜가 우매보다 뛰어남이 빛이 어둠보다 뛰어남 같다.
④ 죄 없이 망한 자도 없고 정직한 자의 끊어짐도 없다.

022 "내가 사는 것을 ( ) 이는 해 아래에서 하는 일이 내게 괴로움이요 모두 다 헛되어 바람을 잡으려는 것이기 때문이로다"(전 2:17)의 괄호에 들어갈 말은?
① 즐거워하였노니 ② 후회하였노니
③ 미워하였노니 ④ 수고하였노니

023 "사람마다 먹고 마시는 것과 수고함으로 낙을 누리는 그것이 하나님의 ( )인 줄도 또한 알았도다"(잠 3:13)에서 괄호 안에 들어갈 말은?
① 선물 ② 은혜
③ 행사 ④ 수고

024 전도자가 해 아래에서 본 것이라고 말한 것이 아닌 것은? (전 3:16)
① 재판하는 곳에도 악이 있다.
② 어떤 사람은 아들도 없고 형제도 없이 홀로 있으나 그의 모든 수고에는 끝이 없다.
③ 학대받는 자들에게는 위로자가 없다.
④ 선을 행하고 죄를 범하지 아니하는 의인이 세상에 있다.

025 "~보다 더 낫다"라는 형식을 지닌 전도자의 가르침이 아닌 것은?
① 좋은 이름이 좋은 기름보다 낫다
② 슬픔이 웃음보다 낫다
③ 일의 시작이 끝보다 낫다
④ 눈으로 보는 것이 마음으로 공상하는 것보다 낫다

026 다음 중 전도자가 하는 말이 아닌 것은?
① 좋은 이름이 좋은 기름보다 낫다
② 죽은 날이 출생하는 날보다 낫다
③ 초상집에 가는 것이 잔칫집에 가는 것보다 낫다

015_③ 016_① 017_② 018_② 019_① 020_③ 021_④ 022_③ 023_① 024_④ 025_③ 026_④

전

④ 웃음이 슬픔보다 낫다

027 다음 중 전도자가 권하는 말이 아닌 것은? (전 7:21)
① 급한 마음으로 노를 발하지 말라
② 형통한 날에는 기뻐하고 곤고한 날에는 되돌아 보아라
③ 사람들이 하는 모든 말에 네 마음을 두라
④ 옛날이 오늘보다 나은 것이 어찜이냐 하지 말라

028 전도서 11장 9절에 따르면 전도자는 누구에게 교훈하고 있는가? (전 11:9)
① 아들 ② 지혜자
③ 청년 ④ 늙은이

029 "잔치는 희락을 위하여 베푸는 것이요 포도주는 생명을 기쁘게 하는 것이나 ( ) 범사에 이용되느니라"(전 11:19)의 괄호 안에 들어갈 말은?
① 지혜는 ② 돈은
③ 친구는 ④ 기름은

030 전도자에 따르면 "곤고한 날이 이르기 전에, 나는 아무 낙이 없다고 할 해들이 가깝기 전에" 곧 청년의 때에 해야 할 일은?
① 네 마음을 지혜로 다스리면서 술로 네 육신을 즐겁게 하라
② 모든 것이 헛되다는 것을 깨달아라
③ 너의 창조주를 기억하라
④ 사는 것을 미워해라

031 "( )은 여전히 땅으로 돌아가고 ( )은 그것을 주신 하나님께로 돌아가기 전에 기억하라"(전 12:7)의 괄호 안에 차례대로 들어갈 말은?
① 흙, 영 ② 몸, 영
③ 흙, 혼 ④ 몸, 혼

032 "지혜자들의 말씀들은 찌르는 채찍들 같고 회중의 스승들의 말씀들은 잘 박힌 못 같으니 다 한 ( )가 주신 바이니라"(전 12:11)의 괄호에 들어갈 말은?
① 주 ② 하나님
③ 지혜자 ④ 목자

033 다음 중 전도서에 들어있지 않는 말씀은?
① 지혜가 많으면 번뇌도 많으니 지식을 더하는 자는 근심을 더하느니라
② 기름과 향이 사람의 마음을 즐겁게 하나니 친구의 충성된 권고가 이와 같이 아름다우니라
③ 지혜가 무기보다 나으니라 그러나 죄인 한 사람이 많은 선을 무너지게 하느니라
④ 많은 책들을 짓는 것은 끝이 없고 많이 공부하는 것은 몸을 피곤하게 하느니라

【주관식】

034 다음 괄호 안에 공통으로 들어갈 말은?
"( ) 이스라엘 왕 솔로몬의 잠언이라"(잠 1:1)
"( ) 예루살렘 왕 전도자의 말씀이라"(전 1:1)

035 "하나님이 모든 것을 지으시되 때를 따라 아름답게 하셨고 또 사람들에게는 ( )을 사모하는 마음을 주셨느니라 그러나 하나님이 하시는 일의 시종을 사람으로 측량할 수 없게 하셨도다"(전 3:11)의 괄호 안에 들어갈 말은?

036 "하나님께서 행하시는 모든 것은 영원히 있을 것이라 그 위에 더 할 수도 없고 그것에서 덜 할 수도 없나니 하나님이 이같이 행하심은 사람들이 그의 앞에서 ( )하게 하려 하심인 줄을 내가 알았도다"(전 3:14)의 괄호에 들어갈 말은?

037 "모든 산 자들 중에 들어 있는 자에게는 누구나 소망이 있음은 산 ( )가 죽은 ( )보다 낫기 때문이니라"(전 9:4)의 괄호 안에 차례대로 들어갈 말은?

038 다음 괄호 안에 공통으로 들어갈 말은?
"그러나 하나님이 이 모든 일로 말미암아 너를

027_③ 028_③ 029_② 030_③ 031_① 032_④ 033_② 034_다윗의 아들 035_영원 036_경외 037_개, 사자

(   )하실 줄 알라"(전 11:9 후반절)
"하나님은 모든 행위와 모든 은밀한 일을 선악간에 (   )하시리라"(전 12:14)

039 "일의 (   )을 다 들었으니 하나님을 경외하고 그의 명령들을 지킬지어다 이것이 모든 사람의 (   )이니라"의 괄호 안에 차례대로 들어갈 말은?

아가

A 등급

001 "예루살렘 딸들아 내가 (   ) 게달의 장막 같을지라도 솔로몬의 휘장과도 같구나"(1:5)의 괄호 안에 들어갈 말은?
① 비록 검으나 아름다우니
② 어여쁘고 아름다우니
③ 비둘기 같고 백합화 같으니
④ 꿀을 먹고 우유를 마셨으니

002 다음 중 아가서에서 유사하게 또는 동일하게 반복되는 표현이 아닌 것은?
① 예루살렘 딸들아 내가 노루와 들사슴을 두고 너희에게 부탁한다 내 사랑이 원하기 전에는 흔들지 말고 깨우지 말지니라
② 나의 사랑, 내/나의 어여쁜 자야 일어나서 함께 가자
③ 내 사랑아 너는 어여쁘고 어여쁘다 네 눈이 비둘기 같구나
④ 남자들 중에 나의 사랑하는 자는 수풀 가운데 사과나무 같구나

003 "여자들 중에 내 사랑은 가시나무 가운데 (   ) 같도다 남자들 중에 나의 사랑하는 자는 수풀 가운데 (   ) 같구나"(아 2:2-3)의 두 괄호에 들어갈 말은?
① 수선화, 백향목
② 백합화, 사과나무
③ 고벨화, 게달의 장막
④ 꽃밭, 포도나무

038_심판 039_결국 본분

001_① 002_④ 003_②

아

004 아가 4장 1-5절에서 남자가 사랑하는 여인을 묘사한 표현이 아닌 것은?
① 머리털은 길르앗 산 기슭에 누운 염소 떼 같구나
② 눈은 시냇가의 비둘기 같은데 우유로 씻은 듯하고 아름답게 박혔구나
③ 목은 무기를 두려고 건축한 다윗의 망대 곧 방패 천 개, 용사의 모든 방패가 달린 망대 같구나
④ 네 이는 목욕장에서 나오는 털 깎인 암양 곧 각각 쌍태를 낳은 양 같구나

005 "내 신부야 너는 ( )에서부터 나와 함께 하고 ( )에서부터 나와 함께 가자 아마나와 스닐과 헤르몬 꼭대기에서 사자 굴과 표범 산에서 내려오너라"(아 4:8)의 괄호에 동일하게 들어갈 말은?
① 예루살렘 ② 레바논
③ 베데르 ④ 왕궁

006 다음 중 아가서에서 "내 누이, 내 신부"를 묘사한 표현(아 4:15)이 아닌 것은 무엇인가?
① 동산의 샘 ② 생수의 우물
③ 흐르는 시내 ④ 물댄 동산

007 아가 5장 10-16절에서 여인이 사랑하는 사람을 묘사한 표현이 아닌 것은?
① 머리는 순금 같고 머리털은 고불고불하고 까마귀같이 검다.
② 눈은 시냇가의 비둘기 같은데 우유로 씻은 듯하고 아름답게 박혔다.
③ 목은 무기를 두려고 건축한 다윗의 망대 곧 방패 천 개, 용사의 모든 방패가 달린 망대 같다.
④ 뺨은 향기로운 꽃밭 같고 향기로운 풀언덕과도 같다.

008 "그의 사랑하는 자를 의지하고 거친 들에서 올라오는 여자가 누구인가 너로 말미암아 네 어머니가 고생한 곳 너를 낳은 자가 애쓴 그 곳 ( ) 아래에서 내가 너를 깨웠노라"(아 8:5-6)의 괄호에 들어갈 말은?
① 무화과나무 ② 석류나무
③ 포도나무 ④ 사과나무

009 다음 중 아가(雅歌)서에 언급되지 않는 나무는?
① 감람나무 ② 포도나무
③ 사과나무 ④ 석류나무

010 다음 중 아가서에 등장하는 말로서 남자의 말이 아닌 것은?
① 네 눈이 비둘기 같고 네 머리털은 길르앗 산 기슭에 누운 염소 떼 같구나(4:1)
② 네 사랑이 어찌 그리 아름다운지 네 사랑은 포도주보다 진하고 네 기름의 향기는 각양 향품보다 향기롭구나(4:10)
③ 나의 완전한 자야 문을 열어 다오 내 머리에는 이슬이, 내 머리털에는 밤이슬이 가득하였다(5:2)
④ 나는 내 사랑하는 자에게 속하였고 내 사랑하는 자는 내게 속하였으며 그가 백합화 가운데에서 그 양 떼를 먹이는도다(6:3)

011 다음 중 아가서에 등장하는 말로서 여자의 말이 아닌 것은?
① 내 사랑아 내가 너를 바로의 병거의 준마에 비하였구나(1:9)
② 나는 내 사랑하는 자에게 속하였도다 그가 나를 사모하는구나(7:10)
③ 너는 왼팔로는 내 머리를 고이고 오른손으로는 나를 안았으리라(8:3)
④ 너는 나를 도장 같이 마음에 품고 도장 같이 팔에 두라(8:6)

B 등급

012 "( )의 아가라"(아 1:1)의 괄호에 들어갈 말은?
① 아굴 ② 히스기야
③ 다윗 ④ 솔로몬

013 "( )이 나를 그의 방으로 이끌어 들이시니 너

004_② 005_② 006_④ 007_③ 008_④ 009_① 010_④ 011_① 012_④ 013_①

는 나를 인도하라 우리가 너를 따라 달려가리라 우리가 너로 말미암아 기뻐하며 즐거워하니 네 사랑이 포도주보다 더 진함이라 처녀들이 너를 사랑함이 마땅하니라"(아 1:4)의 괄호에 들어갈 말은?
① 왕 ② 솔로몬
③ 내 사랑 ④ 예루살렘

014 "내가 햇볕에 쬐어서 거무스름할지라도 흘겨보지 말 것은 내 어머니의 아들들이 나에게 노하여 ( )으로/로 삼았음이라(아 1:6)의 괄호에 들어갈 말은?
① 목동 ② 삯군
③ 포도원지기 ④ 문지기

015 "너희는 건포도로 내 힘을 돕고 사과로 나를 시원하게 하라 내가 사랑하므로 ( )이/가 생겼음이라"(아 2:5)의 괄호에 들어갈 말은?
① 질투 ② 분노
③ 열 ④ 병

016 "내 사랑하는 자야 날이 저물고 그림자가 사라지기 전에 돌아와서 ( ) 산의 노루와 어린 사슴 같을지라"(아 2:17)의 괄호에 들어갈 말은?
① 비스가 ② 그리심
③ 헤르몬 ④ 베데르

017 "( ) 내가 노루와 들사슴을 두고 너희에게 부탁한다 내 사랑이 원하기 전에는 흔들지 말고 깨우지 말지니라"(애 2:7; 3:5)에서 괄호 안에 들어갈 말은?
① 여자들아 ② 예루살렘 딸들아
③ 내 누이야 ④ 시온의 딸들아

018 "몰약과 유향과 상인의 여러 가지 향품으로 향내 풍기며 연기 기둥처럼 거친 들에서 오는 자가 누구인가 볼지어다 ( )라 이스라엘 용사 중 육십 명이 둘러쌌는데"(아 3:6-7)의 괄호에 들어갈 말은?
① 포도원지기 ② 솔로몬의 가마
③ 내 사랑하는 자 ④ 내 신부

019 아가서에서 "무기를 두려고 건축한 다윗의 망대 곧 방패 천 개, 용사의 모든 방패가 달린 망대" 같다고 한 것은 사랑하는 사람의 무엇을 표현한 것인가?
① 이 ② 뺨
③ 목 ④ 눈

020 솔로몬이 사랑한 여인이 술람미 여자라는 것을 직접 표현한 곳은 아가서 몇 장 몇 절인가?
① 5:12 ② 5:13
③ 6:12 ④ 6:13

021 "너는 나를 ( )같이 마음에 품고 ( ) 같이 팔에 두라 사랑은 죽음 같이 강하고 질투는 스올 같이 잔인하며 불길 같이 일어나니 그 기세가 여호와의 불과 같으니라"(아 8:6)의 괄호에 들어갈 말은?
① 불 ② 술
③ 진리 ④ 도장

022 "많은 물도 이 ( )을 끄지 못하겠고 홍수라도 삼키지 못하나니 사람이 그의 온 가산을 다 주고 ( )과 바꾸려 할지라도 오히려 멸시를 받으리라"(아 8:7)에 공통으로 들어갈 말은?
① 불 ② 그리움
③ 사랑 ④ 성벽

아

【주관식】

023 "여자들 중에 내 사랑은 가시나무 가운데 ( ) 같도다 남자들 중에 나의 사랑하는 자는 수풀 가운데 ( ) 같구나 내가 그 그늘에 앉아서 심히 기뻐하였고 그 열매는 내 입에 달았도다"(아 2:2-3)의 괄호 안에 차례대로 들어갈 말은?

024 "우리를 위하여 ( ) 곧 포도원을 허는 작은 ( )를 잡으라 우리의 포도원에 꽃이 피었음이라"(아 2:15)의 두 괄호에 공통으로 들어갈 말은?

014_③ 015_④ 016_④ 017_② 018_② 019_③ 020_④ 021_④ 022_③ 023_백합화, 사과나무 024_여우

025 "왕비가 육십 명이요 후궁이 팔십 명이요 시녀가 무수하되 내 비둘기, 내 ( )는 하나뿐이로구나 그는 그의 어머니의 외딸이요 그 낳은 자가 귀중하게 여기는 자로구나"(아 6:8-9)의 괄호에 들어갈 말은?

026 "너는 나를 도장 같이 마음에 품고 도장 같이 팔에 두라 ( )은 죽음 같이 강하고 ( )는 스올 같이 잔인하며 불길 같이 일어나니 그 기세가 여호와의 불과 같으니라"(아 8:6)의 괄호에 차례대로 들어갈 말은?

이사야

【A등급】

001 "나는 내가 사랑하는 자를 위하여 노래하되 내가 사랑하는 자의 포도원을 노래하리라"는 이사야 몇 장에 나오는가?
① 3장 ② 4장
③ 5장 ④ 13장

002 이사야가 삼 년 동안 벗은 몸과 벗은 발로 다닌 뜻은?
① 유다 백성의 사로잡힌 자가 앗수르 왕에게 끌려 가리라
② 애굽의 포로와 구스의 사로잡힌 자가 앗수르 왕에게 끌려가리라
③ 앗수르의 사로잡힌 자가 애굽 왕에게 끌려 가리라
④ 앗수르의 사로잡힌 자가 바벨론 왕에게 끌려가리라

003 여호와께서 유다 왕국의 국고와 왕궁 맡은 자 셉나를 관직에서 쫓아내고 그 대신 엘리아김을 세우시겠다는 말씀이 들어 있는 책은?
① 열왕기상 ② 열왕기하
③ 학개 ④ 이사야

004 히스기야 왕 때에 앗수르 군대가 쳐들어왔지만 예루살렘을 점령하지 못하고 물러간 이야기는 이사야 몇 장에 나오나?
① 35-36장 ② 36-37장
③ 37-38장 ④ 38-39장

025_완전한 자 026_사랑, 질투

001_③ 002_② 003_④ 004_②

005 "주 여호와께서 학자들의 혀를 내게 주사 나로 곤고한 자를 말로 어떻게 도와 줄 줄을 알게 하시고 아침마다 깨우치시되 나의 귀를 깨우치사 학자들 같이 알아듣게 하시도다"는 이사야 몇 장에 나오는가?
① 50장 ② 52장
③ 54장 ④ 56장

006 "여호와의 손이 짧아 구원하지 못하심도 아니요 귀가 둔하여 듣지 못하심도 아니라"가 들어 있는 곳은?
① 예레미야 52장 ② 이사야 59장
③ 이사야 58장 ④ 에스겔 40장

007 "내가 곧 그들을 나의 성산으로 인도하여 기도하는 내 집에서 그들을 기쁘게 할 것이며 그들의 번제와 희생을 나의 제단에서 기꺼이 받게 되리니 이는 내 집은 만민이 기도하는 집이라 일컬음이 될 것임이니라"가 들어 있는 책은?
① 시편 ② 이사야
③ 열왕기상 ④ 역대상

008 "그러나 여호와여, 이제 주는 우리 아버지시니이다 우리는 ( ) 주는 ( ) 우리는 다 주의 손으로 지으신 것이니이다"(사 64:8)의 괄호에 들어갈 말을 차례대로 바르게 적은 것은?
① 진흙이요, 토기장이시니
② 양이요, 목자이시니
③ 백성이요, 하나님이시니
④ 포도나무요, 포도원지기이시니

009 "가옥에 가옥을 이으며 전토에 전토를 더하여 빈 틈이 없도록 하고 이 땅 가운데에서 홀로 거주하려 하는 그들은 화 있을진저"가 들어 있는 책은? (사 5:8)
① 이사야 ② 예레미야
③ 아모스 ④ 나훔

010 여호와께서 이사야더러 "너는 삼가며 조용하라 르신과 아람과 르말리야의 아들이 심히 노할지라도 이들은 연기 나는 두 부지깽이 그루터기에 불과하니 두려워하지 말며 낙심하지 말라 … 만일 너희가 굳게 믿지 아니하면 너희는 굳게 서지 못하리라"(사 7:4-9)는 말씀을 유다의 어느 왕에게 전하라고 하셨는가?
① 웃시야 ② 히스기야
③ 아하스 ④ 요담

011 "보라 처녀가 잉태하여 아들을 낳을 것이요 그의 이름을 임마누엘이라 하리라"라는 예언을 이사야로부터 들은 왕은 누구인가?
① 히스기야 ② 아합
③ 아하스 ④ 웃시야

012 "너 아침의 아들 계명성이여 어찌 그리 하늘에서 떨어졌으며 너 열국을 엎은 자여 어찌 그리 땅에 찍혔는고"(사 14:12)에서 '너'는 어느 나라의 왕인가?
① 앗수르 ② 바벨론
③ 아람 ④ 에돔

013 다음 중 "그럴지라도 그/여호와의 노가 돌아서지 아니하였고 그의 손이 여전히 펼쳐져 있느니라"라는 말씀이 나오지 <u>않는</u> 곳은?
① 이사야 5장 ② 이사야 9장
③ 이사야 10장 ④ 이사야 12장

014 "( ) 사람이요 신이 아니며 그들의 말들은 육체요 영이 아니라 여호와께서 그의 손을 펴시면 돕는 자도 넘어지며 도움을 받는 자도 엎드러져서 다 함께 멸망하리라"(사 31:3)의 괄호에 들어갈 말은?
① 앗수르는 ② 바벨론은
③ 애굽은 ④ 아람은

015 앗수르 왕이 보낸 랍사게가 유다의 왕과 신하들과 예루살렘 성 위에 있는 백성이 듣는 데서 항복을 권할 때 어느 방언으로 말했는가?
① 아람 방언 ② 유다 방언
③ 앗수르 방언 ④ 애굽 방언

016 열왕기하 18-20장과 거의 같은 내용이 이사야 몇 장에 나오는가?
① 36-39장 ② 37-38장

005_① 006_② 007_② 008_① 009_① 010_③ 011_③ 012_② 013_④ 014_③ 015_② 016_①

③ 38–39장 ④ 36–38장

017 "그러나 나의 종 너 이스라엘아 내가 택한 야곱아 나의 ( ) 아브라함의 자손아 내가 땅 끝에서부터 너를 붙들며 땅 모퉁이에서부터 너를 부르고 네게 이르기를 너는 나의 종이라 내가 너를 택하고 싫어하여 버리지 아니하였다 하였노라"(사 41:8–9)의 괄호에 들어갈 말은?
① 종 ② 사자
③ 백성 ④ 벗

018 "오호라 너희 모든 목마른 자들아 물로 나아오라 돈 없는 자도 오라 너희는 와서 사 먹되 돈 없이, 값 없이 와서 포도주와 젖을 사라"는 이사야 몇 장에 나오는가?
① 52장 ② 54장
③ 55장 ④ 57장

019 "여호와께 연합한 ( )은 말하기를 여호와께서 나를 그의 백성 중에서 반드시 갈라내시리라 하지 말며 ( )도 말하기를 나는 마른 나무라 하지 말라"(사 56:3)의 괄호에 들어갈 말을 차례대로 바르게 적은 것은?
① 이스라엘 사람, 유다 사람
② 애굽 사람, 앗수르 사람
③ 이방인, 고자
④ 예루살렘 거민, 사마리아 거민

020 "너희는 여호와를 만날 만한 때에 찾으라 가까이 계실 때에 그를 부르라 악인은 그의 길을, 불의한 자는 그의 생각을 버리고 여호와께로 돌아오라 그리하면 그가 긍휼히 여기시리라 우리 하나님께로 돌아오라 그가 너그럽게 용서하시리라"는 어느 책에 나오는 말씀은?
① 시편 ② 이사야
③ 에스겔 ④ 스바냐

021 "여호와의 손이 짧아 구원하지 못하심도 아니요 귀가 둔하여 듣지 못하심도 아니라 오직 너희 ( ) 너희와 너희 하나님 사이를 갈라놓았고 너희 ( ) 그의 얼굴을 가리어서 너희에게서 듣지 않으시게 함이니라"(사 59:1–2)의 괄호에 들어갈 말을 차례대로 바르게 적은 것은?
① 죄악이, 죄가
② 교만이, 거짓이
③ 어리석음이, 우매함이
④ 지혜가, 꾀가

022 "하늘은 나의 보좌요 땅은 나의 발판이니 너희가 나를 위하여 무슨 집을 지으랴 내가 안식할 처소가 어디랴"가 들어 있는 책은? (사 66:1)
① 사무엘하 ② 열왕기상
③ 역대상 ④ 이사야

023 "다시는 너를 버림 받은 자라 부르지 아니하며 다시는 네 땅을 황무지라 부르지 아니하고 오직 너를 ( )[난외주: 나의 기쁨이 그에게 있다]라 하며 네 땅을 ( )[난외주: 결혼한 여자]라 하리니 이는 여호와께서 너를 기뻐하실 것이며 네 땅이 결혼한 것처럼 될 것임이라"(사 62:4)의 괄호에 들어갈 말을 차례대로 바르게 적은 것은?
① 뿔라, 헵시바
② 로암미, 로루하마
③ 로루하마, 로암미
④ 헵시바, 뿔라

024 "유다 왕 ( )와 ( )과 ( )와 ( ) 시대에 아모스의 아들 이사야가 유다와 예루살렘에 관하여 본 계시라"(사 1:1)의 괄호에 들어갈 유다 왕의 이름을 차례대로 바르게 쓴 것은?
① 웃시야, 아합, 히스기야, 아하스
② 아하스, 요담, 웃시야, 히스기야
③ 웃시야, 요담, 아하스, 히스기야
④ 요시야, 여호야김, 여호아하스, 여호야긴

025 "이제 야곱의 집에 대하여 얼굴을 가리시는 여호와를 나는 기다리며 그를 바라보리라"고 고백한 사람은? (사 8:17)
① 사울 ② 다윗
③ 사무엘 ④ 이사야

026 "이는 만군의 여호와께서 복 주시며 이르시되 내 백성 애굽이여, 내 손으로 지은 앗수르여,

017_④ 018_③ 019_③ 020_② 021_① 022_④ 023_④ 024_③ 025_④ 026_①

나의 기업 이스라엘이여, 복이 있을지어다 하실 것임이라"가 들어 있는 책은? (사 19:25)
① 이사야 ② 예레미야
③ 에스겔 ④ 다니엘

027 "내가 또 다윗의 집의 열쇠를 그의 어깨에 두리니 그가 열면 닫을 자가 없겠고 닫으면 열 자가 없으리라"(사 22:22)에서 '그'는 누구인가?
① 이사야 ② 히스기야
③ 엘리아김 ④ 셉나

028 "사망을 영원히 멸하실 것이라 주 여호와께서 모든 얼굴에서 눈물을 씻기시며 자기 백성의 수치를 온 천하에서 제하시리라"는 말씀은 이사야 몇 장에 나오는가?
① 24장 ② 25장
③ 27장 ④ 35장

029 "주의 죽은 자들은 살아나고 그들의 시체들은 일어나리이다 티끌에 누운 자들아 너희는 깨어 노래하라 주의 이슬을 빛난 이슬이니 땅이 죽은 자들을 내놓으리로다"는 어느 책에 들어 있는 말씀인가? (사 26:19)
① 시편 ② 욥기
③ 다니엘 ④ 이사야

030 "거기 대로가 있어 그 길을 거룩한 길이라 일컫는 바 되리니 깨끗하지 못한 자는 지나가지 못하겠고 오직 구속함을 입은 자들을 위하여 있게 될 것이라 우매한 행인은 그 길로 다니지 못할 것이며"는 이사야 몇 장에 나오는가?
① 33장 ② 34장
③ 35장 ④ 36장

031 히스기야가 병 들었다가 나았다 함을 듣고 예물을 보내 온 이방 왕은?
① 앗수르의 살만에셀
② 바벨론의 므로닥발라단
③ 아람의 벤하닷
④ 애굽의 디르하가

032 "( )에 대하여는 이르기를 내 목자라 그가 나의 모든 기쁨을 성취하리라 하며 … 하는 자니라 여호와께서 그의 기름 부음을 받은 ( )에게 이같이 말씀하시되 내가 그의 오른손을 붙들고 그 앞에 열국을 항복하게 하며 내가 왕들의 허리를 풀어 그 앞에 문들을 열고 성문들이 닫히지 못하게 하리라"(사 44:28-45:1)의 괄호에 공통으로 들어갈 이름은?
① 다윗 ② 솔로몬
③ 이사야 ④ 고레스

033 "무릇 만군의 여호와의 ( )은 이스라엘 족속이요 그가 기뻐하시는 ( )는 유다 사람이라 그들에게 정의를 바라셨더니 도리어 포학이요 그들에게 공의를 바라셨더니 도리어 부르짖음이었도다"(사 5:7)의 괄호에 들어 갈 말을 차례대로 바르게 적은 것은?
① 동산, 무화과 ② 백성, 무리
③ 포도원, 나무 ④ 동산, 열매

034 "슬프다 아리엘이여 아리엘이여 다윗이 진 친 성읍이여 해마다 절기가 돌아오려니와 내가 아리엘을 괴롭게 하리니 그가 슬퍼하고 애곡하며 내게 아리엘과 같이 되리라"(사 29:1-2)에서 아리엘을 어느 성읍을 가리키는가?
① 베들레헴 ② 벧엘
③ 예루살렘 ④ 사마리아

035 "우리가 ( ) 방언을 아오니 청하건대 그 방언으로 당신의 종들에게 말하고 성 위에 있는 백성이 듣는 데에서 우리에게 ( ) 방언으로 말하지 마소서 하니"(사 36:11)의 괄호에 들어갈 말을 차례대로 바르게 적은 것은?
① 유다, 아람 ② 아람, 유다
③ 유다, 아랍 ④ 아랍, 유다

036 "이 열방의 신들 중에 어떤 신이 자기의 나라를 내 손에서 건져냈기에 여호와가 능히 예루살렘을 내 손에서 건지겠느냐"(사 36:20)에서 '나'는 누구인가?
① 느부갓네살 ② 살만에셀
③ 랍사게 ④ 산헤립

027_③ 028_② 029_④ 030_③ 031_② 032_④ 033_③ 034_③ 035_② 036_④

037 "이스라엘의 왕인 여호와, 이스라엘의 구원자인 만군의 여호와가 이같이 말하노라 나는 처음이요 나는 마지막이라 나 외에 다른 신이 없느니라"는 어느 책에 들어 있는 말씀인가?
① 출애굽기 ② 사무엘상
③ 시편 ④ 이사야

038 "볼지어다 아름다운 소식을 알리고 화평을 전하는 자의 발이 산 위에 있도다"(나 1:15)와 비슷한 내용의 말씀이 들어 있는 책은?
① 시편 ② 욥기
③ 이사야 ④ 다니엘

039 "이는 비와 눈이 하늘로부터 내려서 … 양식을 줌과 같이 내 입에서 나가는 말도 이와 같이 헛되이 내게로 되돌아오지 아니하고 나의 기뻐하는 뜻을 이루며 내가 보낸 일에 형통함이니라"는 어느 책에 나오는가? (사 55:10-11)
① 사무엘상 ② 이사야
③ 전도서 ④ 다니엘

040 다음 괄호에 들어갈 말은?
"내가 네 재판관들을 처음과 같이, 네 모사들을 본래와 같이 회복할 것이라 그리한 후에야 네가 ( )의 성읍이라, 신실한 고을이라 불리리라 하셨나니"(사 1:26)
① 사랑 ② 의
③ 하나님 ④ 다윗

041 다음 괄호에 들어갈 말은?
"우리가 올라가 유다를 쳐서 그것을 쓰러뜨리고 우리를 위하여 그것을 무너뜨리고 ( )의 아들을 그 중에 세워 왕으로 삼자 하였으나 주 여호와의 말씀이 그 일은 서지 못하며 이루어지지 못하리라"(사 7:6)
① 히스기야 ② 다브엘
③ 요담 ④ 아하스

042 다음 구절은 이사야서 어디에 나옵니까?
"아모스의 아들 이사야가 바벨론에 대하여 받은 경고라"(사 13:1)
① 13장 ② 14장
③ 23장 ④ 26장

043 다음 괄호에 넣을 말이 순서대로 알맞은 것은?
"( )은 엎드러졌고 ( )는 구부러졌도다 그들의 우상들은 짐승과 가축에게 실렸으니 너희가 떠메고 다니던 그것들이 피곤한 짐승의 무거운 짐이 되었도다"
① 벨과 바알 ② 느보 와 담무스
③ 벨과 느보 ④ 바알과 앗세라

044 다음을 말한 사람과 들은 사람을 차례대로 말하시오.
"그들이 내 궁전에 있는 것을 다 보았나이다 내 창고에 있는 것으로 보이지 아니한 보물이 하나도 없나이다 하니라"(사 39:4)
① 히스기야 – 이사야
② 요시야 – 훌다
③ 시드기야 – 예레미야
④ 여로보암 – 아모스

045 "보라 내 종이 형통하리니 받들어 높이 들려서 지극히 존귀하게 되리라 전에는 그의 모양이 타인보다 상하였고 그의 모습이 사람들보다 상하였으므로 많은 사람이 그에 대하여 놀랐거니와"는 이사야서 몇장에 나오는가? (사 52:13-14)
① 51장 ② 52장
③ 53장 ④ 54장

046 "백성이 옛적 모세의 때를 기억하여 이르되 백성과 양떼의 목자를 바다에서 올라오게 하신 이가 어디 계시냐 그들 가운데에 ( )을 두신 이가 이제 어디 계시냐, 그의 영광의 팔이 모세의 오른손을 이끄시며 그의 이름을 영원하게 하려 하사 그들 앞에서 물을 갈라지게 하시고"(사 63:11-12)에서 괄호에 들어갈 말은?
① 하나님의 영 ② 언약
③ 성령 ④ 말씀

047 "혹시 히스기야가 너희에게 이르기를 여호와께서 우리를 건지시리라 할지라도 속지 말라

037_④ 038_③ 039_② 040_② 041_② 042_① 043_③ 044_① 045_② 046_③ 047_③

열국의 신들 중에 자기의 땅을 앗수르 왕의 손에서 건진 자가 있느냐 ( )과 ( )의 신들이 어디 있느냐 ( )의 신들이 어디 있느냐 그들이 사마리아를 내 손에서 건졌느냐"(사 36:18-19)에서 다음중 괄호에 들어가지 않는 것을 고르시오.

① 하맛 ② 아르밧
③ 테마 ④ 스발와임

048 "보라 내가 영을 그의 속에 두리니 그가 소문을 듣고 그의 고국으로 돌아갈 것이며 또 내가 그를 그의 고국에서 칼에 죽게 하리라 하셨느니라 하니라"는 어디에 나오는가? (사 37:7)

① 이사야 36장 ② 이사야 37장
③ 이사야 38장 ④ 이사야 39장

049 다음은 여호와께서 누구를 통하여 한 말인가? "네 거처와 네 출입과 네가 나를 거슬러 분노함을 내가 아노라 네가 나를 거슬러 분노함과 네 오만함이 내 귀에 들렸으므로 내가 갈고리로 네 코를 꿰며 재갈을 네 입에 물려 너를 오던 길로 돌아가게 하리라 하셨나이다"(사 37:28-29)

① 이사야 ② 예레미야
③ 에스겔 ④ 엘리야

050 "주께서 심지가 견고한 자를 평강하고 평강하도록 지키시리니 이는 그가 주를 신뢰함이니이다"는 어디에 나오는가? (사 26:3)

① 이사야 25:8 ② 이사야 26:1
③ 이사야 26:3 ④ 이사야 26:19

051 다음 두 구절이 나오는 장을 맞게 연결한 것은?

A. "내가 한 돌을 시온에 두어 기초를 삼았노니 곧 시험한 돌이요 귀하고 견고한 기촛돌이라" (사 28:16)
B. "건축자가 버린 돌이 집 모퉁이의 머릿돌이 되었나니" (시 118:22)

① 이사야 28장 – 시편 116편
② 이사야 28장 – 시편 116편
③ 이사야 30장 – 시편 116편
④ 이사야 28장 – 시편 118편

052 "나는 나를 구하지 아니하던 자에게 물음을 받았으며 나를 찾지 아니하던 자에게 찾아냄이 되었으며 내 이름을 부르지 아니하던 나라에 내가 여기 있노라 내가 여기 있노라 하였노라"가 나오는 책은? (사 65:1)

① 이사야 ② 예레미야
③ 에스겔 ④ 호세아

053 "보라 나의 종들은 먹을 것이로되 너희는 주릴 것이니라 보라 나의 종들은 마실 것이로되 너희는 갈할 것이라 보라 나의 종들은 기뻐할 것이로되 너희는 수치를 당할 것이라"가 나오는 책은? (사 65:13)

① 이사야 ② 예레미야
③ 아모스 ④ 호세아

054 "거기는 날 수가 많지 못하여 죽는 어린이와 수한이 차지 못한 노인이 다시는 없을 것이라 곧 백 세에 죽는 자를 젊은이라 하겠고 백 세가 못되어 죽는 자는 저주받은 것이리라"가 나오는 책은? (사 65:20)

① 에스겔 ② 예레미야
③ 이사야 ④ 호세아

055 이사야서에서 새 하늘과 새 땅이라는 말이 나오는 곳을 알맞게 늘어놓은 곳은?

① 이사야 40장과 65장
② 이사야 65장과 66장
③ 이사야 64장과 65장
④ 이사야 60장과 66장

056 "도움을 구하러 ( )으로 내려가는 자들은 화 있을진저 그들은 말을 의지하며 병거의 많음과 마병의 심히 강함을 의지하고 이스라엘의 거룩하신 이를 앙모하지 아니하며 여호와를 구하지 아니하나니"(사 31:1)에서 괄호에 들어갈 말로 적당한 것은?

① 애굽 ② 바벨론
③ 앗수르 ④ 다메섹

사

048_② 049_① 050_③ 051_④ 052_① 053_① 054_③ 055_② 056_①

057 "그 때에 맹인의 눈이 밝을 것이며 못듣는 사람의 귀가 열릴 것이며 그 때에 저는 자는 사슴 같이 뛸 것이며 말못하는 자의 혀는 노래하리니 이는 광야에서 물이 솟겠고 사막에서 시내가 흐를 것임이라"는 어디에 나오는가? (사 35:5-6)
① 이사야 29장 ② 이사야 31장
③ 이사야 32장 ④ 이사야 35장

058 "히스기야 왕 십사 년에 앗수르 왕 산헤립이 올라와서 유다 모든 견고한 성을 쳐서 취하니라 앗수르 왕이 ( )에서부터 랍사게를 예루살렘으로 보내되 대군을 거느리고 히스기야 왕에게로 가게 하매 그가 윗못 수도 곁 세탁자의 밭 큰 길에 서매"(사 36:1-2)에서 괄호에 알맞은 말은?
① 여리고 ② 라기스
③ 브엘세바 ④ 갈멜산

059 "혹시 네가 내게 이르기를 우리는 우리 하나님 여호와를 신뢰하노라 하리라마는 그는 그의 산당과 제단을 ( )가 제하여 버리고 유다와 예루살렘에 명하기를 너희는 이 제단 앞에서만 예배하라 하던 그 신이 아니냐 하셨느니라.'(사 36:7)에서 괄호에 알맞은 말은?
① 아하스 ② 요담
③ 히스기야 ④ 요시야

060 다음과 같이 말한 사람은 누구인가?
"그런즉 네가 어찌 내 주의 종 가운데 극히 작은 총독 한 사람인들 물리칠 수 있으랴 어찌 애굽을 믿고 병거와 기병을 얻으려 하느냐 내가 이제 올라와서 이 땅을 멸하는 것이 여호와의 뜻이 없음이겠느냐 여호와께서 내게 이르시기를 올라가 그 땅을 쳐서 멸하라 하셨느니라 하니라"(사 36:9-10)
① 산헤립 ② 랍사게
③ 바로 느고 ④ 느부갓네살

061 "일어나라 빛을 발하라 이는 네 빛이 이르렀고 여호와의 영광이 네 위에 임하였음이니라"라는 말씀은 이사야서 어디에 기록된 본문인가?
① 이사야 57장 ② 이사야 58장
③ 이사야 59장 ④ 이사야 60장

062 다음에서 이사야서 마지막에 나오는 말은?
① 나는 그 가운데에서 택하여 제사장과 레위인을 삼으리라 여호와의 말이니라(사 66:21)
② 너희 자손과 너희 이름이 항상 있으리라 여호와의 말이니라(사 66:22)
③ 매월 초하루와 매 안식일에 모든 혈육이 내 앞에 나아와 예배하리라(사 66:23)
④ 그 벌레가 죽지 아니하며 그 불이 꺼지지 아니하여 모든 혈육에게 가증함이 되리라 (사 66:24)

063 "너희는 약한 손을 강하게 하며 떨리는 무릎을 굳게 하며 겁내는 자들에게 이르기를 굳세어라, 두려워하지 말라, 보라 너희 하나님이 오사 보복하시며 갚아 주실 것이라 하나님이 오사 너희를 구하시리라 하라"(사 35:3-4)는 어떤 책에 나오는가?
① 이사야 ② 예레미야
③ 에스겔 ④ 미가

064 "땅을 파서 돌을 제하고 극상품 포도나무를 심었도다 그 중에 망대를 세웠고 또 그 안에 술틀을 팠도다 좋은 포도 맺기를 바랐더니 들포도를 맺었도다"는 어디에 나오는가? (사 5:2)
① 이사야 1장 ② 이사야 5장
③ 이사야 6장 ④ 이사야 57장

065 "그 때에 맹인의 눈이 밝을 것이며 못 듣는 사람의 귀가 열릴 것이며 그 때에 저는 자는 사슴 같이 뛸 것이며 말 못하는 자의 혀는 노래하리니 이는 광야에서 물이 솟겠고 사막에서 시내가 흐를 것임이라"(사 35:5-6)는 어디에 나오는가?
① 이사야 32장 ② 이사야 35장
③ 이사야 40장 ④ 이사야 66장

066 다음중 같은 절에 포함되지 않는 것은? (사 43:1-2)
① 내가 너를 지명하여 불렀나니 너는 내 것이

057_④ 058_② 059_③ 060_② 061_④ 062_④ 063_① 064_② 065_② 066_①

라

② 네가 물 가운데로 지날 때에 내가 너와 함께 할 것이라
③ 강을 건널 때에 물이 너를 침몰하지 못할 것이며
④ 불꽃이 너를 사르지도 못하리니

067 이사야 49장 1-6절의 내용을 순서대로 모은 것은?

A. 너는 나의 종이요 내 영광을 네 속에 나타낼 이스라엘이라
B. 내가 헛되이 수고하였으며 무익하게 공연히 내 힘을 다하였다
C. 나의 구원을 베풀어서 땅 끝까지 이르게 하리라
D. 나를 갈고 닦은 화살로 만드사 그의 화살통에 감추시고

① A-B-C-D ② D-A-B-C
③ B-D-A-C ④ D-B-A-C

068 "이스라엘의 쫓겨난 자를 모으시는 주 여호와가 말하노니 내가 이미 모은 백성 외에 또 모아 그에게 속하게 하리라 하셨느니라"는 어디에 나오는가?

① 이사야 55장 ② 이사야 56장
③ 이사야 60장 ④ 이사야 61장

069 다음 두 구절이 나오는 곳을 순서대로 알맞게 짝지은 것은?

A. 내가 또 주의 목소리를 들으니 주께서 이르시되 내가 누구를 보내며 누가 우리를 위하여 갈꼬(사 6:8)
B. 말하는 자의 소리여 이르되 외치라 대답하되 내가 무엇이라 외치리이까(사 40:6)

① 이사야 6장과 40장
② 이사야 6장과 41장
③ 이사야 9장과 40장
④ 이사야 9장과 41장

070 다음 구절들이 있는 책 이름을 순서대로 적은 것은?

A. 너희는 여호와를 만날 만한 때에 찾으라 가까이 계실 때에 그를 부르라
B. 너희가 온 마음으로 나를 구하면 나를 찾을 것이요 나를 만나리라
C. 누구든지 내게 들으며 날마다 내 문 곁에서 기다리며 문설주 옆에서 기다리는 자는 복이 있나니

① 이사야, 예레미야, 시편
② 잠언, 예레미야, 시편
③ 이사야, 예레미야, 잠언
④ 이사야, 잠언, 시편

071 이사야에서 다음 두 구절이 있는 장을 바르게 말한 것은?

A. 그러므로 여호와께서 자기 백성에게 노를 발하시고 그들 위에 손을 들어 그들을 치신지라 산들은 진동하며 그들의 시체는 거리 가운데에 분토 같이 되었도다 그럴지라도 그의 노가 돌아서지 아니하였고 그의 손이 여전히 펼쳐져 있느니라
B. 주께서 전에는 내게 노하셨사오나 이제는 주의 진노가 돌아섰고 또 주께서 나를 안위하시오니 내가 주께 감사하겠나이다 할 것이니라

① 1장 - 6장 ② 5장 - 6장
③ 5장 - 12장 ④ 7장 - 12장

072 다음 괄호에 들어갈 말은?

"그러므로 주 내가 흉용하고 창일한 큰 하수 곧 앗수르 왕과 그의 모든 위력으로 그들을 뒤덮을 것이라 그 모든 골짜기에 차고 모든 언덕에 넘쳐 흘러 유다에 들어와서 가득하여 목에까지 미치리라 ( )이여 그가 펴는 날개가 네 땅에 가득하리라 하셨느니라"(사 8:8)

① 이스라엘 ② 임마누엘
③ 유다 ④ 내 포도원이여

【B등급】

073 "그가 열방 사이에 판단하시며 많은 백성을 판결하시리니 무리가 그들의 칼을 쳐서 보습을

067_② 068_② 069_① 070_③ 071_③ 072_② 073_④

만들고 그들의 창을 쳐서 낫을 만들 것이며 이 나라와 저 나라가 다시는 칼을 들고 서로 치지 아니하며 다시는 전쟁을 ( )하지 아니하리니"(사 2:4)의 괄호에 들어갈 말은?
① 계획 ② 확대
③ 포기 ④ 연습

074 "오라 우리가 서로 변론하자 너희의 죄가 주홍 같을지라도 눈과 같이 희어질 것이요 진홍 같이 붉을지라도 양털 같이 희게 되리라"는 말씀이 들어 있는 책은?
① 욥기 ② 이사야
③ 에스겔 ④ 스가랴

075 "내가 또 주의 목소리를 들으니 주께서 이르시되 내가 누구를 보내며 누가 우리를 위하여 갈꼬 하시니 그 때에 내가 이르되 내가 여기 있나이다 나를 보내소서 하였더니"는 이사야 몇 장에 나오는가?
① 3장 ② 4장
③ 5장 ④ 6장

076 "오직 여호와를 앙망하는 자는 새 힘을 얻으리니 ( )가 날개치며 올라감 같을 것이요 달음박질하여도 곤비하지 아니하겠고 걸어가도 피곤하지 아니하리로다"(사 40:31)의 괄호에 들어갈 말은?
① 매 ② 참새
③ 독수리 ④ 제비

077 "두려워하지 말라 내가 너와 함께 함이라 놀라지 말라 나는 네 ( ) 됨이라 내가 너를 굳세게 하리라 참으로 너를 도와주리라 참으로 나의 의로운 손으로 너를 붙들리라"(사 41:10)의 괄호에 들어갈 말은?
① 하나님이 ② 남편이
③ 주인이 ④ 친구가

078 "그가 찔림은 우리의 허물 때문이요 그가 상함은 우리의 죄악 때문이라 그가 ( ) 받음으로 우리는 평화를 누리고 그가 채찍에 맞으므로 우리는 나음을 받았도다"(사 53:5)의 괄호에 들어갈 말은?
① 심판을 ② 고난을
③ 판결을 ④ 징계를

079 "우리는 다 ( ) 같아서 그릇 행하여 각기 제 길로 갔거늘 여호와께서는 우리 모두의 죄악을 그에게 담당시키셨도다"(사 53:6)의 괄호에 들어갈 말은?
① 나귀 ② 소
③ 양 ④ 비둘기

080 "주 여호와의 영이 내게 내리셨으니 … 나를 보내사 마음이 상한 자를 고치며 포로된 자에게 자유를, 갇힌 자에게 놓임을 선포하며 여호와의 ( )의 해와 우리 하나님의 보복의 날을 선포하여 모든 슬픈 자를 위로하되"(사 61:1-2)의 괄호에 들어갈 말은?
① 회복 ② 구원
③ 심판 ④ 은혜

081 이사야서는 전부 몇 장으로 되어 있나?
① 48장 ② 52장
③ 65장 ④ 66장

082 "( )이여 들으라 ( )이여 귀를 기울이라 여호와께서 말씀하시기를 내가 자식을 양육하였거늘 그들이 나를 거역하였도다"(사 1:2)의 괄호에 들어갈 말을 차례대로 바르게 적은 것은?
① 하늘, 궁창 ② 이스라엘, 야곱
③ 내 백성, 이스라엘 ④ 하늘, 땅

083 "내 입을 날카로운 칼 같이 만드시고 나를 그의 손 그늘에 숨기시며 나를 갈고 닦은 화살로 만드사 그의 화살통에 감추시고"가 들어 있는 책은? (사 49:2)
① 이사야 ② 예레미야
③ 잠언 ④ 시편

084 "내가 기뻐하는 금식은 흉악의 결박을 풀어 주며 멍에의 줄을 끌러 주며 압제 당하는 자를 자유하게 하며 모든 멍에를 꺾는 것이 아니겠느냐"라는 본문이 수록된 책은?

074_② 075_④ 076_③ 077_① 078_④ 079_③ 080_④ 081_④ 082_④ 083_① 084_③

① 아모스　② 미가
③ 이사야　④ 하박국

085 "오라 우리가 서로 변론하자 너희의 죄가 주홍 같을지라도 눈과 같이 희어질 것이요 진홍 같이 붉을지라도 양털 같이 희게 되리라"는 이사야 몇 장에 나오는가?
① 1장　② 2장
③ 3장　④ 4장

086 "(　) 왕이 죽던 해에 내가 본즉 주께서 높이 들린 보좌에 앉으셨는데 그의 옷자락은 성전에 가득하였고"에서 '나'는 이사야이다. 괄호 안에 들어갈 왕의 이름은?
① 요시야　② 아하스
③ 웃시야　④ 히스기야

087 이사야가 본 스랍들이 서로 불러 한 말 가운데에서 "만군의 여호와여 그의 영광이 온 땅에 충만하도다"라고 하기에 앞서 세 번 외친 것은?
① 영광이로다　② 거룩하다
③ 참되도다　④ 은혜로다

088 "그 때에 그 스랍 중의 하나가 부젓가락으로 제단에서 집은 바 핀 숯을 손에 가지고 내게로 날아와서 그것을 내 입술에 대며 이르되 보라 이것이 네 입에 닿았으니 네 악이 제하여졌고 네 죄가 사하여졌느니라 하더라"에서 '나'는 누구인가?
① 모세　② 사무엘
③ 이사야　④ 에스겔

089 "(　)의 줄기에서 한 싹이 나며 그 뿌리에서 한 가지가 나서 결실할 것이요"(사 11:1)의 괄호에 들어갈 이름은?
① 이새　② 이사야
③ 다윗　④ 유다

090 "내 집은 만민이 기도하는 집이라 일컬음이 될 것임이라"가 나오는 곳은? (사 56:7)
① 이사야 6장　② 이사야 40장
③ 이사야 56장　④ 이사야 66장

091 "젖 먹는 아이가 독사의 구멍에서 장난하며 젖 뗀 어린 아이가 독사의 굴에 손을 넣을 것이라 내 거룩한 산 모든 곳에서 해 됨도 없고 상함도 없을 것이니 이는 물이 바다를 덮음 같이 여호와를 아는 지식이 세상에 충만할 것임이니라"가 들어 있는 책은?
① 요나　② 이사야
③ 요엘　④ 미가

092 병이 나은 뒤에 바벨론 왕이 보낸 사자들에게 궁중의 소유와 전 국내의 소유를 보여주었다가 이사야에게 꾸중들은 유다 왕은?
① 웃시야　② 요담
③ 아하스　④ 히스기야

093 "너희의 하나님이 이르시되 너희는 위로하라 내 백성의 위로하라"는 이사야 몇 장에 나오는 말씀인가?
① 40장　② 41장
③ 55장　④ 56장

094 "외치는 자의 소리여 이르되 너희는 광야에서 여호와의 길을 예비하라 사막에서 우리 하나님의 대로를 평탄하게 하라"가 들어 있는 책은?
① 다니엘　② 이사야
③ 예레미야　④ 에스겔

095 "오직 여호와를 앙망하는 자는 새 힘을 얻으리니 독수리가 날개치며 올라감 같을 것이요 달음박질하여도 곤비하지 아니하겠고 걸어가도 피곤하지 아니하리로다"가 들어 있는 책은?
① 호세아　② 예레미야
③ 이사야　④ 미가

096 "야곱아 너를 창조하신 여호와께서 지금 말씀하시느니라 이스라엘아 너를 지으신 이가 말씀하시느니라 너는 두려워하지 말라 내가 너를 (　)하였고 내가 너를 지명하여 불렀나니 너는 내 것이라"(사 43:1)의 괄호에 들어갈 말은?
① 사랑　② 선택

사

085_①　086_③　087_②　088_③　089_①　090_③　091_②　092_④　093_①　094_②　095_③　096_④

③ 용서 ④ 구속

097 "그는 외치지 아니하며 목소리를 높이지 아니하며 그 소리를 거리에 들리게 하지 아니하며 ( ) 꺾지 아니하며 ( ) 끄지 아니하고 진실로 정의를 시행할 것이며"(사 42:2-3)의 괄호에 들어갈 말을 차례대로 바르게 적은 것은?
① 상한 갈대를, 꺼져가는 등불을
② 부러진 나무를, 바람에 흔들리는 촛불을
③ 아무 나무나, 아무 불이나
④ 늙은 나뭇가지를, 새로 켠 등불을

098 "보라 내가 새 ( )과 새 ( )을 창조하나니 이전 것은 기억되거나 마음에 생각나지 아니할 것이라"(사 65:17)의 괄호에 들어갈 말을 차례대로 바르게 적은 것은?
① 하늘, 세상 ② 민족, 백성
③ 하늘, 땅 ④ 성읍, 백성

099 "너희가 손을 펼 때에 내가 내 눈을 너희에게서 가리고 너희가 많이 기도할지라도 내가 듣지 아니하리니 이는 너희의 손에 ( ) 가득함이니라"(사 1:15)의 괄호에 들어갈 말은?
① 피가 ② 포악이
③ 거짓이 ④ 불의가

100 "나는 내가 사랑하는 자를 위하여 노래하되 내가 사랑하는 자의 ( )을 노래하리라 내가 사랑하는 자에게 ( )이 있음이여 심히 기름진 산에로다"(사 5:1)의 괄호에 공통으로 들어갈 말은?
① 포도원 ② 무화과밭
③ 동산 ④ 뽕나무밭

101 "가서 이 백성에게 이르기를 너희가 듣기는 들어도 깨닫지 못할 것이요 보기는 보아도 알지 못하리라 하여 이 백성의 마음을 둔하게 하며 그들의 귀가 막히고 그들의 눈이 감기게 하라 염려하건대 그들이 눈으로 보고 귀로 듣고 마음으로 깨닫고 다시 돌아와 고침을 받을까 하노라"는 말씀을 여호와께 들은 사람은?
① 엘리야 ② 사무엘
③ 에스겔 ④ 이사야

102 "남는 자가 돌아오리라"는 뜻의 이름은?
① 로루하마 ② 로암미
③ 바룩 ④ 스알야숩

103 이사야가 "네 하나님 여호와께 한 징조를 구하라"고 했을 때 "나는 구하지 아니하겠나이다 나는 여호와를 시험하지 아니하겠나이다"라고 대답한 왕은?
① 아하스 ② 히스기야
③ 웃시야 ④ 요담

104 마헬살랄하스바스는 누구의 아들인가?
① 히스기야 ② 호세아
③ 이사야 ④ 느헤미야

105 "흑암에 행하던 백성이 큰 빛을 보고 사망의 그늘진 땅에 거주하던 자에게 빛이 비치도다"는 어느 책에 들어 있는 말씀인가? (사 9:2)
① 다니엘 ② 이사야
③ 에스겔 ④ 요엘

106 "이는 한 아기가 우리에게 났고 한 아들을 우리에게 주신 바 되었는데 그의 어깨에는 정사를 메었고 그의 이름은 기묘자라, 모사라, 전능하신 하나님이라, 영존하시는 아버지라, 평강의 왕이라 할 것임이라"가 들어 있는 책은?
① 다니엘 ② 에스겔
③ 예레미야 ④ 이사야

107 "이새의 줄기에서 한 싹이 나며 그 뿌리에서 한 가지가 나서 결실할 것이요 … 젖먹는 아이가 독사의 구멍에서 장난하며 젖뗀 어린 아이가 독사의 굴에 손을 넣을 것이라"는 이사야 몇 장에 나오는가?
① 7장 ② 9장
③ 11장 ④ 15장

108 "그 날에 여호와께서 그의 견고하고 크고 강한 칼로 날랜 뱀 ( ) 곧 꼬불꼬불한 뱀 ( )을 벌하시며 바다에 있는 용을 죽이시리라"(사 27:1)의 괄호에 공통으로 들어갈 말은?
① 베헤못 ② 스랍

097_① 098_③ 099_① 100_① 101_④ 102_④ 103_① 104_③ 105_② 106_④ 107_③ 108_④

③ 라합 ④ 리워야단

109 "보라 내가 한 돌을 시온에 두어 기초를 삼았노니 곧 시험한 돌이요 귀하고 견고한 기촛돌이라 그것을 믿는 이는 다급하게 되지 아니하리로다"가 들어 있는 책은? (사 28:16)
① 이사야 ② 예레미야
③ 에스겔 ④ 다니엘

110 "도움을 구하러 애굽으로 내려가는 자들은 화 있을진저 그들은 말을 의지하며 병거의 많음과 마병의 심히 강함을 의지하고 이스라엘의 거룩하신 이를 앙모하지 아니하며 여호와를 구하지 아니하나니"라고 말한 사람은? (사 31:1)
① 모세 ② 사무엘
③ 요시야 ④ 이사야

111 "그 때에 맹인의 눈이 밝을 것이며 못 듣는 사람의 귀가 열릴 것이며 그 때에 저는 자는 사슴 같이 뛸 것이며 말 못하는 자의 혀는 노래하리니 이는 광야에서 물이 솟겠고 사막에서 시내가 흐를 것임이라"가 들어 있는 책은?
① 요엘 ② 하박국
③ 이사야 ④ 에스겔

112 "히스기야 왕 십사 년에 앗수르 왕 ( )이 올라와서 유다의 모든 견고한 성을 쳐서 취하니라"(사 36:1)의 괄호에 들어갈 이름은?
① 산헤립 ② 살만에셀
③ 랍사게 ④ 에살핫돈

113 앗수르 왕의 명령을 따라 예루살렘 성 가까이에서 이스라엘의 하나님을 모욕하면서 유다 사람들에게 항복을 권유한 사람의 이름은?
① 나아만 ② 랍사게
③ 벤하닷 ④ 하사엘

114 신하들을 보내어 이사야에게 "당신의 하나님 여호와께서 랍사게의 말을 들으셨을 것이라 그가 그의 상전 앗수르 왕의 보냄을 받고 살아 계시는 하나님을 훼방하였은즉 당신의 하나님 여호와께서 혹시 그 말로 말미암아 견책하실까 하노라 그런즉 바라건대 당신은 이 남아 있는 자를 위하여 기도하라"는 말을 전하게 한 왕은? (사 37:4)
① 웃시야 ② 히스기야
③ 아하스 ④ 요담

115 앗수르 왕의 사자들이 보낸 글을 여호와 앞에 펴 놓고 "여호와여 귀를 기울여 들으시옵소서 여호와여 눈을 뜨고 보시옵소서 산헤립이 사람을 보내어 살아 계시는 하나님을 훼방한 모든 말을 들으시옵소서"라고 기도한 사람은?
① 이사야 ② 엘리아김
③ 히스기야 ④ 아하스

116 병든 히스기야에게 이사야가 내린 처방은?
① 요단강에 들어가서 일곱 번 목욕하면 왕이 나으리라
② 악공들을 불러 수금을 연주하게 하면 왕이 나으리라
③ 한 뭉치 무화과를 가져다가 종처에 붙이면 왕이 나으리라
④ 화살로 땅을 세 번 치면 왕이 나으리라

117 "풀은 마르고 꽃은 시드나 우리 하나님의 말씀은 영원히 서리라"는 이사야 몇 장에 나오는가?
① 11장 ② 33장
③ 40장 ④ 55장

118 이사야 41장 10절을 이루는 다음 일곱 부분인 ㉠ "참으로 너를 도와주리라", ㉡ "놀라지 말라", ㉢ "내가 너와 함께 함이라", ㉣ "나는 네 하나님이 됨이라", ㉤ "두려워하지 말라", ㉥ "내가 너를 굳세게 하리라", ㉦ "참으로 나의 의로운 손으로 너를 붙들리라"를 순서대로 바르게 적은 것은?
① ㉡-㉠-㉤-㉣-㉢-㉥-㉦
② ㉤-㉢-㉡-㉣-㉥-㉠-㉦
③ ㉤-㉡-㉢-㉣-㉦-㉥-㉠
④ ㉡-㉤-㉠-㉥-㉦-㉢-㉣

119 "( ) 너를 창조하신 여호와께서 지금 말씀하시

109_① 110_④ 111_③ 112_① 113_② 114_② 115_③ 116_③ 117_③ 118_② 119_③

사

느니라 (　) 너를 지으신 이가 말씀하시느니라 너는 두려워하지 말라 내가 너를 구속하였고 내가 너를 지명하여 불렀나니 너는 내 것이라"(사 43:1)의 괄호에 들어갈 말을 차례로 바로 적은 것은?
① 이사야야, 선지자야
② 유다야, 이스라엘아
③ 야곱아, 이스라엘아
④ 고레스야, 나의 종아

120 "그가 이르시되 네가 나의 종이 되어 야곱의 지파들을 일으키며 이스라엘 중에 보전된 자를 돌아오게 할 것은 매우 쉬운 일이라 내가 또 너를 (　)의 빛으로 삼아 나의 구원을 베풀어서 땅 끝까지 이르게 하리라"(사 49:6)의 괄호에 들어갈 말은?
① 이스라엘　② 이방
③ 야곱　④ 시온

121 "여인이 어찌 그 젖 먹는 자식을 잊겠으며 자기 태에서 난 아들을 긍휼히 여기지 않겠느냐 그들은 혹시 잊을지라도 나는 너를 잊지 아니할 것이라"가 들어 있는 책은? (사 49:15)
① 이사야　② 시편
③ 잠언　④ 스바냐

122 "주 여호와께서 (　)들의 혀를 내게 주사 나로 곤고한 자를 말로 어떻게 도와 줄 줄을 알게 하시고 아침마다 깨우치시되 나의 귀를 깨우치사 (　)들 같이 알아듣게 하시도다"(사 50:4)의 괄호에 공통으로 들어갈 말은 ?
① 학자　② 제사장
③ 왕　④ 사자

123 "이는 하늘이 땅보다 높음 같이 내 길은 너희의 길보다 높으며 내 생각은 너희의 생각보다 높음이니라"가 들어 있는 책은? (사 55:9)
① 이사야　② 예레미야
③ 에스겔　④ 전도서

124 "주는 우리 (　) 아브라함은 우리를 모르고 이스라엘은 우리를 인정하지 아니할지라도 여호와여, 주는 우리의 (　) 옛날부터 주의 이름을 우리의 구속자라 하셨거늘"(사 63:16)의 괄호에 공통으로 들어갈 말은?
① 하나님이시라　② 아버지시라
③ 능력이시라　④ 소망이시라

125 "보라 내가 새 하늘과 새 땅을 창조하나니 이전 것은 기억되거나 마음에 생각나지 아니할 것이라"는 이사야 몇 장에 나오는 말씀인가?
① 55장　② 58장
③ 65장　④ 66장

126 "이는 한 아기가 우리에게 났고 한 아들을 우리에게 주신 바 되었는데 그의 어깨에는 정사를 메었고 그의 이름은 (　)"(사 9:6)에서 그의 이름으로 나타나지 않는 것은 무엇인가?
① 평강의 왕　② 전능하신 하나님
③ 만군의 하나님　④ 영존하시는 아버지

127 "그 노역의 때가 끝났고 그 죄악이 사함을 받았느니라"는 말은 어디에 나오는가?
① 이사야 6장　② 이사야 7장
③ 이사야 40장　④ 이사야 56장

128 "우리는 다 양 같아서 그릇 행하여 각기 제 길로 갔거늘 여호와께서는 우리 모두의 죄악을 그에게 담당시키셨도다"라는 구절은 어디에 나오는가?
① 이사야 53장 3절　② 이사야 53장 4절
③ 이사야 53장 5절　④ 이사야 53장 6절

129 다음 괄호 안에 알맞은 말을 순서대로 적은 것은?
"그가 찔림은 우리의 (　) 때문이요 그가 상함은 우리의 (　) 때문이라 그가 징계를 받으므로 우리는 (　)을/를 누리고 그가 채찍에 맞으므로 우리는 (　)을/를 받았도다"(사 53:5)
① 허물 – 죄악 – 나음 – 평화
② 허물 – 죄악 – 평화 – 나음
③ 죄악 – 허물 – 나음 – 평화
④ 죄악 – 허물 – 평화 – 나음

120_② 121_① 122_① 123_① 124_② 125_③ 126_③ 127_③ 128_④ 129_②

130 이사야서에서 "너희는 정의를 지키며 의를 행하라 이는 나의 구원이 가까이 왔고 나의 공의가 나타날 것임이라"(사 56:1)라는 말이 나오는 장은?
① 이사야 6장 ② 이사야 35장
③ 이사야 40장 ④ 이사야 56장

131 "여호와의 은혜의 해와 우리 하나님의 ( )의 날을 선포하여 모든 슬픈 자를 위로하되"(사 61:2)에서 괄호에 들어갈 말로 알맞은 것은?
① 심판 ② 보복
③ 축제 ④ 은혜

132 "무릇 시온에서 슬퍼하는 자에게 화관을 주어 그 재를 대신하며 ( )의 기름으로 그 ( )을 대신하며 ( )의 옷으로 그 ( )을 대신하시고 그들이 의의 나무 곧 여호와께서 심으신 그 영광을 나타낼 자라 일컬음을 받게 하려 하심이라"(사 61:3)에서 괄호에 알맞은 말을 순서대로 나열한 것은?
① 찬송 – 근심 – 기쁨 – 슬픔
② 기쁨 – 근심 – 찬송 – 슬픔
③ 기쁨 – 슬픔 – 찬송 – 근심
④ 수양 – 슬픔 – 기쁨 – 근심

133 "너희가 어찌하여 매를 더 맞으려고 패역을 거듭하느냐 온 머리는 병들었고 온 마음은 피곤하였으며 발바닥에서 머리까지 성한 곳이 없이 상한 것과 터진 것과 새로 맞은 흔적뿐이거늘 그것을 짜며 싸매며 기름으로 부드럽게 함을 받지 못하였도다"라는 말씀이 기록된 곳은?
① 신명기 4장 ② 아모스 3장
③ 이사야 1장 ④ 에스겔 2장

134 다음 괄호에 공통으로 들어갈 말로 알맞은 것은?
"너희의 땅은 황폐하였고 너희의 성읍들은 불에 탔고 너희의 토지는 너희 목전에서 ( )에게 삼켜졌으며 ( )에게 파괴됨 같이 황폐하였고 딸 시온은 포도원의 망대 같이, 참외밭의 원두막 같이, 에워싸인 성읍 같이 겨우 남았도다"(사 1:7–8)
① 앗수르 ② 바벨론
③ 애굽 ④ 이방인

135 다음 괄호 A, B, C에 들어가지 않는 말은?
"딸 시온은 (A) 같이, (B) 같이, (C) 같이 겨우 남았도다 만군의 여호와께서 우리를 위하여 생존자를 조금 남겨 두지 아니하셨더면 우리가 소돔 같고 고모라 같았으리로다"(사 1:8–9)
① 포도원의 망대 ② 참외밭의 원두막
③ 바다의 돛단 배 ④ 에워싸인 성읍

136 다음 괄호에 들어갈 말로 적당한 것은?
"여호와께서 말씀하시되 너희의 무수한 제물이 내게 무엇이 유익하뇨 나는 숫양의 번제와 살진 짐승의 기름에 배불렀고 나는 수송아지나 어린 양이나 숫염소의 피를 기뻐하지 아니하노라. 너희가 내 앞에 보이러 오니 이것을 누가 너희에게 요구하였느냐 ( )"(사 1:11–12)
① 내 마당만 밟을뿐이니라
② 너희가 악을 행할 뿐이니라
③ 그것이 내게 무거운 짐이라 내가 지기에 곤비하였느니라
④ 내 마음이 너희의 월삭과 정한 절기를 싫어하느니라

137 "무리가 그들의 칼을 쳐서 보습을 만들고 그들의 창을 쳐서 낫을 만들 것이며 이 나라와 저 나라가 다시는 칼을 들고 서로 치지 아니하며 다시는 전쟁을 연습하지 아니하리라"(사 2:4; 미 4:3)와 같은 구절이 나타난 곳 두 곳을 찾으시오.
① 이사야 2장과 미가 4장
② 이사야 4장과 미가 2장
③ 이사야 2장과 요엘 3장
④ 미가 2장과 요엘 3장

138 다음은 어디에 나오는가?
"그 중에 십분의 일이 아직 남아 있을지라도 이것도 황폐하게 될 것이나 밤나무와 상수리나무가 베임을 당하여도 그 그루터기는 남아 있는 것 같이 거룩한 씨가 이 땅의 그루터기니라

사

130_④ 131_② 132_③ 133_③ 134_④ 135_③ 136_① 137_① 138_④

하시더라"
① 이사야 6장 10절 ② 이사야 6장 11절
③ 이사야 6장 12절 ④ 이사야 6장 13절

139 다음 괄호에서 왕들의 이름을 바르게 나열한 것은?
"웃시야의 손자요 요담의 아들인 유다의 ( ) 왕 때에 아람의 ( ) 왕과 르말리야의 아들 이스라엘의 ( ) 왕이 올라와서 예루살렘을 쳤으나 능히 이기지 못하니라"(사 7:1)
① 히스기야 – 르신 – 베가
② 아하스 – 하사엘 – 베가
③ 아하스 – 르신 – 베가
④ 아하스 – 르신 – 브가히야

140 "나는 구하지 아니하겠나이다 나는 여호와를 시험하지 아니하겠나이다"라고 말한 사람은 누구입니까? (사 7:12)
① 히스기야 ② 요시야
③ 아하스 ④ 베가

141 "전에 고통 받던 자들에게는 흑암이 없으리로다 옛적에는 여호와께서 ( ) 땅과 ( ) 땅이 멸시를 당하게 하셨더니 후에는 해변 길과 요단 저쪽 이방의 ( )를 영화롭게 하셨느니라"(사 9:1)에서 괄호에 들어가는 세 지역을 바르게 연결한 것은?
① 잇사갈 – 스불론 – 갈릴리
② 스불론 – 납달리 – 갈릴리
③ 스불론 –베냐민 – 르우벤
④ 스불론 – 납달리 – 두로

142 "이새의 줄기에서 한 싹이 나며 그 뿌리에서 한 가지가 나서 결실할 것이요"는 다음 어디에 나오는가? (사 11:1)
① 이사야 7장 ② 이사야 9장
③ 이사야 11장 ④ 이사야 13장

143 다음 두 구절이 나오는 책을 순서대로 알맞게 적은 것은?
"그들이 미스바에 모여 물을 길어 여호와 앞에 붓고 그 날 종일 금식하고 거기에서 이르되 우리가 여호와께 범죄하였나이다 하니라"(삼상 7:6)
"그러므로 너희가 기쁨으로 구원의 우물들에서 물을 길으리로다"(사 12:3)
① 삼상 7장 – 이사야 10장
② 삼상 7장 – 이사야 12장
③ 삼상 8장 – 이사야 11장
④ 삼상 8장 – 이사야 12장

144 다음 두 구절이 나오는 책을 순서대로 알맞게 적은 것은?
"주께서 전에는 내게 노하셨사오나 이제는 주의 진노가 돌아섰고 또 주께서 나를 안위하시오니 내가 주께 감사하겠나이다"
"너희의 하나님이 이르시되 너희는 위로하라 내 백성을 위로하라"
① 이사야 7장 – 이사야 40장
② 이사야 12장 – 이사야 40장
③ 이사야 12장 – 이사야 41장
④ 이사야 9장 – 이사야 55장

145 "너 아침의 아들 계명성이여 어찌 그리 하늘에서 떨어졌으며 너 열국을 엎은 자여 어찌 그리 땅에 찍혔는고 네가 네 마음에 이르기를 내가 하늘에 올라 하나님의 뭇 별 위에 내 자리를 높이리라 내가 북극 집회의 산 위에 앉으리라"는 어디에 나오는가? (사 14:12–13)
① 이사야 9장 ② 이사야 11장
③ 이사야 14장 ④ 이사야 24장

146 "네가 네 마음에 이르기를 내가 하늘에 올라 하나님의 뭇 별 위에 내 자리를 높이리라 내가 북극 집회의 산 위에 앉으리라 가장 높은 ( )에 올라가 지극히 높은 이와 같아지리라 하는도다 그러나 이제 네가 스올 곧 구덩이 맨 밑에 떨어짐을 당하리로다"(사 14:13–15)에서 괄호에 들어갈 말은?
① 산 ② 별
③ 구름 ④ 하늘

147 "내가 또 다윗의 집의 열쇠를 그의 어깨에 두리니 그가 열면 닫을 자가 없겠고 닫으면 열 자가

139_③ 140_③ 141_② 142_③ 143_② 144_② 145_③ 146_③ 147_②

없으리라"(사 22:22)는 누구에게 이른 말인가?
① 요시야 ② 엘리아김
③ 여호야긴 ④ 시드기야

148 "보라 여호와께서 땅을 공허하게 하시며 황폐하게 하시며 지면을 뒤집어엎으시고 그 주민을 흩으시리니"는 어디에 나오는가? (사 24:1)
① 이사야 14장 ② 이사야 24장
③ 이사야 34장 ④ 예레미야 34장

149 "주께서 심지가 견고한 자를 평강하고 평강하도록 지키시리니 이는 ( )"(사 26:3)에서 괄호에 들어갈 말은?
① 주께서 그에게 능력이 됨이라.
② 그가 주를 신뢰함이라.
③ 주께서 그의 상급이라.
④ 주께서 그의 방패가 됨이라.

150 다음 두 구절이 있는 곳을 순서대로 말하시오.
A. "주의 죽은 자들은 살아나고 그들의 시체들은 일어나리이다 티끌에 누운 자들아 너희는 깨어 노래하라 주의 이슬은 빛난 이슬이니 땅이 죽은 자를 내어 놓으리로다"
B. "땅의 티끌 가운데에서 자는 자 중에서 많은 사람이 깨어나 영생을 받는 자도 있겠고 수치를 당하여서 영원히 부끄러움을 당할 자도 있을 것이며"
① 이사야 25장과 다니엘 11장
② 이사야 26장과 다니엘 11장
③ 이사야 25장과 다니엘 12장
④ 이사야 26장과 다니엘 12장

151 "내 백성아 갈지어다 네 밀실에 들어가서 네 문을 닫고 분노가 지나기까지 잠깐 숨을지어다"는 어느 책에 나오는가?
① 이사야 ② 예레미야
③ 에스겔 ④ 스가랴

152 "그 날에 큰 나팔을 불리니 ( ) 땅에서 멸망하는 자들과 ( ) 땅으로 쫓겨난 자들이 돌아와서 ( ) 성산에서 여호와께 예배하리라"(사 27:13)에서 괄호에 들어가지 <u>않는</u> 지명은 무엇인가?
① 앗수르 ② 바벨론
③ 애굽 ④ 예루살렘

153 "그러므로 주 여호와께서 이같이 이르시되 보라 내가 한 돌을 ( )에 두어 기초를 삼았노니 곧 시험한 돌이요 귀하고 견고한 기촛돌이라 그것을 믿는 이는 다급하게 되지 아니하리로다"(사 28:16)에서 괄호에 들어갈 알맞은 말은?
① 산 ② 시온
③ 베들레헴 ④ 모퉁이

154 "그 때에 맹인의 눈이 밝을 것이며 못 듣는 사람의 귀가 열릴 것이며 그 때에 저는 자는 사슴같이 뛸 것이며 말 못하는 자의 혀는 노래하리니 이는 광야에서 물이 솟겠고 사막에서 시내가 흐를 것임이라"가 들어 있는 책은?
① 요엘 ② 하박국
③ 이사야 ④ 에스겔

155 다음은 누가 한 말입니까?
"혹시 네가 내게 이르기를 우리는 우리 하나님 여호와를 신뢰하노라 하리라마는 그는 그의 산당과 제단을 히스기야가 제하여 버리고 유다와 예루살렘에 명령하기를 너희는 이 제단 앞에서만 예배하라 하던 그 신이 아니냐 하셨느니라"(사 36:7)
① 산헤립 ② 랍사게
③ 에살하돈 ④ 살만에셀

사

156 "이에 랍사게가 일어서서 유다 방언으로 크게 외쳐 이르되 너희는 대왕 앗수르 왕의 말씀을 들으라 왕의 말씀에 너희는 ( )에게 미혹되지 말라 그가 능히 너희를 건지지 못할 것이니라"(사 36:13-14)에서 괄호에 알맞은 말은?
① 아하스 ② 히스기야
③ 요시야 ④ 여로보암

157 "여호와의 사자가 나가서 앗수르 진중에서 ( )인을 쳤으므로 아침에 일찌기 일어나 본즉 시체뿐이라"(사 37:36)에서 괄호에 알맞은 숫자는?
① 170,000 ② 175,000

148_② 149_② 150_④ 151_① 152_② 153_② 154_③ 155_② 156_② 157_④

③ 180,000　　④ 185,000

158 "그가 이 성에 이르지 못하며 화살 하나도 이리로 쏘지 못하며 방패를 가지고 성에 가까이 오지도 못하며 흉벽을 쌓고 치지도 못할 것이요 그가 오던 길 곧 그 길로 돌아가고 이 성에 이르지 못하리라 나 여호와의 말이니라 대저 내가 나를 위하며 내 종 다윗을 위하여 이 성을 보호하며 구원하리라 하셨나이다"(사 37:33-35)라는 예언에서 그는 누구인가?
① 산헤립　　② 랍사게
③ 에살핫돈　　④ 살만에셀

159 "너는 가서 그에게 이르기를 네 조상 다윗의 하나님 여호와께서 이같이 말씀하시기를 내가 네 기도를 들었고 네 눈물을 보았노라 내가 네 수한에 ( )을 더하고 너와 이 성을 앗수르 왕의 손에서 건져내겠고 내가 또 이 성을 보호하리라"(사 38:5-6)에서 괄호에 들어갈 연수로 알맞은 것은?
① 10년　　② 14년
③ 15년　　④ 20년

160 "나의 중년에 스올의 문에 들어가고 나의 여생을 빼앗기게 되리라 … 내가 다시는 여호와를 뵈옵지 못하리니 산 자의 땅에서 다시는 여호와를 뵈옵지 못하겠고 내가 세상의 거민 중에서 한 사람도 다시는 보지 못하리라 하였도다. 나의 거처는 목자의 장막을 걷음 같이 나를 떠나 옮겨졌고 직공이 베를 걷어 말음 같이 내가 내 생명을 말았도다 주께서 나를 틀에서 끊으시리니 조석간에 나를 끝내시리라"(사 38:10-20)와 같이 기도한 사람은?
① 다윗　　② 모세
③ 히스기야　　④ 요시야

161 "보라 날이 이르리니 네 집에 있는 모든 소유와 네 조상들이 오늘까지 쌓아 둔 것이 모두 바벨론으로 옮긴 바 되고 남을 것이 없으리라 … 또 네게서 태어날 자손 중에서 몇이 사로잡혀 바벨론 왕궁의 환관이 되리라 하셨나이다"(사 39:6-7)라는 말을 들은 유다의 왕은 누구인가?
① 웃시야　　② 요담
③ 아하스　　④ 히스기야

162 "보라 날이 이르리니 네 집에 있는 모든 소유와 네 조상들이 오늘까지 쌓아 둔 것이 모두 ( )으로 옮긴 바 되고 남을 것이 없으리라 여호와의 말이니라. 또 네게서 태어날 자손 중에서 몇이 사로잡혀 ( ) 왕궁의 환관이 되리라 하셨나이다"(사 39:6-7) 에서 괄호에 공통으로 들어갈 나라로 맞는 것은?
① 바벨론　　② 앗수르
③ 다메섹　　④ 애굽

163 "히스기야가 이사야에게 이르되 당신이 이른 바 여호와의 말씀이 좋소이다 하고 또 이르되 내 생전에는 평안과 견고함이 있으리로다 하니라"라는 말은 이사야 몇 장에 나오는가?
① 36장　　② 37장
③ 38장　　④ 39장

164 "거기에 대로가 있어 그 길을 거룩한 길이라 일컫는 바 되리니 깨끗하지 못한 자는 지나가지 못하겠고 오직 구속함을 입은 자들을 위하여 있게 될 것이라 우매한 행인은 그 길로 다니지 못할 것이며 거기에는 사자가 없고 사나운 짐승이 그리로 올라가지 아니하므로 그것을 만나지 못하겠고 오직 구속함을 받은 자만 그리로 행할 것이며"가 들어 있는 책은?
① 요엘　　② 하박국
③ 이사야　　④ 에스겔

165 "너희는 예루살렘의 마음에 닿도록 말하며 그것에게 외치라 그 ( )의 때가 끝났고 그 죄악이 사함을 받았느니라 그의 모든 죄로 말미암아 여호와의 손에서 벌을 배나 받았느니라 할지니라"(사 40:2) 에서 괄호에 들어갈 말로 적당한 것은?
① 포로　　② 고난
③ 노역　　④ 심판

166 다음 중에서 이사야 40장에 나오지 않는 것

158_① 159_③ 160_③ 161_④ 162_① 163_④ 164_③ 165_③

은?
① 여호와의 손에서 벌을 배나 받았느니라
② 외치라 대답하되 내가 무엇이라 외치리이까
③ 네가 물 가운데로 지날 때에 내가 함께 할 것이라
④ 풀은 마르고 꽃은 시드나 우리 하나님의 말씀은 영원히 서리라

167 "아름다운 소식을 시온에 전하는 자여 너는 높은 산에 오르라 아름다운 소식을 예루살렘에 전하는 자여 너는 힘써 소리를 높이라 두려워하지 말고 소리를 높여 유다의 성읍들에게 이르기를 너희의 하나님을 보라 하라"는 말은 이사야 몇 장에 나오는 말씀인가? (사 40:9)
① 40장 ② 41장
③ 55장 ④ 56장

168 "오직 여호와를 앙망하는 자는 새 힘을 얻으리니 독수리가 날개치며 올라감 같을 것이요 달음박질하여도 곤비하지 아니하겠고 걸어가도 피곤하지 아니하리로다"는 이사야 몇장에 나오는가? (사 40:31)
① 39장 ② 40장
③ 41장 ④ 42장

169 다음 세 구절이 각각 나오는 이사야의 장이 순서대로 된 것을 고르시오.
A. 너는 두려워 말라 내가 너를 구속하였고 내가 너를 지명하여 불렀나니 너는 내 것이라 (사 43:1)
B. 피곤한 자에게는 능력을 주시며 무능한 자에게는 힘을 더하시나니 (사 40:29)
C. 그는 외치지 아니하며 … 상한 갈대를 꺾지 아니하며 꺼져가는 등불을 끄지 아니하고 (사 42:2-3)
① A-B-C ② A-C-B
③ B-C-A ④ B-A-C

170 "내가 붙드는 나의 종, 내 마음에 기뻐하는 나의 택한 사람을 보라 내가 나의 신을 그에게 주었은즉 그가 이방에 공의를 베풀리라"(사 42:1)에서 다음중 주의 종이 행하는 것이 아닌 것을 고르시오.
① 그는 상한 갈대를 꺾지 않는다.
② 그는 꺼져가는 등불을 끄지 않는다.
③ 그는 쇠하지 아니한다.
④ 그는 목소리를 높인다.

171 "악인은 그의 길을, 불의한 자는 그의 생각을 버리고 여호와께로 돌아오라 그리하면 그가 긍휼히 여기시리라 우리 하나님께로 돌아오라 그가 너그럽게 용서하시리라 이는 내 생각이 너희 생각과 다르며 내 길은 너희의 길과 다름이니라 여호와의 말씀이니라"가 들어 있는 책은?
① 이사야 ② 예레미야
③ 에스겔 ④ 전도서

172 "내가 곧 그들을 나의 성산으로 인도하여 기도하는 내 집에서 그들을 기쁘게 할 것이며 그들의 번제와 희생은 나의 제단에서 기꺼이 받게 되리니 이는 내 집은 만민이 기도하는 집이라 일컬음이 될 것임이라"가 나오는 곳은?
① 이사야 55장 ② 이사야 56장
③ 이사야 57장 ④ 이사야 58장

173 다음 괄호에 알맞은 말을 적으시오.
"내가 곧 그들을 나의 성산으로 인도하여 기도하는 내 집에서 그들을 기쁘게 할 것이며 그들의 번제와 희생을 나의 제단에서 기꺼이 받게 되리니 이는 내 집은 ( )이 기도하는 집이라 일컬음이 될 것임이라"(사 56:7)
① 유대인 ② 이방인
③ 만민 ④ 제사장

174 "섬들이 나를 앙망하고 ( )의 배들이 먼저 이르되 먼 곳에서 네 자손과 그들의 은금을 아울러 싣고 와서 네 하나님 여호와의 이름에 드리려 하며 이스라엘의 거룩한 이에게 드리려 하는 자들이라 이는 내가 너를 영화롭게 하였음이라"에서 괄호에 알맞은 말은?
① 예루살렘 ② 욥다
③ 다시스 ④ 에시온게벨

175 "다시는 낮에 해가 네 빛이 되지 아니하며 달도

166_③ 167_① 168_② 169_③ 170_④ 171_① 172_② 173_③ 174_③

사

네게 빛을 비추지 않을 것이요 오직 여호와가 네게 영원한 빛이 되며 네 하나님이 네 영광이 되리니 다시는 네 해가 지지 아니하며 네 달이 물러가지 아니할 것은 여호와가 네 영원한 빛이 되고 네 슬픔의 날이 끝날 것임이라"가 나오는 책은? (사 60:19-20)

① 이사야 ② 예레미야
③ 에스겔 ④ 아모스

176 "외인은 서서 너희 양 떼를 칠 것이요 이방 사람은 너희 농부와 포도원지기가 될 것이나 오직 너희는 여호와의 ( )이라 일컬음을 받을 것이라 사람들이 너희를 우리 하나님의 봉사자라 할 것이며 너희가 이방 나라들의 재물을 먹으며 그들의 영광을 얻어 자랑할 것이니라"(사 61:5-6)에서 괄호에 들어갈 말로 알맞은 것은?

① 왕 ② 제사장
③ 예언자 ④ 지혜자

177 "주는 우리 아버지시라 ( )은 우리를 모르고 ( )은 우리를 인정하지 아니할지라도 여호와여, 주는 우리의 아버지시라 옛날부터 주의 이름을 우리의 구속자라 하셨거늘"(사 63:16)에서 괄호에 들어갈 알맞은 말을 순서대로 적은 것은?

① 아브라함 - 야곱
② 야곱 - 이스라엘
③ 아브라함 - 이스라엘
④ 야곱 - 요셉

178 "주는 우리 아버지시니이다 우리는 진흙이요 주는 토기장이시니 우리는 다 주의 손으로 지으신 것이니이라"이 나오는 책은? (사 64:8)

① 이사야 ② 예레미야
③ 에스겔 ④ 호세아

179 다음과 같은 유사한 두 구절이 있는 장을 알맞게 짝 지은 것을 보기에서 선택하시오.

A. 사자가 소처럼 풀을 먹을 것이며 … 내 거룩한 산 모든 곳에서 해 됨도 없고 상함도 없을 것이니 (사 11:7-8)

B. 사자가 소처럼 짚을 먹을 것이며 … 나의 성산에서는 해함도 없겠고 상함도 없으리라 (사 65:25)

① 이사야 9장과 66장
② 이사야 11장과 65장
③ 이사야 11장과 66장
④ 이사야 9장과 65장

180 다음 괄호안에 공통으로 들어가지 <u>않는</u> 구절은?

① 그 날에 여호와께서 그의 견고하고 크고 강한 칼로 … 꼬불꼬불한 뱀 ( )을 벌하시며 바다에 있는 용을 죽이시리라 (사 27:1)
② 네가 낚시로 ( )을 끌어낼 수 있겠느냐 노끈으로 그 혀를 맬 수 있겠느냐 (욥 41:1)
③ 그 곳에는 배들이 다니며 주께서 지으신 ( )이 그 속에서 노나이다 (시 104:26)
④ 여호와의 팔이여 깨소서 … ( )을 저미시고 용을 찌르신 이가 어찌 주가 아니시며 (사 51:9)

181 다음 두 구절이 나오는 곳을 알맞게 연결한 것은?

A. 하나님이 참으로 땅에 거하시리이까 하늘과 하늘들의 하늘이라도 주를 용납하지 못하겠거든 하물며 내가 건축한 이 성전이오리이까 (왕상 8:27)

B. 하늘은 나의 보좌요 땅은 나의 발판이니 너희가 나를 위하여 무슨 집을 지으랴 나가 안식할 처소가 어디랴 (사 66:1)

① 왕상 6장 - 이사야 66장
② 왕상 8장 - 이사야 65장
③ 왕상 8장 - 이사야 66장
④ 왕상 6장 - 이사야 66장

【주관식】

182 "그 때에 내가 말하되 화로다 나여 망하게 되었도다 나는 ( )이 부정한 사람이요 나는 ( )이 부정한 백성 중에 거주하면서 만군의 여호

175_① 176_② 177_③ 178_① 179_② 180_④ 181_③ 182_입술

와이신 왕을 뵈었음이로다 하였더라"(사 6:5)의 괄호에 공통으로 들어갈 말은?

183 "그러므로 주께서 친히 징조를 너희에게 주실 것이라 보라 처녀가 잉태하여 아들을 낳을 것이요 그의 이름을 ( ) 이라 하리라 하나님이 우리와 같이 계심이라"(사 7:14)의 괄호에 들어갈 말은?

184 "이는 한 아기가 우리에게 났고 한 아들을 우리에게 주신 바 되었는데 그의 어깨에는 정사를 메었고 그의 이름은 기묘자라, 모사라, 전능하신 하나님이라, 영존하시는 아버지라, 평강의 왕이라 할 것임이라"는 어느 책 몇 장에 나오는가?

185 "이는 한 아기가 우리에게 났고 한 아들을 우리에게 주신 바 되었는데 그의 어깨에는 정사를 메었고 그의 이름은 기묘자라, 모사라, 전능하신 하나님이라, 영존하시는 아버지라, 평강의 ( )이라 할 것임이라"(사 9:6)의 괄호에 들어갈 말은?

186 다음 괄호에 공통으로 들어갈 말을 쓰시오.
"너희의 하나님이 이르시되 너희는 ( )하라 내 백성을 ( ) 하라"(사 40:1)

187 "풀은 마르고 꽃이 시듦은 여호와의 기운이 그 위에 붊이라 이 백성은 실로 풀이로다 풀은 마르고 꽃은 시드나 우리 하나님의 말씀은 영원히 서리라"는 말씀이 들어 있는 책은?

188 "두려워하지 말라 내가 너와 함께 함이라 놀라지 말라 나는 네 하나님이 됨이라 내가 너를 굳세게 하리라 참으로 너를 도와 주리라 참으로 나의 의로운 오른손으로 너를 붙들리라"는 이사야 몇 장 몇 절인가?

189 "내가 붙드는 나의 종, 내 마음에 기뻐하는 자 곧 내가 택한 사람을 보라 내가 나의 영을 그에게 주었은즉 그가 이방에 정의를 베풀리라"는 이사야 몇 장에 나오는 말씀인가?

190 "주 여호와께서 ( )들의 혀를 내게 주사 나로 곤고한 자를 말로 어떻게 도와줄 줄을 알게 하시고 아침마다 깨우치시되 나의 귀를 깨우치사 ( )들 같이 알아듣게 하시도다"(사 50:4)의 괄호에 공통으로 들어갈 말은?

191 "그가 찔림은 우리의 허물 때문이요 그가 상함은 우리의 죄악 때문이라 그가 징계를 받으므로 우리는 평화를 누리고 그가 채찍에 맞으므로 우리는 나음을 받았도다"는 이사야 몇 장 몇 절인가?

192 내가 기뻐하는 ( )은 흉악의 결박을 풀어 주며 멍에의 줄을 끌러 주며 압제 당하는 자를 자유하게 하며 모든 멍에를 꺾는 것이 아니겠느냐? (사 58:6)

193 "일어나라 ( )을 발하라 이는 네 ( )이 이르렀고 여호와의 영광이 네 위에 임하였음이니라"(사 60:1)의 괄호에 공통으로 들어갈 말은?

194 "무릇 시온에서 슬퍼하는 자에게 화관을 주어 그 재를 대신하며 기쁨의 기름으로 그 슬픔을 대신하며 찬송의 옷으로 그 근심을 대신하시고 그들 ( ) 곧 여호와께서 심으신 그 영광을 나타낼 자라 일컬음을 받게 하려 하심이라"(사 61:3)의 괄호에 들어갈 말은?

195 "주 여호와의 영이 내게 내리셨으니 이는 여호와께서 내게 기름을 부으사 ( )에게 아름다운 소식을 전하게 하려하심이라 …"(사 61:1)의 괄호에 들어갈 말은?

196 "그가 열방 사이에 판단하시며 많은 백성을 판결하시리니 무리가 그들의 칼을 쳐서 보습을 만들고 그들의 창을 쳐서 낫을 만들 것이며 이 나라와 저 나라가 다시는 칼을 들고 서로 치지 아니하며 다시는 ( )을 연습하지 아니하리라"(사 2:4)의 괄호에 들어갈 말은?

197 "내가 누구를 보내며 누가 우리를 위하여 갈꼬"라는 주의 목소리를 듣고 "내가 여기 있나

사

183_임마누엘 184_이사야 9장 185_왕 186_위로 187_이사야 188_41장 10절 189_42장 190_학자 191_53장 5절
192_금식 193_빛 194_의의 나무 195_가난한 자 196_전쟁

이다 나를 보내소서"라고 대답한 사람은?

198 "그는 실로 우리의 질고를 지고 우리의 슬픔을 당하였거늘 우리는 생각하기를 그는 징벌을 받아 ( ) 맞으며 고난을 당한다 하였노라"의 괄호에 들어갈 말은?

199 "그가 찔림은 우리의 허물 때문이요 그가 상함은 우리의 ( ) 때문이라"의 괄호에 들어갈 말은?

200 "주 여호와의 영이 내게 내리셨으니 이는 여호와께서 내게 기름을 부으사 가난한 자에게 ( )을 전하게 하려 하심이라"의 괄호에 들어갈 말은?

201 이사야서는 모두 몇 장으로 이루어져 있는가?

202 "소는 그 임자를 알고 나귀는 그 주인의 구유를 알건마는 이스라엘은 알지 못하고 나의 ( )은 깨닫지 못하는도다 하셨도다"의 괄호에 들어갈 말은?

203 "그가 열방 사이에 판단하시며 많은 백성을 판결하시리니 무리가 그들의 칼을 쳐서 ( )을 만들며 그들의 창을 쳐서 ( )으로 만들 것이며"의 괄호에 들어갈 말을 차례로 적어보시오.

204 "오직 여호와를 앙망하는 자는 새 힘을 얻으리니 독수리가 날개치며 올라감 같을 것이요 달음박질하여도 곤비하지 아니하겠고 걸어가도 피곤하지 아니하리로다"가 들어 있는 책은?

205 "보라 처녀가 잉태하여 아들을 낳을 것이요 그의 이름은 임마누엘이라 하리라"는 어느 책 몇 장에 나오는가?

206 "이새의 줄기에서 한 싹이 나며 그 뿌리에서 한 가지가 나서 결실할 것이요"는 어느 책 몇 장에 나오는가?

207 "주 여호와께서 ( )들의 혀를 내게 주사 나로 곤고한 자를 말로 어떻게 도와줄 줄을 알게 하시고 아침마다 깨우치시되 나의 귀를 깨우치사 ( )들 같이 알아듣게 하시도다"(사 50:4)의 괄호에 공통으로 들어갈 말은?

208 "그가 이르시되 네가 나의 종이 되어 야곱의 지파들을 일으키며 이스라엘 중에 보전된 자를 돌아오게 할 것은 매우 쉬운 일이라 내가 또 너를 이방의 빛으로 삼아 나의 구원을 베풀어서 땅 끝까지 이르게 하리라"는 이사야 몇 장에 나오는 말씀인가?

209 "에브라임의 머리는 사마리아요 사마리아의 머리는 르말리야의 아들이니라 만일 너희가 굳게 ( ) 아니하면 너희는 굳게 서지 못하리라"(사 7:9)의 괄호에 들어갈 말은?

210 "그가 이르시되 네가 나의 종의 되어 야곱의 지파들을 일으키며 이스라엘 중에 보전된 자를 돌아오게 할 것은 매우 쉬운 일이라 내가 또 너를 ( )으로 삼아 나의 구원을 베풀어서 땅 끝까지 이르게 하리라"에서 괄호에 알맞은 말은?

211 "( )의 줄기에서 한 싹이 나며 그 뿌리에서 한 가지가 나서 결실할 것이요"에서 괄호에 알맞은 말은?

212 "풀은 마르고 꽃은 시드나 우리 ( )은 영원히 서리라 하라"(사 40:8)에서 괄호에 들어갈 말은?

213 "내가 또 주의 목소리를 들으니 주께서 이르시되 내가 누구를 보내며 누가 우리를 위하여 갈꼬 하시니 그 때에 내가 이르되 ( ) 나를 보내소서 하였더니"(사 6:8)에서 괄호에 들어갈 말은?

197_이사야 198_하나님께 199_죄악 200_아름다운 소식 201_66장 202_백성 203_보습, 낫 204_이사야 205_이사야 7장 206_이사야 11장 207_학자 208_49장 209_믿지 210_이방의 빛 211_이새 212_하나님의 말씀 213_내가 여기 있나이다

예레미야

【A등급】

001 여호와의 말씀이 예레미야에게 처음으로 임한 때는 유다 왕 요시야가 다스린 지 몇 년이었는가? (렘 1:2)
① 7년 ② 11년
③ 13년 ④ 15년

002 예레미야가 보지 않은 것은?
① 살구나무 가지
② 그 면이 북에서부터 기울어진 끓는 가마
③ 애가와 애곡과 재앙의 말이 기록된 두루마리 책
④ 여호와의 성전 앞에 놓인 무화과 두 광주리

003 "무릇 여호와를 의지하며 여호와를 의뢰하는 그 사람은 복을 받을 것이라 그는 물가에 심어진 나무가 그 뿌리를 강변에 뻗치고 더위가 올지라도 두려워하지 아니하며 그 잎이 청청하며 가무는 해에도 걱정이 없고 결실이 그치지 아니함 같으리라"는 어디에 나오는 말씀인가?
① 시편 1편 ② 예레미야 17장
③ 시편 17편 ④ 예레미야 19장

004 바벨론으로 사로잡혀 간 유다 사람들에게 예레미야가 보낸 편지는 예레미야 몇 장에 나오는가?
① 26장 ② 27장
③ 28장 ④ 29장

005 "아버지가 신 포도를 먹었으므로 (그의) 아들(들)의 이가 시다"는 속담이 들어 있는 책은?
① 예레미야
② 에스겔
③ 예레미야와 에스겔
④ 이사야

006 유다 백성이 동족 유다인을 종으로 삼지 않기로 계약을 맺었다가 뜻을 바꾼 사건을 두고 여호와께서 예레미야를 통해 꾸짖은 말씀은 예레미야 몇 장에 나오는가?
① 32장 ② 33장
③ 34장 ④ 35장

007 예레미야의 예언을 두루마리 책에 두 번씩이나 기록했다는 내용은 예레미야서 몇 장에 나오는가?
① 24장 ② 32장
③ 36장 ④ 40장

008 예루살렘이 바벨론 군대에게 함락된 때는 시드기야 왕의 몇 년인가? (렘 39:2)
① 팔 년 ② 구 년
③ 십 년 ④ 십일 년

009 "여호와께서 내게 이르시되 배역한 ( ) 반역한 ( )보다 더 의로움이 나타났나니"(렘 3:11)의 괄호에 들어갈 말을 차례대로 바르게 쓴 것은?
① 유다는, 이스라엘
② 이스라엘은, 유다
③ 내 백성은, 이스라엘
④ 아람은, 유다

010 "여호와께서 유다와 예루살렘 사람에게 이와 같이 이르노라 너희 묵은 땅을 갈고 가시덤불에 파종하지 말라"(렘 4:3)와 비슷한 말씀이 들어 있는 책은?
① 이사야 ② 호세아
③ 요엘 ④ 스바냐

011 "유다 자손이 나의 눈앞에 악을 행하여 … ( ) 골짜기에 도벳 사당을 건축하고 그들의 자녀들

렘

001_③ 002_③ 003_② 004_④ 005_③ 006_③ 007_③ 008_④ 009_② 010_② 011_③

을 불에 살랐나니 내가 명령하지도 아니하였고 내 마음에 생각하지도 아니한 일이라"(렘 7:30-31)의 괄호에 들어갈 말은?
① 기드론 ② 실로암
③ 힌놈의 아들 ④ 아얄론

012 "딸 내 백성이 상하였으므로 나도 상하여 슬퍼하며 놀라움에 잡혔도다"라고 울부짖은 사람은? (렘 8:21)
① 모세 ② 사무엘
③ 다윗 ④ 예레미야

013 "여호와께서 또 내게 이르시되 유다인과 예루살렘 주민 중에 반역이 있도다 그들이 내 말 듣기를 거절한 자기들의 선조의 죄악으로 돌아가서 다른 신들을 좇아 섬겼은즉 이스라엘 집과 유다 집에 내가 그들의 조상들과 맺은 언약을 깨뜨렸도다"가 들어 있는 책은? (렘 11:9-10)
① 호세아 ② 이사야
③ 예레미야 ④ 에스겔

014 "그러나 내가 주께 질문하옵나니 악한 자의 길이 형통하며 반역한 자가 다 평안함은 무슨 까닭이니이까"가 들어 있는 책은? (렘 12:1)
① 시편 ② 욥기
③ 전도서 ④ 예레미야

015 "구스인이 그의 피부를, 표범이 그의 반점을 변하게 할 수 있느냐 할 수 있을진대 악에 익숙한 너희도 선을 행할 수 있으리라"고 말한 사람은? (렘 13:23)
① 이사야 ② 예레미야
③ 에스겔 ④ 다니엘

016 "만물보다 거짓되고 심히 부패한 것은 마음이라 누가 능히 이를 알리요마는 나 여호와는 심장을 살피며 폐부를 시험하고 각각 그의 행위와 그의 행실대로 보응하나니"가 들어 있는 책은? (렘 17:9-10)
① 예레미야 ② 잠언
③ 시편 ④ 전도서

017 "이 성읍에 사는 자는 ( )에 죽으려니와 너희를 에워싼 갈대아인에게 나가서 항복하는 자는 살 것이나 그의 목숨은 전리품 같이 되리라"(렘 21:9)의 괄호에 들어갈 말은?
① 짐승과 기근과 전쟁
② 칼과 지진과 기근
③ 홍수와 기근과 전염병
④ 칼과 기근과 전염병

018 "누가 여호와의 회의에 참여하여 그 말을 알아들었으며 누가 귀를 기울여 그 말을 들었느냐"가 들어 있는 책은? (렘 23:18)
① 이사야 ② 예레미야
③ 에스겔 ④ 다니엘

019 "( )의 아들 아히감의 손이 예레미야를 도와주어 그를 백성의 손에 내어 주지 아니하여 죽이지 못하게 하니라"(렘 26:24)의 괄호에 들어갈 이름은?
① 그다랴 ② 악볼
③ 사반 ④ 그마랴

020 예레미야가 바벨론에 사로잡혀가 있는 사람들에게 보낸 편지로써 전한 여호와의 말씀이 아닌 것은? (렘 29장)
① "너희는 집을 짓고 거기에 살며 텃밭을 만들고 그 열매를 먹으라"
② "내가 바벨론으로 옮겨간 여호와의 성전 모든 기구를 이 년 안에 다시 이 곳(=예루살렘)으로 되돌려 오리라"
③ "내가 사로잡혀 가게 한 그 성읍의 평안을 구하고 그를 위하여 여호와께 기도하라"
④ "아내를 맞이하여 자녀를 낳으며 너희 아들이 아내를 맞이하며 너희 딸이 남편을 맞아 그들로 자녀를 낳게 하라"

021 "( ) 나의 사랑하는 아들 기뻐하는 자식이 아니냐 내가 그를 책망하여 말할 때마다 깊이 생각하노라 그러므로 그를 위하여 내 창자가 들끓으니 내가 반드시 그를 불쌍히 여기리라"(렘 31:20)의 괄호에 들어갈 이름은?
① 므낫세는 ② 유다는

012_④ 013_③ 014_④ 015_② 016_① 017_④ 018_② 019_③ 020_② 021_④

③ 레위는 ④ 에브라임은

022 자기가 요시야 때부터 예언한 것을 기록하라는 명령을 예레미야가 여호와께로부터 받은 때는 여호야김 몇 년이었는가? (렘 36:1)
① 원년 ② 2년
③ 3년 ④ 4년

023 "네가 반드시 너를 구원할 것인즉 네가 칼에 죽지 아니하고 네가 노략물 같이 네 목숨을 얻을 것이니 이는 네가 나를 믿었음이라 여호와의 말씀이니라"(렘 39:18)에서 '너'는 누구인가?
① 에벳멜렉 ② 바룩
③ 예레미야 ④ 에스겔

024 바벨론 왕이 유다를 멸망시킨 뒤에 유다 땅을 위임했던 그다랴를 암살한 사람은?
① 요하난 ② 바알리스
③ 엘리사마 ④ 이스마엘

025 그다랴를 암살한 이스마엘이 여덟 사람과 함께 달아난 땅은? (렘 41:15)
① 애굽 땅 ② 모압 땅
③ 암몬 자손의 땅 ④ 블레셋 땅

026 그다랴를 암살한 이스마엘을 몰아낸 요하난 일행이 가려고 한 곳은? (렘 41:17)
① 애굽 땅 ② 모압 땅
③ 암몬 자손의 땅 ④ 블레셋 땅

027 "여인들은 이르되 우리가 (　)에게 분향하고 그 앞에 전제를 드릴 때에 어찌 우리 남편의 허락이 없이 그의 형상과 같은 과자를 만들어 놓고 전제를 드렸느냐"(렘 44:19)의 괄호에 들어갈 말은?
① 바알 ② 하늘의 만상
③ 하늘의 여왕 ④ 몰렉

028 애굽으로 끌려 간 예레미야가 자기를 끌고 간 사람들에게 한 말이 아닌 것은? (렘 44장)
① 바벨론 왕이 애굽을 치고 애굽 신들의 집을 불사르리라.
② 애굽 땅에 있는 유다 모든 사람이 칼과 기근에 망하려 멸절되리라.
③ 오래지 않아 다시 유다 땅으로 돌아갈 수 있으리라.
④ 유다가 망한 것은 다른 신들을 섬겨 하나님을 노엽게 했기 때문이다.

029 바벨론의 느부갓네살 왕에게 애굽의 바로 느고의 군대가 패한 곳은? (렘 46:2)
① 립나 ② 갈그미스
③ 벧세메스 ④ 므깃도

030 예레미야서에서 그 멸망을 선포되지 않은 나라는? (렘 46-52장)
① 앗수르 ② 다메섹
③ 바벨론 ④ 모압

031 예레미야서에서 바벨론의 멸망에 대한 말씀은 몇 장에 나오는가?
① 24장 ② 50-51장
③ 36-37장 ④ 48-49장

032 예루살렘이 바벨론에게 함락된 사건은 예레미야서 어디에서 다루는가?
① 38장과 51장 ② 37장과 52장
③ 45장과 51장 ④ 39장과 52장

033 유다가 망한 뒤에 바벨론 왕이 세운 그다랴가 암살되자 바벨론의 보복을 두려워 하여 애굽으로 달아난 유다 사람들이 맨 처음 도착한 곳은? (렘 44:1)
① 소안 ② 놉
③ 믹돌 ④ 다바네스

034 이사야 15-16장과 예레미야 48장에는 어느 이방 민족에 대한 말씀이 나오는가?
① 모압 ② 암몬
③ 에돔 ④ 블레셋

035 "여호와의 말씀이니라 그러므로 보라 날이 이르리니 내가 전쟁 소리로 암몬 자손의 (　)에

렘

022_④ 023_① 024_④ 025_③ 026_① 027_③ 028_③ 029_② 030_① 031_② 032_④ 033_④ 034_① 035_④

들리게 할 것이라 ( )는 폐허더미 언덕이 되겠고 그 마을들은 불에 탈 것이며 그 때에 이스라엘은 자기를 점령하였던 자를 점령하리라 여호와의 말씀이니라"(렘 49:2)의 괄호에 공통으로 들어갈 지명은?
① 아이 ② 기브아
③ 엘르알레 ④ 랍바

036 "보라 내가 유다의 시드기야 왕을 그의 원수 곧 그의 생명을 찾는 바벨론의 느부갓네살 왕의 손에 넘긴 것 같이 애굽의 바로 ( ) 왕을 그의 원수들 곧 그의 생명을 찾는 자들의 손에 넘겨 주리라 여호와께서 이와 같이 말씀하셨느니라"(렘 44:30)의 괄호에 들어갈 이름은?
① 느고 ② 호브라
③ 디르하가 ④ 시삭

037 바벨론으로 편지를 보낸 예레미야를 단속하라는 글을 예루살렘의 제사장 스바냐와 다른 제사장들에게 보낸 사람의 이름은?
① 아합 ② 스마야
③ 시드기야 ④ 아히야

038 "여호와의 말씀이니라 내가 그의 노여워함의 허탄함을 아노니 그가 자랑하여도 아무 것도 성취하지 못하였도다 그러므로 내가 ( )을 위하여 울며 온 ( )을 위하여 울부짖으리니 무리가 길헤레스 사람을 위하여 신음하리로다"(렘 48:31)의 괄호에 공통으로 들어갈 이름은?
① 블레셋 ② 엘람
③ 모압 ④ 에돔

039 다음 가운데서 예레미야서에 나오지 않는 것은?
① "이제 야곱의 집에 대하여 얼굴을 가리시는 여호와를 나는 기다리며 그를 바라보리라"
② "슬프고 아프다 내 마음속이 아프고 내 마음이 답답하여 잠잠할 수 없으니 이는 나의 심령이 나팔 소리와 전쟁의 경보를 들음이로다"
③ "딸 내 백성이 상하였으므로 나도 상하여 슬퍼하며 놀라움에 잡혔도다"
④ "주께서 나보다 강하사 이기셨으므로 내가 조롱거리가 되니"

040 "그 때에 ( )이/가 그들에게 여호와의 보좌라 일컬음이 되며 모든 백성이 그리로 모이리니 곧 여호와의 이름으로 말미암아 예루살렘에 모이고 다시는 그들의 악한 마음의 완악한 대로 그들이 행하지 아니할 것이며"(렘 3:17)에서 괄호에 들어갈 말은?
① 유다 ② 성전
③ 예루살렘 ④ 벧엘

041 "내 이름으로 일컬음을 받는 이 집에 들어와서 내 앞에 서서 말하기를 우리가 구원을 얻었나이다 하느냐 이는 이 모든 가증한 일을 행하려 함이로다"가 나오는 곳은 어디인가? (렘 7:10)
① 렘 1장 ② 렘 5장
③ 렘 7장 ④ 렘 8장

042 "내가 그들을 그들의 원수 앞에서 흩어 버리기를 동풍으로 함 같이 할 것이며 그들의 재난의 날에는 내가 그들에게 ( )을 보이고 ( )을 보이지 아니하리라"(렘 18:17)에서 괄호에 들어갈 말을 차례대로 나열한 것은?
① 등 – 손 ② 등 – 얼굴
③ 얼굴 – 등 ④ 손 – 등

043 " 그러므로 보라 다시는 이 곳을 도벳이나 힌놈의 아들의 골짜기라 부르지 아니하고 오직 ( )의 골짜기라 부르는 날이 이를 것이라 여호와의 말이니라"(렘 19:6)에서 괄호에 들어갈 말로 적당한 것은?
① 죽임 ② 절망
③ 스올 ④ 어둠

044 다음 두 구절의 괄호에 들어갈 말을 알맞게 적은 것은?
A. ( ) 이/가 나의 오른손의 인장반지라 할지라도 내가 빼어 네 생명을 찾는 자의 손과 네가 두려워하는 자의 손 곧 바벨론의 왕 느부갓네살의 손과 갈대아인의 손에 줄 것이라.(렘 22:24–25)

036_② 037_② 038_③ 039_① 040_③ 041_③ 042_② 043_① 044_④

B. 내 종 (　) 아 여호와가 말하노라 그 날에 내가 너를 세우고 너를 인장으로 삼으리니 이는 내가 너를 택하였음이니라 만군의 여호와의 말이니라 하시니라.(학 2:23)

① 요시야 – 스룹바벨
② 고니야 – 시드기야
③ 여호야김 – 여호야긴
④ 고니야 – 스룹바벨

045 다음에서 말하는 그 중에서 같지 않은 그를 설명하고 있는 것은?

① 그가 그 해 일곱째 달에 죽었더라
② 그가 여호와의 성전에서 이르되 … 만군의 여호와 이스라엘의 하나님이 이같이 일러 말씀하시기를 내가 바벨론의 왕의 멍에를 꺾었느니라
③ 그가 말하니라 아멘, 여호와는 이같이 하옵소서 여호와께서 네가 예언한 말대로 이루사 여호와의 성전 기구와 모든 포로를 바벨론에서 이 곳으로 되돌려 오시기를 원하노라
④ 예레미야가 그에게 이르되 들으라 여호와께서 너를 보내지 아니하셨거늘 네가 이 백성에게 거짓을 믿게 하는도다

046 다음과 같은 글을 보낸 사람은? "이제 네가 어찌하여 너희 중에 선지자 노릇을 하는 아나돗 사람 예레미야를 책망하지 아니하느냐 그가 바벨론에 있는 우리에게 편지하기를 오래 지내야 하리니 너희는 집을 짓고 살며 밭을 일구고 그 열매를 먹으라 하셨다 하니라"(렘 29:27–28)

① 바룩　　② 우리야
③ 스마야　　④ 하나냐

047 "나는 여호와요 모든 육체의 하나님이라 내게 할 수 없는 일이 있겠느냐?"(렘 32:27)가 나오는 책은?

① 이사야　　② 예레미야
③ 에스겔　　④ 호세아

048 "네가 칼에 죽지 아니하고 평안히 죽을 것이며 사람이 너보다 먼저 있은 네 조상들 곧 선왕들에게 분향하던 것 같이 네게 분향하며 너를 위하여 애통하기를 슬프다 주여 하리니 이는 내가 말하였음이라 여호와의 말씀이니라"(렘 34:4–5)는 예레미야가 누구에 대하여 예언한 말인가?

① 요시야　　② 여호야김
③ 여호야긴　　④ 시드기야

049 "송아지를 둘로 쪼개고 그 두 조각 사이로 지나매 내 앞에 언약을 맺었으나 그 말을 실행하지 아니하여 내 계약을 어긴 그들을 곧 송아지 두 조각 사이로 지난 유다 고관들과 예루살렘 고관들과 내시들과 제사장들과 이 땅 모든 백성을 내가 그들의 원수의 손과 그들의 생명을 찾는 자의 손에 넘기리니 그들의 시체가 공중의 새와 땅의 짐승의 먹이가 될 것이며"는 어느 책에 나오는가?

① 이사야　　② 예레미야
③ 에스겔　　④ 호세아

050 "예레미야가 (　)로 가서 아히감의 아들 그다랴에게로 나아가서 그 땅에 남아 있는 백성 가운데서 그와 함께 사니라"(렘 40:6)에서 괄호에 들어갈 말로 알맞은 것은?

① 세겜　　② 예루살렘
③ 미스바　　④ 베들레헴

051 다음과 같은 말을 한 사람들에 속하지 않는 자는?

"선지자 예레미야에게 이르되 당신은 우리의 탄원을 듣고 이 남아 있는 모든 자를 위하여 당신의 하나님 여호와께 기도해 주소서 당신이 보는 바와 같이 우리는 많은 사람 중에서 남은 적은 무리이니 당신의 하나님 여호와께서 우리가 마땅히 갈 길과 할 일을 보이시기를 원하나이다"(렘 42:2–3)

① 군대의 지휘관　　② 요하난
③ 여사냐　　④ 이스마엘

052 다음 중 신포도라는 말이 나온 곳을 적당히 짝지은 것은?

① 렘 31장–겔 28장　　② 렘 30장–겔 18장
③ 렘 31장–겔 18장　　④ 렘 30장–겔 28장

렘

045_③　046_③　047_②　048_④　049_②　050_③　051_④　052_③

053 "너희가 유다 땅과 예루살렘 거리에서 행한 너희 조상들의 악행과 유다 왕들의 악행과 왕비들의 악행과 너희의 악행과 너희 ( )의 악행을 잊었느냐?"(렘 44:9)에서 괄호에 들어갈 말은?
① 남편들 ② 아내들
③ 자녀들 ④ 친척들

【B등급】

054 "내가 너를 모태에 짓기 전에 너를 알았고 네가 배에서 나오기 전에 너를 성별하였고 너를 여러 나라의 선지자로 세웠노라"에서 '너'는 누구인가?
① 모세 ② 사무엘
③ 이사야 ④ 예레미야

055 살구나무 가지와 그 윗면이 북에서부터 기울어진 끓는 가마를 보았을 때 여호와의 말씀을 들은 예언자는?
① 예레미야 ② 에스겔
③ 요엘 ④ 스가랴

056 하나님은 예레미야에게 하신 말씀, "재앙이 ( )에서 일어나 이 땅의 모든 주민들에게 부어지리라"(렘 2:14)의 괄호에 들어갈 말은?
① 남방 ② 북방
③ 서방 ④ 동방

057 "이 백성이 두 가지 악을 행하였나니 곧 그들이 생수의 근원되는 나를 버린 것과 스스로 ( )를 판 것인데 그것은 그 물을 가두지 못할 터진 ( )들이니라"(렘 2:13)의 두 괄호에 공통으로 들어갈 말은?
① 묘(墓) ② 기초
③ 토대 ④ 웅덩이

058 "너희는 예루살렘 거리로 빨리 다니며 그 넓은 거리에서 찾아보고 알라 너희가 만일 정의를 행하며 진리를 구하는 자를 한 사람이라도 찾으면 내가 이 성읍을 용서하리라"가 들어 있는 책은? (렘 5:1)
① 예레미야 ② 예레미야애가
③ 창세기 ④ 다니엘

059 "너는 이 땅에서 아내를 맞이하지 말며 자녀를 두지 말지니라"(렘 16:2)라고 들었던 선지자는 누구인가?
① 이사야 ② 예레미야
③ 에스겔 ④ 호세아

060 "내가 다시는 ( ) 선포하지 아니하며 그의 이름으로 말하지 아니하리라 하면 나의 마음이 불붙는 것 같아서 골수에 사무치니 답답하여 견딜 수 없나이다"(렘 20:9)의 괄호에 들어갈 말은?
① 말씀을 ② 심판을
③ 여호와를 ④ 구원을

061 "이 모든 땅이 폐허가 되어 놀랄 일이 될 것이며 이 민족들은 ( ) 년 동안 바벨론 왕을 섬기리라"(렘 25:11)의 괄호에 들어갈 말은?
① 사십 ② 오십
③ 육십 ④ 칠십

062 예레미야가 전한 말씀이 적힌 두루마리를 불태운 왕은?
① 여호야긴 ② 여호야김
③ 요시야 ④ 시드기야

063 예레미야 시대에 쳐들어와 예루살렘을 점령한 바벨론 왕의 이름은?
① 산헤립 ② 므로닥발라단
③ 디글랏빌레셀 ④ 느부갓네살

064 "여호와의 말씀이니라 보라 날이 이르리니 내가 이스라엘 집과 유다 집에 새 언약을 맺으리라"는 예레미야 몇 장 몇 절인가?
① 30장 30절 ② 31장 31절
③ 32장 32절 ④ 33장 33절

065 갈대아인이 예루살렘 성읍을 에워싸고 있을 때 성을 빠져나가 달아나다가 여리고 평지에서

053_② 054_④ 055_① 056_② 057_④ 058_① 059_② 060_③ 061_④ 062_② 063_④ 064_② 065_④

붙잡혀 바벨론 왕에게 신문 받고 두 눈을 잃고 사슬에 결박되어 바벨론으로 끌려가서 죽는 날까지 옥에 갇혀있었던 왕은?
① 여호아하스 ② 여호야김
③ 여호야긴 ④ 시드기야

066 자기를 하나님이 선지자로 세우셨다고 하신 말씀을 듣고 "슬프도소이다 주 여호와여 보소서 나는 아이라 말할 줄을 알지 못하나이다"고 한 사람은?
① 이사야 ② 예레미야
③ 에스겔 ④ 스가랴

067 "제사장들은 여호와께서 어디 계시냐 말하지 아니하였으며 율법을 다루는 자들은 나를 알지 못하여 관리들도 나에게 반역하며 ( )은 바알의 이름으로 예언하고 무익한 것들을 따랐느니라"(렘 2:8)의 괄호에 들어갈 말은?
① 목자들 ② 선지자들
③ 왕들 ④ 내 백성

068 "내 이름으로 일컬음을 받는 이 집이 너희 눈에는 도둑의 소굴로 보이느냐"는 예레미야 몇 장에 들어 있는가? (렘 7:11)
① 3장 ② 5장
③ 7장 ④ 9장

069 "여호와께서 ( ) 사람들에 대하여 이와 같이 말씀하시되 그들이 네 생명을 빼앗으려고 찾아 이르기를 너는 여호와의 이름으로 예언하지 말라 두렵건대 우리 손에 죽을까 하노라"(렘 11:21)의 괄호에 들어갈 말은?
① 기브온 ② 기브아
③ 드고아 ④ 아나돗

070 "내 생일이 저주를 받았다면, 나의 어머니가 나를 낳던 날이 복이 없었더면, 나의 아버지에게 소식을 전하여 이르기를 당신이 득남하였다 하여 아버지를 즐겁게 하던 자가 저주를 받았더면"와 같이 말한 사람은? (렘 20:14-15)
① 이사야 ② 예레미야
③ 모세 ④ 욥

071 신하들을 보내어 예레미야에게 "바벨론의 느부갓네살 왕이 우리를 치니 청컨대 너는 우리를 위하여 여호와께 간구하라 여호와께서 혹시 그의 모든 기적으로 우리를 도와 행하시면 그가 우리를 떠나리라"(렘 21:2)는 말을 전하게 한 유다 왕은?
① 요시야 ② 여호야김
③ 여호야긴 ④ 시드기야

072 "여호와께서 이와 같이 말씀하시되 너희가 ( ) 행하여 탈취 당한 자를 압박하는 자의 손에서 건지고 이방인과 고아와 과부를 압제하거나 학대하지 말며 이곳에서 무죄한 피를 흘리지 말라"(렘 22:3)의 괄호에 들어갈 말은?
① 정의와 공의를 ② 사랑과 의를
③ 자비와 긍휼을 ④ 공도와 사랑을

073 예루살렘 성전과 성읍의 멸망을 예언한 예레미야를 제사장들과 선지자들이 죽이려고 할 때 지방의 장로 중 몇 사람이 일어나서 한 말, "유다의 왕 히스기야 시대에 모레셋 사람 ( )가 유다의 모든 백성에게" 예레미야의 예언과 같은 내용으로 예언한 사실을 상기시켰다(렘 26:18)의 괄호에 들어갈 이름은?
① 미가 ② 이사야
③ 스바냐 ④ 예후

074 예레미야와 마찬가지로 예언한 뒤에 애굽으로 달아났지만 여호야김이 보낸 사람들에게 연행되어 목숨을 잃은 예언자는?
① 아히감 ② 우리야
③ 하나냐 ④ 스라야

075 성전에서 제사장들과 모든 백성이 보는 앞에서 여호와께서 바벨론 왕의 멍에를 꺾으셔서 느부갓네살이 예루살렘에서 빼앗아 바벨론으로 옮겨 간 성전 모든 기구를 이 년 안에 다시 성전으로 되돌려 오리라고 말씀하셨다고 외치면서 예레미야의 목에서 멍에를 빼앗아 꺾은 사람은? (렘 28장)
① 하나멜 ② 우리야
③ 하나냐 ④ 스마야

렘

066_② 067_② 068_③ 069_④ 070_② 071_④ 072_① 073_① 074_② 075_③

076 "여호와께서 이와 같이 말씀하시니라 ( )에서 슬퍼하며 통곡하는 소리가 들리니 ( )이 그 자식 때문에 애곡하는 것이라 그가 자식이 없어져서 위로 받기를 거절하는도다"(렘 31:15)에서 괄호에 들어갈 말로 알맞게 짝지은 것은?
① 베들레헴 – 라헬 ② 라마 – 라헬
③ 애굽 – 요게벳 ④ 라마 – 야곱

077 선조의 명령을 따라 평생 동안 포도주를 마시지 아니하고 살 집도 짓지 아니하며 포도원이나 밭이나 종자도 가지지 아니하고 장막에 살면서 선조가 명령한 대로 다 지켜 행하는 것을 두고 여호와께서 칭찬하신 사람들은?
① 벧엘 사람들 ② 아각 사람들
③ 아나돗 사람들 ④ 레갑 사람들

078 예레미야가 불러주는 대로 여호와께서 예레미야에게 이르신 말씀을 두루마리 책에 기록한 사람은?
① 바스훌 ② 바룩
③ 미가야 ④ 여후디

079 "너는 내게 부르짖으라 내가 네게 응답하겠고 네가 알지 못하는 크고 은밀한 일을 네게 보이리라"가 들어 있는 책은? (렘 33:3)
① 시편 ② 예레미야
③ 욥기 ④ 전도서

080 예레미야의 아버지 힐기야의 신분은?
① 예언자 ② 왕
③ 장군 ④ 제사장

081 "아몬의 아들 유다 왕 ( )가 다스린 지 십삼 년에 여호와의 말씀이 예레미야에게 임하였고 ( )의 아들 유다의 왕 여호야김 시대부터 ( )의 아들 유다의 왕 시드기야의 십일 년 말까지 곧 오월에 예루살렘이 사로잡혀 가기까지 임하니라"(렘 1:2-3)의 괄호에 공통으로 들어갈 말은?
① 히스기야 ② 요시야
③ 시드기야 ④ 여호야김

082 "너는 아이라 말하지 말고 내가 너를 누구에게 보내든지 너는 가며 내가 네게 무엇을 명령하든지 너는 말할지니라"에서 '너'는 누구인가?
① 모세 ② 다윗
③ 이사야 ④ 예레미야

083 "내가 너를 모태에 짓기 전에 너를 알았고 네가 배에서 나오기 전에 너를 성별하였고 너를 ( )의 선지자로 세웠노라 하시기로"(렘 1:5)의 괄호에 들어갈 말은?
① 여러 나라 ② 유다
③ 이스라엘 ④ 예루살렘

084 "여호와께서 그의 손을 내밀어 내 입에 대시며 여호와께서 내게 이르시되 보라 내가 내 말을 네 입에 두었노라 보라 내가 오늘 너를 여러 나라와 여러 왕국 위에 세워 네가 그것들을 뽑고 파괴하며 파멸하고 넘어뜨리며 건설하고 심게 하시니라"가 들어 있는 책은?
① 이사야 ② 예레미야
③ 에스겔 ④ 스가랴

085 "이 땅에 무섭고 놀라운 일이 있도다 선지자들은 거짓을 예언하며 제사장들은 자기 권력으로 다스리며 ( )은 그것을 좋게 여기니 마지막에는 너희가 어찌하려느냐"(렘 5:31)의 괄호에 들어갈 말은?
① 내 백성 ② 왕들
③ 관리들 ④ 수령들

086 "그들이 딸 내 백성의 상처를 가볍게 여기면서 말하기를 평강하다, 평강하다 하나 평강이 없도다"라고 말한 사람은? (렘 6:14)
① 호세아 ② 아모스
③ 예레미야 ④ 에스겔

087 "너희가 만일 길과 행위를 참으로 바르게 하여 이웃들 사이에 정의를 행하며 ( )를 압제하지 아니하며 무죄한 자의 피를 이 곳에서 흘리지 아니하며 다른 신들 뒤를 따라 화를 자초하지 아니하면 내가 너희를 이 곳에 살게 하리니 곧 너희 조상에게 영원무궁토록 준 땅에니라"(렘

076_② 077_④ 078_② 079_② 080_④ 081_② 082_④ 083_① 084_② 085_① 086_③ 087_②

7:5-7)의 괄호에 들어갈 말은?
① 가난한 자와 제사장과 선지자
② 이방인과 고아와 과부
③ 레위인과 고아와 과부
④ 궁핍한 레위인과 선지자

088 "그러므로 내가 ( )에 행함 같이 너희가 신뢰하는 바 내 이름으로 일컬음을 받는 이 집 곧 너희와 너희 조상들에게 준 이 곳에 행하겠고"(렘 7:14)의 괄호에 들어갈 이름은?
① 사마리아 ② 벧엘
③ 실로 ④ 세겜

089 "자랑하는 자는 이것으로 자랑할지니 곧 명철하여 나를 아는 것과 나 여호와는 사랑과 정의와 공의를 땅에 행하는 자인 줄 깨닫는 것이라 나는 이 일을 기뻐하노라 여호와의 말씀이니라"가 들어 있는 책은? (렘 9:24)
① 잠언 ② 이사야
③ 호세아 ④ 예레미야

090 "나는 끌려서 도살당하러 가는 순한 어린 양과 같으므로 그들이 나를 해하려고 꾀하기를 우리가 그 나무와 과실을 함께 박멸하자 그를 살아 있는 자의 땅에서 끊어서 그 이름이 다시 기억되지 못하게 하자 함을 내가 알지 못하였나이다"가 들어 있는 책은? (렘 11:19)
① 욥기 ② 시편
③ 예레미야 ④ 전도서

091 "너는 이 백성을 위하여 기도하지 말라"는 말씀을 여호와 하나님께로부터 세 번이나 들은 예언자는?
① 이사야 ② 예레미야
③ 에스겔 ④ 다니엘

092 "여호와께서 내게 이르시되 ( )이 내 앞에 섰다 할지라도 내 마음은 이 백성을 향할 수 없나니 그들을 내 앞에서 쫓아 보내리라"(렘 15:1)의 괄호 안에 들어갈 말은?
① 모세와 사무엘 ② 모세와 욥
③ 사무엘과 욥 ④ 다윗과 사무엘

093 "그들이 말하기를 오라 우리가 꾀를 내어 예레미야를 치자 ( )에게서 율법이, ( )에게서 책략이, ( )에게서 말씀이 끊어지지 아니할 것이니 오라 우리가 혀로 그를 치고 그의 어떤 말에도 주의하지 말자 하나이다"(렘 18:18)의 괄호에 들어갈 말을 차례대로 바르게 적은 것은?
① 선지자, 목자, 제사장
② 제사장, 선지자, 지혜로운 자
③ 제사장, 지혜로운 자, 선지자
④ 제사장, 왕, 선지자

094 예레미야가 예언하는 것을 듣고 그를 때리고 여호와의 성전에 있는 베냐민 문 위층에 목에 씌우는 나무 고랑으로 채워 둔 제사장의 이름은?
① 말기야 ② 바스훌
③ 에벳멜렉 ④ 바룩

095 "다음날 ( )이 예레미야를 목에 씌우는 나무 고랑에서 풀어 주매 예레미야가 그에게 이르되 여호와께서 네 이름을 ( )이라 아니하시고 마골밋사빕(난외주: 사방으로 두려움)이라 하시느니라"(렘 20:3)의 괄호에 공통으로 들어갈 이름은?
① 말기수아 ② 하나냐
③ 바스훌 ④ 에벳멜렉

096 " 이 성읍에 사는 자는 칼과 기근과 전염병에 죽으려니와 너희를 에워싼 ( )에게 나가서 항복하는 자는 살 것이나 그의 목숨은 전리품 같이 되리라"(렘 21:9)의 괄호 안에 들어갈 말은?
① 아람인 ② 앗수르인
③ 갈대아인 ④ 애굽인

097 "여호와께서 유다 왕 요시야의 아들 곧 그의 아버지 ( )를 이어 왕이 되었다가 이 곳에서 나간 ( )에 대하여 이와 같이 말씀하시니라 그가 이 곳으로 다시 돌아오지 못하고 잡혀 간 곳에서 그가 거기서 죽으리니 이 땅을 다시 보지 못하리라"(렘 22:11-12)의 괄호에 차례대로 들어갈 이름은?
① 요시야 - 여호야김

088_③ 089_④ 090_③ 091_② 092_① 093_③ 094_② 095_③ 096_③ 097_②

렘

② 요시야 – 살룸
③ 여호야김 – 여호야긴
④ 여호야김 – 시드기야

098 "여호와의 말씀이니라 나의 삶으로 맹세하노니 유다 왕 여호야김의 아들 ( )가 나의 오른 손의 인장반지라 할지라도 내가 빼어 네 생명을 찾는 자의 손과 네가 두려워하는 자의 손 곧 바벨론의 왕 느부갓네살의 손과 갈대아인의 손에 줄 것이라"(렘 23:24-25)의 괄호에 들어갈 이름은?
① 여호아하스 ② 요시야
③ 고니야 ④ 시드기야

099 바벨론의 느부갓네살 왕이 유다 왕 여호야김의 아들 여고냐와 유다 고관들과 목공들과 철공들을 예루살렘에서 바벨론으로 옮긴 후에 여호와께서 누구에게 여호와의 성전 앞에 놓인 무화과 두 광주리를 보이셨는가? (렘 24:1)
① 예레미야 ② 에스겔
③ 스바냐 ④ 스가랴

100 여호와께서 예레미야에게 보이신 무화과 두 광주리 가운데서 한 광주리에 들어 있는, 처음 익은 듯한 극히 좋은 무화과는 누구를 가리키는가? (렘 24:5)
① 여호와께서 유다 땅에서 옮겨 갈대아인의 땅에 이르게 하신 유다 포로들
② 유다 왕 시드기야와 그 고관들과 예루살렘에 남은 사람들
③ 애굽 땅에 사는 유다 사람들
④ 암몬 자손의 땅으로 달아난 유다 사람들

101 "선지자 예레미야가 유다의 모든 백성과 예루살렘의 모든 주민에게 말하여 이르되 유다의 왕 아몬의 아들 요시야 왕 열셋째 후부터 오늘까지 ( ) 년 동안 여호와의 말씀이 내게 임하기로 내가 너희에게 꾸준히 일렀으나 너희가 순종하지 아니하였느니라"(렘 25:2-3)의 괄호에 들어갈 말은?
① 사십 ② 삼십이
③ 이십오 ④ 이십삼

102 "이 모든 땅이 폐허가 되어 놀랄 일이 될 것이며 이 민족들은 칠십 년 동안 바벨론의 왕을 섬기리라"는 어디에 나오는가? (렘 25:11)
① 예레미야 20장 ② 예레미야 25장
③ 예레미야 31장 ④ 예레미야 52장

103 "너희는 집을 짓고 거기에 살며 텃밭을 만들고 그 열매를 먹으라 아내를 맞이하여 자녀를 낳으며 너희 아들이 아내를 맞이하며 너희 딸이 남편을 맞아 그들로 자녀를 낳게 하여 너희가 거기에서 번성하고 줄어들지 아니하게 하라"라고 말한 사람은? (렘 29:5-6)
① 이사야 ② 예레미야
③ 에스겔 ④ 하나냐

104 시위대 뜰에 갇힌 예레미야가 아나돗에 있는 밭을 사촌에게서 산 것은 무엇을 뜻하는가?
① 유다와 예루살렘이 바벨론에게 점령되리라
② 예루살렘의 포위 기간이 길어지리라
③ 유다가 예루살렘이 망한 뒤에라도 여호와께서 다시 복을 주시리라
④ 희년이 곧 다가오리라

105 "보라 네 숙부 살룸의 아들 하나멜이 네게 와서 말하기를 너는 ( )에 있는 내 밭을 사라 이 기업을 무를 권리가 네게 있느니라 하리라 하시더니"(렘 32:7)에서 괄호에 들어갈 지명은?
① 예루살렘 ② 아나돗
③ 베들레헴 ④ 여리고

106 "너는 내게 부르짖으라 내가 네게 응답하겠고 ( )"(렘 33:3)에서 괄호에 들어갈 말로 적당한 것은?
① 지체없이 응답하리라
② 네가 만족하리라
③ 네가 알지 못하는 크고 은밀한 일을 네게 보이리라
④ 네 기쁨이 충만하리라

107 "이에 그 고관들이 왕께 아뢰되 이 사람이 백성의 평안을 구하지 아니하고 재난을 구하오니 청하건대 이 사람을 죽이소서 그가 이같이 말

098_③ 099_① 100_① 101_④ 102_② 103_② 104_③ 105_② 106_③ 107_③

하여 이 성에 남은 군사의 손과 모든 백성의 손을 약하게 하나이다"에서 '이 사람'은 누구인가? (렘 38:4)
① 에벳멜렉 ② 바룩
③ 예레미야 ④ 이사야

108 구덩이에 갇힌 예레미야를 왕의 허락을 받아 끌어내준 유다 왕궁 내시 구스인의 이름은?
① 에벳멜렉 ② 엘리멜렉
③ 아비멜렉 ④ 요나단

109 "나는 갈대아인에게 항복한 유다인을 두려워하노라 염려하건대 갈대아인이 나를 그들의 손에 넘기면 그들이 나를 조롱할까 하노라"고 예레미야에게 말한 사람은? (렘 38:19)
① 요시야 ② 여호야김
③ 여호야긴 ④ 시드기야

110 예루살렘을 함락한 뒤 예레미야를 불러다가 바벨론으로 함께 가자고 권유한 바벨론 사령관의 이름은? (렘 40:1-4)
① 랍사게 ② 산헤립
③ 느부사라단 ④ 네르갈레셀

111 예루살렘을 점령한 바벨론 왕이 유다 성읍들을 맡도록 세운 사람은? (렘 40:5)
① 사반 ② 그다랴
③ 아히감 ④ 요하난

112 유다가 망한 뒤에 라마에서 풀려난 예레미야가 그다랴를 찾아갔을 때 그다랴는 어디에 있었는가? (렘 40:6)
① 립나 ② 벧엘
③ 미스바 ④ 여리고

113 바벨론 왕이 유다 성읍들의 총독으로 세운 그다랴가 활동하다가 암살당한 곳은? (렘 41장)
① 예루살렘 ② 라마
③ 라기스 ④ 미스바

114 바벨론 군대의 보복을 두려워한 유다 사람들이 예레미야를 끌고 들어간 곳은? (렘 43:7)
① 애굽 땅 ② 모압 땅
③ 블레셋 땅 ④ 암몬 자손의 땅

115 "바위 틈에 살며 산꼭대기를 점령한 자여 스스로 두려운 자인 줄로 여김과 네 마음의 교만이 너를 속였도다 네가 독수리 같이 보금자리를 높은 데에 지었을지라도 내가 그리로부터 너를 끌어내리리라 이는 여호와의 말씀이니라"(렘 49:16) 은 어느 나라에 대한 예언인가?
① 모압 ② 암몬
③ 에돔 ④ 애굽

116 "( ) 여호와의 손에 잡혀 있어 온 세계가 취하게 하는 금잔이라 뭇 민족이 그 포도주를 마심으로 미쳤도다"(렘 51:7)의 괄호에 들어갈 이름은?
① 이스라엘은 ② 바벨론은
③ 블레셋은 ④ 앗수르는

117 바벨론으로 사로잡혀 간 지 삼십칠 년만에 감옥에서 풀려난 유다 왕은? (렘 52:31)
① 여호아하스 ② 여호야김
③ 여호야긴 ④ 시드기야

118 "내 백성이 두 가지 악을 행하였나니 곧 그들이 생수의 근원되는 나를 버린 것과 스스로 웅덩이를 판 것인데 그것은 그 물을 가두지 못할 터진 웅덩이들이니라"는 어디에 나오는가?
① 렘 1장 ② 렘 2장
③ 렘 3장 ④ 렘 4장

119 "내가 다시는 여호와를 선포하지 아니하며 그의 이름으로 말하지 아니하리라 하면 나의 마음이 불붙는 것 같아서 골수에 사무치니 답답하여 견딜 수 없나이다"(렘 20:9)에서 나는 누구인가?
① 모세 ② 사무엘
③ 욥 ④ 예레미야

120 예레미야서는 모두 몇 장으로 이루어져 있는가?
① 66장 ② 52장

108_① 109_④ 110_③ 111_② 112_③ 113_④ 114_① 115_③ 116_② 117_③ 118_② 119_④ 120_②

③ 48장 ④ 53장

121 다음 중 예레미야서의 마지막 말은?
① 유다 왕 여호야긴이 사로잡혀 간 지 삼십칠 년 곧 바벨론의 에윌므로닥 왕의 즉위 원년 열두째 달 스물다섯째 날 그가 유다의 여호야긴 왕의 머리를 들어 주었고 감옥에서 풀어 주었더라
② 그가 날마다 쓸 것을 바벨론의 왕에게서 받는 정량이 있었고 죽는 날까지 곧 종신토록 받았더라
③ 그들이 나가서 내게 패역한 자들의 시체들을 볼 것이라 그 벌레가 죽지 아니하며 그 불이 꺼지지 아니하여 모든 혈육에게 가증함이 되리라
④ 그 사방의 합계는 만 팔천 척이라 그 날 후로는 그 성읍의 이름을 여호와삼마라 하리라

122 "보라 내가 오늘 너를 그 온 땅과 유다 왕들과 그 지도자들과 그 제사장들과 그 땅 백성 앞에 견고한 성읍, 쇠기둥, 놋성벽이 되게 하였은즉 그들이 너를 치나 너를 이기지 못하리니 이는 내가 너와 함께 하여 너를 구원할 것임이니라 여호와의 말이니라"는 어디에 나오는가?
① 예레미야 1장 ② 예레미야 5장
③ 예레미야 15장 ④ 예레미야 20장

123 "너는 이 말로 그들에게 이르라 내 눈이 밤낮으로 그치지 아니하고 눈물을 흘리리니 이는 처녀 딸 내 백성이 큰 파멸, 중한 상처로 말미암아 망함이라"가 나오는 곳은? (렘 14:17)
① 이사야 ② 예레미야
③ 에스겔 ④ 호세아

124 "너희는 이것이 여호와의 성전이라, 여호와의 성전이라, 여호와의 성전이라 하는 거짓말을 믿지 말라"는 어디에 나오는가? (렘 7:4)
① 이사야 ② 예레미야
③ 에스겔 ④ 호세아

125 "바벨론의 왕이 리블라에서 그의 눈 앞에서 그의 아들들을 죽였고 왕이 또 유다의 모든 귀족을 죽였으며 왕이 또 그의 눈을 빼게 하고 바벨론으로 옮기려고 사슬로 결박하였더라"(렘 39:6-7)에서 그는 누구인가?
① 여호야김 ② 여호야긴
③ 시드기야 ④ 스룹바벨

126 "유다의 왕 아몬의 아들 요시야 왕 ( )째 해부터 오늘까지 이십삼 년 동안 여호와의 말씀이 내게 임하기로 내가 너희에게 꾸준히 일렀으나 너희가 순종하지 아니하였느니라"(렘 25:3)에서 괄호에 들어가는 말로 적당한 것은?
① 열한 ② 열두
③ 열셋 ④ 스무

127 "여호와여 내가 주와 변론할 때에는 주께서 의로우시니이다 그러나 내가 주께 질문하옵나니 악한 자의 길이 형통하며 반역한 자가 다 평안함은 무슨 까닭이니이까"는 어디에 나오는가?
① 이사야 ② 예레미야
③ 에스겔 ④ 다니엘

128 "여호와께서 내게 이르시되 모세와 ( )이 내 앞에 섰다 할지라도 내 마음은 이 백성을 향할 수 없나니 그들을 내 앞에서 쫓아 내보내라"(렘 15:1)에서 괄호에 들어갈 두 사람의 이름중 한 사람의 이름으로 적당한 것은?
① 욥 ② 노아
③ 사무엘 ④ 다니엘

129 "만군의 하나님 여호와시여 나는 주의 이름으로 일컬음을 받는 자라 내가 주의 ( )을 얻어먹었사오니 주의 ( )은 내게 기쁨과 내 마음의 즐거움이오나"(렘 15:16)에서 괄호에 공통으로 들어갈 말은?
① 음식 ② 말씀
③ 지식 ④ 양식

130 "유다의 죄는 ( ) 끝 철필로 기록되되 그들의 마음 판과 그들의 제단 뿔에 새겨졌거늘"(렘 17:1) 에서 괄호에 들어갈 말로 적당한 것은?
① 구리 ② 금
③ 금강석 ④ 은

121_② 122_① 123_② 124_② 125_③ 126_③ 127_② 128_③ 129_② 130_③

131 "그는 물가에 심어진 나무가 그 뿌리를 강변에 뻗치고 더위가 올지라도 두려워하지 아니하며 그 잎이 청청하며 가무는 해에도 걱정이 없고 결실이 그치지 아니함 같으리라"은 어디에 나오는가? (렘 17:8)
① 이사야 ② 예레미야
③ 에스겔 ④ 잠언

132 "만물보다 거짓되고 심히 부패한 것은 ( )이라 누가 능히 이를 알리요마는 나 여호와는 심장을 살피며 폐부를 시험하고 각각 그의 행위와 그의 행실대로 보응하나니"(렘 17:9-10)에서 괄호에 들어갈 말로 적당한 것은?
① 행실 ② 육신
③ 마음 ④ 사람

133 자신의 생일을 저주한 사람으로 바르게 짝지은 것은? (욥 3:1; 렘 21:14)
① 욥 - 이사야 ② 이사야 - 예레미야
③ 예레미야 - 욥 ④ 예레미야 - 호세아

134 "네가 백향목을 많이 사용하여 왕이 될 수 있겠느냐 네 아버지가 먹거나 마시지 아니하였으며 정의와 공의를 행하지 아니하였느냐 그 때에 그가 형통하였었느니라 그는 가난한 자와 궁핍한 자를 변호하고 형통하였나니 이것이 나를 앎이 아니냐 여호와의 말씀이니라"(렘 22:15-16)에서 네 아버지와 너를 알맞게 짝지은 것은?
① 요시야 - 여호야김
② 요시야 - 살룸
③ 여호야김 - 여호야긴
④ 여호야김 - 시드기야

135 "너희는 내가 사로잡혀 가게 한 그 성읍의 평안을 구하고 그를 위하여 여호와께 기도하라 이는 그 성읍이 평안함으로 너희도 평안할 것임이라"이 나오는 책은?
① 이사야 ② 예레미야
③ 에스겔 ④ 다니엘

136 "그러나 그 날 후에 내가 이스라엘 집과 맺을 언약은 이러하니 곧 내가 나의 법을 그들의 속에 두며 그들의 마음에 기록하여 나는 그들의 하나님이 되고 그들은 내 백성이 될 것이라 여호와의 말씀이니라"는 예레미야 몇 장에 나오는가?
① 25장 ② 29장
③ 31장 ④ 33장

137 "일을 ( ) 여호와 그것을 ( ) ( ) 여호와 그의 이름을 여호와라 하는 이가 이와 같이 이르시도다"에서 괄호에 들어갈 말을 알맞게 늘어놓은 것은?
① 만드시는 - 행하며 - 성취하시는
② 행하시는 - 만들며 - 성취하시는
③ 성취하시는 - 행하며 - 만드시는
④ 행하시며 - 성취하시며 - 만드시는

138 "너는 내게 부르짖으라 내가 네게 응답하겠고 네가 알지 못하는 크고 은밀한 일을 네게 보이리라"는 예레미야 어디에 나오는가?
① 31:31 ② 32:34
③ 33:3 ④ 34:3

139 레갑의 아들 우리 선조 요나답이 후손들에게 명령한 내용에 포함되지 <u>않는</u> 것은?
① 포도원은 소유하지만 포도주는 마시지 말라
② 너희는 평생 동안 장막에 살아라
③ 파종을 하지 말라
④ 너희는 집을 짓지 말라

렘

140 "여후디가 서기관 엘리사마의 방에서 가져다가 왕과 왕의 곁에 선 모든 고관의 귀에 낭독하니 … 여후디가 서너 쪽을 낭독하면 왕이 칼로 그것을 연하여 베어 화로 불에 던져서 두루마리를 모두 태웠더라"(렘 36:21-23)에서 왕은 누구인가?
① 요시야 ② 여호야김
③ 여호야긴 ④ 시드기야

141 "왕이 셀레먀의 아들 여후갈과 마아세야의 아들 제사장 스바냐를 선지자 예레미야에게 보내 청하되 너는 우리를 위하여 우리 하나님 여호와께 기도하라 하였으니"(렘 37:3)에서 왕은 누

131_② 132_③ 133_③ 134_① 135_② 136_① 137_② 138_③ 139_① 140_② 141_④

구인가?
① 요시야 ② 여호야김
③ 여호야긴 ④ 시드기야

142 다음중 시드기야가 한 말이 아닌 것은?
① 그가 너희 손 안에 있느니라 왕은 조금도 너희를 거스를 수 없느니라 (렘 38:5)
② 내가 네게 한 가지 일을 물으리니 한 마디도 내게 숨기지 말라 (렘 38:14)
③ 나는 갈대아인에게 항복한 유다인을 두려워하지 않노라 (렘 38:19)
④ 여호와께로 받은 말씀이 있느냐? (렘 37:17)

143 "예레미야가 예루살렘이 함락되는 날까지 ( )"(렘 38:28)에서 괄호에 들어가는 말로 적당한 것은?
① 구덩이에 던져졌더라.
② 시위대 뜰에 머무니라.
③ 감옥 뜰에 머무니라.
④ 갈대아 인들과 함께 하니라.

144 "바벨론의 왕이 립나에서 그의 눈 앞에서 그의 아들들을 죽였고 왕이 또 유다의 모든 귀족을 죽였으며 왕이 또 그의 눈을 빼게 하고 바벨론으로 옮기려고 사슬로 결박하였더라"(렘 39:6-7)에서 그는 누구인가?
① 여호야긴 ② 여호야김
③ 시드기야 ④ 스룹바벨

145 "그를 데려다가 선대하고 해하지 말며 그가 네게 말하는 대로 행하라"라는 말은 누가 한 말인가? (렘 39:12)
① 예레미야 ② 느부갓네살
③ 느부사라단 ④ 느부사스반

146 "보라 내가 오늘 네 손의 사슬을 풀어 너를 풀어 주노니 만일 네가 나와 함께 바벨론으로 가는 것을 좋게 여기거든 가자 내가 너를 선대하리라 만일 나와 함께 바벨론으로 가는 것을 좋지 않게 여기거든 그만 두라 보라 온 땅이 네 앞에 있나니 네가 좋게 여기는 대로 옳게 여기는 곳으로 갈지니라 하니라"(렘 40:4)라는 말은 누가 한 말인가?
① 예레미야 ② 느부갓네살
③ 느부사라단 ④ 느부사스반

147 "우리 입에서 낸 모든 말을 반드시 실행하여 우리가 본래 하던 것 곧 우리와 우리 선조와 우리 왕들과 우리 고관들이 유다 성읍들과 예루살렘 거리에서 하던 대로 ( )에게 분향하고 그 앞에 전제를 드리리라 그 때에는 우리가 먹을 것이 풍부하며 복을 받고 재난을 당하지 아니하였더니"(렘 44:17)에서 괄호에 들어갈 말로 적당한 것은?
① 여호와 ② 바알
③ 하늘의 여왕 ④ 동쪽 태양

148 "너희가 내게 부르짖으며 내게 와서 기도하면 내가 너희들의 기도를 들을 것이요 너희가 온 마음으로 나를 구하면 나를 찾을 것이요 나를 만나리라"(렘 29:12-13) 이 나오는 책은?
① 이사야 ② 예레미야
③ 잠언 ④ 시편

149 "선지자 예레미야가 말하니라 아멘, 여호와는 이같이 하옵소서 여호와께서 네가 예언한 말대로 이루사 여호와의 성전 기구와 모든 포로를 바벨론에서 이 곳으로 되돌려 오시기를 원하노라 그러나 너는 내가 네 귀와 모든 백성의 귀에 이르는 이 말을 잘 들으라"(렘 28:6-7)에서 너는 누구인가?
① 바룩 ② 우리야
③ 스마야 ④ 하나냐

150 "바벨론의 느부갓네살 왕이 우리를 치니 청컨대 너는 우리를 위하여 여호와께 간구하라 여호와께서 혹시 그의 모든 기적으로 우리를 도와 행하시면 그가 우리를 떠나리라"(렘 21:2)는 누가 한 말인가?
① 여호야긴 ② 여호야김
③ 시드기야 ④ 요시야

142_③ 143_③ 144_③ 145_② 146_③ 147_③ 148_② 149_④ 150_③

【주관식】

151 예레미야의 출신지는 베냐민 땅의 어디인가?

152 예레미야에게 처음으로 여호와의 말씀이 임했을 때 유다 왕은 누구였는가?

153 "슬프도소이다 주 여호와여 나는 아이라 말할 줄을 알지 못하나이다"라고 말한 사람은?

154 "보라 내가 오늘 너를 그 온 땅과 유다 왕들과 그 지도자들과 그 제사장들과 그 땅 백성 앞에 견고한 성읍, 쇠기둥, ( )이 되게 하였은즉 그들이 너를 치나 너를 이기지 못하리니 이는 내가 너와 함께 하여 너를 구원할 것임이니라 여호와의 말이니라"(렘 1:18)에서 괄호에 알맞은 말은?

155 "내게 배역한 이스라엘이 간음을 행하였으므로 내가 그를 내쫓고 그에게 이혼서까지 주었으되 그의 반역한 자매 유다가 두려워하지 아니하고 자기도 가서 행음함을 내가 보았노라. 그가 돌과 ( )로 더불어 행음함을 가볍게 여기고 행음하여 이 땅을 더럽혔거늘 이 모든 일이 있어도 그의 반역한 자매 유다가 진심으로 내게 돌아오지 아니하고 거짓으로 할 뿐이니라 여호와의 말씀이니라"(렘 3:8-10)의 괄호에 들어갈 말은?

156 "그들이 내 백성의 상처를 가볍게 여기면서 말하기를 ( )하다 ( )하다 하나 ( )이 없도다"(렘 6:14)의 괄호에 공통으로 들어갈 말은?

157 "내 이름으로 일컬음을 받는 이 집이 너희 눈에는 ( )로 보이느냐 보라 나 곧 내가 그것을 보았노라 여호와의 말씀이니라"(렘 7:11)에서 괄호에 들어갈 말은?

158 "어찌하면 내 머리는 물이 되고 내 눈은 ( ) 근원이 될꼬 죽임을 당한 딸 내 백성을 위하여 주야로 울리로다"(렘 9:1)의 괄호 안에 들어갈 말은?

159 "그러므로 너는 이 백성을 위하여 기도하지 말라 그들을 위하여 부르짖거나 구하지 말라 그들이 그 고난으로 말미암아 내게 부르짖을 때에 내가 그들에게서 듣지 아니하리라"(렘 11:14)와 같이 예언한 사람은?

160 "너는 이 땅에서 아내를 맞이하지 말며 자녀를 두지 말라"는 명령을 여호와께 받은 사람은?

161 "이스라엘 족속아 이 ( )가 하는 것 같이 내가 능히 너희에게 행하지 못하겠느냐 이스라엘 족속아 진흙이 ( )의 손에 있음 같이 너희가 내 손에 있느니라"(렘 18:6)의 괄호에 공통으로 들어갈 말은?

162 "다음날 ( )이 예레미야를 목에 씌우는 나무 고랑에서 풀어 주매 예레미야가 그에게 이르되 여호와께서 네 이름을 ( )이라 아니하시고 마골밋사빕이라 하시느니라"(렘 20:3)에서 괄호에 공통으로 들어갈 말은?

163 "내가 다시는 여호와를 선포하지 아니하며 그의 이름으로 말하지 아니하리라 하면 나의 마음이 불붙는 것 같아서 골수에 사무치니 답답하여 견딜 수 없나이다"라고 말한 사람은?(렘 20:9)

164 "여호와의 말씀이니라 너희를 향한 나의 생각을 내가 아나니 평안이요 재앙이 아니니라 너희에게 미래와 희망을 주는 것이니라"라는 본문이 기록된 예언서의 이름은?

165 "여호와의 말씀이니라 보라 날이 이르리니 내가 이스라엘 집과 유다 집에 새 언약을 맺으리라"는 예레미야 몇 장 몇 절인가?

166 예레미야의 예언을 적어 놓은 두루마리를 면도칼로 베어 화로 불에 던져 태운 유다 왕의 이름은?

렘

151_아나돗 152_요시야 153_예레미야 154_놋성벽 155_나무 156_평강 157_도둑의 소굴 158_눈물 159_예레미야 160_예레미야 161_토기장이 162_바스훌 163_예레미야 164_예레미야 165_31장 31절

167 고관들이 구덩이에 던져 넣게 한 예레미야를, 왕의 허락을 받아 건져내 준 유다 왕궁 내시 구스인의 이름은?

168 유다 왕 여호야김 넷째 해에 유브라데 강 가 갈그미스에서 애굽의 왕 바로느고의 군대를 쳐부순 왕은 어느 나라의 누구인가?

169 다음 괄호에 공통으로 들어갈 말은?
A. 시바에서 ( )과 먼 곳에서 향품을 내게로 가져옴은 어찌함이냐 (렘 6:20)
B. 처녀 딸 애굽이여 길르앗으로 올라가서 ( )을 취하라 네가 치료를 많이 받아도 효력이 없어 낫지 못하리라 (렘 46:11)

170 "예루살렘아 네 마음의 ( )을 씻어 버리라 그리하면 구원을 얻으리라 네 악한 생각이 네 속에 얼마나 오래 머물겠느냐"에서 괄호에 들어갈 말은?

171 " 만일 네가 보행자와 함께 달려도 피곤하면 어찌 능히 ( )과 경주하겠느냐 네가 평안한 땅에서는 무사하려니와 요단 강 물이 넘칠 때에는 어찌하겠느냐"에서 괄호에 들어갈 말은?

172 "예레미야가 그에게 명령하여 이르되 나는 붙잡혔으므로 여호와의 집에 들어갈 수 없으니 너는 들어가서 내가 말한 대로 두루마리에 기록한 여호와의 말씀을 금식일에 여호와의 성전에 있는 백성의 귀에 낭독하고 유다 모든 성읍에서 온 자들의 귀에도 낭독하라"(렘 36:5-6)에서 그는 누구인가?

173 "자랑하는 자는 이것으로 자랑할지니 곧 명철하여 나를 아는 것과 나 여호와는 사랑과 정의와 ( )를 땅에 행하는 자인 줄 깨닫는 것이라 나는 이 일을 기뻐하노라 여호와의 말씀이니라"(렘 9:24)에서 괄호에 들어갈 말은?

174 "다음날 바스훌이 예레미야를 목에 씌우는 나무 고랑에서 풀어 주매 예레미야가 그에게 이르되 여호와께서 네 이름을 바스훌이라 아니하시고 ( )이라 하시느니라"(렘 20:3)

175 "너는 내게 부르짖으라 내가 네게 응답하겠고 네가 알지 못하는 크고 ( ) 일을 네게 보이리라"(렘 33:3)에서 괄호에 알맞은 말은?

176 이 모든 땅이 폐허가 되어 놀랄 일이 될 것이며 이 민족들은 ( ) 년 동안 바벨론의 왕을 섬기리라.

177 바벨론으로 사로잡혀 간 유다 사람들에게 예레미야가 보낸 편지는 예레미야 몇 장에 나오는가?

166_여호야김 167_에벳멜렉 168_바벨론의 느부갓네살 169_유향 170_악 171_말 172_바룩 173_공의 174_마골밋사빕 175_은밀한 176_70 177_29장

예레미야애가

【A등급】

001 예레미야애가에서 '슬프다'로 시작하지 않는 장을 다음 보기 가운데서 찾으시오?
① 1장 ② 2장
③ 3장 ④ 4장

002 "우스 땅에 사는 딸 (　)아 즐거워하며 기뻐하라 잔이 네게도 이를지니 네가 취하여 벌거벗으리라 딸 시온아 네 죄악의 형벌이 다하였으니 주께서 다시는 너로 사로잡혀 가지 아니하게 하시리로다 딸 (　)아 주께서 네 죄악을 벌하시며 네 허물을 드러내시리로다"(애 4:21-22)의 괄호에 공통으로 들어갈 말은?
① 시돈 ② 모압
③ 에돔 ④ 바벨론

003 다음 가운데서 예레미야애가에 들어 있지 않는 것은?
① "사람은 젊었을 때 멍에를 메는 것이 좋으니"
② "슬프다 이 성이여 전에 사람들이 많더니 이제는 어찌 그리 적막하게 앉았는고"
③ "여호와여 우리를 주께로 돌이키소서 그리하시면 우리가 주께로 돌아가겠사오니 우리의 날들을 다시 새롭게 하사 옛적 같게 하옵소서"
④ "내게 재앙이로다 나의 어머니여 어머니께서 나를 온 세계를 다투는 자와 싸우는 자로 낳으셨도다"

004 "우리의 콧김 곧 여호와께서 (　)가 그들의 함정에 빠졌음이여 우리가 그를 가리키며 전에 이르기를 우리가 그의 그늘 아래에서 이방인들 중에 살겠다 하던 자로다"(애 4:20)의 괄호에 들어갈 말은?
① 사랑하시는 자 ② 아끼시는 자
③ 기름 부으신 자 ④ 돌아보시는 자

005 "우리의 머리에서는 면류관이 떨어졌사오니 오호라 우리의 범죄 때문이니이다"라는 말씀이 기록된 곳은?
① 예레미야애가 5장
② 예레미야애가 4장
③ 에스라 5장
④ 느헤미야 4장

【B등급】

006 "사람은 젊었을 때에 멍에를 메는 것이 좋으니"는 어디에 나오는 말씀인가?
① 전도서 5장
② 잠언 27장
③ 예레미야애가 2장
④ 예레미야애가 3장

007 "사람이 여호와의 구원을 바라고 잠잠히 기다림이 좋도다"는 예레미야애가 몇 장 몇 절인가?
① 2장 25절 ② 3장 26절
③ 3장 27절 ④ 4장 15절

008 "여호와의 인자와 긍휼이 무궁하시므로 우리가 진멸되지 아니함이니이다 이것들이 아침마다 새로우니 주의 성실하심이 크시도소이다"가 들어 있는 책은? (애 3:22-23)
① 시편 ② 잠언
③ 예레미야 ④ 예레미야애가

009 "여호와여 우리를 주께로 돌이키소서 그리하시면 우리가 주께로 돌아가겠사오니 우리의 날들

애

001_③ 002_③ 003_④ 004_③ 005_① 006_④ 007_② 008_④ 009_①

을 다시 새롭게 하사 옛적 같게 하옵소서"가 들어 있는 책은? (애 5:21)
① 예레미야애가 ② 시편
③ 에스라 ④ 느헤미야

010 예레미야애가는 몇 장(章)으로 이루어져 있는가?
① 여섯 장 ② 다섯 장
③ 넉 장 ④ 석 장

011 "슬프다 이 성이여 전에는 사람들이 많더니 이제는 어찌 그리 적막하게 앉았는고 전에는 열국 중에 크던 자가 이제는 (　) 같이 되었고 전에는 열방 중에 (　)였던 자가 이제는 강제 노동을 하는 자가 되었도다"(애 1:1)에서 괄호에 들어갈 알맞은 말은?
① 과부 – 공주 ② 공주 – 과부
③ 과부 – 부자 ④ 작은 자 – 공주

012 "사람은 젊었을 때에 멍에를 메는 것이 좋으니 혼자 앉아서 잠잠할 것은 (　)"에서 괄호에 들어갈 알맞은 말은? (애 3:27–28)
① 그것을 이길 수 없음이라
② 주께서 그것을 그에게 메우셨음이라
③ 고생은 돈 주고도 살수 없음이라
④ 멍에도 다 지나감이라

013 "그가 비록 근심하게 하시나 그의 풍부한 인자하심에 따라 긍휼히 여기실 것임이라 주께서 인생으로 고생하게 하시며 근심하게 하심은 (　)"에서 괄호에 들어갈 알맞은 말은? (애 3:32–33)
① 본심이 아니시로다
② 하나님의 계획이라
③ 인생에 필요한 것이라
④ 하나님의 뜻 안에 있다

014 예레미야애가의 마지막 말은?
① 주께서 우리를 아주 버리셨사오며 우리에게 진노하심이 참으로 크시니이다
② 여호와여 우리를 주께로 돌이키소서
③ 우리의 날들을 다시 새롭게 하사 옛적 같게 하옵소서
④ 우리를 이같이 오래 버리시나이까

015 예레미야애가에서 절수가 가장 많은 장은?
① 1장 ② 2장
③ 3장 ④ 5장

【주관식】

016 "사람이 여호와의 (　)을 바라고 잠잠히 기다림이 좋도다"(애 3:26)

017 "시온 산이 황폐하여 (　)가 그 안에서 노나이다"(애 5:18)

018 "사람이 젊었을 때에 (　)를 메는 것이 좋으니"(애 3:27)의 괄호에 들어갈 말은?

019 예레미야애가를 시작하는, 세 음절로 된 낱말은 무엇인가?

010_② 011_① 012_② 013_① 014_① 015_③ 016_구원 017_여우 018_멍에 019_슬프다

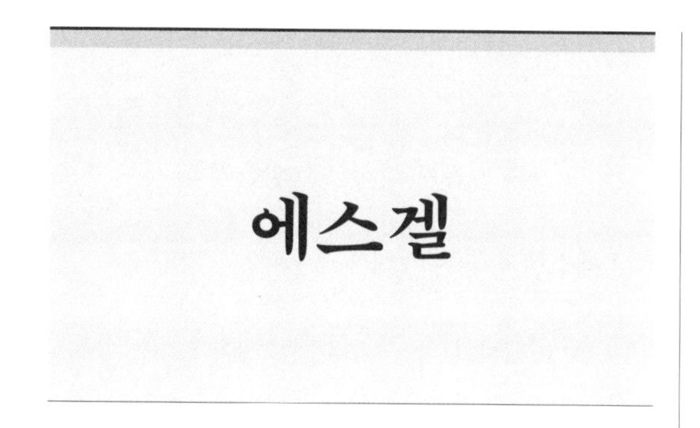

에스겔

【A등급】

001 여호와께서 에스겔을 이스라엘의 파수꾼으로 삼으신다는 말씀은 에스겔 몇 장에 나오는가?
① 2장과 32장 ② 4장과 35장
③ 3장과 33장 ④ 5장과 36장

002 목자에 관한 말씀은 에스겔 몇 장에 집중해서 나오는가?
① 23장 ② 29장
③ 32장 ④ 34장

003 "내가 또 내 영을 너희 속에 두어 너희가 살아나게 하고 내가 또 너희를 너희 고국 땅에 두리니 나 여호와가 이 일을 말하고 이룬 줄을 너희가 알리라"는 에스겔 몇 장에 나오는가?
① 33장 ② 35장
③ 36장 ④ 37장

004 떠나갔던 여호와의 영광이 다시 성전으로 들어오는 장면은 에스겔 몇 장에 나오는가?
① 43장 ② 44장
③ 45장 ④ 47장

005 에스겔이 하나님의 이상 중에 본 새 성전의 모습은 에스겔 몇 장에서부터 나오는가?
① 39장 ② 40장
③ 41장 ④ 42장

006 제사장 집안에서 태어나 선지자가 된 사람은?
① 이사야와 예레미야
② 이사야와 다니엘
③ 예레미야와 에스겔
④ 아모스와 호세아

007 주의 영이 에스겔을 들어 천지 사이에 올리시고 하나님의 환상 가운데 에스겔을 이끌어 예루살렘으로 가서 안뜰로 들어가는 북향한 문에 이르셨는데, 그 때 에스겔이 본 것은 무엇인가?
① 각양 곤충과 가증한 짐승의 그림
② 질투의 우상
③ 바알 신상
④ 동쪽 태양에게 예배하는 사람들

008 "비록 ( )이 거기에 있을지라도 나의 삶을 두고 맹세하노니 그들도 자녀는 건지지 못하고 자기의 공의로 자기의 생명만 건지리라 주 여호와의 말씀이니라"(겔 14:20)의 괄호에 들어갈 이름을 차례대로 바르게 쓴 것은?
① 아브라함, 노아, 사무엘
② 노아, 사무엘, 다윗
③ 다윗, 욥, 다니엘
④ 노아, 다니엘, 욥

009 "이 땅을 위하여 성을 쌓으며 성 무너진 데를 막아서서 나로 하여금 멸하지 못하게 할 사람을 내가 그 가운데에서 찾다가 찾지 못하였으므로 내가 내 분노를 그들 위에 쏟으며 내 진노의 불로 멸하여 그들 행위대로 그들 머리에 보응하였느니라"는 에스겔 몇 장에 나오는가?
① 17장 ② 19장
③ 21장 ④ 22장

010 에스겔이 예루살렘에서부터 도망하여 온 자에게서 그 성의 함락 소식을 들었다는 내용은 에스겔 몇 장에 나오는가?
① 20장 ② 24장
③ 32장 ④ 33장

011 에스겔의 혀를 그의 입천장에 붙게 하여 에스겔이 말 못하는 자가 되게 하신 여호와(겔 3:26)

001_③ 002_④ 003_④ 004_① 005_② 006_③ 007_② 008_④ 009_④ 010_④ 011_②

의 손이 에스겔의 입을 다시 열어주신(33:21) 때는?
① 예루살렘에서 도망하여 온 자가 에스겔에게 예루살렘의 함락 소식을 전해 준 날
② 예루살렘에서 도망하여 온 자가 에스겔에게 예루살렘의 함락 소식을 전해 주기 전날 저녁
③ 마른 뼈들이 살아나는 환상을 여호와께서 에스겔에게 보여주신 날
④ 바벨론 군대가 예루살렘을 에워싸기 시작한 날

012 여호와께서 에스겔더러 이스라엘 산(들)에게 예언하라고 명령하신 내용은 에스겔 몇 장에 나오는가?
① 5장과 35장　② 6장과 36장
③ 7장과 38장　④ 8장과 39장

013 에스겔 38장에 나오는 마곡은? (겔 38:2)
① 땅 이름　② 식물 이름
③ 동물 이름　④ 왕 이름

014 에스겔 38장에 나오는 곡은? (겔 38:2)
① 땅 이름　② 나라 이름
③ 왕 이름　④ 도시 이름

015 "환난에 환난이 더하고 소문에 소문이 더할 때에 그들이 ( )에게는 묵시를 구하나 헛될 것이며 ( )에게는 율법이 없어질 것이요 ( )에게는 책략이 없어질 것이며"(겔 7:26)의 괄호에 들어갈 말을 차례대로 바르게 적은 것은?
① 선지자, 제사장, 장로
② 제사장, 선지자, 지혜자
③ 방백, 제사장, 왕
④ 선지자, 제사장, 지혜자

016 "아버지가 신 포도를 먹었으므로 그의 아들의 이가 시다"는 속담이 들어 있는 두 예언서는?
① 이사야와 예레미야
② 예레미야와 에스겔
③ 에스겔과 다니엘
④ 이사야와 다니엘

017 에스겔서에 나오는 연대 가운데 가장 늦은 것은? (겔 29:17)
① 열두째 해　② 스물 다섯째 해
③ 스물 일곱째 해　④ 열한째 해

018 에스겔과 같은 시대에 살았던 사람은?
① 이사야　② 학개
③ 예레미야　④ 호세아

019 "바벨론 왕이 갈랫길 곧 두 길 어귀에 서서 점을 치되 ( )을 흔들어 우상에게 묻고 희생제물의 ( )을 살펴서 오른손에 예루살렘으로 갈 점괘를 얻었으므로 …"(겔 21:21-22)의 괄호에 들어갈 말을 차례대로 바르게 쓴 것은?
① 활들, 기름　② 화살통, 얼굴
③ 창, 발　④ 화살들, 간

020 "주 여호와께서 예루살렘에 관하여 이같이 말씀하시되 네 근본과 난 땅은 ( )이요 네 아버지는 ( ) 사람이요 네 어머니는 ( ) 사람이라"(겔 16:3)의 괄호에 들어갈 말을 차례대로 바르게 쓴 것은?
① 가나안, 아모리, 헷
② 메소보다미아, 가나안, 애굽
③ 가나안, 아람, 애굽
④ 메소보다미아, 히브리, 가나안

021 에스겔이 그발 강 가에서 본 것들을 밑에서부터 위로 차례에 맞게 바로 적은 것은?
① 생물들, 궁창의 형상, 보좌의 형상, 사람 모양의 형상
② 궁창의 형상, 생물들, 보좌의 형상, 사람 모양의 형상
③ 보좌의 형상, 사람 모양의 형상, 궁창의 형상, 생물들
④ 생물들, 보좌의 형상, 사람 모양의 형상, 궁창의 형상

022 "우리가 사로잡힌 지 스물 다섯째 해, 성이 함락된 후 ( )째 해 첫째 달 열째 날에 …"(겔 40:1)의 괄호에 들어갈 말은?
① 열째　② 열한째

012_② 013_① 014_③ 015_① 016_② 017_③ 018_③ 019_④ 020_① 021_① 022_④

③ 열두째　　④ 열넷째

023 "서른째 해 넷째 달 초닷새에 내가 ( )가 사로잡힌 자 중에 있을 때에 하늘이 열리며 하나님의 모습이 내게 보이니"(겔 1:1)의 괄호에 들어갈 말은?
① 유브라데 강　　② 그발 강
③ 힛데겔 강　　④ 기혼 강

024 "주의 영이 나를 들어올려 데리고 가시는데 … 이에 내가 ( )에 이르러 그 사로잡힌 백성 곧 그발 강 가에 거주하는 자들에게 나아가 그 중에서 두려워 떨며 칠 일을 지내니라"(겔 3:14-15)의 괄호에 들어갈 말은?
① 갈멜 산 위　　② 델아빕
③ 바벨론　　④ 아르밧

025 "( )째 해 넷째 달 초닷새에 내가 그발 강 가 사로잡힌 자 중에 있을 때에 하늘이 열리며 하나님의 모습이 내게 보이니 여호야긴 왕이 사로잡힌 지 오 년 그 달 초닷새라"(겔 1:1-2)에서 괄호에 들어갈 말로 적당한 것은?
① 스무 째　　② 스물다섯 째
③ 서른 째　　④ 서른다섯 째

026 "인자야 내가 너를 이스라엘 족속의 ( )(으)로 세웠으니 너는 내 입의 말을 듣고 나를 대신하여 그들을 깨우치라"(겔 3:17)에서 괄호에 들어갈 말은 무엇인가?
① 제사장　　② 파수꾼
③ 예언자　　④ 교사

027 "너는 오른쪽으로 누워 유다 족속의 죄악을 담당하라 내가 네게 사십 일로 정하였나니 하루가 일 년이니라. 너는 또 네 얼굴을 에워싸인 예루살렘 쪽으로 향하고 팔을 걷어 올리고 예언하라"에서 너는 누구인가? (겔 4:6)
① 에스겔　　② 다니엘
③ 이사야　　④ 예레미야

028 "이 땅을 위하여 성을 쌓으며 성 무너진 데를 막아 서서 나로 하여금 멸하지 못하게 할 사람을 내가 그 가운데에서 찾다가 찾지 못하였으므로 내가 내 분노를 그들 위에 쏟으며 내 진노의 불로 멸하여 그들 행위대로 그들 머리에 보응하였느니라 주 여호와의 말씀이니라"라는 본문이 기록된 책의 이름은 무엇인가?
① 에스겔　　② 느헤미야
③ 이사야　　④ 예레미야

029 다음 중 "아버지가 신 포도를 먹었으므로 그의 아들의 이가 시다"는 속담이 들어 있는 두 예언서는? (렘 31:29; 겔 18:2)
① 이사야와 예레미야
② 예레미야와 에스겔
③ 에스겔과 다니엘
④ 이사야와 다니엘

030 에스겔에 임한 다음의 예언은 누구의 죽음을 예언한 것입니까?
"인자야 내가 네 눈에 기뻐하는 것을 한 번 쳐서 빼앗으리니 너는 슬퍼하거나 울거나 눈물을 흘리거나 하지 말며 죽은 자들을 위하여 슬퍼하지 말고 조용히 탄식하며 수건으로 머리를 동이고 발에 신을 신고 입술을 가리지 말고 사람이 초상집에서 먹는 음식물을 먹지 말라 하신지라"(겔 24:16-17)
① 아들　　② 어머니
③ 아내　　④ 아버지

031 다음 중 에스겔 21장 21-22절에서 갈랫길 곧 두 길 어귀에 서서 점을 치되 화살들을 흔들어 우상에게 묻고 희생제물의 간을 살펴서 오른손에 예루살렘으로 갈 점괘를 얻었으므로 예루살렘으로 침공해 왔다고 기록하고 있는 본문은 누구와 관련된 내용인가? (겔 21:21-22)
① 바벨론 왕　　② 앗수르 왕
③ 두로 왕　　④ 아람 왕

032 다음은 에스겔서 몇 장에 나오는가?
"내가 한 목자를 그들 위에 세워 먹이게 하리니 그는 내 종 다윗이라 그가 그들을 먹이고 그들의 목자가 될지라 나 여호와는 그들의 하나님이 되고 내 종 다윗은 그들 중에 왕이 되리라

023_② 024_② 025_③ 026_② 027_① 028_① 029_② 030_③ 031_① 032_①

겔

나 여호와의 말이니라"
① 34장 ② 35장
③ 36장 ④ 37장

033 "또 내가 그들을 거룩하게 하는 여호와인 줄 알게 하려고 내 ( )을/를 주어 그들과 나 사이에 표징을 삼았노라"(겔 20:12)의 괄호에 들어갈 말은?
① 제사 ② 할례
③ 안식일 ④ 율법을

034 "또 새 영을 너희 속에 두고 ( ) 마음을 너희에게 주되 너희 육신에서 ( ) 마음을 제거하고 ( ) 마음을 줄 것이며"에서 괄호에 들어갈 말을 적당한 순서로 짝지은 것은? (겔 36:26)
① 새 – 굳은 – 부드러운
② 새 – 악한 – 부드러운
③ 착한 – 굳은 – 부드러운
④ 새 – 악한 – 선한

035 "내게 이르시되 인자야 내가 네게 주는 이 두루마리를 네 ( )에 넣으며 네 ( )에 채우라 하시기에 내가 먹으니 그것이 내 ( )에서 달기가 꿀 같더라"(겔 3:3)의 괄호에 들어갈 말로 적당하지 않는 것은?
① 배 ② 창자
③ 마음 ④ 입

036 "내가 네 혀를 네 입천장에 붙게 하여 네가 말 못하는 자가 되어 그들을 꾸짖는 자가 되지 못하게 하리니 그들은 패역한 족속임이니라"가 나오는 곳은?
① 에스겔 3장 ② 에스겔 11장
③ 에스겔 32장 ④ 에스겔 40장

037 "유다 족속이 여기에서 행한 가증한 일을 적다 하겠느냐 그들이 그 땅을 폭행으로 채우고 또 다시 내 노여움을 일으키며 심지어 나뭇가지를 그 코에 두었느니라 그러므로 나도 분노로 갚아 불쌍히 여기지 아니하며 긍휼을 베풀지도 아니하리니 그들이 큰 소리로 내 귀에 부르짖을지라도 내가 듣지 아니하리라"는 어느 책에 나오는가? (겔 17:18)
① 이사야 ② 예레미야
③ 에스겔 ④ 다니엘

038 "내가 보니 여섯 사람이 북향한 윗문 길로부터 오는데 각 사람의 손에 죽이는 무기를 잡았고 그 중의 한 사람은 가는 베 옷을 입고 허리에 ( )의 먹 그릇을 찼더라 그들이 들어와서 놋 제단 곁에 서더라"(겔 9:2)에서 괄호에 알맞은 말은?
① 제사장 ② 서기관
③ 왕 ④ 예언자

039 "이스라엘과 유다 족속의 죄악이 심히 중하여 그 땅에 피가 가득하며 그 성읍에 불법이 찼나니 이는 그들이 이르기를 여호와께서 이 땅을 버리셨으며 여호와께서 보지 아니하신다 함이라 그러므로 내가 그들을 불쌍히 여기지 아니하며 긍휼을 베풀지 아니하고 그들의 행위대로 그들의 머리에 갚으리라 하시더라"가 나오는 책은? (겔 9:9–10)
① 이사야 ② 예레미야
③ 에스겔 ④ 시편

040 에스겔서에서 보좌의 형상이라는 단어가 나오는 곳을 알맞게 짝지은 것은?
① 1장 & 9장 ② 1장 & 10장
③ 1장 & 43정 ④ 9장 & 43장

041 "너희가 두어 움큼 보리와 두어 조각 떡을 위하여 나를 내 백성 가운데에서 욕되게 하여 거짓말을 곧이 듣는 내 백성에게 너희가 거짓말을 지어내어 죽지 아니할 영혼을 죽이고 살지 못할 영혼을 살리는도다"는 어디에 나오는가? (겔 13:19)
① 에스겔 11장 ② 에스겔 13장
③ 에스겔 15장 ④ 에스겔 18장

042 "이르기를 주 여호와의 말씀에 사람의 영혼을 사냥하려고 ( ) 키가 큰 자나 작은 자의 머리를 위하여 수건을 만드는 여자들에게 화 있을

033_③ 034_① 035_③ 036_① 037_③ 038_② 039_③ 040_② 041_② 042_②

진저 너희가 어찌하여 내 백성의 영혼은 사냥하면서 자기를 위하여는 영혼을 살리려 하느냐"(겔 13:18)에서 괄호에 들어갈 말은?
① 이마에 표를 붙이고
② 손목마다 부적을 꿰어 매고
③ 먹 그릇을 차고
④ 악한 마음으로

043 "그런데 너희는 이르기를 주의 길이 공평하지 아니하다 하는도다 이스라엘 족속아 들을지어다 내 길이 어찌 공평하지 아니하냐 너희 길이 공평하지 아니한 것이 아니냐"는 어디에 나오는가? (겔 18:25)
① 에스겔 11장 ② 에스겔 16장
③ 에스겔 18장 ④ 에스겔 20장

044 다음 괄호에 들어갈 공통된 말로 적당한 것은?
"이스라엘 모든 고관은 각기 권세대로 ( ) 네 가운데에 있었도다 … 네 가운데에 ( ) 이간을 붙이는 자도 있었으며 네 가운데에 산 위에서 제물을 먹는 자도 있었으며 네 가운데에 음행하는 자도 있었으며 … 네 가운데에 ( ) 뇌물을 받는 자도 있었으며 … 주 여호와의 말씀이니라"(겔 22:6, 9, 12)
① 악을 행하려고 ② 피를 흘리려고
③ 불의를 행하려고 ④ 약자를 괴롭히며

045 "항해자가 살았던 유명한 성읍이여 너와 너의 주민이 바다 가운데에 있어 견고하였도다 해변의 모든 주민을 두렵게 하였더니 어찌 그리 멸망하였는고 네가 무너지는 그날에 섬들이 진동할 것임이여 바다 가운데의 섬들이 네 결국을 보고 놀라리로다"(겔 26:17-18) 이 구절은 어떤 도시에 대하여 말씀하고 있는가?
① 암몬 ② 두로
③ 애굽 ④ 바벨론

046 다음 A, B 를 차례대로 나열한 것은?
"내가 (A) 왕의 팔을 견고하게 하고 내 칼을 그 손에 넘겨주려니와 내가 (B)의 팔을 꺾으리니 그가 (A) 왕 앞에서 고통하기를 죽게 상한 자의 고통하듯 하리라 내가 (A) 왕의 팔은 들어 주고 (B)의 팔은 내려뜨릴 것이라 내가 내 칼을 (A) 왕의 손에 넘기고 그를 들어 그 땅을 치게 하리니 내가 여호와인 줄을 그들이 알리라"(겔 30:24-25)
① 바로 - 바벨론 ② 바벨론 - 바로
③ 앗수르 - 바벨론 ④ 바벨론 - 고레스

047 다음과 같은 내용과 유사한 구절이 나오는 에스겔서의 장을 알맞게 짝지은 것은?
"나는 악인이 죽는 것을 기뻐하지 아니하고 악인이 그의 길에서 돌이켜 떠나 사는 것을 기뻐하노라" (겔 18:23; 33:11)
① 3장 & 18장 ② 16장 & 33장
③ 18장 & 33장 ④ 20장 & 33장

048 다음과 같은 내용이 나오는 구절이 있는 에스겔서의 장을 알맞게 짝지은 것은?
"이스라엘 족속은 이르기를 주의 길이 공평하지 아니하다 하는도다 이스라엘 족속아 나의 길이 어찌 공평하지 아니하냐 너희 길이 공평하지 아니한 것 아니냐?"
"주의 길이 바르지 아니하다 하는도다 그러나 실상은 그들의 길이 바르지 아니하니라"
① 16장 & 33장 ② 18장 & 33장
③ 18장 & 36장 ④ 20장 & 37장

049 다음 구절들이 있는 장을 알맞게 나열한 것은?
"그 날에 네 입이 열려서 도피한 자에게 말하고 다시는 잠잠하지 아니하리라 이같이 너는 그들에게 표징이 되고 그들은 내가 여호와인 줄 알리라"
"그 도망한 자가 내게 나아오기 전날 저녁에 여호와의 손이 내게 임하여 내 입을 여시더니 다음 아침 그 사람이 내게 나아올 그 때에 내 입이 열리기로 내가 다시는 잠잠하지 아니하였노라" (겔 24:27; 33:22)
① 24장 & 32장 ② 25장 & 33장
③ 24장 & 33장 ④ 25장 & 34장

050 다음 구절이 나오는 책 이름을 두 개 적으시오.
"여호와께서 지금까지 내게 복을 주시므로 내

겔

043_③ 044_② 045_② 046_② 047_③ 048_② 049_③ 050_③

가 큰 민족이 되었거늘 당신이 나의 기업을 위하여 한 제비, 한 분깃으로만 내게 주심은 어찌함이니이까 하니"
"너희는 이 경계선대로 이스라엘 열두 지파에게 이 땅을 나누어 기업이 되게 하되 요셉에게는 두 몫이니라" (수 17:14; 겔 47:13)
① 여호수아 & 이사야
② 신명기 & 에스겔
③ 여호수아 & 에스겔
④ 신명기 & 이사야

051 에스겔서에 나오는 다음 구절의 괄호에 들어갈 말로 적당한 것은?
"안식일에 ( )이/가 여호와께 드릴 번제는 흠 없는 어린 양 여섯 마리와 흠 없는 숫양 한 마리라 그 소제는 숫양 하나에는 밀가루 한 에바요 모든 어린 양에는 그 힘대로 할 것이며 밀가루 한 에바에는 기름 한 힌 씩이니라"(겔 46:4-5)
① 제사장 ② 군주
③ 왕 ④ 예언자

052 다음 괄호에 들어갈 말을 적당히 짝지은 것은?
"너희가 그 연약한 자를 강하게 아니하며 병든 자를 고치지 아니하며 상한 자를 싸매 주지 아니하며 쫓기는 자를 돌아오게 하지 아니하며 잃어버린 자를 찾지 아니하고 다만 ( )으로 그것들을 다스렸도다"
"그 잃어버린 자를 내가 찾으며 쫓기는 자를 내가 돌아오게 하며 상한 자를 내가 싸매 주며 병든 자를 내가 강하게 하려니와 살진 자와 강한 자는 내가 없애고 ( ) 대로 그것들을 먹이리라" (겔 34:4; 34:16)
① 불의, 정의 ② 포악, 정의
③ 불의, 율법 ④ 포악, 율법

053 "너를 여러 나라에서 젊은 사자로 생각하였더니 실상은 바다 가운데의 큰 악어라 강에서 튀어 일어나 발로 물을 휘저어 그 강을 더럽혔도다"(겔 32:2)에서 '너'는 누구를 가리키는가?
① 바벨론 왕 ② 애굽 왕
③ 두로 왕 ④ 아람 왕

054 "이와 같이 네가 금, 은으로 장식하고 가는 베와 모시와 수 놓은 것을 입으며 또 고운 밀가루와 꿀과 기름을 먹음으로 극히 곱고 형통하여 왕후의 지위에 올랐느니라 네 화려함으로 말미암아 네 명성이 이방인 중에 퍼졌음은 내가 네게 입힌 영화로 네 화려함이 온전함이라 나 주 여호와의 말이니라"는 어디에 나오는가? (겔 16:13-14)
① 에스겔 12장 ② 에스겔 14장
③ 에스겔 16장 ④ 에스겔 18장

055 에스겔서에서 다음의 구절들이 나오는 곳을 알맞게 짝지은 것은?
"우리의 허물과 죄가 이미 우리에게 있어 우리로 그 가운데에서 쇠퇴하게 하니 어찌 능히 살리요"
"우리의 뼈들이 말랐고 우리의 소망이 없어졌으니 우리는 다 멸절되었다"
① 32장 & 36장 ② 33장 & 37장
③ 36장 & 37장 ④ 33장 & 38장

056 "우리가 사로잡힌 지 ( )째 해 열째 달 다섯째 날에 예루살렘에서부터 도망하여 온 자가 내게 나아와 말하기를 그 성이 함락되었다 하였는데"(겔 33:21)에서 괄호에 들어갈 말은?
① 열째 ② 열한째
③ 열두째 ④ 열넷째

【B등급】

057 "서른째 해 넷째 달 초닷새에 내가 그발 강 가 ( ) 중에 있을 때에 하늘이 열리며 하나님의 모습이 내게 보이니"(겔 1:1)의 괄호에 들어갈 말은?
① 선지자들 ② 장로들
③ 사로잡힌 자 ④ 군대장관들

058 하늘이 열리며 하나님의 모습이 에스겔에게 보였을 때 에스겔은 어디에 있었는가?
① 예루살렘 성전 안에

051_② 052_② 053_② 054_③ 055_② 056_③ 057_③ 058_④

② 바벨론 왕궁 안에
③ 감람산 위에
④ 그발 강 가 사로잡힌 자 중에

059 "갈대아 땅 그발 강 가에서 여호와의 말씀이 부시의 아들 제사장 나 ( )에게 특별히 임하고 여호와의 권능이 내 위에 있으니라"의 괄호에 들어갈 이름은? (겔 1:3)
① 에스겔 ② 느헤미야
③ 에스라 ④ 에스더

060 여호와께서 누구를 '인자야'라고 부르셨는가?
① 예레미야 ② 에스겔
③ 다니엘 ④ 이사야

061 "인자야 내가 너를 이스라엘 족속의 파수꾼으로 세웠으니 너는 내 입의 말을 듣고 나를 대신하여 그들을 깨우치라"에서 '너'는 누구인가?
① 에스겔 ② 다니엘
③ 이사야 ④ 다윗

062 "인자야 내가 너를 이스라엘 족속의 ( ) 세웠으니 너는 내 입의 말을 듣고 나를 대신하여 그들을 깨우치라"(겔 3:17)의 괄호에 들어갈 말은?
① 제사장으로 ② 지도자로
③ 파수꾼으로 ④ 목자로

063 "인자야 너는 이스라엘 ( )에게 예언하라 그들 곧 ( )에게 예언하여 이르기를 주 여호와께서 이같이 말씀하시되 자기만 먹는 이스라엘 ( )은 화 있을진저 ( )이 양 떼를 먹이는 것이 마땅하지 아니하냐"(겔 34:2)의 괄호에 공통으로 들어갈 말은?
① 제사장들 ② 선지자들
③ 백성 ④ 목자들

064 "나를 여호와인 줄 알리라" 또는 "내가 여호와인 줄 알리라"라는 말이 가장 자주 나오는 책은?
① 에스겔 ② 요엘
③ 예레미야 ④ 스가랴

065 성전 문지방 밑에서 흘러나온 물이 마침내 큰 강이 되는 것을 본 예언자는?
① 아모스 ② 호세아
③ 요엘 ④ 에스겔

066 "서른째 해 넷째 달 초닷새에 내가 그발 강 가 사로잡힌 자 중에 있을 때에 하늘이 열리며 하나님의 모습이 내게 보이니"로 시작하는 책은?
① 이사야 ② 예레미야
③ 에스겔 ④ 다니엘

067 하늘이 열리며 하나님의 모습이 에스겔에게 보인 곳은 어느 강가였나?
① 요단 강가 ② 을래 강가
③ 그발 강가 ④ 나일 강가

068 "그들은 심히 패역한 자라 그들이 듣든지 아니 듣든지 너는 내 말로 고할지어다"라는 명령을 하나님께로부터 받은 예언자는? (겔 2:7)
① 나단 ② 갓
③ 예레미야 ④ 에스겔

069 "내가 입을 벌리니 그가 그 두루마리를 내게 먹이시며 … 내가 먹으니 그것이 내 입에서 달기가 꿀 같더라"에서 '나'는 누구인가?
① 에스겔 ② 다니엘
③ 스가랴 ④ 미가

070 왼쪽으로 삼백 구십일 동안 누워 이스라엘 족속의 죄악을 담당하고 오른쪽으로 사십 일 동안 누워 유다 족속의 죄악을 담당하라는 명령을 받은 예언자는? (겔 4:4-6)
① 에스겔 ② 요엘
③ 이사야 ④ 오바댜

071 "너는 낮에 그들의 목전에서 네 포로의 행장을 밖에 내놓기를 끌려가는 포로의 행장 같이 하고 저물 때에 너는 그들의 목전에서 밖으로 나가기를 포로되어 가는 자 같이 하라"는 명령을 받은 여호와께 받은 사람은? (겔 12:4)
① 이사야 ② 예레미야
③ 에스겔 ④ 스바냐

059_① 060_② 061_① 062_③ 063_④ 064_① 065_④ 066_③ 067_③ 068_④ 069_① 070_① 071_③

072 "이스라엘아 너의 선지자들은 황무지에 있는 (　) 같으니라"(겔 13:4)의 괄호에 들어갈 말은?
① 여우　② 늑대
③ 표범　④ 이리

073 "그 선지자들이 허탄한 묵시를 보며 거짓 것을 점쳤으니 내 손이 그들을 쳐서 내 백성의 공회에 들어오지 못하게 하며 … 이스라엘 땅에도 들어가지 못하게 하리니 … 이렇게 칠 것은 그들이 내 백성을 유혹하여 (　) 없으나 (　) 있다 함이라 … "(겔 13:9-10)의 괄호에 공통으로 들어갈 말은?
① 구원이　② 평강이
③ 은혜가　④ 복이

074 "만일 악인이 그 행한 악을 떠나 (　)와 (　)를 행하면 그 영혼을 보전하리라"(겔 18:27)의 괄호에 들어갈 말을 차례대로 바르게 쓴 것은?
① 율례, 법도　② 정의, 공의
③ 사랑, 자비　④ 은혜, 자비

075 아내가 죽었으나 슬퍼하거나 울거나 눈물을 흘리지 말라고 하신 여호와의 말씀을 따라야 했던 사람은?
① 다윗　② 에스겔
③ 사무엘　④ 예레미야

076 그 위에 유다와 그 짝 이스라엘이라고 쓴 막대기와 그 위에 에브람의 막대기 곧 요셉과 그 짝 이스라엘 온 족속이라 쓴 막대기가 손에서 하나 되게 하라는 명령을 받은 사람은?
① 솔로몬　② 에스겔
③ 스가랴　④ 느헤미야

077 여호와의 영광이 예루살렘 성전을 떠났다가 나중에 다시 성전으로 돌아오는 것을 본 선지자는?
① 이사야　② 예레미야
③ 에스겔　④ 다니엘

078 예언자 에스겔의 아버지 이름은?
① 비스다　② 부나
③ 부시　④ 부스

079 에스겔이 본 네 생물의 얼굴이 아닌 것은?
① 사람 얼굴　② 사자 얼굴
③ 양 얼굴　④ 독수리 얼굴

080 "내가 네 혀를 네 입천장에 붙게 하여 너로 벙어리 되어 그들을 꾸짖는 자가 되지 못하게 하리니 그들은 패역한 족속임이니라 그러나 내가 너와 말할 때에 네 입을 열리니"에서 '너'는 누구인가? (겔 3:26-27)
① 모세　② 이사야
③ 엘리사　④ 에스겔

081 "또 철판을 가져다가 너와 성읍 사이에 두어 철벽을 삼고 성을 포위하는 것처럼 에워싸라 이것이 이스라엘 족속에게 (　) 되리라"(겔 4:3)의 괄호에 들어갈 말은?
① 재난이　② 징조가
③ 슬픔이　④ 교훈이

082 에스겔 4장 9-15절에서 여호와께서 에스겔에게 밀과 보리와 콩과 팥과 조와 귀리로 떡을 만들어 먹되 사람들이 보는 데서 인분 불을 피워 구우라고 하셨다가 에스겔이 이의를 제기하자, 그 대신 쓸 연료로 허락하신 것은 무엇인가?
① 개똥　② 닭똥
③ 쇠똥　④ 말똥

083 에스겔 9장에서 가는 베 옷을 입고 서기관의 먹 그릇을 찬 사람을 불러 여호와께서 시키신 일은? (겔 9:4)
① 여호와께서 에스겔에서 하신 말씀을 두루마리에 적는 일
② 예루살렘 안에서 행하는 모든 가증한 일로 말미암아 탄식하며 우는 자의 이마에 표를 그리는 일
③ 바벨론 군대가 바벨론으로 끌고 갈 사람들의 이마에 표를 그리는 일
④ 바벨론 군대가 예루살렘 성전에서 꺼내 바벨론으로 가지고 갈 그릇에 표를 그리는 일

072_①　073_②　074_②　075_②　076_②　077_③　078_③　079_③　080_④　081_②　082_③　083_②

084 에스겔이 여호와의 명령을 따라 낮에 행장을 끌려가는 포로의 행장 같이 내놓고 저물 때에 손으로 성벽을 뚫고 캄캄할 때에 행장을 내다가 사람들의 목전에서 어깨에 메고 나간 뜻은?
① 예루살렘이 함락되리라는 뜻
② 예루살렘 왕과 이스라엘 사람들이 사로잡혀 옮겨가리라는 뜻
③ 바벨론에 사로잡혀간 사람들이 곧 돌아오리라는 뜻
④ 시드기야 왕이 달아나리라는 뜻

085 떨면서 음식을 먹고 놀라고 근심하면서 물을 마시라는 명령을 여호와께 받은 사람은?
① 에스겔 ② 실로의 예언자
③ 르호보암 ④ 다니엘

086 이스라엘의 선지자들을 가리켜 "황무지에 있는 여우 같으니라", 또 "내 백성을 유혹하여 평강이 없으나 평강이 있다 함이라 어떤 사람이 담을 쌓을 때에 그들이 회칠을 하는도다"라는 말씀을 전한 선지자는? (겔 13:4, 10)
① 아모스 ② 호세아
③ 이사야 ④ 에스겔

087 "비록 노아, ( ), 욥, 이 세 사람이 거기에 있을지라도 그들은 자기의 공의로 자기의 생명만 건지리라 나 주 여호와의 말이니라"(겔 14:14)의 괄호에 들어갈 이름은?
① 다윗 ② 엘리야
③ 다니엘 ④ 아브라함

088 "내가 너희를 인도하여 여러 나라 가운데에서 나오게 하고 너희가 흩어진 여러 민족 가운데에서 모아 낼 때에 내가 너희를 향기로 받고 내가 또 너희로 말미암아 내 ( )을 여러 나라의 목전에서 나타낼 것이며"(겔 20:41)의 괄호에 들어갈 말은?
① 영광 ② 거룩함
③ 사랑 ④ 긍휼

089 "이 땅을 위하여 성을 쌓으며 성 무너진 데를 막아서서 나로 하여금 멸하지 못하게 할 사람을 내가 그 가운데서 찾다가 찾지 못하였으므로 내가 내 분노를 그들 위에 쏟으며 내 진노의 불로 멸하여 그들 행위대로 그들 머리에 보응하였느니라"가 들어 있는 책은?
① 느헤미야 ② 에스겔
③ 열왕기하 ④ 예레미야

090 음란한 두 자매 오홀라와 오홀리바의 이야기가 들어 있는 책은? (겔 23장)
① 에스겔 ② 스가랴
③ 스바냐 ④ 룻기

091 "두 여인이 있었으니 한 어머니의 딸이라 그들이 애굽에 행하되 … 그 이름이 형은 오홀라요 아우는 오홀리바라 그들이 내게 속하여 자녀를 낳았나니 그 이름으로 말하면 오홀라는 ( ) 오홀리바는 ( )"(겔 23:4)의 괄호에 들어갈 말을 차례대로 바르게 쓴 것은?
① 예루살렘이요, 사마리아이니라
② 아람이요, 이스라엘이니라
③ 이스라엘이요, 아람이니라
④ 사마리아요, 예루살렘이니라

092 "너는 ( ) 왕에게 이르기를 주 여호와께서 이같이 말씀하시되 네 마음이 교만하여 말하기를 나는 신이라 내가 하나님의 자리 곧 바다 가운데에 앉아 있다 하도다 네 마음이 하나님의 마음 같은 체할지라도 너는 사람이요 신이 아니거늘"(겔 28:2)의 괄호에 들어갈 이름은?
① 두로 ② 구스
③ 애굽 ④ 바벨론

093 "너를 여러 나라에서 젊은 사자로 생각하였더니 실상은 바다 가운데의 큰 악어라 강에서 튀어 일어나 발로 물을 휘저어 그 강을 더럽혔도다"(겔 32:2)에서 '너'는 누구를 가리키는가?
① 바벨론 왕 ② 애굽 왕
③ 두로 왕 ④ 아람 왕

094 "이스라엘 족속의 기업이 황폐하므로 네가 즐거워한 것 같이 내가 너를 황폐하게 하리라 세일 산아 너와 ( ) 온 땅이 황폐하리니 …"(겔

084_② 085_① 086_④ 087_③ 088_② 089_② 090_① 091_④ 092_① 093_② 094_③

겔

35:15)의 괄호에 들어갈 말은?
① 암몬 ② 모압
③ 에돔 ④ 블레셋

095 "또 내 영을 너희 속에 두어 너희로 내 율례를 행하게 하리니 너희가 내 규례를 지켜 행할지라"는 어디에 나오는 말씀인가? (겔 36:27)
① 에스겔 35장 ② 예레미야 31장
③ 요엘 3장 ④ 에스겔 36장

096 이상 중에 이스라엘 땅의 극히 높은 산 위에 가서 새 성전의 모습을 아주 자세하게 본 사람은? (겔 40:2)
① 이사야 ② 예레미야
③ 에스겔 ④ 스가랴

097 에스겔 43장에서 여호와의 영광은 성전 어느 문으로 돌아왔는가? (겔 43:4)
① 북문 ② 남문
③ 동문 ④ 서문

098 에스겔이 본 성소의 동쪽 문이 닫혀 있었던 까닭은? (겔 44:2)
① 동쪽 문 바로 뒤에 지성소가 있었기 때문이다.
② 아침 햇빛으로 눈이 부시지 않도록 하기 위함이다.
③ 예루살렘 사람들이 동쪽 문 앞에 우상을 세워두었기 때문이다.
④ 이스라엘 하나님 여호와께서 그리로 들어오셨으므로 그 문을 닫아 두었다.

099 에스겔이 본 성전의 앞면은 어느 쪽을 향하고 있었는가? (렘 47:1)
① 동쪽 ② 서쪽
③ 남쪽 ④ 북쪽

100 에스겔이 본 성읍의 이름은? (겔 48:35)
① 여호와이레 ② 여호와삼마
③ 엘벧엘 ④ 엘엘로헤이스라엘

101 "여호야긴 왕이 사로잡힌 지 ( ) 년 그 달 초닷새라 갈대아 땅 그발 강 가에서 여호와의 말씀이 부시의 아들 제사장 나 에스겔에게 특별히 임하고 여호와의 권능이 내 위에 있으니라"
① 이 ② 오
③ 십 ④ 이십

102 에스겔의 아버지의 이름은?
① 아모스 ② 힐기야
③ 부시 ④ 호세아

103 "범죄하는 그 영혼은 죽을지라 아들은 아버지의 죄악을 담당하지 아니할 것이요 아버지는 아들의 죄악을 담당하지 아니하리니 의인의 공의도 자기에게로 돌아가고 악인의 악도 자기에게로 돌아가리라"은 어디에 나오는가? (겔 18:20)
① 에스겔 18:19 ② 에스겔 18:20
③ 에스겔 18:21 ④ 에스겔 18:23

104 "내가 생기를 너희에게 들어가게 하리니 너희가 살아나리라"가 나오는 책 이름은? (겔 37:5)
① 이사야 ② 예레미야
③ 에스겔 ④ 다니엘

105 "내가 에브라임의 손에 있는 바 요셉과 그 짝 이스라엘 지파들의 막대기를 가져다가 유다의 막대기에 붙여서 한 막대기가 되게 한즉 내 손에서 하나가 되리라"는 어디에 나오는가? (겔 37:19)
① 이사야 ② 예레미야
③ 에스겔 ④ 아모스

106 "이스라엘 족속이 그릇 행하여 나를 떠날 때에 레위 사람도 그릇 행하여 그 우상을 따라 나를 멀리 떠났으니 그 죄악을 담당하리라"는 어디에 나오는가? (겔 44:10)
① 이사야 ② 예레미야
③ 에스겔 ④ 아모스

107 "그 모양이 내가 본 환상 곧 전에 성읍을 멸하러 올 때에 보던 환상 같고 그발 강 가에서 보던 환상과도 같기로 내가 곧 얼굴을 땅에 대고

095_④ 096_③ 097_③ 098_④ 099_① 100_② 101_② 102_③ 103_② 104_③ 105_③ 106_③ 107_①

엎드렸더니 여호와의 영광이 ( )을 통하여 성전으로 들어가고"(겔 43:3-4)에서 괄호에 들어갈 말로 알맞은 것은?
① 동문 ② 서문
③ 남문 ④ 북문

108 "그 사방의 합계는 만 팔천 척이라 그 날 후로는 그 성읍의 이름을 여호와삼마라 하리라"가 나오는 책의 이름은? (겔 48:35)
① 이사야 ② 예레미야
③ 에스겔 ④ 아모스

109 다음에서 곡과 마곡이라는 말이 나오는 장은?
① 에스겔 3장 ② 에스겔 37장
③ 에스겔 38장 ④ 에스겔 40장

110 "너희가 그 연약한 자를 강하게 아니하며 병든 자를 고치지 아니하며 상한 자를 싸매 주지 아니하며 쫓기는 자를 돌아오게 하지 아니하며 잃어버린 자를 찾지 아니하고 다만 포악으로 그것들을 다스렸도다"라는 말이 나오는 책은? (겔 34:4)
① 이사야 ② 예레미야
③ 에스겔 ④ 아모스

111 성전 문지방 밑에서 흘러나온 물이 마침내 큰 강이 되는 것을 본 예언자는?
① 아모스 ② 호세아
③ 요엘 ④ 에스겔

112 "그 얼굴들의 모양은 넷의 앞은 ( )의 얼굴이요 넷의 오른쪽은 ( )의 얼굴이요 넷의 왼쪽은 ( )의 얼굴이요 넷의 뒤는 ( )의 얼굴이니"(겔 1:10)에서 괄호에 들어갈 말로 적당하지 <u>않은</u> 것은?
① 사람 ② 사자
③ 독수리 ④ 양

113 "그 머리 위에 있는 궁창 위에 ( )의 형상이 있는데 그 모양이 남보석 같고 그 ( )의 형상 위에 한 형상이 있어 사람의 모양 같더라"(겔 1:26) 에서 괄호에 들어갈 말로 적당한 것은?
① 사람 ② 사자
③ 독수리 ④ 보좌

114 "내게 이르시되 인자야 내가 네게 주는 이 두루마리를 네 배에 넣으며 네 창자에 채우라 하시기에 내가 먹으니 그것이 내 입에서 달기가 꿀 같더라"에서 '나'는 누구인가? (겔 3:3)
① 에스겔 ② 다니엘
③ 스가랴 ④ 미가

115 "주 여호와께서 이같이 이르시되 너는 손뼉을 치고 발을 구르며 말할지어다 오호라 이스라엘 족속이 모든 가증한 악을 행하므로 마침내 칼과 기근과 ( )에 망하되 먼 데 있는 자는 ( )에 죽고 가까운 데 있는 자는 칼에 엎드러지고 남아 있어 에워싸인 자는 기근에 죽으리라 이같이 내 진노를 그들에게 이룬즉"(겔 6:11-12)의 괄호에 공통으로 들어갈 말은?
① 짐승 ② 목마름
③ 전염병 ④ 헐벗음

116 "그가 손 같은 것을 펴서 내 머리털 한 모숨을 잡으며 주의 영이 나를 들어 천지 사이로 올리시고 하나님의 환상 가운데에 나를 이끌어 ( )으로 가서 안뜰로 들어가는 북향한 문에 이르시니 거기에는 질투의 우상 곧 질투를 일어나게 하는 우상의 자리가 있는 곳이라"(겔 8:3)
① 세겜 ② 예루살렘
③ 브엘세바 ④ 벧엘

117 "그가 또 나를 데리고 여호와의 전으로 들어가는 북문에 이르시기로 보니 거기에 여인들이 앉아 ( )를(을) 위하여 애곡하더라"(겔 8:14)에서 괄호에 들어갈 말은?
① 아세라 ② 바알
③ 담무스 ④ 몰록

118 "그가 또 나를 데리고 여호와의 성전 안뜰에 들어가시니라 보라 여호와의 성전 문 곧 현관과 제단 사이에서 약 스물다섯 명이 여호와의 성전을 등지고 낯을 동쪽으로 향하여 동쪽 ( )에게 예배하더라"(겔 8:16)에서 괄호에 들어갈 말

겔

108_③ 109_③ 110_③ 111_④ 112_④ 113_④ 114_① 115_③ 116_② 117_③ 118_②

은?

① 달 ② 태양
③ 바알 ④ 신들

119 "여호와께서 이르시되 너는 예루살렘 성읍 중에 순행하여 그 가운데에서 행하는 모든 가증한 일로 말미암아 탄식하며 우는 자의 ( )에 표를 그리라 하시고"(겔 9:4)에서 괄호에 알맞은 말은?

① 손 ② 표피
③ 이마 ④ 머리

120 "그 때에 그룹들이 날개를 드는데 바퀴도 그 곁에 있고 이스라엘 하나님의 영광도 그 위에 덮였더니 여호와의 영광이 성읍 가운데에서부터 올라가 성읍 동쪽 산에 머무르고"가 나오는 책은? (겔 11:22-23)

① 에스겔 ② 다니엘
③ 이사야 ④ 예레미야

121 "너희 선지자들이 ( )에 올라가지도 아니하였으며 이스라엘 족속을 위하여 여호와의 날에 전쟁에서 견디게 하려고 성벽을 수축하지도 아니하였느니라"(겔 13:5)에서 괄호에 알맞은 말을 적으시오.

① 예루살렘 ② 높은 산
③ 성 무너진 곳 ④ 시온 산

122 "너희가 두어 움큼 보리와 두어 조각 떡을 위하여 나를 내 백성 가운데에서 욕되게 하여 ( )을 곧이 듣는 내 백성에게 너희가 ( )을 지어내어 죽지 아니할 영혼을 죽이고 살지 못할 영혼을 살리는도다"(겔 13:19)의 괄호에 공통으로 들어갈 말은?

① 거짓말 ② 참말
③ 예언 ④ 축복

123 "네 아우 ( )의 죄악은 이러하니 그와 그의 딸들에게 교만함과 음식물의 풍족함과 태평함이 있음이며 또 그가 가난하고 궁핍한 자를 도와주지 아니하며 거만하여 가증한 일을 내 앞에서 행하였음이라 그러므로 내가 보고 곧 그들을 없이 하였느니라"(겔 16:49)에서 괄호에 들어갈 말은?

① 사마리아 ② 소돔
③ 예루살렘 ④ 블레셋

124 "… 바벨론 왕이 예루살렘에 이르러 왕과 고관을 사로잡아 바벨론 자기에게로 끌어가고 그 왕족 중에서 하나를 택하여 언약을 세우고 … 그가 사절을 ( )에 보내 말과 군대를 구함으로 바벨론 왕을 배반하였으니 형통하겠느냐 …"(겔 17:12-15)의 괄호에 들어갈 말은?

① 앗수르 ② 헬라
③ 애굽 ④ 아람

125 "또 내가 그들에게 선하지 못한 율례와 능히 지키지 못할 규례를 주었고 그들이 장자를 다 화제로 드리는 그 예물로 내가 그들을 더럽혔음은 그들을 멸망하게 하여 나를 여호와인 줄 알게 하려 하였음이라"가 나오는 책은? (겔 20:25-26)

① 레위기 ② 이사야
③ 예레미야 ④ 에스겔

126 "내가 너희를 인도하여 여러 나라 가운데에서 나오게 하고 너희가 흩어진 여러 민족 가운데에서 모아 낼 때에 내가 너희를 향기로 받고 내가 또 너희로 말미암아 내 ( )을 여러 나라의 목전에서 나타낼 것이며"(겔 20:41)의 괄호에 들어갈 말은?

① 영광 ② 거룩함
③ 사랑 ④ 긍휼

127 "너는 허리가 끊어지듯 탄식하라 그들의 목전에서 슬피 탄식하라"는 명령을 여호와께 받은 사람은? (겔 21:6)

① 다윗 ② 이사야
③ 예레미야 ④ 에스겔

128 "그 가운데에 그 ( )은 음식물을 삼키는 이리 같아서 불의한 이익을 얻으려고 피를 흘려 영혼을 멸하거늘"(겔 22:27)의 괄호에 들어갈 말은?

119_③ 120_① 121_③ 122_① 123_② 124_③ 125_④ 126_② 127_④ 128_①

① 고관들　　② 제사장들
③ 선지자들　　④ 이 땅 백성

129 음란한 두 자매 오홀라와 오홀리바의 이야기가 들어 있는 책은? (겔 23장)
① 에스겔　　② 스가랴
③ 스바냐　　④ 룻기

130 "그가 앗수르 사람들 가운데에 잘 생긴 그 모든 자들과 행음하고 누구를 연애하든지 그들의 모든 우상으로 자신을 더럽혔으며 그가 젊었을 때에 애굽 사람과 동침하매 그 처녀의 가슴이 어루만져졌으며 그의 몸에 음란을 쏟음을 당한 바 되었더니 그가 그 때부터 행음함을 마지아니하였느니라"(겔 23:7-8)에서 그는 누구입니까?
① 에돔　　② 사마리아
③ 예루살렘　　④ 모압

131 "그 아우 오홀리바가 이것을 보고도 그의 형보다 음욕을 더하며 그 형의 간음함보다 그 간음이 더 심하므로 그의 형보다 더 부패하여졌느니라"(겔 23:11)에서 오홀리바가 가리키는 것은?
① 에돔　　② 사마리아
③ 예루살렘　　④ 모압

132 "아홉째 해 열째 달 열째 날에 여호와의 말씀이 내게 임하여 이르시되 … 너는 날짜 곧 오늘의 이름을 기록하라 (　) 왕이 오늘 예루살렘에 가까이 왔느니라"(겔 24:1-2)의 괄호에 들어갈 말은?
① 앗수르　　② 바벨론
③ 애굽　　④ 바사(=페르시아)

133 에스겔서에서 이방 민족들에 대한 하나님의 심판은 몇 장에 기록되어 있는가?
① 20-24장　　② 23-32장
③ 25-32장　　④ 27-34장

134 다음에서 너는 누구인가?
"네가 옛적에 하나님의 동산 에덴에 있어서 각종 보석 곧 홍보석과 황보석과 금강석과 황옥과 홍마노와 창옥과 청보석과 남보석과 홍옥과 황금으로 단장하였음이여 네가 지음을 받던 날에 너를 위하여 소고와 비파가 준비되었도다"(겔 28:13)
① 두로　　② 구스
③ 애굽　　④ 바벨론

135 "너희가 그 연약한 자를 강하게 아니하며 병든 자를 고치지 아니하며 상한 자를 (　) 아니하며 쫓기는 자를 돌아오게 하지 아니하며 잃어버린 자를 찾지 아니하고 다만 포악으로 그것들을 다스렸도다"(겔 34:4)의 괄호에 들어갈 말은?
① 싸매 주지　　② 붙들어 주지
③ 고쳐 주지　　④ 격려해 주지

136 "다음에서 공통으로 들어갈 말은?
"내가 또 그들과 (　)의 언약을 맺고 악한 짐승을 그 땅에서 그치게 하리니 그들이 빈 들에 평안히 거하며 수풀 가운데에서 잘지라"
"내가 그들과 (　)의 언약을 세워서 영원한 언약이 되게 하고 또 그들을 견고하고 번성하게 하며 내 성소를 그 가운데에 세워서 영원히 이르게 하리니" (겔 34:25; 37:26)
① 화평　　② 다윗
③ 소금　　④ 횃불

137 "여러 나라 가운데에서 더럽혀진 이름 곧 너희가 그들 가운데에서 더럽힌 나의 큰 이름을 내가 거룩하게 할지라 내가 그들의 눈 앞에서 너희로 말미암아 나의 거룩함을 나타내리니 내가 여호와인 줄을 여러 나라 사람이 알리라 주 여호와의 말씀이니라"이 나오는 책 이름은? (겔 36:23)
① 이사야　　② 예레미야
③ 에스겔　　④ 레위기

138 "또 내게 이르시되 인자야 너는 생기를 향하여 대언하라 생기에게 대언하여 이르기를 주 여호와께서 이같이 말씀하시기를 생기야 사방에서부터 와서 이 죽음을 당한 자에게 불어서 살아나게 하라 하셨다 하라 이에 내가 그 명령대로

129_① 130_② 131_③ 132_② 133_③ 134_① 135_① 136_① 137_③ 138_④

겔

대언하였더니 생기가 그들에게 들어가매 그들이 곧 살아나서 일어나 서는데 극히 큰 군대더라"는 에스겔 몇 장에 나오는가? (겔 37:9-10)
① 33장 ② 35장
③ 36장 ④ 37장

139 "여호와께서 내게 이르시되 이 문은 닫고 다시 열지 못할지니 아무도 그리로 들어오지 못할 것은 이스라엘 하나님 나 여호와가 그리로 들어왔음이라 그러므로 닫아 둘지니라 ( )은/는 ( )인 까닭에 안 길로 이 문 현관으로 들어와서 거기에 앉아서 나 여호와 앞에서 음식을 먹고 그 길로 나갈 것이니라"(겔 44:2-3)에서 괄호에 공통으로 들어갈 말로 알맞은 것은?
① 왕 ② 제사장
③ 예언자 ④ 현자

140 다음 두 구절이 나오는 곳은?
"이스라엘 족속이 그릇 행하여 나를 떠날 때에 레위 사람도 그릇 행하여 그 우상을 따라 나를 멀리 떠났으니 그 죄악을 담당하리라"
"이스라엘 족속이 그릇 행하여 나를 떠날 때에 사독의 자손 레위 사람 제사장들은 내 성소의 직분을 지켰은즉 그들은 내게 가까이 나아와 수종을 들되 내 앞에 서서 기름과 피를 내게 드릴지니라" (겔 44:10, 15)
① 에스겔 40장 ② 에스겔 42장
③ 예레미야 43장 ④ 에스겔 44장

141 "군주가 만일 그 기업을 한 종에게 선물로 준즉 그 종에게 속하여 희년까지 이르고 그 후에는 군주에게로 돌아갈 것이니 군주의 기업은 그 아들이 이어 받을 것임이라 군주는 백성의 기업을 빼앗아 그 산업에서 쫓아내지 못할지니 군주가 자기 아들에게 기업으로 줄 것은 자기 산업으로만 할 것임이라 백성이 각각 그 산업을 떠나 흩어지지 않게 할 것이니라"이 나오는 책은? (겔 46:17-18)
① 레위기 ② 이사야
③ 에스겔 ④ 아모스

142 "강 좌우 가에는 각종 먹을 과실나무가 자라서 그 잎이 시들지 아니하며 열매가 끊이지 아니하고 달마다 새 열매를 맺으리니 그 물이 성소를 통하여 나옴이라 그 열매는 먹을 만하고 그 잎사귀는 약 재료가 되리라"는 어디에 나오는가? (겔 47:12)
① 레위기 ② 이사야
③ 예레미야 ④ 에스겔

【주관식】

143 "너는 이 모든 뼈에게 대언하여 이르기를 너희 마른 뼈들아 여호와의 말씀을 들을지어다 주 여호와께서 이 뼈들에게 이같이 말씀하시기를 내가 생기를 너희에게 들어가게 하리니 너희가 살아나리라"라는 하나님의 말씀을 들은 사람은?

144 골짜기에 가득히 있던 마른 뼈들이 살아 일어서서 극히 큰 군대가 되는 것을 본 선지자는 누구인가?

145 "… 너희 마른 ( )아 여호와의 말씀을 들을지어다 주 여호와께서 이 ( )에게 이같이 말씀하시기를 내가 생기를 너희에게 들어가게 하리니 너희가 살아나리라"(겔 37:4-5)의 괄호에 공통으로 들어갈 말은?

146 "너희가 이스라엘 땅에 관한 속담에 이르기를 아버지가 신 포도를 먹었으므로 그의 ( )의 이가 시다고 함은 어찌 됨이냐 … 모든 영혼이 다 내게 속한지라 아버지의 영혼이 내게 속함 같이 그의 ( )의 영혼도 내게 속하였나니 범죄하는 그 영혼은 죽으리라"(겔 18:2-4)의 괄호에 공통으로 들어갈 말은?

147 "( ) 왕이 사로잡힌 지 오 년 그 달 초닷새라 갈대아 땅 그발 강가에서 여호와의 말씀이 부시의 아들 제사장 나 에스겔에게 특별히 임하고 여호와의 권능이 내 위에 있으니라"(겔 1:2-3)의 괄호에 들어갈 이름은?

139_① 140_④ 141_③ 142_④ 143_에스겔 144_에스겔 145_뼈들 146_아들 147_여호야긴

148 "주 여호와의 말씀이니라 내가 어찌 ( )이 죽는 것을 조금인들 기뻐하랴 그가 돌이켜 그 길에서 떠나서 사는 것을 어찌 기뻐하지 아니하겠느냐"의 괄호에 들어갈 말은?

149 " … 자기만 먹는 이스라엘 목자들은 화 있을진저 목자들이 ( )를 먹이는 것이 마땅하지 아니하냐"(겔 34:2)에서 괄호에 들어갈 말은?

150 에스겔이 예언 활동을 시작했을 때는 여호야긴 왕이 사로잡힌 지 몇 년째인가?

151 성전 문지방 밑에서 흘러 나온 물이 큰 강을 이룬다는 내용은 에스겔 몇 장에 나오는가?

152 "여호와의 영광이 ( )에서 올라와 성전 문지방에 이르니 구름이 성전에 가득하며 여호와의 영화로운 광채가 뜰에 가득하였고 ( )들의 날개 소리는 바깥뜰까지 들리는데 전능하신 하나님이 말씀하시는 음성 같더라"(겔 10:4-5)의 괄호에 공통으로 들어갈 말은?

153 "너희가 그 연약한 자를 강하게 아니하며 병든 자를 고치지 아니하며 ( )를 싸매 주지 아니하며 쫓기는 자를 돌아오게 하지 아니하며 잃어버린 자를 찾지 아니하고 다만 포악으로 그것들을 다스렸도다"(겔 34:4)의 괄호에 들어갈 말은?

154 "( ) 왕이 사로잡힌 지 오 년 그 달 초닷새라 갈대아 땅 그발 강 가에서 여호와의 말씀이 부시의 아들 제사장 나 에스겔에게 특별히 임하고 여호와의 권능이 내 위에 있으니라"(겔 1:2-3)에서 괄호에 들어갈 말은?

155 "주 여호와의 말씀에 내가 비록 그들을 멀리 이방인 가운데로 쫓아내어 여러 나라에 흩었으나 그들이 도달한 나라들에서 내가 잠깐 그들에게 ( )가 되리라"(겔 11:16)에서 괄호에 들어갈 알맞은 말은?

156 "그 사방의 합계는 만 팔천 척이라 그 날 후로는 그 성읍의 이름을 ( )라 하리라"(겔 48:35)에서 괄호에 들어갈 말은?

157 "이스라엘 족속이 그릇 행하여 나를 떠날 때에 ( )의 자손 레위 사람 제사장들은 내 성소의 직분을 지켰은즉 그들은 내게 가까이 나아와 수종을 들되 내 앞에 서서 기름과 피를 내게 드릴지니라 주 여호와의 말씀이니라"(겔 44:15)에서 괄호에 들어갈 말은?

158 "여호와의 영광이 ( )에서 올라와 성전 문지방에 이르니 구름이 성전에 가득하며 여호와의 영화로운 광채가 뜰에 가득하였고 ( )들의 날개 소리는 바깥뜰까지 들리는데 전능하신 하나님이 말씀하시는 음성 같더라"(겔 10:4-5)의 괄호에 공통으로 들어갈 말은?

159 성전 문지방 밑에서 흘러 나온 물이 큰 강을 이룬다는 내용은 에스겔 몇 장에 나오는가?

160 "비록 ( ), 다니엘, 욥, 이 세 사람이 거기에 있을지라도 그들은 자기의 공의로 자기의 생명만 건지리라 나 주 여호와의 말이니라"(겔 14:14)에서 괄호에 들어갈 말은?

161 "네 마음이 하나님의 마음 같은 체할지라도 너는 사람이요 신이 아니거늘 네가 ( )보다 지혜로워서 은밀한 것을 깨닫지 못할 것이 없다 하고"(겔 28:2-3)에서 괄호에 들어갈 말은?

162 "이르기를 주 여호와께서 예루살렘에 관하여 이같이 말씀하시되 네 근본과 난 땅은 가나안이요 네 아버지는 ( ) 사람이요 네 어머니는 헷 사람이라"(겔 16:3)에서 괄호에 들어갈 말은?

163 "내가 생기를 너희에게 들어가게 하리니 너희가 살아나리라 너희 위에 힘줄을 두고 살을 입히고 가죽으로 덮고 너희 속에 생기를 넣으리니 너희가 살아나리라 또 내가 여호와인 줄 너희가 알리라"(겔 37:5-6)가 나오는 책과 장을 쓰시오.

148_악인 149_양 떼 150_5년 151_47장 152_그룹 153_상한 자 154_여호야긴 155_성소 156_여호와삼마 157_사독
158_그룹 159_47장 160_노아 161_다니엘 162_아모리 163_에스겔 37장

164 "이스라엘아 너의 선지자들은 황무지에 있는 ( ) 같으니라 너희 선지자들이 성 무너진 곳에 올라가지도 아니하였으며 이스라엘 족속을 위하여 여호와의 날에 전쟁에서 견디게 하려고 성벽을 수축하지도 아니하였느니라"(겔 13:4-5)에서 괄호에 들어갈 말은?

165 에스겔이 삼백 구십일 동안 왼쪽으로 누운 것은 어느 족속의 죄악을 담당하기 위한 것인가? (겔 4:4)

166 "너희가 그 연약한 자를 강하게 아니하며 병든 자를 고치지 아니하며 상한 자를 싸매 주지 아니하며 쫓기는 자를 돌아오게 하지 아니하며 잃어버린 자를 찾지 아니하고 다만 ( )으로 그것들을 다스렸도다"(겔 34:4)의 괄호에 들어갈 말은? (겔 34:4)

167 "또 내게 이르시되 인자야 이 뼈들은 이스라엘 온 족속이라 그들이 이르기를 우리의 뼈들이 말랐고 우리의 소망이 없어졌으니 우리는 다 멸절되었다 하느니라 그러므로 너는 대언하여 그들에게 이르기를 주 여호와께서 이같이 말씀하시기를 내 백성들아 내가 너희 ( )을 열고 너희로 거기에서 나오게 하고 이스라엘 땅으로 들어가게 하리라"(겔 37:11-12)에서 괄호에 들어갈 말은?

168 "그 때에 그룹들이 날개를 드는데 ( )도 그 곁에 있고 이스라엘 하나님의 영광도 그 위에 덮였더니 여호와의 영광이 성읍 가운데에서부터 올라가 성읍 동쪽 산에 머무르고"(겔 11:22-23)에서 괄호에 들어갈 말은?

다니엘

【A등급】

001 다니엘서에 그 이름이 나오는 두 천사는?
① 루시퍼와 가브리엘
② 가브리엘과 미가엘
③ 미가엘과 리워야단
④ 리워야단과 베헤못

002 "너희 하나님은 참으로 모든 신들의 신이시요 모든 왕의 주재시로다 네가 능히 이 은밀한 것을 나타내었으니 네 하나님은 또 은밀한 것을 나타내시는 이시로다"는 누가 누구에게 한 말인가? (단 2:47)
① 느부갓네살이 느헤미야에게
② 느부갓네살이 다니엘에게
③ 고레스가 다니엘에게
④ 벨사살이 느헤미야에게

003 다니엘서에서 2장의 꿈 풀이에 나오는 네 나라를 상징하는 네 짐승이 나오는 장(章)은?
① 7장 ② 8장
③ 9장 ④ 11장

004 다니엘 1장에 따르면, 다니엘과 그에서 동무를 느부갓네살 왕이 데려간 때는 언제인가?
① 여호야김이 다스린 지 삼 년
② 여호야긴이 다스린 지 삼 년
③ 여호야긴이 다스린 첫 해
④ 여호야김이 다스린 첫 해

164_여우 165_이스라엘 166_포악 167_무덤 168_바퀴

001_② 002_② 003_① 004_①

005 땅의 중앙에 한 큰 나무가 있는 꿈을 느부갓네살이 꾸었고, 그 뜻을 다니엘이 풀이해 주었다는 이야기는 다니엘서 몇 장에 나오는가?
① 2장 ② 3장
③ 4장 ④ 8장

006 남방 왕들과 북방 왕들 사이에 벌어지는 복잡한 관계를 자세히 다루는 내용은 다니엘서 몇 장에 나오는가?
① 9장 ② 10장
③ 11장 ④ 12장

007 다니엘 8장에서 다니엘이 본 털이 많은 숫염소는 어느 나라 왕을 가리키는가? (단 8:21)
① 바벨론 ② 앗수르
③ 헬라 ④ 아람

008 "지극히 높으신 하나님이 내게 행하신 이적과 놀라운 일을 내가 알게 하기를 즐겨하노라 참으로 크도다 그의 이적이여, 참으로 능하도다 그의 놀라운 일이여, 그의 나라는 영원한 나라요 그의 통치는 대대에 이르리로다"라고 말한 사람은? (단 4:2-3)
① 느부갓네살 ② 다리오
③ 벨사살 ④ 고레스

009 벨사살 왕이 잔치할 때 손가락이 나타나 왕궁 촛대 맞은편 석회벽에 쓴 글자 가운데서, 하나님이 이미 벨사살 왕의 나라의 시대를 세어서 그것을 끝나게 하셨다 함을 뜻한다고 다니엘이 풀이한 것은? (단 5:26)
① 메네 ② 데겔
③ 메네 메네 ④ 베레스

010 벨사살 왕이 잔치할 때 손가락이 나타나 왕궁 촛대 맞은편 석회벽에 쓴 글자 가운데서, 벨사살 왕을 저울에 달아 보니 부족함이 보였음을 뜻한다고 다니엘이 풀이한 것은? (단 5:27)
① 메네 ② 데겔
③ 우바르신 ④ 사박다니

011 다니엘이 금식하며 베옷을 입고 재를 덮어쓰고 기도하며 자복하여 하나님께 아뢴 말은 다니엘 몇 장에 나오나?
① 9장 ② 10장
③ 11장 ④ 12장

012 "땅의 티끌 가운데에서 자는 자 중에서 많은 사람이 깨어나 영생을 받는 자도 있겠고 수치를 당하여서 영원히 부끄러움을 당할 자도 있을 것이며"는 어디에 나오는가? (단 12:2)
① 이사야 25장 ② 다니엘 11장
③ 다니엘 12장 ④ 에스겔 37장

013 "그는 때와 계절을 바꾸시며 왕들을 폐하시고 왕들을 세우시며 지혜자에게 지혜를 주시고 총명한자에게 지식을 주시는도다"가 나오는 곳은? (단 2:21)
① 단 2장 ② 단 3장
③ 단 4장 ④ 단 5장

014 "환상에 나타난 바 매일 드리는 제사와 망하게 하는 죄악에 대한 일과 성소와 백성이 내준 바 되며 짓밟힐 일이 어느 때까지 이를꼬"는 어디에 나오는가?
① 단 7장 ② 단 8장
③ 단 9장 ④ 단 10장

015 다음에서 헬라라는 말이 나오지 않은 곳은?
① 단 8장 ② 단 9장
③ 단 10장 ④ 단 11장

016 "그러하온즉 우리 하나님이여 지금 주의 종의 기도와 간구를 들으시고 주를 위하여 주의 얼굴빛을 주의 황폐한 성소에 비추시옵소서"는 어디에 나오는가? (단 9:17)
① 단 7장 ② 단 8장
③ 단 9장 ④ 단 10장

017 "그러나 동북에서부터 소문이 이르러 그를 번민하게 하므로 그가 분노하여 나가서 많은 무리를 다 죽이며 멸망시키고자 할 것이요 그가 장막 궁전을 바다와 영화롭고 거룩한 산 사이에 세울 것이나 그의 종말이 이르리니 도와 줄

005_③ 006_③ 007_③ 008_① 009_① 010_② 011_① 012_③ 013_① 014_② 015_② 016_③ 017_④

자가 없으리라"(단 11:44-45)에서 그는 어떤 나라의 왕인가?
① 바벨론 ② 메대
③ 바사 ④ 헬라

【B등급】

018 "( )는 궁창의 빛과 같이 빛날 것이요 많은 사람을 옳은 데로 돌아오게 한 자는 별과 같이 영원토록 빛나리라"(단 12:3)의 괄호에 들어갈 말은?
① 믿음 있는 자 ② 긍휼 있는 자
③ 지혜 있는 자 ④ 사랑 많은 자

019 다니엘은 느부갓네살이 꿈에 본 큰 신상의 어느 부분이 느부갓네살을 뜻한다고 풀이했나?
① 순금 머리
② 은으로 된 가슴과 두 팔
③ 놋으로 된 배와 넓적다리
④ 쇠로 된 종아리

020 환관장이 다니엘과 하나냐와 미사엘과 아사랴를 채식으로 시험한 기간은?
① 엿새 ② 이레
③ 아흐레 ④ 열흘

021 다니엘이 든 굴에 가까이 이르러서 슬피 소리 질러 다니엘에게 묻되 살아 계시는 하나님의 종 다니엘아 네가 항상 섬기는 네 하나님이 사자들에게서 능히 너를 구원하셨느냐 라고 말한 왕은? (단 6:20)
① 아닥사스다 ② 느부갓네살
③ 아하수에로 ④ 다리오

022 "환관장이 그들의 이름을 고쳐 다니엘은 ( )이라 하고 …"(단 1:7)의 괄호에 들어갈 이름은?
① 사드락 ② 벨드사살
③ 메삭 ④ 벨사살

023 "왕이 그들에게 이르되 내가 꿈을 꾸고 그 꿈을 알고자 하여 마음이 번민하도다 하니 갈대아 술사들이 ( ) 말로 왕에게 말하되 왕이여 만수무강 하옵소서 …"(단 2:3-4)의 괄호에 들어갈 말은?
① 바벨론 ② 히브리
③ 아람 ④ 아랍

024 다니엘에게 자주색옷을 입히게 하며 금 사슬을 그의 목에 걸어 주고 그를 위하여 조서를 내려 나라의 셋째 통치자로 삼은 왕은?
① 벨사살 ② 느부갓네살
③ 다리오 ④ 고레스

025 "왕이여 우리가 섬기는 하나님이 계시다면 우리를 맹렬히 타는 풀무불 가운데에서 능히 건져내시겠고 왕의 손에서도 건져내시리이다 그렇게 하지 아니하실지라도 왕이여 우리가 왕의 신들을 섬기지도 아니하고 왕이 세우신 금 신상에게 절하지도 아니할 줄을 아옵소서"에서 '우리'는 누구인가? (단 3:16-18)
① 에스더와 모르드개
② 사드락과 메삭과 아벳느고
③ 다니엘과 그에서 동무
④ 에스라와 느헤미야

026 "지금 나 ( )은 하늘의 왕을 찬양하며 칭송하며 경배하노니 그의 일이 다 진실하고 그의 행하심이 의로우시므로 교만하게 행하는 자를 그가 능히 낮추심이라"(단 4:37)의 괄호에 들어갈 말은?
① 느부갓네살 ② 다윗
③ 솔로몬 ④ 다니엘

027 예루살렘 성전에서 가져온 그릇으로 술을 마시며 각종 신들을 찬양하다가 사람의 손가락들이 나타나서 왕궁 촛대 맞은편 석회벽에 글자 쓰는 것을 보고 크게 놀란 왕은? (단 5:1-7)
① 벨사살 ② 벨드사살
③ 느부갓네살 ④ 고레스

028 "왕좌가 놓이고 옛적부터 항상 계신 이가 좌정

018_③ 019_① 020_④ 021_④ 022_② 023_③ 024_① 025_② 026_① 027_① 028_②

하셨는데 그의 옷은 희기가 눈 같고 그의 머리털은 깨끗한 양의 털 같고 그의 보좌는 불꽃이요 그의 바퀴는 타오르는 불"인 환상을 본 사람은? (단 7:9)

① 느부갓네살 ② 다니엘
③ 이사야 ④ 에스겔

029 "… 다리오가 갈대아 나라 왕으로 세움을 받던 첫 해 곧 그 통치 원년에 나 다니엘이 책을 통해 여호와께서 말씀으로 선지자 ( )에게 알려 주신 그 연수를 깨달았나니 곧 예루살렘의 황폐함이 칠십 년 만에 그치리라 하신 것이니라"(단 9:1-2)의 괄호에 들어갈 이름은?

① 이사야 ② 예레미야
③ 미가 ④ 에스겔

030 "그 때에 네 민족을 호위하는 큰 군주 ( )이 일어날 것이요 또 환난이 있으리니 이는 개국 이래로 그 때까지 없던 환난일 것이며 그 때에 네 백성 중 책에 기록된 모든 자가 구원을 받을 것이라"(단 12:1)의 괄호에 들어갈 이름은?

① 가브리엘 ② 브니엘
③ 다니엘 ④ 미가엘

031 "많은 사람을 옳은 데로 돌아오게 한 자는 별과 같이 영원토록 빛나리라"가 나오는 책은? (단 12:3)

① 이사야 ② 에스겔
③ 예레미야 ④ 다니엘

032 "내가 또 밤 환상 중에 보니 ( )이/가 하늘 구름을 타고 와서 옛적부터 항상 계신 이에게 나아가 그 앞으로 인도되매"(단 7:13)에서 괄호에 들어갈 말로 적당한 것은?

① 왕 ② 짐승
③ 다니엘 ④ 인자같은 이

033 "내가 사람에게 쫓겨나서 소처럼 풀을 먹으며 몸이 하늘 이슬에 젖고 머리털이 독수리 털과 같이 자랐고 손톱은 새 발톱과 같이 되었더라"(단 4:33)라는 본문은 누구와 관련된 말씀인가?

① 벨사살 ② 느부갓네살
③ 고레스 ④ 다리오

034 "곧 그 통치 원년에 나 다니엘이 책을 통해 여호와께서 말씀으로 선지자 ( )에게 알려 주신 그 연수를 깨달았나니 곧 예루살렘의 황폐함이 칠십 년만에 그치리라 하신 것이니라"(단 9:2)에서 괄호에 들어갈 말로 적당한 것은?

① 이사야 ② 예레미야
③ 아모스 ④ 에스겔

035 "그 때에 사람의 손가락들이 나타나서 왕궁 촛대 맞은편 석회벽에 글자를 쓰는데 왕이 그 글자 쓰는 손가락을 본지라 이에 왕의 즐기던 얼굴 빛이 변하고 그 생각이 번민하여 넓적 다리 마디가 녹는 듯하고 그의 무릎이 서로 부딪친지라"(단 5:4-5)에서 왕은 누구인가?

① 벨사살 ② 느부갓네살
③ 고레스 ④ 다리오

【주관식】

036 "내가 또 밤 환상 중에 보니 ( )가 하늘 구름을 타고 와서 옛적부터 항상 계신 이에게 나아가 그 앞으로 인도되매"(단 7:13)의 괄호에 들어갈 말은?

037 "다니엘이 이 조서에 왕의 도장이 찍힌 것을 알고도 자기 집에 돌아가서는 윗방에 올라가 ( )으로 향한 창문을 열고 전에 하던 대로 하루 세 번씩 무릎을 꿇고 기도하며 그의 하나님께 감사하였더라"의 괄호에 들어갈 말은?

038 "그에게 권세와 영광과 ( )를 주고 모든 백성과 나라들과 다른 언어를 말하는 모든 자들이 그를 섬기게 하였으니 그의 권세는 소멸되지 아니하는 영원한 권세요 그의 ( )는 멸망하지 아니할 것이니라"(단 7:14)의 괄호에 공통으로 들어갈 말은?

단

029_② 030_④ 031_④ 032_④ 033_② 034_② 035_① 036_인자 같은 이 037_예루살렘 038_나라

039 "땅의 티끌 가운데에서 자는 자 중에서 많은 사람이 깨어나 (   )을 받는 자도 있겠고 수치를 당하여서 영원히 부끄러움을 당할 자도 있을 것이며"(단 12:2)의 괄호에 들어갈 말은?

040 "지혜 있는 자는 궁창의 빛과 같이 빛날 것이요 많은 사람을 옳은 데로 돌아오게 한 자는 (   )과 같이 영원토록 빛나리라"(단 12:3)의 괄호에 들어갈 말은?

041 느부갓네살은 자기가 세운 신상 앞에 절하지 않은 세 유다 소년을 "결박하여 극렬히 타는 (   ) 가운데에 던지라"(단 3:20)고 명령했다. 괄호 안에 들어갈 말은?

042 다니엘이 책을 통해 여호와께서 말씀으로 선지자 예레미야에게 알려 주신 연수, 곧 예루살렘의 황폐함이 칠십 년만에 그치리라 하신 말씀을 두고 금식하며 기도한 내용은 다니엘서 몇 장에 나오는가?

043 "너는 가서 마지막을 기다리라 이는 네가 평안히 쉬다가 끝날에는 네 몫을 누릴 것임이라"는 말씀으로 끝나는 책은?

044 "왕이 사람에게서 쫓겨나서 들짐승과 함께 살며 소처럼 풀을 먹으며 하늘 이슬에 젖을 것이요 이와 같이 (   ) 때를 지낼 것이라 그 때에 지극히 높으신 이가 사람의 나라를 다스리시며 자기의 뜻대로 그것을 누구에게든지 주시는 줄을 아시리이다"(단 4:25)

045 "너는 가서 마지막을 기다리라 이는 네가 평안히 쉬다가 끝날에는 네 몫을 누릴 것임이라" (단 12:13)는 어떤 책의 마지막인가?

호세아

【A등급】

001 여호와께서 호세아에게 처음 하신 말씀은?
① 너는 가서 음란한 여자를 맞이하여 음란한 자식들을 낳으라.
② 이스라엘 족속의 나라가 폐할 것이다.
③ 내가 다시는 이스라엘 족속을 긍휼이 여겨서 용서하지 않을 것이다.
④ 너희는 내 백성이 아니라.

002 "그들이 왕들을 세웠으나 내게서 난 것이 아니며 그들이 지도자들을 세웠으나 내가 모르는 바"라는 하나님의 말씀이 나오는 책은?
① 사무엘상 ② 열왕기하
③ 호세아 ④ 스가랴

003 이스라엘을 "열매 맺는 무성한 포도나무"로 부르면서 그 풍성한 열매로 제단을 많게 하고 주상을 아름답게 한다는 지적을 한 책은?
① 창세기 ② 호세아
③ 아모스 ④ 미가

004 이스라엘이 왕과 지도자들을 요구하자 "내가 분노하므로 네게 왕을 주고 진노하므로 폐하였다"라고 말하는 책은? (호 13:11)
① 사무엘상 ② 열왕기하
③ 호세아 ④ 스가랴

005 다음 중 호세아가 지적하는 에브라임의 죄가 아닌 것은?

039_영생 040_별 041_풀무불 042_9장 043_다니엘
044_일곱 045_다니엘

001_① 002_③ 003_② 004_③ 005_④

① 다른 신을 섬기고 건포도 과자를 즐김 (호 3:1)
② 제단을 많이 만들고 하나님의 율법을 이상한 것으로 여김 (호 8:11-12)
③ 손에 거짓 저울을 가지고 속이기를 좋아함 (호 12:7)
④ 유다 족속에게 젊은 사자 같이 탈취함

006 다음 중 호세아에서 에브라임(이스라엘)을 비유하지 않는 것은? (호 4:16; 7:8; 12:7)
① 뒤집지 않은 전병 ② 상인
③ 젊은 사자 ④ 완강한 암소

007 "내 백성이 지식이 없으므로 망하도다 네가 지식을 버렸으니 나도 너를 버려 내 ( )이 되지 못하게 할 것이요 네가 네 하나님의 율법을 잊었으니 나도 네 ( )들을 잊어버리리라"(호 4:6)의 괄호에 공통으로 들어갈 말은?
① 왕, 후손 ② 백성, 자손
③ 제사장, 자녀 ④ 아들, 아들

008 "너희가 자기를 위하여 ( ) 심고 인애를 거두라 너희 묵은 땅을 기경하라 지금이 곧 여호와를 찾을 때니 마침내 여호와께서 오사 ( ) 비처럼 너희에게 내리시리라"(호 10:12)의 괄호에 공통으로 들어갈 말은?
① 사랑을 ② 긍휼을
③ 공의를 ④ 자비를

009 "에브라임은 어리석은 비둘기 같이 지혜가 없어서 ( ) 향하여 부르짖으며 ( ) 가는도다"(호 7:11)의 괄호에 들어갈 말을 차례대로 바르게 적은 것은?
① 애굽을, 앗수르로
② 헬라를, 애굽으로
③ 아람을, 바벨론으로
④ 바벨론을, 아람으로

010 "그러나 ( ) 땅에 있을 때부터 나는 네 하나님 여호와라 나 밖에 네가 다른 신을 알지 말 것이라 나 외에는 구원자가 없느니라"(호 13:4)의 괄호에 들어갈 말은?
① 가나안 ② 갈대아
③ 아모리 ④ 애굽

【B등급】

011 "너는 또 가서 타인의 사랑을 받아 음녀가 된 그 여자를 사랑하라"는 명령을 여호와께 받은 사람은? (호 3:1)
① 호세아 ② 다윗
③ 요셉 ④ 아모스

012 호세아가 아내로 맞이한 여인의 이름은?
① 고멜 ② 로암미
③ 훌다 ④ 드보라

013 고멜은 누구의 아내인가?
① 이사야 ② 요나
③ 오바댜 ④ 호세아

014 "내 백성이 ( )이 없으므로 망하는도다 네가 ( )을 버렸으니 나도 너를 버려 내 제사장이 되지 못하게 할 것이요 네가 네 하나님의 율법을 잊었으니 나도 네 자녀들을 잊어버리리라"(호 4:6)의 괄호에 공통으로 들어갈 말은?
① 사랑 ② 믿음
③ 지식 ④ 소망

015 "오라 우리가 여호와께로 돌아가자 여호와께서 우리를 찢으셨으나 도로 낫게 하실 것이요 우리를 치셨으나 싸매어 주실 것임이라"가 들어 있는 책은? (호 6:1)
① 시편 ② 아모스
③ 호세아 ④ 예레미야

016 호세아의 아버지 이름은?
① 아밋대 ② 브두엘
③ 힐기야 ④ 브에리

017 호세아와 고멜 사이에 태어난 맏아들의 이름은?

006_③ 007_③ 008_③ 009_① 010_④ 011_① 012_① 013_④ 014_③ 015_③ 016_④ 017_③

① 로암미 ② 로루하마
③ 이스르엘 ④ 이스마엘

018 호세아과 고멜 사이에 태어난 딸의 이름은?
① 브에리 ② 부시
③ 로루하마 ④ 디블라임

019 "곡식과 새 포도주와 기름은 내가 그에게 준 것이요 그들이 ( ) 위하여 쓴 은과 금도 내가 그에게 더하여 준 것이거늘 그가 알지 못하도다"(호 2:8)의 괄호에 들어갈 말은?
① 그모스를 ② 바알을
③ 아세라를 ④ 밀곰을

020 "여호와께서 이틀 후에 우리를 살리시며 셋째 날에 우리를 일으키시리니 우리가 그의 앞에서 살리라"라는 말이 들어 있는 책은? (호 6:2)
① 예레미야 ② 호세아
③ 이사야 ④ 시편

021 "옛적에 내가 이스라엘을 만나기를 ( )에서 포도를 만남 같이 하였으며 너희 조상들을 보기를 무화과나무에서 처음 맺힌 첫 열매를 봄 같이 하였거늘 … "(호 9:10)의 괄호에 들어갈 말은?
① 산 ② 언덕
③ 강 가 ④ 광야

022 "내 백성이 지식이 없으므로 망하는도다 네가 ( )을 버렸으니 나도 너를 버려 내 제사장이 되지 못하게 할 것이요 네가 네 하나님의 ( )을 잊었으니 나도 네 자녀들을 잊어버리리라"(호 4:6)에서 두 괄호 안에 들어말 말은?
① 사랑 – 교훈 ② 지식 – 율법
③ 교훈 – 사랑 ④ 율법 – 지식

023 "이스라엘이 어렸을 때에 내가 사랑하여 내 아들을 ( )에서 불러냈거늘"(호 11:1)의 괄호에 들어갈 말은?
① 갈대아 우르 ② 하란
③ 애굽 ④ 아람

024 요아스의 아들 여로보암이 왕이 된 시대에 예언자로 일한 사람은?
① 호세아 ② 스바냐
③ 스가랴 ④ 학개

025 "나는 인애를 원하고 제사를 원하지 아니하며 번제보다 하나님을 아는 것을 원하노라"라는 말은 호세아서 몇 장에 나오는가? (호 6:6)
① 1장 ② 3장
③ 4장 ④ 6장

026 "이스라엘아 너는 음행하여도 ( ) 죄를 범하지 못하게 할 것이라"(호 4:15)에서 괄호 안에 들어갈 말은?
① 네 자녀는 ② 선지자는
③ 제사장은 ④ 유다는

027 "여호와께서 이르시되 그 날에 네가 나를 내 ( )이라 일컫고 다시는 내 바알이라 일컫지 아니하리라"(호 2:16)의 괄호 안에 들어갈 말은?
① 남편 ② 왕
③ 하나님 ④ 주님

028 에브라임의 죄가 가장 많이 언급되는 책은?
① 이사야 ② 예레미야
③ 호세아 ④ 스가랴

029 "이스라엘아 네가 ( ) 시대로부터 범죄하더니 지금까지 죄를 짓는구나 그러니 범죄한 자손들에 대한 전쟁이 어찌 ( )에서 일어나지 않겠느냐?"에서 두 괄호 안에 공통으로 들어갈 말은?
① 기브아 ② 길갈
③ 므깃도 ④ 실로

030 야곱이 모태에서 그의 형의 발뒤꿈치를 잡았다고 언급된 곳은? (호 12:3)
① 창세기 ② 열왕기하
③ 역대기 ④ 호세아

031 다음과 같이 끝나는 예언서는?
"누가 지혜가 있어 이런 일을 깨달으며 누가 총명이 있어 이런 일을 알겠느냐 여호와의 도

018_③ 019_② 020_② 021_④ 022_② 023_③ 024_① 025_④ 026_④ 027_① 028_③ 029_① 030_④ 031_④

는 정직하니 의인은 그 길로 다니거니와 그러나 죄인은 그 길에 걸려 넘어지리라"
① 이사야 ② 에스겔
③ 다니엘 ④ 호세아

032 야곱의 생애가 이야기되는 책으로 묶인 것은?
① 창세기 – 사무엘상
② 이사야 – 열왕기하
③ 창세기 – 호세아
④ 이사야 – 스가랴

033 "에브라임은 죄를 위하여 ( )을 많이 만들더니 그 ( )이 그에게 범죄하게 하는 것이 되었도다"(호 8:11)의 괄호에 공통으로 들어갈 말은?
① 우상 ② 제단
③ 제물 ④ 향품

034 "여호와께서 이르시되 그의 이름을 ( )라 하라 너희는 내 백성이 아니요 나는 너희 하나님이 되지 아니할 것임이니라"(호 1:9)의 괄호에 들어갈 말은?
① 로암미 ② 로루하마
③ 스알야숩 ④ 이스르엘

035 "야곱은 모태에서 그의 형의 ( ) 잡았고 또 힘으로는 하나님과 겨루되 천사와 겨루어 이기고 울며 그에게 간구하였으며 …"(호 12:3–4)의 괄호에 들어갈 말은?
① 발뒤꿈치를 ② 왼 손목을
③ 오른 손목을 ④ 머리카락을

036 "웃시야와 요담과 아하스와 히스기야가 이어 유다 왕이 된 시대 곧 요아스의 아들 ( )이 이스라엘 왕이 된 시대에 브에리의 아들 호세아에게 임한 여호와의 말씀이라"(호 1:1)의 괄호에 들어갈 왕의 이름은?
① 여호야김 ② 여호아하스
③ 여로보암 ④ 여호야긴

037 다음 구절은 어디에 나오는가?
"이스라엘이 어렸을 때에 내가 사랑하여 내 아들을 애굽에서 불러냈거늘" (호 11:1)
① 호세아 9장 ② 호세아 10장
③ 호세아 11장 ④ 호세아 12장

038 다음은 어떤 책에서 나오는가?
"조금 후에 내가 이스르엘의 피를 예후의 집에 갚으며 이스라엘 족속의 나라를 폐할 것임이니라 그 날에 내가 이스르엘 골짜기에서 이스라엘의 활을 꺾으리라 하시니라" (호 1:4–5)
① 열왕기하 ② 호세아
③ 아모스 ④ 역대기하

【주관식】

039 호세아가 여호와의 명령을 따라 아내로 맞아들인 여인의 이름은?

040 "그러므로 우리가 여호와를 ( ) 힘써 여호와를 ( ) 그의 나타나심은 새벽 빛 같이 어김없나니 비와 같이, 땅을 적시는 늦은 비와 같이 우리에게 임하시리라 하니라"(호 6:3)의 괄호에 공통으로 들어갈 말은?

041 "이스라엘의 어렸을 때에 내가 사랑하여 내 아들을 애굽에서 불러내었거늘"이란 말씀은 어느 예언서에 나오는가?

042 "이스라엘의 어렸을 때에 내가 사랑하여 내 아들을 애굽에서 불러내었거늘"이란 말씀은 어느 예언서에 나오는가?

043 "나는 인애를 원하고 제사를 원하지 아니하며 번제보다 하나님을 ( )을 원하노라"(호 6:6)의 괄호에 들어갈 말은?

044 "나는 인애를 원하고 제사를 원하지 아니하며 번제보다 하나님을 ( )을 원하노라"는 호세아 몇 장 몇 절 말씀인가?

045 "내 백성이 지식이 없으므로 망하도다 네가 지

호

032_③ 033_② 034_① 035_① 036_③ 037_③ 038_② 039_고멜 040_알자 041_호세아 042_호세아 043_아는 것 044_6장 6절 045_호세아

식을 버렸으니 나도 너를 버려 내 제사장이 되지 못하게 할 것이요 네가 네 하나님의 율법을 잊었으니 나도 네 자녀들을 잊어버리리라"는 말씀은 어느 예언서에 나오는가?

046 선지자 호세아가 활동할 때에 북왕국 이스라엘의 왕은 누구였는가?

요엘

【A등급】

001 "그 때에 여호와께서 자기의 땅을 극진히 사랑하시어 그의 백성을 불쌍히 여기실 것이라"가 들어 있는 책은? (욜 2:18)

① 요엘 ② 호세아
③ 이사야 ④ 예레미야

002 "너희는 보습을 쳐서 칼을 만들지어다 낫을 쳐서 창을 만들지어다"가 들어 있는 책은? (욜 3:10)

① 요엘 ② 이사야
③ 미가 ④ 나훔

003 "두로와 시돈과 블레셋 사방아 너희가 … 또 유다 자손과 예루살렘 자손들을 ( ) 족속에게 팔아서 그들의 영토에서 멀리 떠나게 하였음이라"(욜 3:4-6)의 괄호에 들어갈 나라의 이름은?

① 헬라 ② 앗수르
③ 바벨론 ④ 메대

004 요엘 3장에서 하나님이 만국을 모아 데리고 그들을 심판하시겠다고 하신 골짜기의 이름은 무엇인가?

① 힌놈의 아들 ② 여호사밧
③ 이스르엘 ④ 싯딤

005 "그 후에 내가 내 영을 만민에게 부어주리니 너희 자녀들이 장래 일을 말할 것이며 너희 ( )

046_여로보암

001_① 002_① 003_① 004_② 005_④

꿈을 꾸며 너희 ( ) 이상을 볼 것이며"(욜 2:28)의 괄호에 들어갈 말을 차례대로 바르게 적은 것은?
① 젊은이는, 늙은이는
② 남종은, 여종은
③ 여종은, 남종은
④ 늙은이는, 젊은이는

【B등급】

006 "누구든지 여호와의 이름을 부르는 자는 구원을 얻으리니"는 다음중 어느 책에 나오는 말씀인가? (욜 2:32)
① 이사야 ② 에스겔
③ 요엘 ④ 오바댜

007 "팥중이가 남긴 것을 메뚜기가 먹고 메뚜기가 남긴 것을 느치가 먹고 느치가 남긴 것을 황충이 먹었도다"라는 말씀이 들어 있는 책은?
① 출애굽기 ② 요엘
③ 느헤미야 ④ 욥기

008 "너희는 ( )을 찢지 말고 ( )을 찢고 너희 하나님 여호와께로 돌아올지어다 …"(욜 2:13)의 괄호에 들어갈 말을 차례대로 바르게 적은 것은?
① 마음, 옷 ② 겉옷, 속옷
③ 사람, 짐승 ④ 옷, 마음

009 "그 후에 내가 내 영을 만민에게 부어주리니 너희 ( ) 장래 일을 말할 것이며 너희 ( ) 꿈을 꾸며 너희 ( ) 이상을 볼 것이며"(욜 2:28)의 괄호에 들어갈 말을 차례대로 바르게 적은 것은?
① 자녀들이, 젊은이는, 늙은이는
② 젊은이는, 늙은이는, 종들이
③ 늙은이는, 젊은이는, 종들은
④ 자녀들이, 늙은이는, 젊은이는

【주관식】

010 "그 후에 내가 내 영을 만민에게 부어주리니 너희 자녀들이 장래 일을 말할 것이며 너희 늙은이는 꿈을 꾸며 너희 젊은이는 ( )을 볼 것이며 그 때에 내가 또 내 영을 남종과 여종에게 부어 줄 것이며"(욜 2:28-29)의 괄호에 들어갈 말은?

011 "그 후에 내가 내 영을 만민에게 부어주리니 너희 자녀들이 장래 일을 말할 것이며 …"라는 말씀은 요엘 몇 장 몇 절인가?

012 "너희는 옷을 찢지 말고 마음을 찢고 너희 하나님 여호와께로 돌아올지어다"는 어느 예언서에 들어 있는 말씀인가?

욜

006_③ 007_② 008_④ 009_④ 010_이상 011_2장 28절 012_요엘서

아모스

【A등급】

001 여호와의 날을 "빛 없는 어둠, 빛남 없는 캄캄함"이라고 말한 예언서는? (암 5:20)
① 말라기 ② 스바냐
③ 스가랴 ④ 아모스

002 아모스 1-2장에 나오는 심판말씀의 대상이 되는 도시 순서가 바르게 된 것은?
① 에돔-모압-암몬-두로-다메섹-가사
② 두로-암몬-모압-다메섹-가사-에돔
③ 다메섹-가사-두로-에돔-암몬-모압
④ 모압-암몬-에돔-두로-가사-다메섹

003 여호와께서 "내 백성 이스라엘의 끝이 이르렀은즉 내가 다시는 그를 용서하지 아니하리니"라고 대답할 때 아모스가 본 환상은 무엇인가?
① 불이 큰 바다를 삼키고 육지까지 먹으려 한 환상을 보여주셨을 때
② 여름 과일 한 광주리를 보여주셨을 때
③ 담 곁에 주께서 손에 다림줄을 잡고 서신 것을 보았을 때
④ 여호와의 성전 앞에 무화과 두 광주리가 놓여 있는 것을 보았을 때

004 "너희는 나를 찾으라 그리하면 살리라 ( )을 찾지 말며 ( )로 들어가지 말며 ( )로도 나아가지 말라"(암 5:4-5)의 괄호에 들어갈 이름을 차례대로 바르게 적은 것은?
① 단, 벧엘, 미스바
② 예루살렘, 사마리아, 실로
③ 기브온, 믹마스, 기브아
④ 벧엘, 길갈, 브엘세바

005 다음 중 아모스가 지적한 각 나라의 죄의 내용이 아닌 것은? (암 1:13)
① 다메섹: 철 타작기로 타작하듯 길르앗을 압박하였다.
② 가사: 모든 사로잡은 자를 끌어 에돔에 넘겼다.
③ 두로: 그 형제의 계약을 기억하지 아니하고 모든 사로잡은 자를 에돔에 넘겼다.
④ 모압: 자기 지경을 넓히기 위하여 길르앗의 아이 밴 여인의 배를 갈랐다.

006 다음 중 여호와께서 아모스에게 보여준 환상이 기록되지 않은 곳은?
① 7:1-9 ② 7:10-17
③ 8장 ④ 9장

007 다음 중 아모스와 벧엘의 제사장 아마샤 사이의 대결 이야기가 놓인 자리는?
① 첫째 환상과 둘째 환상 사이
② 둘째 환상과 셋째 환상 사이
③ 셋째 환상와 넷째 환상 사이
④ 넷째 환상과 다섯째 환상 사이

008 "여호와께서 이와 같이 말씀하시되 ( )의 서너 가지 죄로 말미암아 내가 그 벌을 돌이키지 아니하리니 이는 그들이 은을 받고 의인을 팔며 신 한 켤레를 받고 가난한 자를 팔며"(암 2:6)의 괄호에 들어갈 이름은?
① 모압 ② 유다
③ 이스라엘 ④ 아모리

009 다음 괄호에 들어갈 말을 찾으시오.
"그 날에 내가 다윗의 무너진 장막을 일으키고 그것들의 틈을 막으며 그 허물어진 것을 일으켜서 옛적과 같이 세우고 그들이 ( )의 남은 자와 내 이름으로 일컫는 만국을 기업으로 얻게 하리라 이 일을 행하시는 여호와의 말씀이니라"

001_④ 002_③ 003_② 004_④ 005_④ 006_② 007_③ 008_③ 009_④

① 야곱 ② 유다
③ 이스라엘 ④ 에돔

【B등급】

010 드고아 목자 중에서 예언자가 된 사람은?
① 호세아 ② 요엘
③ 아모스 ④ 미가

011 "선견자야 너는 유다 땅으로 도망하여 가서 거기에서나 떡을 먹으며 거기에서나 예언하고 다시는 벧엘에서 예언하지 말라 이는 왕의 성소요 나라의 궁궐임이니라"라는 말을 벧엘의 제사장 아마샤에게서 들은 사람은?
① 호세아 ② 아모스
③ 아히야 ④ 나단

012 "나는 선지자가 아니며 선지자의 아들도 아니라 나는 목자요 ( ) 재배하는 자로서 양 떼를 따를 때에 여호와께서 나를 데려다가 여호와께서 내게 이르시기를 가서 내 백성 이스라엘에게 예언하라 하셨나니"(암 7:14-15)의 괄호에 들어갈 말은?
① 포도나무를 ② 감람나무를
③ 백향목을 ④ 뽕나무를

013 다음 괄호에 들어갈 말로 적당한 것은?
"유다 왕 웃시야의 시대 곧 이스라엘 왕 요아스의 아들 여로보암의 시대 지진 전 이년에 ( ) 목자 중 아모스가 이스라엘에 대하여 이상으로 받은 말씀이라"(암 1:1)
① 드고아 ② 아나돗
③ 모레셋 ④ 벧엘

014 "나는 선지자가 아니며 선지자의 아들도 아니라 나는 목자요 뽕나무를 재배하는 자로서 양 떼를 따를 때에 여호와께서 나를 데려다가 여호와께서 내게 이르시기를 가서 내 백성 이스라엘에게 예언하라 하셨나니"라고 말한 사람은?
① 다윗 ② 요나단
③ 아모스 ④ 미가

015 "내가 기근을 땅에 보내리니 양식이 없어 주림이 아니며 물이 없어 갈함이 아니요 여호와의 말씀을 듣지 못한 기갈이라"가 들어 있는 책은?
① 시편 ② 신명기
③ 잠언 ④ 아모스

016 "사자가 부르짖은즉 누가 두려워하지 아니하겠느냐 주 여호와께서 말씀하신즉 누가 예언하지 아니하겠느냐"라고 외친 사람은?
① 호세아 ② 이사야
③ 미가 ④ 아모스

017 "사마리아의 산에 있는 ( )의 암소들아 이 말을 들으라 너희는 힘 없는 자를 학대하며 가난한 자를 압제하며 가장에게 이르기를 술을 가져다가 우리로 마시게 하라 하는도다"(암 4:1)의 괄호에 들어갈 이름은?
① 길르앗 ② 바산
③ 세겜 ④ 헤스본

018 "이스라엘아 네 하나님 만나기를 준비하라"가 들어 있는 책은?
① 호세아 ② 예레미야
③ 이사야 ④ 아모스

019 아모스 1장에 맨 처음으로 나오는 이방 성읍이나 나라의 이름은? (암 1:3)
① 에돔 ② 두로
③ 다메섹 ④ 모압

020 "그 날에 내가 ( )의 무너진 장막을 일으키고 그것들의 틈을 막으며 그 허물어진 것을 일으켜서 옛적과 같이 세우고"(암 9:11)의 괄호에 들어갈 말은?
① 이스라엘 ② 유다
③ 야곱 ④ 다윗

021 안일한 이스라엘 상류층을 두고 아모스는 그

암

010_③ 011_② 012_④ 013_① 014_③ 015_④ 016_④ 017_② 018_④ 019_③ 020_④ 021_②

들이 "대접으로 포도주를 마시며 귀한 기름을 몸에 바르면서 ( )의 환난에 대하여는 근심하지 아니하는 자로다"(암 6:6)라고 했다. 괄호 안에 들어갈 말은?
① 야곱 ② 요셉
③ 유다 ④ 에브라임

022 이스라엘 왕 여로보암 시대에 주로 이스라엘을 꾸짖고 이스라엘에 닥칠 재난을 예고한 두 예언자는?
① 이사야와 미가
② 호세아와 예레미야
③ 호세아와 아모스
④ 아모스와 예레미야

023 아모스에게 "다시는 벧엘에서 예언하지 말라 이는 왕의 성소요 나라의 궁궐임이니라"라고 말한 한 북이스라엘의 제사장 이름은?
① 아마샤 ② 미가야
③ 아히야 ④ 우리야

024 북이스라엘에 지진이 있기 이 년 전에 예언한 사람은?
① 호세아 ② 아모스
③ 요엘 ④ 요나

025 "여호와께서 이와 같이 말씀하시되 ( )의 서너 가지 죄로 말미암아 내가 그 벌을 돌이키지 아니하리니 이는 그들이 여호와의 율법을 멸시하며 그 율례를 지키지 아니하고 그의 조상들이 따라가던 거짓 것에 미혹되었음이라"(암 2:4)의 괄호에 들어갈 이름은?
① 두로 ② 다메섹
③ 유다 ④ 이스라엘

026 "주 여호와께서는 자기의 비밀을 그 종 선지자들에게 보이지 아니하시고는 결코 행하심이 없으시리라"라고 이스라엘 사람들에게 외친 사람은? (암 3:7)
① 아모스 ② 오바댜
③ 미가 ④ 하박국

027 그들의 서너 가지 죄로 말미암아 여호와께서 그 성에 불을 보내 궁궐들을 사르는 벌을 선포받지 아니한 민족은?
① 다메섹 ② 에돔
③ 유다 ④ 이스라엘

028 "처녀 ( )이 엎드러졌음이여 다시 일어나지 못하리로다 자기 땅에 던지움이여 일으킬 자 없으리로다"의 괄호 안에 들어갈 나라 이름은?
① 블레셋 ② 앗수르
③ 바벨론 ④ 이스라엘

029 "나는 ( )가 아니며 ( )의 아들도 아니라 나는 목자요 뽕나무를 재배하는 자로서 양 떼를 따를 때에 여호와께서 나를 데려다가 여호와께서 내게 이르시기를 가서 내 백성 이스라엘에게 예언하라 하셨나니"(암 7:14-15)의 괄호에 들어갈 말은?
① 제사장 ② 선지자
③ 레위인 ④ 성전지기

030 아모스는 여호와께서 메뚜기가 땅의 풀을 다 먹은 것을 보여주시자 이르기를 "주 여호와여 청하건대 사하소서 ( )이 미약하오니 어떻게 서리이까"라고 청하여 그 뜻을 돌이키게 하였다. 괄호 안에 들어갈 이름은?
① 이삭 ② 야곱
③ 이스라엘 ④ 요셉

031 "너희는 악을 미워하고 선을 사랑하며 ( )에서 정의를 세울지어다 …"(암 5:15)의 괄호에 들어갈 말은?
① 성전 ② 성문
③ 성밖 ④ 왕궁

【주관식】

032 "오직 ( )를 물 같이, 공의를 마르지 않는 강 같이 흐르게 할지어다"(암 5:24)의 괄호에 들어갈 말은?

022_③ 023_① 024_② 025_③ 026_① 027_④ 028_④ 029_② 030_② 031_② 032_정의

033 "오직 정의를 물 같이, 공의를 마르지 않는 강 같이 흐르게 할지어다는 아모스 몇 장 몇 절 말씀인가?

034 "여호와께서 이와 같이 말씀하시되 … 의 서너 가지 죄로 말미암아 내가 그 벌을 돌이키지 아니하리니 …"라는 형식을 거듭 쓰면서 각 나라에게 재난 내리시겠다고 하시는 말씀을 1-2장에 모아둔 책의 이름은 무엇인가?

035 "주 여호와께서는 자기의 비밀을 그 종 선지자들에게 보이지 아니하시고는 결코 행하심이 없으시리라"는 말씀이 들어 있는 책의 이름은?

036 "그 날에 내가 다윗의 무너진 장막을 일으키고 그것들의 틈을 막으며 그 허물어진 것을 일으켜서 옛적과 같이 세우고"는 아모스 몇 장에 들어 있나?

037 "내가 그들을 그들의 땅에 심으리니 그들이 내가 준 땅에서 다시 뽑히지 아니하리라"라는 여호와의 말씀으로 끝나는 책은?

오바댜

001 "여호와께서 ( )을 벌할 날이 가까웠나니 네가 행한 대로 너도 받을 것인즉 네가 행한 것이 네 머리로 돌아갈 것이라 너희가 내 성산에서 마신 것 같이 ( )인이 항상 마시리니 곧 마시고 삼켜서 본래 없던 것 같이 되리라"(옵 1:15-16)의 괄호에 공통으로 들어갈 말은?

① 에돔 ② 애굽
③ 만국 ④ 바벨론

002 "나라가 여호와께 속하리라"는 말씀으로 끝나는 책은? (옵 1:21)

① 이사야 ② 스가랴
③ 학개 ④ 오바댜

003 "네가 독수리처럼 높이 오르며 별 사이에 깃들일지라도 내가 거기에서 너를 끌어내리리라" (옵 1:4)에서 '너'는 어느 나라를 가리키는가?

① 암몬 자손 ② 에돔
③ 블레셋 ④ 모압

004 오바댜 1장 10절, "네가 네 형제 ( )에게 행한 포학으로 말미암아 부끄러움을 당하고 영원히 멸절되리라"의 괄호에 들어갈 이름은?

① 에서 ② 야곱
③ 이삭 ④ 요셉

옵

033_5장 24절 034_아모스 035_아모스 036_9장 037_아모스

001_③ 002_④ 003_② 004_②

요나

001 요나서 2장의 기도 내용이 아닌 것은?
① 내가 스올의 뱃속에서 부르짖었더니 주께서 내 음성을 들으셨나이다.
② 주의 파도와 큰 물결이 다 내 위에 넘쳤나이다.
③ 나는 감사하는 목소리로 주께 제사를 드리며 나의 서원을 주께 갚겠나이다!
④ 나의 하나님 여호와여 내 생명을 구덩이에서 건져내 주소서!

002 "사람이나 짐승이나 소 떼나 양 떼나 아무것도 입에 대지 말지니 곧 먹지도 말 것이요 물도 마시지 말 것이며 사람이든지 짐승이든지 다 굵은 베 옷을 입을 것이요 힘써 하나님께 부르짖을 것이며 각기 악한 길과 손으로 행한 강포에서 떠날 것이라 하나님이 뜻을 돌이키시고 그 진노를 그치사 우리가 멸망하지 않게 하시리라 그렇지 않을 줄을 누가 알겠느냐"(욘 3:7-9)라는 조서를 내린 사람은?
① 바벨론 왕 느부갓네살
② 유다 왕 다윗
③ 니느웨 왕과 그의 대신들
④ 바사(=페르시아) 왕 고레스

003 아밋대의 아들 요나가 여로보암 시대에 살았다는 사실을 말해주는 책은?
① 열왕기 ② 역대기
③ 호세아 ④ 아모스

004 요나서에서 여호와께서 예비하신 것에 들지 않는 것은?
① 큰 물고기 ② 선박
③ 동풍 ④ 박 넝쿨

005 "나는 히브리 사람이요 바다와 육지를 지으신 하늘의 하나님 여호와를 경외하는 자로라"라고 말한 사람은 누구인가?
① 모세 ② 아브라함
③ 아마스 ④ 요나

006 "사십 일이 지나면 니느웨가 무너지리라"고 외친 사람은?
① 요나 ② 나훔
③ 예레미야 ④ 스바냐

007 "너희가 이 큰 폭풍을 만난 것이 나 때문인 줄을 내가 아노라"에서 '나'는 누구인가?
① 솔로몬 ② 요나
③ 아론 ④ 요엘

008 니느웨로 가라는 여호와의 명령을 받은 요나가 도망하려 한 곳은?
① 욥바 ② 사르밧
③ 두로 ④ 다시스

009 "여호와께서 이르시되 네가 … 이 박넝쿨을 아꼈거든 하물며 이 큰 성읍 (   )에는 좌우를 분변하지 못하는 자가 십이만여 명이요 가축도 많이 있나니 내가 어찌 아끼지 아니하겠느냐 하시니라"(욘 4:10-11)의 괄호에 들어갈 이름은?
① 바벨론 ② 다메섹
③ 니느웨 ④ 수산

010 "내가 받는 고난으로 말미암아 여호와께 불러 아뢰었더니 주께서 내게 대답하셨고 내가 스올의 뱃속에서 부르짖었더니 주께서 내 음성을 들으셨나이다"라는 고백은 누구의 기도인가?
① 다윗 ② 요나
③ 아론 ④ 하박국

011 "자는 자여 어찌함이냐 일어나서 네 하나님께

001_④ 002_③ 003_① 004_② 005_④ 006_① 007_② 008_④ 009_③ 010_② 011_④

구하라 혹시 하나님이 우리를 생각하사 망하지 아니하게 하시리라"는 누구에게 말한 것인가?
① 엘리야 ② 바알 선지자들
③ 선장 ④ 요나

【주관식】

012 "네가 수고도 아니하였고 재배도 아니하였고 하룻밤에 났다가 하룻밤에 말라 버린 이 박넝쿨을 아꼈거든 하물며 이 큰 성읍 니느웨에는 좌우를 분별하지 못하는 자가 십이만여 명이요 가축도 많이 있나니 내가 어찌 아끼지 아니하겠느냐"라는 하나님의 말씀을 들은 사람은?

013 "내가 말하기를 내가 주의 목전에서 쫓겨났을지라도 다시 주의 성전을 바라보겠다 하였나이다"라고 물고기 뱃속에서 기도한 사람은?

014 "해가 뜰 때에 하나님이 뜨거운 ( )을 예비하셨고 해는 요나의 머리에 쪼이매 요나가 혼미하여 스스로 죽기를 구하여 이르되 사는 것보다 죽는 것이 내게 나으니이라 하니라"(욘 4:8)의 괄호에 들어 갈 말은?

미가

【A등급】

001 "그들의 ( )들은 뇌물을 위하여 재판하며 그들의 ( )은 삯을 위하여 교훈하며 그들의 ( )는 돈을 위하여 점을 치면서도 여호와를 의뢰하여 이르기를 여호와께서 우리 중에 계시지 아니하냐 재앙이 우리에게 임하지 아니하리라 하는도다"(미 3:11)의 괄호에 들어갈 말은?
① 우두머리 – 제사장 – 선지자
② 통치자 – 제사장 – 선지자
③ 제사장 – 레위인– 통치자
④ 선지자 – 제사장 – 우두머리

002 "( ) 주민아 너는 준마에 병거를 메울지어다 ( )는 딸 시온의 죄의 근본이니 이는 이스라엘의 허물이 네게서 보였음이라"(미 1:13)에 공통으로 들어갈 도시 이름은?
① 가드 ② 사빌
③ 라기스 ④ 마레사

003 "내 백성아 내가 무엇을 네게 행하였으며 무슨 일로 너를 괴롭게 하였느냐 너는 내게 증언하라 내가 너를 애굽 땅에서 인도해 내어 종노릇하는 집에서 속량하였고 모세와 아론과 미리암을 네 앞에 보냈느니라 내 백성아 너는 모압 왕 발락이 꾀한 것과 브올의 아들 발람이 그에게 대답한 것을 기억하며 싯딤에서부터 길갈까지의 일을 기억하라 그리하면 나 여호와가 공의롭게 행한 일을 알리라"라고 여호와께서 변론하시는 내용의 본문을 수록한 것은 어느 책인

012_요나 013_요나 014_동풍

001_① 002_③ 003_③

가?

① 이사야 ② 에스겔
③ 미가 ④ 나훔

004 "오직 나는 여호와의 영으로 말미암아 능력과 정의와 용기로 충만해져서 야곱의 허물과 이스라엘의 죄를 그들에게 보이리라"고 말한 사람은?

① 이사야 ② 에스겔
③ 미가 ④ 나훔

005 "내 백성을 유혹하는 선지자들은 이에 물 것이 있으면 ( )을 외치나 그 입에 무엇을 채워 주지 아니하는 자에게는 ( )을 준비하는도다 …"(미 3:5)의 괄호에 들어갈 말을 차례대로 바르게 적은 것은?

① 구원, 심판 ② 평강, 전쟁
③ 사랑, 미움 ④ 축복, 재난

006 "그들이 ( )에서 죄를 꾀하며 악을 꾸미고 날이 밝으면 그 손에 힘이 있으므로 그것을 행하는 자는 화 있을진저"(미 2:1)의 괄호에 들어갈 말은?

① 왕궁 ② 식탁
③ 침상 ④ 성문

007 베들레아브라, 사빌, 사아난, 벧에셀, 마롯, 라기스, 가드모레셋, 마레사라는 지명이 언급되는 예언서는?

① 아모스 ② 미가
③ 스바냐 ④ 학개

008 "너희는 이웃을 믿지 말며 친구를 의지하지 말며 네 품에 누운 여인에게라도 네 입의 문을 지킬지어다 아들이 아버지를 멸시하며 딸이 어머니를 대적하며 며느리가 시어머니를 대적하리니 사람의 원수가 곧 자기의 집안 사람이로다"라는 말씀이 들어 있는 책은? (미 7:5-6)

① 신명기 ② 잠언
③ 전도서 ④ 미가

009 다음 가운데서 미가서에 들어 있지 않은 말씀은?

① 밭들을 탐하여 빼앗고 집들을 탐하여 차지하니 그들이 남자와 그의 집과 사람과 그의 산업을 강탈하도다.
② 내 백성을 유혹하는 선지자들은 이에 물 것이 있으면 평강을 외치나 그 입에 무엇을 채워 주지 아니하는 자에게는 전쟁을 준비하는도다.
③ 시온을 피로, 예루살렘을 죄악으로 건축하는도다.
④ 보라 여호와의 크고 두려운 날이 이르기 전에 내가 선지자 엘리야를 너희에게 보내리니.

010 "너희가 ( )의 율례와 ( ) 집의 모든 예법을 지키고 그들의 전통을 따르니 내가 너희를 황폐하게 하며 그의 주민을 사람의 조소 거리로 만들리라 너희가 내 백성의 수욕을 담당하리라"(미 6:16)의 괄호에 들어갈 말은?

① 모세 - 다윗 ② 모세 - 예후
③ 오므리 - 아합 ④ 여로보암 - 오므리

【B등급】

011 "베들레헴 에브라다야 너는 유다 족속 중에 작을지라도 이스라엘을 다스릴 자가 네게서 내게로 나올 것이라"가 들어 있는 책은?

① 미가 ② 스바냐
③ 스가랴 ④ 말라기

012 "내가 또 이르노니 야곱의 ( )들과 이스라엘 족속의 ( )들아 들으라 정의를 아는 것이 너희의 본분이 아니냐"(미 3:1)의 괄호에 들어갈 말을 차례대로 바르게 적은 것은?

① 제사장, 선지자 ② 장로, 지혜있는 자
③ 고관, 목자 ④ 우두머리, 통치자

013 "베들레헴 에브라다야 너는 유다 족속 중에 작을지라도 이스라엘을 다스릴 자가 네게서 내게로 나올 것이라"가 들어 있는 책은?

004_③ 005_② 006_③ 007_② 008_④ 009_④ 010_③ 011_① 012_④ 013_①

① 미가 ② 스바냐
③ 스가랴 ④ 말라기

014 "주와 같은 신이 어디 있으리이까 주께서는 죄악과 그 기업에 남은 자의 허물을 사유하시며 인애를 기뻐하시므로 진노를 항상 품지 아니하시나이다"라는 말씀이 들어있는 책은?
① 이사야 ② 에스겔
③ 미가 ④ 나훔

015 "그들의 우리머리들은 뇌물을 위하여 재판하며 그들의 제사장은 삯을 위하여 교훈하며 그들의 선지자는 돈을 위하여 점을 치면서도 여호와를 의뢰하여 이르기를 여호와께서 우리 중에 계시지 아니하냐 재앙이 우리에게 임하지 아니하리라 하는도다"라는 말이 나오는 책의 이름은? (미 3:11)
① 이사야 ② 말라기
③ 미가 ④ 스가랴

016 "베들레헴 에브라다야 너는 유다 족속 중에 작을지라도 이스라엘을 다스릴 자가 네게로 내게로 나올 것이라 그의 근본은 ( )에, ( )에 있느니라"(미 5:2)의 괄호 안에 들어갈 말은?
① 태초, 태말 ② 상고, 영원
③ 처음, 마지막 ④ 시작, 끝

017 요담과 아하스와 히스기야 시대에 사마리아와 예루살렘에 관한 묵시를 전한 예언자는?
① 이사야 ② 아모스
③ 미가 ④ 하박국

018 예언자 미가에 따르면 "주께서 선한 것이 무엇임을 네게 보이셨나니 여호와께서 네게 구하시는 것"(미 6:8)에 속하지 <u>않는</u> 것은?
① 정의를 행하며
② 선을 미워하며
③ 인자를 사랑하며
④ 겸손하게 네 하나님과 함께 행하는 것

019 예언자 미가에 따르면 "주께서 선한 것이 무엇임을 네게 보이셨나니 여호와께서 네게 구하시는 것"(미 6:8)에 속하지 <u>않는</u> 것은?
① 정의를 행하며
② 선을 미워하며
③ 인자를 사랑하며
④ 겸손하게 네 하나님과 함께 행하는 것

【주관식】

020 "이러므로 너희로 말미암아 시온은 갈아엎은 밭이 되고 예루살렘은 무더기가 되고 성전의 산은 수풀의 높은 곳이 되리라"는 말씀은 미가 몇 장에 들어 있나?

021 "오직 나는 여호와의 ( )으로 말미암아 능력과 정의와 용기로 충만해져서 야곱의 허물과 이스라엘의 죄를 그들에게 보이리라"(미 3:8)의 괄호에 들어갈 말은?

022 미가서는 모두 몇 장(章)으로 이루어져 있는가?

023 "사람아 주께서 선한 것이 무엇임을 네게 보이셨나니 여호와께서 네게 구하시는 것은 오직 정의를 행하며 인자를 사랑하며 겸손하게 네 하나님과 함께 행하는 것이 아니냐"는 미가서 몇 장 몇 절 말씀인가?

024 "( ) 에브라다야 너는 유다 족속 중에 작을지라도 이스라엘을 다스릴 자가 네게서 내게로 나올 것이라"에서 괄호 안에 들어갈 말은?

미

014_③ 015_③ 016_② 017_③ 018_② 019_② 020_3장 021_영 022_7장 023_6장 8절 024_베들레헴

나훔

001 다음 괄호에 들어갈 애굽의 지명은 ?
"니느웨가 황폐하였도다 … 네가 어찌 (　)보다 낫겠느냐 그는 강들 사이에 있으므로 물이 둘렸으니 바다가 성루가 되었고 바다가 방어벽이 되었으며"(나 3:7-8).
① 노아몬　② 놉
③ 바드로스　④ 다바네스

002 "니느웨에 대한 경고 곧 엘고스 사람 나훔의 묵시의 (　)이라"(나 1:1)의 괄호에 들어갈 말은?
① 글　② 말
③ 본 것　④ 환상

003 니느웨가 중요한 자리를 차지하는 두 예언서는?
① 요나와 나훔　② 오바댜와 요나
③ 오바댜와 나훔　④ 예레미야와 오바댜

004 "(　)가 너를 치러 올라왔나니 너는 산성을 지키며 길을 파수하며 네 허리를 견고히 묶고 네 힘을 크게 굳게 할지어다"에서 괄호 안에 들어갈 말은? (나 2:1)
① 앗수르　② 니느웨
③ 파괴하는 자　④ 네 소식을 듣는 자

005 "여호와는 노하기를 더디하시며 권능이 크시며 벌 받을 자를 결코 내버려두지 아니하시느니라"라는 말씀이 나오는 책은?
① 신명기　② 출애굽기
③ 나훔　④ 하박국

006 "(　)에 대한 경고 곧 엘고스 사람 나훔의 묵시의 글이라"(나 1:1)의 괄호에 들어갈 말은?
① 니느웨　② 에돔
③ 모압　④ 암몬

007 "여호와는 선하시며 환난 날에 (　) 그는 자기에게 피하는 자들을 아시느니라"(나 1:7)의 괄호에 들어갈 말은?
① 피난처시라　② 산성이시라
③ 소망이시라　④ 구원자이시라

008 예언자 나훔의 출신지는?
① 모레셋　② 드고아
③ 벧엘　④ 엘고스

【주관식】

009 "네가 어찌 노아몬보다 낫겠느냐 그는 강들 사이에 있으므로 물이 둘렸으니 바다가 성루가 되었고 바다가 방어벽이 되었으며"에서 '너'는 어느 이방 성읍을 가리키는가?

010 니느웨에 대한 내용을 두고 볼 때, 요나서와 반대인 예언서는?

001_①　002_①　003_①　004_③　005_③　006_①　007_②　008_④　009_니느웨　010_나훔

하박국

001 "내가 ( )에 서며 성루에 서리라 그가 내게 무엇이라 말씀하실는지 기다리고 바라보며 나의 질문에 대하여 어떻게 대답하실는지 보리라"의 괄호 안에 들어갈 단어는? (합 2:1)
① 성전 ② 파수하는 곳
③ 성벽 ④ 망을 보는 곳

002 다음 중 하박국에 들어있는 구절이 아닌 것은?
① 선지자 하박국이 묵시로 받은 경고라
② 시기오놋에 맞춘 선지자 하박국의 기도라
③ 여호와의 말씀이 하박국에게 임하니라
④ 이 노래는 지휘하는 사람을 위하여 내 수금에 맞춘 것이니라

003 물이 바다를 덮음 같이 여호와의 영광을 인정하는 것이 세상에 가득하다는 말씀이 나오는 책으로 묶여진 것은? (합 2:14)
① 이사야 – 하박국 ② 이사야 – 예레미야
③ 미가 – 하박국 ④ 학개 – 스가랴

004 다음은 예언서의 첫 구절이다.
"선지자 ( )이 묵시로 받은 경고라" 괄호 안에 들어가는 말은?
① 요엘 ② 나훔
③ 하박국 ④ 에스겔

005 "보라 그의 마음은 교만하며 그 속에서 정직하지 못하나 의인은 그의 ( )으로 말미암아 살리라"(합 2:4)의 괄호에 들어갈 말은?
① 믿음 ② 소망
③ 사랑 ④ 인내

006 "여호와여 내가 부르짖어도 주께서 듣지 아니하시니 어느 때까지리이까 내가 강포로 말미암아 외쳐도 주께서 구원하지 아니하시나이다"라고 여호와께 질문하고 대답을 들었던 선지자는 누구인가? (합 1:2)
① 이사야 ② 예레미야
③ 욥 ④ 하박국

007 "비록 ( )나무가 무성하지 못하며 ( )나무에 열매가 없으며 ( )나무에 소출이 없으며 외양간에 소가 없을지라도 나는 여호와로 말미암아 즐거워하며 나의 구원의 하나님으로 말미암아 기뻐하리로다"(합 3:17-18)의 괄호에 들어갈 말을 차례대로 바르게 적은 것은?
① 사과, 포도, 무화과
② 가시, 무화과, 감람
③ 무화과, 포도, 감람
④ 살구, 포도, 무화과

008 "보라 내가 사납고 성급한 백성 곧 땅이 넓은 곳으로 다니며 자기의 소유가 아닌 거처들을 점령하는 ( ) 사람을 일으켰나니"(합 1:6)의 괄호에 들어갈 말은?
① 앗수르 ② 갈대아
③ 헬라 ④ 바사(=페르샤)

【주관식】

009 "의인은 그의 믿음으로 말미암아 살리라"라는 말씀이 들어 있는 예언서는?

010 "여호와여 내가 주께 대한 소문을 듣고 놀랐나이다 여호와여 주는 주의 일을 이 수년 내에 ( )하게 하옵소서 이 수년 내에 나타내시옵소서 진노 중에라도 긍휼을 잊지 마옵소서"(합 3:2)의 괄호에 들어갈 말은?

001_② 002_③ 003_① 004_③ 005_① 006_④ 007_③ 008_② 009_하박국 010_부흥

스바냐

001 "그 가운데 ( )들은 부르짖는 사자요 그의 ( )들은 이튿날까지 남겨 두는 것이 없는 저녁 이리요 그의 ( )들은 경솔하고 간사한 사람들이요 그의 ( )들은 성소를 더럽히고 율법을 범하였도다"(습 3:3-4)의 괄호에 들어갈 말을 차례대로 바르게 적은 것은?
① 왕, 방백, 재판장, 제사장
② 방백, 재판장, 선지자, 제사장
③ 선지자, 제사장, 장로, 왕
④ 재판장, 장로, 제사장, 선지자

002 유다 왕 요시야 때 여호와의 말씀이 임한 두 예언자는?
① 예레미야와 스바냐
② 예레미야와 스가랴
③ 스바냐와 학개
④ 학개와 스가랴

003 다음 중 스바냐에게 임한 여호와의 말씀에 "기쁜 성이라 염려 없이 거주하며 마음속에 이르기를 오직 나만 있고 나 외에는 다른 이가 없다 하더니" 황폐하여 들짐승이 엎드릴 곳이 되어 비웃음거리가 될 도시는? (습 2:15)
① 가사 ② 아스글론
③ 니느웨 ④ 바벨론

004 "여호와가 네 형벌을 제거하였고 네 원수를 쫓아냈으며 이스라엘 왕 여호와가 네 가운데 계시니 네가 다시는 화를 당할까 두려워하지 아니할 것이라"라는 말씀이 나오는 곳은? (습 3:15)
① 이사야 ② 예레미야
③ 스바냐 ④ 말라기

005 "너의 하나님 여호와가 너의 가운데 계시니 그는 구원을 베푸실 전능자이시라 그가 너로 말미암아 기쁨을 이기지 못하시며 너를 잠잠히 사랑하시며 너로 말미암아 즐거이 부르며 기뻐하시리라 하리라"가 들어 있는 책은?
① 에스겔 ② 나훔
③ 스가랴 ④ 스바냐

006 다음 중 여호와의 날이 많이 언급되는 책은?
① 시편 ② 이사야
③ 말라기 ④ 스바냐

007 "아몬의 아들 유다 왕 ( )의 시대에 스바냐에게 임한 여호와의 말씀이라 …"(습 1:1)의 괄호에 들어갈 이름은?
① 여호야김 ② 요시야
③ 여호아하스 ④ 웃시야

008 스바냐는 누구의 현손인가?
① 히스기야 ② 요담
③ 아하스 ④ 요아스

【주관식】

009 "히스기야의 현손, 아마랴의 증손, 그다랴의 손자, 구시의 아들"이었던 예언자는 누구인가?

010 여호와의 날을 "분노의 날이요 환난과 고통의 날이요 황폐와 패망의 날이요 캄캄하고 어두운 날이요 구름과 흑암의 날"로 묘사하는 예언서는?

001_② 002_① 003_③ 004_③ 005_④ 006_④ 007_② 008_① 009_스바냐 010_스바냐

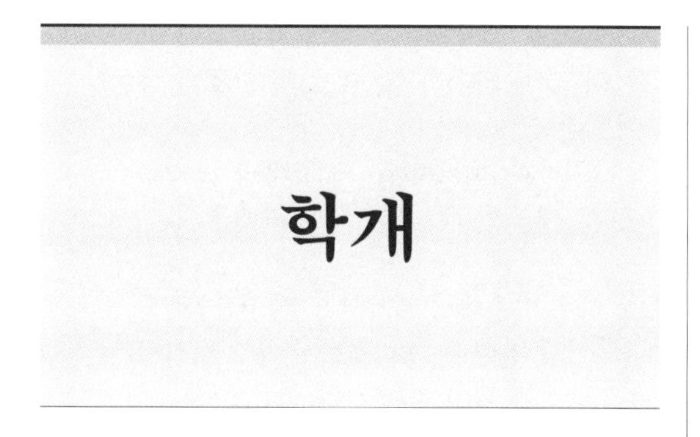

학개

001 "… 그 날에 내가 너를 세우고 너를 인장으로 삼으리니 이는 내가 너를 택하였음이니라 …"(학 2:23)에서 '너'는 누구인가?
① 여호수아 ② 스룹바벨
③ 학개 ④ 스가랴

002 학개에게 임한 여호와의 말씀에 "너희가 많은 것을 바랐으나 도리어 적었고 너희가 그것을 집으로 가져갔으나 내가 불어 버렸느니라", 또 "내가 이 땅과 산과 곡물과 새 포도주와 기름과 땅의 모든 소산과 사람과 가축과 손으로 수고하는 모든 일에 한재를 들게 하였느니라"와 같이 여호와께서 행하신 까닭은? (학 1:9, 11)
① 성전을 보잘것없게 여겼으므로
② 백성이 부정한 성물을 드렸으므로
③ 여호와의 집은 황폐하였으되 백성은 각각 자기의 집을 짓기 위하여 빨랐기 때문에
④ 백성이 수고하지 않았으므로

003 "은도 내 것이요 금도 내 것이니라 만군의 여호와의 말이니라 이 ( )의 나중 영광이 이전 영광보다 크리라 만군의 여호와의 말이니라"(학 2:8-9) 의 괄호에 들어갈 말은?
① 나라 ② 백성
③ 성전 ④ 땅

004 "너희는 산에 올라가서 나무를 가져다가 성전을 건축하라"는 말씀은 어디에 나오는가?
① 학개 1장 ② 스가랴 1장
③ 스가랴 7장 ④ 느헤미야 1장

005 "너희가 많은 것을 바랐으나 도리어 적었고 너희가 그것을 집으로 가져갔으나 내가 불어 버렸느니라 … 이것이 무슨 까닭이냐 내 집은 황폐하였으되 너희는 각각 자기의 집을 짓기 위하여 빨랐음이라"가 들어 있는 책은?
① 열왕기상 ② 스가랴
③ 학개 ④ 스바냐

006 "… 여호와의 말씀이 선지자 학개로 말미암아 스알디엘의 아들 유다 총독 ( )과 여호사닥의 아들 대제사장 ( )에게 임하니라 …"(학 1:1)의 괄호에 들어갈 이름을 차례대로 바르게 쓴 것은?
① 세스바살, 스룹바벨
② 스룹바벨, 힐기야
③ 벨드사살, 여호수아
④ 스룹바벨, 여호수아

【주관식】

007 "이 성전의 나중 ( )이 이전 ( )보다 크리라. 만군의 여호와의 말이니라. 내가 이곳에 평강을 주리라 만군의 여호와의 말이니라"(학 2:9)의 괄호에 공통으로 들어갈 말은?

008 "너희가 애굽에서 나올 때에 내가 너희와 언약한 말과 나의 ( )이 계속하여 너희 가운데에 머물러 있나니 너희는 두려워하지 말지어다"(학 2:5)의 괄호에 들어갈 말은?

001_② 002_③ 003_③ 004_① 005_③ 006_④ 007_영광 008_영

습학

스가랴

【A등급】

001 "시온의 딸아 크게 기뻐할지어다 예루살렘의 딸아 즐거이 부를지어다 보라 네 왕이 네게 임하시나니 그는 공의로우시며 구원을 베푸시며 겸손하여서 나귀를 타시나니 나귀의 작은 것 곧 나귀 새끼니라"는 스가랴 몇 장에 나오는가?
① 7장 ② 8장
③ 9장 ④ 10장

002 "내가 잡혀 죽을 양 떼를 먹이니 참으로 가련한 양들이라 내가 막대기 둘을 취하여 하는 ( )이라 하며 하나는 ( )이라 하고 양 떼를 먹일새"(슥 11:7)의 괄호에 들어갈 말을 차례대로 바르게 적은 것은?
① 사랑, 긍휼 ② 은총, 연합
③ 심판, 구원 ④ 믿음, 소망

003 "내가 다윗의 집과 예루살렘 주민에게 은총과 간구하는 심령을 부어 주리니 그들이 그 찌른 바 그를 바라보고 그를 위하여 애통하기를 독자를 위하여 애통하듯 하며 그를 위하여 통곡하기를 장자를 위하여 통곡하듯 하리로다"는 스가랴 몇 장에 나오는가? (슥 12:10)
① 11장 ② 12장
③ 13장 ④ 14장

004 "내가 유다를 당긴 활로 삼고 에브라임을 끼운 화살로 삼았으니 시온아 내가 네 자식들을 일으켜 ( ) 자식들을 치게 하며 너를 용사의 칼과 같게 하리라"(슥 9:13)의 괄호에 들어갈 이름은?
① 바사(=페르시아) ② 헬라
③ 애굽 ④ 바벨론

005 다음 가운데서 스가랴가 본 것은?
① 담 곁에 손에 다림줄을 잡고 서신 주
② 여름 과일 한 광주리
③ 네 뿔과 네 대장장이
④ 동쪽을 향해 절하는 사람들

006 환상 이야기가 나오지 않은 책은?
① 호세아 ② 에스겔
③ 스가랴 ④ 다니엘

007 스가랴가 본 네 병거는 무엇을 뜻하는가?
① 하늘에서 바람
② 예루살렘을 공격할 적군들
③ 적군들을 쳐부술 하늘 군대
④ 하나님을 거스르는 세력들

008 "온 땅의 백성과 제사장들에게 이르라 너희가 ( ) 년 동안 다섯째 달과 일곱째 달에 금식하고 애통하였거니와 그 금식이 나를 위하여, 나를 위하여 한 것이냐"(슥 7:5)의 괄호에 들어갈 말은?
① 사십 ② 오십
③ 육십 ④ 칠십

009 스가랴가 맨 처음으로 밤에 본 것은? (슥 1:8)
① 붉은 말을 탄 사람
② 측량줄을 손에 잡은 사람
③ 날아가는 두루마리
④ 에바 가운데 있는 여인

010 "내가 잡혀 죽을 양 떼를 먹이니 참으로 가련한 양들이라 내가 막대기 둘을 취하여 하는 ( )이라 하며 하나는 ( )이라 하고 양 떼를 먹일새"(슥 11:7)의 괄호에 들어갈 말을 차례대로 바르게 적은 것은?

001_③ 002_② 003_② 004_② 005_③ 006_① 007_① 008_④ 009_① 010_②

① 사랑, 긍휼　② 은총, 연합
③ 심판, 구원　④ 믿음, 소망

011 "만군의 여호와가 이와 같이 말하노라 그 날에는 말이 다른 이방 백성 열 명이 유다 사람 하나의 옷자락을 잡을 것이라 곧 잡고 말하기를 하나님이 너희와 함께 하심을 들었나니 우리가 너희와 함께 가려 하노라 하리라 하시니라"라는 말씀이 나오는 책은? (슥 8:23)
① 나훔　② 요나
③ 학개　④ 스가랴

012 "내가 유다를 당긴 활로 삼고 에브라임을 끼운 화살로 삼았으니 시온아 내가 네 자식들을 일으켜 (　) 자식들을 치게 하며 너를 용사의 칼과 같게 하리라"(슥 9:13)의 괄호에 들어갈 이름은?
① 바사(=페르시아)　② 헬라
③ 애굽　④ 바벨론

013 스가랴가 본 날아가는 두루마리가 뜻하는 것은? (슥 5:3)
① 구원의 말씀
② 탄식과 한탄의 말씀
③ 꿀 같이 단 언약의 말씀
④ 온 땅 위에 내리는 저주

014 "내가 내게 말하는 천사에게 묻되 그들이 에바를 어디로 옮겨 가나이까 하니 그가 내게 이르되 그들이 (　) 땅으로 가서 그것을 위하여 집을 지으려 함이니라 …"(슥 5:10-11)의 괄호에 들어갈 말은?
① 애굽　② 가나안
③ 이스라엘　④ 시날

015 사레셀과 레겜멜렉과 부하들을 보내어 성전의 제사장들과 선지자들에게 "내가 여러 해 동안 행한 대로 오월 중에 울며 근신하리이까"라고 질문한 사람은? (슥 7:3)
① 예루살렘 사람　② 벧엘 사람
③ 세겜 사람　④ 실로 사람

016 "여호와가 이같이 말하노라 내가 시온에 돌아와 예루살렘 가운데에 거하리니 예루살렘은 (　)이라 일컫겠고 만군의 여호와의 산은 (　)이라 일컫게 되리라"(슥 8:3)에서 괄호 안에 들어갈 말은?
① 진리의 성읍, 성산
② 인애의 성읍, 거룩한 산
③ 하나님의 집, 기도의 집
④ 여호와의 집, 성산

017 다음 괄호에 공통으로 들어갈 단어는 무엇인가?
"그 날에 그의 발이 예루살렘 앞 곧 동쪽 (　)에 서실 것이요 (　)은/는 그 한 가운데가 동서로 갈라져 매우 큰 골짜기가 되어서 산 절반은 북으로, 절반은 남으로 옮기고"(슥 14:4)
① 갈멜산　② 감람산
③ 베들레헴　④ 여리고

018 다음과 같은 말로 끝나는 책은?
"그날에는 만군의 여호와의 전에 가나안 사람이 다시 있지 아니하리라"(슥 14:21)
① 학개　② 스가랴
③ 말라기　④ 스바냐

【B등급】

019 "이는 힘으로 되지 아니하며 능력으로 되지 아니하고 오직 나의 (　)으로 되느니라"의 괄호에 들어갈 말은?
① 권능　② 영
③ 사랑　④ 은총

020 "내가 그들에게 이르되 너희가 좋게 여기거든 내 품삯을 내게 주고 그렇지 아니하거든 그만두라 그들이 곧 은 (　) 개를 달아서 내 품삯을 삼은지라 여호와께서 내게 이르시되 그들이 나를 헤아린 바 그 삯을 토기장이에게 던지라 하시기로 내가 곧 그 은 (　) 개를 여호와의 전에서 토기장이에게 던지고"(슥 11:12-13)의 괄호

011_④　012_②　013_④　014_④　015_②　016_①　017_②　018_②　019_②　020_②

에 공통으로 들어갈 말은?
① 이십 ② 삼십
③ 사십 ④ 오십

021 스가랴가 본 등잔대 좌우에서 감람나무는 무엇을 뜻하는가? (슥 4:14)
① 하나님의 영
② 성전 뜰 좌우의 모습
③ 기름 부음 받은 자 둘
④ 이스라엘의 회복과 부흥

022 다음 중 스가랴가 본 환상이 아닌 것은?
① 네 개의 뿔과 네 명의 대장장이
② 측량줄을 손에 잡은 사람
③ 날아가는 두루마리
④ 글자 쓰는 손가락

023 다음 가운데서 사탄이 등장하는 예언서는?
① 예레미야 ② 스바냐
③ 오바댜 ④ 스가랴

024 "( ) 왕 제이년 여덟째 달에 여호와의 말씀이 잇도의 손자 베레갸의 아들 선지자 스가랴에게 임하니라 이르시되"(슥 1:1)의 괄호에 들어갈 이름은?
① 다리오 ② 고레스
③ 벨사살 ④ 느부갓네살

025 "예루살렘을 치러 왔던 이방 나라들 중에 남은 자가 해마다 올라와서 그 왕 만군의 여호와께 경배하며 ( )을 지킬 것이라"(슥 14:16)의 괄호에 들어갈 말은?
① 초막절 ② 유월절
③ 안식일 ④ 칠칠절

026 다음 중 학개와 같은 시기에 활동한 예언자는 누구인가?
① 스가랴 ② 스바냐
③ 에스라 ④ 에스더

027 "( ) 여호와의 천사 앞에 섰고 사탄은 그의 오른쪽에 서서 그를 대적하는 것을 여호와께서 내게 보이시니라"(슥 3:1)의 괄호에 들어갈 말은?
① 총독 스룹바벨은
② 대제사장 여호수아는
③ 선지자 스가랴는
④ 선지자 학개는

028 선지자 스가랴에게 여호와의 말씀이 임한 때는? (슥 1:1; 7:1)
① 다리오 제이년에만
② 다리오 제사년에만
③ 다리오 제이년과 제사년에
④ 다리오 제이년과 제사년과 제칠년에

029 스가랴가 본 환상의 의미를 해석해주는 이는 누구인가?
① 제사장 ② 천사
③ 레위인 ④ 지혜자

030 "… 넷째 달의 금식과 다섯째 달의 금식과 일곱째 달의 금식과 열째 달의 금식이 변하여 유다 족속에게 기쁨과 즐거움과 희락의 절기들이 되리니 오직 너희는 ( ) 사랑할지니라"(슥 8:19)의 괄호에 들어갈 말은?
① 인애와 긍휼을 ② 정의와 공의를
③ 진실과 정의를 ④ 진리와 화평을

031 스가랴가 본 순금 등잔대 환상은 누구와 관련된 것인가? (슥 4장)
① 세스바살 ② 대제사장 여호수아
③ 스룹바벨 ④ 스가랴

032 "여호와가 너희의 조상들에게 심히 진노하였느니라 … 너희 조상들을 본받지 말라"라는 말씀이 예언서 서두에 나오는 책은?
① 요나 ② 나훔
③ 스바냐 ④ 스가랴

033 잇도의 손자 베레갸의 아들인 선지자는 누구인가?
① 이사야 ② 예레미야
③ 스가랴 ④ 스바냐

021_③ 022_④ 023_④ 024_① 025_① 026_① 027_② 028_③ 029_② 030_④ 031_③ 032_④ 033_③

034 다음 중 금식이 있었던 달이 아닌 것은? (슥 7:5; 8:19)
① 넷째 달 ② 다섯째 달
③ 일곱째 달 ④ 열두째 달

035 다음과 같은 음성을 들은 사람은 누구인가?
"이는 힘으로 되지 아니하며 능력으로 되지 아니하고 오직 나의 영으로 되느니라"
① 스룹바벨 ② 세스바살
③ 학개 ④ 스가랴

036 다음 구절에서 그는 누구입니까?
"여호와께서 자기 앞에 선 자들에게 명령하사 그 더러운 옷을 벗기라 하시고 또 그에게 이르시되 내가 네 죄악을 제거하여 버렸으니 네게 아름다운 옷을 입히리라 하시기로" (슥 3:4)
① 스룹바벨 ② 여호수아
③ 학개 ④ 스가랴

037 다음 구절은 스가랴서 몇 장에 나오는가?
"그 날에 죄와 더러움을 씻는 샘이 다윗의 족속과 예루살렘 주민을 위하여 열리리라"
① 9장 ② 12장
③ 13장 ④ 14장

038 다음 구절은 스가랴서 몇 장에 나오는가?
"만군의 여호와가 말하노라 칼아 깨어서 내 목자, 내 짝 된 자를 치라 목자를 치면 양이 흩어지려니와 작은 자들 위에는 내가 내 손을 드리우리라"
① 9장 ② 12장
③ 13장 ④ 14장

【주관식】

039 "만군의 여호와께서 말씀하시되 이는 힘으로 되지 아니하며 능력으로 되지 아니하고 오직 나의 영으로 되느니라"는 누구에게 하신 말씀인가?

040 "만군의 여호와께서 말씀하시되 이는 힘으로 되지 아니하며 능력으로 되지 아니하고 오직 ( )으로 되느니라"의 괄호에 들어갈 단어는?

041 "사로잡힌 자 가운데 바벨론에서부터 돌아온 헬대와 도비야와 여다야가 스바냐의 아들 요시야의 집에 들어갔나니 너는 이 날에 그 집에 들어가서 그들에게서 받되 은과 금을 받아 면류관을 만들어 여호사닥의 아들 대제사장 ( )의 머리에 씌우고"(슥 6:10-11)의 괄호에 들어갈 이름은?

042 "시온의 딸아 크게 기뻐할지어다 예루살렘의 딸아 즐거이 부를지어다 보라 네 왕이 네게 임하시나니 그는 공의로우시며 구원을 베푸시며 겸손하여서 ( )를 타시나니 ( )의 작은 것 곧 ( ) 새끼니라"(슥 9:9)의 괄호에 공통으로 들어갈 말은?

043 "만군의 여호와께서 말씀하시되 이는 힘으로 되지 아니하며 능력으로 되지 아니하고 오직 나의 영으로 되느니라"라는 말씀은 스가랴 몇 장 몇 절인가?

044 스가랴는 모두 몇 장으로 이루어져 있는가?

045 "( )의 손이 이 성전의 기초를 놓았은즉 그의 손이 또한 그 일을 마치리라 하셨나니 …"(슥 4:9)의 괄호에 들어갈 이름은?

046 다음 괄호에 들어갈 단어를 쓰시오.
"여호와의 천사가 대답하여 이르되 만군의 여호와여 여호와께서 언제까지 예루살렘과 유다 성읍들을 불쌍히 여기지 아니하시려 하나이까 이를 노하신 지 ( ) 년이 되었나이다 하매"(슥 1:12)

047 다음 괄호에 공통으로 들어갈 단어는?
"대제사장 여호수아는 여호와의 천사 앞에 섰고 ( )은 그의 오른쪽에 서서 그를 대적하는 것을 여호와께서 내게 보이시니라 여호와께서 ( )에게 이르시되 여호와께서 너를 책망하노

034_④ 035_① 036_② 037_③ 038_③ 039_스룹바벨 040_나의 영 041_여호수아 042_나귀 043_4장 6절 044_14장 045_스룹바벨 046_칠십 047_사탄

라 예루살렘을 택한 여호와께서 너를 책망하노라 이는 불에서 꺼낸 그슬린 나무가 아니냐 하실 때에"(슥 3:1-2)

048 다음 괄호에 들어갈 알맞은 단어를 쓰시오.
"말하여 이르기를 만군의 여호와께서 이같이 말씀하시되 보라 ( )이라 이름하는 사람이 자기 곳에서 돋아나서 여호와의 전을 건축하리라 그가 여호와의 전을 건축하고 영광도 얻고 그 자리에 앉아서 다스릴 것이요 또 제사장이 자기 자리에 있으리니 이 둘 사이에 평화의 의논이 있으리라 하셨다 하고"(슥 6:12-13)

049 다음 괄호에 알맞은 단어를 쓰시오.
"만군의 여호와가 말하노라 칼아 깨어서 내 ( ), 내 짝 된 자를 치라 ( )를 치면 양이 흩어지려니와 작은 자들 위에는 내가 내 손을 드리우리라"(슥 13:7)

050 다음 괄호에 들어갈 알맞은 단어를 쓰시오.
"예루살렘을 치러 왔던 이방 나라들 중에 남은 자가 해마다 올라와서 그 왕 만군의 여호와께 경배하며 ( )을 지킬 것이라 땅에 있는 족속들 중에 그 왕 만군의 여호와께 경배하러 예루살렘에 올라오지 아니하는 자들에게는 비를 내리지 아니하실 것인즉"(슥 14:16-17)

048_싹 049_목자 050_초막절

말라기

001 "보라 여호와의 크고 두려운 날이 이르기 전에 내가 선지자 ( )를 너희에게 보내리니"(말 4:5)의 괄호에 들어갈 이름은?
① 모세 ② 엘리사
③ 엘리야 ④ 말라기

002 "너희가 더러운 떡을 나의 제단에 드리고도 말하기를 우리가 어떻게 주를 더럽게 하였나이까 하는도다 …"(말 1:7)에서 '너희'는 누구인가?
① 레위인들 ② 제사장들
③ 백성 ④ 왕

003 "제사장의 입술은 ( )을 지켜야 하겠고 사람들은 그의 입에서 ( )을 구하게 되어야 할 것이니 제사장은 만군의 여호와의 사자가 됨이거늘"(말 2:7)에서 괄호 안에 들어갈 단어는?
① 백성, 제사장 ② 법, 규율
③ 언약, 진리의 법 ④ 지식, 율법

004 다음 중 말라기가 지적하는 이스라엘의 죄가 아닌 것은?
① 여호와께 봉헌물을 기꺼이 드리지 아니하였다.
② 서약한 아내에게 거짓을 행하였다.(2:13-15)
③ 말로 여호와를 괴롭게 하였다.(3:17)
④ 주의 것을 도둑질하였다.(3:8)

005 "우리가 어떻게 주의 것을 도둑질하였나이까"(말 3:8)에서 '주의 것'이란 무엇을 말하는가?
① 공의로운 제물 ② 레위인의 몫

001_③ 002_② 003_④ 004_① 005_④

③ 제사장의 몫　④ 십일조와 봉헌물

006 "만군의 여호와가 이르노라 너희가 또 말하기를 이 일이 얼마나 번거로운고 하며 코웃음치고 훔친 물건과 저는 것, 병든 것을 가져왔느니라 너희가 이같은 봉헌물을 가져오니 내가 그것을 너희 손에서 받겠느냐 이는 여호와의 말이니라"라는 말씀이 나오는 예언서는 어느 것인가? (말 1:13)
① 이사야　② 학개
③ 스바냐　④ 말라기

007 "내 이름을 경외하는 너희에게는 공의로운 해가 떠올라서 치료하는 광선을 비추리니 너희가 나가서 외양간에서 나온 송아지 같이 뛰리라"가 들어 있는 책은? (말 4:2)
① 말라기　② 레위기
③ 민수기　④ 이사야

008 "여호와께서 말라기를 통하여 ( )에게 말씀하신 경고라"에 들어갈 이름은?
① 유다　② 이스라엘
③ 에돔　④ 야곱

009 "그가 아버지의 마음을 자녀에게로 돌이키게 하고 자녀들의 마음을 그들의 아버지에게로 돌이키게 하리라 돌이키지 아니하면 두렵건대 내가 와서 저주로 그 땅을 칠까 하노라 하시니라"라는 말씀에서 '그'는 누구인가? (말 4:6)
① 말라기　② 엘리야
③ 예레미야　④ 사무엘

010 "만군의 여호와가 이르노라 너희의 온전한 ( ) 창고에 들여 나의 집에 양식이 있게 하고 그것으로 나를 시험하여 내가 하늘 문을 열고 너희에게 복을 쌓을 곳이 없도록 붓지 아니하나 보라"(말 3:10)의 괄호에 들어갈 말은?
① 헌물을　② 번제물을
③ 낙헌제를　④ 십일조를

011 "너희는 내가 호렙에서 온 이스라엘을 위하여 내 종 ( )에게 명령한 법 곧 율례와 법도를 기억하라"(말 4:4)의 괄호에 들어갈 말은?
① 여호수아　② 아론
③ 다윗　④ 모세

【주관식】

012 "만군의 여호와가 이르노라 너희의 온전한 십일조를 창고에 들여 나의 집에 양식이 있게 하고 그것으로 나를 시험하여 내가 하늘 문을 열고 너희에게 복을 쌓을 곳이 없도록 붓지 아니하나 보라"는 말라기 몇 장 몇 절 말씀인가?

013 "그가 아버지의 마음을 자녀에게로 돌이키게 하고 자녀들의 마음을 그들의 아버지에게로 돌이키게 하리라 돌이키지 아니하면 두렵건대 내가 와서 저주로 그 땅을 칠까 하노라 하시니라"라는 말씀으로 끝나는 책은?

014 "만군의 여호와가 이르노라 보라 내가 내 ( )를 보내리니 그가 내 앞에서 길을 준비할 것이요 또 너희가 구하는 바 주가 갑자기 그의 성전에 임하시리니 곧 너희가 사모하는 바 언약의 ( )가 임하실 것이라"(말 3:1)에서 괄호에 공통으로 들어갈 말은?

006_④　007_①　008_②　009_②　010_④　011_④　012_3장 10절　013_말라기　014_사자

PART 3

신학대학원 입학시험 성경문제집

신약 개론

마태복음 | Matthew

1. 저 자

사도 마태(전통적 견해)설과 미지의 유대계 그리스도인설이 있음

2. 기록 연대

주후 70-80년 경(현대 학자들의 다수 견해) 또는 예루살렘 성전 파괴(주후 70년) 이전

3. 기록 장소

수리아 안디옥(?)

4. 기록 목적

마태복음은 주요 독자층인 유대계 그리스도인들에게 '예수께서는 구약의 예언을 성취하신 메시아(그리스도)'이심을 증언하고, 유대인과 이방인을 아우르는 만민에게 복음이 확장되는 이유와 과정을 소개하려는 목적을 지녔다.

5. 전체 구조

구약의 예언을 성취하기 위해 메시아(그리스도)로 이 땅에 오신 예수님의 사역과 이에 대한 이스라엘의 반응 및 그 결과를 본서는 체계적으로 서술하고 있다.

1) 메시아 예수의 탄생과 광야 시험 (1:1-4:11)
2) 메시아 예수의 공생애 시작과 가르침 (4:12-7:29)
3) 메시아 예수의 권능과 이스라엘 선교 명령 (8:1-11:1)
4) 메시아 예수에 대한 이스라엘의 반응 (11:2-16:20)

5) 메시아 예수의 수난 예고와 제자 교훈 (16:21-20:34)

6) 메시아 예수의 예루살렘 입성과 수난 및 십자가 죽음 (21:1-27:66)

7) 메시아 예수의 부활과 만민 선교 명령 (28:1-28:20)

6. 주요 장

1-3장	예수의 계보(하향식)와 탄생	5-7	장산상설교
8-9장	예수님의 이적	10장	제자파송 설교
13장	천국 비유 설교	16장	베드로의 신앙고백(16절)
18장	제자 공동체 설교	21장	예루살렘 입성
24-25장	종말 설교	28장	만민 선교 명령

7. 종합적 서설

마태복음은 신약의 복음서들 중에서 가장 유대적인 복음서로 손꼽힌다. 예를 들어 마태복음에는 10개의 '구약 성취 인용문'이 등장하는데(1:22-23; 2:15; 2:17-18; 2:23; 4:14-16; 8:17; 12:17-21; 13:35; 21:42; 27:9-10), 이를 통해 복음서 저자는 예수님의 사역을 '구약의 성취'라는 관점에서 이해하고 있음을 알 수 있다. 마태복음의 족보는 유대민족의 조상인 아브라함으로부터 시작하여, 다윗을 강조하는 구조로 짜여 있다(1:17). 이를 통해 마태복음은 예수께서 '유대인의 메시아'로 오신 분임을 분명히 한다. 또한 신약성경에서 유일하게 마태복음에만 '이스라엘 땅'이란 표현이 등장한다(2:20-21). 그리고 마태복음의 예수님은 지상 사역의 범위를 원칙적으로 '이스라엘의 잃어버린 양'에게만 국한하고 있다(15:25 cf. 10:5-6). 이러한 점들을 종합해 볼 때, 마태복음의 저자는 유대인이며, 마태복음은 유대적인 색채가 강한 복음서라는 점을 알 수 있다.

마태복음은 무엇보다 예수께서 유대인들이 기다려온 메시아이심을 보여주고자 한다. 마태복음에는 이러한 주제의 내용들이 많이 포함되어 있다. 마태복음은 유대인들이 조상으로 여기는 아브라함에서 시작하여 다윗 왕과 유다의 왕들을 나열하고 있는 계보로 시작된다(1:1-17). 유대 베들레헴에서 탄생하신 아기 예수는 동방 박사들에 의해 '유대인의 왕'으로 경배를 받는다(2:2). 이외에도 예수께서 '다윗의 자손' 곧 메시아란 증거를 복음서 곳곳에서 발견할 수 있다(두 맹인의 고백[9:27; 20:30-31], 무리들의 고백[12:23], 가나안 여인의 고백[15:22], 예루살렘 입성 시의 무리의 고백[21:9], 성전 안에서의 어린이들의 고백[21:15]). 요컨대 마태복음의 목적은 예수께서 다윗 가문의 합법적인 상속자이자 메시아이심을 보여주고

자 하는 것이다.

한편 마태복음에는 '유대 비판적'인 특징도 드러난다. 왜냐하면 당시의 유대 지도자들과 많은 유대인들은 예수를 배척했기 때문이다. 마태복음은 공생애를 시작하신 메시아 예수의 사역을 가르침(5-7장), 이적 사역(8-9), 천국 복음 선포(10장)를 통해 개관한다. 그러나 예수님에 대한 이스라엘의 반응은 매우 부정적이다. 예수께서 가장 많은 이적을 행하신 유대의 고을들은 회개하지 않았고(11:20-24), 바리새인들은 예수를 죽이려고 모의한다(12:14). 그들은 예수의 축귀 이적을 폄하하고(12:22-37), 고향 사람들조차 예수를 배척한다(13:53-58). 예루살렘에 입성하신 후, 종교지도자들과 백성들의 공모로 인해(27:25) 예수께서는 결국 로마 당국으로부터 십자가 처형을 받으신다. 그리하여 마태복음은 유대적인 복음서이지만, 동시에 유대 비판적인 성향을 드러낸다. 유대인들은 어두운데 쫓겨나 울며 이를 갈 것(8:12)이고, 유대 지도자들은 하나님 나라를 빼앗길 것이며(21:43), 서기관들과 바리새인들은 화를 면치 못할 것이다(23:1-36). 그리하여 예루살렘 성전은 결국 황폐하여 버려지게 될 것이다(23:37-38). 이처럼 마태복음은 유대적이면서 동시에 유대 비판적인 특징을 지닌 복음서이다.

한편 유대인으로부터 배척받은 예수와 복음은 이방인들에게 전파된다. 예수님의 족보에 언급된 이방 여인들(다말, 라합, 룻, 우리야의 아내)은 장차 예수를 통한 구원의 경륜 가운데 이방인들이 포함될 것임을 암시한다(1:2, 5, 6). 예수 탄생 시에 등장하는 동방박사(2:1-12)나 공생애 기간에 예수를 찾아온 백부장(8:5-13)과 가나안 여인(15:21-28)은 구원받을 이방인들의 예표(豫表)가 된다. 마태복음은 구약의 예언을 통해 복음이 이방 가운데 전파될 것을 선언하며(12:18-21), 혼인 잔치의 비유(22:1-14)를 통해 유대인들의 실패와 천국 초청의 민족적 확대를 보여준다. 결국 마태복음에서 유대 지도자들은 부활하신 예수마저 거짓 소문으로 배척하게 되고(28:11-15), 예수께서는 '모든 민족을 제자 삼으라'는 열방 선교를 제자들에게 명령하신다(28:16-20). 이처럼 마태복음은 '유대 중심주의'(particularism)만이 아니라, 복음의 열방 확대라는 '보편주의적 관점'(universalism)을 보여준다.

마가복음 | Mark

1. 저 자

마가 요한

2. 기록 연대

주후 65–70년(예루살렘 멸망 직전)으로 보는 것이 다수 학자들의 견해

3. 기록 장소

제국의 수도 로마에서 기록되었다는 것이 전통적인 견해

4. 기록 목적

본서는 고난의 종으로 오신 예수를 소개하면서(10:45), 그의 본을 따라 고난을 감수하고 희생의 삶을 살아가는 제자도(弟子道, discipleship)를 제시한다.

5. 전체 구조

본서는 표제(1:1) 및 서언(1:2–1:13) 이후에 예수님의 공생애를 '지리적 배경'에 따라 크게 세 부분—갈릴리, 상경기, 예루살렘—으로 나눠 소개하고 있다.

1) 갈릴리와 그 주변 지역 사역 (1:14–8:26)
- 갈릴리 초기 사역 (1:14–3:6)
- 갈릴리 중기 사역 (3:7–6:6上)
- 갈릴리 후기 및 주변 지역 사역 (6:6下–8:21)
- 종결기적: 벳새다에서 맹인을 고치심 (8:22–26)

2) 상경기 (예루살렘을 향한 십자가의 길, 8:27-10:52)
- 가이사랴 빌립보에서 (8:27-9:29)
- 갈릴리를 통과하며 (9:30-10:31)
- 예루살렘으로 올라가는 길에서 (10:32-45)
- 종결기적: 여리고에서 맹인을 고치심 (10:46-52)

3) 예루살렘 사역 (11-16장)
- 예루살렘 종교 체제와의 충돌 (11-12장)
- 예루살렘 성전의 운명과 종말 예고 (13장)
- 예수님의 수난, 죽음, 부활 (14-16장)

6. 주요 장

1장	공생애 시작	4장	하나님 나라 비유
7장	정결법 논쟁	8장	베드로의 신앙고백
10장	인자가 오신 이유	11장	예루살렘 입성
13장	성전의 운명과 종말 예고	16장	빈 무덤

7. 종합적 서설

마가복음은 예수님의 사역을 소개하면서 구약 본문들을 인용 및 암시하고 있다(4:12; 7:6-7; 9:12; 12:10-11; 13:26; 14:21, 27, 49, 62; 15:34). 마가 역시 마태복음처럼 구약의 성취라는 관점에서 예수님을 이해하고 있는 것이다. 그런데 상대적으로 마가복음은 마태복음에 비해 이방인 독자들을 배려하고 있음을 알 수 있다. 예를 들어 마가복음 저자는 아람어로 된 단어들이나 구절을 번역해준다. '보아너게'(3:17), '달리다굼'(5:41), '에바다'(7:34), '아빠'(14:36) 그리고 십자가상에서 돌아가실 때 외치신 '엘리 엘리 라마 사박다니'(15:34) 등이 그 예이다. 그리고 유대인들이 지키는 '장로의 전통'에 대해 마태복음은 설명하지 않는 반면(마 15:2), 마가는 이를 자세히 부연(敷衍)해주고 있다(7:3-4). 또한 마가복음 저자는 헬라식 표기를 그에 상응하는 로마식 표기로 설명한다. 예를 들어 마가복음은 가난한 과부가 성전 헌금함에 넣은 두 '렙돈'(헬라 동전의 명칭)이 한 '고드란트'(로마의 동전의 명칭)에 상당하는 가치라고 설명해 주고 있으며(12:42), 빌라도의 관저에 있는 '뜰'을 '브라이도리온'이라고 밝혀 주고 있다(15:16). 이러한 점들을 통해서, 마가복음은 로마의 이방 그리스도인을 주요 독자층으로 전제하고 있음을 알 수 있다.

공관복음 중에서 마가복음은 '예수께서 무슨 말씀을 하셨느냐'(가르침)보다 '무슨 일을 행하셨느냐'(행적)에 관심이 더 많다. 다시 말해, 마가복음의 예수님은 가르치시는 분보다는 행동하시는 분이다. 물론 마가복음에도 예수님의 가르침이 등장한다(ex. 4장의 하나님 나라 비유들). 그러나 마태복음 및 누가복음과 비교해 볼 때, 마가복음에는 상대적으로 가르침이 적고 예수님의 이적 보도에 많은 지면이 할애되어 있다. 특히 마가복음에는 '곧' 또는 '즉시'라고 번역되는 헬라어 단어 '유튀스'가 40회(사본에 따라 41회) 등장한다. '유튀스'가 마태복음에는 5번, 누가복음에는 1번, 요한복음에는 3번 등장하는 것에 비해, 가장 길이가 짧은 복음서인 마가복음에 이 단어가 이렇게 자주 등장하고 있다는 것은 매우 인상적이다. 그만큼 마가복음은 예수의 행적 중심 복음서이면서 그 이야기를 빠르게 전개해 나가는 특징을 보인다.

마가복음은 예수님의 공생애를 '지리적 배경'에 따라 크게 세 부분—갈릴리, 상경기, 예루살렘—으로 나눠 소개하고 있다. 특별히 복음서 전체의 마지막 1/3은 예루살렘을 배경으로 예수님의 생애 '마지막 한 주간'(週間)을 다루고 있다. 전체 공생애 기간과 비교해 볼 때, 예루살렘에서의 마지막 한 주는 매우 짧은 기간이다. 하지만 마가복음은 복음서 전체 분량의 약 1/3을 할애하면서 이 기간의 사건들을 보도한다. 그만큼 예수님의 수난, 죽음, 부활(빈 무덤)이 매우 중요한 의의를 갖는 복음서임을 알 수 있다. 당시 '십자가 처형'은 유대인에게나 이방인에게나 받아들이기 힘든 죽음의 방식이었다. 그러나 마가복음의 예수는 예루살렘 입성을 앞두고 그의 죽음을 비참한 패배가 아니라 '고귀한 사명'으로 고백한다: "인자가 온 것은 섬김을 받으려 함이 아니라 도리어 섬기려 하고 자기 목숨을 많은 사람의 대속물로 주려 함이니라"(10:45). 마가복음의 예수는 자신을 낮추시고 주어진 사명에 순종하시는 고난의 메시아이다.

따라서 마가복음이 요구하는 제자도(弟子道)는 고난과 희생의 삶과 분리될 수 없다. 특별히 마가복음이 60년대 후반에 로마의 이방인 성도들을 위해 기록된 것이라면, 이러한 제자도는 그들에게 시사하는 바가 크다. 주후 64년에 네로 황제가 로마 대화재의 배후로 그리스도인들을 지목하면서, 로마 교회는 큰 박해를 겪어야 했다. 이러한 핍박에 직면한 성도들에게 십자가를 지시고 고난과 희생의 길을 걸어가신 예수는 큰 위로가 되시며, 그들이 본받아야 할 모델이 되신다(8:34). 마가복음에 의하면, 예수를 따르는 자들에게 십자가 없는 영광이란 없다.

누가복음 | Luke

1. 저 자

의사 누가(전통적 견해)설과 저자 미상설이 있음

2. 기록 연대

주후 80-100년 경

3. 기록 장소

제국의 수도 로마 또는 가이사랴 저작설 등이 있음

4. 기록 목적

소개말(눅 1:4)에서 언급된 바와 같이, 누가복음은 '데오빌로'로 대표되는 이방인들에게 메시아이자 온 인류의 구주로 오신 예수의 생애와 사상을 전하고 믿음을 견고케 하기 위한 목적으로 저술되었다.

5. 전체 구조

누가복음은 마가복음처럼 예수님의 공생애를 '갈릴리—상경기—예루살렘'이란 지리적 이동을 따라 보도하고 있으며, 다른 공관복음서들보다 유독 상경기가 길다는 특징을 보인다(9:51-19:27 cf. 막 8:27-10:52; 마 16:21-20:34). 소개말(1:1-4) 이후의 내용을 개관하면 다음과 같다.

1) 세례요한과 예수의 탄생 및 유년 시절의 예수 (1:5-2:52)
2) 세례요한의 사역과 예수의 수세, 족보 및 광야시험 (3:1-4:13)
3) 갈릴리 사역 (4:14-9:50)

4) 상경기 (9:51-19:27)

5) 예루살렘에서 수난, 죽음, 부활 (19:28-24:53)

6. 주요 장

1장 마리아의 찬가

3장 예수의 계보(상향식)

4장 나사렛 설교와 갈릴리 사역의 시작

6장 12제자의 명단, 평지설교

10장 70인 제자 파송, 선한 사마리아인

12장 어리석은 부자의 비유

15장 잃은 양, 잃은 드라크마, 잃은 아들의 비유

16장 옳지 않은 청지기 비유, 부자와 나사로의 비유

17장 나병환자 열 사람

18장 기도교훈(과부와 재판관, 바리새인과 세리의 기도)

19장 삭개오 회개 및 예루살렘 입성

24장 엠마오 도상의 예수

7. 종합적 서설

누가복음과 사도행전의 서두(눅 1:1-4; 행 1:1-2)를 비교해 보면, 양자가 동일한 저자에 의해 기록되었음을 알 수 있다. 이 책들은 '데오빌로'라는 개인에게 헌정된 형식을 취하고 있지만, 이 사람의 정체성에 대해서는 전설과 주장이 있을 뿐 객관적인 증거는 부족하다. 여기서 수신자로 언급된 '데오빌로'를 현자(賢者)에 대한 '칭호'나 하나님을 사랑하는 성도 일반을 가리키는 '보통명사'로 간주하는 경우도 있다. 그러나 '데오빌로'는 아마도 복음서의 저자가 누가-행전을 저술할 때 재정적으로 도움을 준 개인 후원자였을 것으로 추정된다. 따라서 누가는 '데오빌로'라는 개인의 후원을 받아 예수님의 지상 사역(누가복음)과 부활 이후 교회의 설립과정(사도행전)을 소개하는 2권의 책을 저술한 것으로 보인다.

누가복음은 다른 공관복음에 비해 '온 인류의 구주로 오신 예수님'을 강조한다. 예를 들어, 누가는 2장에서 시므온의 찬가를 통해 만민을 위한 구원을 노래한다(2:28-32). 또한 예수님의 계보를 유대인의 조상 아브라함으로부터 더듬어 내려오는 마태복음과 달리 누가는 예수님의 계보를 아브라함을 넘어 인류의 조상인 아담에게까지 거슬러 올라간다(3:28-38). 다른 공관복음 저자들과 마찬가지로 누가도 세례 요한의 사역에 관하여 "광야에서 외치는 자의 소리가 있어 이르되 너희는 주의 길을 준비하라"(눅 3:4 〈 사 40:3)는 이사야의 말씀을 인용한다. 그러나 누가는 마태나 마가와는 달리 이 인용을 연장하여 "모든 육체가 하나님의 구원하심을 보리라"는 예언까지 포함한다(눅 3:5 〈 사 40:5). 이러한 누가복음의 특징은 만민에게 복음이 전파될 것이라는 저자의 보편주의적 관심을 반영한다(24:47).

이러한 보편주의적 관심은 사마리아인에 대한 누가복음의 긍정적인 평가와도 연결이 된다. 복음서 중에 오직 누가복음에만 예수께서 유대인에게 멸시받던 사마리아인들을 칭찬하신 사건(10:30-37; 17:11-19)이 기록돼 있다. 이점에 있어서 누가는 특히 마태복음과 차이를 보인다. 예수께서 공생애 기간 동안 열두 제자를 파송하실 때, 마태복음은 "이방인의 길로도 가지 말고 사마리아인의 고을에도 들어가지 말고 오히려 이스라엘 집의 잃어버린 양에게로 가라(마 10:5-6)"는 원칙을 두시지만, 누가복음의 예수님은 사도들의 활동에 아무런 제한을 가하지 않으신다(9:1-6).

또한 누가복음은 당시 가부장적 사회에서 소외된 여성에 대해 많은 관심을 보이며, 다른 복음서에 비해 여성과 관련한 사건과 교훈을 많이 소개한다. 예를 들어, 누가복음은 첫 장에서부터 세례요한의 모친 엘리사벳과 예수의 모친 마리아가 두각을 나타낸다. 마태복음은 천사가 마리아의 수태 소식을 부친 요셉에게 전하는 반면(마 1:18-25), 누가복음은 이를 모친 마리아에게 알린다(1:26-38). 또한 예수님의 공생애 사역 중에도 여인들의 이야기는 매우 비중 있게 다뤄지고 있다(7:11-17, 36-50; 8:1-3; 10:38-42; 11:27-28; 13:10-17; 15:8-10; 18:1-8; 21:1-4; 23:27-28; 23:44-49; 23:55-56; 24:1-12). 누가복음에만 등장하는 여인들의 기사를 열거하면 다음과 같다.

1) 세례 요한의 모친 엘리사벳(1:5-25)
2) 예수의 모친 마리아(1:26-55)
3) 예언하는 안나(2:36-38)
4) 나인성 과부(7:11-17)
5) 향유를 부은 여인(7:36-50)
6) 예수를 따르는 여인들(8:1-3)
7) 마르다와 마리아(10:38-42)
8) 마리아를 칭송한 여인(11:27-28)
9) 귀신들려 등이 굽은 여인(13:10-17)
10) 드라크마를 찾는 여인(15:8-10)
11) 재판관을 움직인 과부(18:1-8)
12) 예루살렘의 여인들(23:27-31)

누가복음은 '가난한 자의 복음서'라고 불릴 만큼 예수님의 인도주의적 관심, 즉 경제적·사회적 약자에 대한 깊은 동정심을 드러낸다. 예수님의 부친은 비둘기 둘로 정결례를 올리는 가난한 사람들이었다(2:24 cf. 레 12:8). 공생애의 시작을 알리는 나사렛 회당 설교에서 예수님은 '가난한 자에게 전해지는 복음'을 선포하신다(4:18). 마태복음의 산상수훈에서 "그러므로 하늘에 계신 너희 아버지의 온전하심과 같이 너희도 온전하라(마 5:48)"고 기록된 예수님의 말씀이 누가복음에는 "너희 아버지의 자비로우심 같이 너희도 자비로운 자가 되라(6:36)"로 기록되어 있다. 마태복음에서 팔복(八福) 가운데 첫 번째는 "심령이 가난한 자는 복이 있나니 천국이 그들의 것임이요(마 5:3)"라고 표현된 반면, 누가복음에서는 예수께서 "너희 가난한 자는 복이 있나니 하나님의 나라가 너희 것임이요(6:20)"라고 가르치신다.

또한 누가복음은 '탐욕적인 축재'(蓄財)에 대해 부정적인 입장을 드러낸다. 오직 누가만이 사복(四福) 선언 다음에 부요하고 배부른 자들을 향해 일련의 화(禍)를 선포한다(6:24-26). 누가복음에는 구제와 자발적인 가난에 대한 권면이 자주 나온다(6:20-21; 12:33; 14:33; 16:19-31; 19-1-10 등). 바리새인들을 가리켜 "돈을 좋아하는 자"라고 비판하는 것도 누가복음뿐이다(16:14). 누가복음에만 언급된 부자와 재물에 관한 교훈은 다음과 같다.

1) 부자에게 화 선포(6:24-26)
2) 상속 문제(12:13-15)
3) 어리석은 부자(12:16-21)
4) 가난한 자들을 초대하라(14:12-14)
5) 모든 것을 포기하라(14:33)
6) 불의한 청지기(16:1-13)
7) 부자와 나사로(16:19-31)

누가복음은 다른 복음서에 비해 '성령'을 강조한다. 모태로부터 성령이 충만한 세례요한(1:15), 마리아의 성령 수태(1:35)와 엘리사벳의 성령 충만(1:41), 사가랴의 성령 충만(1:67), 성령의 감동을 받은 시므온(2:25-27), 성령 충만 가운데 시험받으시는 예수(4:1), 성령의 능력으로 사역하시는 예수(4:14, 18), 성령으로 기뻐하시는 예수(10:21), 구하는 자에게 성령을 주심(11:13), 성령께서 가르치심(12:12) 등 누가복음은 성령의 역할을 다른 복음서들보다 매우 강조하고 있다. 또한 누가복음의 예수님은 '기도하시는 분'이다. 다른 공관복음서들에 비해 누가복음에는 기도에 관한 가르침이 많이 등장하며(11:1-4, 5-8, 9-13; 18:1-8, 9-14; 21:34-36), 예수께서 친히 기도의 본을 보여주신다(3:21-22; 5:16; 6:12;

9:18, 28-29; 11:1; 22:31-32; 22:39-46; 23:34; 23:46). 이처럼 누가복음은 성령과 기도의 복음서이다.

요한복음 | John

1. 저자

요한복음의 저자는 예수의 제자인 사도 요한으로 본다. 그가 쓴 초판을 그의 제자들이 현재 요한복음의 형태로 만들었다는 주장도 있으며, 이 견해도 개연성이 있다고 보인다. 이에 더불어 장로 요한이 그 저자라는 설도 있다.

2. 기록 연대

주후 90-100년 경으로 보는 것이 다수 견해다. 하지만 이보다 더 앞선 시기에 기록되었을 가능성도 있다.

3. 기록 장소

전통적으로 에베소로 본다.

4. 기록 목적

요한복음 20:31, "오직 이것을 기록함은 너희로 예수께서 하나님의 아들 그리스도이심을 믿게 하려 함이요 또 너희로 믿고 그 이름을 힘입어 생명을 얻게 하려 함이니라"에 그 저술 목적이 나온다. "믿게 하려 함이요"는 사본에 따라 헬라어로 현재형 혹은 단순과거형으로 되어 있다. 현재형이 원본이라면 "계속해서 믿게 하려고"라는 뉘앙스가 있으므로, 이미 갖고 있는 믿음을 더 강화하기 위해 기록한 것으로 보게 된다. 단순과거형이 원본이라면 "믿게 하려고"라는 뉘앙스가 있으므로 전도를 목적으로 기록한 것으로 보게 된다. 아마도 현재형이 원본인 것으로 보인다.

5. 전체 구조

서론 (1:1-18)

제1부, 표적들의 책 (1:19-12:50)

1. 예수가 다양한 호칭으로 나타나는 제자들의 첫 예수 계시 경험들(1:19-2:11)
2. 대체(replacement)의 주제와 예수에 대한 반응 (2-4장): 물을 포도주로 변화시킴, 성전 정화, 니고데모, 사마리아 여인, 고관의 아들을 살림
3. 구약성경의 절기들과 그것들을 대체하는 예수 (5-10장)
   안식일: 예수, 새로운 모세 (5:1-47)
   유월절: 생명의 떡이 만나를 대체함 (6:1-71)
   초막절: 생명의 물과 세상의 빛이 물과 빛의 의식을 대체함 (7:1-10:21)
   수전절: 성전 대신 예수가 성결하게(consecrated)됨 (10:22-42).
4. 나사로를 살리심, 기름부음을 받음, 이방인들이 찾아옴.

제2부, 영광의 책 (13:1-20:31)

1. 최후의 만찬과 예수의 마지막 설교 (13-17장)
   1) 최후의 만찬 (13장): 식사, 발을 씻음, 유다의 배반, 설교의 도입부
   2) 예수의 마지막 설교 (14-17장)
      14장: 예수의 떠나심, 하나님의 내재, 보혜사(the Paraclete)
      15-16장: 포도나무와 가지, 세상이 미워함, 보혜사의 증거,
      17장: "제사장"의 기도
2. 예수의 수난과 죽음 (18-19장): 체포, 심문, 베드로의 부인, 빌라도의 심문, 처형, 죽음, 장례
3. 부활 (20:1-29): 예루살렘에 네 번 나타나심
4. 복음서의 결론 (20:30-31): 집필의 목적

후기 (21:1-25): 갈릴리에 나타나심. 두 번째 결론

6. 요한복음의 특징

요한복음은 신앙의 초보자에게 적합한 책이다. 신약성서 중, 가장 간단한 헬라어로 기록되었고, 신약성서 중, 비교적 적은 어휘를 사용한다. 빛, 소금, 목자 등과 같은 상징어들이 자주 나온다. 동시에 요한복음은 신학적으로 심오한 책이기도 하다. 사용된 상징어들이 상당히 깊은 종교적 배경을 갖고 있다. 요한복음

의 깊은 뜻을 밝히기 위해 상당히 긴 주석들이 나오고 있다.

7. 요한복음의 역사성

과거에는 공관복음은 역사를 담고 있고, 요한복음은 신학을 담고 있다고 보는 견해가 우세했다. 요한복음은 공관복음에 비해 예수 그리스도와 그의 십자가와 부활에 대한 신앙 고백을 배경으로 하는 신학이 많이 담겨져 있는 책으로 여겨졌다. 하지만 요한복음에 신학적인 내용만 있는 것은 아니다. 역사적인 사실도 많이 포함되어 있다. 요한복음의 역사성을 부정하고 신학적인 책으로만 보려고 하는 것은 옳지 않다. 현대의 학자들 사이에서는 요한복음에 있는 예수의 어록의 배후에 독립적인 고대전승이 있다고 보는 견해가 우세하다.

8. 공관 복음과 요한복음의 차이점과 공통점

공관 복음의 중심주제는 하나님 나라다. 예수의 신성이 간접적으로 표현되고 있다. 사역 중심지는 갈릴리이며 유대 땅은 공생애의 마지막에 방문하신다. 공생애 사역 기간을 1년 정도로 추정할 수 있다. 역사적 예수의 가르침과 행적에 충실하며, 짧은 사건과 비유, 짧은 경구의 말씀들로 되어 있다. 귀신 축출을 비롯한 많은 이적들이 기록되어 있다.

반면에 요한복음의 중심 주제는 영생, 생명이다. 공관 복음에서 사용되는 어휘와 다른 개념들이 사용된다. 예수의 신성이 직접적으로 드러난다. 유대(남부 팔레스타인)가 사역의 중심지이며, 사역 기간을 3년으로 추정할 수 있다. 역사적 예수의 가르침과 행적에 관계없이 예수의 반복적인 긴 설교가 내용의 중심이 되고 있다. 이적에 대한 기록은 7개의 대표적인 이적으로 제한된다. 예수가 세례 요한에게 세례받는 장면과 최후의 만찬 기사가 요한복음에는 없다. 요한복음에서는 예수가 유월절이 시작되기 전에 죽은 것으로 되어 있다. 양을 잡는 유월절 준비일 오후에 죽은 것으로 되어 있다. 공관복음에서는 제자들과 함께 유월절 음식을 드시고 체포되는 것으로 되어 있다.

그렇다고 해서 공관복음과 요한복음 사이에 공통점이 없는 것은 아니다. 사실 둘 다 예수에 관한 책이다, 예수의 생애에 대해서 비슷한 내용을 기록한다, 적대자들과의 논쟁에 대한 기록도 비슷하며, 이적들(치유, 오병이어의 기적 등)에 관한 기록도 유사하다.

이러한 공통점과 차이점 때문에 요한복음이 독자적으로 저술된 책인지, 아니면 공관 복음의 내용을 자료로 해서 저술된 것인지를 둘러싼 논쟁이 있었다. 오랜 논쟁의 결과 요한복음이 공관복음의 전승과는 다른 독립적 전승에 기초하여 기록되었다는 견해가 더 유력하게 되었다. 요한복음의 저자는 공관복음을 알고 있었지만, 공관복음의 자료에 의존하여 요한복음을 작성한 것 같지는 않다.

9. 7개의 표적들

요한복음에는 아래와 같은 7개의 표적 사건이 있으며, 이 사건들은 예수가 하늘로부터 오신 분이라는 것과 그가 갖고 계신 신적 영광을 드러낸다.

1) 물을 포도주로 바꾸심 (2장)
2) 왕의 신하의 아들을 고치심 (4장)
3) 38년 된 병자를 베데스다 연못에서 고치심 (5장)
4) 오천 명을 먹이심 (6장)
5) 물위를 걸으심 (6장)
6) 날 때부터 맹인 된 사람을 고치심 (9장)
7) 나사로를 살리심 (11장)

이 표적들은 윗 세상의 것을 아래 세상에 예시해 주는 것이다. 이 이적들에 대해 유대인들의 오해가 일어난다. 이들은 아래 세상에 속해 있기 때문에 위로부터 오신 하나님의 아들이 계시한 바를 아래 세상의 관점으로 해석을 하고 판단을 한다. 그러므로 그들은 늘 오해한다. 예수는 긴 강론으로 자신이 일으킨 사건들이 아래 세상의 현상이지만, 윗 세상의 어떠한 진리를 표시하는 이적인지를 해설한다. 이 표적들을 통해 예수는 생명 혹은 영생을 예시하여 준다. 지금의 상태를 죽음이라고 보면 생명으로 표현될 수 있고, 지금의 상태가 생명이 있는 상태로 보면 영생이라는 말로 표현될 수 있는 신적인 세계를 설명해 준다.

10. 7개의 "I am" 말씀들

요한복음에는 아래와 같이 "나는 ~이다"라는 말씀이 7번 나온다.

1) 생명의 떡 (6:35)
2) 세상의 빛 (8:32)
3) 양의 문 (10:7)

4) 선한 목자 (10:11)

5) 부활이요 생명 (11:25)

6) 길이요 진리요 생명 (14:6)

7) 참 포도나무 (15:1)

사도행전 | Acts

1. 저자

바울의 동역자였으며, 의사였으며, 누가복음의 저자인 누가가 저자다. 그는 이방인으로서 유대교로 개종했거나 유대교에 많은 관심을 갖고 있다가 복음을 접한 인물일 가능성이 많다.

2. 기록 연대

누가복음의 기록연대와 거의 같은 70년대로 본다. 그것보다 더 늦은 주후 90-100년 경으로 보는 견해도 있다.

3. 기록 목적

하나님이 구원 역사 과정에서 교회가 탄생하고 성장하여 복음이 전파되는 과정을 알리기 위해 기록되었다. 또한 복음의 역사성과 진실성을 알려 기독교야말로 참 하나님을 섬기는 종교라는 것을 변증하는 목적도 있다.

4. 전체 구조

사도행전 1:8, "오직 성령이 너희에게 임하시면 너희가 권능을 받고 예루살렘과 온 유대와 사마리아와 땅 끝까지 이르러 내 증인이 되리라 하시니라"에 사도행전 전체의 순서가 나타나있다.

서론: 예수의 제자들이 성령을 받기 위해 준비함 (1:1-26)

1) 예수의 승천과 제자들에게 준 명령 (1:1-11)

2) 성령을 기다림, 열두 사도의 보궐 선출 (1:12-26)

예루살렘 선교 (2:1–8:1a)

1) 오순절 사건, 베드로의 설교 (2:1–36)
2) 예루살렘 교회와 공동생활 (2:37–45)
3) 사도들의 활동, 설교, 재판 (3:1–5:42)
4) 헬라파 유대인들, 스데반의 재판과 순교 (6:1–8:1a)

사마리아와 유대 선교 (8:1b–12:25)

1) 예루살렘에서 흩어짐, 빌립과 베드로의 사마리아 선교 (8:1b–25)
2) 빌립과 이디오피아 내시 (8:26–40)
3) 사울의 개종, 예루살렘 방문, 다소로 귀환 (9:1–31)
4) 베드로의 룻다, 욥바, 가이사랴, 예루살렘 선교 (9:32–11:18)
5) 안디옥, 예루살렘, 헤롯의 핍박, 베드로의 귀환 (11:19–12:25)

바나바와 사울의 이방 선교와 예루살렘 공의회 (13:1–15:35)

1) 바나바와 사울의 이방선교 (13:1–14:28)
2) 예루살렘 공의회 (15:1–35)

땅 끝에 이르는 선교 (15:36–28:31)

1) 바울의 2차 선교여행과 안디옥으로의 귀환 (15:36–18:22)
2) 바울의 3차 여행과 가이사랴로의 귀환 (18:23–21:14)
3) 예루살렘에서 체포, 가이사랴에서의 수감과 재판 (21:15–26:32)
4) 죄인의 신분으로 로마로 가는 바울 (27:1–28:14a)
5) 바울의 로마생활 (28:14b–31)

5. 사도행전은 역사적 기록인가 아니면 신학적인 저작인가?

사도행전은 순수한 의미에서의 역사는 아니다. 누가가 사도행전에서 기록하는 사건들의 시기와 공간은 매우 선택적이다. 그는 의도적으로 어느 부분은 생략하고 어느 부분은 자세히 기록한다. 사도행전은 어떤 인물의 전기도 아니다. 베드로의 행적은 12장 이후에 생략되어 버리고, 바울의 행적도 다메섹 사건 이후 안디옥 교회에서 사역하기까지의 기간이 생략되어 있다. 사도행전은 예루살렘 교회의 역사도 아니다. 바울의 등장 이후에 예루살렘 교회는 스토리 전개의 중앙에서 밀려난다. 그렇다면 사도행전 전체를 포괄하는 주제는 무엇인가? 그것은 복음의 확장이다. 개인도 아니고, 어떤 특정 교회도 아니고, 전체 교회의 역사도 아닌, 복음의 확장과정을 보여주는 것에 누가의 사도행전 저술 목적이 있었다.

그렇다고 해서 이것이 누가가 남긴 역사적 기록의 진정성을 의심한다는 뜻은 아니다. 실제로 누가의 기록들은 그 구체적인 사실(detail)에서 상당히 정확하다. 예를 들어 당시 다양한 도시국가들에 존재하는 다양한 관직들의 이름들을 연구한 결과 누가의 기록이 놀라울 정도로 신뢰할만하다는 증거가 많이 발견되었다.

6. 저자와 주어가 "우리"인 구절들

사도행전에는 "우리"(we)를 주어로 하는 구절들이 있다. 사도행전의 대부분의 내용에서 저자는 삼인칭 주어를 사용하지만 16:10-17(2차 여행, 드로아에서 빌립보까지), 20:5-15; 21:1-18(3차 여행의 마지막 부분, 빌립보에서 예루살렘까지), 27:1-28:16(바울이 가이사랴에서 로마로 호송됨)에서 "우리"라는 주어를 사용한다. 이 구절들은 저자인 누가가 바울과 함께 여행에 동행하여 함께 사역하던 기간 동안에 자신이 직접 보고 들은 것들을 증언하는 양식일 가능성이 높다. 특별히 "We Passage"가 빌립보에서 중단되었다가 나중에 빌립보에서 다시 시작하는 것으로 보아, 누가는 2차 여행 시 바울이 빌립보를 떠났을 때, 그곳에 남아서 이 교회를 돌보았을 가능성이 있다.

만약 누가가 빌립보에 남아 있었고, 그 이후에 상당 기간 동안 바울로부터 떨어져 있었다면, 그 동안에 기록된 데살로니가전서, 빌레몬서, 고린도전후서, 로마서 등과 같은 바울의 편지의 내용에 누가가 직접 알 수 있는 기회가 부족했을 것이며, 이것이 아마도 사도행전에 바울서신의 내용이 많이 등장하지 않는 이유일 것이다.

7. 사도행전에 나타난 핵심적 전환들

사도행전과 공관복음을 비교해보면 아래와 같은 초점의 전환이 일어나고 있는 것을 관찰할 수 있다.

1) 성육신하신 예수의 사역으로부터 성령의 사역으로
2) 유대교의 예배에서 기독교의 예배로
3) 유대인에서 이방인으로

로마서 | Romans

1. 저자

바울

2. 기록 시기

주후 57년 경

3. 기록 장소

기록 장소는 고린도로 본다. 16:23에서 바울은 고린도에서 온 교회가 모이는 집의 주인인 가이오가 로마 교회를 향해 인사한다고 전한다. 기록 장소를 좀 더 세밀하게 특정한다면 고린도의 항구인 겐그레아로 볼 수도 있다. 왜냐하면 16:1-2에서 바울이 겐그레아 출신의 여집사인 뵈뵈를 로마 교회에 추천하기 때문이다.

4. 기록 목적

바울은 로마제국 동반구의 선교를 마무리하고 이제 서반구의 선교를 시작하여 서바나를 향해 가려고 한다. 서반구 선교를 위해 로마 교회가 그를 지원해주기를 기대한다(롬 15:23-24). 그런데 로마 교회는 바울이 개척한 교회가 아니다. 1:8에서 "너희 믿음이 온 세상에 전파됨이라"고 말하는 것으로 보아, 57/58년 경에 이미 로마 교회는 확립되어져 있는 교회였을 것이다. 오순절 사건 때에 로마로부터 온 사람들이 있었으므로, 아마도 그들이 다시 로마로 돌아가 로마 교회를 세웠다면 로마 교회는 예루살렘 교회와 거의 동시기에 세워졌다고 볼 수 있다. 로마제국의 수도에 위치한 교회로서 역사가 오래된, 영향력 있는 교회였을 것이다. 그러므로 바울은 한 번도 방문한 적이 없는 로마 교회에 자신을 소개해야만 했다. 그가 자신을 소개하는 방법은 자신이 평소에 전하던 복음이 어떤 것인지 소개하는 것이다. 이것이 가장 근본적인 저술목적이며, 이것이 우리가 바울복음의 전반적인 내용을 로마서를 통해서 알 수 있는 이유다.

또한 바울은 로마 교회의 내부에 발생한 문제들에 대해 알고 있었다. 로마 교회를 한 번도 가 본적이 없지만 로마서 16장에 등장하는 26명의 사람들 중 상당수가 로마 교회의 교인들인 점으로 미루어 보아, 바울이 로마 교회에 대해 상당히 깊이 알고 있었던 것으로 보인다. 국가가 요구하는 세금을 납부하는 문제, 예배 날짜와 음식에 관한 문제 등으로 인한 갈등에 대해 바울은 자신의 대답을 로마서에 기록한다. 그러므로 로마서를 기록한 또 다른 목적은 로마 교회 내부의 문제를 해결하는 것이다.

로마서를 쓸 당시(57/58년) 바울은 그 동안 모금한 구제금을 예루살렘에 갖고 갈 계획을 갖고 있었다(15:26-33). 실제로 고린도에서 로마서를 써서 로마로 보낸 뒤 그는 고린도에서 겨울을 나고, 마게도냐, 아시아, 가이사랴를 거쳐 예루살렘으로 간다. 문제는 이 지원금을 예루살렘 교회가 과연 받아들인 것인지 여부였다. 바울은 예루살렘 교회가 지원금을 받아들이지 않을 것을 염려했다. 그는 로마 교회를 향해 예루살렘 교회가 이 지원금을 받아들이도록 기도해 줄 것을 부탁한다(롬 15:30-31, "너희 기도에 나와 힘을 같이하여 나를 위하여 하나님께 빌어 … 내가 섬기는 일을 성도들이 받을 만하게 하고"). 이것이 로마 교회가 예루살렘 교회를 설득하여 예루살렘 교회가 헌금을 받아들이도록 도움을 요청하는 것이 로마서를 기록한 또 다른 목적이다.

5. 로마서의 구조

인사말, 감사찬양, 바울이 로마에 가기를 원하고 있음을 밝힘 (1:1-15)

본론 (바울이 평소 선포하는 복음, 1:16-11:36)

- 하나님의 의가 복음을 통해 계시됨 (1:16-4:25)
- 하나님의 진노와 이방인, 유대인의 죄 (1:18-3:20)
- 율법과 관계없이 믿음으로 의롭다 함을 얻음 (3:21-4:25)
- 믿음으로 의롭다 함을 받은 사람들을 위한 하나님의 구원 (5:1-8:39)
- 이스라엘을 위한 하나님의 약속 (9:1-11:36)

본론 (로마 교회를 향한 권고, 12:1-15:13)

기독교인의 생활에 대한 바울의 권고 (12:1-13:14)

강한 자들이 약한 자들에게 사랑을 빚짐 (14:1-15:13)

바울의 여행 계획과 축복문 (15:14-33)

뵈뵈의 추천과 로마에 있는 성도들에게 보내는 인사말 (16:1-23)

결론부의 영광송 (16:24-27)

6. 로마서에 나타난 복음

로마서의 주제는 1:17, "복음에는 하나님의 의가 나타나서 믿음으로 믿음에 이르게 하나니 기록된 바 오직 의인은 믿음으로 말미암아 살리라 함과 같으니라"에 잘 나타나 있다. 이점을 설명하기 위해 바울은 죄로 말미암아 모든 인간이 보편적으로 겪고 있는 곤경에 대해 1:18-3:20에서 상세히 말한다. 3:21-31에서는 그리스도를 통한 칭의를 설명하며, 여기에서 결정적인 중요성을 갖고 있는 구절은 3:25, "이 예수를 하나님이 그의 피로써 믿음으로 말미암는 화목제물로 세우셨으니"이다.

4장에서는 구약성경에서 나타난 이신칭의에 대해 이야기하고 5장에서는 이신칭의의 결과로 얻어지는 하나님과의 화해와 아담-그리스도의 유비에 대해 말한다. 6장은 죄의 지배에서 벗어난 인간, 7장과 8장 앞부부에서는 율법의 지배에서 벗어나 성령의 지배 아래 있는 인간에 대해 말한다. 8장의 나머지 부분에서는 하나님의 온 우주적 구원과 성도를 향한 하나님의 흔들리지 않는 구원의 의지를 선언한다. 여기까지가 바울이 평소에 전하던 복음의 핵심을 정리하여 서술한 것이다.

고린도전서 | 1 Corinthians

1. 저자

바울과 소스데네

2. 기록 시기

바울이 원래 계획에 없던 고린도방문을 하기 전인 주후 55년 경

3. 기록 장소

에베소

4. 기록 목적

글로에 집 사람들의 보고를 통해 알게 된 고린도교회의 내부 분쟁과 여러 가지 신학적 논쟁과 질문들에 대답하기 위해 기록

5. 전체 구조

도입 (1:1-9)
　인사말 (1:1-3)
　감사 찬양 (1:4-9)

편지의 본문 (1:10 - 4:21)
　고린도 교회의 분열 (1:10-17)
　그리스도의 십자가 (1:18-24)
　지혜 (헛된 지혜와 참된 지혜), 성숙 (1:25-3:4)
　바울과 아볼로의 사도적 목회 (3:5-4:13)

바울의 사도적 권위 (4:14-21)

고린도 교회의 문제, 질문에 대한 바울의 응답 (5:1-16:12)

교회의 치리에 대한 문제 (5:1-6:11)

부도덕한 자에 대한 소식: 부도덕, 교만, 치리 (5:1-13)

성도들 간의 송사에 대한 소식 (6:1-8)

하나님의 나라에서의 멤버쉽 (6:9-11)

성적인 문제들 (6:12-7:40)

몸과 부도덕한 행동 (6:12-20)

결혼에 관한 문제 (7:1-24)

결혼의 의무 (7:1-7)

사별후의 재혼 (7:8-9)

이혼 (7:10-16)

신자들간의 이혼 (7:10-11)

불신자와 신자들 간의 이혼 (7:12-16)

하나님이 부르신 때의 상태로 그대로 남으라 (7:17-24)

독신에 대하여 (7:25-40)

독신에 대한 종말론적 해석 (7:25-31)

주를 섬김과 독신 (7:32-35)

미혼자들의 결혼에 관하여 (7:36-38)

과부들의 재혼 (7:39-40)

예배와 관련된 문제들 (8:1-14:40)

우상에게 바친 제물을 먹는 문제 (8:1-11:1)

지식과 사랑에 관한 바울의 가르침 (8:1-3)

고기 먹는 것, 이방인 신전, 교회 내의 문제 (8:4-13)

자유와 복음에 대한 책임 (9:1-27)

이스라엘의 역사로부터 주는 경고 (10:1-13)

경고: 우상숭배와 이방신전에서 식사를 금함 (10:14-22)

이방신전 밖의 장소에서 고기먹는 문제에 대한 원칙 (10:23-30)

우상에게 바친 고기를 먹는 것에 관한 결론 (10:31-11:1)

교회의 예배에 관한 소식과 질문들 (11:2-14:40)

기도와 예언 시 여자들이 머리를 가리는 것에 관하여 (11:2-16)

주의 만찬에 관하여 (11:17-34)

      - 영적 은사에 관한 문제 (12:1-14:40)
        - 서두: 성령을 통해 예수의 주되심을 고백함 (12:1-3)
        - 은사의 다양성에 관한 신학적 설명 (12:4-11)
        - 은사의 다양성에 관한 비유적 설명 (12:12-26)
        - 첫 번째 결론 (12:27)
        - 두 번째 결론 (12:28-31a)
        - 은사를 통제하는 원리로서 사랑 (12:31b-14:1a)
        - 방언에 대한 예언의 우월성 (14:1b-25)
        - 예배의 순서와 행동에 대한 원칙들 (14:26-36)
        - 결론 (14:37-40)
  - 죽은 자의 부활에 관한 문제들: 신자의 장래의 부활을 부정함 (15:1-58)
    - 부활에 관한 교회의 전통: 그리스도가 부활하심 (15:1-11)
    - 바울의 주장: 장래의 부활 부정은 그리스도의 부활을 부정하는 것(15:12-19)
    - 바울의 주장: 유대교 종말론에 따른 부활에 대한 설명 (15:20-28)
    - 바울의 주장: 부활과 세례, 바울 자신의 경험 (15:29-34)
    - 부활체의 성격 (15:35-57)
      - 자연으로부터의 설명 (15:35-44)
      - 아담으로부터의 설명 (15:45-49)
      - 부활 사건 (15:50-57)
    - 결론 (15:58)
  - 바울의 여행 계획과 관련 문제들 (16:1-12)
    - 예루살렘 교회를 위한 모금과 여행계획 (16:1-11)
      - 모금에 관한 문제 (16:1-4)
      - 바울의 여행계획 (16:5-9)
      - 디모데의 여행계획 (16:10-11)
    - 아볼로에 관한 문제 (16:12)
- 결론 (16:13-24)
  - 일반적인 충고 (16:13-14)
  - 스데바나와 그의 동료 지도자들에 대한 칭찬과 격려 (16:15-18)
  - 바울과 다른 사람들로부터의 인사말 (16:19-21)
  - 마지막 경고와 축복문 (16:22-24)

6. 바울과 고린도교회의 관계

1) 50/51–52년에 사도행전 18:1–3의 기록에 따르면 바울이 고린도에 와서 브리스길라와 아굴라와 함께 천막업에 종사하면서 교회를 개척했다. 후에 유대인들이 소동을 일으켜 총독 갈리오에게 바울을 끌고 갔다. 이 때 그들은 유대교 내부 문제를 이유로 바울을 고발했다. 갈리오는 정치적인 문제가 아닌 것으로 보아 바울은 풀려나고 소스데네는 태형을 당했다(행 18:12–17).

2) 바울은 52년에 고린도를 떠나고, 그 뒤 다른 선교사들이 고린도에 도착했다.

3) 고전 5:9에서 바울이 언급하는 편지(현재 남아 있지 않음)를 바울이 보냈고, 음행하는 자들에 대해 경고한다.

4) 바울이 에베소에 머무는 동안, 글로에의 집안사람들을 통해 고린도교회의 소식을 듣게 된다(고전 1:11; 11:18).

5) 거의 동시에(혹은 약간 뒤에) 바울이 고린도 교회로부터 편지를 받았다(고전 7:1, "너희가 쓴 문제에 대하여 말하면"). 이 편지는 아마도 바울이 먼저 보낸 편지에 대한 고린도 교회의 답장으로 보인다.

6) 바울이 에베소에서 고린도전서를 써서 보낸다.

7. 고린도교회의 질문과 바울의 대답 양식

아래와 같은 "~에 대하여 말하면"이라는 양식은 질문에 대해 대답하는 양식이다. 이것은 고린도교회의 성도들이 서면이나 구두로 질문을 바울에게 전하고 나서, 그 질문에 대해 바울이 대답하는 모습을 보여준다.

7:1, "너희가 쓴 문제에 대하여 말하면"
7:25, "처녀에 대하여는"
8:1, "우상의 제물에 대하여는"
12:1, "신령한 것에 대하여"
16:1, "성도를 위하는 연보에 관하여는"
16:12, "형제 아볼로에 대하여는"

8. 고린도전서 안에 있는 샌드위치 구조

8장과 10장은 우상숭배와 우상에게 바쳐진 제물을 먹는 문제에 대해 다룬다. 9장을 빼고 읽으면 자연스럽게 연결된다. 그렇다면 왜 8장과 10장 사이에 사도의 권한을 다루는 9장이 샌드위치처럼 가운데 끼어 있는 것일까? 그 이유는 고린도교회의 성도들 중 우상숭배에 참여하려는 상류층들이 자신들이 우상숭배에 참여하여 그곳에서 영예를 얻는 것을 자신의 권리로 생각하기 때문이다. 그들은 우상숭배 예배 시에 좋은 자리에 앉고, 그곳에서 만찬을 먹는 것을 영예로운 일로 생각하고, 그 권리를 포기하고 싶지 않다. 이에 대해 바울은 자신이 사도로서 사례비를 요구할 권한이 있지만 복음을 위해 자발적으로 포기한 것을 언급하면서 그들도 그 권리를 포기할 것을 설득한다.

12장과 14장은 방언과 은사에 대해 다룬다. 그런데 그 가운데 사랑에 대한 시가 13장에 나와 샌드위치처럼 가운데 끼어 있다. 13장을 빼고 읽어도 자연스럽게 잘 연결되지만 바울은 그 가운데 사랑장을 집어 넣었다. 그 이유는 다른 어떤 영적 은사도 영원하지 않지만 사랑은 영원하다는 것을 강조하여 과도하게 영적 은사에 빠져 있는 성도들을 깨우치려는 의도다.

9. 고린도전서 15장 부활장

고린도 성도들은 사람이 죽은 뒤에 사후세계가 있다는 것을 부인하지 않았다. 15:29에서 “만일 죽은 자들이 도무지 다시 살아나지 못하면 죽은 자들을 위하여 세례를 받는 자들이 무엇을 하겠느냐 어찌하여 그들을 위하여 세례를 받느냐”고 말하기 때문이다. 고린도 성도들은 죽은 뒤에 그 존재가 아예 없어지는 것이 아니라고 생각하고 있었다. 그러나 고린도 성도들 가운데에는 바울이 가르치는 육체의 부활을 부인하는 사람들이 있었다(고후 15:12, “어찌하여 죽은 자 가운데서 부활이 없다 하느냐”). 바울은 15장에서 부활이 있으며, 부활이 복음의 필수불가결한 핵심이라고 가르친다.

동시에 바울은 부활이 아직 일어나지 않은 미래의 사건이라는 것도 강조한다. 그리스도는 부활의 첫 열매가 되셨지만 성도들은 아직 부활하지 않았고, 성도의 부활은 그리스도의 강림 때에 일어날 것이라고 말한다(고전 15:23, “그러나 각각 자기 차례대로 되리니 먼저는 첫 열매인 그리스도요 다음에는 그가 강림하실 때에 그리스도에게 속한 자요”). 바울이 이처럼 부활이 아직 일어나지 않았다는 것을 강조하는 것은 일부 고린도 성도들이 자신들이 이미 부활했다고 오해하고 있었기 때문일 가능성이 많다. 고린도 성도들은 자신들이 방언을 하는 것을 "천사의 언어"라고 보고, 자신들이 이미 "신령한 자들"(고전 3:1)이 되었으므로 더 이상 남녀의 구분도 없다고 생각하여 일부 여성들이 당시 문화적으로 여성의 헤어스타일이 아니라고 생각되는 것으로 바꾸었을 것으로(11장) 추측된다. 7장에서 부부 간에 각방을 쓰려는 시도도 아마 이 점과 관련이 있을 것으로 보인다.

고린도후서 | 2 Corinthians

1. 저자

바울과 디모데

2. 기록 시기

주후 55-56년 경

3. 기록 장소

마게도냐

4. 기록 목적

고린도교회와 바울에서 발생한 불행한 사건을 마무리하고 고린도교회에 침투하여 바울의 복음과 사도직을 공격하며 잘못된 복음을 전하는 유대주의자들을 추방하기 위해서 기록하였다. 또한 예루살렘 성도들을 위한 구제 헌금 사업을 진행할 것을 독려하는 것도 중요한 기록의 목적이다.

5. 전체 구조

서론 (1:1-11)

최근의 바울과의 관계에 대한 언급 (1:12 - 2:13) [7:5-16에서 계속 이어짐]

바울의 자신의 사역에 대한 입장 (2:14-7:4)
- 새언약의 사역 (2:14-3:18)
- 고난과 영광 (4:1-5:10)

사역과 화해의 복음 (5:11–6:2)
사역의 진정성, 상호 존중, 책임 (6:3–7:4)

바울의 최근의 관계, 디도의 역할과 화해 (7:5–16)

바울, 고린도, 모금 (8:1–9:15)

그의 사역에 대한 새로운 변증 (10:1–13:14)
이 부분이 원래 고린도후서의 한 부분인지 아니면 별개의 편지인지 논쟁이 있음.
이 부분이 묘사하는 고린도교회의 상황은 앞부분의 묘사와 다르다.
지극히 크다는 사도들(super apostles)로 불리는 적대자들과의 대결이 전제되어 있다.
이 적대자들은 바울을 공격하고 있다.
바울의 편지는 힘이 있으나, 사람은 약하다.
적대자들은 자신들의 높은 지위를 자랑한다.
바울은 자신의 약함을 자랑한다.
바울이 낙원으로 갔다온 경험을 언급한다.
바울이 육체의 가시를 갖고 있음을 언급한다.
바울은 "내가 연약한 것에서 내가 강하다"고 결론 내린다.
이것은 바울이 스스로를 사도로 이해하는 것으로서는 매우 의미심장한 이해이다.
바울이 고린도를 세 번째로 방문할 의사가 있음을 밝힌다.

6. 바울과 고린도교회와의 관계 (고린도전서의 1–6번과 계속 연결됨)

7) 바울이 고린도전서를 보낸 뒤 디모데가 고린도에 왔다(행 19:21–22; 고전 4:17–19; 16:10–11). 상황이 심각한 것을 알게 된 디모데가 에베소에 있는 바울에게로 간 것이다.

8) 디모데의 소식을 들은 바울이 긴급 상황이므로 원래의 여행계획을 취소하고 에베소에서 뱃길로 직접 고린도로 갔다. 이것이 바울의 두 번째 고린도 방문이며, 영어로 "painful visit"(고통스러운 방문)라고 부른다. 원래의 여행계획은 마게도냐를 거쳐서 고린도에 가서 그곳에서 겨울을 난 뒤에 고린도교회가 모금한

돈을 갖고 예루살렘으로 가는 것이었다(고전 16:5-7).

바울이 고린도에 다시 나타났을 때, 고린도교회는 그에 대해서 매우 강한 반대와 거부를 나타냈고(고후 2:5; 7:12; 12:21), 이에 따라 바울은 고린도에 매우 짧은 기간 동안만 머물 수밖에 없었다. 그는 잠시 상황을 식히기 위해 마게도냐로 갔고, 다시 고린도로 돌아오지 않고, 마게도냐 방문 후에는 다시 바로 에베소로 돌아갔다.

9) 바울은 다시 고린도를 방문하는 대신 그의 고통스러운 경험에 대해 언급하는 편지를 에베소에서 써서 디도를 시켜 고린도로 보냈다. 그 고통스러운 방문의 구체적인 내용이 1:23-2:4에 나온다. 이 편지를 "눈물의 편지"(2:4 "많은 눈물로 너희에게 썼노니")라고 부르며, 이 눈물의 편지는 현재 남아 있지 않다.

10) 눈물의 편지를 보낸 바울은 에베소를 떠나 디도와 만나기로 약속한 드로아로 갔다. 그곳에서 아무리 기다려도 디도가 돌아오지 않자 바울은 마게도냐로 건너가서 디도를 기다리다 그를 만났다(고후 2:12). 디도는 눈물의 편지를 받은 고린도교회가 바울에게로 돌아왔고 그 사이의 오해가 풀렸다는 좋은 소식을 전해주었다(고후 7:6-16).

11) 마게도냐에서 고린도교회 문제가 잠잠해진 후에 바울이 쓴 편지가 바로 이 고린도후서다. 디도가 갖고 다시 고린도로 갔다.

12) 바울은 그 이후 고린도에 가서(고후 12:14; 13:1-2). 57/58년 겨울을 고린도에서 보낸다. 그리고 이 시기에 로마서를 썼다.

7. 고린도후서에 나타나는 바울의 적대자

고린도후서에 나타난 바울의 적대자들은 다수의 사람들이다. 2:17의 "수많은 사람들"이란 말과, 11:18에 "여러 사람"이란 말이 나오기 때문이다. 이들은 추천서를 소지하고(3:1, "어떤 사람처럼 추천서를") 고린도 외부에서 고린도로 왔고(11:4, "만일 누가 가서") 그들의 주장을 고린도 성도들이 받아들였다(11:4, 20). 그들은 히브리인이었고, 이스라엘 족속이었고, 아브라함의 후손이었고(11:22) 또 "그리스도의 일꾼"이었다(11:23). 즉 유대기독교인들(Jewish Christians)이었다. 3장에서 바울이 율법과 성령, 옛 언약과 새 언약을 대조하면서 전자보다 후자를 높이는 것을 볼 때 그들의 메시지가 유대교의 율법을 중심으로 한 옛 언약의 가르침이었다는 것을 암시한다. 그들은 옛 언약의 일꾼들로서(3:6) 그리스도를 믿고 따르는 것에 더불어 여전히 모세의 율법을 지킬 것을 가르쳤다(3:6-7).

바울은 적대자들이 "다른 예수", "다른 영", "다른 복음" 전한다고 비판한다(11:4). 그들은 장사꾼들이 포도주에 이질적인 것(물)을 타듯이 순수한 복음을 변질시킨 자들이다(2:17). 그들은 "하나님의 말씀을 혼잡하게" 한다(4:2). 그들은 새 언약의 영광 때문에 이미 옛 언약의 영광이 사라졌는데도 그들은 옛 언약에 여전히 영광이 대단한 것처럼 가장한다. 그들은 "외모로 자랑하는 자들"에 불과하고(5:11), "그리스도도 육신을 따라" 아는 자들이다(5:16). 바울은 그들을 "거짓 사도", "속이는 일꾼", "그리스도의 사도로 가장하는 자들"(11:13)이라고 부르고, 심지어 "사탄의 일꾼"(11:15)이라고 부른다. 바울이 예루살렘의 사도들을 "지극히 크다는 사도들"(11:5, super-apostles)이라고 약간 비꼬듯이 부르는 것은 적대자들이 자신들과 바울을 비교하면서 자신들의 권위의 근거로 예루살렘의 사도들을 이용했기 때문으로 보인다.

갈라디아서 | Galatians

1. 저자

바울

2. 기록 시기

예루살렘 공의회 이전으로 보는 것이 최근의 다수 의견이고, 주후 48–49년 경이다.

3. 기록 장소

안디옥

4. 기록 목적

갈라디아 지역의 교회에 침투한 할례당이 전하는 거짓 복음을 물리치고 자신이 전한 복음이 옳은 복음이라는 것을 가르치기 위해 기록했다.

5. 전체 구조

서론 (1:1–10)
- 인사 (1:1–5)
- 다른 복음에 대한 정죄 (1:6–10)

사도직에 대한 바울의 변호 (1:11–2:21)
- 바울이 전한 복음의 기원 (1:11–12)
- 바울의 회심 전 행동 (1:13–14)
- 바울의 회심 후 행동 (1:15–2:14)

아라비아 선교 (1:15-17)
첫 번째 예루살렘 방문 (1:18-24)
두 번째 예루살렘 방문 (2:1-10)
안디옥 사건 (2:11-14)
갈라디아서의 주제 (2:15-21)

복음에 대한 바울의 방어 (3:1-4:31)
바울복음이 옳다는 것은 성도들의 경험으로 확인된다 (3:1-6)
아브라함의 예도 바울복음을 지지한다 (3:7-9)
구약성서도 마찬가지로 바울복음을 지지한다 (3:10-14)
약속이 율법보다 우선한다 (3:15-18)
율법의 역할은 그리스도가 오시기까지의 초등교사 역할을 하는 것이다 (3:19-29)
성도들은 약속의 자녀이므로 자유인이나 할례당의 자녀들은 노예다 (4:1-20)

윤리적 권면 (5:1-6:10)
그리스도인의 자유와 할례 (5:1-12)
사랑 안에서 종노릇 하라 (5:13-15)
육체의 일 (5:16-21)
성령의 열매 (5:22-26)
교회를 향한 일반적 권면 (6:1-10)

적대자들을 향한 마지막 경고와 인사말 (6:11-18)

6. 바울의 예루살렘 방문과 갈라디아서 2:1-10의 방문

사도행전에 따르면 바울은 아래와 같이 그의 다메섹 경험 이후 모두 다섯 번 예루살렘을 방문한다.

1) 개종 방문 (9:26-30)
2) 기근 방문 (11:27-30)
3) 예루살렘 공의회 방문 (15:1-30)
4) 짧은 방문(the hasty visit) (18:22, "가이사랴에 상륙하여 올라가 교회의 안부를 물은 후에")
5) 마지막 방문 (21:15-17)

이 중 어느 방문이 갈라디아서 2:1-10의 방문과 동일한 방문인지에 대해 학자들의 견해가 나누어져 있다.

갈라디아서 2장의 방문이 기근방문이라는 견해와 예루살렘 공의회 방문이라는 견해로 나누어져 있다. 이 문제는 갈라디아서가 기록된 연대와도 바로 연결되어 있다. 기근방문으로 보는 견해는 예루살렘 공의회 방문으로 보는 견해보다 갈라디아서의 기록연대가 더 빠르다고 보게 된다.

7. 갈라디아서에 나타난 할례당의 정체

바울이 갈라디아 지방에 교회들을 개척하고 안디옥으로 돌아간 뒤 할례와 율법 준수를 주장하는 유대 기독교인들이 이 교회들에 침투했다. 이들은 바울이 전한 복음과 "다른 복음"(1:7)을 전하는 자들로서 이방인들이 구원받으려면 할례를 받고("너희가 만일 할례를 받으면" 5:2, "내가 할례를 받는 각 사람에게 다시 증거하노니" 5:3) 율법을 지켜야 한다고 주장하였다. 이들은 믿음을 부정하지 않았지만, 믿음만으로 구원받는다는 것을 부정하고 율법을 준수하는 행위를 구원의 조건에 추가하였다.

이들은 예루살렘 교회로부터 온 사람들인 것으로 보이며 바울이 두 번째로 예루살렘을 방문해서(2:1), "유명한 자들"(2:4, 야고보, 게바, 요한)과 만나 이야기 할 때, 그 자리에 "가만히 들어온 거짓형제(들)"과 같은 그룹의 사람들로 보인다. 그 자리에서도 그 거짓형제들은 디도가 헬라인이므로 할례를 받아야 한다고 주장했고, 이 때문에 바울과 논쟁이 벌어졌다. 바울은 이들의 주장에 조금도 굴복하지 않았다(2:5).

2:11-14에 나오는 안디옥 사건에서 베드로는 안디옥에서 이방인들과 함께 식탁 교제를 나누다가 "야고보에게서 온 어떤 이들이"(2:12) 도착하자 식탁에서 물러났다. 바울은 베드로가 "할례자들을 두려워하여 떠나 물러갔다"(2:13)고 말한다. 이 그룹은 베드로조차도 두려워하는 상당히 영향력이 있는 사람들이었다. 이들은 안디옥에서 거둔 승리를 기반으로 해서 안디옥 교회의 후원으로 생겨난 바울의 교회들을 찾아가서 자신들의 주장을 폈다. 이들의 행동은 바울이 두 번째 예루살렘 방문에서 예루살렘 사도들과 바울 사이에 합의한 내용(서로 자신들의 역할을 인정하는 것, 2:7-9)을 사실상 깨뜨린 것이다.

할례당들은 구원이 믿음만이 아니라, 할례, 율법, 유대교 절기 등을 지키는 것에 의해서 보충되어야 얻을 수 있는 것으로 보았다. 이방인으로서 할례를 받는 것은 유대인으로 개종하는 의미가 있다. 할례당들은 이방인이 유대인이 되고, 예수를 믿어야 아브라함의 자손이 될 수 있다고 생각했다. 반면에 바울은 할례를 받고 유대인이 되지 않아도 믿음만으로 유대인과 이방인의 구분이 없이 누구나 하나님의 백성이 된다고 본 점에서 이들과 입장이 달랐다.

에베소서 | Ephesians

1. 저자

전통적으로 에베소서는 바울의 저작으로 본다. 에베소서는 초대교회 시대부터 18세기에 이르기까지는 바울이 에베소에 있는 교회를 위해 쓴 서신으로 의심없이 받아들여졌다. 그러나 현재 상당수의 성서학자들은 에베소서는 바울이 직접 쓴 것이 아니라, 그의 사후에 그의 제자들이 작성한(Deutero-Pauline) 서신이라고 본다.

대부분은 골로새서를 쓴 사람과 에베소서를 쓴 저자는 서로 다른 인물일 것으로 본다. 그 이유는 1) 에베소서의 약 반에서 삼분의 일이 골로새서의 내용과 중복되고, 2) 에베소서에는 바울의 서신으로 확신되는 7개의 편지(로마서, 고린도전서, 고린도후서, 갈라디아서, 빌립보서, 데살로니가전서, 빌레몬서)에서 발견되지 않는 80여개의 단어가 등장하며, 3) 문체도 바울의 보통문체와는 달리 과장과 만연체 스타일로 되기 때문이다(1:3-14와 4:11-16은 한 문장으로 되어 있다).

그렇다면 어떤 인물이 에베소서를 썼을까? 에베소서의 내용과 로마서, 갈라디아서, 고린도전후서의 내용을 비교해보면 내용이 매우 유사함을 알 수 있다. 에베소서의 저자는 바울의 신학을 상당히 깊이 이해하는 인물임에 틀림이 없다. 오네시모, 디모데, 두기고, 누가 등이 가능성으로 고려되나 확증할 수는 없다. 단지 에베소에 근거를 둔 바울학파(Pauline school)가 바울의 사후에 바울의 가르침의 연장선상에서 이미 확립된 바울 신학을 재정리했을 것으로 본다.

에베소서의 내용과 그 신학이 매우 심오하다는 것을 고려할 때 바울이 아닌 어떤 다른 사람이 무에서 유를 창조하듯 에베소서를 썼다고 보기는 어렵다. 왜냐하면 그 시대에 바울을 능가하는 또 다른 신학자가 있었다고 가정하기는 매우 어렵기 때문이다. 바울이 죽은 뒤 그가 남긴 신학 노트에 있는 내용이 그냥 사장시키기에는 너무 아깝다고 생각한 그의 제자가 그의 노트의 내용을 정리했을 가능성이 높다. 만약 바울이 남긴 신학 노트를 기초로 하여 그 내용을 정리하여 옮겨 적는 방식으로 에베소서가 작성되었다면 에베소서의 실제적 저자는 바울로 보아야 한다.

그러나 현재에도 적지 않은 성서학자들이 에베소서의 바울 저작설을 지지하고 있다. 바울 저작설을 뒷받침하는 근거로는 서신 내의 증거들(작자가 자신을 바울로 소개함), 외적인 증거(초대교회에서 광범위하게 바울의 서신으로 받아들여짐), 바울 문체와 유사성, 신학적 일관성 등이 있다는 점이다.

2. 기록 시기

저자가 바울이라면 60년대 초로 본다. 만약 바울이 직접 쓴 것이 아니라면 그보다 좀 더 이후, 예를 들면 70-80년 사이가 될 것이다.

3. 수신자 교회

1:1에 "에베소에 있는"(in Ephesus)이란 구절은 가장 오래되고 신뢰할 만한 중요한 고대 사본들(P46, Codices Sinaiticus, Vaticanus 등)에 나타나지 않는다. 왜 이 편지의 오래된 사본에는 도시이름이 나타나지 않는가에 대해서는 여러 가지 설명이 있을 수 있다. 가장 많이 알려져 있는 설명은 바울 자신이 이 편지가 어느 한 곳의 교회에서 읽혀지기 보다는 여러 도시의 교회에서 회람하기 위해서 썼다는 것이다.

바울이 자신의 상황에 대해서 구체적인 언급을 하지 않는 점, 편지의 말미에 인사말이 없는 점, 수신자들과 간접적인 관계를 갖고 있는 점(1:15, 3:2), 3:7-13에서 자신의 사역을 소개하고 있는 점, 2:11에서 수신자들이 헬라인들로 말하는 점(행 19:10에서는 유대인과 헬라인들이 함께 나온다) 등은 이 편지가 바울이 에베소 교회를 향해 보낸 것이 아닐 가능성을 지지한다.

바울은 갇힌 자로서 이 편지를 쓰며(3:1; 4:1; 6:20), 두기고를 수신자들에게 보낸다(6:20-21). 수신자들은 "그리스도 예수 안의 신실한 자들"로 되어 있으며 이것은 이 편지가 어떤 특정한 교회의 성도들에게 주어지지 않았음을 나타낸다.

3:13에서 바울이 잠시 자신의 환란에 대해 언급하지만 아무런 구체적인 내용을 말하지 않는다. 에베소서에서 바울의 논쟁과 고난, 갈등 등은 이미 지나간 과거지사처럼 되어 있고, 바울의 가르침은 이미 모든 교회들 안에서 확립되어 있는 것으로 나타난다. 그러므로 에베소서는 여러 교회에 회람되는 편지로 작성되었을 가능성이 높다. 만약 그렇다면 "에베소에 있는"이란 구절은 후대에 이 편지가 에베소 교회와 관련이 있는 것을 알고 있던 어떤 서기관이 삽입한 것으로 보아야 한다.

4. 기록 장소

에베소서가 바울이 쓴 것이라면 그는 감옥에 갇혀 이 편지를 썼다(엡 3:1; 4:1; 6:1). 두기고가 이 편지를 전달한 사람이란 점(6:21)은 골로새서의 경우와 같으며(골 4:7), 빌레몬서도 그가 전달하였을 가능성이 많으므로(몬 24절) 이 세 서신은 같은 시기에 같은 장소에서 기록되었을 것으로 추측된다. 이 편지이 기록 장소로 가능성이 있는 지역은 로마, 에베소, 가이사랴 등이 꼽히고 있으며, 전통적인 견해는 로마로 보는 것이다.

5. 기록 목적

바울이 평소에 다른 서신에서 다루던 주제들에 대해 더욱 더 깊이 있는 설명을 하려는 의도로 기록되었다. 에베소서는 바울신학의 정수를 보여주며, 모든 보편적 교회들을 향한 바울의 가르침을 보여준다.

6. 전체 구조

서두 (1:1–2)

감사 찬양 (1:3–23)

창세전부터 계획된 하나님의 구원의 경륜 (1:3–14)

교회가 지혜와 계시의 영을 받아 하나님의 축복을 알도록 기도 (1:15–23)

바울의 가르침 (2:1–2:22)

허물과 죄로 죽었던 우리를 살리심 (2:1–10)

그리스도 밖에 있는 인간 (2:1–3)

그리스도 안에 있는 인간 (2:4–6)

그리스도인이 된다는 의미 (2:7–10)

교회의 하나 됨 (2:11-22)

그리스도가 오기 전과 후의 이방인 (2:11-13)

그리스도 안에서 한 몸이 된 유대인과 이방인 (2:14-18)

한 기초 위에 세워진 한 교회 (2:19-22)

바울의 사도직과 교회를 위한 그의 기도 (3:1-21)

바울이 비밀을 깨달음 (3:1-6)

바울의 소명 (3:7-13)

교회를 위한 바울의 기도 (3:14-21)

바울의 권면 (4:1-6:20)

성령이 하나 되게 하신 것을 힘써 지키라 (4:1-16)

교회의 소명(4:1-6)

그리스도의 은혜와 선물들 (4;7-12)

충만으로 나아가는 교회의 길 (4:13-16)

옛 일들을 벗고 새사람을 입으라 (4:17-24)

하지 말아야 할 일들과 할 일들 (4:25-32)

사랑을 입은 빛의 자녀들처럼 행하라 (5:1-20)

가정에서의 의무와 책임(5:21-6:9)

남편과 아내 사이 (5:21-33)

부모와 자녀 사이 (6:1-4)

주인과 종 사이 (6:5-9)

전신갑주를 입으라 (6:10-20)

마지막 인사와 기도 (6:21-24)

빌립보서 | Philippians

1. 저자

바울과 디모데

2. 기록 시기

주후 60-62년 경

3. 기록 장소

1) 가이사랴로 보는 설

사도행전 23:33-26:32의 내용에 나오는 바울의 가이사랴 구금 당시에 이 편지를 썼다고 보는 가설이다. 이 경우에는 저작 연대를 58-60년 사이로 본다. 바울이 이곳에서 빌립보서를 썼다는 것이 불가능한 가설은 아니지만, 빌립보와 가이사랴 사이의 거리가 뱃길로 1500-1600 킬로 가량 떨어져 있으므로 바울과 빌립보 교회 사이에 그렇게 자주 연락이 있기에는 거리가 좀 멀다.

2) 에베소로 보는 설

바울이 에베소에서 감옥에 갇혔다는 것을 명확하게 보여주는 기록은 없으나, 이것을 암시하는 정황증거들이 있다. 사도행전 19:23-41은 에베소에서 소동이 일어나 바울의 동료들이 지방정부 관리들에게로 끌려갔다고 말한다. 바울은 고린도전서 15:32에서 "내가 사람의 방법으로 에베소에서 맹수와 더불어 싸웠다면 내게 무슨 유익이 있으리요"라고 말하고, 고린도후서 1:8-10에서는 "형제들아 우리가 아시아에서 당한 환난을 너희가 모르기를 원하지 아니하노니, 힘에 겹도록 심한 고난을 당하여 살 소망까지 끊어지고, 우리는 우리 자신이 사형 선고를 받은 줄 알았으니 … 그가 이같이 큰 사망에서 우리를 건지셨고 또 건지실 것이며 …"라고 말한다. 바울이 처형당해 죽는 줄로 생각될 정도로 심각한 위기가 에베소에서 있었으므로, 그가 투옥되어 재판을 받았다고 볼 수 있다.

또한 그가 가이사랴와 로마에 갇히기 이전에 쓴 고린도후서 6:5; 11:23에서 바울은 자신이 이미 감옥에 여러 번 갇혔다고 말한다. 따라서 에베소에서 바울이 아마도 상당 기간 동안 감옥에 갇혀 있었을 가능성이 없지 않다. 에베소와 빌립보의 거리는 뱃길과 육로를 합쳐 약 650 킬로 정도로 7일-9일 정도면 충분히 갈 수 있는 거리였다. 이 가설이 맞는다면 저작 연대는 54-56년 경이 된다.

3) 로마로 보는 설

사도행전 28:16, 30에 나오는 대로 로마에서 가택 구금되었을 때, 혹은 그 이후 감옥으로 옮겨진 후에 썼다는 가설이다. 연대는 60-62년으로 본다. 마찬가지로 로마와 빌립보 사이의 거리는 한 번 여행을 위해 뱃길과 육상도로를 사용하여 1,100킬로 이상의 거리이다. 그러나 가이사랴보다는 더 가깝다. 현재 학자들이 가장 유력하게 보는 견해는 로마에서 기록되었다는 설이다.

4. 빌립보서의 저작에 관련된 당시 정황

빌립보서의 내용을 구체적으로 살펴보면 당시 아래와 같은 정황이 있었음을 알 수 있다.

1) 바울이 감옥에 갇혀 있다(1:7, 13, 17).
2) 바울이 갇혀 있는 곳에 브라이도리온(praetorian) 근위병들이 있고(1:13), 기독교인들 중에는 가이사의 집 사람들(Caesar's household)이 있다(4:22).
3) 바울은 자신이 처형당할 가능성이 있다고 생각한다(1:19-21; 2:17).
4) 그러나 동시에 자신이 풀려나기를 기대한다(1:24-25).
5) 디모데가 바울과 함께 있다(1:1; 2:19-23).
6) 기독교인들 중에 일부는 바울이 갇힌 고로 더욱 담대히 복음을 전하고(1:14), 일부는 바울을 시기하는 마음으로 복음을 전하고 있다(1:15-18).
7) 바울과 빌립보 교회 사이에 빈번한 의사소통이 진행되고 있다.
8) 바울이 감옥에 갇혔다는 소식이 빌립보에 도착한다.

9) 빌립보 교인들은 에바브로디도 편에 선교지원금을 바울에게 보낸다(4:15).
10) 에바브로디도는 바울과 함께 머무는 동안에 병이 나서 거의 죽음에 이르는 경험을 한다(2:26, 30).
11) 에바브로디도가 심하게 아프다는 소식이 빌립보 교인들에게 전달된다.
12) 에바브로디도는 빌립보 교인들이 그가 아프다는 것을 알게 되었음을 알게 된다.
13) 다행히 에바브로디도의 상태가 호전되자 바울은 그를 다시 빌립보로 돌려보낸다(2:25-30).
14) 바울은 디모데를 곧 빌립보로 보내기 원하며(2;19-23), 곧 자신도 가게 되기를 바란다(2:24).

5. 빌립보 교회의 상황

1) 내적인 분란

바울이 유오디아와 순두게에게 주안에서 같은 마음을 품으라고 권하는 것으로 보아(4:2), 분란의 구체적인 원인은 알 수 없으나 최소한 이 두 여자로 대표되는 두 그룹 사이에 무언가 불일치의 문제가 있었다는 것을 알 수 있다. 바울은 한 마음을 갖는 것에 대해 2:2-4에서 미리 이야기 하는데, 이것으로 미루어 보아 유오디아와 순두게 그룹 사이에 "다툼"과 "허영"의 문제가 있었던 것으로 보인다.

2) 교회의 핍박

1:28에서 바울은 "대적하는 자"에 대해서 언급한다. 이들은 아마도 교회밖에 있는 세력으로서 교인들로 하여금 두려움을 느끼게 하고(1:28), 고난을 당하게 하고 있다(1:29). 1:30에서 바울은 "너희에게도 같은 싸움이 있으니 너희가 내 안에서 본 바요 이제도 내 안에서 듣는 바니라"고 말한다. 이것은 아마도 과거에 바울이 빌립보에서 당한 고난을 언급하는 것인 동시에(행 19:23-20:1), 현재 빌립보 교인들이 당시 바울이 당한 것과 같은 일을 지금 경험하고 있음을 지적하는 말이다.

3) 교회에 침투해 들어오는 세력

3:2, "개들을 삼가고 행악하는 자들을 삼가고 몸을 상해하는 일을 삼가라"에서 바울은 빌립보교회에 침투해 들어오는 세력들에 대해 주의할 것을 요청한다. "몸을 상해하는 일"로 번역된 단어는 "카타토메"라는 단어다. 이 단어는 할례를 가리키는 단어인 "페리토메"를 비꼬기 위해 사용된 것으로 "카타토메"는 신체의 일부를 절단하는 것을 가리킨다. 바울은 할례를 주장하는 자들을 '신체의 일부를 절단하는 자들'로 부르면서 그들을 '개들' '행악하는 자들'이라고 부른다.

3:3에서 "우리가 곧 할례파다"라고 말하므로 바울이 지금 문제 삼고 있는 그룹은 할례를 주장하는 자들로 보인다. 3:5에서는 바울이 태생적으로 자신이 갖고 유대인으로서의 신분에 대해 말하고, 3:6에서는 그가 직접 성취한 율법의 의에 대해서 말하므로 지금 교회에 침투해 들어오는 세력이 할례를 강조하고 율법준수를 강조하는 유대 기독교인이라고 여겨진다.

위와 같이 빌립보 교회는 대내외적으로 3중의 어려움에 빠져 있었다.

6. 기록 목적

1) 빌립보 교인들이 감옥에 갇혀 있는 바울에게 보내준 기금에 대해 감사를 표하기 위해
2) 에바브로디도에 대해서 이야기하기 위해
3) 자신의 투옥에도 불구하고 빌립보 교인들이 항상 기뻐하고 즐거워하도록 가르치기 위해
4) 빌립보 교회에 등장한 적대자들에 대해서 경고하기 위해
5) 교회 안에 있는 분열에 대해서 권고하기 위해
   그리스도 안에서 한 마음을 품으라고 강조 (1:27-2:2)
   섬기는 종의 모범으로 그리스도를 가르침 (2:5-11)
   유오디아와 순두게가 화해하기기를 권고 (4:2-3)

7. 전체 구조

인사말, 감사 찬양 (1:1-11)

감옥에 갇힌 바울의 상황과 죽음에 대한 그의 태도 (1:12-26)

그리스도의 모범에 따른 바울의 가르침 (1:27-2:16)

빌립보 교인들에 대한 바울의 관심과 디모데와 에바브로디도를 보내려는 계획 (2:17-3:1a)

거짓 선생에 대한 바울의 경고: 바울 자신의 모범 (3:1b-4:1)

유오디아와 순두게에 주는 권고 (4:2-9)

바울의 상황과 빌립보 교인들의 선물 (4:10-20)

마치는 인사말, 축복문 (4:21-23)

8. 빌립보서 2:6-11의 찬송시

신약성경 안에는 여러 개의 찬송시들이 있다. 예를 들면, 골 1:15-20, 엡 5:14, 딤전 3:16, 딤후 2:11-13 등은 많은 학자들이 공통적으로 찬송시로 인정하는 것들이다. 이 중 빌 2:6-11은 그 중 가장 대표적인 찬송시이다. 빌립보 찬송시의 내용은 크게 두 부분으로 나누어 볼 수 있는데 2:6-8은 그리스도의 낮아짐에 관한 것이고, 2:9-11은 그리스도의 높아짐에 관한 것이다. 바울이 편지에 이 찬양시를 포함한 것은 이 찬양시가 갖고 있는 고유한 실천적 가르침 때문이다. 그리스도의 자기 낮춤과 하나님이 그를 높이심을 찬양하는 이 찬양시는 빌립보 교인들이 왜 자기 자신을 낮추어야 하는지 그 이유를 잘 보여준다.

골로새서 | Colossians

1. 저자

전통적으로 골로새서는 바울의 저작으로 믿어져 왔다. 그러나 현대에 골로새서는 바울의 저작임이 분명하다고 의심되어지지 않는 편지들(authentic 혹은 undisputed letters)과 그의 저작이 아닐 가능성이 크다고 보는 편지들(deutro-Pauline 혹은 post-Pauline letters) 사이에 서있는 바울서신이다. 바울 저작을 부정하는 근거는 골로새서에서 사용되나 바울의 저작으로 믿어지는 편지에서 나타나지 않는 단어들, 문체, 신학이 있다는 등이 있다는 것이다. 그러나 이런 이유들은 별로 설득력이 크지 않다. 왜냐하면 바울의 저작으로 의심이 되지 않는 서신들끼리도 상호 단어와 문체를 비교하면 그 정도의 단어, 문체, 신학의 차이가 발견되기 때문이다.

골로새서는 또한 빌레몬서와 매우 가까우며, 빌레몬서는 바울의 저작임이 의심되어지지 않는 서신이다. 빌레몬서가 바울의 저작이라면 골로새서도 마찬가지로 보는 것이 더 설득력이 있다. 골로새서의 바울저작 가능성은 에베소서에 비해 훨씬 더 높다. 굳이 바울이 죽은 뒤 그의 메모를 기초로 해서 동역자 중의 한 사람이 기록했을 거라는 추측을 뒷받침 할 수 있을 만한 어떤 구체적 증거도 없다. 더불어 만약 바울이 아닌 다른 사람이 골로새서를 썼다면 예를 들어 4:7이하에 나오는 두기고, 오네시모, 아리스다고, 마가, 유스도, 에바브라 등의 동역자들의 이름을 거명하면서 바울이 인사하고 있는 것을 왜 써놓았는지에 대해 설명하기가 그리 쉽지 않다. 골로새서가 바울의 저작이 아니라는 결정적인 증거는 없다.

2. 기록 장소

바울이 감옥에서 이 편지를 쓰고 있으므로(4:3, "내가 이 일 때문에 매임을 당하였노라"), 바울의 연대기 중 그가 감옥에 투옥되어 있던 어느 기간으로 보아야 한다. 또한 골로새서는 빌레몬서, 에베소서와도 매우 긴밀히 연결되어 있으므로 이 편지들을 쓴 장소는 동일할 가능성이 많다. 골로새서에서는 에바브라가 골로새에서 왔고(1:7) 빌레몬서에서도 에바브라는 바울과 함께 갇혀 있다(23절, "그리스도 예수 안에서 나와 함께 갇힌 자 에바브라와"). 그리고 오네시모는 곧 빌레몬에게로 돌아가야 하며, 바울은 그가 다시 바울에게로 곧 오기를 원한다(13절, "그를 내게 머물러 있게 하여 내 복음을 위하여 갇힌 중에서 네 대신 나를 섬기게 하고자 하나"). 그렇다면 바울이 갇혀 있는 곳과 오네시모가 돌아가야 하는 곳 사이의 거리가 멀 가능성보다는 가까울 가능성이 더 많다.

그러므로 바울이 로마에서 골로새서를 썼을 가능성보다는 에베소에서 썼을 가능성이 더 많다. 더구나 바울이 로마에 갇혀 있을 때에는 아마도 석방되면 스페인을 향해 출발해야 하므로(롬 15:22-29), 빌레몬을 만나러 가기는 어려울 것이다(22절, "오직 너는 나를 위하여 숙소를 마련하라 너희 기도로 내가 너희에게 나아갈 수 있기를 바라노라"). 마가가 곧 골로새를 방문하려고 하고(4:10), 두기고와 오네시모가 골로새를 방문하려고 하는 것도(4:7-9) 이들이 있는 곳이 에베소라고 보는 것이 로마나 가이사랴라고 보는 것보다 더 이해하기 쉽다.

3. 기록 시기

에베소에서 기록했다면 바울이 에베소에 머물던 3년간인 53-55년 사이의 어느 시점일 것이다.

4. 기록 목적

골로새 지역의 교회에 등장한 소위 '골로새 이단'를 비판하고 올바른 가르침을 주기 위해서 기록했다.

5. 전체 구조

서신의 서두 (1:1-2)

그리스도의 인성과 사역 (1:3-23)

1. 골로새 성도들의 믿음에 대한 감사 찬양 (1:3-8)

2. 골로새 성도들의 영적 안녕을 위한 기도 (1:9-14)
3. 그리스도를 위한 찬양시 (1:15-20)
   1) 창조의 대리자(agent)로서의 그리스도 (1:15-16)
   2) 세상의 주님, 교회의 머리 (1:17-18a)
   3) 화해의 대리자(agent)로서의 그리스도 (1:18b-20)
4. 하나님과 화해된 죄인들 (1:21-23)

바울의 사역 (1:24-2:7)
1. 하나님의 신비의 일꾼 (1:24-29)
2. 루카스 골짜기의 기독교인들을 위한 관심 (2:1-5)
   1) 그들을 위해 바울이 기도함을 확신시킴 (2:1-3)
   2) 그들이 잘못된 길로 가지 않기를 바라는 바울의 염려 (2:4-5)
3. 그리스도의 유전을 유지할 것 (2:6-7)

거짓된 가르침과 이에 대한 교정 (2:8-3:4)
1. 그리스도 한분으로 충분함 (2:8-15)
   1) 그리스도의 충만함 (2:8-10)
   2) 새로운 할례 (2:11-12)
   3) 그리스도의 승리 (2:13-15)
2. 여러분의 자유를 지키시오! (2:16-19)
   1) 음식과 절기에 관한 기독교인의 자유 (2;16-17)
   2) 금욕주의와 천사숭배에 관한 기독교인의 자유 (2:18-19)
3. 여러분은 그리스도와 함께 죽었습니다: 그러므로 …… (2:20-23)
4. 여러분은 그리스도와 함께 일으켜졌습니다: 그러므로 …… (3:1-4)

기독교인의 삶 (3:5-4:6)
1. "벗어버리라" (3:5-11)
2. "입으라" (3:12-17)
3. "복종하라" (3:18-4:1)
   1) 아내와 남편 (3:18-19)
   2) 자녀와 부모 (3:20-21)
   3) 노예와 주인 (3:22-4:1)
4. "깨어서 기도하라" (4:2-6)

각 개인들을 위한 메모들 (4:7-17)

1. 바울의 소식을 전하는 사람들 (4:7-9)
2. 바울의 동역자들의 인사말 (4:10-14)
3. 여러 친구들을 위한 메모들 (4:15-17)

마지막 인사와 축복기도 (4:18)

6. 골로새교회의 설립

골로새 지역은 바울이 에베소에서 머물면서 전도를 할 때에 복음이 전파되었다(행 19:10, "두 해 동안 이같이 하니 아시아에 사는 자는 유대인이나 헬라인이나 다 주의 말씀을 듣더라"). 골로새에 직접 가서 복음을 전한 사람은 바울이 아니었다. 바울은 빌레몬과 같은 골로새 교인은 개인적으로 알고 있었지만(몬 19), 바울은 그곳의 대부분의 교인들과 안면이 서로 없었다(골 2:1, "내가 너희와 라오디게아에 있는 자들과 무릇 내 육신의 얼굴을 보지 못한 자들을 위하여 얼마나 힘쓰는지를 너희가 알기를 원하노니"). 바울은 에베소에서 머물면서 자신의 동역자들을 인근 일대의 중소 도시에 파견하여 동시다발적으로 교회를 개척한 것으로 보인다(행 19:10, "두 해 동안 이같이 하니 아시아에 사는 자는 유대인이나 헬라인이나 다 주의 말씀을 듣더라"; 행 19:26, "이 바울이 에베소뿐 아니라 거의 전 아시아를 통하여 수많은 사람을 권유하여 말하되").

골로새에 가서 교회를 개척한 사람은 에바브라다(골 1:7-8, "이와 같이 우리와 함께 종 된 사랑하는 에바브라에게 너희가 배웠나니"). 아마도 에바브라는 골로새 지역 출신인 가능성도 없지 않으며(골 4:12, "그리스도 예수의 종인 너희에게서 온 에바브라가 너희에게 문안하느니라"), 만약 그렇다면 그는 이 지역에 복음을 전할 적임자였을 것이다. 에바브라는 골로새와 일대에 하나 이상의 교회를 세웠을 것으로 추측되며(골 1:2; 몬 2; 골 4:15-16, "라오디게아에 있는 형제들과 눔바와 그 여자의 집에 있는 교회에 문안하고 이 편지를 너희에게서 읽은 후에 라오디게아인의 교회에서도 읽게 하고 또 라오디게아로부터 오는 편지를 너희도 읽으라") 적어도 네 개 정도의 가정교회가 있었던 것으로 보인다. 참고로 라오디게아는 골로새에서 16 킬로, 히에라폴리스는 그곳에서 또 10 킬로 더 떨어진 곳에 있었다.

7. 골로새 이단

바울은 2:8에서 골로새 교인들에게 "철학과 헛된 속임수"로 특징 지워지는 "사람의 유전"(human tradition)을 경계하라고 한다. 2장 전체를 통해서 골로새 교회를 위협하는 이러한 잘못된 가르침(false teaching)이 묘사된다. 골로새 2장에서 바울이 비판하는 그 대상을 우리는 편의상 "골로새 이단"(Colossian Heresy)이라고 부른다. 골로새 이단의 성격이 기본적으로 헬라적인 것인지, 아니면 유대교적인 것인지에 따라 의견이 크게 두 가지로 나누어진다. 그 중 헬라적인 경향을 주장하는 학자들은 전통적으로 영지주의적인 성향이 있다고 주장하는 경우가 많았으며, 과거에는 이러한 견해가 주류였다. 그러나 최근으로 오면서 점차 유대교적 성향을 강조하는 입장이 더 많아졌으며, 쿰란문서의 발견은 이러한 변화를 촉진했다. 이 두 가지 입장 사이에는 두 가지 경향이 섞여있다고 보는 견해들이 존재하며, 이러한 견해들은 매우 다양하다.

본문상의 증거를 놓고 볼 때 우리는 첫째로, 바울이 비판하는 잘못된 가르침에는 분명히 유대교적인 요소가 있다는 것을 알 수 있다. 예를 들어, 2:11, "또 그 안에서 너희가 손으로 하지 아니한 할례를 받았으니 곧 육의 몸을 벗는 것이요 그리스도의 할례니라"에서 언급하는 할례라든가, 2:16, "그러므로 먹고 마시는 것과 절기나 초하루나 안식일을 이유로 누구든지 너희를 비판하지 못하게 하라" 등은 명확하게 유대교적 요소가 그 안에 들어 있음을 보여준다. 둘째로, 유대교의 틀에서 벗어난 것처럼 보이는 요소들이 있지만 그런 요소들이 유대교 안에서 전혀 발견되지 않는 것이 아니라는 점이다. 예를 들어, 2:18의 "천사 숭배"는 전혀 이교도적인 것처럼 보이는데 왜냐하면 유대교 안에서 천사를 예배의 대상으로 하는 경우는 없기 때문이다. 이지만 유대교 안에서 율법을 전해주는데 일조한 천사들에 대해 경의를 표하는 전통이 있었다는 점이다. 셋째로 골로새서에 나타나는 골로새 이단은 금욕주의를 특징으로 한다. "붙잡지도 말고 맛보지도 말고 만지지도 말라"(골 2:21)는 전형적인 금욕주의 슬로건이다. 성적 금욕, 금식, 부정한 것을 피하는 것은 가리킨다. "꾸며낸 겸손"(골 2:18)과 "몸을 괴롭게 하는 데"(골 2:23)은 금욕주의적 수행과 고행(苦行)을 가리킨다. 바울은 이런 금욕주의를 "헛된 속임수"와 "사람의 전통"(골 2:8)이라고 부르며 "사람의 명령과 가르침"(골 2:22)이라고 말한다. 금욕주의는 복음이 아니다.

8. 골로새서의 중요한 가르침

바울은 이 편지에서 창조이전에 선재하시던(pre-existent) 그리스도가 세상만물을 하나님과 화해시키는 일을 하셨으며, 하나님의 새 백성인 교회는 오직 그리스도에게 속하여 그 안에서 성장해야 함을 가르쳤다. 그는 특별히 이 편지 중에 초기 기독교의 찬송시(1:15-20)를 삽입하여 넣음으로서 잘못된 가르침에 대해 대응했다. 그 내용을 보면 그리스도가 십자가에서 죽으심으로 세상의 모든 "정사들과 권세들" 즉, 악한 영적 존재들이 정복되었으며, 그리스도는 만물의 머리가 되었음을 노래한다. 이 찬송시는 초기 기독교의 기독론 연구에 매우 중요한 자료가 된다. 골로새서는 그리스도가 어떠한 분인지에 대해 강조하고 있는 서신이다. 바울이 그리스도의 만물의 머리되심과 영광의 소망이 되심을 강조하는 것은 그 만큼 그리스도를 격하하려는 골로새 이단의 경향에 대응하기 위한 것이다.

데살로니가전서 | 1 Thessalonians

1. 저자

바울과 실루아노와 디모데(1:1)

2. 기록 시기

50년 경으로 본다.

3. 기록 장소

기록장소로 고려될 수 있는 도시는 아덴과 고린도다. 사도행전 17장의 누가의 기록에 따르면, 바울은 데살로니가를 떠난 뒤에 베뢰아, 아덴을 거쳐서 고린도에 도착한다. 한편 그의 동역자 실라와 누가는 베뢰아에 머물다가(행 17:14), 바울이 고린도에 있을 때에야 비로소 마케도냐로부터 그곳에 도착한다(행 18:5). 데살로니가전서 3:1-2의 기록을 보면 바울이 디모데를 데살로니가로 보냈고, 그가 이 편지를 쓰는 시점에서는 이미 돌아와 있는 것(3:6)을 고려할 때, 기록장소를 고린도로 보는 것이 유력하다. 데살로니가전서 3:1-2의 "우리만 아덴에 머물기를 좋게 여겨"는 바울 일행이 생소한 도시인 아덴에 머물렀다는 것이다. 만약 이 편지가 아덴에서 기록된 것이라면, 아마도 바울은 "아덴에"란 말 대신, "이곳에"라는 말을 썼을 가능성이 더 많다. 또한 바울이 이 편지를 실라와 디모데가 자신과 함께 있을 때에, 공동으로 함께 기록한 것을 볼 때(1:1), 아덴에서 기록하지 않은 것이 분명하다.

이들이 함께 다시 모인 곳은 고린도다(행 18:5). 또 데살로니가전서 3:7에서 바울은 "우리가 모든 궁핍과 환난 가운데서 너희 믿음으로 말미암아 위로를 받았노라"고 말하는데, 바울이 궁핍과 환난을 만난 장소는 아덴보다는 고린도일 가능성이 훨씬 더 많다. 바울은 데살로니가를 떠나 현재 고린도에서 사역을 하는 중에 있었고, 그가 세우고 있었던 데살로니가 교회를 염려하던 중, 디모데가 돌아와 좋은 소식을 전해주게 되었을 때에(3:6), 큰 위로를 받고(3:7-8), 기쁨에 차서(3:9), 이 편지를 기록하였다.

4. 기록 연대

사도행전 18:12의 "갈리오가 아가야 총독 되었을 때에"는 바울이 고린도에 머문 기간에 대한 연대추적을 가능하게 한다. 대부분의 역사학자들은 갈리오가 아가야 총독으로 재임한 기간을 51/52년으로 추정하므로 우리는 바울의 고린도 방문을 49년 말-50년대 초로 추측할 수 있다. 따라서 데살로니가전서의 작성 연대는 바울이 고린도에 도착한 직후인 50년 경으로 본다.

5. 기록 목적

사도행전 17장의 기록에 따르면 바울이 데살로니가에서 교회를 개척하던 중 유대인들의 사주를 받은 불량한 헬라인들의 무리가 야손의 집을 습격하여 바울을 잡으려고 시도했다. 마침 바울은 그 자리에 없어 화를 피하게 되지만, 그 무리는 야손과 다른 형제들을 읍장에게 끌고가, "천하를 어지럽게 하던 이 사람들이 여기도 이르매 야손이 들렸도다. 이 사람들이 다 가이사의 명을 거역하여 말하되 다른 임금 곧 예수라 하는 이가 있다 하더이다 하니"(행 17:6-7)라고 고발했다. 명백한 정치적 고발이었고 오늘날 반역죄에 해당하는 고발이었다. 때문에 형제들이 신변이 위험해진 바울을 데살로니가에서 탈출시킨다.

바울은 교회를 개척하던 와중에 갑작스럽게 발생한 충돌로 데살로니가 시를 떠나게 되고, 이후 데살로니가교회는 심각한 핍박을 받게 된다. 핍박이 지나간 후에 데살로니가교회는 여전히 건재하며 성도들은 배교하지 않고 믿음을 지켰다. 디모데를 통해 이 소식을 전해들은 바울은 크게 기뻐하며 성도들의 인내를 칭찬하고 그들을 격려하기 위해 이 편지를 기록했다. 또한 박해의 와중에 죽은 성도들이 부활 때에 어떻게 되는지에 대해 성도들이 질문한 것에 대해 답하기 위해 이 편지를 기록하였다. 이 외에도 바울은 자신이 평소에 가르친 복음의 중요 내용에 대해 다시 한 번 설명하고 강조한다.

6. 전체 구조

서두와 인사 (1:1)

데살로니가 성도들을 향한 칭찬 (1:2-10)

당시 상황에 대한 바울의 변론 (2:1-3:13)
- 자신의 복음과 사역의 신실함에 대한 변증 (2:1-12)
- 유대인들에 대한 강한 비판 (2:13-16)
- 데살로니가로 다시 가지 못한 이유 (2:17-20)
- 디모데를 보낸 이유 (3:1-10)
- 데살로니가 교회를 위한 기도 (3:11-13)

홀로 남은 교회를 향한 권면
- 성적 순결에 대한 권면 (4:1-8)
- 형제 사랑에 관한 권면 (4:9-12)
- 죽은 성도와 부활에 대한 가르침 (4:13-18)
- 종말의 때와 시기에 관한 가르침 (5:1-11)
- 기타 가르침 (5:12-22)

데살로니가 교회를 위한 기도 (5:23-24)

맺음말 (5:25-28)

데살로니가후서 | 2 Thessalonians

1. 저자

1:1의 서두에서 바울, 실루아노, 디모데가 발신인으로 되어 있다. 3:17의 "나 바울은 친필로 문안하노니 편지마다 표적이기로 이렇게 쓰노라"는 바울의 개인적 서명이다. 2:2에서 바울은 "혹 영으로나 혹 말로나 혹 우리에게서 받았다 하는 편지로나 주의 날이 이르렀다고 쉬 동심"하지 말라고 말하는 것으로 보아, 표절된 편지가 아님을 보여주기 위해 그런 서명을 하고, 그 이유를 밝히는 것으로 보인다.

그러나 많은 학자들이 데살로니가 후서의 바울 저작설을 의심하고 있다. 그 가장 기본적인 이유는 데살로니가후서 2:1-12의 내용이 데살로니가전서 4:13-5:11의 내용과 서로 상치된다고 보기 때문이다. 데살로니가후서 2:1-12에서는 주의 재림에 어떤 일정한 순서가 있는 것처럼 묘사하는 반면 데살로니가전서 4:13-5:11은 갑작스럽게 임하는 것으로 말한다는 것이다. 그러나 자세히 살펴보면 살후 2장의 내용이 결코 재림의 순서를 말하는데 초점이 있는 것은 아니다. 바울은 2:2에서 말한 바와 같이 성도들 중 주의 날이 이르렀다고 생각하는 사람들을 향해 아직 재림이 임한 것이 아니라는 것을 설명하기 위해서 구체적으로 아직 재림이 임하지 않았다는 것을 보여주는 징조들을 지적하고 있을 뿐이다.

2. 기록 시기

데살로니가전서와 마찬가지로 50년 경으로 본다. 저작 연대에 대해서는 데살로니가후서가 데살로니가전서보다 먼저 기록되었다고 주장하는 학자들이 있다. 원래 성경 안의 서신의 전후서 배열은 기록 시기를 고려한 것이라기보다는 각 서신의 길이를 고려한 것이다. 같은 수신자 교회에 보낸 편지가 두 개가 있으면 길이가 긴 것을 앞에 두었다. 후서가 전서보다 먼저 기록되었다고 보는 이유는 아래와 같은 것들이다.

1) 살후 1:4-7의 박해묘사는 명확하게 현재의 박해를 묘사하는 반면, 데살로니가전서에서는 박해가 이미 지나간 과거의 일로 묘사한다. 살후 2:3-12의 "불법한 자"에 대한 강한 비판은 당시 박해가 클라이맥스에 도달했다는 것을 나타내나, 데살로니가전서에서는 이 인물에 대한 비판이 나타나지 않는다.

2) 살후 3:11-15에서는 일하지 않고 먹으려는 자들의 등장이 새로운 교회의 문제로 등장하는 반면, 살전 4:10-12에서는 이 문제가 마치 이미 잘 알려져 있는 것처럼 취급된다.

3) 살후 3:17, 편지의 마지막 부분에 바울의 친필 서명이 있는 것은 살후가 바울의 두 번째 편지가 아니라, 첫 번째 편지일 때 더 잘 이해된다.

4) 살전 5:1에서 마지막 시기와 때에 대해서는 더 이상 가르칠 필요가 없다고 말하는 것은 살후 2:1-12의 내용이 먼저 이미 설명되었음을 상기시키는 것으로 볼 수도 있다.

5) 살전 4:9, 13, 5:1에 등장하는 "~에 관하여서는"(now concerning)이란 표현은 편지의 수신자들이 제기한 질문에 응답하는 formula로 쓰였다. 이것은 데살로니가후서가 먼저 보내져서 수신자들이 이것을 읽고 나서 제기한 질문들에 대해서 바울이 대답하는 것일 가능성이 있다.

데살로니가후서가 전서보다 먼저 기록되었다고 보는 견해는 아직은 다수 의견은 아니지만, 그것의 장점은 데살로니가후서의 바울저작설을 강력하게 지지하는 것이다.

3. 기록 장소

고린도

4. 기록 목적

박해가 정점을 달리고 있던 시점에 바울이 디모데를 데살로니가로 돌려보내면서 박해받는 교회를 격려하고 위로하기 위해 이 편지를 썼다. 데살로니가후서는 디모데를 통해 전달되었다.

5. 전체 구조

서론과 인사 (1:1-2)

박해를 받는 교회를 향한 격려와 기도 (1:3-12)

그리스도의 재림과 불법의 사람의 등장에 대한 가르침 (2:1-12)

바울의 가르침의 전통을 굳게 지키라 (2:13-17)

성도의 삶의 대한 가르침 (3:1-15)

마치는 말과 축복 (3:16-18)

6. 데살로니가후서 2:3-12의 불법의 사람

2:3-12에서 언급되는 "불법의 사람", "멸망의 아들"은 누구이며, 어떤 종류의 사람인가? 3절에서 "누가 아무렇게 하여도"(누가 무슨 소리해도) 동심하지 말라는 말을 하는 것으로 보아 바울이 그 사람의 주장에 대해 아주 구체적으로 알고 있지는 못했던 것으로 보인다. 3절의 "배교하는 일"은 종교적인 의미에서 배교를 말하는 것이다. 4절에서 "저는 대적하는 자라"는 그가 하나님에게 대적한다는 뜻이다. "숭배함을 받는 자 위에 뛰어나 자존하여"는 그 인물이 예배의 대상보다 자기 자신을 스스로 높이는 자임을 지적한다. 그 인물은 "하나님의 성전에 앉아 자기를 보여 하나님이라 하느니라"는 이 인물이 결코 평범한 인물이 아니며, 자신을 신격화하고 있음을 보여준다. 그렇다면 자신을 신격화하는 사람은 누구일까? 여러 가지 다양한 견해가 있지만 당시 상황을 고려한다면 로마의 황제를 지칭하는 것일 가능성이 많다. 실제로 서기 40년에 가이오 황제는 예루살렘 성전에 자기 자신의 이미지, 상을 세우려고 하였던 적이 있었다.

바울이 황제에 대해 이렇게 직설적으로 비판하는 이유는 데살로니가교회의 박해의 직접적 원인이 황제숭배와 관련이 있기 때문일 것이다. 사도행전 17장의 바울에 대한 고발과도 일치하고 있다. 데살로니가전서 5:3, "그들이 평안하다, 안전하다 할 그 때에 임신한 여자에게 해산의 고통이 이름과 같이 멸망이 갑자기 그들에게 이르리니 결코 피하지 못하리라"에서 바울은 로마제국의 슬로건인 평화와 안전을 정면으로 비판하는 것도 아마도 같은 이유로 보인다.

디모데전서 | 1 Timothy

1. 저자

전통적으로 바울이다. 디모데전서에서 디모데는 에베소에 머물고 있는 것으로 되어 있고(1:3), 바울은 이미 에베소를 떠나 마게도냐에 있는 것으로 되어 있다(1:2). 바울은 다시 에베소로 돌아오기를 바라고 있다(3:14-15; 4:13). 이 내용은 사도행전의 어떤 내용과도 일치하지 않는다. 바울이 에베소를 떠나 마게도냐로 갈 때 디모데는 에베소에 남지 않은 것 같다. 왜냐하면 디모데와 바울이 고린도후서의 공동저자로 되어 있고, 고린도후서는 대부분의 학자들이 마게도냐에서 보내졌다고 보기 때문이다.

바로 이 점 때문에 많은 학자들은 디모데전서가 바울의 알려진 전기에 잘 맞지 않는다고 생각하고, 그가 이것을 로마에서 석방된 후에 썼다고 보거나(65년 경) 혹은 바울의 저작이 아닌 그의 후계자들 중의 한 사람이 1세기 후반 혹은 2세기 초에 쓴 것으로 본다. 그러나 사도행전에 나타나는 바울의 행적은 완벽한 것이 아니며 누락된 것이 많이 있으므로, 반드시 현재의 사도행전에 남아있는 행적과 부합하지 않는다고 해서 바울의 저작임을 반드시 부인하는 것도 옳지 않다.

바울은 고린도에서 적어도 18개월을 머물렀으며(행 18:11) 그 때 실라와 디모데는 그와 함께 있었다(행 18:4). 그 후 바울은 에베소에 들르며(행 18:19), 얼마 되지 않아 곧 바로 예루살렘으로 향한다(행 18:21). 바울은 에베소에 다시 돌아와 2년 동안 전도하였다(행 19:10). 사도행전 19:22에서 바울은 예루살렘과 로마로 갈 계획을 세웠었고, 디모데와 에라스도를 마게도냐로 보낸다. 그러나 은장색들이 주동이 된 소동이 일어난 뒤 그의 신변에 위협을 느껴 에베소를 떠난다(행 19:23-41). 바울은 마게도냐를 거쳐 헬라(그리이스)에 가서 3개월을 머물다가 다시 마게도냐를 거쳐 드로아로 가서 그를 기다리던 사람들을 만나 예루살렘으로 향해 출발한다.

이 시기에 디모데의 행방은 사도행전 19:22에서 마게도냐로 갔다는 것 이후에 더 이상의 언급은 없다. 만약 바울이 에베소를 떠나기 전후에 디모데가 마게도냐에서 다시 에베소에 돌아왔고, 디모데가 바울을 만나기 위해 사도행전 20:5에 있는 대로 드로아로 가기 전까지 에베소에 머물렀다면, 그 기간 동안에 바울이 에베소 교회를 디모데에게 부탁하는 편지를 마게도냐에서 썼을 가능성이 있다. 물론 그 기간이 매우 짧은 기간이긴 하지만 그 가능성을 완전히 배제할 수 없다.

전통적으로 바울서신으로 분류되던 목회서신의 저자가 바울이 아니라고 주장하는 사람들이 자신들의 주장을 증명해야 할 부담이 있는 것이지, 전통적인 견해를 갖고 있는 사람들이 이것을 증명해야 할 부담이 있는 것은 아니다. 목회서신의 저자 문제에 대해서는 유보적인 자세를 갖고 더 연구해보아야 하며, 너무 지나치게 확정적인 태도로 말하는 것은 성급한 결론에 도달할 가능성이 많다.

2. 기록 시기

만약 위와 같은 정황에서 기록되었다면 56년 경으로 볼 수 있다.

3. 기록 장소

마게도냐

4. 기록 목적

에베소교회에서 거짓 선생들의 활동으로 인해 발생한 문제를 해결하고 교회를 책임질 지도자들을 세워 교회를 제대로 조직하기 위해 기록했다.

5. 전체 구조

편지의 서론 (1:1-2)

잘못된 교훈에 대한 경고 (1:3-20)

다른 교훈을 가르치지 말라 (1:3-11)

주의 은혜에 대한 감사 (1:12-17)

디모데가 해야 할 싸움 (1:18-20)

교회를 향한 교훈 (2:1-3:13)

기도에 대한 가르침 (2:1-8)

여자 성도들을 향한 가르침 (2:9-15)

교회 지도자들의 자격요건 (3:1-13)

감독의 자격요건 (3:1-7)

집사의 자격요건 (3:8-13)

디모데를 향한 개인적인 권고 (3:14-4:16)

바울이 편지를 쓰는 목적 (3:14-16)

거짓선생들의 가르침을 주의하라 (4:1-6)

그리스도의 좋은 일꾼이 되라 (4:7-16)

교회 성도들에 관한 권고 (5:1-6:19)

성도들을 대하는 일반적 태도 (5:1-2)

과부들에 대하여 (5:3-16)

장로들에 대하여 (5:17-25)

종들에 대하여 (6:1-2)

물질을 탐하는 선생들에 대하여 (6:3-10)

믿음의 선한 싸움을 싸우라 (6:11-16)

부유한 자들에 대하여 (6:17-19)

디모데를 향한 마지막 권고 (6:20-21)

6. 디모데전서에 등장하는 거짓 교사들의 주장과 교회 내부 문제

바울은 거짓교사들을 "어떤 자들"이라고 부른다(1:3, 6; 4:1; 5:15; 6:10, 21). 그들은 "다른 교훈을 가르치는" 사람들이다(1:3). 그들이 "율법의 선생"이 되려고 한다는 것(1:7)으로 보아 유대교 배경을 갖고 있는 것으로 보인다. 이들은 "신화와 끝없는 족보"에 대해 관심을 갖고 있고(1:4) "허탄한 신화"(4:7)에 대해 관심을 갖고 있다. 이들은 "혼인을 금하고 식물을 폐하라"고 주장하고(4:3), 동시에 경제적인 이득 혹은 돈에 관심을 갖고 있다(6:5, 10). 이들은 "미혹하는 영과 귀신의 가르침"을 따르는 사람들이고(4:1), "자기 양심이 화인을 맞아서 외식함으로 거짓말하는 자들"이다(4:2). 그리고 바울은 이미 그들 중 지도자들을 교회에서 출교했다(딤전 1:20, "그 가운데 후메내오와 알렉산더가 있으니 내가 사탄에게 내준 것은").

에베소교회의 문제는 이런 거짓교사들의 가르침을 받아들이고 그들의 주장을 유포하는 사람들이 교회 안에 아직 남아있다는 것이다. 그 사람들은 주로 교회에서 비교적 나이가 젊고 부유한 과부들로 구성되어 있었던 것 같다. 5:13, "또 그들은 게으름을 익혀 집집으로 돌아다니고 게으를 뿐 아니라 쓸데없는 말을 하며 일을 만들며 마땅히 아니할 말을 하나니"라고 지적한다. 젊은 과부들은 "처음 믿음"을 저버렸고(5:12) 그들은 가정교회들을 방문하고 돌아다니면서 잘못된 가르침을 유포하고 있다. 바울은 이 여성들이 집집마다 돌아다니면서 잘못된 가르침을 하는 것은 이브가 아담을 타락하게 하는 것에 비견하고 있다(2:13-14). 그들은 아마도 "땋은 머리와 금이나 진주나 값진 옷으로"(딤전 2:9) 단장을 하는, 비교적 부유한 사람들이었던 것으로 보인다. 거짓 교사들은 이 여자들에게 자신들의 메시지를 전했고, 거짓교사들은 그들의 돈을 겨냥했을 것이다(6:5, 10). 때문에 바울이 교회 안에서 가르치고 권위를 갖는 것을 금하는 것은(2:12), 이 여성들이 특별히 거짓교사들의 대변인 역할을 하기 때문으로 보인다. 거짓 교사들이 결혼을 금하는데(4:3) 바울은 이와 반대로, 이런 여성들이 결혼해서 아이를 낳기를 바란다(5:14). 바울은 2:15에서 심지어 "그의 해산함으로 구원을 얻으리라"고 말한다. 바울이 2:12-15에서 "여자가 가르치는 것과 남자를 주관하는 것을 허락하지 아니하노니 오직 조용할지니라"고 말하는 것은 모든 시대, 모든 문화, 모든 교회에서 보편적으로 적용되어야 할 원칙을 말한 것이라기보다는 특정 시대의 특정한 문제를 갖고 있던 특정 교회를 향한 가르침으로 보아야 한다.

디모데후서 | 2 Timothy

1. 저자

다수의 학자들은 바울이 디모데후서의 저자일 가능성이 없다고 본다. 그가 실제 저자라면, 그가 로마의 감옥에 다시 한 번 갇히고(1:16-17; 2:9), 그가 죽기 전 66-67년에 이 편지를 썼을 것이라고 본다. 4:7-8에서 바울은 "내가 선한 싸움을 싸우고 나의 달려갈 길을 마치고 믿음을 지켰으니 이제 후로는 나를 위하여 의의 면류관이 예비되었으므로"라고 말한다. 이것은 자신의 죽음에 대해서 말하는 것이며, 그는 죽음이 매우 임박한 것으로 말한다(4:6). 바울은 그의 죽음이 다가와(4:6-8), 그의 동료들의 많은 사람들이 그를 떠나자(4:16), 마지막으로 디모데를 만나기 위해 그를 로마로 부르고, 그에게 마지막이 될지 모르는 편지를 보낸 것이다. 이와 같은 구체적인 전기적 언급들 때문에 디모데후서가 바울 저작일 가능성은 디모데전서, 디도서보다 보다 더 많다. 또한 편지 말미에 등장하는 사람들에 대한 바울의 인사는 이 편지가 다른 사람에 의해 기록되었다고 보기에는 너무 구체적이다.

2. 기록 시기와 장소

디모데후서는 바울이 갇힌 상태에서(1:16; 2:9; 4:16) 디모데를 향해 쓰는 편지다(1:1-2). 그가 어디에 갇혀있는지 정확하게 말하지 않지만 오네시보로가 로마에 있고 그가 바울이 갇혀 있을 때 찾아왔다는 것으로 보아, 로마인 것으로 보인다. 사도행전 28:30-31에 따르면 바울은 로마에서 최소한 2년 동안 집에 갇혀 있었다. 디모데후서의 내용에 따르면 바울은 방문자들을 만날 수 있었고(1:16; 4:21), 편지를 쓸 수도 있었고(4:13), 주변의 동역자들을 파송할 수도 있었고(4:12), 자신의 첫 번째 재판을 이미 했다(4:16).

바울은 4:13에서 디모데에게, “네가 올 때에 내가 드로아 가보의 집에 둔 겉옷을 가지고 오고 또 책은 특별히 가죽 종이에 쓴 것을 가져오라”고 부탁한다. 이때 디모데가 어디에 있었는지 정확하게 언급하지 않으나, 겨울이 되기 전에(4:21) 속히 오라(4:9)는 것을 생각할 때 아주 원거리는 아니었던 것 같다. 그가 올 때 마가를 데리고 오라고 부탁을 하고(4:11), 바울이 드로아에 두고 온 겉옷과 성경을 갖고 오라고 부탁하는 것으로 보아(4:13), 디모데가 드로아에서 이 편지를 받았을 가능성이 많다.

사도행전 20:4-5에 따르면 바울이 예루살렘에 마지막으로 갈 때, 디모데는 미리 드로아에 가있었고 바울은 드로아에서 그와 만났다. 드로아는 원래 바울이 복음을 전하려고 했던 곳이고 바울은 그곳에서 상당히 성공적인 사역을 한 경험이 있었다(고후 2:12-13). 그러나 바울이 고린도 교회 문제 때문에 이곳을 떠나가야 했으므로, 바울은 그의 동역자들 중의 하나를 그곳에 남겨서 교회를 세우고 돌보게 하였을 가능성이 많고, 디모데가 드로아에서 일했을 가능성이 많다. 가보의 집에 맡겨둔 겉옷을 가져오라는 것으로 보아(4:13) 집필 시기는 가을이다. 10월-5월 사이에 지중해를 건너는 여행은 위험했으므로 겨울이 되기 전에 오라고 했다면, 아마도 초가을 무렵인 것 같다. 기록 시기는 그가 처형되는 62년 직전으로 본다.

디모데후서의 저작상황은 여러 면에서 빌립보서와 상당히 유사하다. 빌립보서는 디모데와 공동저작으로 썼는데(빌 1:1), 바울은 여전히 감옥에 있으며(빌 1:12-14; 4:22) 그 장소로 가장 유력한 곳은 로마다. 빌립보서에서도 바울은 동역자를 파송하고(빌 2:19, 25, 28), 재정적인 도움을 받기 위해 방문자들을 만나고(빌 4:18), 편지를 쓰면서 교회 문제를 다룬다(빌 4:2-3).

3. 기록 목적

죽기 전에 마지막으로 디모데를 보기 위해 그에게 서둘러 오라고 한다. 만약 그가 오기 전에 바울이 처형당해 죽게 된다면 디모데에게 마지막으로 남기는 부탁을 하기 위해 이 편지를 썼다.

4. 전체 구조

인사말 (1:1-2)

디모데의 복음 사역에 대한 권고 (1:3-2:26)
- 복음을 위한 고난을 받으라 (1:3-18)
- 충성된 사역자를 세우라 (2:1-2)
- 고난을 견디라 (2:3-13)
- 하나님의 귀한 그릇이 되라 (2:14-26)

올바른 가르침을 위한 권고 (3:1-4:5)
- 어리석은 사역자들로부터 돌아서라 (3:1-9)
- 내가 보여준 모범을 기억하라 (3:10-13)
- 말씀 안에 거하라 (3:14-17)
- 말씀을 전파하라 (4:1-5)

너는 속히 내게로 오라 (4:6-18)
- 나의 마지막이 다가오고 있다 (4:6-8)
- 바울의 상황과 부탁 (4:9-18)

끝 인사 (4:19-22)

5. 디모데후서 기록의 정황

디모데후서 1:8-2:13과 빌립보서 2:1-3:17의 내용은 닮은 점이 있다. 두 서신 사이의 차이점은 빌립보서에서는 바울이 석방될 것을 기대하는 면에 더 많은 반면, 디모데후서는 더 어두운 전망을 반영한다. 바울은 외부로부터 심각한 공격을 당하고 있고(딤후 4:14) 내부적으로는 문제 있는 선생들의 도전이 있다(2:17-18). 그들은 현상적으로는 바울보다 훨씬 더 성공적으로 선교하고 있다(3:1-5, 13; 4:3-4).

이런 상황에서 일부 동역자들과 아시아에 있던 많은 사람들이 바울을 버렸다(1:15). 물론 그의 곁에 일부 동역자들이 남아있긴 했지만(누가, 4:11; 으불로, 부데, 리노, 글라우디아, 4:21) 바울은 외로움을 느끼는 상황이었으며, 디모데를 간절히 보기 원한다.

바울은 디모데를 만나 그에게 용기를 주고, 두려운 마음이 없어지도록 하길 원한다(딤후 1:6-7). 바울은 자신이 갇힌 일 때문에 혹시 디모데가 복음을 부끄러워하지 않을까 염려한다. 그에게 고난 당하는 것을 피하지 말라고 말한다(1:8). 바울은 디모데가 그의 사역을 완수하고(4:5), 가능한 한 빠른 시일 안에 만나기를 원한다(4:9, 21).

바울은 디모데에게 비록 자신은 갇혔으나 하나님의 말씀은 갇히지 않았으며(2:9), 자신이 죽은 이후에도 계속해서 복음이 전파될 것을 확신한다. 이 일을 위해 디모데에게 다른 충성된 사람들에게 복음 가르치는 일을 맡기라고 지시한다(2:2). 디모데후서에는 교회직제에 관한 어떤 언급도 없으며, 단지 마지막 전에서 복수형인 "너희들"에게 은혜가 있으라는 인사말을 함으로 디모데라는 개인 이외의 청중을 의식한 말을 할 뿐, 대부분이 디모데를 향해 맞추어져 있다.

6. 신학적 강조점

1) 바울은 이 편지에서 디모데를 향해 "어떤 것"을 가르치라기보다는 "어떤" 선생이 되라고 강조한다. 예를 들어, 디모데가 "잘 가르치는" 선생이 되길 원한다(2:24). 즉 바울은 어떤 존재가 되라고 말한다. 이 대목에서 바울은 디모데에게 좋은 선생의 모델이 된다(3:1, 10-11). 바울을 닮는 것이 중요한 신학적 강조점으로 나타나며, 이것은 그리스도를 닮음의 연장선에서 이해된다(2:3-8).

2) 좋은 선생의 조건으로 "믿음"이 강조된다. 이 믿음은 개인적이면서 내면적인 어떤 특성을 나타내는 말이다(1:5). 신실한 믿음은 깨끗한 마음에서 생긴다(2:22). 깨끗한 마음을 하나님과 올바른 관계 속에 있음으로 생긴다("의", 2:22). 하나님은 이 믿음을 바울에게 맡기셨고(1:12) 또한 디모데에게도 맡기셨고(1:14), 또 다른 충성된 사람들에게도 맡기신다(2:2). 그래서 이 믿음은 한 사람에게서 그 다음 사람에게도 전달되고 간직되는 것이다.

3) 디모데는 하나님의 소명 가운데 부르신(1:9), "주의 종"이고(2:24), 하나님의 사람이다(3:17). 그는 성령의 능력을 받았고(1:7-8), 그 성령을 따라 목회하며, 고난을 견딘다(1:14). 그의 사역에서 성령의 역할이 강조된다.

4) 디모데는 고난을 두려워하지 말아야 하고, 그것을 견디어야 한다(1:12; 2:12; 3:10, 12). 그 예로 아래와 같은 구절들이 있다.

1:12, 이로 말미암아 내가 또 이 고난을 받되 부끄러워하지 아니함은 내가 믿는 자를 내가 알고 또한 내가 의탁한 것을 그 날까지 그가 능히 지키실 줄을 확신함이라

2:12, 참으면 또한 함께 왕 노릇 할 것이요 우리가 주를 부인하면 주도 우리를 부인하실 것이라

3:10, 나의 교훈과 행실과 의향과 믿음과 오래 참음과 사랑과 인내와

3:12, 무릇 그리스도 예수 안에서 경건하게 살고자 하는 자는 박해를 받으리라

디도서 | Titus

1. 저자

바울이 쓰지 않았고 누군가가 가상으로 꾸며서 이 편지를 썼다고 주장하는 것은 별로 설득력이 없다. 왜냐하면 바울이 유명한 지명도 아닌 그레데 섬에 가서 선교했다는 것을 굳이 가상해서 이런 편지를 썼을 가능성은 별로 없다.

1:5절에 따르면 디도는 바울과 함께 그레데 섬에 갔다가, 그곳의 교회를 돌보기 위해 그곳에 남게 되었다. 3:12절에 따르면 후에 니고볼리에서 다시 바울과 만난 것으로 보인다. 유세비우스라는 고대의 교회 역사가에 따르면 그는 나중에 그레데 섬으로 돌아가서 노년에 이르기까지 그곳에서 교회의 감독으로 사역했다고 한다.

2. 기록 시기와 장소

바울이 로마 감옥에서 풀려나 다시 동쪽으로, 즉 그레데, 에베소, 니고볼리로 가서 사역한 것으로 보는 견해라면 65년 경으로 본다(이 경우 디모데후서는 65-67년 경에 쓴 것으로 본다). 하지만 이 기록 연대가 확실한 것은 아니다.

디도서는 바울이 디도를 그레데 섬에 남겨놓고 온 뒤에 쓴 편지이다. 아마도 에베소에서 쓴 것으로 보인다. 만약 그렇다면 53-55년 사이일 것이다. 그러나 사도행전과 바울서신의 어떤 기록도 정확히 언제 바울이 그레데 섬에 갔는지, 그리고 언제 목회 서신들을 썼는지 알려주지 않는다. 누가가 바울의 그레데섬 방문을 기록하는 것은 단지 로마로 끌려가던 길에 배가 그레데 섬에 있는 항구에 머문 것밖에 없다(행 27:7-12).

다수의 학자들은 목회서신의 세 개의 편지를 항상 하나로 묶고 동일한 기록 시기와 장소에서 목회서신을 썼다고 가정한다. 하지만 반드시 이 세 개의 편지를 바울이 같은 시기 같은 장소에서 썼다고 가정할 필요는 없다. 우리가 알고 있는 바울의 연대기는 완벽하지 않다. 왜냐하면 사도행전과 바울서신이 그의 연대기에 관한 완벽한 정보를 주지 않기 때문이다. 우리가 알고 있는 바울 연대기에는 우리가 확실히 알지 못하는 시기들이 있다. 목회서신의 세 개의 편지는 바울 연대기의 각각 다른 시기, 다른 장소에서 기록되었다고 보는 것이 더 합리적이다.

4. 기록 목적

그레데 섬의 교회에 남아 있는 디도에게 올바른 복음을 가르치고, 지도자들을 잘 세워 교회의 질서를 바로 잡기 위해 기록했다.

5. 전체 구조

편지의 도입 (1:1-4)

교회 조직에 관한 가르침 (1:5-16)
- 장로의 자격요건 (1:5-9)
- 거짓 선생들의 특징들 (1:10-16)

성도다운 행동에 관한 가르침 (2:1-3:11)
- 나이 많은 성도들에 대하여 (2:1-3)
- 젊은 성도들에 대하여 (2:4-8)
- 종들에 대하여 (2:9-14)
- 성도들 일반에 대하여 (3:1-11)

마지막 인사와 부탁 (3:12-15)

5. 그레데 섬의 교회

그레데 섬은 에게해 남쪽에 있는 섬으로, 적어도 청동기 시대부터 사람들이 거주하기 시작했다는 증거가 있다. 그레데는 도시가 많은 것으로 유명했다. 유대인들도 일찍이 그곳에 이주해 살고 있었다. 오순절 성령강림 사건 때에 이 섬 출신의 유대인들이 그곳에 있었다(행 2:1, "그레데인과 아라비아인들이라 우리가 다 우리의 각 언어로 하나님의 큰 일을 말함을 듣는도다 하고"). 그들 중 일부는 아마도 예수 그리스도에 대한 복음을 갖고 그 섬에 돌아가서 교회를 세웠을 것이다. 이 섬의 기독교인들은 아무래도 그 지역이 좁은 까닭에 그곳에 사는 유대인들과 비교적 잦은 접촉을 하게 되었을 것이고, 이것이 "할례파"가 교회 안에서 문제를 일으키는 원인이 되었을 것이다(딛 1:10, "불순종하고 헛된 말을 하며 속이는 자가 많은 중 할례파 가운데 특히 그러하니").

6. 디도서의 문학적 특징

디모데전서와 마찬가지로 이 편지는 상급자가 하급자에게 맡은 일을 어떻게 처리할 것인지를 구체적으로 지시하는 편지로 볼 수 있다. 로마시대에 이런 종류의 편지가 매우 보편적으로 존재했다. 디도서에 편지 서두의 감사 구절이 없는 것은 이런 장르의 편지였기 때문으로 볼 수 있다. 디모데후서에서는 바울이 디모데에게 매우 개인적인 차원의 호소와 가르침을 주지만 디도서에서는 문제를 어떻게 해결할 것인지에 대해서만 말한다. 바울은 주로 명령, 주의할 점, 기억해야 할 점등을 조목조목 지적하는 것으로 이 편지를 써나간다. 그런 점에서 이 편지의 구조는 상당히 단순하다. 간간히 바울은 자신과 거짓선생들을 대조하며, 자신을 디도가 따라야 할 모범으로 제시하기도 하면서 약간의 논쟁을 하지만, 본격적인 논쟁은 벌이지 않는다.

빌레몬서 | Philemon

1. 저자

바울

2. 기록 시기와 장소

빌레몬서의 저작 연대는 골로새서와 함께 묶여 있다. 두 편지는 같은 시기에 쓴 편지다. 그렇다면 에베소에서 감옥에 갇혔을 때 썼을 가능성이 가장 크다. 시기는 바울이 에베소에 머물던 3년간인 53-55년 사이의 어느 시점일 것이다.

3. 기록 목적

바울은 오네시모를 다시 빌레몬에게 돌려보내면서 이 편지를 써서 함께 보낸다. 바울은 1) 빌레몬이 오네시모를 그리스도 안에서 형제로 대우하도록, 2) 빌레몬이 오네시모를 다시 바울에게로 돌려보내서 바울과 함께 사역할 수 있도록 부탁하기 위해 이 편지를 썼다.

바울은 21절에서 "나는 네가 순종할 것을 확신하므로 네게 썼노니 네가 내가 말한 것보다 더 행할 줄을 아노라"고 말한다. 그것은 곧 오네시모를 노예의 신분에게 해방시켜 바울에게도 다시 돌려보내 그와 함께 일하도록 해달라는 의미가 포함된 것으로 볼 수 있다. 만일 해방시키는 것이 아니라면 바울에게 완전히 오네시모를 '빌려줘서'(lending) 바울과 남은 평생 함께 사역을 하도록 해달라는 것이다

4. 전체 구조

빌레몬의 선행에 대한 감사 1-7절

오네시모를 위한 바울의 당부 8-16절

오네시모의 부채에 대한 바울의 변제 약속 17-25절

5. 본문을 통해 알 수 있는 빌레몬서의 정황

빌레몬서는 빌레몬, 바울, 오네시모 이 세 사람 사이의 일에 대해 바울이 쓴 편지다. 우리가 본문을 통해서 알 수 있는 사실들은 아래와 같은 것이다.

1) 빌레몬이 바울에게 빚진 자가 되었다.
빌레몬이 바울에게 돈을 빌려서 빚 진 것이 아니라 바울이 전하는 복음을 듣고, 빌레몬이 구원을 받아서 빌레몬이 바울에게 빚진 자가 된 것이다. 그의 가족, 즉 그의 아내 압비아, "네 집에 있는 교회"라고 했으므로, 그 집의 모든 사람들이 다 개종한 셈이다. 그런데 오네시모는 그 당시에는 개종하지 않았다. 오네시모가 개종한 것은 감옥에서 바울을 만난 뒤다. 빌레몬이 복음을 믿었을 때 오네시모는 아마 그 집에 없었거나, 나중에 빌레몬의 집에 노예로 들어왔을 수도 있다.

2) 바울이 감옥에 갇혔다.

3) 빌레몬의 노예인 오네시모가 빌레몬을 떠났다.
그가 왜 주인의 집을 떠났는지는 분명하지 않다. 무언가를 훔쳐서 도망쳤거나, 아니면 빌레몬을 떠난 뒤에 그에게 일종의 경제적 손실을 입혔을 수도 있다. 그러나 짧은 이 편지 안에 있는 제한된 정보로 왜 오네시모가 빌레몬의 집을 떠났는지 확실히 말할 수는 없다.

4) 오네시모가 감옥에 갇힌 바울과 같은 감옥으로 오게 되었다.
이 때 오네시모는 바울에 의해 복음을 받아들이게 되었다. 10절의 "내가 갇힌 중에 낳은 오네시모"는 바울이 오네시모를 개종시켜, 신자로 만들었다는 것을 보여준다.

5) 바울이 빌레몬의 사랑과 믿음에 대해 소식을 들었다.

6) 바울이 오네시모를 빌레몬에게로 돌려보내기로 결심한다.

7) 바울이 빌레몬에게 오네시모를 형제로 받아들이라고 부탁하는 편지를 보낸다.
16절, "오네시모를 종과 같이 하지 말고, 종에서 뛰어나 형제로 받아들이라" 또 17절, "오네시모를 영접하기를 나를 대하듯이 하라고 바울은 가르친다. 이런 가르침은 당시 노예제도 문화 속에서 보았을 때 매우 파격적이다. 빌레몬이 오네시모를 그리스도 안에서 형제로 대우하도록 부탁한 것은 사실 굉장히 어려운 부탁이다. 노예들은 인격을 가진 존재로 인정받지 못했다. 노예는 노예이고, 주인은 주인이다. 이런 사회적 계층의 벽은 도저히 넘을래야 넘을 수 없는 사회적 벽이었다.

오네시모를 형제로 받아들이는 것은 오네시모를 인격을 가진 존재로 대우하는 것이다. 노예는 주인의 소유물이고, 재산이지만을 그를 인격을 가진 존재로 다루라는 말이다. 지금은 노예이고 주인이지만, 종말에 하나님의 나라에 들어갈 때 노예, 주인으로 들어가지 않고, 평등한 똑같은 인간으로서 들어간다. 교회는 미래의 하나님 나라의 질서를 기준으로 해서 현재를 보기 때문에 그렇게 할 수 있다. 그래서 교회에서는 노예와 자유인이 똑 같은 평등한 하나님의 자녀로, 서로 형제가 된다. 세상에서는 이런 일이 일어날 수 없지만 교회에서는 가능하다. 하지만 이것은 여전히 사회의 질서를 문란하게 하는 행위였다.

어떤 사람은 바울은 노예제도 자체의 합법성을 문제 삼지 않았다고 해서 바울을 비난한다. 그러나 바울이 가르치는 것은 주인에게 있어서 노예해방보다 더 어려운 것을 요구하는 것이다. 교회는 종말의 관점에서 노예 문제를 바라보았고 궁극적으로 이런 교회의 가르침은 노예제도를 폐지하는 방향으로 가게 하였다.

8) 바울은 빌레몬을 방문하기를 기대한다.

히브리서 | Hebrews

1. 저자

익명의 유대인 저자

2. 기록 시기와 장소

본서의 기록 시기는 대략 주후 90년 경(60년대 중반 네로의 박해에 임박해서 저술됐다는 견해도 있음)으로 볼 수 있으며, 기록 장소는 확실치 않다.

3. 기록 목적

본서는 유대인들의 성경(구약)에 익숙한 성도들(특히 유대계 그리스도인들)에게 그리스도와 신앙의 우월성을 증거 함으로써 배교를 방지하고 신앙인다운 삶을 살도록 권면하기 위해 저술되었다.

4. 전체 구조

그리스도와 신앙의 우월성을 강조하는 히브리서는 크게 다음과 같은 구조로 이해할 수 있다.

1) 그리스도의 우월성	1:1-4:13
2) 그리스도의 대제사장직	4:14-10:18
3) 믿음의 삶에 관한 권면	10:19-13:25

5. 주요 장

1장 예수는 천사보다 뛰어남
3장 예수는 모세보다 뛰어남
5장 예수는 아론보다 뛰어남(멜기세덱의 반차를 좇는 제사장)
7장 멜기세덱에 대한 해석
8장 새 언약의 대제사장
9장 땅의 성소와 하늘의 성소, 그리스도의 단 번의 희생으로 이루어진 속죄
11장 믿음의 선진들
12장 믿음의 경주
13장 하나님이 기뻐하시는 제사

6. 종합적 서설

본서는 저자에 대한 명확한 정보를 독자에게 알려주지 않는다. 디모데와의 관련성(13:23) 및 몇몇 교부 전통에 근거하여 바울 저작설을 주장하는 경우도 있다. 그러나 오늘날 대부분의 성서 학자들은 바울보다는 '익명의 유대인 저작설'을 지지한다. 사실 히브리서의 내용을 보면, 바울 저작설을 인정하기가 쉽지 않다. 예를 들어, 히브리서의 저자는 '주님을 통해 들었던 자들에 의해 전해진 구원이 우리에게 확증되었다'고 말한다(2:3). 다시 말해 저자는 주님을 직접적으로 아는 자들(예를 들어 사도들)로부터 복음을 '간접적'으로 전해 들은 것이다. 반면에 사도 바울은 갈라디아서에서 자신의 복음이 사도들이나 다른 사람들을 통하지 않고, 주님의 '직접적'인 계시에 근거한다고 주장한 바 있다(갈 1:11-12). 이와 같은 불일치와 더불어 바울 서신과의 문체 및 신학적 차이 등을 고려할 때, 히브리서의 바울 저작설은 지지하기 어렵다.

본서는 신약의 다른 서신들과 비교해 볼 때, 전형적인 서신의 형식과는 거리가 있다(발신자와 수신자 및 인사로 구성된 다른 서신들의 머리말과 비교해 봐도 이점을 알 수 있다[롬 1:1-7과 히 1:1-3을 비교해 보라]. 맺음말에 가서야 서신의 형식을 알아볼 수 있을 정도이다). 저자는 본서의 내용을 '권면의 말'이라고 규정한다(13:22). 따라서 히브리서는 실제적인 소통을 위한 서신이라기보다는 '교리적 권면서'에 가깝다고 볼 수 있다.

히브리서의 수신자들에게 권면이 필요한 이유는 그들이 지금 나태와 배교의 위험에 빠져있기 때문이다. 그들은 순교까지는 아니어도(12:4) 신앙 때문에 고난

과 비방을 당하고 소유를 빼앗기는 환난을 겪어야 했던 적이 있다(10:32-34). 하지만 시간이 지나면서 오히려 열정이 식고 영적으로 퇴보하는 일이 발생했으며(5:12; 6:1), 심지어 예배와 신앙의 자리를 이탈하는 자들도 생겨났다(3:12; 10:25). 이러한 상황에서 히브리서 저자는 그들이 더는 타락하거나 배교하지 않고(2:1; 4:1; 6:6) 시련을 잘 견디도록 신앙에 대한 변증과 권면을 하게 된 것이다.

히브리서의 권면은 교리적 토대 위에 전개된다. 저자는 변증을 통해 그리스도의 우월성을 확증함으로써, 유대교와 율법에 대한 복음의 우위성을 강조한다. 그리스도는 지위에 있어서 천사와 구약의 위대한 인물인 모세나 여호수아보다 우월하시며(1:4-4:13), 그의 사역에 있어서도 완전한 대제사장(2:17; 4:14; 5:10; 6:20 이하)으로서 구약의 언약을 자신의 희생을 통해 온전히 성취하셨다. 그는 레위 계통이 아닌 멜기세덱의 반차를 따르는 대제사장으로서(7:11) '더 좋은 언약'의 보증(7:22)이자 중보자(8:6)가 되신다. 성도는 그 어떤 중재자(천사, 모세, 레위 계통의 제사장)보다 예수 그리스도로 말미암아 하나님과 그분의 무한한 자원(9:15) 그리고 하늘의 성소에 연결되는 큰 유익을 누릴 수 있다(10:19-22). 그것은 세상의 어떤 것과도 비교할 수 없는 것이다.

이처럼 히브리서가 독자들에게 기독론적 서술을 풍성히 제공하는 것은 단순히 교리적 설명을 위한 것이 아니라 성도들을 권면하기 위함이다. 세상과 비교할 수 없는 예수의 능력과 가치를 알 때, 성도들은 세상을 내려놓고 사람들의 조롱과 모욕 그리고 박해를 이겨낼 수 있기 때문이다. 그러므로 히브리서의 관점에서 성도의 고난은 결코 수치가 아니다. 예수께서 참된 기쁨을 위해 십자가의 부끄러움을 참으시고 영광의 보좌에 앉으신 것처럼(12:2), 고난은 비참한 불명예가 아니라 성도들의 '명예로운 경주'가 된다(12:1). 고난은 무의미한 고통이 아니라 부모가 자녀를 훈육하듯이 하나님께서 허락하신 수련의 과정이다(12:5-10 cf. 우리말 '징계'로 번역된 '파이데이아는 '잘못에 대한 처벌'보다는 '훈육', '수련'의 의미이다). 성도들이 고난을 통해 훈육과 연단을 받고 믿음으로 일어서서 경주를 감당할 때(12:11-13), 그들은 마침내 하나님의 도성에 이르는 영광을 얻게 될 것이다(12:22). 이처럼 히브리서는 기독론의 보고(寶庫)이자 영적 위기에 직면한 성도들에게 필요한 권면의 말씀을 제공한다.

한편 히브리서의 신학적 난해 구절을 꼽자면, '두 번째 회개의 불가능'에 관한 말씀들일 것이다(6:4-6; 10:26-31). 이 본문에 따르면, 한 번 빛을 받고 타락한 자들은 다시 새롭게 하여 회개하게 할 수 없으며, 진리를 아는 지식을 받은 후에 의도적으로 죄를 범하면 더이상 속죄하는 제사가 없고 심판만이 있게 된다. 이 경고에 관하여 다양한 해석이 제기돼 왔지만, 오늘날 다수의 성서학자들은 이를 교리적 진술보다는 배교에 대해 경각심의 효과를 높이기 위한 수사적 진술로 이해한다.

야고보서 | James

1. 저자

야고보(예수님의 동생 야고보로 보는 의견이 지배적)

2. 기록 시기와 장소

본서의 기록 시기는 주후 60년대로 볼 수 있으며, 기록 장소는 전통적으로 예루살렘으로 보고 있으나 수리아 지역에서 기록됐다는 주장도 있다.

3. 기록 목적

유대계 디아스포라 성도들에게(1:1) 시련 가운데 인내할 것을 권면하고 믿음을 실천함으로써 윤리적 의와 사랑의 교제를 회복하기 위함

4. 전체 구조

1) 믿음의 시련 1:1-1:18
2) 믿음의 실천 1:19-5:6
3) 믿음의 승리 5:7-5:20

5. 주요 장

1장 시련과 극복, 참다운 경건
2장 행함이 없는 믿음은 죽은 믿음
3장 말 조심, 하늘로부터 오는 지혜
4장 성결, 허망한 생각에 대한 경고
5장 부자에 대한 경고, 인내와 기도

6. 종합적 서설

야고보서는 '흩어져 있는 열두지파'(팔스타인 지역 밖의 유대계 그리스도인들)에게 보내는 서신이다(1:1) 그러나 전형적인 바울 서신들처럼 마지막에 고별인사나 개인적인 문안들을 기록하지는 않는다. 총독 베스도(Festus)의 사후 대제사장 안나스가 '예수의 형제 야고보'를 처형했다는 요세푸스(Josephus, 주후 37-100)의 기록을 따른다면 야고보서의 저작 시기는 60년대 초로 볼 수 있다. 그러나 야고보가 남긴 교훈을 후대에 누군가가 수집하여 기록한 것이라면, 야고보서의 연대는 이보다 더 늦어질 수 있다.

야고보서는 여러 윤리적 주제들을 교훈적인 문장(다수의 명령형 문장)으로 기록했기 때문에 '신약성경의 잠언'이라 불리기도 한다. 또한 본서는 교회 안에서 발생하는 불의뿐만 아니라 사회적인 불평등(5:1-6)을 예리하게 비판하는 등 사회의 문제를 구체적으로 다룸으로써 '신약의 아모스'로도 불린다. 야고보서를 다양한 교훈들이 산만하게 나열된 지혜문학의 한 형태로 보는 경우도 있다. 그러나 본서에 등장하는 여러 교훈과 지침들은 성도의 '윤리적 의'라는 통일성 속에서 전개되고 있다.

야고보서는 특정한 교회의 상황이 아니라 그리스도인들이라면 일반적으로 겪을 수 있는 문제를 다루고 있다. 먼저 개인적 윤리의 차원에서, 야고보서의 핵심 단어는 성도의 '온전함'이다. (1) 야고보서는 '시험'(1:2) 내지 '시련'(1:3)을 언급하며 시작한다. 이러한 시련 속에서 성도들에게 제안하는 저자의 처방은 '기도'(5:13)와 '인내'(1:4; 5:7-8)이다. 인내는 성도를 '온전하게'하며, 주께서 강림하실 때까지 시련을 잘 견디는 자는 생명의 면류관을 얻을 것이다(1:12; 5:7-8). (2) 또한 성도는 '말'에 있어 신중해야 한다(1:19-20, 26; 3:1-12; 4:11; 5:12). 야고보서에 따르면 혀는 불이요 쉬지 않는 악이며 죽이는 독이 가득한 것이므로, 말에 실수가 없고 입에 재갈을 물릴 수 있다면 '온전한' 사람이 될 수 있다(3:2). (3) 그리고 야고보서는 성도의 행함 곧 실천을 강조한다(1:22-25). 행함이 없는 믿음은 죽은 것이다(2:17, 26). 듣고 실천하는 자는 복을 받을 것이며(1:25), 행함으로 믿음은 '온전하게 된다'(2:22).

또한 야고보서는 사회적 차원의 윤리를 다루는데, 무엇보다 '경제적 정의'에 관심을 보인다. 야고보서는 특히 불의한 축재와 사치를 일삼는 부자에 대해 날 선 비판을 가한다(5:1-6). 그들은 노동자들을 착취하여 정당한 임금을 지불하지 않았고(5:4), 성도들을 억압하고, 법정으로 끌고 가며(2:6), 의인을 정죄하고 살인한 자들(5:6)로 묘사된다. 그런데도 성도들은 역설적으로 부자를 존중하고 가난한 자를 업신여긴다(2:2-3). 이에 야고보서는 사람을 차별하지 말 것을 당부한다(2:1, 9). 하나님은 가난한 자를 택하셔서 영적으로 부요하게 하시는 분이기 때문이다(2:5). 야고보서가 말하는 참된 경건은 고아와 과부를 그 환난 중에 돌보고 세속에 물들지 아니하는 것이다(1:27).

한편, 야고보서와 이신칭의 교리를 비교하는 경우를 종종 볼 수 있다. 야고보서는 '행함'을 강조하는 반면, 바울의 서신들은 '믿음'을 강조하기 때문에 양자는 신약성경에서 모순이 되는 것처럼 보이기도 한다. 실제로 루터는 야고보서를 '지푸라기 서신'으로 불렀다(WA DB 6, 10). 그러나 루터는 야고보서의 사도적 권위를 부인했을 뿐, 야고보서가 성경이 아니라고 주장한 것은 아니다. 루터는 야고보서 서문에서 "나는 그것(야고보서)을 찬양하고, 좋은 책이라고 여긴다. 왜냐하면 그것은 인간의 가르침들을 추구하는 것이 아니라, 하나님의 법을 공포하고 있기 때문이다"라고 밝힌 바 있다(WA DB 7, 384). 사실 야고보서와 바울의 서신들은 모순적인 관계가 아니다. 야고보서가 비판하는 믿음은 '행함이 없는 죽은 믿음'(2:17)이며, 바울이 말하는 '참된 믿음'(갈 5:6)—사랑으로써 역사하는 믿음—과는 다른 차원을 말하는 것이다. '행함' 역시 야고보서는 '하나님의 뜻대로 사는 것'을 말하지만, 바울이 비판한 '행함'은 윤리 일반을 의미하는 것이 아니라 이방인 성도들도 유대인들처럼 살아야 한다는 '율법의 행위'를 의미한다(롬 3:28; 갈 2:16; 3:2). 따라서 야고보서와 바울 서신들에서 사용된 '믿음'과 '행함'의 의미는 그것이 사용된 문맥을 주의해서 비교할 필요가 있다.

베드로전서 | 1 Peter

1. 저자

베드로

2. 기록 시기와 장소

본서는 베드로가 순교하기 직전인 주후 60년대 초반(혹자는 90년대 저작설을 주장하기도 함)에 기록된 것으로 볼 수 있고, 대체로 제국의 수도 로마에서 기록된 것으로 추정한다.

3. 기록 목적

환난 중에 있는 성도들로 하여금 고난을 극복할 수 있도록 격려하고 어떠한 상황에서도 흔들리지 않는 담대한 믿음과 소망을 갖도록 독려하기 위해 기록되었다.

4. 전체 구조

1) 성도의 구원	1:1-2:12
2) 성도들의 관계에 대한 권면	2:13-3:12
3) 성도와 고난	3:13-5:14

5. 주요 장

2장　산 돌이신 예수, 왕 같은 제사장

5장　하나님의 양떼를 돌보라

6. 종합적 서설

본서는 오늘날의 소아시아 여러 지역에 '흩어진 나그네'가 수신자임을 밝히고 있다(1:1). 여기서 우리말 '나그네'로 번역된 헬라어 '디아스포라'는 본래 '팔레스타인 지역 밖에 거주하는 유대인들'을 가리키던 통상적인 표현이었다. 그렇다면 베드로전서는 그 수신자를 유대인들로 한정하는 것 같다. 그러나 "너희가 전에는 백성이 아니더니 이제는 하나님의 백성이요"(2:10上)란 구절은 '이방인들'도 서신의 수신자 가운데 포함되어 있음을 전제한다.

본서는 저자를 '사도 베드로'로 밝히고 있다. 그렇다면 본서는 60년대에 베드로가 순교하기 전 로마에서 작성되었을 것으로 추정할 수 있다. 그러나 다수의 학자들은 갈릴리 어부 출신의 베드로가 본서에 사용된 높은 수준의 헬라어 어휘 및 문체를 구사했다고 보기 어렵다는 주장을 한다(cf. 행 4:13). 대신 베드로 사후에 그를 추종하던 공동체(베드로의 제자 그룹)나 제3자가 베드로의 이름을 빌려 기록한 서신이라고 주장한다. 그러나 베드로의 헬라어 문체는 '실루아노'와 같은 조력자들의 도움을 받아 개선됐을 가능성이 얼마든지 있다(cf. 5:12).

베드로는 본서에서 소아시아 여러 지역에 흩어져 사는 성도들에게 믿음과 그리스도에 대한 소망을 굳게 잡음으로써 시험(1:6; 4:12)과 치욕(4:14) 그리고 고난(2:19-20; 3:14, 17; 4:13, 16, 19; 5:9-10)을 이겨내라고 권면한다. 왜냐하면 그리스도인들은 가혹한 불 시험을 이겨낼 때 비로소 그 고통의 뒤에 숨어 있는 하나님의 크신 경륜을 깨달을 수 있으며 영적 성숙과 믿음의 진전을 경험할 수 있기 때문이다. 특히 본서는 우리에게 참된 평화와 위로의 근원은 인간이 아니라 오직 하나님 한 분이심을 분명하게 보여준다(1:21; 5:12).

베드로후서 | 2 Peter

1. 저자

베드로(?)

2. 기록 시기와 장소

본서의 저작 시기에 대해서는 주후 60년대 설과 2세기 설이 있으며, 기록 장소는 확실치 않으나 제국의 수도 로마로 보기도 한다.

3. 기록 목적

교회 안에서 발생한 문제 즉 거짓 교사들의 잘못된 가르침을 경고하고 성도들로 하여금 복음의 진리 위에 굳게 서서 부도덕한 쾌락주의와 싸워 이길 수 있도록 독려하기 위해 기록되었다.

4. 전체 구조

1) 그리스도인의 성숙에 대한 권면	1장
2) 거짓 교사들에 대한 경고와 정죄	2장
3) 그리스도의 재림의 약속	3장

5. 주요 장

3장 하루가 천 년 같고, 주의 날이 도둑 같이 오리니, 새 하늘과 새 땅

6. 종합적 서설

본서는 수신자를 '우리 하나님과 구주 예수 그리스도의 의를 힘입어 동일하게 보배로운 믿음을 우리와 함께 받은 자들'이라고 밝힌다(1:1下). 수신자로 특정한

지역의 성도들을 지칭하지는 않았지만, 본서는 2장에 언급된 '거짓 선지자' 및 '거짓 선생'으로 인해 신앙적·윤리적 혼란을 겪고 있는 그리스도인 공동체를 염두에 두고 전개된다.

본서의 저자는 '예수 그리스도의 종이며 사도인 시몬 베드로'라고 명시되어 있는데(1:1上), 다수의 학자들은 베드로가 직접 쓴 서신이라기보다는 후대에 그를 추종하던 공동체(베드로의 제자 그룹)가 베드로의 이름을 빌려 기록한 서신이라고 주장한다. 본서를 베드로가 직접 작성한 것으로 본다면 저작 연대는 60년대 경이 될 것이고, 사후 저작설을 따른다면 저작 연대는 80-90년대 또는 주후 2세기까지 늦춰질 수 있다.

베드로전서는 외부적인 핍박과 시련에 대해 언급했지만, 베드로후서는 교회 공동체 내부적인 문제를 다루고 있다. 특히 본서는 교회 안에서 암약하는 거짓 교사들로 말미암아 발생한 문제에 초점을 맞추고 있다. 본서에 언급된 거짓 교사들의 가장 두드러진 특징은 '윤리적 방종'이다. 그들은 호색(2:2, 18), 정욕(2:10) 그리고 탐심(2:3, 14)이 가득한 자들로서 '이성 없는 짐승'(2:12)이며 '멸망의 종들'(2:19)이다. 거짓 교사들이 이렇게 도덕적 해이에 빠진 이유는 '신정론'(theodicy)에 대한 그들의 그릇된 생각 때문이다. 그들은 '만물이 처음 창조될 때와 같이 그냥 있다'(3:4)고 주장하면서, 하나님의 역사적 개입이나 그리스도의 재림을 믿지 않는다. 그러나 저자는 하나님의 심판과 재림의 때는 반드시 온다고 경고한다(3:8-13).

이에 저자는 성도들에게 '성경을 사사로이 풀지 말 것'을 권면하면서(1:20-21 cf. 3:15-16), 믿음에 '덕, 지식, 절제, 인내, 경건, 우애, 사랑'을 더하는 성결하고 성실한 삶을 살라고 촉구한다(1:5-8). 이렇게 '신의 성품에 참여하는 자'들(1:4)은 실족하지 않을 것이며, 예수 그리스도의 영원한 나라에 들어가게 될 것이다(1:11).

요한일서 | 1 John

1. 저자

전통적으로 사도 요한

2. 기록 시기와 장소

본서의 기록 시기는 대략 90년대로 추정하며, 에베소에서 기록된 것으로 보는 것이 전통적인 견해이다.

3. 기록 목적

그리스도께서 육체로 오신 것을 부인하는 영지주의적 이단을 경계, 논박하고 교회와 성도들을 견고히 세우며 성도들로 하여금 그리스도를 본받아 사랑을 실천하게끔 독려하기 위해 기록되었다.

4. 전체 구조

1) 교제의 근거 1:1-2:27
2) 참된 교제의 특징 2:28-5:21

5. 주요 장

2장 육신의 정욕, 안목의 정욕, 이생의 자랑
4장 하나님은 사랑이시다
5장 세상을 이기는 믿음

6. 종합적 서설

본서는 서신의 전통적인 형식(발신자, 수신자, 안부 인사 등)을 취하고 있지 않기 때문에, 발신자가 누구인지 내적 증거는 찾을 수 없다. 교부 이레니우스(주후 약 130-202)는 요한일서의 저자로 사도 요한을 지목하였다. 오늘날에도 본서와 요한복음은 어휘와 신학적 주제의 유사성을 근거로 동일 저자의 기록으로 간주되곤 한다. 양자의 유사점으로 꼽히는 대표적인 사례는 예수님의 선재성(先在性)을 밝히는 첫 절이라든가, 예수님을 '로고스'(말씀)로 표현하는 점, 빛과 어둠의 대조, 신약성경에서 요한복음과 요한일서만이 사용한 헬라어 '파라클레토스'(cf. 요한복음에서는 해당 단어가 성령[보혜사]을 가리키지만, 요한일서에서는 예수님[대언자, 2:1]을 가리킨다) 등이다. 이런 유사성을 근거로 본서는 사도 요한 또는 '요한 학파'에 의해 저술된 것으로 통상 간주된다.

본서가 쓰일 당시 교회에는 '적그리스도'라 불리는 거짓 교사들(2:18-19)이 성도들을 미혹하는 위험에 노출되어 있었다(2:26). 그들은 예수님의 '성육신'을 부정하는 특징을 지녔다(4:2-3): "이로써 너희가 하나님의 영을 알지니 곧 예수 그리스도께서 육체로 오신 것을 시인하는 영마다 하나님께 속한 것이요 예수를 시인하지 아니하는 영마다 하나님께 속한 것이 아니니 이것이 곧 적그리스도의 영이니라 오리라 한 말을 너희가 들었거니와 지금 벌써 세상에 있느니라." 이러한 가현설(假現設, docetism)과 초기 영지주의적 특징을 지닌 거짓 교사들은 비전적(祕傳的) 지식을 자랑하지만, 육신의 삶에 관하여는 비윤리적 행태를 보였다. 이에 본서는 그들의 잘못된 교리를 반박하는 동시에, 성도들로 하여금 바른 신앙(예수는 성육신하신 그리스도[2:22-23; 4:2-3]이시며, 하나님은 빛이시요[1:5] 사랑이시다[4:8]) 가운데 굳게 서서 사랑을 실천하도록 권면한다(ex. 3:10-24; 4:11-21). 그리하여 본서는 '믿음으로 그리스도 안에 거하는 자는 하나님과의 영적인 교제 관계에 있으며 성령을 통해 하나님의 능력과 은혜를 맛보게 되는 동시에 윤리적인 의(義)와 사랑을 실천할 의무가 있음'을 분명히 밝힌다.

7. 요한 서신들의 형식

	형식
일서	명목상 서신으로 불리기는 하지만 사실 서신의 형식인 발신인이나 수신인도 기록되어 있지 않으며, 또 그 내용을 보더라도 서간문이라기보다는 논문의 형식에 더 가까운 것을 알 수 있다.
이서	일서와는 달리 발신인과 수신인이 기록되어 서신의 형식을 갖추고 있기는 하나, 수신인은 개인이 아닌 일정한 교회와 성도들로서 다루고 있는 내용은 일서를 요약해 놓은 것 같은 느낌을 준다.
삼서	가이오라는 개인에게 보내어진 순수한 서신으로서 몇 사람의 특정한 인물이 나타나고 있는데 이것을 볼 때 삼서는 형식이나 내용면에서 요한서신들 가운데 가장 온전한 서신의 형태를 취하고 있는 것을 알 수 있다.

요한이서 | 2 John

1. 저자

전통적으로 사도 요한 또는 익명의 장로

2. 기록 시기와 장소

본서의 기록 시기는 대략 1세기 말로 추정하며, 소아시아(에베소?)에서 기록된 것으로 보는 것이 전통적인 견해이다.

3. 기록 목적

성도들로 하여금 사랑을 실천함으로써 진리를 행할 것과 영지주의적 거짓 교사들과 상종하지 말 것을 촉구하고 자신의 방문 계획을 알리기 위해 기록되었다.

4. 전체 구조

1) 인사말	1-3절
2) 사랑하라는 권면	4-6절
3) 거짓 교사들에 대한 경고	7-11절
4) 맺음말	12-13절

5. 종합적 서설

본서는 인사말(1-3절)과 맺음말(12-13절)을 제외하면 크게 2부분—사랑하라는 권면(4-6절)과 거짓 교사들(7-11절)에 대한 경고—으로 구성되어 있다. 여기서 요한이 권장한 사랑은 남녀 간의 무분별한 사랑이 아니라 진리이신 그리스도의 기초 위에 세워진 것이다. 수신자로 밝히는 '부녀와 그의 자녀들'(1절)은 문자 그대로 '안주인'(mistress)과 '자식들'의 의미라기보다, 각각 '교회'와 '그 구성원들'

을 의인화(擬人化)한 것으로 볼 수 있다.

본서는 마치 요한일서를 요약한 듯한 느낌이 강하다. '적그리스도'라 불리는 거짓 교사가 예수 그리스도의 '성육신'을 부정하면서 성도들을 미혹한다는 내용(1:7)이나 '사랑'을 강조하는 윤리적 권면의 특징(1:5)은 요한일서에서도 확인할 수 있는 핵심 주제들이다. 이러한 유사점을 근거로, 요한일서와 요한이서는 모두 동일 저자에 의해 기록됐다고 볼 수 있다.

요한삼서 | 3 John

1. 저자

전통적으로 사도 요한 또는 익명의 장로

2. 기록 시기와 장소

본서의 기록 시기는 대략 1세기 말로 추정하며, 소아시아(에베소?)에서 기록된 것으로 보는 것이 전통적인 견해이다.

3. 기록 목적

수신자인 가이오에게 그의 선행과 진리 안에 거함을 칭찬하고, 디오드레베의 악행을 지적하면서, 진리를 위해 애쓰는 순회 선교사들을 잘 영접할 것을 권면하기 위해 기록되었다.

4. 전체 구조

1) 인사말	1-2절
2) 가이오에 대한 칭찬과 권면	4-6절
3) 디오드레베에 대한 정죄	7-12절
4) 맺음말	13-15절

5. 종합적 서설

본서는 일반서신들 중에서 특이하게 개인에게 보낸 편지의 형식을 취하고 있다. 본서는 저자를 '장로'로만 밝히고 있는데(1절), 장로라고만 표현해도 발신자가 누구인지 알 수 있을 만큼 저자는 수신자인 가이오와 매우 친밀한 사이였음을 전제한다. 본서는 끝인사(13-15절)를 제외하면, 크게 2부분—가이오에 대한 칭찬

및 권면(1-8절)과 디오드레베에 대한 정죄(9-12절)—로 구성되어 있다. 본 서신에는 복음의 진리를 전파하기 위해 각 지역을 다니던 '순회 선교사들'(본서에는 '나그네'로 표현, 1:5)에 대한 언급과 이들에 대한 초대교회 성도들의 상반된 태도(대표적으로 가이오와 디오드레베)가 잘 묘사되어 있다. 본서는 그 분량이 적음에도 불구하고, 당시 초대교회의 일면을 보여주는 귀중한 역사자료로 평가받는다.

유다서 | Jude

1. 저자

야고보의 형제 유다(예수님의 동생으로 보는 것이 전통적인 견해)

2. 기록 시기와 장소

본서의 기록 장소는 확실치 않다. 저자가 예수님의 동생 유다라고 한다면 저작 연대를 대략 주후 50-60년대 경으로 볼 수 있다(2세기 초 저작설을 주장하는 경우도 있음).

3. 기록 목적

본 서신은 교회 가운데 암약하는 거짓 교사들을 배격하고, 성도들로 하여금 믿음에 굳게 서서 이들과 대적할 것을 권면하기 위해 기록되었다

4. 전체 구조

1) 기록목적	1-4절
2) 거짓교사들에 대한 서술	5-16절
3) 성도들에 대한 경고	17-23절
4) 송영	24-25절

5. 종합적 서설

본서의 저자는 자신을 '예수 그리스도의 종이요 야고보의 형제인 유다'로 밝히고 있다. 신약성경의 저자가 자신을 특정인의 형제로 밝히는 것은 매우 이례적이다. 그만큼 야고보가 상당히 영향력 있는 인물이었음을 알 수 있으며, 학자들은 여기서 언급된 야고보가 '예수님의 형제 야고보'라는 사실에 대체로 동의한다.

그렇다면 본서의 저자 유다 역시 예수님의 동생들 중 하나였을 것이다(마 15:33 은 동생들의 이름을 '야고보, 요셉, 시몬, 유다'로 밝히고 있다). 본서가 사도시대 직후(cf. 1:17) 1세기 말부터 등장한 '공교회주의'의 영향을 반영한다고 주장하면서, 저작 시기를 90년 경으로 보는 경우도 있다. 그러나 '교회의 직책'과 '성례'의 발전 또는 '교리의 체계화' 등 공교회주의의 특징이 유다서에는 분명히 드러나지 않는다.

단 1장으로 구성된 유다서는 인사와 마지막 찬양을 제외하고는 거짓 교사들에 대한 논박과 정죄로 이루어져 있다. 그들은 교회 가운데 '가만히 들어온 자들'(4절)로서 방탕하며(4, 8, 16절), 비방을 일삼으며(8, 10절), 성도의 애찬을 악용하며(12절), 원망과 불만을 토하며(16절), 자랑과 아첨하며(16절), 분열을 일으키고 성령이 없는 자들이다(19절). 저자는 독자들을 '사랑하는 자들'로 부르는 반면(3, 17, 20절), 거짓 교사들을 '이 사람들'로 지칭한다(10, 12, 14, 16, 19절 cf. 12절에서는 '그들'로 번역되었지만, 원어는 '이 사람들'로 되어있다). 저자는 구약과 외경 그리고 사도들의 말을 근거로 거짓 교사들에 대해 논박한다.

본서는 성도들에게 믿음의 도를 위하여 힘써 싸우라고 권면한다(3절). 또한 마지막 때에 자신의 정욕대로 행하며 조롱을 일삼는 거짓 교사들이 등장하리라는 사도들의 말을 기억하라고 당부한다(17절). 그리고 성령이 없는 거짓 교사들과 달리 성령으로 기도하며(20절), 예수 그리스도의 긍휼을 기다리며(21절) 의심하는 자들을 긍휼히 여기라(22절)라고 권면한다.

요한계시록 | Revelation

1. 저자

사도 요한(전통적 견해) 또는 장로 요한이라는 설이 있음

2. 기록 시기와 장소

본서는 주후 90-95년 경에 저자가 밧모섬(1:9)에 체류하면서 기록한 것으로 추정된다.

3. 기록 목적

계시록은 성도들을 박해하는 정치·종교적 세력의 배후에 악의 실체가 존재함을 폭로한다. 그리하여 배교하지 않고 인내와 순교로 믿음을 지킨 성도들에게는 최후의 승리와 영적인 축복이 있음을 약속한다. 이처럼 계시록은 성도들로 하여금 박해를 이겨내며 순교하기까지 신앙을 지키도록 독려하기 위해 기록되었다.

4. 전체 구조

계시록의 형식적인 장르는 서신(1:4)으로, 서문(1:1-8)과 끝인사(22:6-21) 사이의 주요 내용은 다음과 같은 구조로 정리할 수 있다.

1) 서론

부활하신 예수님에 대한 묘사 (1:9-1:20)

아시아의 일곱 교회에 대한 권면 (2-3장)

2) 본론

하늘 보좌의 환상 (4-5장)

일곱 인 (6:1-8:1)

일곱 나팔 (8:2-11장)

하늘의 전쟁, 두 짐승, 마지막 수확 (12-14장)

일곱 대접 (15-16장)

2) 결론

바벨론의 멸망 (17:1-19장)

천년왕국과 최후의 심판 (20장)

새 창조와 새 예루살렘의 영광 (21:1-22:5)

5. 주요 장

2-3장	아시아의 일곱 교회에 대한 권면	6장(8:1)	일곱 인
7장	인 맞은 십사만 사천	8-11장	일곱 나팔
12-13장	용과 두 짐승	15-16장	일곱 대접
17-19장	바벨론의 정체와 멸망	20장	천년 왕국과 흰 보좌 심판

6. 종합적 서설

예언과 묵시(계시)의 말씀을 담고 있는 계시록의 형식적 장르는 '편지'(서신)이다(1:4상). 신약의 서신들을 해석할 때, 상식적으로 우리는 오늘날 우리의 기준이 아니라, 그 편지가 기록된 2천 년 전(前) 수신자들의 상황과 문화를 기준으로 해석한다. 따라서 계시록도 오늘날 우리의 상황이 아니라, 당시의 수신자인 소아시아 성도들의 문화 속에서 '일차적으로 해석'(解釋)돼야 한다. 그리고 오늘날 우리에게는 그 교훈을 '이차적으로 적용'(適用)해야 하는 것이다. 이렇게 '일차적인 해석'은 당시의 수신자들을 기준으로 하고, 그 교훈은 오늘날 우리에게 맞게 '이차적으로 적용'하는 것이 신약의 서신을 해석하는 일반적인 원리이자 순서이다.

계시록 2-3장을 보면, 수신자인 아시아(오늘날의 터키 서쪽 지방)의 일곱 교회 성도들에게 요한은 반복해서 '이겨야 한다'고 권면한다(2:7, 11, 17, 26; 3:5, 12, 21). 여기서 '이긴다'라고 하는 의미는 '믿음을 지키기 위해 죽기까지 생명을 아끼지 않는 것'이다. 다시 말해 계시록은 아시아 일곱 교회 성도들이 감내해야 했던 박해와 순교를 전제한다. 그들이 직면한 도전은 종교혼합주의였는데, 특별히 계시록은 '황제숭배'(imperial cult)를 매우 강력히 경계하고 있다(13장). 주후 1세기 전후에 아우구스투스(주전 27 - 주후 14 재위)를 필두로 시작된 로마 황제들의 신격화는 당시 아시아 지역에서 성행하였다. 따라서 성도들에게 황제 숭배를 거부하는 것은 반역죄란 누명을 쓰고 죽음에 이를 수 있는 치명적인 위협이 될 수 있었다. 이러한 상황에서 계시록은 아시아 성도들에게 죽기까지 싸워 이겨야 한다고 격려하는 것이다.

계시록에서 본론의 골격을 이루는 상징은 3개의 '일곱' 시리즈—일곱 인(印), 일곱 나팔, 일곱 대접—이다. 우선 일곱 인(6:1-8:1)은 전쟁, 다툼, 기근, 사망과 같은 보편적인 고난을 서술한다. 또한 성도들에게는 신앙 때문에 겪어야 하는 박해와 순교라는 고난이 있다. 그렇지만 하나님께서는 역사에 개입하셔서 성도들을 박해하는 세력을 심판하실 것이고, 이러한 심판에서부터 하나님의 인(印)침을 받은 성도들은 영적인 보호를 받게 될 것이다. 일곱 나팔(8-11장)은 우상숭배자(생명책에 기록되지 못한 자)들에 대한 회개의 촉구와 경고를 상징한다. 하나님은 자연적 재해 및 영적·물리적 전쟁을 통해 그들에게 경고하시지만, 그들은 회개하지 않는다. 일곱 대접(15-16장)은 회개하지 않는 자들이 받게 될 궁극적인 심판을 상징한다. 일곱 대접의 마지막 일곱째 천사는 '큰 성 바벨론'에게 임한 진노의 포도주 잔(16:9)을 언급하는데, 이어지는 17장은 바벨론의 정체—로마—를 상징적으로 묘사해 주며, 18장은 바벨론의 패망을 예고한다.

신약성경에서 계시록의 두드러진 특징 중 하나는 '천년왕국'—그리스도와 더불어 천 년 동안 왕 노릇 함(20:4)—에 대한 언급이다. 천년왕국에 대한 해석은 예수님의 재림을 기준으로 크게 전(前)천년설, 후(後)천년설, 무(無)천년설로 나뉜다. 전천년설은 예수님의 재림이 천년왕국 전(前)에 있다는 관점이고, 후천년설은 예수님의 재림이 천년왕국 후(後)에 있다는 관점이다. 반면에 무(無)천년설은 천년왕국을 실재적인 것이 아니라 '상징적인 것'(교회의 시대)으로 해석하는 입장이다.

천년왕국 이후에 악의 세력들은 유황 못에 던져지게 되고, 죽은 자들은 누구나 흰 보좌 앞에서 '자기 행위에 따라' 최후 심판을 받게 된다. 이 심판을 통해 생명책에 기록되지 못한 자들은 불못에 던져지게 될 것이고(20:15), 하나님의 백성은 새 하늘과 새 땅에 들어가 어린 양과 함께 거하며 새 예루살렘의 영광을 누리게 될 것이다(21:1-22:5). 이처럼 계시록은 박해에 직면한 성도들에게 박해의 배후에 있는 악의 실체와 그 운명을 보여준다. 그리하여 계시록은 역사의 주관자이신 하나님께서 때가 되면 악을 응징하시고, 성도들의 눈물을 닦아 주시며 영원 복락의 처소로 인도하실 것이라는 소망과 위로를 독자들에게 전한다.

PART 4

신학대학원 입학시험 성경문제집

신약 문제

마태복음

001 예수께서 애굽으로부터 돌아오신 후 공생애를 시작하기 전까지 사셨던 동네는?
① 가버나움 ② 나사렛
③ 예루살렘 ④ 베들레헴

002 "아브라함과 ( )의 자손 예수 그리스도의 계보라"는 말씀에서 괄호 안에 들어가는 말은?
① 노아 ② 다윗
③ 요셉 ④ 야곱

003 "아들을 낳으리니 이름을 ( )라/이라 하라 이는 그가 자기 백성을 그들의 죄에서 구원할 자이심이라 하니라"는 말씀에서 괄호 안에 들어가는 말은?
① 임마누엘 ② 예수
③ 그리스도 ④ 이스라엘

004 예수께서 갈릴리 해변에 다니시다가 제자로 부르신 시몬과 그의 형제 안드레의 직업은?
① 목수 ② 세리
③ 어부 ④ 의사

005 다음 중 마태복음 19장에 나오는 내용이 아닌 것은?
① 혼인, 이혼, 독신에 관하여
② 바리새인의 표적 요구
③ 어린 아이를 축복하심
④ 재물이 많은 청년의 영생에 대한 질문

006 "마음이 청결한 자는 복이 있나니 그들이 하나님을 볼 것임이요"라는 말씀이 나오는 복음서는?
① 마태복음 ② 마가복음
③ 누가복음 ④ 요한복음

007 다음 중 28장으로 기록된 복음서는?
① 마태복음 ② 마가복음
③ 누가복음 ④ 요한복음

008 마태복음 5장의 팔복 선언에서 다섯 번째부터 여덟 번째까지의 순서를 올바르게 나열한 것은?
① 긍휼히 여기는 자 – 화평하게 하는 자 – 마음이 청결한 자 – 의를 위하여 박해를 받은 자
② 마음이 청결한 자 – 화평하게 하는 자 – 긍휼히 여기는 자 – 의를 위하여 박해를 받은 자
③ 화평하게 하는 자 – 마음이 청결한 자 – 의를 위하여 박해를 받은 자 – 긍휼히 여기는 자
④ 긍휼히 여기는 자 – 마음이 청결한 자 – 화평하게 하는 자 – 의를 위하여 박해를 받은 자

009 다음 중 예수의 탄생에 관하여 마태복음에 기술된 내용이 아닌 것은?
① 성령으로 잉태되심
② 자기 백성을 죄에서 구원할 자이심
③ 강보에 싸여 구유에 뉘어 있음
④ 처녀가 잉태하여 아들을 낳음

010 다음 중 "하나님의 나라를 너희는 빼앗기고 그 나라의 열매 맺는 백성이 받으리라"는 말씀이 있는 복음서는?
① 마태복음 ② 마가복음
③ 누가복음 ④ 요한복음

011 예수께 "주 다윗의 자손이여 나를 불쌍히 여기소서 내 딸이 흉악하게 귀신 들렸나이다"라고 소리 지른 여자는?
① 가버나움 여자 ② 가나안 여자

001_② 002_② 003_② 004_③ 005_② 006_① 007_① 008_④ 009_③ 010_① 011_②

③ 가다라 여자　　④ 갈릴리 여자

012 "그런즉 너희는 먼저 그의 (　)와 그의 의를 구하라 그리하면 이 모든 것을 너희에게 더하시리라"는 말씀에서 괄호 안에 들어가는 말은?
① 뜻　　② 백성
③ 나라　　④ 권세

013 다음 중 예수께서 산에서 모습이 변하실 때 이를 목격한 제자에 해당하지 않는 사람은?
① 베드로　　② 요한
③ 야고보　　④ 안드레

014 다음 중 아기 예수를 경배한 동방 박사들의 이야기가 기록된 복음서는?
① 마태복음　　② 마가복음
③ 누가복음　　④ 요한복음

015 다음 중 "너희는 세상의 빛이라 산 위에 있는 동네가 숨겨지지 못할 것이요"라는 말씀이 수록된 복음서는?
① 마태복음　　② 마가복음
③ 누가복음　　④ 요한복음

016 "(　)에 주리고 목마른 자는 복이 있나니 그들이 배부를 것임이요"라는 말씀에서 괄호 안에 들어갈 말은?
① 음식　　② 의
③ 믿음　　④ 사랑

017 "나는 너희에게 이르노니 악한 자를 대적하지 말라 누구든지 네 (　) 뺨을 치거든 (　)도 돌려 대며"라는 말씀에서 괄호 안에 차례로 들어갈 말은?
① 오른편, 왼편　　② 오른편, 오른편
③ 왼편, 오른편　　④ 왼편, 왼편

018 다음 중 예수께서 세관에 앉아 있는 모습을 보시고 "나를 따르라"고 말씀하신 세리의 이름은?
① 요한　　② 바돌로매
③ 마태　　④ 빌립

019 "너희는 가서 내가 (　)을/를 원하고 제사를 원하지 아니하노라 하신 뜻이 무엇인지 배우라 나는 의인을 부르러 온 것이 아니요 죄인을 부르러 왔노라 하시니라"는 예수의 말씀에서 괄호 안에 들어갈 말은?
① 인내　　② 평화
③ 긍휼　　④ 구제

020 "작은 자야 안심하라 네 죄 사함을 받았느니라"는 말씀은 예수께서 누구에게 하신 말씀인가?
① 나병환자　　② 중풍병자
③ 혈루증 앓는 여자　　④ 맹인

021 예수께서 십자가에서 운명하실 때 성소 휘장이 어떻게 찢어졌는가?
① 아래로부터 위까지 찢어져 둘이 됨
② 위로부터 아래까지 찢어져 둘이 됨
③ 아래로부터 위까지 찢어져 여러 갈래로 나누어짐
④ 위로부터 아래까지 찢어져 여러 갈래로 나누어짐

022 빌라도에게 예수의 시체를 달라 하여 장사를 지낸 요셉의 출신은?
① 아라비아　　② 아리마대
③ 아라바　　④ 갈릴리

023 예수의 무덤을 지켰던 경비병이 대제사장들과 장로들에게 매수당하였음을 알려주는 복음서는?
① 마태복음　　② 마가복음
③ 누가복음　　④ 요한복음

024 다음 중 부활하신 예수께서 갈릴리의 한 산에서 열한 제자에게 하신 말씀이 아닌 것은?
① 하늘과 땅의 모든 권세를 내게 주셨으니
② 너희는 가서 모든 민족을 제자로 삼아
③ 내가 세상 끝날까지 너희와 항상 함께 있으리라
④ 내가 너희를 사람을 낚는 어부가 되게 하리라

012_③ 013_④ 014_① 015_① 016_② 017_① 018_③ 019_③ 020_② 021_② 022_② 023_① 024_④

025 마태복음에서 다음에 들어갈 단어는 무엇인가?
"또 너희가 나로 말미암아 총독들과 임금들 앞에 끌려 가리니 이는 그들과 ( )들에게 증거가 되게 하려 하심이라"(마 10:18)
① 제자 ② 성도
③ 이방인 ④ 선생

026 마태복음에서 다음에 들어갈 단어는 무엇인가?
"말하는 이는 너희가 아니라 너희 속에서 말씀하시는 이 곧 너희 아버지의 ( )이시니라"(마 10:20)
① 성령 ② 말씀
③ 뜻 ④ 섭리

027 마태복음에서 다음에 들어갈 단어는 무엇인가?
"( )으로 인도하는 문은 좁고 길이 협착하여 찾는 자가 적음이라"(마 7:14)
① 멸망 ② 영생
③ 구원 ④ 생명

028 마태복음에서 다음에 공통으로 들어갈 단어는 무엇인가?
"내가 세상에 ( )을 주러 온 줄로 생각하지 말라 ( )이 아니요 검을 주러 왔노라"(마 10:34)
① 소망 ② 축복
③ 화평 ④ 평안

029 마태복음에서 다음에 공통으로 들어갈 단어는 무엇인가?
"너희를 ( )하는 자는 나를 ( )하는 것이요 나를 ( )하는 자는 나를 보내신 이를 ( )하는 것이니라"(마 10:40)
① 영접 ② 사랑
③ 환영 ④ 환대

030 마태복음에서 다음에 들어갈 단어는 무엇인가?
"요한이 옥에서 ( )께서 하신 일을 듣고 제자들을 보내어"(마 11:2)
① 예수 ② 메시아
③ 주님 ④ 그리스도

031 마태복음에서 다음에 들어갈 단어는 무엇인가?
"그들이 떠나매 예수께서 무리에게 요한에 대하여 말씀하시되 너희가 무엇을 보려고 ( )에 나갔더냐 바람에 흔들리는 갈대냐"(마 11:7)
① 빈들 ② 호수
③ 광야 ④ 바다

032 마태복음에서 다음에 들어갈 단어는 무엇인가?
"모든 선지자와 율법이 ( )한 것은 요한까지니"(마 11:13)
① 예언 ② 말씀
③ 설교 ④ 강조

033 마태복음에서 다음에 들어갈 단어는 무엇인가?
"인자는 와서 먹고 마시매 말하기를 보라 먹기를 탐하고 포도주를 즐기는 사람이요 세리와 죄인의 친구로다 하니 ( )는 그 행한 일로 인하여 옳다 함을 얻느니라"(마 11:19)
① 지혜 ② 예수
③ 지도자 ④ 교사

034 마태복음에서 다음에 들어갈 단어는 무엇인가?
"내가 너희에게 이르노니 심판 날에 ( ) 땅이 너보다 견디기 쉬우리라 하시니라"(마 11:24)
① 소알 ② 두로
③ 시돈 ④ 소돔

035 마태복음에서 다음에 공통으로 들어갈 단어는 무엇인가?
"내 ( )께서 모든 것을 내게 주셨으니 ( ) 외에는 아들을 아는 자가 없고 아들과 또 아들의 소원대로 계시를 받는 자 외에는 ( )를/을 아는 자가 없느니라"(마 11:27)
① 하나님 ② 아버지
③ 천부 ④ 주님

025_③ 026_① 027_④ 028_③ 029_① 030_④ 031_③ 032_① 033_① 034_④ 035_②

036 마태복음에서 다음에 들어갈 단어는 무엇인가?
"사람이 ( )보다 얼마나 더 귀하냐 그러므로 안식일에 ( )을/를 행하는 것이 옳으니라 하시고"(마 12:12)
① 소 – 의 ② 암소 – 신
③ 염소 – 의 ④ 양 – 선

037 마태복음에서 다음에 공통으로 들어갈 단어는 무엇인가?
"예수께서 그들의 생각을 아시고 이르시되 스스로 ( )하는 나라마다 황폐하여질 것이요 스스로 ( )하는 동네나 집마다 서지 못하리라"(마 12:25)
① 전쟁 ② 소요
③ 분쟁 ④ 분립

038 마태복음에서 다음에 들어갈 단어는 무엇인가?
"그러나 내가 하나님의 ( )을 힘입어 귀신을 쫓아내는 것이면 하나님의 나라가 이미 너희에게 임하였느니라"(마 12:28)
① 성령 ② 영
③ 권능 ④ 신

039 마태복음에서 다음에 들어갈 단어는 무엇인가?
"또 누구든지 말로 ( )를 거역하면 사하심을 얻되 누구든지 말로 ( )을 거역하면 이 세상과 오는 세상에서도 사하심을 얻지 못하리라"(마 12:32)
① 나 – 하나님 ② 주 – 아들
③ 심판주 – 주님 ④ 인자 – 성령

040 마태복음에서 다음에 들어갈 단어는 무엇인가?
"예수께서 대답하여 이르시되 악하고 음란한 세대가 표적을 구하나 선지자 ( )의 표적 밖에는 보일 표적이 없느니라"(마 12:39)
① 에스겔 ② 예레미야
③ 요나 ④ 나단

041 마태복음에서 다음에 들어갈 단어는 무엇인가?
"누구든지 하늘에 계신 내 아버지의 ( )대로 하는 자가 내 형제요 자매요 어머니이니라 하시더라"(마 12:50)
① 성령 ② 영
③ 뜻 ④ 섭리

042 마태복음에서 다음에 들어갈 단어는 무엇인가?
"야곱은 마리아의 남편 요셉을 낳았으니 마리아에게서 ( )라 칭하는 예수가 나시니라"(마 1:16)
① 모사 ② 메시아
③ 지혜 ④ 그리스도

043 마태복음에서 다음에 들어갈 단어는 무엇인가?
"예수께서 그들 앞에 또 비유를 들어 이르시되 천국은 좋은 씨를 제 밭에 뿌린 사람과 같으니 사람들이 잘 때에 그 ( )가 와서 곡식 가운데 가라지를 덧뿌리고 갔더니"(마 13:24-25)
① 마귀 ② 강도
③ 원수 ④ 친구

044 마태복음에서 다음에 공통으로 들어갈 단어는 무엇인가?
"예수께서 이 모든 것을 무리에게 ( )로 말씀하시고 ( )가 아니면 아무 것도 말씀하지 아니하셨으니"(마 13:34)
① 비유 ② 선포
③ 설교 ④ 은유

045 마태복음에서 다음에 들어갈 짝은 무엇인가?
"가라지를 뿌린 원수는 ( )이/요 추수 때는 세상 끝이요 추수꾼은 ( )이니"(마 13:39)
① 귀신 – 일꾼들
② 사탄 – 종들
③ 시험하는 자 – 노동자들
④ 마귀 – 천사들

046 마태복음에서 다음에 들어갈 단어는 무엇인

036_④ 037_③ 038_① 039_④ 040_③ 041_③ 042_④ 043_③ 044_① 045_④ 046_③

가?
"예수께서 이르시되 그러므로 천국의 제자된 ( )마다 마치 새것과 옛것을 그 곳간에서 내오는 집주인과 같으니라"(마 13:52)
① 율법사 ② 일꾼
③ 서기관 ④ 종

047 마태복음에서 다음에 공통으로 들어갈 단어는 무엇인가?
"너희가 ( )하는 그 ( )으로 너희가 ( )을 받을 것이요 너희가 헤아리는 그 헤아림으로 너희가 헤아림을 받을 것이니라"(마 7:2)
① 비방 ② 판단
③ 비판 ④ 심판

048 마태복음에서 다음에 들어갈 단어는 무엇인가?
"예수를 배척한지라 예수께서 그들에게 말씀하시되 ( )가 자기 고향과 자기 집 외에서는 존경을 받지 않음이 없느니라 하시고"(마 13:57)
① 선지자 ② 구세주
③ 메시아 ④ 예수

049 "아들을 낳으리니 이름을 예수라 하라 이는 그가 자기 백성을 그들의 죄에서 구원할 자이심이라"고 말하여 예수라는 이름의 뜻을 설명해 주는 복음서는?
① 마태복음 ② 마가복음
③ 누가복음 ④ 요한복음

050 마태복음에서 사탄이 예수를 시험하기 위해 요구한 것 세 가지를 순서대로 열거한 것은?
① 네가 만일 하나님의 아들이어든 명하여 이 돌들로 떡덩이가 되게 하라 – 네가 만일 하나님의 아들이어든 뛰어내리라 – 만일 내게 엎드려 경배하면 이 모든 것을 네게 주리라
② 네가 만일 하나님의 아들이어든 뛰어내리라 – 네가 만일 하나님의 아들이어든 명하여 이 돌들로 떡덩이가 되게 하라 – 만일 내게 엎드려 경배하면 이 모든 것을 네게 주리라
③ 만일 내게 엎드려 경배하면 이 모든 것을 네게 주리라 – 네가 만일 하나님의 아들이어든 뛰어내리라 – 네가 만일 하나님의 아들이어든 명하여 이 돌들로 떡덩이가 되게 하라
④ 네가 만일 하나님의 아들이어든 명하여 이 돌들로 떡덩이가 되게 하라 – 만일 내게 엎드려 경배하면 이 모든 것을 네게 주리라 – 네가 만일 하나님의 아들이어든 뛰어내리라

051 "나는 너희에게 이르노니 너희 원수를 사랑하며 너희를 ( )하는 자를 위하여 기도하라"는 말씀에서 괄호 안에 들어가야 할 낱말은?
① 미워 ② 협박
③ 사랑 ④ 박해

052 "너희는 세상의 빛이라 산 위에 있는 동네가 숨겨지지 못할 것이요"라는 말씀이 나오는 곳은?
① 마태복음 5장 ② 마태복음 6장
③ 마태복음 7장 ④ 마태복음 8장

053 "너희 의가 서기관과 바리새인보다 더 낫지 못하면 결코 천국에 들어가지 못하리라"는 말씀이 나오는 곳은?
① 마태복음 5장 ② 마태복음 6장
③ 마태복음 7장 ④ 마태복음 8장

054 마태복음 6장에서 다루는 내용이 아닌 것은?
① 구제 ② 기도
③ 금식 ④ 이혼

055 다음 중 마태복음 7장에서 나오는 말씀이 아닌 것은?
① 그러므로 누구든지 나의 이 말을 듣고 행하는 자는 그 집을 반석 위에 지은 지혜로운 사람 같으리니
② 나더러 주여 주여 하는 자마다 다 천국에 들어갈 것이 아니요 다만 하늘에 계신 내 아버지의 뜻대로 행하는 자라야 들어가리라

047_③ 048_① 049_① 050_① 051_④ 052_① 053_① 054_④ 055_③

③ 내가 원하노니 깨끗함을 받으라 하시니 즉시 그의 나병이 깨끗하여진지라
④ 그들의 열매로 그들을 알지니 가시나무에서 포도를, 또는 엉겅퀴에서 무화과를 따겠느냐

056 마태복음 8장에서 "내가 진실로 너희에게 이르노니 이스라엘 중 아무에게서도 이만한 믿음을 보지 못하였노라"는 칭찬을 들은 사람은 누구인가?
① 수로보니게 여인
② 삭개오
③ 예수의 옷을 만진 여인
④ 백부장

057 천사가 그리스도에 관해 "빨리 가서 그의 제자들에게 이르되 그가 죽은 자 가운데서 살아나셨고 너희보다 먼저 갈릴리로 가시나니 거기서 너희가 뵈오리라 하라"고 말하는 내용이 나오는 복음서는?
① 마태복음 ② 마가복음
③ 누가복음 ④ 요한복음

058 대제사장과 장로들이 군인들에게 "너희는 말하기를 그의 제자들이 밤에 와서 우리가 잘 때에 그를 도둑질하여 갔다 하라"고 말하는 내용이 나오는 복음서는?
① 마태복음 ② 마가복음
③ 누가복음 ④ 요한복음

059 "그러므로 너희는 가서 모든 민족을 제자로 삼아 아버지와 아들과 성령의 이름으로 세례를 베풀고 내가 너희에게 분부한 모든 것을 가르쳐 지키게 하라 볼지어다 내가 세상 끝날까지 너희와 항상 함께 있으리라 하시니라"는 말씀이 나오는 복음서는?
① 마태복음 ② 마가복음
③ 누가복음 ④ 요한복음

060 "열한 제자가 갈릴리에 가서 예수께서 지시하신 ( )에 이르러 예수를 뵈옵고 경배하나 아직도 의심하는 사람들이 있더라"는 말씀에서 괄호 안에 들어갈 낱말은?
① 곳 ② 땅
③ 산 ④ 지방

061 "그 이튿날은 준비일 다음 날이라 대제사장들과 바리새인들이 함께 빌라도에게 모여 이르되 주여 저 ( ) 자가 살아 있을 때에 말하되 내가 사흘 후에 다시 살아나리라 한 것을 우리가 기억하노니"
① 악한 ② 속이던
③ 죽은 ④ 가르치던

062 예수의 시체를 장사지낸 사람에 관한 아래의 묘사 중 틀린 것은?
① 아리마대의 부자 요셉이라 하는 사람이다
② 그는 예수의 제자는 아니었다
③ 빌라도에게 가서 예수의 시체를 달라 하였다
④ 시체를 가져다가 깨끗한 세마포로 싸서 바위 속에 판 자기 새 무덤에 넣었다

063 마태복음에서 십자가에 매달린 예수를 향해 사람들이 모욕하는 말이 아닌 것은?
① 그가 하나님을 신뢰하니 하나님이 원하시면 이제 그를 구원하실지라 그의 말이 나는 하나님의 아들이라 하였도다
② 그가 이스라엘의 왕이로다 지금 십자가에서 내려올지어다
③ 사흘 만에 부활하는 자여 네가 만일 하나님의 아들이어든 자기를 구원하고 십자가에서 내려오라
④ 그가 남은 구원하였으되 자기는 구원할 수 없도다

064 다음 중 마태복음에서 예수가 십자가에서 돌아가신 뒤에 일어난 일이 아닌 것은?
① 성소 휘장이 위로부터 아래까지 찢어져 둘이 되었다
② 무덤들이 열리며 자던 성도의 몸이 많이 일어나되 예수의 부활 후에 그들이 무덤에서 나와서 거룩한 성에 들어가 많은 사람에게 보였다

056_④ 057_① 058_① 059_① 060_③ 061_② 062_② 063_③ 064_③

③ 해와 달이 어두워졌다
④ 백부장과 및 함께 예수를 지키던 자들이 지진과 그 일어난 일들을 보고 심히 두려워하였다

065 예수께서 베다니 나병환자 시몬의 집에 계실 때에 하신 말씀이 아닌 것은?
① 너희가 어찌하여 이 여자를 괴롭게 하느냐
② 이 여자가 내 몸에 이 향유를 부은 것은 내 명예를 위하여 함이니라
③ 가난한 자들은 항상 너희와 함께 있거니와 나는 항상 함께 있지 아니하리라
④ 이 복음이 전파되는 곳에서는 이 여자가 행한 일도 말하여 그를 기억하리라

066 마태복음에서 예수께서 제자들과 유월절 만찬을 드실 때에 하신 말씀이 아닌 것은?
① 그가 누구인지는 그 자신이 안다
② 나와 함께 그릇에 손을 넣는 그가 나를 팔리라
③ 너희 중의 한 사람이 나를 팔리라
④ 인자를 파는 그 사람에게는 화가 있으리로다

067 다음 중 마태복음에서 예수가 체포될 당시의 상황이 아닌 것은?
① 대제사장들과 백성의 장로들에게서 파송된 큰 무리가 칼과 몽치를 가지고 왔다
② 예수와 함께 있던 자 중의 하나가 손을 펴 칼을 빼어 대제사장의 종을 쳐 그 귀를 떨어뜨렸다
③ 예수께서 그 종의 떨어진 귀를 다시 붙여주셨다
④ 가룟 유다가 예수께 나아와 랍비여 안녕하시옵니까 하고 입을 맞추었다

068 다음 중 마태복음에서 예수가 체포될 당시 하신 말씀이 아닌 것은?
① 너는 내가 내 아버지께 구하여 지금 열두 군단 더 되는 천사를 보내시게 할 수 없는 줄로 아느냐
② 이렇게 된 것은 다 선지자들의 글을 이루려 함이니라
③ 내가 만일 그렇게 하면 이런 일이 있으리라 한 성경이 어떻게 이루어지겠느냐
④ 내가 날마다 성전에 앉아 가르칠 때에도 너희가 나를 잡으려고 하였도다

069 공회에서 예수가 재판을 받을 때 그를 고발한 증인들이 한 말은 무엇인가?
① 이 사람의 말이 내가 권능의 우편에 앉아 있는 것을 보리라 하더라
② 이 사람의 말이 내가 하늘 구름을 타고 오는 것을 너희가 보리라 하더라
③ 이 사람의 말이 내가 하나님의 성전을 헐고 사흘 동안에 지을 수 있다 하더라
④ 이 사람의 말이 내가 하나님의 아들 그리스도라 하더라

070 “그러나 그 날과 그 때는 아무도 모르나니 하늘의 ( )도, ( )도 모르고 오직 ( )만 아시느니라”라는 마태복음의 말씀에서 괄호 안에 들어갈 낱말이 아닌 것은?
① 천사들 ② 선지자들
③ 아들 ④ 아버지

071 마태복음 24장에서 인자의 오실 때 일어나는 일로 묘사된 것이 아닌 것은?
① 그 날 환난 후에 즉시 해가 어두워지며 달이 빛을 내지 아니하며 별들이 하늘에서 떨어지며 하늘의 권능들이 흔들리리라
② 그 때에 인자의 징조가 하늘에서 보이겠고 그 때에 땅의 모든 족속들이 통곡하리라
③ 그가 큰 나팔소리와 함께 제자들을 보내리니 그들이 그의 택하신 자들을 하늘 이 끝에서 저 끝까지 사방에서 모으리라
④ 그들이 인자가 구름을 타고 능력과 큰 영광으로 오는 것을 보리라

072 “그러므로 의인 ( )의 피로부터 성전과 제단 사이에서 너희가 죽인 ( )의 아들 ( )의 피까지 땅 위에서 흘린 의로운 피가 다 너희에게 돌아가리라”는 마태복음의 말씀에서 괄호 안에 들어갈 낱말이 아닌 것은?

065_② 066_① 067_③ 068_④ 069_③ 070_② 071_③ 072_③

① 바라갸　　② 아벨
③ 그리스도　　④ 사가랴

073 마태복음 22장에서 예수가 "주께서 내 주께 이르시되 내가 네 원수를 네 발 아래에 둘 때까지 내 우편에 앉아 있으라 하셨도다"라는 시편 110편의 말씀을 인용한 뒤에 하신 말씀은?
① 그리스도는 다윗의 자손이니라
② 다윗이 그리스도를 주라 칭하였은즉 어찌 그의 자손이 되겠느냐
③ 그리스도가 어찌 하나님 우편에 앉겠느냐
④ 너희는 아직도 그리스도가 다윗의 자손이라고 믿느냐

074 다음 중 마태복음에만 나오는 비유는?
① 가라지　　② 겨자씨
③ 누룩　　④ 땅에 떨어진 씨

075 예수 탄생 시 "(　)의 자손 요셉아 네 아내 마리아 데려오기를 무서워하지 말라"는 주의 사자의 말씀에서 괄호 안에 맞는 인물은?
① 하나님　　② 아브라함
③ 이스라엘　　④ 다윗

076 "나는 이스라엘 집의 잃어버린 양 외에는 다른 데로 보내심을 받지 아니하였노라"는 예수의 말씀이 나오는 복음서는?
① 마태복음　　② 마가복음
③ 누가복음　　④ 요한복음

077 "두세 사람이 내 이름으로 모인 곳에는 나도 그들 중에 있느니라"는 말씀은 마태복음 몇 장에 나오나?
① 15장　　② 16장
③ 17장　　④ 18장

078 예수께서 시험을 받으신 후 천사들이 수종을 들었다고 전하는 복음서는?
① 마태복음, 마가복음
② 마태복음, 누가복음
③ 마가복음, 누가복음
④ 마가복음, 요한복음

079 "너희 빛이 사람 앞에 비치게 하여 그들로 너희 (　) 행실을 보고 하늘에 계신 너희 아버지께 영광을 돌리게 하라"는 마태복음 5장 말씀에서 괄호 안에 맞는 단어는?
① 의로운　　② 착한
③ 온전한　　④ 신실한

080 "너희 의가 서기관과 바리새인보다 더 낫지 못하면 결코 천국에 들어가지 못하리라"는 말씀이 나오는 복음서는?
① 마태복음　　② 마가복음
③ 누가복음　　④ 요한복음

081 "내가 율법이나 선지자를 폐하러 온 줄로 생각하지 말라 폐하러 온 것이 아니요 완전하게 하려 함이라"는 말씀이 나오는 복음서는?
① 마태복음　　② 마가복음
③ 누가복음　　④ 요한복음

082 "(　) 것을 개에게 주지 말며 너희 진주를 돼지 앞에 던지지 말라"는 말씀에서 괄호 안에 맞는 단어는?
① 의로운　　② 참된
③ 거룩한　　④ 온전한

083 예수께서 바람과 바다를 잔잔하게 하실 때 제자들을 향해 "믿음이 작은 자들아"라고 말씀하신 복음서는?
① 마태복음　　② 마가복음
③ 누가복음　　④ 요한복음

084 예수께서 누구를 치유하신 후 '온 시내가 예수를 만나려고 나가서 보고 그 지방에서 떠나시기를 간구' 하였는가?
① 나병환자　　② 백부장의 하인
③ 베드로의 장모　　④ 귀신 들린 자

085 예수께서 누구를 치유하신 후 '무리가 보고 두려워하며 이런 권능을 사람에게 주신 하나님께 영광을' 돌렸는가?
① 나병환자　　② 백부장의 하인
③ 중풍병자　　④ 베드로의 장모

073_②　074_①　075_④　076_①　077_④　078_①　079_②　080_①　081_①　082_③　083_①　084_④　085_③

086 "침상에 누운 중풍병자를 사람들이 데리고 오거늘 예수께서 그들의 ( )을 보시고 중풍병자에게 이르시되 작은 자야 안심하라 네 죄 사함을 받았느니라"는 말씀에서 괄호 안에 들어가야 할 단어는?
① 믿음 ② 열심
③ 사랑 ④ 의로움

087 마태복음에서 "나는 의인을 부르러 온 것이 아니요 죄인을 부르러 왔노라"는 말씀은 누구를 제자로 삼으실 때 하신 말씀인가?
① 베드로 ② 요한
③ 야고보 ④ 마태

088 누가 "우리와 바리새인들은 금식하는데 어찌하여 당신의 제자들은 금식하지 아니하나이까"라고 예수께 질문하였는가?
① 요한의 제자들 ② 바리새인들
③ 무리들 ④ 서기관들

089 "두 맹인이 따라오며 소리 질러 이르되 ( )이여 우리를 불쌍히 여기소서"라는 말씀에서 괄호 안에 맞는 단어는?
① 아브라함의 아들 ② 다윗의 자손
③ 하나님의 아들 ④ 이스라엘의 왕

090 염려하여 이르기를 "무엇을 먹을까 무엇을 마실까 무엇을 입을까"하는 자들은 누구인가?
① 이방인들 ② 믿음이 작은 자들
③ 바리새인들 ④ 유대인들

091 예수를 향하여 "주여 우리를 불쌍히 여기소서 다윗의 자손이여"라고 치유를 부탁한 사람은?
① 세베대의 아들의 어머니
② 베드로의 장모
③ 맹인
④ 가나안 여자

092 예수께서 사람들이 믿지 않음으로 말미암아 많은 능력을 행하지 아니하신 곳은?
① 성전 ② 고향
③ 예루살렘 ④ 광야

093 세례 요한의 죽음과 관련되지 않은 인물은?
① 분봉왕 헤롯 ② 니고데모
③ 헤로디아 ④ 헤롯의 동생 빌립

094 예수께서 물 위를 걸으시는 이적을 행하신 후 "예수께 절하며 이르되 진실로 하나님의 아들이로소이다"라고 말한 사람은?
① 제자들 ② 베드로
③ 배에 있는 사람들 ④ 게네사렛 사람들

095 각 사람이 행한 대로 갚음을 받을 때는?
① 믿는 자가 자기를 부인할 때
② 자기 십자가를 지고 예수를 따를 때
③ 믿는 자가 하나님의 일이 아니라 사람의 일을 생각할 때
④ 인자가 아버지의 영광으로 그 천사들과 함께 올 때

096 예수께서 가버나움에서 베드로에게 "시몬아 네 생각은 어떠하냐 세상 임금들이 누구에게 관세와 국세를 받느냐 자기 아들에게냐 타인에게냐"라고 물으신 후 세금을 낼 때 사용하셨던 동전은 무엇인가?
① 세겔 ② 드라크마
③ 데나리온 ④ 렙돈

097 "화 있을진저 외식하는 서기관들과 바리새인들이여 너희가 박하와 회향과 근채의 십일조는 드리되 율법의 더 중한 바 ( )와 ( )과 ( )은 버렸도다 그러나 이것도 행하고 저것도 버리지 말아야 할지니라"는 말씀에서 괄호 안에 맞지 않는 단어는?
① 정의 ② 마음
③ 긍휼 ④ 믿음

098 "예수께서 침묵하시거늘 대제사장이 이르되 내가 너로 살아 계신 하나님께 맹세하게 하노니 네가 하나님의 ( ) 그리스도인지 우리에게 말하라"는 마태복음 26장 63절 말씀에서 괄호 안에 들어가야 할 낱말은?
① 사자 ② 아들
③ 대리자 ④ 예언자

086_① 087_④ 088_① 089_② 090_① 091_③ 092_② 093_② 094_③ 095_④ 096_① 097_② 098_②

099 "이에 말씀하시되 내 마음이 매우 고민하여 죽게 되었으니 너희는 여기 머물러 나와 함께 ( ) 하시고"라는 마태복음 26장 38절 말씀에서 괄호 안에 들어가야 할 낱말은?
① 기도하라 ② 고민하라
③ 깨어 있으라 ④ 응원하라

100 "한 여자가 매우 귀한 향유 한 옥합을 가지고 나아와서 식사하시는 예수의 ( )에 부으니"라는 마태복음 26장 7절 말씀에서 괄호 안에 들어가야 할 낱말은?
① 발 ② 머리
③ 신 ④ 손

101 "이에 임금이 대답하여 이르시되 내가 진실로 너희에게 이르노니 이 지극히 ( ) 하나에게 하지 아니한 것이 곧 내게 하지 아니한 것이니라 하시리니"는 마태복음 25장 45절의 말씀에서 괄호 안에 들어가야 할 낱말은?
① 부족한 자 ② 높은 자
③ 작은 자 ④ 약한 자

102 마태복음 25장에 나오는 달란트 비유에 따르면 주인은 타국에 갈 때 그의 종들에게 각각 몇 달란트씩 주었는가?
① 다섯, 둘, 하나 ② 열, 다섯, 하나
③ 다섯, 셋, 하나 ④ 일곱, 다섯, 하나

103 마태복음 18장 21-35절에 나오는 용서할 줄 모르는 종 비유에서는 일만 달란트를 빚진 자가 얼마의 빚을 진 자와 비교되는가?
① 십 데나리온 ② 백 데나리온
③ 천 데나리온 ④ 만 데나리온

104 "그러나 내가 하나님의 ( )을/를 힘입어 귀신을 쫓아내는 것이면 하나님의 나라가 이미 너희에게 임하였느니라"는 마태복음 12장 28절 말씀에서 괄호 안에 들어가야 할 낱말은?
① 말씀 ② 은혜
③ 성령 ④ 택함

105 "이 동네에서 너희를 박해하거든 저 동네로 피하라 내가 진실로 너희에게 이르노니 ( )의 모든 동네를 다 다니지 못하여서 인자가 오리라"는 마태복음 10장 23절 말씀에서 괄호 안에 들어가야 할 낱말은?
① 사마리아 ② 갈릴리
③ 이스라엘 ④ 세계

106 "너희는 가서 내가 긍휼을 원하고 ( )를/을 원하지 아니하노라 하신 뜻이 무엇인지 배우라 나는 의인을 부르러 온 것이 아니요 죄인을 부르러 왔노라"는 마태복음 9장 13절에서 괄호 안에 들어가야 할 낱말은?
① 제사 ② 심판
③ 인애 ④ 율법

107 "(돼지를) 치던 자들이 달아나 시내에 들어가 이 모든 일과 귀신 들린 자의 일을 고하니 온 시내가 예수를 만나려고 나가서 보고 그 지방에서 ( )를 간구하더라"는 마태복음 8장 33-34절 말씀에서 괄호 안에 들어가야 할 낱말은?
① 가르치시기 ② 귀신을 쫓아내시기
③ 선포하시기 ④ 떠나시기

108 "또 너희에게 이르노니 동 서로부터 많은 사람이 이르러 아브라함과 이삭과 ( )과 함께 천국에 앉으려니와 그 나라의 본 자손들은 바깥 어두운 데 쫓겨나 거기서 울며 이를 갈게 되리라"는 마태복음 8장 12절 말씀에서 괄호 안에 들어가야 할 낱말은?
① 야곱 ② 요셉
③ 므낫세 ④ 모세

109 "거룩한 것을 ( )에게 주지 말며 너희 진주를 ( ) 앞에 던지지 말라 그들이 그것을 발로 밟고 돌이켜 너희를 찢어 상하게 할까 염려하라"는 마태복음 7장 6절의 말씀에서 괄호 안에 들어가야 할 낱말은?
① 개, 돼지 ② 말, 소
③ 돼지, 개 ④ 소, 말

110 "그러므로 무엇이든지 남에게 대접을 받고자

099_③ 100_② 101_③ 102_① 103_② 104_③ 105_③ 106_① 107_④ 108_① 109_① 110_①

하는 대로 너희도 남을 대접하라 이것이 율법이요 선지자니라"는 말씀은 마태복음 몇 장 몇 절에 나오는가?
① 7장 12절 ② 8장 12절
③ 9장 12절 ④ 10장 12절

111 "네 ( ) 있는 그 곳에는 네 마음도 있느니라"는 마태복음 6장 21절의 말씀에서 괄호 안에 들어가야 할 낱말은?
① 소망 ② 사랑
③ 보물 ④ 기쁨

112 "그러나 ( )가 그의 아버지 헤롯을 이어 유대의 임금 됨을 듣고 거기로 가기를 무서워하더니 꿈에 지시하심을 받아 갈릴리 지방으로 떠나가 나사렛이란 동네에 가서 사니 …"라는 마태복음 2장 22-23절 말씀에서 괄호 안에 들어가야 할 낱말은?
① 안티파스 ② 아켈라오
③ 빌립 ④ 아그립바

113 "내가 율법이나 선지자를 폐하러 온 줄로 생각하지 말라 폐하러 온 것이 아니요 ( )하게 하려 함이라"는 마태복음 5장 17절 말씀에서 괄호 안에 들어가야 할 낱말은?
① 유효 ② 회복
③ 구분 ④ 완전

114 "온유한 자는 복이 있나니 그들이 ( )을 기업으로 받을 것임이요"라는 마태복음 5장 5절의 말씀에서 괄호 안에 들어가야 할 낱말은?
① 물 ② 산
③ 하늘 ④ 땅

115 "이는 선지자 이사야를 통하여 하신 말씀을 이루려 하심이라 일렀으되 스불론 땅과 납달리 땅과 요단 강 저편 해변 길과 이방의 ( )여 흑암에 앉은 백성이 큰 빛을 보았고 사망의 땅과 그늘에 앉은 자들에게 빛이 비치었도다"라는 마태복음 4장 14-16절 말씀에서 괄호 안에 들어가야 할 낱말은?
① 갈릴리 ② 사마리아
③ 두로 ④ 데가볼리

116 "예수께서 대답하여 이르시되 이제 허락하라 우리가 이와 같이 하여 모든 ( )를/을 이루는 것이 합당하니라 하시니 이에 요한이 허락하는지라"는 마태복음 3장 15절 말씀에서 괄호 안에 들어가야 할 낱말은?
① 의 ② 사랑
③ 역사 ④ 뜻

117 "그의 소문이 온 ( )에 퍼진지라 사람들이 모든 앓는 자 곧 각종 병에 걸려서 고통 당하는 자, 귀신 들린 자, 간질하는 자, 중풍병자들을 데려오니 그들을 고치시더라"는 마태복음 4장 24절의 말씀에서 괄호 안에 들어가야 할 낱말은?
① 수리아 ② 갈릴리
③ 사마리아 ④ 예루살렘

118 "누구든지 제 목숨을 ( )하고자 하면 잃을 것이요 누구든지 나를 위하여 제 목숨을 잃으면 찾으리라"는 마태복음 16장 25절 말씀에서 괄호 안에 들어가야 할 낱말은?
① 구원 ② 자랑
③ 보존 ④ 희생

119 "이르시되 너희 믿음이 작은 까닭이니라 진실로 너희에게 이르노니 만일 너희에게 믿음이 겨자씨 ( ) 만큼만 있어도 이 산을 명하여 여기서 저기로 옮겨지라 하면 옮겨질 것이요 또 너희가 못할 것이 없으리라"는 마태복음 17장 20절 말씀에서 괄호 안에 들어가야 할 낱말은?
① 한 알 ② 두 알
③ 세 알 ④ 네 알

120 "예수께서 이르시되 모세가 너희 마음의 ( ) 때문에 아내 버림을 허락하였거니와 본래는 그렇지 아니하니라"는 마태복음 19장 8절 말씀에서 괄호 안에 들어가야 할 낱말은?
① 욕정 ② 부패함
③ 완악함 ④ 자유

111_③ 112_② 113_④ 114_④ 115_① 116_① 117_① 118_① 119_① 120_③

121 마태복음 28장 16절에 의하면 몇 명의 제자가 갈릴리에 가서 예수께서 지시한 산에 이르러 예수를 뵈옵고 경배하는가?
① 세 제자 ② 열 제자
③ 열 한 제자 ④ 열 두 제자

122 "또 너희가 너희 형제에게만 문안하면 남보다 더하는 것이 무엇이냐 ( )도 이같이 아니하느냐"라는 말씀에서 괄호 안에 알맞은 답은?
① 이방인들 ② 바리새인
③ 유대인들 ④ 세리

123 다음 중 마태복음 1장에서 인용되는 성경구절은 어느 것인가?
① "나실 바 거룩한 이는 하나님의 아들이라 일컬어지리라"
② "이는 만민 앞에 예비하신 것이요 이방을 비추는 빛이요 주의 백성 이스라엘의 영광이니이다"
③ "보라 처녀가 잉태하여 아들을 낳을 것이요 그의 이름은 임마누엘이라 하리라"
④ "성령이 네게 임하시고 지극히 높으신 이의 능력이 너를 덮으시리니"

124 다음 중 마태복음 23장에서 예수께서 서기관들과 바리새인들을 꾸짖을 때 하신 말씀이 아닌 것은?
① 너희는 랍비라 칭함을 받지 말라 너희 선생은 하나요 너희는 다 형제니라
② 화 있을진저 외식하는 서기관들과 바리새인들이여 너희는 교인 한 사람을 얻기 위하여 바다와 육지를 두루 다니다가 생기면 너희보다 배나 더 지옥 자식이 되게 하는도다
③ 거짓 선지자가 많이 일어나 많은 사람을 미혹하겠으며 불법이 성하므로 많은 사람의 사랑이 식어지리라
④ 지도자라 칭함을 받지 말라 너희의 지도자는 한 분이시니 곧 그리스도시니라

125 마태복음 4장에서 예수께서 시험받으실 때, 사탄이 성경 구절을 인용한 것은 몇 번째 시험인가?
① 첫 번째 ② 두 번째
③ 세 번째 ④ 두 번째와 세 번째

126 마태복음에서 예수께서 나사렛을 떠나 스불론과 납달리 지경 해변에 있는 가버나움에 가서 사신 것을 구약성경의 어떤 선지자의 예언을 성취한 것으로 보는가?
① 다니엘 ② 이사야
③ 예레미아 ④ 에스겔

127 예수께서 나사렛을 떠나 스불론과 납달리 지경 해변에 있는 가버나움에 가서 사신 것을 이사야서와 연결시키면서 예언의 성취로 보는 복음서는?
① 마태복음 ② 마가복음
③ 누가복음 ④ 요한복음

128 "예수께서 이르시되 내가 진실로 너희에게 이르노니 세상이 새롭게 되어 ( )가 자기 영광의 ( )에 앉을 때에 나를 따르는 너희도 열두 ( )에 앉아 이스라엘 열두 지파를 ( )하리라"는 말씀에서 괄호 안에 들어가는 낱말이 아닌 것은?
① 심판 ② 보좌
③ 인자 ④ 그리스도

129 "( )이 나쁘면 온 ( )이 어두울 것이니 그러므로 네게 있는 ( )이 어두우면 그 어둠이 얼마나 더하겠느냐"는 말씀에서 괄호 안에 들어가야 할 낱말이 순서대로 되어 있는 것은?
① 마음 – 생각 – 빛
② 눈 – 몸 – 빛
③ 눈 – 생각 – 마음
④ 생각 – 몸 – 빛

130 "한 사람이 두 주인을 섬기지 못할 것이니 혹 이를 미워하고 저를 사랑하거나 혹 이를 중히 여기고 저를 경히 여김이라 너희가 하나님과 재물을 겸하여 섬기지 못하느니라"는 말씀이 나오는 곳은?
① 마태복음 5장 ② 마태복음 6장
③ 누가복음 7장 ④ 누가복음 8장

121_③ 122_① 123_③ 124_③ 125_② 126_② 127_① 128_④ 129_② 130_②

131 마태복음 22장에서 예수께 가장 큰 계명에 대하여 질문한 사람은 누구인가?
① 요한의 제자　② 사두개인
③ 율법사　④ 헤롯 당원

132 마태복음 28장에 나오는 예수의 부활에 관한 말씀이 아닌 것은?
① 지키던 자들이 그를 무서워하여 떨며 죽은 사람과 같이 되었더라
② 예수께서 그들을 만나 이르시되 평안하냐 하시거늘 여자들이 나아가 그 발을 붙잡고 경배하니
③ 이로 인하여 근심할 때에 문득 찬란한 옷을 입은 두 사람이 곁에 섰는지라
④ 예수께서 이르시되 무서워하지 말라 가서 내 형제들에게 갈릴리로 가라 하라 거기서 나를 보리라

133 "그들이 그 가격 매겨진 자 곧 이스라엘 자손 중에서 가격 매긴 자의 가격 곧 은 삼십을 가지고 토기장이의 밭 값으로 주었으니 이는 주께서 내게 명하신 바와 같으니라"는 구약성경의 말씀이 인용되는 복음서는?
① 마태복음　② 마가복음
③ 누가복음　④ 요한복음

134 "이에 선지자 ( )를 통하여 하신 말씀이 이루어졌나니 일렀으되 그들이 그 가격 매겨진 자 곧 이스라엘 자손 중에서 가격 매긴 자의 가격 곧 은 삼십을 가지고 토기장이의 밭 값으로 주었으니 이는 주께서 내게 명하신 바와 같으니라 하였더라"는 말씀에서 괄호 안에 들어가야 할 이름은?
① 이사야　② 예레미야
③ 에스겔　④ 스가랴

135 다음 중 마태복음에서 예수께서 제자들과 유월절 만찬을 드실 때에 하신 말씀이 아닌 것은?
① 받아서 먹으라 이것은 내 몸이니라
② 이것은 죄 사함을 얻게 하려고 많은 사람을 위하여 흘리는 바 나의 피 곧 언약의 피니라
③ 내가 포도나무에서 난 것을 이제부터 내 아버지의 나라에서 새것으로 너희와 함께 마시는 날까지 마시지 아니하리라
④ 이 잔은 내 피로 세우는 새 언약이니 곧 너희를 위하여 붓는 것이라

136 마태복음에서 다음 중 어떤 사건을 묘사하면서 이사야 56:7과 예레미야 7:11이 동시에 인용되는가?
① 예수께서 성전에서 소동을 일으키신 사건
② 예루살렘에 입성하시는 사건
③ 무화과나무를 저주하여 마르게 한 사건
④ 맹인 두 사람을 치유한 사건

137 마태복음에서 예수와 세례 요한 그리고 열두 제자의 선포 중에서 공통적인 내용은 무엇인가?
① 돌들도 아브라함의 자손이 되게 하실 것
② 열매를 맺지 않는 나무는 불에 던져질 것
③ 주 너의 하나님을 시험하지 말 것
④ 천국이 가까이 왔음

138 마태복음에서 예수께서 마귀에게 시험받으실 때 마귀가 처음으로 한 말은?
① 네가 만일 하나님의 아들이어든 명하여 이 돌들로 떡덩이가 되게 하라
② 네가 만일 하나님의 아들이어든 뛰어내리라
③ 만일 내게 엎드려 경배하면 이 모든 것을 네게 주리라
④ 네가 만일 하나님의 아들이어든 명하여 물로 포도주를 만들어라

139 "너희 의가 ( )과 ( )보다 더 낫지 못하면 결코 천국에 들어가지 못하리라"는 예수의 말씀에서 괄호 안에 차례로 들어가는 말은?
① 서기관, 바리새인
② 유대인, 이방인
③ 바리새인, 사두개인
④ 바리새인, 열심당원

140 마태복음 5장에서 예수께서 두 번째로 복이 있

131_③　132_③　133_①　134_②　135_④　136_①　137_④　138_①　139_①　140_③

다고 말씀하신 사람은?
① 온유한 자 ② 긍휼히 여기는 자
③ 애통하는 자 ④ 마음이 청결한 자

141 마태복음 6장에 기록된 내용의 순서가 맞는 것은?
① 금식 – 구제 – 기도
② 기도 – 금식 – 구제
③ 구제 – 기도 – 금식
④ 기도 – 구제 – 금식

142 "심령이 가난한 자는 복이 있나니 천국이 그들의 것임이요"는 구절은 마태복음 몇 장에 나오는가?
① 5장 ② 6장
③ 7장 ④ 8장

143 주기도가 나오는 복음서는?
① 마태복음
② 누가복음
③ 마태복음과 누가복음
④ 마가복음

144 마태복음에서 "그러므로 무엇이든지 남에게 대접을 받고자 하는 대로 너희도 남을 대접하라"는 말씀이 나오는 곳은?
① 5장 ② 6장
③ 7장 ④ 8장

145 천국에 관하여 예수께서 말씀하신 일곱 가지 비유를 모아서 기록한 복음서는?
① 마태복음 ② 마가복음
③ 누가복음 ④ 요한복음

146 마태복음 13장에 있는 천국 비유가 아닌 것은?
① 밭에 감추인 보화
② 좋은 진주를 구하는 장사
③ 바다에 치고 각종 물고기를 모는 그물
④ 스스로 자라는 씨앗

147 예수께서 자신과 베드로의 성전세를 위해 바다에 나가 낚시하여 먼저 오르는 물고기 입에서 얻은 한 세겔을 주라고 베드로에게 하신 말씀이 있는 복음서는?
① 마가복음
② 마태복음
③ 마가복음과 누가복음
④ 마태복음과 누가복음

148 "너희가 각각 마음으로부터 형제를 용서하지 아니하면 나의 하늘 아버지께서도 너희에게 이와 같이 하시리라"란 말씀이 나오는 복음서는?
① 마태복음
② 마가복음
③ 누가복음
④ 마태복음과 누가복음

149 종말 교훈과 관련하여 예수의 '열 처녀' 비유가 나오는 복음서는?
① 마태복음
② 마가복음
③ 누가복음
④ 마태복음과 누가복음

150 마태복음 25장에 나오지 않는 예수의 비유는?
① 열 처녀 비유 ② 맡긴 달란트 비유
③ 양과 염소 비유 ④ 그물 비유

151 마태복음에서 다음에 들어갈 단어는 무엇인가?
"그들이 떠난 후에 ( )가 요셉에게 현몽하여 이르되 헤롯이 아기를 찾아 죽이려 하니 일어나 아기와 그의 어머니를 데리고 애굽으로 피하여 내가 네게 이르기까지 거기 있으라 하시니"(마 2:13)
① 주의 사자 ② 주의 제자
③ 주의 용사 ④ 주의 군사

152 마태복음에서 다음에 공통으로 들어갈 단어는 무엇인가?
"그러므로 ( ) 일을 위하여 염려하지 말라 ( ) 일은 ( )이/가 염려할 것이요 한 날의 괴로움은 그 날로 족하니라"(마 6:34)
① 어제 ② 오늘
③ 내일 ④ 하나님

141_③ 142_① 143_③ 144_③ 145_① 146_④ 147_② 148_① 149_① 150_④ 151_① 152_③

153 마태복음에서 다음에 순서대로 들어갈 단어는 무엇인가?
"( )은 죽여도 ( )은 능히 죽이지 못하는 자들을 두려워하지 말고 오직 ( )과 ( )을 능히 지옥에 멸하실 수 있는 이를 두려워하라"(마 10:28)
① 육체 – 영혼 ② 육 – 혼
③ 몸 – 정신 ④ 몸 – 영혼

154 마태복음에서 다음에 공통으로 들어갈 단어는 무엇인가?
"그 날에 많은 사람이 나더러 이르되 주여 주여 우리가 ( )으로 선지자 노릇 하며 ( )으로 귀신을 쫓아 내며 ( )으로 많은 권능을 행하지 아니하였나이까 하리니"(마 7:22)
① 주의 능력 ② 주의 말씀
③ 주의 이름 ④ 권능

155 마태복음에서 다음에 들어갈 단어는 무엇인가?
"백부장이 대답하여 이르되 주여 내 집에 들어 오심을 나는 감당하지 못하겠사오니 다만 ( )으로만 하옵소서 그러면 내 하인이 낫겠사옵나이다"(마 8:8)
① 권능 ② 손짓
③ 말씀 ④ 권면

156 마태복음에서 다음에 들어갈 단어는 무엇인가?
"저물매 사람들이 귀신 들린 자를 많이 데리고 예수께 오거늘 예수께서 ( )으로 귀신들을 쫓아 내시고 병든 자들을 다 고치시니"(마 8:16)
① 안수하심 ② 축복하심
③ 말씀 ④ 손을 대심

157 마태복음에서 다음에 들어갈 단어는 무엇인가?
"예수께서 이르시되 어찌하여 무서워하느냐 믿음이 작은 자들아 하시고 곧 일어나사 ( )과 ( )를 꾸짖으시니 아주 잔잔하게 되거늘"(마 8:26)
① 풍랑 – 호수 ② 광풍 – 파도
③ 선원 – 제자 ④ 바람 – 바다

158 마태복음에서 다음에 들어갈 단어는 무엇인가?
"또 예수께서 건너편 ( ) 지방에 가시매 귀신 들린 자 둘이 무덤 사이에서 나와 예수를 만나니 그들은 몹시 사나워 아무도 그 길로 지나갈 수 없을 지경이더라"(마 8:28)
① 가다라 ② 가나안
③ 거라사 ④ 나사렛

159 마태복음에서 다음에 들어갈 단어는 무엇인가?
"침상에 누운 중풍병자를 사람들이 데리고 오거늘 예수께서 그들의 믿음을 보시고 중풍병자에게 이르시되 ( )야 안심하라 네 죄 사함을 받았느니라"(마 9:2)
① 작은 자 ② 연약한 자
③ 불쌍한 자 ④ 불쌍한 환자

160 마태복음에서 다음에 들어갈 단어는 무엇인가?
"그러나 인자가 세상에서 죄를 사하는 ( )이 있는 줄을 너희로 알게 하려 하노라 하시고 중풍병자에게 말씀하시되 일어나 네 침상을 가지고 집으로 가라 하시니"(마 9:6)
① 주의 능력 ② 주의 사랑
③ 주의 은총 ④ 권능

161 마태복음에서 다음에 들어갈 단어는 무엇인가?
"이에 예수께서 그들의 눈을 만지시며 이르시되 너희 ( )대로 되라 하시니"(마 9:29)
① 기대 ② 믿음
③ 기도 ④ 소원

162 마태복음에서 다음에 공통으로 들어갈 단어는 무엇인가?
"그러므로 ( )하는 주인에게 청하여 ( )할 일꾼들을 보내 주소서 하라 하시니라"(마 9:38)
① 타작 ② 추수
③ 기도 ④ 감사

153_④ 154_③ 155_③ 156_③ 157_④ 158_① 159_① 160_④ 161_② 162_②

163 마태복음에서 다음에 들어갈 단어는 무엇인가?
"가면서 전파하여 말하되 ( )이 가까이 왔다 하고"(마 10:7)
① 천국 ② 소망
③ 하늘 ④ 하나님의 뜻

164 마태복음에서 다음에 공통으로 들어갈 단어는 무엇인가?
"그 집이 이에 합당하면 너희 빈 ( )이 거기 임할 것이요 만일 합당하지 아니하면 그 ( )이 너희에게 돌아올 것이니라"(마 10:13)
① 소망 ② 축복
③ 평안 ④ 은총

165 "내가 ( )이나 ( )를 폐하러 온 줄로 생각하지 말라 폐하러 온 것이 아니요 완전하게 하려 함이라"는 말씀에서 괄호 안에 들어갈 단어들은 무엇인가?
① 율법, 선지자 ② 율법, 교사
③ 전통, 예언자 ④ 구약, 선지자

166 다음 중 "여자여 네 믿음이 크도다 네 소원대로 되리라"는 예수의 말씀을 들은 여인은?
① 마리아 ② 혈루증 앓는 여자
③ 가나안 여자 ④ 막달라 마리아

167 "딸아 안심하라 네 믿음이 너를 구원하였다"는 예수의 말씀을 들은 여인은?
① 마리아 ② 혈루증 앓는 여자
③ 가나안 여자 ④ 막달라 마리아

168 "예수께서 온 ( )에 두루 다니사 그들의 회당에서 가르치시며 천국 복음을 전파하시며 백성 중의 모든 병과 모든 약한 것을 고치시니 그의 소문이 온 수리아에 퍼진지라"는 마태복음의 말씀에서 괄호 안에 맞는 지명은?
① 갈릴리 ② 데가볼리
③ 예루살렘 ④ 수리아

169 예수께서 나병환자를 치유하신 후 "가서 제사장에게 네 몸을 보이고 모세가 명한 예물을 드려 그들에게 입증하라"고 하신 말씀은 구약성경 어디에 근거한 명령인가?
① 출애굽기 ② 레위기
③ 민수기 ④ 신명기

170 예수께서 마태를 제자로 부르신 후 바리새인들을 향해 하신 "너희는 가서 내가 긍휼을 원하고 제사를 원하지 아니하노라"는 말씀은 구약성경 어느 책에 나오는가?
① 이사야 ② 예레미야
③ 호세아 ④ 요엘

171 예수께서 마태를 제자로 부르신 후 누구를 향해 "너희는 가서 내가 긍휼을 원하고 제사를 원하지 아니하노라"는 말씀을 하셨는가?
① 바리새인 ② 서기관
③ 제자들 ④ 무리들

172 요한의 제자들이 예수께 나아와 "우리와 바리새인들은 ( )하는데 어찌하여 당신의 제자들은 ( )하지 아니하나이까"라는 질문에서 괄호 안에 공통으로 들어가야 할 단어는?
① 금식 ② 기도
③ 헌금 ④ 구제

173 예수께서 회개하지 않은 도시들을 책망하실 때 "네가 하늘에까지 높아지겠느냐 음부에까지 낮아지리라 네게 행한 모든 권능을 소돔에서 행하였더라면 그 성이 오늘까지 있었으리라"는 책망을 들은 도시는?
① 고라신 ② 가버나움
③ 벳새다 ④ 예루살렘

174 "많은 선지자와 의인이 너희가 보는 것들을 보고자 하여도 보지 못하였고 너희가 듣는 것들을 듣고자 하여도 듣지 못하였느니라 그런즉 ( ) 비유를 들으라"는 말씀에서 괄호 안에 맞는 단어는?
① 겨자씨 ② 누룩
③ 씨 뿌리는 ④ 가라지

175 마태복음 13장에 나오는 세 가지 천국비유에

163_① 164_③ 165_① 166_③ 167_② 168_① 169_② 170_③ 171_① 172_① 173_② 174_③ 175_④

들지 않는 것은?
① 밭에 감추인 보화
② 좋은 진주
③ 각종 물고기를 모는 그물
④ 새 것과 옛 것

176 헤롯이 세례 요한을 죽이려 할 때 '무리가 그를 ( )로 여기므로' 두려워하였다는 마태의 보고에서 괄호 안에 맞는 단어는?
① 선지자 ② 선생
③ 그리스도 ④ 랍비

177 "엘리야가 이미 왔으되 사람들이 알지 못하고 임의로 대우하였도다"는 말씀은 누구를 가리키는가?
① 인자 ② 세례 요한
③ 예수 ④ 스데반

178 "내 것을 가지고 내 뜻대로 할 것이 아니냐 내가 선하므로 네가 악하게 보느냐 이와 같이 나중 된 자로서 먼저 되고 먼저 된 자로서 나중 되리라"는 말씀으로 끝나는 예수의 비유는?
① 용서할 줄 모르는 종
② 열 처녀
③ 포도원의 품꾼들
④ 달란트

179 "그러면 사람들이 너희에게 말하되 보라 그리스도가 광야에 있다 하여도 나가지 말고 보라 골방에 있다 하여도 믿지 말라 번개가 동편에서 나서 서편까지 번쩍임 같이 인자의 ( )도 그러하리라"는 마태복음 24장 26-27절 말씀에서 괄호 안에 들어가야 할 낱말은?
① 종말 ② 부활
③ 임함 ④ 죽음

180 "그러므로 너희가 선지자 ( )이 말한 바 멸망의 가증한 것이 거룩한 곳에 선 것을 보거든 (읽는 자는 깨달을진저) 그 때에 유대에 있는 자들은 산으로 도망할지어다"라는 마태복음 24장 15-16절의 말씀에서 괄호 안에 들어가야 할 낱말은?
① 에스겔 ② 다니엘
③ 아모스 ④ 호세아

181 "부활 때에는 장가도 아니 가고 시집도 아니 가고 하늘에 있는 ( )들과 같으니라"는 마태복음 22장 30절 말씀에서 괄호 안에 들어가야 할 낱말은?
① 천사 ② 사람
③ 하나님 ④ 예수님

182 마태복음 20장 20절에 의하면 예수께 와서 절하고 주의 나라에서 하나는 주의 우편에, 하나는 주의 좌편에 앉게 명해달라고 부탁한 사람은 누구인가?
① 야고보 ② 요한
③ 야고보와 요한 ④ 요한의 어머니

183 마태복음 20장 1-16절에 나오는 포도원의 비유에 의하면 주인은 품꾼들에게 삯을 나누어 줄 때 어떤 순서로 주는가?
① 먼저 온 자 ② 연장자
③ 나중 온 자 ④ 연소자

184 "예수께서 이르시되 네가 온전하고자 할진대 가서 네 소유를 팔아 가난한 자들에게 주라 그리하면 하늘에서 보화가 네게 있으리라 그리고 와서 ( )하시니"라는 마태복음 19장 21절 말씀에서 괄호 안에 들어가야 할 낱말은?
① 자유하라 ② 온전하라
③ 행복하라 ④ 나를 따르라

185 마태복음 14장 13-21절에는 예수께서 오천명을 먹이신 일이 기록되어 있고 15장 32-39절에는 사천명을 먹이신 일이 기록되어 있다. 후자의 경우 떡 몇 개로 이런 일을 하셨는가?
① 떡 다섯 개 ② 떡 일곱 개
③ 떡 두 개 ④ 떡 세 개

186 마태복음 15장 21-22절에는 예수께서 가나안 여자의 청을 들어주어 그의 딸을 고치는 장면이 기록되어 있다. 21절에 따르면 예수께서 어느 지방으로 들어가셔서 행하셨다고 하는가?

176_① 177_② 178_③ 179_③ 180_② 181_① 182_④ 183_③ 184_④ 185_② 186_③

① 두로 지방 ② 시돈지방
③ 두로와 시돈지방 ④ 가이사랴 지방

187 마태복음 13장 33절에서 “말씀하시되 천국은 마치 여자가 가루 ( ) 말 속에 갖다 넣어 전부 부풀게 한 누룩과 같으니라”는 말씀에서 괄호 속에 들어가야 할 낱말은?
① 한 ② 두
③ 서 ④ 네

188 “심판 때에 니느웨 사람들이 일어나 이 세대 사람을 정죄하리니 이는 그들이 ( )의 전도를 듣고 회개하였음이거니와 ( )보다 더 큰 이가 여기 있으며 …”라는 마태복음 12장 41절 말씀에서 괄호 안에 공통으로 들어갈 낱말은?
① 요나 ② 이사야
③ 아모스 ④ 예레미야

189 “가버나움아 네가 하늘에까지 높아지겠느냐 음부에까지 낮아지리라 네게 행한 모든 권능을 ( )에서 행하였더라면 그 성이 오늘까지 있었으리라”는 마태복음 11장 23절 말씀에서 괄호 안에 들어가야 할 낱말은?
① 두로 ② 소돔
③ 고모라 ④ 니느웨

190 “인자는 와서 먹고 마시매 말하기를 보라 먹기를 탐하고 포도주를 즐기는 사람이요 ( )와 ( )의 친구로다 하니 지혜는 그 행한 일로 인하여 옳다 함을 얻느니라”는 마태복음 11장 19절 말씀에서 괄호 안에 차례대로 들어가야 할 낱말은?
① 세리, 창기 ② 세리, 죄인
③ 창기, 죄인 ④ 죄인, 강도

191 “나로 말미암아 ( )하지 아니하는 자는 복이 있도다 하시니라”는 마태복음 11장 6절의 말씀에서 괄호 안에 들어가야 할 낱말은?
① 고민 ② 범죄
③ 실족 ④ 노쇠

192 “충성되고 ( )있는 종이 되어 주인에게 그 집 사람들을 맡아 때를 따라 양식을 나눠 줄 자가 누구냐”라는 마태복음 24장 45절 말씀에서 괄호 안에 들어가야 할 낱말은?
① 책임 ② 명망
③ 지혜 ④ 믿음

193 “너희는 세상의 ( )이니 ( )이 만일 그 맛을 잃으면 무엇으로 짜게 하리요 후에는 아무 쓸데 없어 다만 밖에 버려져 사람에게 밟힐 뿐이니라”는 말씀에서 괄호 안에 공통으로 들어가는 말은?
① 빛 ② 일꾼
③ 소금 ④ 떡

194 마태복음 5-7장에 기록된 말씀은 예수께서 어디서 하신 말씀인가?
① 갈릴리 해변 ② 산
③ 빌립보 가이사랴 ④ 광야

195 베드로가 예수께서 심문 받는 공회 바깥 뜰에서 예수를 몇 번 부인하였는가?
① 한 번 ② 두 번
③ 세 번 ④ 네 번

196 예수께서 십자가에서 처형당하신 곳으로 ‘해골의 곳’이라는 뜻의 지명은?
① 예루살렘 ② 골고다
③ 가다라 ④ 겟세마네

197 “한 사람이 두 주인을 섬기지 못할 것이니 혹 이를 미워하고 저를 사랑하거나 혹 이를 중히 여기고 저를 경히 여김이라 너희가 하나님과 ( )을/를 겸하여 섬기지 못하느니라”는 말씀에서 괄호 안에 들어가는 말은?
① 마귀 ② 재물
③ 권세 ④ 이방신

198 마태복음에서 다음에 공통으로 들어갈 단어는 무엇인가?
“마침 ( )의 생일이 되어 헤로디아의 딸이 연석 가운데서 춤을 추어 ( )을/를 기쁘게 하니”(마 14:6)

187_③ 188_① 189_② 190_② 191_③ 192_③ 193_③ 194_② 195_③ 196_② 197_② 198_③

① 바알 ② 황제
③ 헤롯 ④ 분봉왕

199 마태복음에서 다음에 들어갈 단어는 무엇인가?
"( )하는 자들아 이사야가 너희에 관하여 잘 예언하였도다 일렀으되 이 백성이 입술로는 나를 공경하되 마음은 내게서 멀도다"(마 15:7-8)
① 외식 ② 금식
③ 기도 ④ 찬양

200 마태복음에서 다음에 들어갈 단어는 무엇인가?
"떡 ( ) 개로 사천 명을 먹이고 주운 것이 몇 광주리였는지를 기억하지 못하느냐"(마 16:10)
① 두 ② 네
③ 다섯 ④ 일곱

201 마태복음 17장에서 변화산에 올라가서 모세와 엘리야와 더불어 말한 이는 누구인가?
① 베드로 ② 안드레
③ 예수 ④ 요한

202 마태복음에서 다음에 공통으로 들어갈 단어는 무엇인가?
"진실로 너희에게 이르노니 무엇이든지 너희가 ( )에서 매면 하늘에서도 매일 것이요 무엇이든지 ( )에서 풀면 하늘에서도 풀리리라"(마 18:18)
① 땅 ② 교회
③ 성전 ④ 회당

203 예수께서 광야에서 금식한 기간은?
① 20일 ② 30일
③ 40일 ④ 50일

204 마태복음에서 예수가 이혼에 대해 가르칠 때 하신 말씀이 아닌 것은?
① 사람이 그 부모를 떠나서 아내에게 합하여 그 둘이 한 몸이 될지니라 하신 것을 읽지 못하였느냐
② 모세가 너희 마음의 완악함 때문에 아내 버림을 허락하였거니와 본래는 그렇지 아니하니라
③ 누구든지 음행한 이유 외에 아내를 버리고 다른 데 장가 드는 자는 간음함이니라
④ 낙타가 바늘귀로 들어가는 것이 부자가 하나님의 나라에 들어가는 것보다 쉬우니라

205 마태복음에서 예수가 형제가 범죄할 때 어떻게 행해야 하는지에 관해 가르칠 때 하신 말씀이 아닌 것은?
① 일곱 번뿐 아니라 일흔 번을 일곱 번까지라도 할지니라
② 만일 듣지 않거든 한두 사람을 데리고 가서 두세 증인의 입으로 말마다 확증하게 하라
③ 만일 그들의 말도 듣지 않거든 교회에 말하고 교회의 말도 듣지 않거든 이방인과 세리와 같이 여기라
④ 무엇이든지 너희가 땅에서 매면 하늘에서도 매일 것이요 무엇이든지 땅에서 풀면 하늘에서도 풀리리라

206 "베드로가 예수께 여쭈어 이르되 주여 우리가 여기 있는 것이 좋사오니 만일 주께서 원하시면 내가 여기서 초막 셋을 짓되 하나는 ( )을 위하여, 하나는 ( )를 위하여, 하나는 ( )를 위하여 하리이다"라는 말씀에서 괄호 안에 들어갈 낱말이 아닌 것은?
① 엘리야 ② 엘리사
③ 모세 ④ 주님

207 "사람들이 인자를 누구라 하느냐 이르되 더러는 ( ), 더러는 ( ), 어떤 이는 예레미야나 ( ) 중의 하나라 하나이다"라는 말씀에서 괄호 안에 들어갈 낱말이 아닌 것은?
① 세례 요한 ② 엘리야
③ 선지자 ④ 엘리사

208 '하나님의 나라' 대신 '천국'이라는 표현을 주로 사용하는 복음서는?
① 마태복음 ② 마가복음
③ 누가복음 ④ 요한복음

199_① 200_④ 201_③ 202_① 203_③ 204_④ 205_① 206_② 207_④ 208_①

209 "아브라함과 다윗의 자손 예수 그리스도의 계보"로 시작하는 복음서는?
① 마태복음 ② 마가복음
③ 누가복음 ④ 요한복음

210 "내가 이 반석 위에 내 교회를 세우리니 음부의 권세가 이기지 못하리라"는 예수의 말씀을 들은 제자는?
① 베드로 ② 안드레
③ 요한 ④ 야고보

211 예수께서 요한의 세례를 받으실 때 "우리가 이와 같이 하여 모든 ( )를/을 이루는 것이 합당하니라"는 말씀에서 괄호 안에 맞는 단어는?
① 예언 ② 말씀
③ 의 ④ 세례

212 마태복음 팔복 설교에서 '하나님의 아들이라 일컬음을 받을' 사람들은?
① 마음이 청결한 자
② 애통하는 자
③ 화평하게 하는 자
④ 의에 주리고 목마른자

213 마태복음 27장 57-60절에 의하면 예수의 시신을 가져다 깨끗한 세마포로 싸서 바위 속에 판 자기 새 무덤에 넣은 사람의 이름은 무엇인가?
① 시몬 ② 요한
③ 요셉 ④ 야고보

214 "그들이 예수를 십자가에 못 박은 후에 그 옷을 제비 뽑아 나누고 거기 앉아 지키더라 그 머리 위에 이는 ( )의 왕 예수라 쓴 죄패를 붙였도다"라는 마태복음 27장 35-37절의 말씀에서 괄호 안에 들어가야 할 낱말은?
① 유대인 ② 이방인
③ 만인 ④ 기독교인

215 "화 있을진저 외식하는 서기관들과 ( )이여 너희는 천국 문을 사람들 앞에서 닫고 너희도 들어가지 않고 들어가려 하는 자도 들어가지 못하게 하는도다"는 마태복음 23장 13절 말씀에서 괄호 안에 들어가야 할 낱말은?
① 제사장들 ② 바리새인들
③ 사두개인들 ④ 장로들

216 "그들에게 이르시되 기록된 바 내 집은 기도하는 집이라 일컬음을 받으리라 하였거늘 너희는 ( )을 만드는도다 하시니라"는 마태복음 21장 13절 말씀에서 괄호 안에 들어가야 할 낱말은?
① 위선의 집
② 경건한 모양만 있는 집
③ 강도의 소굴
④ 장사터

217 "진실로 다시 너희에게 이르노니 너희 중의 두 사람이 땅에서 ( )하여 무엇이든지 구하면 하늘에 계신 내 아버지께서 그들을 위하여 이루게 하시리라"는 마태복음 18장 19절 말씀에서 괄호 안에 들어가야 할 낱말은?
① 조심 ② 결정
③ 합심 ④ 집중

218 헤롯의 유아 살해 사건으로 인하여 요셉이 마리아와 아기 예수와 함께 애굽으로 내려가 헤롯이 죽기까지 거기 있었던 것과 관련하여, "애굽으로부터 내 아들을 불렀다"는 예언이 이루어졌다고 말하는 마태복음의 말씀은 어느 선지자를 통하여 말씀하신 바가 이루어졌다는 것인가?
① 이사야 ② 예레미야
③ 에스겔 ④ 호세아

219 "( )에서 슬퍼하며 크게 통곡하는 소리가 들리니 ( )이/가 그 자식을 위하여 애곡하는 것이라 그가 자식이 없으므로 위로 받기를 거절하였도다"라는 마태복음의 말씀에서 괄호 안에 차례로 들어가는 말은?
① 실로, 레아 ② 라마, 스가랴
③ 라마, 라헬 ④ 실로, 스가랴

220 다음 중 네 복음서에서 마태복음에만 언급된 예수의 이적은?

209_① 210_① 211_③ 212_③ 213_③ 214_① 215_② 216_③ 217_③ 218_④ 219_③ 220_②

① 4천명을 먹이심 ② 두 맹인을 고치심
③ 물 위를 걸으심 ④ 5천명을 먹이심

221 마태복음 12장 18절, “보라 내가 택한 종 곧 내 마음에 기뻐하는 바 내가 사랑하는 자로다 내가 내 ( )을 그에게 줄 터이니 그가 ( )을 이방에 알게 하리라”의 말씀에서 괄호 안에 차례로 들어가는 단어는?
① 복음, 구원 ② 구원, 복음
③ 영, 심판 ④ 영, 복음

222 마태복음에서 대제사장들이 가룟 유다가 내던진 은 삼십을 취하여 토기장이의 밭을 산 것은 누구의 예언을 이루게 된 것인가?
① 이사야 ② 예레미야
③ 에스겔 ④ 나훔

223 “다만 예수의 옷자락에라도 손을 대게 하시기를 간구하니 손을 대는 자는 다 나음을 얻으니라”는 내용이 나오는 곳은?
① 마 14:36 ② 마 15:36
③ 마 16:26 ④ 마 17:26

224 다음 중 마태복음 17장에 나오는 내용이 아닌 것은?
① 바리새인들의 누룩 ② 엘리야
③ 귀신 들린 아이 ④ 성전세

225 다음 중 마태복음과 누가복음에서 예수께서 세례를 받을 때에 공통으로 일어난 사건은?
① 하늘이 열림 ② 물이 갈라짐
③ 기도하심 ④ 요한이 허락함

226 “그런즉 가이사의 것은 가이사에게, 하나님의 것은 하나님께 바치라”는 말씀이 나오는 마태복음의 장은?
① 10장 ② 13장
③ 22장 ④ 25장

227 마태복음 18장 22절은 몇 번까지라도 용서하라고 하는가?
① 일곱 번을 일흔 번
② 일곱 번을 일곱 번
③ 일흔 번을 일흔 번
④ 칠백 번을 일흔 번

228 다음 중 기도에 관한 말씀이 아닌 것은?
① 마 6:9-13 ② 마 6:5-8
③ 마 7:7-8 ④ 마 5:48

229 다음 중에서 한 가족으로서 관련이 없는 사람은 누구인가?
① 세베대 ② 야고보
③ 요한 ④ 요셉

230 마태복음에서 “너희가 듣기는 들어도 깨닫지 못할 것이요 보기는 보아도 알지 못하리라”는 말씀은 누구의 예언인가?
① 예레미야 ② 미가
③ 이사야 ④ 에스겔

231 마태복음에서 예수께서는 잃은 양의 비유를 누구에게 말씀하셨는가?
① 제자들 ② 바리새인들
③ 세리와 죄인들 ④ 율법사들

232 마태복음에서 세례 요한이 전한 의의 도를 믿은 사람들은?
① 세리와 창녀 ② 바리새인과 서기관
③ 사두개인들 ④ 대제사장들

233 마태복음에서 ‘부모 공경’과 관련하여 유대인들의 외식함에 대해 예언한 선지자는?
① 호세아 ② 이사야
③ 예레미야 ④ 스가랴

234 “예수를 파는 유다가 대답하여 이르되 ( )여 나는 아니지요 대답하시되 네가 말하였도다 하시니라”는 마태복음의 말씀에서 괄호 안에 들어가는 알맞은 낱말은?
① 주 ② 인자
③ 랍비 ④ 예수

235 마태복음 9장에 있는 사건 중 마태, 마가, 누

221_③ 222_② 223_① 224_① 225_① 226_③ 227_① 228_④ 229_④ 230_③ 231_① 232_① 233_② 234_③

가복음에 공통으로 나오는 사건이 아닌 것은?
① 예수께서 중풍병자를 고치신 사건
② 예수께서 세리를 부르신 사건
③ 예수께서 혈루증 앓는 여인을 고친 사건
④ 예수께서 두 맹인의 눈을 뜨게 해주신 사건

236 "너희가 너희를 사랑하는 자를 사랑하면 무슨 상이 있으리요 (   )도 이같이 아니하느냐"의 말씀에서 괄호 안에 들어가는 알맞은 낱말은?
① 이방인 ② 바리새인
③ 유대인 ④ 세리

237 예수께서 세례 요한을 가리켜 '여자가 낳은 자 중에 이보다 큰 자가 없다'고 칭찬하신 말씀이 나타나는 복음서는?
① 마태복음과 마가복음
② 마가복음과 누가복음
③ 누가복음과 요한복음
④ 마태복음과 누가복음

238 마태복음에서 예수께서 "너희에게 행한 모든 권능을 두로와 시돈에서 행하였더라면 그들이 벌써 베옷을 입고 재에 앉아 회개하였으리라" 고 책망하신 곳은?
① 소돔 ② 가버나움
③ 고라신 ④ 예루살렘

239 마태복음 5장 43-48절에 기록된 예수의 말씀이 다루는 주제는?
① 맹세 ② 이혼
③ 간음 ④ 원수사랑

240 "그의 소문이 온 수리아에 퍼진지라 사람들이 모든 앓는 자 곧 각종 병에 걸려서 고통 당하는 자, 귀신들린 자, 간질하는 자, 중풍병자들을 데려오니 그들을 고치시더라"는 말씀은 마태복음 몇 장에 나오는가?
① 3장 ② 4장
③ 5장 ④ 6장

241 "그러므로 무엇이든지 남에게 대접을 받고자 하는 대로 너희도 남을 대접하라 이것이 율법이요 선지자니라"는 말씀은 다음 중 어느 책에 나오는가?
① 마태복음 ② 마가복음
③ 누가복음 ④ 요한복음

242 다음 중에서 마태복음 22장에 나오는 기사의 순서가 맞는 것은?
① 포도원 농부의 비유 – 혼인 잔치의 비유 – 부활 논쟁 – 가이사에게 세금을 바치는 문제
② 혼인 잔치의 비유 – 가이사에게 세금을 바치는 문제 – 부활 논쟁 – 가장 큰 계명
③ 포도원 농부의 비유 – 혼인 잔치의 비유 – 부활 논쟁 – 가장 큰 계명
④ 혼인 잔치의 비유 – 가이사에게 세금을 바치는 문제 – 가장 큰 계명 – 부활 논쟁

243 '양과 염소의 비유'는 마태복음 몇 장에 나오는가?
① 7장 ② 13장
③ 20장 ④ 25장

244 마태복음에서 떡 일곱 개와 작은 생선 두어 마리로 사천 명을 먹이신 예수께서 무리를 흩어 보내신 후에 어디로 가셨는가?
① 가버나움 지경 ② 데가볼리 지경
③ 마가단 지경 ④ 두로와 시돈의 마을

245 "수고하고 무거운 짐 진 자들아 다 내게로 오라"라는 말씀은 마태복음 몇 장에 나오는가?
① 7장 ② 9장
③ 11장 ④ 13장

246 예수의 '세 번째 고난 예고' 말씀은 마태복음 몇 장에 나오는가?
① 19장 ② 20장
③ 24장 ④ 25장

247 영생에 대하여 질문한 부자 청년은 마태복음 몇 장에 나오는가?
① 15장 ② 17장
③ 19장 ④ 21장

235_④ 236_④ 237_④ 238_③ 239_④ 240_② 241_① 242_② 243_④ 244_③ 245_③ 246_② 247_③

248 마태복음 13장 44절 이하의 세 가지 비유에서 다음 중 맞게 기록된 순서는?
① 밭에 감추인 보화 – 좋은 진주 – 물고기를 모는 그물
② 밭에 감추인 보화 – 물고기를 모는 그물 – 좋은 진주
③ 좋은 진주 – 물고기를 모는 그물 – 밭에 감추인 보화
④ 좋은 진주 – 밭에 감추인 보화 – 물고기를 모는 그물

249 마태복음 12장 50절에서 누가 예수의 형제요 자매요 어머니라고 예수께서 말씀하셨는가?
① 사랑과 자비를 베푸는 자
② 하늘에 계신 내 아버지의 뜻대로 하는 자
③ 하나님을 기쁘시게 하는 자
④ 하나님의 마음에 합한 자

250 "너희는 어찌하여 너희의 ( )로/으로 하나님의 계명을 범하느냐"라는 말씀에서 괄호 안에 들어가야 할 낱말은?
① 전통 ② 율법
③ 계명 ④ 규례

251 "너희는 세상의 소금이니 …"라는 말씀이 기록된 곳은?
① 마태복음 4장 13절
② 마태복음 5장 13절
③ 마태복음 6장 5절
④ 마태복음 7장 5절

252 예수께서 산에서 모습이 변하시는 이야기에서 "빛난 구름이 그들을 덮으며"라는 묘사는 어느 책에 나오는가?
① 마태복음
② 마태복음과 마가복음
③ 누가복음
④ 마태복음과 누가복음

253 아래의 내용 중 마태복음에 나타나는 예수 탄생과 관련되지 않은 것은?
① 요셉은 의로운 사람이라 마리아의 잉태를 드러내지 아니하고 가만히 끊고자 했다
② 요셉의 꿈에 주의 사자가 나타나 마리아의 잉태가 성령으로 된 것이라 말씀했다
③ 천사가 갈릴리 나사렛이란 동네에 사는 마리아에게 나타났다
④ 주의 사자가 "보라 처녀가 잉태하여 아들을 낳을 것이요"라고 말씀했다

254 동방으로부터 박사들이 예루살렘에 이르러 "유대인의 왕으로 나신 이가 어디 계시냐 우리가 동방에서 그의 별을 보고 그에게 경배하러 왔노라"는 말씀은 다음 중 어디에 기록되었나?
① 마태복음 1장 ② 마태복음 2장
③ 누가복음 1장 ④ 누가복음 2장

255 마태복음에서 "좁은 문으로 들어가라"는 말씀이 기록된 장은?
① 7장 ② 8장
③ 9장 ④ 10장

256 마태복음에서 비유를 말하여도 그들이 여러 형편이기 때문이라고 말하는데 13장 13절에서 표현된 것이 아닌 것은?
① 보아도 보지 못함이라
② 들어도 듣지 못함이라
③ 깨닫지 못함이니라
④ 느끼지 못함이라

257 마태복음 15장 1–20절에서 입에서 나오는 것이 사람을 더럽힌다는 말씀은 몇 번 언급되는가?
① 한 번 ② 두 번
③ 세 번 ④ 네 번

258 마태복음에서 예수께서 제자들과 함께 여리고에서 떠날 때에 맹인 두 사람이 예수께서 지나가신다 함을 듣고 "불쌍히 여기소서"라고 소리지르며 예수를 부른 호칭은?
① 아브라함의 자손 ② 다윗의 자손
③ 야곱의 자손 ④ 다시 오신 엘리야

259 마태복음에서 "부활이 없다"고 말한 자들은 누

248_① 249_② 250_① 251_② 252_① 253_③ 254_② 255_① 256_④ 257_② 258_② 259_④

구인가?
① 바리새파 ② 에세네파
③ 열심당원 ④ 사두개파

260 마태복음 13장 52절에서 예수의 동생들이 아닌 사람은?
① 야고보 ② 요셉
③ 시몬 ④ 빌립

261 마태복음에서 가룟 유다가 내던진 은을 거두어 토기장이의 밭을 사서 마련한 것은 무엇인가?
① 나그네의 묘지 ② 아겔다마
③ 성전의 묘지 ④ 유다의 무덤

262 마태복음에서 예수께서 '공중의 새'와 '들의 백합화'를 말씀하신 이유는?
① 생태계의 보존을 위하여
② 염려하지 말라고
③ 인내하며 기다리라고
④ 외식하지 말라고

263 "마음에서 나오는 것은 악한 생각과 살인과 간음과 ( )과/와 도둑질과 거짓 증언과 비방이니"라는 마태복음 15장 19절 말씀에서 괄호 안에 들어가야 할 단어는 다음 중 무엇인가?
① 교만 ② 음란
③ 시기 ④ 배반

264 마태복음에서 다음에 들어갈 단어는 무엇인가?
"나는 너희로 회개하게 하기 위하여 물로 세례를 베풀거니와 내 뒤에 ( )는 나보다 능력이 많으시니 나는 그의 신을 들기도 감당하지 못하겠노라 그는 성령과 불로 너희에게 세례를 베푸실 것이요"(마 3:11)
① 예수 ② 오시는 이
③ 메시아 ④ 인자

265 "예수께서 모든 ( )과/와 ( )에 두루 다니사 그들의 ( )에서 가르치시며 천국 복음을 전파하시며 모든 병과 모든 약한 것을 고치시니라"는 마태복음 9장 35절 말씀에서 괄호 안에 들어가야 할 단어를 차례대로 기록한 것은?
① 마을 – 도시 – 회당
② 회당 – 마을 – 도시
③ 도시 – 마을 – 회당
④ 마을 – 회당 – 도시

266 마태복음에서 다음에 들어갈 단어는 무엇인가?
"예수께서 온 갈릴리에 두루 다니사 그들의 회당에서 가르치시며 ( )을 전파하시며 백성 중의 모든 병과 모든 약한 것을 고치시니"(마 4:23)
① 그 복음 ② 천국 소망
③ 천국 복음 ④ 하나님의 사랑

267 마태복음 21장 17절에 의하면 예루살렘에 입성하신 예수께서는 그 날 저녁에 성 밖으로 가서 어디에 유하셨는가?
① 베들레헴 ② 벳바게
③ 베다니 ④ 감람산

268 마태복음에서 다음에 공통으로 들어갈 단어는 무엇인가?
"그러므로 누구든지 이 계명 중의 지극히 작은 것 하나라도 버리고 또 그같이 사람을 가르치는 자는 ( )에서 지극히 작다 일컬음을 받을 것이요 누구든지 이를 행하며 가르치는 자는 ( )에서 크다 일컬음을 받으리라"(마 5:19)
① 천국 ② 그 나라
③ 하늘 ④ 하나님의 나라

269 마태복음 26장에 나오는 베다니 나병환자의 이름은 무엇인가?
① 바디매오 ② 세베대
③ 야고보 ④ 시몬

270 마태복음 28장 1절에 의하면 안식 후 첫날 새벽에 예수의 무덤으로 간 사람은 막달라 마리아와 누구인가?
① 예수의 어머니 마리아
② 요셉의 어머니 마리아
③ 야고보의 어머니 마리아

260_④ 261_① 262_② 263_② 264_② 265_③ 266_③ 267_③ 268_① 269_④ 270_④

④ 다른 마리아

271 "네 보물 있는 그 곳에는 네 마음도 있느니라"는 말씀은 마태복음 몇 장에 나오는가?
① 4장 ② 5장
③ 6장 ④ 7장

272 예수께서 유대인 장로들을 향하여 "너희의 전통으로 하나님의 계명을 범하느냐"고 꾸짖으실 때 인용한 말씀이 아닌 것은?
① 네 부모를 공경하라
② 아버지나 어머니를 비방하는 자는 반드시 죽임을 당하리라
③ 이 백성이 입술로는 나를 공경하되 마음은 내게서 멀도다
④ 나는 자비를 원하고 제사를 원하지 아니하노라

273 마태복음에서 용서할 줄 모르는 종이 주인에게 진 빚의 액수는?
① 백 데나리온 ② 만 데나리온
③ 백 달란트 ④ 만 달란트

274 예수께서 열두 제자를 택하시고 선교를 위해 그들을 보내시는 말씀은 마태복음 몇 장에 나오는가?
① 10장 ② 11장
③ 12장 ④ 13장

275 "너희에게 믿음이 겨자씨 한 알 만큼만 있어도 이 산을 명하여 여기서 저기로 옮겨지라 하면 옮겨질 것이요 또 너희가 못할 것이 없으리라"는 예수의 말씀은 언제 선포되었나?
① 귀신 들린 아이를 고치신 후
② 원수를 사랑하라고 말씀하실 때
③ 중풍병자를 고치신 후
④ 열두 제자를 파송하실 때

276 "청함을 받은 자는 많되 ( )을/를 입은 자는 적으니라"라는 말씀에서 괄호 안에 들어가야 할 단어는?
① 예복 ② 흰 옷
③ 택함 ④ 은총

277 마태복음 1장에 나타나는 예수의 계보에 등장하는 네 여인의 이름은?
① 다말-라합-하갈-우리야의 아내(밧세바)
② 다말-라합-룻-우리야의 아내(밧세바)
③ 라합-나오미-룻-우리야의 아내(밧세바)
④ 라합-하갈-룻-우리야의 아내(밧세바)

278 "유다가 은을 ( )에 던져 넣고 물러가서 스스로 목매어 죽은지라"는 마태복음 27장 5절의 말씀에서 괄호 안에 들어가야 할 낱말은?
① 성소 ② 지성소
③ 피밭 ④ 연못

279 "거룩한 것을 개에게 주지 말며 너희 진주를 돼지 앞에 던지지 말라"는 말씀은 어느 복음, 몇 장에 나오는가?
① 마태복음 6장 ② 마태복음 7장
③ 누가복음 6장 ④ 누가복음 7장

280 "그러므로 내가 너희에게 선지자들과 지혜 있는 자들과 서기관들을 보내매 너희가 그 중에서 더러는 죽이거나 십자가에 못 박고 그 중에서 더러는 너희 ( )에서 채찍질하고 이 동네에서 저 동네로 따라다니며 박해하리라"는 마태복음 23장 34절의 말씀에서 괄호 안에 들어가야 할 낱말은?
① 집 ② 성전
③ 회당 ④ 공회

281 마태복음 22장 8-13절에 의하면 임금이 사환들에게 예복을 입지 않은 사람에게 행할 것과 이에 따른 결과에 대한 내용에 해당하지 않는 것은?
① 그 손발을 묶어라
② 바깥 어두운데에 내어던지라
③ 그러면 거기서 이를 갈게 되리라
④ 그는 죽여라

282 "진실로 너희에게 이르노니 여기 서 있는 사람 중에 죽기 전에 인자가 그 왕권을 가지고 오는

271_③ 272_④ 273_④ 274_① 275_① 276_③ 277_② 278_① 279_② 280_③ 281_④ 282_②

것을 볼 자들도 있느니라"는 말씀은 마태복음 몇 장에 나오는가?
① 15장 ② 16장
③ 17장 ④ 18장

283 "화 있을진저 눈 먼 인도자여 너희가 말하되 누구든지 성전으로 맹세하면 아무 일 없거니와 성전의 금으로 맹세하면 지킬지라 하는도다"는 말씀은 어느 복음에 나오는가?
① 마태복음 ② 마가복음
③ 누가복음 ④ 요한복음

284 '라가'라는 말이 나오는 복음서는?
① 마태복음 ② 마가복음
③ 누가복음 ④ 요한복음

285 마태복음 9장에서 첫 번째로 나오는 예수의 이적은?
① 나병환자를 고치심
② 백부장의 하인을 고치심
③ 귀신을 내쫓으심
④ 중풍병자를 고치심

286 마태복음에 나타난 포도원 품꾼의 비유에서 주인이 품꾼들을 얻기 위해 나간 시각이 아닌 것은?
① 제 6시 ② 제 9시
③ 제 10시 ④ 제 11시

287 예수께서 제자들에게 가르쳐 주신 기도가 나오는 마태복음의 장은?
① 5장 ② 6장
③ 10장 ④ 18장

288 마태복음 12장에서 안식일에 예수께서 치유하신 병자는?
① 손 마른 사람 ② 중풍병자
③ 혈루증 앓는 여인 ④ 두 맹인

289 "내가 너희에게 선지자들과 지혜 있는 자들과 서기관들을 보내매 너희가 그 중에서 더러는 죽이거나"라는 말씀이 나오는 복음서는?
① 마태복음 ② 마가복음
③ 누가복음 ④ 요한복음

290 마태복음 25장에 나오는 천국에 대한 비유의 수는?
① 1개 ② 2개
③ 3개 ④ 4개

291 마태복음 3장에서 세례 요한이 '독사의 자식들'이라고 비난한 사람들은?
① 바리새인
② 사두개인
③ 서기관
④ 바리새인과 사두개인

292 마태복음에서 '세례 요한보다 큰 이'는 누구를 가리키는가?
① 모세
② 아브라함
③ 천국에서 극히 작은 자
④ 엘리야

293 마태복음에서 교회 생활에 관한 예수의 말씀이 특별히 수록된 장은?
① 12장 ② 14장
③ 15장 ④ 18장

294 예수께서 광야에서 사탄에게 시험받은 사실에 대해 각 복음서의 표현이 적합한 것은?
① 마태복음과 누가복음 : 예수께서 성령에게 이끌리어 광야에서 마귀에게 시험을 받으셨다
② 마태복음과 마가복음 : 성령이 예수를 광야로 몰아내셨다
③ 마가복음과 누가복음 : 성령이 예수를 광야로 몰아내셨다
④ 마태복음과 마가복음 : 예수께서 성령에게 이끌리어 광야에서 마귀에게 시험을 받으셨다

295 예수께서 서기관들과 바리새인들에 대하여 하신 비난이 가장 길게 기록된 복음서는?

283_① 284_① 285_④ 286_③ 287_② 288_① 289_① 290_③ 291_④ 292_③ 293_④ 294_① 295_①

① 마태복음 ② 마가복음
③ 누가복음 ④ 요한복음

296 마태복음에서 예수께서 세관에 앉아 있는 마태를 부르신 기사가 있는 장은?
① 8장 ② 9장
③ 10장 ④ 11장

297 마태복음에서 예수님께서 "가이사에게 세금을 바치는 것이 옳으니이까"라고 물은 무리는?
① 서기관들 ② 제사장들
③ 바리새인들 ④ 사두개인들

298 예수께서 제자들에게 가르쳐 주신 기도가 나타나는 곳은?
① 마태복음 6장, 누가복음 11장
② 마태복음 7장, 누가복음 11장
③ 마태복음 6장, 누가복음 12장
④ 마태복음 7장, 누가복음 12장

299 다음 비유 중 마태복음에만 나타나는 비유는?
① 씨 뿌리는 사람의 비유
② 곡식과 가라지 비유
③ 겨자씨와 누룩 비유
④ 열매 맺지 못하는 무화과나무 비유

300 다음 내용 주제 중 마태복음 2장에 기록된 단락 내용이 아닌 것은?
① 동방박사들의 아기 예수 경배
② 예수님 가족의 애굽 피신
③ 헤롯 왕의 사내아이 학살
④ 목자들의 아기 예수 찬양

301 마태복음에서 예수께서 세례 받으신 기사는 몇 장에 나오는가?
① 2장 ② 3장
③ 5장 ④ 6장

302 마태복음에서 예수께서 바리새인과 서기관에게 "또한 지도자라 칭함을 받지 말라 너희의 지도자는 한 분이시니 곧 그리스도시니라 너희 중에 큰 자는 너희를 섬기는 자가 되어야 하리라"라는 말씀 다음에 하신 말씀은?
① 그러나 먼저 된 자로서 나중 되고 나중 된 자로서 먼저 될 자가 많으니라
② 누구든지 이 어린 아이와 같이 자기를 낮추는 사람이 천국에서 큰 자니라
③ 누구든지 첫째가 되고자 하면 뭇 사람의 끝이 되며 뭇 사람을 섬기는 자가 되어야 하리라
④ 누구든지 자기를 높이는 자는 낮아지고 누구든지 자기를 낮추는 자는 높아지리라

303 마태복음 12장의 내용이 아닌 것은?
① 바알세불 논쟁
② 회개하지 아니하는 도시들
③ 예수의 참된 가족
④ 나무와 열매 비유

304 마태복음에서 주님으로부터 "믿음이 작은 자"라고 책망받은 제자가 아닌 사람은?
① 무엇을 먹을까 무엇을 입을까 염려하는 제자
② 풍랑 만난 배에서 잠드신 예수를 깨우는 제자
③ 떡이 없음으로 서로 의논한 제자
④ 겟세마네에서 깨어 기도하지 않고 자는 제자

305 다음 중 마태복음에 나오는 이적이 아닌 것은?
① 두 맹인의 치유
② 나병환자 열 명 치유
③ 성전에서 병자들 치유
④ 물고기 입 속의 동전

306 "그 나라의 본 자손들은 바깥 어두운 데 쫓겨나 거기서 울며 이를 갈게 되리라"는 구절은 마태복음 몇 장에 나오는가?
① 6장 ② 7장
③ 9장 ④ 8장

307 마태복음 8장에 나타나는 사건의 순서가 맞는 것은?

296_② 297_③ 298_① 299_② 300_④ 301_② 302_④ 303_② 304_④ 305_② 306_④ 307_①

① 나병환자의 치유 – 백부장 하인의 치유 – 베드로 장모의 치유 – 가다라의 귀신을 쫓아내심
② 백부장 하인의 치유 – 나병환자의 치유 – 가다라의 귀신을 쫓아내심 – 베드로 장모의 치유
③ 가다라의 귀신을 쫓아내심 – 나병환자의 치유 – 백부장 하인의 치유 – 베드로 장모의 치유
④ 가다라의 귀신을 쫓아내심 – 백부장 하인의 치유 – 나병환자의 치유 – 베드로 장모의 치유

308 '가다라'란 지명이 나오는 복음서는?
① 마태복음 ② 마가복음
③ 누가복음 ④ 요한복음

309 마태복음에서 "그들의 천사들이 하늘에서 … 내 아버지의 얼굴을 항상 뵈옵느니라"는 말씀이 나오는 곳은?
① 22장 14절 ② 18장 10절
③ 6장 34절 ④ 17장 20절

310 마태복음에서 "너희 중에 어떤 사람이 ( ) 한 마리가 있어 안식일에 구덩이에 빠졌으면 끌어내지 않겠느냐?"에서 괄호 안에 들어가는 말은?
① 소 ② 양
③ 염소 ④ 나귀

311 "내가 너희에게 이르노니 사람이 무슨 무익한 말을 하든지 심판 날에 이에 대하여 심문을 받으리니"라는 구절은 복음서 어디에 나오는가?
① 요한복음 8장 32절
② 마가복음 13장 5절
③ 누가복음 6장 45절
④ 마태복음 12장 36절

312 마태복음에서 "누구든지 ( )한 이유 외에 아내를 버리고 다른 데 장가드는 자는 ( )함이니라"에서 괄호 안에 차례로 들어가는 말은?
① 간음 – 음행 ② 행음 – 범죄
③ 음행 – 범죄 ④ 음행 – 간음

313 "우리가 그들이 실족하지 않게 하기 위하여 네가 바다에 가서 낚시를 던져 먼저 오르는 고기를 가져 입을 열면 돈 한 세겔을 얻을 것이니 가져다가 나와 너를 위하여 주라"고 예수 그리스도께서 베드로에게 이르신 말씀은 마태복음 몇 장에 나오는가?
① 16장 ② 17장
③ 18장 ④ 19장

314 다음 중 마태복음에만 나오는 본문 단락은 무엇인가?
① 마태복음 20장 1–16절
② 마태복음 20장 17–19절
③ 마태복음 20장 20–28절
④ 마태복음 20장 29–34절

315 마태복음 11장 20–23절과 누가복음 10장 13–15절에서 예수께서 회개하지 않는 두 도시를 책망하시는데, 이 두 도시의 이름은 무엇인가?
① 고라신, 벳새다
② 두로, 시돈
③ 예루살렘, 사마리아
④ 여리고, 욥바

316 다음 중 마태복음 18장에 나오는 여러 본문 단락을 순서대로 기록한 것은 무엇인가?
① 천국에서 큰 사람, 잃은 양의 비유, 네 형제가 죄를 범하거든 절차를 밟아서 처리하라, 무자비한 종의 비유
② 잃은 양의 비유, 네 형제가 죄를 범하거든 절차를 밟아서 처리하라, 무자비한 종의 비유, 천국에서 큰 사람
③ 네 형제가 죄를 범하거든 절차를 밟아서 처리하라, 무자비한 종의 비유, 천국에서 큰 사람, 잃은 양의 비유
④ 무자비한 종의 비유, 천국에서 큰 사람, 잃은 양의 비유, 네 형제가 죄를 범하거든 절차를 밟아서 처리하라

308_① 309_② 310_② 311_④ 312_④ 313_② 314_① 315_① 316_①

317 마태복음에서 "몸은 죽여도 영혼은 능히 죽이지 못하는 자들을 두려워하지 말고 …"라는 말씀이 나오는 곳은?
① 9장 13절 ② 22장 14절
③ 17장 20절 ④ 10장 28절

318 "그러나 끝까지 견디는 자는 구원을 얻으리라"는 말씀이 나오는 곳은?
① 마태복음 23장 16절
② 마태복음 23장 26절
③ 마태복음 24장 13절
④ 마태복음 24장 23절

319 마태복음에서 예수를 심문한 제사장은?
① 야손 ② 가야바
③ 데메드리오 ④ 빌라도

【주관식】

320 예수께서 베드로에게 천국 열쇠를 주시는 내용은 신약성경의 어느 복음서에만 나오는가?

321 마태복음에 기록된 '밭의 가라지' 비유에서 가라지를 뿌린 원수는 누구인가?

322 "내가 너희에게 말하노니 누구든지 ( )한 이유 외에 아내를 버리고 다른 데 장가 드는 자는 간음함이니라"는 말씀에서 괄호 안에 들어갈 말은?

323 "나더러 주여 주여 하는 자마다 다 천국에 들어갈 것이 아니요 다만 하늘에 계신 내 아버지의 뜻대로 행하는 자라야 들어가리라"는 말씀이 들어있는 복음서는?

324 마태복음에서 다음에 들어갈 단어는 무엇인가?
"부활 때에는 장가도 아니 가고 시집도 아니 가고 하늘에 있는 ( )들과 같으니라"(마 22:30)

325 마태복음에서 다음에 공통적으로 들어갈 단어는 무엇인가?
"땅에 있는 자를 ( )라 하지 말라 너희의 ( )는 한 분이시니 곧 하늘에 계신이시니라"(마 23:9)

326 마태복음에서 다음에 들어갈 단어는 무엇인가?
"이 ( ) 복음이 모든 민족에게 증언되기 위하여 온 세상에 전파되리니 그제야 끝이 오리라"(마 24:14)

327 마태복음에서 다음에 들어갈 단어는 무엇인가?
"이 무익한 ( )을 바깥 어두운 데로 내쫓으라 거기서 슬피 울며 이를 갈리라 하니라"(마 25:30)

328 마태복음 3장에서 예수가 세례요한에게 세례를 받고 물에서 올라오셨을 때 하늘로부터 들린 말씀은 무엇인가?

329 예수에게서 "사탄아 내 뒤로 물러 가라 너는 나를 넘어지게 하는 자로다"는 말씀을 들은 사람은 누구인가?

330 "또 안식일에 제사장들이 ( ) 안에서 안식을 범하여도 죄가 없음을 너희가 율법에서 읽지 못하였느냐 내가 너희에게 이르노니 ( )보다 더 큰이가 여기 있느니라"는 말씀에서 괄호 안에 공통으로 들어갈 낱말은?

331 "인자는 와서 먹고 마시매 말하기를 보라 먹기를 탐하고 포도주를 즐기는 사람이요 세리와 죄인의 친구로다 하니 ( )는 그 행한 일로 인하여 옳다 함을 얻느니라"는 말씀에서 괄호 안에 들어갈 낱말은?

332 "너희는 먼저 그의 ( )와 그의 ( )를 구하라 그리하면 이 모든 것을 너희에게 더하시리라"는 말씀에서 괄호 안에 들어가야 할 두 단어는?

317_④ 318_③ 319_② 320_마태복음 321_마귀 322_음행 323_마태복음 324_천사 325_아버지 326_천국 327_종
328_이는 내 사랑하는 아들이요 내 기뻐하는 자라 329_베드로 330_성전 331_지혜 332_나라, 의

333 "아들을 낳으리니 이름을 예수라 하라 이는 그가 자기 백성을 그들의 죄에서 ( )할 자이심이라 하니라"는 말씀에서 괄호 안에 들어가야 할 단어는?

334 "예수께서 이 열둘을 내보내시며 명하여 이르시되 이방인의 길로도 가지 말고 사마리아인의 고을에도 들어가지 말고 오히려 ( ) 집의 잃어버린 양에게로 가라"는 말씀에서 괄호 안에 들어가야 할 단어는?

335 바리새인과 사두개인들이 와서 예수를 시험하여 하늘로부터 오는 표적 보이기를 청할 때 예수께서 언급하신 표적은 무엇인가?

336 다음은 마태복음 11장 12절의 말씀이다. 괄호 안에 공통으로 들어갈 낱말은?
"세례요한의 때부터 지금까지 천국은 ( )를 당하나니 ( )하는 자는 빼앗느니라"

337 마태복음에서 구하고 찾고 두드릴 것을 강조하는 말씀은 몇 장에 나오는가?

338 다음은 마태복음 19장 9절의 말씀이다. 괄호 안에 들어갈 낱말은?
"내가 너희에게 말하노니 누구든지 음행한 이유 외에 아내를 버리고 다른 데 장가 드는 자는 ( )함이니라"

339 다음은 마태복음 24장 10-12절의 말씀이다. 괄호 안에 들어갈 낱말은?
"그 때에 많은 사람들이 실족하게 되어 서로 잡아 주고 서로 미워하겠으며 거짓 선지자가 많이 일어나 많은 사람을 미혹하겠으며 ( )이 성하므로 많은 사람의 사랑이 식어지리라"

340 마태복음은 총 몇 장인가?

341 "예수께서 모든 도시와 마을에 두루 다니사 그들의 회당에서 가르치시며 ( )을/를 전파하시며 모든 병과 모든 약한 것을 고치시니라"는 말씀에서 괄호 안에 들어갈 말은?

342 마태복음에서 다음에 들어갈 단어는 무엇인가?
"네 것이나 가지고 가라 나중 온 이 사람에게 너와 같이 주는 것이 내 ( )이니라"(마 20:14)

343 마태복음에서 다음에 들어갈 단어는 무엇인가?
"예수께서 대답하시되 나도 한 말을 너희에게 물으리니 너희가 대답하면 나도 무슨 ( )로 이런 일을 하는지 이르리라"(마 21:24)

344 "이는 그 목수의 아들이 아니냐 그 어머니는 마리아, 그 형제들은 야고보, 요셉, 시몬, ( )라 하지 않느냐"라는 말씀에서 괄호 안에 들어갈 이름은?

345 세례 요한이 천국을 전파하는 기사는 마태복음 몇 장에 나오나?

346 "나는 마음이 온유하고 겸손하니 나의 멍에를 메고 내게 ( ) 그리하면 너희 마음이 쉼을 얻으리니 이는 내 멍에는 쉽고 내 짐은 가벼움이라"는 말씀에서 괄호 안에 들어가야 할 단어는?

347 "천국은 마치 밭에 감추인 ( )와/과 같으니 사람이 이를 발견한 후 숨겨 두고 기뻐하며 돌아가서 자기의 소유를 다 팔아 그 밭을 사느니라"는 말씀에서 괄호 안에 들어가야 할 단어는?

348 마태복음 22장 23-33절의 부활 논쟁에서 맏형이 죽은 뒤 그의 아내는 그 동생들과 몇 번 결혼하는 것을 상정하고 있는가?

349 "그러므로 의인 아벨의 피로부터 성전과 제단 사이에서 너희가 죽인 바라갸의 아들 ( )의 피까지 땅 위에서 흘린 의로운 피가 다 너희에게 돌아가리라"라는 마태복음 23장 35절의 말씀에서 괄호 안에 들어가야 할 단어는?

350 마태복음 2장에서 요셉이 마리아와 함께 아기

333_구원 334_이스라엘 335_요나의 표적 336_침노 337_7장 338_간음 339_불법 340_28장 341_천국 복음 342_뜻
343_권위 344_유다 345_3장 346_배우라 347_보화 348_일곱 번 349_사가랴 350_애굽

예수를 데리고 피신한 나라는?

351 마태복음에서 다음에 들어갈 단어는 무엇인가?
"내가 진실로 너희에게 이르노니 온 천하에 어디서든지 이 복음이 전파되는 곳에서는 이 ( )가 행한 일도 말하여 그를 기억하리라 하시니라"(마 26:13)

352 마태복음에서 다음에 들어갈 단어는 무엇인가?
"총독이 재판석에 앉았을 때에 그의 아내가 사람을 보내어 이르되 저 옳은 사람에게 아무 상관도 하지 마옵소서 오늘 ( )에 내가 그 사람으로 인하여 애를 많이 태웠나이다 하더라"(마 27:19)

353 마태복음에서 다음에 들어갈 단어는 무엇인가?
"내가 너희에게 분부한 모든 것을 가르쳐 지키게 하라 볼지어다 내가 세상 끝날까지 너희와 항상 ( ) 있으리라 하시니라"(마 28:20)

354 "악하고 음란한 세대가 표적을 구하나 ( )의 표적 밖에는 보여 줄 표적이 없느니라"는 말씀에서 괄호 안에 들어갈 사람의 이름은?

355 '주기도문'은 마태복음 몇 장에 나오나?

356 마태복음에서 거짓 선지자와 노략질 하는 이리는 무엇으로 그들의 정체를 알아볼 수 있는가?

357 마태복음에서 다음 괄호에 들어갈 말은 무엇인가?
"예수께서 이르시되 내가 진실로 너희에게 이르노니 세상이 새롭게 되어 인자가 자기 영광의 보좌에 앉을 때에 나를 따르는 너희도 열두 보좌에 앉아 이스라엘 ( )를 심판하리라"(마 19:28)

358 마태복음에서 "이스라엘 집의 잃어버린 양 외에는 다른 데로 보내심을 받지 아니하였노라"는 말씀을 예수로부터 들은 사람은 누구인가?

359 "너희가 강도를 잡는 것 같이 칼과 몽치를 가지고 나를 잡으러 나왔느냐 내가 날마다 성전에 앉아 가르쳤으되 너희가 나를 잡지 아니하였도다 그러나 이렇게 된 것은 다 ( )의 글을 이루려 함이니라"는 말씀에서 괄호 안에 들어갈 말은?

351_여자 352_꿈 353_함께 354_요나 355_6장 356_열매 357_열두 지파 358_가나안 여자 359_선지자들

마가복음

001 "누구든지 자기 목숨을 구원하고자 하면 잃을 것이요 누구든지 나와 ( )을/를 위하여 자기 목숨을 잃으면 구원하리라"는 말씀에서 괄호 안에 들어가는 말은?
① 하나님 ② 이웃
③ 복음 ④ 의

002 "또 지나가시다가 알패오의 아들 레위가 세관에 앉아 있는 것을 보시고 그에게 이르시되 나를 따르라 하시니 일어나 따르니라"는 말씀이 들어 있는 복음서는?
① 마태복음 ② 마가복음
③ 누가복음 ④ 요한복음

003 '스스로 열매 맺는 씨앗' 비유가 나오는 복음서는?
① 마태복음 ② 마가복음
③ 누가복음 ④ 요한복음

004 마가복음에서 예수께서 떡 다섯 개로 오천 명을 먹이신 사건이 기록된 장은?
① 4장 ② 6장
③ 8장 ④ 10장

005 마가복음에서 예수께서 떡 일곱 개로 사천 명을 먹이신 사건이 기록된 장은?
① 4장 ② 6장
③ 8장 ④ 10장

006 마가복음에서 예수를 힐난하며 그를 시험하여 하늘로부터 오는 표적을 구한 무리들은?
① 바리새인 ② 사두개인
③ 열심당원 ④ 제사장

007 마가복음에서 예수께서 산에 올라 제자들 앞에서 모습이 변하셨을 때 하늘에서 난 소리는?
① 너는 내 사랑하는 아들이라 내가 너를 기뻐하노라
② 이는 내 사랑하는 아들이니 너희는 그의 말을 들으라
③ 주의하라 깨어 있으라 그 때가 언제인지 알지 못함이라
④ 진실로 하나님의 아들이라

008 "믿는 자들에게는 이런 표적이 따르리니 곧 그들이 내 이름으로 귀신을 쫓아내며 새 방언을 말하며 뱀을 집어올리며 무슨 독을 마실지라도 해를 받지 아니하며 병든 사람에게 손을 얹은즉 나으리라"는 말씀이 들어 있는 복음서는?
① 마태복음 ② 마가복음
③ 누가복음 ④ 요한복음

009 마가복음에서 다음에 들어갈 공통적인 단어는 무엇인가?
"요한이 잡힌 후 예수께서 갈릴리에 오셔서 하나님의 ( )을 전파하여 이르시되 때가 찼고 하나님의 나라가 가까이 왔으니 회개하고 ( )을 믿으라 하시더라"(막 1:14-15)
① 복음 ② 사랑
③ 종 ④ 사역

010 마가복음에서 ( )에 들어갈 사람은 누구인가?
"바리새인의 ( )들이 예수께서 죄인 및 세리들과 함께 잡수시는 것을 보고 그의 제자들에게 이르되 어찌하여 세리 및 죄인들과 함께 먹는가"(막 2:16)
① 율법사 ② 지도자
③ 두령 ④ 서기관

011 마가복음에서 예수를 향하여 다음과 같이 소리친 사람은 누구인가?
"큰 소리로 부르짖어 이르되 지극히 높으신 하

001_③ 002_② 003_② 004_② 005_③ 006_① 007_② 008_② 009_① 010_④ 011_④

나님의 아들 예수여 나와 당신이 무슨 상관이 있나이까 원하건대 하나님 앞에 맹세하고 나를 괴롭히지 마옵소서 하니"(막 5:7)
① 율법사　② 서기관
③ 바리새인　④ 거라사인

012 마가복음 11장에서 예수께서 어디에서 나오셨을 때가 시장하셨는가?
① 예루살렘　② 베다니
③ 베들레헴　④ 여리고

013 마가복음에서 다음에 들어갈 공통적인 단어는 무엇인가?
"땅이 스스로 열매를 맺되 처음에는 싹이요 다음에는 ( )이요/요 그 다음에는 ( )에 충실한 곡식이라"(막 4:28)
① 줄기　② 가지
③ 이삭　④ 꽃

014 마가복음에서 다음에 들어갈 단어는 무엇인가?
"시몬의 장모가 열병으로 누워 있는지라 사람들이 곧 그 여자에 대하여 예수께 여짜온대 나아가사 그 손을 잡아 일으키시니 열병이 떠나고 여자가 그들에게 ( )"(막 1:30-31)
① 사례하니라　② 순종하니라
③ 증언하니라　④ 수종드니라

015 마가복음에서 다음에 각각 들어갈 단어는 무엇인가?
"허락하지 아니하시고 그에게 이르시되 ( )으로/로 돌아가 주께서 네게 어떻게 큰 일을 행하사 너를 불쌍히 여기신 것을 네 ( )에게 알리라 하시니"(막 5:19)
① 성전 – 제사장　② 회당 – 회당장
③ 집 – 가족　④ 공회 – 사두개인

016 마가복음 5장에 나오는 야이로는 어디서 일하며 직업은 무엇인가?
① 성전 – 제사장　② 회당 – 회당장
③ 집 – 가장　④ 공회 – 사두개인

017 "보라 내가 내 사자를 네 앞에 보내노니 그가 네 길을 준비하리라"는 말라기 3:1의 말씀을 이사야의 글로 인용하는 복음서는?
① 마태복음　② 마가복음
③ 누가복음　④ 요한복음

018 "광야에서 사십 일을 계시면서 사탄에게 시험을 받으시며 들짐승과 함께 계시니 천사들이 수종들더라"는 말씀이 나오는 복음서는?
① 마태복음　② 마가복음
③ 누가복음　④ 요한복음

019 예수가 바알세불이 지폈다는 주장을 한 사람들은 누구인가?
① 바리새인들
② 예루살렘에서 내려온 서기관들
③ 사두개인들
④ 제사장들

020 예수께서 자신이 많은 고난을 받고 장로들과 대제사장들과 서기관들에게 버린 바 되어 죽임을 당하고 사흘 만에 살아나야 할 것을 제자들에게 처음으로 가르치신 것은 마가복음 몇 장에 나오나?
① 7장　② 8장
③ 9장　④ 10장

021 다음 중 변화산에서 일어난 일이 아닌 것은?
① 예수의 옷이 광채가 나며 세상에서 빨래하는 자가 그렇게 희게 할 수 없을 만큼 매우 희어졌다
② 구름 속에서 소리가 나되 이는 내 사랑하는 아들이니 너희는 그의 말을 들으라 하였다
③ 엘리야와 모세와 천사들이 제자들에게 나타나 예수와 더불어 말하였다
④ 산에서 내려올 때에 예수께서 경고하시되 인자가 죽은 자 가운데서 살아날 때까지는 본 것을 아무에게도 이르지 말라 하셨다

022 마가복음에 나오는 예수의 처형 장면 묘사와 가장 거리가 먼 것은?
① 예수를 끌고 골고다라 하는 곳(번역하면 해

012_② 013_③ 014_④ 015_③ 016_② 017_② 018_② 019_② 020_② 021_③ 022_③

골의 곳)에 이르러 처형했다
② 때가 제삼시가 되어 십자가에 못 박았다
③ 예수께서 "다 이루었다"라고 말씀하셨다
④ 몰약을 탄 포도주를 주었으나 예수께서 받지 아니하셨다

023 "한 가난한 과부는 와서 두 렙돈 곧 한 고드란트를 넣는지라"라는 구절이 나오는 복음서는?
① 마태복음 ② 마가복음
③ 누가복음 ④ 요한복음

024 다음 중 마가복음 13장에서 인자가 올 때에 일어날 일로 열거되지 않은 것은?
① 그 때에 그 환난 후 해가 어두워지며 달이 빛을 내지 아니하리라
② 그 때에 선택받은 자들은 홀연히 하늘로 올림을 받으리라
③ 그 때에 인자가 구름을 타고 큰 권능과 영광으로 오는 것을 사람들이 보리라
④ 그 때에 인자가 천사들을 보내어 자기가 택하신 자들을 땅 끝으로부터 하늘 끝까지 사방에서 모으리라

025 예수께서 바람과 바다를 잔잔하게 하실 때 제자들을 향해 "너희가 어찌 믿음이 없느냐"라고 말씀하신 복음서는?
① 마태복음 ② 마가복음
③ 누가복음 ④ 요한복음

026 마가복음 2장에 나오는 사건의 순서로 맞는 것은?
① 중풍병자 치유 – 레위를 부르심 – 금식논쟁 – 안식일에 밀 이삭을 자름
② 중풍병자 치유 – 금식논쟁 – 레위를 부르심 – 안식일에 밀 이삭을 자름
③ 레위를 부르심 – 중풍병자 치유 – 금식논쟁 – 안식일에 밀 이삭을 자름
④ 레위를 부르심 – 금식논쟁 – 중풍병자 치유 – 안식일에 밀 이삭을 자름

027 예수께서 안식일에 손 마른 사람을 고치신 후에 바리새인들은 누구와 예수를 죽일까 의논하였는가?
① 유대인의 지도자들
② 대제사장들
③ 헤롯당
④ 사두개인들

028 예수의 친족들이 예수께서 미쳤다는 소문을 듣고 예수를 붙들러 나올 때 예수께서 하신 비유가 아닌 것은?
① 사탄이 어찌 사탄을 쫓아낼 수 있느냐
② 누구든지 성령을 모독하는 자는 영원히 사하심을 얻지 못한다
③ 사탄이 자기를 거슬러 일어나 분쟁하면 망하느니라
④ 그가 바알세불이 지폈다

029 마가복음에서 '네 가지 땅에 떨어진 비유' 이후에 예수께서 권면하신 말씀은 무엇인가?
① 들을 귀 있는 자는 들으라 하시니라
② 누구든지 하나님의 뜻대로 행하는 자가 내 형제요 자매요 어머니이니라
③ 나를 나타내지 말라
④ 인자는 안식일에도 주인이니라

030 마가복음에서 '고난을 받고 죽임을 당하고 사흘 만에 살아나야 할 것'을 예수께서 처음으로 가르치신 후에 제자들에게 하신 말씀이 아닌 것은?
① 누구든지 나를 따라오려거든 자기를 부인하고 자기 십자가를 지고 나를 따를 것이니라
② 너희가 눈이 있어도 보지 못하며 귀가 있어도 듣지 못하느냐 또 기억하지 못하느냐
③ 누구든지 나와 복음을 위하여 자기 목숨을 잃으면 구원하리라
④ 나와 내 말을 부끄러워하면 인자도 아버지의 영광으로 거룩한 천사들과 함께 올 때에 그 사람을 부끄러워하리라

031 대제사장들과 서기관들이 예수를 흉계로 잡아 죽일 방도를 구할 때 이틀이 지나면 유월절과 무교절이니 명절에는 하지 말자고 한 이유는?

023_② 024_② 025_② 026_① 027_③ 028_④ 029_① 030_② 031_①

① 민란이 날까하여
② 명절을 거룩하게 지키고자
③ 율법을 지키고자 하여
④ 때가 이르지 않았기에

032 마가복음에서 '포도원 농부 비유'가 나오는 장은?
① 11장 ② 12장
③ 13장 ④ 14장

033 "또 그들에게 이르시되 내가 진실로 너희에게 이르노니 여기 서 있는 사람 중에는 죽기 전에 하나님의 나라가 ( )으로 임하는 것을 볼 자들도 있느니라 하시니라"는 말씀에서 괄호 안에 들어가야 할 낱말은?
① 영광 ② 권능
③ 놀라움 ④ 기쁨

034 "예수와 제자들이 빌립보 가이사랴 여러 마을로 나가실새 ( )에서 제자들에게 물어 이르시되 사람들이 나를 누구라고 하느냐"하는 마가복음 8장 27절 말씀에서 괄호 안에 들어가야 할 낱말은?
① 물가 ② 회당
③ 집 ④ 길

035 마가복음 8장 19-21절에 의하면 예수께서 떡 다섯 개를 오천 명에 떼어 주셨을 때와 떡 일곱 개를 사천 명에게 떼어 줄 때에 그 부스러기 조각을 각각 몇 광주리가 되었는가?
① 여섯, 일 ② 열 둘, 일곱
③ 일곱, 여섯 ④ 일곱, 열 둘

036 "모세는 네 부모를 공경하라 하고 또 아버지나 어머니를 모욕하는 자는 ( )을/를 당하리라 하였거늘"이라는 마가복음 7장 10절 말씀에서 괄호 안에 들어가야 할 낱말은?
① 모욕 ② 죽임
③ 고문 ④ 배척

037 "안식일이 되어 회당에서 가르치시니 많은 사람이 듣고 놀라 이르되 이 사람이 어디서 이런 것을 얻었느냐 이 사람이 받은 지혜와 그 ( )으로 이루어지는 이런 권능이 어찌됨이냐"는 마가복음 6장 2절의 말씀에서 괄호 안에 들어가야 할 낱말은?
① 힘 ② 성령
③ 손 ④ 입

038 "사람들이 너희를 끌어다가 넘겨 줄 때에 무슨 말을 할까 미리 염려하지 말고 무엇이든지 그 때에 너희에게 주시는 그 말을 하라 말하는 이는 너희가 아니요 ( )이시니라"는 마가복음 13장 11절 말씀에서 괄호 안에 들어가야 할 낱말은?
① 하나님 ② 예언자
③ 성령 ④ 예수님

039 "예수께서 무리에게 말씀하여 이르시되 너희가 ( )를/을 잡는 것 같이 검과 몽치를 가지고 나를 잡으러 나왔느냐"라는 마가복음 14장 48절의 말씀에서 괄호 안에 들어가야 할 낱말은?
① 포로 ② 군인
③ 강도 ④ 야수

040 "예수께서 이르시되 내가 그니라 인자가 권능자의 우편에 앉은 것과 ( ) 구름을 타고 오는 것을 너희가 보리라 하시니"라는 누가복음 14장 62절에서 괄호 안에 들어가야 할 낱말은?
① 큰 ② 비
③ 하늘 ④ 성령

041 "나는 너희에게 물로 세례를 베풀었거니와 그는 너희에게 ( )로/으로 세례를 베푸시리라"는 세례 요한의 말에서 괄호 안에 들어가는 말은?
① 십자가 ② 피
③ 성령 ④ 복음

042 "작은 자야 네 죄 사함을 받았느니라"는 말씀은 예수께서 누구에게 하신 말씀인가?
① 중풍병자 ② 레위
③ 바리새인 ④ 제자

032_② 033_② 034_④ 035_② 036_② 037_③ 038_③ 039_③ 040_③ 041_③ 042_①

043 예수께서 제자들과 함께 밀밭 사이로 지나가실 때 제자들이 길에서 이삭을 자름으로 인해 바리새인과 논쟁하였는데, 예수께서 제자들과 함께 밀밭을 지나간 날은?
① 유월절 ② 안식일
③ 초막절 ④ 오순절

044 마가복음에서 예수께서 열두 제자를 세우신 곳은?
① 갈릴리 해변 ② 광야
③ 산 ④ 배

045 "땅에 심길 때에는 땅 위의 모든 씨보다 작은 것이로되 심긴 후에는 자라서 모든 풀보다 커지며 큰 가지를 내나니 공중의 새들이 그 그늘에 깃들일 만큼 되느니라"는 말씀은 예수께서 어느 비유 말씀에서 하신 말씀인가?
① 씨 뿌리는 자 ② 겨자씨
③ 땅에 뿌린 씨 ④ 곡식과 가라지

046 마가복음에서 예수께서 열두 제자를 불러 둘씩 보내시며 더러운 귀신을 제어하는 권능을 주시고 여행을 위하여 휴대를 허락하신 것은?
① 지팡이 ② 양식
③ 배낭 ④ 전대의 돈

047 예수의 이름이 드러남을 들었던 헤롯 왕이 한 말은?
① 그가 엘리야라
② 그가 선지자니 옛 선지자 중의 하나와 같다
③ 내가 목 벤 요한 그가 살아났다
④ 그가 그리스도라

048 "아무 데나 예수께서 들어가시는 지방이나 도시나 마을에서 병자를 시장에 두고 예수께 그의 옷 가에라도 손을 대게 하시기를 간구하니 손을 대는 자는 다 성함을 얻으니라"는 말씀이 들어 있는 복음서는?
① 마태복음 ② 마가복음
③ 누가복음 ④ 요한복음

049 "너희는 이르되 사람이 아버지에게나 어머니에게나 말하기를 내가 드려 유익하게 할 것이 ( ) 곧 하나님께 드림이 되었다고 하기만 하면 그만이라 하고 자기 아버지나 어머니에게 다시 아무 것도 하여 드리기를 허락하지 아니하여 너희가 전한 전통으로 하나님의 말씀을 폐하며 또 이같은 일을 많이 행하느니라"는 예수의 말씀에서 괄호 안에 들어가는 말은?
① 에바다 ② 골고다
③ 고르반 ④ 달리다굼

050 "예수께서 경고하여 이르시되 삼가 바리새인들의 누룩과 ( )의 누룩을 주의하라 하시니"는 말씀에서 괄호 안에 들어가는 말은?
① 사두개인들 ② 헤롯
③ 열심당원 ④ 제사장들

051 다음 중 예수께서 제자들과 함께 빌립보 가이사랴 여러 마을로 가시는 길에 제자들에게 "사람들이 나를 누구라고 하느냐"고 물으셨을 때 제자들이 전한 말이 <u>아닌</u> 것은?
① 세례 요한이라
② 엘리야라
③ 선지자 중의 하나라
④ 주는 그리스도시니이다

052 마가복음에서 예수께서 제자들에게 자신이 수난 받으실 것에 대한 예고를 몇 번 하셨는가?
① 한 번 ② 두 번
③ 세 번 ④ 네 번

053 마가복음에서 예수께서 베다니를 나와 예루살렘으로 가실 때 저주하신 나무는?
① 포도나무 ② 감람나무
③ 무화과나무 ④ 돌무화과나무

054 "멸망의 가증한 것이 서지 못할 곳에 선 것을 보거든 (읽는 자는 깨달을진저) 그 때에 유대에 있는 자들은 ( )로/으로 도망할지어다"는 말씀에서 괄호 안에 들어가는 말은?
① 광야 ② 토굴
③ 집 ④ 산

043_② 044_③ 045_② 046_① 047_③ 048_② 049_③ 050_② 051_④ 052_③ 053_③ 054_④

055 마가복음에서 다음에 들어갈 공통적인 단어는 무엇인가?
"아직 예수께서 말씀하실 때에 ( )의 집에서 사람들이 와서 ( )에게 이르되 당신의 딸이 죽었나이다 어찌하여 선생을 더 괴롭게 하나이까 예수께서 그 하는 말을 곁에서 들으시고 ( )에게 이르시되 두려워하지 말고 믿기만 하라 하시고"(막 5:35-36)
① 제사장 ② 회당장
③ 바리새인 ④ 사두개인

056 마가복음에서 다음에 들어갈 단어는 무엇인가?
"이에 ( )의 이름이 드러난지라 헤롯 왕이 듣고 이르되 이는 세례 요한이 죽은 자 가운데서 살아났도다 그러므로 이런 능력이 그 속에서 일어나느니라 하고 어떤 이는 그가 엘리야라 하고 또 어떤 이는 그가 선지자니 옛 선지자 중의 하나와 같다 하되"(막 6:14-15)
① 성령 ② 인자
③ 하나님의 아들 ④ 예수

057 마가복음 6장에서 세례 요한이 헤롯에 의해 순교 당한 후에 그의 시체를 가져다가 장사한 이는 누구인가?
① 예수의 제자 ② 요한의 제자
③ 바리새인 ④ 사두개인

058 마가복음에서 다음에 들어갈 단어는 무엇인가?
"바리새인들과 모든 유대인들은 ( )들의 전통을 지키어 손을 잘 씻지 않고서는 음식을 먹지 아니하며"(막 7:3)
① 제사장 ② 장로
③ 바리새인 ④ 사두개인

059 마가복음 8장에서 예수께서 사천 명을 먹이신 후에 가신 곳은?
① 데가볼리 ② 갈릴리
③ 요단강 건너편 ④ 달마누다

060 마가복음 8장에서 예수께서 자신을 가리켜 누구냐고 제자들에게 물으신 장소는?
① 가이사랴 빌립보 ② 빌립보 가이사랴
③ 가이사랴 ④ 빌립보

061 마가복음에서 다음에 들어갈 지명은 무엇인가?
엿새 후에 예수께서 베드로와 야고보와 요한을 데리시고 따로 ( )에 올라가셨더니 그들 앞에서 변형되사(막 9:2)
① 변화산 ② 높은 산
③ 헐몬산 ④ 다볼 산

062 마가복음에서 다음에 들어갈 장소는 어디인가?
"예수께서 그를 보시고 사랑하사 이르시되 네게 아직도 한 가지 부족한 것이 있으니 가서 네게 있는 것을 다 팔아 가난한 자들에게 주라 그리하면 ( )에서 보화가 네게 있으리라 그리고 와서 나를 따르라 하시니"(막 10:21)
① 천국 ② 하늘
③ 땅 ④ 하나님의 나라

063 마가복음에서 다음에 들어갈 단어는 무엇인가?
또 세베대의 아들 야고보와 야고보의 형제 요한이니 이 둘에게는 보아너게 곧 ( )의 아들이란 이름을 더하셨으며(막 3:17)
① 우박 ② 우레
③ 우정 ④ 우주

064 마가복음에서 다음에 들어갈 단어는 무엇인가?
"그들이 예수의 ( )을 책잡으려 하여 바리새인과 헤롯당 중에서 사람을 보내매"(막 12:13)
① 행동 ② 사역
③ 판단 ④ 말씀

065 마가복음 13장에서 예수께서 어디에서 나오셨을 때 "제자 중 하나가 이르되 선생님이여 보소서 이 돌들이 어떠하며 이 건물들이 어떠하니이까"라고 질문하였는가?
① 예루살렘 성벽 ② 성전

055_② 056_④ 057_② 058_② 059_④ 060_② 061_② 062_② 063_② 064_④ 065_②

③ 회당 ④ 산헤드린

066 마가복음 14장에서 예수께서 유월절을 지키기 위해 제자 둘을 어디로 보내셨는가?
① 베다니 ② 성내
③ 벳바게 ④ 성밖

067 마가복음 15장에서 다음의 보기 중에 인명이 아닌 것은?
① 알렉산더 ② 루포
③ 구레네 ④ 시몬

068 마가복음에서 다음에 들어갈 단어는 무엇인가?
“( )을 집어올리며 무슨 독을 마실지라도 해를 받지 아니하며 병든 사람에게 손을 얹은즉 나으리라 하시더라”(막 16:18)
① 독충 ② 전갈
③ 뱀 ④ 숯불

069 마가복음 1장에서 예수께서 나병환자를 고쳐 주시면서 하신 말씀이 아닌 것은?
① 내가 원하노니 깨끗함을 받으라
② 삼가 아무에게 아무 말도 하지 말고 가서 네 몸을 제사장에게 보이라
③ 네가 깨끗하게 되었으니 모세가 명한 것을 드려 그들에게 입증하라
④ 우리가 다른 가까운 마을들로 가자 거기서도 전도하리니 내가 이를 위하여 왔노라

070 마가복음 15장 42절에 언급된 아리마대 사람 요셉을 바로 설명한 것이 아닌 것은?
① 빌라도에게 가서 예수의 시체를 달라고 함
② 존경받는 공회원
③ 가나안인
④ 예수의 시신을 세마포로 싼 뒤 바위 속에 판 무덤에 넣고 돌을 굴려 무덤을 막은 사람

071 바리새인의 서기관들이 예수께서 죄인 및 세리들과 함께 잡수시는 것을 보고 그의 제자들에게 “어찌하여 세리 및 죄인들과 함께 먹는가” 라고 비판했을 때 예수께서 하신 말씀은?
① 혼인 집 손님들이 신랑과 함께 있을 때에 금식할 수 있느냐 신랑과 함께 있을 동안에는 금식할 수 없느니라
② 생베 조각을 낡은 옷에 붙이는 자가 없나니 만일 그렇게 하면 기운 새 것이 낡은 그것을 당기어 해어짐이 더하게 되느니라
③ 안식일이 사람을 위하여 있는 것이요 사람이 안식일을 위하여 있는 것이 아니니 이러므로 인자는 안식일에도 주인이니라
④ 건강한 자에게는 의사가 쓸 데 없고 병든 자에게라야 쓸 데 있느니라 나는 의인을 부르러 온 것이 아니요 죄인을 부르러 왔노라

072 예수가 바알세불이 지폈다는 주장을 한 사람들을 향해 예수가 하신 말씀이 아닌 것은?
① 만일 나라가 스스로 분쟁하면 그 나라가 설 수 없고 만일 집이 스스로 분쟁하면 그 집이 설 수 없다
② 누구든지 성령을 모독하는 자는 영원히 사하심을 얻지 못하고 영원한 죄가 되느니라
③ 인자가 땅에서 죄를 사하는 권세가 있는 줄을 너희로 알게 하려 하노라
④ 사람이 먼저 강한 자를 결박하지 않고는 그 강한 자의 집에 들어가 세간을 강탈하지 못하리니 결박한 후에야 그 집을 강탈하리라

073 다음 중 마가복음 1장 21-28절에서 더러운 귀신들린 사람이 하는 말이 아닌 것은 무엇인가?
① “우리가 당신과 무슨 상관이 있나이까?”
② “나를 괴롭히지 마옵소서”
③ “나는 당신이 누구인 줄 아노니 하나님의 거룩한 자니이다”
④ “우리를 멸하러 왔나이까”

074 “바리새인들과 모든 유대인들은 장로들의 ( )을 지키어 손을 잘 씻지 않고서는 음식을 먹지 아니하며”에서 괄호 안에 들어가야 할 낱말은?
① 율법 ② 계명
③ 전통 ④ 가르침

075 다음 중 수로보니게 여자에 관한 묘사가 아닌 것은?

066_② 067_③ 068_③ 069_④ 070_③ 071_④ 072_③ 073_② 074_③ 075_④

① 헬라인이었다
② 두로 지방에 살고 있었다
③ 더러운 귀신 들린 어린 딸을 데리고 있었다
④ 귀신이 들어가 있었다

076 다음 중 마가복음에서 예수가 귀 먹고 말 더듬는 사람을 고치신 것에 대한 묘사가 아닌 것은?
① 예수께서 손가락을 그의 양 귀에 넣고 침을 뱉어 그의 혀에 손을 대셨다
② 사람들이 그를 예수께 데리고 나아와 안수하여 주시기를 간구하였다
③ 예수께서 그를 위해 두 번 기도하셨다
④ 예수께서 하늘을 우러러 탄식하시며 그에게 이르시되 에바다 하셨다

077 다음 중 마가복음에서 예수가 벳새다에서 맹인을 고치신 것에 관한 묘사가 아닌 것은?
① 사람들이 맹인 한 사람을 데리고 예수께 나아와 손 대시기를 구하였다
② 예수께서 맹인의 손을 붙잡으시고 마을 밖으로 데리고 나가셨다
③ 예수께서 두 번째 안수하셨을 때 나무 같은 것들이 걸어가는 것을 보았다
④ 예수께서 눈에 침을 뱉으시며 그에게 안수하셨다

078 마가복음에서 예수가 열매 없는 무화과나무를 저주하고 결국 그 나무가 말라서 죽은 사건 사이에 일어난 일은?
① 예수가 대제사장과 서기관들과 논쟁한 것
② 성전에 들어가서 소동을 일으키신 것
③ 이혼에 관해 가르치신 것
④ 가이사에게 세금 바치는 것에 대해 가르치신 것

079 "그러나 그 날과 그 때는 아무도 모르나니 하늘에 있는 ( )도, ( )도 모르고 ( )만 아시느니라"에서 괄호 안에 들어가는 낱말이 아닌 것은?
① 천사들 ② 선지자들
③ 아버지 ④ 아들

080 "가령 사람이 집을 떠나 타국으로 갈 때에 그 종들에게 권한을 주어 각각 사무를 맡기며 ( )에게 깨어 있으라 명함과 같으니"라는 말씀에서 괄호 안에 들어가야 할 낱말은?
① 문지기 ② 청지기
③ 종들 ④ 집 식구들

081 예수께서 어떤 정황에서 "믿음이 없는 세대여 내가 얼마나 너희와 함께 있으며 얼마나 너희에게 참으리요"라고 말했나?
① 제자들이 자신이 고난받고 죽을 것을 믿지 아니하였을 때
② 바리새인들이 하늘로부터 오는 표적을 구하였을 때
③ 예루살렘을 보시면서 한탄하셨을 때
④ 예수의 제자들이 귀신을 내쫓지 못하여 예수에게 귀신들린 아이를 데려왔을 때

082 다음 중 "이는 진실로 하나님의 아들이었도다"라는 말을 한 사람은 누구인가?
① 로마군대의 백부장
② 제자들
③ 갈릴리에서부터 따라온 많은 여자들
④ 막달라 마리아와 또 야고보와 요셉의 어머니 마리아와 또 세베대의 아들들의 어머니

083 "하나님의 아들 예수 그리스도의 복음의 시작이라"고 서두에 언급하는 복음서는?
① 마태복음 ② 마가복음
③ 누가복음 ④ 요한복음

084 예수께서 열두 제자를 부르사 둘씩 둘씩 보내시며 명하신 말씀이 아닌 것은?
① 여행을 위하여 지팡이 외에는 양식이나 배낭이나 전대의 돈이나 아무 것도 가지지 말라
② 신만 신고 두 벌 옷도 입지 말라
③ 너희가 먹을 것을 주라
④ 너희 말을 듣지도 아니하거든 거기서 나갈 때에 발 아래 먼지를 떨어버려 증거를 삼으라

085 예수께 "주여 … 상 아래 개들도 아이들이 먹던 부스러기를 먹나이다"고 말하며 귀신들린

076_③ 077_③ 078_② 079_② 080_① 081_④ 082_① 083_② 084_③ 085_④

어린 딸을 위해 간구한 사람은?
① 가버나움의 백부장
② 혈루증으로 앓아 온 여인
③ 야이로
④ 수로보니게 여인

086 예수께서 높은 산에 올라가셔서 영광스런 모습으로 변형되셨을 때 함께 있지 않았던 제자는?
① 빌립 ② 베드로
③ 야고보 ④ 요한

087 "소금은 좋은 것이로되 만일 소금이 그 맛을 잃으면 무엇으로 이를 짜게 하리요 너희 속에 소금을 두고 서로 ( )"는 말씀에서 괄호 안에 맞는 단어는?
① 분별하라 ② 화목하라
③ 헤아리라 ④ 인내하라

088 "누구든지 너희가 그리스도에게 속한 자라 하여 물 한 그릇이라도 주면 내가 진실로 너희에게 이르노니 그가 결코 ( )을 잃지 않으리라"는 말씀에서 괄호 안에 맞는 단어는?
① 영생 ② 천국
③ 상 ④ 면류관

089 "나와 ( )를/을 위하여 집이나 형제나 자매나 어머니나 아버지나 자식이나 전토를 버린 자는 현세에 있어 집과 형제와 자매와 어머니와 자식과 전토를 백 배나 받되 ( )를/을 겸하여 받고 내세에 영생을 받지 못할 자가 없느니라"는 말씀에서 괄호 안에 차례로 들어가야 할 두 단어는?
① 교회, 고난 ② 하나님의 집, 핍박
③ 아버지, 수난 ④ 복음, 박해

090 예수께 "주의 영광중에서 우리를 하나는 주의 우편에, 하나는 좌편에 앉게 하여 주옵소서"라고 요구한 제자들은?
① 세베대의 아들들
② 베드로와 안드레
③ 빌립과 나다나엘
④ 마태와 도마

091 예수를 따르는 자들이 "호산나 찬송하리로다 주의 이름으로 오시는 이여 찬송하리로다 오는 우리 조상 다윗의 나라여 가장 높은 곳에서 호산나"라고 외친 것은 언제인가?
① 예수께서 제자들과 함께 한적한 곳에 가실 때
② 예수께서 예루살렘 성전에 들어가실 때
③ 예수와 제자들이 베다니에서 나왔을 때
④ 예수께서 제자들 앞에서 승천하실 때

092 부활이 없다고 하는 자들은 누구인가?
① 바리새인들 ② 랍비들
③ 사두개인들 ④ 헤롯 당

093 "긴 옷을 입고 다니는 것과 시장에서 문안 받는 것과 회당의 높은 자리와 잔치의 윗자리를 원하는 서기관들을 ( )"는 예수의 가르침에서 괄호에 맞는 단어는?
① 가르치라 ② 분별하라
③ 삼가라 ④ 권면하라

094 성전이 무너지는 재난의 징조에 관한 예수의 말씀이 아닌 것은?
① 많은 사람이 내 이름으로 와서 이르되 내가 그라 하여 많은 사람을 미혹하리라
② 난리와 난리의 소문을 들을 때에 두려워하지 말라 이런 일이 있어야 하되 아직 끝은 아니니라
③ 민족이 민족을, 나라가 나라를 대적하여 일어나겠고 곳곳에 지진이 있으며 기근이 있으리라
④ 하늘에 계신 너희 아버지께서 너희 허물을 사하여 주시리라

095 예수께서 베드로를 향하여 "시몬아 자느냐 네가 한 시간도 깨어 있을 수 없더냐 시험에 들지 않게 깨어 있어 기도하라 마음에는 원이로되 육신이 약하도다"라고 언제 꾸짖으셨나?
① 겟세마네에서 기도하실 때
② 열 처녀 비유를 말씀하실 때
③ 베드로가 세 번 부인했을 때

086_① 087_② 088_③ 089_④ 090_① 091_② 092_③ 093_③ 094_④ 095_①

④ 예수께서 산에서 영광스런 모습으로 나타나실 때

096 예수께서 십자가에 못 박히실 때 지나가는 자들, 대제사장들, 서기관들이 예수를 향하여 한 말이 아닌 것은?
① 네가 너를 구원하여 십자가에서 내려오라
② 그가 남은 구원하였으되 자기는 구원할 수 없도다
③ 성전을 헐고 사흘에 짓는다는 자여 이는 자칭 유대인의 왕이니라
④ 이스라엘의 왕 그리스도가 지금 십자가에서 내려와 우리가 보고 믿게 할지어다

097 "가서 그의 제자들과 베드로에게 이르기를 예수께서 너희보다 먼저 ( )로/으로 가시나니 전에 너희에게 말씀하신대로 너희가 거기서 뵈오리라 하라 하는지라"는 마가복음 16장 7절의 말씀에서 괄호 안에 들어가야 할 낱말은?
① 가버나움 ② 예루살렘
③ 갈릴리 ④ 나사렛

098 "이르시되 이것은 많은 사람을 위하여 흘리는 나의 피 곧 ( )의 피니라"라는 마가복음 14장 24절의 말씀에서 괄호 안에 들어가야 할 낱말은?
① 희생 ② 언약
③ 죽음 ④ 하늘

099 "그러나 그 날과 그 때는 아무도 모르나니 하늘에 있는 ( )도, 아들도 모르고 아버지만 아시느니라"는 마가복음 13장 32절 말씀에서 괄호 안에 들어가야 할 낱말은?
① 예언자들 ② 천사들
③ 제사장들 ④ 제자들

100 마가복음 5장 7절에 따르면 더러운 귀신 들린 사람이 멀리서 예수를 보고 달려와 절하며 부르짖는 내용이 아닌 것은?
① 지극히 높으신 하나님의 아들 예수여
② 나와 무슨 상관이 있나이까
③ 나를 괴롭히지 마옵소서
④ 나에게 맹세하시오

101 "예수께서 이러한 많은 비유로 그들이 알아 들을 수 있는 대로 말씀을 가르치시되 ( )가 아니면 말씀하지 아니하시고 다만 혼자 계실 때에 그 제자들에게 모든 것을 해석하시더라"는 마가복음 4장 33-34절 말씀에서 괄호 안에 들어가야 할 낱말은?
① 때 ② 진리
③ 제자 ④ 비유

102 "누구든지 ( )의 뜻대로 행하는 자가 내 형제요 자매요 어머니이니라"는 말씀에서 괄호 안에 들어가야 할 낱말은?
① 나 ② 성령
③ 성경 ④ 하나님

103 "누구든지 ( )을/를 모독하는 자는 영원히 사하심을 얻지 못하고 영원한 죄가 되느니라 하시니"라는 마가복음 3장 29절 말씀에서 괄호 안에 들어가야 할 낱말은?
① 선지자 ② 사도
③ 말씀 ④ 성령

104 마가복음 1장 40-45절에 의하면 예수께서는 한 나병환자를 깨끗케 하신 뒤 그를 보내시면서 경고하신다. 다음 중 이에 해당하는 내용이 아닌 것은?
① 아무에게 아무 말도 하지 말라
② 가서 네 몸을 제사장에게 보이라
③ 모세가 명한 것을 드리라
④ 곧장 집으로 가라

105 "다 놀라 서로 물어 이르되 이는 어찜이냐 권위 있는 ( ) 교훈이로다 더러운 귀신들에게 명한즉 순종하는도다 하더라"는 마가복음 1장 27절 말씀에서 괄호 안에 들어가야 할 낱말은?
① 강력한 ② 참
③ 새 ④ 감당할 만한

106 "광야에서 사십 일을 계시면서 사탄에게 시험을 받으시며 ( )과 함께 계시니 천사들이 수종

096_③ 097_③ 098_② 099_② 100_④ 101_④ 102_④ 103_④ 104_④ 105_③ 106_③

들더라"는 마가복음 1장 13절의 말씀에서 괄호 안에 들어가야 할 낱말은?

① 제자들 ② 세례요한
③ 들짐승 ④ 주민들

107 마가복음 9장 47-48절에는 지옥에 대한 묘사가 나온다. 다음 중 이에 해당하는 것이 아닌 것은?

① 거기서는 구더기도 죽지 않는다
② 거기서는 불도 꺼지지 않는다
③ 사람마다 불로써 소금치듯 함을 받는다
④ 소금을 두고 서로 화목하게 된다

108 마가복음 12장 1-12절의 포도원 농부의 비유에서 포도원 주인은 농부들에게 최후로 누구를 보내는가?

① 사랑하는 제자 ② 사랑하는 종
③ 사랑하는 아내 ④ 사랑하는 아들

109 "너희 중에 누구든지 으뜸이 되고자 하는 자는 모든 사람의 ( )이/가 되어야 하리라"는 마가복음 10장 44절의 말씀에서 괄호 안에 들어가야 할 낱말은?

① 주인 ② 모범
③ 종 ④ 친구

110 "그러므로 내가 너희에게 말하노니 무엇이든지 ( )하고 구하는 것은 받은 줄로 믿으라 그리하면 너희에게 그대로 되리라"는 마가복음 11장 24절 말씀에서 괄호 안에 들어가야 할 낱말은?

① 결심 ② 용서
③ 기도 ④ 작정

111 마가복음 1장에 의하면, 가버나움 회당에 있던 더러운 귀신 들린 자가 예수께 소리를 지른다. 다음 중 이 때 사용한 호칭은?

① 주 예수여 ② 다윗의 자손 예수여
③ 나사렛 예수여 ④ 선생님이여

112 마가복음 11장에 의하면, 예수께서 예루살렘 가까이 와서 감람산 벳바게와 베다니에 이르렀을 때에 제자들에게 매여 있는 아무도 타지 않은 나귀 새끼를 보면 풀어오라고 명하신다. 이 일을 위해 몇 명의 제자를 보내시는가?

① 두 명 ② 세 명
③ 네 명 ④ 다섯 명

113 마가복음 15장 40절에 따르면, 다음 중 예수께서 숨지는 순간을 지켜본 사람이 아닌 사람은 누구인가?

① 막달라 마리아
② 작은 야고보와 요세의 어머니 마리아
③ 마르다
④ 살로메

114 다음 중 예수께서 수로보니게 여인의 딸에게서 귀신을 쫓아내신 지방의 이름은 무엇인가?

① 두로 ② 시돈
③ 욥바 ④ 가자

115 마가복음에서 "사람이 죽은 자 가운데서 살아날 때에는 장가도 아니 가고 시집도 아니 가고 하늘에 있는 천사들과 같으니라"는 말씀이 나오는 장은?

① 8장 ② 10장
③ 12장 ④ 14장

116 마가복음의 치유 사건들 중에 바리새인 또는 서기관과의 논쟁이나 갈등이 없었던 사건은?

① 중풍병자 치유
② 안식일 손 마른 사람 치유
③ 벙어리 귀신 들린 아들 치유
④ 수로보니게 여인의 딸 치유

117 "이 일이 ( )에 일어나지 않도록 기도하라"는 마가복음의 말씀에서 괄호 안에 들어가는 말은?

① 봄 ② 여름
③ 가을 ④ 겨울

118 다음 중 마가복음 12장에 언급된 내용으로 예수와 그 적대자 사이에 일어난 논쟁주제가 아닌 것은?

107_④ 108_④ 109_③ 110_③ 111_③ 112_① 113_③ 114_① 115_③ 116_④ 117_④ 118_②

① 부활
② 안식일에 밀 이삭을 자르는 것
③ 가이사에게 세금을 바치는 것
④ 가장 큰 계명

119 마가복음 13장 9절에는 '너희'라고 불린 사람들에게 닥칠 핍박에 대해 서술하고 있다. 이 서술에 해당되는 내용이 아닌 것은?
① 사람들이 너희를 공회에 넘겨준다
② 너희를 회당에서 매질한다
③ 너희가 권력자들과 임금들 앞에 선다
④ 너희가 옥에 갇힌다

120 마가복음 2장 7절에 의하면 예수께서 중풍병자의 죄가 사함을 받았다고 말씀하셨을 때 그렇게 말하는 것은 신성모독이라고 생각한 사람들은?
① 바리새인들 ② 서기관들
③ 사두개인들 ④ 제사장들

121 마가복음 13장에서 성전이 무너뜨려질 재난의 징조로 무엇이 제일 먼저 언급되나?
① 미혹 ② 전쟁
③ 지진 ④ 기근

122 마가복음 6장에 의하면 예수께서는 오병이어 사건 뒤에 제자들을 재촉하여 호수 건너편 어떤 곳으로 가게 하시는가?
① 가버나움 ② 거라사
③ 벳새다 ④ 가이사랴

123 마가복음에서 예수께서 야이로의 죽은 딸을 살리실 때 하신 말씀은?
① 사박다니 ② 고르반
③ 달리다굼 ④ 에바다

124 "많은 사람이 모여서 문 앞까지도 들어설 자리가 없게 되었는데 예수께서 그들에게 ( )을/를 말씀하시더니 …"라는 마가복음 2장 2절의 말씀에서 괄호 안에 들어가야 할 단어는?
① 선 ② 사랑
③ 생명 ④ 도

125 마가복음 15장 25절에 따르면 군인들이 예수님을 십자가에 못박은 시각은 유대인의 시간으로 언제인가?
① 제 3시 ② 제 6시
③ 제 9시 ④ 제 12시

126 "소금은 좋은 것이로되 만일 소금이 그 맛을 잃으면 무엇으로 이를 짜게 하리요 ( ) 속에 소금을 두고 서로 화목하라 하시니라"라는 마가복음 9장 50절의 말씀에서 괄호 안에 들어가야 할 단어는?
① 마음 ② 부엌
③ 너희 ④ 가정

127 마가복음 5장 21-43절을 보면 예수께서 야이로의 딸을 고치는 사건의 중간에 다른 사람의 사건이 끼어있다. 그 사람의 병은?
① 혈루증 ② 시각장애
③ 나병 ④ 중풍병

128 "땅이 스스로 열매를 맺되 처음에는 싹이요 다음에는 이삭이요 그 다음에는 이삭에 충실한 곡식이라"는 언급이 나오는 복음서는?
① 마태복음 ② 마가복음
③ 누가복음 ④ 요한복음

129 마가복음 8장 11-13절에 의하면 예수께서는 바리새인들에게 표적을 주는 것을 거부한다. 이 때 바리새인들이 보인 태도가 아닌 것은?
① 예수를 힐난함
② 예수를 시험함
③ 예수에게 하늘로부터 오는 표적을 구함
④ 예수를 보고 탄식함

130 다음 중 '복음'이란 용어는 어느 복음에서 가장 많이 나오는가?
① 마태복음 ② 마가복음
③ 누가복음 ④ 요한복음

131 마가복음 12:13-17에서 가이사에게 납세하는 문제로 예수의 말씀을 책잡으려 사람을 보낸 자들은 누구인가?

119_④ 120_② 121_① 122_③ 123_③ 124_④ 125_① 126_③ 127_① 128_② 129_④ 130_② 131_②

① 사두개인　② 바리새인과 헤롯당
③ 열심당과 장로들　④ 헤롯당과 세리들

132 "인자가 온 것은 섬김을 받으려 함이 아니라 도리어 섬기려 하고 자기 목숨을 많은 사람의 ( )로/으로 주려 함이니라"는 말씀에서 괄호 안에 들어갈 말은?
① 대속물　② 희생양
③ 화목제물　④ 생명

133 "주 예수께서 말씀을 마치신 후에 하늘로 올려지사 하나님 우편에 앉으시니라"는 말씀은 어느 복음에 나오는가?
① 마태복음　② 마가복음
③ 누가복음　④ 요한복음

134 "모든 계명 중에 첫째가 무엇이니이까"라는 질문과 이에 대한 답은 마가복음 몇 장 몇 절에 나오는가?
① 12:28-32　② 13:28-32
③ 14:28-32　④ 15:28-32

135 '달리다굼'이란 말은 마가복음 어디에서 나오는가?
① 10장 43절　② 12장 25절
③ 5장 41절　④ 7장 34절

136 마가복음에서 예수께서 하나님의 나라에 관한 여러 비유들을 말씀하시고 설명하시는 장은?
① 2장　② 4장
③ 10장　④ 16장

137 마가복음에서 예수께서 중풍병자를 고치신 사건 직전에 나오는 사건은?
① 베드로의 장모를 고치심
② 나병환자를 고치심
③ 귀신들린 자를 고치심
④ 한 편 손 마른 자를 고치심

138 '하나님의 계명과 사람의 전통'을 다루는 마가복음의 장은?
① 6장　② 7장
③ 8장　④ 9장

139 마가복음에서 "사람이 만약 온 천하를 얻고도 자기 목숨을 잃으면 무엇이 유익하리요"라는 말씀이 나오는 곳은?
① 8장 36절　② 6장 56절
③ 10장 12절　④ 12장 7절

140 마가복음 9장이 가르치는 교훈이 아닌 것은?
① 겸손　② 형제 용서
③ 관용　④ 작은 자 실족 금지

141 마가복음 9장 24절에 나오는 말씀은?
① 이는 내 사랑하는 아들이니 너희는 그의 말을 들으라
② 내가 믿나이다 나의 믿음 없는 것을 도와주소서
③ 인자가 사람들의 손에 넘겨져 죽임을 당하고
④ 누구든지 첫째가 되고자 하면 뭇 사람의 끝이 되며

142 예수 그리스도의 부활 이후 "여자들이 몹시 놀라 떨며 나와 무덤에서 도망하고 무서워하여 아무에게 아무 말도 하지 못하더라"는 말씀은 마가복음 어디에 나오는가?
① 16장 20절　② 15장 47절
③ 16장 8절　④ 16장 11절

143 마가복음에서 예수의 두 번째 고난 예고가 등장하는 장은?
① 8장　② 9장
③ 10장　④ 11장

144 예수께서 "엘리 엘리 라마 사박다니"를 외치신 시간은?
① 제 삼시　② 제 오시
③ 제 육시　④ 제 구시

145 마가복음은 모두 몇 장인가?
① 14장　② 15장
③ 16장　④ 18장

132_①　133_②　134_①　135_③　136_②　137_②　138_②　139_①　140_②　141_②　142_③　143_②　144_④　145_③

146 마가복음 15장에 의하면 대제사장들과 장로들과 서기관들이 예수를 빌라도에게 넘겨주기로 결정한 것은 하루 중 언제인가?
① 새벽 ② 정오
③ 자정 ④ 저녁

147 억지로 예수님의 십자가를 지게 된 알렉산더와 루포의 아버지 시몬은 어디 사람인가?
① 구브로 ② 그레데
③ 그리스 ④ 구레네

148 마가복음 7:11에서 풀이하는 '고르반'의 의미는 무엇인가?
① 하나님께 드림이 되었다
② 제사장에게 드림이 되었다
③ 서기관에게 드림이 되었다
④ 바리새인에게 드림이 되었다

149 다음 중 마가복음 10장에 나오는 교훈이 아닌 것은?
① 이혼에 대한 교훈
② 어린 아이 용납에 대한 교훈
③ 납세에 대한 교훈
④ 영생과 재물에 대한 교훈

150 마가복음에서 예수의 제자 중에 '가나나인'으로 불린 사람은 누구인가?
① 빌립 ② 바돌로매
③ 다대오 ④ 시몬

151 마가복음 13장 24-27절에 기록된 멸망의 가증한 것이 서지 못할 곳에 서는 것을 볼 때 일어날 일이 아닌 것은?
① 환난 후에 해가 어두워 짐
② 달이 빛을 내지 아니함
③ 별들이 하늘에서 떨어짐
④ 땅에 있는 권능들이 흔들림

152 "오늘 이 밤 닭이 ( ) 번 울기 전에 네가 ( ) 번 나를 부인하리라"는 마가복음 14장의 말씀에서 괄호 안에 차례대로 맞는 숫자는?
① 두, 세 ② 세, 세
③ 두, 두 ④ 세, 두

153 마가복음 3장 14-15절에는 예수께서 제자들을 선택하신 목적이 기록되어 있는데, 다음 중 그 목적에 해당되지 않는 것은 무엇인가?
① 자기와 함께 있게 하시려고
② 보내사 전도하게 하시려고
③ 귀신을 내쫓는 권능을 가지게 하시려고
④ 자신을 보호하게 하시려고

154 더러운 귀신들이 나와서 이천 마리 되는 돼지에게로 들어가 바다에서 몰사하는 것으로 보도하는 복음서는?
① 마태복음 ② 마가복음
③ 누가복음 ④ 요한복음

155 마가복음에서 제일 먼저 나오는 이적은?
① 중풍병자를 고치심
② 가버나움 회당의 귀신들린 자를 고치심
③ 베드로의 장모를 고치심
④ 나병환자를 고치심

156 "예수께서 그 사람을 따로 데리고 무리를 떠나사 손가락을 그의 양 귀에 넣고 침을 뱉어 그의 혀에 손을 대시며"라는 구절은 어느 복음서에 나오는가?
① 마태복음 ② 마가복음
③ 누가복음 ④ 요한복음

157 마가복음에서 예수께 "네가 유대인의 왕이냐"고 물은 사람은?
① 가야바 ② 베스도
③ 빌라도 ④ 벨릭스

158 "제자들이 나가 두루 전파할 새 주께서 함께 역사하사 그 따르는 표적으로 말씀을 확실히 증언하시니라"는 어떤 복음서의 마지막 절인가?
① 마태복음 ② 마가복음
③ 누가복음 ④ 요한복음

159 자신에게서 일곱 귀신이 나간 후 귀신을 쫓아

146_① 147_④ 148_① 149_③ 150_④ 151_④ 152_① 153_④ 154_② 155_② 156_② 157_③ 158_② 159_④

낸 예수를 따랐던 여인의 이름은?
① 한나 ② 수산나
③ 요안나 ④ 막달라 마리아

【주관식】

160 "이 사람이 마리아의 아들 목수가 아니냐 야고보와 ( )과 유다와 시몬의 형제가 아니냐 그 누이들이 우리와 함께 여기 있지 아니하냐 하고 예수를 배척한지라"는 말씀에서 괄호 안에 들어가는 말은?

161 마가복음에서 다음에 각각 단어는 무엇인가?
"이들은 예수께서 ( )에 계실 때에 따르며 섬기던 자들이요 또 이 외에 예수와 함께 ( )에 올라온 여자들도 많이 있었더라"(막 15:41)

162 "큰 소리로 부르짖어 이르되 지극히 높으신 ( ) 예수여 나와 당신이 무슨 상관이 있나이까 원하건대 하나님 앞에 맹세하고 나를 괴롭히지 마옵소서 하니"에서 괄호 안에 들어갈 말은?

163 "제자들이 나가 두루 전파할새 주께서 함께 역사하사 그 따르는 표적으로 말씀을 확실히 ( ) 하시니라"는 말씀에서 괄호 안에 들어가야 할 단어는?

164 다음은 마가복음 10장 41절의 말씀이다. 괄호 안에 들어갈 낱말은?
"누구든지 너희가 그리스도에게 속한 자라 하여 물 한 그릇이라도 주면 내가 진실로 너희에게 이르노니 그가 결코 ( )을 잃지 않으리라"

165 마가복음은 총 몇 장인가?

166 마가복음에서 다음에 들어갈 단어는 무엇인가?
"( )가/이 이르되 놀라지 말라 너희가 십자가에 못 박히신 나사렛 예수를 찾는구나 그가 살아나셨고 여기 계시지 아니하니라 보라 그를 두었던 곳이니라"(막 16:6)

167 마가복음에서 야이로의 딸이 죽게 되어 고쳐주러 가실 때 그 중간에 예수로부터 고침을 받은 사람은?

168 "또 산에 오르사 자기가 원하는 자들을 부르시니 나아온지라 이에 열둘을 세우셨으니 이는 자기와 함께 있게 하시고 또 보내사 ( )도 하며 귀신을 내쫓는 권능도 가지게 하려 하심이러라"는 말씀에서 괄호 안에 들어가야 할 단어는?

169 다음은 마가복음 8장 35절의 말씀이다. 괄호 안에 들어갈 낱말은?
"누구든지 자기 목숨을 구원하고자 하면 잃을 것이요 누구든지 나와 ( )을 위하여 자기 목숨을 잃으면 구원하리라"

170 빌라도의 선고로 예수의 십자가형을 집행한 로마군 책임자의 지위는?

171 "사람들이 예수께서 만져 주심을 바라고 ( )들을 데리고 오매 제자들이 꾸짖거늘 예수께서 보시고 노하시어 이르시되 ( )들이 내게 오는 것을 용납하고 금하지 말라 하나님의 나라가 이런 자의 것이니라 내가 진실로 너희에게 이르노니 누구든지 하나님의 나라를 ( )와 같이 받들지 않는 자는 결단코 그 곳에 들어가지 못하리라 하시고 그 ( )들을 안고 그들 위에 안수하시고 축복하시니라"는 말씀에서 괄호에 공통적으로 들어가는 말은?

172 마가복음에서 다음에 들어갈 공통적인 단어는 무엇인가?
"막달라 ( )과/와 요세의 어머니 ( )이/가 예수 둔 곳을 보더라"(막 15:47)

173 마가복음에서 다음에 들어갈 단어는 무엇인가?
"대제사장들과 온 ( )이/가 예수를 죽이려고 그를 칠 증거를 찾되 얻지 못하니"(막 14:55)

160_요셉 161_갈릴리, 예루살렘 162_하나님의 아들 163_증언 164_상 165_16장 166_청년
167_혈루증을 앓던 여자 168_전도 169_복음 170_백부장 171_어린 아이 172_마리아 173_공회

174 "군인들이 예수를 끌고 ( )이라는 뜰 안으로 들어가서 온 군대를 모으고 예수에게 자색 옷을 입히고 가시관을 엮어 씌우고 경례하여 이르되 유대인의 왕이여 평안할지어다 하고"에서 괄호 안에 들어갈 말은?

175 "이제 한 사람이 남았으니 곧 그가 ( )이라 최후로 이를 보내며 이르되 내 아들은 존대하리라 하였더니"에서 괄호 안에 들어갈 말은?
사랑하는 아들

176 "( )이 곧 예수를 광야로 몰아내신지라 광야에서 사십 일을 계시면서 사탄에게 시험을 받으시며 들짐승과 함께 계시니 천사들이 수종들더라"는 말씀에서 괄호 안에 들어가야 할 단어는?

177 "우리가 다른 가까운 마을들로 가자 거기서도 전도하리니 내가 이를 위하여 왔노라 하시고 이에 온 갈릴리에 다니시며 그들의 여러 ( )에서 전도하시고 또 귀신들을 내쫓으시더라"는 말씀에서 괄호 안에 들어가야 할 단어는?

178 다음은 마가복음 14장 38절의 말씀이다. 괄호 안에 들어갈 낱말은?
"시험에 들지 않게 깨어 있어 기도하라 ( )에는 원이로되 육신이 약하도다"

179 다음은 마가복음 13장 26절의 말씀이다. 괄호 안에 들어갈 낱말은?
"그 때에 ( )가 구름을 타고 큰 권능과 영광으로 오는 것을 사람들이 보리라"

180 "거지 바디매오가 길 가에 앉았다가 나사렛 예수시란 말을 듣고 소리 질러 이르되 ( ) 예수여 나를 불쌍히 여기소서 하거늘"에서 괄호 안에 들어갈 말은?

181 마가복음에서 다음에 들어갈 단어는 무엇인가?
"주 예수께서 말씀을 마치신 후에 하늘로 올려지사 하나님 ( )에 앉으시니라"(막 16:19)

182 "누구든지 하나님의 ( )대로 행하는 자가 내 형제요 자매요 어머니이니라"는 말씀에서 괄호 안에 들어갈 단어는?

183 예수께서 "아이의 손을 잡고 이르시되 ( ) 하시니 번역하면 곧 내가 네게 말하노니 소녀야 일어나라 하심이라"는 말씀에서 괄호 안에 들어가야 할 단어는?

184 다음은 마가복음 8장 33절의 말씀이다. 괄호 안에 들어갈 낱말은?
"예수께서 돌이키사 제자들을 보시며 베드로를 꾸짖어 이르시되 ( )아 내 뒤로 물러가라 네가 하나님의 일을 생각하지 아니하고 도리어 사람의 일을 생각하는도다 하시고"

185 '아빠 아버지여'란 어구가 나오는 복음서는?

186 "누구든지 하나님의 뜻대로 행하는 자가 내 ( )요 ( )요 ( )이니라"는 말씀에서 괄호 안에 차례로 들어가는 말은?

187 "예수께서 불러다가 이르시되 이방인의 집권자들이 그들을 ( ) 주관하고 그 고관들이 그들에게 권세를 부리는 줄을 너희가 알거니와"라는 마가복음 10장 42절의 말씀에서 괄호 안에 들어가야 할 단어는 무엇인가?

188 "이르시되 이것은 많은 사람을 위하여 흘리는 나의 피 곧 ( )의 피니라"는 말씀에서 괄호 안에 들어가야 할 단어는?

189 예수께서 알패오의 아들 레위가 세관에 앉아 있는 것을 보시고 그에게 하신 말씀은 무엇인가?

174_브라이도리온 175_사랑하는 아들 176_성령 177_회당 178_마음 179_인자 180_다윗의 자손 181_우편 182_뜻 183_달리다굼 184_사탄 185_마가복음 186_형제, 자매, 어머니 187_임의로 188_언약 189_나를 따르라

누가복음

001 "그 모든 일을 근원부터 자세히 미루어 살핀 나도 데오빌로 각하에게 차례대로 써 보내는 것이 좋은 줄 알았노니 이는 각하가 알고 있는 바를 더 확실하게 하려 함이로라"고 복음서의 저작 목적을 밝히는 복음서는?
① 마태복음 ② 마가복음
③ 누가복음 ④ 요한복음

002 다음 중 누가복음 1장에 기록된 내용이 아닌 것은?
① 세례요한의 탄생 예고
② 세례요한의 탄생
③ 예수의 탄생 예고
④ 예수의 탄생

003 "천사가 이르되 무서워하지 말라 보라 내가 온 백성에게 미칠 큰 기쁨의 좋은 소식을 너희에게 전하노라"라는 말씀은 누가복음 몇 장에 나오는가?
① 1장 ② 2장
③ 3장 ④ 4장

004 "디베료 황제가 통치한 지 ( ) 해 곧 본디오 빌라도가 유대의 총독으로, 헤롯이 갈릴리의 분봉 왕으로, 그 동생 빌립이 이두래와 드라고닛 지방의 분봉 왕으로, 루사니아가 아빌레네의 분봉 왕으로, 안나스와 가야바가 대제사장으로 있을 때에 하나님의 말씀이 빈 들에서 사가랴의 아들 요한에게 임한지라"라는 말씀에서 괄호 안에 들어갈 숫자는?
① 열두 ② 열네
③ 열다섯 ④ 열여섯

005 "디베료 황제가 통치한 지 열다섯 해 곧 본디오 빌라도가 유대의 총독으로, 헤롯이 갈릴리의 분봉 왕으로, 그 동생 빌립이 이두래와 드라고닛 지방의 분봉 왕으로, 루사니아가 아빌레네의 분봉 왕으로, 안나스와 ( )이/가 대제사장으로 있을 때에 하나님의 말씀이 빈 들에서 사가랴의 아들 요한에게 임한지라"라는 말씀에서 괄호 안에 들어갈 이름은?
① 아비아달 ② 가야바
③ 아비멜렉 ④ 아비야

006 "예수께서 가르치심을 시작하실 때에 삼십 세쯤 되시니라"고 언급하는 복음서는?
① 마태복음 ② 마가복음
③ 누가복음 ④ 요한복음

007 광야에서 예수를 시험했던 사탄(마귀)이 예수를 배신하는 가룟 유다에게 들어갔다고 언급하는 복음서는?
① 마태복음 ② 마가복음
③ 누가복음 ④ 요한복음

008 "너희 아버지의 자비로우심 같이 너희도 자비로운 자가 되라"는 말씀이 나오는 복음서는?
① 마태복음 ② 마가복음
③ 누가복음 ④ 요한복음

009 '주기도'는 누가복음 몇 장에 나오는가?
① 4장 ② 6장
③ 9장 ④ 11장

010 예수께서 빌라도에게 심문받으신 후 헤롯 왕 앞에서도 심문받으심을 언급하는 복음서는?
① 마태복음
② 마가복음
③ 누가복음
④ 마태복음과 누가복음

011 "실로암에서 망대가 무너져 치어 죽은 열여덟

001_③ 002_④ 003_② 004_③ 005_② 006_③ 007_③ 008_③ 009_④ 010_③ 011_③

사람이 예루살렘에 거한 다른 모든 사람보다 죄가 더 있는 줄 아느냐 너희에게 이르노니 아니라 너희도 만일 회개하지 아니하면 다 이와 같이 망하리라"라는 말씀이 나오는 복음서는?
① 마태복음 ② 마가복음
③ 누가복음 ④ 요한복음

012 "너희 중의 누가 망대를 세우고자 할진대 자기의 가진 것이 준공하기까지에 족할는지 먼저 앉아 그 비용을 계산하지 아니하겠느냐"라는 말씀이 나오는 복음서는?
① 마태복음 ② 마가복음
③ 누가복음 ④ 요한복음

013 누가복음 8장에서 예수께서 혈루병 걸린 여인에게 하신 말씀이 아닌 것은?
① 내게 손을 댄 자가 누구냐
② 내게 손을 댄 자가 있도다
③ 두려워하지 말고 믿기만 하라 구원을 얻으리라
④ 딸아 네 믿음이 너를 구원하였으니 평안히 가라

014 누가복음 7장에서 예수를 찾아온 요한의 제자들이 "오실 그이가 당신이오니이까 우리가 다른 이를 기다리오리이까"라고 질문하였을 때 예수께서 하신 대답이 아닌 것은?
① 맹인이 보며 못 걷는 사람이 걷는다
② 나병환자가 깨끗함을 받으며 귀먹은 사람이 듣는다
③ 포로 된 자에게 자유를, 눈 먼 자에게 다시 보게 함을 전파하며 눌린 자를 자유롭게 한다
④ 죽은 자가 살아나며 가난한 자에게 복음이 전파된다

015 누가복음에서 다음에 들어갈 말은 무엇인가?
"마귀가 이르되 네가 만일 ( )이어든 이 돌들에게 명하여 떡이 되게 하라"(눅 4:3)
① 하나님의 인자 ② 하나님의 독생자
③ 하나님의 사자 ④ 하나님의 아들

016 누가복음에서 다음에 들어갈 단어는 무엇인가?
"마리아가 이르되 주의 ( )이오니 말씀대로 내게 이루어지이다 하매 천사가 떠나가니라"(눅 1:38)
① 계집종 ② 딸
③ 종 ④ 여종

017 누가복음에서 다음에 들어갈 단어는 무엇인가?
"안나스와 가야바가 대제사장으로 있을 때에 하나님의 ( )이 빈 들에서 사가랴의 아들 요한에게 임한지라"(눅 3:2)
① 사랑 ② 말씀
③ 뜻 ④ 영광

018 누가복음에서 다음에 들어갈 단어는 무엇인가?
"처음부터 목격자와 말씀의 일꾼 된 자들이 전하여 준 그대로 ( )을 저술하려고 붓을 든 사람이 많은지라"(눅 1:2)
① 내력 ② 사실
③ 복음 ④ 사역

019 누가복음에서 다음에 들어갈 단어는 무엇인가?
"요한이 모든 사람에게 대답하여 이르되 나는 물로 너희에게 세례를 베풀거니와 나보다 능력이 많으신 ( )가 오시나니 나는 그의 신발끈을 풀기도 감당하지 못하겠노라 그는 성령과 불로 너희에게 세례를 베푸실 것이요"(눅 3:16)
① 사자 ② 이
③ 메시아 ④ 인자

020 다음 중 "늘 성전에서 하나님을 찬송하니라"로 마감하는 복음서는?
① 마태복음 ② 마가복음
③ 누가복음 ④ 요한복음

021 누가복음에서 다음에 들어갈 공통인 단어는 무엇인가?
"너는 네 눈 속에 있는 ( )를 보지 못하면서 어찌하여 형제에게 말하기를 형제여 나로 네 눈 속에 있는 티를 빼게 하라 할 수 있느냐 외식하는 자여 먼저 네 눈 속에서 ( )를 빼라 그 후에야 네가 밝히 보고 형제의 눈 속에 있는 티

012_③ 013_③ 014_③ 015_④ 016_④ 017_② 018_① 019_② 020_③ 021_④

를 빼리라"(눅 6:23)

① 가시 ② 죄
③ 색기 ④ 들보

022 누가복음에서 다음에 들어갈 단어는 무엇인가?
"너희는 나를 불러 주여 주여 하면서도 어찌하여 내가 말하는 것을 ( )하지 아니하느냐"(눅 6:46)

① 전 ② 행
③ 기억 ④ 명

023 누가복음에서 다음에 들어갈 공통인 단어는 무엇인가?
"성문에 가까이 이르실 때에 사람들이 한 죽은 자를 메고 나오니 이는 한 어머니의 독자요 그의 어머니는 ( )라 그 성의 많은 사람도 그와 함께 나오거늘 주께서 ( )를 보시고 불쌍히 여기사 울지 말라 하시고"(눅 7:12-13)

① 미천한 자 ② 불쌍한 자
③ 과부 ④ 청상과부

024 누가복음 5장 21절에서 "이 신성 모독 하는 자가 누구냐 오직 하나님 외에 누가 능히 죄를 사하겠느냐"라고 예수를 힐난한 사람은 누구인가?

① 서기관
② 서기관과 바리새인들
③ 바리새인
④ 사두개인

025 누가복음 1장 3절, "그 모든 일을 근원부터 ( ) 미루어 살핀 나도 데오빌로 각하에게 차례대로 써 보내는 것이 좋은 줄 알았노니"에서 괄호 안에 들어갈 낱말은?

① 신실하게 ② 자세히
③ 열심히 ④ 순서대로

026 "이스라엘 자손을 주 곧 그들의 하나님께로 많이 돌아오게 하겠음이라"라는 묘사와 관련된 인물은?

① 예수 그리스도 ② 사도 바울
③ 야고보 ④ 세례 요한

027 다음 중 엘리야의 심령과 능력으로 "아버지의 마음을 자식에게, 거스르는 자를 의인의 슬기에 돌아오게"하는 것은 누구의 사역에 해당하는 묘사인가?

① 예수 그리스도 ② 스데반
③ 사도 바울 ④ 세례 요한

028 "이 두 사람이 하나님 앞에 의인이니 주의 모든 계명과 규례대로 흠이 없이 행하더라"라는 묘사는 누구에게 해당하는 것인가?

① 브리스길라와 아굴라
② 요셉과 마리아
③ 사가랴와 엘리사벳
④ 빌레몬과 압비아

029 "보라 이는 이스라엘 중 많은 사람을 패하거나 흥하게 하며 비방을 받는 표적이 되기 위하여 세움을 받았고 또 칼이 네 마음을 찌르듯 하리니 이는 여러 사람의 마음의 생각을 드러내려 함이니라"라는 말씀은 누가 누구에게 한 말인가?

① 시므온 - 마리아
② 안나 - 마리아
③ 시므온 - 엘리사벳
④ 안나 - 엘리사벳

030 "마침 이 때에 나아와서 하나님께 감사하고 예루살렘의 ( )을/를 바라는 모든 사람에게 그에 대하여 말하니라"라는 말씀에서 괄호 안에 들어갈 낱말은?

① 구원 ② 속량
③ 속죄 ④ 용서

031 "우리는 이 사람이 이스라엘을 ( )할 자라고 바랐노라"라는 말에서 괄호 안에 들어갈 낱말은?

① 구원 ② 속량
③ 속죄 ④ 용서

032 "그러나 이제부터는 ( )가 ( )의 권능의 우편

022_② 023_③ 024_② 025_② 026_④ 027_④ 028_③ 029_① 030_② 031_② 032_④

에 앉아 있으리라 하시니 다 이르되 그러면 네가 하나님의 ( )이냐 대답하시되 너희들이 내가 그라고 말하고 있느니라"라는 말씀에서 괄호 안에 들어갈 낱말이 아닌 것은?

① 인자 ② 아들
③ 하나님 ④ 그리스도

033 "하나님의 나라는 너희 안에 있느니라"라는 말씀이 나오는 복음서는?

① 마태복음 ② 마가복음
③ 누가복음 ④ 요한복음

034 옳지 않은 청지기 비유에서 예수가 하신 말씀이 아닌 것은?

① 이 세대의 아들들이 자기 시대에 있어서는 빛의 아들들보다 더 지혜로움이니라
② 불의의 재물로 구제하라 그리하면 그 재물이 없어질 때에 그들이 너희를 영주할 처소로 영접하리라
③ 너희가 만일 남의 것에 충성하지 아니하면 누가 너희의 것을 너희에게 주겠느냐
④ 너희는 하나님과 재물을 겸하여 섬길 수 없느니라

035 다음 중 예수께서 안식일에 한 회당에서 열여덟 해 동안이나 귀신 들려 앓으며 꼬부라져 조금도 펴지 못하는 한 여자를 고치신 사건을 묘사한 구절이 아닌 것은?

① 여자여 네가 네 병에서 놓였다 하시고 안수하시니 여자가 곧 나았다
② 회당장이 예수께서 안식일에 병 고치시는 것을 분 내어 무리에게 이르되 일할 날이 엿새가 있으니 그 동안에 와서 고침을 받을 것이요 안식일에는 하지 말 것이니라
③ 열여덟 해 동안 사탄에게 매인 바 된 이 아브라함의 딸을 안식일에 이 매임에서 푸는 것이 합당하지 아니하냐고 말씀하셨다
④ 내 아버지께서 일하시니 나도 일한다고 말씀하셨다

036 "너희 소유를 팔아 구제하여 낡아지지 아니하는 배낭을 만들라 곧 하늘에 둔 바 다함이 없는 보물이니 거기는 도둑도 가까이하는 일이 없고 좀도 먹는 일이 없느니라"라는 말씀이 기록된 복음서는?

① 마태복음 ② 마가복음
③ 누가복음 ④ 요한복음

037 "예루살렘에 시므온이라 하는 사람이 있으니 이 사람은 의롭고 경건하여 이스라엘의 ( )을/를 기다리는 자라 성령이 그 위에 계시더라"라는 말씀에서 괄호 안에 들어갈 단어는?

① 회복 ② 위로
③ 회개 ④ 구원

038 "내 눈이 주의 구원을 보았사오니 이는 만민 앞에 예비하신 것이요 이방을 비추는 빛이요 주의 백성 이스라엘의 영광이니이다"라는 찬양을 한 사람은?

① 시므온 ② 마리아
③ 요셉 ④ 안나

039 아기 예수를 성전에서 본 '아셀 지파 바누엘의 딸 안나'라 하는 선지자에 대한 설명이 아닌 것은?

① 성전을 떠나지 아니하였다
② 나이가 매우 많았다
③ 주야로 금식하며 기도함으로 섬겼다
④ 성전 안에서 환상을 보고 말을 못하였다

040 하나님의 말씀이 빈 들에서 사가랴의 아들 요한에게 언제 임하였나?

① 안나스와 사가랴가 대제사장으로 있을 때
② 디베료 황제가 통치한 지 열다섯 해에
③ 헤롯이 이두래와 드라고닛 지방의 분봉 왕으로 있을 때
④ 빌립이 유대의 총독으로 있을 때

041 예수께서 "주 너의 하나님께 경배하고 다만 그를 섬기라"라는 말씀을 언제 하셨나?

① 갈릴리 여러 회당에서 가르치실 때
② 나사렛에서 배척을 받으실 때
③ 광야에서 시험 받으실 때
④ 더러운 귀신들린 사람을 고치실 때

033_③ 034_② 035_④ 036_③ 037_② 038_① 039_④ 040_② 041_③

042 많은 고기를 잡게 되기 전 시몬 베드로가 "선생님 우리들이 밤이 새도록 수고하였으되 잡은 것이 없지마는 ( )에 의지하여 내가 그물을 내리리이다"라고 한 말에서 괄호 안에 들어갈 단어는?
① 말씀 ② 권능
③ 표적 ④ 언약

043 "모든 사람이 너희를 칭찬하면 ( )가/이 있도다. 그들의 조상들이 거짓 선지자들에게 이와 같이 하였느니라"라는 말씀에서 괄호 안에 들어갈 단어는?
① 상 ② 복
③ 화 ④ 악

044 예수께서 예루살렘을 향하여 가시기 때문에 예수의 사자들을 받아들이지 않은 지역은?
① 갈릴리 ② 사마리아
③ 베다니 ④ 나사렛

045 예수께서 보내신 칠십 인이 돌아왔을 때 예수께서 하신 말씀이 아닌 것은?
① 왕들도 너희에게 항복하였다
② 사탄이 하늘로부터 번개 같이 떨어지는 것을 보았노라
③ 원수의 모든 능력을 제어할 권능을 주었으니 너희를 해칠 자가 결코 없으리라
④ 너희 이름이 하늘에 기록된 것으로 기뻐하라

046 좁은 문으로 들어가기를 힘쓰라고 예수께서 가르치실 때 "아브라함과 이삭과 야곱과 모든 선지자는 ( )에 있고 오직 너희는 밖에 쫓겨난 것을 볼 때에 거기서 슬피 울며 이를 갈리라"고 하신 말씀에서 괄호 안에 들어갈 말은?
① 하나님 나라 ② 하나님의 잔치
③ 낙원 ④ 거룩한 성 안

047 "죄인 한 사람이 회개하면 하나님의 사자들 앞에 기쁨이 되느니라"라는 말씀으로 끝나는 예수의 비유는?
① 잃은 양을 찾은 목자
② 용서할 줄 모르는 종
③ 잃은 드라크마를 찾은 여인
④ 큰 잔치

048 "( )의 때와 같으리니 사람들이 먹고 마시고 사고 팔고 심고 집을 짓더니 … 하늘로부터 불과 유황이 비오듯 하여 그들을 멸망시켰느니라 인자가 나타나는 날에도 이러하리라"라는 말씀에서 괄호 안에 들어갈 말은?
① 이스라엘 광야 ② 출애굽
③ 노아 ④ 롯

049 "내 손과 발을 보고 나인 줄 알라 또 나를 만져 보라 ( )은/는 살과 뼈가 없으되 너희 보는 바와 같이 나는 있느니라"라는 누가복음 24장 39절의 말씀에서 괄호 안에 들어가야 할 낱말은?
① 천사 ② 귀신
③ 하나님 ④ 영

050 "여기 계시지 않고 살아나셨느니라 ( )에 계실 때에 너희에게 어떻게 말씀하셨는지를 기억하라"라는 누가복음 24장 6절 말씀에서 괄호 안에 들어가야 할 낱말은?
① 나사렛 ② 예루살렘
③ 갈릴리 ④ 가이사랴

051 다음 중 누가복음 23장 2절에서 무리가 예수를 빌라도에게 끌고 가서 고발하는 이유가 아닌 것은?
① 백성을 미혹함
② 가이사에게 세금 바치는 것을 금함
③ 자칭 왕 그리스도라고 함
④ 이스라엘을 속량한다고 함

052 "헤롯과 ( )이/가 전에는 원수였으나 당일에 서로 친구가 되니라"라는 누가복음 23장 12절 말씀에서 괄호 안에 들어가야 할 낱말은?
① 예수 ② 빌라도
③ 바라바 ④ 대제사장

053 "시몬아, 시몬아, 보라 사탄이 너희를 밀 까부르듯 하려고 요구하였으나 그러나 내가 너를 위하여 네 믿음이 떨어지지 않기를 기도하였노

042_① 043_③ 044_② 045_① 046_① 047_③ 048_④ 049_④ 050_③ 051_④ 052_② 053_③

니 너는 돌이킨 후에 네 ( )를/을 굳게 하라"라는 누가복음 22장 32-33절 말씀에서 괄호 안에 들어가야 할 낱말은?
① 믿음 ② 의지
③ 형제 ④ 자매

054 "이러므로 너희는 장차 올 이 모든 일을 능히 피하고 ( )앞에 서도록 항상 기도하며 깨어 있으라 하시니라"라는 누가복음 21장 36절 말씀에서 괄호 안에 들어가야 할 낱말은?
① 심판 ② 재림
③ 인자 ④ 천사

055 "그 때에는 사람들이 ( )가 구름을 타고 능력과 큰 영광으로 오는 것을 보리라"라는 누가복음 21장 27절의 말씀에서 괄호 안에 들어가야 할 낱말은?
① 천사 ② 제자
③ 황제 ④ 인자

056 "내가 너희의 모든 대적이 능히 대항하거나 변박할 수 없는 ( )과/와 지혜를 너희에게 주리라"라는 누가복음 21장 15절의 말씀에서 괄호 안에 들어가야 할 낱말은?
① 능력 ② 구변
③ 논리 ④ 지식

057 "저 세상과 죽은 자 가운데서 부활함을 얻기에 합당히 여김을 받은 자들은 장가 가고 시집 가는 일이 없으며 그들은 다시 죽을 수도 없나니 이는 ( )와/과 동등이요 부활의 자녀로서 하나님의 자녀임이라"라는 누가복음 20장 36절 말씀에서 괄호 안에 들어가야 할 낱말은?
① 천사 ② 하나님
③ 사탄 ④ 예수님

058 "하나님은 죽은 자의 하나님이 아니요 살아 있는 자의 하나님이시라 하나님에게는 ( ) 사람이 살았느니라 하시니"라는 누가복음 20장 38절 말씀에서 괄호 안에 들어가야 할 낱말은?
① 유대 ② 로마
③ 헬라 ④ 모든

059 "날이 이를지라 ( )들이 토둔을/를 쌓고 너를 둘러 사면으로 가두고"라는 누가복음 19장 43절 말씀에서 괄호 안에 들어가야 할 말은?
① 네 이웃 ② 네 원수
③ 마귀 ④ 천사

060 누가복음 19장 1-10절에 의하면 세리장 삭개오는 자신이 누구의 것을 속여 빼앗은 일이 있으면 몇 배로 갚겠다고 했는가?
① 1배 ② 2배
③ 3배 ④ 4배

061 예수께서 태어나실 때 로마 제국의 가이사는?
① 아구스도 ② 디베료
③ 글라우디오 ④ 네로

062 다음 중 세례 요한의 어머니는?
① 마리아 ② 엘리사벳
③ 엘가나 ④ 요안나

063 다음 중 세례 요한의 부친은?
① 요셉 ② 야고보
③ 유다 ④ 사가랴

064 "내 영혼이 주를 찬양하며 내 마음이 하나님 내 구주를 기뻐하였음은 그의 여종의 비천함을 돌보셨음이라 보라 이제 후로는 만세에 나를 복이 있다 일컬으리로다"고 찬양한 사람은?
① 마리아 ② 엘리사벳
③ 엘가나 ④ 안나

065 누가복음에서 "지극히 높은 곳에서는 하나님께 영광이요 땅에서는 하나님이 기뻐하신 사람들 중에 평화로다"라고 누가 찬양했는가?
① 목자들 ② 사가랴
③ 시므온 ④ 천군과 천사들

066 예수께서 열두 살 때 성전을 방문한 일을 기록하는 복음서는?
① 마태복음 ② 마가복음
③ 누가복음 ④ 요한복음

054_③ 055_④ 056_② 057_① 058_④ 059_② 060_④ 061_① 062_② 063_④ 064_① 065_④ 066_③

067 "그러므로 회개에 합당한 열매를 맺고 속으로 (　)이/가 우리 조상이라 말하지 말라 내가 너희에게 이르노니 하나님이 능히 이 돌들로도 (　)의 자손이 되게 하시리라"라는 세례 요한의 말씀에서 괄호 안에 공통으로 들어갈 말은?

① 아브라함　② 다윗
③ 이스라엘　④ 그리스도

068 예수께서 말씀하신 '선한 사마리아인'의 비유에서 강도 만난 자를 마주친 사람이 아닌 것은?

① 한 제사장
② 한 레위인
③ 어떤 사마리아 사람
④ 한 로마 군인

069 "내가 불을 땅에 던지러 왔노니 이 불이 이미 붙었으면 내가 무엇을 원하리요 나는 받을 (　) 이/가 있으니 그것이 이루어지기까지 나의 답답함이 어떠하겠느냐"라는 예수의 말씀에서 괄호 안에 들어가는 말은?

① 불　② 잔
③ 세례　④ 영

070 "내가 (　)을/를 무엇으로 비교할까 마치 여자가 가루 서 말 속에 갖다 넣어 전부 부풀게 한 누룩과 같으니라"라는 예수의 말씀에서 괄호 안에 들어갈 말은?

① 율법　② 교회
③ 인생　④ 하나님의 나라

071 "잔치를 베풀거든 차라리 가난한 자들과 몸 불편한 자들과 저는 자들과 맹인들을 청하라"라는 말씀이 나오는 복음서는?

① 마태복음　② 마가복음
③ 누가복음　④ 요한복음

072 "율법과 선지자는 (　)의 때까지요 그 후부터는 하나님 나라의 복음이 전파되어 사람마다 그리로 침입하느니라"라는 말씀에서 괄호 안에 들어가는 말은?

① 구약　② 말라기
③ 엘리야　④ 요한

073 예수께서 말씀하신 '한 부자와 거지 나사로'에 관한 비유에 등장하는 구약의 인물은?

① 아브라함　② 이삭
③ 야고보　④ 다윗

074 예수께 고침 받은 열 명의 나병환자 중 예수의 발 아래에 엎드리어 감사한 사람은?

① 수로보니게인　② 헬라인
③ 갈릴리인　④ 사마리아인

075 예수께서 여리고에 가까이 가셨을 때에 길 가에 앉아 구걸하던 한 맹인이 나사렛 예수께서 지나가심을 듣고 예수께 부른 호칭은?

① 주　② 그리스도
③ 다윗의 자손　④ 하나님의 아들

076 예수께서 여리고에 가까이 가셨을 때에 길 가에 앉아 구걸하던 한 맹인이 나사렛 예수께서 지나가심을 듣고 예수를 향해 외친 말은?

① 나는 죄인이로소이다
② 나를 고쳐주소서
③ 나를 돌아보소서
④ 나를 불쌍히 여기소서

077 예수를 만난 삭개오는 자신의 소유의 얼마를 가난한 자들에게 주겠다고 하였는가?

① 전부　② 절반
③ 절반의 반　④ 십분의 일

078 누가복음 19장 4절에서 삭개오가 예수를 만나기 위해 올라간 나무는?

① 돌감람나무　② 종려나무
③ 돌무화과나무　④ 포도나무

079 다음 중 사두개인이 예수께 한 질문은?

① 예수의 권위에 관한 질문
② 세금에 관한 질문
③ 부활에 관한 질문
④ 최고의 계명에 관한 질문

067_① 068_④ 069_③ 070_④ 071_③ 072_④ 073_① 074_④ 075_③ 076_④ 077_② 078_③ 079_③

080 "볼지어다 내가 내 아버지께서 약속하신 것을 너희에게 보내리니 너희는 위로부터 능력으로 입혀질 때까지 이 성에 머물라 하시니라"라는 말씀이 나오는 복음서는?
① 마태복음 ② 마가복음
③ 누가복음 ④ 요한복음

081 누가복음에서 다음에 들어갈 단어는 무엇인가?
"이르시되 하나님 나라의 ( )을/를 아는 것이 너희에게는 허락되었으나 다른 사람에게는 비유로 하나니 이는 그들로 보아도 보지 못하고 들어도 깨닫지 못하게 하려 함이라"(눅 8:10)
① 말씀 ② 뜻
③ 비유 ④ 비밀

082 누가복음에서 다음에 들어갈 단어는 무엇인가?
"( )하실 때에 용모가 변화되고 그 옷이 희어져 광채가 나더라"(눅 9:29)
① 말씀 ② 선포
③ 전도 ④ 기도

083 누가복음에서 다음에 들어갈 단어는 무엇인가?
"백성이 다 세례를 받을새 예수도 세례를 받으시고 ( )하실 때에 하늘이 열리며"(눅 3:21)
① 말씀 ② 선포
③ 전도 ④ 기도

084 누가복음에서 다음의 두 구절에서 들어갈 공통인 단어는 무엇인가?
"이는 자기에게 ( ) 살 된 외딸이 있어 죽어감이러라"(눅 8:42)
"이에 ( ) 해를 혈루증으로 앓는 중에 아무에게도 고침을 받지 못하던 여자가"(눅 8:43)
① 두 ② 열두
③ 열여덟 ④ 서른여덟

085 누가복음에서 다음에 들어갈 단어는 무엇인가?
"너희 동네에서 우리 발에 묻은 먼지도 너희에게 떨어버리노라 그러나 ( )이/가 가까이 온 줄을 알라 하라"(눅 10:11)
① 천국 ② 하나님의 나라
③ 복음 ④ 말씀

086 누가복음 9장에서 헤롯이 자기가 목을 벤 누구로 인하여 당황하고 있는가?
① 엘리야 ② 요한
③ 선지자 ④ 살로메

087 누가복음 9장에서 예수께서 오천 명을 먹이신 기적을 행하신 곳은?
① 요단 건너편 ② 벳새다
③ 가버나움 ④ 거라사

088 누가복음에서 다음에 들어갈 단어는 무엇인가?
"예수께서 따로 ( )하실 때에 제자들이 주와 함께 있더니 물어 이르시되 무리가 나를 누구라고 하느냐"(눅 9:18)
① 말씀 ② 선포
③ 전도 ④ 기도

089 누가복음에서 다음에 들어갈 단어는 무엇인가?
"내 어머니와 내 동생들은 곧 하나님의 말씀을 듣고 ( )하는 이 사람들이라 하시니라"(눅 8:21)
① 전 ② 행
③ 기억 ④ 명

090 누가복음에서 다음의 말씀은 누구를 세워놓고 하신 말씀인가?
"누구든지 나를 영접하면 곧 나를 보내신 이를 영접함이라 너희 모든 사람 중에 가장 작은 그가 큰 자니라"(눅 9:48)
① 어린 제자 ② 소자
③ 어린 아이 ④ 가난한 과부

091 누가복음에서 다음에 들어갈 말은 무엇인가?
"이르시되 죽은 자들로 자기의 죽은 자들을 장사하게 하고 너는 가서 ( )을/를 전파하라 하

080_③ 081_④ 082_④ 083_④ 084_② 085_② 086_② 087_② 088_④ 089_② 090_③ 091_②

시고"(눅 9:60)
① 천국 ② 하나님의 나라
③ 복음 ④ 말씀

092 누가복음 5장에서 누가 예수를 위하여 자기 집에서 큰 잔치를 베풀 때 세리와 다른 사람이 많이 함께 앉아 있었는가?
① 알렉산더 ② 루포
③ 레위 ④ 시몬

093 다음에서 '나'는 누구인가?
"너희 말을 듣는 자는 곧 내 말을 듣는 것이요 너희를 저버리는 자는 곧 나를 저버리는 것이요 나를 저버리는 자는 나 보내신 이를 저버리는 것이라"(눅 10:16)
① 요한 ② 예수
③ 하나님 ④ 선지자

094 누가복음에서 다음에 들어갈 말은 무엇인가?
"천지의 주재이신 아버지여 이것을 지혜롭고 슬기 있는 자들에게는 숨기시고 ( )들에게는 나타내심을 감사하나이다 옳소이다 이렇게 된 것이 아버지의 뜻이니이다"(눅 10:21)
① 어린 제자 ② 소자
③ 어린 아이 ④ 가난한 과부

095 누가복음에서 다음에 들어갈 공통인 단어는 무엇인가?
"예수께서 한 곳에서 ( )하시고 마치시매 제자 중 하나가 여짜오되 주여 요한이 자기 제자들에게 ( )를/을 가르친 것과 같이 우리에게도 가르쳐 주옵소서"(눅 11:1)
① 말씀 ② 천국
③ 전도 ④ 기도

096 누가복음에서 다음에 들어갈 공통인 단어는 무엇인가?
"예수께서 그들의 생각을 아시고 이르시되 스스로 ( )하는 나라마다 황폐하여지며 스스로 ( )하는 집은 무너지느니라"(눅 11:17)
① 고소 ② 분쟁
③ 소송 ④ 질투

097 누가복음에서 다음의 말씀은 예수께서 누구에게 한 말씀인가?
"그들은 과부의 가산을 삼키며 외식으로 길게 기도하니 그들이 더 엄중한 심판을 받으리라 하시니라"(눅 20:47)
① 바리새인 ② 서기관
③ 바리새인과 서기관 ④ 사두개인

098 누가복음에서 다음에 들어갈 단어는 무엇인가?
"또 실로암에서 망대가 무너져 치어 죽은 열여덟 사람이 예루살렘에 거한 다른 모든 사람보다 ( )가 더 있는 줄 아느냐"(눅 13:4)
① 은혜 ② 저주
③ 죄 ④ 자비

099 누가복음에서 다음에 들어갈 단어는 무엇인가?
"주인이 종에게 이르되 길과 산울타리 가로 나가서 사람을 ( )하여 데려다가 내 집을 채우라"(눅 14:23)
① 인도 ② 초청
③ 전도 ④ 강권

100 누가복음에서 다음에 들어갈 말은 무엇인가?
"내가 너희에게 이르노니 이와 같이 ( ) 한 사람이 회개하면 하나님의 사자들 앞에 기쁨이 되느니라"(눅 15:10)
① 의인 ② 소자
③ 어린 아이 ④ 죄인

101 세례요한은 언제부터 성령의 충만함을 받았나?
① 모태로부터
② 태어날 때
③ 할례를 받을 때
④ 광야에서 세례 사역을 시작할 때

102 "모세의 법대로 ( )의 날이 차매 아기를 데리고 예루살렘에 올라가니 이는 주의 율법에 쓴 바 첫 태에 처음 난 남자마다 주의 거룩한 자라 하리라 한 대로 아기를 주께 드리고"에서 괄호

092_③ 093_② 094_③ 095_④ 096_② 097_② 098_③ 099_④ 100_④ 101_① 102_④

안에 들어갈 낱말은?
① 성찬예식 ② 할례예식
③ 세례예식 ④ 정결예식

103 예수가 그의 부모에게 "어찌하여 나를 찾으셨나이까 내가 내 아버지 집에 있어야 될 줄을 알지 못하셨나이까"라고 말할 때 그의 나이는 몇 살이었나?
① 12살 ② 13살
③ 14살 ④ 15살

104 예수는 누구에게 "모세와 모든 선지자의 글로 시작하여 모든 성경에 쓴 바 자기에 관한 것"을 자세히 설명해 주셨나?
① 열두 제자
② 엠마오로 가는 두 제자
③ 바리새인들
④ 서기관들

105 예수에게서 "미련하고 선지자들이 말한 모든 것을 마음에 더디 믿는 자들이여 그리스도가 이런 고난을 받고 자기의 영광에 들어가야 할 것이 아니냐"라고 책망받은 사람들은 누구인가?
① 열 두 제자
② 엠마오로 가는 두 제자
③ 바리새인들
④ 서기관들

106 부활하신 예수께 "구운 생선 한 토막을 드리니 받으사 그 앞에서 잡수시더라"라는 내용이 나오는 복음서는?
① 마태복음 ② 마가복음
③ 누가복음 ④ 요한복음

107 누가복음에 의하면 엘리야 시대에 하나님께로부터 은혜를 입은 사렙다 과부는 어디에 살고 있었는가?
① 두로 ② 나사렛
③ 가버나움 ④ 시돈

108 누가복음 23장에 나오는 아리마대 요셉에 대한 설명 중에 틀린 것은?
① 공회 의원이었다
② 선하고 의로운 사람이었다
③ 하나님의 나라를 기다리는 사람이었다
④ 유대 회당장이었다

109 "이르되 너희가 이 사람이 백성을 ( ) 자라 하여 내게 끌고 왔도다 보라 내가 너희 앞에서 심문하였으되 너희가 고발하는 일에 대하여 이 사람에게서 죄를 찾지 못하였고"라는 말씀에서 괄호 안에 들어가야 할 말은?
① 소동케 하는 ② 선동하는
③ 미혹하는 ④ 가르치는

110 "예수여 당신의 나라에 임하실 때에 나를 기억하소서"라는 강도의 말이 기록된 복음서는?
① 마태복음 ② 마가복음
③ 누가복음 ④ 요한복음

111 "아버지 내 영혼을 아버지 손에 부탁하나이다"라는 말씀이 기록된 복음서는?
① 마태복음 ② 마가복음
③ 누가복음 ④ 요한복음

112 "이 잔은 내 피로 세우는 새 언약이니 곧 너희를 위하여 붓는 것이라"라는 말씀이 기록된 복음서는?
① 마태복음 ② 마가복음
③ 누가복음 ④ 요한복음

113 "예수께서 힘쓰고 애써 더욱 간절히 기도하시니 땀이 땅에 떨어지는 핏방울 같이 되더라"라는 말씀이 기록된 복음서는?
① 마태복음 ② 마가복음
③ 누가복음 ④ 요한복음

114 여리고에 가까이 가셨을 때에 한 맹인이 예수가 지나가신다는 것을 듣고 무엇이라고 외쳤나?
① 하나님의 아들 예수여 원하시면 저를 고칠 수 있나이다
② 다윗의 자손 예수여 원하시면 저를 고칠 수

103_① 104_② 105_② 106_③ 107_④ 108_④ 109_③ 110_③ 111_③ 112_③ 113_③ 114_④

있나이다
③ 하나님의 아들 예수여 저를 고쳐주소서
④ 다윗의 자손 예수여 나를 불쌍히 여기소서

115 다음 중 누가복음 14장에서 예수가 제자도를 가르치실 때 하신 말씀이 아닌 것은?
① 또 어떤 임금이 다른 임금과 싸우러 갈 때에 먼저 앉아 일만 명으로써 저 이만 명을 거느리고 오는 자를 대적할 수 있을까 헤아리지 아니하겠느냐
② 너희 중의 누가 망대를 세우고자 할진대 자기의 가진 것이 준공하기까지에 족할는지 먼저 앉아 그 비용을 계산하지 아니하겠느냐
③ 무릇 내게 오는 자가 자기 부모와 처자와 형제와 자매와 더욱이 자기 목숨까지 미워하지 아니하면 능히 내 제자가 되지 못한다
④ 너희 중에 누가 그 아들이나 소가 우물에 빠졌으면 안식일에라도 곧 끌어내지 않겠느냐

116 "내가 불을 땅에 던지러 왔노니 이 불이 이미 붙었으면 내가 무엇을 원하리요 나는 받을 (   ) 이/가 있으니 그것이 이루어지기까지 나의 답답함이 어떠하겠느냐 내가 세상에 (   )을/를 주려고 온 줄로 아느냐 내가 너희에게 이르노니 아니라 도리어 (   )하게 하려 함이로라"라는 말씀에서 괄호 안에 들어갈 낱말이 아닌 것은?
① 분쟁 ② 고난
③ 세례 ④ 화평

117 "너희가 박하와 운향과 모든 채소의 십일조는 드리되 공의와 하나님께 대한 사랑은 버리는도다"는 누구를 향한 책망인가?
① 열심당 ② 사두개인
③ 바리새인 ④ 서기관들

118 누가복음에서 예수가 칠십 인을 보내시면서 하신 말씀이 아닌 것은?
① 전대나 배낭이나 신발을 가지지 말며 길에서 아무에게도 문안하지 말라
② 유하는 집에서 주는 것을 먹고 마시라 일꾼이 그 삯을 받는 것이 마땅하니라
③ 이 집에서 저 집으로 옮기지 말라
④ 뱀처럼 지혜롭고 비둘기처럼 순결하라

119 예수가 "사탄이 하늘로부터 번개 같이 떨어지는 것을 내가 보았노라"라는 말씀을 하신 것은 언제인가?
① 바알세불에 사로잡혀 귀신을 쫓아낸다고 비난받았을 때
② 칠십 인이 전도를 마치고 돌아와서 보고했을 때
③ 귀신들린 아이를 고쳤을 때
④ 유대인들이 표적을 보여달라고 했을 때

120 '부자와 거지 나사로'의 비유는 누가복음 몇 장에 나오나?
① 16장 ② 18장
③ 20장 ④ 22장

121 "주 앞에 큰 자가 되며 포도주나 독한 술을 마시지 아니하며 모태로부터 성령의 충만함을 받아 이스라엘 자손을 주 곧 그들의 하나님께로 많이 돌아오게 하겠음이라"라는 말씀은 누구를 가리키는가?
① 세례 요한 ② 엘리야
③ 예수 그리스도 ④ 베드로

122 누가복음 1장에 기록된 사건이 차례대로 맞는 것은?
① 사가랴의 예언 – 세례 요한의 출생 – 마리아가 엘리사벳을 방문함 – 예수의 탄생 예고
② 세례 요한의 출생 예고 – 예수의 탄생 예고 – 마리아가 엘리사벳을 방문함 – 마리아의 찬가
③ 세례 요한의 출생 예고 – 예수의 탄생 예고 – 데오빌로 각하에게 보내는 글 – 마리아의 찬가
④ 예수의 탄생 예고 – 세례 요한의 출생 – 마리아의 찬가 – 데오빌로 각하에게 보내는 글

115_④ 116_② 117_③ 118_④ 119_② 120_① 121_① 122_②

123 "너희 원수를 사랑하며 너희를 미워하는 자를 선대하며 너희를 저주하는 자를 위하여 축복하며 너희를 모욕하는 자를 위하여 ( )하라"라는 말씀에서 괄호 안에 맞는 단어는?
① 금식 ② 애통
③ 기도 ④ 위로

124 큰 물이 나서 탁류가 집에 부딪쳐도 잘 지었기 때문에 요동하지 않는 것처럼 주추를 반석 위에 놓은 사람과 같은 이는?
① 예수께 나아와 주여 주여 부르기만 하는 자
② 형제의 눈 속에 있는 티를 보고 깨닫는 자
③ 가시나무에서 무화과를, 찔레에서 포도를 따는 자
④ 예수께 나아와 예수의 말을 듣고 행하는 자

125 예수께서 "이스라엘 중에서도 이만한 믿음은 만나보지 못하였노라"라고 칭찬하신 사람은?
① 백부장 ② 수로보니게 여인
③ 야이로 ④ 혈루증을 앓는 여인

126 "( )는/은 자기의 모든 자녀로 인하여 옳다 함을 얻느니라"라는 말씀에서 괄호 안에 들어갈 단어는?
① 인자 ② 지혜
③ 지식 ④ 율법

127 "오늘과 내일과 모레는 내가 갈 길을 가야 하리니 선지자가 ( ) 밖에서는 죽는 법이 없느니라"라는 말씀에서 괄호 안에 들어갈 말은?
① 성문 ② 자기 고향
③ 예루살렘 ④ 시온 산

128 "청함을 받았을 때에 차라리 가서 ( )에 앉으라 그러면 너를 청한 자가 와서 너더러 벗이여 올라 앉으라 하리니 그 때에야 함께 앉은 모든 사람 앞에서 영광이 있으리라"라는 말씀에서 괄호 안에 들어갈 말은?
① 높은 자리 ② 낮은 자리
③ 종의 자리 ④ 끝자리

129 누가복음 15장에 나오는 '잃은 것'에 대한 비유가 아닌 것은?
① 종 ② 양
③ 드라크마 ④ 아들

130 날마다 호화롭게 즐기던 부자가 죽어 음부에서 고통 중에 "나를 긍휼히 여기사 나사로를 보내어 그 손가락 끝에 물을 찍어 내 혀를 서늘하게 하소서"라고 누구를 부르며 호소하였는가?
① 하나님 아버지 ② 아브라함
③ 모세 ④ 예수

131 "( )를/을 기억하라 무릇 자기 목숨을 보전하고자 하는 자는 잃을 것이요 잃는 자는 살리리라"라는 말씀에서 괄호 안에 들어갈 말은?
① 노아의 방주 ② 말씀
③ 롯의 처 ④ 언약의 말씀

132 누가복음에 나오는 과부와 재판장의 비유에서 "하나님께서 그 밤낮 부르짖는 ( ) 자들의 원한을 풀어 주지 아니하시겠느냐 그들에게 오래 참으시겠느냐"라는 예수의 말씀에서 괄호 안에 들어갈 단어는?
① 믿는 ② 거룩한
③ 가난한 ④ 택하신

133 누가복음에 나오는 바리새인과 세리의 비유에서 세리가 기도하는 자세가 아닌 것은?
① 성전 가까이에서 토색한 것의 네 갑절을 갚겠다고 기도한다
② 감히 눈을 들어 하늘을 쳐다보지도 못한다
③ 가슴을 치며 하나님이여 불쌍히 여기소서라고 구한다
④ 나는 죄인이로소이다라고 고백한다

134 "하나님의 나라를 위하여 집이나 아내나 형제나 부모나 자녀를 버린 자는 현세에 여러 배를 받고 내세에 ( )을 받지 못할 자가 없느니라"라는 말씀에서 괄호 안에 들어갈 단어는?
① 보상 ② 영생
③ 영광 ④ 면류관

135 은 열 므나 비유에서 "잘하였다 착한 종이여 네

123_③ 124_④ 125_① 126_② 127_③ 128_④ 129_① 130_② 131_③ 132_④ 133_① 134_② 135_①

가 지극히 작은 것에 충성하였으니 열 고을 권세를 차지하라"라는 말씀은 누구를 향한 칭찬인가?
① 주인의 한 므나로 장사하여 열 므나를 남긴 사람
② 주인의 한 므나로 장사하여 다섯 므나를 만든 사람
③ 주인의 한 므나를 수건에 싸 잘 보관한 사람
④ 주인의 한 므나를 은행에 맡겨 이자를 남긴 사람

136 예수께서 예루살렘 가까이 오사 성을 보시고 우시며 하신 "너도 오늘 ( )에 관한 일을 알았더라면 좋을 뻔하였거니와 지금 네 눈에 숨겨졌도다"라는 말씀에서 괄호 안에 들어갈 말은?
① 인자의 날　② 평화
③ 주의 약속　④ 하나님 나라

137 누가복음에 나오는 포도원 농부 비유에서 포도원 주인이 타국에 오래 나가 있으며 자신의 사랑하는 아들을 농부들에게 보낼 때 농부들이 아들에게 어떻게 하였는가?
① 존대하였다
② 몹시 때렸다
③ 포도원 밖에 내쫓아 죽였다
④ 능욕하여 내쫓았다

138 누가복음에 따르면 부활 때에 부활함을 얻기에 합당히 여김을 받은 자들에 대한 설명이 아닌 것은?
① 장가 가고 시집 가는 일이 없다
② 다시 죽을 수 없다
③ 부활의 자녀로서 하나님의 자녀이다
④ 천사와 동등하여 장가가고 시집 간다

139 "너희가 내 이름으로 말미암아 모든 사람에게 미움을 받을 것이나 너희 머리털 하나도 상하지 아니하리라 너희의 ( )로 너희 영혼을 얻으리라"라는 말씀에서 괄호 안에 들어갈 단어는?
① 수고　② 행위
③ 인내　④ 열매

140 유다가 대제사장들과 성전 경비대장들에게 가서 예수를 넘겨줄 방도를 의논할 때 그들이 기뻐하여 유다에게 무엇을 주기로 언약하였는가?
① 돈　② 예수의 시체
③ 검　④ 금과 은

141 "백부장이 그 된 일을 보고 하나님께 영광을 돌려 이르되 이 사람은 정녕 ( )이었도다 하고"라는 누가복음 23장 47절의 말씀에서 괄호 안에 들어가야 할 낱말은?
① 죄인　② 의인
③ 호인　④ 사랑

142 누가복음 18장 35절-43절에서 예수님이 어디에 가까이 가셨을 때 구걸하던 맹인을 만나 치유를 하셨는가?
① 베다니　② 여리고
③ 예루살렘　④ 사마리아

143 "예수께서 이 말을 들으시고 이르시되 네게 아직도 한 가지 부족한 것이 있으니 네게 있는 것을 다 팔아 가난한 자들에게 나눠 주라 그리하면 하늘에서 네게 ( ) 있으리라 그리고 와서 나를 따르라 하시니"라는 누가복음 18장 22절의 말씀에서 괄호 안에 들어가야 할 낱말은?
① 축복이　② 응답이
③ 은혜가　④ 보화가

144 "예수께서 그들에게 항상 기도하고 ( )하지 말아야 할 것을 비유로 말씀하여"라는 누가복음 18장 1절의 말씀에서 괄호 안에 들어가야 할 낱말은?
① 고민　② 자만
③ 낙심　④ 무리

145 누가복음 17장 11-19절에 의하면 예수께서 사마리아와 갈릴리 사이로 지나가시다가 나병환자 몇 명을 만나 치유하셨는가?
① 1명　② 10명
③ 9명　④ 20명

136_② 137_③ 138_④ 139_③ 140_① 141_② 142_② 143_④ 144_③ 145_②

146 "이르되 그렇지 아니하니이다 아버지 아브라함이여 만일 죽은 자에게서 그들에게 가는 자가 있으면 ( )하리이다"라는 누가복음 16장 30절 말씀에서 괄호 안에 들어가야 할 낱말은?
① 선포 ② 용서
③ 회개 ④ 항복

147 "무릇 자기 아내를 버리고 다른 데 장가드는 자도 ( )함이요 무릇 버림받은 여자에게 장가드는 자도 ( )함이니라"라는 누가복음 16장 18절 말씀에서 괄호 안에 똑같이 들어가야 할 낱말은?
① 간음 ② 허락
③ 금지 ④ 교만

148 "이르시되 너희는 가서 저 여우에게 이르되 오늘과 내일은 내가 귀신을 쫓아내며 병을 고치다가 제삼일에는 ( ) 하라"라는 누가복음 13장 32절 말씀에서 괄호 안에 들어가야 할 말은?
① 떠나리라 ② 완전하여지리라
③ 쉬리라 ④ 등극하리라

149 "포도원지기에게 이르되 내가 ( )년을 와서 이 무화과나무에서 열매를 구하되 얻지 못하니 찍어버리라 어찌 땅만 버리게 하겠느냐?"라는 말씀에서 괄호 안에 들어가야 할 숫자는?
① 일 ② 이
③ 삼 ④ 사

150 "또 너희 중에 누가 ( )함으로 그 키를 한 자라도 더할 수 있느냐 그런즉 가장 작은 일도 하지 못하면서 어찌 다른 일을 염려하느냐"라는 누가복음 12장 25-26절 말씀에서 괄호 안에 들어가야 할 낱말은?
① 염려 ② 노력
③ 기도 ④ 부탁

151 "내가 또한 너희에게 말하노니 누구든지 사람 앞에서 나를 시인하면 ( )도 하나님의 사자들 앞에서 그를 시인할 것이요"라는 말씀에서 괄호 안에 들어가야 할 단어는?
① 나 ② 인자
③ 교회 ④ 천사

152 "그러나 내가 만일 하나님의 손을 힘입어 귀신을 쫓아낸다면 ( )가/이 이미 너희에게 임하였느니라"라는 누가복음 11장 20절 말씀에서 괄호 안에 들어가야 할 말은?
① 천사 ② 말세
③ 능력 ④ 하나님의 나라

153 선한 사마리아인의 비유는 누가복음 몇 장에 나오는가?
① 9장 ② 10장
③ 11장 ④ 12장

154 "화 있을진저 고라신아, 화 있을진저 벳새다야, 너희에게 행하였다면 그들이 벌써 베옷을 입고 ( )에 앉아 회개하였으리라"라는 누가복음 10장 13절의 말씀에서 괄호 안에 들어가야 할 단어는?
① 땅바닥 ② 묘지
③ 재 ④ 자리

155 "이르시되 ( )들로 자기의 죽은 자들을 장사하게 하고 너는 가서 하나님의 나라를 전파하라"라는 누가복음 9장 60절 말씀에서 괄호 안에 들어가야 할 말은?
① 산 자 ② 죽은 자
③ 장의사 ④ 제사장

156 "예수께서 대답하여 이르시되 믿음이 없고 ( ) 세대여 내가 얼마나 너희와 함께 있으며 너희에게 참으리요 …"라는 누가복음 9장 40절의 말씀에서 괄호 안에 들어가야 할 낱말은?
① 유약한 ② 불손한
③ 한심한 ④ 패역한

157 "예수께서 열두 제자를 불러 모으사 모든 귀신을 제어하며 병을 고치는 능력과 ( )을/를 주시고"라는 누가복음 9장 1절 말씀에서 괄호 안에 들어가야 할 낱말은?
① 의술 ② 기쁨

146_③ 147_① 148_② 149_③ 150_① 151_② 152_④ 153_② 154_③ 155_② 156_④ 157_③

③ 권위　　　　④ 도움

158 "지혜는 자기의 모든 ( )로 인하여 옳다 함을 얻느니라"라는 누가복음 7장 35절 말씀에서 괄호 안에 들어가야 할 말은?
① 친구　　　　② 자녀
③ 권위　　　　④ 행한 일

159 "내가 너희에게 말하노니 여자가 낳은 자 중에 ( )보다 큰 자가 없도다. 그러나 하나님의 나라에서는 극히 작은 자라도 그보다 크니라 하시니"라는 누가복음 7장 28절 말씀에서 괄호 안에 들어가야 할 낱말은?
① 나　　　　② 요한
③ 바울　　　　④ 베드로

160 "예수께서 들으시고 그를 놀랍게 여겨 돌이키사 따르는 무리에게 이르시되 내가 너희에게 이르노니 이스라엘 중에서도 이만한 ( )을 만나보지 못하였노라 하시더라"라는 누가복음 7장 9절의 말씀에서 괄호 안에 들어가야 할 낱말은?
① 사람　　　　② 경건
③ 공덕　　　　④ 믿음

161 삭개오의 직업은?
① 목수　　　　② 목자
③ 세리장　　　　④ 제사장

162 스승이신 예수를 배신하여 입맞춤으로 대제사장 무리에게 팔아넘긴 제자는?
① 다대오　　　　② 바돌로매
③ 안드레　　　　④ 유다

163 예수께서 부자들이 헌금함에 헌금 넣는 것을 보시고 "가난한 중에서 자기가 가지고 있는 생활비 전부를 넣었다"고 칭찬한 가난한 과부가 헌금함에 넣은 돈은?
① 두 렙돈　　　　② 두 드라크마
③ 두 데나리온　　　　④ 두 달란트

164 "어리석은 자들아 겉을 만드신 이가 속도 만들지 아니하셨느냐 그러나 그 안에 있는 것으로 ( )하라 그리하면 모든 것이 너희에게 깨끗하리라"라는 말씀에서 괄호 안에 들어갈 단어는?
① 구제　　　　② 기도
③ 찬송　　　　④ 겸손

165 예수께서 죽은 과부의 외아들을 살리신 성은?
① 가버나움　　　　② 나인
③ 여리고　　　　④ 베다니

166 누가복음에서 다음에 들어갈 공통의 단어는 무엇인가?
"( )이/가 이르되 그들에게 모세와 선지자들이 있으니 그들에게 들을지니라 이르되 그렇지 아니하니이다 아버지 ( )여/이여 만일 죽은 자에게서 그들에게 가는 자가 있으면 회개하리이다"(눅 16:29-30)
① 모세　　　　② 아브라함
③ 선지자　　　　④ 엘리야

167 누가복음에서 다음에 들어갈 말은 무엇인가?
"또 여기 있다 저기 있다고도 못하리니 ( )는/은 너희 안에 있느니라"(눅 17:21)
① 천국　　　　② 하나님의 나라
③ 인자　　　　④ 구원

168 누가복음에서 다음에 들어갈 단어는 무엇인가?
"예수께서 그를 보시고 이르시되 ( )이 있는 자는 하나님의 나라에 들어가기가 얼마나 어려운지 낙타가 바늘귀로 들어가는 것이 부자가 하나님의 나라에 들어가는 것보다 쉬우니라 하시니"(눅 18:24-25)
① 교만　　　　② 욕심
③ 재물　　　　④ 권력

169 누가복음에서 다음에 들어갈 단어는 무엇인가?
"이미 감람 산 내리막길에 가까이 오시매 ( )의 온 무리가 자기들이 본 바 모든 능한 일로 인하여 기뻐하며 큰 소리로 하나님을 찬양하여"(눅 19:37)
① 사도　　　　② 백성

158_② 159_② 160_④ 161_③ 162_④ 163_① 164_① 165_② 166_② 167_② 168_③ 169_③

③ 제자　　　④ 민중

170 누가복음에서 다음에 들어갈 단어는 무엇인가?
"너희 보물 있는 곳에는 너희 ( )도 있으리라"(눅 12:34)
① 믿음　　　② 상급
③ 마음　　　④ 칭찬

171 "우리 중에 이루어진 사실에 대하여 처음부터 목격자와 말씀의 일꾼 된 자들이 전하여 준 그대로 내력을 저술하려고 붓을 든 사람이 많은지라"라는 말로 시작하는 복음서는?
① 마태복음　　　② 마가복음
③ 누가복음　　　④ 요한복음

172 신약성경에서 "무서워하지 말라 보라 내가 온 백성에게 미칠 큰 기쁨의 좋은 소식을 너희에게 전하노라 오늘 다윗의 동네에 너희를 위하여 구주가 나셨으니 곧 그리스도 주시니라"라는 말을 들은 사람(들)은?
① 목자들　　　② 동방박사들
③ 안나　　　④ 시므온

173 다음 중 삭개오에 관한 사항 중 옳지 않은 것은?
① 세리장이었다
② 자신의 소유의 절반을 가난한 자들에게 주겠다고 약속했다
③ 만일 누구의 것을 속여 빼앗은 일이 있으면 네 갑절이나 갚겠다고 약속했다
④ 가버나움에서 살고 있었다

174 누가복음에서 "낙타가 바늘귀로 들어가는 것이 부자가 하나님의 나라에 들어가는 것보다 쉬우니라"라는 말씀은 누구를 향해 하신 말씀인가?
① 사두개인들　　　② 제자들
③ 부자 관리　　　④ 부유한 자들

175 예수께서 "나를 따르라"하시니 모든 것을 버리고 일어나 예수를 따른 세리는?
① 레위　　　② 빌립
③ 요한　　　④ 요셉

176 "내가 의인을 부르러 온 것이 아니요 ( )를/을 불러 회개시키러 왔노라"라는 말씀에서 괄호 안에 맞는 단어는?
① 거룩한 자　　　② 죄인
③ 가난한 자　　　④ 제자

177 "아이가 자라며 심령이 강하여지며 …"라는 누가복음의 말씀은 누구를 지칭하는가?
① 예수　　　② 세례 요한
③ 모세　　　④ 여호수아

178 강도 만난 자의 이웃은?
① 강도 만난 자를 피한 자
② 강도 만난 자를 긍휼히 여기고 떠난 자
③ 강도 만난 자에게 자비를 베푼 자
④ 강도 만난 자의 물건을 취한 자

179 예수께서 "성전에 들어가사 장사하는 자들을 내쫓으시며 내 집은 기도하는 집이 되리라 하였거늘 너희는 ( )을 만들었도다"라는 말씀에서 괄호 안에 들어가야 할 말은?
① 믿음의 성전　　　② 강도의 소굴
③ 하나님의 집　　　④ 장사하는 시장

180 누가복음 6장 20-26절에는 복과 화에 관한 말씀이 나온다. 복과 화에 대하여 각각 몇 번 언급하는가?
① 2복 2화　　　② 3복 3화
③ 4복 4화　　　④ 5복 5화

181 세례 받기 위해 무엇을 해야 하는가를 묻는 무리와 세리와 군인들에게 세례 요한이 각 자에 대하여 어떻게 하라고 대답하는 복음서는?
① 마태복음　　　② 마가복음
③ 누가복음　　　④ 요한복음

182 "내가 ( )을 부르러 온 것이 아니요 ( )을 불러 회개시키러 왔노라"라는 누가복음 5장 32절의 말씀에서 괄호 안에 각각 들어가야 할 낱말은?

170_③　171_③　172_①　173_④　174_③　175_①　176_②　177_②　178_③　179_②　180_③　181_③　182_①

① 의인, 죄인　② 죄인, 의인
③ 유대인, 이방인　④ 이방인, 유대인

183 누가복음 4장 1-13절에 의하면 예수께서는 며칠 동안 성령에게 이끌리시며 마귀에게 시험을 받으셨는가?
① 20일　② 30일
③ 40일　④ 50일

184 "대답하여 이르되 옷 두 벌 있는 자는 옷 없는 자에게 나눠 줄 것이요 (　)이 있는 자도 그렇게 할 것이니라"라는 누가복음 3장 11절 말씀에서 괄호 안에 들어가야 할 말은?
① 돈　② 집
③ 먹을 것　④ 능력

185 "아기가 자라며 강하여지고 지혜가 충만하며 하나님의 (　)가/이 그의 위에 있더라"라는 누가복음 2장 40절의 말씀에서 괄호 안에 들어가야 할 낱말은?
① 사랑　② 기운
③ 은혜　④ 말씀

186 누가복음 8장에서 여러 여인들이 무엇으로 예수와 그 제자들을 섬겼는가?
① 유산　② 소유
③ 명예　④ 향품

187 다음 중 누가복음 6장에서 예수께서 복이 있다고 말씀하신 자가 아닌 것은?
① 지금 주린 자　② 지금 우는 자
③ 가난한 자　④ 온유한 자

188 "와서 그 농부들을 진멸하고 포도원을 다른 사람들에게 주리라 하시니 사람들이 듣고 이르되 그렇게 되지 말아지이다 하거늘 그들을 보시며 이르시되 그러면 기록된 바 건축자들의 버린 돌이 모퉁이의 머릿돌이 되었느니라 함이 어찜이냐"라는 누가복음의 말씀에서 인용되는 구약성경의 구절은?
① 이사야 56:7　② 예레미야 7:11
③ 신명기 25:5　④ 시편 118:22

189 누가복음에서 마리아가 찬양하는 내용이 아닌 것은?
① 내(마리아) 영혼이 주를 찬양한다
② 주께서 마음의 생각이 교만한 자들을 흩으셨다
③ 주께서 주리는 자를 좋은 것으로 배불리셨다
④ 주께서 우리를 위하여 구원의 뿔을 그 종 다윗의 집에 일으키셨다

190 누가복음의 머리말(1:1-4)에 언급된 내용 중 잘못된 것은?
① 우리 중에 이루어진 사실에 대하여
② 처음부터 목격자와 말씀의 일꾼 된 자들이 전하여 준 그대로 내력을 저술하려고 붓을 든 사람이 많은지라
③ 그 모든 일을 근원부터 자세히 미루어 살핀 나도 데오빌로 각하에게 차례대로 써 보내는 것이 좋은 줄 알았노니
④ 이는 각하로 예수의 그리스도 되심을 믿게 하려 함이로라

191 누가복음 16장 14절에서 돈을 좋아하는 자는 누구인가?
① 사두개인들　② 바리새인들
③ 대제사장들　④ 서기관들

192 누가복음에서 예수께서 베드로와 요한과 야고보를 데리고 산에 올라가서 용모가 변화된 것은 무엇을 하실 때이었는가?
① 말씀하실 때　② 가르치실 때
③ 대화하실 때　④ 기도하실 때

193 예수께서 삭개오에게 하신 "이 사람도 (　)의 자손임이로다"라는 누가복음의 말씀에서 괄호 안에 들어갈 이름은?
① 아담　② 아브라함
③ 다윗　④ 노아

194 "내가 참으로 너희에게 이르노니 여기 서 있는 사람 중에 죽기 전에 하나님의 (　)를/을 볼 자

183_③　184_③　185_③　186_②　187_④　188_④　189_④　190_④　191_②　192_④　193_②　194_①

들도 있느니라"라는 말씀에서 괄호 안에 들어갈 단어는?
① 나라 ② 권세
③ 영광 ④ 얼굴

195 다음 중 누가복음 16장 1-13절의 '옳지 않은 청지기 비유'에 나오는 말씀이 아닌 것은?
① 지극히 작은 것에 충성된 자는 큰 것에도 충성되고 지극히 작은 것에 불의한 자는 큰 것에도 불의하니라
② 너희가 만일 불의한 재물에도 충성하지 아니하면 누가 참된 것으로 너희에게 맡기겠느냐
③ 너희가 만일 남의 것에 충성하지 아니하면 누가 너희의 것을 너희에게 주겠느냐
④ 착하고 충성된 종아 네가 적은 일에 충성하였으매 내가 많은 것을 네게 맡기리니 네 주인의 즐거움에 참여할지어다

196 "( )로 말미암아 사람들이 너희를 미워하며 멀리하고 욕하고 너희 이름을 악하다 하여 버릴 때에는 너희에게 복이 있도다"라는 누가복음의 말씀에서 괄호 안에 들어갈 낱말은?
① 주 ② 나
③ 예수 ④ 인자

197 "참새 다섯 마리가 ( ) 앗사리온에 팔리는 것이 아니냐 그러나 하나님 앞에는 그 하나도 잊어버리시는 바 되지 아니하는도다"라는 누가복음의 말씀에서 괄호 안에 들어갈 알맞은 숫자는?
① 한 ② 두
③ 세 ④ 네

198 누가복음에 의하면, 실로암에서 망대가 무너져 치어 죽은 사람은 몇 명인가?
① 5명 ② 13명
③ 18명 ④ 70명

199 "주재여 이제는 말씀하신 대로 종을 평안히 놓아 주시는도다"라고 찬양한 사람은 누구인가?
① 마리아 ② 요셉
③ 사가랴 ④ 시므온

200 누가복음에서 "여우도 굴이 있고 공중의 새도 집이 있으되 인자는 머리 둘 곳이 없도다"라는 말씀이 나오는 곳은?
① 7장 ② 9장
③ 11장 ④ 13장

201 "롯이 소돔에서 나가던 날에 하늘로부터 불과 유황이 비오듯 하여 그들을 멸망시켰느니라"라는 말씀이 나오는 복음서는?
① 마태복음 ② 마가복음
③ 누가복음 ④ 요한복음

202 다음 중 누가복음 10장에 나오는 내용이 아닌 것은?
① 예수께서 하나님 나라를 전하기 위해 칠십인을 보내심
② 자비를 베푼 사마리아인 이야기
③ 예수께서 제자들에게 기도를 가르쳐주심
④ 마르다와 마리아

203 누가복음 9장에 의하면, 예수께서 예루살렘을 향하여 올라가기로 굳게 결심하시고 사마리아인의 한 마을에 들어가셨을 때 주민들이 예수를 환영하지 않았다. 그 이유는 무엇인가?
① 사마리아 사람들이 유대인을 싫어하기 때문에
② 예수께서 사마리아 사람들을 싫어하시기 때문에
③ 예수께서 예루살렘을 향하여 가시기 때문에
④ 예수께서 전에 사마리아를 피해서 유대로 가신 적이 있었기 때문에

204 다음 중 누가복음 8장에 나오는 예수의 하나님 나라 선포 활동을 도운 여인들 명단에 등장하지 않는 사람은?
① 야고보의 모친 마리아
② 헤롯의 청지기 구사의 아내 요안나
③ 수산나
④ 막달라인이라 하는 마리아

195_④ 196_④ 197_② 198_③ 199_④ 200_② 201_③ 202_③ 203_③ 204_①

205 "너희가 구름이 서쪽에서 이는 것을 보면 곧 말하기를 소나기가 오리라 하나니 과연 그러하고 남풍이 부는 것을 보면 말하기를 심히 더우리라 하나니 과연 그러하니라"라는 예수의 말씀이 기록된 곳은?
① 마태복음 ② 마가복음
③ 누가복음 ④ 요한복음

206 다음 중 예수께서 습관을 따라 감람산에 가셔서 기도하신 것을 기록한 복음서는?
① 마태복음 ② 마가복음
③ 누가복음 ④ 요한복음

207 빌라도가 어떤 갈릴리 사람들의 피를 자신들이 제물에 섞은 일을 나타내는 이야기가 있는 복음서는?
① 마태복음 ② 마가복음
③ 누가복음 ④ 요한복음

208 여리고의 맹인을 묘사하는 기사에서 "무리가 지나감을 듣고 이 무슨 일이냐고 물은대"라는 구절은 어느 복음서에 나오는가?
① 마태복음 ② 마가복음
③ 누가복음 ④ 요한복음

209 예수께서 시몬 베드로의 "믿음이 떨어지지 않기를" 기도했다는 이야기가 나오는 복음서는?
① 마태복음 ② 마가복음
③ 누가복음 ④ 요한복음

210 가이사에게 세금을 바치는 것에 관한 대제사장들과 서기관들과의 대화에서 예수께서 자기에게 보여 달라고 한 화폐의 단위는 무엇인가?
① 렙돈 ② 고드란트
③ 데나리온 ④ 세겔

211 누가복음에서 "주여 나를 떠나소서 나는 죄인이로소이다"라고 예수께 고백한 사람은?
① 빌라도 ② 니고데모
③ 세리 ④ 베드로

212 누가복음에서 예수께서 삭개오의 집에 구원을 선포하시는 장은?
① 13장 ② 15장
③ 17장 ④ 19장

213 "미련하고 선지자들이 말한 모든 것을 마음에 더디 믿는 자들이여 그리스도가 이런 고난을 받고 자기의 영광에 들어가야 할 것이 아니냐"라는 말씀은 누가 말했나?
① 예수 ② 바울
③ 베드로 ④ 천사

214 예수께서 열두 살 되었을 때에 어느 절기에 예루살렘 성전에 가셨는가?
① 유월절 ② 초막절
③ 수전절 ④ 맥추절

215 "예수께서 ( )하실 기약이 차가매 예루살렘을 향하여 올라가기로 굳게 결심하시고 …"라는 누가복음의 말씀에서 괄호 안에 들어갈 단어는?
① 부활 ② 승천
③ 구속 ④ 현현

216 "너희에게 겨자씨 한 알만한 믿음이 있었더라면 이 뽕나무더러 뿌리가 뽑혀 바다에 심기어라 하였을 것이요"라는 말씀은 어느 복음서에 기록되었나?
① 마태복음 ② 마가복음
③ 누가복음 ④ 요한복음

217 누가복음에서 예수의 말씀을 듣는 데 열중하므로 예수께 칭찬받은 여자는?
① 요안나 ② 수산나
③ 마리아 ④ 마르다

218 누가복음 19장 1-10절의 마지막 절인 10절에는 다음 중 어떤 말씀이 나오는가?
① 이와 같이 나중 된 자로서 먼저 되고 먼저 된 자로서 나중되리라
② 죄인 한 사람이 회개하면 하나님의 사자들 앞에 기쁨이 되느니라
③ 인자가 온 것은 잃어버린 자를 찾아 구원하

205_③ 206_③ 207_③ 208_③ 209_③ 210_③ 211_④ 212_④ 213_① 214_① 215_② 216_③ 217_③ 218_③

려 함이니라
④ 이 사람도 다윗의 자손임이로다

219 누가복음 6장 15절에 의하면 시몬 베드로가 아닌 또 다른 시몬의 다른 호칭은 무엇인가?
① 세베대 ② 가룟
③ 셀롯 ④ 안드레

220 누가복음 2장 51-52절에 의하면 예수께서 자라나신 곳은?
① 베들레헴 ② 예루살렘
③ 가나 ④ 나사렛

221 누가복음에 의하면 가브리엘 천사가 마리아에게 나타나 예수를 수태하였음을 알렸을 때 엘리사벳은 이미 수태한지 몇 달이 되었는가?
① 3개월 ② 4개월
③ 5개월 ④ 6개월

222 "아기가 자라며 강하여지고 ( ) 충만하며 하나님의 ( ) 그의 위에 있더라"라는 누가복음 2장 40절 말씀에서 괄호 안에 차례대로 들어가야 할 단어는?
① 성령이, 은혜가 ② 성령이, 지혜가
③ 지혜가, 은혜가 ④ 은혜가, 지혜가

223 누가복음 9장 46-48절에서 "예수의 제자 중에서 누가 크냐"하는 변론이 일어났을 때 예수께서 하신 말씀이 아닌 것은?
① 누구든지 내 이름으로 이런 어린 아이를 영접하면 곧 나를 영접함이요
② 너희 모든 사람 중에 가장 작은 그가 큰 자니라
③ 누구든지 나를 영접하면 곧 나를 보내신 이를 영접함이라
④ 너희 중에 누구든지 으뜸이 되고자 하는 자는 너희 종이 되어야 하리라

224 "오늘 네가 나와 함께 낙원에 있으리라"라는 예수의 말씀이 나오는 책은?
① 마태복음 ② 마가복음
③ 누가복음 ④ 요한복음

225 "내가 ( )을/를 땅에 던지러 왔노니 이 ( )이/가 이미 붙었으면 내가 무엇을 원하리요"라는 예수의 말씀에서 괄호 안에 공통으로 들어가야 할 단어는?
① 전쟁 ② 화
③ 불 ④ 싸움

226 다음 중 예수의 수난과 죽음을 다루는 곳을 잘못 지적한 곳은?
① 마태복음 26-27장
② 마가복음 14-15장
③ 누가복음 21-23장
④ 요한복음 18-19장

227 누가복음은 총 몇 장인가?
① 16장 ② 20장
③ 24장 ④ 28장

228 여인들에 대한 보도가 가장 많은 복음서는?
① 마태복음 ② 마가복음
③ 누가복음 ④ 요한복음

229 누가복음에서 "사람들이 동서남북으로부터 와서 하나님의 나라 잔치에 참여하리니"라는 말씀이 나오는 곳은?
① 11장 42절 ② 9장 61절
③ 17장 10절 ④ 13장 29절

230 세례요한이 사역을 시작할 때를 당시 통치자들과 연관을 지어 기록하고 있는 복음서는?
① 마태복음 ② 마가복음
③ 누가복음 ④ 요한복음

231 예수의 계보를 하나님에게까지 거슬러 올라가도록 기록하고 있는 복음서는?
① 마태복음 ② 마가복음
③ 누가복음 ④ 요한복음

232 누가복음에서 예수께서 공적인 활동을 시작하실 때 나사렛의 회당에서 행한 설교의 내용이 아닌 것은?
① 가난한 자에게 복음을 전하게 하셨다

219_③ 220_④ 221_④ 222_③ 223_④ 224_③ 225_③ 226_③ 227_③ 228_③ 229_④ 230_③ 231_③ 232_②

② 귀신을 쫓아내는 권세를 주었다
③ 포로 된 자에게 자유함을 주었다
④ 주의 은혜의 해를 전파하게 하셨다

233 누가복음에 나타나는 찬양시가 아닌 것은?
① 마리아의 찬양 노래
② 사가랴의 찬양 노래
③ 시므온의 찬양 노래
④ 안나의 찬양 노래

234 '예루살렘'이라는 용어가 가장 많이 사용됨으로써 예루살렘의 중요성을 강조하는 복음서는?
① 마태복음 ② 마가복음
③ 누가복음 ④ 요한복음

235 누가복음에서 "너희가 악할지라도 ( ) 자식에게 줄 줄 알거든 하물며 너희 하늘 아버지께서 구하는 자에게 ( ) 주시지 않겠느냐"에 차례로 들어갈 말은?
① 좋은 것으로, 값진 것을
② 기쁨으로, 성령을
③ 좋은 것으로, 좋은 것을
④ 좋은 것을, 성령을

236 예수께서 광야에서 사탄에게 시험받은 사실에 대해 각 복음서의 표현이 적합한 것은?
① 마태복음과 누가복음 : 예수께서 성령에게 이끌리어 광야에서 마귀에게 시험을 받으셨다
② 마태복음과 마가복음 : 성령이 예수를 광야로 몰아내셨다
③ 마가복음과 누가복음 : 성령이 예수를 광야로 몰아내셨다
④ 마태복음과 마가복음 : 예수께서 성령에게 이끌리어 광야에서 마귀에게 시험을 받으셨다

237 다음 중 누가복음에만 나오는 비유는?
① 진주 비유
② 겨자씨 비유
③ 무화과 비유
④ 바리새인과 세리 비유

238 누가복음에서 예수의 비유들이 모여 있는 장은?
① 5장 ② 10장
③ 15장 ④ 20장

239 예수께서 운명하셨을 때 사람들이 가슴을 쳤다는 것을 기록한 복음서는?
① 마태복음 ② 마가복음
③ 누가복음 ④ 요한복음

240 종말에 관한 설교가 나오는 누가복음의 장은?
① 19장 ② 20장
③ 21장 ④ 22장

241 "율법과 선지자는 요한의 때까지요 그 후부터는 하나님 나라의 복음이 전파되어 사람마다 그리로 침입하느니라"라는 말씀이 나오는 복음서는?
① 마태복음
② 마가복음
③ 누가복음
④ 마태복음과 누가복음

242 누가복음에서 예수께서 죽은 아들을 살리신 나인성 과부가 언급된 장은?
① 7장 ② 8장
③ 9장 ④ 10장

243 예수님께서 십자가에 못 박히시기 전 "푸른 나무에도 이같이 하거든 마른 나무에는 어떻게 되리요"라고 하신 말씀이 기록되어 있는 복음서는?
① 마태복음 ② 마가복음
③ 누가복음 ④ 요한복음

244 다음 중 누가복음 16장에 기록된 한 비유는?
① 부자와 나사로의 비유
② 잃은 드라크마의 비유
③ 겸손히 섬기는 종의 비유
④ 불의한 재판관의 비유

233_④ 234_③ 235_④ 236_① 237_④ 238_③ 239_③ 240_③ 241_③ 242_① 243_③ 244_①

245 누가복음 2장 2절에서 예수의 탄생과 관련하여 언급된 수리아의 총독은 누구인가?
① 헤롯 ② 구레뇨
③ 디베료 ④ 아구스도

246 누가복음에서 사람들이 예수께 어린 아기를 데려오는 것을 제자들이 꾸짖었을 때 예수께서 하신 말씀이 아닌 것은?
① 어린 아이들이 내게 오는 것을 용납하고 금하지말라
② 하나님의 나라가 이런 자의 것이니라
③ 하나님의 나라를 어린 아이와 같이 받아들이지 않는 자는 결단코 거기 들어가지 못하리라
④ 누구든지 내 이름으로 이런 어린 아이 하나를 영접하면 나를 영접함이요

247 누가복음에서 예수께서 "모세의 율법과 선지자의 글과 시편에 나를 가리켜 기록된 모든 것이 이루어져야 하리라 한 말이 이것이라"라고 말씀하신 때는?
① 예루살렘으로 올라가실 때
② 겟세마네 동산에서 기도하실 때
③ 최후의 만찬 시
④ 부활하신 후

248 누가복음에서 예수께서 부활하시어 나타나신 기사에 해당하지 않는 것은?
① 제자들이 예수를 만나보고 경배하나 오히려 의심하는 자가 있었다
② 예수께서 엠마오로 가는 도중에서 두 제자를 만났다
③ 예수께서 제자들에게 "평강이 있을지어다" 하고 말씀하셨다
④ 예수께서 "볼지어다 내가 내 아버지께서 약속하신 것을 너희에게 보내리니"라고 말씀하셨다

249 "베드로와 및 함께 있는 자들이 깊이 졸다가 온전히 깨어나 예수의 영광과 및 함께 선 두 사람을 보더니"라는 구절은 어느 복음서에 나오는가?
① 마태복음 ② 마가복음
③ 누가복음 ④ 요한복음

250 누가복음에서 예수의 계보가 나타나는 바로 앞의 사건은?
① 세례요한의 회개 선포
② 예수의 세례 사건
③ 예수의 시험 사건
④ 예수의 하나님 나라 선포

251 누가복음에서 원수 사랑에 대한 구체적인 실천 행위로 제시된 것이 아닌 것은?
① 너희를 미워하는 자를 선대하며
② 너희를 모욕하는 자를 위하여 기도하라
③ 네게 구하는 자에게 주며 네 것을 가져가는 자에게 다시 달라 하지 말며
④ 오리를 가게 하거든 그 사람과 십리를 동행하고

252 다음 중 누가복음에만 있는 이적은?
① 물고기 입에서 한 세겔을 얻은 이적
② 말 못하게 귀신들린 자를 고치신 이적
③ 그물이 찢어질 만큼 고기를 많이 잡은 이적
④ 귀먹고 말 더듬는 자를 고치신 이적

253 누가복음에서 "그 백성이 그를 미워하여 사자를 뒤로 보내어 이르되 우리는 이 사람이 우리의 왕 됨을 원하지 아니하나이다"라는 구절은 예수의 어느 비유에 나오는가?
① 므나의 비유
② 망대의 비유
③ 달란트의 비유
④ 불의한 청지기의 비유

254 마태복음, 마가복음, 누가복음, 요한복음은 예수 그리스도의 열두 제자 이름을 약간씩 다르게 기록하고 있는데, 다음 중에서 누가복음에만 나오는 제자 이름은 무엇인가?
① 나다나엘
② 야고보의 아들 유다
③ 알패오의 아들 야고보
④ 바돌로매

245_② 246_④ 247_④ 248_① 249_③ 250_② 251_④ 252_③ 253_① 254_②

255 "주의 성령이 내게 임하셨으니 이는 가난한 자에게 복음을 전하게 하시려고 …"라는 말씀이 나오는 곳은?
① 누가복음 3장 18절
② 누가복음 4장 18절
③ 누가복음 5장 18절
④ 누가복음 6장 18절

【주관식】

256 "주여 어디오니이까 이르시되 주검 있는 곳에는 ( )가 모이느니라 하시니라"는 누가복음 말씀에서 괄호 안에 들어갈 단어는?

257 "이는 우리 하나님의 긍휼로 인함이라 이로써 ( )가 위로부터 우리에게 임하여 어둠과 죽음의 그늘에 앉은 자에게 비치고 우리 발을 평강의 길로 인도하시리로다 하니라"에서 괄호 안에 들어갈 말은?

258 "주의 성령이 내게 임하셨으니 이는 ( )에게 복음을 전하게 하시려고 내게 기름을 부으시고"라는 말씀에서 괄호 안에 들어가는 말은 무엇인가?

259 누가복음에서 예수께서 인용하신 "주께서 내 주께 이르시되 내가 네 원수를 네 발등상으로 삼을 때까지 내 우편에 앉았으라"라는 말씀은 구약성경 어느 책에 나오나?

260 다음은 누가복음 2장 25절의 말씀이다. 괄호 안에 들어갈 낱말은?
"예루살렘에 시므온이라 하는 사람이 있으니 이 사람은 의롭고 경건하여 이스라엘의 위로를 기다리는 자라 ( )이 그 위에 계시더라"

261 삭개오는 누가복음 몇 장에 나오는가?

262 예수께서 복음을 전하실 때 다른 여러 여자와 함께 자신의 소유로 그를 섬긴 헤롯의 청지기 구사의 아내는 누구인가?

263 누가복음에서 "우리에게 말씀하시고 우리에게 성경을 풀어 주실 때에 우리 속에서 마음이 뜨겁지 아니하더냐"(눅 24:32)라는 구절은 어느 마을로 가던 제자들의 고백인가?

264 누가복음에서 다음에 들어갈 단어는 무엇인가?
"내가 너희에게 이르노니 내가 이제부터 하나님의 나라가 임할 때까지 포도나무에서 난 것을 다시 마시지 아니하리라 하시고 또 떡을 가져 ( ) 기도 하시고 떼어 그들에게 주시며 이르시되 이것은 너희를 위하여 주는 내 몸이라 너희가 이를 행하여 나를 기념하라 하시고"(눅 22:18-19)

265 "구름 속에서 소리가 나서 이르되 이는 나의 아들 곧 택함을 받은 자니 너희는 ( ) 하고"라는 말씀에서 괄호 안에 들어갈 말은?

266 "여기 서 있는 사람 중에 죽기 전에 ( )를 볼 자들도 있느니라"라는 말씀에서 괄호 안에 들어갈 말은?

267 예수께서 자신에게 향유를 부은 여자에게 하신 "네 ( )가/이 너를 구원하였으니 평안히 가라"라는 말씀에서 괄호 안에 들어가야 할 단어는?

268 유월절이라 하는 무교절이 다가오매 대제사장들과 서기관들이 예수를 무슨 방도로 죽일까 궁리한 것은 그들이 누구를 두려워하였기 때문인가?

269 다음은 누가복음 2장 25절의 말씀이다. 괄호 안에 들어갈 낱말은?
"예루살렘에 시므온이라 하는 사람이 있으니 이 사람은 의롭고 경건하여 ( )의 위로를 기다리는 자라 성령이 그 위에 계시더라"

270 다음은 누가복음 11장 13절의 말씀이다. 괄호 안에 들어갈 낱말은?

255_② 256_독수리 257_돋는 해 258_가난한 자 259_시편 260_성령 261_19장 262_요안나 263_엠마오 264_감사 265_그의 말을 들으라 266_하나님의 나라 267_믿음 268_백성 269_이스라엘 270_성령

"너희가 악할지라도 좋은 것을 자식에게 줄 줄 알거든 하물며 너희 하늘 아버지께서 구하는 자에게 ( )을 주시지 않겠느냐 하시니라"

271 "( )이/가 바늘귀로 들어가는 것이 부자가 하나님의 나라에 들어가는 것보다 쉬우니라"라는 말씀에서 괄호 안에 들어가는 말은?

272 예수께서 안식일에 나사렛 회당에서 읽으셨던 "주의 성령이 내게 임하셨으니 이는 가난한 자에게 복음을 전하게 하시려고 내게 기름을 부으시고 나를 보내사 포로 된 자에게 자유를, 눈 먼 자에게 다시 보게 함을 전파하며 눌린 자를 자유롭게 하고 주의 은혜의 해를 전파하게 하려 하심이라"라는 말씀은 구약성경에 어디에 나오는가?

273 "백성이 다 세례를 받을새 예수도 세례를 받으시고 기도하실 때에 하늘이 열리며 성령이 ( ) 같은 형체로 그의 위에 강림하시더니 하늘로부터 소리가 나기를 너는 내 사랑하는 아들이라 내가 너를 기뻐하노라 하시니라"라는 말씀에서 괄호 안에 들어가는 말은?

274 누가복음에 나타나는 예수의 계보에서 아담 위에는 누구인가?

275 누가복음 23장에서 십자가에 달리신 예수를 유대인의 왕이라고 희롱하며 신 포도주를 먹인 사람은 누구인가?

276 누가복음 23장에서 갈릴리에서 온 제자들이 예수의 시신에 바르려고 향품과 함께 준비한 것은?

277 누가복음에서 다음에 들어갈 단어는 무엇인가?
"성소의 ( )이 한가운데가 찢어지더라"(눅 23:35)

278 누가복음에서 다음에 공통으로 들어갈 단어는 무엇인가?
"이 여자들은 막달라 ( )과/와 요안나와 야고보의 모친 ( )라 또 그들과 함께 한 다른 여자들도 이것을 사도들에게 알리니라"(눅 24:10)

279 "이와 같이 너희도 명령 받은 것을 다 행한 후에 이르기를 우리는 ( )이라 우리가 하여야 할 일을 한 것뿐이라 할지니라"라는 말씀에서 괄호 안에 들어가야 할 말은?

280 "너희 중에 아버지 된 자로서 누가 아들이 생선을 달라 하는데 생선 대신에 뱀을 주며 알을 달라 하는데 ( )을 주겠느냐"라는 말씀에서 괄호 안에 들어갈 낱말은?

281 "화 있을진저 너희 ( )여 너희가 지식의 열쇠를 가져가서 너희도 들어가지 않고 또 들어가고자 하는 자도 막았느니라 하시니라"라는 말씀에서 괄호 안에 들어갈 말은?

282 "예수께서 대답하여 이르시되 내 어머니와 내 동생들은 곧 ( )을 듣고 행하는 이 사람들이라 하시니라"라는 말씀에서 괄호 안에 들어갈 말은?

283 네 가지 땅에 떨어진 씨 비유에서 씨는 무엇을 말하는가?

284 "너희가 악할지라도 좋은 것을 자식에게 줄 줄 알거든 하물며 너희 하늘 아버지께서 구하는 자에게 ( )을 주시지 않겠느냐"라는 말씀에서 괄호 안에 들어가야 할 단어는?

285 "집 하인이 두 주인을 섬길 수 없나니 혹 이를 미워하고 저를 사랑하거나 혹 이를 중히 여기고 저를 경히 여길 것임이니라 너희는 하나님과 ( )을 겸하여 섬길 수 없느니라"라는 누가복음 말씀에서 괄호 안에 들어가야 할 단어는?

286 "너희에게 겨자씨 한 알만한 ( )이 있었더라면 이 뽕나무더러 뿌리가 뽑혀 바다에 심기어라 하였을 것이요 그것이 너희에게 순종하였으리라"라는 말씀에서 괄호 안에 들어갈 단어는?

271_낙타 272_이사야 273_비둘기 274_하나님 275_군인들 276_향유 277_휘장 278_마리아 279_무익한 종 280_전갈
281_율법교사 282_하나님의 말씀 283_하나님의 말씀 284_성령 285_재물 286_믿음

287 다음은 누가복음 14장 27절의 말씀이다. 괄호 안에 들어갈 낱말은?
"누구든지 자기 십자가를 지고 나를 따르지 않는 자도 능히 내 ( )가 되지 못하리라"

288 다음은 누가복음 12장 56절의 말씀이다. 괄호 안에 들어갈 낱말은?
"외식하는 자여 너희가 천지의 기상은 분간할 줄 알면서 어찌 이 ( )는 분간하지 못하느냐"

289 다음은 누가복음 12장 33절의 말씀이다. 괄호 안에 들어갈 낱말은?
"너희 소유를 팔아 구제하여 낡아지지 아니하는 ( )을 만들라 곧 하늘에 둔 바 다함이 없는 보물이니 거기는 도둑도 가까이 하는 일이 없고 좀도 먹는 일이 없느니라"

290 엠마오의 이야기는 누가복음 몇 장에 나오는가?

291 "예수께서 이르시되 손에 ( )를 잡고 뒤를 돌아보는 자는 하나님의 나라에 합당하지 아니하니라 하시니라"라는 누가복음 9장 62절의 말씀에서 괄호 안에 들어가야 할 단어는 무엇인가?

292 세례 요한의 모친의 이름은 무엇인가?

293 "예수께서 낮에는 성전에서 가르치시고 밤에는 나가 ( )이라 하는 산에서 쉬시니 …"라는 누가복음의 말씀에서 괄호 안에 들어가야 할 단어는?

294 예수께서 삭개오를 만난 곳은?

295 누가복음 15장에 나오는 첫 번째 비유는?

요한복음

001 "그들이 내 옷을 나누고 내 옷을 제비 뽑나이다"라는 구약성경의 말씀이 인용되는 복음서는?
① 마태복음 ② 마가복음
③ 누가복음 ④ 요한복음

002 예수님을 향하여 "보라 세상 죄를 지고 가는 하나님의 어린 양이로다"라고 말한 사람은?
① 빌립 ② 사도 요한
③ 나다나엘 ④ 세례 요한

003 다음 중 "대제사장들과 아랫사람들이 예수를 보고 소리 질러 이르되 십자가에 못 박으소서 십자가에 못 박으소서" 할 때 빌라도가 한 말은?
① 내가 너희 왕을 십자가에 못 박으랴
② 그가 당연히 죽을 것은 그가 자기를 하나님의 아들이라 함이다
③ 나는 그에게서 죄를 찾지 못하였노라
④ 무릇 자기를 왕이라 하는 자는 가이사를 반역하는 것이다

004 "사람들이 너희를 ( )할 뿐 아니라 때가 이르면 무릇 너희를 죽이는 자가 생각하기를 이것이 하나님을 섬기는 일이라 하리라"는 요한복음 16장 1절 말씀에서 괄호 안에 들어가야 할 낱말은?
① 무시 ② 핍박
③ 학대 ④ 출교

287_제자 288_시대 289_배낭 290_24장 291_쟁기
292_엘리사벳 293_감람원 294_여리고 295_잃은 양(의 비유)

001_④ 002_④ 003_③ 004_④

005 "예수께서 대답하여 이르시되 사람이 나를 사랑하면 내 말을 지키리니 내 아버지께서 그를 사랑하실 것이요 우리가 그에게 가서 (　)을/를 그와 함께 하리라"는 요한복음 14장 23절 말씀에서 괄호 안에 들어가야 할 낱말은?
① 행동　② 식사
③ 사랑　④ 거처

006 "(　)전에 예수께서 자기가 세상을 떠나 아버지께로 돌아가실 때가 이른 줄 아시고 세상에 있는 자기 사람들을 사랑하시되 끝까지 사랑하시니라"는 요한복음 13장 1절 말씀에서 괄호 안에 들어가야 할 낱말은?
① 오순절　② 초막절
③ 유월절　④ 수전절

007 다음 중 요한복음에 나오는 예수의 말씀이 아닌 것은?
① 나는 생명의 떡이니
② 나는 세상의 빛이니
③ 나는 세상의 소금이니
④ 나는 양의 문이니

008 다음 중 요한복음에만 나오는 예수의 표적은?
① 회당장 야이로 딸의 소생
② 나인 성 과부 아들의 소생
③ 나사로의 소생
④ 다비다의 소생

009 예수께서 유대인들이 자신을 죽이려 함으로 제자들을 먼저 예루살렘에 올려 보내고 자신은 나중에 예루살렘으로 가신 유대인의 명절은 어느 절기인가?
① 유월절　② 초막절
③ 오순절　④ 수전절

010 요한복음에서 장 전체가 예수의 기도인 장은?
① 15장　② 16장
③ 17장　④ 18장

011 다음의 구절은 구약 성경 어느 예언자의 예언인가?
"주여 우리에게서 들은 바를 누가 믿었으며 주의 팔이 누구에게 나타났나이까 하였더라"(요 12:38).
① 예레미야　② 이사야
③ 요엘　④ 스가랴

012 다음의 구절은 구약 성경 어느 예언자의 예언인가?
"그들의 눈을 멀게 하시고 그들의 마음을 완고하게 하셨으니 이는 그들로 하여금 눈으로 보고 마음으로 깨닫고 돌이켜 내게 고침을 받지 못하게 하려 함이라 하였음이더라"(요 12:40).
① 예레미야　② 이사야
③ 요엘　④ 스가랴

013 "오직 이것을 기록함은 너희로 예수께서 하나님의 아들 그리스도이심을 믿게 하려 함이요 또 너희로 믿고 그 이름을 힘입어 생명을 얻게 하려 함이니라"는 말씀은 어느 복음서의 기록 목적인가?
① 마태복음　② 마가복음
③ 누가복음　④ 요한복음

014 "우리에게 법이 있으니 그 법대로 하면 그가 당연히 죽을 것은 그가 자기를 하나님의 아들이라 함이니이다"라는 말씀이 기록된 복음서는?
① 마태복음　② 마가복음
③ 누가복음　④ 요한복음

015 "그 뼈가 하나도 꺾이지 아니하리라"는 구약성경의 말씀이 인용된 복음서는?
① 마태복음　② 마가복음
③ 누가복음　④ 요한복음

016 "그들이 그 찌른 자를 보리라"는 구약성경의 말씀이 인용된 복음서는?
① 마태복음　② 마가복음
③ 누가복음　④ 요한복음

017 예수를 체포하기 위해 온 사람들이 나사렛 예수를 찾는다는 말을 듣고 "내가 그니라"고 대답했을 때 그를 체포하러 온 사람들이 "물러가

005_④ 006_③ 007_③ 008_③ 009_② 010_③ 011_② 012_② 013_④ 014_④ 015_④ 016_④ 017_④

서 땅에 엎드러지는지라"고 기록하고 있는 복음서는?
① 마태복음 ② 마가복음
③ 누가복음 ④ 요한복음

018 요한복음에서 예수께서 눈물을 흘리신 사건을 언급하는 장은?
① 4장 ② 5장
③ 10장 ④ 11장

019 "( )은 곧 유일하신 참 하나님과 그가 보내신 자 예수 그리스도를 아는 것이니이다"라는 말씀에서 괄호 안에 맞는 단어는?
① 믿음 ② 진리
③ 율법 ④ 영생

020 바리새인들로 부터 "네가 온전히 죄 가운데서 나서 우리를 가르치느냐"는 비난을 받은 사람은?
① 보게 된 맹인 ② 나사로
③ 예수 ④ 베드로

021 예수께서 오천 명을 먹이시는 기적을 행하신 후에 '다시 혼자 산으로 떠나' 가신 이유는?
① 자신의 뜻이 아니라 그를 보내신 이의 뜻을 행하기 위하여
② 유대인들이 예수에 대하여 수군거리기 시작하였으므로
③ 자기를 억지로 붙들어 임금으로 삼으려는 줄 아시고
④ 사람들이 예수를 세상에 오실 그 선지자로 알아보았으므로

022 "내가 아버지의 이름을 그들에게 알게 하였고 또 알게 하리니 이는 나를 사랑하신 ( )이 그들 안에 있고 나도 그들 안에 있게 하려 함이니이다"는 요한복음 17장 26절에서 괄호 안에 들어가야 할 낱말은?
① 하나님 ② 사랑
③ 성령 ④ 분

023 "( )를/을 너희에게 끼치노라 곧 나의 ( )를/을 너희에게 주노라 내가 너희에게 주는 것은 세상이 주는 것과 같지 아니하니라 너희는 마음에 근심하지도 말고 두려워하지도 말라"는 요한복음 14장 27절 말씀에서 괄호 안에 들어가야 할 낱말은?
① 기쁨 ② 평안
③ 은혜 ④ 생명

024 "한 사람이 백성을 위하여 죽어서 온 ( )이 망하지 않게 되는 것이 너희에게 유익한 줄을 생각하지 아니하는도다 하였으니"라는 요한복음 11장 50절 말씀에서 괄호 안에 들어가야 할 낱말은?
① 가정 ② 민족
③ 세상 ④ 교인

025 "성경은 폐하지 못하나니 하나님의 말씀을 받은 사람들을 ( ) 하셨거든"이라는 요한복음 10장 35절 말씀에서 괄호 안에 들어가야 할 낱말은?
① 천사라 ② 예언자라
③ 신이라 ④ 능력자라

026 예수께서 날 때 부터 맹인된 사람을 고치시는 장면은 요한복음 몇 장에 나오는가?
① 7장 ② 8장
③ 9장 ④ 10장

027 "유대인들이 이르되 네가 아직 ( ) 세도 못되었는데 아브라함을 보았느냐"는 요한복음 8장 57절 말씀에서 괄호 안에 들어가야 할 낱말은?
① 삼십 ② 사십
③ 오십 ④ 육십

028 "그러므로 ( )이/가 너희를 자유롭게 하면 너희가 참으로 자유로우리라"는 요한복음 8장 36절 말씀에서 괄호 안에 들어가야 할 낱말은?
① 진리 ② 아들
③ 사랑 ④ 지식

018_④ 019_④ 020_① 021_③ 022_② 023_② 024_② 025_③ 026_③ 027_③ 028_②

029 예수로부터 예루살렘 양문 곁의 베데스다 못에서 고침을 받은 사람은?
① 날 때부터 맹인 된 사람
② 열여덟 해 동안 등이 꼬부라져 펴지 못하는 여자
③ 열 두해 동안 혈루증으로 앓는 여자
④ 서른여덟 해 된 병자

030 "내 아버지의 뜻은 아들을 보고 믿는 자마다 ( )을/를 얻는 이것이니 마지막 날에 내가 이를 다시 살리리라"는 예수의 말씀에서 괄호 안에 들어가는 말은?
① 의 ② 영생
③ 구원 ④ 자비

031 "( )을/를 알지니 ( )이/가 너희를 자유롭게 하리라"는 예수의 말씀에서 괄호 안에 공통적으로 들어가는 말은?
① 율법 ② 그리스도
③ 용서 ④ 진리

032 "실로암 못에 가서 씻으라"는 예수의 말씀대로 행해 고침 받은 사람은?
① 날 때부터 맹인 된 사람
② 열여덟 해 동안 등이 꼬부라져 펴지 못하는 여자
③ 열 두해 동안 혈루증으로 앓는 여자
④ 서른여덟 해 된 병자

033 다음 중 요한복음 10장에 나오는 것은?
① 나는 세상의 빛이니
② 나는 생명의 떡이니
③ 나는 선한 목자라
④ 나는 부활이요 생명이니

034 다음 중 예수께서 베다니에서 행하신 표적과 관련 없는 사람은?
① 마리아 ② 마르다
③ 나사로 ④ 삭개오

035 다음 중 베다니에서 향유를 예수의 발에 부은 사람은?
① 마리아 ② 마르다
③ 요안나 ④ 나사로

036 명절에 예배하러 예루살렘에 올라온 헬라인 몇이 예수를 뵙고자 할 때 예수께서 하신 말씀은?
① 인자가 영광을 얻을 때가 왔도다
② 네가 믿으면 하나님의 영광을 보리라
③ 나는 선한 목자라
④ 나와 아버지는 하나이니라

037 다음 중 예수께서 말씀하신 보혜사에 해당하지 않는 것은?
① 그는 너희와 함께 거하심이요 또 너희 속에 계시겠음이라
② 그가 너희에게 모든 것을 가르치고 내가 너희에게 말한 모든 것을 생각나게 하리라
③ 그가 와서 죄에 대하여, 의에 대하여, 심판에 대하여 세상을 책망하시리라
④ 그가 속히 오리라

038 예수께서 십자가상에서 "내가 목마르다"고 말씀하신 복음서는?
① 마태복음 ② 마가복음
③ 누가복음 ④ 요한복음

039 십자가에서 죽으신 예수를 "한 군인이 창으로 옆구리를 찌르니 곧 피와 물이 나오더라"고 언급하는 복음서는?
① 마태복음 ② 마가복음
③ 누가복음 ④ 요한복음

040 "예수께서 행하신 일이 이 외에도 많으니 만일 낱낱이 기록된다면 이 세상이라도 이 기록된 책을 두기에 부족할 줄 아노라"는 말씀으로 끝나는 복음서는?
① 마태복음 ② 마가복음
③ 누가복음 ④ 요한복음

041 "예루살렘에 수전절이 이르니 때는 ( )이라"는 말씀에서 괄호 안에 들어가는 말은?
① 봄 ② 여름

요

029_④ 030_② 031_④ 032_① 033_③ 034_④ 035_① 036_① 037_④ 038_④ 039_④ 040_④ 041_④

③ 가을　　④ 겨울

042 요한복음에서 다음에 들어갈 공통적인 단어는 무엇인가?
"너희가 ( )에 속하였으면 ( )이 자기의 것을 사랑할 것이나 너희는( )에 속한 자가 아니요 도리어 내가 너희를 ( )에서 택하였기 때문에 ( )이 너희를 미워하느니라"(요 15:19).
① 이 땅　　② 세상
③ 물질　　④ 돈

043 다음의 구절에서 '그'는 누구를 가리키는가?
"그가 와서 죄에 대하여, 의에 대하여, 심판에 대하여 세상을 책망하시리라"(요 16:8)
① 인자　　② 성령
③ 메시아　　④ 구세주

044 다음의 요한복음 구절에서 단어의 조합이 맞는 것은?
"이것을 너희에게 이르는 것은 너희로 내 안에서 ( )을 누리게 하려 함이라 세상에서는 너희가 ( )을/를 당하나 담대하라 내가 세상을 이기었노라"(요 16:33)
① 영생 – 고난　　② 구원 – 수치
③ 기쁨 – 모욕　　④ 평안 – 환난

045 요한복음에서 다음에 들어갈 공통적인 단어는 무엇인가?
"세상 중에서 내게 주신 사람들에게 내가 ( )의 이름을 나타내었나이다 그들은 ( )의 것이었는데 내게 주셨으며 그들은 ( )의 말씀을 지키었나이다"(요 17:6).
① 인자　　② 아버지
③ 메시아　　④ 구세주

046 요한복음에서 다음에 들어갈 공통적인 단어는 무엇인가?
"의로우신 ( )여 세상이 ( )를 알지 못하여도 나는 ( )를 알았사옵고 그들도 ( )께서 나를 보내신 줄 알았사옵나이다"(요 17:25).
① 인자　　② 아버지
③ 메시아　　④ 구세주

047 다음의 요한복음 18장 12절에서 예수를 잡으려고 온 사람들이 아닌 것은?
① 군대
② 천부장
③ 유대인의 아랫사람들
④ 산헤드린 위원

048 요한복음에서 다음에 들어갈 공통적인 단어는 무엇인가?
"시몬 베드로와 또 다른 제자 한 사람이 예수를 따르니 이 제자는 ( )과 아는 사람이라 예수와 함께 ( )의 집 뜰에 들어가고"(요 18:15)
① 서기관　　② 대제사장
③ 사두개인　　④ 총독

049 요한복음에서 다음에 들어갈 공통적인 단어는 무엇인가?
"이 날은 준비일이라 유대인들은 그 ( )이 큰 날이므로 그 ( )에 시체들을 십자가에 두지 아니하려 하여 빌라도에게 그들의 다리를 꺾어 시체를 치워 달라 하니"(요 19:31)
① 유월절　　② 안식일
③ 초막절　　③ 수전절

050 요한복음에서 다음에 들어갈 공통적인 단어는 무엇인가?
"이 말씀을 하시고 그들을 향하사 숨을 내쉬며 이르시되 ( )을/를 받으라"(요 20:22)
① 부활하신 주　　② 성령
③ 살아계신 메시아　　④ 구세주

051 "이 일들을 증언하고 이 일들을 기록한 제자가 이 사람이라 우리는 그의 증언이 참된 줄 아노라"라는 말씀에서 이 제자는 누구인가?
① 베드로　　② 마태
③ 사랑하시는 제자　　④ 바울

052 "예수께서 행하신 일이 이 외에도 많으니 만일 낱낱이 기록된다면 이 세상이라도 이 기록된 책을 두기에 부족할 줄 아노라"라는 말로 끝마치는 복음서는?
① 마태복음　　② 마가복음

042_②　043_②　044_④　045_②　046_②　047_④　048_②　049_②　050_②　051_③　052_④

③ 누가복음 ④ 요한복음

053 제자들이 유대인들을 두려워하여 모인 곳의 문들을 닫고 있었는데 부활하신 예수께서 그들 가운데 나타나신 사건을 기록하는 복음서는?
① 마태복음 ② 마가복음
③ 누가복음 ④ 요한복음

054 "천사들이 이르되 여자여 어찌하여 우느냐 이르되 사람들이 내 주님을 옮겨다가 어디 두었는지 내가 알지 못함이니이다 이 말을 하고 뒤로 돌이켜 예수께서 서 계신 것을 보았으나 예수이신 줄은 알지 못하더라"는 말씀이 기록된 복음서는?
① 마태복음 ② 마가복음
③ 누가복음 ④ 요한복음

055 "예수께서 이르시되 나를 붙들지 말라 내가 아직 아버지께로 올라가지 아니하였노라 너는 내 형제들에게 가서 이르되 내가 내 아버지 곧 너희 아버지, 내 하나님 곧 너희 하나님께로 올라간다 하라 하시니"라는 말씀이 기록된 복음서는?
① 마태복음 ② 마가복음
③ 누가복음 ④ 요한복음

056 요한복음 19장의 "이 날은 (   )이요 때는 제육시라 빌라도가 유대인들에게 이르되 보라 너희 왕이로다"라는 말씀에서 괄호 안에 들어가야 할 말은?
① 유월절의 준비일 ② 유월절
③ 초막절 ④ 초막절의 준비일

057 요한복음 19장의 "가이사 외에는 우리에게 왕이 없나이다"라는 말은 누가 한 말인가?
① 유대 백성들 ② 바리새인들
③ 사두개인들 ④ 대제사장들

058 예수를 향해 "진리가 무엇이냐"고 물은 사람은 누구인가?
① 가야바 ② 빌라도
③ 헤롯 ④ 안나스

059 "한 사람이 백성을 위하여 죽어서 온 민족이 망하지 않게 되는 것이 너희에게 유익한 줄을 생각하지 아니하는도다"라고 말한 사람은 누구인가?
① 가야바 ② 안나스
③ 헤롯 ④ 빌라도

060 "이 사람을 놓으면 가이사의 충신이 아니니이다 무릇 자기를 왕이라 하는 자는 가이사를 반역하는 것이니이다"라는 말씀이 기록된 복음서는?
① 마태복음 ② 마가복음
③ 누가복음 ④ 요한복음

061 예수가 못 박힌 십자가에 유대인의 왕이라는 팻말이 "히브리와 로마와 헬라 말로" 기록되었다고 증언하는 복음서는?
① 마태복음 ② 마가복음
③ 누가복음 ④ 요한복음

062 "내가 와서 그들에게 말하지 아니하였더라면 죄가 없었으려니와 지금은 그 죄를 핑계할 수 없느니라"는 말씀이 기록된 복음서는?
① 마태복음 ② 마가복음
③ 누가복음 ④ 요한복음

063 빌립을 찾아와서 "선생이여 우리가 예수를 뵈옵고자 하나이다"라고 청한 사람들은 어떤 사람들인가?
① 유대인들 ② 갈릴리 사람들
③ 헬라인들 ④ 서기관들

064 "아버지여, 아버지의 이름을 영광스럽게 하옵소서 하시니 이에 하늘에서 소리가 나서 이르되 내가 이미 영광스럽게 하였고 또다시 영광스럽게 하리라 하시니 곁에 서서 들은 무리는 천둥이 울었다고도 하며 또 어떤 이들은 천사가 그에게 말하였다고도 하니"라는 말씀이 기록된 복음서는?
① 마태복음 ② 마가복음
③ 누가복음 ④ 요한복음

053_④ 054_④ 055_④ 056_① 057_④ 058_② 059_① 060_④ 061_④ 062_④ 063_③ 064_④

065 "그들의 눈을 멀게 하시고 그들의 마음을 완고하게 하셨으니 이는 그들로 하여금 눈으로 보고 마음으로 깨닫고 돌이켜 내게 고침을 받지 못하게 하려 함이라"는 이사야서의 말씀이 인용된 복음서는?

① 마태복음 ② 마가복음
③ 누가복음 ④ 요한복음

066 "내 말이 네가 믿으면 하나님의 영광을 보리라 하지 아니하였느냐"는 말씀은 예수가 어떤 상황에서 하셨나?

① 변화산 상에서
② 문둥병자를 치유하실 때
③ 죽은 나사로는 살려내시기 직전에
④ 부활하신 후에

067 "찾아 보라 ( )에서는 선지자가 나지 못하느니라"는 대제사장들과 바리새인들의 언급에서 괄호 안에 맞는 지명은?

① 베들레헴 ② 유다 땅
③ 갈릴리 ④ 예루살렘

068 "너희 조상 ( )는/은 나의 때 볼 것을 즐거워하다가 보고 기뻐하였느니라"는 예수의 말씀에서 괄호 안에 맞는 단어는?

① 모세 ② 다윗
③ 야곱 ④ 아브라함

069 "주는 그리스도시요 세상에 오시는 하나님의 아들이신 줄 내가 믿나이다"라고 신앙을 고백한 사람은?

① 마르다 ② 마리아
③ 도마 ④ 백부장

070 큰 무리가 "호산나 찬송하리로다 주의 이름으로 오시는 이 곧 ( )이시여"라고 환호하며 예수를 맞이할 때 괄호 안에 맞는 단어는?

① 이스라엘의 왕 ② 유대인의 왕
③ 이스라엘의 목자 ④ 유대인의 목자

071 "아버지여 내게 주신 자도 나 있는 곳에 나와 함께 있어 아버지께서 ( ) 나를 사랑하시므로 내게 주신 나의 영광을 그들로 보게 하시기를 원하옵나이다"라는 말씀에서 괄호 안에 맞는 단어는?

① 창세 전부터 ② 창세 시에
③ 창세 이후로 ④ 창세가 끝난 후

072 "오직 이것을 기록함은 너희로 예수께서 하나님의 ( ) 그리스도이심을 믿게 하려 함이요 또 너희로 믿고 그 이름을 힘입어 생명을 얻게 하려 함이니라"는 요한복음 20장 31절 말씀에서 괄호 안에 들어가야 할 낱말은?

① 사자 ② 예언자
③ 일꾼 ④ 아들

073 "썩을 양식을 위하여 일하지 말고 영생하도록 있는 양식을 위하여 하라 이 양식은 ( )가 너희에게 주리니 ( )는 아버지 하나님께서 인치신 자니라"는 요한복음 6장 27절 말씀에서 괄호 안에 들어가야 할 낱말은?

① 천사 ② 그리스도
③ 인자 ④ 사도

074 "예수께서 이르시되 나의 ( )은/는 나를 보내신 이의 뜻을 행하며 그의 일을 온전히 이루는 이것이니라"는 요한복음 4장 34절의 말씀에서 괄호 안에 들어가야 할 낱말은?

① 보람 ② 임무
③ 양식 ④ 기쁨

075 "예수께서 행하신 일이 이 외에도 많으니 만일 낱낱이 기록된다면 이 세상이라도 이 기록된 책을 두기에 부족할 줄 아노라"는 말씀은 어느 복음에 나오는가?

① 마태복음 ② 마가복음
③ 누가복음 ④ 요한복음

076 "그 뼈가 하나도 꺾이지 아니하리라"는 구약성경의 말씀은 어느 복음에 인용되었는가?

① 마태복음 ② 마가복음
③ 누가복음 ④ 요한복음

077 다음 중 요한복음에만 나오는 내용은?

065_④ 066_③ 067_③ 068_④ 069_① 070_① 071_① 072_④ 073_③ 074_③ 075_④ 076_④ 077_③

① 예루살렘 성전을 깨끗하게 하심
② 떡 다섯 개와 물고기 두 마리로 오천 명을 먹이심
③ 실로암 못가의 맹인 치유
④ 예수께서 물 위를 걸으심

078 다음 중 요한복음에서 '보혜사' 용어가 나타나지 않는 장은 몇 장인가?
① 13장 ② 14장
③ 15장 ④ 16장

079 "그 사람들이 예수께서 행하신 이 표적을 보고 말하되 이는 참으로 세상에 오실 ( )라 하더라"는 말씀에서 괄호 안에 들어가야 할 단어는?
① 그 선지자 ② 그리스도
③ 구세주 ④ 인자

080 "빌립이 ( )을/를 찾아 이르되 모세가 율법에 기록하였고 여러 선지자가 기록한 그이를 우리가 만났으니 요셉의 아들 나사렛 예수니라"는 말씀에서 괄호 안에 들어가야 할 사람의 이름은?
① 나다나엘 ② 니고데모
③ 시몬 ④ 바돌로매

081 바리새인들이 보낸 자들이 "또 물어 이르되 네가 만일 ( )도 아니요 ( )도 아니요 그 ( )도 아닐진대 어찌하여 세례를 베푸느냐"라는 말씀에서 괄호 안에 들어가는 말이 아닌 것은?
① 선지자 ② 오실 그이
③ 엘리야 ④ 그리스도

082 "본래 하나님을 본 사람이 없으되 아버지 품속에 있는 독생하신 하나님이 나타내셨느니라"는 말씀은 어느 책에 나오나?
① 마태복음 ② 마가복음
③ 누가복음 ④ 요한복음

083 요한복음 12장에 나오는 "제자들은 처음에 이 일을 깨닫지 못하였다가 예수께서 영광을 얻으신 후에야 이것이 예수께 대하여 기록된 것임과 사람들이 예수께 이같이 한 것임이 생각났더라"는 말씀에서 "이일"은 어떤 일인가?
① 가나의 혼인잔치에서 물로 포도주를 만드신 일
② 성전을 정화하신 일
③ 예루살렘에 나귀를 타고 입성하신 일
④ 오병이어의 기적

084 "나를 믿는 자는 성경에 이름과 같이 그 배에서 생수의 강이 흘러나오리라"는 말씀은 요한복음 몇 장에 나오는가?
① 5장 ② 7장
③ 9장 ④ 11장

085 요한복음에서 예수께서 '첫 표적'을 행하신 곳은?
① 베다니 ② 가버나움
③ 베데스다 ④ 가나

086 예수 그리스도께서 행하신 다음 일 중 요한복음에만 나오는 내용이 아닌 것은?
① 떡 다섯 개와 물고기 두 마리로 오천 명을 먹이심
② 가나에서의 혼인 잔치에서 물로 포도주를 만드심
③ 니고데모에게 거듭남의 말씀을 가르치심
④ 나사로를 다시 살리심

087 요한복음에서 예수께서 자기에게로 오는 무리를 보시고 어느 제자에게 "우리가 어디서 떡을 사서 이 사람들을 먹이겠느냐"고 말씀하셨는가?
① 베드로 ② 안드레
③ 빌립 ④ 도마

088 간음하다가 현장에서 잡힌 여자를 예수 그리스도께서 정죄하지 아니하시고 다시는 죄를 범하지 말라고 명령하신 말씀은 요한복음 몇 장에 나오나?
① 6장 ② 7장
③ 8장 ④ 9장

078_① 079_① 080_① 081_② 082_④ 083_③ 084_② 085_④ 086_① 087_③ 088_③

089 "모세가 광야에서 뱀을 든 것 같이 인자도 들려야 하리니 …"라는 말씀은 요한복음 몇 장에 나오나?
① 3장 ② 4장
③ 8장 ④ 17장

090 예수 그리스도께서 디베랴 호수에서 제자들에게 자기를 나타내신 일을 "이것은 예수께서 죽은 자 가운데서 살아나신 후에 ( )로 제자들에게 나타나신 것이라"고 기록하는 말씀에서 괄호 안에 들어가야 할 낱말은?
① 첫 번째 ② 두 번째
③ 세 번째 ④ 네 번째

091 "여기를 떠나 유대로 가소서 스스로 나타나기를 구하면서 묻혀서 일하는 사람이 없나니 이 일을 행하려 하거든 자신을 세상에 나타내소서"라고 예수 그리스도께 말한 사람은?
① 예수의 형제들
② 예수의 제자들
③ 바리새인들
④ 무리 중의 많은 사람들

092 "예루살렘에 수전절이 이르니 때는 겨울이라"는 말씀은 어느 책에 나오나?
① 마태복음 ② 마가복음
③ 누가복음 ④ 요한복음

093 "예수께 이르러서는 이미 죽으신 것을 보고 다리를 꺾지 아니하고 그 중 한 군인이 창으로 옆구리를 찌르니 곧 피와 물이 나오더라"는 말씀은 어느 책에 나오는가?
① 마태복음 ② 마가복음
③ 누가복음 ④ 요한복음

094 "( )는 유대인들에게 한 사람이 백성을 위하여 죽는 것이 유익하다고 권고하던 자러라"는 말씀에서 괄호 안에 들어가야 할 단어는?
① 가야바 ② 안나스
③ 베스도 ④ 벨릭스

095 "내 살을 먹고 내 피를 마시는 자는 영생을 가졌고 마지막 날에 내가 그를 다시 살리리니 …"라는 말씀은 요한복음 몇 장에 나오는가?
① 5장 ② 6장
③ 11장 ④ 12장

096 다음 중 요한복음에 나타나지 않는 예수의 칭호는?
① 말씀 ② 하나님의 어린양
③ 랍비 ④ 다윗의 자손

097 "예수께서 와서 보시니 나사로가 무덤에 있은 지이미 ( )라/이라"는 말씀에서 괄호 안에 들어가야 할 단어는?
① 하루 ② 이틀
③ 사흘 ④ 나흘

098 요한복음에서 베데스다 못은 예루살렘의 어느 문 옆에 있는가?
① 분문 ② 사자문
③ 양문 ④ 미문

099 "나는 세상의 빛이니 나를 따르는 자는 어둠에 다니지 아니하고 생명의 빛을 얻으리라"는 말씀이 있는 요한복음의 장은?
① 7장 ② 8장
③ 9장 ④ 10장

100 "너희가 내 안에 거하고 내 말이 너희 안에 거하면 무엇이든지 원하는 대로 구하라 그리하면 이루리라"는 말씀은 요한복음 몇 장에 나오는가?
① 7장 ② 11장
③ 15장 ④ 21장

101 "내 살을 먹고 내 피를 마시는 자는 영생을 가졌고 마지막 날에 내가 그를 다시 살리리니…"라는 말씀은 요한복음 몇 장에 나오는가?
① 5장 ② 6장
③ 11장 ④ 12장

102 다음 중 요한복음 5장 24절에 나오는 말씀은?
① 나는 하늘에서 내려온 살아 있는 떡이니 사

089_① 090_③ 091_① 092_④ 093_④ 094_① 095_② 096_④ 097_④ 098_③ 099_② 100_③ 101_② 102_④

람이 이 떡을 먹으면 영생하리라
② 나로 말미암지 않고는 아버지께로 올 자가 없느니라
③ 하나님은 영이시니 예배하는 자가 영과 진리로 예배할지니라
④ 나 보내신 이를 믿는 자는 영생을 얻었고 심판에 이르지 아니하나니 사망에서 생명으로 옮겼느니라

103 "진실로 진실로 너희에게 이르노니 믿는 자는 영생을 가졌나니 …"라는 요한복음의 말씀이 나오는 장은?
① 4장 ② 5장
③ 6장 ④ 7장

104 요한복음에서 명절에 예루살렘에 예배하러 올라온 사람 중 갈릴리 벳새다 사람 빌립에게 가서 예수 뵈옵기를 청한 사람은?
① 로마인 ② 헬라인
③ 유대인 ④ 사마리아인

105 요한복음에서 "나는 선한 목자라 선한 목자는 양들을 위하여 목숨을 버리거니와 …"라는 말씀이 나오는 장은?
① 10장 ② 11장
③ 12장 ④ 13장

106 다음 중 예수께서 시험받으신 이야기가 나타나지 않는 복음서는?
① 마태복음 ② 마가복음
③ 누가복음 ④ 요한복음

107 요한복음에서 "사람이 물과 성령으로 나지 아니하면 하나님의 나라에 들어갈 수 없느니라"는 말씀이 나오는 장은?
① 2장 ② 3장
③ 4장 ④ 5장

108 요한복음에서 빌라도가 명하여 예수의 십자가 위에 붙인 패에 '나사렛 예수 유대인의 왕'이라고 기록한 언어가 아닌 것은?
① 히브리 말 ② 로마 말
③ 헬라 말 ④ 아랍 말

109 요한복음에서 빌라도가 예수를 끌고 간 재판석으로 '돌을 깐 뜰'이란 뜻의 히브리 말은?
① 실로암 ② 가바다
③ 골고다 ④ 브라이도리온

110 다음 중 요한복음 외에 다른 복음에도 나오는 것은?
① 예수께서 제자들의 발을 씻기심
② 예수께서 실로암에서 맹인을 고치심
③ 예수께서 가나에서 물로 포도주를 만드심
④ 예수께서 부활 후 막달라 마리아에게 나타나심

111 "이 말씀이 하나님과 함께 계셨으니 이 말씀은 곧 ( )이시니라"에서 빈 칸에 맞는 말은?
① 예수 ② 그리스도
③ 성령 ④ 하나님

112 "나의 주님이시요 나의 ( )이시니이다"란 도마의 답변 중 빈 칸에 맞는 말은?
① 구원자 ② 하나님
③ 생명 ④ 메시아

113 "( ) 아버지여 세상이 아버지를 알지 못하여도 나는 아버지를 알았사옵고 그들도 아버지께서 나를 보내신 줄 알았사옵나이다"의 말씀에서 괄호 안에 알맞은 답은?
① 거룩하신 ② 자비로우신
③ 의로우신 ④ 하늘에 계신

114 요한복음에서 군대와 천부장과 유대인의 아랫사람들이 예수를 결박하여 바로 누구에게 끌고 갔는가?
① 가야바 ② 안나스
③ 빌라도 ④ 헤롯

115 요한복음 4장에 의하면 예수께서 사마리아 여인을 만난 곳은 어디인가?
① 야곱의 우물 ② 모세의 우물
③ 베데스다 우물 ④ 마라의 우물

103_③ 104_② 105_① 106_④ 107_② 108_④ 109_② 110_④ 111_④ 112_② 113_③ 114_② 115_①

116 "네가 아직 오십 세도 못 되었는데 아브라함을 보았느냐"라는 구절에서 "너"는 누구인가?
① 이삭 ② 모세
③ 세례 요한 ④ 예수님

117 예수께서 제자들의 발을 닦아주셨던 일은 요한복음 몇 장에 나오는가?
① 12장 ② 13장
③ 14장 ④ 15장

118 "나의 계명을 지키는 자라야 나를 사랑하는 자니 나를 사랑하는 자는 내 아버지께 사랑을 받을 것이요 나도 그를 사랑하여 그에게 나를 나타내리라"는 말씀이 나오는 요한복음의 장은?
① 10장 ② 12장
③ 14장 ④ 16장

119 "내가 진실로 진실로 너희에게 이르노니 내 말을 듣고 또 나 보내신 이를 믿는 자는 ( )을 얻었고 ( )에 이르지 아니하나니 ( )에서 ( )으로 옮겼느니라"는 말씀에서 괄호 안에 차례로 들어가는 알맞은 답은?
① 생명 – 사망 – 심판 – 영생
② 생명 – 영벌 – 심판 – 영생
③ 영생 – 심판 – 사망 – 생명
④ 영생 – 사망 – 영벌 – 생명

120 요한복음에서 "요한의 아들 시몬아 네가 나를 사랑하느냐"는 말씀이 나오는 장은?
① 19장 ② 20장
③ 21장 ④ 22장

121 요한복음에서 예수께서 '나는 부활이요 생명'이라고 하신 말씀이 기록된 장은?
① 7장 ② 9장
③ 11장 ④ 13장

122 "말씀이 육신이 되어 우리 가운데 거하시매 우리가 그의 ( )을/를 보니 …"에서 빈 칸에 맞는 말은?
① 육체 ② 영광
③ 얼굴 ④ 광채

123 선한 목자 예수가 언급되는 요한복음의 장은?
① 2장 ② 5장
③ 7장 ④ 10장

124 요한복음에서 예수께서 제자들의 발을 닦아주는 장은?
① 12장 ② 13장
③ 14장 ④ 15장

125 요한복음에서 예수의 수난을 다루는 장은?
① 17–18장 ② 18–19장
③ 18–20장 ④ 19–20장

126 "예수의 제자 중 하나 곧 그가 사랑하시는 자가 예수의 품에 의지하여 누웠는지라"는 말씀이 나오는 곳은?
① 요한복음 13장 3절
② 요한복음 13장 13절
③ 요한복음 13장 23절
④ 요한복음 13장 33절

127 "영접하는 자 곧 그 이름을 믿는 자들에게는 하나님의 자녀가 되는 권세를 주셨으니"라는 말씀은 요한복음 몇 장에 나오는가?
① 1장 ② 2장
③ 3장 ④ 4장

128 다음 중 요한복음 15장 7절의 본문은?
① 너희가 내 안에 거하고 내 말이 너희 안에 거하면 무엇이든지 원하는대로 구하라 그리하면 이루리라
② 너희는 마음에 근심하지 말라 하나님을 믿으니 또 나를 믿으라
③ 내 이름으로 무엇이든지 내게 구하면 내가 행하리라
④ 너희가 내가 명하는 대로 행하면 곧 나의 친구라

129 가룟 유다가 대제사장들과 바리새인들에게서 얻은 사람들을 데리고 예수께 왔을 때 베드로가 칼로 대제사장의 종의 귀를 베어버린다. 다음 중 그 종의 이름이 기록된 복음서는 무엇인

116_④ 117_② 118_③ 119_③ 120_③ 121_③ 122_② 123_④ 124_② 125_② 126_③ 127_① 128_① 129_④

가?
① 마태복음 ② 마가복음
③ 누가복음 ④ 요한복음

130 "또 물어 이르되 네가 만일 그리스도도 아니요 ( )도 아니요 그 선지자도 아닐진대 어찌하여 세례를 베푸느냐"라는 요한복음 1장 25절의 말씀에서 괄호 안에 들어가야 할 단어는 무엇인가?
① 왕 ② 제사장
③ 엘리야 ④ 메시아

131 다음 중 요한복음에서 예수께서 성전을 깨끗하게 하신 사건은 몇 장에 나오는가?
① 1장 ② 2장
③ 3장 ④ 4장

132 다음 중 세례 요한의 세례가 '회개의 세례'로 표현되지 않는 복음서는 무엇인가?
① 마태복음 ② 마가복음
③ 누가복음 ④ 요한복음

133 예수께서 마르다의 형제 나사로를 살리신 후에 대제사장들과 바리새인들이 공회를 모으고 하는 말이 요한복음 11장 48절에 기록되어 있다. "만일 그를 이대로 두면 모든 사람이 그를 믿을 것이요 그리고 ( )인들이 와서 우리 땅과 민족을 빼앗아 가리라"는 구절에서 다음 중 괄호 안에 들어가는 단어는 무엇인가?
① 사마리아 ② 로마
③ 헬라 ④ 그리스도

134 요한복음 13장에 의하면 예수께서 제자들 중 하나가 자신을 팔 것이라고 말하자 시몬 베드로가 다른 사람에게 머릿짓을 하여 "말씀하신 자가 누구인지 말하라"고 한다. 베드로로부터 이 요청을 받은 사람은 누구인가?
① 예수의 제자 중 하나로 그가 사랑하시는 자
② 안드레
③ 유다
④ 빌립

135 요한복음 1장 35-42절에 의하면 요한의 제자 중 두 사람이 예수를 따르는데, 그 두 사람 중 한 사람의 이름은 무엇인가?
① 안드레 ② 야고보
③ 나다나엘 ④ 빌립

136 예수께서 "내 살을 먹고 내 피를 마시는 자는 영생을 가졌고 마지막 날에 내가 그를 다시 살리리니 내 살은 참된 양식이요 내 피는 참된 음료로다"라고 가르치신 곳은 어느 회당에서인가?
① 나사렛 ② 가버나움
③ 디베랴 ④ 벳새다

137 "예루살렘에 수전절이 이르니 때는 겨울이라"는 말씀은 어느 복음에 나오는가?
① 마태복음 ② 마가복음
③ 누가복음 ④ 요한복음

138 세례 요한이 애논에서 세례를 베푼 이유는?
① 사람들이 많이 모여 있어서
② 거기 물이 많아서
③ 평평한 곳이어서
④ 로마인의 통제가 느슨한 곳이어서

139 구레네 시몬의 기사가 나오지 않는 복음서는?
① 마태복음
② 마가복음
③ 누가복음과 요한복음
④ 요한복음

140 요한복음에서 예수께서 "나와 아버지는 하나이니라"는 말씀을 하신 때는?
① 안식일에 병을 고친 사건으로 인해 유대인과의 쟁론이 일어났을 때
② 초막절에 예수께서 성전 헌금함 앞에 계실 때
③ 수전절에 유대인들이 예수를 에워싸고 그리스도인지를 말하라고 할 때
④ 다락방에서 마지막 고별설교를 하실 때

141 세례 요한이 "나는 물로 세례를 베풀거니와 너희 가운데 너희가 알지 못하는 한 사람이 섰으

130_③ 131_② 132_④ 133_② 134_① 135_① 136_② 137_④ 138_② 139_④ 140_③

니 곧 내 뒤에 오시는 그이라 나는 그의 신발끈을 풀기도 감당하지 못하겠노라"(요 1:26-27) 고 말한 곳은?
① 애논 ② 베다니
③ 살렘 ④ 여리고

142 요한복음에서 "바리새인들이 서로 말하되 볼지어다 너희 하는 일이 쓸 데 없다 보라 온 세상이 그를 따르는도다"라는 구절은 어떤 상황에서 나온 말인가?
① 예수께서 오병이어의 기적을 행하신 후에
② 예수께서 예루살렘에 입성하실 때
③ 예수께서 부활하신 후에
④ 제자들이 전도하여 하루에 삼천 명씩 회개할 때

143 예수께서 예루살렘 성전을 정화하면서 "내 집은 기도하는 집"이라고 하신 말씀이 나타나지 않는 복음서는?
① 마태복음 ② 마가복음
③ 누가복음 ④ 요한복음

144 요한복음에서 예수께서 몇 년 동안 지은 성전을 헐고 사흘 동안에 짓겠다고 하셨는가?
① 38년 ② 40년
③ 46년 ④ 60년

145 다음 중 셋은 요한복음에만 나타나는 이적이다. 이에 해당되지 않는 것은?
① 베데스다 못가의 병자 치유
② 실로암에서 맹인 치유
③ 죽은 나사로를 살리심
④ 거라사의 귀신 들린 자 치유

146 다음 중 요한복음에 나오는 내용이 아닌 것은?
① 예수님과 사마리아 여인의 대화
② 예수님의 열 두 제자 파송
③ 실로암에서 맹인 치유
④ 베데스다 못가의 병자 치유

147 요한복음에서 물을 길던 사마리아 여인이 예수님께 한 말은?
① 당신이 야곱보다 더 크니이까
② 당신이 아브라함보다 더 크니이까
③ 당신이 모세보다 더 크니이까
④ 당신이 다윗보다 더 크니이까

148 요한복음에서 한 장 전체가 예수님의 대제사장적인 기도로 이루어진 장은?
① 15장 ② 16장
③ 17장 ④ 18장

149 요한복음에서 예수께서 베데스다에서 고치신 병자는 몇 년 된 병자였으며 언제 고치셨는가?
① 서른여덟 해, 안식일에
② 날 때부터, 안식년에
③ 서른여덟 해, 예비일에
④ 날 때부터, 예비일에

150 예수께서 가나의 혼인 잔치에서 물을 포도주로 바꾸신 돌 항아리는 모두 몇 개인가?
① 한 개 ② 세 개
③ 여섯 개 ④ 일곱 개

151 겟세마네 동산에서의 예수의 고뇌가 기록되어 있지 않은 복음서는?
① 마태복음 ② 마가복음
③ 누가복음 ④ 요한복음

152 요한복음에서 예수께서 십자가상에서 하신 마지막 말씀은?
① 아버지여 내 영혼을 아버지 손에 부탁하나이다
② 다 이루었다
③ 내가 목마르다
④ 여자여 보소서 아들이니이다

153 "너희가 내 안에 거하고 내 말이 너희 안에 거하면 무엇이든지 원하는 대로 구하라 그리하면 이루리라"는 말씀은 요한복음 몇 장에 나오는가?
① 6장 ② 10장
③ 15장 ④ 17장

154 예수께 "나의 주님이시요 나의 하나님이시니이

141_② 142_② 143_④ 144_③ 145_④ 146_② 147_① 148_③ 149_① 150_③ 151_④ 152_② 153_③

다"라고 고백한 사람은 누구인가?
① 베드로 ② 도마
③ 빌립 ④ 막달라 마리아

155 요한복음에서 세례 요한이 옥에 갇히기 전에 세례를 주던 곳은?
① 살렘 ② 벳새다
③ 애논 ④ 베다니

【주관식】

156 "나는 선한 목자라 선한 목자는 양들을 위하여 ( )을 버리거니와"라는 말씀에서 괄호 안에 들어가는 말은?

157 복음서 중에서 '주 기도'가 나오지 <u>않는</u> 복음서 둘은 무엇인가?

158 복음서 중에서 분명하게 드러나는 성만찬 본문이 <u>없는</u> 복음서는?

159 "오직 이것을 기록함은 너희로 예수께서 ( ) 그리스도이심을 믿게 하려 함이요 또 너희로 믿고 그 이름을 힘입어 생명을 얻게 하려 함이니라"는 요한복음의 말씀에서 괄호 안에 들어가는 말은?

160 "내가 떠나가는 것이 너희에게 유익이라 내가 떠나가지 아니하면 보혜사가 너희에게로 오시지 아니할 것이요 가면 내가 그를 너희에게로 보내리니 그가 와서 죄에 대하여, ( )에 대하여, 심판에 대하여 세상을 책망하시리라"는 말씀에서 괄호 안에 들어가는 말은?

161 예수께서 오천 명을 먹이실 때 예수께 "각 사람으로 조금씩 받게 할지라도 이백 데나리온의 떡이 부족하리이다"고 말씀드린 제자는?

162 "이 말씀을 하시고 그들을 향하사 ( ) 이르시되 성령을 받으라 "는 말씀에서 괄호 안에 들어갈 말은?

163 "그는 ( )이라 세상은 능히 그를 받지 못하나니 이는 그를 보지도 못하고 알지도 못함이라 그러나 너희는 그를 아나니 그는 너희와 함께 거하심이요 또 너희 속에 계시겠음이라"는 말씀에서 괄호 안에 들어갈 낱말은?

164 명절에 빌립을 찾아 "선생이여 우리가 예수를 뵈옵고자 하나이다"라고 청한 몇 사람은?

165 다음은 요한복음 15장 5절의 말씀이다. 괄호 안에 들어갈 낱말은?
"나는 포도나무요 너희는 가지라 그가 내안에, 내가 그안에 거하면 사람이 ( )를 많이 맺나니 나를 떠나서는 너희가 아무 것도 할 수 없음이라"

166 다음은 요한복음 8장 29절의 말씀이다. 괄호 안에 들어갈 낱말은?
"나를 보내신 이가 나와 함께 계시도다 나는 항상 그가 기뻐하시는 일을 행하므로 나를 ( ) 두지 아니하셨느니라"

167 "( )이 육신이 되어 우리 가운데 거하시매 우리가 그의 영광을 보니 아버지의 독생자의 영광이요 은혜와 진리가 충만하더라"는 말씀에서 괄호 안에 들어가는 말은?

168 "나는 참포도나무요 내 아버지는 ( )라"는 예수의 말씀에서 괄호 안에 들어가는 말은?

169 "예수께서 제자들 앞에서 이 책에 기록되지 아니한 다른 표적도 많이 행하셨으나 오직 이것을 기록함은 너희로 예수께서 하나님의 아들 그리스도이심을 믿게 하려 함이요 또 너희로 믿고 그 이름을 힘입어 생명을 얻게 하려 함이니라"는 말씀은 요한복음 몇 장에 나오는가?

170 요한복음 20장에서 예수께서 이르시되 너희에게 평강이 있을지어다 아버지께서 나를 보내신 것 같이 나도 너희를 보내노라 이 말씀을 하시

154_② 155_③ 156_목숨 157_마가복음, 요한복음 158_요한복음 159_하나님의 아들 160_의 161_빌립 162_숨을 내쉬며 163_진리의 영 164_헬라인 165_열매 166_혼자 167_말씀 168_농부 169_20장

고 그들을 향하사 숨을 내쉬며 이어서 하신 말씀은?

171 요한복음 19장에서 예수를 십자가에 못 박고 그의 옷을 취하여 네 깃에 나눠 각각 한 깃씩 얻고 속옷도 취한 사람들은 누구인가?

172 요한복음 18장에서 네 말과 같이 내가 왕이니라 내가 이를 위하여 태어났으며 이를 위하여 세상에 왔나니 곧 진리에 대하여 증언하려 함이로라 무릇 진리에 속한 자는 내 음성을 듣느니라 는 말씀은 예수께서 누구에게 하신 말씀인가?

173 "그러나 내가 너희에게 실상을 말하노니 내가 떠나가는 것이 너희에게 유익이라 내가 떠나가지 아니하면 ( )가 너희에게로 오시지 아니할 것이요 가면 내가 그를 너희에게로 보내리니"는 말씀에서 괄호 안에 들어갈 낱말은?

174 "시몬 베드로가 머릿짓을 하여 말하되 말씀하신 자가 누구인지 말하라 하니 그가 예수의 가슴에 그대로 의지하여 말하되 주여 누구니이까"는 말씀이 기록된 복음서는?

175 "모세가 광야에서 뱀을 든 것 같이 인자도 들려야 하리니 이는 그를 믿는 자마다 ( )을 얻게 하려 하심이니라"는 말씀에서 괄호 안에 들어가야 할 단어는?

176 "나는 세상의 빛이니 나를 따르는 자는 어둠에 다니지 아니하고 ( )을 얻으리라"는 예수의 말씀에서 괄호 안에 들어가야 할 단어는?

177 나를 믿는 자는 성경에 이름과 같이 그 배에서 생수의 강이 흘러나오리라 하시니 이는 그를 믿는 자들이 받을 ( )을 가리켜 말씀하신 것이라는 말씀에서 괄호 안에 들어가야 할 단어는?

178 다음은 요한복음 1장 17절의 말씀이다. 괄호 안에 들어갈 낱말은?
"율법은 모세로 말미암아 주어진 것이요 ( )와 진리는 예수 그리스도로 말미암아 온 것이라"

170_성령을 받으라 171_군인들 172_빌라도 173_보혜사 174_요한복음 175_영생 176_생명의 빛 177_성령 178_은혜

사도행전

001 베드로가 열한 사도와 함께 소리를 높여 전한 말씀 중 "누구든지 주의 이름을 부르는 자는 구원을 받으리라"는 말씀은 구약에서 어느 선지자의 말씀을 인용한 것인가?
① 호세아 ② 요엘
③ 이사야 ④ 예레미야

002 공회가 사도들에게 "예수의 이름으로 말하지도 말고 가르치지도 말라"고 경고할 때 "하나님 앞에서 너희의 말을 듣는 것이 하나님의 말씀을 듣는 것보다 옳은가 판단하라"고 말한 사도는?
① 베드로 ② 요한
③ 야고보 ④ 베드로와 요한

003 "누구든지 그 선지자의 말을 듣지 아니하는 자는 백성 중에서 멸망 받으리라 하였고 또한 ( ) 때부터 이어 말한 모든 선지자도 이 때를 가리켜 말하였느니라"는 베드로의 말씀에서 괄호 안에 들어가는 말은?
① 모세 ② 사무엘
③ 엘리야 ④ 나단

004 다음의 사도행전 구절에서 단어의 조합이 맞는 것은?
"( )와/과 및 사도의 ( )를/을 대신할 자인지를 보이시옵소서 유다는 이 직무를 버리고 제 곳으로 갔나이다 하고"(행 1:25)
① 섬김 – 권한 ② 전도 – 역할
③ 선교 – 권위 ④ 봉사 – 직무

005 다음의 구절이 나오는 성경과 장은?
"주의 크고 영화로운 날이 이르기 전에 해가 변하여 어두워지고 달이 변하여 피가 되리라"
① 마태복음 24장 ② 마가복음 13장
③ 누가복음 22장 ④ 사도행전 2장

006 다음의 구절이 나오는 성경과 장은?
"또 내가 위로 하늘에서는 기사를 아래로 땅에서는 징조를 베풀리니 곧 피와 불과 연기로다"
① 마태복음 24장 ② 마가복음 13장
③ 누가복음 22장 ④ 사도행전 2장

007 다음의 말을 한 사람은 누구인가?
"이는 내 영혼을 음부에 버리지 아니하시며 주의 거룩한 자로 썩음을 당하지 않게 하실 것임이로다"(행 2:27)
① 욥 ② 나사로
③ 다윗 ④ 유다

008 바울을 향해 "네가 적은 말로 나를 권하여 그리스도인이 되게 하려 하는도다"라고 말한 사람은?
① 벨릭스 ② 아그립바 왕
③ 버니게 ④ 베스도

009 바울이 베스도 총독 앞에서 재판을 받을 당시 상황에 관한 묘사로 옳지 <u>않은</u> 것은?
① 베스도 앞에서 바울이 가이사에게 상소했다
② 베스도는 바울에게서 돈을 받을까 바라는 고로 더 자주 불러 같이 이야기했다
③ 바울은 자신이 유대인들에게 불의를 행한 일이 없다고 주장했다
④ 베스도가 유대인의 마음을 얻고자 하여 바울더러 네가 예루살렘에 올라가서 이 사건에 대하여 자기 앞에서 심문을 받으려느냐고 물었다

010 사도행전에서 바울이 다메섹에서 부활하신 그리스도를 만난 후에 예루살렘에 올라간 것은 모두 몇 차례인가?
① 세 번 ② 네 번

001_② 002_④ 003_② 004_④ 005_④ 006_④ 007_③ 008_② 009_② 010_③

③ 다섯 번　　④ 여섯 번

011 사도행전 20장 4절에서 열거된 바울과 함께 예루살렘으로 가는 사람들에 포함되지 않은 사람은?
① 소바더　　② 아리스다고
③ 두기고　　④ 유두고

012 "제자들이 감람원이라 하는 산으로부터 예루살렘에 돌아오니 이 산은 예루살렘에서 가까워 (　)에 가기 알맞은 길이라"는 말씀에서 괄호 안에 맞는 단어는?
① 유월절　　② 수전절
③ 초막절　　④ 안식일

013 다음 중 디모데에 대한 설명이 아닌 것은?
① 바울이 그를 더베와 루스드라에서 만났다
② 그 어머니는 믿는 유대 여자요 아버지는 헬라인이다
③ 그는 루스드라와 비두니아에 있는 형제들에게 칭찬 받는 자다
④ 바울이 그 지역에 있는 유대인으로 말미암아 그를 데려다가 할례를 행하였다

014 다음 중 바울이 아그립바 왕 앞에서 변호한 내용이 아닌 것은?
① 내가 우리 종교의 가장 엄한 파를 따라 바리새인의 생활을 하였다
② 아그립바 왕이여 내가 미친 것이 아니요 참되고 온전한 말을 하나이다
③ 당신들은 하나님이 죽은 사람을 살리심을 어찌하여 못 믿을 것으로 여기나이까
④ 내가 심문 받는 것은 하나님이 우리 조상에게 약속하신 것을 바라는 까닭이다

015 "내가 달려갈 길과 주 예수께 받은 사명 곧 하나님의 은혜의 복음을 증어하는 일을 마치려 함에는 나의 생명조차 조금도 귀한 것으로 여기지 아니하노라"는 사도행전 말씀은 몇 장 몇 절에 나오는가?
① 18장　　② 19장
③ 20장　　④ 21장

016 "오직 내가 그들 가운데 서서 외치기를 내가 죽은 자의 (　)에 대하여 오늘 너희 앞에 심문을 받는다고 한 이 한 소리만 있을 따름이니이다 하니"라는 사도행전 24장 21절의 말씀에서 괄호 안에 들어가야 할 낱말은?
① 심판　　② 생명
③ 앞 날　　④ 부활

017 사도행전에 따르면 바울에게 "네가 적은 말로 나를 권하여 그리스도인이 되게 하려 하는도다"라고 말한 사람의 이름은?
① 벨릭스　　② 베스도
③ 버니게　　④ 아그립바

018 "내가 처음부터 내 (　)과 더불어 예루살렘에서 생활한 상황을 유대인이 다 아는 바라"는 사도행전 26장 4절 말씀에서 괄호 안에 들어가야 할 낱말은?
① 가족　　② 선생
③ 제자들　　④ 민족

019 다음 중 사도행전 5장 33-42절에서 언급되는 인물이 아닌 사람은?
① 가말리엘　　② 바울
③ 갈릴리의 유다　　④ 드다

020 사도들이 표적과 기사를 많이 일으킴을 듣고 사람들이 병든 사람을 메고 거리에 나가 침대와 요 위에 누이고 어느 사도가 지날 때에 혹 그의 그림자라도 누구에게 덮일까 바랐는가?
① 베드로　　② 요한
③ 야고보　　④ 빌립

021 자신의 밭을 팔아 그 값을 사도들의 발 앞에 가지고 온 요셉을 사도들이 일컬어 부른 이름은?
① 맛디아　　② 바나바
③ 바사바　　④ 아나니아

022 사마리아에서 빌립의 전도로 믿고 세례를 받은 후 전심으로 그를 따라다녔던 마술사는?
① 시몬　　② 스게와
③ 데메드리오　　④ 바사바

011_④ 012_④ 013_③ 014_② 015_③ 016_④ 017_④ 018_④ 019_② 020_① 021_② 022_①

023 다음 중 열두 사도가 접대를 위해 택한 일곱에 속하지 않는 사람은 누구인가?
① 빌립 ② 니가노르
③ 바메나 ④ 바나바

024 벨릭스 총독 앞에서 바울을 고발하기 위해 제사장과 함께 예루살렘에서 가이사랴로 내려온 변호사는?
① 서기오 ② 가이오
③ 더디오 ④ 더둘로

025 광야에서 이스라엘 백성이 송아지를 만들어 섬긴 일을 선지자의 책에서 인용하여 책망한 말씀을 전한 사람은?
① 베드로 ② 스데반
③ 예수 ④ 바울

026 다음 중 대제사장 앞에서 "목이 곧고 마음과 귀에 할례를 받지 못한 사람들아 너희도 너희 조상과 같이 항상 성령을 거스르는도다"라고 말한 사람은?
① 베드로 ② 스데반
③ 예수 ④ 바울

027 예루살렘에 있는 사도들이 사마리아도 하나님의 말씀을 받았다 함을 듣고 사미리아로 보낸 사도는?
① 베드로 ② 빌립
③ 요한 ④ 베드로와 요한

028 사도행전에서 다음에 들어갈 단어는 무엇인가?
"생명의 ( )을/를 죽였도다 그러나 하나님이 죽은 자 가운데서 그를 살리셨으니 우리가 이 일에 증인이라"(행 3:15)
① 예수 ② 주
③ 종 ④ 인자

029 사도행전에서 다음의 말을 한 사람은 누구인가?
"주 하나님이 너희를 위하여 너희 형제 가운데서 나 같은 선지자 하나를 세울 것이니 너희가 무엇이든지 그의 모든 말을 들을 것이라"(행 3:22)
① 다윗 ② 부자
③ 모세 ④ 나사로

030 다음의 사도행전 구절에서 단어의 조합이 맞는 것은?
"너희는 ( )의 자손이요 또 하나님이 너희 조상과 더불어 세우신 ( )의 자손이라 아브라함에게 이르시기를 땅 위의 모든 족속이 너의 씨로 말미암아 복을 받으리라 하셨으니"(행 3:25)
① 아브라함 – 선지자
② 선지자 – 아브라함
③ 언약 – 약속
④ 선지자들 – 언약

031 다음의 구절은 신약성경 어느 책에 나오는가?
"이 사람들을 어떻게 할까 그들로 말미암아 유명한 표적 나타난 것이 예루살렘에 사는 모든 사람에게 알려졌으니 우리도 부인할 수 없는지라"
① 마태복음 ② 누가복음
③ 요한복음 ④ 사도행전

032 다음의 구절은 신약성경 어느 책에 나오는가?
"관리들이 백성들 때문에 그들을 어떻게 처벌할지 방법을 찾지 못하고 다시 위협하여 놓아주었으니 이는 모든 사람이 그 된 일을 보고 하나님께 영광을 돌림이라"
① 마태복음 ② 누가복음
③ 요한복음 ④ 사도행전

033 다음의 구절은 신약성경 어느 책에 나오는가?
"과연 헤롯과 본디오 빌라도는 이방인과 이스라엘 백성과 합세하여 하나님께서 기름 부으신 거룩한 종 예수를 거슬러 하나님의 권능과 뜻대로 이루려고 예정하신 그것을 행하려고 이 성에 모였나이다"
① 마태복음 ② 누가복음
③ 요한복음 ④ 사도행전

034 다음의 구절은 신약성경 어느 책에 나오는가?

023_④ 024_④ 025_② 026_② 027_④ 028_② 029_③ 030_④ 031_④ 032_④ 033_④ 034_④

"손을 내밀어 병을 낫게 하시옵고 표적과 기사가 거룩한 종 예수의 이름으로 이루어지게 하옵소서 하더라"

① 마태복음 ② 누가복음
③ 요한복음 ④ 사도행전

035 사도행전에서 다음에 들어갈 단어는 무엇인가?
"구브로에서 난 ( ) 사람이 있으니 이름은 요셉이라 사도들이 일컬어 바나바라(번역하면 위로의 아들이라) 하니"(행 4:36)

① 존경받는 ② 권세 있는
③ 레위족 ④ 온유한

036 사도행전에서 다음의 말을 한 사람은 누구인가?
"아나니아야 어찌하여 사탄이 네 마음에 가득하여 네가 성령을 속이고 땅 값 얼마를 감추었느냐"(행 5:3)

① 예수 ② 스데반
③ 베드로 ④ 바울

037 다음의 구절은 신약성경 어느 책에 나오는가?
"그 후 호적할 때에 갈릴리의 유다가 일어나 백성을 꾀어 따르게 하다가 그도 망한즉 따르던 모든 사람들이 흩어졌느니라"

① 마태복음 ② 누가복음
③ 요한복음 ④ 사도행전

038 "그들이 기다리는 바 하나님께 향한 소망을 나도 가졌으니 곧 ( )과 ( )의 ( )이 있으리라 함이니이다"라는 말씀에서 괄호 안에 들어갈 낱말이 아닌 것은?

① 심판 ② 악인
③ 의인 ④ 부활

039 다음 중 사도행전에서 벨릭스가 바울의 자기 변호를 듣고 취한 조치가 아닌 것은?

① 천부장 루시아가 내려오거든 너희 일을 처결하리라고 말했다
② 백부장에게 명하여 바울을 지키되 자유를 주라고 말했다
③ 백부장에게 명하여 그의 친구들이 그를 돌보아 주는 것을 금하라고 말했다
④ 이 도에 관한 것을 더 자세히 아는 고로 판결을 연기했다

040 "이 사람이 유대인들에게 잡혀 죽게 된 것을 내가 로마 사람인 줄 들어 알고 군대를 거느리고 가서 구원하여다가 유대인들이 무슨 일로 그를 고발하는지 알고자 하여 그들의 공회로 데리고 내려갔더니 고발하는 것이 그들의 율법 문제에 관한 것뿐이요 한 가지도 죽이거나 결박할 사유가 없음을 발견하였나이다"라는 편지에 관한 것으로 틀린 것은?

① 글라우디오 루시아가 쓴 편지다
② 총독 베스도에게 보낸 편지다
③ 바울에 관한 편지다
④ 총독 벨릭스에게 보낸 편지다

041 "내가 너를 멀리 이방인에게로 보내리라"는 말씀에 관한 것으로 옳지 않은 것은?

① '나'는 부활하신 그리스도다
② '너'는 바울이다
③ 이 말을 듣고 나서 유대인들이 '이러한 자는 세상에서 없애 버리자 살려 둘 자가 아니라'고 하였다
④ 이 말은 바울이 공회에서 한 말이다

042 다음 중 바울이 마지막으로 예루살렘으로 가는 길에 가이사랴를 들렀을 때 발생한 일이 아닌 것은?

① 일곱 집사 중 하나인 전도자 빌립의 집에 들어가서 머물렀다
② 처녀로 예언하는 빌립의 딸 넷이 예루살렘에서 유대인들이 바울을 결박하여 이방인의 손에 넘겨 주리라 예언했다
③ 바울과 동행하던 사람들도 가이사랴 사람들과 더불어 바울에게 예루살렘으로 올라가지 말라 권했다
④ 바울이 주 예수의 이름을 위하여 결박 당할 뿐 아니라 예루살렘에서 죽을 것도 각오하였노라고 말했다

035_③ 036_③ 037_④ 038_① 039_③ 040_② 041_④ 042_②

043 바울이 예루살렘에서 체포되는 상황을 묘사한 것으로 옳지 않은 것은?
① 아시아로부터 온 유대인들이 성전에서 바울을 보고 모든 무리를 충동하여 그를 붙잡았다
② 아시아로부터 온 유대인들이 바울이 헬라인을 데리고 성전에 들어가서 이 거룩한 곳을 더럽혔다고 말했다
③ 유대인들이 천부장과 군인들을 볼 때까지 바울을 때렸다
④ 온 성이 소동하여 백성이 달려와 모여 바울을 잡아 성전에서 죽이려고 하였다

044 바울이 예루살렘에서 체포되는 상황을 묘사한 것으로 옳지 않은 것은?
① 바울이 천부장에게 이르되 '내가 당신에게 말할 수 있느냐'고 물었다
② 천부장이 '네가 이전에 소요를 일으켜 자객 사천 명을 거느리고 광야로 가던 애굽인이 아니냐'고 물었다
③ 바울이 '나는 유대인이라 소읍이 아닌 길리기아 다소 시의 시민이니 청컨대 백성에게 말하기를 허락하라'고 말했다
④ 천부장이 허락하므로 바울이 층대 위에 서서 백성에게 손짓하여 매우 조용히 한 후에 헬라 말로 말했다

045 다음 중 바울이 에베소 장로들에게 고별 설교를 할 때 한 말이 아닌 것은?
① 내가 달려갈 길과 주 예수께 받은 사명 곧 하나님의 은혜의 복음을 증언하는 일을 마치려 함에는 나의 생명조차 조금도 귀한 것으로 여기지 아니하노라
② 주는 것이 받는 것보다 복이 있다는 나의 가르침을 잊지 말라
③ 내가 아무의 은이나 금이나 의복을 탐하지 아니하였노라
④ 모든 사람의 피에 대하여 내가 깨끗하니 이는 내가 꺼리지 않고 하나님의 뜻을 다 여러분에게 전하였음이라

046 "여러분은 자기를 위하여 또는 온 양 떼를 위하여 삼가라 성령이 그들 가운데 여러분을 감독자로 삼고 하나님이 자기 피로 사신 교회를 보살피게 하셨느니라"는 말씀에서 '여러분'은 누구인가?
① 에베소교회 장로들
② 고린도교회 장로들
③ 예루살렘교회 사도들
④ 빌립보교회의 감독들

047 "내가 아무의 은이나 금이나 의복을 탐하지 아니하였고 여러분이 아는 바와 같이 이 손으로 나와 내 동행들이 쓰는 것을 충당하여 범사에 여러분에게 모본을 보여준 바와 같이 수고하여 약한 사람들을 돕고"라는 말씀이 나오는 신약 성경의 책은?
① 사도행전 ② 고린도전서
③ 데살로니가전서 ④ 데살로니가후서

048 다음 주 바울이 고린도에 도착해서 선교를 시작할 당시의 정황으로 옳지 않은 것은?
① 이달리야로부터 새로 온 아굴라와 그 아내 브리스길라를 만났다
② 그 부부는 디베료 황제가 모든 유대인을 명하여 로마에서 떠나라 한 고로 고린도로 왔다
③ 그들의 생업이 같으므로 함께 살며 일을 하니 그 생업은 천막을 만드는 것이었다
④ 바울은 안식일마다 회당에서 강론하고 유대인과 헬라인을 권면했다

049 "( ) 사람들아 어찌하여 서서 하늘을 쳐다보느냐 너희 가운데서 하늘로 올려지신 이 예수는 하늘로 가심을 본 그대로 오시리라"는 말씀에서 괄호 안에 들어갈 단어는?
① 갈릴리 ② 예루살렘
③ 믿음이 없는 ④ 믿는

050 다음 중 아나니아와 삽비라를 향해 베드로가 한 말이 아닌 것은?
① 사람에게 거짓말한 것이 아니요 하나님께로다
② 너희가 어찌 함께 꾀하여 주의 영을 시험하려 하느냐

043_④ 044_④ 045_② 046_① 047_① 048_② 049_① 050_④

③ 어찌하여 이 일을 네 마음에 두었느냐
④ 사람보다 하나님께 순종하는 것이 마땅하니라

051 바울이 주를 만난 다메섹 체험에 대하여 언급하지 않는 장은?
① 7장 ② 9장
③ 22장 ④ 26장

052 사도행전에서 빌립을 향하여 "일어나서 남쪽으로 향하여 예루살렘에서 가사로 내려가는 길까지 가라"고 말한 이는?
① 베드로 ② 부활하신 주
③ 에디오피아 내시 ④ 주의 사자

053 "여러분에게 복음을 전하는 것은 이런 헛된 일을 버리고 천지와 바다와 그 가운데 만물을 지으시고 살아 계신 하나님께로 돌아오게 함이라"고 말하며 바울이 전도한 지역은?
① 루스드라 ② 데살로니가
③ 아덴 ④ 고린도

054 데살로니가 유대인의 회당에서 "바울이 자기의 ( )대로 그들에게로 들어가서 세 안식일에 성경을 가지고 강론"하였다는 말씀에서 괄호 안에 맞는 단어는?
① 율법 ② 관례
③ 뜻 ④ 편지

055 바울이 일년 육개월을 머물며 하나님의 말씀을 가르친 지역은?
① 고린도 ② 아덴
③ 데살로니가 ④ 빌립보

056 유대인들을 향하여 "무슨 부정한 일이나 불량한 행동이었으면 내가 너희 말을 들어 주는 것이 옳거니와 만일 문제가 언어와 명칭과 너희 법에 관한 것이면 너희가 스스로 처리하라"고 말한 사람은?
① 빌라도 ② 가야바
③ 갈리오 ④ 안나스

057 "이러므로 너희를 보고 함께 이야기하려고 청하였으니 이스라엘의 ( )으로 말미암아 내가 이 쇠사슬에 매인 바 되었노라"는 사도행전 28장 20절 말씀에서 괄호 안에 들어가야 할 낱말은?
① 죄악 ② 구원
③ 불신 ④ 소망

058 "바울아 두려워하지 말라 네가 ( ) 앞에 서야 하겠고 또 하나님께서 너와 함께 항해하는 자를 다 네게 주셨다 하였으니…"라는 사도행전 27장 24절 말씀에서 괄호 안에 들어가야 할 낱말은?
① 베스도 ② 벨릭스
③ 빌라도 ④ 가이사

059 "그 일로 ( )들의 권한과 위임을 받고 다메섹으로 갔나이다"라는 사도행전 26장 12절의 말씀에서 괄호 안에 들어가야 할 낱말은?
① 사두개인 ② 대제사장
③ 장로 ④ 랍비

060 "내가 살피건대 죽일 죄를 범한 일이 없더이다 그러나 그가 ( )에게 상소한 고로 보내기로 결정하였나이다"라는 사도행전 25장 26절 말씀에서 괄호 안에 들어가야 할 낱말은?
① 총독 ② 왕
③ 공회 ④ 황제

061 "바울이 변명하여 이르되 유대인의 율법이나 ( )이나 가이사에게 내가 도무지 죄를 범하지 아니하였노라 하니"라는 사도행전 25장 8절의 말씀에서 괄호 안에 들어가야 할 낱말은?
① 전통 ② 유전
③ 심판 ④ 성전

062 다음 중 변호사 더둘로가 사도행전 24장 5절에서 바울에 대하여 설명하는 내용이 아닌 것은?
① 전염병 같은 자
② 유대인을 소요하게 하는 자
③ 나사렛 이단의 우두머리

051_① 052_④ 053_① 054_② 055_① 056_③ 057_④ 058_④ 059_② 060_④ 061_④ 062_④

④ 율법사를 교육하는 자

063 사도행전 23장 13, 21절에 의하면 바울을 죽이려고 결의한 유대인들은 몇 명인가?
① 40명 ② 30명
③ 20명 ④ 10명

064 "나더러 또한 이르시되 떠나가라 내가 너를 멀리 ( )에게로 보내리라 하셨느니라"는 사도행전 22장 21절에서 괄호 안에 들어가야 할 낱말은?
① 서반아인 ② 로마인
③ 애굽인 ④ 이방인

065 사도행전 22장 3절에 따르면 바울은 어디에서 자랐는가?
① 다소 ② 예루살렘
③ 다메섹 ④ 로마

066 사도행전 20장 31절에 의하면 바울은 에베소에 몇 년 동안 밤낮 쉬지 않고 눈물로 각 사람을 훈계했는가?
① 1년 ② 2년
③ 3년 ④ 4년

067 다음 중 '데오빌로'가 나오는 곳은?
① 마태복음과 누가복음
② 마태복음과 사도행전
③ 누가복음과 사도행전
④ 요한복음과 사도행전

068 "너희가 회개하여 각각 예수 그리스도의 이름으로 세례를 받고 죄 사함을 받으라 그리하면 성령의 선물을 받으리니"라는 베드로의 말을 듣고 그날 세례를 받은 신도의 수는?
① 천 명 ② 이천 명
③ 삼천 명 ④ 오천 명

069 "다른 이로써는 구원을 받을 수 없나니 천하 사람 중에 구원을 받을 만한 다른 이름을 우리에게 주신 일이 없음이라"는 말은 누가 한 말인가?
① 예수 ② 베드로
③ 요한 ④ 바울

070 바울에게 "네가 로마 시민이냐 내게 말하라"고 말한 사람은?
① 백부장 ② 천부장
③ 로마 총독 ④ 대제사장

071 다음 중 예루살렘에서 모인 사도들의 회의 결정에서 이방인 형제들에게 요구한 요긴한 것이 아닌 것은?
① 우상의 제물을 멀리할 것
② 목매어 죽인 것을 멀리할 것
③ 할례 받지 않은 자를 멀리할 것
④ 음행을 멀리할 것

072 다음 중 빌립이 전도해서 세례 받은 사람과 관련이 없는 것은?
① 에디오피아 내시
② 신명기
③ 이사야
④ 간다게의 국고 맡은 관리

073 사울이 주의 제자들을 결박하여 예루살렘으로 잡아오기 위해 대제사장에게 가서 어느 도시의 여러 회당에 가져갈 공문을 청하였는가?
① 안디옥 ② 두로
③ 다메섹 ④ 사마리아

074 사도 바울의 고향은?
① 안디옥 ② 다소
③ 다메섹 ④ 가이사랴

075 "이 사람은 내 이름을 이방인과 임금들과 이스라엘 자손들에게 전하기 위하여 택한 나의 그릇이라"는 예수의 말씀에서 이 사람은 누구를 가리키는가?
① 베드로 ② 사울
③ 바나바 ④ 빌립

076 구브로와 구레네 출신 유대인 기독교인 몇 사람이 헬라인에게도 말하여 주 예수를 전파한

063_① 064_④ 065_① 066_③ 067_③ 068_③ 069_② 070_② 071_③ 072_② 073_③ 074_② 075_② 076_②

곳은?
① 사마리아 ② 안디옥
③ 다메섹 ④ 아소도

077 바울이 두 번째 선교여행에서 성령이 아시아에서 말씀을 전하지 못하게 하심으로 다닌 땅은?
① 브루기아와 비시디아
② 브루기아와 갈라디아
③ 갈라디아와 갑바도기아
④ 비두니아와 본도

078 바울과 실라가 전도하다가 감옥에 갇힌 곳은?
① 빌립보 ② 데살로니가
③ 베뢰아 ④ 고린도

079 다음 중 바울이 고린도에 머물 때 일어난 일이 아닌 것은?
① 아굴라와 브리스길라 부부와 함께 살며 일을 함
② 바울의 전도로 믿게 된 마술사들이 마술 책을 불사름
③ 회당장 소스데네가 법정 앞에서 유대인에게 잡혀 맞음
④ 회당장 그리스보가 온 집안과 함께 주를 믿음

080 사도행전에서 다음에 공통적으로 들어갈 단어는 무엇인가?
"이르되 갈릴리 사람들아 어찌하여 서서 하늘을 쳐다보느냐 너희 가운데서 ( )으로/로 올려지신 이 예수는 ( )으로/로 가심을 본 그대로 오시리라 하였느니라"(행 1:11)
① 천국 ② 하늘
③ 위 ④ 구름 위

081 사도행전에서 다음에 들어갈 단어는 무엇인가?
"시내 산에서 말하던 그 천사와 우리 조상들과 함께 광야 ( )에 있었고 또 살아 있는 말씀을 받아 우리에게 주던 자가 이 사람이라"(행 7:38)
① 천막 ② 교회
③ 그늘 ④ 성소

082 사도행전에서 다음에 공통적으로 들어갈 단어는 무엇인가?
"그런즉 ( )이 우리가 주 예수 그리스도를 믿을 때에 주신 것과 같은 선물을 그들에게도 주셨으니 내가 누구이기에 ( )을 능히 막겠느냐 하더라"(행 11:17)
① 하나님 ② 사도들
③ 제자들 ④ 성령

083 사도행전에서 다음에 들어갈 단어는 무엇인가?
"바울이 일어나 손짓하며 말하되 이스라엘 사람들과 및 ( )아 들으라"(행 13:16)
① 백성들
② 장로들
③ 서기관들
④ 하나님을 경외하는 사람들

084 사도행전에서 다음에 들어갈 단어는 무엇인가?
"이에 사도와 장로와 온 교회가 그 중에서 사람들을 택하여 바울과 바나바와 함께 ( )으로 보내기를 결정하니 곧 형제 중에 인도자인 바사바라 하는 유다와 실라더라"(행 15:22)
① 에베소 ② 안디옥
③ 에루살렘 ④ 구브로

085 사도행전에서 다음에 들어갈 단어는 무엇인가?
"야손이 그들을 맞아 들였도다 이 사람들이 다 가이사의 명을 거역하여 말하되 다른 임금 곧 ( )라 하는 이가 있다 하더이다 하니"(행 17:7)
① 베드로 ② 헤롯
③ 예수 ④ 바울

086 사도행전에서 다음에 들어갈 단어는 무엇인가?
"그 중에는 ( ) 관리 디오누시오와 다마리라 하는 여자와 또 다른 사람들도 있었더라"(행 17:34)

077_② 078_① 079_② 080_② 081_② 082_① 083_④ 084_② 085_③ 086_①

① 아레오바고　② 빌립보
③ 에베소　④ 고린도

087 사도행전에서 다음에 들어갈 단어는 무엇인가?
"밤에 주께서 (　) 가운데 바울에게 말씀하시되 두려워하지 말며 침묵하지 말고 말하라"(행 18:9)
① 환상　② 꿈
③ 잠결　④ 오수

088 사도행전에서 다음에 들어갈 단어는 무엇인가?
"바울이 아시아에서 지체하지 않기 위하여 에베소를 지나 배 타고 가기로 작정하였으니 이는 될 수 있는 대로 (　) 안에 예루살렘에 이르려고 급히 감이러라"
① 유월절　② 초막절
③ 오순절　④ 겨울

089 사도행전에서 다음에 들어갈 단어는 무엇인가?
"범사에 여러분에게 모본을 보여준 바와 같이 수고하여 약한 사람들을 돕고 또 (　)께서 친히 말씀하신 바 주는 것이 받는 것보다 복이 있다 하심을 기억하여야 할지니라"(행 20:35)
① 주 예수　② 하나님
③ 사도들　④ 성령

090 사도행전에서 다음에 들어갈 단어는 무엇인가?
"이튿날 떠나 (　)에 이르러 일곱 집사 중 하나인 전도자 빌립의 집에 들어가서 머무르니라"(행 21:8)
① 고린도　② 구브로
③ 가이사랴　④ 다소

091 사도행전에서 다음에 들어갈 단어는 무엇인가?
"율법에 따라 경건한 사람으로 거기 사는 모든 유대인들에게 칭찬을 듣는 (　)라 하는 이가 내게 와 곁에 서서 말하되 형제 사울아 다시 보라 하거늘 즉시 그를 쳐다보았노라"(행 22:12-13)
① 고넬료　② 바나바
③ 아나니아　④ 오네스모

092 사도행전에서 다음에 들어갈 단어는 무엇인가?
"그 날 밤에 주께서 바울 곁에 서서 이르시되 담대하라 네가 예루살렘에서 나의 일을 증언한 것 같이 (　)에서도 증언하여야 하리라 하시니라"(행 23:11)
① 에베소　② 안디옥
③ 로마　④ 빌립보

093 사도행전에서 다음에 들어갈 단어는 무엇인가?
"백부장에게 명하여 (　)를/을 지키되 자유를 주고 그의 친구들이 그를 돌보아 주는 것을 금하지 말라 하니라"(행 24:23)
① 바울　② 베드로
③ 사도　④ 죄수

094 사도행전에서 다음에 공통적으로 들어갈 단어는 무엇인가?
"베스도가 배석자들과 상의하고 이르되 네가 (　)에게 상소하였으니 (　)에게 갈 것이라 하니라"(행 25:12)
① 총독　② 분봉왕
③ 가이사　④ 대법관

095 사도행전에서 바울이 로마에 도착했을 때 유대인들을 향해 한 말이 아닌 것은?
① 유대인들이 반대하기로 내가 마지 못하여 가이사에게 상소함이요 내 민족을 고발하려는 것이 아니다
② 이스라엘의 소망으로 말미암아 내가 이 쇠사슬에 매인 바 되었다
③ 헬라인들은 나를 심문하여 죽일 죄목이 없으므로 석방하려 하였다
④ 내가 이스라엘 백성이나 우리 조상의 관습을 배척한 일이 없는데 예루살렘에서 로마인의 손에 죄수로 내준 바 되었다

087_①　088_③　089_①　090_③　091_③　092_③　093_①　094_③　095_③

096 바울을 향해 "이에 우리가 너의 사상이 어떠한가 듣고자 하니 이 파에 대하여는 어디서든지 반대를 받는 줄 알기 때문이라 하더라"고 말한 사람들은 누구인가?
① 에베소에서 살던 헬라인들
② 에베소에서 살던 유대인들
③ 로마에서 살던 유대인들
④ 로마에서 살던 헬라인들

097 "바울이 온 이태를 자기 ( )에 머물면서 자기에게 오는 사람을 다 영접하고"라는 말씀에서 괄호 안에 들어갈 낱말은?
① 처소 ② 셋집
③ 감옥 ④ 방

098 "이스라엘과 이방인들에게서 내가 너를 구원하여 그들에게 보내어 그 눈을 뜨게 하여 어둠에서 빛으로, 사탄의 권세에서 하나님께로 돌아오게 하고 죄 사함과 나를 믿어 거룩하게 된 무리 가운데서 기업을 얻게 하리라"는 말씀에서 '너'는 누구인가?
① 세례요한 ② 예수 그리스도
③ 바울 ④ 스데반

099 "우리가 보니 이 사람은 전염병 같은 자라 천하에 흩어진 유대인을 다 소요하게 하는 자요 나사렛 ( )의 우두머리라"는 말씀에서 괄호 안에 들어갈 낱말은?
① 종파 ② 이단
③ 교회 ④ 종교

100 다음 중 더둘로라는 변호사가 바울을 고발할 때 한 말이 아닌 것은?
① 그가 회당을 더럽게 하려 하므로 우리가 잡았다
② 우리가 보니 이 사람은 전염병 같은 자다
③ 천하에 흩어진 유대인을 다 소요하게 하는 자다
④ 나사렛 이단의 우두머리라

101 바울이 "너희가 믿을 때에 성령을 받았느냐"고 물으니 "아니라 우리는 성령이 계심도 듣지 못하였노라"고 대답한 제자들을 바울이 만난 곳은?
① 고린도 ② 빌립보
③ 에베소 ④ 드로아

102 바울이 에베소에서 전도할 때의 상황을 묘사한 것으로 옳지 않은 것은?
① 두란노 서원에서 날마다 강론했다
② 두 해 동안 머물면서 전도했다
③ 아시아에 사는 자는 유대인이나 헬라인이나 다 주의 말씀을 들었다
④ 바울이 자신의 손수건이나 앞치마를 병든 사람에게 얹으면 그 병이 떠나고 악귀도 나갔다

103 악귀가 "내가 예수도 알고 바울도 알거니와 너희는 누구냐" 하며 "악귀 들린 사람이 그들에게 뛰어올라 눌러 이기니 그들이 상하여 벗은 몸으로 그 집에서 도망하는지라"는 말씀에서 '그들'은 누구인가?
① 유대의 한 제사장 스게와의 일곱 아들
② 마술사 엘루마
③ 사마리아의 마술사 시몬
④ 바보 섬의 거짓 선지자이며 마술사인 바예수라 하는 유대인

104 마술을 행하던 많은 사람이 그 책을 모아 가지고 책 값으로 환산하면 은 오만에 해당하는 책들을 모든 사람 앞에서 불사른 일은 어떤 도시에서 일어났나?
① 고린도 ② 빌립보
③ 에베소 ④ 데살로니가

105 바울이 "너희 피가 너희 머리로 돌아갈 것이요 나는 깨끗하니라 이 후에는 이방인에게로 가리라"고 말한 것은 그가 어디에서 선교할 때인가?
① 고린도 ② 빌립보
③ 에베소 ④ 데살로니가

106 주께서 환상 가운데 바울에게 "두려워하지 말며 침묵하지 말고 말하라 내가 너와 함께 있으

096_③ 097_② 098_③ 099_② 100_① 101_③ 102_④ 103_① 104_③ 105_① 106_①

매 어떤 사람도 너를 대적하여 해롭게 할 자가 없을 것이니 이는 이 성중에 내 백성이 많음이라"고 말씀하신 것은 그가 어디에서 선교할 때인가?
① 고린도 ② 빌립보
③ 에베소 ④ 데살로니가

107 갈리오가 아가야 총독 되었을 때에 유대인이 일제히 일어나 바울을 대적하여 법정으로 데리고 간 것은 바울이 어느 도시에서 교회를 세울 때인가?
① 고린도 ② 빌립보
③ 에베소 ④ 데살로니가

108 "이는 성경으로써 예수는 그리스도라고 증언하여 공중 앞에서 힘있게 유대인의 말을 이김이러라"는 말씀은 누구에 관한 설명인가?
① 바울 ② 아볼로
③ 디모데 ④ 실라

109 유대인들이 시기하여 저자의 어떤 불량한 사람들을 데리고 떼를 지어 성을 소동하게 하여 야손의 집에 침입하여 야손과 몇 형제들을 끌고 읍장들 앞에 가서 고발한 것은 바울이 어디에서 교회를 개척할 때 발생한 일인가?
① 고린도 ② 빌립보
③ 에베소 ④ 데살로니가

110 바울 및 그의 동역자들과 성도들이 "천하를 어지럽게 하던 이 사람들이 여기도 이르매 야손이 그들을 맞아 들였도다 이 사람들이 다 가이사의 명을 거역하여 말하되 다른 임금 곧 예수라 하는 이가 있다 하더이다"라고 고발을 당한 것은 어느 도시에서 발생한 사건인가?
① 고린도 ② 빌립보
③ 에베소 ④ 데살로니가

111 "하나님이 그 ( )를/을 세워 복 주시려고 너희에게 먼저 보내사 너희로 하여금 돌이켜 각각 그 악함을 버리게 하셨느니라"는 말씀에서 괄호 안에 맞는 단어는?
① 주 ② 종
③ 아들 ④ 선지자

112 이스라엘 사람들이 베드로와 사도들을 능욕할 때 "이 사람들을 상관하지 말고 버려 두라 이 사상과 이 소행이 사람으로부터 났으면 무너질 것이요"라고 말한 사람은?
① 안나스 ② 가야바
③ 가말리엘 ④ 스데반

113 예루살렘에 있는 교회에 큰 박해가 있을 때 유대와 사마리아 땅으로 흩어지지 않고 예루살렘에 남은 자들은?
① 사도들 ② 경건한 자들
③ 거룩한 자들 ④ 가난한 자들

114 요한의 형제 야고보를 칼로 죽인 이는?
① 헤롯 ② 글라우디오
③ 드다 ④ 사울

115 "영광을 하나님께로 돌리지 아니하므로 주의 사자가 곧 치니 벌레에게 먹혀" 죽은 사람은?
① 유다 ② 헤롯
③ 삽비라 ④ 글라우디오

116 바울이 전도하는 중에 "나그네 된 외국인들이 가장 새로운 것을 말하고 듣는 것 이외에는 달리 시간을 쓰지" 않았던 지역은?
① 빌립보 ② 아덴
③ 고린도 ④ 로마

117 "사두개인은 ( )도 없고 ( )도 없고 ( )도 없다 하고 바리새인은 다 있다 함이라"는 말씀에서 괄호 안에 맞지 않는 단어는?
① 천사 ② 율법
③ 영 ④ 부활

118 "알지 못하던 시대에는 하나님이 간과하셨거니와 이제는 어디든지 사람에게 다 명하사 ( )하라 하셨으니"라는 사도행전 17장 30절 말씀에서 괄호 안에 들어가야 할 낱말은?
① 거룩 ② 선행
③ 경건 ④ 회개

107_① 108_② 109_④ 110_④ 111_② 112_③ 113_① 114_① 115_② 116_② 117_② 118_④

119 "바울과 바나바가 담대히 말하여 이르되 하나님의 말씀을 마땅히 먼저 너희에게 전할 것이로되 너희가 그것을 버리고 ( )을 얻기에 합당하지 않은 자로 자처하기로 우리가 이방인에게 향하노라"는 사도행전 13장 46절 말씀에서 괄호 안에 들어가야 할 단어는?
① 구원 ② 영생
③ 생명 ④ 축복

120 다음 중 아소도에 가서 여러 성을 다니며 복음을 전한 후 가이사랴로 갔던 사람은 누구인가?
① 베드로 ② 빌립
③ 야고보 ④ 요한

121 바나바와 바울이 선교여행 동반자 문제로 다투고 나서 바나바는 마가를 데리고 구브로로 가고, 바울은 실라를 데리고 떠난 선교여행에서 성령이 아시아에서 말씀을 전하지 못하게 하심으로 인해 바울 일행이 다닌 지역은 어디인가?
① 브루기아와 비시디아
② 브루기아와 갈라디아
③ 갈라디아와 갑바도기아
④ 비두니아와 본도

122 사도행전에서 바울과 그 일행이 사람들로부터 "천하를 어지럽게 하던 이 사람들이 여기도 이르렀다"라는 말을 들은 곳은?
① 더베 ② 에베소
③ 아덴 ④ 데살로니가

123 사도행전에서 바울이 성령이 계심도 듣지 못하고 요한의 세례만 아는 제자들을 만난 도시는?
① 로마 ② 안디옥
③ 고린도 ④ 에베소

124 "너희는 천사가 전한 율법을 받고도 지키지 아니하였도다"는 말씀은 누가 한 말인가?
① 베드로 ② 요한
③ 스데반 ④ 바울

125 베드로가 열한 사도와 함께 소리를 높여 전한 말씀 중 "누구든지 주의 이름을 부르는 자는 구원을 받으리라"는 말씀은 어느 구약 선지자의 말씀을 인용한 것인가?
① 호세아 ② 요엘
③ 이사야 ④ 예레미야

126 사도행전에 나타나는 "이 사람들이 취한 것이 아니라 이는 곧 선지자 ( )을/를 통하여 말씀하신 것이니"라는 말씀에서 괄호 안에 들어가는 사람의 이
름은?
① 요나 ② 아모스
③ 미가 ④ 요엘

127 사도행전 15장에서 바울과 바나바가 예루살렘을 방문하여 회의를 한 후 사도와 장로와 예루살렘 교회가 바울과 바나바와 함께 안디옥으로 보내기로 결정한 사람은?
① 유다와 실라 ② 실라와 디모데
③ 마가 요한과 실라 ④ 마가 요한과 디모데

128 사도행전에 따르면 "그리스도인"이란 이름이 처음으로 사용되기 시작한 곳은?
① 예루살렘 ② 고린도
③ 구브로 ④ 안디옥

129 사도행전에 관한 다음의 설명 중 적절하지 <u>않은</u> 것은?
① 예루살렘 교회가 바나바를 안디옥에 파송했다
② 바나바는 착한 사람이요 성령과 믿음이 충만한 자다
③ 바나바가 사울을 찾으러 다소에 가서 바울을 안디옥에 데리고 왔다
④ 바나바는 욥바에서 난 레위족이었다

130 "이튿날 천부장은 유대인들이 무슨 일로 그를 고발 하는지 진상을 알고자 하여 그 결박을 풀고 명하여 ( )과/와 ( )을/를 모으고 바울을 데리고 내려가서 그들 앞에 세우니라"의 말씀에서 괄호 안에 알맞은 답은?
① 장로들 – 모든 백성들
② 제사장들 – 관원들

119_② 120_② 121_② 122_④ 123_④ 124_③ 125_② 126_④ 127_① 128_④ 129_④ 130_③

③ 제사장들 – 온 공회
④ 서기관들 – 장로들

131 다음 중 바울이 마침내 로마에 도착해 한 일을 바르게 설명하지 않은 것은?
① 자기에게 오는 사람들을 영접했다
② 하나님의 나라를 전파했다
③ 주 예수 그리스도에 관한 것을 담대하게 거침없이 가르쳤다
④ 바울이 삼년 동안 자기 집에 머물렀다

132 사도행전 4장 36절에 의하면 사도들이 '바나바'라 불렀던 사람의 다른 이름은 무엇인가?
① 요셉 ② 요한
③ 시몬 ④ 야고보

133 "내가 너와 함께 있으매 어떤 사람도 너를 대적하여 해롭게 할 자가 없을 것이니 이는 이 성중에 내 백성이 많음이라 …"는 사도행전 18장 10절 말씀은 주께서 환상가운데 누구에게 하신 말씀인가?
① 그리스보 ② 베드로
③ 바울 ④ 고넬료

134 다음 중 사도행전 20장의 내용이 아닌 것은?
① 갈리오 앞에 선 바울
② 바울의 마게도냐와 헬라 여행
③ 드로아에서 강론한 바울
④ 에베소 장로들과의 고별

135 사도행전에서 가룟 유다 대신에 사도로 뽑힌 사람은?
① 유스도 ② 요셉
③ 맛디아 ④ 바사바

136 "목이 곧고 마음과 귀에 ( )를 받지 못한 사람들아 너희도 너희 조상과 같이 항상 ( )을 거스르는 도다"라는 사도행전의 말씀에서 괄호 안에 차례대로 맞는 단어는?
① 세례, 성령 ② 세례, 율법
③ 할례, 말씀 ④ 할례, 성령

137 사도행전에서 바울이 전도여행 중 안식일에 두아디라 시의 자색 옷감 장사로 하나님을 섬기는 루디아를 만나는 장소는?
① 더베 ② 루스드라
③ 이고니온 ④ 빌립보

138 "하나님의 나라를 전파하며 주 예수 그리스도에 관한 모든 것을 담대하게 거침없이 가르치더라"는 말씀으로 마치는 서신은?
① 요한복음 ② 사도행전
③ 로마서 ④ 고린도전서

139 사도행전에서 바울이 마지막으로 예루살렘을 방문한 뒤 체포되었을 때 그를 심문한 첫 번째 로마 총독의 이름은?
① 벨릭스 ② 고넬료
③ 아그립바 ④ 아나니아

140 다음에 언급된 인물 중에서 동일 인물에 관한 언급이 아닌 것은?
① 바사바 ② 유스도
③ 요셉 ④ 맛디아

141 안디옥과 이고니온에서 온 유대인들이 바울을 돌로 쳐서 죽을 줄로 알고 시외로 끌어 내친 곳은?
① 더베 ② 루스드라
③ 버가 ④ 밤빌리아

142 사도행전 15장에서 이방인 성도들이 멀리해야 할 것 네 가지에 포함되지 않는 것은?
① 우상의 제물 ② 피
③ 음행 ④ 술

143 사도행전 11장에 의하면, 구브로와 구레네 출신 성도들이 어디에 이르러 헬라인에게도 복음을 전하
였는가?
① 안디옥 ② 다메섹
③ 다소 ④ 가이사랴

144 사도행전에서 누구의 딸들이 처녀로 예언하는

131_④ 132_① 133_③ 134_① 135_③ 136_④ 137_④ 138_② 139_① 140_④ 141_② 142_④ 143_① 144_①

자들이었는가?
① 빌립 ② 누기오
③ 더디오 ④ 가이오

145 다음 중 스데반의 설교에서 인용되지 않은 구약성경의 말씀은?
① 창세기 12장 3절
② 신명기 18장 15절
③ 아모스 5장 25절
④ 이사야 66장 1절

146 선교 여행 중 바울이 브리스길라와 아굴라와 함께 하나님의 말씀을 가르치며 고린도에 머물렀던 기
간은?
① 1년 ② 1년 6개월
③ 2년 ④ 3년

147 사도행전에서 예수의 어머니와 아우들이 언급된 곳은?
① 1장 ② 10장
③ 15장 ④ 20장

148 사도행전에서 "이에 두 사도가 그들에게 안수하매 성령을 받는지라"는 말씀이 나오는 곳은?
① 5장 ② 6장
③ 7장 ④ 8장

149 사도행전에서 "바나바는 착한 사람이요 성령과 믿음이 충만한 사람이라"는 말씀이 나오는 곳은?
① 2장 ② 7장
③ 11장 ④ 13장

150 사도행전에서 바울 일행이 멜리데 섬에서 몇 달 동안 머문 후 떠났는가?
① 두 달 ② 석 달
③ 네 달 ④ 다섯 달

151 유대인들과 예루살렘에 사는 사람들에게 "너희가 십자가에 못 박은 이 예수를 하나님이 주와 그리스도가 되게 하셨느니라"고 말한 사도는 누구인가?
① 베드로 ② 요한
③ 바울 ④ 야고보

152 사도행전 28장 14절에 의하면, 바울은 보디올에 얼마동안 머물렀는가?
① 이틀 ② 사흘
③ 이태 ④ 이레

153 사도행전 1장에는 사도로 추천된 두 사람이 나타난다. 그들은 누구인가?
① 맛디아와 유다 ② 맛디아와 바나바
③ 맛디아와 베스도 ④ 맛디아와 요셉

154 사도행전 21장에는 사도 바울이 드로비모를 성전에 데리고 들어간 줄로 생각한 유대인들이 소동을 일으킨 뒤, 바울을 잡아 성전 밖으로 끌고 나가 죽이려고 했던 사건이 기록되어 있다. 드로비모는 어디 출신인가?
① 빌립보 ② 에베소
③ 고린도 ④ 안디옥

155 사도행전에서 "은과 금은 내게 없거니와 내게 있는 이것을 네게 주노니 나사렛 예수 그리스도의 이름으로 일어나 걸으라"라는 말씀이 나오는 장은?
① 2장 ② 3장
③ 4장 ④ 5장

156 사도행전에서 "우리는 오로지 기도하는 일과 말씀 사역에 힘쓰리라"는 말씀이 나오는 장은?
① 4장 ② 5장
③ 6장 ④ 7장

157 "믿는 사람이 다 함께 있어 모든 물건을 서로 통용하고"라는 말씀은 사도행전 몇 장에 나오는가?
① 1장 ② 2장
③ 5장 ④ 6장

158 사도행전에서 사도들이 예루살렘에 함께 모여 협의한 회의에 대하여 언급하는 장은?

145_① 146_② 147_① 148_④ 149_③ 150_② 151_① 152_④ 153_④ 154_② 155_② 156_③ 157_② 158_④

① 12장 ② 13장
③ 14장 ④ 15장

159 사도행전 11장에서 구브로와 구레네에서 온 몇 사람들이 어디 곳에 이르러 헬라인에게도 주 예수를 전파하였는가?
① 안디옥 ② 베니게
③ 다소 ④ 가이사랴

160 바울이 아덴의 아레오바고에서 죽은 자의 부활을 전했다는 말씀은 사도행전 몇 장에 나오는가?
① 16장 ② 17장
③ 18장 ④ 19장

161 바나바를 번역하면 어떤 뜻이 되는가?
① 위로의 아들 ② 우레의 아들
③ 사람의 아들 ④ 신의 아들

162 사도행전에서 주의 영에 이끌려 순식간에 사라졌다가 다른 도시에 나타난 사람은?
① 야고보 ② 요한
③ 스데반 ④ 빌립

163 다음 중 스데반과 논쟁하지 않은 이들은?
① 구레네인들
② 히브리파 유대인들
③ 아시아에서 온 자들
④ 알렉산드리아인들

164 아볼로가 태어난 곳은 어디인가?
① 알렉산드리아 ② 고린도
③ 로마 ④ 에베소

165 사도행전 16장에 언급된 디모데의 아버지의 출신은?
① 로마인 ② 헬라인
③ 유대인 ④ 본도인

166 사도행전 5장에서 믿는 사람들이 다 마음을 같이하여 모인 곳은 어디인가?
① 베데스다 못 ② 성전 비문
③ 솔로몬 행각 ④ 양문

167 바울이 2차 전도여행 중 3주 정도 밖에 머물지 못하고 베뢰아를 거쳐 아덴으로 피신해야만 했던 도시는?
① 밀레도 ② 데살로니가
③ 가이사랴 ④ 드로아

168 사도행전은 총 몇 장인가?
① 26장 ② 27장
③ 28장 ④ 29장

169 사도행전 8장은 빌립이 에디오피아 여왕 간다게의 모든 국고를 맡은 관리인 내시에게 세례를 준 사건을 기록하고 있다. 그 뒤에 빌립은 어떤 곳에 나타나 여러 성을 지나다니며 복음을 전하고 가이사랴에 이르게 되는가?
① 베뢰아 ② 아소도
③ 두로 ④ 시돈

170 다음 중 무두장이 시몬은 어느 도시에 살았는가?
① 고린도 ② 가이사랴
③ 욥바 ④ 안디옥

171 사도행전 5장에서 누가 "가서 성전에 서서 이 생명의 말씀을 다 백성에게 말하라" 했는가?
① 성령 ② 예수 그리스도
③ 하나님 ④ 주의 사자

172 사도행전 4장 6절에 등장하는 대제사장들의 이름이 아닌 것은?
① 가야바 ② 알렉산더
③ 안나스 ④ 멜기세덱

173 사도행전 9장에 의하면 다메섹에서 '예수를 그리스도'라고 힘을 내어 전도한 사람은 누구인가?
① 바나바 ② 사울
③ 아나니아 ④ 제자들

174 사도행전에서 바울과 바나바가 루스드라에서

159_① 160_② 161_① 162_④ 163_② 164_① 165_② 166_③ 167_② 168_③ 169_② 170_③ 171_④ 172_④ 173_②

나면서 걷지 못하게 되어 걸어본 적이 없는 사람을 걷게 한 후 무리가 바울을 일컬어 한 호칭은?
① 제우스 ② 헤르메스
③ 아데미 ④ 엘루마

175 사도행전 20장에 기록된 바울의 선교여행 시 예루살렘으로 돌아가면서 거치는 지명이 아닌 것은?
① 에베소 ② 앗소
③ 미둘레네 ④ 사모

176 사도행전 13장에서 바울은 출애굽이후 이스라엘 백성이 가나안 땅을 기업으로 받을 때까지 몇 년이나 걸렸다고 설교하였는가?
① 약 400년 ② 약 430년
③ 약 450년 ④ 약 40년

177 사도행전에서 열두 사도가 과부들을 구제하는 일로 택한, 믿음과 성령이 충만한 일곱 사람들 중 유대교에 입교했던 안디옥 사람은?
① 브로고로 ② 니가노르
③ 바메나 ④ 니골라

178 "욥바에 다비다라 하는 여제자가 있으니 그 이름을 번역하면 도르가라"는 말씀이 나오는 곳은?
① 사도행전 8장 ② 사도행전 9장
③ 사도행전 10장 ④ 사도행전 11장

179 사도행전에서 바울이 고린도에서 일 년 육 개월을 머물며 하나님의 말씀을 가르칠 때 아가야의 총독은?
① 가이오 ② 베스도
③ 갈리오 ④ 벨릭스

180 "베드로가 이르되 너희가 회개하여 각각 예수 그리스도의 이름으로 세례를 받고 죄 사함을 받으라 그리하면 ( )의 선물을 받으리니 …" 라는 사도행전의 말씀에서 괄호 안에 들어가는 말은?
① 회개 ② 성령
③ 믿음 ④ 은혜

181 에디오피아 내시가 회심할 때에 읽고 있던 성경책은 무엇인가?
① 이사야 ② 예레미야
③ 에스겔 ④ 요엘

182 "안식일마다 바울이 회당에서 강론하고 유대인과 헬라인을 권면하니라"는 말씀이 나오는 곳은?
① 사도행전 18장 4절
② 사도행전 18장 14절
③ 사도행전 19장 4절
④ 사도행전 19장 14절

183 사도행전에서 바울의 '다메섹 체험' 사건을 처음 기록한 곳은?
① 6장 ② 7장
③ 8장 ④ 9장

184 다음 중 사도행전 마지막 장 마지막 두 절의 내용이 아닌 것은 무엇인가?
① 바울이 온 이태를 감옥에서 지냈다
② 바울이 자기에게 오는 사람을 다 영접했다
③ 바울이 하나님 나라를 전파했다
④ 바울이 주 예수 그리스도에 관한 모든 것을 담대하게 거침없이 가르쳤다

185 사도행전 13-14장의 선교여행은 바울의 몇 번째 선교여행인가?
① 첫 번째 ② 두 번째
③ 세 번째 ④ 네 번째

186 사도행전에서 "다비다야 일어나라 하니 그가 눈을 떠 베드로를 보고 …"가 나오는 곳은?
① 9장 ② 7장
③ 21장 ④ 13장

187 사도행전에서 "이에 두 사도가 저희에게 안수하매 성령을 받는지라"는 말씀이 나오는 곳은?
① 5장 ② 7장
③ 14장 ④ 8장

174_② 175_① 176_③ 177_④ 178_② 179_③ 180_② 181_① 182_① 183_④ 184_① 185_① 186_① 187_④

188 "이에 금식하며 기도하고 두 사람에게 안수하여 보내니라"는 말씀이 나오는 곳은?
① 사도행전 13장 ② 사도행전 14장
③ 사도행전 15장 ④ 사도행전 16장

189 다음 중 사도들이 예루살렘에 함께 모여 결의한 금지사항이 아닌 것은 무엇인가?
① 피를 멀리할 것
② 우상의 제물(더러운 것)을 멀리할 것
③ 음행을 멀리할 것
④ 율법을 멀리할 것

190 사도행전 19장에는 유대의 한 제사장인 스게와의 아들들이 악귀 들린 자들에게 주 예수의 이름을 의지하여 명하나 오히려 악귀 들린 사람이 그들에게 뛰어올라 이김으로 그들이 상하여 벗은 몸으로 도망하게 되었음이 기록되어 있는데, 여기서 스게와의 아들들이 몇 명이라고 하였는가?
① 5명 ② 6명
③ 7명 ④ 8명

191 다음 중 사도행전 8장에 나타나는 사건들을 기록된 순서대로 바르게 나열한 것은 어느 것인가?
① 예루살렘 교회에 가해진 큰 박해, 마술사 시몬이 세례를 받음, 빌립이 사마리아로 내려가 복음을 전함, 빌립이 간다게의 모든 국고를 맡은 내시에게 세례를 줌
② 예루살렘 교회에 가해진 큰 박해, 빌립이 간다게의 모든 국고를 맡은 내시에게 세례를 줌, 빌립이 사마리아로 내려가 복음을 전함, 마술사 시몬이 세례를 받음
③ 예루살렘 교회에 가해진 큰 박해, 빌립이 간다게의 모든 국고를 맡은 내시에게 세례를 줌, 마술사 시몬이 세례를 받음, 빌립이 사마리아로 내려가 복음을 전함
④ 예루살렘 교회에 가해진 큰 박해, 빌립이 사마리아로 내려가 복음을 전함, 마술사 시몬이 세례를 받음, 빌립이 간다게의 모든 국고를 맡은 내시에게 세례를 줌

192 사도행전에서 "주 예수께서 친히 말씀하신바 주는 것이 받는 것보다 복이 있다하심을 기억하여야 할지니라"고 하는 말씀이 나타나는 장은 무엇인가?
① 20장 ② 21장
③ 22장 ④ 23장

193 바울이 공회 앞에서 자신이 범사에 양심을 따라 하나님을 섬겼다고 말하자 대제사장이 바울의 입을 치라고 명하고 이에 바울이 "회칠한 담이여 하나님이 너를 치시리로다"라고 말하며 반발한 기록은 사도행전 몇 장에 있는가?
① 22장 ② 23장
③ 24장 ④ 25장

194 대제사장과 사두개인들이 베드로와 사도들을 제거하려 할 때 드다와 갈릴리의 유다의 예를 들면서 상관하지 말고 버려 둘 것을 율법교사 가말리엘이 권고한 기록은 사도행전 몇 장에 나타나는가?
① 5장 ② 9장
③ 13장 ④ 21장

195 사도행전에 나오는 데메드리오의 직업은 무엇인가?
① 은장색 ② 서기관
③ 회당장 ④ 선장

196 바울이 아레오바고에서 행한 설교는 사도행전 몇 장에 기록되어 있는가?
① 16장 ② 17장
③ 18장 ④ 19장

197 사도행전에서 '우리' 라는 표현으로 기록된 단락이 아닌 것은?
① 16장 10-17절
② 20장 5절-21장 18절
③ 22장 22-30절
④ 27장 1절-28장 16절

198 사도행전에서 베드로가 행한 이적이 아닌 것은?

188_① 189_④ 190_③ 191_④ 192_① 193_② 194_① 195_① 196_② 197_③ 198_④

① 성전 미문의 못 걷는 이 치유
② 중풍병자 애니아 치유
③ 죽은 다비다를 일으킴
④ 귀신들린 여종 치유

199 사도행전에서 바울을 심문한 사람과 그 장이 바르게 연결된 것은?
① 천부장, 20장
② 대제사장 아나니아, 21장
③ 벨릭스 총독, 23장
④ 베스도 총독, 25장

200 바울이 어느 날 밤에 한 마게도냐 사람이 자신에게 "마게도냐로 건너와서 우리를 도우라"고 말한 환상을 본 곳은 어디인가?
① 루스드라 ② 드로아
③ 빌립보 ④ 비두니아

201 사도행전에서 "오늘 내 말을 듣는 모든 사람도 다 이렇게 결박된 것 외에는 나와 같이 되기를 하나님께 원하나이다"는 말씀은 바울이 누구에게 한 것인가?
① 아그립바 ② 베스도
③ 벨릭스 ④ 보블리오

202 사도행전에서 다음의 연결이 적절한 것은?
① 두아디라 – 루디아
② 암비볼리 – 경건한 헬라인
③ 베뢰아 – 귀신들린 여종
④ 에베소 – 유스도

203 사도행전 1장 16절에 등장하는 구약의 인물은?
① 아브라함 ② 야곱
③ 다윗 ④ 모세

204 사도행전에 나타나는 내용에서 다음의 연결이 적절하지 않은 것은?
① 룻다 – 애니아 ② 구브로 – 다비다
③ 가이사랴 – 고넬료 ④ 바보 – 바예수

205 사도행전에서 베드로가 고친 팔 년 된 중풍병자의 이름은?
① 애니아 ② 아나니아
③ 다비다 ④ 다마리

206 사도행전에서 사도들에게 돈을 주어 성령의 권능을 사려 했던 사람은?
① 빌립 ② 시몬
③ 아나니아 ④ 다비다

207 사도행전에서 헤롯이 칼로 요한의 형제 야고보를 죽였을 때 옥에 갇힌 사람은 누구인가?
① 바나바 ② 베드로
③ 바울 ④ 요한

208 사도행전에서 바울이 "내가 삼 년이나 밤낮 쉬지 않고 눈물로 각 사람을 훈계하던 것을 기억하라"는 말씀은 어느 교회에게 한 말씀인가?
① 고린도 교회 ② 갈라디아 교회
③ 에베소 교회 ④ 데살로니가 교회

209 사도행전에서 바나바는 "제우스"로, 바울은 "헤르메스"로 오해 받은 곳은?
① 이고니온 ② 루스드라
③ 더베 ④ 아테네

210 사도행전에서 바울이 "나면서 걷지 못하게 되어 걸어 본 적이 없는 자"를 고친 곳은?
① 더베 ② 루스드라
③ 이고니온 ④ 버가

211 사도행전에서 안디옥 교회의 교사나 선지자가 아닌 사람은?
① 바나바 ② 바울
③ 루기오 ④ 브로고로

212 사도행전 21장에서 바울과 함께 가이사랴에서 예루살렘으로 올라간 구브로 사람의 이름은?
① 유두고 ② 나손
③ 실라 ④ 아볼로

213 사도행전에서 예루살렘 교회가 안디옥 소문을 듣고 그 곳 지도자로 누구를 파송했는가?

199_④ 200_② 201_① 202_① 203_③ 204_② 205_① 206_② 207_② 208_③ 209_② 210_② 211_④ 212_② 213_③

① 베드로　② 바울
③ 바나바　④ 빌립

214 바울이 가이사랴에서 갇혀 있을 때 드루실라와 함께 바울을 보러 온 사람은?
① 루시아　② 베스도
③ 벨릭스　④ 아그립바

215 에베소에서 마술을 행했던 사람들이 불사른 책 값은 얼마인가?
① 금 오만　② 금 삼만
③ 은 오만　④ 은 삼만

216 사도행전에서 루스드라 사람들이 치유의 이적이 일어난 것을 보고 누구를 '제우스'라고 했는가?
① 베드로　② 바울
③ 바나바　④ 빌립

【주관식】

217 신약성서의 여러 책들 중에서 "우리가 바닷가에서 무릎을 꿇어 기도하고"라는 구절이 나오는 책은?

218 바울이 로마로 호송되어 가는 바다에서 만난 광풍의 이름은 무엇인가?

219 브리스길라의 남편으로서 바울의 선교사역을 도운 사람의 이름은?

220 사도행전에서 바울과 바나바가 갈라서는 내용은 몇 장에 나오는가?

221 예루살렘 교회 최초의 순교자는?

222 사도행전 5장에는 모든 백성에게 존경을 받는 한 율법교사가 공회중에 일어나 베드로와 사도들을 잠깐 밖에 나가게 한 뒤 말한다. 이 율법교사의 이름은 무엇인가?

223 사도행전 6장에 나오는 예루살렘 교회의 두 파는?

224 "다른 이로써는 구원을 받을 수 없나니 천하 사람 중에 구원을 받을 만한 ( )을 우리에게 주신 일이 없음이라 하였더라"는 말씀에서 괄호 안에 들어가야 할 단어는?

225 바울이 마게도냐에 처음 교회를 세울 때 감옥에 갇히는 일은 어디에서 일어났는가?

226 "( )을/를 믿으라 그리하면 너와 네 집이 구원을 받으리라"는 말씀에서 괄호 안에 들어가야 할 낱말은?

227 사도행전에서 바울과 바나바는 누구 때문에 서로 갈라서는가?

228 "주께서 이르시되 하늘은 나의 보좌요 땅은 나의 발등상이니 너희가 나를 위하여 무슨 집을 짓겠으며 나의 안식할 처소가 어디냐"라는 구약성경의 구절이 인용되는 신약성경의 책과 장은?

229 대제사장들과 유대인 중 높은 사람들이 바울을 고소할 때 길에 매복하였다가 그를 죽이기 위하여 바울을 어느 지역으로 옮길 것을 베스도에게 청하였는가?

230 다음은 사도행전 24장 16절의 말씀이다. 괄호 안에 들어갈 낱말은?
"이것으로 말미암아 나도 하나님과 사람에 대하여 항상 ( )에 거리낌이 없기를 힘쓰나이다"

231 "이 예수는 너희 건축자들의 버린 돌로서 집 ( )의 머릿돌이 되었느니라"는 베드로의 말에서 괄호 안에 들어가는 말은?

232 유다가 예수를 배신한 삯으로 산 밭으로 후에 몸이 곤두박질하여 배가 터져 창자가 흘러 나와 죽어, 예루살렘에 사는 사람들이 이 밭을

214_③ 215_③ 216_③ 217_사도행전 218_유라굴로 219_아굴라 220_15장 221_스데반 222_가말리엘 223_헬라파, 히브리파 224_다른 이름 225_빌립보 226_주 예수 227_마가 요한 228_사도행전 7장 229_예루살렘 230_양심

가리켜 이른 아겔다마의 뜻은?

233 사도행전에서 다음에 들어갈 단어는 무엇인가?
"( )이 바울을 구원하려 하여 그들의 뜻을 막고 헤엄칠 줄 아는 사람들을 명하여 물에 뛰어내려 먼저 육지에 나가게 하고 그 남은 사람들은 널조각 혹은 배 물건에 의지하여 나가게 하니 마침내 사람들이 다 상륙하여 구조되니라"(행 27:43-44)

234 "만일 데메드리오와 그와 함께 있는 직공들이 누구에게 고발할 것이 있으면 재판 날도 있고 총독들도 있으니 피차 고소할 것이요 만일 그 외에 무엇을 원하면 정식으로 ( )에서 결정할지라"는 말씀에서 괄호 안에 들어갈 말은?

235 바울이 "인류의 모든 족속을 한 혈통으로 만드사 온 땅에 살게 하시고 그들의 연대를 정하시며 거주의 경계를 한정하셨으니 이는 사람으로 혹 하나님을 더듬어 찾아 발견하게 하려 하심이로되 그는 우리 각 사람에게서 멀리 계시지 아니하도다"라고 설교한 도시는?

236 "이 사람은 전염병 같은 자라 천하에 흩어진 유대인을 다 소요하게 하는 자요 나사렛 이단의 우두머리라"고 바울을 고발한 사람은?

237 "무릇 피고가 원고들 앞에서 고소 사건에 대하여 변명할 기회가 있기 전에 내주는 것은 ( ) 사람의 법이 아니라"는 베스도의 언급에서 괄호 안에 들어가야 할 단어는?

238 사도 베드로가 백부장 고넬료와 그의 가족에게 세례를 베푼 내용은 사도행전 몇 장에 기록되어 있는가?

239 바울의 아레오바고 설교는 사도행전 몇 장에 기록되어 있는가?

240 빌립보에서 바울의 전도로 온 집안이 세례를 받은, 두아디라 시에 있는 자색 옷감 장사는?

241 바울의 전도로 아데미 신상 모형 판매 벌이에 타격을 받은 데메드리오의 선동에서 의해 무리들이 연극장에서 두 시간 동안 소동을 벌인 도시는?

242 바울이 세 번째 선교여행 귀환길에 에베소 교회 장로들을 청하여 오게 한 도시는?

243 사도행전에서 다음에 들어갈 단어는 무엇인가?
"곧 ( )이/가 고난을 받으실 것과 죽은 자 가운데서 먼저 다시 살아나사 이스라엘과 이방인들에게 빛을 전하시리라 함이니이다 하니라"(행 26:23)

244 사도행전에서 다음에 공통적으로 들어갈 단어는 무엇인가?
"베스도가 배석자들과 상의하고 이르되 네가 ( )에게 상소하였으니 ( )에게 갈 것이라 하니라"(행 25:12)

245 "주의 증인 스데반이 피를 흘릴 때에 곁에 서서 찬성하고 그 죽이는 사람들의 옷을 지킨" 사람은?

246 "즉 데메드리오라 하는 어떤 은장색이 은으로 ( )의 신상 모형을 만들어 직공들에게 적지 않은 벌이를 하게 하더니"라는 말씀에서 괄호 안에 들어갈 말은?

247 사도행전에서 "마게도냐 지방의 첫 성이요 또 로마의 식민지"로 소개되는 도시의 이름은?

248 "이에 사도와 장로와 온 교회가 그 중에서 사람들을 택하여 바울과 바나바와 함께 안디옥으로 보내기를 결정하니 곧 형제 중에 인도자인 바사바라 하는 유다와 ( )더라"는 말씀에서 괄호 안에 들어갈 이름은?

249 "가라 이 사람은 내 이름을 이방인과 임금들과 이스라엘 자손들에게 전하기 위하여 택한 나의 그릇이라"는 말씀에서 이 사람은 누구인가?

231_모퉁이 232_피밭 233_백부장 234_민회 235_아덴 236_더둘로 237_로마 238_10장 239_17장 240_루디아
241_에베소 242_밀레도 243_그리스도 244_가이사 245_바울(사울) 246_아데미 247_빌립보 248_실라 249_바울(사울)

250 "사울은 힘을 더 얻어 예수를 (   )라 증언하여 다메섹에 사는 유대인들을 당혹하게 하니라"는 사도행전 9장 말씀에서 괄호 안에 들어가야 할 단어는?

251 바울이 오래 강론할 때 졸음을 이기지 못하여 삼 층에서 떨어져 죽었던 사람은?

로마서

001 바울이 로마서의 몇 장에서 예수께서 자신으로 하여금 "이방인을 위하여 그리스도 예수의 일꾼이 되어 하나님의 복음의 제사장 직분"을 하게 하셨다고 말하는가?

① 1장 ② 9장
③ 13장 ④ 15장

002 다음 중 로마서 1장에 나오는 구절이 아닌 것은?

① 먼저 내가 예수 그리스도로 말미암아 너희 모든 사람에 관하여 내 하나님께 감사함은 너희 믿음이 온 세상에 전파됨이로다
② 어떻게 하든지 이제 하나님의 뜻 안에서 너희에게로 나아갈 좋은 길 얻기를 구하노라
③ 이는 곧 내가 너희 가운데서 너희와 나의 믿음으로 말미암아 피차 안위함을 얻으려 함이라
④ 무릇 율법 없이 범죄한 자는 또한 율법 없이 망하고 무릇 율법이 있고 범죄한 자는 율법으로 말미암아 심판을 받으리라

003 "또 이르되 열방들아 주의 백성과 함께 즐거워하라 하였으며 또 모든 열방들아 주를 찬양하며 모든 백성들아 그를 찬송하라 하였으며 또 이사야가 이르되 이새의 뿌리 곧 열방을 다스리기 위하여 일어나시는 이가 있으리니 열방이 그에게 소망을 두리라 하였느니라"는 말씀은 로마서 몇 장에 나오는가?

① 9장 ② 10장
③ 11장 ④ 15장

250_그리스도 251_유두고

001_④ 002_④ 003_④

004 "성경이 (　)에게 이르시되 내가 이 일을 위하여 너를 세웠으니 곧 너로 말미암아 내 능력을 보이고 내 이름이 온 땅에 전파되게 하려 함이라 하셨으니 그런즉 하나님께서 하고자 하시는 자를 긍휼히 여기시고 하고자 하시는 자를 완악하게 하시느니라"는 말씀에서 괄호 안에 들어갈 단어는?

① 아담　② 모세
③ 바로　④ 그리스도

005 다음 중 로마서 6장에 나오는 말씀이 아닌 것은?

① 은혜를 더하게 하려고 죄에 거하겠느냐
② 너희 지체를 불의의 무기로 죄에게 내주지 말라
③ 죄의 삯은 사망이요
④ 율법이 없는 곳에는 범법도 없느니라

006 다음 중 로마서 7장에 나오는 말씀이 아닌 것은?

① 생명에 이르게 할 그 계명이 내게 대하여 도리어 사망에 이르게 하는 것이 되었도다
② 환난은 인내를, 인내는 연단을, 연단은 소망을 이루는 줄 앎이로다
③ 오호라 나는 곤고한 사람이로다 이 사망의 몸에서 누가 나를 건져내랴
④ 죄가 기회를 타서 계명으로 말미암아 나를 속이고 그것으로 나를 죽였는지라

007 로마서 16장에 언급된 인물로 그 직업이 재무관인 사람의 이름은 ?

① 구아도　② 소시바더
③ 에라스도　④ 누기오

008 "네가 어찌하여 네 형제를 비판하느냐 어찌하여 네 형제를 업신여기느냐 우리가 다 하나님의 심판대 앞에 서리라"는 말씀은 로마서 몇 장에 나오는가?

① 1장　② 3장
③ 13장　④ 14장

009 "의심하고 먹는 자는 정죄되었나니 이는 믿음을 따라 하지 아니하였기 때문이라 믿음을 따라 하지 아니하는 것은 다 죄니라"는 말씀은 로마서 몇 장에 나오는가?

① 13장　② 14장
③ 15장　④ 16장

010 "악에게 지지 말고 선으로 악을 이기라"는 말씀은 로마서 몇 장에 나오는가?

① 12장　② 13장
③ 14장　④ 15장

011 "이는 만물이 주에게서 나오고 주로 말미암고 주에게로 돌아감이라 그에게 영광이 세세에 있을지어다 아멘"는 말씀은 로마서 몇 장에 나오는가?

① 10장　② 11장
③ 13장　④ 14장

012 "그리하여 온 이스라엘이 구원을 받으리라"는 말씀은 로마서 몇 장에 나오는가?

① 9장　② 10장
③ 11장　④ 14장

013 "내가 이방인인 너희에게 말하노라 내가 (　)의 사도인 만큼 내 직분을 영광스럽게 여기노니"라는 말씀에서 괄호 안에 들어가는 말은?

① 하나님　② 열방
③ 유대인　④ 이방인

014 "그러므로 내가 말하노니 하나님이 자기 백성을 버리셨느냐 그럴 수 없느니라 나도 이스라엘인이요 아브라함의 씨에서 난 자요 (　) 지파라"는 바울의 말씀에서 괄호 안에 들어가는 말은?

① 르우벤　② 유다
③ 레위　④ 베냐민

015 로마서에서 다음에 공통적으로 들어갈 단어는 무엇인가?

"무릇 (　) 없이 범죄한 자는 또한 (　) 없이 망하고 무릇 (　)이/가 있고 범죄한 자는 (　)으로/로 말미암아 심판을 받으리라"(롬 2:12)

① 율법　② 양심
③ 말씀　④ 계명

004_③　005_④　006_②　007_③　008_④　009_②　010_①　011_②　012_③　013_④　014_④　015_①

① 율법 ② 심증
③ 증거 ④ 양심

016 로마서에서 다음에 공통적으로 들어갈 단어는 무엇인가?
"( )을/를 자랑하는 네가 ( )을/를 범함으로 하나님을 욕되게 하느냐"(롬 2:23)
① 율법 ② 윤리
③ 도덕 ④ 양심

017 다음의 로마서의 구절에서 단어의 조합이 맞는 것은?
"그러므로 사람이 의롭다 하심을 얻는 것은 ( )의 행위에 있지 않고 ( )으로/로 되는 줄 우리가 인정하노라"(롬 3:28)
① 은혜 – 사랑 ② 율법 – 믿음
③ 용서 – 은혜 ④ 구제 – 실천

018 다음의 로마서의 구절에서 단어의 조합이 맞는 것은?
"그가 죽으심은 ( )에/로 대하여 단번에 죽으심이요 그가 살아 계심은 ( )께/에 대하여 살아 계심이니"(롬 6:10)
① 악 – 메시아 ② 죄 – 하나님
③ 정죄 – 소망 ④ 십자가 – 악

019 로마서에서 다음에 공통적으로 들어갈 단어는 무엇인가?
"( ) 있는 여인이 그 ( ) 생전에는 법으로 그에게 매인 바 되나 만일 그 ( )이 죽으면 ( )의 법에서 벗어나느니라"(롬 7:2)
① 율법 ② 남편
③ 재물 ④ 조문

020 "이 은혜는 곧 나로 ( )을 위하여 그리스도 예수의 일꾼이 되어 하나님의 복음의 ( ) 직분을 하게 하사 ( )을 ( )로 드리는 것이 성령 안에서 거룩하게 되어 받으실 만하게 하려 하심이라"는 말씀에서 괄호 안에 들어갈 단어가 아닌 것은?
① 제물 ② 사도
③ 이방인 ④ 제사장

021 다음 중 로마서 12장에 나오는 말씀이 아닌 것은?
① 할 수 있거든 너희로서는 모든 사람과 더불어 화목하라
② 피차 사랑의 빚 외에는 아무에게든지 아무 빚도 지지 말라
③ 너희가 친히 원수를 갚지 말고 하나님의 진노하심에 맡기라
④ 즐거워하는 자들과 함께 즐거워하고 우는 자들과 함께 울라

022 다음 중 로마서 11장에서 인용되는 구약성경 구절이 아닌 것은?
① 내가 나를 위하여 바알에게 무릎을 꿇지 아니한 사람 칠천 명을 남겨 두었다
② 그들의 밥상이 올무와 덫과 거치는 것과 보응이 되게 하시옵고 그들의 눈은 흐려 보지 못하고 그들의 등은 항상 굽게 하옵소서
③ 주여 그들이 주의 선지자들을 죽였으며 주의 제단들을 헐어 버렸고 나만 남았는데 내 목숨도 찾나이다
④ 네 마음에 누가 하늘에 올라가겠느냐 하지 말라

023 "의를 따르지 아니한 이방인들이 의를 얻었으니 곧 ( )요 ( )을 따라간 이스라엘은 ( )에 이르지 못하였으니"라는 말씀에서 괄호 안에 들어갈 단어가 아닌 것은?
① 의의 법 ② 율법
③ 율법의 의 ④ 믿음에서 난 의

024 "그러므로 이제 그리스도 예수 안에 있는 자에게는 결코 ( )이 없나니 이는 그리스도 예수 안에 있는 ( )이 ( )에서 너를 해방하였음이라"는 말씀에서 괄호 안에 들어갈 단어가 아닌 것은?
① 의의 법 ② 생명의 성령의 법
③ 죄와 사망의 법 ④ 정죄함

025 "만일 너희 속에 하나님의 영이 거하시면 너희

016_① 017_② 018_② 019_② 020_② 021_② 022_④ 023_③ 024_① 025_④

가 육신에 있지 아니하고 영에 있나니 누구든지 ( )이 없으면 그리스도의 사람이 아니라"는 말씀에서 괄호 안에 들어갈 단어는?
① 믿음 ② 성령
③ 하나님의 영 ④ 그리스도의 영

026 "내가 확신하노니 사망이나 생명이나 ( )이나 권세자들이나 현재 일이나 장래 일이나 ( )이나 높음이나 깊음이나 다른 어떤 ( )이라도 우리를 우리 주 그리스도 예수 안에 있는 하나님의 사랑에서 끊을 수 없으리라"는 말씀에서 괄호 안에 들어갈 단어가 아닌 것은?
① 피조물 ② 주권
③ 능력 ④ 천사들

027 다음 중 바울이 로마서 4장에서 믿음의 조상을 언급할 때 인용하지 않는 사람은?
① 아브라함 ② 다윗
③ 사라 ④ 욥

028 다음 중 로마서 9-10장에서 이스라엘에 관한 바울의 설명이 아닌 것은?
① 의의 법을 따라간 이스라엘은 율법에 이르지 못하였다
② 그들이 종말에는 행위를 의지하지 않고 믿음을 의지할 것이다
③ 그들이 하나님께 열심이 있으나 올바른 지식을 따른 것이 아니다
④ 자기 의를 세우려고 힘써 하나님의 의에 복종하지 아니하였다

029 다음 중 로마서 11장에서 언급된 것이 아닌 것은?
① 제단 ② 감람나무
③ 곡식가루 ④ 그릇

030 다음 중 로마서 13장에 나오는 '권세'에 관한 언급이 아닌 것은?
① 모든 권세는 다 하나님께서 정하신 바라
② 그는 하나님의 사역자가 되어 네게 선을 베푸는 자니
③ 진노 때문에 복종 할 것이 아니라 믿음을 따라 할 것이라
④ 각 사람은 위에 있는 권세들에게 복종하라

031 "내가 그리스도의 이름을 부르는 곳에는 복음을 전하지 않기를 힘썼노니 이는 남의 터 위에 건축하지 아니하려 함이라"는 말씀은 로마서 몇 장에 나오나?
① 13장 ② 14장
③ 15장 ④ 16장

032 다음 중 로마서 16장에서 로마 교회를 향하여 문안하지 않은 사람은?
① 아볼로 ② 디모데
③ 더디오 ④ 에라스도

033 "지혜로우신 하나님께 예수 그리스도로 말미암아 영광이 세세무궁하도록 있을지어다 아멘"으로 끝나는 서신은?
① 로마서 ② 고린도전서
③ 고린도후서 ④ 갈라디아서

034 "그러므로 내가 이 일을 마치고 이 ( )를 그들에게 확증한 후에 너희에게 들렀다가 서바나로 가리라"는 로마서 15장 28절의 말씀에서 괄호 안에 들어가야 할 낱말은?
① 증거 ② 업무
③ 선교 ④ 열매

035 로마서 15장 26절 말씀에 따르면 누가 예루살렘 성도 중 가난한 자들을 위하여 기쁘게 연보를 하였는가?
① 아가야, 아시아 ② 마게도냐, 아시아
③ 아가야, 비두니아 ④ 마게도냐, 아가야

036 "내가 말하노니 그리스도께서 하나님의 진실함을 위하여 ( )의 추종자가 되셨으니 이는 조상들에게 주신 약속들을 견고하게 하시고"라는 로마서 15장 8절의 말씀에서 괄호 안에 들어가야 할 낱말은?
① 말씀 ② 믿음
③ 율법 ④ 할례

026_② 027_④ 028_② 029_④ 030_③ 031_③ 032_① 033_① 034_④ 035_④ 036_④

037 "무엇이든지 전에 기록된 바는 우리의 교훈을 위하여 기록된 것이니 우리로 하여금 인내로 또는 성경의 ( )로 소망을 가지게 함이니라"는 로마서 15장 4절의 말씀에서 괄호 안에 들어가야 할 낱말은?
① 진리 ② 권위
③ 위로 ④ 인내

038 하나님의 나라에 대한 로마서 14장 17절의 설명에 들어있지 않는 것은?
① 성령 안에 있는 의
② 성령 안에 있는 평강
③ 성령 안에 있는 희락
④ 성령 안에 있는 인내

039 "나의 형제 곧 ( )의 친척을 위하여 내 자신이 저주를 받아 그리스도에게서 끊어질지라도 원하는 바로라"는 말씀에서 괄호 안에 들어가야 할 낱말은?
① 믿음 ② 사랑
③ 소망 ④ 골육

040 "그들의 넘어짐이 세상의 ( )이 되며 그들의 실패가 이방인의 ( )이 되거든 하물며 그들의 충만함이리요"라는 로마서 11장 12절의 말씀에서 괄호 안에 들어가야 할 낱말은?
① 넘어짐 ② 소망
③ 교훈 ④ 풍성함

041 "너희를 박해하는 자를 ( )하라 ( )하고 저주하지 말라"는 로마서 12장 14절의 말씀에서 괄호 안에 들어가야 할 낱말은?
① 고발 ② 축복
③ 교훈 ④ 설득

042 "예수 그리스도의 종 바울은 ( )로/으로 부르심을 받아 하나님의 복음을 위하여 택정함을 입었으니"는 말씀에서 괄호 안에 들어가는 말은?
① 일꾼 ② 사도
③ 제사장 ④ 선지자

043 "( )은/는 없나니 하나도 없으며 깨닫는 자도 없고 하나님을 찾는 자도 없고 다 치우쳐 함께 무익하게 되고 선을 행하는 자는 없나니 하나도 없도다"는 말씀에서 괄호 안에 들어가는 말은?
① 지혜자 ② 거룩한 자
③ 의인 ④ 선인

044 "우리가 환난 중에도 즐거워하나니 이는 환난은 인내를, 인내는 연단을, 연단은 ( )을/를 이루는 줄 앎이로다"는 말씀에서 괄호 안에 공통적으로 들어가는 말은?
① 열매 ② 구원
③ 소망 ④ 믿음

045 "아담으로부터 ( )까지 아담의 범죄와 같은 죄를 짓지 아니한 자들까지도 사망이 왕 노릇 하였나니 아담은 오실 자의 모형이라"는 말씀에서 괄호 안에 들어가는 말은?
① 모세 ② 아브라함
③ 다윗 ④ 그리스도

046 "그러므로 우리가 그의 죽으심과 합하여 세례를 받음으로 그와 함께 장사되었나니 이는 아버지의 영광으로 말미암아 그리스도를 죽은 자 가운데서 살리심과 같이 우리로 또한 새 ( ) 가운데서 행하게 하려 함이라"는 말씀에서 괄호 안에 들어가는 말은?
① 믿음 ② 소망
③ 사랑 ④ 생명

047 로마서 4장에 나오는 구약의 두 인물은?
① 모세와 아브라함
② 아브라함과 다윗
③ 아브라함과 이사야
④ 다윗과 아사야

048 다음 중 로마서 7장에 나오는 율법의 속성이 아닌 것은?
① 거룩함 ② 의로움
③ 선함 ④ 자비로움

037_③ 038_④ 039_④ 040_④ 041_② 042_② 043_③ 044_③ 045_① 046_④ 047_② 048_④

049 로마서에서 신자의 마음을 살피며 하나님의 뜻대로 성도를 위하여 간구하는 이는?
① 사도 ② 예수 그리스도
③ 성령 ④ 천군 천사

050 로마서 11장에서 이스라엘의 구원과 관련하여 바울이 말한 비유는?
① 양과 염소
② 포도나무
③ 돌감람나무와 참감람나무
④ 토기장이가 만든 그릇

051 로마서에서 하나님께 드리는 영적예배는 자신의 몸을 하나님께 어떻게 드려야 하는 것인가?
① 영과 진리로
② 흠이 없고 온전한 첫 제물로
③ 하나님이 기뻐하시는 거룩한 산 제물로
④ 정성과 뜻과 힘과 목숨을 다해

052 "만일 ( )로/으로 말미암아 네 형제가 근심하게 되면 이는 네가 사랑으로 행하지 아니함이라 그리스도께서 대신하여 죽으신 형제를 네 ( )로/으로 망하게 하지 말라"는 말씀에서 괄호 안에 공통적으로 들어가는 말은?
① 율법 ② 계명
③ 음식 ④ 제물

053 로마서에서 다음에 공통적으로 들어갈 단어는 무엇인가?
"그런즉 우리가 무슨 말을 하리요 ( )가/이 죄냐 그럴 수 없느니라 ( )로/으로 말미암지 않고는 내가 죄를 알지 못하였으니 곧 ( )가/이 탐내지 말라 하지 아니하였더라면 내가 탐심을 알지 못하였으리라"
① 율법 ② 심증
③ 증거 ④ 양심

054 다음의 로마서의 구절에서 단어의 조합이 맞는 것은?
"내 지체 속에서 한 다른 법이 내 ( )의 법과 싸워 내 지체 속에 있는 ( )의 법으로 나를 사로잡는 것을 보는도다"(롬 7:23)
① 악 – 진리 ② 마음 – 죄
③ 정죄 – 소망 ④ 십자가 – 악

055 로마서에서 다음에 공통적으로 들어갈 단어는 무엇인가?
"우리가 ( )으로 구원을 얻었으매 보이는 ( )이 ( )이 아니니 보는 것을 누가 바라리요"(롬 8:24)
① 믿음 ② 소망
③ 행함 ④ 사랑

056 로마서에서 다음에 들어갈 단어는 무엇인가?
"높음이나 깊음이나 다른 어떤 피조물이라도 우리를 우리 주 그리스도 예수 안에 있는 하나님의 ( )에서 끊을 수 없으리라"(롬 8:39)
① 성령 ② 사랑
③ 구원 ④ 생명

057 로마서 9장에 나오는 다음의 말씀은 누구에게 하신 말씀인가?
"내가 긍휼히 여길 자를 긍휼히 여기고 불쌍히 여길 자를 불쌍히 여기리라"(롬 9:15)
① 다윗 ② 부자
③ 모세 ④ 나사로

058 로마서 9장에 나오는 다음의 말씀은 어느 예언자가 하신 말씀인가?
"이스라엘 자손들의 수가 비록 바다의 모래 같을지라도 남은 자만 구원을 받으리니 주께서 땅 위에서 그 말씀을 이루고 속히 시행하시리라"(롬 9:27-28)
① 예레미야 ② 에스겔
③ 이사야 ④ 미가

059 로마서에서 다음에 공통적으로 들어갈 단어는 무엇인가?
"내가 ( )인 너희에게 말하노라 내가 ( )의 사도인 만큼 내 직분을 영광스럽게 여기노니"(롬 11:13)
① 유대인 ② 이방인
③ 헬라인 ④ 로마인

049_③ 050_③ 051_③ 052_③ 053_① 054_② 055_② 056_② 057_③ 058_③ 059_②

060 로마서에서 다음에 들어갈 단어는 무엇인가?
"( )으로 하면 그들이 너희로 말미암아 원수된 자요 택하심으로 하면 조상들로 말미암아 사랑을 입은 자라"(롬 11:28)
① 복음 ② 순종
③ 충성 ④ 신실함

061 로마서에서 다음에 들어갈 단어는 무엇인가?
"( )에는 거짓이 없나니 악을 미워하고 선에 속하라"(롬 12:9)
① 사랑 ② 진리
③ 믿음 ④ 소망

062 로마서에서 다음에 공통적으로 들어갈 단어는 무엇인가?
"( )은 이웃에게 악을 행하지 아니하나니 그러므로 ( )은 율법의 완성이니라"(롬 13:10)
① 사랑 ② 진리
③ 믿음 ④ 소망

063 로마서에서 다음에 공통적으로 들어갈 단어는 무엇인가?
"피차 ( )의 빚 외에는 아무에게든지 아무 빚도 지지 말라 남을 ( )하는 자는 율법을 다 이루었느니라"
① 사랑 ② 구원
③ 전도 ④ 소망

064 로마서에서 다음에 들어갈 단어는 무엇인가?
"( )의 하나님이 모든 기쁨과 평강을 믿음 안에서 너희에게 충만하게 하사 성령의 능력으로 ( )가/이 넘치게 하시기를 원하노라"(롬 15:13)
① 사랑 ② 구원
③ 전도 ④ 소망

065 "나와 온 교회를 돌보아 주는 가이오도 너희에게 문안하고 이 성의 재무관 ( )와 형제 구아도도 너희에게 문안하느니라"는 구절에서 괄호 안에 들어가야 할 이름은?
① 에배네도 ② 안드로니고
③ 에라스도 ④ 우르바노

066 로마서 16장에 나오는 뵈뵈에 관한 묘사로서 옳지 않은 것은?
① 겐그레아 교회의 일꾼이다
② 바울이 자매라고 부르므로 여성이다
③ 바울의 친척 중의 한 사람이다
④ 여러 사람과 바울의 보호자가 되었다

067 "내가 겐그레아 교회의 일꾼으로 있는 우리 자매 뵈뵈를 너희에게 추천하노니 너희는 주 안에서 성도들의 합당한 예절로 그를 영접하고 무엇이든지 그에게 소용되는 바를 도와 줄지니 이는 그가 여러 사람과 나의 ( )가 되었음이라"는 구절에서 괄호 안에 들어가야 할 단어는?
① 동역자 ② 돕는 자
③ 전도자 ④ 보호자

068 "나의 복음과 예수 그리스도를 전파함은 영세 전부터 감추어졌다가 이제는 나타내신 바 되었으며 영원하신 하나님의 명을 따라 선지자들의 글로 말미암아 모든 민족이 믿어 ( ) 하시려고 알게 하신 바 그 신비의 계시를 따라 된 것이니"라는 구절에서 괄호 안에 들어가야 할 단어는?
① 순종하게 ② 구원받게
③ 영생을 얻게 ④ 새롭게

069 "( )과 ( )의 ( )으로 성령의 능력으로 이루어졌으며 그리하여 내가 예루살렘으로부터 두루 행하여 일루리곤까지 그리스도의 복음을 편만하게 전하였노라"는 말씀에서 괄호 안에 들어갈 단어가 아닌 것은?
① 능력 ② 기사
③ 말씀 ④ 표적

070 로마서 14장에 나타난 로마교회 내부의 문제에 관한 묘사로서 옳지 않은 것은?
① 어떤 사람은 이 날을 저 날보다 낫게 여기고 어떤 사람은 모든 날을 같게 여겼다
② 어떤 음식을 먹지 않고 채소만 먹는 자들을 바울은 '믿음이 연약한 자'라고 부르고 있다
③ 바울은 믿음이 연약한 자의 의견을 비판하

060_① 061_① 062_① 063_① 064_④ 065_③ 066_③ 067_④ 068_① 069_③ 070_③

는 것을 문제 삼지 않았다
④ 바울은 먹는 자도 주를 위하여 먹고 먹지 않는 자도 주를 위하여 먹지 아니하며 하나님께 감사해야 한다고 말했다

071 "각 사람은 위에 있는 권세들에게 복종하라 권세는 하나님으로부터 나지 않음이 없나니 모든 권세는 다 하나님께서 정하신 바라"는 말씀은 로마서 몇 장에 나오나?
① 12장 ② 13장
③ 14장 ④ 15장

072 "모든 자에게 줄 것을 주되 ( )를 받을 자에게 ( )를 바치고 ( )를 받을 자에게 ( )를 바치고 두려워할 자를 두려워하며 ( )할 자를 ( )하라"는 말씀에서 괄호 안에 들어갈 단어가 아닌 것은?
① 존경 ② 관세
③ 복종 ④ 조세

073 로마서 16장의 "이 편지를 기록하는 나 ( )도 주 안에서 너희에게 문안하노라"는 구절에서 괄호 안에 들어가야 할 이름은?
① 디모데 ② 더디오
③ 디도 ④ 가이오

074 "그러므로 우리가 그의 죽으심과 합하여 ( )을/를 받음으로 그와 함께 ( )되었나니 이는 아버지의 영광으로 말미암아 그리스도를 죽은 자 가운데서 ( )과 같이 우리로 또한 새 생명 가운데서 행하게 하려 함이라"는 말씀에서 괄호 안에 들어갈 단어가 아닌 것은?
① 장사 ② 살리심
③ 구원 ④ 세례

075 "그러면 이제 우리가 그의 ( )로/으로 말미암아 의롭다 하심을 받았으니 더욱 그로 말미암아 ( )에서 구원을 받을 것이니 곧 우리가 원수 되었을 때에 그의 아들의 죽으심으로 말미암아 하나님과 ( )하게 되었은즉 ( )하게 된 자로서는 더욱 그의 살아나심으로 말미암아 구원을 받을 것이니라"는 말씀에서 괄호 안에 들어갈 단어가 아닌 것은?
① 화목 ② 희생
③ 피 ④ 진노하심

076 "한 사람의 범죄로 말미암아 ( )이 그 한 사람을 통하여 왕 노릇 하였은즉 더욱 은혜와 의의 선물을 넘치게 받는 자들은 한 분 예수 그리스도를 통하여 ( ) 안에서 왕 노릇 하리로다 그런즉 한 범죄로 많은 사람이 정죄에 이른 것 같이 한 의로운 행위로 말미암아 많은 사람이 ( )을 받아 ( )에 이르렀느니라"는 말씀에서 괄호 안에 들어갈 단어가 아닌 것은?
① 생명 ② 의롭다 하심
③ 은혜 ④ 사망

077 "율법이 들어온 것은 ( )을/를 더하게 하려 함이라 그러나 죄가 더한 곳에 은혜가 더욱 넘쳤나니"라는 말씀에서 괄호 안에 들어갈 단어는?
① 은혜 ② 믿음
③ 범죄 ④ 지식

078 "죄가 기회를 타서 계명으로 말미암아 나를 속이고 그것으로 나를 죽였는지라 이로 보건대 율법은 거룩하고 계명도 거룩하고 의로우며 선하도다"는 말씀은 로마서 몇 장에서 나오는가?
① 6장 ② 7장
③ 8장 ④ 9장

079 다음 중 "불법이 사함을 받고 죄가 가리어짐을 받는 사람들은 복이 있고 주께서 그 죄를 인정하지 아니하실 사람은 복이 있도다"라고 말한 사람은 누구인가?
① 베드로 ② 이사야
③ 요한 ④ 다윗

080 "또 이 선물은 범죄한 한 사람으로 말미암은 것과 같지 아니하니 심판은 한 사람으로 말미암아 정죄에 이르렀으나 ( )은/는 많은 범죄로 말미암아 의롭다 하심에 이름이니라"는 말씀에서 괄호 안에 들어가는 말은 무엇인가?
① 은혜 ② 은사
③ 선물 ④ 믿음

071_② 072_③ 073_② 074_③ 075_② 076_③ 077_③ 078_② 079_④ 080_②

081 "또 이르되 열방들아 주의 백성과 함께 즐거워하라 하였으며 또 모든 열방들아 주를 찬양하며 모든 백성들아 그를 찬송하라 하였으며 또 이사야가 이르되 이새의 뿌리 곧 열방을 다스리기 위하여 일어나시는 이가 있으리니 열방이 그에게 소망을 두리라하였느니라"는 말씀은 로마서 몇 장에 나오는가?

① 9장 ② 10장
③ 11장 ④ 15장

082 "한 사람의 범죄로 말미암아 사망이 그 한 사람을 통하여 왕 노릇 하였은즉 더욱 ( )과/와 ( )의 선물을 넘치게 받는 자들은 한 분 예수 그리스도를 통하여 생명 안에서 왕노릇 하리로다"의 말씀에서 괄호 안에 들어가야 할 단어가 차례대로 되어 있는 것은?

① 은혜-의 ② 생명-성령
③ 은혜-성령 ④ 생명-의

083 바울이 성도의 구원이 의심할 여지없이 확실하다는 것을 강조하면서 그 어떤 것도 "우리를 우리 주 그리스도 예수 안에 있는 하나님의 사랑에서 끊을 수 없으리라"고 말하는 곳은 로마서 몇 장인가?

① 6장 ② 7장
③ 8장 ④ 9장

084 다음은 로마서 1장 20절의 말씀이다. "창세로부터 그의 보이지 아니하는 것들 곧 그의 영원하신 ( )과/이 ( )과/이 그가 만드신 만물에 분명히 보여 알려졌나니 그러므로 그들이 핑계하지 못할지니라" 괄호 안에 들어가야 할 두 단어가 순서대로 된 것은 무엇인가?

① 능력, 신성 ② 능력, 생명
③ 생명, 신성 ④ 생명, 말씀

085 "그러나 나의 거짓말로 하나님의 참되심이 더욱 풍성하여 그의 ( )이 되었다면 어찌 내가 죄인처럼 ( )을 받으리요"라는 로마서 3장 7절 말씀에서 괄호 안에 차례대로 들어가야 할 단어는?

① 기쁨 - 사랑 ② 기쁨 - 심판
③ 영광 - 심판 ④ 영광 - 사랑

086 다음 중 아담과 그리스도를 비교하는 내용이 기록된 로마서의 장은?

① 1장 ② 3장
③ 5장 ④ 7장

087 "내가 ( )을/를 부끄러워하지 아니하노니 이 ( )은/는 모든 믿는 자에게 ( )을/를 주시는 하나님의 ( )이/가 됨이라"는 로마서 1장 16절 말씀에서 괄호 안에 차례대로 들어가야 할 단어는?

① 복음, 복음, 구원, 능력
② 복음, 복음, 생명, 구원
③ 구원, 구원, 생명, 능력
④ 구원, 구원, 능력, 생명

088 "이제는 율법 외에 하나님의 한 의가 나타났으니…"라는 말씀이 나오는 곳은?

① 로마서 3장 9절 ② 로마서 3장 15절
③ 로마서 3장 21절 ④ 로마서 3장 27절

089 다음 인물 중 로마서에서 바울의 친척으로 언급된 사람이 아닌 사람은 누구인가?

① 안드로니고 ② 헤로디온
③ 누기오 ④ 율리아

090 "내가 너희 보기를 간절히 원하는 것은 어떤 신령한 은사를 너희에게 나누어 주어 너희를 견고하게 하려 함이니"가 나오는 바울 서신은?

① 로마서 ② 고린도전서
③ 고린도후서 ④ 갈라디아서

091 로마서에서 바울이 주로 동족 이스라엘의 구원 문제에 대해 다루는 장은 몇 장인가?

① 3-4장 ② 5-8장
③ 9-11장 ④ 12-15장

092 로마서 서두의 문안 인사에서 '은혜와 평강'은 누구로부터 오는가?

① 하나님
② 하나님과 예수 그리스도

081_④ 082_① 083_③ 084_① 085_③ 086_③ 087_① 088_③ 089_④ 090_① 091_③ 092_②

③ 예수 그리스도와 성령
④ 하나님, 예수 그리스도, 성령

093 "오호라 나는 곤고한 사람이로다 이 사망의 몸에서 누가 나를 건져내랴"는 말씀은 로마서 몇 장에 기록되었나?
① 6장 ② 7장
③ 8장 ④ 9장

094 "그들의 넘어짐이 ( )의 풍성함이 되며 그들의 실패가 ( )의 풍성함이 되거든 하물며 그들의 충만함이리요"라는 로마서의 말씀에서 괄호 안에 차례대로 맞는 단어는?
① 세상, 이방인 ② 세상, 유대인
③ 이방인, 유대인 ④ 유대인, 이방인

095 로마서에서 세례에 대해서 설명하는 장은 몇 장인가?
① 5장 ② 6장
③ 7장 ④ 8장

096 하나님께서 에서보다는 야곱을 택하심을 토기장이의 비유로 말씀하신 로마서의 장은?
① 9장 ② 10장
③ 11장 ④ 12장

097 로마서에서 '사랑'의 주제와 관련하여 바울이 말한 권면이 아닌 것은?
① 형제를 사랑하여 서로 우애하고 존경하기를 서로 먼저 하라
② 사랑은 이웃에게 악을 행하지 아니하나니 그러므로 사랑은 율법의 완성이니라
③ 너희가 짐을 서로 지라 그리하고 그리스도의 법을 성취하라
④ 그리스도께서 우리를 받아 하나님께 영광을 돌리심과 같이 너희도 서로 받으라

098 예수 그리스도가 다윗의 혈통에서 나셨음을 언급하는 곳은?
① 로마서 1장 ② 고린도전서 15장
③ 갈라디아서 3장 ④ 빌립보서 2장

099 다음 중 로마서 11장에 나오는 내용을 순서대로 적은 것은?
① 이스라엘의 남은 자 – 이방인의 구원 – 이스라엘의 구원
② 이방인의 구원 – 이스라엘의 구원 – 이스라엘의 남은 자
③ 이스라엘의 구원 – 이방인의 구원 – 이스라엘의 남은 자
④ 이스라엘의 남은자 – 이스라엘의 구원 – 이방인의 구원

100 "믿음은 들음에서 나며 들음은 그리스도의 말씀으로 말미암았느니라"는 로마서의 말씀이 나오는 장은?
① 9장 ② 10장
③ 11장 ④ 12장

101 "내가 너희에게 나아갈 때에 그리스도의 충만한 ( )을 가지고 갈 줄을 아노라"는 로마서 15장 29절 말씀에서 괄호 안에 들어가야 할 단어는?
① 사랑 ② 믿음
③ 복 ④ 지식

102 "음식으로 말미암아 하나님의 ( )을 무너지게 하지 말라 만물이 다 깨끗하되 거리낌으로 먹는 사람에게는 악한 것이라"는 로마서 14장 20절 말씀에서 괄호 안에 들어가야 할 단어는?
① 경륜 ② 뜻
③ 구원 ④ 사업

103 한 장 전체를 아브라함의 믿음으로 기록한 로마서의 장은?
① 3장 ② 4장
③ 5장 ④ 6장

104 "즐거워하는 자들과 함께 즐거워하고 우는 자들과 함께 울라"는 말씀은 로마서 몇 장에 나오는가?
① 12장 ② 13장
③ 14장 ④ 15장

093_② 094_① 095_② 096_① 097_③ 098_① 099_① 100_② 101_③ 102_④ 103_② 104_①

105 "복음에는 하나님의 의가 나타나서 믿음으로 믿음에 이르게 하나니"라는 로마서의 말씀이 기록된 곳은?
① 1장 16절 ② 1장 17절
③ 1장 18절 ④ 1장 19절

106 "의의 법을 따라간 이스라엘은 (　)에 이르지 못하였으니 …"라는 로마서의 말씀에서 괄호 안에 들어가는 알맞은 낱말은?
① 천국 ② 구원
③ 진리 ④ 율법

107 이방인에 비교해 볼 때, 유대인의 나음 중 로마서 3장에 언급된 첫 번째의 항목은 무엇인가?
① 하나님의 말씀을 맡았음
② 할례를 받았음
③ 구원을 받았음
④ 선민이 되었음

108 다음 중 로마서 2장에 언급된 유대인의 특권이 아닌 것은?
① 율법의 교훈을 받음
② 하나님의 뜻을 앎
③ 지극히 선한 것을 분간함
④ 하나님을 예배함

109 로마서에서 바울이 '율법의 완성'이라고 말한 것은 무엇인가?
① 행함 ② 제사
③ 사랑 ④ 자비

110 "그러므로 믿음은 (　)에서 나며"라는 로마서의 말씀에서 괄호 안에 들어가는 말은 무엇인가?
① 말씀 ② 그리스도
③ 사랑 ④ 들음

111 로마서 12장에서 그리스도인이 받은 각각 다른 은사와 이에 대한 그리스도인의 자세가 잘못 연결된 것은?
① 예언이면 순서대로
② 구제하는 자는 성실함으로
③ 다스리는 자는 부지런함으로
④ 긍휼을 베푸는 자는 즐거움으로

112 로마서 16장에 있는 여성의 이름이 아닌 것은?
① 뵈뵈 ② 브리스가
③ 마리아 ④ 루포

113 다음 장에서 바울이 "악에게 지지 말고 선으로 악을 이기라"고 말씀하는 곳은 로마서 몇 장인가?
① 12장 ② 13장
③ 14장 ④ 15장

114 로마서에서 구원의 때가 가까웠음을 언급하는 장은?
① 14장 ② 15장
③ 12장 ④ 13장

115 로마서 16장에서 브리스가와 아굴라는 바울에 의해 무엇이라 칭함을 받았는가?
① 교회의 일군들 ② 나의 동역자들
③ 나의 자녀들 ④ 처음 익은 열매들

116 다음 중 로마서 13장 내용에 나오는 주제가 아닌 것은?
① 위에 있는 권세들에게 복종함
② 사랑은 율법의 완성
③ 현재의 고난은 장차 나타날 영광과 비교할 수 없음
④ 구원의 때가 가까워 빛의 갑옷을 입어야 함

117 "그리스도의 영이 없으면 그리스도의 사람이 아니라"고 선언하는 말씀은 로마서 몇 장에 기록되어 있는가?
① 5장 ② 6장
③ 7장 ④ 8장

118 '돌감람나무'가 언급되는 로마서의 장은?
① 3장 ② 5장
③ 8장 ④ 11장

119 "이 예수를 하나님이 그의 피로써 믿음으로 말미암는 (　)로 세우셨으니 …"에서 빈 칸에 맞

105_② 106_④ 107_① 108_④ 109_③ 110_④ 111_① 112_④ 113_① 114_④ 115_② 116_③ 117_④ 118_④

는 말은?
① 진리 ② 은혜의 길
③ 희생제사 ④ 화목제물

120 바울의 편지 서언에 나타나는 인사말에 상용적으로 사용되는 어휘는?
① 기쁨과 감사 ② 은혜와 평강
③ 찬양과 기도 ④ 은혜와 감사

121 "이 세대를 본받지 말고 오직 마음을 새롭게 함으로 변화를 받아 …"라는 말씀이 나오는 로마서의 장은?
① 12장 ② 13장
③ 14장 ④ 15장

122 성령의 탄식이 나오는 로마서의 장은?
① 5장 ② 6장
③ 7장 ④ 8장

123 로마서에서 "하나님의 진노가 불의로 진리를 막는 사람들의 모든 경건하지 않음과 불의에 대하여 하늘로부터 나타나나니"라는 말씀이 기록된 곳은?
① 1장 17절 ② 1장 18절
③ 1장 19절 ④ 1장 20절

124 아담을 그리스도의 모형으로 여기는 곳은?
① 로마서 3장과 고린도전서 12장
② 로마서 5장과 고린도전서 15장
③ 로마서 7장과 고린도전서 15장
④ 로마서 7장과 고린도전서 12장

125 "한 사람의 범죄로 말미암아 ( )이 그 한 사람을 통하여 왕 노릇 하였은즉 더욱 은혜와 의의 ( )을 넘치게 받는 자들은 한 분 예수 그리스도를 통하여 생명 안에서 왕 노릇 하리로다"라는 로마서 5장 17절의 말씀에서 다음 중 괄호 안에 들어가는 단어를 순서대로 바르게 나열한 것은 어느 것인가?
① 사망, 축복 ② 사탄, 축복
③ 사망, 선물 ④ 사탄, 선물

126 다음 로마서 구절 중 그리스도께서 '율법의 마침'이 되신다고 말하는 구절은?
① 3장 20절 ② 7장 13절
③ 10장 4절 ④ 13장 13절

127 "이는 그들이 하나님의 진리를 거짓 것으로 바꾸어 피조물을 조물주보다 더 ( )하고 ( )이라"는 로마서 1장 25절의 말씀에서 다음 중 괄호 안에 들어가는 단어를 순서대로 바르게 나열한 것은 어느 것인가?
① 찬양, 따름 ② 사랑, 따름
③ 선호, 즐김 ④ 경배, 섬김

128 "그가 할례의 표를 받은 것은 무할례시에 믿음으로된 ( )를 인친 것이니 이는 무할례자로서 믿는 모든 자의 ( )이 되어 그들도 의로 여기심을 얻게 하려 하심이라"는 로마서 4장 11절의 말씀에서 다음 중 괄호 안에 들어가는 단어를 순서대로 바르게 나열한 것은 어느 것인가?
① 의, 조상 ② 의, 모범
③ 속죄, 조상 ④ 속죄, 모범

129 다음은 로마서 2장 14-15절의 말씀인데, 괄호 안에 들어갈 단어를 순서대로 바르게 나열한 것은 어느 것인가?
"율법 없는 이방인이 본성으로 율법의 일을 행할 때에는 이 사람은 율법이 없어도 자기가 자기에게 율법이 되나니 이런 이들은 그 ( )이 증거가 되어 그 생각들이 서로 혹은 고발하며 혹은 변명하여 그 마음에 새긴 ( )의 행위를 나타내느니라"
① 양심, 율법 ② 양심, 양심
③ 양심, 계명 ④ 계명, 계명

130 다음 중 로마서 9장에서 11장 사이에 나오는 단어가 <u>아닌</u> 것은 무엇인가?
① 리브가 ② 죄의 종
③ 토기장이 ④ 돌감람나무

131 로마서 3장 9-18절에서 바울은 인간이 다 죄인이며 죄를 짓고 있다고 말하면서 무엇이 없기 때문에 그러하다고 말씀하는가?

119_④ 120_② 121_① 122_④ 123_② 124_② 125_③ 126_③ 127_④ 128_① 129_① 130_② 131_④

① 하나님의 공의　② 하나님의 사랑
③ 하나님의 평강　④ 하나님을 두려워함

132 로마서 3장에서 유대인이 이방인보다 나은 이유는?
① 먼저 선택을 받았기 때문
② 하나님의 말씀을 맡았기 때문
③ 훌륭한 조상을 가지고 있기 때문
④ 할례를 받았기 때문

133 "그러므로 율법의 행위로 그의 앞에 의롭다 하심을 얻을 육체가 없나니 율법으로는 ( )을/를 깨달음이니라"는 말씀에서 괄호 안에 들어가는 말은 무엇인가?
① 악　② 죄
③ 의　④ 진노

134 로마서에서 "하나님은 다만 ( )의 하나님이시냐 또한 ( )의 하나님은 아니시냐 진실로 ( )의 하나님도 되시느니라"에서 괄호 안에 차례로 들어갈 단어는?
① 유대인 – 이방인 – 이방인
② 유대인 – 헬라인 – 헬라인
③ 이스라엘 – 이방인 – 헬라인
④ 이스라엘 – 헬라인 – 이방인

135 그리스도인이 율법의 권세에 대하여 자유로움을 바울이 혼인 관계의 비유를 통해 설명하는 로마서의 장은?
① 5장　② 6장
③ 7장　④ 8장

136 로마서에서 "이 예수를 하나님이 그의 피로써 믿음으로 말미암는 화목제물로 세우셨으니 …" 라고 기록된 장은?
① 3장　② 4장
③ 5장　④ 6장

【주관식】

137 "예수는 우리가 ( )한 것 때문에 내줌이 되고 또한 우리를 ( ) 하시기 위하여 살아나셨느니라"는 말씀에서 괄호 안에 차례로 들어가는 말은?

138 로마서에서 "온 이스라엘이 구원을 받으리라"는 말씀이 나오는 장은?

139 다음은 로마서 10장 4절의 말씀이다. 괄호 안에 들어가야 할 말은?
"그리스도는 모든 믿는 자에게 의를 이루기 위하여 율법의( )이 되시니라"

140 "이제는 율법 외에 ( )가 나타났으니 율법과 선지자들에게 증거를 받은 것이라"라는 로마서의 말씀에서 괄호 안에 들어가야 할 단어는?

141 "그러므로 형제들아 내가 하나님의 모든 자비하심으로 너희를 권하노니 너희 몸을 하나님이 기뻐하시는 거룩한 산 제물로 드리라 이는 너희가 드릴 영적 ( )니라"는 로마서의 말씀에서 괄호 안에 들어가는 낱말은?

142 "만일 내가 원하지 아니하는 그것을 하면 이를 행하는 자는 내가 아니요 ( )니라"는 구절에서 괄호 안에 들어가야 할 말들은?

143 "오직 ( )로 옷 입고 정욕을 위하여 육신의 일을 도모하지 말라"는 말씀에서 괄호 안에 차례대로 들어가야 할 세 단어는?

144 다음은 로마서 12장 20절의 말씀이다. 괄호 안에 들어갈 낱말은?
"네 원수가 주리거든 먹이고 목마르거든 마시게 하라 그리함으로 네가 ( )을 그 머리에 쌓아 놓으리라"

145 다음은 로마서 6장 23절의 말씀이다. 괄호 안

롬

132_②　133_②　134_①　135_③　136_①　137_범죄, 의롭다　138_11장　139_마침　140_하나님의 한 의　141_예배　142_내 속에 거하는 죄　143_주 예수 그리스도　144_숯불　145_영생

에 들어갈 낱말은?
"죄의 삯은 사망이요 하나님의 은사는 그리스도 예수 우리 주 안에 있는 ( )이니라"

146 바울은 로마서 16장에서 로마서를 대필한 사람을 누구로 소개하는가?

147 "그러나 이제는 내가 성도를 ( ) 일로 예루살렘에 가노니"라는 구절에서 괄호 안에 들어가야 할 단어는?

148 "죄가 사망 안에서 왕 노릇 한 것 같이 은혜도 또한 의로 말미암아 왕 노릇 하여 ( )로 말미암아 영생에 이르게 하려 함이라"는 말씀에서 괄호 안에 차례대로 들어가야 할 네 단어는?

149 다음은 로마서 8장 9절의 말씀이다. 괄호 안에 들어갈 낱말은?
"누구든지 그리스도의 ( )이 없으면 그리스도의 사람이 아니니라"

150 바울이 로마 교회에 추천하는 겐그레아 교회의 일꾼으로 있는 자매는 누구인가?

151 "평강의 하나님께서 속히 사탄을 너희 발 아래에서 상하게 하시리라"는 말은 누가 한 말인가?

152 바울은 로마서 16장에서 자신과 함께 갇혔던 안드로니고와 유니아를 누구라 칭하는가?

153 다음은 로마서 3장 31절의 말씀이다. 괄호 안에 들어갈 낱말은?
"그런즉 우리가 믿음으로 말미암아 율법을 파기하느냐 그럴 수 없느니라 도리어 ( )을 굳게 세우느니라"

154 "내가 증언하노니 그들이 하나님께 ( )이 있으나 올바른 지식을 따른 것이 아니니라"는 말씀에서 괄호 안에 들어갈 낱말은?

155 "사람이 의롭다 하심을 얻는 것은 율법의 행위에 있지 않고 ( )으로 되는 줄 우리가 인정하노라"는 말씀에서 괄호 안에 들어가야 할 단어는?

156 "오직 이면적 유대인이 유대인이며 할례는 ( )에 할지니 영에 있고 율법 조문에 있지 아니한 것이라"는 말씀에서 괄호 안에 들어가야 할 단어는?

146_더디오 147_섬기는 148_우리 주 예수 그리스도 149_영 150_뵈뵈 151_바울 152_친척 153_율법 154_열심 155_믿음 156_마음

고린도전서

001 다음의 고린도전서의 구절에서 단어의 조합이 맞는 것은?
"우리는 하나님의 ( )들이요 너희는 하나님의 ( )이요 하나님의 ( )이니라(고전 3:9)
① 자녀 - 일꾼 - 포도원
② 집사 - 전 - 자녀
③ 면류관 - 자랑 - 보화
④ 동역자 - 밭 - 집

002 "내가 자유인이 아니냐 사도가 아니냐 예수 우리 주를 보지 못하였느냐 주 안에서 행한 나의 일이 너희가 아니냐"는 말씀이 나오는 곳은?
① 고린도전서 9장 ② 고린도전서 10장
③ 고린도후서 9장 ④ 고린도후서 10장

003 "사망이 한 사람으로 말미암았으니 죽은 자의 부활도 한 사람으로 말미암는도다 아담 안에서 모든 사람이 죽은 것 같이 그리스도 안에서 모든 사람이 삶을 얻으리라"는 말씀이 나오는 곳은?
① 고린도전서 15장 ② 로마서 5장
③ 빌립보서 2장 ④ 골로새서 1장

004 사도바울은 고린도전서 몇 장에서 자신이 사도로 칭함 받기를 감당하지 못할 자라고 말하는가?
① 12장 ② 13장
③ 14장 ④ 15장

005 고린도전서에서 '은사' 문제를 주로 다루는 장은?
① 11장 ② 12장
③ 13장 ④ 15장

006 "모든 것이 내게 가하나 다 유익한 것이 아니요 모든 것이 내게 가하나 내가 무엇에든지 얽매이지 아니하리라"란 말씀이 나오는 고린도전서의 장은?
① 5장 ② 6장
③ 7장 ④ 9장

007 고린도전서에서 성도 간의 소송을 다루는 장은?
① 5장 ② 6장
③ 7장 ④ 8장

008 고린도전서 이전에 바울이 고린도 교회에 보낸 편지의 내용은?
① 연보를 미리 준비하라
② 음행하는 자들을 사귀지 말라
③ 나를 본받는 자가 되라
④ 우상제물을 먹지 말라

009 고린도 교회에 분쟁이 있다는 것을 바울은 누구의 집 편으로 들었는가?
① 글로에 ② 그리스보
③ 소스데네 ④ 아볼로

010 "너희는 누룩 없는 자인데 새 덩어리가 되기 위하여 묵은 누룩을 내버리라 우리의 ( ) 곧 그리스도께서 희생되셨느니라"는 바울의 말씀에서 괄호 안에 들어가는 말은?
① 어린 양 ② 유월절 양
③ 구주 ④ 무교병

011 "세상 물건을 쓰는 자들은 다 쓰지 못하는 자 같이 하라 이 세상의 ( )은 지나감이니라"는 말씀에서 괄호 안에 들어가는 말은?
① 유행 ② 외형
③ 재물 ④ 유익

012 고린도전서에서 고린도 교회에 대해 바울은 자

001_④ 002_① 003_① 004_④ 005_② 006_② 007_② 008_② 009_① 010_② 011_② 012_②

신이 심었고, 누가 물을 주었다고 하였는가?
① 게바 ② 아볼로
③ 아굴라 ④ 소스데네

013 고린도전서에서 다음에 들어갈 단어는 무엇인가?
"누구든지 하나님의 ( )을 더럽히면 하나님이 그 사람을 멸하시리라 하나님의 ( )은 거룩하니 너희도 그러하니라"(고전 3:17)
① 성령 ② 성전
③ 뜻 ④ 마음

014 다음의 고린도전서의 구절에서 단어의 조합이 맞는 것은?
"내가 생각하건대 하나님이 사도인 우리를 죽이기로 작정된 자 같이 ( )에 두셨으매 우리는 세계 곧 천사와 사람에게 ( )이/가 되었노라"(고전 4:9)
① 선두 – 뭇매
② 끄트머리–구경거리
③ 용머리 – 천덕구니
④ 순교자반열 – 면류관

015 다음의 고린도전서의 구절에서 단어의 조합이 맞는 것은?
"비방을 받은즉 권면하니 우리가 지금까지 세상의 ( )과 만물의 ( ) 같이 되었도다"(고전 4:13)
① 더러운 것 – 찌꺼기
② 자랑 – 존귀함
③ 영광 – 자랑
④ 티끌 – 마른 막대기

016 고린도전서에서 다음에 들어갈 단어는 무엇인가?
"이런 자를 ( )에게 내주었으니 이는 육신은 멸하고 영은 주 예수의 날에 구원을 받게 하려 함이라"(고전 5:5)
① 천국의 주인 ② 하늘의 권세자
③ 사탄 ④ 천지의 주재

017 고린도전서에서 다음에 공통적으로 들어갈 단어는 무엇인가?
"각 사람은 ( )을 받은 그 ( ) 그대로 지내라"(고전 7:20)
① 소망 ② 부르심
③ 분량 ④ 은총

018 다음 중 바울이 고린도전서 9장에 하는 말이 아닌 것은?
① 나는 남에게 전파한 후에 나 자신이 도리어 버림을 당할까 두려워한다
② 나는 그리스도의 율법 아래에 있지 않다
③ 나는 율법 아래에 있지 않다
④ 유대인들을 얻기 위해 나는 유대인들에게 유대인과 같이 되었다

019 "맨 나중에 멸망 받을 원수는 사망이니라"는 말씀이 나오는 곳은?
① 고린도전서 15장 ② 로마서 5장
③ 빌립보서 2장 ④ 골로새서 1장

020 "그러나 ( )하는 자는 사람에게 말하여 덕을 세우며 권면하며 위로하는 것이요 ( )을 말하는 자는 ( )의 덕을 세우고 ( )하는 자는 교회의 덕을 세우나니"는 말씀에서 괄호 안에 들어갈 낱말이 아닌 것은?
① 자기 ② 방언
③ 예언 ④ 교회

021 "하나님이 교회 중에 몇을 세우셨으니 첫째는 ( )요 둘째는 ( )요 셋째는 ( )요 그 다음은 능력을 행하는 자요 그 다음은 병 고치는 은사와 서로 돕는 것과 다스리는 것과 각종 방언을 말하는 것이라"는 말씀에서 괄호 안에 들어갈 낱말이 아닌 것은?
① 선지자 ② 교사
③ 사도 ④ 목자

022 "너희가 먹고 마실 집이 없느냐 너희가 하나님의 교회를 업신여기고 빈궁한 자들을 부끄럽게 하느냐"는 고린도전서 몇 장에 나오나?
① 9장 ② 10장
③ 11장 ④ 12장

013_② 014_② 015_① 016_③ 017_② 018_② 019_① 020_④ 021_④ 022_③

023 “주의 몸을 분별하지 못하고 먹고 마시는 자는 자기의 죄를 먹고 마시는 것이니라 그러므로 너희 중에 ( )와 ( )가 많고 ( )도 적지 아니하니”라는 말씀에서 괄호 안에 들어갈 낱말이 아닌 것은?

① 버림받은 자 ② 잠자는 자
③ 병든 자 ④ 약한 자

024 “( )에게나 ( )에게나 ( )에나 거치는 자가 되지 말고”라는 말씀에서 괄호 안에 들어갈 낱말이 아닌 것은?

① 하나님의 교회 ② 헬라인
③ 유대인 ④ 이방인

025 “그리스도의 증거가 너희 중에 견고하게 되어 너희가 모든 은사에 부족함이 없이 우리 주 예수 그리스도의 나타나심을 기다림이라”는 말씀은 고린도전서 몇 장에 나오나?

① 1장 ② 2장
③ 3장 ④ 4장

026 “하나님이 ( )로/으로 이것을 우리에게 보이셨으니 ( )는/은 모든 것 곧 하나님의 깊은 것까지도 통달하시느니라”는 말씀에서 괄호 안에 똑같이 맞는 단어는?

① 복음 ② 긍휼
③ 성령 ④ 은혜

027 다음 중 고린도전서에서 음행을 경고하는 장은?

① 4장 ② 5장
③ 7장 ④ 8장

028 “너희는 누룩 없는 자인데 새 덩어리가 되기 위하여 묵은 누룩을 내버리라 우리의 ( ) 양 곧 그리스도께서 희생되셨느니라”는 말씀에서 괄호 안에 맞는 단어는?

① 희생 ② 오순절
③ 어린 ④ 유월절

029 다음 중 고린도전서 6장에서 성도가 판단하는 대상에 속하지 않는 것은?

① 하나님의 일 ② 세상
③ 형제간의 일 ④ 천사

030 다음 중 고린도전서 7장에서 결혼에 대하여 언급한 내용이 아닌 것은?

① 남편은 그 아내에 대한 의무를 다하고 아내도 그 남편에게 그렇게 할지라
② 서로 분방하지 말라 다만 기도할 틈을 얻기 위하여 합의상 얼마 동안은 하되 다시 합하라
③ 장가 가고 시집 가도 죄 짓는 것이 아니나 이런 이들은 물질에 고난이 있으리라
④ 절제할 수 없거든 결혼하라 정욕이 불 같이 타는 것보다 결혼하는 것이 나으니라

031 “우상의 제물에 대하여는 우리가 다 지식이 있는 줄을 아나 지식은 교만하게 하며 ( )은 덕을” 세운다는 말씀에서 괄호 안에 맞는 단어는?

① 사랑 ② 지혜
③ 믿음 ④ 지식

032 “만일 음식이 내 형제를 실족하게 한다면 나는 영원히 고기를 먹지 아니하여 내 형제를 실족하지 않게 하리라”고 말한 사람은?

① 디모데 ② 베드로
③ 요한 ④ 바울

033 다음 중 결문에 "우리 주여 오시옵소서”라는 말씀이 나오는 서신은?

① 로마서 ② 고린도전서
③ 고린도후서 ④ 갈라디아서

034 “모든 것을 품위있게 하고 ( ) 하라”는 고린도전서 14장 40절 말씀에서 괄호 안에 들어가야 할 낱말은?

① 넉넉 하게 ② 진지 하게
③ 경건 하게 ④ 질서 있게

035 다음 중 고린도전서에서 ‘지체’에 대해서 집중적으로 말씀하는 장은?

① 9장 ② 10장
③ 11장 ④ 12장

고전

023_① 024_④ 025_① 026_③ 027_② 028_④ 029_① 030_③ 031_① 032_④ 033_② 034_④ 035_④

036 "다 한 성령으로 세례를 받아 한 몸이 되었고 또 다 한 성령을 ( )하셨느니라"는 고린도전서 12장 13절 말씀에서 괄호 안에 들어가야 할 낱말은?
① 받게 ② 사모하게
③ 따르게 ④ 마시게

037 "누가 너희에게 이것이 제물이라 말하거든 알게 한 자와 그 ( )을/를 위하여 먹지 말라"는 고린도전서 10장 28절의 말씀에서 괄호 안에 들어가야 할 낱말은?
① 정결 ② 믿음
③ 명예 ④ 양심

038 "누구든지 자기의 ( )을 구하지 말고 남의 ( )을 구하라"는 고린도전서 10장 24절의 말씀에서 괄호 안에 공통적으로 들어가야 할 낱말은?
① 명성 ② 기쁨
③ 유익 ④ 의견

039 바울은 고린도전서 6장 9절에서 하나님의 나라를 유업으로 받지 못할 사람들에 대해서 언급한다. 다음 중 이에 해당하지 않는 사람은?
① 간음하는 자 ② 우상숭배 하는 자
③ 남색하는 자 ④ 형제를 고발하는 자

040 고린도전서 5장 9절에 의하면 바울은 어떤 사람들과 사귀지 말라고 하였는가?
① 술 취하는 자 ② 음행하는 자
③ 모욕하는 자 ④ 우상 숭배 하는 자

041 "그리스도께서 나를 보내심은 세례를 베풀게 하려 하심이 아니요 오직 복음을 전하게 하려 하심이로되 말의 지혜로 하지 아니함은 그리스도의 ( )이/가 헛되지 않게 하려 함이라"는 말씀에서 괄호 안에 들어가는 말은?
① 구원 ② 보혈
③ 십자가 ④ 능력

042 "( )의 도가 멸망하는 자들에게는 미련한 것이요 구원을 받는 우리에게는 하나님의 능력이라"는 말씀에서 괄호 안에 들어가는 말은?
① 믿음 ② 구원
③ 복음 ④ 십자가

043 "그들 중의 어떤 사람들이 음행하다가 하루에 ( ) 명이 죽었나니 우리는 그들과 같이 음행하지 말자"는 말씀에서 괄호 안에 들어가는 말은?
① 이만 ② 이만 삼천
③ 이만 오천 ④ 이만 팔천

044 "무릇 시장에서 파는 것은 ( )을 위하여 묻지 말고 먹으라 이는 땅과 거기 충만한 것이 주의 것임이라"는 말씀에서 괄호 안에 들어가는 말은?
① 이웃 ② 덕
③ 유익 ④ 양심

045 바울은 고린도 교회에 그리스도 안에서 일만 스승이 있으나 자신은 누구라고 말하는가?
① 설립자 ② 감독
③ 보호자 ④ 아버지

046 고린도전서 5장에서 음행하는 자들에 대하여 바울은 고린도 교회 성도에게 말한 권면이 아닌 것은?
① 그런 자와는 함께 먹지도 말라
② 너희 중에서 내쫓으라
③ 도무지 사귀지 말라
④ 그런 자를 위해 기도하라

047 "( ) 남자마다 자기 아내를 두고 여자마다 자기 남편을 두라"는 바울의 말씀에서 괄호 안에 들어가는 말은?
① 서로 돕는 배필이 되도록
② 하나님께 영광을 돌리도록
③ 음행을 피하기 위하여
④ 주 안에서 서로 사랑하도록

048 "우리가 다른 사도들과 주의 형제들과 ( )와 같이 믿음의 자매 된 아내를 데리고 다닐 권리가 없겠느냐"는 바울의 말씀에서 괄호 안에 들

036_④ 037_④ 038_③ 039_④ 040_② 041_③ 042_④ 043_② 044_④ 045_④ 046_④ 047_③ 048_①

어가는 말은?
① 게바 ② 요한
③ 야고보 ④ 바나바

049 바울은 고린도 성도들에게 사랑을 추구하며 신령한 것들을 사모하되 특별히 무엇을 하려고 하라고 권면하는가?
① 방언 ② 예언
③ 방언 통역 ④ 영 분별

050 다음의 고린도전서의 구절에서 단어의 조합이 맞는 것은?
"유대인은 ( )을/를 구하고 헬라인은 ( )을/를 찾으나"(고전 1:22)
① 소망–진리 ② 표적–지혜
③ 사랑–소망 ④ 믿음–절제

051 고린도전서에서 다음에 들어갈 단어는 무엇인가?
"우리가 이것을 말하거니와 사람의 ( )이/가 가르친 말로 아니하고 오직 성령께서 가르치신 것으로 하니 영적인 일은 영적인 것으로 분별하느니라"(고전 2:13)
① 능력 ② 지혜
③ 지식 ④ 언변

052 고린도전서에서 다음에 들어갈 단어는 무엇인가?
"하나님의 나라는 말에 있지 아니하고 오직 ( )에 있음이라(고전 4:20)
① 사랑 ② 능력
③ 겸손 ④ 양보

053 고린도전서에서 다음에 공통적으로 들어갈 단어는 무엇인가?
"이러므로 우리가 명절을 지키되 묵은 ( )으로도 말고 악하고 악의에 찬 ( )으로도 말고 ( )이 없이 오직 순전함과 진실함의 떡으로 하자"(고전 5:8)
① 양식 ② 누룩
③ 떡 ④ 지식

054 고린도전서에서 다음에 들어갈 단어는 무엇인가?
"( )한 자들에게 내가 명하노니 (명하는 자는 내가 아니요 주시라) 여자는 남편에게서 갈라서지 말고 (만일 갈라섰으면 그대로 지내든지 다시 그 남편과 화합하든지 하라) 남편도 아내를 버리지 말라"(고전 7:10–11)
① 정혼 ② 결혼
③ 이혼 ④ 재혼

055 고린도전서에서 다음에 들어갈 단어는 무엇인가?
"이같이 너희가 형제에게 죄를 지어 그 약한 ( )을 상하게 하는 것이 곧 그리스도에게 죄를 짓는 것이니라"(고전 8:12)
① 믿음 ② 감정
③ 양심 ④ 마음

056 고린도전서에서 다음에 들어갈 단어는 무엇인가?
"( )의 일을 하는 이들은 ( )에서 나는 것을 먹으며 제단에서 섬기는 이들은 제단과 함께 나누는 것을 너희가 알지 못하느냐"(고전 9:13)
① 밭 ② 땅
③ 이생 ④ 성전

057 고린도전서에 의하면, 모든 것을 참으며 모든 것을 믿으며 모든 것을 바라며 모든 것을 견디게 하는 것은 무엇인가?
① 십자가 ② 겸손
③ 사랑 ④ 면류관

058 다음 중 고린도전서 16장에서 바울이 예루살렘교회 성도들을 위한 헌금에 관해 말하는 것으로 옳지 않은 것은?
① 내가 갈라디아 교회들에게 명한 것 같이 너희도 그렇게 하라
② 내가 갈 때에 연보를 하게 하라
③ 매주 첫날에 너희 각 사람이 수입에 따라 모아 두어라
④ 내가 이를 때에 너희가 인정한 사람에게 편지를 주어 너희의 은혜를 예루살렘으로 가

049_② 050_② 051_② 052_② 053_② 054_② 055_③ 056_④ 057_③ 058_②

지고 가게 하리라

059 "나 바울은 친필로 너희에게 문안하노니 만일 누구든지 주를 사랑하지 아니하면 저주를 받을지어다 우리 주여 오시옵소서"라는 구절이 나오는 신약성경의 서신은?
① 로마서 ② 고린도전서
③ 고린도후서 ④ 골로새서

060 고린도전서 15장 3-4에서 바울이 자신이 전달받아 고린도교회에 전달했다고 하는 복음의 내용에 포함되지 않은 것은?
① 성경대로 그리스도께서 우리 죄를 위하여 죽으셨다
② 장사 지낸 바 되셨다
③ 성경대로 사흘 만에 다시 살아나셨다
④ 그리스도는 하나님의 아들이다

061 "내가 그리스도를 본받는 자가 된 것 같이 너희는 나를 본받는 자가 되라"는 말씀이 나오는 곳은?
① 고린도전서 10장 ② 고린도전서 11장
③ 고린도후서 10장 ④ 고린도후서 11장

062 다음 중 고린도전서 11장에서 바울이 하는 말이 아닌 것은?
① 남자는 하나님의 형상과 영광이니 그 머리를 마땅히 가리지 않거니와
② 무릇 여자로서 머리에 무엇을 쓰고 기도나 예언을 하는 자는 그 머리를 욕되게 하는 것이요
③ 여자는 천사들로 말미암아 권세 아래에 있는 표를 그 머리 위에 둘지니라
④ 여자는 남자의 영광이니라

063 "주께서도 복음 전하는 자들이 복음으로 말미암아 살리라 명하셨느니라"는 말씀이 나오는 곳은?
① 마태복음 10장 ② 사도행전 19장
③ 고린도전서 9장 ④ 로마서 15장

064 다음 중 바울이 고린도전서 8장에서 하는 말이 아닌 것은?
① 한 주 예수 그리스도께서 계시니 만물이 그로 말미암고 우리도 그로 말미암아 있느니라
② 만일 음식이 내 형제를 실족하게 한다면 나는 영원히 고기를 먹지 아니하여 내 형제를 실족하지 않게 하리라
③ 모세의 율법에 곡식을 밟아 떠는 소에게 망을 씌우지 말라 기록하였으니 하나님께서 어찌 소들을 위하여 염려하심이냐
④ 음식은 우리를 하나님 앞에 내세우지 못하나니 우리가 먹지 않는다고 해서 더 못사는 것도 아니고 먹는다고 해서 더 잘사는 것도 아니니라

065 다음 중 바울이 고린도전서 7장에서 하는 말이 아닌 것은?
① 결혼하는 자도 잘하거니와 결혼하지 아니하는 자는 더 잘하는 것이니라
② 처녀에 대하여는 내가 주께 받은 계명이 없다
③ 아내에게서 놓였느냐 아내를 구하라
④ 아내는 남편이 죽으면 자유로워 자기 뜻대로 시집 갈 것이나 주 안에서만 할 것이니라

066 "너희 몸은 너희가 하나님께로부터 받은 바 너희 가운데 계신 성령의 전인 줄을 알지 못하느냐 너희는 너희 자신의 것이 아니라"는 말씀이 나오는 곳은?
① 고린도전서 6장 ② 고린도전서 10장
③ 고린도후서 6장 ④ 로마서 12장

067 다음 중 바울이 고린도전서 5장에서 하는 말이 아닌 것은?
① 적은 누룩이 온 덩어리에 퍼지는 것을 알지 못하느냐
② 내가 너희에게 쓴 편지에 음행하는 자들을 사귀지 말라 하였거니와
③ 너희가 무엇을 원하느냐 내가 매를 가지고 너희에게 나아가랴 사랑과 온유한 마음으로 나아가랴
④ 우리의 유월절 양 곧 그리스도께서 희생되셨느니라

059_② 060_④ 061_② 062_② 063_③ 064_③ 065_③ 066_① 067_③

068 다음 중 바울이 고린도전서 4장에서 하는 말이 아닌 것은?
① 우리가 너희와 함께 왕 노릇 하기 위하여 참으로 너희가 왕이 되기를 원하노라
② 하나님이 사도인 우리를 죽이기로 작정된 자 같이 끄트머리에 두셨다
③ 그리스도 안에서 일만 스승이 있으되 아버지는 많지 아니하니 그리스도 예수 안에서 내가 복음으로써 너희를 낳았음이라
④ 이 닦아 둔 것 외에 능히 다른 터를 닦아 둘 자가 없으니 이 터는 곧 예수 그리스도라

069 "( )나/이나 ( )나/이나 ( )나/이나 세계나 생명이나 사망이나 지금 것이나 장래 것이나 다 너희의 것이요 너희는 그리스도의 것이요 그리스도는 하나님의 것이니라"는 말씀에서 괄호 안에 들어갈 낱말이 아닌 것은?
① 디모데 ② 바울
③ 아볼로 ④ 게바

070 "그 후에 ( ) 형제에게 일시에 보이셨나니 그 중에 지금까지 대다수는 살아 있고 어떤 사람은 잠들었으며"라는 고린도전서 15장 6절 말씀에서 괄호안에 들어가야 할 낱말은?
① 삼백 여 ② 사백 여
③ 오백 여 ④ 육백 여

071 "사망이 쏘는 것은 죄요 죄의 권능은 ( )이라"는 고린도전서 15장 56절 말씀에서 괄호 안에 들어가야 할 낱말은?
① 타락 ② 욕망
③ 율법 ④ 구원

072 고린도전서에서 '성찬' 주제를 주로 다루는 장은 몇 장인가?
① 11장 ② 12장
③ 13장 ④ 15장

073 고린도 교회에 대해 바울은 자신이 심었고, 누가 물을 주었다고 말하는가?
① 게바 ② 아볼로
③ 아굴라 ④ 그리스보

074 "음행을 피하라 사람이 범하는 죄마다 몸 밖에 있거니와 음행하는 자는 자기 몸에 죄를 범하느니라"는 말씀은 고린도전서 몇 장에 나오는가?
① 5장 ② 6장
③ 7장 ④ 8장

075 출애굽 당시 이스라엘 백성의 불순종과 죄악이 고린도 교회의 성도들에게 본보기 된다고 하는 말씀, "그들에게 일어난 이런 일은 본보기가 되고 또한 말세를 만난 우리를 깨우치기 위하여 기록되었느니라"는 고린도전서 몇 장에 나오는가?
① 9장 ② 10장
③ 11장 ④ 12장

076 다음 중 고린도전서 1장이 직접적으로 말하는 "십자가의 도"에 관한 설명이 아닌 것은?
① 구원을 얻는 자에게는 하나님의 능력이 됨
② 십자가에 못 박힌 그리스도는 하나님의 지혜가 됨
③ 멸망하는 자들에게는 미련한 것이 됨
④ 이방인들에게는 하나님의 지혜가 됨

077 "… 우리 조상들이 다 구름 아래에 있고 바다 가운데로 지나며 모세에게 속하여 다 구름과 바다에서 세례를 받고 다 같은 신령한 음식을 먹으며 다 같은 신령한 음료를 마셨으니 이는 그들을 따르는 신령한 반석으로부터 마셨으매 …"라는 고린도전서의 말씀에서 바울은 반석이 누구라고 말하나?
① 성령 ② 선지자들
③ 그리스도 ④ 하나님

078 "너희가 먹고 마실 집이 없느냐 너희가 하나님의 ( )을/를 업신여기고 ( ) 자들을 부끄럽게 하느냐"라는 고린도전서의 말씀에서 괄호 안에 들어
가야 할 단어가 차례대로 되어 있는 것은?
① 교회, 연약한 ② 성전, 연약한
③ 교회, 빈궁한 ④ 성전, 빈궁한

068_④ 069_① 070_③ 071_③ 072_① 073_② 074_② 075_② 076_④ 077_③ 078_③

079 "… 내가 매를 가지고 너희에게 나아가랴 사랑과 온유한 마음으로 나아가랴 …"라는 말씀은 바울이 어느 지역의 성도들에게 하신 말씀인가?
① 로마 ② 고린도
③ 갈라디아 ④ 빌립보

080 "그리스도 안에서 일만 스승이 있으되 아버지는 많지 아니하니 그리스도 예수 안에서 내가 복음으로써 너희를 낳았음이라"는 말씀은 고린도전서 몇 장에 나오는가?
① 1장 ② 2장
③ 3장 ④ 4장

081 고린도전서 1장에 언급된 고린도 교회에게 하는 문안 인사에서 바울과 함께 문안하는 사람은 누구인
가?
① 실라 ② 디모데
③ 소스데네 ④ 디도

082 "바울이나 아볼로나 게바나 세계나 생명이나 사망이나 지금 것이나 장래 것이나 다 너희의 것이요 너희는 ( )의 것이요 ( )는 하나님의 것이니라"는 고린도전서의 말씀에서 두 괄호 안에 맞는 한 단어는?
① 성령 ② 그리스도
③ 교회 ④ 천사

083 "모든 것이 내게 가하나 다 유익한 것이 아니요 모든 것이 내게 가하나 내가 무엇에든지 얽매이지 아니하리라"는 말씀은 어디에 기록되었나?
① 로마서 ② 고린도전서
③ 갈라디아서 ④ 빌립보서

084 "내가 사람의 방법으로 에베소에서 맹수와 더불어 싸웠다면 내게 무슨 유익이 있으리요 죽은 자가 다시 살아나지 못한다면 내일 죽을 터이니 먹고 마시자 하리라"는 바울의 말씀은 어디에 기록되었나?
① 로마서 ② 고린도전서
③ 에베소서 ④ 디모데전서

085 "내가 그리스도를 본받는 자가 된 것 같이 너희는 나를 본받는 자가 되라"는 말씀은 고린도전서 몇 장에 나오는가?
① 8장 ② 9장
③ 10장 ④ 11장

086 "그러나 ( ) 안에는 남자 없이 여자만 있지 않고 여자 없이 남자만 있지 아니하니라 이는 여자가 남자에게서 난 것 같이 남자도 여자로 말미암아 났음이라 그리고 모든 것은 ( )에게서 났느니라"는 고린도전서의 말씀에서 괄호 안에 들어가야 할 낱말이 차례대로 되어 있는 것은?
① 주, 하나님 ② 그리스도, 주
③ 주, 주 ④ 그리스도, 하나님

087 바울이 복음을 받은 사람을 '하나님의 밭'과 '하나님의 집'으로 묘사한 고린도전서의 장은?
① 1장 ② 2장
③ 3장 ④ 4장

088 '마지막 날 나타날 각 사람의 공적'에 대한 말씀은 고린도전서 몇 장에 나오는가?
① 1장 ② 2장
③ 3장 ④ 4장

089 바울이 고린도 교회의 성도들 가운데 분쟁이 있다는 것을 누구의 집 편으로 들었는가?
① 그리스보 ② 글로에
③ 가이오 ④ 소스데네

090 다음 중 바울이 세례를 준 사람은 누구인가?
① 그리스보 ② 디도
③ 소스데네 ④ 실라

091 "방언을 말하는 자는 자기의 덕을 세우고 예언하는 자는 교회의 덕을 세우나니 …"라는 말씀은 고린도전서 몇 장에 나오는가?
① 11장 ② 12장
③ 13장 ④ 14장

079_② 080_④ 081_③ 082_② 083_② 084_② 085_④ 086_① 087_③ 088_③ 089_② 090_① 091_④

092 "내가 마게도냐를 지날 터이니 마게도냐를 지난 후에 너희에게 가서 혹 너희와 함께 머물며 겨울을 지낼 듯도 하니 이는 너희가 나를 내가 갈 곳으로 보내어 주게 하려 함이라"는 바울의 말씀은 다음 중 어느 책에 나오는가?
① 로마서 ② 고린도전서
③ 에베소서 ④ 디모데전서

093 다음 중 고린도전서 15장에 언급된 바울의 권면이 아닌 것은?
① 항상 주의 일에 더욱 힘쓰는 자들이 되라
② 깨어 의를 행하고 죄를 짓지 말라
③ 견실하며 흔들리지 말라
④ 모든 일을 원망과 시비가 없이 하라

094 고린도전서에서 바울이 아볼로와 자신을 '하나님의 동역자들'로 묘사하는 장은?
① 1장 ② 2장
③ 3장 ④ 4장

095 고린도전서에서 "육의 몸이 있은즉 또 영의 몸도 있느니라"는 말씀이 나오는 장은?
① 12장 ② 13장
③ 14장 ④ 15장

096 다음 중 고린도전서에서 바울이 '방언'에 대하여 말한 내용이 아닌 것은?
① 방언 말하기를 원치 아니하노라
② 두 사람이나 많아야 세 사람이 차례를 따라 하라
③ 통역자가 없으면 잠잠하라
④ 방언을 말하는 자는 통역하기를 기도하라

097 고린도전서에서 성도의 공적을 밝히기 위한 시험은 무엇으로 하는가?
① 물 ② 용광로
③ 불 ④ 성령

098 "너희는 누룩 없는 자인데 새 덩어리가 되기 위하여 묵은 누룩을 내버리라 우리의 ( ) 양 곧 그리스도께서 희생되셨느니라"는 고린도전서의 말씀에서 괄호 안에 해당하는 말은?
① 어린 ② 유월절
③ 흠 없는 ④ 대속

099 바울이 오순절까지 에베소에서 머물려야 한다고 언급한 서신은?
① 로마서 ② 고린도전서
③ 고린도후서 ④ 갈라디아서

100 다음 중 고린도전서 16장에 언급되지 않은 지명은?
① 아가야 ② 갈라디아
③ 로마 ④ 에베소

101 고린도전서에서 믿지 아니하는 배우자와 결혼을 하였을 때 이혼하지 말아야 될 이유에 대해서 바울이 권면하고 있는 내용은 무엇인가?
① 배우자를 구원하기 위하여
② 배우자를 통하여 연단 받기 위하여
③ 배우자를 사랑하기 위하여
④ 배우자와 화합하기 위하여

102 고린도전서 8-10장에서 바울이 주로 다루는 고린도 교회의 문제는?
① 머리에 수건을 쓰는 문제
② 예배에서 일어난 여러 가지 문제
③ 우상에게 바친 제물을 먹는 문제
④ 몸의 부활에 관한 문제

103 "은사는 여러 가지나 성령은 같고"라는 말씀은 고린도전서 몇 장에 나오는가?
① 10장 ② 11장
③ 12장 ④ 13장

104 "너희 중에 이와 같은 자들이 있더니 주 예수 그리스도의 이름과 우리 하나님의 성령 안에서 ( )과 ( )과 ( )을 받았느니라"는 말씀에서 순서에 따라 괄호 안에 차례로 들어가는 알맞은 답은?
① 의롭다 하심 - 거룩함 - 씻음
② 거룩함 - 씻음 - 의롭다 하심
③ 씻음 - 거룩함 - 의롭다 하심
④ 거룩함 - 의롭다하심 - 씻음

092_② 093_④ 094_③ 095_④ 096_① 097_③ 098_② 099_② 100_③ 101_① 102_③ 103_③ 104_③

105 고린도전서에서 바울이 "그리스도 안에서 일만 스승이 있으되 아버지는 많지 아니하니 그리스도 예수 안에서 내가 복음으로써 너희를 낳았음이라"고 말하는 곳은?
① 1장 ② 2장
③ 3장 ④ 4장

106 "육의 몸이 있은즉 또 영의 ( )도 있느니라"는 말씀에서 빈 칸에 맞는 말은?
① 부활 ② 소생
③ 몸 ④ 형상

107 고린도 교회의 분파 주장이 아닌 것은?
① 나는 바울에게 ② 나는 아볼로에게
③ 나는 게바에게 ④ 나는 바나바에게

108 "만일 누구든지 그 위에 세운 공적이 그대로 있으면 상을 받고"라는 말씀이 나오는 곳은?
① 고린도전서 2장
② 고린도전서 3장
③ 고린도전서 4장
④ 고린도전서 5장

109 "내가 너희 모든 사람보다 방언을 더 말하므로 하나님께 감사하노라"는 말씀이 나오는 곳은?
① 고린도전서 13장
② 고린도전서 14장
③ 고린도전서 15장
④ 고린도전서 16장

110 다음 중 고린도전서에 나오는 주제와 장의 연결이 잘못된 것은 무엇인가?
① 1-4장: 교회 내 분파
② 5장: 성도 중에 있는 음행
③ 6장: 그리스도인이 세상 법정에 고발함
④ 7장: 우상에게 바친 제물을 먹는 문제

111 서신의 마지막 단락에 "만일 누구든지 주를 사랑하지 아니하면 저주를 받을지어다 우리 주여 오시옵소서"라는 말씀이 나오는 서신은 무엇인가?
① 로마서 ② 고린도전서
③ 고린도후서 ④ 갈라디아서

112 고린도전서 2장 5절에서 바울은 고린도 교회 성도의 믿음이 사람의 지혜에 있지 아니하고 다만 무엇에 있게 하려고 말하는가?
① 하나님의 지혜 ② 하나님의 사랑
③ 하나님의 능력 ④ 하나님의 말씀

113 다음 중에서 고린도전서 15장에 직접·간접적으로 인용되지 않은 구약성경의 말씀은 어느 것인가?
① 시편 8편 6절 ② 이사야 25장 8절
③ 호세아 13장 14절 ④ 이사야 28장 11절

114 고린도전서에서 바울이 고린도 교회의 신앙 상태를 그리스도 안에 있는 어린 아이로 묘사한 장은?
① 1장 ② 2장
③ 3장 ④ 4장

115 고린도전서에서 "누가 주의 마음을 알아서 주를 가르치겠느냐 그러나 우리가 그리스도의 마음을 가졌느니라"는 말씀이 나타나는 장은?
① 1장 ② 2장
③ 3장 ④ 4장

116 고린도전서에서 바울이 주께 받은 것 혹은 주의 명령을 언급한 곳이 아닌 것은?
① 7장 10절 ② 8장 12절
③ 9장 14절 ④ 11장 23절

117 고린도전서 16장에 나타나는 사람이 아닌 것은?
① 디모데 ② 아볼로
③ 스데바나 ④ 그리스보

118 고린도전서에서 그리스도인이 "성령이 거하시는 하나님의 성전"임을 언급하는 장은?
① 1장 ② 2장
③ 3장 ④ 4장

119 고린도전서에서 바울이 우상의 제물에 대하여

105_④ 106_③ 107_④ 108_② 109_② 110_④ 111_② 112_③ 113_④ 114_③ 115_② 116_② 117_④ 118_③

한 말로 "지식은 교만하게 하며 사랑은 덕을 세우나니 …"라는 말씀이 나오는 장은?
① 7장 ② 8장
③ 9장 ④ 10장

120 다음 중 바울이 주께로부터 받은 성만찬 본문이 나오는 고린도전서의 장은?
① 9장 ② 11장
③ 13장 ④ 15장

121 "십자가의 도가 ( )하는 자들에게는 미련한 것이요 ( )을 받는 우리에게는 하나님의 능력이라"는 말씀에서 괄호 안에 차례로 들어가는 말은
무엇인가?
① 멸망, 구원 ② 불신, 생명
③ 멸망, 생명 ④ 불신, 구원

122 그리스도를 "하나님의 지혜"로 묘사한 서신은 어느 서신인가?
① 로마서 ② 고린도전서
③ 고린도후서 ④ 에베소서

123 고린도전서에서 '사랑' 주제를 집중적으로 다루는 장은 몇 장인가?
① 5장 ② 7장
③ 11장 ④ 13장

124 고린도전서에서 바울 사도가 자신이 복음의 사역을 함으로써 먹고 마실 권리가 있음을 말하는 장
은?
① 7장 ② 8장
③ 9장 ④ 10장

125 바울이 고린도전서에서, 부활하신 예수 그리스도께서 누구에게 먼저 나타났다고 언급하는가?
① 게바 ② 열 두 제자
③ 야고보 ④ 오백여 형제

126 바울이 '온전한 자들 중에서 지혜'를 말하고 있는 고린도전서의 장은?
① 1장 ② 2장
③ 3장 ④ 4장

127 고린도전서에서 바울이 "내가 자유인이 아니냐 사도가 아니냐 예수 우리 주를 보지 못하였느냐"라는
말씀이 나오는 장은?
① 8장 ② 9장
③ 10장 ④ 11장

【주관식】

128 바울이 고린도전서 15장 44절에서 말하는 두 종류의 몸은 무엇인가?

129 고린도전서에서 장 전체가 사랑을 다루는 장은 몇 장인가?

130 바울은 고린도 교회에게 성도를 위하는 연보에 관하여 자신이 어느 지방의 교회들에게 명한 것 같이 고린도 교회도 그렇게 하라고 말하는가?

131 다음은 고린도전서 2장 16절의 말씀이다. 괄호 안에 들어갈 낱말은?
"누가 주의 마음을 알아서 주를 가르치겠느냐 그러나 우리가 ( )의 마음을 가졌느니라"

132 "우리는 십자가에 못 박힌 그리스도를 전하니 유대인에게는 거리끼는 것이요 이방인에게는 미련한 것이로되 오직 부르심을 받은 자들에게는 유대인이나 헬라인이나 그리스도는 하나님의 ( )이요 하나님의 지혜니라"는 구절에서 괄호 안에 들어갈 낱말은?

133 서문에서 "주께서 너희를 우리 주 예수 그리스도의 날에 책망할 것이 없는 자로 끝까지 견고하게 하시리라"는 말씀을 언급하는 서신은?

119_② 120_② 121_① 122_② 123_④ 124_③ 125_① 126_② 127_② 128_육의 몸, 영의 몸 129_13장 130_갈라디아 131_그리스도 132_능력 133_고린도전서

134 다음은 고린도전서 14장 4절의 말씀이다. 괄호 안에 들어갈 낱말은?
"방언을 말하는 자는 자기의 덕을 세우고 예언하는 자는 ( )의 덕을 세우나니"

135 "이는 성경대로 그리스도께서 우리 죄를 위하여 죽으시고 장사 지낸 바 되셨다가 성경대로 사흘 만에 다시 살아나사 게바에게 보이시고 후에 열두 제자에게와 그 후에 오백여 형제에게 일시에 보이셨나니 그 중에 지금까지 대다수는 살아 있고 어떤 사람은 잠들었으며 그 후에 ( )에게 보이셨으며 그 후에 모든 사도에게와 맨 나중에 만삭되지 못하여 난 자 같은 내게도 보이셨느니라"는 바울의 말씀에서 괄호 안에 들어가는 말은?

136 고린도전서 16장에서 바울은 아가야의 첫 열매로 어느 집을 꼽는가?

137 "사망이 쏘는 것은 죄요 죄의 권능은 ( )이라"는 구절에서 괄호 안에 들어갈 낱말은?

138 "그런즉 내 형제들아 예언하기를 사모하며 방언 말하기를 금하지 말라 모든 것을 ( ) 있게 하고 ( ) 있게 하라"는 말씀에서 괄호 안에 차례대로 들어가야 할 두 단어는?

139 다음은 고린도전서 12장 3절의 말씀이다. 괄호 안에 들어갈 낱말은?
"하나님의 영으로 말하는 자는 누구든지 예수를 저주할 자라 하지 아니하고 또 ( )으로 아니하고는 누구든지 예수를 주시라 할 수 없느니라"

140 "그러므로 누구든지 주의 ( )나/이나 ( )을/를 합당하지 않게 먹고 마시는 자는 주의 몸과 피에 대하여 죄를 짓는 것이니라"라는 바울의 말씀에서 괄호 안에 차례로 들어가는 말은?

141 고린도전서에서 다음에 들어갈 단어는 무엇인가?
"그런즉 내 형제들아 예언하기를 사모하며 ( ) 말하기를 금하지 말라"(고전 14:39)

142 고린도전서 15장에서 다음에 공통적으로 들어가는 단어는?
"( )아 너의 승리가 어디 있느냐 ( )아 네가 쏘는 것이 어디 있느냐"(고전 15:55)

143 "우리가 흙에 속한 자의 ( )을 입은 것 같이 또한 하늘에 속한 이의 ( )을 입으리라"는 구절에서 괄호 안에 들어갈 낱말은?

144 "사람의 일을 사람의 속에 있는 영 외에 누가 알리요 이와 같이 하나님의 일도 ( ) 외에는 아무도 알지 못하느니라"는 구절에서 괄호 안에 들어갈 말은?

145 "사람이 마땅히 우리를 그리스도의 일꾼이요 하나님의 비밀을 맡은 자로 여길지어다 그리고 맡은 자들에게 구할 것은 ( )이니라"는 말씀에서 괄호 안에 들어가야 할 단어는?

146 다음은 고린도전서 9장 18절의 말씀이다. 괄호 안에 들어갈 낱말은?
"그런즉 내 상이 무엇이냐 내가 복음을 전할 때에 값없이 전하고 복음으로 말미암아 내게 있는 ( )를 다 쓰지 아니하는 이것이라도"

134_교회 135_야고보 136_스데바나 137_율법 138_품위, 질서 139_성령 140_떡, 잔 141_방언 142_사망 143_형상 144_하나님의 영 145_충성 146_권리

고린도후서

001 고린도후서 서두에서 바울과 함께 고린도 교회에 문안 인사를 하는 사람은?
① 그리스보 ② 디모데
③ 실루아노 ④ 소스데네

002 다음 구절들에서 고린도후서 1장에 나오는 구절은?
① 만일 그리스도 안에서 우리가 바라는 것이 다만 이 세상의 삶뿐이면 모든 사람 가운데 우리가 더욱 불쌍한 자이리라
② 아담 안에서 모든 사람이 죽은 것 같이 그리스도 안에서 모든 사람이 삶을 얻으리라
③ 너희를 위한 우리의 소망이 견고함은 너희가 고난에 참여하는 자가 된 것 같이 위로에도 그러할 줄을 앎이라
④ 형제들아 내가 그리스도 예수 우리 주 안에서 가진 바 너희에 대한 나의 자랑을 두고 단언하노니 나는 날마다 죽노라

003 다음 중 바울이 고린도후서 13장에서 하는 말이 아닌 것은?
① 내가 다시 가면 용서하지 아니하리라
② 우리는 버림 받은 자 같을지라도 너희는 선을 행하게 하고자 함이라
③ 우리가 버림 받은 자 된 것을 너희가 알기를 내가 바라고
④ 내가 이제 세 번째 너희에게 가리니 두세 증인의 입으로 말마다 확정하리라

004 다음 중 바울이 고린도후서 11장에서 거짓사도에 관해 하는 말이 아닌 것은?
① 속이는 일꾼이다
② 그리스도의 사도로 가장하는 자들이다
③ 하나님의 말씀을 혼잡하게 하는 사람들이다
④ 자기를 의의 일꾼으로 가장하는 사탄의 일꾼들이다

005 "너희는 믿음 안에 있는가 너희 자신을 시험하고 너희 자신을 확증하라"는 말씀은 고린도후서 몇 장에 나오나?
① 10장 ② 11장
③ 12장 ④ 13장

006 "이로 말미암아 우리가 위로를 받았고 우리가 받은 위로 위에 (　)의 기쁨으로 우리가 더욱 많이 기뻐함은 그의 마음이 너희 무리로 말미암아 안심함을 얻었음이라"는 고린도후서 7장 13절의 말씀에서 괄호 안에 들어가야 할 낱말은?
① 디모데 ② 디도
③ 실라 ④ 누가

007 "우리가 (　)에 이르렀을 때에도 우리 육체가 편하지 못하였고 사방으로 환난을 당하여 밖으로는 다툼이요 안으로는 두려움이었노라"라는 고린도후서 7장 5절의 말씀에서 괄호 안에 들어가야 할 낱말은?
① 고린도 ② 빌립보
③ 에베소 ④ 마게도냐

008 다음 중 히브리서와 장수가 같은 책은?
① 로마서 ② 고린도전서
③ 고린도후서 ④ 마가복음

009 "내가 수고를 넘치도록 하고 옥에 갇히기도 더 많이 하고 매도 수없이 맞고 여러 번 죽을 뻔하였으니 유대인들에게 사십에서 하나 감한 매를 다섯 번 맞았으며"라는 바울의 말씀은 고린도후서 몇 장에 나오는가?
① 10장 ② 11장
③ 12장 ④ 13장

001_② 002_③ 003_③ 004_③ 005_④ 006_② 007_④ 008_③ 009_②

010 고린도후서에서 다음 중 성도를 섬기는 연보에 대한 내용이 나오는 장은?
① 4-5장 ② 6-7장
③ 8-9장 ④ 10-11장

011 "우리 곧 나와 ( )와 디모데로 말미암아 너희 가운데 전파된 하나님의 아들 예수 그리스도는 예 하고 아니라 함이 되지 아니하셨으니 그에게는 예만 되었느니라"는 바울의 말씀에서 괄호 안에 들어가는 말은?
① 아볼로 ② 실루아노
③ 디도 ④ 소스데네

012 "내가 그리스도 안에 있는 한 사람을 아노니 그는 십사 년 전에 셋째 하늘에 이끌려 간 자라"는 바울의 말씀은 고린도후서 몇 장에 나오는가?
① 10장 ② 11장
③ 12장 ④ 13장

013 "형제들아 우리가 아시아에서 당한 환난을 너희가 모르기를 원하지 아니하노니 힘에 겹도록 심한 고난을 당하여 살 소망까지 끊어지고 우리는 우리 자신이 사형 선고를 받은 줄 알았으니 이는 우리로 자기를 의지하지 말고 오직 죽은 자를 다시 살리시는 하나님만 의지하게 하심이라"는 바울의 말씀은 어느 서신에 나오는가?
① 로마서 ② 고린도전서
③ 고린도후서 ④ 에베소서

014 바울은 고린도 교회 성도들에게 누구를 보내어 성도를 섬기는 일, 곧 모금에 참여하도록 권하였는가?
① 디모데 ② 실루아노
③ 디도 ④ 소스데네

015 고린도후서에서 다음에 공통적으로 들어갈 단어는 무엇인가?
"너희가 무슨 일에든지 누구를 ( )하면 나도 그리하고 내가 만일 ( )한 일이 있으면 ( )한 그것은 너희를 위하여 그리스도 앞에서 한 것이니(고후 2:10)
① 사랑 ② 용서
③ 자비 ④ 관용

016 고린도후서에서 다음에 공통적으로 들어갈 단어는 무엇인가?
"항상 우리를 ( ) 안에서 이기게 하시고 우리로 말미암아 각처에서 ( )을/를 아는 냄새를 나타내시는 하나님께 감사하노라(고후 2:14)
① 십자가 ② 성령
③ 사랑 ④ 그리스도

017 고린도후서에서 다음에 들어갈 단어는 무엇인가?
"너희는 믿지 않는 자와 ( )을/를 함께 메지 말라"(고후 6:15)
① 십자가 ② 인내
③ 사랑 ④ 멍에

018 고린도후서 7장에서 바울이 어디에 이르렀을 때에 우리 육체가 편하지 못하였고 사방으로 환난을 당하여 밖으로는 다툼이요 안으로는 두려움이었다고 고백하였는가?
① 드로아 ② 마게도냐
③ 고린도 ④ 드라고니

019 고린도후서 7장에서 바울이 누가 옴으로 인해서 하나님의 위로를 얻었다고 고백하는가?
① 디도 ② 디모데
③ 소스데네 ④ 빌레몬

020 다음의 고린도후서 구절에서 가리키는 그들은 누구인가?
"환난의 많은 시련 가운데서 그들의 넘치는 기쁨과 극심한 가난이 그들의 풍성한 연보를 넘치도록 하게 하였느니라"(고후 8:2)
① 마게도냐 교회 ② 아가야 교회
③ 데살로니가 교회 ④ 예루살렘 교회

021 다음 중 바울이 고린도후서 12장에서 하는 말이 <u>아닌</u> 것은?
① 그가 낙원으로 이끌려 가서 말로 표현할 수

010_③ 011_② 012_③ 013_③ 014_③ 015_② 016_④ 017_④ 018_② 019_① 020_① 021_④

없는 말을 들었으니 사람이 가히 이르지 못할 말이로다
② 여러 계시를 받은 것이 지극히 크므로 너무 자만하지 않게 하시려고 내 육체에 가시 곧 사탄의 사자를 주셨다
③ 나에게 이르시기를 내 은혜가 네게 족하도다 이는 내 능력이 약한 데서 온전하여짐이라 하신지라
④ 나는 광주리를 타고 들창문으로 성벽을 내려가 그 손에서 벗어났노라

022 "그들이 ( )이냐 나도 그러하며 그들이 ( )이냐 나도 그러하며 그들이 ( )이냐 나도 그러하며"라는 구절에서 괄호 안에 들어갈 말이 아닌 것은?
① 이스라엘인 ② 유대인
③ 히브리인 ④ 아브라함의 후손

023 다음 중 바울이 고린도후서 11장에서 자신이 겪은 고난에 관해 하는 말이 아닌 것은?
① 세 번 태장으로 맞고 한 번 돌로 맞았다
② 동족의 위험과 이방인의 위험과 시내의 위험과 광야의 위험과 바다의 위험과 거짓 형제 중의 위험을 당했다
③ 세 번 파선하고 일 주야를 깊은 바다에서 지냈다
④ 헬라인들에게 사십에서 하나 감한 매를 다섯 번 맞았다

024 "우리의 싸우는 무기는 육신에 속한 것이 아니요 오직 어떤 견고한 진도 무너뜨리는 하나님의 능력이라 모든 ( )을 무너뜨리며 하나님 아는 것을 대적하여 ( )을 다 무너뜨리고 모든 ( )을 사로잡아 그리스도에게 복종하게 하니"라는 구절에서 괄호 안에 들어갈 말이 아닌 것은?
① 생각 ② 이론
③ 주장 ④ 높아진 것

025 바울이 "그가 흩어 가난한 자들에게 주었으니 그의 의가 영원토록 있느니라"는 구약성경의 말씀을 인용하는 곳은?
① 고린도전서 9장 ② 고린도후서 8장
③ 고린도후서 9장 ④ 갈라디아서 6장

026 바울이 "우리는 아무에게도 불의를 행하지 않고 아무에게도 해롭게 하지 않고 아무에게서도 속여 빼앗은 일이 없노라"고 말하는 서신서는?
① 고린도전서 ② 고린도후서
③ 데살로니가전서 ④ 데살로니가후서

027 "( ) 같으나 ( )요 죽은 자 같으나 보라 우리가 살아 있고 ( ) 같으나 죽임을 당하지 아니하고"라는 말씀에서 괄호 안에 들어갈 말이 아닌 것은?
① 징계를 받는 자 ② 무명한 자
③ 저주받은 자 ④ 유명한 자

028 "찬송하리로다 그는 우리 주 예수 그리스도의 하나님이시요 자비의 아버지시요 모든 위로의 하나님"이라는 말씀이 서문에 나오는 서신은?
① 고린도전서 ② 고린도후서
③ 갈라디아서 ④ 에베소서

029 "오늘까지 모세의 글을 읽을 때에 수건이 그 마음을 덮었도다 그러나 언제든지 주께로 돌아가면 그 수건이 벗겨지리라"는 말씀은 고린도후서 몇 장에 나오나?
① 2장 ② 3장
③ 4장 ④ 5장

030 고린도후서 4장에서 우리가 항상 예수의 죽음을 몸에 짊어짐은 무엇이 우리 몸에 나타나게 하려 함인가?
① 예수의 생명 ② 그리스도의 재림
③ 예수의 십자가 ④ 그리스도의 고난

031 고린도후서에서 '하나님의 뜻대로 하는 근심'에 대한 언급이 아닌 것은?
① 후회할 것이 없다
② 구원에 이르는 회개를 이룬다
③ 사모하게 한다
④ 사망을 이루는 근심과 같다

032 고린도후서에서 바울은 그리스도의 고난이 넘

022_② 023_④ 024_③ 025_③ 026_② 027_③ 028_② 029_② 030_① 031_④ 032_④

칠 때 고난과 함께 무엇도 넘친다고 말하는가?
① 감사 ② 영광
③ 기쁨 ④ 위로

033 바울이 고린도후서에서 헌금에 대하여 언급하는 내용이 아닌 것은?
① 미리 준비하여야 참 연보답고 억지가 아니다
② 하나님은 즐겨 내는 자를 사랑하신다
③ 각각 그 마음이 아니라 교회가 정한 대로 해야 한다
④ 인색함으로나 억지로 하지 말아야 한다

034 "환난의 많은 시련 가운데서 그들의 넘치는 ( )과 극심한 가난이 그들의 풍성한 연보를 넘치도록 하게 하였느니라"는 고린도후서 8장 2절의 말씀에서 괄호 안에 들어가야 할 낱말은?
① 고통 ② 질병
③ 탄식 ④ 기쁨

035 "그가 ( )으로 이끌려 가서 말로 표현할 수 없는 말을 들었으니 사람이 가히 이르지 못할 말이로다"라는 고린도후서 12장 4절 말씀에서 괄호 안에 들어가야 할 낱말은?
① 공중 ② 성전
③ 제단 ④ 낙원

036 "하나님의 뜻대로 하는 ( )은 후회할 것이 없는 구원에 이르게 하는 회개를 이루는 것이요 세상 ( )은 사망을 이루는 것이니라"는 고린도후서 7장 10절의 말씀에서 괄호 안에 들어가야 할 낱말은?
① 노력 ② 방언
③ 근심 ④ 경건

037 고린도후서 12장 12절에 따르면 다음 중 사도의 표가 된 것이 아닌 것은?
① 구제를 행함 ② 능력을 행함함
③ 표적을 행함 ④ 기사를 행함

038 "오직 모든 일에 하나님의 일꾼으로 ( )하여 많이 견디는 것과 환난과 궁핍과 고난과 …"라는 고린도후서 6장 4절의 말씀에서 괄호 안에 들어가야 할 낱말은?
① 생각 ② 행동
③ 인식 ④ 자천

039 "이는 우리가 다 반드시 ( )의 심판대 앞에 나타나게 되어 각각 선악간에 그 몸으로 행한 것을 따라 받으려 함이라"는 바울의 말씀에서 괄호 안에 들어가는 말은?
① 하나님 ② 그리스도
③ 성령 ④ 주

040 "너희는 믿지 않는 자와 멍에를 함께 메지 말라 의와 불법이 어찌 함께 하며 빛과 어둠이 어찌 사귀며 그리스도와 ( )이 어찌 조화되며 믿는 자와 믿지 않는 자가 어찌 상관하며 하나님의 성전과 우상이 어찌 일치가 되리요"는 바울의 말씀에서 괄호 안에 들어가는 말은?
① 바알세불 ② 벨리알
③ 리워야단 ④ 사탄

041 "그가 또한 우리를 ( )의 일꾼 되기에 만족하게 하셨으니 율법 조문으로 하지 아니하고 오직 영으로 함이니 율법 조문은 죽이는 것이요 영은 살리는 것이니라"는 바울의 말씀에서 괄호 안에 들어가는 말은?
① 그리스도 ② 하나님
③ 복음 ④ 새 언약

042 다음 중 바울이 고린도 교회에 성도를 섬기는 연보에 대해서 하지 않는 말은?
① 적게 심는 자는 적게 거두고 많이 심는 자는 많이 거둔다
② 각각 그 마음에 정한 대로 할 것이요
③ 너희의 후한 연보로 말미암아 하나님께 영광을 돌리고
④ 가난한 자들은 너희 곁에 항상 있느니라

043 "우리의 싸우는 무기는 육신에 속한 것이 아니요 오직 어떤 견고한 진도 무너뜨리는 ( )이라"는 바울의 말씀에서 괄호 안에 들어가는 말은?

033_③ 034_④ 035_④ 036_③ 037_① 038_④ 039_② 040_② 041_④ 042_④ 043_②

① 진리의 영 ② 하나님의 능력
③ 십자가의 권능 ④ 그리스도의 복음

044 바울은 다메섹에서 어떤 왕의 고관이 자신을 잡으려고 성을 지켰을 때 광주리를 타고 들창문으로 성벽을 내려가 그 손에서 벗어났는가?
① 하사엘 ② 아레다
③ 벤하닷 ④ 르신

045 고린도후서에 따르면 바울은 다메섹에서 왕의 고관이 자신을 잡으려고 성을 지킬 때 어떻게 그 손에서 벗어났는가?
① 형제의 도움을 받아 변장하여 성을 탈출함
② 어둠을 틈타 성벽 아래를 뚫어 탈출함
③ 성문을 지키는 경비병이 졸 때 성문으로 탈출함
④ 광주리를 타고 들창문으로 성벽을 내려감

046 바울은 고린도 교회에 자신이 받은 환상과 계시 경험을 말하면서 자신을 몇 년 전에 셋째 하늘에 이끌려 간 자라고 말하는가?
① 십 년 ② 십이 년
③ 십사 년 ④ 십팔 년

047 바울은 고린도 교회에 자신이 받은 환상과 계시 경험을 말하면서 자신을 십사 년 전에 몇째 하늘에 이끌려 간 자라고 말하는가?
① 첫째 ② 둘째
③ 셋째 ④ 넷째

048 바울은 자신이 여러 계시를 받은 것이 지극히 크므로 너무 자만하지 않게 하시려고 주께서 자신의 육체에 둔 가시를 무엇이라고 말하는가?
① 고통의 멍에 ② 사탄의 사자
③ 고통의 면류관 ④ 겸손의 멍에

049 고린도후서에서 다음에 들어갈 단어는 무엇인가?
"너희는 우리로 말미암아 나타난 ( )의 편지니 이는 먹으로 쓴 것이 아니요 오직 살아 계신 하나님의 영으로 쓴 것이며 또 돌판에 쓴 것이 아니요 오직 육의 마음판에 쓴 것이라"(고후 3:3)
① 십자가 ② 성령
③ 사랑 ④ 그리스도

050 고린도후서에서 다음에 들어갈 단어는 무엇인가?
"모든 것이 하나님께로서 났으며 그가 ( )로 말미암아 우리를 자기와 화목하게 하시고 또 우리에게 화목하게 하는 직분을 주셨으니"(고후 5:18)
① 십자가 ② 아들
③ 천사 ④ 그리스도

051 고린도후서에서 다음에 들어갈 단어는 무엇인가?
"그러나 그들의 마음이 완고하여 오늘까지도 구약을 읽을 때에 그 수건이 벗겨지지 아니하고 있으니 그 수건은 ( ) 안에서 없어질 것이라"(고후 3:14)
① 십자가 ② 성령
③ 신약 ④ 그리스도

052 고린도후서에서 다음에 들어갈 단어는 무엇인가?
"우리의 싸우는 무기는 육신에 속한 것이 아니요 오직 어떤 견고한 진도 무너뜨리는 하나님의 능력이라 모든 ( )을 무너뜨리며 하나님 아는 것을 대적하여 높아진 것을 다 무너뜨리고 모든 생각을 사로잡아 그리스도에게 복종하게 하니"(고후 10:4-5)
① 사상 ② 생각
③ 논리 ④ 이론

053 고린도후서에서 다음에 들어갈 단어는 무엇인가?
"그러므로 ( )의 일꾼들도 자기를 의의 일꾼으로 가장하는 것이 또한 대단한 일이 아니니라 그들의 마지막은 그 행위대로 되리라"(고후 11:15)
① 천국의 주인 ② 하늘의 권세자
③ 사탄 ④ 천지의 주재

044_② 045_④ 046_③ 047_③ 048_② 049_④ 050_④ 051_④ 052_④ 053_③

054 고린도후서에서 다음에 공통적으로 들어갈 단어는 무엇인가?
"그 중에 이 세상의 신이 믿지 아니하는 자들의 마음을 혼미하게 하여 ( )의 영광의 복음의 광채가 비치지 못하게 함이니 ( )는/은 하나님의 형상이니라"(고후 4:4)
① 십자가 ② 성령
③ 사랑 ④ 그리스도

055 고린도후서에서 다음에 들어갈 단어는 무엇인가?
"내가 어리석은 자가 되었으나 너희가 억지로 시킨 것이니 나는 너희에게 칭찬을 받아야 마땅하도다 내가 아무 것도 아니나 지극히 크다는 ( )들보다 조금도 부족하지 아니하니라"(고후 12:11)
① 제자 ② 사도
③ 성도 ④ 무리

056 "유대인들에게 ( )에서 하나 감한 매를 다섯 번 맞았으며"라는 구절에서 괄호 안에 들어갈 말은?
① 이십 ② 삼십
③ 사십 ④ 오십

057 "( )에서 아레다 왕의 고관이 나를 잡으려고 ( ) 성을 지켰으나"라는 구절에서 괄호 안에 들어갈 말은?
① 예루살렘 ② 루스드라
③ 이고니온 ④ 다메섹

058 "이는 내가 너희의 원함을 앎이라 내가 너희를 위하여 ( )인들에게 ( )에서는 일 년 전부터 준비하였다는 것을 자랑하였는데 과연 너희의 ( )이/가 퍽 많은 사람들을 분발하게 하였느니라"는 구절에서 괄호 안에 들어갈 말이 아닌 것은?
① 열심 ② 아가야
③ 마게도냐 ④ 협조

059 "환난의 많은 시련 가운데서 그들의 넘치는 기쁨과 극심한 가난이 그들의 풍성한 연보를 넘치도록 하게 하였느니라"는 말씀에서 '그들'은 누구인가?
① 아가야 교회들 ② 소아시아 교회들
③ 마게도냐 교회들 ④ 유대의 교회들

060 바울이 고린도후서 8장에서 마게도냐 교회들에 관해 말하는 것이 아닌 것은?
① 성도 섬기는 일에 참여함에 대하여 바울이 간절히 구했다
② 환난의 많은 시련 가운데서 헌금했다
③ 그들이 힘대로 할 뿐 아니라 힘에 지나도록 자원하여 헌금했다
④ 극심한 가난이 그들의 풍성한 연보를 넘치도록 하게 했다

061 바울이 드로아에서 만나기로 약속 하였으나 오지 않아서 그의 "심령이 편하지 못하여 그들을 작별하고 마게도냐로" 가야만 했던 사람은 누구인가?
① 디모데 ② 디도
③ 마가 ④ 누가

062 "모든 것이 하나님께로서 났으며 그가 그리스도로 말미암아 우리를 ( ) 하시고 또 우리에게 화목하게 하는 직분을 주셨으니"라는 말씀에서 괄호 안에 들어갈 구절은?
① 거룩하게 ② 용서받게
③ 자기와 화목하게 ④ 거듭나게

063 "그 중에 이 세상의 신이 믿지 아니하는 자들의 마음을 혼미하게 하여 그리스도의 ( )의 복음의 ( )가 비치지 못하게 함이니 그리스도는 하나님의 ( )이니라"라는 말씀에서 괄호 안에 들어갈 단어가 아닌 것은?
① 아들 ② 영광
③ 광채 ④ 형상

064 고린도후서에서 바울이 부활을 옷을 입고 벗는 것에 비유하면서 설명하는 곳은?
① 4장 ② 5장
③ 6장 ④ 7장

054_④ 055_② 056_③ 057_④ 058_④ 059_③ 060_① 061_② 062_③ 063_① 064_②

065 고린도후서에서 바울이 그리스도의 죽음을 통해 이루어진 화목에 관해 설명하는 곳은?
① 4장 ② 5장
③ 6장 ④ 7장

066 다음 중 "( )도 영광으로 말미암았은즉 ( )은 더욱 영광 가운데 있느니라"는 말씀에서 괄호 안에 들어갈 구절로 순서대로 되어 있는 것은?
① 옛 언약 – 새 언약
② 없어질 것 – 길이 있을 것
③ 모세언약 – 그리스도 언약
④ 의의 직분 – 정죄의 직분

067 바울이 눈물로 쓴 편지를 언급하는 서신은?
① 고린도전서 ② 고린도후서
③ 갈라디아서 ④ 에베소서

068 바울이 고린도후서 몇 장에서 '내가 어리석은 자가 되었으나'라고 말하는가?
① 9장 ② 10장
③ 11장 ④ 12장

069 "그들의 말이 그의 편지들은 ( )가/이 있고 힘이 있으나 그가 몸으로 대할 때는 약하고 그 말도 시원하지 않다 하니"라는 고린도후서 10장 10절 말씀에서 괄호 안에 들어가야 할 낱말은?
① 권위 ② 은혜
③ 무게 ④ 감동

070 "그 중에 이 세상의 신이 믿지 아니하는 자들의 마음을 혼미하게 하여 그리스도의 영광의 복음의 광채가 비치지 못하게 함이니 그리스도는 하나님의 ( )이니라"라는 말씀에서 괄호 안에 들어가야 할 단어는?
① 형상 ② 아들
③ 독생자 ④ 영광

071 바울이 힘에 겹도록 심한 고난을 당하여 살 소망까지 끊어지고 심지어 사형 선고를 받은 줄 알았던 곳은 어디인가
① 고린도 ② 로마
③ 본도 ④ 아시아

072 "우리의 싸우는 무기는 육신에 속한 것이 아니요 오직 어떤 견고한 진도 무너뜨리는 하나님의 능력이라"는 말씀이 나오는 곳은?
① 고린도전서 5장 ② 로마서 10장
③ 고린도후서 10장 ④ 데살로니가전서 5장

073 고린도후서 12장에서 바울이 그의 육체에 있는 가시에 대해 바르게 묘사하는 것이 아닌 것은?
① 바울은 육체의 가시를 제거하여 달라고 다섯 번 주께 간구하였다
② 그의 육체에 있는 가시는 사탄의 사자다
③ 하나님은 내 은혜가 네게 족하도다 이는 내 능력이 약한 데서 온전하여지심이라 하셨다
④ 그가 여러 계시를 받은 것이 지극히 크므로 너무 자만하지 않게 하려고 하나님이 주셨다

074 "만일 누가 가서 우리가 전파하지 아니한 다른 ( )을/를 전파하거나 혹은 너희가 받지 아니한 다른 ( )을/를 받게 하거나 혹은 너희가 받지 아니한 다른 ( )을/를 받게 할 때에는 너희가 잘 용납하는구나"라는 고린도후서 11장 4절의 말씀에서 괄호 안에 들어갈 세 개의 단어가 아닌 것은?
① 하나님 ② 예수
③ 영 ④ 복음

075 "곧 하나님께서 ( ) 안에 계시사 세상을 자기와 화목하게 하시며 …"라는 고린도후서 5장 19절의 말씀에서 괄호 안에 들어가야 할 단어는?
① 우리 ② 성령
③ 교회 ④ 그리스도

076 바울은 '이스라엘 자손들'의 마음을 덮고 있는 수건이 언제 벗겨진다고 말하는가?
① 구약을 읽을 때에
② 믿음을 가질 때에
③ 세례를 받을 때에
④ 주께로 돌아가면

065_② 066_② 067_② 068_④ 069_③ 070_① 071_④ 072_③ 073_① 074_① 075_④ 076_④

077 바울에게 주신 "내 은혜가 네게 족하도다 이는 내 능력이 약한 데서 온전하여짐이라"는 하나님의 말씀은 고린도후서 몇 장에 기록되었나?
① 10장 ② 11장
③ 12장 ④ 13장

078 "주 예수 그리스도의 은혜와 하나님의 사랑과 성령의 교통하심이 너희 무리와 함께 있을지어다"라는 말씀으로 마치는 서신은?
① 로마서 ② 고린도전서
③ 고린도후서 ④ 갈라디아서

079 바울이 힘에 겹도록 심한 고난을 당하여 살 소망까지 끊어지고 심지어 사형 선고를 받은 줄 알았던 곳은 어디인가?
① 고린도 ② 로마
③ 본도 ④ 아시아

080 고린도후서에서 "하늘로부터 오는 우리 처소로 덧 입기를 간절히 사모하노라"는 말씀이 기록된 장은?
① 4장 ② 5장
③ 6장 ④ 7장

081 다음 중 고린도후서가 다루는 내용 주제가 <u>아닌</u> 것은?
① 하나님께서 보증으로 우리 마음에 성령을 주신다
② 누구든지 그리스도 안에 있으면 새로운 피조물이다
③ 성도는 하나님의 성전이다
④ 마지막 때 불이 각 사람의 공적이 어떠한 것을 시험한다

082 바울이 고린도후서 몇 장에서 '우리의 장막 집이 무너지면' 입게 될 '하늘에 있는 영원한 집'에 대해 말하는가?
① 3장 ② 5장
③ 7장 ④ 11장

083 다음 중 고린도후서에 가장 많이 언급되는 인물은 누구인가?
① 디도 ② 아브라함
③ 바나바 ④ 디모데

084 "그러므로 우리가 낙심하지 아니하노니 우리의 겉 사람은 낡아지나 우리의 속사람은 날로 새로워지도다"라는 말씀은 고린도후서 몇 장에 나오는가?
① 2장 ② 3장
③ 4장 ④ 5장

085 "우리 곧 나와 ( )와 ( )로 말미암아 너희 가운데 전파된 하나님의 아들 예수 그리스도는 예 하고 아니라 함이 되지 아니하셨으니 그에게는 예만 되었느니라"는 말씀에서 괄호 안에 들어가야 할 낱말이 차례대로 되어 있는 것은?
① 실루아노 – 디모데
② 디도 – 디모데
③ 디모데 – 실루아노
④ 디모데 – 디도

086 "우리의 싸우는 무기는 육신에 속한 것이 아니요 오직 어떤 견고한 진도 무너뜨리는 하나님의 능력이라"는 말씀은 어느 서신에 나오는가?
① 에베소서 ② 로마서
③ 고린도후서 ④ 데살로니가후서

087 다음 중 '그리스도의 향기(냄새)'에 대한 말씀이 기록된 곳은?
① 고후 1장 ② 고후 2장
③ 고후 3장 ④ 고후 4장

088 사도바울은 고린도교회 교인들이 원래 받지 아니한 다른 영이나 다른 복음을 누가 가서 전할 때 잘 용납하는 것을 질책한다. 이 말씀은 고린도후서 몇 장에 나오는가?
① 11장 ② 12장
③ 13장 ④ 14장

089 "곧 이것을 우리에게 이루게 하시고 보증으로 성령을 우리에게 주신 이는 하나님이시니라"는 말씀이 나오는 책은?
① 고린도전서 ② 고린도후서

077_③ 078_③ 079_④ 080_② 081_④ 082_② 083_① 084_③ 085_① 086_③ 087_② 088_① 089_②

③ 갈라디아서 ④ 에베소서

090 고린도후서에서 바울이 '셋째 하늘에 이끌려 간자'를 언급하는 장은?
① 10장 ② 11장
③ 12장 ④ 13장

091 고린도후서에서 바울은 마게도냐인들에게 아가야 성도들이 몇 년 전부터 헌금을 준비하였다고 자랑하였는가?
① 1년 ② 2년
③ 3년 ④ 4년

092 고린도후서 5장 16절에 나오는 말씀은?
① 자비의 아버지시오 모든 위로의 하나님이시며
② 인치시고 보증으로 성령을 우리 마음에 주셨느니라
③ 비록 우리가 그리스도도 육신을 따라 알았으나
④ 보라 지금은 은혜 받을 만한 때요

093 바울이 "유대인들에게 사십에서 하나 감한 매를 다섯 번 맞았으며 세 번 태장으로 맞고 한 번 돌로 맞고 세 번 파선하고 … 여러 번 자지 못하고 주리며 목마르고 여러 번 굶고 춥고 헐벗었노라"고 전도하는 중에 겪은 고생을 열거하는 말씀은 고린도후서 몇 장에 나오는가?
① 10장 ② 11장
③ 12장 ④ 13장

094 "하나님의 약속은 얼마든지 그리스도 안에서 예가 되니 그런즉 그로 말미암아 우리가 아멘하여 하나님께 영광을 돌리게 되느니라"는 바울의 말씀은 고린도후서 몇 장에 나오는가?
① 1장 ② 3장
③ 5장 ④ 7장

095 환난의 많은 시련과 극심한 가난 가운데서도 넘치는 기쁨으로 풍성한 연보를 넘치도록 한 교회는 어느 교회인가?
① 고린도 교회 ② 아가야 교회
③ 에베소 교회 ④ 마게도냐 교회들

096 고린도후서에서 "우리 살아 있는 자가 항상 예수를 위하여 죽음에 넘겨짐은 예수의 생명이 또한 우리 죽을 육체에 나타나게 하려 함이라 그런즉 사망은 우리 안에서 역사하고 생명은 너희 안에서 역사하느니라"라는 말씀은 다음 어디에 나타나는가?
① 3장 ② 4장
③ 5장 ④ 6장

097 고린도후서는 총 몇 장인가?
① 13장 ② 14장
③ 15장 ④ 16장

098 "무익하나마 내가 부득불 자랑하노니 주의 환상과 ( )을/를 말하리라"는 말씀에서 빈 칸에 맞는 말은?
① 능력 ② 이적
③ 은사 ④ 계시

099 다음 중 고린도후서에서 '화목하게 하는 직분'에 대해 언급하는 단락은?
① 고린도후서 5장 1-10절
② 고린도후서 5장 11-19절
③ 고린도후서 4장 1-6절
④ 고린도후서 4장 7-15절

100 고린도후서의 "우리 곧 ( )와/과 ( )와/과 ( )로/으로 말미암아 너희 가운데 전파된 하나님의 아들 예수 그리스도는 예 하고 아니라 함이 되지 아니 하셨으니…"라는 말씀에서 괄호 안에 차례로 들어가는 단어는?
① 소스데네 - 실루아노 - 빌레몬
② 소스데네 - 빌레몬 - 디모데
③ 나 - 실루아노 - 디모데
④ 나 - 그리스보 - 가이오

101 사도 바울은 고린도후서 2장 15절에서 "우리는 구원 받는 자들에게나 망하는 자들에게나 하나님 앞에서 그리스도의 ( )니" 라고 말한다. 여기서 괄호 안에 들어가는 단어는 무엇인가?

090_③ 091_① 092_③ 093_② 094_① 095_④ 096_② 097_① 098_④ 099_② 100_③ 101_④

① 계시　　② 증거
③ 제자　　④ 향기

102 "이는 우리가 다 반드시 그리스도의 심판대 앞에 나타나게 되어 각각 선악간에 그 몸으로 행한 것을 따라 받으려 함이라"는 말씀은 고린도후서 몇 장 몇 절에 있는가?
① 5장 10절　　② 6장 10절
③ 7장 10절　　④ 8장 10절

103 사도 바울은 고린도후서 12장 14절에서 자신이 이제 몇 번째 고린도 교회로 가기를 준비하고 있다고 말하는가?
① 첫 번째　　② 두 번째
③ 세 번째　　④ 네 번째

104 고린도후서에는 사도 바울이 선교과정에서 겪은 고난을 언급한 부분이 여러 곳에 나타나는데, 그런 언급이 나타나지 않는 장은 다음 중 무엇인가?
① 1장　　② 3장
③ 6장　　④ 11장

105 고린도후서에서 바울은 사탄에게 속지 않기 위해서 성도가 해야 할 일을 무엇이라고 말하는가?
① 사랑　　② 용서
③ 이해　　④ 감사

106 "하나님의 뜻대로 하는 근심은 후회할 것이 없는 구원에 이르게 하는 (　)을/를 이루는 것이요 세상 근심은 (　)을/를 이루는 것이니라"에서 괄호 안에 차례로 들어가는 단어는?
① 의 – 심판　　② 영광 – 파멸
③ 회개 – 사망　　④ 기쁨 – 형벌

107 고린도후서의 단락 중 바울의 개인적인 고생담을 다루는 단락이 아닌 것은?
① 4장 8-11절　　② 5장 1-5절
③ 6장 4-10절　　④ 11장 23-33절

108 고린도후서에서 바울의 적대자들이 바울을 가리켜 "그의 편지들은 무게가 있고 힘이 있으나 그가 몸으로 대할 때는 약하고 그 말도 시원하지 않다"라고 비난하는 장은?
① 10장　　② 11장
③ 12장　　④ 13장

109 고린도후서에서 바울이 그리스도인을 그리스도 안에 있는 새로운 피조물로 언급한 장은?
① 4장　　② 5장
③ 6장　　④ 7장

110 고린도후서 8장에서 바울이 고린도 교회로 하여금 연보를 하게 하는 목적이 아닌 것은?
① 부족한 것을 보충함
② 사랑의 진실함을 증명하고자 함
③ 하늘의 상급을 받게 하려함
④ 서로 균등하게 하려함

111 "어두운 데에 빛이 비치라 말씀하셨던 그 하나님께서 (　)에 있는 하나님의 영광을 아는 빛을 우리 마음에 비추셨느니라"는 말씀에서 괄호 안에 들어 가는 말은 무엇인가?
① 하늘
② 예수 그리스도의 얼굴
③ 성령의 능력 안
④ 말씀의 진리 안

112 "하늘로부터 오는 우리 처소로 덧입기를 간절히 사모하노라"가 나오는 고린도후서의 장, 절은?
① 4:6　　② 5:2
③ 6:10　　④ 7:6

113 고린도후서에서 바울이 연보에 대해 언급하는 장은?
① 5-6장　　② 6-7장
③ 7-8장　　④ 8-9장

114 바울이 자기가 당한 고난을 자세하게 나열하면서 기록한 고린도후서의 장은?
① 8장　　② 9장
③ 10장　　④ 11장

102_①　103_③　104_②　105_②　106_③　107_②　108_①　109_②　110_③　111_②　112_②　113_④　114_④

115 "보이는 것은 잠깐이요 보이지 않는 것은 영원함이라"가 나오는 책은?
① 로마서 ② 고린도전서
③ 고린도후서 ④ 에베소서

116 고린도후서에서 "주는 영이시니 주의 영이 계신 곳에는 자유가 있느니라"는 말씀이 나오는 장은?
① 1장 ② 2장
③ 3장 ④ 4장

117 바울이 자기가 고생한 것을 가장 많이 언급한 책은?
① 고린도전서 ② 고린도후서
③ 갈라디아서 ④ 로마서

【주관식】

118 "주는 영이시니 주의 영이 계신 곳에는 ( )이/가 있느니라"는 말씀에서 괄호 안에 들어가는 말은?

119 고린도후서 6장 15절에서 괄호 안에 들어가야 할 말은?
"그리스도와 ( )이 어찌 조화되며 믿는 자와 믿지 않는 자가 어찌 상관하며 …"

120 "우리는 구원 받는 자들에게나 망하는 자들에게나 하나님 앞에서 그리스도의 ( )니"에서 괄호 안에 들어갈 단어는?

121 바울은 유대인들에게 사십에서 하나 감한 매를 몇 번 맞았는가?

122 고린도후서에서 다음에 공통적으로 들어갈 단어는 무엇인가?
"우리가 너희 ( )를/을 주관하려는 것이 아니요 오직 너희 기쁨을 돕는 자가 되려 함이니 이는 너희가 ( )에 섰음이라"(고후 1:24)

123 "그들이 ( )이냐 정신 없는 말을 하거니와 나는 더욱 그러하도다"는 구절에서 괄호 안에 들어갈 말은?

124 "내가 부득불 자랑할진대 내가 ( )을 자랑하리라"는 말씀에서 괄호 안에 들어가야 할 단어는?

125 다음은 고린도후서 10장 18절 말씀이다. 괄호 안에 들어갈 낱말은?
"옳다 ( )함을 받는 자는 자기를 칭찬하는 자가 아니요 오직 주께서 칭찬하시는 자니라"

126 "우리가 주목하는 것은 보이는 것이 아니요 보이지 않는 것이니 보이는 것은 잠깐이요 보이지 않는 것은 ( )함이라"는 바울의 말씀에서 괄호 안에 들어가는 말은?

127 "오늘까지 모세의 글을 읽을 때에 수건이 그 마음을 덮었도다 그러나 언제든지 ( )께로 돌아가면 그 수건이 벗겨지리라"는 바울의 말씀에서 괄호 안에 들어가는 말은?

128 고린도후서에서 다음에 각각 들어갈 단어는 무엇인가?
"우리가 하나님께서 너희로 ( )를/을 조금도 행하지 않게 하시기를 구하노니 이는 우리가 옳은 자임을 나타내고자 함이 아니라 오직 우리는 버림 받은 자 같을지라도 너희는 ( )를/을 행하게 하고자 함이라"(고후 13:7)

129 고린도후서에서 다음에 공통적으로 들어갈 단어는 무엇인가?
"내가 ( )를/을 권하고 함께 한 형제를 보내었으니 ( )이/가 너희의 이득을 취하더냐 우리가 동일한 성령으로 행하지 아니하더냐 동일한 보조로 하지 아니하더냐"(고후 12:18)

130 "곧 이것을 우리에게 이루게 하시고 ( ) 성령을 우리에게 주신 이는 하나님이시니라"는 구절에서 괄호 안에 들어갈 말은?

115_③ 116_③ 117_② 118_자유 119_벨리알 120_향기 121_다섯 번 122_믿음 123_그리스도의 일꾼 124_약한 것
125_인정 126_영원 127_주 128_악-선 129_디도 130_보증으로

131 "그러므로 우리가 낙심하지 아니하노니 우리의 ( )은 낡아지나 우리의 ( )은 날로 새로워지도다"라는 구절에서 괄호 안에 들어갈 말 두 가지는?

132 "우리는 구원 받는 자들에게나 망하는 자들에게나 하나님 앞에서 ( )니 이 사람에게는 사망으로부터 사망에 이르는 냄새요 저 사람에게는 생명으로부터 생명에 이르는 냄새라 누가 이 일을 감당하리요"라는 말씀에서 괄호 안에 들어가야 할 단어는?

133 "어두운 데에 빛이 비치라 말씀하셨던 그 하나님께서 예수 그리스도의 얼굴에 있는 하나님의 영광을 아는 빛을 우리 ( )에 비추셨느니라"는 말씀에서 괄호 안에 들어가야 할 단어는?

갈라디아서

001 다음 구절들에서 갈라디아서 1장에 나오는 구절은?
① 형제들아 내가 너희를 권하노니 너희가 배운 교훈을 거슬러 분쟁을 일으키거나 거치게 하는 자들을 살피고 그들에게서 떠나라
② 그리스도의 은혜로 너희를 부르신 이를 이같이 속히 떠나 다른 복음을 따르는 것을 내가 이상하게 여기노라
③ 이 같은 자들은 우리 주 그리스도를 섬기지 아니하고 다만 자기들의 배만 섬기나니 교활한 말과 아첨하는 말로 순진한 자들의 마음을 미혹하느니라
④ 평강의 하나님께서 속히 사탄을 너희 발 아래에서 상하게 하시리라

002 "나의 자녀들아 너희 속에 그리스도의 형상을 이루기까지 다시 너희를 위하여 해산하는 수고를 하노니"라는 구절이 나오는 곳은?
① 갈라디아서 3장
② 갈라디아서 4장
③ 고린도전서 3장
④ 고린도전서 4장

003 갈라디아서 3장에 등장하는 구약의 인물은?
① 모세 ② 아브라함
③ 욥 ④ 이사야

004 "오직 위에 있는 예루살렘은 자유자니 곧 우리 ( )니라"는 갈라디아서 4장 26절 말씀에서 괄호 안에 들어가야 할 낱말은?

131_겉사람, 속사람 132_그리스도의 향기 133_마음

001_② 002_② 003_② 004_③

① 자매　　　② 형제
③ 어머니　　④ 아버지

005 "다른 복음은 없나니 다만 어떤 사람들이 너희를 교란하여 그리스도의 복음을 변하게 하려 함이라"는 바울의 말씀은 갈라디아서 몇 장에 나오는가?
① 1장　　② 2장
③ 3장　　④ 4장

006 바울이 안디옥에서 게바에게 책망한 일이 기록된 갈라디아서의 장은?
① 1장　　② 2장
③ 3장　　④ 4장

007 갈라디아서에서 다음에 들어갈 단어는 무엇인가?
"( )에게 역사하사 그를 할례자의 사도로 삼으신 이가 또한 내게 역사하사 나를 이방인의 사도로 삼으셨느니라"(갈 2:8)
① 베드로　　② 야고보
③ 요한　　④ 안드레

008 갈라디아서에서 다음에 들어갈 단어는 무엇인가?
"그러나 성경이 모든 것을 ( ) 아래에 가두었으니 이는 예수 그리스도를 믿음으로 말미암는 약속을 믿는 자들에게 주려 함이라"(갈 3:22)
① 율법　　② 계명
③ 모세의 법　　④ 죄

009 갈라디아서에서 다음에 들어갈 단어는 무엇인가?
"나의 자녀들아 너희 속에 ( )의 형상을 이루기까지 다시 너희를 위하여 해산하는 수고를 하노니"(갈 4:19)
① 십자가　　② 성령
③ 사랑　　④ 그리스도

010 "또 기둥 같이 여기는 ( )와 ( )와 ( )도 내게 주신 은혜를 알므로 나와 바나바에게 친교의 악수를 하였으니 우리는 이방인에게로, 그들은 할례자에게로 가게 하려 함이라"는 말씀에서 괄호 안에 들어갈 이름이 아닌 것은?
① 베드로　　② 야고보
③ 게바　　④ 요한

011 "사람이 의롭게 되는 것은 율법의 행위로 말미암음이 아니요 오직 예수 그리스도를 ( )으로 말미암는 줄 알므로 우리도 그리스도 예수를 ( ) 이는 우리가 율법의 행위로써가 아니고 그리스도를 ( )으로써 ( )을 얻으려 함이라 율법의 행위로써는 의롭다 함을 얻을 육체가 없느니라"는 말씀에서 괄호 안에 들어갈 말이 아닌 것은?
① 믿음　　② 믿나니
③ 구원　　④ 의롭다 함

012 다음 중 갈라디아서에서 "나무에 달린 자마다 저주 아래에 있는 자라"는 구약성경의 말씀이 인용되는 곳은?
① 1장　　② 2장
③ 3장　　④ 4장

013 바울이 "우리나 혹은 하늘로부터 온 천사라도 우리가 너희에게 전한 복음 외에 다른 복음을 전하면 저주를 받을지어다"라고 어느 서신에서 말하는가?
① 고린도전서　　② 고린도후서
③ 갈라디아서　　④ 에베소서

014 다음 중 갈라디아서 3장에서 '율법'에 대하여 언급하는 내용이 아닌 것은?
① 살게 하는 율법을 주셨더라면 의가 반드시 율법으로 말미암지 않았을 것이다
② 하나님 앞에서 아무도 율법으로 말미암아 의롭게 되지 못할 것이 분명하다
③ 율법은 범법하므로 더하여진 것이다
④ 믿음이 오기 전에 우리는 율법 아래에 매인 바 되었다

015 "그러나 나와 함께 있는 헬라인 ( )까지도 억지로 할례를 받게 하지 아니하였으니"라는 갈라디아서 2장 3절 말씀에서 괄호 안에 들어가

갈

005_① 006_② 007_① 008_④ 009_④ 010_① 011_③ 012_③ 013_③ 014_① 015_②

야 할 이름은?
① 디모데 ② 디도
③ 실라 ④ 누가

016 "율법 안에서 의롭다 함을 얻으려 하는 너희는 그리스도에게서 끊어지고 ( )에서 떨어진 자로다"라는 갈라디아서 5장 4절 말씀에서 괄호 안에 들어가야 할 낱말은?
① 시험 ② 소망
③ 구원 ④ 은혜

017 "너희가 이같이 어리석으냐 성령으로 시작하였다가 이제는 ( )로/으로 마치겠느냐"는 갈라디아서 3장 3절의 말씀에서 괄호 안에 들어가야 할 낱말은?
① 율법 ② 심판
③ 행위 ④ 육체

018 "어리석도다 ( ) 사람들아 예수 그리스도께서 십자가에 못 박히신 것이 너희 눈 앞에 밝히 보이거늘 누가 너희를 꾀더냐 내가 너희에게서 다만 이것을 알려 하노니 너희가 성령을 받은 것이 율법의 행위로냐 혹은 듣고 믿음으로냐"는 바울의 말씀에서 괄호 안에 들어가는 말은?
① 에베소 ② 갈라디아
③ 고린도 ④ 빌립보

019 바울이 갈라디아서에서 믿음으로 말미암아 의롭다 여김 받음을 말하기 위해 인용하는 구약 인물은?
① 모세 ② 아브라함
③ 다윗 ④ 이사야

020 "너희는 유대인이나 헬라인이나 종이나 자유인이나 남자나 여자나 다 그리스도 예수 안에서 ( )니라/이니라"는 바울의 말씀에서 괄호 안에 들어가는 말은?
① 형제와 자매 ② 하나님의 자녀
③ 하나 ④ 거룩한 자

021 갈라디아서에서 다음에 공통적으로 들어갈 단어는 무엇인가?
"때가 차매 하나님이 그 아들을 보내사 여자에게서 나게 하시고 ( ) 아래에 나게 하신 것은 ( ) 아래에 있는 자들을 속량하시고 우리로 아들의 명분을 얻게 하려 하심이라"(갈 4:4-5)
① 율법 ② 계명
③ 모세의 법 ④ 죄

022 다음의 구절은 어느 서신에 나오는가?
"이 후로는 누구든지 나를 괴롭게 하지 말라 내가 내 몸에 예수의 흔적을 지니고 있노라"
① 갈라디아서 ② 로마서
③ 고린도전서 ④ 고린도후서

023 갈라디아서에서 괄호 안에 들어갈 이름은 무엇인가?
"게바가 안디옥에 이르렀을 때에 책망 받을 일이 있기로 내가 그를 대면하여 책망하였노라 ( )에게서 온 어떤 이들이 이르기 전에 게바가 이방인과 함께 먹다가 그들이 오매 그가 할례자들을 두려워하여 떠나 물러가매 남은 유대인들도 그와 같이 외식하므로 바나바도 그들의 외식에 유혹되었느니라"(약 2:11-13)
① 베드로 ② 야고보
③ 요한 ④ 안드레

024 "가르침을 받는 자는 말씀을 가르치는 자와 모든 좋은 것을 함께 하라"는 말씀이 나오는 책은?
① 로마서 ② 고린도전서
③ 고린도후서 ④ 갈라디아서

025 "형제들아 내가 지금까지 ( )을/를 전한다면 어찌하여 지금까지 박해를 받으리요 그리하였으면 십자가의 걸림돌이 제거되었으리니"라는 말씀에서 괄호 안에 들어갈 낱말은?
① 복음 ② 심판
③ 할례 ④ 율법

026 "이것은 비유니 이 여자들은 ( )이라 하나는 시내 산으로부터 종을 낳은 자니 곧 하갈이라 이 하갈은 ( )에 있는 시내 산으로서 지금 있는 예루살렘과 같은 곳이니 그가 그 자녀들과

016_④ 017_④ 018_② 019_② 020_③ 021_① 022_① 023_② 024_④ 025_③ 026_①

더불어 종 노릇 하고 오직 위에 있는 예루살렘은 자유자니 곧 ( )라"는 구절에서 괄호 안에 들어갈 말이 아닌 것은?
① 하나님의 도성 ② 두 언약
③ 우리 어머니 ④ 아라비아

027 "내가 내 동족 중 여러 연갑자보다 유대교를 지나치게 믿어 내 조상의 ( )에 대하여 더욱 열심이 있었으나"라는 구절에서 괄호 안에 들어갈 말은?
① 율법 ② 계명
③ 전통 ④ 가르침

028 "우리가 전에 말하였거니와 내가 지금 다시 말하노니 만일 누구든지 너희가 받은 것 외에 다른 복음을 전하면 저주를 받을지어다"라는 구절이 있는 바울의 서신은?
① 로마서 ② 고린도전서
③ 고린도후서 ④ 갈라디아서

029 "투기와 술 취함과 방탕함과 또 그와 같은 것들이라 전에 너희에게 경계한 것같이 경계하노니 이런 일을 하는 자들은 ( )을/를 유업으로 받지 못할 것이요"라는 갈라디아서 5장 32절 말씀에서 괄호 안에 들어가야 할 낱말은?
① 거룩함 ② 축복
③ 영생 ④ 하나님의 나라

030 바울은 갈라디아서 4장 26절에서 "위에 있는 예루살렘은 자유자"니 곧 무엇이라고 말하였는가?
① 우리 구원 ② 우리 생각
③ 우리 어머니 ④ 우리 본향

031 갈라디아서에 순서대로 나열된 성령의 9가지 열매 중에서 마지막으로 나오는 두 가지 열매는?
① 온유, 절제 ② 충성, 절제
③ 양선, 절제 ④ 자비, 절제

032 바울이 자신의 사도됨을 "사람들에게서 난 것도 아니요 사람으로 말미암은 것도 아니요 오직 예수 그리스도와 그를 죽은 자 가운데서 살리신 하나님 아버지로 말미암아"라고 '특히' 강조한 서신은?
① 고린도후서 ② 갈라디아서
③ 에베소서 ④ 빌립보서

033 갈라디아서 2장에서 다음 중 예루살렘 사도들의 모임에 참석한 자로 언급되지 않은 사람은?
① 바울 ② 바나바
③ 디도 ④ 디모데

034 "할례나 무할례가 아무 것도 아니로되 오직 새로 지으심을 받는 것만이 중요하니라"는 말씀이 나오는 서신서는?
① 로마서 ② 갈라디아서
③ 골로새서 ④ 야고보서

035 갈라디아서 3장 17절에 의하면 하나님께서는 아브라함과 미리 정하신 언약 뒤에 몇 년이 지난 뒤 율법이 생겼다고 하는가?
① 400년 ② 410년
③ 420년 ④ 430년

036 "만일 우리가 성령으로 살면 또한 성령으로 행할지니"라는 말씀이 나오는 곳은?
① 갈 3:15 ② 갈 4:15
③ 갈 5:25 ④ 갈 6:15

037 사도바울이 갈라디아서에서 '다른 복음'은 없다고 선언하는 장은 몇 장인가?
① 1장 ② 2장
③ 3장 ④ 4장

038 "너희가 짐을 서로 지라 그리하여 그리스도의 ( )을/를 성취하라"는 말씀에서 빈 칸에 맞는 말은?
① 사랑 ② 새 계명
③ 법 ④ 나라

039 다음 중에서 갈라디아서 1장에 등장하지 않는 지명은?

027_③ 028_④ 029_④ 030_③ 031_① 032_② 033_④ 034_② 035_④ 036_③ 037_① 038_③ 039_③

① 예루살렘　　② 다메섹
③ 다소　　④ 수리아

040 "우리나 혹은 하늘로부터 온 천사라도 우리가 너희에게 전한 복음 외에 다른 복음을 전하면 (　)을/를 받을지어다"라는 갈라디아서의 말씀에서 괄호 안에 들어가는 단어는 무엇인가?
① 찬양　　② 저주
③ 인정　　④ 심판

041 다음 중에서 갈라디아서 3장에서 인용되지 않은 구약성경의 구절은 무엇인가?
① 이사야 54장 1절
② 창세기 12장 3절
③ 신명기 27장 26절
④ 하박국 2장 4절

042 갈라디아서에서 장과 구절이 적절하게 연결되지 않은 것은?
① 3장 – "어리석도다 갈라디아 사람들아"
② 4장 – "때가 차매 하나님이 그 아들을 보내사"
③ 5장 – "그리스도께서 우리를 자유롭게 하려고 자유를 주셨으니"
④ 6장 – "만일 우리가 성령으로 살면 또한 성령으로 행할지니"

043 갈라디아서에서 "십사 년 후에 내가 (　)와/과 함께 (　)을/를 데리고 다시 예루살렘에 올라갔나니"에서 괄호 안에 차례로 들어가는 단어는?
① 사울 – 마가　　② 바나바 – 마가
③ 실라 – 디모데　　④ 바나바 – 디도

044 다음 중 갈라디아서에서 바울이 언급한, 예루살렘 교회의 기둥같이 여기는 사도가 아닌 사람은?
① 야고보　　② 게바
③ 요한　　④ 안드레

045 바울이 "내가 내 몸에 예수의 흔적을 지니고 있노라"고 말하는 서신은?
① 갈라디아서　　② 에베소서
③ 빌립보서　　④ 골로새서

046 갈라디아서에서 "만일 우리가 성령으로 살면 또한 (　)으로 행할지니 헛된 영광을 구하여 서로 노엽게 하거나 서로 투기하지 말지니라"는 말씀에서 괄호 안에 들어가는 말은?
① 믿음　　② 사랑
③ 겸손　　④ 성령

047 갈라디아서에서 바울이 '그리스도의 법'을 언급한 장, 절은?
① 1:10　　② 6:2
③ 5:13　　④ 3:9

048 "그리스도 예수 안에서는 할례나 무할례나 효력이 없으되 (　)로써/으로써 역사하는 믿음뿐이니라"는 갈라디아서의 말씀에서 괄호 안에 들어갈 말은?
① 자유　　② 소망
③ 인내　　④ 사랑

049 "그러나 성경이 모든 것을 (　) 아래에 가두었으니 이는 예수 그리스도를 믿음으로 말미암는 약속을 믿는 자들에게 주려 함이라"는 갈라디아서의 말씀에서 괄호 안에 들어갈 말은?
① 율법　　② 심판
③ 형벌　　④ 죄

050 바울로부터 '어리석도다'라는 책망을 받은 교회는?
① 고린도교회　　② 갈라디아교회
③ 에베소교회　　④ 빌립보교회

051 다음 중 바울이 갈라디아서 5장에서 열거한 성령의 열매에 속하지 않는 것은 어느 것인가?
① 화평　　② 용기
③ 절제　　④ 오래 참음

052 '아빠 아버지'는 갈라디아서 몇 장에 나오는가?
① 2장　　② 3장

040_②　041_①　042_④　043_④　044_④　045_①　046_④　047_②　048_④　049_④　050_②　051_②　052_③

③ 4장 ④ 5장

053 "만일 서로 물고 먹으면 피차 멸망할까 조심하라"는 말씀은 신약성경의 어느 서신에 나오는가?
① 로마서 ② 고린도전서
③ 고린도후서 ④ 갈라디아서

【주관식】

054 "형제들아 너희가 자유를 위하여 부르심을 입었으나 그러나 그 자유로 육체의 기회를 삼지 말고 오직 ( )로/으로 서로 종노릇하라"는 말씀에서 괄호 안에 들어가는 말은?

055 바울이 "이 후로는 누구든지 나를 괴롭게 하지 말라 내가 내 몸에 예수의 흔적을 지니고 있노라"고 말하는 자신의 서신은?

056 갈라디아에서 다음에 공통적으로 들어갈 단어는?
"그러나 내게는 우리 주 예수 그리스도의 ( ) 외에 결코 자랑할 것이 없으니 그리스도로 말미암아 세상이 나를 대하여 ( )에 못 박히고 내가 또한 세상을 대하여 그러하니라"(갈 6:14)

057 "율법 아래에 있는 자들을 속량하시고 우리로 ( )을 얻게 하려 하심이라"는 구절에서 괄호 안에 들어갈 말은?

058 "내가 전한 복음은 사람의 뜻을 따라 된 것이 아니니라 이는 내가 사람에게서 받은 것도 아니요 배운 것도 아니요 오직 ( ) ( )의 ( )로 말미암은 것이라"는 바울의 언급에서 괄호 안에 차례대로 들어가야 할 세 단어는?

059 다음은 갈라디아서 5장 14절의 말씀이다. 괄호 안에 들어갈 낱말은?
"온 율법은 네 이웃 사랑하기를 네 ( )같이 하라 하신 말씀에서 이루어졌나니"

060 "너희가 자유를 위하여 부르심을 입었으나 그러나 그 자유로 육체의 기회를 삼지 말고 오직 ( )으로 서로 종 노릇 하라"는 바울의 말씀에서 괄호 안에 들어가는 말은?

061 "만일 우리가 ( )으로 살면 또한 ( )으로 행할지니 헛된 영광을 구하여 서로 노엽게 하거나 서로 투기하지 말지니라"는 바울의 말씀에서 괄호 안에 공통적으로 들어가는 말은?

062 갈라디아 6장에서 바울은 이 후로는 누구든지 나를 괴롭게 하지 말라 내가 내 몸에 예수의 무엇을 지니고 있다고 말하는가?

063 "그런즉 ( )은 무엇이냐 범법하므로 더하여진 것이라 천사들을 통하여 한 중보자의 손으로 베푸신 것인데 약속하신 자손이 오시기까지 있을 것이라"는 구절에서 괄호 안에 들어갈 말은?

064 "너희가 아들이므로 하나님이 그 아들의 영을 우리 마음 가운데 보내사 ( ) ( )라 부르게 하셨느니라"는 말씀에서 괄호 안에 차례대로 들어가야 할 두 단어는?

065 다음은 갈라디아서 5장 24절의 말씀이다. 괄호 안에 들어갈 낱말은?
"그리스도 예수의 사람들은 육체와 함께 그 ( )과 탐심을 십자가에 못 박았느니라"

053_④ 054_사랑 055_갈라디아서 056_십자가 057_아들명분 058_예수, 그리스도, 계시 059_자신 060_사랑 061_성령 062_흔적 063_율법 064_아빠, 아버지 065_정욕

에베소서

001 다음 구절들에서 에베소서 1장에 나오는 구절은?
① 너희가 짐을 서로 지라 그리하여 그리스도의 법을 성취하라
② 이는 그가 사랑하시는 자 안에서 우리에게 거저 주시는 바 그의 은혜의 영광을 찬송하게 하려는 것이라
③ 만일 누가 아무 것도 되지 못하고 된 줄로 생각하면 스스로 속임이라
④ 이 후로는 누구든지 나를 괴롭게 하지 말라 내가 내 몸에 예수의 흔적을 지니고 있노라

002 "너희를 위하여 내게 주신 하나님의 그 은혜의 ( )을 너희가 들었을 터이라 곧 ( )로 내게 ( )을 알게 하신 것은 내가 먼저 간단히 기록함과 같으니"는 말씀에서 괄호 안에 들어갈 낱말이 아닌 것은?
① 계시 ② 비밀
③ 경륜 ④ 복음

003 다음 중 에베소서 2장에서 바울이 에베소 교회 교인들을 향해 언급한 내용이 아닌 것은?
① 그 때에 너희는 그리스도 밖에 있었다
② 그때에 너희는 이스라엘 나라 안의 사람이었다
③ 전에 멀리 있던 너희가 그리스도 예수 안에서 가까워졌다
④ 이제부터 너희는 오직 성도들과 동일한 시민이다

004 "자기 아내를 사랑하기를 자신 같이 하고 아내도 자기 남편을 존경하라"는 말씀이 나오는 책은?
① 고린도전서 ② 마가복음
③ 에베소서 ④ 빌립보서

005 다음 중 갈라디아서와 장수가 같은 책은?
① 빌립보서 ② 디모데후서
③ 데살로니가전서 ④ 에베소서

006 "교회는 그의 몸이니 만물 안에서 만물을 충만하게 하시는 이의 충만함이니라"는 바울의 말씀은 에베소서 몇 장에 나오는가?
① 1장 ② 2장
③ 3장 ④ 4장

007 부부관계로써 그리스도와 교회를 비유하는 에베소서의 장은?
① 2장 ② 3장
③ 4장 ④ 5장

008 "그러므로 이제부터 너희는 ( )도 아니요 ( )도 아니요 오직 성도들과 동일한 ( )이요 하나님의 권속이라"는 말씀에서 괄호 안에 들어갈 낱말이 아닌 것은?
① 나그네 ② 외인
③ 이방인 ④ 시민

009 "그는 우리의 ( )이신지라 둘로 하나를 만드사 원수 된 것 곧 중간에 막힌 담을 자기 ( )로 허시고 법조문으로 된 계명의 ( )을 폐하셨으니 이는 이 둘로 자기 안에서 한 새 사람을 지어 ( )하게 하시고"라는 말씀에서 괄호 안에 들어갈 낱말이 아닌 것은?
① 구원 ② 화평
③ 율법 ④ 육체

010 "모든 일을 그의 뜻의 결정대로 일하시는 이의 계획을 따라 우리가 예정을 입어 그 안에서 기업이 되었으니 …"라는 말씀이 나오는 서신은?
① 빌립보서 ② 디모데전서
③ 데살로니가후서 ④ 에베소서

001_② 002_④ 003_② 004_③ 005_④ 006_① 007_④ 008_③ 009_① 010_④

011 "너희는 그리스도 밖에 있었고 이스라엘 나라 밖의 사람이라 약속의 언약들에 대하여는 외인이요 세상에서 소망이 없고 하나님도 없는 자이더니 이제는 전에 멀리 있던 너희가 그리스도 예수 안에서 그리스도의 ( )로/으로 가까워졌느니라"는 에베소서의 말씀에서 괄호 안에 맞는 단어는?
① 피 ② 능력
③ 십자가 ④ 복음

012 "믿음으로 말미암아 그리스도께서 너희 마음에 계시게 하시옵고 너희가 ( ) 가운데서 뿌리가 박히고 터가 굳어져서 능히 모든 성도와 함께 지식에 넘치는 그리스도의 ( )을 알고 …"라는 에베소서의 말씀에서 괄호 안에 동일하게 들어가야 할 단어는?
① 마음 ② 사랑
③ 온전함 ④ 기적

013 "또 만물을 그의 발 아래에 복종하게 하시고 그를 만물 위에 교회의 머리로 삼으셨느니라 교회는 그의 몸이니 만물 안에서 만물을 충만하게 하시는 이의 충만함이니라"는 바울의 말씀이 나오는 서신은?
① 에베소서 ② 갈라디아서
③ 고린도전서 ④ 빌립보서

014 바울이 에베소서 말미에서 에베소 교회 성도에게 자신의 사정을 알려줄 진실한 일꾼은 누구인가?
① 디모데 ② 두기고
③ 디도 ④ 실루아노

015 "술 취하지 말라 이는 방탕한 것이니 오직 성령으로 충만함을 받으라"는 바울의 말씀이 나오는 서신은?
① 고린도전서 ② 갈라디아서
③ 에베소서 ④ 골로새서

016 "주도 한 분이시요 믿음도 하나요 ( )도 하나요 하나님도 한 분이시니 곧 만유의 아버지시라 만유 위에 계시고 만유를 통일하시고 만유 가운데 계시도다"는 말씀에서 괄호 안에 들어가는 말은?
① 소망 ② 세례
③ 복음 ④ 사랑

017 에베소서에서 다음에 들어갈 단어는 무엇인가?
"능히 모든 성도와 함께 지식에 넘치는 그리스도의 ( )을 알고"(엡 3:18)
① 구원 ② 성령
③ 영 ④ 사랑

018 에베소서에서 다음에 들어갈 단어는 무엇인가?
"우리가 다 하나님의 아들을 믿는 것과 아는 일에 하나가 되어 온전한 사람을 이루어 ( )의 장성한 분량이 충만한 데까지 이르리니"(엡 4:13)
① 십자가 ② 성령
③ 사랑 ④ 그리스도

019 에베소서에서 다음에 들어갈 단어는 무엇인가?
"범사에 우리 주 예수 그리스도의 이름으로 항상 아버지 하나님께 감사하며 ( )를 경외함으로 피차 복종하라"(엡 5:20-21)
① 십자가 ② 성령
③ 주 ④ 그리스도

020 에베소서에서 다음에 들어갈 단어는 무엇인가?
"이 비밀이 크도다 나는 ( )와 교회에 대하여 말하노라"(엡 5:32)
① 십자가 ② 성령
③ 주 ④ 그리스도

021 "모든 일을 그의 뜻의 결정대로 일하시는 이의 계획을 따라 우리가 예정을 입어 그 안에서 기업이 되었으니"는 구절이 나오는 곳은?
① 디모데후서 1장 ② 디모데전서 1장
③ 에베소서 1장 ④ 히브리서 1장

엡

011_① 012_② 013_① 014_② 015_③ 016_② 017_④ 018_④ 019_④ 020_④ 021_③

022 "곧 창세 전에 그리스도 안에서 우리를 택하사 우리로 사랑 안에서 그 앞에 거룩하고 흠이 없게 하시려고 그 기쁘신 뜻대로 우리를 ( )하사 예수 그리스도로 말미암아 자기의 아들들이 되게 하셨으니"라는 구절에서 괄호 안에 들어갈 낱말은?

① 사랑 ② 구원
③ 용서 ④ 예정

023 "그 너비와 길이와 높이와 깊이가 어떠함을 깨달아 하나님의 모든 충만하신 것으로 너희에게 충만하게 하시기를 구하노라"는 말씀이 나오는 곳은?

① 디모데후서 ② 디모데전서
③ 에베소서 ④ 히브리서

024 서문에 "찬송하리로다 하나님 곧 우리 주 예수 그리스도의 아버지께서 그리스도 안에서 하늘에 속한 모든 신령한 복을 우리에게 주시되…"라는 말씀을 하는 서신은?

① 디모데후서 ② 디모데전서
③ 에베소서 ④ 히브리서

025 "우리는 그리스도 안에서 그의 은혜의 풍성함을 따라 그의 피로 말미암아 속량 곧 ( )를/을 받았느니라"는 말씀에서 괄호 안에 맞는 단어는?

① 은사 ② 죄사함
③ 은혜 ④ 자유

026 "교회는 그의 몸이니 만물 안에서 만물을 충만하게 하시는 이의 충만함이니라"는 말씀이 나오는 서신은?

① 고린도전서 ② 고린도후서
③ 갈라디아서 ④ 에베소서

027 에베소 교회를 향하여 바울이 "우리 사정을 알리고 또 너희 마음을 위로하기 위하여 내가 특별히 그를 너희에게 보내었노라"고 말할 때 '그'는 누구인가?

① 두기고 ② 디모데
③ 디도 ④ 베드로

028 "( )과 온갖 ( )과 ( )은 너희 중에서 그 이름조차도 부르지 말라 이는 성도에게 마땅한 바니라"는 말씀에서 괄호 안에 맞지 <u>않는</u> 단어는?

① 음행 ② 더러운 것
③ 열심 ④ 탐욕

029 "그들이 감각 없는 자가 되어 자신을 ( )에 방임하여 모든 더러운 것을 욕심으로 행하되"라는 에베소서 4장 19절 말씀에서 괄호 안에 들어가야 할 낱말은?

① 욕망 ② 유혹
③ 방탕 ④ 자유

030 "그러므로 내가 이것을 말하며 주안에서 증언하노니 이제부터 너희는 ( )이 그 마음에 허망한 것으로 행함같이 행하지 말라"는 말씀에서 괄호 안에 들어가야 할 낱말은?

① 유대인 ② 헬라인
③ 이방인 ④ 로마인

031 "모든 겸손과 온유로 하고 오래 참음으로 사랑 가운데서 서로 ( )하고"라는 에베소서 말씀에서 괄호 안에 들어가야 할 낱말은?

① 인정 ② 교제
③ 이해 ④ 용납

032 "그는 우리의 ( )이신지라 둘로 하나를 만드사 원수 된 것 곧 중간에 막힌 담을 자기 육체로 허시고"라는 에베소서 2장 14절 말씀에서 괄호 안에 들어가야 할 낱말은?

① 화평 ② 희망
③ 군사 ④ 주인

033 "술취하지 말라 이는 방탕한 것이니 오직 ( )으로 충만함을 받으라"는 에베소서 말씀에서 괄호 안에 들어가야 할 낱말은?

① 성령 ② 말씀
③ 기쁨 ④ 찬양

034 "평안의 매는 줄로 ( )가/이 하나 되게 하신 것을 힘써 지키라"는 말씀에서 괄호 안에 들어

022_④ 023_③ 024_③ 025_② 026_④ 027_① 028_③ 029_③ 030_③ 031_④ 032_① 033_① 034_③

가는 말은 무엇인가?
① 교회 ② 뜻
③ 성령 ④ 믿음

035 "그 너비와 길이와 높이와 깊이가 어떠함을 깨달아 하나님의 모든 충만하신 것으로 너희에게 충만하게 하시기를 구하노라"는 말씀은 신약성경의 어느 서신에 나오는가?
① 디모데후서 ② 골로새서
③ 에베소서 ④ 히브리서

036 "주도 한 분이시요 믿음도 하나요 세례도 하나요 하나님도 한 분이시니 곧 만유의 아버지시라"는 말씀은 신약성경의 어느 서신에 나오는가?
① 고린도전서 ② 디모데전서
③ 에베소서 ④ 히브리서

037 에베소서에서 "주도 한 분이시요 믿음도 하나요 세례도 하나요 하나님도 한 분이시니 곧 만유의 아버지시라 만유 위에 계시고 만유를 통일하시고 만유 가운데 계시도다"라는 말씀이 나오는 장은?
① 2장 ② 3장
③ 4장 ④ 5장

038 다음 중에서 에베소서 2장 12절이 밝히고 있는 그리스도 밖에 있었던 사람에 대한 설명이 아닌 것은?
① 이스라엘 나라 밖의 사람
② 진리에 속하지 않은 자
③ 약속의 언약들에 대하여 외인
④ 세상에서 소망이 없고 하나님도 없는 자

039 "그들의 총명이 어두워지고 그들 가운데 있는 무지함과 그들의 ( )이 굳어짐으로 말미암아 하나님의 ( )에서 떠나 있도다"는 에베소서 4장 18절 말씀에서 괄호 안에 차례대로 들어가야 할 단어는?
① 마음 – 구원 ② 양심 – 구원
③ 양심 – 생명 ④ 마음 – 생명

040 다음 중 하나님의 전신 갑주가 서술된 곳은?
① 갈라디아서 6장 ② 에베소서 6장
③ 빌립보서 3장 ④ 골로새서 3장

041 "하나님의 성령을 근심하게 하지 말라 그 안에서 너희가 구원의 날까지 인치심을 받았느니라"는 에베소서의 말씀이 기록된 장은?
① 3장 ② 4장
③ 5장 ④ 6장

042 에베소서에서 "교회는 그의 몸이니 만물 안에서 만물을 충만하게 하시는 이의 충만함이니라"는 말씀이 나오는 장은?
① 1장 ② 2장
③ 3장 ④ 4장

043 다음 중 바울이 에베소서에서 그리스도인인 교회를 다루는 장과 이를 설명하기 위해 말한 비유적 표현에서 적절한 제목이 아닌 것은?
① 1장: 그리스도의 몸
② 2장: 성전
③ 4장: 하나님의 백성
④ 5장: 그리스도의 신부

044 "하늘에 있는 것이나 땅에 있는 것이 다 그리스도 안에서 통일되게 하려 하심이라"는 말씀이 기록된
서신은?
① 갈라디아서 ② 에베소서
③ 빌립소서 ④ 골로새서

045 다음 중 "우리가 그리스도 안에서 전부터 바라던 그의 영광의 찬송이 되게 하려 하심이라"고 선언하는 서신은?
① 에베소서 ② 빌레몬서
③ 골로새서 ④ 빌립보서

046 에베소서 2장 20절에서 바울이 에베소 교회의 성도들을 가리켜 누구의 터 위에 세우심을 입은 자라고 하였는가?
① 예수 그리스도 ② 사도들
③ 선지자들 ④ 사도들과 선지자들

엡

035_③ 036_③ 037_③ 038_② 039_④ 040_② 041_② 042_① 043_③ 044_② 045_① 046_④

047 에베소서는 모두 몇 장인가?
① 4장 ② 5장
③ 6장 ④ 3장

048 다음 중에서 "지식에 넘치는 그리스도의 사랑을 알고 그 너비와 길이와 높이와 깊이가 어떠함을 깨달아 …"라는 구절이 나오는 신약성경의 책은?
① 로마서 ② 갈라디아서
③ 에베소서 ④ 빌립보서

049 다음 중 에베소서에서 그리스도를 표현한 것은?
① 반석 ② 모퉁잇돌
③ 산 돌 ④ 손대지 아니한 돌

050 "그는 우리의 ( )신지라/이신지라 둘로 하나를 만드사 원수 된 것 곧 중간에 막힌 담을 자기 육체로 허시고"라는 에베소서의 말씀에서 괄호 안에 들어가는 단어는 무엇인가?
① 소망 ② 생명
③ 화해 ④ 화평

051 "너희도 ( ) 안에서 ( )이/가 거하실 처소가 되기 위하여 ( ) 안에서 함께 지어져 가느니라"는 에베소서의 말씀에서 다음 중 괄호 안에 들어가는 단어가 순서대로 바르게 나열한 것은 어느 것인가?
① 하나님 – 그리스도 예수 – 성령
② 하나님 – 성령 – 그리스도 예수
③ 성령 – 그리스도 예수 – 하나님
④ 성령 – 하나님 – 그리스도 예수

052 "너희가 그리스도 예수 안에서 그리스도의 피로 가까워졌느니라"는 말씀은 어느 서신 몇 장 몇 절의 말씀인가?
① 에베소서 6장 10절
② 골로새서 2장 8절
③ 에베소서 2장 13절
④ 골로새서 4장 15절

053 바울이 에베소에 있는 성도들과 그리스도 예수 안에 있는 신실한 자들에게 한 말로 "너희의 ( )으로/로 죽었던 너희를 살리셨도다"는 에베소서 2장 1절 말씀에서 괄호 안에 들어가는 말은?
① 율법과 심판 ② 허물과 죄
③ 악독과 오만 ④ 교만과 방종

054 아내와 남편, 자녀와 부모, 종과 상전에 관한 권면이 나오는 서신은?
① 에베소서와 골로새서
② 갈라디아서와 에베소서
③ 빌립보서와 골로새서
④ 에베소서와 빌립보서

055 "분을 내어도 죄를 짓지 말며 해가 지도록 분을 품지 말고"가 나오는 에베소서의 장은?
① 1장 ② 2장
③ 3장 ④ 4장

【주관식】

056 부모와 자녀, 남편과 아내, 주인과 종에 대하여 그리스도인이 지켜야 할 가정교훈이 나타나는 바울의 서신 두개는?

057 "그는 우리의 화평이신지라 둘로 하나를 만드사 원수 된 것 곧 중간에 막힌 담을 자기 육체로 허시고 법조문으로 된 계명의 율법을 폐하셨으니 이는 이 둘로 자기 안에서 한 새 사람을 지어 화평하게 하시고 또 십자가로 이 둘을 한 몸으로 하나님과 화목하게 하려 하심이라"는 말씀이 나오는 서신은?

058 바울은 에베소서 6장에서 평안의 복음이 준비한 무엇을 신으라고 하는가?

059 "그 때에 너희는 그 가운데서 행하여 이 세상 풍조를 따르고 ( )를 따랐으니 곧 지금 불순종의 아들들 가운데서 역사하는 영이라"는 구절에서 괄호 안에 들어가야 할 내용은?

047_③ 048_③ 049_② 050_④ 051_④ 052_③ 053_② 054_① 055_④ 056_에베소서, 골로새서 057_에베소서
058_신 059_공중의 권세 잡은 자

060 "오직 사랑 안에서 참된 것을 하여 범사에 그에게까지 자랄지라 그는 머리니 곧 ( )라"는 에베소서의 말씀에서 괄호 안에 들어가야 할 단어는?

061 아래의 구절에서 괄호 안에 들어갈 낱말은?
"그러나 너희도 각각 자기의 아내 사랑하기를 자신 같이 하고 아내도 자기 남편을 ( )하라"

062 "교회는 그의 ( )이니 만물 안에서 만물을 충만하게 하시는 이의 충만함이니라"는 바울의 말씀에서 괄호 안에 들어가는 말은?

063 "너희는 유혹의 욕심을 따라 썩어져 가는 구습을 따르는 옛 사람을 벗어 버리고 오직 너희의 심령이 새롭게 되어 하나님을 따라 의와 진리의 거룩함으로 지으심을 받은 새 사람을 입으라"는 말씀이 나오는 신약성경의 책은?

064 "누추함과 어리석은 말이나 희롱의 말이 마땅치 아니하니 오히려 ( )하는 말을 하라"는 말씀에서 괄호 안에 맞는 단어는?

065 다음 구절에서 괄호 안에 들어갈 낱말은?
"하나님의 ( )을 근심하게 하지 말라 그 안에서 너희가 구원의 날까지 인치심을 받았느니라"

060_그리스도 061_존경 062_몸 063_에베소서
064_감사 065_성령

빌립보서

001 빌립보서에서 다음에 들어갈 알맞은 단어는 조합은?
"내가 너희를 생각할 때마다 나의 하나님께 ( ) 하며 간구할 때마다 너희 무리를 위하여 ( )으로 항상 간구함은 너희가 첫날부터 이제까지 복음을 위한 일에 참여하고 있기 때문이라"(빌 1:3-5)
① 기도 – 생각함 ② 감사 – 기쁨
③ 찬양 – 감사함 ④ 송축 – 축복함

002 다음 중 빌립보서 3장에서 나오는 말씀이 아닌 것은?
① 열심으로는 교회를 박해하고 율법의 의로는 흠이 없는 자라
② 내가 내 동족 중 여러 연갑자보다 유대교를 지나치게 믿어 내 조상의 전통에 대하여 더욱 열심이 있었으나
③ 또한 모든 것을 해로 여김은 내 주 그리스도 예수를 아는 지식이 가장 고상하기 때문이라
④ 나는 팔일 만에 할례를 받고 이스라엘 족속이요 베냐민 지파요 히브리인 중의 히브리인이요 율법으로는 바리새인이요

003 "너희 안에서 착한 일을 시작하신 이가 그리스도 예수의 날까지 이루실 줄을 우리가 확신하노라"는 말씀은 신약성경 어떤 책에 나오는가?
① 에베소서 ② 빌립보서
③ 골로새서 ④ 빌레몬서

001_② 002_② 003_②

004 다음 중 골로새서와 장수가 같은 서신은?
① 빌립보서 ② 디모데전서
③ 데살로니가후서 ④ 에베소서

005 “아무 일에든지 다툼이나 허영으로 하지 말고 오직 겸손한 마음으로 각각 자기보다 남을 낫게 여기고 각각 자기 일을 돌볼뿐더러 또한 각각 다른 사람들의 일을 돌보아 나의 기쁨을 충만하게 하라”는 말씀은 빌립보서 몇 장에 나오는가?
① 1장 ② 2장
③ 3장 ④ 4장

006 빌립보서에서 다음에 들어갈 단어는 무엇인가?
“그들은 나의 매임에 괴로움을 더하게 할 줄로 생각하여 순수하지 못하게 다툼으로 그리스도를( )하느니라”(빌 1:17)
① 선교 ② 전도
③ 파송 ④ 전파

007 “( ) 사람들아 너희도 알거니와 복음의 시초에 내가 ( )를 떠날 때에 주고 받는 내 일에 참여한 교회가 너희 외에 아무도 없었느니라 ( )에 있을 때에도 너희가 한 번뿐 아니라 두 번이나 나의 쓸 것을 보내었도다”는 말씀에서 괄호 안에 들어가야 할 내용이 아닌 것은?
① 데살로니가 ② 고린도
③ 마게도냐 ④ 빌립보

008 “그러나 에바브로디도를 너희에게 보내는 것이 필요한 줄로 생각하노니 그는 나의 ( )요 함께 수고하고 함께 ( ) 된 자요 너희 ( )로 내가 쓸 것을 돕는 자라”는 말씀에서 괄호 안에 들어가야 할 내용이 아닌 것은?
① 사자 ② 동역자
③ 군사 ④ 형제

009 “그리스도를 위하여 너희에게 은혜를 주신 것은 다만 그를 믿을 뿐 아니라 또한 그를 위하여 ( )도 받게 하려 하심이라”는 빌립보서의 말씀에서 괄호 안에 맞는 단어는?
① 영광 ② 고난
③ 소망 ④ 기쁨

010 빌립보서 2장 19절에 의하면 바울은 누구를 속히 빌립보에 보내기를 바라는가?
① 디모데 ② 디도
③ 에바브로디도 ④ 실라

011 “너희 안에 이 마음을 품으라 곧 그리스도 예수의 마음이니”는 말씀이 나오는 서신은?
① 에베소서 ② 갈라디아서
③ 고린도전서 ④ 빌립보서

012 빌립보 교회 성도들이 바울에게 누구 편으로 그의 쓸 것을 보내주었는가?
① 디모데 ② 두기고
③ 에바브로디도 ④ 실루아노

013 “주 안에서 항상 기뻐하라 내가 다시 말하노니 기뻐하라”는 말씀이 나오는 서신은?
① 에베소서 ② 빌립보서
③ 골로새서 ④ 빌레몬서

014 빌립보 2장에서 바울이 나의 형제요 함께 수고하고 함께 군사 된 자요 너희 사자로 내가 쓸 것을 돕는 자라고 말한 사람은 누구인가?
① 디도 ② 디모데
③ 에바브로디도 ④ 유오디아

015 빌립보서에서 다음에 공통적으로 들어갈 단어는 무엇인가?
“이와 같이 너희도 ( )하고 나와 함께 ( )하라”
① 거룩 ② 기뻐
③ 찬양 ④ 감사

016 “그 안에서 발견되려 함이니 내가 가진 의는 ( )에서 난 것이 아니요 오직 그리스도를 ( )으로 말미암은 것이니 곧 ( )으로 ( )으로부터/께로부터 난 의라”는 말씀에서 괄호 안에 들어가야 할 내용이 아닌 것은?
① 하나님 ② 율법

004_① 005_② 006_④ 007_② 008_② 009_② 010_① 011_④ 012_③ 013_② 014_③ 015_② 016_③

③ 행위　　　　④ 믿음

017 "내가 ( )를 권하고 ( )를 권하노니 주 안에서 같은 마음을 품으라 또 참으로 나와 멍에를 같이한 네게 구하노니 복음에 나와 함께 힘쓰던 저 여인들을 돕고 또한 ( )와 그 외에 나의 동역자들을 도우라 그 이름들이 생명책에 있느니라"는 말씀에서 괄호 안에 들어가야 할 이름이 아닌 것은?
① 순두게　　　　② 에바브로디도
③ 글레멘드　　　　④ 유오디아

018 "( )에 있는 자들과 ( )에 있는 자들과 땅 아래에 있는 자들로 모든 무릎을 예수의 이름에 꿇게 하시고 모든 입으로 예수 그리스도를 ( )이라/라 시인하여 하나님 아버지께 영광을 돌리게 하셨느니라"는 말씀에서 괄호 안에 들어가야 할 내용이 아닌 것은?
① 땅　　　　② 하늘
③ 주　　　　④ 하나님

019 다음 중 빌립보서에 나오는 에바브로디도에 대한 바울의 설명이 아닌 것은?
① 너희 사자로 내가 쓸 것을 돕는 자다
② 함께 수고한 자이다
③ 투기와 분쟁으로 복음을 전하였다
④ 함께 군사된 자이다

020 "무엇이든지 내게 유익하던 것을 내가 그리스도를 위하여 다 해로 여길뿐더러 또한 모든 것을 해로 여김은 내 주 그리스도 예수를 아는 ( )가/이 가장 고상하기 때문이라"는 말씀에서 괄호 안에 맞는 단어는?
① 지식　　　　② 은혜
③ 지혜　　　　④ 통찰

021 "나는 아직 내가 잡은 줄로 여기지 아니하고 오직 한 일 즉 뒤에 있는 것은 잊어버리고 앞에 있는 것을 잡으려고 푯대를 향하여 그리스도 예수 안에서 하나님이 위에서 부르신 ( )의 상을 위하여 달려가노라"는 말씀에서 괄호 안에 맞는 단어는?
① 영광　　　　② 부름
③ 은혜　　　　④ 승리

022 빌립보서 3장 3절에 따르면 다음 중 진정한 할례파가 아닌 사람들은?
① 하나님의 성령의 봉사하는 사람
② 그리스도 예수로 자랑하는 사람
③ 육체를 신뢰하지 아니하는 사람
④ 몸을 상해하는 자들

023 "너의 ( )을 모든 사람에게 알게 하라 주께서 가까우시니라"는 빌립보서 4장 5절의 말씀에서 괄호 안에 들어가야 할 낱말은?
① 믿음　　　　② 관용
③ 사랑　　　　④ 선행

024 "내가 궁핍하므로 말하는 것이 아니니라 어떠한 형편에든지 나는 ( )하기를 배웠노니…"라는 빌립보서 4장 11절 말씀에서 괄호 안에 들어가야 할 낱말은?
① 신중　　　　② 기도
③ 자족　　　　④ 요청

025 빌립보 교회 성도들은 바울의 쓸 것을 누구 편으로 보내주었는가?
① 디모데　　　　② 두기고
③ 에바브로디도　　　　④ 실루아노

026 "너희 안에서 행하시는 이는 하나님이시니 자기의 기쁘신 뜻을 위하여 너희에게 소원을 두고 행하게 하시나니 모든 일을 원망과 시비가 없이 하라"는 말씀은 신약성경의 어느 서신에 나오는가?
① 빌립보서　　　　② 요한일서
③ 디모데전서　　　　④ 요한이서

027 다음 중 "… 우리의 낮은 몸을 자기 영광의 몸의 형체와 같이 변하게 하시리라"는 말씀이 기록된 구절은?
① 에베소서 3장 5절
② 골로새서 1장 16절
③ 갈라디아서 4장 20절

빌

017_② 018_④ 019_③ 020_① 021_② 022_④ 023_② 024_③ 025_③ 026_① 027_④

④ 빌립보서 3장 21절

028 바울이 "나의 사랑하고 사모하는 형제들, 나의 기쁨이요 면류관인 사랑하는 자들"이라고 칭찬한 사람들은 누구인가?
① 유오디아와 순두게
② 갈라디아 교인들
③ 빌립보 교인들
④ 디모데와 에바브라디도

029 "이는 내게 사는 것이 그리스도니 죽는 것도 유익함이라"는 말씀이 나오는 곳은?
① 빌 1:21 ② 빌 2:21
③ 빌 3:21 ④ 빌 4:21

030 "오직 너희는 그리스도의 복음에 합당하게 생활하라"는 말씀이 나오는 책은?
① 갈라디아서 ② 빌립보서
③ 에베소서 ④ 골로새서

031 빌립보서에서 바울은 자신을 어느 지파 사람이라고 말하는가?
① 레위 ② 유다
③ 베냐민 ④ 르우벤

032 빌립보서에서 소개되고 있는 "열심으로는 교회를 박해하고 율법의 의로는 흠이 없는 자"는 누구를 가리키는가?
① 바울 ② 디모데
③ 부자 청년 ④ 의의 교사

033 다음 중 빌립보서 4장에 언급되지 않은 지명 이름은 무엇인가?
① 빌립보 ② 데살로니가
③ 로마 ④ 마게도냐

034 "그는 근본 하나님의 ( )시나 하나님과 동등됨을 취할 것으로 여기지 아니하시고 …"라는 말씀에서 빈 칸에 맞는 말은?
① 본체 ② 형체
③ 독생자 ④ 장자

035 바울은 빌립보 교회의 성도들에게 누구의 마음을 품으라고 권면하였는가?
① 하나님 ② 목회자
③ 목자 ④ 그리스도 예수

036 빌립보서에서 바울이 "너희 안에 이 마음을 품으라 곧 그리스도 예수의 마음이니"라고 말씀하는 장은 무엇인가?
① 1장 ② 2장
③ 3장 ④ 4장

037 빌립보서는 전부 몇 장으로 이루어져 있는가?
① 3장 ② 4장
③ 5장 ④ 6장

038 다음 중 바울이 에바브로디도에 관해 언급한 표현이 아닌 것은 무엇인가?
① 나의 형제
② 나의 아들
③ 함께 군사 된 자
④ 내가 쓸 것을 돕는 자

【주관식】

039 "푯대를 향하여 그리스도 예수 안에서 하나님이 위에서 부르신 ( )의 상을 위하여 달려가노라"라는 빌립보서의 말씀에서 괄호 안에 들어가는 말은?

040 "나는 팔일 만에 할례를 받고 이스라엘 족속이요 베냐민 지파요 히브리인 중의 히브리인이요 율법으로는 ( )이요"는 바울의 말씀에서 괄호 안에 들어가는 말은?

041 "복음의 시초에 내가 마게도냐를 떠날 때에 주고 받는 내 일에 참여한 교회가 너희 외에 아무도 없었느니라"고 말하는 구절에서 너희는 어느 교회를 가리키는가?

042 "그가 너희 무리를 간절히 사모하고 자기가 병

028_③ 029_① 030_② 031_③ 032_① 033_③ 034_① 035_④ 036_② 037_② 038_② 039_부름 040_바리새인 041_빌립보 042_에바브로디도

든 것을 너희가 들은 줄을 알고 심히 근심한지라"는 구절에서 '그'는 누구인가?

043 "아무 일에든지 다툼이나 허영으로 하지 말고 오직 ( )한 마음으로 각각 자기보다 남을 낫게 여기고 각각 자기 일을 돌볼뿐더러 또한 각각 다른 사람들의 일을 돌보아 나의 기쁨을 충만하게 하라"는 빌립보서의 말씀에서 괄호 안에 들어가야 할 단어는?

044 다음은 빌립보서 3장 11절의 말씀이다. 괄호 안에 들어갈 낱말은?
"어떻게 해서든지 죽은 자 가운데서 ( )에 이르려 하노니"

043_겸손 044_부활

골로새서

001 다음 중 "나 바울은 친필로 문안하노니 내가 매인 것을 생각하라 은혜가 너희에게 있을지어다"로 끝나는 서신은?
① 에베소서 ② 빌립보서
③ 골로새서 ④ 빌레몬서

002 "이는 그들로 마음에 위안을 받고 사랑 안에서 연합하여 확실한 이해의 모든 풍성함과 하나님의 비밀인 ( )를 깨닫게 하려 함이니"라는 말씀에서 괄호 안에 들어갈 낱말은?
① 말씀 ② 지혜
③ 성령 ④ 그리스도

003 "만물이 ( ) 창조되되 하늘과 땅에서 보이는 것들과 보이지 않는 것들과 혹은 왕권들이나 주권들이나 통치자들이나 권세들이나 만물이 다 ( ) ( )창조되었고 또한 그가 만물보다 먼저 계시고 만물이 그 안에 함께 섰느니라"는 말씀에서 괄호 안에 들어가야 할 내용이 아닌 것은?
① 그에게서 ② 그를 위하여
③ 그의 능력으로 ④ 그로 말미암고

004 다음 중 골로새서에서 그리스도의 신실한 일꾼으로 언급되는 사람은?
① 에바브라 ② 에바브로디도
③ 디모데 ④ 누가

005 "그의 십자가의 피로 ( )을/를 이루사 만물 곧 땅에 있는 것들이나 하늘에 있는 것들이 그로

001_③ 002_④ 003_③ 004_① 005_④

말미암아 자기와 화목하게 되기를 기뻐하심이 라"는 골로새서 1장 20절 말씀에서 괄호 안에 들어가야 할 낱말은?
① 교회 ② 역사
③ 구원 ④ 화평

006 다음 중 빌립보서와 장수가 같은 서신은?
① 에베소서 ② 디모데전서
③ 데살로니가후서 ④ 골로새서

007 "아내들아 남편에게 복종하라 이는 주 안에서 마땅하니라 남편들아 아내를 사랑하며 괴롭게 하지 말라 자녀들아 모든 일에 부모에게 순종하라 이는 주 안에서 기쁘게 하는 것이니라 아비들아 너희 자녀를 노엽게 하지 말지니 낙심할까 함이라"는 말씀은 골로새서 몇 장에 나오는가?
① 1장 ② 2장
③ 3장 ④ 4장

008 "이는 너희가 죽었고 너희 ( )이 그리스도와 함께 하나님 안에 감추어졌음이라"는 골로새서 3장 말씀에서 괄호 안에 들어갈 낱말은?
① 생명 ② 지혜
③ 성령 ④ 능력

009 골로새서에서 다음에 들어갈 단어로 알맞은 조합은?
"무슨 일을 하든지 마음을 다하여 ( )께 하듯 하고 ( )에게 하듯 하지 말라"(골 3:23)
① 사람 – 주 ② 주 – 사람
③ 예수 – 주인 ④ 하나님 – 권세자

010 "나는 이제 너희를 위하여 받는 괴로움을 기뻐하고 그리스도의 남은 고난을 그의 몸된 교회를 위하여 내 육체에 채우노라"말씀이 나오는 서신서는?
① 고린도후서 ② 골로새서
③ 에베소서 ④ 로마서

011 "그러므로 땅에 있는 지체를 죽이라 곧 음란과 부정과 사욕과 악한 정욕과 탐심이니 탐심은 ( )이니라/니라"는 말씀에서 괄호 안에 들어가야 할 말은?
① 죄 ② 부정함
③ 우상 숭배 ④ 땅의 것

012 예수의 "십자가의 피로 화평을 이루사 만물 곧 땅에 있는 것들이나 하늘에 있는 것들이 그로 말미암아 자기와 화목하게 되기를 기뻐하심이라"는 말씀이 나오는 서신은?
① 갈라디아서 ② 에베소서
③ 빌립보서 ④ 골로새서

013 골로새서에서 바울이 "내가 너희와 ( )에 있는 자들과 무릇 내 육신의 얼굴을 보지 못한 자들을 위하여 얼마나 힘쓰는지를 너희가 알기를" 원한다고 말할 때 괄호 안에 맞는 단어는?
① 예루살렘 ② 로마
③ 라오디게아 ④ 에베소

014 "우리로 하여금 빛 가운데서 성도의 ( )의 부분을 얻기에 합당하게 하신 아버지께 감사하게 하시기를 원하노라"는 골로새서 1장 12절의 말씀에서 괄호 안에 들어가야 할 낱말은?
① 영광 ② 상급
③ 면류관 ④ 기업

015 "아버지께서는 모든 ( )으로 예수 안에 거하게 하시고"라는 골로새서 1장 19절의 말씀에서 괄호 안에 들어가야 할 낱말은?
① 사람 ② 능력
③ 충만 ④ 혈통

016 "위의 것을 생각하고 땅의 것을 생각하지 말라"는 말씀이 나오는 서신은?
① 에베소서 ② 빌립보서
③ 골로새서 ④ 빌레몬서

017 골로새서 1장에서 하나님의 뜻으로 말미암아 그리스도 예수의 사도 된 바울과 함께 문안 인사를 드리는 사람은?
① 디도 ② 소스데네
③ 빌레몬 ④ 디모데

006_④ 007_③ 008_① 009_② 010_② 011_③ 012_④ 013_③ 014_④ 015_③ 016_③ 017_④

018 신약성경에서 히에라볼리라는 지명이 나오는 성경의 책은?
① 에베소서 ② 빌립보서
③ 골로새서 ④ 베드로전서

019 "그가 우리를 흑암의 권세에서 건져내사 그의 사랑의 아들의 나라로 옮기셨으니 그 아들 안에서 우리가 속량 곧 죄 사함을 얻었도다"는 말씀이 나오는 서신은?
① 고린도전서 ② 골로새서
③ 데살로니가전서 ④ 에베소서

020 "누가 ( )과 헛된 속임수로 너희를 사로잡을까 주의하라 이것은 사람의 ( )과 세상의 ( )을 따름이요 그리스도를 따름이 아니니라"는 말씀에서 괄호 안에 들어가야 할 내용이 아닌 것은?
① 전통 ② 율법
③ 초등학문 ④ 철학

021 "너희가 세상의 초등학문에서 그리스도와 함께 죽었거든 어찌하여 세상에 사는 것과 같이 규례에 순종하느냐 곧 ( ) 말고 ( ) 말고 ( ) 말라 하는 것이니"라는 말씀에서 괄호 안에 들어가야 할 내용이 아닌 것은?
① 맛보지도 ② 붙잡지도
③ 배우지도 ④ 만지지도

022 골로새 교회를 향하여 '철학과 헛된 속임수'에 대해 바울이 언급하지 않는 내용은?
① 이것은 그리스도를 따름이 아니다
② 너희를 사로잡을까 주의하라
③ 이것은 사람의 전통과 세상의 초등학문을 따름이다
④ 이것은 장래 일의 그림자이다

023 바울이 골로새 교회를 향하여 "너희도 전에 그 가운데 살 때에는 그 가운데서 행하였으나 이제는 너희가 이 모든 것을 벗어 버리라"고 권면하는 내용이 아닌 것은?
① 분함과 노여움 ② 이미 받은 교훈
③ 부끄러운 말 ④ 악의와 비방

024 "누가 누구에게 불만이 있거든 서로 용납하여 피차 용서하되 주께서 너희를 용서하신 것 같이 너희도 그리하고 이 모든 것 위에 ( )을 더하라 이는 온전하게 매는 띠니라"는 말씀에서 괄호 안에 맞는 단어는?
① 사랑 ② 평강
③ 믿음 ④ 화목

025 "상전들아 의와 ( )을 종들에게 베풀지니 너희에게도 하늘에 상전이 계심을 알지어다"라는 골로새서 4장 1절 말씀에서 괄호 안에 들어가야 할 낱말은?
① 은총 ② 공평
③ 관용 ④ 상급

026 "남편들아 아내를 사랑하며 ( )하지 말라"는 골로새서 3장 19절 말씀에서 괄호 안에 들어가야 할 낱말은?
① 외롭게 ② 괴롭게
③ 소홀히 ④ 귀찮게

027 골로새서에서 "이 모든 것 위에 사랑을 더하라 이는 온전하게 매는 띠니라"는 말씀이 나오는 장은?
① 1장 ② 2장
③ 3장 ④ 4장

028 골로새서 1장 1절에 의하면 골로새서를 보내는 사람은 누구인가?
① 바울과 디모데 ② 바울과 실라
③ 바울과 디도 ④ 바울과 아볼로

029 "나 바울은 친필로 문안하노니 내가 매인 것을 생각하라 은혜가 너희에게 있을지어다"라는 끝 인사가 기록된 서신은?
① 에베소서 ② 빌립소서
③ 골로새서 ④ 데살로니가전서

030 골로새서에서 새사람을 입은 자들 가운데 차별이 있을 수 없다는 말씀에서 다음 중 함께 언급되지 않은 이들은?
① 헬라인 – 유대인

018_③ 019_② 020_② 021_③ 022_④ 023_② 024_① 025_② 026_② 027_③ 028_① 029_③ 030_④

② 할례파 – 무할례파
③ 야만인 – 스구디아인
④ 이방인 – 유대인

031 다음 중 바울이 골로새서를 마감하면서 권면하는 말씀(골 4:2-6)에 해당하지 않는 것은?
① 기도를 계속하고 기도에 감사함으로 깨어 있으라
② 외인에게 대해서는 지혜로 행하여 세월을 아끼라
③ 선을 행하되 낙심하지 말지니 포기하지 아니하면 때가 이르매 거두리라
④ 너희 말을 항상 은혜 가운데서 소금으로 맛을 냄과 같이 하라

032 골로새 교회는 바울이 골로새서를 그들에게 보내기 전에 누구한테서 배웠는가?
① 에바브라 ② 디도
③ 실루아노 ④ 디모데

033 골로새서에서 "그리스도의 평강이 너희 마음을 주장하게 하라"는 말씀이 나오는 곳은?
① 1장 ② 2장
③ 3장 ④ 4장

034 골로새서의 작별인사 중에서 언급되는 "신실한 일꾼이요 주 안에서 함께 종이 된 자"은 누구인가?
① 디모데 ② 에바브라디도
③ 두기고 ④ 소스데네

035 골로새서에서 예수 그리스도께서 하나님의 형상으로서 만물의 창조자이며 만물의 화목자라고 그리스도를 찬양하는 장은?
① 1장 ② 2장
③ 3장 ④ 4장

036 "이 모든 것 위에 사랑을 더하라 이는 온전하게 매는 띠니라"가 나오는 골로새서의 장은?
① 1장 ② 2장
③ 3장 ④ 4장

037 "아내들아 남편에게 복종하라 이는 주 안에서 마땅하니라 남편들아 아내를 사랑하며 괴롭게 하지 말라"는 말씀은 누가 한 말씀인가?
① 바울 ② 누가
③ 베드로 ④ 요한

【주관식】

038 "그는 보이지 아니하는 하나님의 ( )이시요 모든 ( )보다 먼저 나신 이시니"는 말씀에서 괄호 안에 차례로 들어가는 말은?

039 바울이 "라오디게아에 있는 자들과 히에라볼리에 있는 자들을 위하여 많이 수고하는 것을 내가 증거하노라"라는 말씀은 신약성서 어느 책에 나오는가?

040 "이 모든 것 위에 ( )을/를 더하라 이는 온전하게 매는 띠니라"는 바울의 말씀에서 괄호 안에 들어가는 말은?

041 골로새서 1장에서 바울은 골로새서 교회를 위하여 받는 괴로움을 기뻐하고 그리스도의 남은 무엇을 그의 몸된 교회를 위하여 자기 육체에 채우려고 한다고 고백하는가?

042 "그는 보이지 아니하는 하나님의 형상이시요 모든 피조물보다 ( )시니"라는 구절에서 괄호 안에 들어갈 내용은?

043 "그리스도의 평강이 너희 마음을 주장하게 하라 너희는 평강을 위하여 한 몸으로 부르심을 받았나니 너희는 또한 ( )하는 자가 되라"는 말씀에서 괄호 안에 들어가야 할 단어는?

044 골로새서 1장에서 바울은 골로새서 교회를 위하여 받는 괴로움을 기뻐하고 그리스도의 남은 무엇을 그의 몸된 교회를 위하여 자기 육체에 채우려고 한다고 고백하는가?

031_③ 032_① 033_③ 034_③ 035_① 036_③ 037_① 038_형상, 피조물 039_골로새서 040_사랑 041_고난 042_먼저 나신 이 043_감사 044_고난

데살로니가전서

001 "바울과 실루아노와 디모데는 하나님 아버지와 주 예수 그리스도 안에 있는 ( )인의 교회에 편지하노니 은혜와 평강이 너희에게 있을지어다"는 서신 서두의 말씀에서 괄호 안에 들어가는 말은?
① 고린도 ② 빌립보
③ 데살로니가 ④ 갈라디아

002 바울과 실루아노와 디모데 쓴 어느 서신에 '마게도냐와 아가야에 있는 모든 믿는 자의 본이 되었다'는 말이 나오는가?
① 에베소서 ② 골로새서
③ 데살로니가전서 ④ 데살로니가후서

003 바울이 "너희는 많은 환난 가운데서 성령의 기쁨으로 말씀을 받아 우리와 주를 본받은 자"가 되었다고 칭찬한 교회는?
① 에베소 교회 ② 빌립보 교회
③ 골로새 교회 ④ 데살로니가 교회

004 "예수께서 우리를 위하여 죽으사 우리로 하여금 깨어 있든지 자든지 ( ) 함께 살게 하려 하셨느니라"는 데살로니가전서 5장 10절의 말씀에서 괄호 안에 들어가야 할 낱말은?
① 우리와 ② 성령과
③ 교회와 ④ 자기와

005 다음 중 데살로니가전서의 장수보다 장수가 많은 서신은?
① 빌립보서 ② 골로새서
③ 갈라디아서 ④ 디모데후서

006 "하나님의 뜻은 이것이니 너희의 거룩함이라 곧 음란을 버리고 각각 거룩함과 존귀함으로 자기의 아내 대할 줄을 알고 하나님을 모르는 이방인과 같이 색욕을 따르지 말고 이 일에 분수를 넘어서 형제를 해하지 말라"는 바울의 말씀은 데살로니가전서 몇 장에 나오는가?
① 1장 ② 2장
③ 3장 ④ 4장

007 다음의 구절에서 말하는 너희는 누구인가?
"너희가 아는 바와 같이 우리가 먼저 빌립보에서 고난과 능욕을 당하였으나 우리 하나님을 힘입어 많은 싸움 중에 하나님의 복음을 너희에게 전하였노라"
① 에베소 교회 ② 골로새 교회
③ 데살로니가 교회 ④ 빌립보 교회

008 다음의 구절에서 말하는 너희는 누구인가?
"너희도 알거니와 우리가 아무 때에도 아첨하는 말이나 탐심의 탈을 쓰지 아니한 것을 하나님이 증언하시느니라"
① 에베소 교인 ② 골로새 교인
③ 데살로니가 교인 ④ 빌립보 교인

009 "그들이 우리에 대하여 스스로 말하기를 우리가 어떻게 너희 가운데에 들어갔는지와 너희가 어떻게 우상을 버리고 하나님께로 돌아와서 살아 계시고 참되신 하나님을 섬기는지와"라는 말씀이 나오는 서신은?
① 고린도전서 ② 골로새서
③ 데살로니가전서 ④ 에베소서

010 다음 중 데살로니가전서 2장에서 나오는 말씀이 아닌 것은?
① 우리가 아무 때에도 아첨하는 말이나 탐심의 탈을 쓰지 아니한 것을 하나님이 증언하시느니라
② 우리가 이와 같이 말함은 사람을 기쁘게 하려 함이 아니요 오직 우리 마음을 감찰하시는 하나님을 기쁘시게 하려 함이라

살전

001_③ 002_③ 003_④ 004_④ 005_③ 006_④ 007_③ 008_③ 009_③ 010_③

③ 그러므로 너희가 주 안에 굳게 선즉 우리가 이제는 살리라
④ 우리의 권면은 간사함이나 부정에서 난 것이 아니요 속임수로 하는 것도 아니라

011 "범사에 헤아려 좋은 것을 취하고 악은 어떤 모양이라도 버리라"는 말씀이 나오는 서신은?
① 빌립보서 ② 골로새서
③ 데살로니가전서 ④ 데살로니가후서

012 바울이 한 번 두 번 데살로니가교회에 가고자 하였으나 가지 못한 이유는?
① 사탄이 막았기 때문에
② 눈물의 편지 때문에
③ 성령이 다른 곳으로 인도하셔서
④ 바울이 갑자기 병이 들어서

013 "우리는 낮에 속하였으니 정신을 차리고 믿음과 사랑의 ( )을/를 붙이고 구원의 소망의 투구를 쓰자"는 데살로니가전서 5장 8절의 말씀에서 괄호 안에 들어가야 할 낱말은?
① 표식 ② 이름
③ 십자가 ④ 호심경

014 주의 날이 밤에 도둑같이 이를 줄을 너희 자신이 자세히 안다고 설명하는 부분은 데살로니가 몇 장에 나오는가?
① 2장 ② 3장
③ 4장 ④ 5장

015 "형제들아 때와 시기에 관하여는 너희에게 쓸 것이 없음은 주의 날이 밤에 도둑 같이 이를 줄을 너희 자신이 자세히 알기 때문이라"는 말씀이 나오는 서신은?
① 에베소서 ② 갈라디아서
③ 데살로니가전서 ④ 빌립보서

016 바울이 아덴에 머물면서 데살로니가 성도들을 굳건하게 하려고 그곳으로 보낸 하나님의 일꾼은 누구인가?
① 디모데 ② 두기고
③ 디도 ④ 실루아노

017 "우리가 주의 말씀으로 너희에게 이것을 말하노니 주께서 강림하실 때까지 우리 살아 남아 있는 자도 자는 자보다 결코 앞서지 못하리라"는 바울의 말씀이 나오는 서신은?
① 고린도전서 ② 갈라디아서
③ 데살로니가전서 ④ 골로새서

018 "너희는 다 빛의 아들이요 낮의 아들이라 우리가 밤이나 어둠에 속하지 아니하나니 그러므로 우리는 다른 이들과 같이 자지 말고 오직 깨어 정신을 차릴지라"는 말씀이 나오는 서신은?
① 고린도전서 ② 갈라디아서
③ 데살로니가전서 ④ 골로새서

019 다음의 구절에서 말하는 '너희'는 어디에 있는 성도들인가?
"형제들아 너희가 그리스도 예수 안에서 유대에 있는 하나님의 교회들을 본받은 자 되었으니 그들이 유대인들에게 고난을 받음과 같이 너희도 너희 동족에게서 동일한 고난을 받았느니라"
① 에베소서 ② 골로새서
③ 데살로니가 ④ 마게도냐

020 다음의 구절에서 말하는 '너희'는 누구인가?
"너희 마음을 굳건하게 하시고 우리 주 예수께서 그의 모든 성도와 함께 강림하실 때에 하나님 우리 아버지 앞에서 거룩함에 흠이 없게 하시기를 원하노라"
① 에베소 교회 ② 골로새 교회
③ 데살로니가 교회 ④ 빌립보 교회

021 다음의 구절에서 말하는 너희는 누구인가?
"이 일에 분수를 넘어서 형제를 해하지 말라 이는 우리가 너희에게 미리 말하고 증언한 것과 같이 이 모든 일에 주께서 신원하여 주심이라"
① 에베소 교인 ② 골로새 교인
③ 데살로니가 교인 ④ 빌립보 교인

022 다음의 구절에서 말하는 너희는 누구인가?
"평강의 하나님이 친히 너희를 온전히 거룩하

011_③ 012_① 013_④ 014_④ 015_③ 016_① 017_③ 018_③ 019_③ 020_③ 021_③ 022_③

게 하시고 또 너희의 온 영과 혼과 몸이 우리 주 예수 그리스도께서 강림하실 때에 흠 없게 보전되기를 원하노라"
① 에베소 교인 ② 골로새 교인
③ 데살로니가 교인 ④ 빌립보 교인

023 "우리는 그리스도의 사도로서 마땅히 권위를 주장할 수 있으나 도리어 너희 가운데서 유순한 자가 되어 유모가 자기 자녀를 기름과 같이 하였으니"라는 말씀이 나오는 서신은?
① 고린도전서 ② 고린도후서
③ 데살로니가전서 ④ 로마서

024 "형제들아 너희는 ( )에 있지 아니하매 그 날이 도둑 같이 너희에게 임하지 못하리니 너희는 다 빛의 아들이요 ( )의 아들이라 우리가 ( )이나 ( )에 속하지 아니하나니"라는 말씀에서 괄호 안에 들어가야 할 내용이 아닌 것은?
① 밤 ② 하나님
③ 어둠 ④ 낮

025 "형제들아 우리가 너희에게 구하노니 너희 가운데서 ( ) 주 안에서 너희를 ( ) ( ) 자들을 너희가 알고"라는 말씀에서 괄호 안에 들어가야 할 내용이 아닌 것은?
① 권하는 ② 다스리며
③ 수고하고 ④ 가르치고

026 "하나님이 우리를 세우심은 노하심에 이르게 하심이 아니요 오직 우리 주 예수 그리스도로 말미암아 구원을 받게 하심이라 예수께서 우리를 위하여 죽으사 우리로 하여금 깨어 있든지 자든지 자기와 함께 살게 하려 하셨느니라"는 말씀이 나오는 서신은?
① 고린도전서 ② 고린도후서
③ 데살로니가전서 ④ 로마서

027 데살로니가교회의 믿음과 사랑의 기쁜 소식을 바울에게 전한 사람은?
① 에바브라 ② 디모데
③ 디도 ④ 두기고

028 "형제 사랑에 관하여는 너희에게 쓸 것이 없음은 너희들 자신이 하나님의 가르치심을 받아 서로 사랑함이라 너희가 온 ( ) 모든 형제에 대하여 과연 이것을 행하도다"라는 말씀에서 괄호 안에 맞는 단어는?
① 마게도냐 ② 에베소
③ 로마 ④ 예루살렘

029 바울이 데살로니가 교회를 향하여 "형제들아 때와 시기에 관하여는 너희에게 쓸 것이 없다" 고 말할 때 함께 언급된 내용이 아닌 것은?
① 주의 날이 밤에 도둑 같이 이를 줄을 너희 자신이 자세히 알기 때문이다
② 그들이 평안과 안전을 말할 때 멸망이 갑자기 그들에게 올 것이다
③ 형제들아 너희에게도 그 날이 도둑 같이 임할 것이다
④ 우리는 다른 이들과 같이 자지 말고 오직 깨어 정신을 차려야 한다

030 데살로니가전서에서 '주의 강림과 죽은 자들의 부활'에 관하여 언급된 내용이 아닌 것은?
① 예수 안에서 자는 자들도 하나님이 그와 함께 데리고 오실 것이다
② 주께서 강림하시기전 우리 살아남아 있는 자가 자는 자를 앞설 것이다
③ 주께서 친히 하늘로부터 강림하시리니 그리스도 안에서 죽은 자들이 먼저 일어날 것이다
④ 우리가 공중에서 주를 영접한 후에 항상 주와 함께 있을 것이다

031 "각각 거룩함과 존귀함으로 자기의 ( ) 대할 줄을 알고 하나님을 모르는 이방인과 같이 ( )을 따르지 말고…"라는 데살로니가 전서 4장 4-5절 말씀에서 괄호안에 차례대로 들어가야 할 단어는?
① 이웃, 세상 ② 친척, 재물
③ 상전, 유행 ④ 아내, 색욕

032 "우리의 소망이나 기쁨이나 ( )의 면류관이 무엇이냐 그가 강림하실 때 우리 주 예수 앞에

살전

023_③ 024_② 025_④ 026_③ 027_② 028_① 029_③ 030_② 031_④ 032_④

너희가 아니냐"는 데살로니가전서 2장 19절의 말씀에서 괄호안에 들어가야 할 낱말은?
① 생명 ② 영광
③ 최고 ④ 자랑

033 "그러므로 나 바울은 한번 두번 너희에게 가고자 하였으나 ( )이/가 우리를 막았도다"라는 데살로니가전서 2장 18절 말씀에서 괄호안에 들어가야 할 낱말은?
① 너희 ② 사탄
③ 질병 ④ 성도

034 "범사에 헤아려 좋은 것을 취하고 악은 어떤 모양이라도 버리라"는 말씀은 신약성경의 어느 서신에 나오는가?
① 빌립보서 ② 골로새서
③ 데살로니가전서 ④ 데살로니가후서

035 그가 강림하실 때 우리 주 예수 앞에서 너희가 "우리의 소망이나 기쁨이나 자랑의 면류관"이라고 바울이 말한 성도는 다음 중 누구인가?
① 고린도 성도들 ② 갈라디아 성도들
③ 에베소 성도들 ④ 데살로니가 성도들

036 다음은 데살로니가전서 4장 3-5절의 말씀이다. "하나님의 뜻은 이것이니 너희의 거룩함이라 곧 ( )을/를 버리고 각각 거룩함과 존귀함으로 자기의 아내 대할 줄을 알고 하나님을 모르는 이방인과 같이 ( )을/를 따르지 말고 …" 에서 괄호 안에 들어가야 할 단어가 차례대로 되어 있는 것은?
① 우상, 음란 ② 우상, 색욕
③ 음란, 색욕 ④ 음란, 우상

037 "… 사랑 안에서 가장 귀히 여기며 너희끼리 ( )하라"는 데살로니가전서 5장 13절 말씀에서 괄호 안에 들어가야 할 단어는?
① 기도 ② 존경
③ 화목 ④ 인사

038 그가 강림하실 때 우리 주 예수 앞에서 너희가 "우리의 소망이나 기쁨이나 자랑의 면류관 …"이라고 바울이 말한 성도는 다음 중 누구인가?
① 빌립보 교인 ② 갈라디아 교인
③ 에베소 교인 ④ 데살로니가 교인

039 다음 중 바울이 데살로니가전서 5장에서 말한 권면이 아닌 것은?
① 항상 기뻐하라
② 악은 어떤 모양이라도 버리라
③ 너희는 내게 배우고 받고 듣고 본 바를 행하라
④ 삼가 누가 누구에게든지 악으로 악을 갚지 말게 하고 서로 대하든지 모든 사람을 대하든지 항상 선을 따르라

040 "하나님의 뜻은 이것이니 너희의 거룩함이라" 말씀이 나오는 곳은?
① 데살로니가전서 1장
② 데살로니가전서 2장
④ 데살로니가전서 3장
④ 데살로니가전서 4장

041 다음 중 데살로니가전서 1장 1절에서 바울과 함께 데살로니가 교회에 문안하는 것으로 기록되어 있는 두 사람의 이름은?
① 실루아노, 디모데
② 디모데, 디도
③ 실루아노, 디도
④ 에바브로디도, 디모데

042 데살로니가전서 5장에서 말하는 종말에 대한 가르침이 아닌 것은?
① 도적같이 임함
② 임신한 여자에게 해산의 고통이 이름과 같이
③ 깨어 정신을 차릴지라
④ 성도가 다 잠잘 것이 아니요 마지막 나팔에 순식간에 홀연히 다 변화할 것이다

043 데살로니가전서에서 "지금은 ( )가/이 너희에게로부터 와서 너희 믿음과 사랑의 기쁜 소식을 우리에게 전하고 …"라는 말씀에서 괄호 안에 들어가는 말은?
① 디모데 ② 바울

033_② 034_③ 035_④ 036_③ 037_③ 038_④ 039_③ 040_④ 041_① 042_④ 043_①

③ 소스데네 ④ 두기고

044 데살로니가전서에서 바울이 아덴에 머물 때 데살로니가 교회 성도들을 굳건하게 하고 그들의 믿음에 대하여 위로하기 위해 보낸 하나님의 일꾼은?
① 실라 ② 디모데
③ 디도 ④ 에바브라

045 "너희의 온 영과 ( )과 몸이 우리 주 예수 그리스도께서 강림하실 때에 흠 없게 보전되기를…"이라는 말씀에서 빈 칸에 맞는 말은?
① 육 ② 마음
③ 이성 ④ 혼

046 데살로니가전서에서 "형제들아 우리가 잠시 너희를 떠난 것은 ( )이요 마음은 아니니 너희 ( ) 보기를 열정으로 더욱 힘썼노라"는 말씀에서 괄호안에 공통적으로 들어가는 말은?
① 얼굴 ② 모양
③ 생각 ④ 잠깐

047 데살로니가 교회의 어떤 좋은 소문이 다른 지방에 있는 성도에게 퍼져 나갔는가?
① 기도 ② 믿음
③ 전도 ④ 사랑

048 "또 너희는 많은 환난 가운데서 ( )의 기쁨으로 말씀을 받아 우리와 주를 본받은 자가 되었으니"는 데살로니가전서의 말씀에서 괄호 안에 들어갈 말은?
① 은혜 ② 신앙
③ 성령 ④ 주님

049 바울은 데살로니가 성도들에게 주님께서 재림하실 때 살아 있는 자가 어디서 주님을 영접하게 될 것이라고 말하였는가?
① 공중 ② 땅
③ 성전 ④ 산

050 바울이 형제 사랑에 관하여 인정을 하면서 "너희들 자신이 하나님의 가르치심을 받아 서로 사랑함이라"고 칭찬을 아끼지 않은 교회는 어느 교회인가?
① 빌립보 교회 ② 갈라디아 교회
③ 에베소 교회 ④ 데살로니가 교회

【주관식】

051 바울의 서신중에서 골로새서 다음에 나오는 서신은?

052 데살로니가전서 5장의 "( ) 기뻐하라"는 말씀에서 괄호 안에 들어가야 할 낱말은?

053 "주께서 호령과 천사장의 소리와 하나님의 나팔 소리로 친히 하늘로부터 강림하시리니 그리스도 안에서 죽은 자들이 먼저 일어나고 그 후에 우리 살아 남은 자들도 그들과 함께 구름 속으로 끌어 올려 공중에서 주를 영접하게 하시리니 그리하여 우리가 항상 주와 함께 있으리라"는 말씀이 나오는 서신은?

054 다음의 권면은 신약성경의 어느 책에 나오는가?
"삼가 누가 누구에게든지 악으로 악을 갚지 말게 하고 서로 대하든지 모든 사람을 대하든지 항상 선을 따르라"

055 "성령을 소멸하지 말며 ( )을 멸시하지 말고 범사에 헤아려 좋은 것을 취하고 악은 어떤 모양이라도 버리라"는 말씀에서 괄호 안에 들어갈 낱말은?

056 "하나님이 우리를 부르심은 부정하게 하심이 아니요 ( )하게 하심이니 그러므로 저버리는 자는 사람을 저버림이 아니요 너희에게 그의 성령을 주신 하나님을 저버림이니라"는 데살로니가전서의 말씀에서 괄호 안에 들어가야 할 단어는?

057 다음은 데살로니가전서 2장 19절의 말씀이다.

살전

044_② 045_④ 046_① 047_② 048_③ 049_① 050_④ 051_데살로니가전서 052_항상 053_데살로니가전서 054_데살로니가전서 055_예언 056_거룩 057_너희

괄호 안에 들어갈 낱말은?
"우리의 소망이나 기쁨이나 자랑의 면류관이 무엇이냐 그가 강림하실 때 우리 주 예수 앞에서 ( )가 아니냐"

058 다음의 말씀은 신약성경의 어느 책에 나오는가?
"우리가 예수께서 죽으셨다가 다시 살아나심을 믿을진대 이와 같이 예수 안에서 자는 자들도 하나님이 그와 함께 데리고 오시리라"

059 "하나님의 뜻은 이것이니 너희의 거룩함이라 곧 ( )을 버리고"라는 말씀에서 괄호 안에 들어갈 낱말은?

060 "항상 기뻐하라 쉬지 말고 기도하라 범사에 감사하라 이것이 그리스도 예수 안에서 너희를 향하신 하나님의 ( )이니라"는 말씀에서 괄호 안에 들어가야 할 단어는?

데살로니가후서

001 다음 중 데살로니가후서의 서두에 나오는 동반 문안자가 아닌 사람은?
① 바울 ② 실루아노
③ 디모데 ④ 두기고

002 다음의 권면은 신약성경의 어느 책에 나오는가?
"형제들아 우리가 너희를 위하여 항상 하나님께 감사할지니 이것이 당연함은 너희의 믿음이 더욱 자라고 너희가 다 각기 서로 사랑함이 풍성함이니 그러므로 너희가 견디고 있는 모든 박해와 환난 중에서 너희 인내와 믿음으로 말미암아 하나님의 여러 교회에서 우리가 친히 자랑하노라"
① 에베소서 ② 골로새서
③ 데살로니가전서 ④ 데살로니가후서

003 "그러므로 형제들아 굳건하게 서서 말로나 우리의 편지로 가르침을 받은 전통을 지키라" 권면이 나오는 서신서는?
① 데살로니가전서 ② 데살로니가후서
③ 고린도전서 ④ 고린도후서

004 데살로니가후서에서 '멸망하는 자들'에 대한 설명이 아닌 것은?
① 사탄의 활동을 따라 악한 자가 나타난다
② 그들이 진리의 사랑을 받지 아니하여 구원함을 받지 못한다
③ 하나님이 그들을 심판하시고자 미혹의 역사를 그들에게 보내사 거짓 것을 믿게 하신다

058_데살로니가전서 059_음란 060_뜻

001_④ 002_④ 003_② 004_④

④ 바울은 그들이 쉽게 마음이 흔들리거나 두려워하거나 하지 말것을 구한다

005 "이러므로 하나님이 (   )의 역사를 그들에게 보내사 거짓 것을 믿게 하심은"이라는 말씀에서 괄호 안에 들어가야 할 낱말은?
① 미혹 ② 사탄
③ 어둠 ④ 거짓

006 데살로니가후서의 장수는?
① 3장 ② 4장
③ 5장 ④ 6장

007 데살로니가후서 2장에 나타나는 "불법의 사람"에 관한 묘사로 옳지 <u>않은</u> 것은?
① 멸망의 아들이라고도 한다
② 신이라고 불리는 모든 것과 숭배함을 받는 것에 대항하여 그 위에 자기를 높이고 하나님의 성전에 앉아 자기를 하나님이라고 내세운다
③ 주 예수께서 그 입의 기운으로 그를 죽이시고 강림하여 나타나심으로 폐하시리라
④ 불법한 자는 곧 적그리스도다

008 "누가 어떻게 하여도 너희가 미혹되지 말라 먼저 배교하는 일이 있고 저 불법의 사람 곧 멸망의 아들이 나타나기 전에는 그 날이 이르지 아니하리니 그는 대적하는 자라 신이라고 불리는 모든 것과 숭배함을 받는 것에 대항하여 그 위에 자기를 높이고 하나님의 성전에 앉아 자기를 하나님이라고 내세우느니라"는 말씀이 나오는 서신은?
① 빌립보서 ② 갈라디아서
③ 데살로니가전서 ④ 데살로니가후서

009 "(   )의 주께서 친히 때마다 일마다 너희에게 (   )을/를 주시고 주께서 너희 모든 사람과 함께 하시기를 원하노라"는 바울의 말씀에서 괄호 안에 공통적으로 들어가는 말은?
① 소망 ② 사랑
③ 평강 ④ 은혜

010 다음의 구절은 어느 서신에서 나오는가?
"형제들아 우리가 너희에게 구하는 것은 우리 주 예수 그리스도의 강림하심과 우리가 그 앞에 모임에 관하여 영으로나 또는 말로나 또는 우리에게서 받았다 하는 편지로나 주의 날이 이르렀다고 해서 쉽게 마음이 흔들리거나 두려워하거나 하지 말아야 한다는 것이라"
① 에베소서 ② 골로새서
③ 데살로니가전서 ④ 데살로니가후서

011 다음의 구절은 어느 서신에서 나오는 말인가?
"주께서 사랑하시는 형제들아 우리가 항상 너희에 관하여 마땅히 하나님께 감사할 것은 하나님이 처음부터 너희를 택하사 성령의 거룩하게 하심과 진리를 믿음으로 구원을 받게 하심이니 이를 위하여 우리의 복음으로 너희를 부르사 우리 주 예수 그리스도의 영광을 얻게 하려 하심이니라"
① 에베소서 ② 골로새서
③ 데살로니가전서 ④ 데살로니가후서

012 "너희로 (   )을 받게 하는 자들에게는 (   )으로 갚으시고 (   )을 받는 너희에게는 우리와 함께 (   )으로 갚으시는 것이 하나님의 (   )시니"라는 말씀에서 괄호 안에 들어가야 할 내용이 <u>아닌</u> 것은?
① 안식 ② 공의
③ 환난 ④ 구원

013 "누가 어떻게 하여도 너희가 미혹되지 말라 먼저 배교하는 일이 있고 저 불법의 사람 곧 멸망의 아들이 나타나기 전에는 그 날이 이르지 아니하리니"라는 말씀이 나오는 곳은?
① 데살로니가전서 ② 고린도후서
③ 데살로니가후서 ④ 로마서

014 데살로니가후서의 발신인이 <u>아닌</u> 사람은?
① 바울 ② 디모데
③ 디도 ④ 실루아노

015 "누구든지 일하기 싫어하거든 먹지도 말게 하라 하였더니"라는 말씀이 나오는 신약성서의

005_① 006_① 007_④ 008_④ 009_③ 010_④ 011_④ 012_④ 013_③ 014_③ 015_③

책은?

① 디모데후서 ② 야고보서
③ 데살로니가후서 ④ 히브리서

016 "저 불법의 사람 곧 멸망의 아들이 나타나기 전에는 그날이 이르지 아니하리라"는 말씀이 나오는 책 이름은?

① 데살로니가전서 ② 데살로니가후서
③ 요한계시록 ④ 야고보서

017 "평강의 주께서 친히 때마다 일마다 너희에게 평강을 주시고 주께서 너희 모든 사람과 함께 하시기를 원하노라"는 말씀은 신약성경의 어느 서신에 나오는가?

① 데살로니가전서 ② 데살로니가후서
③ 디모데전서 ④ 디모데후서

018 데살로니가후서 2장은 불법한 자의 나타남에 대해서 가르치고 있다. 다음 중 그 가르침으로 맞지 않는 것은?

① 불법의 비밀이 이미 활동하였다
② 지금은 불법의 비밀의 활동을 막는 자가 있다
③ 주께서 나타나시면 손의 기운으로 그를 죽이실 것이다
④ 악한 자는 능력, 표적, 거짓 기적, 불의의 속임으로 멸망하는 자들에게 나타날 것이다

019 다음 중 데살로니가후서 2장 3-8절에서 불법의 사람에 대해 묘사하는 내용이 아닌 것은?

① 그는 멸망의 아들이다
② 그는 멜기세덱이다
③ 주 예수께서 그 입의 기운으로 그를 죽이실 것이다
④ 그는 자기를 높이고 하나님의 성전에 앉아 자기를 하나님이라고 내세운다

020 데살로니가후서 2장에서 바울이 불법의 사람에 대해 묘사하는 것이 아닌 것은?

① 그는 멸망의 아들이다
② 그는 적그리스도이다
③ 주 예수께서 그 입의 기운으로 그를 죽이실 것이다
④ 자기를 높이고 하나님의 성전에 앉아 자기를 하나님이라고 내세운다

021 다음 중 "일하기 싫어하거든 먹지도 말게 하라"는 말씀은 어디에 나오는가?

① 살전 2장 ② 살전 3장
③ 살후 2장 ④ 살후 3장

022 바울이 데살로니가 성도들에게 "말로나 우리의 편지를 가르침을 받은 전통을 지키라"고 말한 곳은?

① 데살로니가전서 2장
② 데살로니가전서 5장
③ 데살로니가후서 2장
④ 데살로니가후서 3장

【주관식】

023 바울이 자신의 서신에서 "그러므로 형제들아 굳건하게 서서 말로나 우리의 편지로 가르침을 받은 전통을 지키라"는 말로 당부하는 교회는 어느 교회인가?

024 다음의 구절은 어느 서신의 마지막인가?
"평강의 주께서 친히 때마다 일마다 너희에게 평강을 주시고 주께서 너희 모든 사람과 함께 하시기를 원하노라 나 바울은 친필로 문안하노니 이는 편지마다 표시로서 이렇게 쓰노라 우리 주 예수 그리스도의 은혜가 너희 무리에게 있을지어다"

025 "이런 자들에게 우리가 명하고 주 예수 그리스도 안에서 권하기를 ( ) 일하여 자기 양식을 먹으라 하노라"는 말씀에서 괄호 안에 들어갈 낱말은?

026 "누가 이 편지에 한 우리 말을 순종하지 아니하거든 그 사람을 지목하여 사귀지 말고 그로

016_② 017_② 018_③ 019_② 020_② 021_④ 022_③ 023_데살로니가교회 024_데살로니가후서 025_조용히

하여금 부끄럽게 하라 그러나 원수와 같이 생각하지 말고 (   ) 같이 권면하라"는 말씀에서 괄호 안에 들어가야 할 단어는?

027 다음은 데살로니가후서 2장 7절의 말씀이다. 괄호 안에 들어갈 낱말은?
"(   )의 비밀이 이미 활동하였으나 지금은 그것을 막는 자가 있어 그중에서 옮겨질 때까지 하리라"

디모데전서

001 다음 중 "망령되고 헛된 말과 거짓된 지식의 반론을 피함으로 네게 부탁한 것을 지키라 이것을 따르는 사람들이 있어 믿음에서 벗어났느니라 은혜가 너희와 함께 있을지어다"로 끝나는 서신은?
① 갈라디아서 ② 데살로니가후서
③ 디모데전서 ④ 디모데후서

002 다음의 구절이 등장하는 신약성경의 책은?
"여자는 일체 순종함으로 조용히 배우라 여자가 가르치는 것과 남자를 주관하는 것을 허락하지 아니하노니 오직 조용할지니라"
① 데살로니가전서 ② 데살로니가후서
③ 디모데전서 ④ 베드로전서

003 아래의 문항에 있는 내용 중 디모데전서에 나오지 않는 것은?
① 여자들이 만일 정숙함으로써 믿음과 사랑과 거룩함에 거하면 그의 해산함으로 구원을 얻으리라
② 혼인을 금하고 어떤 음식물은 먹지 말라
③ 부활이 이미 지나갔다 함으로 어떤 사람들의 믿음을 무너뜨리느니라
④ 여자는 일체 순종함으로 조용히 배우라

004 "하나님은 한 분이시요 또 하나님과 사람 사이에 (   )도 한 분이시니 곧 사람이신 그리스도 예수라 그가 모든 사람을 위하여 자기를 (   )로 주셨으니 기약이 이르러 주신 (   )니라"는 말씀에서 괄호 안에 맞지 않는 단어는?

026_형제 027_불법

001_③ 002_③ 003_③ 004_①

딤전

① 화목제　　② 중보자
③ 대속물　　④ 증거

005 "어떤 사람들의 죄는 밝히 드러나 먼저 ( )에 나아가고 어떤 사람들의 죄는 그 뒤를 따르나니"라는 디모데전서 5장 24절의 말씀에서 괄호 안에 들어가야 할 낱말은?
① 관청　　② 제단
③ 회개　　④ 심판

006 다음 중 디모데전서와 장수가 같은 서신은?
① 빌립보서　　② 디모데후서
③ 데살로니가전서　　④ 에베소서

007 "미쁘다 모든 사람이 받을 만한 이 말이여 그리스도 예수께서 죄인을 구원하시려고 세상에 임하셨다 하였도다 죄인 중에 내가 괴수니라"는 바울의 말씀은 디모데전서 몇 장에 나오는가?
① 1장　　② 2장
③ 3장　　④ 4장

008 감독과 집사의 자격에 대한 바울의 말씀은 디모데전서 몇 장에 나오는가?
① 2장　　② 3장
③ 4장　　④ 5장

009 다음의 구절이 등장하는 신약성경의 책은?
"내가 전에는 비방자요 박해자요 폭행자였으나 도리어 긍휼을 입은 것은 내가 믿지 아니할 때에 알지 못하고 행하였음이라"
① 사도행전　　② 빌립보서
③ 데살로니가전서　　④ 디모데전서

010 다음의 구절이 등장하는 신약성경의 책은?
"하나님은 한 분이시요 또 하나님과 사람 사이에 중보자도 한 분이시니 곧 사람이신 그리스도 예수라"
① 로마서　　② 빌립보서
③ 데살로니가후서　　④ 디모데전서

011 다음의 구절이 등장하는 신약성경의 책은?
"이는 아담이 먼저 지음을 받고 하와가 그 후며 아담이 속은 것이 아니고 여자가 속아 죄에 빠졌음이라"
① 로마서　　② 빌립보서
③ 데살로니가후서　　④ 디모데전서

012 디모데전서 1장 3-4절, "내가 마게도냐로 갈 때에 너를 권하여 에베소에 머물라 한 것은 어떤 사람들을 명하여 ( )을/를 가르치지 말며 ( )와/과 끝없는 ( )에 몰두하지 말게 하려 함이라 이런 것은 믿음 안에 있는 하나님의 경륜을 이룸보다 도리어 변론을 내는 것이라"는 말씀에서 괄호 안에 들어갈 수 있는 낱말이 <u>아닌</u> 것은?
① 족보　　② 미혹하는 영
③ 다른 교훈　　④ 신화

013 "내가 이를 때까지 ( )과 ( )과 ( )에 전념하라"는 말씀에서 괄호 안에 들어갈 낱말이 <u>아닌</u> 것은?
① 읽는 것　　② 권하는 것
③ 가르치는 것　　④ 기도하는 것

014 디모데전서에서 바울이 "다른 교훈을 가르치지 말라"고 권면할 때 '다른 교훈'에 대해 언급하는 내용이 <u>아닌</u> 것은?
① 믿음 안에 있는 하나님의 경륜을 이룸보다 도리어 변론을 내는 것이다
② 율법은 사람이 그것을 적법하게 써도 선한 것이 아니다
③ 사람들이 헛된 말에 빠져 율법의 선생이 되려 한다
④ 자기가 말하는 것이나 자기가 확증하는 것도 깨닫지 못한다

015 양심을 버리고 믿음에 관해 파선한 후메내오와 알렉산더를 바울이 사탄에게 내 준 이유는?
① 그들로 훈계를 받아 신성을 모독하지 못하게 하려고
② 그들이 긍휼을 입었기 때문에
③ 그들이 죄인 중에 괴수이므로
④ 지도한 예언을 따라 그들이 선한 싸움을 싸

005_④　006_④　007_①　008_②　009_④　010_④　011_④　012_②　013_④　014_②　015_①

우게 하기 위하여

016 바울이 디모데를 향하여 '그리스도 예수의 좋은 일꾼'이 되라고 권면할 때 언급한 내용이 아닌 것은?
① 오직 말과 행실과 사랑과 믿음과 정절에 있어서 믿는 자에게 본이 되라
② 장로의 회에서 안수 받을 때에 예언을 통하여 받은 은사를 가볍게 여기지 말라
③ 네가 따르는 좋은 교훈으로 양육을 받기 위하여 율법과 신화도 버리지 말라
④ 모든 일에 전심 전력하여 너의 성숙함을 모든 사람에게 나타나게 하라

017 "하나님께 지으신 모든 것이 선하매 감사함으로 받으면 버릴 것이 없나니 하나님의 (　)과 (　)로 거룩하여 짐이라"는 디모데전서 4장 4-5절의 말씀에서 괄호 안에 순서대로 들어가야 할 낱말은?
① 사랑, 정화　② 관심, 은혜
③ 말씀, 기도　④ 인정, 섭리

018 "미쁘다 이 말이여, 곧 사람이 감독의 직분을 얻으려 함은 선한 일을 (　)하는 것이라 함이로다"는 디모데전서 3장 1절 말씀에서 괄호 안에 들어가야 할 낱말은?
① 선호　② 인정
③ 도모　④ 사모

019 "이에 이 사람들을 먼저 시험하여 보고 그 후에 책망할 것이 없으면 (　)의 직분을 맡게 할 것이요"라는 디모데전서 3장 10절의 말씀에서 괄호 안에 들어가야 할 낱말은?
① 장로　② 교사
③ 권사　④ 집사

020 "크도다 경건의 비밀이여, 그렇지 않다 하는 이 없도다 그는 육신으로 나타난 바 되시고 영으로 의롭다 하심을 받으시고 천사들에게 보이시고 만국에서 전파되시고 세상에서 믿은 바 되시고 영광 가운데서 올려지셨느니라"는 말씀이 나오는 서신은?
① 데살로니가전서　② 데살로니가후서
③ 디모데전서　④ 디모데후서

021 다음 중 바울이 디모데에게 말하는 집사의 자격에 해당하지 않는 것은?
① 일구이언을 하지 아니하는 사람
② 더러운 이를 탐하지 아니하는 사람
③ 외인에게서도 선한 증거를 얻은 사람
④ 술에 인박히지 아니한 사람

022 다음의 구절이 등장하는 신약성경의 책은?
"그러므로 각처에서 남자들이 분노와 다툼이 없이 거룩한 손을 들어 기도하기를 원하노라"
① 로마서　② 빌립보서
③ 데살로니가후서　④ 디모데전서

023 다음의 구절이 등장하는 신약성경의 책은?
"또 이와 같이 여자들도 단정하게 옷을 입으며 소박함과 정절로써 자기를 단장하고 땋은 머리와 금이나 진주나 값진 옷으로 하지 말고 오직 선행으로 하기를 원하노라 이것이 하나님을 경외한다 하는 자들에게 마땅한 것이니라"
① 로마서　② 빌립보서
③ 데살로니가후서　④ 디모데전서

024 다음의 구절이 등장하는 신약성경의 책은?
"술을 즐기지 아니하며 구타하지 아니하며 오직 관용하며 다투지 아니하며 돈을 사랑하지 아니하며"
① 로마서　② 빌립보서
③ 데살로니가후서　④ 디모데전서

025 다음의 구절이 등장하는 신약성경의 책은?
"육체의 연단은 약간의 유익이 있으나 경건은 범사에 유익하니 금생과 내생에 약속이 있느니라"
① 로마서　② 빌립보서
③ 데살로니가후서　④ 디모데전서

026 다음의 구절이 등장하는 신약성경의 책은?
"그러므로 젊은이는 시집 가서 아이를 낳고 집을 다스리고 대적에게 비방할 기회를 조금도

딤전

016_③ 017_③ 018_④ 019_④ 020_③ 021_③ 022_④ 023_④ 024_④ 025_④ 026_④

주지 말기를 원하노라"
① 로마서 ② 빌립보서
③ 데살로니가후서 ④ 디모데전서

027 "여자가 가르치는 것과 남자를 주관하는 것을 허락하지 아니하노니 오직 조용할지니라"는 말씀이 나오는 책은?
① 디도서 ② 디모데전서
③ 디모데후서 ④ 고린도전서

028 "그러나 여자들이 만일 정숙함으로써 믿음과 사랑과 거룩함에 거하면 그의 ( )으로 구원을 얻으리라"는 말씀에서 괄호 안에 들어가야 할 낱말은?
① 정숙함 ② 순종
③ 해산함 ④ 믿음

029 "만일 내가 지체하면 너로 하여금 하나님의 집에서 어떻게 행하여야 할지를 알게 하려 함이니 이 집은 살아 계신 하나님의 교회요 진리의 기둥과 터니라"는 말씀은 누가 누구에게 한 말인가?
① 바울이 디도에게
② 바울이 디모데에게
③ 바울이 로마교회의 성도들에게
④ 바울이 데살로니가교회의 성도들에게

030 "그러므로 내가 첫째로 권하노니 모든 사람을 위하여 간구와 기도와 도고와 감사를 하되 임금들과 높은 지위에 있는 모든 사람을 위하여 하라"라는 말씀은 누가 누구를 향해서 하는 말인가?
① 바울이 디모데에게
② 바울이 로마교회의 성도들에게
③ 바울이 디도에게
④ 바울이 데살로니가교회의 성도들에게

031 "네 속에 있는 은사 곧 ( )에서 안수 받을 때에 예언을 통하여 받은 것을 가볍게 여기지 말며"는 말씀에서 괄호 안에 들어가야 할 낱말은?
① 교회 ② 집회
③ 장로의 회 ④ 회당

032 다음 중 감독의 자격이 <u>아닌</u> 것은?
① 돈을 사랑하지 아니하여야 한다
② 구타하지 아니하여야 한다
③ 술을 즐기지 아니하여야 한다
④ 외인의 증거는 필요하지 않다

033 다음 중 집사의 자격이 <u>아닌</u> 것은?
① 정중하고 일구이언을 하지 아니한다
② 술에 인박히지 아니하고 더러운 이를 탐하지 않는다
③ 아름다운 지위를 얻고자 애써 노력한다
④ 깨끗한 양심에 믿음의 비밀을 가져야 한다

034 다음 중 디모데전서에 나오는 '참 과부'에 대한 설명이 <u>아닌</u> 것은?
① 나이가 육십이 덜 되지 아니한 자
② 한 남편의 아내였던 자
③ 선한 행실의 증거가 있는 자
④ 말에 능하여 일을 도모할 수 있는 자

035 "만물을 살게 하신 하나님 앞과 ( )를/을 향하여 선한 증언을 하신 그리스도 예수 앞에서 내가 너를 명하노니 우리 주 예수 그리스도께서 나타나실 때까지 흠도 없고 책망 받을 것도 없이 이 명령을 지키라"는 디모데를 향한 바울의 말씀에서 괄호 안에 맞는 사람은?
① 본디오 빌라도 ② 유대인들
③ 가야바 ④ 이방인들

036 "믿음과 착한 양심을 가지라 어떤 이들은 이 양심을 버렸고 그 믿음에 관하여는 ( )하였느니라"는 디모데전서 1장 19절 말씀에서 괄호 안에 들어가야 할 낱말은?
① 실족 ② 후회
③ 퇴보 ④ 파선

037 "그러나 ( )은 사람이 그것을 적법하게만 쓰면 선한 것임을 우리는 아노라"는 디모데전서 1장 8절의 말씀에서 괄호 안에 들어가야 할 낱말은?

027_② 028_③ 029_② 030_① 031_③ 032_④ 033_③ 034_④ 035_① 036_④ 037_②

① 양심　　　② 율법
③ 재물　　　④ 권력

038 "자기 양심이 화인을 맞아서 (　)함으로 거짓 말하는 자들이라"는 말씀에서 괄호 안에 들어가야 할 낱말은?
① 변명　　　② 행동
③ 말씀　　　④ 외식

039 "늙은이를 꾸짖지 말고 권하되 (　)에게 하듯 하며 젊은이에게는 (　)에게 하듯 하고"라는 디모데전서 5장 1절의 말씀에서 괄호 안에 차례로 들어갈 낱말은?
① 어른, 동생　　　② 어머니, 자매
③ 아버지, 형제　　　④ 부모, 친구

040 "또 하나님과 사람 사이에 중보자도 한 분이시니 곧 사람이신 그리스도 예수라"는 말씀은 신약성경의 어느 서신에 나오는가?
① 에베소서　　　② 빌립보서
③ 데살로니가후서　　　④ 디모데전서

041 디모데전서 3장 2절에서 바울이 감독의 직분에 대해서 언급한 내용이 아닌 것은?
① 절제함
② 한 아내의 남편
③ 책망할 것이 없음
④ 사랑

042 "믿음과 착한 (　)을/를 가지라 어떤 이들이 이 (　)을/를 버렸고 그 믿음에 관하여는 파선하였느니라"는 디모데전서 1장 19절의 말씀에서 괄호 안에 공통적으로 들어가야 할 단어는?
① 양심　　　② 행실
③ 마음　　　④ 지혜

043 "내가 사탄에게 내준 것은 그들로 훈계를 받아 신성을 모독하지 못하게 하려 함이라"는 디모데전서의 말씀에서 '그들'은 누구인가?
① 후메내오와 알렉산더
② 에라스도와 오네시보로
③ 에라스도와 글라우디아
④ 그레스게와 알렉산더

044 디모데전서 2장 9-15절에 나오는 여자들을 향한 가르침이 아닌 것은?
① 정숙함으로써 믿음과 사랑과 거룩함에 거하면 해산함으로 구원을 얻는다
② 여자들은 단정하게 옷 입고 소박함과 정절로써 자기를 단장한다
③ 분노와 다툼이 없이 거룩한 손을 들어 기도하기를 원한다
④ 땋은 머리와 금이나 진주나 값진 옷으로 단장하지 않는다

045 "믿음의 선한 싸움을 싸우라 영생을 취하라 이를 위하여 네가 부르심을 받았고 많은 증인 앞에서 선한 증언을 하였도다"라는 구절은 어디에 나오는가?
① 디모데전서 3장　　　② 디모데전서 4장
③ 디모데전서 5장　　　④ 디모데전서 6장

046 "그는 육신으로 나타난 바 되시고 영으로 의롭다 하심을 받으시고 …"라는 말씀이 나오는 책은?
① 디모데전서　　　② 디모데후서
③ 디도서　　　④ 히브리서

047 디모데전서에서 "우리가 먹을 것과 입을 것이 있은 즉 족한 줄로 알 것이니라"는 말씀이 나오는 장은?
① 3장　　　② 4장
③ 5장　　　④ 6장

048 다음 중 디모데전서에서 언급되지 않은 사람은?
① 알렉산더　　　② 빌라도
③ 부겔로　　　④ 디모데

049 다음 중 디모데전서에 나오는 내용이 아닌 것은?
① 믿음과 착한 양심을 가지라
② 참 과부인 과부를 존대하라
③ 하나님은 모든 사람이 구원을 받으며 진리

딤전

038_④　039_③　040_④　041_④　042_①　043_①　044_③　045_④　046_①　047_④　048_③　049_④

를 아는 데에 이르기를 원하시느니라
④ 너는 말씀을 전파하라 때를 얻든지 못 얻든지 항상 힘쓰라

050 디모데전서 2장 15절에서 바울이 권하는 여인의 덕목이 아닌 것은?
① 아름다움 ② 거룩함
③ 믿음 ④ 사랑

051 디모데전서 4장 4절의 "하나님께서 지으신 모든 것이 선하매 ( )함으로 받으면 버릴 것이 없나니 …"라는 말씀에서 괄호 안에 들어가야 할 말은?
① 정결 ② 기도
③ 성실 ④ 감사

052 "여자는 일체 순종함으로 조용히 배우라 여자가 가르치는 것과 남자를 주관하는 것을 허락하지 아니 하노니 오직 조용할지니라"는 말씀은 디모데전서 몇 장에 나오는가?
① 2장 ② 3장
③ 4장 ④ 5장

053 "오직 너 하나님의 사람아 이것들을 피하고 의와 ( )와/과 믿음과 사랑과 인내와 온유를 따르며 믿음의 선한 싸움을 싸우라"는 디모데전서의 말씀에서 괄호 안에 들어가는 말은?
① 소망 ② 경건
③ 화평 ④ 절제

054 디모데전서 1장에서 바울이 마게도냐로 가면서 에베소에 머물라고 (바울이) 권한 사람은?
① 야고보 ② 디모데
③ 마가 ④ 그리스보

055 다음 중 바울이 디모데전서 1장 5절에서 교훈의 목적으로 말하지 않는 것은?
① 청결한 마음에서 나오는 사랑
② 선한 양심에서 나오는 사랑
③ 거짓이 없는 믿음에서 나오는 사랑
④ 너희 믿음이 부족한 것을 보충하려 함

056 하나님과 사람 사이에 중보가 한 분 그리스도 예수임을 말하는 곳은?
① 디모데전서 2장 ② 디모데전서 3장
③ 디모데후서 2장 ④ 디모데후서 3장

057 바울이 디모데전서 2장 1절에 언급한 기도의 형태가 아닌 것은?
① 간구 ② 기도
③ 도고 ④ 중보기도

058 디모데전서에서 과부로 명부에 올릴 여인의 나이는 몇 세인가?
① 30세 이상 ② 40세 이상
③ 50세 이상 ④ 60세 이상

059 디모데전서와 디모데후서의 장 수를 차례대로 말한 것은?
① 5장과 4장 ② 5장과 5장
③ 6장과 4장 ④ 6장과 5장

060 "망령되고 허탄한 신화를 버리고 ( )에 이르도록 네 자신을 연단하라"는 디모데전서의 말씀에서 괄호 안에 들어갈 말은?
① 믿음 ② 온전함
③ 진리 ④ 경건

【주관식】

061 "( )에 대한 고발은 두세 증인이 없으면 받지 말것이요"라는 말씀에서 괄호 안에 들어가는 말은?

062 "믿음의 선한 싸움을 싸우라. 영생을 취하라. 이를 위하여 네가 부르심을 받았고 많은 ( ) 앞에서 선한 증언을 하였도다"는 말씀에서 괄호 안에 들어 가는 말은?

063 신약성서에서 "누구든지 자기 친족 특히 자기 가족을 돌보지 아니하면 믿음을 배반한 자요 불신자보다 더 악한 자니라"고 가르치는 책의 이름은?

050_① 051_④ 052_① 053_② 054_② 055_④ 056_① 057_④ 058_④ 059_③ 060_④ 061_장로 062_증인 063_디모데전서

064 "그러나 자족하는 마음이 있으면 경건은 큰 이익이 되느니라 우리가 세상에 아무 것도 가지고 온 것이 없으매 또한 아무 것도 가지고 가지 못하리니 우리가 먹을 것과 입을 것이 있은즉 족한 줄로 알 것이니라"는 말씀이 나오는 서신은?

065 다음의 구절은 어느 서신의 시작인가?
"우리 구주 하나님과 우리의 소망이신 그리스도 예수의 명령을 따라 그리스도 예수의 사도된 바울은 믿음 안에서 참 아들 된 디모데에게 편지하노니 하나님 아버지와 그리스도 예수 우리 주께로부터 은혜와 긍휼과 평강이 네게 있을지어다"

066 "이를 위하여 내가 전파하는 자와 사도로 세움을 입은 것은 참말이요 거짓말이 아니니 믿음과 진리 안에서 내가 이방인의 (   )이 되었노라"는 말씀에서 괄호 안에 들어가야 할 낱말은?

067 "누구든지 자기 친족 특히 자기 가족을 돌보지 아니하면 믿음을 배반한 자요 불신자보다 더 악한 자니라"는 말씀이 나오는 서신은?

068 "(   )을 사랑함이 일만 악의 뿌리가 되나니 이것을 탐내는 자들은 미혹을 받아 믿음에서 떠나 많은 근심으로써 자기를 찔렀도다"는 바울의 말씀에서 괄호 안에 들어가는 말은?

069 "혼인을 금하고 어떤 음식물은 먹지 말라고 할 터이나 음식물은 하나님이 지으신 바니 믿는 자들과 진리를 아는 자들이 감사함으로 받을 것이니라"는 말씀이 나오는 신약성경의 책은?

070 "망령되고 허탄한 신화를 버리고 (   )에 이르도록 네 자신을 연단하라 육체의 연단은 약간의 유익이 있으나 (   )은 범사에 유익하니 금생과 내생에 약속이 있느니라"는 말씀에서 괄호 안에 공통적으로 들어가야 할 한 단어는?

071 다음은 디모데전서 6장 6절의 말씀이다. 괄호 안에 들어갈 낱말은?
"그러나 자족하는 마음이 있으면 (   )은 큰 이익이 되느니라"

064_디모데전서 065_디모데전서 066_스승 067_디모데전서 068_돈 069_디모데전서 070_경건 071_경건

디모데후서

001 "내가 이 복음을 위하여 ( )와 ( )와 ( )로 세우심을 입었노라"는 말씀에서 괄호 안에 들어갈 낱말이 아닌 것은?
① 선포자 ② 목회자
③ 사도 ④ 교사

002 디모데후서 2장에서 바울이 디모데를 향하여 권면할 때 언급한 비유가 아닌 것은?
① 좋은 병사 ② 법대로 경기하는 자
③ 선한 일꾼 ④ 수고하는 농부

003 "그러나 너는 모든 일에 신중하여 고난을 받으며 ( )의 일을 하며 네 직무를 다하라"는 디모데후서 4장 5절 말씀에서 괄호 안에 들어가야 할 낱말은?
① 목회자 ② 예언자
③ 맡은 자 ④ 전도자

004 다음 중 디모데후서와 장수가 같은 서신은?
① 갈라디아서 ② 골로새서
③ 데살로니가전서 ④ 에베소서

005 디모데에게 "내 아들아 그러므로 너는 그리스도 예수 안에 있는 은혜 가운데서 강하고 또 네가 많은 증인 앞에서 내게 들은 바를 충성된 사람들에게 부탁하라 그들이 또 다른 사람들을 가르칠 수 있으리라"고 권면하는 바울의 말씀은 디모데후서 몇 장에 나오는가?
① 1장 ② 2장
③ 3장 ④ 4장

006 다음의 구절이 등장하는 신약성경의 책은?
"내가 전한 복음대로 다윗의 씨로 죽은 자 가운데서 다시 살아나신 예수 그리스도를 기억하라"
① 로마서 ② 빌립보서
③ 데살로니가후서 ④ 디모데후서

007 다음의 구절이 등장하는 신약성경의 책은?
"큰 집에는 금 그릇과 은그릇뿐 아니라 나무 그릇과 질그릇도 있어 귀하게 쓰는 것도 있고 천하게 쓰는 것도 있나니 그러므로 누구든지 이런 것에서 자기를 깨끗하게 하면 귀히 쓰는 그릇이 되어 거룩하고 주인의 쓰심에 합당하며 모든 선한 일에 준비함이 되리라"
① 로마서 ② 빌립보서
③ 데살로니가후서 ④ 디모데후서

008 "또 네가 많은 증인 앞에서 내게 들은 바를 충성된 사람들에게 부탁하라 그들이 또 다른 사람들을 가르칠 수 있으리라"는 말씀이 나오는 서신은?
① 디모데전서 ② 디모데후서
③ 디도서 ④ 빌레몬서

009 바울이 디모데를 향하여 "너는 내가 우리 주를 증언함과 또는 주를 위하여 갇힌 자 된 나를 부끄러워하지 말고 오직 하나님의 능력을 따라 ( )과/와 함께 고난을 받으라"고 권면할 때 괄호 안에 들어가야 할 단어는?
① 그리스도 ② 성령
③ 능력 ④ 복음

010 "네가 올 때에 내가 드로아 가보의 집에 둔 겉옷을 가지고 오고 또 책은 특별히 ( )에 쓴 것을 가져오라"는 디모데후서 4장 13절의 말씀에서 괄호 안에 들어가야 할 낱말은?
① 파피루스 ② 돌판
③ 나무 ④ 가죽종이

011 "항상 배우나 끝내 진리의 ( )에 이를 수 없느니라"는 디모데후서 3장 7절 말씀에서 괄호 안

001_② 002_③ 003_④ 004_② 005_② 006_④ 007_④ 008_② 009_④ 010_④ 011_③

에 들어가야 할 낱말은?
① 말씀 ② 생명
③ 지식 ④ 행위

012 "망령되고 헛된 말을 버리라 그들은 경건하지 아니함에 점점 나아가나니 그들의 말은 악성 종양이 퍼져나감과 같은데 그 중에 후메내오와 빌레도가 있느니라"는 말씀이 나오는 서신은?
① 갈라디아서 ② 골로새서
③ 데살로니가후서 ④ 디모데후서

013 디모데의 어머니는 누구인가?
① 마리아 ② 로이스
③ 유니게 ④ 버니게

014 디모데를 권면하는 바울의 말씀, "너는 청년의 정욕을 피하고 주를 깨끗한 마음으로 부르는 자들과 함께 ( )와/과 믿음과 사랑과 화평을 따르라"에서 괄호 안에 들어가는 말은?
① 의 ② 경건
③ 거룩함 ④ 정직함

015 다음의 구절이 등장하는 신약성경의 책은?
"경건의 모양은 있으나 경건의 능력은 부인하니 이같은 자들에게서 네가 돌아서라 그들 중에 남의 집에 가만히 들어가 어리석은 여자를 유인하는 자들이 있으니 그 여자는 죄를 중히 지고 여러 가지 욕심에 끌린 바 되어 항상 배우나 끝내 진리의 지식에 이를 수 없느니라"
① 로마서 ② 빌립보서
③ 데살로니가후서 ④ 디모데후서

016 "너는 그리스도 예수의 좋은 병사로 나와 함께 고난을 받으라"는 말에서 "너"는 누구인가?
① 디모데 ② 디도
③ 빌레몬 ④ 베드로

017 "( )의 ( )은 있으나 ( )의 ( )은 부인하니 이같은 자들에게서 네가 돌아서라"는 말씀에서 괄호 안에 들어가야 할 낱말이 아닌 것은?
① 능력 ② 경건
③ 모양 ④ 믿음

018 디모데후서 2장 24절에 따른 바람직한 주의 종의 모습이 아닌 것은?
① 다투지 아니한다
② 가르치기를 잘 한다
③ 모든 사람에 대하여 온유하다
④ 거역하는 자를 훈계하지 않는다

019 "너는 그리스도의 좋은 ( )로 나와 함께 고난을 받으라"는 디모데후서 2장 3절 말씀에서 괄호 안에 들어가야 할 낱말은?
① 병사 ② 사도
③ 교사 ④ 자녀

020 "내가 이 복음을 위하여 ( )와 사도와 교사로 세우심을 입었노라"는 디모데후서 1장 11절 말씀에서 괄호 안에 들어가야 할 단어는?
① 집사 ② 목사
③ 제자 ④ 선포자

021 다음 중 바울이 디모데에게 권면할 때 말한 비유가 아닌 것은 어느 것인가?
① 좋은 병사 ② 법대로 경기하는 자
③ 선한 일꾼 ④ 수고하는 농부

022 다음 중에서 "나는 선한 싸움을 싸우고 나의 달려 갈 길을 마치고 믿음을 지켰으니"라는 구절이 나오는 신약성서의 책은?
① 데살로니가전서 ② 데살로니가후서
③ 디모데전서 ④ 디모데후서

023 디모데후서에서 '부활이 이미 지나갔다'고 가르쳐 사람들의 믿음을 무너뜨린 악성 종양 같은 사람은 누구인가?
① 후메내오와 빌레도
② 그레스게와 알렉산더
③ 에라스도와 오네시보로
④ 드로비모와 오블로

024 "우리 안에 거하시는 성령으로 말미암아 네게 부탁한 아름다운 것을 지키라"는 말씀이 나오

012_④ 013_③ 014_① 015_④ 016_① 017_④ 018_④ 019_① 020_④ 021_③ 022_④ 023_① 024_①

는 곳은?
① 디모데후서 1장 ② 디모데후서 2장
③ 디모데후서 3장 ④ 디모데후서 4장

025 디모데후서 1장 7절의 말씀에서 다음 중 하나님께서 우리(그리스도인)에게 주신 것에 해당되지 않는 것은 무엇인가?
① 절제하는 마음 ② 능력
③ 사랑 ④ 두려워하는 마음

026 디모데후서 1장 5절에서 바울이 언급한 유니게는 디모데와 어떤 관계인가?
① 디모데의 이모 ② 디모데의 어머니
③ 디모데의 외조모 ④ 디모데의 누이동생

027 '하나님의 감동으로 된 성경'에 대해 언급한 곳은?
① 디모데전서 2장 ② 디모데전서 4장
③ 디모데후서 2장 ④ 디모데후서 3장

028 바울이 디모데에게 권면한 내용 중, 그리스도 예수의 좋은 병사가 해야 할 일이 아닌 것은 ?
① 고난을 받는 일
② 자기 생활에 얽매이지 않는 일
③ 모집한 자를 기쁘게 하는 일
④ 운동을 하는 일

【주관식】

029 "( )과/와 같이 내가 벌써 부어지고 나의 떠날 시각이 가까웠도다"는 말씀에서 괄호 안에 들어가는 말은?

030 "하나님 앞과 살아 있는 자와 죽은 자를 심판하실 그리스도 예수 앞에서 그가 나타나실 것과 그의 ( )을/를 두고 엄히 명하노니 "라는 말씀에서 괄호 안에 들어가는 말은?

031 "모든 ( )은/는 하나님의 감동으로 된 것으로 교훈과 책망과 바르게 함과 의로 교육하기에 유익하니 이는 하나님의 사람으로 온전하게 하며 모든 선한 일을 행할 능력을 갖추게 하려 함이라"는 말씀에서 괄호 안에 들어가는 말은?

032 다음의 구절로 마치는 신약성경의 책은?
"브리스가와 아굴라와 및 오네시보로의 집에 문안하라 에라스도는 고린도에 머물러 있고 드로비모는 병들어서 밀레도에 두었노니 너는 겨울 전에 어서 오라 으불로와 부데와 리노와 글라우디아와 모든 형제가 다 네게 문안하느니라 나는 주께서 네 심령에 함께 계시기를 바라노니 은혜가 너희와 함께 있을지어다"

033 "( )로 복무하는 자는 자기 생활에 얽매이는 자가 하나도 없나니 이는 ( )로 모집한 자를 기쁘게 하려 함이라"는 말씀에서 괄호 안에 들어가야 할 낱말은?

034 "성경은 능히 너로 하여금 그리스도 예수 안에 있는 ( )으로 말미암아 구원에 이르는 지혜가 있게 하느니라"는 디모데를 향한 바울의 말씀에서 괄호 안에 들어가야 할 단어는?

035 다음은 디모데후서 2장 18절의 말씀이다. 괄호 안에 들어갈 낱말은?
"진리에 관하여는 그들이 그릇되었도다 ( )이 이미 지나갔다 함으로 어떤 사람들의 믿음을 무너뜨리느니라"

025_④ 026_② 027_④ 028_④ 029_전제 030_나라 031_성경 032_디모데후서 033_병사 034_믿음 035_부활

디도서

001 다음의 구절로 시작하는 신약성경의 책은?
"하나님의 종이요 예수 그리스도의 사도인 나 바울이 사도 된 것은 하나님이 택하신 자들의 믿음과 경건함에 속한 진리의 지식과 영생의 소망을 위함이라 이 영생은 거짓이 없으신 하나님이 영원 전부터 약속하신 것인데 자기 때에 자기의 말씀을 전도로 나타내셨으니 이 전도는 우리 구주 하나님이 명하신 대로 내게 맡기신 것이라"
① 데살로니가전서　② 데살로니가후서
③ 디모데후서　④ 디도서

002 "그러나 어리석은 ( )과 ( ) 이야기와 분쟁과 ( )에 대한 다툼은 피하라 이것은 무익한 것이요 헛된 것이니라"는 말씀에서 괄호 안에 들어갈 낱말이 아닌 것은?
① 율법　② 변론
③ 신화　④ 족보

003 다음 중 디도에 대한 설명이 아닌 것은?
① 믿음을 따라 바울의 참 아들이라 불리운다
② 바울이 장로들의 분쟁을 정리하고자 그를 그레데에 남겨두었다
③ 바울이 그 앞에서 고린도교회를 자랑하였다
④ 바울의 동료이며 동역자이다

004 "늙은 여자로는 이와 같이 행실이 거룩하며 모함하지 말며 많은 ( )의 종이 되지 아니하며 선한 것을 가르치는 자들이 되고"라는 디도서 2장 3절의 말씀에서 괄호 안에 들어가야 할 낱말은?
① 사람　② 돈
③ 쾌락　④ 술

005 다음 중 데살로니가후서와 장수가 같은 서신은?
① 빌립보서　② 골로새서
③ 디모데후서　④ 디도서

006 다음의 구절이 등장하는 신약성경의 책은?
"깨끗한 자들에게는 모든 것이 깨끗하나 더럽고 믿지 아니하는 자들에게는 아무 것도 깨끗한 것이 없고 오직 그들의 마음과 양심이 더러운지라 그들이 하나님을 시인하나 행위로는 부인하니 가증한 자요 복종하지 아니하는 자요 모든 선한 일을 버리는 자니라"
① 데살로니가전서　② 데살로니가후서
③ 디모데후서　④ 디도서

007 디도서에 나오는 권면 중 "행실이 거룩하며 모함하지 말며 많은 술의 종이 되지 아니하며 선한 것을 가르치는 자들이 되고"는 누구를 위한 권면인가?
① 늙은 남자　② 늙은 여자
③ 젊은 남자　④ 젊은 여자

008 바울이 디도를 오게하여 디도와 함께 겨울을 지내기로 작정한 지역은?
① 니고볼리　② 그레데
③ 겐그레아　④ 아가야

009 "우리로 그의 은혜를 힘입어 의롭다하심을 얻어 영생의 소망을 따라 ( )가 되게 하려 하심이라"는 디도서 3장 7절의 말씀에서 괄호 안에 들어가야 할 낱말은?
① 인도자　② 선교자
③ 구원자　④ 상속자

010 "그가 우리를 대신하여 자신을 주심은 모든 불법에서 우리를 속량하시고 우리를 깨끗하게 하사 선한 일을 열심히 하는 자기 백성이 되게 하

001_④　002_③　003_②　004_④　005_④　006_④　007_②　008_①　009_④　010_③

려 하심이라 너는 이것을 말하고 권면하며 모든 권위로 책망하여 누구에게서든지 업신여김을 받지 말라"는 말씀은 바울이 누구에게 한 말인가?
① 두기고 ② 디모데
③ 디도 ④ 오네시보로

011 "그레데인 중의 어떤 선지자가 말하되 그레데인들은 항상 거짓말쟁이며 악한 짐승이며 배만 위하는 게으름뱅이라 하니 이 증언이 참되도다"는 말은 어느 서신에 나오는가?
① 데살로니가후서 ② 디모데전서
③ 디모데후서 ④ 디도서

012 다음의 구절이 등장하는 신약성경의 책은?
"오직 나그네를 대접하며 선행을 좋아하며 신중하며 의로우며 거룩하며 절제하며 미쁜 말씀의 가르침을 그대로 지켜야 하리니 이는 능히 바른 교훈으로 권면하고 거슬러 말하는 자들을 책망하게 하려 함이라"
① 데살로니가전서 ② 데살로니가후서
③ 디모데후서 ④ 디도서

013 "너는 그들로 하여금 통치자들과 권세 잡은 자들에게 복종하며 순종하며 모든 선한 일 행하기를 준비하게 하며"라는 말이 나오는 바울의 서신은?
① 디모데전서 ② 디모데후서
③ 디도서 ④ 고린도전서

014 "( ) 세나와 및 아볼로를 급히 먼저 보내어 그들로 부족함이 없게 하고"라는 말씀에서 괄호 안에 들어가야 할 낱말은?
① 동역자 ② 사도
③ 율법교사 ④ 나의 아들

015 "이단에 속한 사람을 한두 번 훈계한 후에 멀리하라"는 말씀이 나오는 서신은?
① 디모데전서 ② 디모데후서
③ 디도서 ④ 고린도전서

016 다음 중 디도서에 나오는 '늙은 여자'들에 대한 권면이 아닌 것은?
① 행실이 거룩하며 모함하지 말라
② 상전들에게 범사에 순종하라
③ 많은 술의 종이 되지 말라
④ 그 남편과 자녀를 사랑하라

017 다음 중 디도서 1장 12절에 나오는 그레데인에 대한 설명으로 맞지 않는 것은?
① 게으름뱅이 ② 악한 짐승
③ 모함하는 이 ④ 거짓말쟁이

018 디도서 3장 13절에 언급된 두 사람의 이름은 무엇인가?
① 아데마 – 두기고 ② 세나 – 아볼로
③ 두기고 – 아볼로 ④ 세나 – 아데

019 디도서에서 바울이 디도로 하여금 "남은 일을 정리하고 내가 명한대로 각 성에 장로들을 세우게 하려"고 남겨 둔 곳은 어디인가?
① 멜리데 ② 에베소
③ 그레데 ④ 고린도

020 "너는 이것을 말하고 권면하며 모든 권위로 책망하여 누구에게서든지 업신여김을 받지 말라"는 명령은 바울이 누구에게 한 말인가?
① 디도 ② 실라
③ 베드로 ④ 야고보

021 바울이 디도서 3장 13절에서 언급하고 있는 세나의 직업은 무엇인가?
① 율법교사 ② 선지자
③ 교사 ④ 서기관

022 다음 중에서 디도서에 나타난 감독의 자격 요건이 아닌 것은?
① 참견하지 않음 ② 책망할 것이 없음
③ 술을 즐기지 않음 ④ 이를 탐하지 않음

023 디도서에서 "하나님의 청지기로서 책망할 것이 없고 제 고집대로 하지 아니하며 급히 분내지 아니하며 술을 즐기지 아니하며 구타하지 아니하며 더러운 이득을 탐하지 아니하며"라는 내용은 교회의 어떤 직분을 세우는데 필요한

011_④ 012_④ 013_③ 014_③ 015_③ 016_② 017_③ 018_② 019_③ 020_① 021_① 022_① 023_④

권면인가?
① 교사 ② 집사
③ 장로 ④ 감독

【주관식】

024 디도서는 누가 기록한 서신인가?

025 다음의 구절로 마치는 신약성경의 책은?
"내가 아데마나 두기고를 네게 보내리니 그 때에 네가 급히 니고볼리로 내게 오라 내가 거기서 겨울을 지내기로 작정하였노라 율법교사 세나와 및 아볼로를 급히 먼저 보내어 그들로 부족함이 없게 하고 또 우리 사람들도 열매 없는 자가 되지 않게 하기 위하여 필요한 것을 준비하는 좋은 일에 힘 쓰기를 배우게 하라 나와 함께 있는 자가 다 네게 문안하니 믿음 안에서 우리를 사랑하는 자들에게 너도 문안하라 은혜가 너희 무리에게 있을지어다"

026 "불순종하고 헛된 말을 하며 속이는 자가 많은 중 (   ) 가운데 특히 그러하니"라는 말씀에서 괄호 안에 들어가야 할 낱말은?

027 "나 바울이 사도 된 것은 하나님이 택하신 자들의 믿음과 경건함에 속한 진리의 지식과 ( )의 소망을 위함이라"는 디도서 말씀에서 괄호 안에 들어가야 할 단어는?

028 다음은 디도서 3장 2절의 말씀이다. 괄호 안에 들어갈 낱말은?
"아무도 비방하지 말며 다투지 말며 관용하며 범사에 ( )함을 모든 사람에게 나타낼 것을 기억하게 하라"

024_바울 025_디도서 026_할례파 027_영생 028_온유

빌레몬서

001 바울은 빌레몬에게 서신을 보내며, 누구를 종과 같이 대하지 말고 종 이상으로 사랑 받는 형제로 대하라고 말하는가?
① 아킵보 ② 압비아
③ 오네시모 ④ 에바브라

002 다음의 구절로 시작하는 신약성경의 책은?
"그리스도 예수를 위하여 갇힌 자 된 바울과 및 형제 디모데는 우리의 사랑을 받는 자요 동역자인 빌레몬과 자매 압비아와 우리와 함께 병사 된 아킵보와 네 집에 있는 교회에 편지하노니 하나님 우리 아버지와 주 예수 그리스도로부터 은혜와 평강이 너희에게 있을지어다"
① 데살로니가전서 ② 데살로니가후서
③ 디도서 ④ 빌레몬서

003 "다만 네 ( )이 없이는 내가 아무 것도 하기를 원하지 아니하노니 이는 너의 선한 일이 ( ) 같이 되지 아니하고 ( )로 되게 하려 함이라"는 말씀에서 괄호 안에 들어갈 낱말이 아닌 것은?
① 자의 ② 억지
③ 승낙 ④ 요청

004 빌레몬서는 바울이 갇힌 자 중에서 낳은 아들 누구를 위하여 쓰는 서신인가?
① 마가 ② 오네시모
③ 누가 ④ 에바브라

005 "다만 네 승낙이 없이는 내가 아무 것도 하기를 원하지 아니하노니 이는 너희 ( ) 일이 억지같이 되지 아니하고 자의로 되게 하려 함이라"는 빌레몬서 14절 말씀에서 괄호안에 들어가야 할 낱말은?
① 기쁜 ② 자원하는 일
③ 선한 ④ 새로운

006 "갇힌 중에서 낳은 아들 오네시모를 위하여 네게 간구하노라 그가 전에는 네게 무익하였으나 이제는 나와 네게 유익하므로 네게 그를 돌려 보내노니 그는 내 심복이라"는 말씀은 신약성경의 어느 서신에 나오는가?
① 데살로니가전서 ② 데살로니가후서
③ 디도서 ④ 빌레몬서

007 "나는 네가 순종할 것을 확신하므로 네게 썼노니 네가 내가 말한 것보다 더 ( )할 줄을 아노라"는 빌레몬서 1장 21절의 말씀에서 괄호 안에 들어가야 할 단어는?
① 행 ② 근심
③ 생각 ④ 기뻐

008 다음 중 "나 바울이 친필로 쓰노니 …"라는 말씀이 나오는 서신은?
① 에베소서 ② 빌립보서
③ 빌레몬서 ④ 디도서

009 "나이가 많은 나 바울은 지금 또 예수 그리스도를 위하여 갇힌 자 되어 갇힌 중에서 낳은 아들 오네시모를 위하여 네게 간구하노라"는 말씀은 어디에 기록되었나?
① 디모데전서 ② 디모데후서
③ 디도서 ④ 빌레몬서

010 다음 중 '에바브라'가 언급된 신약의 서신은?
① 빌립보서
② 골로새서
③ 빌레몬서
④ 골로새서와 빌레몬서

011 빌레몬서에서 바울은 누구와 함께 갇혀 있다고 기록하는가?

001_③ 002_④ 003_④ 004_② 005_③ 006_④ 007_① 008_③ 009_④ 010_④ 011_③

① 실라　　② 바나바
③ 에바브라　　④ 디도

【주관식】

012 빌레몬서는 모두 몇 장인가?

013 다음의 구절로 마치는 신약성경의 책은?
"그리스도 예수 안에서 나와 함께 갇힌 자 에바브라와 또한 나의 동역자 마가, 아리스다고, 데마, 누가가 문안하느니라 우리 주 예수 그리스도의 은혜가 너희 심령과 함께 있을지어다"

014 "이 후로는 종과 같이 대하지 아니하고 종 이상으로 곧 사랑 받는 형제로 둘 자라 내게 특별히 그러하거든 하물며 육신과 주 안에서 상관된 네게랴"는 말씀에서 "사랑 받는 형제로 둘 자"는 누구인가?

015 바울이 갇힌 중에서 낳은 아들 오네시모를 위하여 자신의 동역자에게 간구하는 서신은?

016 다음은 빌레몬서 1장 20절의 말씀이다. 괄호 안에 들어갈 낱말은?
"오 형제여 나로 주 안에서 너로 말미암아 기쁨을 얻게 하고 내 마음이 그리스도 안에서 ( ) 하게 하라"

012_1장　013_빌레몬서　014_오네시모　015_빌레몬서
016_평안

히브리서

001 "옛적에 선지자들을 통하여 여러 부분과 여러 모양으로 우리 조상들에게 말씀하신 하나님이 이 모든 날 마지막에는 아들을 통하여 우리에게 말씀하셨으니 이 아들을 만유의 상속자로 세우시고 또 그로 말미암아 모든 세계를 지으셨느니라"는 말씀으로 시작하는 책은?
① 디도서　　② 요한일서
③ 히브리서　　④ 베드로후서

002 "그러므로 우리에게 큰 대제사장이 계시니 승천하신 이 곧 하나님의 아들 예수시라 우리가 믿는 도리를 굳게 잡을지어다"는 말씀이 나오는 히브리서의 장은?
① 4장　　② 6장
③ 8장　　④ 10장

003 다음 중 히브리서의 장과 내용 주제가 옳게 연결된 것은?
① 1장 – 모세보다 우월하신 그리스도
② 3장 – 아론보다 우월하신 그리스도
③ 4장 – 우리의 대제사장이신 그리스도
④ 5장 – 천사보다 우월하신 그리스도

004 다음의 구절로 마치는 신약성경의 책은?
"우리 형제 디모데가 놓인 것을 너희가 알라 그가 속히 오면 내가 그와 함께 가서 너희를 보리라 너희를 인도하는 자들과 및 모든 성도들에게 문안하라 이달리야에서 온 자들도 너희에게 문안하느니라 은혜가 너희 모든 사람에게 있을지어다"

001_③　002_①　003_③　004_③

① 골로새서 ② 디모데전서
③ 히브리서 ④ 디모데후서

005 다음 중 히브리서 1장에서 인용되는 구약성경 구절이 아닌 것은?
① 너는 내 아들이라 오늘 내가 너를 낳았다
② 나는 그에게 아버지가 되고 그는 내게 아들이 되리라 하셨느냐
③ 하나님이여 주의 보좌는 영영하며 주의 나라의 규는 공평한 규이니이다
④ 사람이 무엇이기에 주께서 그를 생각하시며 인자가 무엇이기에 주께서 그를 돌보시나이까

006 "그러므로 그가 범사에 형제들과 같이 되심이 마땅하도다 이는 하나님의 일에 자비하고 신실한 대제사장이 되어 백성의 죄를 속량하려 하심이라 그가 시험을 받아 고난을 당하셨은즉 시험 받는 자들을 능히 도우실 수 있느니라"는 말씀이 나오는 곳은?
① 히브리서 1장 ② 히브리서 2장
③ 히브리서 3장 ④ 히브리서 4장

007 다음 중 히브리서에서 아브라함에게서 십분의 일을 취한 '멜기세덱의 반차'에 대해 언급하지 않는 장은?
① 4장 ② 5장
③ 6장 ④ 7장

008 히브리서에서 하나님의 아들이 천사들보다 더 높으심을 설명하는 장은?
① 1장 ② 2장
③ 3장 ④ 4장

009 다음 중 '찬송의 제사'를 '입술의 열매'로 표현한 신약성서의 책은?
① 에베소서 ② 갈라디아서
③ 히브리서 ④ 야고보서

010 "하늘에 기록된 장자들의 모임과 교회와 만민의 ( )이신 하나님과 및 온전하게 된 의인의 영들과 …"라는 히브리서 12장 23절 말씀에서 괄호 안에 들어가야 할 단어는?
① 구원자 ② 심판자
③ 아버지 ④ 인도자

011 다음 중 고린도후서와 장수가 같은 책은?
① 로마서 ② 고린도전서
③ 히브리서 ④ 마가복음

012 "형제 사랑하기를 계속하고 손님 대접하기를 잊지 말라 이로써 부지중에 천사들을 대접한 이들이 있었느니라"는 말씀은 히브리서 몇 장에 나오는가?
① 10장 ② 11장
③ 12장 ④ 13장

013 "그러므로 우리가 그리스도의 도의 초보를 버리고 죽은 행실을 회개함과 하나님께 대한 신앙과 세례들과 안수와 죽은 자의 부활과 영원한 심판에 관한 교훈의 터를 다시 닦지 말고 완전한 데로 나아갈지니라"는 말씀은 히브리서 몇 장에 나오는가?
① 4장 ② 6장
③ 8장 ④ 10장

014 "이 멜기세덱은 ( ) 왕이요 지극히 높으신 하나님의 제사장이라 여러 왕을 쳐서 죽이고 돌아오는 아브라함을 만나 복을 빈 자라"는 말씀에서 괄호 안에 들어가는 말은?
① 이스라엘 ② 살렘
③ 유다 ④ 시온

015 "서로 돌아보아 사랑과 선행을 격려하며 모이기를 폐하는 어떤 사람들의 습관과 같이 하지 말고 오직 권하여 그 날이 가까움을 볼수록 더욱 그리하자"는 말씀은 히브리서 몇 장에 나오는가?
① 10장 ② 11장
③ 12장 ④ 13장

016 "율법은 장차 올 좋은 일의 그림자일 뿐이요 참 형상이 아니므로 해마다 늘 드리는 같은 제사로는 나아오는 자들을 언제나 온전하게 할 수

005_④ 006_② 007_① 008_① 009_③ 010_② 011_③ 012_④ 013_② 014_② 015_① 016_④

없느니라"는 말씀은 어느 서신에 나오는가?
① 로마서 ② 고린도전서
③ 고린도후서 ④ 히브리서

017 "예수 그리스도는 어제나 오늘이나 영원토록 동일하시니라"는 말씀은 히브리서 몇 장에 나오는가?
① 10장 ② 11장
③ 12장 ④ 13장

018 히브리서 13장 1-2절은 형제 사랑에 대해서 가르치면서, 손님 대접하기를 힘쓰면 부지중에 누구를 대접할 수 있게 된다고 가르치는가?
① 천사 ② 소자
③ 주님 ④ 하나님

019 히브리서 6장에서 타락한 자들을 언급하는 내용이 아닌 것은?
① 한 번 빛을 받고 타락한 자
② 하늘의 은사를 맛보고 타락한 자
③ 성령에 참여한 바 되고 타락한 자
④ 한 번 세례를 받고 타락한 자

020 히브리서에서 안식에 관해 집중적으로 가르치고 있는 장은 몇 장인가?
① 4장 ② 5장
③ 6장 ④ 7장

021 히브리서에서 "이 존귀는 아무도 스스로 취하지 못하고 오직 ( )과 같이 하나님의 부르심을 받은 자라야 할 것이니라"에서 ( )에 들어가는 인물은 누구인가?
① 모세 ② 멜기세덱
③ 다윗 ④ 아론

022 "형제들아 내가 너희를 권하노니 권면의 말을 용납하라 내가 간단히 너희에게 썼느니라"는 말씀은 신약성경 어디에 등장하는가?
① 히브리서 1장 ② 로마서 1장
③ 히브리서 13장 ④ 로마서 16장

023 히브리서에서 "우리 하나님은 소멸하는 불이심이라"는 말씀이 나오는 구절은?
① 11장 19절 ② 11장 29절
③ 12장 19절 ④ 12장 29절

024 다음 중 히브리서 1장에 인용되지 않는 구약성경의 구절은 무엇인가?
① 시편 2:7 ② 사무엘하 7:14
③ 시편 110:1 ④ 시편 95:7

025 "이는 죄를 위한 짐승의 피는 대제사장이 가지고 성소에 들어가고 그 육체는 영문 밖에서 불사름이라 그러므로 예수도 자기 피로써 백성을 거룩하게 하려고 성문 밖에서 고난을 받으셨느니라"는 말씀이 나오는 서신은?
① 베드로전서 ② 베드로후서
③ 야고보서 ④ 히브리서

026 "우리가 여기에는 영구한 도성이 없으므로 장차 올 것을 찾나니"라는 말씀이 나오는 서신은?
① 베드로전서 ② 베드로후서
③ 요한계시록 ④ 히브리서

027 "이는 하나님의 영광의 광채시요 그 본체의 형상이시라 그의 능력의 말씀으로 만물을 붙드시며 죄를 정결하게 하는 일을 하시고 높은 곳에 계신 지극히 크신 이의 우편에 앉으셨느니라"는 말씀은 히브리서 몇 장에 나오나?
① 1장 ② 2장
③ 3장 ④ 4장

028 다음 중 히브리서 2장에 나오는 말씀이 아닌 것은?
① 그러므로 우리는 들은 것에 더욱 유념함으로 우리가 흘러 떠내려가지 않도록 함이 마땅하니라
② 천사들을 통하여 하신 말씀이 견고하게 되어 모든 범죄함과 순종하지 아니함이 공정한 보응을 받았거든
③ 우리가 이같이 큰 구원을 등한히 여기면 어찌 그 보응을 피하리요
④ 예수 그리스도는 어제나 오늘이나 영원토

017_④ 018_① 019_④ 020_① 021_④ 022_③ 023_④ 024_④ 025_④ 026_④ 027_① 028_④

록 동일하시니라

029 다음 중 히브리서 8장에 나오는 구약성경 인용문이 아닌 것은?
① 주께서 이르시되 볼지어다 날이 이르리니 내가 이스라엘 집과 유다 집과 더불어 새 언약을 맺으리라
② 그 날 후에 내가 이스라엘 집과 맺을 언약은 이것이니 내 법을 그들의 생각에 두고 그들의 마음에 이것을 기록하리라
③ 내가 그들의 불의를 긍휼히 여기고 그들의 죄를 다시 기억하지 아니하리라
④ 또 새 영을 너희 속에 두고 새 마음을 너희에게 주되 너희 육신에서 굳은 마음을 제거하고 부드러운 마음을 줄 것이며

030 "이는 젖을 먹는 자마다 어린 아이니 의의 말씀을 경험하지 못한 자요 단단한 음식은 장성한 자의 것이니 그들은 지각을 사용함으로 연단을 받아 선악을 분별하는 자들이니라"는 말씀이 나오는 서신은?
① 고린도전서 ② 고린도후서
③ 히브리서 ④ 베드로전서

031 "한 번 ( )을/를 받고 하늘의 ( )을/를 맛보고 ( )에 참여한 바 되고 하나님의 선한 말씀과 내세의 능력을 맛보고도 타락한 자들은 다시 새롭게 하여 회개하게 할 수 없나니"라는 말씀에서 괄호 안에 들어갈 낱말이 아닌 것은?
① 빛 ② 은사
③ 구원 ④ 성령

032 히브리서에 따르면 '옛적에 선지자들을 통하여 여러 부분과 여러 모양으로 우리 조상들에게 말씀하신 하나님이 이 모든 날 마지막에는' 누구를 통하여 우리에게 말씀하셨는가?
① 천사들 ② 아들
③ 사도들 ④ 세례 요한

033 다음 중 '큰 구원'에 대한 설명이 아닌 것은?
① 그것을 등한히 여기면 그 보응을 피할 수 없다
② 처음에 주로 말씀하신 것이다
③ 들은 것이므로 흘러 떠내려갈 수도 있다
④ 들은 자들이 우리에게 확증한 것이다

034 "만물이 그를 위하고 또한 그로 말미암은 이가 많은 아들들을 이끌어 영광에 들어가게 하시는 일에 그들의 구원의 창시자를 ( )를/을 통하여 온전하게 하심이 합당하도다"라는 말씀에서 괄호 안에 맞는 단어는?
① 혈과 육 ② 고난
③ 천사들 ④ 새 창조

035 예수께서 "자기를 세우신 이에게 신실하시기를 ( )가/이 하나님의 온 집에서 한 것과 같이 하셨다"라는 히브리서의 말씀에서 괄호 안에 맞는 단어는?
① 아브라함 ② 이삭
③ 모세 ④ 요셉

036 다음 중 히브리서에 나오는 '큰 대제사장'에 대한 설명이 아닌 것은?
① 그는 승천하신 이 곧 하나님의 아들 예수이다
② 우리의 연약함을 동정하지 못하실 이가 아니다
③ 죄가 없으시다
④ 모든 일에 우리와 똑같이 시험을 받지 않으신다

037 다음 중 히브리서에 나오는 '안식'에 대한 설명이 아닌 것은?
① 이미 그의 안식에 들어간 자는 쉬지 말고 일해야 한다
② 이미 믿는 우리들은 저 안식에 들어간다
③ 안식할 때가 하나님의 백성에게 남아 있다
④ 우리가 저 안식에 들어가기를 힘써야 한다

038 다음 중 히브리서에서 진정한 대제사장이신 그리스도에 대한 언급이 아닌 것은?
① 그리스도께서 대제사장 되심도 스스로 영광을 취하심이 아니다
② 그가 아들이시면서도 받으신 고난으로 순

029_④ 030_③ 031_③ 032_② 033_③ 034_② 035_③ 036_④ 037_① 038_④

종함을 배워 온전하게 되셨다
③ 자기에게 순종하는 모든 자에게 영원한 구원의 근원이 되시고
④ 하나님께 아론의 반차를 따른 대제사장이라 칭하심을 받으셨다

039 "너희를 인도하는 자들과 및 모든 성도들에게 문안하라 ( )에서 온 자들도 너희에게 문안하느니라"는 히브리서 13장 24절 말씀에서 괄호 안에 들어가야 할 단어는?
① 에베소 ② 고린도
③ 이달리야 ④ 로마

040 "너희를 인도하는 자들에게 순종하고 복종하라 그들은 너희 영혼을 위하여 경성하기를 자신들이 ( )할 자인 것 같이 하느니라"는 히브리서 13장 17절 말씀에서 괄호 안에 들어가야 할 단어는?
① 청산 ② 노력
③ 기도 ④ 사임

041 다음 중 하나님을 소멸하는 불로 표현한 신약성서의 책은?
① 야고보서 ② 마태복음
③ 히브리서 ④ 로마서

042 "모든 사람과 더불어 ( )함과 거룩함을 따르라 이것이 없이는 아무도 주를 보지 못하리라"는 히브리서 12장 14절 말씀에서 괄호 안에 들어가야 할 단어는?
① 이해 ② 경건
③ 경성 ④ 화평

043 히브리서 몇 장에서 톱으로 켜는 것과 칼로 죽임을 당하고 양과 염소의 가죽을 입고 유리하여 궁핍과 환난과 학대를 받는 것을 언급하는가?
① 9장 ② 10장
③ 11장 ④ 12장

044 "그들이 이제는 더 나은 본향을 사모하니 곧 하늘에 있는 것이라 이러므로 하나님이 그들의 하나님이라 일컬음을 받으심을 부끄러워하지 아니하시고 그들을 위하여 ( )을 예비하셨느니라"는 말씀에서 괄호 안에 들어가야 할 낱말은?
① 천국 ② 구원
③ 갈 곳 ④ 한 성

045 "전날에 너희가 빛을 받은 후에 ( )의 큰 싸움을 견디어 낸 것을 생각하라"는 히브리서 10장 32절의 말씀에서 괄호 안에 들어가야 할 낱말은?
① 믿음 ② 시험
③ 고난 ④ 인내

046 "그러므로 우리는 예수로 말미암아 항상 ( )의 제사를 하나님께 드리자 이는 그 이름을 증언하는 입술의 열매니라"는 말씀에서 괄호 안에 들어가는 말은?
① 찬송 ② 감사
③ 기도 ④ 경배

047 멜기세덱을 해석하면 그 뜻은?
① 사랑의 왕 ② 의의 왕
③ 만왕의 왕 ④ 지고의 왕

048 "형제들아 내가 너희를 권하노니 ( )의 말을 용납하라 내가 간단히 너희에게 썼느니라"는 히브리서의 말씀에서 괄호 안에 들어가는 말은?
① 위로 ② 권면
③ 격려 ④ 인내

049 "모든 사람은 ( )을 귀히 여기고 침소를 더럽히지 않게 하라 음행하는 자들과 간음하는 자들을 하나님이 심판하시리라"는 말씀에서 괄호 안에 들어가는 말은?
① 언약 ② 가정
③ 결혼 ④ 사랑

050 "오직 선을 행함과 서로 나누어 주기를 잊지 말라 하나님은 이같은 제사를 기뻐하시느니라"는 말씀이 나오는 서신은?

히

039_③ 040_① 041_③ 042_④ 043_③ 044_④ 045_③ 046_① 047_② 048_② 049_③ 050_①

① 히브리서　　② 야고보서
③ 베드로전서　　④ 유다서

051 "그러므로 우리가 흔들리지 않는 나라를 받았은즉 은혜를 받자 이로 말미암아 경건함과 두려움으로 하나님을 기쁘시게 섬길지니 우리 하나님은 (　)이심이라"는 말씀에서 괄호 안에 들어가는 말은?
① 진리의 영　　② 능력의 불
③ 영원한 불　　④ 소멸하는 불

052 "모든 사람은 결혼을 귀히 여기고 침소를 더럽히지 않게 하라 음행하는 자들과 간음하는 자들을 하나님이 심판하시리라"는 말씀이 나오는 서신은?
① 히브리서　　② 야고보서
③ 베드로전서　　④ 유다서

053 "돈을 사랑하지 말고 있는 바를 족한 줄로 알라 그가 친히 말씀하시기를 내가 결코 너희를 버리지 아니하고 너희를 떠나지 아니하리라 하셨느니라"는 말씀이 나오는 서신은?
① 히브리서　　② 야고보서
③ 디모데전서　　④ 갈라디아서

054 히브리서 11장 전체가 다루는 주제는?
① 믿음　　② 소망
③ 사랑　　④ 성령

055 "한번 죽는 것은 사람에게 정해진 것이요 그 후에는 심판이 있으리니"는 말씀이 나오는 서신은?
① 로마서　　② 디모데전서
③ 히브리서　　④ 야고보서

056 "또 예수께서 제사장이 되신 것은 맹세 없이 된 것이 아니니 이와 같이 예수는 더 좋은 (　)의 보증이 되셨느니라"는 말씀에서 괄호 안에 들어가는 말은?
① 구원　　② 제사
③ 언약　　④ 소망

057 "율법은 장차 올 좋은 일의 (　)일 뿐이요"라는 히브리서의 말씀에서 괄호 안에 들어가야 할 낱말은?
① 그림자　　② 형상
③ 예표　　④ 선취

058 히브리서 2장 4절에서 하나님께서 자기를 증거하시는 방편이 아닌 것은?
① 표적들　　② 기사들
③ 여러 가지 능력　　④ 인치심

059 히브리서 9장 2절에서 첫 장막에 있는 것들이 아닌 것은?
① 금향로　　② 등잔대
③ 상　　④ 진설병

060 "오직 선을 행함과 서로 나누어 주기를 잊지 말라 하나님은 이같은 제사를 기뻐하시느니라"는 말씀은 히브리서 몇 장에 나오나?
① 7장　　② 9장
③ 11장　　④ 13장

061 다음 중 히브리서에서 예수 그리스도를 "큰 대제사장"으로 언급하는 단락은?
① 2장 1-4절　　② 3장 1-6절
③ 4장 14-16절　　④ 5장 11-14절

062 히브리서에서 예수의 우월함을 말할 때 예수의 비교 상대가 되지 않는 구약의 인물은?
① 아브라함　　② 모세
③ 아론　　④ 여호수아

063 다음 중 예수 그리스도를 '새 언약의 대제사장'으로 언급하는 단락은?
① 히브리서 8:1-13
② 히브리서 9:23-28
③ 히브리서 10:19-31
④ 히브리서 12:14-17

064 히브리서 8장은 율법을 따라 예물을 드리는 자를 누구라고 하였는가?
① 예언자　　② 왕의 신하

051_④ 052_① 053_① 054_① 055_③ 056_③ 057_① 058_④ 059_① 060_④ 061_③ 062_① 063_① 064_④

③ 서기관 ④ 제사장

065 "오직 그리스도는 ( )를/을 위하여 한 영원한 제사를 드리시고 하나님 우편에 앉으사"라는 히브리서의 말씀에서 괄호 안에 들어가는 말은?
① 안식 ② 영생
③ 죄 ④ 하나님

066 "그들이 이제는 더 나은 ( )을/를 사모하니 곧 하늘에 있는 것이라"는 히브리서의 말씀에서 괄호 안에 들어가는 말은?
① 나라 ② 집
③ 왕국 ④ 본향

067 히브리서 9장 12절에 의하면 그리스도는 누구의 피로 단번에 속죄를 이루셨는가?
① 염소의 피 ② 양의 피
③ 황소의 피 ④ 자신의 피

068 "그러나 너희가 이른 곳은 ( )과 살아 계신 하나님의 도성인 하늘의 예루살렘과 천만 천사와 하늘에 기록된 장자들의 모임과 교회와 만민의 심판자이신 하나님과 및 온전하게 된 의인의 영들과"라는 말씀에서 괄호 안에 들어갈 낱말은?
① 시내 산 ② 시온 산
③ 에발 산 ④ 그리심 산

069 "이는 ( )이라도 그 산에 들어가면 돌로 침을 당하리라 하신 명령을 그들이 견디지 못함이라"라는 히브리서 12장 20절 말씀에서 괄호에 들어갈 말은?
① 그리스도인 ② 짐승
③ 유대인 ④ 아론

070 "주께서 그 사랑하시는 자를 징계하시고 그가 받아들이시는 아들마다 채찍질하심이라 하였으니 너희가 참음은 징계를 받기 위함이라 하나님이 아들과 같이 너희를 대우하시나니 어찌 아버지가 징계하지 않는 아들이 있으리요"는 말씀이 나오는 서신은?
① 히브리서 ② 베드로전서
③ 베드로후서 ④ 요한계시록

071 "그리스도를 위하여 받는 수모를 애굽의 모든 보화보다 더 큰 재물로 여겼으니 이는 상 주심을 바라봄이라"는 누구에 관한 묘사인가?
① 아브라함 ② 요셉
③ 모세 ④ 야곱

072 "또 어떤 이들은 조롱과 채찍질뿐 아니라 결박과 옥에 갇히는 시련도 받았으며 돌로 치는 것과 톱으로 켜는 것과 시험과 칼로 죽임을 당하고 양과 염소의 가죽을 입고 유리하여 궁핍과 환난과 학대를 받았으니"는 말씀이 나오는 서신은?
① 요한계시록 ② 베드로전서
③ 히브리서 ④ 야고보서

073 "또한 ( )은/는 장래에 말할 것을 증언하기 위하여 하나님의 온 집에서 종으로서 신실하였고 ( )는 하나님의 집을 맡은 아들로서 그와 같이 하셨으니 우리가 소망의 확신과 자랑을 끝까지 굳게 잡고 있으면 우리는 그의 집이라"는 말씀에서 괄호 안에 들어갈 낱말은 순서대로 짝지은 것은?
① 요셉 - 그리스도 ② 모세 - 그리스도
③ 모세 - 베드로 ④ 요셉 - 베드로

074 다음 중 히브리서 7장에 나오는 멜기세덱에 대한 묘사가 아닌 것은?
① 시작한 날도 없고 생명의 끝도 없어 하나님의 아들과 닮아서 항상 제사장으로 있다
② 멜기세덱이란 이름을 해석하면 의의 왕이다
③ 아버지도 없고 어머니도 없고 족보도 없다
④ 하나님의 보좌 우편에 앉아 있다

075 "그러므로 우리가 저 ( )에 들어가기를 힘쓸지니 이는 누구든지 저 순종하지 아니하는 본에 빠지지 않게 하려 함이라"는 말씀에서 괄호 안에 들어갈 낱말은?
① 나라 ② 안식

065_③ 066_④ 067_④ 068_② 069_② 070_① 071_③ 072_③ 073_② 074_④ 075_②

③ 세상 ④ 하늘

076 "그러므로 하늘에 있는 것들의 ( )은 이런 것들로써 정결하게 할 필요가 있었으나 하늘에 있는 그것들은 이런 것들보다 더 좋은 제물로 할지니라 그리스도께서는 ( )의 ( )인 손으로 만든 성소에 들어가지 아니하시고 바로 그 하늘에 들어가사 이제 우리를 위하여 하나님 앞에 나타나시고"라는 말씀에서 괄호 안에 들어갈 낱말이 아닌 것은?
① 그림자 ② 모형
③ 참 것 ④ 원본

077 "모이기를 폐하는 어떤 사람들의 습관과 같이 하지 말고 오직 권하여 그 날이 가까움을 볼수록 더욱 그리하자"라는 말씀이 나오는 서신은?
① 데살로니가전서 ② 베드로전서
③ 요한계시록 ④ 히브리서

078 "우리는 뒤로 물러가 멸망할 자가 아니요 오직 영혼을 구원함에 이르는 ( )을 가진 자니라"는 말씀에서 괄호 안에 들어갈 낱말은?
① 믿음 ② 소망
③ 확신 ④ 인침

079 다음 중 아브라함에게서 십분의 일을 취한 '멜기세덱'에 대해 언급하는 서신은?
① 빌레몬서 ② 히브리서
③ 야고보서 ④ 베드로전서

080 하나님이 아브라함에게 약속하실 때에 "내가 반드시 너에게 복 주고 복 주며 너를 번성하게 하고 번성하게 하리라 하셨더니 그가 이같이 ( ) 약속을 받았느니라"는 말씀에서 괄호 안에 맞는 단어는?
① 열심을 내어 ② 본을 보이려고
③ 오래 참아 ④ 재산을 팔아

081 다음 중 히브리서에 나오는 '멜기세덱'에 대한 설명이 아닌 것은?
① 의와 평강의 왕이다
② 아브라함이 모든 것의 십분의 일을 그에게 나누어 주었다
③ 지극히 높으신 하나님의 제사장이다
④ 하나님의 아들과 같지 않아 항상 제사장으로 있지 못하다

082 "우리 주께서는 유다로부터 나신 것이 분명하도다"라고 언급하는 서신은?
① 히브리서 ② 야고보서
③ 베드로전서 ④ 베드로후서

083 히브리서에 따르면 예수 그리스도의 제사장 직분이 갈리지 않는 이유는?
① 그가 육신으로 죽으셨으므로
② 그가 영원히 계시므로
③ 그가 직권으로 직분을 주시므로
④ 그를 믿는 자들이 화목하므로

084 히브리서에 따르면 율법을 따라 예물을 드리는 제사장이 섬기는 것에 관한 언급이 아닌 것은?
① 하늘에 있는 것의 모형
② 하늘에 있는 것의 그림자
③ 모세에게 보여진 본을 따라 지은 것
④ 땅에 있는 참 장막

085 히브리서에서 '새 언약의 대제사장'으로 예수 그리스도를 설명할 때 해당되지 않는 것은?
① 더 아름다운 직분
② 더 좋은 약속
③ 더 아름다운 성소
④ 더 좋은 언약의 중보자

086 히브리서에서 '첫 장막'에 관한 언급이 아닌 것은?
① 손으로 짓지 않은 더 크고 온전한 장막이다
② 성소에 들어가는 길이 아직 나타나지 않았다
③ 섬기는 자를 그 양심상 온전하게 할 수 없다
④ 개혁할 때까지 맡겨 둔 것이다

087 "영원하신 성령으로 말미암아 흠 없는 자기를

076_④ 077_④ 078_① 079_② 080_③ 081_④ 082_① 083_② 084_④ 085_③ 086_①

하나님께 드린 그리스도의 피가 어찌 너희 ( ) 를/을 죽은 행실에서 깨끗하게 하고 살아 계신 하나님을 섬기게 하지 못하겠느냐"는 말씀에서 괄호 안에 맞는 단어는?
① 몸 ② 양심
③ 피 ④ 생각

088 "여러 가지 다른 교훈에 끌리지 말라 마음은 은혜로써 굳게 함이 아름답고 ( )으로써 할 것이 아니니 ( )으로 말미암아 행한 자는 유익을 얻지 못하였느니라"는히브리서의 말씀에서 두 괄호 안에 맞는 한 단어는?
① 행함 ② 율법
③ 음식 ④ 책망

089 히브리서에 기록된 '주께서 주시는 징계'에 대한 내용이 아닌 것은?
① 주께서 그 사랑하시는 자를 징계하신다
② 너희가 참음은 징계를 받기 위함이다
③ 징계로 연단 받은 자들은 의와 평강의 열매를 맺는다
④ 하나님이 사랑하는 아들은 징계하지 않는다

090 "이 뜻을 따라 예수 그리스도의 몸을 ( ) 드리심으로 말미암아 우리가 거룩함을 얻었노라"는 히브리서 10장 10절 말씀에서 괄호 안에 들어가야 할 낱말은?
① 주저 없이 ② 기쁘게
③ 십자가에 ④ 단번에

091 "한번 죽는 것은 사람에게 정해진 것이요 그 후에는 심판이 있으리니"라는 히브리서 몇 장에 나오는가?
① 7장 ② 8장
③ 9장 ④ 10장

092 "율법을 따라 거의 모든 물건이 피로써 정결하게 되나니 피흘림이 없은즉 ( )이/가 없느니라"는 히브리서 9장 22절 말씀에서 괄호 안에 들어가야 할 낱말은?
① 고통 ② 사함
③ 제사 ④ 계약

093 "이런 것은 먹고 마시는 것과 여러 가지 씻는 것과 함께 육체의 예법일 뿐이며 ( ) 때까지 맡겨 둔 것이니라"는 히브리서 9장 10절 말씀에서 괄호 안에 들어가야 할 낱말은?
① 마지막 ② 개혁할
③ 폐기할 ④ 재림

094 "이와 같이 예수는 더 좋은 언약의 ( )이 되셨느니라"는 히브리서 7장 22절 말씀에서 괄호 안에 들어가야 할 낱말은?
① 사람 ② 약속
③ 보증 ④ 제물

095 "율법은 약점을 가진 사람들을 제사장으로 세웠거니와 율법 후에 하신 ( )의 말씀은 영원히 온전하게 되신 아들을 세웠느니라"는 히브리서 7장 28절의 말씀에서 괄호 안에 들어가야 할 낱말은?
① 맹세 ② 사랑
③ 생명 ④ 희망

096 "이는 멜기세덱이 아브라함을 만날 때에 레위는 이미 자기 조상의 ( )에 있었음이라"는 히브리서 7장 10절의 말씀에서 괄호 안에 들어가야 할 낱말은?
① 반열 ② 품
③ 허리 ④ 마음

097 다음 중 히브리서 7장 1-3절에 나오는 멜기세덱에 관한 내용이 아닌 것은?
① 살렘 왕 ② 하나님의 제사장
③ 의의 아들 ④ 평강의 왕

098 "사랑하는 자들아 우리가 이같이 말하나 너희에게는 이보다 더 좋은 것 곧 ( )에 속한 것이 있음을 확신하노라"는 히브리서 6장 9절의 말씀에서 괄호 안에 들어가야 할 낱말은?
① 구원 ② 선
③ 승리 ④ 십자가

087_② 088_③ 089_④ 090_④ 091_③ 092_② 093_② 094_③ 095_① 096_③ 097_③ 098_①

히

099 "하나님의 선한 말씀과 내세의 능력을 맛보고도 타락한 자들은 다시 새롭게 하여 회개하게 할 수 없나니 이는 그들이 하나님의 아들을 다시 십자가에 못 박아 드러내 놓고 욕되게 함이라"는 말씀이 기록된 신약성경의 책은?
① 야고보서 ② 누가복음
③ 요한계시록 ④ 히브리서

100 "우리에게 있는 대제사장은 우리의 연약함을 ( )하지 못하실 이가 아니요 모든 일에 우리와 똑같이 시험을 받으신 이로되 죄는 없으시니라"는 히브리서 4장 15절 말씀에서 괄호 안에 들어가야 할 단어는?
① 간파 ② 입증
③ 초월 ④ 동정

101 다음 중 승천하신 예수를 영원한 큰 대제사장으로 묘사하는 서신은?
① 로마서 ② 고린도전서
③ 히브리서 ④ 야고보서

102 "믿음의 주요 또 온전하게 하시는 이인 예수를 바라보자"는 말씀이 나오는 서신은?
① 로마서 ② 고린도전서
③ 히브리서 ④ 야고보서

103 다음 중 히브리서에서 예수를 가리키고 있는 표현이 아닌 것은?
① 멜기세덱의 반차를 따른 대제사장
② 큰 대제사장
③ 영원한 대제사장
④ 아론의 반차를 따른 대제사장

104 다음은 히브리서 10장 22-23절의 말씀이다. "우리가 마음에 뿌림을 받아 악한 ( )으로부터 벗어나고 몸은 맑은 물로 씻음을 받았으니 참 마음과 온전한 믿음으로 하나님께 나아가자 또 약속하신 이는 미쁘시니 우리가 믿는 도리의 ( )을 움직이지 말며 굳게 잡고 …" 괄호 안에 들어가야 할 말들은?
① 믿음, 약속 ② 양심, 약속
③ 믿음, 소망 ④ 양심, 소망

105 히브리서에서 믿음의 영웅들이 나열되는 장은?
① 10장 ② 11장
③ 12장 ④ 13장

106 히브리서 11장에서 가장 빈번하게 나오는 낱말은?
① 믿음 ② 사랑
③ 소망 ④ 구원

107 "모든 사람은 결혼을 귀히 여기고 침소를 더럽히지 않게 하라 음행하는 자들과 ( )하는 자들을 하나님이 심판하시리라"는 히브리서의 말씀에서 괄호 안에 맞는 단어는?
① 간음 ② 기도
③ 구제 ④ 봉사

108 히브리서에 기록된 '그리스도의 영원한 제사'에 대한 설명이 아닌 것은?
① 그리스도는 죄를 위하여 한 영원한 제사를 드린다
② 다시 죄를 위하여 제사를 드릴 것이 없다
③ 자주 같은 제사를 드려 죄를 없게 한다
④ 거룩하게 된 자들을 한 번의 제사로 영원히 온전하게 하신다

109 다음 중 히브리서에 언급되는 인물이 아닌 사람은?
① 모세 ② 여호수아
③ 엘리야 ④ 멜기세덱

110 "모든 천사들은 섬기는 영으로서 ( )받을 상속자들을 위하여 섬기라고 보내심이 아니냐"는 히브리서 1장 14절 말씀에서 괄호 안에 들어가야 할 낱말은?
① 인정 ② 구원
③ 성령 ④ 지원

111 다음 중 히브리서 11장에 언급된 '믿음의 선진'에 속하지 않는 사람은?
① 아브라함 ② 모세
③ 라합 ④ 엘리야

099_④ 100_④ 101_③ 102_③ 103_④ 104_④ 105_② 106_① 107_① 108_③ 109_③ 110_② 111_④

112 다음 중 히브리서 11장에서 언급되지 않은 인물은 누구인가?

① 솔로몬 ② 이삭
③ 기드온 ④ 요셉

113 "그가 ( )을/를 받아 고난을 당하셨은즉 ( ) 받는 자들을 능히 도우실 수 있느니라"는 히브리서의 말씀에서 괄호 안에 공통으로 들어가는 말은?

① 화 ② 고문
③ 시험 ④ 징계

114 다음 중 히브리서에 나오지 않는 말씀은?

① 우리에게 대언자가 있으니 곧 의로우신 예수 그리스도시라
② 이와 같이 예수는 더 좋은 언약의 보증이 되셨느니라
③ 예수 그리스도는 어제나 오늘이나 영원토록 동일하시니라
④ 믿음의 주요 또 온전하게 하시는 이인 예수를 바라보자

115 히브리서에서 아브라함이 노략물 중 십분의 일을 누구에게 주었는가?

① 롯 ② 멜기세덱
③ 시돈 왕 ④ 소돔 왕

116 "( )가/이 없이는 하나님을 기쁘시게 하지 못하나니…"라는 히브리서의 말씀에서 괄호 안에 맞는 단어는?

① 은혜 ② 믿음
③ 능력 ④ 사랑

117 "믿음은 바라는 것들의 실상이요 보이지 않는 것들의 증거"라는 말씀은 히브리서 몇 장에 나오는가?

① 7장 ② 9장
③ 11장 ④ 13장

118 "( ) 사람과 더불어 화평함과 거룩함을 따르라 이것이 없이는 아무도 주를 보지 못하리라"는 히브리서 12장 14절 말씀에서 괄호 안에 들어가야 할 단어는?

① 일하는 ② 모든
③ 믿는 ④ 싸우는

119 다음 중에서 멜기세덱에 관한 바른 설명이 아닌 것은?

① 살렘 왕
② 지극히 높으신 하나님의 제사장
③ 아브라함을 만나 복을 빈 자
④ 요단 지역의 왕

120 "그 길은 우리를 위하여 ( ) 가운데로 열어 놓으신 새로운 살 길이요 ( )은/는 곧 그의 육체니라"는 히브리서의 말씀에서 괄호 안에 들어가는 말은?

① 장막 ② 성소
③ 휘장 ④ 지성소

121 "그러므로 형제들아 우리가 예수의 ( )을/를 힘입어 성소에 들어갈 담력을 얻었나니 그 길은 우리를 위하여 휘장 가운데로 열어 놓으신 새로운 살 길이요 휘장은 곧 그의 육체니라"는 히브리서 말씀에서 괄호 안에 들어갈 낱말은?

① 속죄 ② 희생
③ 사랑 ④ 피

122 "우리가 믿는 도리의 사도이시며 대제사장이신 예수를 깊이 생각하라"는 말씀은 히브리서 몇 장에 나오는가?

① 3장 ② 5장
③ 7장 ④ 12장

123 "그러므로 우리가 그리스도의 도의 초보를 버리고 죽은 행실을 회개함과 하나님께 대한 신앙과 세례들과 안수와 죽은 자의 부활과 영원한 심판에 관한 교훈의 터를 다시 닦지 말고 완전한 데로 나아갈지니라"는 말씀은 신약성경의 어느 서신에 나오는가?

① 고린도후서 ② 히브리서
③ 베드로전서 ④ 베드로후서

124 다음 중 히브리서의 장과 내용 주제가 옳게 연

히

112_① 113_③ 114_① 115_② 116_② 117_③ 118_② 119_④ 120_③ 121_④ 122_① 123_② 124_③

결된 것은?
① 1장 – 모세보다 우월하신 그리스도
② 3장 – 아론보다 우월하신 그리스도
③ 4장 – 우리에게 큰 대제사장이신 그리스도
④ 5장 – 천사보다 우월하신 그리스도

125 "예수 그리스도는 어제나 오늘이나 영원토록 동일하시니라"는 말씀이 있는 서신은?
① 고린도후서 ② 디모데전서
③ 야고보서 ④ 히브리서

126 히브리서는 총 몇 장으로 되어 있는가?
① 11장 ② 12장
③ 13장 ④ 14장

127 "그러므로 우리에게 큰 대제사장이 계시니 ( ) 하신 이 곧 하나님의 아들 예수시라"는 히브리서의 말씀에서 괄호 안에 들어가는 말은?
① 승천 ② 부활
③ 존귀 ④ 영원

128 "우리가 믿는 도리의 ( )이시며 대제사장이신 예수를 깊이 생각하라"는 히브리서의 말씀에서 괄호 안에 들어가는 말은?
① 목자 ② 예언자
③ 사도 ④ 인도자

【주관식】

129 "( )으로 아벨은 가인보다 더 나은 제사를 하나님께 드림으로 의로운 자라 하시는 증거를 얻었으니 하나님이 그 예물에 대하여 증언하심이라 그가 죽었으나 그 ( )으로써 지금도 말하느니라"는 말씀에서 괄호 안에 공통으로 들어갈 말은?

130 히브리서에서 "바라는 것들의 실상이요 보이지 않는 것들의 증거"는 무엇인가?

131 "징계는 다 받는 것이거늘 너희에게 없으면 ( )요 친아들이 아니니라"에서 괄호 안에 들어갈 말은?

132 "우리가 시작할 때에 확신한 것을 끝까지 견고히 잡고 있으면 ( )과/와 함께 참여한 자가 되리라"는 히브리서의 말씀에서 괄호 안에 들어가는 말은?

133 "율법은 장차 올 좋은 일의 ( )일 뿐이요 참 형상이 아니므로 해마다 늘 드리는 같은 제사로는 나아오는 자들을 언제나 온전하게 할 수 없느니라"는 말씀에서 괄호 안에 들어갈 낱말은?

134 "그리스도께서는 장래 좋은 일의 ( )으로 오사 손으로 짓지 아니한 것 곧 이 창조에 속하지 아니한 더 크고 온전한 장막으로 말미암아"는 말씀에서 괄호 안에 들어갈 낱말은?

135 "하나님은 불의하지 아니하사 너희 행위와 그의 이름을 위하여 나타낸 ( )으로 이미 성도를 섬긴 것과 이제도 섬기고 있는 것을 잊어버리지 아니하시느니라"는 말씀에서 괄호 안에 들어가야 할 단어는?

136 "( )은 바라는 것들의 실상이요 보이지 않는 것들의 증거니 선진들이 이로써 증거를 얻었느니라"는 말씀에서 괄호 안에 맞는 단어는?

137 다음은 히브리서 10장 35절의 말씀이다. 괄호 안에 들어갈 낱말은?
"그러므로 너희 ( )을 버리지 말라 이것이 큰 상을 얻게 하느니라"

138 다음은 히브리서 4장 14절의 말씀이다. 괄호 안에 들어갈 낱말은?
"그러므로 우리에게 큰 ( )이 계시니 승천하신 이 곧 하나님의 아들 예수시라 우리가 믿는 도리를 굳게 잡을지어다"

139 "한번 죽는 것은 사람에게 정해진 것이요 그 후에는 ( )이 있으리니"는 말씀에서 괄호 안에

125_④ 126_③ 127_① 128_③ 129_믿음 130_믿음 131_사생자 132_그리스도 133_그림자 134_대제사장 135_사랑 136_믿음 137_담대함 138_대제사장 139_심판

들어가는 말은?

140 "모든 사람과 더불어 화평함과 거룩함을 따르라 이것이 없이는 아무도 ( )를/을 보지 못하리라"는 히브리서의 말씀에서 괄호 안에 들어가는 말은?

141 "( )의 중보자이신 예수와 및 아벨의 피보다 더 나은 것을 말하는 뿌린 피니라"는 말씀에서 괄호 안에 들어갈 낱말은?

142 "함께 하늘의 부르심을 받은 거룩한 형제들아 우리가 믿는 도리의 사도이시며 ( )이신 예수를 깊이 생각하라"는 말씀에서 괄호 안에 들어가야 할 단어는?

143 다음은 히브리서 12장 11절의 말씀이다. 괄호 안에 들어갈 낱말은?
"무릇 ( )가 당시에는 즐거워 보이지 않고 슬퍼 보이나 후에 그로 말미암아 연단 받은 자들은 의와 평강의 열매를 맺느니라"

144 "한번 죽는 것은 사람에게 정해진 것이요 그 후에는 심판이 있으리니"는 말씀이 나오는 서신은?

145 "무릇 징계가 당시에는 즐거워 보이지 않고 슬퍼 보이나 후에 그로 말미암아 연단 받은 자들은 ( )과/와 ( )의 열매를 맺느니라"의 말씀에서 괄호 안에 각각 들어갈 낱말은 무엇인가?

146 "그 길은 우리를 위하여 휘장 가운데로 열어 놓으신 새로운 살 길이요 휘장은 곧 그의 ( )니라"는 말씀에서 괄호 안에 들어갈 낱말은?

147 "이 뜻을 따라 예수 그리스도의 몸을 단번에 드리심으로 말미암아 우리가 ( )을 얻었노라"는 히브리서의 말씀에서 괄호 안에 들어가야 할 단어는?

148 다음은 히브리서 10장 39절의 말씀이다. 괄호 안에 들어갈 낱말은?
"우리는 뒤로 물러가 ( )할 자가 아니요 오직 영혼을 구원함에 이르는 믿음을 가진 자니라"

149 히브리서 7장은 우리 주님께서 어느 지파로부터 나셨다고 기록하고 있는가?

150 "그러므로 우리는 ( )로 말미암아 항상 찬송의 제사를 하나님께 드리자 이는 그 이름을 증언하는 입술의 열매니라"는 말씀에서 괄호 안에 들어가는 말은?

151 신약성경의 서신에서 편지의 서두에 저자가 언급되지 <u>않은</u> 책은?

152 "( )은(는) 어제나 오늘이나 영원토록 동일하시니라"는 구절에서 괄호 안에 들어가야 할 말은?

153 "하나님의 말씀은 살아 있고 활력이 있어 좌우에 날선 어떤 검보다도 예리하여 혼과 영과 및 관절과 골수를 찔러 쪼개기까지 하며 또 마음의 생각과 뜻을 ( )하나니 …"라는 말씀에서 괄호 안에 맞는 단어는?

154 "( )한 자들은 다시 새롭게 하여 회개하게 할 수 없나니 이는 그들이 하나님의 아들을 다시 십자가에 못 박아 드러내 놓고 욕되게 함이라"라는 말씀에서 괄호 안에 들어가야 할 단어는 무엇인가?

155 "( )을/를 사랑하지 말고 있는 바를 족한 줄로 알라"는 말씀에서 괄호 안에 들어가야 할 단어는?

156 히브리서에 나오는 "너희를 인도하는 자들에게 순종하고 ( )하라"는 말씀에서 괄호 안에 들어가야 할 단어는?

157 "하나님의 말씀은 살아 있고 활력이 있어 좌우에 날선 어떤 검보다도 ( )하여 혼과 영과 및 관절과 골수를 찔러 쪼개기까지 하며 또 마음의 생각과 뜻을 판단하나니"라는 히브리서 4장

히

140_주 141_새 언약 142_대제사장 143_징계 144_히브리서 145_의, 평강 146_육체 147_거룩함 148_멸망 149_유다 150_예수 151_히브리서 152_예수 그리스도 153_판단 154_타락 155_돈 156_복종 157_예리

12절의 말씀에서 괄호 안에 들어가야 할 단어는?

158 "타락한 자들은 다시 (   ) 하여 회개하게 할 수 없나니 이는 그들이 하나님의 아들을 다시 십자가에 못 박아 드러내 놓고 욕되게 함이라"라는 말씀에서 괄호 안에 맞는 단어는?

야고보서

001 다음 중 데살로니가전서와 장수가 같은 서신은?
① 갈라디아서 ② 에베소서
③ 디모데전서 ④ 야고보서

002 "오직 위로부터 난 지혜는 첫째 성결하고 다음에 화평하고 관용하고 양순하며 긍휼과 선한 열매가 가득하고 편견과 거짓이 없나니"라는 말씀은 야고보서 몇 장에 나오는가?
① 1장 ② 2장
③ 3장 ④ 4장

003 다음의 구절로 마치는 신약성경의 책은?
"내 형제들아 너희 중에 미혹되어 진리를 떠난 자를 누가 돌아서게 하면 너희가 알 것은 죄인을 미혹된 길에서 돌아서게 하는 자가 그의 영혼을 사망에서 구원할 것이며 허다한 죄를 덮을 것임이라"
① 유다서 ② 로마서
③ 히브리서 ④ 야고보서

004 다음 구절에서 야고보서에 나오는 구절은?
① 그러므로 우리는 예수로 말미암아 항상 찬송의 제사를 하나님께 드리자 이는 그 이름을 증언하는 입술의 열매니라
② 오직 선을 행함과 서로 나누어 주기를 잊지 말라 하나님은 이같은 제사를 기뻐하시느니라
③ 인내를 온전히 이루라 이는 너희로 온전하고 구비하여 조금도 부족함이 없게 하려 함

158_새롭게

001_④ 002_③ 003_④ 004_③

이라

④ 너희를 인도하는 자들에게 순종하고 복종하라 그들은 너희 영혼을 위하여 경성하기를 자신들이 청산할 자인 것 같이 하느니라 그들로 하여금 즐거움으로 이것을 하게 하고 근심으로 하게 하지 말라 그렇지 않으면 너희에게 유익이 없느니라

005 "흩어져 있는 열두 지파에게 문안하노라"는 말씀으로 편지를 시작하는 서신은?

① 히브리서 ② 야고보서
③ 베드로전서 ④ 유다서

006 "네가 만일 율법을 판단하면 율법의 ( )가 아니요 ( )이로다 ( )와 재판관은 오직 한 분이시니 능히 구원하기도 하시며 멸하기도 하시느니라"는 말씀에서 괄호 안에 들어갈 낱말이 아닌 것은?

① 입법자 ② 준행자
③ 재판관 ④ 수여자

007 다음 중 '사람을 차별하여 대하지 말라'는 야고보서의 말씀에서 언급되지 않는 내용은?

① 만일 너희가 사람을 차별하여 대하면 죄를 짓는 것이니 율법이 너희를 범법자로 정죄하리라
② 영광의 주 곧 우리 주 예수 그리스도에 대한 믿음을 너희가 가졌으니 사람을 차별하여 대하지 말라
③ 너희 회당에 아름다운 옷을 입은 사람이 들어올 때에 좋은 자리에 앉게 하라
④ 너희끼리 서로 차별하며 악한 생각으로 판단하는 자가 되지 말라

008 야고보서에서 '싸움과 다툼'이 어디로부터 나는가를 설명할 때 언급되지 않는 내용은?

① 너희 지체 중에서 싸우는 정욕으로부터 난다
② 욕심을 내어도 얻지 못하기 때문이다
③ 살인하며 시기하여도 능히 취하지 못하기 때문이다
④ 사람들과 주 앞에서 자신을 낮추기 때문이다

009 "네가 보거니와 믿음이 그의 행함과 함께 일하고 행함으로 믿음이 온전하게 되었느니라"는 말씀은 야고보서 몇 장 몇 절인가?

① 2장 22절 ② 3장 22절
③ 4장 22절 ④ 5장 22절

010 "누구든지 스스로 ( )하다 생각하며 자기 혀를 재갈 물리지 아니하고 자기 마음을 속이면 이 사람의 ( )은 헛것이라"는 야고보서 1장 26절의 말씀에서 괄호 안에 들어가야 할 낱말은?

① 명철 ② 성실
③ 선 ④ 경건

011 "욕심이 잉태한즉 죄를 낳고 죄가 장성한즉 사망을 낳느니라"는 말씀이 나오는 서신은?

① 야고보서 ② 베드로전서
③ 베드로후서 ④ 요한일서

012 "( )는 우리와 성정이 같은 사람이로되 그가 비가 오지 않기를 간절히 기도한즉 삼 년 육 개월 동안 땅에 비가 오지 아니하고 다시 기도하니 하늘이 비를 주고 땅이 열매를 맺었느니라"는 말씀에서 괄호 안에 들어가는 인물은?

① 모세 ② 사무엘
③ 엘리야 ④ 엘리사

013 "너희는 욕심을 내어도 얻지 못하여 살인하며 시기하여도 능히 취하지 못하므로 다투고 싸우는도다 너희가 얻지 못함은 구하지 아니하기 때문이요 구하여도 받지 못함은 정욕으로 쓰려고 잘못 구하기 때문이라"는 말씀이 나오는 서신은?

① 갈라디아서 ② 야고보서
③ 베드로전서 ④ 요한일서

014 "이와 같이 행함이 없는 믿음은 그 자체가 죽은 것이라"는 말씀이 나오는 서신은?

① 갈라디아서 ② 야고보서
③ 베드로전서 ④ 요한일서

015 다음 구절에서 야고보서 1장에 나오는 구절은?

① 우리 조상 아브라함이 그 아들 이삭을 제단

005_② 006_④ 007_③ 008_④ 009_① 010_④ 011_① 012_③ 013_② 014_② 015_④

에 바칠 때에 행함으로 의롭다 하심을 받은 것이 아니냐
② 만일 너희가 사람을 차별하여 대하면 죄를 짓는 것이니 율법이 너희를 범법자로 정죄하리라
③ 내 사랑하는 형제들아 들을지어다 하나님이 세상에서 가난한 자를 택하사 믿음에 부요하게 하시고 또 자기를 사랑하는 자들에게 약속하신 나라를 상속으로 받게 하지 아니하셨느냐
④ 그러므로 모든 더러운 것과 넘치는 악을 내버리고 너희 영혼을 능히 구원할 바 마음에 심어진 말씀을 온유함으로 받으라

016 "너희 중에 지혜와 총명이 있는 자가 누구냐 그는 선행으로 말미암아 지혜의 ( )으로 그 행함을 보일지니라"(약 3:13)는 말씀에서 괄호 안에 들어갈 단어는?
① 온전함 ② 숭고함
③ 완전함 ④ 온유함

017 다음의 구절에서 공통으로 들어갈 단어는?
"( ) 앞에서 낮추라 그리하면 ( )께서 너희를 높이시리라"(약 4:10)
① 인자 ② 성령
③ 하나님 ④ 주

018 다음의 구절에서 괄호 안에 들어갈 단어는?
"입법자와 재판관은 오직 한 분이시니 능히 구원하기도 하시며 멸하기도 하시느니라 너는 누구이기에 ( )를/을 판단하느냐"(약 4:12)
① 범법자 ② 죄인
③ 남 ④ 이웃

019 "하나님 아버지 앞에서 정결하고 더러움이 없는 경건은 곧 고아와 과부를 그 환난중에 돌보고 또 자기를 지켜 세속에 물들지 아니하는 그것이니라"는 말씀이 나오는 서신은?
① 히브리서 ② 야고보서
③ 베드로전서 ④ 로마서

020 다음 중 야고보서 3장에 나오는 혀에 관한 묘사가 아닌 것은?
① 혀는 곧 불이요 불의의 세계다
② 혀는 우리 지체 중에서 온 몸을 더럽히고 삶의 수레바퀴를 불사른다
③ 혀는 능히 길들일 수 없는 것이 아니다
④ 혀는 쉬지 아니하는 악이요 죽이는 독이 가득한 것이다

021 "너희 중에 병든 자가 있느냐 그는 교회의 장로들을 청할 것이요 그들은 주의 이름으로 기름을 바르며 그를 위하여 기도할지니라"는 말씀이 나오는 서신은?
① 로마서 ② 고린도후서
③ 히브리서 ④ 야고보서

022 "( ) 하는 온전한 율법을 들여다보고 있는 자는 듣고 잊어버리는 자가 아니요 실천하는 자니 이 사람은 그 행하는 일에 복을 받으리라"라는 야고보서 말씀에서 괄호 안에 들어갈 말은?
① 의롭게 ② 구원하게
③ 지혜롭게 ④ 자유롭게

023 "너희 죄를 서로 고백하며 병이 낫기를 위하여 서로 기도하라 ( )의 간구는 역사하는 힘이 큼이니라"는 야고보서 말씀에서 괄호 안에 맞는 단어는?
① 성도 ② 엘리야
③ 유대인 ④ 의인

024 "그러므로 형제들아 주께서 ( )하시기까지 길이 참으라 보라 농부가 땅에서 나는 귀한 열매를 바라고 길이 참아 이른 비와 늦은 비를 기다리나니"라는 야고보서 말씀에서 괄호 안에 들어갈 말은?
① 심판 ② 구원
③ 강림 ④ 용서

025 야고보서에서 '말에 실수가 없도록 하라'는 권면에서 언급되지 않는 비유는?
① 말들의 입에 물리는 재갈
② 아름다운 옷을 입은 사람의 금가락지

016_④ 017_④ 018_④ 019_② 020_③ 021_④ 022_④ 023_④ 024_③ 025_②

③ 사공의 뜻대로 운행하는 배의 작은 키
④ 많은 나무를 태우는 작은 불

026 야고보서에서 '위로부터 나오는 지혜'에 관한 설명이 아닌 것은?
① 세속에 물들지 아니하는 것이다
② 성결하고 화평하다
③ 관용하고 양순하다
④ 긍휼과 선한 열매가 가득하다

027 "너희는 ( )의 율법대로 심판 받을 자처럼 말도 하고 행하기도 하라"는 야고보서 2장 12절의 말씀에서 괄호 안에 들어가야 할 낱말은?
① 믿음　② 최후
③ 자유　④ 그리스도

028 "사람이 성내는 것이 하나님의 ( )를(을) 이루지 못함이라"라는 야고보서 1장 20절 말씀에서 괄호 안에 들어가야 할 단어는?
① 사랑　② 용서
③ 뜻　④ 의

029 "시기와 다툼이 있는 곳에는 ( )과 모든 악한 일이 있음이라"는 약 3장 16절 말씀에서 괄호 안에 들어가야 할 낱말은?
① 혼란　② 이권
③ 파당　④ 탄식

030 "… 두 마음을 품은 자들아 마음을 ( ) 하라"는 야고보서 4장 8절 말씀에서 괄호 안에 들어가야 할 낱말은?
① 성결하게　② 굳세게
③ 느긋하게　④ 편하게

031 다음 중 "이와 같이 ( )이 없는 믿음은 그 자체가 죽은 것이라"는 말씀에서 괄호 안에 들어가는 말은?
① 행함　② 사랑
③ 소망　④ 경건

032 "이로 보건대 사람이 행함으로 의롭다 하심을 받고 믿음으로만은 아니니라"는 말씀이 나오는 서신은?
① 로마서　② 고린도후서
③ 히브리서　④ 야고보서

033 다음의 구절이 나오는 신약성경의 책은?
"시험을 참는 자는 복이 있나니 이는 시련을 견디어 낸 자가 주께서 자기를 사랑하는 자들에게 약속하신 생명의 면류관을 얻을 것이기 때문이라 사람이 시험을 받을 때에 내가 하나님께 시험을 받는다 하지 말지니 하나님은 악에게 시험을 받지도 아니하시고 친히 아무도 시험하지 아니하시느니라"
① 고린도전서　② 고린도후서
③ 히브리서　④ 야고보서

034 "엘리야는 우리와 성정이 같은 사람이로되 그가 비가 오지 않기를 간절히 기도한즉 삼 년 육 개월 동안 땅에 비가 오지 아니하고 다시 기도하니 하늘이 비를 주고 땅이 열매를 맺었느니라"는 말씀이 나오는 서신은?
① 히브리서　② 야고보서
③ 요한일서　④ 유다서

035 "이제도 너희가 허탄한 ( )을 하니 그러한 ( )은 다 악한 것이라"는 야고보서 4장 16절에서 괄호 안에 들어가야 할 낱말은?
① 자랑　② 노력
③ 생각　④ 일

약

【주관식】

036 "너희 중에 누구든지 지혜가 부족하거든 모든 사람에게 후히 주시고 꾸짖지 아니하시는 하나님께 구하라 그리하면 주시리라"는 말씀이 나오는 서신은?

037 야고보서에 나오는 "입법자와 재판관은 오직 한 분이시니 능히 구원하기도 하시며 멸하기도 하시느니라 너는 누구이기에 이웃을 판단하느냐"라는 구절에서 오직 한 분은 문맥상으로 누

026_① 027_③ 028_④ 029_① 030_① 031_① 032_④ 033_④ 034_② 035_① 036_야고보서 037_하나님

구를 가리키는가?

038 “이러한 지혜는 위로부터 내려온 것이 아니요 땅 위의 것이요 정욕의 것이요 ( )의 것이니”는 말씀에서 괄호 안에 들어갈 낱말은?

039 “너희 믿음의 시련이 ( )를 만들어 내는 줄 너희가 앎이라 ( )를 온전히 이루라 이는 너희로 온전하고 구비하여 조금도 부족함이 없게 하려 함이라”는 말씀에서 두 괄호 안에 공통으로 들어가야 할 한 단어는?

040 다음은 야고보서 5장 4절의 말씀이다. 괄호 안에 들어갈 낱말은?
“보라 너희 밭에서 추수한 품꾼에게 주지 아니한 삯이 소리 지르며 그 추수한 자의 우는 소리가 ( )의 귀에 들렸느니라”

041 “영혼 없는 몸이 죽은 것 같이 ( )이 없는 믿음은 죽은 것이니라”는 말씀에서 괄호 안에 들어가는 말은?

042 다음 구절에서 괄호 안에 들어갈 단어는?
“형제들아 서로 원망하지 말라 그리하여야 심판을 면하리라 보라 ( )가 문 밖에 서 계시니라”(약 5:9)

043 “온갖 좋은 은사와 온전한 선물이 다 위로부터 빛들의 아버지께로부터 내려오나니 그는 변함도 없으시고 회전하는 그림자도 없으시니라”는 말씀이 나오는 신약성경의 책은 어느 책인가?

044 “너희 중에 누구든지 ( )가 부족하거든 모든 사람에게 후히 주시고 꾸짖지 아니하시는 하나님께 구하라 그리하면 주시리라”는 말씀에서 괄호 안에 들어가야 할 단어는?

045 다음은 야고보서 4장 17절의 말씀이다. 괄호 안에 들어갈 낱말은?
“그러므로 사람이 선을 행할 줄 알고도 행하지 아니하면 ( )니라”

038_귀신 039_인내 040_만군의 주 041_행함
042_심판주 043_야고보서 044_지혜 045_죄

베드로전서

001 다음 중 서신의 장수가 다른 서신은?
① 데살로니가전서 ② 야고보서
③ 베드로전서 ④ 디모데전서

002 “그러나 너희는 택하신 족속이요 왕 같은 제사장들이요 거룩한 나라요 그의 소유가 된 백성이니 이는 너희를 어두운 데서 불러 내어 그의 기이한 빛에 들어가게 하신 이의 아름다운 덕을 선포하게 하려 하심이라”는 말씀은 베드로전서 몇 장에 나오는가?
① 1장 ② 2장
③ 3장 ④ 4장

003 다음의 구절로 시작하는 신약성경의 책에서 괄호 안에 들어갈 단어는?
“예수 그리스도의 사도 ( )는 본도, 갈라디아, 갑바도기아, 아시아와 비두니아에 흩어진 나그네 곧 하나님 아버지의 미리 아심을 따라 성령이 거룩하게 하심으로 순종함과 예수 그리스도의 피 뿌림을 얻기 위하여 택하심을 받은 자들에게 편지하노니 은혜와 평강이 너희에게 더욱 많을지어다”
① 유다 ② 베드로
③ 야고보 ④ 디도

004 다음의 구절로 마무리하는 신약성경의 책은?
“너희는 사랑의 입맞춤으로 서로 문안하라 그리스도 안에 있는 너희 모든 이에게 평강이 있을지어다”
① 유다서 ② 베드로전서

001_④ 002_② 003_② 004_②

③ 베드로후서　　④ 히브리서

005 "내가 신실한 형제로 아는 (　)로 말미암아 너희에게 간단히 써서 권하고 이것이 하나님의 참된 은혜임을 증언하노니 너희는 이 은혜에 굳게 서라"는 말씀에서 괄호 안에 들어갈 사람의 이름은?
① 더디오　　② 두기고
③ 실루아노　　④ 마가

006 베드로전서 2-3장에서 베드로가 특별히 권면을 주는 대상이 아닌 것은?
① 아내　　② 남편
③ 사환(종)　　④ 주인

007 "너희가 순종하는 자식처럼 전에 알지 못할 때에 따르던 너희 사욕을 본받지 말고 오직 너희를 부르신 거룩한 이처럼 너희도 모든 행실에 거룩한 자가 되라"는 말씀이 나오는 서신은?
① 히브리서　　② 야고보서
③ 베드로전서　　④ 베드로후서

008 베드로전서에서 그리스도가 고난 받으신 이유를 설명할 때 언급하지 않는 것은?
① 너희에게 본을 끼쳐 그 자취를 따라오게 하려 하시려고
② 자유로 악을 가리는데 쓰게 하기 위하여
③ 우리로 죄에 대하여 죽고 의에 대하여 살게 하려 하시려고
④ 그가 채찍에 맞음으로 너희가 나음을 얻게 하기 위하여

009 "부당하게 고난을 받아도 (　)을/를 생각함으로 슬픔을 참으면 이는 아름다우나"라는 베드로전서 2장 19절의 말씀에서 괄호 안에 들어가야 할 낱말은?
① 삶　　② 미래
③ 하나님　　④ 행복

010 "너희가 순종하는 자식처럼 전에 알지 못할 때에 따르던 너희 (　)을/를 본받지 말고"라는 베드로전서 1장 14절의 말씀에서 괄호 안에 들어가야 할 낱말은?
① 지식　　② 사욕
③ 종교　　④ 생각

011 "사랑하는 자들아 거류민과 나그네 같은 너희를 권하노니 영혼을 거슬러 싸우는 육체의 정욕을 제어하라"는 말씀이 나오는 서신은?
① 야고보서　　② 베드로전서
③ 베드로후서　　④ 요한일서

012 "너희 마음에 그리스도를 주로 삼아 거룩하게 하고 너희 속에 있는 (　)에 관한 이유를 묻는 자에게는 대답할 것을 항상 준비하되 온유와 두려움으로 하고 선한 양심을 가지라"는 말씀에서 괄호 안에 들어가는 말은?
① 믿음　　② 소망
③ 사랑　　④ 경건

013 "만물의 마지막이 가까이 왔으니 그러므로 너희는 정신을 차리고 근신하여 기도하라 무엇보다도 뜨겁게 서로 사랑할지니 사랑은 허다한 죄를 덮느니라"는 말씀이 나오는 서신은?
① 야고보서　　② 베드로전서
③ 베드로후서　　④ 요한일서

014 "젊은 자들아 이와 같이 장로들에게 순종하고 다 서로 겸손으로 허리를 동이라 하나님은 교만한 자를 대적하시되 겸손한 자들에게는 은혜를 주시느니라"는 말씀이 나오는 서신은?
① 야고보서　　② 베드로전서
③ 베드로후서　　④ 요한일서

015 다음 중 베드로전서 1장에 나오는 구절이 아닌 것은?
① 그러므로 너희가 이제 여러 가지 시험으로 말미암아 잠깐 근심하게 되지 않을 수 없으나 오히려 크게 기뻐하는도다
② 내 형제들아 너희가 여러 가지 시험을 당하거든 온전히 기쁘게 여기라
③ 믿음의 결국 곧 영혼의 구원을 받음이라
④ 오직 주의 말씀은 세세토록 있도다 하였으니 너희에게 전한 복음이 곧 이 말씀이니라

005_③ 006_④ 007_③ 008_② 009_③ 010_② 011_② 012_② 013_② 014_② 015_②

016 다음 중 베드로전서 2장에 나오는 구절에 아닌 것은?
① 너희가 진리를 순종함으로 너희 영혼을 깨끗하게 하여 거짓이 없이 형제를 사랑하기에 이르렀으니 마음으로 뜨겁게 서로 사랑하라
② 갓난 아기들 같이 순전하고 신령한 젖을 사모하라 이는 그로 말미암아 너희로 구원에 이르도록 자라게 하려 함이라
③ 너희가 전에는 백성이 아니더니 이제는 하나님의 백성이요 전에는 긍휼을 얻지 못하였더니 이제는 긍휼을 얻은 자니라
④ 뭇 사람을 공경하며 형제를 사랑하며 하나님을 두려워하며 왕을 존대하라

017 다음 중 베드로전서 3장에 나오는 구절에 아닌 것은?
① 죄가 있어 매를 맞고 참으면 무슨 칭찬이 있으리요 그러나 선을 행함으로 고난을 받고 참으면 이는 하나님 앞에 아름다우니라
② 너희의 두려워하며 정결한 행실을 봄이라
③ 오직 마음에 숨은 사람을 온유하고 안정한 심령의 썩지 아니할 것으로 하라 이는 하나님 앞에 값진 것이니라
④ 악을 악으로, 욕을 욕으로 갚지 말고 도리어 복을 빌라 이를 위하여 너희가 부르심을 받았으니 이는 복을 이어받게 하려 하심이라

018 다음 중 베드로전서 4장에 나오는 구절에 아닌 것은?
① 너희가 음란과 정욕과 술취함과 방탕과 향락과 무법한 우상 숭배를 하여 이방인의 뜻을 따라 행한 것은 지나간 때로 족하도다
② 주의 눈은 의인을 향하시고 그의 귀는 의인의 간구에 기울이시되 주의 얼굴은 악행하는 자들을 대하시느니라 하였느니라
③ 무엇보다도 뜨겁게 서로 사랑할지니 사랑은 허다한 죄를 덮느니라
④ 그러므로 하나님의 뜻대로 고난을 받는 자들은 또한 선을 행하는 가운데에 그 영혼을 미쁘신 창조주께 의탁할지어다

019 "그가 또한 영으로 가서 옥에 있는 영들에게 선포하시니라"는 말씀이 나오는 서신은?
① 히브리서 ② 야고보서
③ 베드로전서 ④ 베드로후서

020 다음 중 베드로전서 2장에 나오는 말씀이 아닌 것은?
① 사람에게는 버린 바가 되었으나 하나님께는 택하심을 입은 보배로운 산 돌이신 예수께 나아가
② 이스라엘 자손들의 수가 비록 바다의 모래 같을지라도 남은 자만 구원을 받으리니
③ 보라 내가 택한 보배로운 모퉁잇돌을 시온에 두노니 그를 믿는 자는 부끄러움을 당하지 아니하리라
④ 건축자들이 버린 그 돌이 모퉁이의 머릿돌이 되고 또한 부딪치는 돌과 걸려 넘어지게 하는 바위가 되었다

021 베드로전서 2장 18절의 "사환들아 범사에 두려워함으로 주인들에게 순종하되 선하고 관용하는 자들에게만 아니라 또한 ( ) 자들에게도 그리하라"는 말씀에서 괄호 안에 들어갈 낱말은?
① 보배로운 ② 비방하는
③ 까다로운 ④ 어리석은

022 "인간의 모든 제도를 주를 위하여 순종하되 혹은 위에 있는 왕이나 혹은 그가 악행하는 자를 징벌하고 선행하는 자를 포상하기 위하여 보낸 총독에게 하라"는 말씀이 나오는 서신은?
① 로마서 ② 디모데전서
③ 베드로전서 ④ 베드로후서

023 "물은 예수 그리스도께서 부활하심으로 말미암아 이제 너희를 구원하는 표니 곧 세례라 이는 육체의 더러운 것을 제하여 버림이 아니요 하나님을 향한 선한 ( )의 간구니라"는 베드로전서 3장 21절의 말씀에서 괄호 안에 들어가야 할 낱말은?
① 믿음 ② 소망
③ 기도 ④ 양심

016_① 017_① 018_② 019_③ 020_② 021_③ 022_③ 023_④

024 다음 중 베드로전서에서 '긍휼을 얻은 하나님의 백성'에 대한 표현이 아닌 것은?
① 열방의 소유가 된 백성
② 택하신 족속
③ 왕 같은 제사장들
④ 거룩한 나라

025 베드로전서에서 '선을 위한 고난'에 관한 언급이 아닌 것은?
① 의를 위하여 고난을 받으면 복 있는 자다
② 선을 행함으로 고난 받는 것이 악을 행함으로 고난 받는 것보다 나으니라
③ 악에서 떠나 선을 행하고 화평을 구하며 그것을 따르라
④ 너희가 오히려 열심으로 악을 행하면 고난이 뒤따르지 않을 것이다

026 끝인사에 "택하심을 함께 받은 바벨론에 있는 교회가 너희에게 문안하고 내 아들 마가도 그리하느니라"는 말씀이 나오는 서신은?
① 히브리서 ② 야고보서
③ 베드로전서 ④ 베드로후서

027 "선한 양심을 가지라 이는 그리스도 안에 있는 너희의 ( )을 욕하는 자들로 그 비방하는 일에 부끄러움을 당하게 하려 함이라"는 베드로전서 3장 16절 말씀에서 괄호 안에 들어가야 할 낱말은?
① 양심 ② 삶
③ 선행 ④ 번영

028 "만일 누가 말하려면 하나님의 말씀을 하는 것 같이 하고 누가 ( )하려면 하나님이 공급하시는 힘으로 하는 것 같이 하라…"는 베드로전서 4장 11절의 말씀에서 괄호 안에 들어가야 할 낱말은?
① 운동 ② 일
③ 논쟁 ④ 봉사

029 "그러므로 하나님의 뜻대로 고난을 받는 자들은 또한 선을 행하는 가운데에 그 ( )을/를 미쁘신 창조주께 의탁하실지어다"라는 베드로전서 4장 19절 말씀에서 괄호 안에 들어가야 할 낱말은?
① 영혼 ② 미래
③ 삶 ④ 육체

030 "너희 중 장로들에게 권하노니 나는 함께 장로된 자요 그리스도의 고난의 증인이요 나타날 영광에 참여할 자니라"는 말씀에서 '나'는 누구인가?
① 바울 ② 야고보
③ 베드로 ④ 요한

031 다음 중 "사라가 ( )을 주라 칭하여 순종한 것 같이 너희는 선을 행하고 아무 두려운 일에도 놀라지 아니하면 그의 딸이 된 것이니라"는 말씀에서 괄호 안에 들어가는 말은?
① 아브라함 ② 이삭
③ 야곱 ④ 요셉

032 다음 구절에서 괄호 안에 들어갈 단어는?
"맡은 자들에게 주장하는 자세를 하지 말고 ( )이(가) 되라"(벧전 5:3)
① 존경받는 인물 ② 양 무리의 본
③ 섬기는 지도자 ④ 겸손한 사람

벧전

【주관식】

033 "근신하라 깨어라 너희 대적 마귀가 우는 사자 같이 두루 다니며 삼킬 자를 찾나니 너희는 믿음을 굳건하게 하여 그를 대적하라 이는 세상에 있는 너희 형제들도 동일한 고난을 당하는 줄을 앎이라"는 말씀이 나오는 서신은?

034 베드로전서에 나오는 "또 너희가 열심으로 ( )을 행하면 누가 너희를 해하리요"라는 구절에서 ( ) 안에 들어갈 단어는?

035 "사랑하는 자들아 ( )과 나그네 같은 너희를 권하노니 영혼을 거슬러 싸우는 육체의 정욕을 제어하라"는 말씀에서 괄호 안에 들어갈 낱말

024_① 025_④ 026_③ 027_③ 028_④ 029_① 030_③ 031_① 032_② 033_베드로전서 034_선 035_거류민

은?

036 "아내들아 이와 같이 자기 남편에게 순종하라 이는 혹 말씀을 순종하지 않는 자라도 말로 말미암지 않고 그 아내의 행실로 말미암아 ( )을 받게 하려 함"이라는 말씀에서 괄호 안에 들어가야 할 단어는?

037 다음은 베드로전서 2장 25절의 말씀이다. 괄호 안에 들어갈 낱말은?
"너희가 전에는 양과 같이 길을 잃었더니 이제는 너희 영혼의 ( )와 감독 되신 이에게 돌아왔느니라"

038 "만물의 마지막이 가까이 왔으니 그러므로 너희는 정신을 차리고 근신하여 기도하라 무엇보다도 뜨겁게 서로 ( )할지니 ( )은 허다한 죄를 덮느니라"는 말씀에서 괄호 안에 공통으로 들어가는 말은?

039 베드로전서에 나오는 "너희는 ( )을 굳건하게 하여 그를 대적하라 이는 세상에 있는 너희 형제들도 동일한 고난을 당하는 줄을 앎이라"라는 구절에서 ( ) 안에 들어갈 단어는?

040 "믿음의 결국 곧 ( )의 구원을 받음이라"는 말씀에서 괄호 안에 들어갈 낱말은?

041 "서로 대접하기를 원망 없이 하고 각각 은사를 받은 대로 하나님의 여러 가지 은혜를 맡은 선한 청지기 같이 서로 ( )하라"는 말씀에서 괄호 안에 들어가야 할 단어는?

042 다음은 베드로전서 5장 7절의 말씀이다. 괄호 안에 들어갈 낱말은?
"너희 염려를 다 주께 맡기라 이는 그가 너희를 ( )이라"

베드로후서

001 베드로후서의 장수는?
① 3장 ② 4장
③ 5장 ④ 6장

002 다음 서신들 중 '노아'란 이름이 나오는 서신은?
① 베드로후서 ② 야고보서
③ 갈라디아서 ④ 로마서

003 "이 사람들은 물 없는 샘이요 광풍에 밀려 가는 안개니 그들을 위하여 캄캄한 어둠이 예비되어 있나니"는 말씀이 나오는 서신은?
① 디모데전서 ② 베드로전서
③ 베드로후서 ④ 요한계시록

004 다음 중 베드로후서에서 '거짓 선생들'에 대한 설명이 아닌 것은?
① 그들은 멸망하게 할 이단을 가만히 끌어들인다
② 여럿이 그들의 호색하는 것을 따르므로 진리의 도가 비방을 받을 것이다
③ 그들이 탐심으로써 지어낸 말을 가지고 너희로 이득을 삼는다
④ 자기들을 사신 주는 인정하나 임박한 멸망을 스스로 취하는 자들이다

005 "우리 주 예수 그리스도의 능력과 ( )하심을 너희에게 알게 한 것이 교묘히 만든 이야기를 따른 것이 아니요 우리는 그의 크신 위엄을 친히 본 자라"는 베드로후서 1장 16절 말씀에서

036_구원 037_목자 038_사랑 039_믿음 040_영혼
041_봉사 042_돌보심

001_① 002_① 003_③ 004_④ 005_②

괄호 안에 들어가야 할 낱말은?
① 말씀 ② 강림
③ 치유 ④ 인도

006 "그러므로 너희가 더욱 힘써 너희 믿음에 덕을, 덕에 지식을, 지식에 절제를, 절제에 인내를, 인내에 ( )을/를, ( )에 형제 우애를, 형제 우애에 사랑을 더하라"는 말씀에서 괄호 안에 공통으로 들어가는 말은?
① 연단 ② 경건
③ 소망 ④ 의

007 "사랑하는 자들아 주께는 하루가 천 년 같고 천 년이 하루 같다는 이 한 가지를 잊지 말라"는 말씀이 나오는 서신은?
① 고린도전서 ② 데살로니가전서
③ 히브리서 ④ 베드로후서

008 "우리는 그의 약속대로 의가 있는 곳인 새 하늘과 새 땅을 바라보도다"라는 구절은 어느 책에 나오는가?
① 베드로후서 ② 디모데전서
③ 요한계시록 ④ 빌립보서

009 "이르되 주께서 ( )하신다는 약속이 어디 있느냐 조상들이 잔 후로부터 만물이 처음 창조될 때와 같이 그냥 있다 하니"라는 말씀에서 괄호 안에 들어갈 낱말은?
① 구원 ② 강림
③ 대속 ④ 부활

010 "지극히 큰 영광 중에서 이러한 소리가 그에게 나기를 이는 내 사랑하는 아들이요 내 기뻐하는 자라 하실 때에 그가 하나님 아버지께 존귀와 영광을 받으셨느니라 이 소리는 우리가 그와 함께 거룩한 산에 있을 때에 하늘로부터 난 것을 들은 것이라"고 말하는 사람은 누구인가?
① 베드로 ② 야고보
③ 요한 ④ 바울

011 '하나님의 날'에 대하여 언급하는 서신은?
① 베드로후서 ② 디모데전서
③ 요한계시록 ④ 빌립보서

012 "우리 하나님과 구주 예수 그리스도의 의를 힘입어 동일하게 보배로운 믿음을 우리와 함께 받은 자들에게"에게 보내는 서신은?
① 베드로전서 ② 베드로후서
③ 요한삼서 ④ 유다서

013 "주의 약속은 어떤 이들이 더디다고 생각하는 것 같이 더딘 것이 아니라 오직 주께서는 너희를 대하여 오래 참으사 아무도 멸망하지 아니하고 다 ( )에 이르기를 원하시느니라"는 말씀에서 괄호 안에 맞는 단어는?
① 인도받기 ② 지혜롭기
③ 회개하기 ④ 기억하기

014 "오직 우리 주 곧 구주 예수 그리스도의 은혜와 그를 아는 ( )에서 자라 가라 영광이 이제와 영원한 날까지 그에게 있을지어다"라는 베드로후서 3장 18절 말씀에서 괄호 안에 들어가야 할 낱말은?
① 믿음 ② 행동
③ 차원 ④ 지식

015 "그러므로 사랑하는 자들아 너희가 이것을 바라보나니 주 앞에서 점도 없고 흠도 없이 ( ) 가운데서 나타나기를 힘쓰라"는 베드로후서 3장 14절 말씀에서 괄호 안에 들어가야 할 낱말은?
① 온전함 ② 갈채
③ 소망 ④ 평강

016 "그러므로 너희가 더욱 힘써 너희 믿음에 ( )을/를, ( )에 지식을, 지식에 절제를, 절제에 인내를, 인내에 경건을, 경건에 형제 우애를, 형제 우애에 사랑을 더하라"는 말씀에서 괄호 안에 공통으로 들어가는 말은?
① 의 ② 덕
③ 선 ④ 깨끗함

017 "그러므로 너희가 더욱 힘써 너희 믿음에 덕을, 덕에 지식을, 지식에 ( )을/를, ( )에 인내를,

006_② 007_④ 008_① 009_② 010_① 011_① 012_② 013_③ 014_④ 015_④ 016_② 017_④

벧후

인내에 경건을, 경건에 형제 우애를, 형제 우애에 사랑을 더하라"는 베드로후서의 말씀에서 괄호 안에 공통으로 들어가는 말은?
① 겸손 ② 지혜
③ 자비 ④ 절제

018 "참된 속담에 이르기를 개가 그 토하였던 것에 돌아가고 돼지가 씻었다가 더러운 구덩이에 도로 누웠다 하는 말이 그들에게 응하였도다"는 말씀이 나오는 서신은?
① 디모데전서 ② 베드로전서
③ 베드로후서 ④ 요한계시록

019 "오직 우리 주 곧 구주 예수 그리스도의 은혜와 그를 아는 지식에서 자라 가라 영광이 이제와 영원한 날까지 그에게 있을지어다"라는 말씀으로 끝나는 서신은?
① 베드로전서 ② 베드로후서
③ 요한삼서 ④ 유다서

020 "예언은 언제든지 사람의 뜻으로 낸 것이 아니요 오직 성령의 감동하심을 받은 사람들이 ( )께 받아 말한 것임이라"는 베드로후서 1장 21절 말씀에서 괄호 안에 들어가야 할 낱말은?
① 하나님 ② 예언자
③ 주님 ④ 교역자

021 "그러나 이 사람들은 본래 잡혀 죽기 위하여 난 ( ) 없는 짐승 같아서 그 알지 못하는 것을 비방하고 그들의 멸망 가운데서 멸망을 당하며"라는 베드로후서 2장 12절 말씀에서 괄호 안에 들어갈 낱말은?
① 진리 ② 양심
③ 이성 ④ 믿음

022 "그러나 주의 날이 도둑 같이 오리니 그 날에는 하늘이 큰 소리로 떠나가고 물질이 ( )에 풀어지고 땅과 그 중에 있는 모든 일이 드러나리로다"라는 베드로후서 3장 10절 말씀에서 괄호 안에 들어갈 낱말은?
① 큰 바다 ② 큰 바람
③ 광대한 우주 ④ 뜨거운 불

023 다음 중 베드로후서 3장에 나오는 말씀이 아닌 것은?
① 오직 주께서는 너희를 대하여 오래 참으사 아무도 멸망하지 아니하고 다 회개하기에 이르기를 원하시느니라
② 주의 날이 도둑 같이 오리니 그 날에는 하늘이 큰 소리로 떠나가고 물질이 뜨거운 불에 풀어지고 땅과 그 중에 있는 모든 일이 드러나리로다
③ 주께는 하루가 천 년 같고 천 년이 하루 같다는 이 한 가지를 잊지 말라
④ 그들이 평안하다, 안전하다 할 그 때에 임신한 여자에게 해산의 고통이 이름과 같이 멸망이 갑자기 그들에게 이르리니 결코 피하지 못하리라

024 다음 중 베드로후서에서 '거짓 선지자들과 거짓 선생들'에 대한 경계를 권면할 때 언급되지 않는 구약의 내용은?
① 천사장 미가엘
② 노아와 그 일곱 식구
③ 소돔과 고모라 성
④ 브올의 아들 발람의 길

025 "음심이 가득한 눈을 가지고 범죄하기를 그치지 아니하고 굳세지 못한 영혼들을 유혹하며 ( )에 연단된 마음을 가진 자들이니 저주의 자식이라"는 베드로후서 2장 14절의 말씀에서 괄호 안에 들어가야 할 낱말은?
① 탐욕 ② 거짓
③ 죄악 ④ 허무

026 '범죄한 천사들'과 '지옥'이 언급된 곳은?
① 야고보서 3장 ② 베드로전서 2장
③ 베드로후서 2장 ④ 요한일서 3장

027 "먼저 알 것은 성경의 모든 예언은 사사로이 풀 것이 아니니 예언은 언제든지 사람의 뜻으로 낸 것이 아니요 오직 성령의 감동하심을 받은 사람들이 하나님께 받아 말한 것임이라"는 말씀은 신약성경 중 어느 책에서 나오는 말씀인가?

018_③ 019_② 020_① 021_③ 022_④ 023_④ 024_① 025_① 026_③ 027_④

① 히브리서　　② 야고보서
③ 베드로전서　　④ 베드로후서

028 다음 중 베드로후서 2장에 언급된 인물은?
① 아브라함과 롯　　② 노아와 발람
③ 다윗과 솔로몬　　④ 베드로와 바울

029 "나도 나의 장막을 벗어날 것이 임박한 줄을 앎이라"는 말씀이 나오는 곳은?
① 야고보서 1장　　② 골로새서 1장
③ 베드로전서 1장　　④ 베드로후서 1장

030 "하나님과 우리 주 예수를 앎으로 은혜와 평강이 너희에게 더욱 많을지어다 그의 신기한 능력으로 ( )에 속한 모든 것을 우리에게 주셨으니 …"라는 말씀에서 괄호 안에 알맞는 답은?
① 생명과 경건　　② 영생과 구원
③ 고난과 죽음　　④ 영광과 덕

031 "이로써 그 보배롭고 지극히 큰 ( )을 우리에게 주사 이 ( )으로 말미암아 너희가 정욕 때문에 세상에서 썩어질 것을 피하여 신성한 성품에 참여하는 자가 되게 하려 하셨느니라"는 베드로후서의 말씀에서 두 괄호 안에 맞는 한 단어는?
① 약속　　② 능력
③ 믿음　　④ 소망

032 "또 우리 주의 오래 참으심이 구원이 될 줄로 여기라 우리가 사랑하는 형제 ( )도 그 받은 지혜대로 너희에게 이같이 썼고 또 그 모든 편지에도 이런 일에 관하여 말하였으되 그 중에 알기 어려운 것이 더러 있으니 무식한 자들과 굳세지 못한 자들이 다른 성경과 같이 그것도 억지로 풀다가 스스로 멸망에 이르느니라"는 베드로후서 3장 15-16절의 말씀에서 괄호 안에 들어갈 이름은?
① 디모데　　② 바울
③ 요한　　④ 야고보

【주관식】

033 "그러므로 너희가 더욱 힘써 너희 믿음에 덕을, 덕에 지식을, 지식에 절제를, 절제에 인내를, 인내에 경건을, 경건에 형제 우애를, 형제 우애에 ( )을 더하라"는 말씀에서 괄호 안에 들어가는 말은?

034 다음의 괄호 안에 들어갈 단어는?
"그들이 ( )으로써 지어낸 말을 가지고 너희로 이득을 삼으니 그들의 심판은 옛적부터 지체하지 아니하며 그들의 멸망은 잠들지 아니하느니라"(벧후 2:3)

035 "옛 세상을 용서하지 아니하시고 오직 의를 전파하는 노아와 그 일곱 식구를 보존하시고 경건하지 아니한 자들의 세상에 홍수를 내리셨으며 소돔과 고모라 성을 멸망하기로 정하여 재가 되게 하사 후세에 경건하지 아니할 자들에게 본을 삼으셨으며"라는 말씀이 나오는 서신은?

036 다음은 베드로후서 3장 4절의 말씀이다. 괄호 안에 들어갈 낱말은?
"이르되 주께서 ( )하신다는 약속이 어디 있느냐 조상들이 잔 후로부터 만물이 처음 창조될 때와 같이 그냥 있다 하니"

037 "사랑하는 자들아 ( )께는 하루가 천 년 같고 천 년이 하루 같다는 이 한 가지를 잊지 말라"는 말씀에서 괄호 안에 맞는 단어는?

038 "사랑하는 자들아 주께는 하루가 천 년 같고 천 년이 하루 같다는 이 한 가지를 잊지 말라"는 구절이 나오는 신약성경의 책은 무엇인가?

039 다음은 베드로후서 1장 20-21절의 말씀이다. 괄호 안에 들어가야 할 단어는?
"먼저 알 것은 성경의 모든 예언을 사사로이 풀 것이 아니니 예언은 언제든지 사람의 뜻으

벧후

028_② 029_④ 030_① 031_① 032_② 033_사랑 034_탐심 035_베드로후서 036_강림 037_주 038_베드로후서 039_감동

로 낸 것이 아니요 오직 성령의 (　)하심을 받은 사람들이 하나님께 받아 말한 것임이라”

요한일서

001 다음 중 베드로전서의 장수와 같은 서신은?
① 디모데전서　② 데살로니가후서
③ 갈라디아서　④ 요한일서

002 “만일 우리가 우리 죄를 자백하면 그는 미쁘시고 의로우사 우리 죄를 사하시며 우리를 모든 불의에서 깨끗하게 하실 것이요 만일 우리가 범죄하지 아니하였다 하면 하나님을 거짓말하는 이로 만드는 것이니 또한 그의 말씀이 우리 속에 있지 아니하니라”는 말씀은 요한일서 몇 장에 나오는가?
① 1장　② 2장
③ 3장　④ 4장

003 예수 그리스도를 대언자로 묘사하는 요한일서의 장은?
① 2장　② 3장
③ 4장　④ 5장

004 “만일 누가 죄를 범하여도 아버지 앞에서 우리에게 (　)가 있으니 곧 의로우신 예수 그리스도시라 그는 우리 죄를 위한 화목 제물이니 우리만 위할 뿐 아니요 온 세상의 죄를 위하심이라”는 요한일서의 말씀에서 괄호 안에 해당되는 말은?
① 중보자　② 위로자
③ 대속자　④ 대언자

005 “증언하는 이가 셋이니 (　)와/과 (　)와/과 (　)이라/라 또한 이 셋은 합하여 하나이니라”

001_④　002_①　003_①　004_④　005_③

는 말씀에서 괄호 안에 들어갈 낱말이 아닌 것은?
① 성령 ② 피
③ 말씀 ④ 물

006 "하나님께로부터 난 자는 다 범죄하지 아니하는 줄을 우리가 아노라"는 말씀이 나오는 신약의 책은?
① 베드로후서 ② 유다서
③ 요한일서 ④ 요한계시록

007 "누가 이 세상의 재물을 가지고 형제의 궁핍함을 보고도 도와 줄 마음을 닫으면 하나님의 사랑이 어찌 그 속에 거하겠느냐"는 말씀은 어느 책에 나오나?
① 야고보서 ② 베드로후서
③ 요한일서 ④ 유다서

008 "예수를 시인하지 아니하는 영마다 하나님께 속한 것이 아니니 이것이 곧 ( )의 영이니라 오리라 한 말을 너희가 들었거니와 지금 벌써 세상에 있느니라"는 요한일서 4장 3절의 말씀에서 괄호 안에 들어가야 할 낱말은?
① 적그리스도 ② 불신
③ 유대교 ④ 세상

009 "청년들아 내가 너희에게 쓴 것은 너희가 강하고 하나님의 말씀이 너희 안에 거하시며 너희가 ( )자를 이기었음이라"는 요한일서 2장 14절의 말씀에서 괄호 안에 들어가야 할 낱말은?
① 흉악한 자 ② 강력한 자
③ 미워하는 자 ④ 죄를 짓는 자

010 "나의 자녀들아 내가 이것을 너희에게 씀은 너희로 죄를 범하지 않게 하려 함이라 만일 누가 죄를 범하여도 아버지 앞에서 우리에게 ( )가 있으니 곧 ( ) 예수 그리스도시라"는 말씀에서 괄호 안에 들어가야 할 낱말은?
① 대언자 – 의로우신
② 대언자 – 거룩하신
③ 위로자 – 의로우신
④ 위로자 – 거룩하신

011 "주를 향하여 이 소망을 가진 자마다 그의 깨끗하심과 같이 자기를 깨끗하게 하느니라 죄를 짓는 자마다 불법을 행하나니 죄는 불법이라 그가 우리 죄를 없애려고 나타나신 것을 너희가 아나니 그에게는 죄가 없느니라"는 말씀은 어느 사도가 한 말씀인가?
① 베드로 ② 요한
③ 야고보 ④ 바울

012 "자녀들아 우리가 말과 혀로만 사랑하지 말고 행함과 진실함으로 하자"는 말씀이 나오는 서신은?
① 야고보서 ② 히브리서
③ 베드로전서 ④ 요한일서

013 "누구든지 하나님을 사랑하노라 하고 그 형제를 미워하면 이는 거짓말하는 자니 보는 바 그 형제를 사랑하지 아니하는 자는 보지 못하는 바 하나님을 사랑할 수 없느니라"는 말씀이 나오는 서신은?
① 고린도전서 ② 갈라디아서
③ 베드로전서 ④ 요한일서

014 "하나님은 빛이시라"고 말한 곳은?
① 야고보서 1장 ② 베드로전서 2장
③ 베드로후서 1장 ④ 요한일서 1장

015 다음의 구절로 시작하는 신약성경의 책은?
"태초부터 있는 생명의 말씀에 관하여는 우리가 들은 바요 눈으로 본 바요 자세히 보고 우리의 손으로 만진 바라 이 생명이 나타내신 바 된지라 이 영원한 생명을 우리가 보았고 증언하여 너희에게 전하노니 이는 아버지와 함께 계시다가 우리에게 나타내신 바 된 이시니라"
① 유다서 ② 요한일서
③ 베드로후서 ④ 히브리서

016 다음의 구절로 마치는 신약성경의 책은?
"또 아는 것은 하나님의 아들이 이르러 우리에게 지각을 주사 우리로 참된 자를 알게 하신 것과 또한 우리가 참된 자 곧 그의 아들 예수 그리스도 안에 있는 것이니 그는 참 하나님이시

요일

006_③ 007_③ 008_① 009_① 010_① 011_② 012_④ 013_④ 014_④ 015_② 016_②

요 영생이시라 자녀들아 너희 자신을 지켜 우상에게서 멀리하라"
① 유다서 ② 요한일서
③ 베드로후서 ④ 히브리서

017 다음 구절에서 괄호 안에 공통으로 들어갈 단어는?
"누구든지 하나님을 ( )하노라 하고 그 형제를 미워하면 이는 거짓말하는 자니 보는 바 그 형제를 ( )하지 아니하는 자는 보지 못하는 바 하나님을 ( )할 수 없느니라"
① 흠모 ② 존경
③ 기뻐 ④ 사랑

018 "이로써 너희가 하나님의 영을 알지니 곧 예수 그리스도께서 육체로 오신 것을 시인하는 영마다 하나님께 속한 것이요"라는 말씀이 나오는 신약의 책은?
① 베드로후서 ② 유다서
③ 요한일서 ④ 요한계시록

019 "하나님께로부터 난 자마다 죄를 짓지 아니하나니 이는 하나님의 씨가 그의 속에 거함이요 그도 범죄하지 못하는 것은 하나님께로부터 났음이라"는 말씀이 나오는 신약의 책은?
① 베드로후서 ② 유다서
③ 요한일서 ④ 요한이서

020 "그들이 우리에게서 나갔으나 우리에게 속하지 아니하였나니 만일 우리에게 속하였더라면 우리와 함께 거하였으려니와 그들이 나간 것은 다 우리에게 속하지 아니함을 나타내려 함이니라"는 말씀이 나오는 신약의 책은?
① 고린도전서 ② 베드로후서
③ 야고보서 ④ 요한일서

021 "만일 우리가 죄가 없다고 말하면 스스로 속이고 또 진리가 우리 속에 있지 아니할 것이요" 라는 말씀이 나오는 신약의 책은?
① 고린도전서 ② 베드로후서
③ 야고보서 ④ 요한일서

022 "이 세상이나 세상에 있는 것들을 사랑하지 말라 누구든지 세상을 사랑하면 아버지의 사랑이 그 안에 있지 아니하니 …"라는 말씀은 어느 책에 나오나?
① 요한복음 ② 에베소서
③ 베드로전서 ④ 요한일서

023 "계명을 지키는 자는 주 안에 거하고 주는 그의 안에 거하시나니 우리에게 주신 ( )로/으로 말미암아 그가 우리 안에 거하시는 줄을 우리가 아느니라"는 말씀에서 괄호 안에 맞는 단어는?
① 지혜 ② 양심
③ 율법 ④ 성령

024 다음 중 요한일서에 나오는 '영 분별'에 대한 언급이 <u>아닌</u> 것은?
① 모든 영을 다 믿고 오직 영들이 하나님께 속하였음을 확신하라
② 예수 그리스도께서 육체로 오신 것을 시인하는 영마다 하나님께 속한 것이다
③ 오리라 한 적그리스도의 영이 지금 벌써 세상에 있다
④ 우리의 말을 듣는가 듣지 않는가에 따라 진리의 영과 미혹의 영을 안다

025 "사랑은 여기 있으니 우리가 하나님을 사랑한 것이 아니요 하나님이 우리를 사랑하사 우리 죄를 속하기 위하여 화목 제물로 그 아들을 보내셨음이라"는 말씀이 나오는 서신은?
① 베드로후서 ② 요한일서
③ 요한이서 ④ 요한삼서

026 "이 세상도, 그 ( )도 지나가되 오직 하나님의 뜻을 행하는 자는 영원히 거하느니라"는 요한일서 2장 17절에서 괄호 안에 들어가야 할 낱말은?
① 권세 ② 생명
③ 정욕 ④ 행복

027 "하나님께로부터 난 자마다 죄를 짓지 아니하나니 이는 하나님의 ( )가 그의 속에 거함이요

017_④ 018_③ 019_③ 020_④ 021_④ 022_④ 023_④ 024_① 025_② 026_③ 027_④

그도 범죄하지 못하는 것은 하나님께로부터 났음이라"는 요한일서 3장 9절 말씀에서 괄호 안에 들어가야 할 낱말은?
① 천사 ② 권세
③ 인도 ④ 씨

028 "사랑 안에 두려움이 없고 온전한 사랑이 두려움을 내쫓나니 두려움에는 형벌이 있음이라 두려워하는 자는 사랑 안에서 온전히 이루지 못하였느니라"는 말씀은 어느 책에 나오는가?
① 야고보서 ② 베드로전서
③ 베드로후서 ④ 요한일서

029 "하나님의 사랑이 우리에게 이렇게 나타난 바 되었으니 하나님이 자기의 ( )을/를 세상에 보내심은 그로 말미암아 우리를 살리려 하심이라"는 요한일서 4장 9절의 말씀에서 괄호 안에 들어가야 할 낱말은?
① 왕 ② 천사
③ 독생자 ④ 예언자

030 "사랑하지 아니하는 자는 하나님을 알지 못하나니 이는 하나님은 ( )이심이라"는 말씀에서 괄호 안에 들어가는 말은?
① 말씀 ② 사랑
③ 빛 ④ 진리

031 하나님을 '사랑'으로 정의한 곳은?
① 야고보서 3장 ② 베드로전서 4장
③ 요한일서 4장 ④ 요한일서 3장

032 다음 중 요한일서에서 사랑에 대해 가르치는 내용이 아닌 것은?
① 두려워하는 자도 사랑 안에서 온전히 이루었다
② 우리가 사랑함은 그가 먼저 우리를 사랑하셨음이라
③ 하나님을 사랑하는 자는 또한 그 형제를 사랑할지니라
④ 사랑하지 아니하는 자는 하나님을 알지 못하나니 이는 하나님은 사랑이심이라

033 요한일서는 총 몇 장인가?
① 3장 ② 4장
③ 5장 ④ 6장

034 "아들이 있는 자에게는 ( )이 있고 하나님의 아들이 없는 자에게는 ( )이 없느니라"는 요한일서 5장 12절의 말씀에서 괄호 안에 들어가야 할 낱말은?
① 생명 ② 사랑
③ 믿음 ④ 성령

035 다음 중 "사망에 이르는 죄"와 "사망에 이르지 아니하는 죄"가 언급된 곳은?
① 베드로후서 3장 ② 베드로전서 4장
③ 요한일서 5장 ④ 야고보서 2장

036 요한일서가 경계하는 거짓된 가르침의 특징은?
① 예수의 신성을 부인하는 가르침
② 예수가 육체로 오심을 부인하는 가르침
③ 예수의 죽음을 부인하는 가르침
④ 예수의 승천을 부인하는 가르침

037 "이는 ( )와/과 ( )으로/로 임하신 이시니 곧 예수 그리스도시라 ( )으로/로만 아니요 ( )와/과 ( )으로/로 임하셨고 증언하는 이는 ( )이시니 ( )은/는 진리니라"라는 말씀에서 괄호 안에 들어갈 낱말이 아닌 것은?
① 성령 ② 피
③ 말씀 ④ 물

038 다음 중 요한일서에 나오는 '죄'에 대한 언급이 아닌 것은?
① 하나님께로부터 난 자는 하나님의 씨가 그의 속에 거해도 종종 죄를 짓는다
② 죄를 짓는 자마다 불법을 행하나니 죄는 불법이다
③ 예수께서 우리 죄를 없애려고 나타나신 것을 너희가 안다
④ 죄를 짓는 자는 마귀에게 속하나니 마귀는 처음부터 범죄함이라

요일

028_④ 029_③ 030_② 031_③ 032_① 033_③ 034_① 035_③ 036_② 037_③ 038_①

039 "그가 우리에게 약속하신 것은 이것이니 곧 영원한 ( )이니라"는 요한일서 2장 25절의 말씀에서 괄호 안에 들어가야 할 낱말은?
① 진리 ② 소망
③ 생명 ④ 기쁨

040 요한일서에서 "그는 우리 죄를 위한 화목 제물이니 우리만 위할 뿐 아니요 온 세상의 ( )를/을 위하심이라"는 말씀에서 괄호 안에 맞는 단어는?
① 화해 ② 구원
③ 죄 ④ 자유

041 "아들이 있는 자에게는 ( )이/가 있고 하나님의 아들이 없는 자에게는 ( )이/가 없느니라"는 말씀에서 괄호 안에 차례로 들어가는 말은 무엇인가?
① 생명, 생명 ② 영생, 영생
③ 구원, 진리 ④ 하나님의 나라, 천국

【주관식】

042 "아들이 있는 자에게는 생명이 있고 하나님의 아들이 없는 자에게는 생명이 없느니라"는 말씀이 나오는 서신은?

043 다음에 각각 들어갈 단어는?
"그의 ( )은 이것이니 곧 그 아들 예수 그리스도의 이름을 믿고 그가 우리에게 주신 계명대로 서로 ( )할 것이니라"(요일 3:23)

044 "사랑하는 자들아 영을 다 믿지 말고 오직 영들이 하나님께 속하였나 ( ) 많은 거짓 선지자가 세상에 나왔음이라"는 말씀에서 괄호 안에 들어갈 낱말은?

045 가인의 행위는 악하고 그의 아우의 행위는 의로우므로 가인이 아우를 죽였다고 설명하는 서신은?

046 "사랑은 여기 있으니 우리가 하나님을 사랑한 것이 아니요 하나님이 우리를 사랑하사 우리 죄를 속하기 위하여 ( )로 그 아들을 보내셨음이라"는 말씀에서 괄호 안에 들어가야 할 낱말은?

047 "예수께서 하나님의 아들이심을 믿는 자가 아니면 세상을 이기는 자가 누구냐 이는 물과 ( )로 임하신 이시니 곧 예수 그리스도시라 물로만 아니요 물과 ( )로 임하셨고 증언하는 이는 성령이시니 성령은 진리니라 증언하는 이가 셋이니 성령과 물과 ( )라 또한 이 셋은 합하여 하나이니라"는 말씀에서 괄호 안에 공통으로 들어가는 말은?

048 다음 권면은 요한이 누구에게 한 것인가?
"내가 너희에게 쓴 것은 너희가 강하고 하나님의 말씀이 너희 안에 거하시며 너희가 흉악한 자를 이기었음이라"(요일 2:14)

049 "예수를 시인하지 아니하는 영마다 하나님께 속한 것이 아니니 이것이 곧 ( )의 영이니라 오리라 한 말을 너희가 들었거니와 지금 벌써 세상에 있느니라"는 말씀에서 괄호 안에 들어갈 낱말은?

050 "무릇 하나님께로부터 난 자마다 세상을 이기느니라 세상을 이기는 승리는 이것이니 우리의 ( )이니라"는 요한일서의 말씀에서 괄호 안에 들어가야 할 단어는?

051 다음은 요한일서 5장 1절의 말씀이다. 괄호 안에 들어갈 낱말은?
"예수께서 그리스도이심을 믿는 자마다 ( )께로부터 난 자니 또한 낳으신 이를 사랑하는 자마다 그에게서 난 자를 사랑하느니라"

039_③ 040_③ 041_① 042_요한일서 043_계명, 사랑 044_분별하라 045_요한일서 046_화목 제물 047_피 048_청년들 049_적그리스도 050_믿음 051_하나님

요한이서

001 "미혹하는 자가 세상에 많이 나왔나니 이는 예수 그리스도께서 육체로 오심을 부인하는 자라 이런 자가 미혹하는 자요 (　)니/이니 너희는 스스로 삼가 우리가 일한 것을 잃지 말고 오직 온전한 상을 받으라"는 말씀에서 괄호 안에 들어가는 말은?
① 대적하는 자　② 적그리스도
③ 마귀　④ 거짓의 영

002 다음의 구절로 마치는 신약성경의 책은?
"내가 너희에게 쓸 것이 많으나 종이와 먹으로 쓰기를 원하지 아니하고 오히려 너희에게 가서 대면하여 말하려 하니 이는 너희 기쁨을 충만하게 하려 함이라 택하심을 받은 네 자매의 자녀들이 네게 문안하느니라"
① 유다서　② 요한이서
③ 베드로후서　④ 히브리서

003 "누구든지 이 교훈을 가지지 않고 너희에게 나아가거든 그를 집에 들이지도 말고 인사도 하지 말라 그에게 인사하는 자는 그 악한 일에 참여하는 자임이라"는 말씀이 나오는 서신서는?
① 유다서　② 요한일서
③ 요한이서　④ 요한삼서

004 "장로인 나는 택하심을 받은 부녀와 그의 자녀들에게 편지하노니"로 시작하는 서신은?
① 요한일서　② 요한이서
③ 요한삼서　④ 유다서

005 "너희는 스스로 삼가 우리가 일한 것을 잃지 말고 오직 (　) 상을 받으라"는 요한이서 8절의 말씀에서 괄호 안에 들어가야 할 낱말은?
① 약속된　② 예비된
③ 온전한　④ 풍성한

006 "(　)과/와 (　)과/와 (　)가/이 하나님 아버지와 아버지의 아들 예수 그리스도께로부터 진리와 사랑 가운데서 우리와 함께 있으리라"는 요한이서 1장 3절의 말씀에서 괄호 안에 들어가야 할 단어가 아닌 것은?
① 사랑　② 은혜
③ 평강　④ 긍휼

007 요한이서는 총 몇 장인가?
① 1장　② 2장
③ 3장　④ 4장

008 다음 중 '적그리스도'라는 단어가 나오는 신약의 책 2권은 무엇인가?
① 요한일서와 요한삼서
② 요한삼서와 유다서
③ 요한이서와 요한삼서
④ 요한일서와 요한이서

009 다음은 요한이서 5절의 말씀이다. 괄호 안에 들어갈 말은?
"(　), 내가 이제 네게 구하노니 서로 사랑하자 이는 새 계명 같이 네게 쓰는 것이 아니요 처음부터 우리가 가진 것이라"
① 자녀여　② 부녀여
③ 형제여　④ 성도여

010 요한이서 7절에 등장하는 '미혹하는 자'의 특징은 무엇인가?
① 교회에서 으뜸되기를 좋아한다
② 애찬의 암초요 자기 몸만 기르는 목자이다
③ 예수 그리스도께서 육체로 오심을 부인한다
④ 원망하는 자며 불만을 토하는 자며 그 정욕대로 행한다

001_② 002_② 003_③ 004_② 005_③ 006_① 007_① 008_④ 009_② 010_③

【주관식】

011 "내가 너희에게 쓸 것이 많으나 종이와 먹으로 쓰기를 원하지 아니하고 오히려 너희에게 가서 대면하여 말하려 하니 이는 너희 기쁨을 충만하게 하려 함이라"는 말씀은 어느 서신에서 나오는가?

012 "누구든지 이 교훈을 가지지 않고 너희에게 나아가거든 그를 집에 들이지도 말고 인사도 하지 말라 그에게 인사하는 자는 그 악한 일에 참여하는 자임이라"라는 구절이 나오는 신약성경의 책은?

013 "(　)인 나는 택하심을 받은 부녀와 그의 자녀들에게 편지하노니 내가 참으로 사랑하는 자요 나뿐 아니라 진리를 아는 모든 자도 그리하는 것은"이라는 요한이서 말씀에서 괄호 안에 들어갈 낱말은?

014 다음은 요한이서 7절의 말씀이다. 괄호 안에 들어갈 낱말은?
"미혹하는 자가 세상에 많이 나왔나니 이는 예수 그리스도께서 육체로 오심을 부인하는 자라 이런 자가 미혹하는 자요 (　)니"

015 다음은 요한이서 9절의 말씀이다. 괄호 안에 들어갈 낱말은?
"지나쳐 그리스도의 (　) 안에 거하지 아니하는 자는 다 하나님을 모시지 못하되 (　) 안에 거하는 그 사람은 아버지와 아들을 모시느니라"

요한삼서

001 "장로인 나는 사랑하는 (　) 곧 내가 참으로 사랑하는 자에게 편지하노라"는 요한삼서 1절 말씀에서 괄호 안에 들어갈 사람은?
① 아킵보　② 데메드리오
③ 디오드레베　④ 가이오

002 다음의 구절로 마치는 신약성경의 책은?
"내가 네게 쓸 것이 많으나 먹과 붓으로 쓰기를 원하지 아니하고 속히 보기를 바라노니 또한 우리가 대면하여 말하리라 평강이 네게 있을지어다 여러 친구가 네게 문안하느니라 너는 친구들의 이름을 들어 문안하라"
① 유다서　② 요한삼서
③ 베드로후서　④ 히브리서

003 다음 중 요한삼서에 나오는 디오드레베에 관한 묘사가 아닌 것은?
① 으뜸되기를 좋아한다
② 우리를 맞아들이지 아니하였다
③ 우리를 악한 말로 비방하였다
④ 예배하는 자들을 교회에서 내쫓았다

004 서문에서 "사랑하는 자여 네 영혼이 잘됨 같이 네가 범사에 잘되고 강건하기를 내가 간구하노라"고 인사하는 서신은?
① 요한일서　② 요한이서
③ 요한삼서　④ 유다서

005 "이는 그들이 주의 이름을 위하여 나가서 (　) 에게 아무 것도 받지 아니함이라"는 요한삼서

011_요한이서　012_요한이서　013_장로　014_적그리스도
015_교훈

001_④　002_②　003_④　004_③　005_③

7절의 말씀에서 괄호 안에 들어가야 할 낱말은?
① 헬라인 ② 로마인
③ 이방인 ④ 유대인

006 다음 중 요한삼서에 등장하는 인물이 아닌 사람은?
① 가이오 ② 디오드레베
③ 데메드리오 ④ 디오누시오

007 "( )인 나는 사랑하는 가이오 곧 내가 참으로 사랑하는 자에게 편지하노라"는 말씀에서 괄호 안에 들어가야 할 낱말은?
① 사도 ② 장로
③ 감독 ④ 목자

008 다음 중 요한삼서에서 데메드리오에 관한 설명으로 관련 있는 것은?
① 으뜸 되기를 좋아하여 우리를 맞아들이지 아니한다
② 악한 말로 우리를 비방한다
③ 뭇 사람에게도, 진리에게서도 증거를 받았다
④ 형제들을 맞아들이고자 하는 자를 금하여 교회에서 내쫓는다

009 "사랑하는 자여 네가 무엇이든지 형제 곧 ( ) 된 자들에게 행하는 것은 신실한 일이니"라는 요한삼서 5절 말씀에서 괄호 안에 들어가야 할 낱말은?
① 사도 ② 나그네
③ 감독 ④ 이방인

010 요한삼서 10절의 말씀에서 다음과 같이 비판을 받는 사람은 누구인가?
"그가 악한 말로 우리를 비방하고도 오히려 부족하여 형제들을 맞아들이지도 아니하고 맞아들이고자 하는 자를 금하여 교회에서 내쫓는도다"
① 가이오 ② 디오드레베
③ 데메드리오 ④ 알렉산더

【주관식】

011 "사랑하는 자여 네 ( )이 잘됨 같이 네가 범사에 잘되고 강건하기를 내가 간구하노라"는 말씀에서 괄호 안에 들어가는 말은?

012 다음의 구절에 공통으로 들어가는 단어는?
"사랑하는 자여 악한 것을 본받지 말고 선한 것을 본받으라 선을 행하는 자는 ( )께 속하고 악을 행하는 자는 ( )를/을 뵈옵지 못하였느니라"

013 요한삼서에서 '뭇 사람에게도, 진리에게서도 증거를 받은 자'로 묘사되는 사람은 누구인가?

014 "사랑하는 자여 악한 것을 본받지 말고 선한 것을 본받으라 선을 행하는 자는 하나님께 속하고 악을 행하는 자는 하나님을 뵈옵지 못하였느니라"는 말씀이 나오는 서신은?

015 요한삼서에서 으뜸되기를 좋아하며, 형제들을 맞아들이지도 아니하고 맞아들이고자 하는 자를 금하여 교회에서 내쫓는 사람으로 묘사되는 인물은 누구인가?

016 요한3서는 누구에게 보낸 편지인가?

요삼

006_④ 007_② 008_③ 009_② 010_② 011_영혼 012_하나님 013_데메드리오 014_요한삼서 015_디오드레베 016_가이오

유다서

001 다음 중 유다서의 장수와 같지 않은 서신은?
① 빌레몬서 ② 요한이서
③ 요한삼서 ④ 디도서

002 다음의 구절로 마치는 신약성경의 책은?
"능히 너희를 보호하사 거침이 없게 하시고 너희로 그 영광 앞에 흠이 없이 기쁨으로 서게 하실 이 곧 우리 구주 홀로 하나이신 하나님께 우리 주 예수 그리스도로 말미암아 영광과 위엄과 권력과 권세가 영원 전부터 이제와 영원토록 있을지어다 아멘"
① 유다서 ② 요한삼서
③ 베드로후서 ④ 히브리서

003 "너희가 본래 모든 사실을 알고 있으나 내가 너희로 다시 생각나게 하고자 하노라 주께서 백성을 애굽에서 구원하여 내시고 후에 믿지 아니하는 자들을 멸하셨으며"라는 말씀이 나오는 서신서는?
① 요한일서 ② 요한이서
③ 요한삼서 ④ 유다서

004 "사랑하는 자들아 우리가 일반으로 받은 구원에 관하여 내가 너희에게 편지하려는 생각이 간절하던 차에 성도에게 단번에 주신 믿음의 도를 위하여 힘써 ( )는 편지로 너희를 권하여야 할 필요를 느꼈노니"라는 유다서 3절의 말씀에서 괄호 안에 들어가야 할 낱말은?
① 배우라 ② 기도하라
③ 전하라 ④ 싸우라

005 다음 중 '에녹'의 이름이 나오는 책은?
① 베드로전서 ② 베드로후서
③ 유다서 ④ 요한일서

006 다음 중 천사장 "미가엘"의 이름이 나오는 서신은?
① 데살로니가전서 ② 데살로니가후서
③ 베드로전서 ④ 유다서

007 유다서에 나타나는 '거짓 교사'의 특징이 아닌 것은?
① 예수 그리스도께서 육체로 임하심을 부인하는 자
② 애찬에 참여하여 함께 먹는 사람
③ 분열을 일으키는 자며 육에 속한 자며 성령은 없는 자
④ 밖에서 가만히 들어온 사람

008 "예수 그리스도의 종이요 ( )의 형제인 유다는 부르심을 받은 자 곧 하나님 아버지 안에서 사랑을 얻고 예수 그리스도를 위하여 지키심을 받은 자들에게 편지하노라"는 유다서 서두의 말씀에서 괄호 안에 들어가는 말은 무엇인가?
① 야고보 ② 베드로
③ 바울 ④ 요한

009 다음은 유다서 19절의 말씀이다. 괄호 안에 들어가야 할 말은?
"이 사람들은 분열을 일으키는 자며 육에 속한 자며 ( )이 없는 자니라"
① 분별 ② 믿음
③ 사랑 ④ 성령

010 다음 중 유다서에 등장하는 인물이 아닌 것은?
① 가브리엘 ② 야고보
③ 아담 ④ 가인

011 다음 중 유다서에 언급된 구약의 인물이 아닌 것은?
① 노아 ② 발람
③ 모세 ④ 가인

001_④ 002_① 003_④ 004_④ 005_③ 006_④ 007_① 008_① 009_④ 010_① 011_①

012 다음 중 다음 중 유다서에 언급된 지명이 아닌 것은?
① 소돔 ② 고모라
③ 애굽 ④ 가나안

013 "자기 수치의 거품을 뿜는 바다의 거친 물결이요 영원히 예비된 캄캄한 흑암으로 돌아갈 유리하는 별들이라"는 말씀이 나오는 책은?
① 베드로전서 ② 베드로후서
③ 요한3서 ④ 유다서

014 "사랑하는 자들아 너희는 너희의 지극히 ( ) 믿음 위에 자신을 세우며 성령으로 기도하며 하나님의 사랑 안에서 자신을 지키며 영생에 이르도록 우리 주 예수 그리스도의 ( )을 기다리라"의 말씀에서 괄호 안에 차례대로 들어가야 할 단어는?
① 견고한 – 긍휼 ② 견고한 – 구원
③ 거룩한 – 긍휼 ④ 거룩한 – 구원

015 유다서 4절에 '가만히 들어온 몇 사람들'의 특징이 아닌 것은?
① 경건하지 않은 자들이다
② 하나님의 은혜를 도리어 방탕한 것으로 바꾼다
③ 형제를 맞아들이고자 하는 자를 금하여 교회에서 내쫓는다
④ 예수 그리스도를 부인한다

016 "어떤 의심하는 자들을 긍휼히 여기라"는 말씀이 나오는 책은?
① 마태복음 ② 로마서
③ 유다서 ④ 요한일서

【주관식】

017 "천사장 미가엘이 모세의 시체에 관하여 마귀와 다투어 변론할 때에 감히 비방하는 판결을 내리지 못하고 다만 말하되 주께서 너를 꾸짖으시기를 원하노라 하였거늘 이 사람들은 무엇이든지 그 알지 못하는 것을 비방하는도다 또 그들은 이성 없는 짐승 같이 본능으로 아는 그것으로 멸망하느니라"는 말씀이 나오는 서신은?

018 다음의 괄호 안에 들어갈 단어는?
"이 사람들은 원망하는 자며 불만을 토하는 자며 그 정욕대로 행하는 자라 그 입으로 ( )하는 말을 하며 이익을 위하여 아첨하느니라"(유 1:16)

019 "그들은 기탄 없이 너희와 함께 먹으니 너희의 ( )에 암초요 자기 몸만 기르는 목자요 바람에 불려가는 물 없는 구름이요 죽고 또 죽어 뿌리까지 뽑힌 열매 없는 가을 나무요"라는 말씀에서 괄호 안에 들어갈 낱말은?

020 예수 그리스도의 종이요 야고보의 형제인 유다가 '부르심을 받은 자 곧 하나님 아버지 안에서 사랑을 얻고 예수 그리스도를 위하여 지키심을 받은 자들에게' 보내는 서신은?

021 "그들이 너희에게 말하기를 마지막 때에 자기의 경건하지 않은 정욕대로 행하며 조롱하는 자들이 있으리라 하였나니 이 사람들은 분열을 일으키는 자며 육에 속한 자며 ( )이 없는자니라"는 유다서 18–19절 말씀에서 괄호 안에 들어가야 할 낱말은?

022 다음에 나오는 유다서 17절 말씀에서 괄호에 들어갈 말은?
"사랑하는 자들아 너희는 우리 주 예수 그리스도의 ( )들이 미리 한 말을 기억하라"

023 다음에 나오는 유다서 14절 말씀에서 괄호에 들어갈 말은?
"아담의 칠대 손 ( )이 이 사람들에 대하여도 예언하여 이르되 보라 주께서 그 수만의 거룩한 자와 함께 임하셨나니"

012_④ 013_④ 014_③ 015_③ 016_③ 017_유다서 018_자랑 019_애찬 020_유다서 021_성령 022_사도 023_에녹

요한계시록

001 다음 중 요한계시록에서 편지를 받은 일곱 교회에 속하지 않은 것은?
① 에베소 ② 고린도
③ 서머나 ④ 버가모

002 요한이 예수 그리스도의 계시를 편지로 전한 일곱 교회는 어느 지역에 있는 교회인가?
① 밤빌리아 ② 갈라디아
③ 비시디아 ④ 아시아

003 계시록의 저자는?
① 베드로 ② 요한
③ 야고보 ④ 바울

004 "이것들을 증언하신 이가 이르시되 내가 진실로 속히 오리라 하시거늘 ( ) 주 예수여 오시옵소서"는 말씀에서 괄호 안에 들어가는 말은?
① 우리 ② 아멘
③ 보라 ④ 반드시

005 요한계시록 1장에서 두루마리에 써서 일곱 교회에 보내라고 말씀하신 이가 가진 것은?
① 흰 돌
② 말씀의 두루마리
③ 사망과 음부의 열쇠
④ 생명나무

006 요한계시록은 요한이 어느 섬에 있을 때 쓴 책인가?
① 기오 ② 밧모
③ 그레데 ④ 사모드라게

007 요한계시록 1장에서 요한이 본 일곱 별은 무엇을 의미하는가?
① 일곱 교회 ② 일곱 천사
③ 일곱 교회의 사자 ④ 일곱 나라

008 요한계시록에서 "네가 죽도록 충성하라 그리하면 내가 생명의 관을 네게 주리라"는 말씀은 어느 교회에 해당되는 말씀인가?
① 에베소 교회 ② 서머나 교회
③ 버가모 교회 ④ 두아디라 교회

009 "또 내가 보니 보라 어린 양이 시온 산에 섰고 그와 함께 ( )이 서 있는데 그들의 이마에는 어린 양의 이름과 그 아버지의 이름을 쓴 것이 있더라"는 말씀에서 괄호 안에 들어갈 숫자는?
① 칠천 ② 십이만
③ 십사만 사천 ④ 칠십만

010 "내가 보니 ( )에서 한 짐승이 나오는데 뿔이 열이요 머리가 일곱이라 그 뿔에는 열 왕관이 있고 그 머리들에는 신성모독 하는 이름들이 있더라"는 말씀에서 괄호 안에 들어갈 낱말은?
① 땅 ② 바다
③ 하늘 ④ 높은 산

011 "요한은 아시아에 있는 ( )에 편지하노니 이제도 계시고 전에도 계셨고 …"라는 구절에서 괄호 안에 들어가야 할 낱말은?
① 모든 교회 ② 일곱 교회
③ 열두 교회 ④ 에베소 교회

012 다음 중 요한계시록을 편지로 받는 교회가 아닌 것은?
① 버가모 ② 사데
③ 빌립보 ④ 서머나

013 요한계시록은 총 몇 장인가?
① 20장 ② 21장
③ 22장 ④ 24장

001_② 002_④ 003_② 004_② 005_③ 006_② 007_③ 008_② 009_③ 010_② 011_② 012_③ 013_③

014 요한계시록 마지막 구절에 나오는 말씀은?
① 자녀들아 너희 자신을 지켜 우상에게서 멀리하라
② 나는 알파와 오메가요 처음과 마지막이요 시작과 마침이라
③ 내가 진실로 속히 오리라 하시거늘 아멘 주 예수여 오시옵소서
④ 주 예수의 은혜가 모든 자들에게 있을지어다 아멘

015 "내가 보매 거룩한 성 새 ( )이 하나님께로부터 하늘에서 내려오니 그 준비한 것이 신부가 남편을 위하여 단장한 것 같더라"는 요한계시록의 말씀에서 괄호 안에 맞는 단어는?
① 예루살렘 ② 바벨론
③ 아마겟돈 ④ 아볼루온

016 요한계시록에 따르면 요한이 새 예루살렘 성 안에서 성전을 보지 못한 이유는?
① 크고 높은 성곽이 있고 열두 문이 너무 높아서
② 주 하나님 곧 전능하신 이와 및 어린 양이 그 성전이시므로
③ 벽옥과 정금으로 쌓은 성이 맑은 유리 같아 햇빛을 반사하여
④ 낮과 밤을 가리지 않고 성문들을 모두 닫아서

017 "이 재앙에 죽지 않고 남은 사람들은 손으로 행한 일을 ( )하지 아니하고 오히려 여러 귀신과 또는 보거나 듣거나 다니거나 하지 못하는 금, 은, 동과 목석의 우상에게 절하고 또 그 살인과 복술과 음행과 도둑질을 ( )하지 아니하더라"는 요한계시록 9장 20-21절 말씀에서 괄호 안에 공통으로 들어가야 할 낱말은 무엇인가?
① 고백 ② 기억
③ 회개 ④ 의식

018 "그의 심판은 참되고 의로운지라 ( )으로 땅을 더럽게 한 큰 음녀를 심판하사 자기 종들의 피를 그 음녀의 손에 갚으셨도다"는 요한계시록 19장 2절의 말씀에서 괄호 안에 들어가야 할 낱말은?
① 점술 ② 우상
③ 음행 ④ 살인

019 "이 첫째 부활에 참여하는 자들은 복이 있고 거룩하도다 ( )이 그들을 다스리는 권세가 없고 도리어 그들이 하나님과 그리스도의 제사장이 되어 천 년 동안 그리스도와 더불어 왕 노릇 하리라"는 요한계시록 20장 6절의 말씀에서 괄호에 들어가야 할 낱말은?
① 둘째 부활 ② 둘째 사망
③ 둘째 심판 ④ 둘째 왕국

020 "성령으로 나를 데리고 크고 높은 산으로 올라가 하나님께로부터 하늘에서 내려오는 거룩한 성 ( )을/를 보이니"라는 요한계시록 21장 10절에 말씀에서 괄호 안에 들어가야 할 낱말은?
① 가버나움 ② 베들레헴
③ 예루살렘 ④ 바빌론

021 "볼지어다 내가 문 밖에 서서 두드리노니 누구든지 내 음성을 듣고 문을 열면 내가 그에게로 들어가 그와 더불어 먹고 그는 나와 더불어 먹으리라"는 말씀은 아시아의 어느 교회에 해당되는 말씀인가?
① 에베소 교회 ② 서머나 교회
③ 버가모 교회 ④ 라오디게아 교회

022 요한계시록에서 예수 그리스도로부터 "자칭 선지자라 하는 여자 이세벨을 네가 용납함이니 그가 내 종들을 가르쳐 꾀어 행음하게 하고 우상의 제물을 먹게 하는도다"는 책망을 받은 교회는?
① 에베소 교회 ② 두아디라 교회
③ 버가모 교회 ④ 라오디게아 교회

023 요한계시록에서 예수 그리스도께서 안디바의 순교함을 말씀하시는 교회는?
① 에베소 교회 ② 서머나 교회
③ 버가모 교회 ④ 두아디라 교회

024 요한계시록에서 예수 그리스도께서 "이기는

014_④ 015_① 016_② 017_③ 018_③ 019_② 020_③ 021_④ 022_② 023_③ 024_③

자는 내 하나님 성전에 기둥이 되게 하리니"라 고 약속하시는 교회는?
① 에베소 교회 ② 서머나 교회
③ 빌라델비아 교회 ④ 두아디라 교회

025 요한계시록에서 누가 "거룩하다 거룩하다 거룩하다 주 하나님 곧 전능하신 이여 전에도 계셨고 이제도 계시고 장차 오실 이시라"고 찬송하였는가?
① 이십사 장로
② 여섯 날개 가진 네 생물
③ 어린 양
④ 보좌와 생물들과 장로들을 둘러 선 많은 천사들

026 요한계시록에서 누가 "죽임을 당하신 어린 양은 능력과 부와 지혜와 힘과 존귀와 영광과 찬송을 받으시기에 합당하도다"고 찬송하였는가?
① 이십사 장로
② 여섯 날개 가진 네 생물
③ 어린 양
④ 보좌와 생물들과 장로들을 둘러 선 많은 천사들

027 다음 중 미가엘과 하늘에서 싸우다가 하늘에서 있을 곳을 얻지 못하고 내쫓겼던 '큰 용'에 해당하지 않는 것은?
① 마귀 ② 사탄
③ 옛 뱀 ④ 열 뿔 달린 짐승

028 요한계시록에서 어린 양이 셋째 인을 떼실 때에 검은 말을 탄 자가 손에 가졌던 것은?
① 자 ② 저울
③ 활 ④ 향료

029 요한계시록에서 어린 양이 셋째 인을 떼실 때에 네 생물 사이로부터 나는 듯한 음성으로, "한 데나리온에 밀 한 되요 한 데나리온에 보리 ( ) 되로다 또 감람유와 포도주는 해치지 말라"는 말씀에서 괄호 안에 들어가는 말은?
① 한 ② 두
③ 석 ④ 넉

030 "내가 보매 또 다른 짐승이 땅에서 올라오니 어린 ( ) 같이 두 뿔이 있고 용처럼 말을 하더라"는 요한계시록의 말씀에서 괄호 안에 들어가는 말은?
① 염소 ② 양
③ 송아지 ④ 사슴

031 "또 다른 천사 곧 둘째가 그 뒤를 따라 말하되 무너졌도다 무너졌도다 큰 성 ( )여/이여 모든 나라에게 그의 음행으로 말미암아 진노의 포도주를 먹이던 자로다 하더라"는 요한계시록의 말씀에서 괄호 안에 들어가는 말은?
① 다메섹 ② 니느웨
③ 예루살렘 ④ 바벨론

032 다음 중 요한계시록에서 '큰 음녀가 앉아 있는 물'에 해당하지 않는 것은?
① 백성 ② 열국
③ 귀신들 ④ 방언들

033 다음 중 요한계시록에서 첫째 부활에 참여하는 자들에게 해당되지 않은 것은?
① 둘째 사망이 그들을 다스리는 권세가 없음
② 하나님과 그리스도의 제사장이 됨
③ 사탄을 이길 권세를 받음
④ 천 년 동안 그리스도와 더불어 왕 노릇 함

034 요한계시록에서 어린 양이 십사만 사천과 함께 서 있는 산은?
① 감람 산 ② 시온 산
③ 시내 산 ④ 헬몬 산

035 "성령과 ( )이/가 말씀하시기를 오라 하시는도다 듣는 자도 오라 할 것이요 목마른 자도 올 것이요 또 원하는 자는 값없이 생명수를 받으라 하시더라"는 요한계시록의 말씀에서 괄호 안에 들어가는 말은?
① 어린 양 ② 신부
③ 아들 ④ 신랑

036 "나 예수는 교회들을 위하여 내 사자를 보내어 이것들을 너희에게 증언하게 하였노라 나는 ( )

025_② 026_④ 027_④ 028_② 029_③ 030_② 031_④ 032_③ 033_③ 034_② 035_②

의 뿌리요 자손이니 곧 광명한 새벽 별이라 하시더라"는 요한계시록의 말씀에서 괄호 안에 들어가는 말은?
① 다윗 ② 생명나무
③ 아브라함 ④ 참 감람나무

037 요한계시록에서 공의로 심판하며 싸우는 백마 탄 자의 이름은?
① 충신과 신실 ② 충신과 진실
③ 성결과 신실 ④ 성결과 진실

038 요한계시록에서 공의로 심판하며 싸우는 백마 탄 자의 옷과 그 다리에 쓰여 있는 이름은?
① 충신과 진실
② 알파와 오메가요 처음과 마지막
③ 만왕의 왕이요 만주의 주
④ 여호와께 성결

039 요한계시록에서 사탄이 잡혀 천 년 동안 결박되어 잡혀 있는 곳은?
① 지옥 ② 불못
③ 음부 ④ 무저갱

040 "사망과 음부도 ( )에 던져지니 이것은 둘째 사망 곧 ( )이라 누구든지 생명책에 기록되지 못한 자는 ( )에 던져지더라"는 는 요한계시록의 말씀에서 괄호 안에 공통으로 들어가는 말은?
① 지옥 ② 무저갱
③ 불못 ④ 깊음

041 다음 중 요한계시록에 묘사된 '새 예루살렘' 성에 없는 것은?
① 하나님 ② 열두 문
③ 성전 ④ 어린 양

042 요한계시록에서 '흰 보좌' 심판이 언급된 곳은?
① 19장 ② 20장
③ 21장 ④ 22장

043 요한계시록에서 천사가 요한에게 '하나님의 성전과 제단과 그 안에서 경배하는 자들을 측량'하기 위해 준 것은?
① 줄자 ② 대나무
③ 갈대 ④ 다림 줄

044 요한계시록에서 나팔 가진 여섯째 천사가 어느 강에서 결박한 네 천사를 놓아주라고 했는가?
① 비손 ② 기혼
③ 힛데겔 ④ 유브라데

045 요한계시록에서 넷째 천사가 나팔을 불 때 무엇의 삼분의 일이 타 버렸는가?
① 땅 ② 바다
③ 하늘 ④ 해와 달과 별

046 요한계시록에 나오는 셋째 생물의 모양은?
① 독수리 ② 송아지
③ 사자 ④ 사람

047 요한계시록에서 첫째 천사가 나팔을 불 때 무엇의 삼분의 일이 타 버렸는가?
① 땅 ② 바다
③ 하늘 ④ 해와 달과 별

048 요한계시록에서 책망받은 교회가 아닌 것은?
① 서머나 교회 ② 에베소 교회
③ 사데 교회 ④ 버가모 교회

049 요한계시록의 일곱 교회 중 가장 처음에 언급된 교회는?
① 두아디라 ② 라오디게아
③ 에베소 ④ 빌라델비아

050 요한계시록의 일곱 교회 중 가장 마지막에 언급된 교회는?
① 두아디라 ② 라오디게아
③ 서머나 ④ 빌라델비아

051 요한계시록의 일곱 교회 중 책망받음 없이 단지 칭찬만 받은 두 교회는?
① 서머나와 두아디라 교회

계

036_① 037_② 038_③ 039_④ 040_③ 041_③ 042_② 043_③ 044_④ 045_④ 046_④ 047_① 048_① 049_③ 050_② 051_④

② 에베소와 빌라델비아 교회
③ 빌라델비아와 라오디게아 교회
④ 서머나와 빌라델비아 교회

052 요한계시록에서 천사로부터 하나님의 인침을 받은 자들 중에서 유다 지파의 수는?
① 일만 이천 ② 이만 사천
③ 십이만 ④ 십사만 사천

053 요한계시록 첫 장 첫 절 첫 머리 말씀은 무엇인가?
① 예수 그리스도의 복음이라
② 예수 그리스도의 예언이라
③ 예수 그리스도의 계시라
④ 예수 그리스도의 증언이라

054 요한계시록 마지막 장에 언급된 생명나무는 몇 가지 열매를 맺는가?
① 7가지 ② 10가지
③ 12가지 ④ 40가지

055 다음 중 요한계시록 마지막 장 마지막 절의 낱말은?
① 아멘 ② 어서 오시옵소서
③ 할렐루야 아멘 ④ 아멘 할렐루야

056 요한계시록에서 네 생물과 이십 사 장로들이 어린 양 앞에서 가지고 있던 향이 가득한 금 대접은 무엇을 의미하는가?
① 성도들의 기도 ② 성도들의 인내
③ 순교자의 영 ④ 성도들의 선행

057 요한계시록에서 네 생물과 이십 사 장로들이 어린 양 앞에서 각각 가지고 있던 두 가지는 향이 가득한 금 대접과 또 무엇인가?
① 비파 ② 수금
③ 가야금 ④ 거문고

058 요한계시록에서 하늘의 보좌를 둘러싼 장로들의 수는?
① 일곱 장로 ② 십이 장로
③ 이십사 장로 ④ 칠십 장로

059 요한계시록에서 요한이 편지한 아시아의 일곱 교회 중 "안약을 사서 눈에 발라 보게 하라"는 권면을 받은 교회는?
① 에베소 교회 ② 사데 교회
③ 빌라델비아 교회 ④ 라오디게아 교회

060 요한계시록에서 가장 자주 나오는 숫자는?
① 셋 ② 다섯
③ 일곱 ④ 열

061 "이것들을 증언하신 이가 이르시되 내가 진실로 속히 오리라 하시거늘 아멘 주 예수여 오시옵소서"라는 말씀이 나오는 신약의 책은?
① 고린도전서 ② 베드로전서
③ 요한일서 ④ 요한계시록

062 "또 내가 새 하늘과 새 땅을 보니 처음 ( )과 처음 ( )이 없어졌고 ( )도 다시 있지 않더라"는 말씀에서 괄호 안에 들어갈 낱말이 <u>아닌</u> 것은?
① 하늘 ② 땅
③ 바다 ④ 육지

063 요한계시록 21장에서 요한은 무엇이 "하나님께로부터 하늘에서" 내려오는 것을 보았나?
① 천사들 ② 인자
③ 새 예루살렘 ④ 어린양

064 "보좌에 앉으신 이가 이르시되 보라 내가 ( )을 새롭게 하노라 하시고 또 이르시되 이 말은 신실하고 참되니 기록하라 하시고"라는 말씀에서 괄호 안에 들어갈 낱말은?
① 만물 ② 죄인
③ 땅 ④ 사람

065 다음 중 요한계시록 21장에 나오는 새 예루살렘에 대한 묘사가 <u>아닌</u> 것은?
① 그 성 안에서 성전이 없다
② 낮에 성문들을 닫지 않고 밤에는 닫는다
③ 그 열두 문은 열두 진주니 각 문마다 한 개의 진주로 되어 있다
④ 성의 길은 맑은 유리 같은 정금이다

052_① 053_③ 054_③ 055_① 056_① 057_④ 058_③ 059_④ 060_③ 061_④ 062_④ 063_③ 064_① 065_②

066 "땅의 ( )들이 그를 위하여 울고 애통하는 것은 다시 그들의 상품을 사는 자가 없음이라"는 말씀에서 괄호 안에 들어갈 낱말은?
① 사람 ② 상인
③ 귀족 ④ 왕

067 "누구든지 이 표를 가진 자 외에는 매매를 못하게 하니 이 표는 곧 짐승의 이름이나 그 이름의 수라 지혜가 여기 있으니 총명한 자는 그 짐승의 수를 세어 보라 그것은 사람의 수니 그의 수는 육백육십육이니라"는 말씀은 요한계시록 몇 장에 나오나?
① 11장 ② 12장
③ 13장 ④ 14장

068 다음 중 요한계시록 12장에 나오는 여자와 용에 대한 묘사가 아닌 것은?
① 그 여자는 해를 옷 입고 그 발 아래에는 달이 있고 그 머리에는 열두 별의 관을 썼다
② 그 여자가 아이를 배어 해산하게 되매 해산의 고통이 임하기 전에 아이가 태어났다
③ 용이 해산하려는 여자 앞에서 그가 해산하면 그 아이를 삼키고자 했다
④ 여자가 아들을 낳으니 그 아이를 하나님 앞과 그 보좌 앞으로 올려갔다

069 다음 중 요한계시록 12장에 나오는 하늘의 전쟁에 관한 묘사가 아닌 것은?
① 가브리엘과 그의 사자들이 용과 더불어 싸울새 용과 그의 사자들도 싸웠다
② 큰 용이 내쫓기니 옛 뱀 곧 마귀라고도 하고 사탄이라고도 하며 온 천하를 꾀는 자라 그가 땅으로 내쫓겼다
③ 그의 사자들도 그와 함께 내쫓겼다
④ 땅과 바다는 화 있을진저 이는 마귀가 자기의 때가 얼마 남지 않은 줄을 알므로 크게 분내어 너희에게 내려갔음이라 하였다

070 다음 중 요한계시록 1장에 나오는 일곱 촛대 사이를 거니시는 분에 관한 묘사가 아닌 것은?
① 그의 머리와 털의 희기가 흰 양털 같고 눈 같으며 그의 눈은 불꽃 같다
② 그의 오른손에 일곱 별이 있고 그의 팔에서 좌우에 날선 검이 나온다
③ 발에 끌리는 옷을 입고 가슴에 금띠를 띠었다
④ 사망과 음부의 열쇠를 가졌다

071 요한계시록 2장에서 '사탄의 권좌'가 있는 도시는 어디인가?
① 서머나 ② 버가모
③ 두아디라 ④ 사데

072 요한계시록 2장에서 '충성된 증인 안디바'가 순교한 도시는 어디인가?
① 서머나 ② 버가모
③ 두아디라 ④ 사데

073 요한계시록 2장에서 "내가 네 환난과 궁핍을 알거니와 실상은 네가 부요한 자니라 자칭 유대인이라 하는 자들의 비방도 알거니와 실상은 유대인이 아니요 사탄의 회당이라"는 말씀을 들은 교회는?
① 에베소 교회 ② 사데 교회
③ 서머나 교회 ④ 라오디게아 교회

074 요한계시록 3장에서 "네가 말하기를 나는 부자라 부요하여 부족한 것이 없다 하나 네 곤고한 것과 가련한 것과 가난한 것과 눈 먼 것과 벌거벗은 것을 알지 못하는도다 내가 너를 권하노니 내게서 불로 연단한 금을 사서 부요하게 하고 흰 옷을 사서 입어 벌거벗은 수치를 보이지 않게 하고 안약을 사서 눈에 발라 보게 하라"는 말씀을 들은 교회는?
① 에베소 교회 ② 사데 교회
③ 서머나 교회 ④ 라오디게아 교회

075 요한계시록 3장에서 "이기는 자는 내 하나님 성전에 기둥이 되게 하리니 그가 결코 다시 나가지 아니하리라"는 말씀을 들은 교회는?
① 에베소 교회 ② 사데 교회
③ 서머나 교회 ④ 빌라델비아 교회

076 다음 중 요한계시록 4장에 나오는 내용은?

계

066_② 067_③ 068_② 069_① 070_② 071_② 072_② 073_③ 074_④ 075_④

① 일곱 봉인에 담긴 심판
② 인치심을 받은 십사만 사천 명
③ 하늘의 예배
④ 라오디게아 교회에 보내는 말씀

077 다음 중 요한계시록 4장에 나오는 하늘의 예배에 관한 묘사가 아닌 것은?
① 하늘에 보좌를 베풀었고 그 보좌 위에 앉으신 이가 있다
② 또 보좌에 둘려 이십사 보좌들이 있고 그 보좌들 위에 이십사 장로들이 흰 옷을 입고 머리에 금관을 쓰고 앉아 있다
③ 보좌 앞에 켠 등불 셋이 있으니 이는 하나님의 세 영이다
④ 보좌 앞에 수정과 같은 유리 바다가 있고 보좌 가운데와 보좌 주위에 네 생물이 있는데 앞뒤에 눈들이 가득하다

078 "네가 본 것은 내 오른손의 일곱 별의 비밀과 또 일곱 금 촛대라 일곱 별은 일곱 교회의 ( )요 일곱 촛대는 일곱 교회니라"는 말씀에서 괄호 안에 들어갈 낱말은?
① 목회자 ② 장로
③ 사자 ④ 성도

079 다음 중 요한계시록 2장의 에베소교회에 관한 묘사가 아닌 것은?
① 악한 자들을 용납하지 아니했고 자칭 사도라 하되 아닌 자들을 시험하여 그의 거짓된 것을 드러냈다
② 참고 주의 이름을 위하여 견디고 게으르지 아니했다
③ 처음 사랑을 버렸다
④ 니골라 당의 행위를 좇아갔다

080 "예수 그리스도의 계시라"는 말씀으로 시작하는 책은?
① 요한이서 ② 요한삼서
③ 유다서 ④ 요한계시록

081 요한계시록에서 '처음 사랑'을 버렸다고 책망받은 교회는?
① 에베소 ② 서머나
③ 버가모 ④ 두아디라

082 다음 중 요한계시록에서 미가엘과 그의 사자들이 더불어 싸운 큰 용의 다른 이름이 아닌 것은?
① 옛 뱀 ② 온 천하를 꾀는 자
③ 사탄 ④ 타락한 여자

083 요한계시록에서 "네가 나의 인내의 말씀을 지켰은즉 내가 또한 너를 지켜 시험의 때를 면하게 하리니"라는 말씀을 들은 교회는?
① 사데 ② 빌라델비아
③ 라오디게아 ④ 두아디라

084 요한계시록에서 "네가 이같이 미지근하여 뜨겁지도 아니하고 차지도 아니하니 내 입에서 너를 토하여 버리리라"는 책망을 들은 교회는?
① 사데 ② 빌라델비아
③ 라오디게아 ④ 두아디라

085 "네 생물과 이십사 장로들이 그 어린 양 앞에 엎드려 각각 거문고와 향이 가득한 금 대접을 가졌으니 이 향은 성도의 ( )들이라"는 말씀에서 괄호 안에 맞는 단어는?
① 눈물 ② 수고
③ 기도 ④ 인내

086 다음 중 요한계시록에 나오는 '온 천하를 꾀는 자'에 대한 다른 이름이 아닌 것은?
① 큰 용 ② 옛 뱀
③ 사탄 ④ 짐승

087 다음 중 요한계시록에 기록된 '어린 양을 따르는 사람들'에 대한 설명이 아닌 것은?
① 오른손이나 이마에 표를 가지고 매매를 하는 자들
② 여자와 더불어 더럽히지 아니하고 순결한 자들
③ 어린 양이 어디로 인도하든지 따라가는 자들
④ 그 입에 거짓말이 없고 흠이 없는 자들

076_③ 077_③ 078_③ 079_④ 080_④ 081_① 082_④ 083_② 084_③ 085_③ 086_④ 087_①

088 요한계시록에 나오는 "성도들의 (　)가/이 여기 있나니 그들은 하나님의 계명과 예수에 대한 믿음을 지키는 자니라"는 말씀에서 괄호 안에 맞는 단어는?
① 수고 ② 인내
③ 고난 ④ 영광

089 요한계시록에서 '하나님의 종 모세의 노래, 어린 양의 노래'가 나오는 장은?
① 12장 ② 13장
③ 14장 ④ 15장

090 일곱째 천사가 하나님의 진노의 대접을 공중에 쏟을 때 일어나지 않은 것은?
① 바다가 곧 죽은 자의 피 같이 되니 바다 가운데 모든 생물이 죽었다
② 큰 음성이 성전에서 보좌로부터 나서 이르되 되었다 하였다
③ 큰 지진이 있어 사람이 땅에 있어 온 이래로 이같이 큰 지진이 없었다
④ 사람들이 심히 큰 우박의 재앙 때문에 하나님을 비방하였다

091 요한계시록에 나오는 '물 위에 앉은 큰 음녀'에 대한 설명이 아닌 것은?
① 손에 금 잔을 가졌는데 가증한 물건과 그의 음행의 더러운 것들이 가득하였다
② 여자가 탄 짐승의 몸에 하나님을 경외하는 이름들이 있었다
③ 여자가 탄 짐승의 몸에 하나님을 모독하는 이름들이 가득하였다
④ 그의 이마에 땅의 음녀들과 가증한 것들의 어미라는 이름이 기록되었다

092 요한계시록에서 '천년 왕국'에 대하여 언급하는 장은?
① 18장 ② 19장
③ 20장 ④ 21장

093 요한계시록에서 어린 양이 일곱째 인을 떼실 때에 향연과 함께 천사의 손으로부터 하나님 앞으로 올라간 것은?
① 해와 공기의 연기 ② 성도의 눈물
③ 불과 연기와 유황 ④ 성도의 기도

094 다음 중 요한계시록이 언급하는 '복이 있는 자들'과 관련되지 않는 것은?
① 어린 양의 혼인 잔치에 청함을 받지 못한 자들
② 주 안에서 죽는 자들
③ 이 두루마리의 예언의 말씀을 지키는 자
④ 첫째 부활에 참여하는 자들

095 요한계시록에 나오는 무너진 '큰 성 바벨론'에 대한 설명이 아닌 것은?
① 귀신의 처소와 각종 더러운 영이 모이는 곳과 각종 더럽고 가증한 새들이 모이는 곳이 되었다
② 상품으로 치부하였더니 오랜 시간 끝에 드디어 망하였다
③ 그 음행의 진노의 포도주로 말미암아 만국이 무너졌다
④ 그의 죄가 하늘에 사무쳤으며 하나님은 그의 불의한 일을 기억하셨다

096 요한계시록에서 "내가 하늘이 열린 것을 보니 보라 백마와 그것을 탄 자가 있으니 그 이름은 (　)과/와 (　)라/이라 그가 (　)로/으로 심판하며 싸우더라"는 말씀에서 어느 괄호 안에도 맞지 않는 단어는?
① 충신 ② 공의
③ 행위 ④ 진실

097 요한계시록에 나오는 '백마를 탄 자'에 대한 언급이 아닌 것은?
① 그 머리에는 많은 관들이 있고 또 이름 쓴 것 하나가 있으니 자기밖에 아는 자가 없다
② 그가 피 뿌린 옷을 입었는데 그 이름은 하나님의 말씀이라 칭한다
③ 만왕의 왕이요 만주의 주라고 그 옷과 그 다리에 이름이 쓰여있다
④ 그가 아직 나라를 얻지 못하였으나 짐승과 더불어 임금처럼 권세를 받았다

088_② 089_④ 090_① 091_② 092_③ 093_④ 094_① 095_② 096_③ 097_④

098 다음 중 요한계시록에 나오는 '최후의 심판'에 관한 언급이 아닌 것은?
① 매매를 할 수 있는 짐승의 표를 가진 자가 살아 남는다
② 죽은 자들이 자기 행위를 따라 (생명)책들에 기록된 대로 심판을 받는다
③ 각 사람이 자기의 행위대로 심판을 받는다
④ 누구든지 생명책에 기록되지 못한 자는 불못에 던져진다

099 "… 강 좌우에 강 좌우에 생명나무가 있어 열두 가지 열매를 맺되 달마다 그 열매를 맺고 그 나무 잎사귀들은 ( )을 치료하기 위하여 있더라"는 요한계시록 22장 2절 말씀에서 괄호 안에 들어가야 할 낱말은?
① 이스라엘 ② 병
③ 만국 ④ 사람

100 "만일 누구든지 이 두루마리의 예언의 말씀에서 제하여 버리면 하나님이 이 두루마리에 기록된 ( )와/과 및 거룩한 성에 참여함을 제하여 버리시리라"는 요한계시록 22장 19절 말씀에서 괄호 안에 들어가야 할 낱말은?
① 구원 ② 축복
③ 약속 ④ 생명나무

101 "힘찬 음성으로 외쳐 이르되 무너졌도다 무너졌도다 큰 성 바벨론이여 ( )의 처소와 각종 더러운 영이 모이는 곳과 각종 더럽고 가증한 새들이 모이는 곳이 되었도다"는 요한계시록 18장 2절의 말씀에서 괄호 안에 들어가야 할 낱말은?
① 군인 ② 귀신
③ 황제 ④ 상인

102 "천사가 이르되 왜 놀랍게 여기느냐 내가 여자와 그가 탄 ( ) 머리와 ( )뿔 가진 짐승의 비밀을 네게 이르리라"는 요한계시록 17장 7절 말씀에서 괄호 안에 각각 들어가야 할 낱말을 올바르게 답한 것은?
① 일곱, 열 ② 열, 일곱
③ 일곱, 일곱 ④ 열, 열

103 "네가 보던 열 뿔은 열 왕이니 아직 ( )를 얻지 못하였으나 다만 짐승과 더불어 임금처럼 한동안 권세를 받으리라"는 요한계시록 17장 12절의 말씀에서 괄호 안에 들어가야 할 낱말은?
① 인기 ② 허가
③ 권세 ④ 나라

104 "또 내가 들으니 성전에서 큰 음성이 나서 일곱 천사에게 말하되 너희는 가서 하나님의 진노의 ( ) 대접을 땅에 쏟으라 하더라"는 요한계시록 16장 1절의 말씀에서 괄호 안에 들어가야 할 낱말은?
① 일곱 ② 열
③ 세 ④ 한

105 "보라 내가 도둑 같이 오리니 누구든지 깨어 자기 옷을 지켜 벌거벗고 다니지 아니하며 자기의 ( )을 보이지 아니하는 자는 복이 있도다"라는 요한계시록 16장 15절의 말씀에서 괄호 안에 들어가야 할 낱말은?
① 유약함 ② 부끄러움
③ 교만함 ④ 믿음 없음

106 "지혜가 여기 있으니 총명한 자는 그 짐승의 수를 세어 보라 그것은 사람의 수니 그의 수는 ( )이니라"는 요한계시록 13장 18절 말씀에서 괄호 안에 들어가야 할 낱말은?
① 열 ② 열 둘
③ 십사만 사천 ④ 육백육십육

107 "죽임을 당한 어린 양의 생명책에 창세 이후로 이름이 기록되지 못하고 이 땅에 사는 자들은 다 그 짐승에게 ( )하리라"는 요한계시록 13장 8절 말씀에서 괄호 안에 들어가야 할 낱말은?
① 경배 ② 항의
③ 의지 ④ 복귀

108 "또 다른 천사가 와서 제단 곁에 서서 금 향로를 가지고 많은 향을 받았으니 이는 모든 ( )의 기도와 합하여 보좌 앞 금 제단에 드리고자

098_① 099_③ 100_④ 101_② 102_① 103_④ 104_① 105_② 106_④ 107_① 108_④

함이라"는 요한계시록 8장 3절의 말씀에서 괄호 안에 들어가야 할 낱말은?
① 유대인 ② 이방인
③ 순교자 ④ 성도

109 "각각 그들에게 ( ) 두루마기를 주시며 이르시되 아직 잠시 동안 쉬되 그들의 동무 종들과 형제들도 자기처럼 죽임을 당하여 그 수가 차기까지 하라 하시더라"는 요한계시록 6장 11절 말씀에서 괄호 안에 들어가야 할 낱말은?
① 검은 ② 흰
③ 붉은 ④ 푸른

110 "내가 또 들으니 하늘 위에와 땅 위에와 땅 아래와 바다 위에와 또 그 가운데 모든 피조물이 이르되 보좌에 앉으신 이와 ( )에게 찬송과 존귀와 영광과 권능을 세세토록 돌릴지어다 하니 네 생물이 이르되 아멘 하고 장로들은 엎드려 경배하더라"는 요한계시록 5장 13-14절의 말씀에서 괄호 안에 들어가야 할 낱말은?
① 순교자들 ② 예언자들
③ 성도들 ④ 어린 양

111 "다섯째 인을 떼실 때에 내가 보니 하나님의 말씀과 그들이 가진 ( )로/으로 말미암아 죽임을 당한 영혼들이 제단 아래에 있어"라는 요한계시록 6장 9절 말씀에서 괄호 안에 들어가야 할 낱말은?
① 증거 ② 믿음
③ 재산 ④ 책임

112 "장로 중의 한 사람이 내게 말하되 울지 말라 ( ) 지파의 사자 다윗의 뿌리가 이겼으니 그 두루마리와 그 일곱 인을 떼시리라 하더라"는 요한계시록 5장 5절의 말씀에서 괄호 안에 들어가야 할 낱말은?
① 유대 ② 야곱
③ 베냐민 ④ 에브라임

113 "… 거룩하다 거룩하다 거룩하다 주 하나님 곧 ( )하신 이여 전에도 계셨고 이제도 계시고 장차 오실 이시라"는 요한계시록 4장 8절의 말씀에서 괄호 안에 들어가야 할 낱말은?
① 영원 ② 전능
③ 신실 ④ 자비

114 "( ) 자는 이와 같이 흰 옷을 입을 것이요 내가 그 이름을 생명책에서 결코 지우지 아니하고 그 이름을 내 아버지 앞과 그의 천사들 앞에서 시인하리라"는 요한계시록 3장 5절의 말씀에서 괄호 안에 들어가야 할 낱말은?
① 이기는 ② 성실한
③ 거룩한 ④ 신실한

115 "귀 있는 자는 성령이 ( )들에게 하시는 말씀을 들을지어다"라는 요한계시록 3장 22절의 말씀에서 괄호 안에 들어가야 할 낱말은?
① 믿는 자 ② 천사
③ 교인 ④ 교회

116 "그러나 네게 책망할 일이 있노라 ( ) 선지자라 하는 여자 이세벨을 네가 용납함이니 그가 내 종들을 가르쳐 꾀어 행음하게 하고 우상의 제물을 먹게 하는도다"라는 두아디라 교회에 하신 요한계시록 2장 20절의 말씀에서 괄호 안에 들어가야 할 낱말은?
① 능력의 ② 자칭
③ 놀라운 ④ 새로운

117 "나 요한은 너희 형제요 예수의 환난과 나라와 ( )에 동참하는 자라 하나님의 말씀과 예수를 증언하였음으로 말미암아 밧모라 하는 섬에 있었더니"라는 요한계시록 1장 9절의 말씀에서 괄호 안에 들어가야 할 낱말은?
① 사랑 ② 선교
③ 선포 ④ 참음

118 다음 중 요한계시록에서 에베소 교회에게 편지로 계시하시는 예수 그리스도는 누구신가?
① 오른손에 있는 일곱 별을 붙잡고 일곱 금 촛대 사이를 거니시는 이
② 좌우에 날선 검을 가지신 이
③ 하나님의 일곱 영과 일곱 별을 가지신 이
④ 거룩하고 진실하사 다윗의 열쇠를 가지신 이

계

109_② 110_④ 111_① 112_① 113_② 114_① 115_④ 116_② 117_④ 118_①

119 다음 중 요한계시록에서 버가모 교회에게 편지로 계시하시는 예수 그리스도는 누구신가?
① 오른손에 있는 일곱 별을 붙잡고 일곱 금 촛대 사이를 거니시는 이
② 좌우에 날선 검을 가지신 이
③ 하나님의 일곱 영과 일곱 별을 가지신 이
④ 거룩하고 진실하사 다윗의 열쇠를 가지신 이

120 다음 중 요한계시록에서 사데 교회에게 편지로 계시하시는 예수 그리스도는 누구신가?
① 오른손에 있는 일곱 별을 붙잡고 일곱 금 촛대 사이를 거니시는 이
② 좌우에 날선 검을 가지신 이
③ 하나님의 일곱 영과 일곱 별을 가지신 이
④ 거룩하고 진실하사 다윗의 열쇠를 가지신 이

121 다음 중 요한계시록에서 빌라델비아 교회에게 편지로 계시하시는 예수 그리스도는 누구신가?
① 오른손에 있는 일곱 별을 붙잡고 일곱 금 촛대 사이를 거니시는 이
② 좌우에 날선 검을 가지신 이
③ 하나님의 일곱 영과 일곱 별을 가지신 이
④ 거룩하고 진실하사 다윗의 열쇠를 가지신 이

122 다음 중 요한계시록에서 라오디게아 교회에게 편지로 계시하시는 예수 그리스도는 누구신가?
① 처음이며 마지막이요 죽었다가 살아나신 이
② 좌우에 날선 검을 가지신 이
③ 그 눈이 불꽃 같고 그 발이 빛난 주석과 같은 하나님의 아들
④ 아멘이시요 충성되고 참된 증인이시요 하나님의 창조의 근본이신 이

123 다음 중 요한계시록에서 두아디라 교회에게 편지로 계시하시는 예수 그리스도는 누구신가?
① 처음이며 마지막이요 죽었다가 살아나신 이
② 좌우에 날선 검을 가지신 이
③ 그 눈이 불꽃 같고 그 발이 빛난 주석과 같은 하나님의 아들
④ 아멘이시요 충성되고 참된 증인이시요 하나님의 창조의 근본이신 이

124 다음 중 요한계시록에서 서머나 교회에게 편지로 계시하시는 예수 그리스도는 누구신가?
① 처음이며 마지막이요 죽었다가 살아나신 이
② 좌우에 날선 검을 가지신 이
③ 그 눈이 불꽃 같고 그 발이 빛난 주석과 같은 하나님의 아들
④ 아멘이시요 충성되고 참된 증인이시요 하나님의 창조의 근본이신 이

125 발 아래에는 달이 있고 머리에는 열두 별의 관을 쓴, 해를 옷 입은 한 여자는 요한계시록 몇 장에 나오는가?
① 12장 ② 13장
③ 15장 ④ 16장

126 뿔이 열이며 머리가 일곱이고 그 뿔에는 열 왕관이 있고 그 머리들에는 신성 모독 하는 이름들이 있는, 바다에서 나온 한 짐승은 요한계시록 몇 장에 나오는가?
① 12장 ② 13장
③ 15장 ④ 16장

127 심판을 받을, 물 위에 앉은 큰 음녀는 요한계시록 몇 장에 나오는가?
① 13장 ② 15장
③ 16장 ④ 17장

128 "귀 있는 자는 성령이 교회들에게 하시는 말씀을 들을지어다 이기는 그에게는 내가 하나님의 ( )에 있는 생명나무의 열매를 주어 먹게 하리라"는 말씀에서 괄호 안에 들어가야 할 단어는?
① 나라 ② 정원
③ 낙원 ④ 보좌

129 요한계시록 13장이 다루는 내용 주제는 무엇인가?
① 큰 음녀 환상 ② 붉은 용 환상
③ 바벨론의 멸망 ④ 두 짐승의 환상

119_② 120_③ 121_④ 122_④ 123_③ 124_① 125_① 126_② 127_④ 128_③ 129_④

130 요한계시록에서 일곱 대접을 가지고 마지막 일곱 재앙을 담은 일곱 천사 중 하나가 요한에게 보여준 하나님께로부터 하늘에서 내려오는 예루살렘 성 성곽의 열두 기초석 위에 있는 것은 무엇인가?
① 열방의 열두 나라의 이름
② 이스라엘의 열두 지파의 이름
③ 어린 양의 열두 사도의 이름
④ 제사장 흉패에 붙어 있는 열두 보석의 이름

131 요한계시록에서 일곱 대접을 가지고 마지막 일곱 재앙을 담은 일곱 천사 중 하나가 요한에게 보여준 하나님께로부터 하늘에서 내려오는 거룩한 성 예루살렘의 열두 문에 새겨진 것은 무엇인가?
① 예수의 열두 제자의 이름
② 이스라엘의 열두 지파의 이름
③ 구약의 열두 소 선지서의 이름
④ 제사장 흉패에 붙어 있는 열두 보석의 이름

132 요한계시록 21장에서 다음 중 보좌에 앉으신 이가 하신 말씀이 아닌 것은?
① "보라 내가 만물을 새롭게 하노라"
② "이 말은 신실하고 참되니 기록하라"
③ "나는 그의 하나님이 되고 그는 내 아들이 되리라"
④ "인자가 영광을 받으리라"

133 요한계시록 20장에 나타나는 최후의 심판 자리는?
① 붉은 보좌　② 흰 보좌
③ 검은 보좌　④ 금빛 보좌

134 요한계시록 18장은 어떤 나라의 패망에 대해 말하는가?
① 앗수르　② 바벨론
③ 애굽　④ 바사

135 요한계시록 17장의 내용 주제는?
① 일곱 교회
② 두 짐승
③ 새 하늘과 새 땅
④ 많은 물 위에 앉은 큰 음녀

136 요한계시록 16장의 내용 주제는?
① 일곱 나팔　② 일곱 인
③ 일곱 대접　④ 일곱 교회

137 계시록에서 "구원하심이 보좌에 앉으신 우리 하나님과 어린 양에게 있도다"라고 외치는 자들은 누구인가?
① 일곱 교회의 사자들
② 능히 셀 수 없는 큰 무리
③ 이십사 장로들
④ 모든 천사들

138 요한계시록 13장에서 바다에서 나온 짐승의 입은 무엇과 같은가?
① 표범　② 곰
③ 사자　④ 용

139 요한계시록 4장에서 찬양을 하는 네 생물은 사자, 송아지, 독수리 외에 또 무엇과 같은가?
① 양　② 사슴
③ 표범　④ 사람

140 "다시 저주가 없으며 하나님과 그 어린 양의 보좌가 그 가운데에 있으리니 그의 종들이 그를 섬기며 그의 얼굴을 볼 터이요 그의 (　)도 그들의 이마에 있으리라"는 말씀에서 괄호 안에 들어갈 낱말은?
① 사랑　② 은혜
③ 이름　④ 표시

141 "나 예수는 교회들을 위하여 내 사자를 보내어 이것들을 너희에게 증언하게 하였노라 나는 다윗의 (　)요 (　)이니 곧 광명한 (　)이라 하시더라"라는 말씀에서 괄호 안에 들어갈 낱말이 아닌 것은?
① 가지　② 뿌리
③ 새벽 별　④ 자손

142 "다시 밤이 없겠고 등불과 햇빛이 쓸 데 없으니 이는 주 하나님이 그들에게 비치심이라 그들이

계

130_③ 131_② 132_④ 133_② 134_② 135_④ 136_③ 137_② 138_③ 139_④ 140_③ 141_①

세세토록 왕 노릇 하리로다"라는 말씀은 요한계시록 몇 장에 나오는 말씀인가?
① 19장 ② 20장
③ 21장 ④ 22장

143 다음 중 요한계시록 21장에 나오는 새 예루살렘에 관한 묘사가 아닌 것은?
① 동쪽에 세 문, 북쪽에 세 문, 남쪽에 세 문, 서쪽에 세 문이 있다
② 그 성은 네모가 반듯하여 길이와 너비가 같다
③ 그 성 안에 성전이 있다
④ 열두 개의 문이 있고 그 문들 위에 이름을 썼으니 이스라엘 자손 열두 지파의 이름들이다

144 다음 중 요한계시록 20장에서 "짐승과 그의 우상에게 경배하지 아니하고 그들의 이마와 손에 그의 표를 받지 아니한 자들이 살아서…하나님과 그리스도의 제사장이 되어 천 년 동안 그리스도와 더불어 왕 노릇 하리라"는 말씀 바로 뒤에 나오는 내용이 아닌 것은?
① 천 년이 차매 사탄이 그 옥에서 놓인다
② 곡과 마곡의 백성들이 지면에 널리 퍼져 성도들의 진과 사랑하시는 성을 두른다
③ 사탄은 천 년 동안 결박되어 무저갱에 던져 넣어 갇힌다
④ 하늘에서 불이 내려와 곡과 마곡의 백성들을 태워버린다

145 "또 내가 크고 흰 보좌와 그 위에 앉으신 이를 보니 땅과 하늘이 그 앞에서 피하여 간 데 없더라 또 내가 보니 죽은 자들이 큰 자나 작은 자나 그 보좌 앞에 서 있는데 책들이 펴 있고 또 다른 책이 펴졌으니 곧 생명책이라 죽은 자들이 자기 행위를 따라 책들에 기록된 대로 심판을 받으니"라는 말씀은 요한계시록 몇 장에 나오는가?
① 19장 ② 20장
③ 21장 ④ 22장

146 다음 중 요한계시록 20장에서 나오는 주제의 내용이 순서대로 올바로 짝지어진 것은?
① 사탄의 패망 – 천년 왕국 – 흰 보좌 심판
② 천년 왕국 – 흰 보좌 심판 – 사탄의 패망
③ 천년 왕국 – 사탄의 패망 – 흰 보좌 심판
④ 사탄의 패망 – 흰 보좌 심판 – 천년 왕국

147 다음 중 요한계시록 20장에서 나오는 흰 보좌 심판에 관한 묘사가 아닌 것은?
① 누구든지 생명책에 기록되지 못한 자는 불못에 던져졌다
② 죽은 자들이 자기 행위를 따라 책들에 기록된 대로 심판을 받는다
③ 바다가 그 가운데에서 죽은 자들을 내주고 또 사망과 음부도 그 가운데에서 죽은 자들을 내준다
④ 생명책에 기록된 자들도 자기 행위를 따라 책들에 기록된 대로 심판을 받는다

148 요한계시록에서 "그의 고통을 무서워하여 멀리 서서 이르되 화 있도다 화 있도다 큰 성, 견고한 성 바벨론이여 한 시간에 네 심판이 이르렀다 하리로다"는 말씀은 몇 장에 나오나?
① 16장 ② 17장
③ 18장 ④ 19장

149 다음 중 요한계시록 17장에서 나오는 음녀에 관한 묘사가 아닌 것은?
① 그 여자는 백마를 탔는데 그 짐승의 몸에 하나님을 모독하는 이름들이 가득하고 일곱 머리와 열 뿔이 있다
② 그 여자는 자주 빛과 붉은 빛 옷을 입고 금과 보석과 진주로 꾸미고 손에 금 잔을 가졌다
③ 그 여자는 성도들의 피와 예수의 증인들의 피에 취했다
④ 그의 이마에 이름이 기록되었으니 비밀이라, 큰 바벨론이라, 땅의 음녀들과 가증한 것들의 어미다

150 다음 중 요한계시록 17장에서 나오는 음녀와 그가 탄 일곱 머리와 열 뿔 가진 짐승에 관해 천사가 하는 말이 아닌 것은?

142_④ 143_③ 144_③ 145_② 146_③ 147_④ 148_③ 149_① 150_④

① 짐승은 전에 있었다가 지금은 없으나 장차 무저갱으로부터 올라와 멸망으로 들어갈 자다
② 그 일곱 머리는 여자가 앉은 일곱 산이요 또 일곱 왕이다
③ 열 뿔은 열 왕이니 아직 나라를 얻지 못하였으나 다만 짐승과 더불어 임금처럼 한동안 권세를 받을 것이다
④ 그 여자는 땅의 왕들을 다스리는 사탄이다

151 "나 요한은 너희 형제요 예수의 ( )과 ( )와 ( )에 동참하는 자라"는 요한계시록의 말씀에서 괄호 안에 들어가지 않는 단어는?
① 환난 ② 긍휼
③ 나라 ④ 참음

152 "그들에게 왕이 있으니 무저갱의 사자라 히브리어로는 그 이름이 ( )이요"라는 요한계시록의 말씀에서 괄호 안에 들어가야 할 단어는?
① 아바돈 ② 아볼루온
③ 스올 ④ 아마겟돈

153 요한계시록에서 "거룩하고 참되신 대주재여 땅에 거하는 자들을 심판하여 우리 피를 갚아 주지 아니하시기를 어느 때까지 하시려 하나이까"라고 말한 자들은?
① 하나님의 말씀과 그들이 가진 증거로 말미암아 죽임을 당한 영혼들
② 네 생물 사이로부터 나는 듯한 음성
③ 땅의 임금들과 왕족들과 장군들과 부자들과 강한 자들
④ 네 생물과 이십사 장로들

154 요한계시록에서 "각 나라와 족속과 백성과 방언에서 나온 아무도 능히 셀 수 없는 흰 옷을 입은 큰 무리"에 대한 설명이 아닌 것은?
① 그들이 땅에서 화평을 제하여 버리며 서로 죽이게 하고 또 큰 칼을 받았다
② 그들이 구원하심이 보좌에 앉으신 우리 하나님과 어린 양에게 있도다라고 외쳤다
③ 그들은 큰 환난에서 나오는 자들로 어린 양의 피에 그 옷을 씻어 희게 하였다
④ 그들이 하나님의 보좌 앞에 있고 또 그의 성전에서 밤낮 하나님을 섬겼다

155 요한계시록에서 "흰 옷을 입고 손에 종려 가지를 들고 보좌 앞과 어린 양 앞에 서서 구원하심이 보좌에 앉으신 우리 하나님과 어린 양에게 있도다"라고 큰 소리로 외친 자들은?
① 하나님의 말씀과 그들이 가진 증거로 말미암아 죽임을 당한 영혼들
② 각 나라와 족속과 백성과 방언에서 온 능히 셀 수 없는 큰 무리
③ 땅의 임금들과 왕족들과 장군들과 부자들과 강한 자들
④ 네 생물 사이로부터 나는 듯한 음성

156 다음 중 요한계시록에 나오는 내용이 순서대로 된 것은?
① 일곱 인 – 일곱 편지 – 일곱 나팔 – 일곱 진노의 대접
② 일곱 나팔 – 일곱 인 – 일곱 진노의 대접 – 일곱 편지
③ 일곱 편지 – 일곱 인 – 일곱 나팔 – 일곱 진노의 대접
④ 일곱 진노의 대접 – 일곱 인 – 일곱 편지 – 일곱 나팔

157 요한계시록에 나오는 '음녀가 앉아 있는 물'은 무엇을 뜻하나?
① 땅의 음녀들과 가증한 것들이다
② 성도들의 피와 예수의 증인들의 피다
③ 백성과 무리와 열국과 방언들이다
④ 음녀가 다스리는 땅의 왕들이다

158 요한계시록에 나오는 두 증인에 관한 설명이 아닌 것은?
① 그들이 무저갱으로부터 올라오는 짐승을 이기고 죽일 것이다
② 그들이 굵은 베옷을 입고 천이백육십 일을 예언할 것이다
③ 그들은 이 땅의 주 앞에 서 있는 두 감람나무와 두 촛대이다
④ 누구든지 그들을 해하고자 하면 반드시 그

계

151_② 152_① 153_① 154_① 155_② 156_③ 157_③ 158_①

와 같이 죽임을 당할 것이다

159 요한계시록에서 "세상 나라가 우리 주와 그의 그리스도의 나라가 되어 그가 세세토록 왕 노릇 하시리로다"라고 말한 자들은?
① 이십사 장로들 ② 하늘에 큰 음성들
③ 환난 중에 성도들 ④ 보좌 주위에 천사들

160 요한계시록에 나오는 '두 짐승'에 관한 설명이 아닌 것은?
① 짐승이 과장되고 신성모독을 말하는 입을 받았다
② 하나님의 이름과 그의 장막 곧 하늘에 사는 자들을 비방하였다
③ 각 족속과 백성과 방언과 나라를 다스리는 권세를 받지 못하였다
④ 짐승의 우상에게 경배하지 아니하는 자는 몇이든지 다 죽이게 하였다

161 요한계시록에서 '하늘에 증거 장막의 성전'이 열릴 때와 관련되지 않는 것은?
① 일곱 재앙을 가진 일곱 천사가 성전으로부터 나왔다
② 일곱 천사가 하나님의 진노의 금 대접 일곱을 받았다
③ 하나님의 영광과 능력으로 성전에 연기가 가득 찼다
④ 원하는 자는 일곱 천사와 함께 성전에 들어갈 수 있다

162 요한계시록에서 진노의 일곱 대접이 땅에 쏟아질 때 "주 하나님 곧 전능하신 이시여 심판하시는 것이 참되시고 의로우시도다"라고 누가 말하였는가?
① 제단 ② 첫째 천사
③ 성전 ④ 성도들

163 "그러므로 ( )동안에 그 재앙들이 이르리니 곧 사망과 애통함과 흉년이라 그가 또한 불에 살라지리니 그를 심판하시는 주 하나님은 강하신 자이심이라"는 요한계시록 18장 8절의 말씀에서 괄호 안에 들어가야 할 낱말은?
① 하루 ② 이틀
③ 사흘 ④ 나흘

164 "또 하늘에 크고 이상한 다른 이적을 보매 ( ) 천사가 ( ) 재앙을 가졌으니 곧 마지막 재앙이라 하나님의 진노가 이것으로 마치리로다"는 요한계시록 15장 1절의 말씀에서 괄호 안에 공통으로 들어가야 할 낱말은?
① 여섯 ② 일곱
③ 여덟 ④ 아홉

165 "충성된 ( )로/으로 죽은 자들 가운데에서 먼저 나시고 땅의 임금들의 머리가 되신 예수 그리스도로 말미암아 은혜와 평강이 너희에게 있기를 원하노라"는 말씀에서 괄호 안에 맞는 단어는?
① 의인 ② 증인
③ 거룩한 자 ④ 사자

166 "그가 큰 음성으로 이르되 하나님을 두려워하며 그에게 영광을 돌리라 이는 그의 ( )의 시간이 이르렀음이니 하늘과 땅과 바다와 물들의 근원을 만드신 이를 경배하라 하더라"는 요한계시록 14장 7절의 말씀에서 괄호 안에 들어가야 할 낱말은?
① 결정 ② 은혜
③ 섭리 ④ 심판

167 "큰 용이 내쫓기니 옛 뱀 곧 마귀라고도 하고 사탄이라고도 하며 온 천하를 꾀는 자라 그가 ( ) 내쫓기니 그의 사자들도 그와 함께 내쫓기니라"는 요한계시록 12장 9절 말씀에서 괄호 안에 들어가야 할 낱말은?
① 땅으로 ② 바다로
③ 하늘로 ④ 있던 곳으로

168 "성전 바깥 마당은 측량하지 말고 그냥 두라 이것은 ( )에게 주었은즉 그들이 거룩한 성을 마흔두 달 동안 짓밟으리라"는 요한계시록 11장 2절의 말씀에서 괄호 안에 들어가야 할 낱말은?
① 이방인 ② 유대인

159_② 160_③ 161_④ 162_① 163_① 164_② 165_② 166_④ 167_① 168_①

③ 기독교인 ④ 나실인

169 "그가 내게 말하기를 네가 많은 백성과 나라와 ( )과 임금에게 다시 예언하여야 하더라"는 요한계시록 10장 11절의 말씀에서 괄호 안에 들어가야 할 낱말은?
① 군인 ② 백성
③ 방백 ④ 방언

170 "그러나 그들을 죽이지는 못하게 하시고 다섯 달 동안 괴롭게만 하게 하시는데 그 괴롭게 함은 ( )이 사람을 쏠 때에 괴롭게 함과 같더라"는 요한계시록 9장 5절의 말씀에서 괄호 안에 들어가야 할 낱말은?
① 모기 ② 뱀
③ 전갈 ④ 벌

171 "이는 보좌 가운데에 계신 어린 양이 그들의 목자가 되사 ( ) 샘으로 인도하시고 하나님께서 그들의 눈에서 모든 눈물을 씻어 주실 것임이라"는 요한계시록 7장 17절의 말씀에서 괄호 안에 들어가야 할 낱말은?
① 약속의 ② 생명수
③ 소망의 ④ 낙원의

172 "내가 말하기를 내 주여 당신이 아시나이다 하니 그가 나에게 이르되 이는 큰 환난에서 나오는 자들인데 ( )의 피에 그 옷을 씻어 희게 하였느니라"는 요한계시록 7장 14절의 말씀에서 괄호 안에 들어가야 할 낱말은?
① 양의 피 ② 어린 양
③ 순교자 ④ 예언자의 피

173 "천사가 내게 말하기를 기록하라 ( )의 혼인 잔치에 청함을 받은 자들은 복이 있도다 하고 또 내게 말하되 이것은 하나님의 참되신 말씀이라 하기로 …"라는 요한계시록 19장 9절의 말씀에서 괄호 안에 들어가야 할 낱말은?
① 어린 양 ② 순교자
③ 제자 ④ 교회

174 다음 중 요한계시록에서 넷째 천사가 나팔을 불 때 나타나는 재앙의 내용은?
① 바다의 삼분의 일이 피가 되가 됨
② 강들의 삼분의 일과 여러 물샘에 떨어짐
③ 해와 달과 별들의 삼분의 일이 어두워짐
④ 땅과 수목의 삼분의 일도 타 버리고 각종 푸른 풀도 타 버림

175 요한계시록에서 사망의 이름을 가진 자가 타고 나오는 청황색 말은 어린 양이 몇째 인을 떼실 때 나타나는가?
① 둘째 인 ② 셋째 인
③ 넷째 인 ④ 다섯째 인

176 다음 중 요한계시록에서 여섯째 천사가 나팔을 불 때 하나님 앞 금 제단 네 뿔에서 나온 한 음성은?
① 일곱 우레가 말한 것을 인봉하고 기록하지 말라
② 그들의 진노의 큰 날이 이르렀으니 누가 능히 서리요
③ 오직 이마에 하나님의 인침을 받지 아니한 사람들만 해하라
④ 큰 강 유브라데에 결박한 네 천사를 놓아 주라

177 "그들에게 왕이 있으니 무저갱의 사자라 히브리어로는 그 이름이 아바돈이요 헬라어로는 그 이름이 ( )이더라"는 말씀에서 괄호 안에 들어가는 말은?
① 아뷔스 ② 아볼루온
③ 디아볼로 ④ 사탄

178 요한계시록에 나타나는 "내가 나의 두 증인에게 권세를 주리니 그들이 굵은 베옷을 입고 ( )을 예언하리라"는 말씀에서 괄호 안에 들어가는 날수는?
① 천이백육십 일 ② 십이 개월
③ 백사십사 일 ④ 일만 이천 일

179 요한계시록에서 '최후의 심판'에 대해 보여주는 장은?
① 19장 ② 20장

169_④ 170_③ 171_② 172_② 173_① 174_③ 175_③ 176_④ 177_② 178_① 179_②

계

③ 21장 ④ 22장

180 요한계시록에서 공중에 날아가는 독수리가 큰 소리로 외치는 말은 무엇이었는가?
① 화, 화, 화 ② 불, 불 불
③ 복, 복, 복 ④ 6, 6, 6

181 요한계시록에서 열 뿔을 무엇인가?
① 열 나라 ② 열 음녀
③ 열 왕 ④ 열 가지 심판

182 "또 그가 수정 같이 맑은 생명수의 강을 내게 보이니 하나님과 및 어린 양의 보좌로부터 나와서 길 가운데로 흐르더라 강 좌우에 생명나무가 있어 열두 가지 열매를 맺되 달마다 그 열매를 맺고 그 나무 잎사귀들은 만국을 치료하기 위하여 있더라"는 말씀은 요한계시록 몇 장에 나오나?
① 19장 ② 20장
③ 21장 ④ 22장

183 다음 중 요한계시록 19장에 나오는 어린 양의 혼인 잔치에 관한 묘사가 아닌 것은?
① 천사가 어린 양의 혼인 잔치에 청함을 받은 자들은 복이 있다고 말했다
② 그의 아내가 빛나고 깨끗한 세마포 옷을 입도록 허락하셨다
③ 세마포 옷은 성도들의 옳은 믿음이다
④ 어린 양의 혼인 기약이 이르렀다

184 다음 중 요한계시록 19장에 나오는 백마를 탄 자에 관한 묘사가 아닌 것은?
① 그가 피 뿌린 옷을 입었는데 그 이름은 하나님의 말씀이다
② 그 옷과 그 다리에 이름을 쓴 것이 있으니 만왕의 왕이요 만주의 주다
③ 그 머리에는 많은 관들이 있고 또 이름 쓴 것 하나가 있으니 모든 사람이 알고 있다
④ 그의 입에서 예리한 검이 나오니 그것으로 만국을 친다

185 "또 내가 보매 (   )가 무저갱의 열쇠와 큰 쇠사슬을 그의 손에 가지고 하늘로부터 내려와서 용을 잡으니 곧 옛 뱀이요 마귀요 사탄이라 잡아서 천 년 동안 결박하여"라는 말씀에서 괄호 안에 들어갈 낱말은?
① 인자 ② 그리스도
③ 천사 ④ 심판자

186 요한계시록에서 "우리 주 하나님이여 영광과 존귀와 권능을 받으시는 것이 합당하오니 주께서 만물을 지으신지라 만물이 주의 뜻대로 있었고 또 지으심을 받았나이다"라고 찬양한 이들은?
① 이십사 장로들 ② 보좌의 생물들
③ 천사들 ④ 보좌 주위에 네 생물

187 요한계시록에서 "죽임을 당하신 어린 양은 능력과 부와 지혜와 힘과 존귀와 영광과 찬송을 받으시기에 합당하도다"라고 찬양한 이들은?
① 이십사 장로들 ② 보좌의 생물들
③ 천사들 ④ 보좌 주위에 네 생물

188 요한계시록에서 어린 양이 여섯째 인을 떼실 때에 요한이 본 것이 아닌 것은?
① 큰 지진이 나며 해가 검은 털로 짠 상복 같이 검어지고 달은 온통 피 같이 되었다
② 하늘의 별들이 무화과나무가 대풍에 흔들려 설익은 열매가 떨어지는 것 같이 땅에 떨어졌다
③ 하늘은 두루마리가 말리는 것 같이 떠나가고 각 산과 섬이 제 자리에서 옮겨졌다
④ 청황색 말이 나오는데 그 탄자의 이름은 사망이니 음부가 그 뒤를 따랐다

189 요한계시록에 따르면 언제 '하나님이 그의 종 선지자들에게 전하신 복음과 같이 하나님의 그 비밀'이 이루어지는가?
① 사자가 부르짖는 것 같이 일곱 우레가 말을 할 때
② 일곱째 천사가 소리 내는 날 그의 나팔을 불려고 할 때
③ 여섯째 천사가 나팔을 불며 다른 천사들에게 말할 때

180_① 181_③ 182_④ 183_③ 184_③ 185_③ 186_① 187_③ 188_④ 189_②

④ 하나님 앞에서 보좌에 앉아 있던 이십사 장로가 하나님을 경배할 때

190 "용이 여자에게 분노하여 돌아가서 그 여자의 남은 자손 곧 하나님의 계명을 지키며 ( )을/를 가진 자들과 더불어 싸우려고 바다 모래 위에 서 있더라"는 요한계시록 12장 17절의 말씀에서 괄호 안에 들어가야 할 낱말은?
① 예수의 약속 ② 예수의 믿음
③ 예수의 마음 ④ 예수의 증거

191 "누구든지 생명책에 기록되지 못한 자는 ( )에 던져지더라"는 요한계시록 20장 15절 말씀에서 괄호 안에 들어가야 할 낱말은?
① 감옥 ② 무저갱
③ 불못 ④ 바다

【주관식】

192 요한이 예수 그리스도의 계시를 편지로 전한 아시아의 일곱 교회 중에서 니골라 당의 교훈을 미워한 교회와, 니골라당의 교훈을 지키는 자가 있는 교회를 순서대로 말하면 그 교회는 어느 교회인가?

193 "또 내가 새 하늘과 새 땅을 보니 처음 하늘과 처음 땅이 없어졌고 ( )도 다시 있지 않더라"는 말씀에서 괄호 안에 들어가는 말은?

194 요한계시록 1장의 "( )에 내가 성령에 감동되어 내 뒤에서 나는 나팔 소리 같은 큰 음성을 들으니"라는 말씀에서 괄호 안에 들어갈 낱말은?

195 요한계시록에서 일곱째 천사가 나팔을 불 때 "하늘에 있는 하나님의 성전이 열리니 성전 안에 하나님의 ( )가 보이며 또 번개와 음성들과 우레와 지진과 큰 우박이 있더라"는 말씀에서 괄호 안에 들어가야 할 단어는?

196 다음은 요한계시록 1장 20절의 말씀이다. 괄호 안에 각각 들어갈 낱말은?
"네가 본 것은 내 오른손 의 일곱 별의 비밀과 또 일곱 금 촛대라 일곱 별은 일곱 교회의 ( )요 일곱 촛대는 일곱 ( )니라"

197 "그러나 너를 책망할 것이 있나니 너의 처음 사랑을 버렸느니라 그러므로 어디서 떨어졌는지를 생각하고 회개하여 처음 행위를 가지라 만일 그리하지 아니하고 회개하지 아니하면 내가 네게 가서 네 촛대를 그 자리에서 옮기리라"는 요한계시록의 말씀은 어느 교회에 주신 말씀인가?

198 요한이 아시아의 일곱 교회에 편지로 전한 예수 그리스도의 계시는 요한계시록 몇 장과 몇 장에 기록되어 있는가?

199 요한계시록에서 "볼지어다 내가 문 밖에 서서 두드리노니 누구든지 내 음성을 듣고 문을 열면 내가 그에게로 들어가 그와 더불어 먹고 그는 나와 더불어 먹으리라"는 말씀은 어느 교회에 주신 말씀인가?

200 "또 내가 ( )을 보니 처음 하늘과 처음 땅이 없어졌고 바다도 다시 있지 않더라"는 말씀에서 괄호 안에 들어가는 말은?

201 "또 내게 말씀하시되 이루었도다 나는 알파와 오메가요 처음과 마지막이라 내가 ( ) 샘물을 목마른 자에게 값없이 주리니"라는 말씀에서 괄호 안에 들어갈 낱말은?

202 "내가 또 보니 보좌와 네 생물과 장로들 사이에 한 ( )이 서 있는데 일찍이 죽임을 당한 것 같더라 그에게 일곱 뿔과 일곱 눈이 있으니 이 눈들은 온 땅에 보내심을 받은 하나님의 일곱 영이더라"는 말씀에서 괄호 안에 들어갈 낱말은?

203 "이 일 후에 내가 들으니 하늘에 허다한 무리의 큰 음성 같은 것이 있어 이르되 ( ) 구원과

190_④ 191_③ 192_에베소(교회), 버가모(교회) 193_바다 194_주의 날 195_언약궤 196_사자, 교회 197_에베소(교회)
198_2,3장 199_라오디게아 200_새 하늘과 새 땅 201_생명수 202_어린 양

영광과 능력이 우리 하나님께 있도다"라는 계시록 19장 1절 말씀에서 괄호 안에 들어갈 단어는?

204 "누구든지 귀가 있거든 들을지어다 사로잡힐 자는 사로잡혀 갈 것이요 칼에 죽을 자는 마땅히 칼에 죽을 것이니 성도들의 ( )와 ( )이 여기 있느니라"는 말씀에서 두 괄호 안에 차례대로 들어가야 할 두 단어는?

205 다음은 요한계시록 10장 10절의 말씀이다. 괄호 안에 들어갈 낱말은?
"내가 천사의 손에서 작은 ( )를 갖다 먹어 버리니 내 입에는 꿀 같이 다나 먹은 후에 내 배에서는 쓰게 되더라"

206 다음은 요한계시록 1장 15절의 말씀이다. 괄호 안에 들어갈 낱말은?
"그의 발은 풀무불에 단련한 빛난 주석 같고 그의 음성은 ( )와 같으며 …"

207 "예수 그리스도의 ( )라 이는 하나님이 그에게 주사 반드시 속히 일어날 일들을 그 종들에게 보이시려고 그의 천사를 그 종 요한에게 보내어 알게 하신 것이라"는 요한계시록 서두의 말씀에서 괄호 안에 들어가는 말은?

208 "주 하나님이 이르시되 나는 알파와 오메가라 이제도 있고 전에도 있었고 장차 올 자요 전능한 자라 하시더라"는 말씀은 어느 책에서 나오는 말씀인가?

209 "주 하나님이 이르시되 나는 알파와 오메가라 이제도 있고 전에도 있었고 장차 올 자요 ( )라 하시더라"는 말씀에서 괄호 안에 들어가는 말은?

210 요한계시록에서 '하나님의 보좌 앞에 있는 영'은 모두 몇인가?

211 "모든 눈물을 그 눈에서 닦아 주시니 다시는 ( )이 없고 애통하는 것이나 곡하는 것이나 아픈 것이 다시 있지 아니하리니 처음 것들이 다 지나갔음이러라"는 말씀에서 괄호 안에 들어갈 낱말은?

212 "또 내가 보니 흰 구름이 있고 구름 위에 ( )와 같은 이가 앉으셨는데 그 머리에는 금 면류관이 있고 그 손에는 예리한 낫을 가졌더라"는 말씀에서 괄호 안에 들어갈 낱말은?

213 "예수 그리스도의 계시라 이는 하나님이 그에게 주사 반드시 속히 일어날 일들을 그 종들에게 보이시려고 그의 천사를 그 종 요한에게 보내어 알게 하신 것이라"는 말로 시작되는 신약 성경의 책은?

214 "보좌 앞에 켠 등불 일곱이 있으니 이는 하나님의 일곱 ( )이라"는 요한계시록의 말씀에서 괄호 안에 들어가야 할 단어는?

215 요한계시록에 따르면 하늘이 전쟁이 있을 때 용과 더불어 싸운 천사는?

216 "무엇이든지 속된 것이나 가증한 일 또는 거짓말하는 자는 결코 그리로 들어가지 못하되 오직 어린 양의 ( )에 기록된 자들만 들어가리라"는 계시록 21장 27절 말씀에서 괄호 안에 들어갈 단어는?

217 다음은 요한계시록 21장 5절의 말씀이다. 괄호 안에 들어갈 낱말은?
"보좌에 앉으신 이가 이르시되 보라 내가 만물을 ( ) 하노라 하시고 또 이르시되 이 말은 신실하고 참되니 기록하라 하시고"

218 요한계시록은 전부 몇 장으로 구성되어 있는가?

219 예수의 환난과 나라와 참음에 동참한 자로서 하나님의 말씀과 예수를 증언하였음으로 밧모라 하는 섬에 있었던 사람은 누구인가?

220 요한계시록에 나오는 소아시아 일곱 교회의

203_할렐루야 204_인내, 믿음 205_두루마리 206_많은 물 소리 207_계시 208_요한계시록 209_전능한 자 210_일곱 211_사망 212_인자 213_요한계시록 214_영 215_미가엘 216_생명책 217_새롭게 218_22장 219_요한

이름은?

221 요한계시록에서 '사탄이 사는 곳'이란 언급은 어느 교회에 관해 말할 때 등장하는가?

222 요한계시록의 일곱 교회 중에서 니골라 당의 교훈을 지킨 자들이 있었던 교회는 어느 곳인가?

223 요한계시록에서 사탄이 얼마의 시간이 차게 되었을 때 그 옥에서 놓여 땅의 사방 백성 곧 곡과 마곡을 미혹하게 된다고 하였는가?

224 "셋째 천사가 나팔을 부니 횃불 같이 타는 큰 별이 하늘에서 떨어져 강들의 삼분의 일과 여러 물샘에 떨어지니 이 별 이름은 (　)이라"의 말씀에서 괄호 안에 들어가는 알맞은 낱말은?

225 "또 내가 하늘이 열린 것을 보니 보라 백마와 그것을 탄 자가 있으니 그 이름은 (　)과/와 (　)이라 그가 공의로 심판하며 싸우더라"의 말씀에서 괄호 안에 들어가는 알맞은 낱말은?

226 "또 내게 말씀하시되 이루었도다 나는 알파와 오메가요 처음과 마지막이라 내가 생명수 샘물을 목마른 자에게 값없이 주리니 이기는 자는 이것들을 (　) 받으리라 나는 그의 하나님이 되고 그는 내 아들이 되리라"는 요한계시록 21장 6-7절의 말씀에서 괄호 안에 들어가야 할 단어는 무엇인가?

227 요한계시록에서 다섯째 천사가 나팔을 불 때에 하늘에서 땅에 떨어진 별 하나가 무엇을 받았는가?

228 "성도들의 (　)이/가 여기 있나니 그들은 하나님의 계명과 예수에 대한 믿음을 지키는 자니라"라는 말씀에서 괄호 안에 들어가야 할 단어는 무엇인가?

229 "큰 성 (　)이여 귀신의 처소와 각종 더러운 영이 모이는 곳과 각종 더럽고 가증한 새들이 모이는 곳이 되었도다"는 요한계시록의 말씀에서 괄호 안에 들어가야 할 낱말은?

230 "주 하나님이 이르시되 나는 (　)와 오메가라 이제도 있고 전에도 있었고 장차 올 자요 전능한 자라 하시더라"는 요한계시록 말씀에서 괄호 안에 들어가야 할 단어는?

231 요한계시록에서 "네가 차지도 아니하고 뜨겁지도 아니하도다 네가 차든지 뜨겁든지 하기를 원하노라"는 책망을 받은 교회는?

220_에베소, 서머나, 버가모, 두아디라, 사데, 빌라델비아, 라오디게아　221_버가모 교회　222_버가모 교회　223_천(1,000)년　224_쓴 쑥　225_충신, 진실　226_상속으로　227_무저갱의 열쇠　228_인내　229_바벨론　230_알파　231_라오디게아

계